심리학개론 제10판

Introduction to Psychology,
10th Edition

James W. Kalat

© 2017 Cengage Learning Korea Ltd.

Original edition © 2014 Wadsworth, a part of Cengage Learning.
Introduction to Psychology, 10th Edition by James W. Kalat
ISBN: 9781133956600

This edition is translated by license from Wadsworth, a part of Cengage Learning, for sale in Korea only.

For permission to use material from this text or product, email to
asia.infokorea@cengage.com

ISBN-13: 979-11-85617-99-2

Cengage Learning Korea Ltd.
14F YTN Newsquare 76 Sangamsan-ro
Mapo-gu Seoul 03926 Korea
Tel: (82) 2 330 7000
Fax: (82) 2 330 7001

Cengage Learning is a leading provider of customized learning solutions with office locations around the globe, including Singapore, the United Kingdom, Australia, Mexico, Brazil, and Japan. Locate your local office at: **www.cengage.com**

Cengage Learning products are represented in Canada by Nelson Education, Ltd.

To learn more about Cengage Learning Solutions, visit **www.cengageasia.com**

Printed in Korea
Print Number: 03   Print Year: 2021

Introduction to Psychology

심리학개론 제10판

James W. Kalat 지음

김문수 · 강영신 · 고재홍 · 박소현 · 박형생 · 정윤경 옮김

CENGAGE 사회평론아카데미

Andover • Melbourne • Mexico City • Stamford, CT • Toronto • Hong Kong • New Delhi • Seoul • Singapore • Tokyo

역자

김문수   전남대학교 심리학과 교수

강영신   전남대학교 심리학과 부교수

고재홍   경남대학교 심리학과 교수

박소현   심리학 전문 번역가

박형생   서울대학교 심리학과 및 인지과학 협동과정 강사

정윤경   가톨릭대 심리학과 교수

심리학개론 제10판
Introduction to Psychology

2017년 2월 6일 10판 1쇄 발행
2021년 3월 25일 10판 3쇄 발행

지은이 James W. Kalat
옮긴이 김문수 · 강영신 · 고재홍 · 박소현 · 박형생 · 정윤경
펴낸이 윤철호 · 고하영
책임편집 임현규
편집 최세정 · 정세민 · 김혜림 · 서은비 · 김채린 · 강연옥
디자인 김진운
마케팅 최민규 · 조원강

펴낸곳 (주)사회평론아카데미
등록번호 2013-000247(2013년 8월 23일)
전화 02-326-1545
팩스 02-326-1626
주소 03993 서울특별시 마포구 월드컵북로6길 56
이메일 academy@sapyoung.com
홈페이지 www.sapyoung.com

ISBN 979-11-85617-99-2 93180

저자 소개

James W. Kalat은 노스캐롤라이나 주립대학교(North Carolina State University) 의 명예 교수로서, 이 대학교에서 심리학개론과 생물심리학을 35년간 가르쳤다. 1946년에 태어났고, 1968년에 듀크 대학교(Duke University)를 수석으로 졸업했 으며, 1971년에 펜실베이니아 대학교(University of Pennsylvania)에서 Paul Rozin 교수의 지도하에 박사를 받았다. 또한 『생물심리학(*Biological Psychology*)』 제11 판(Belmont, CA: Wadsworth, 2013)을 저술했으며, 『정서(*Emotion*)』 제2판(Belmont, CA: Wadsworth, 2012)을 Michelle N. Shiota와 함께 저술했다. 이러한 심리학 교 과서들뿐 아니라 맛 혐오 학습, 심리학 교습법 및 기타 주제들에 대한 논문을 학 술지에 게재했다. 부인과 사별 후 재혼하여 세 명의 자녀와 두 명의 의붓아들, 그리고 네 명의 손주를 두고 있 다. 심리학과 관련된 일을 하고 있지 않을 때 취미로 하는 일은 야생 조류 관찰이다.

김문수

서울대학교 심리학과(학사, 석사 수료)

University of California, Irvine(박사)

현재 전남대학교 심리학과 교수

munsookim@hanmail.net

강영신

전남대학교 영어영문학과(학사)

전남대학교 심리학과(상담심리학 석사)

Northeastern University, Boston(상담심리학
철학박사)

현재 전남대학교 심리학과 부교수

lavieenrose@chonnam.ac.kr

고재홍

한양대학교 교육학과(학사)

서울대학교 심리학과(석사, 박사)

현재 경남대학교 심리학과 교수

kopsy@kyungnam.ac.kr

박소현

서울대학교 컴퓨터공학과(학사)

서울대학교 심리학과(학사, 석사 수료)

전남대학교 제약학과(학사)

현재 심리학 전문 번역가

dinosmile@naver.com

박형생

서울대학교 심리학과(학사, 석사)

University of Connecticut, Storrs(박사)

Haskins Laboratories, Yale University (연구원)

현재 서울대학교 심리학과 및 인지과학 협동과정 강사

parkie@snu.ac.kr

정윤경

서울대학교 심리학과(학사, 석사)

University of Chicago Ph.D

현재 가톨릭대 심리학과 교수

benijeong@catholic.ac.kr

요약 차례

차례

제1장 심리학이란 무엇인가? 29

제2장 심리학의 과학적 연구법 55

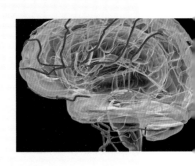

제15장 이상심리: 장애와 치료 ⁵⁸⁷

(참고문헌: sapyoung.com 참조)

21세기 들어서 한국의 대학교에서 심리학의 인기는 나날이 높아가고 있으며 그에 발맞추어 많은 심리학개론 교과서가 발간되고 있다. 본 교과서는 2014년도에 출판된 James W. Kalat의 *Introduction to Psychology* 제10판을 번역한 것이다. 다른 좋은 심리학개론 교과서가 여럿 나와 있음에도 불구하고 이 책을 택한 이유는 물론 내용이 재미있고 풍부하기 때문이기도 하지만 무엇보다도 이 책이 독자로 하여금 과학적이고 비판적인 사고를 하도록 잘 이끌어주기 때문이다. 중등 교육 과정에서 논리적 사고력을 기를 기회가 부족한 우리나라 현실에서 이 책은 대학에서 심리학 지식의 습득뿐 아니라 과학적 사고능력을 기르는 데 큰 도움이 될 것으로 기대한다.

번역을 하면서 중요시했던 한 가지 목표는 가능한 한 번역체가 아니라 자연스러운 우리말 문장으로 옮기는 것이었다. 예컨대 영어의 복수 명사를 우리말의 단수 명사로 표현해도 무리가 없는 경우나 우리말로는 주어가 없어도 자연스럽게 이해가 되는 경우에는 그런 식으로 옮겼다. 영어 문장에서 줄표 사이에 부연설명이 된 내용은 괄호로 묶어 적당한 곳에 넣거나 아니면 적절히 풀어서 설명하였다. 또한 단어 둘을 하이픈(-)으로 합쳐서 표현한 영어식 복합어의 경우 하이픈을 빼고 번역하였다. 예를 들면, species-specific을 '종-특유적'이 아니라 '종 특유적'이라고 옮겼다. 물론 frustration-aggression hypothesis처럼 하이픈으로 연결된 두 단어가 각각 독립적인 뜻을 유지하고 있는 경우에는 좌절-공격성 가설처럼

하이픈을 살려두었다. 그러나 이를 비롯한 여러 가지 소소한 노력에도 불구하고 번역 훈련을 정식으로 받은 적이 없는 역자들의 한계는 너무나 뻔해서 이 책이 여전히 번역체 문장으로 가득 차 있음은 부정할 수 없다. 다만 독자가 다른 번역서보다 아주 약간이라도 더 자연스럽다고 느끼면서 읽을 수 있었으면 하고 바랄 뿐이다.

현재 통용되고 있는 번역어 중에서 영어 단어 각각에 별 생각 없이 가장 흔한 뜻을 대응시킨 "조건반사적" 번역으로 인해 오해를 불러일으키는 몇 가지에 대해 이 자리를 빌려 이야기하고자 한다. 먼저, 아동은 자기중심성을 벗어나면서 다른 사람도 마음이란 것을 갖고 있으며 한 사람이 아는 것을 다른 사람은 모를 수 있다는 사실을 이해하는 능력이 발달하는데, 이때 아동이 theory of mind를 갖게 된다고 이야기한다(제5장). 이 용어는 "마음 이론" 또는 "마음의 이론"이라고 번역되는데, 이 번역어를 우리말 그대로 받아들이면 아동이 마음에 대한 어떤 "이론"을 갖고 있다는 의미가 된다. 합리적 사고 능력도 아직 부족한 아동이 마음에 대한 이론을 갖고 있다는 게 말이 되는가? 영어 단어 theory는 conjecture, 즉 추측이란 의미로도 사용되는데, 따라서 theory of mind라는 개념은 다른 사람의 마음을 추측하고 이해하는 능력을 의미하는 것으로 보아야 할 것이다. 그러므로 마음 이론보다는 "마음 추측" 또는 "마음 읽기"가 더 적절한 번역어라고 생각된다. (독심술이라고 번역되는 mind-reading과 혼동될 수도 있으나

이미 theory of mind를 마음 읽기라고 번역하는 심리학자도 있다.)

십대 청소년은 자신이 위대하고 모든 사람이 자신에게 관심을 쏟는다는 식의 과대망상 같은 생각을 하는 경향이 있는데, 이를 가리키는 personal fable은 "개인적 우화"라고 흔히 번역된다(제5장). 하지만 우화란 동식물이나 사물을 인격화시켜 그것의 행동 속에 풍자와 교훈의 뜻을 나타내는 이야기를 뜻하는데, personal fable이란 개념 속에 그런 요소는 전혀 없다. 대신에 fable에는 초자연적인 사건에 대한 전설적인 이야기, 즉 신화라는 뜻도 있기 때문에 이 용어는 좀 어색하게 들릴 수는 있어도 "개인적 신화" 정도로 번역하는 것이 부정확한 번역어인 개인적 우화보다는 더 나을 듯하다.

조건반사적 번역의 또 다른 예로 animal magnetism을 들 수 있다(제10장). 오스트리아의 의사였던 메스머는 환자의 몸 주위로 자석을 왔다갔다 움직여서 피와 신경활동과 모종의 "체액"의 흐름을 바꿈으로써 병을 치료하려 했다. 그러다가 자석 없이 자신의 손만 가지고도 비슷한 효과를 얻게 되어 그 자신이 자석이라고 생각하게 되고 그런 현상에 animal magnetism이란 이름을 붙였다. 이 용어는 "동물 자기"라고 번역되었다. 그런데 animal은 형용사로도 쓰여서 지적/정신적이라는 개념과 대비되는 것으로서 육체적/동물적이라는 뜻이 있다. 따라서 animal magnetism은 동물이라기보다는 신체에서 나오는 자기력을 의미한다고 보아야 할 것이며 따라서 이 책에서는 "신체 자성"이라고 번역하였다. 마음 이론과 개인적 우화는 학계에서 워낙 단단히 굳어진 번역어이기 때문에 이 책에서는 기존의 번역어를 그대로 사용하였으나 다음 판의 번역에서는 더 적절한

용어로 바꿀 수 있기를 바라는 마음이다.

몇 가지 소소한 사항을 밝혀둘 것이 있다. 우선, 이 책의 두께가 만만치 않아서 수십 쪽에 이르는 참고문헌은 함께 수록하지 못하였으며, 사회평론아카데미 출판사의 인터넷 홈페이지(sapyoung.com) 자료실에서 참고문헌 파일을 내려 받을 수 있다. 본문에 나오는 사람의 이름은 고등학교 교과과정에서 언급되거나 일상생활에서 흔히 접할 수 있는 사람(예컨대, 다윈, 프로이트 등)의 경우에만 한글로 적었고 나머지는 원어로 적었다. 개론 교과서임을 감안하면 한글로 표시하는 게 좋았겠으나 정확한 발음을 알기 힘든 경우가 드물지 않아서 원어 그대로 두기로 하였다. 그리고 신경해부학 용어는 한글 용어를 먼저 쓰고 괄호 속에 한자어와 영어 원어를 넣었다.

박소현이 1, 8, 11장을, 김문수가 2, 3, 6, 10장을, 박형생이 4, 7장을, 정윤경이 5, 9장을, 고재홍이 12, 13장을, 강영신이 14, 15장을 번역하였다. 독자께서는 읽으면서 이해하기 힘든 문장이나 오타, 탈자 등이 발견되면, 또는 다른 무엇에 관해서라도 역자에게 묻고 싶거나 알려주고 싶은 바가 있다면, 주저하지 말고 역자 약력에 있는 전자우편 주소로 메일을 보내주시기 바란다.

마지막으로, 이 책이 세상에 나올 수 있도록 열과 성을 다해 힘써 주신 사회평론아카데미의 모든 분들께 감사드린다.

역자 일동

몇 해 전에 내가 탔던 비행기가 이륙 직후에 두 엔진 중 하나가 고장 나서 회항해야 했던 일이 있었다. 몸을 웅크려서 충격방지 자세를 취하라는 기내 방송이 나오자 제일 먼저 떠오른 생각은 "난 벌써 죽고 싶지 않아! 내 교과서의 다음 판을 쓰고 싶단 말이야!"였다. 정말이다.

1965년도에 듀크 대학교의 신입생 시절 처음 들었던 심리학 강의가 생각난다. 나는 방금 배웠던 재미있는 사실들을 내 룸메이트나 친구, 친척, 또는 누구든지 간에 들을 의향이 있는 사람에게 종종 이야기해 주곤 했다. 그 이래로 나는 별로 변하지 않았다. 새로운 연구 결과를 읽게 되거나 어떤 요점을 잘 보여주는 새로운 예가 생각나면 아내와 아이들, 동료들, 학생들에게 이야기해 주고 싶어진다. 심리학은 재미있다. 나는 심리학에 대한 이야기를 읽고 쓰고 가르치는 게 즐겁다. 최근에 나는 노스캐롤라이나 대학교에서 35년간 학생들을 가르친 후 퇴임했다. 하지만 아직도 내 동료 중 누구라도 아프거나 자리를 비우게 될 때는 내가 스스로 "대타"로 나서서 강의한다. 나는 아침에 일어나면 "와! 오늘은 착시에 대해 가르치게 되겠군."이라거나 "신난다! 오늘 강의 주제는 정서야!"라는 생각이 떠오른다. 다른 학문 분야의 교수들도 가르치는 일이 이만큼이나 즐거울까? 불문학과 교수가 아침에 일어나서 오늘은 동사에 대해 강의할 테니 얼마나 신나는 날인가라고 생각할까?

그럴 것 같지는 않다.

심리학 수업이나 교재는 두 가지 목표를 달성하는 것이 이상적이다. 첫째는 무언가를 배우는 일을 좋아하게 만들어서 우리의 졸업생들이 자신의 교육을 계속 업데이트하게 만드는 것이다. 설령 학생이 배운 것을 영원히 기억한다 하더라도(물론 그럴 리가 없다), 새로운 발전에 대해 배우기를 지속하지 않는다면 학생의 지식은 점점 시대에 뒤떨어지게 될 것이다. 우리 학생들 중에 가끔씩 *Scientific American Mind*[1]나 그와 유사한 간행물을 읽는 이들이 있기를 바란다. 둘째 목표는 학생들에게 증거를 평가하고 어떤 주장에 대해 질문을 하는 기술을 가르치는 것이다. 그래야만 학생들이 어떤 새로운 연구를 실제로 읽어볼 경우 결론을 내리기 전에 제대로 된 질문을 할 수 있다. 그런 기술은 심리학을 넘어 다른 분야에까지 적용될 수 있다.

나는 이 교과서 전반에 걸쳐 증거에 대해 비판적으로 사고하거나 평가하는 습관을 형성시키려 노력하였다. 특히 어떤 연구를 좀 자세하게 기술하는 "증거는 뭘까?"라는 난을 그런 목적으로 넣어두고서 그 증거의 한계와 대안적 해석의 가능성을 지적하였다. 그렇게 하는 이유는 학생들이 스스로 질문을 하고, 강한 증거와 약한 증거를 분별하며, 궁극적으로는 심리학 연구가 얼마나 신나는 일인지를 깊이 느낄 수 있도록 돕고자 함이다.

---

1 한국에서 출판되는 과학 잡지인 『과학동아』나 『뉴턴』과 같은 종류의 미국 대중 과학 잡지이다. *Scientific American*이란 잡지에서 모든 과학 분야를 다루다가 2004년도에 심리학, 신경과학 및 관련 분야에 집중하는 *Scientific American Mind*가 새로 발간되기 시작하였다.

접근법, 특징, 그리고 학습 보조물

오래 전에 나는 어떤 교육심리학 교과서에서 학습장애와 주의집중 문제가 있는 아동은 특정적이고 구체적인 예를 들어줄 때 가장 잘 학습한다는 이야기를 읽었다. "잠깐, 나도 그렇잖아! 우리 모두가 특정적이고 구체적인 예로부터 가장 잘 배우는 거 아닌가?"라는 생각이 들었던 기억이 난다. 그렇기 때문에 과학 수업은 실험실에서 학생들이 직접 자기 눈으로 무언가를 보게 한다. 심리학 개론 수업에서 실험실습을 하는 경우는 거의 없지만 그래도 여전히 우리는 학생들에게 기구가 거의 또는 전혀 필요 없는 실습을 시도해 보도록 권장할 수 있다. 이 교과서 여러 군데에는 부적 잔상, 양안 경합, 부호화 특수성, 스트룹 효과 같은 간단한 "직접 해 보세요" 시범이 기술되어 있다. 그런 활동을 해 보는 학생은 단순히 읽을 때보다 개념을 훨씬 더 잘 이해할 것이다.

인지심리학 연구자들이 발견한 바에 따르면, 우리는 읽기와 시험 치르기를 교대로 하면 동일한 시간 동안 읽기만 할 때보다 더 많은 것을 학습한다. "개념 점검"은 주의 깊게 읽은 사람이라면 답할 수 있어야 하는 문제를 제시한다. 정답을 맞힌 학생은 속이 뿌듯할 것이다. 틀린 학생은 관련된 부분을 다시 읽어서 왜 틀렸는지 이해해야 한다.

교육은 분필이 발명된 이래로 오랫동안 그 절차가 거의 변하지 않은 전통적인 분야였다. 그러나 오늘날 교육자들은 새로운 테크놀로지의 위력을 이용하는데, 이 교과서에도 기술적인 면에서 향상된 여러 가지 중요한 사항이 들어 있다. 각 장은 2~5개의 단원으로 나뉘어 있으며 각 단원마다 요약이 붙어 있다. 단원은 여러 내용을 다른 순서로 가르치기(예컨대 고전적 조건형성에 앞서서 조작적 조건형성)를 원하거나 어떤 내용을 생략하고 싶은 강의자에게 융통성을 발휘할 수 있게 해 준다. 단원 형식의 구성은 또한 예습할 내용을 나누어 놓아서 학생이 각 수업마다 한두 개의 단원을 읽으면 된다. 각 단원의 마지막에는 핵심 용어가 나열되어 있고, 이 교과서의 말미에는 찾아보기가 제시되어 있다.

제10판에서 새로워진 점

내가 개정판을 집필하기 시작할 때마다 편집자는 심리학 개론을 가르치는 많은 교수들로부터 들어온 전반적이거나 구체적인 건의 사항들을 반영해 달라고 조른다. 내용을 검토하는 이들은 흔히 한 학기용으로는 내용이 너무 많다고 평가하면서 간결하게 줄이기를 일반적으로 권고한다. 하지만 그러고 나서는 그 똑같은 검토자들이 구체적인 권고 사항으로서 추가할 중요한 주제들을 나열한다. 저자의 입장에서는 나 자신이 추가하고 싶은 주제를 내가 찾는다. 따라서 개정판이 거듭될수록 내용이 점점 더 늘어나는 경향이 있다. 이번 개정판에서는 중요한 내용을 전혀 제외하지 않으면서도 길이를 줄이려고 의식적으로 노력하였다. 문장을 더 적은 수의 단어로 재서술할 수 있는 경우가 많았다. 주제를 벗어난 몇몇 내용을 삭제하고 어떤 개념을 서너 개가 아니라 두세 개의 예를 들어 설명하는 식으로 집필하였다. 가장 두드러진 변화는 이 교과서의 마지막에 정신 병리와 치료에 관한 장을 두 개에서 하나로 합친 것이다. 이 주제들에 대한 내용을 재구성하고 응축시켰지만 핵심적인 내용은 모두 유지시켰다.

이 개정판에는 450편이 넘는 새로운 참고문헌이 포함되었는데, 대부분 2009년 이후에 나온 것이다. 한 장에서 다른 장으로 옮겨진 주제가 여럿 있는데, 예를 들면 유전과 진화가 발달심리학 장에서 생물심리학 장으로 옮겨졌다. 맹시, 후성유전학, 근거리 전이와 원거리 전이, 확률적 학습, 직무 탈진 등 여러 새로운 주제가 추가되었다. 새로 넣거나 수정한 그림도 많다. 내가 좋아하는 새로운 연구 몇 가지는 다음과 같다.

- "감정이 상한 상태"는 신체적 통증과 놀랄 만큼 유사하다. 상한 감정은 신체적 통증의 경우와 똑같은 몇몇 뇌 영역을 활성화시키며, 진통제(타이레놀)를 먹어서 상한 감정을 누그러뜨리는 일이 가능하다! (제4장)
- 적어도 서양 문화에서는 남성보다 여성이 사과를 더 많이 한다. 하지만 남성은 자신이 사과했어야 한다고 생각하는 횟수와 다른 사람이 자신에게 사과했어야 한다고 생각하는 횟수도 더 적다. (제5장)
- 동승자가 휴대전화로 하는 이야기를 운전자가 듣는 경우 운전자는 대화의 절반만 듣게 되는데, 이는 대화 전체를 듣는 것보다 더 주의를 산만하게 만든다. (제8장)
- 사람들은 음식 일인분의 양이 크면 더 많이 먹는다는 것을 여러 연구가 보여준다. 사람들은 또한 포도주가 노스다코타산이라고 말해 줄 때보다 캘리포니아산이라고 말해 주면 그 포도주를 더 좋아한다. (제11장)
- 연구자들은 음경 발기를 측정함으로써 이성애, 동성애, 또는 소아성애 활동에 대한 남성의 성적 관심을 밝혀내는 데 성공했다. 따라서 여성의 성적 관심을 알아내기 위해서도 질 분비를 측정하면 될 것으로 연구자들은 가정하였다. 새로운 연구에 따르면 이런 측정법은 잘못된 결론을 이끌어내는데, 왜냐하면 여성은 어떠한 종류의 성 묘사에 대해서도, 심지어 매우 혐오적인 것이라도, 질 분비가 증가하는 반응을 보이기 때문이다. 이는 아마도 원치 않는 성 행위의 경우에 일어날 손상에 대비한 방어 반응일 수 있다. (제11장)
- 편도체가 손상된 한 여성은 뱀, 거미, 공포 영화, 또는 컴컴한 "유령의 집"에서 갑자기 튀어나오는 "괴물"에게 전혀 공포를 나타내지 않는다. 또한 이 여성은 타인과 정상보다 더 가까운 거리를 두고 서며, 누군가가 자신에게 사실상 코가 닿을 만큼 가까이 오더라도 불안함을 느끼지 않는다. (제12장)

감사의 말

교과서를 집필하는 일을 시작하려면 거의 오만함에 가까운 자신감이 필요하고, 마무리하려면 자기가 좋아하는 생각과 신중하게 작성한 글에 대한 비판을 받아들일 겸손함이 필요하다. 대단히 많은 이들이 좋은 충고를 해 주어서 이 책이 훨씬 더 훌륭한 교과서가 되었다.

기획편집자 Timothy Matray는 이 개정판을 만드는 내내 많은 도움과 지지를 보내주었다. 개발편집자 Arwen Petty와 일하는 건 정말 즐거웠는데, 그는 큰 구성부터 소소한 사항에 이르기까지 모든 것에 대해 유용하고 지적인 충고를 해주었다. 이들의 한결같은 도움에 감사를 드린다.

Nicholas Richard와 Casey Lozier는 보충자료를 담당했는데, 그런 일은 각 개정판마다 더 커진다. Graphic World Inc. 편집자의 세심한 작업에 깊이 감사한다. Nicole Richards 또한 훌륭한 동료 논평을 많이 확보해 주었고 연습문제 파일을 조정하였다. Cheryll Linthicum과 Christy Frame은 이 교과서 같은 책의 제작을 감독하는 복잡한 업무를 멋지게 처리해 주었다. 아트디렉터 Jennifer Wahi, 그리고 표지와 속지를 디자인한 Jeanne Calabrese는 인내심과 예술적 판단력을 갖고서 매우 비예술적인 나를 바로잡아 주었다. Elisabeth Rhoden은 판매 전략을 세우고 실행하였다. 사진 담당인 Greg Piferi는 놀라운 사진들을 찾아서 사용 허가를 용케 받아내었다. Pablo D'Stair는 글을 찾아서 사용 허가를 받아내었다. 이들 각자에게 감사와 축하의 마음을 전한다.

나의 아내 Jo Ellen Kalat은 나를 지지하고 격려해 주었을 뿐만 아니라 내가 개념을 설명하는 것을 듣고는 유용한 제안과 질문을 많이 해 주었다. 학과장인 Douglas Gillan과 노스캐롤라이나 주립대학교 동료들, 특히 좋은 의견을 많이 제시해 준 David Martin에게 감사를 드린다.

유용하고 통찰력 넘치는 논평을 해준 이들이 많다. 다음의 사람들에게 고마움을 전한다. Rebecca Brand, Villanova University; Thomas Brothen, University of Minnesota; Carolyn Cohen, Northern Essex Community College; Alex Czopp, Western Washington University; Karen Douglas, San Antonio College-Alamo Colleges; Terry Trepper, Purdue University Calumet.

각 개정판은 이전 판들을 논평해 준 이들의 공헌을 바탕으로 만들어진다. 이전 판들에 대해 훌륭한 논평을 해준 다음의 사람들에게도 또한 고마움을 전하고 싶다. Jennifer Ackil, Gustavus Adolphus College; Jeffrey Adams, Trent University; Judi Addelston, Valencia Community College; Mark Affeltranger, University of Pittsburgh; Catherine Anderson, Amherst College; Susan Anderson, University of South Alabama; Bob Arkin, Ohio State University; Melanie M. Arpaio, Sussex County Community College; Susan Baillet, University of Portland; Cynthia Bane, Denison University; Joe Bean, Shorter College; Mark Bodamer, John Carroll University; Richard W. Bowen, Loyola University Chicago; Michael Brislawn, Bellevue Community College; Delbert Brodie, St. Thomas University; John Broida, University of Southern Maine; Gordon Brow, Pasadena City College; Gregory Bushman, Beloit College; James Calhoun, University of Georgia; Bernardo Carducci, Indiana University Southeast; Thomas Carskadon, Mississippi State University; Mar Casteel, Pennsylvania State University, York Campus; Liz Coccia, Austin Community College; Karen Couture, Keene State College; Deana Davalos, Colorado State University; Patricia Deldin, Harvard University; Katherine Demitrakis, Albuquerque Technical Vocational Institute; Janet Dizinno, St. Mary University; Alicia M. Doerflinger, Marietta College; Kimberly Duff, Cerritos College; Darlene Earley-Hereford, Southern Union State Community College; David J. Echevarria, University of Southern Mississippi; Vanessa Edkins, University of Kansas; Susan Field, Georgian Court College; Deborah Frisch, University of Oregon; Gabriel Frommer, Indiana University; Rick Fry, Youngstown State University; Robe Gehring, University of Southern Indiana; Judy Gentry, Columbus State Community College; Anna L. Ghee, Xavier University; Bill P. Godsil, Santa Monica College; Kerri Goodwin, Loyola College in Maryland; Joel Grace, Mansfield University; Troianne Grayson, Florida Community College at Jacksonville; Joe Grisham, Indiana River Community College; Julie A. Gurner, Quinnipiac University; Community College of Philadelphia; Alexandria E. Guzman, University of New Haven; Richard Hanson, Fresno City College; Richard Harris, Kansas State University; Wendy Hart-Stravers, Arizona State University; W. Bruce Haslam, Weber State University; Christopher Hayashi, Southwestern College; Bert Hayslip, University of North Texas; Manda Helzer, Southern Oregon University; W. Elaine Hogan, University of North Carolina Wilmington; Debra Hollister, Valencia Community College; Susan Horton, Mesa Community College; Charles Huffman, James Madison University; Linda Jackson, Michigan State University; Alisha Janowsky, University of Central Florida; Robert Jensen, California State University, Sacramento; Andrew Johnson, Park University; James Johnson, Illinois State University; Craig Jones, Arkansas State University; Lisa Jordan, University of Maryland; Dale Jorgenson, California State University, Long Beach; Jon Kahane, Springfield College; Peter Kaplan, University of Colorado, Denver; Arthur Kemp, Central Missouri State University; Mark J. Kirschner, Quinnipiac University; Kristina T. Klassen, North Idaho College; Martha Kuehn, Central Lakes College; Cindy J. Lahar, University of Calgary; Chris Layne, University of Toledo; Cynthia Ann Lease, Virginia Polytechnic Institute and State University; Chantal Levesque, University of Rochester; John Lindsay, Georgia College and State University; Mary Livingston, Louisiana Technical University; Linda Lockwood, Metropolitan State College of Denver; Sanford Lopater, Christopher Newport University; Mark Ludorf, Stephen F. Austin State University; Jonathan Lytle, Temple University; Pamelyn M. MacDonald, Washburn University; Steve Madigan, University of Southern California; Don Marzoff, Louisiana State University; Christopher Mayhorn, North Carolina State University; Michael McCall, Ithaca College; David G. McDonald, University of Missouri; Tracy A. McDonough, College of Mount St. Joseph; J. Mark McKellop, Juniata College; Mary Meiners, San Diego Miramar College; Dianne Mello-Goldner, Pine Manor College; Nancy J. Melucci, Long Beach City College; Michelle Merwin, University of Tennessee at Martin; Rowland Miller, Sam Houston State University; Gloria Mitchell, De Anza College; Paul Moore, Quinnipiac University; Anne Moyer, Stony Brook University; Jeffrey Nagelbush, Ferris State University; Bethany Neal-Beliveau, Indiana University-Purdue University at Indianapolis; Todd Nelson, California State University, Stanislaus; Jan Ochman, Inver Hills Community College; Wendy Palmquist, Plymouth State College; Elizabeth Parks, Kennesaw State University; Gerald Peterson, Saginaw Valley State University; Brady Phelps, South Dakota State University; Shane Pitts, Birmingham Southern College; William Price, North Country Community College; Thomas Reig, Winona State University; David Reitman, Louisiana State University; Bridget Rivera, Loyola College in Maryland; Robert A. Rosellini, University at Albany; Jeffrey Rudski, Muhlenberg College; Linda

Ruehlman, Arizona State University; Richard Russell, Santa Monica College; Mark Samuels, New Mexico Institute of Mining and Technology; Kim Sawrey, University of North Carolina at Wilmington; Troy Schiedenhelm, Rowan-Cabarrus Community College; Michele N. Shiota, University of California, Berkeley; Eileen Smith, Fairleigh Dickinson University; Noam Shpancer, Purdue University; James Spencer, West Virginia State College; Jim Stringham, University of Georgia; Robert Stawski, Syracuse University; Whitney Sweeney, Beloit College; Alan Swinkels, St. Edward's University; Natasha Tokowicz, University of Pittsburgh; Patricia Toney, Sandhills Community College; Warren W. Tryon, Fordham University; Katherine Urquhart, Lake Sumter Community College; Stavros Valenti, Hofstra University; Suzanne Valentine-French, College of Lake County; Douglas Wallen, Mankato State University; Michael Walraven, Jackson Community College; Donald Walter, University of Wisconsin.Parkside; Jeffrey Weatherly, University of North Dakota; Ellen Weissblum, State University of New York Albany; Fred Whitford, Montana State University; Don Wilson, Lane Community College; David Woehr, Texas A&M University; Jay Wright, Washington State University; John W. Wright, Washington State University.

James W. Kalat

심리학개론을 공부하게 된 것을 축하한다! 내가 이 교과서를 쓰면서 즐거웠던 만큼이나 여러분도 이 책을 즐겁게 읽기를 바란다. 나는 이 책이 재미있고 가능한 한 공부하기 쉽게 만들고자 노력했다.

이 교과서의 특징

단원 체제

각 장은 둘 이상의 단원으로 나뉘어져 있어서 한 번에 일정 부분만 공부할 수 있다. 각 장의 첫머리에는 목차가 있어서 어떤 주제를 공부하게 될지 독자가 미리 짐작할 수 있다. 각 단원의 끝에는 핵심 용어 목록과 중요한 요점의 요약이 각각 해당 쪽수와 함께 나와 있다.

핵심 용어

중요한 용어가 본문에 처음 나올 때는 굵은 글씨로 강조를 하고 고딕체로 정의를 해 놓았다. 굵은 글씨로 표시된 용어는 모두 각 단원의 끝에 가나다순으로 나열하였고, 이 책의 끝에 있는 "찾아보기"에 다시 제시하였다.

어떤 과목에 나오는 용어들의 정의를 다 외우고서는 그 과목을 마스터했다고 생각하는 학생이 가끔씩 있다. 그런 정의된 단어들을 이해할 필요가 있기는 하지만 정의를 글자 그대로 외울 필요는 없다. 각 용어를 한 문장 속에서 사용해 보려고 하거나 각 용어의 예를 생각해 보는 것이 더 나을 것이다. 그보다 더

좋기로는, 가능하다면 그 용어가 나타내는 개념을 지지하거나 반박하는 증거를 생각해 보라.

이해도를 점검하기 위한 물음

사람들은 학습 내용을 오로지 읽기만 할 때보다 동일한 시간 동안 읽기와 시험 치르기를 교대로 할 때 더 잘 기억한다. (기억에 관한 장에서 이 점을 살펴볼 것이다.) 이 교과서의 여러 곳에 있는 "개념 점검"에는 독자가 방금 읽은 정보를 사용하거나 응용하게 만드는 물음들이 나온다. 답을 먼저 보지 말고 각 물음에 답하도록 해 보라. 독자의 답이 정답이라면 속이 뿌듯할 것이다. 독자의 답이 틀렸다면 그 부분을 다시 읽어야 한다.

"직접 해 보세요"

본문에는 "직접 해 보세요"라고 표시된 항목이 많이 있다. 이는 대부분 별다른 도구 없이 쉽게 할 수 있는 것들이다. 무언가를 자신이 직접 해 보고 나면 심리학적 원리가 더 쉽게 이해될 것이다.

"증거는 뭘까?"

제1장을 제외한 모든 장에는 "증거는 뭘까?"라는 제목이 붙은 구획이 있다. 이 부분은 특정 연구를 더 자세히 조명하는 것으로서, 가설(검증하고 있는 아이디어), 연구 방법, 결과 및 해석을 구체적으로 명시한다. 어떤 경우에는 그 연구의 한계를 논의에서 언급하기도 한다. 이 구획은 증거를 어떻게 평가할지에 대한 예를 보여준다.

찾아보기와 참고문헌 목록

독자가 무언가를 더 자세히 찾아보고 싶을 때를 대비하여 이 교과서에서 인용된 참고문헌 목록은 본 출판사의 인터넷 홈페이지(sapyoung.com)에 올려져 있다. "찾아보기"는 이 책의 어디에 더 자세한 정보가 있는지를 알려준다.

자주 하는 질문에 대한 답

공부 습관을 개선하는 데 유용한 방법을 알려줄 수 있나요? 학생이 왜 지난 번 시험을 잘 못 치렀는지 물어올 때마다 나는 "시험 범위를 언제 읽어 보았나요?"라고 물어본다. 그러면 시험 전날 밤에 읽었다고 대답하는 학생이 많다. 교과 내용을 잘 학습하려면 계획된 수업 내용을 수업 전에 읽어보고, 수업 후에 다시 보고, 며칠 후에 다시 훑어보라. 그러고는 시험 전에 과제물과 강의 노트를 다시 읽어보라. 기억 연구자들이 밝혀낸 바에 따르면, 우리는 무언가를 여러 날에 걸쳐 분산시켜서 공부하면 그 모든 것을 단번에 똑같은 시간 동안 공부할 때보다 더 잘 이해하고 기억한다. 또한 공부에 들이는 총 시간이 많을수록 좋음은 물론이다.

공부할 때 책을 그냥 읽지만 말고 중간에 멈추어서 그 내용에 대해 생각을 하라. 공부 내용을 능동적으로 이용할수록 더 기억이 잘될 것이다. 공부하기를 향상시키는 한 방법은 SPAR 방법을 따라서 읽는 것이다. 즉 먼저 훑어보고(Survey), 의미 있게 처리하며(Process meaningfully), 질문하고(Ask questions), 다시 읽어보라(Review).

훑어보기: 중요한 요점에 집중할 수 있도록 어떤 내용이 나올지 미리 알고 있으라. 한 장을 시작할 때 내용을 대충 알 수 있도록 먼저 개요를 읽어라. 새 단원을 시작할 때 단원의 끝으로 가서 요약을 읽어라.

의미 있게 처리하기: 장을 읽다가 때때로 멈추고 생각하면서 주의 깊게 읽어라. 자신이 배운 것을 친구에게 이야기해 주라. 어떤 개념을 실생활에 어떻게 적용할 수 있을지 생각해 보라. "개념 점검"에 다다르면 잠시 멈추어서 질문에 답을 하도록 하라. "직접 해 보세요"를 실제로 해 보라. 자신이 교과서 내용을 얼마나 잘 이해하는지 관찰하여 그에 따라 읽기를 조절하라. 쉽고 익숙한 내용은 재빨리 읽지만 어려운 내용은 천천히 읽는 사람이 독서를 잘하는 사람이다.

질문하기: 한 장을 끝내면 강의자가 어떤 시험 문제를 낼지 예상해 보라. 자신이 교수라면 무슨 문제를 내겠는가? 그 문제를 글로 써서 생각해 보고 나중을 위해 보관하라.

다시 읽기: 적어도 한 시간, 가급적 하루가 지나고 나서 자신이 낸 문제를 다시 보고 답해 보라. 교과서를 토대로 자신의 답을 점검하라. 어떤 장을 처음 읽고 난 하루 또는 이틀 후에 기억을 강화시켜 주게 되면 그 내용을 더욱 오래 보유하고 더 깊이 이해하는 데 도움이 된다. 같은 내용을 긴 간격을 두고 여러 번 공부하면 학기가 끝난 후에도 그것을 오래 기억할 가능성이 높아진다.

"(Williams & Bargh, 2008)"처럼 괄호 속에 들어 있는 것들은 무엇인가요? 그 이름과 연도를 외워야 하나요? 심리학자들은 일반적으로 본문에 나오는 참고문헌을 각주로 두기보다 괄호 속에 넣어 인용한다. "(Williams & Bargh, 2008)"은 2008년에 Williams와 Bargh가 발표한 논문을 가리킨다. 이 교과서에서 인용된 모든 참고문헌은 사회평론아카데미 출판사 홈페이지

(sapyoung.com) 자료실에 올려져 있는 "참고문헌" 부분에 (저자의 성에 따른) 알파벳순으로 나열되어 있다.

또한 "(Wundt, 1862/1961)"처럼 / 앞뒤로 두 개의 연도가 포함된 방식의 인용도 몇몇 보일 것이다. 이는 Wundt의 논문이 원래 1862년에 발표되었고 1961년에 재발간되었음을 의미한다.

괄호 속에 든 인용 문헌을 외우지는 말라. 그런 것을 제공한 이유는 관심이 생긴 독자가 어떤 진술의 원천을 찾아보고 더 많은 정보를 탐색할 수 있게 하기 위함이다. 실제로 외울 가치가 있는 이름, 예컨대 B. F. Skinner, Jean Piaget, Sigmund Freud 같은 것은 본문 내에서 강조가 되어 있다.

그래프를 읽고 이해하는 법을 알려줄 수 있나요? 이 교과서에는 네 종류의 그래프, 즉 파이 그래프, 막대 그래프, 선 그래프, 그리고 산점도가 나올 것이다. 각 종류를 살펴보자.

파이 그래프는 어떤 전체의 구성 요소를 보여준다. 그림 1은 다양한 환경에서 일하는 심리학자들의 비율을 보여주고 있다. 이에 따르면 미국에서는 많은 이들이 개인적으로 개업을 하고 있고, 거의 그만큼 많은 사람이 대학 및 기타 교육 기관에서 일하고 있으며, 약간 더 적은 수가 병원 및 기타 보건 관련 기관에서 일하고 있다.

막대 그래프는 둘 이상의 집단에 대한 측정치를 보여준다. 그림 2는 세 집단의 여성이 고통스러운 전기 충격을 받을 것이라고 기다리는 동안 보고한 불쾌감의 정도를 보여준다. 기다리는 동안 보고된 불쾌감은 여성이 남편의 손을 잡고 있었던 경우에 가장 낮았고, 낯선 이의 손을 잡고 있었던 경우에 중간 정도였으며, 혼자 있었던 경우에 가장 높았다.

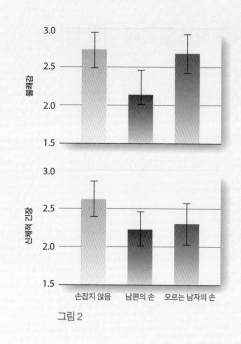

그림 2

선 그래프는 한 변인이 다른 변인과 어떤 관계를 맺고 있는가를 보여준다. 그림 3은 10~80세 사람들의

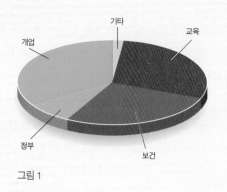

그림 1

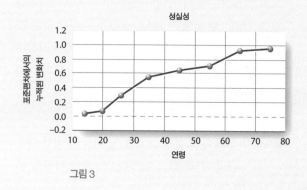

그림 3

성실성 측정치를 보여준다. 선이 점점 올라가는 모양은 나이 든 사람일수록 더 젊은 사람보다 평균적으로 더 성실한 경향이 있음을 보여준다.

산점도(또는 산포도)는 선 그래프와 유사하지만 한 가지 점이 다르다. 즉 선 그래프는 평균을 보여주는 반면, 산점도는 개별 자료 점수를 보여준다. 산점도를 보면 개인들 간에 얼마나 변이가 심한지를 알 수 있다.

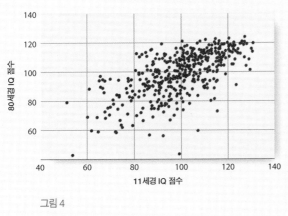

그림 4

산점도를 그리기 위해서는 각 개인마다 두 개의 관찰을 해야 한다. 그림 4에서 각 점은 한 사람을 나타낸다. 한 점을 골라서 그것에 대응되는 x축의 점수를 보면 그 사람이 11세 때 치른 IQ 검사의 점수를 알 수 있다. 그러고는 y축의 점수를 보면 그 사람이 80세에 비슷한 검사를 했을 때의 점수를 알 수 있다. 대부분의 사람들의 점수가 일생 동안 어느 정도나 일관적인지를 이 그래프는 보여준다.

이 교과서의 내용에 대해서 객관식 시험을 볼 수도 있는데, 그런 시험을 어떻게 하면 잘 치를 수 있을까요?

1. 각 선택지를 주의 깊게 읽어라. 첫눈에 정답 같아 보이는 것을 고르지 말고, 다른 답들이 틀린 것임

을 먼저 확인하라. 자신이 알고 있는 것과 들어맞는 선택지가 두 개 있다면, 그중에 어느 것이 더 나은지 결정하라.

2. 답을 모르겠다면 알고 있는 것을 바탕으로 추측하라. 틀린 것임이 분명한 답은 제외하라. 항상 또는 절대로 같은 절대적임을 의미하는 단어가 포함된 답은 아마도 오답일 것이다. 낯선 용어가 포함된 답도 모두 제외하라. 전혀 들어본 적이 없는 것은 아마도 정답이 아닐 것이다. 모든 시험 문제는 강의나 교과서에 나온 무언가에 대한 것임을 상기하라.

3. 일단 끝내고 나면 겁내지 말고 다시 돌아가서 자신의 답을 다시 숙고하라. 몇 십년 동안 학생들은 "처음 선택한 답이 정답이야."라고 서로에게 말해 왔지만 연구에 따르면 답을 변경하는 경우 대부분 점수가 좋아진다. 문제를 다시 보면 처음에 그 문제를 오해했음을 알게 될 때가 가끔 있다.

시작하기 전에 마지막으로 할 말은…

무엇보다도 독자가 이 교과서를 읽는 것이 즐겁기 바란다. 내가 찾을 수 있는 가장 생생한 예들을 이 책에 넣으려고 노력하였다. 내가 목표로 한 것은 단순히 몇 가지 사실을 독자에게 가르쳐주는 것뿐만이 아니라 독자가 배움을 사랑하게 만들어서 수업이 끝난 지 오랜 후에도 심리학에 대해서 더 많이 읽고 스스로 배우기를 계속하는 것이다.

James W. Kalat

1

심리학이란 무엇인가?

© iStockphoto/kryczka

당신이 다른 대부분의 학생들과 비슷하다면, 교과서에서 읽거나 교수들이 이야기해 주는 모든 것이 거의 다 사실임에 틀림없다고 가정하면서 시작한다. 그런데 만약 그렇지 않다면? 당신의 대학 교수진 자리를 사기꾼들이 차지했다고 가정해 보자. 그들이 자기가 하는 이야기에 대해 잘 알고 있는 척하고 모두들 서로의 능력을 보장하지만, 실은 그들 모두가 무자격자이다. 그들이 자기네 편견을 지지하는 교과서를 용케 찾아냈는데, 이 교과서 또한 거짓 정보로 가득 차 있다. 만약 이런 상황이라면 당신이 그런 줄을 어떻게 알겠는가?

그런 회의적인 생각을 품다 보니 이를 꼭 대학에 국한시킬 필요가 있을까? 책과 잡지를 읽을 때 혹은 정치평론가의 이야기를 들을 때 누가 옳은 소리를 하는지 어떻게 알까?

어느 누구도 항상 정답을 갖고 있지는 않다. 교수, 교과서 저자, 고민상담 칼럼니스트, 정치가 및 여타의 사람들이 가진 생각 중에는 확실한 이유가 있는 것도 있고 그렇지 않은 것도 있다. 때로는 대단히 훌륭하고 대단히 성실한 사람들조차도 자신이 굳게 믿었던 의견이 창피하게도 틀렸음을 알게 되는 일이 일어난다. 나는 우리가 읽거나 듣는 모든 것을 무시해야 한다고 말하려는 게 아니다. 하지만 우리는 사람들이 어떤 결론을 내린 이유를 우리에게 알려줄 것을 요구해야 한다. 거의 확실한 생각을 추측보다 나을 것이 없는 생각과 구별할 수 있도록 말이다.

방금 이야기한 것이 이 책의 주제이다. 즉, 증거를 저울질해 보라는 것이다. 우리는 심리학과 관련된 온갖 종류의 주장을 듣게 될 것이고, 의학, 정치학 및 기타 분야에 대한 주장도 듣게 될 것이다. 그 중 어떤 것은 타당하고, 어떤 것은 틀렸으며, 많은 것이 특정 조건하에서만 타당하고, 어떤 것은 맞거나 틀렸다고 하기에는 너무 모호하다. 이 책을 끝낼 때면 우리는 증거를 검토하고 어느 주장을 진지하게 받아들일지를 판단하기에 더 나은 위치에 있게 될 것이다.

우리가 신뢰하는 사람들이 자신의 의견에 강한 확신을 갖고 있는 것처럼 보일 때조차도 그들의 증거나 추론을 검토해야만 한다.

단원 1.1

심리학자의 목표

- 심리학이란 무엇일까?
- 심리학자를 움직이게 만드는 철학적 의문들은 어떤 것일까?
- 다양한 부류의 심리학자들은 무슨 일을 할까?
- 당신은 심리학을 전공할 생각을 해보아야 할까?

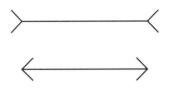

아마도 역사 교과서가 '역사'라는 용어의 의미를 논의하는 데 많은 시간을 들이지는 않을 것이다. 그리고 영문학 강의 역시 첫 수업을 문학을 정의하는 데 할애할 것 같지는 않다. 심리학이 그와 다른 이유는 심리학에 대해서 잘못된 인식을 갖고 있는 사람이 너무도 많기 때문이다. 나는 어떤 학생이 사람들에게 "사용할" 수 있는 종류의 심리학은 언제쯤 배우게 되는지를 질문했던 일이 기억난다. 또 다른 젊은이는 여자 친구를 유혹하는 요령을 가르쳐 줄 수 있는지를 (공개적으로는 아니고 내 사무실에서) 내게 직설적으로 물어보았다. 나는 그에게 (a) 심리학자들은 사람들이 본의 아니게 어떤 일을 하도록 속여 넘기려고 하지 않으며, (b) 내가 그런 요령을 실제로 알고 있더라도 윤리적으로 그에게 말해 줄 수는 없고, (c) 내가 행동을 통제하는 강력한 요령을 알고 있는 동시에 윤리적인 인간이 아니라면, 심리학개론을 가르치기보다는 내 개인의 이득을 위해 그런 힘을 사용하지 않겠느냐고 말했다.

심리학(psychology)이라는 용어는 '영혼' 혹은 '마음'을 뜻하는 *psyche*와 '말'을 뜻하는 *logos*라는 그리스어에서 나왔다. 심리학은 말 그대로 마음 혹은 영혼에 관한 연구이고, 사람들은 1900년대 초까지 심리학을 그런 식으로 정의했었다. 1920년 즈음에 심리학자들은 마음을 연구한다는 환상에서 깨어났다. 첫째, 연구란 우리가 관찰하는 것을 다루는데 마음은 관찰이 불가능하다. 둘째, '마음'에 관해 이야기한다는 것은 마음이 사물 혹은 대상임을 의미한다. 그러나 마음의 활동은 과정이다. 그것은 강 같은 것이 아니라 강의 흐름 같은 것이며, 자동차 같은 것이 아니라 자동차의 움직임 같은 것이다. 1900년대 초부터 심리학자들은 자기네 분야를 행동에 대한 연구라고 정의했다.

행동에 대한 연구는 분명히 중요하지만 우리가 관심을 갖는 것이 오로지 행동밖에 없을까? 당신이 다음의 시각 착시를 보고 아래보다 위에 있는 선의 수평선 부분이 더 길다고 말한다면(실제로는 두 길이가 똑같지만), 왜 더 길어 보인다고 말했는지뿐만이 아니라 그 선이 당신에게 왜 더 길어 보이는지가 궁금해진다. 따라서 절충안으로, 심리학을 행동과 경험에 관한 체계적인 연구라고 정의하자. 경험(experience)이라는 단어는 마음이 몸과 독립적으로 존재함을 의미하지는 않으면서도 지각을 논의할 수 있게 해 준다.

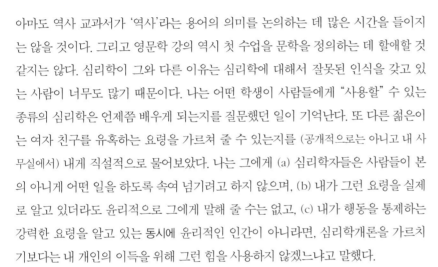

대부분의 사람들이 심리학자라고 하면 임상심리학자를 생각한다. 걱정이 있거나 우울하거나 아니면 다른 면에서 문제가 있는 사람들을 도우려고 하는 심리학자 말이다. 임상심리학은 심리학의 한 부분일 뿐이다. 심리학에는 감각과 지각, 학습과 기억, 배고픔과 목마름, 수면, 주의, 아동 발달 그리고 기타 많은 것에 관한 연구가 포함된다. 아마도 당신은 심리학 강의가 사람들을 '분석'하고 사람 성격의 숨겨진 측면을 해독하는 것을 가르쳐 줄 것이라고 기대할 것이다. 그러나 그렇지는 않을 것이다. 당신은 행동의 많은 측면을 이해하는 것을 배우겠지만, 깜짝 놀랄 만한 힘을 갖게 되지는 않을 것이다. 이상적인 일은, 몇 가지 안 되는 행동 표본을 가지고 사람들의 성격을 분석한다고 주장하는 이들을 당신이 만났을 때 그들을 좀더 회의적인 시선으로 보게 되는 것이다.

심리학에서 항상 나오는 일반적인 말

심리학에서 가장 일반적으로 나오는 진술 세 가지를 갖고 시작해 보자. 각각의 진술은 이 책 전반에 걸쳐 계속해서 등장할 것이다.

경우(또는 상황, 조건)에 따라 다르다

모든 경우에 모든 사람에게 적용되는 심리학은 사실상 없다. 이를테면 행동의 거의 모든 측면이 나이에 따라 달라진다. 신생아는 아동과 다르고, 아동은 청년과 다르고, 또 청년은 중년과 다르다. 또한 사람의 유전,

따뜻한 컵을 들고 있으면 다른 사람들의 성격을 따뜻하다고 평가하는 경향이 있다. 차가운 컵을 들고 있으면 평가가 반대쪽으로 향한다. 우리는 사고와 행동에 미묘하게 영향을 주는 이러한 요인들을 종종 간과한다.

건강, 과거 경험 및 현재 깨어 있는지 혹은 자고 있는지에 따라서도 행동이 달라진다. 어떤 면에서는 남성이냐 여성이냐에 따라 그리고 문화에 따라 행동이 다르다. 어떤 측면은 하루 중의 시간, 방 온도, 혹은 언제 마지막으로 음식을 먹었느냐에 달려 있다. 어떤 사람이 질문에 어떻게 대답하는가는 질문에서 실제 사용된 단어, 그 이전 질문에서 사용된 단어, 그리고 누가 질문을 하느냐에 따라 달라진다.

'경우에 따라 다르다'를 심리학에서 보편적인 진리로 본다면 심리학이 사실은 아무것도 모른다고 추론할 수도 있겠다. 하지만 그와 반대로 '경우에 따라 다르다'는 중요한 요점이다. 무엇에 따라 달라지는지를 아는 것이 핵심이다. 심리학 공부를 하면 할수록 사람들 대다수가 간과하는 미묘한 영향들이 얼마나 많은지를 더 잘 알아채게 될 것이다. 예를 들어 우리가 시험을 보게 된다고 하자. 시험지 맨 위에 있는 지시문을

학생들이 확실히 잘 읽게 하려고 강사가 빨간색으로 지시문을 넣었다. 그 결과는 어떨까? 한 가지 결과는 학생들의 점수가 보통보다 더 낮게 나올 것이라는 것이다! 학교에 다니기 시작한 이래 선생님들은 우리의 오류를 빨간색으로 표시해 주었다. 시험지 위에 빨간 잉크를 보는 것만으로도 성적이 나빴던 때가 생각나고, 그런 작은 좌절이 수행을 방해할 수도 있다. 심지어 시험지 윗부분에 있는 작은 빨간 글씨나 숫자 하나도 평균적으로 학생들의 성적을 약간 떨어뜨렸다(Elliot, Maier, Moller, Friedman, & Meinhardt, 2007).

'경우에 따라 다르다'를 보여주는 또 다른 예로서 다음과 같은 연구에 참여한다고 상상해 보라. 심리학자가 건물의 맨 아래층에서 당신을 만나서, 연구에 참여해주어서 고맙다고 말하고, 맨 위층에 있는 실험실로 가기 위해 엘리베이터로 데리고 간다. 엘리베이터를 타고 올라가는 동안, 그녀가 당신에 관한 질문을 몇 가지 하면서 들고 있던 메모판에 답을 적어 넣을 동안 자신의 커피 잔을 들고 있어 달라는 부탁을 한다. 실험실에 도착했을 때 당신이 해야 할 과제는 어떤 사람에 관한 짧은 묘사를 읽은 다음 지능, 유머 감각, 상상력 및 따스함 같은 여러 척도 상에서 그 사람의 성격을 평가하는 것이다. 여기서 핵심 요인은 엘리베이터를 타는 동안 잠깐 들고 있었던 커피 잔의 온도였다. 만약 커피 잔이 따뜻했다면 당신이 그 사람을 '따뜻하다'고 평가할 가능성이 더 높았다. 만약 커피 잔이 차가웠다면 당신이 그 사람을 '차갑다'고 평가할 가능성이 더 높았다(Williams & Barch, 2008). 당연히 당신은 커피 잔을 들고 있는 것이 자신에게 영향을 미쳤음을 자각하지 못한다. 심리학에서는 우리의 행위에 영향을 미치는 미묘하면서 쉽게 간과되는 요인들을 밝혀내려는 노력이 많은 부분을 차지한다.

정확한 측정이 핵심이다

노벨상을 받은 생물학자 Sidney Brenner의 말을 인용하자면 "과학에서 일어나는 진보는 새로운 기법, 새로운 발견, 그리고 새로운 개념에, 아마도 이 순서대로, 의존한다"(McElheny, 2004, p. 71). 천문학에서 동물학에 이르기까지 어느 분야든 새로운 발견과 개념은 좋은 측정법에 의존한다. 감각 과정, 학습 및 기억과 같은 주제에서 심리학자들의 지식이 가장 빠른 속도로 진보해 왔는데, 이것들은 연구자가 꽤 쉽고 정확하게 측정할 수 있는 주제이다. 예컨대 최고의 공부 방법을 연구하려면 사람이 얼마나 많이 기억하는가에 대한 좋은 측정치가 필요한데, 심리학자들은 그런 측정을 위한 방법을 많이 개발하였다.

분명한 정의와 정확한 측정법을 찾기 어려운 분야에서는 연구의 발전이 더디게 이루어졌다. 정서란 무엇일까? 성격이란 무엇일까? 사랑을 측정할 수 있을까? 심리학자들이 이런 주제에 대해 흥미롭고 중요한 이야기를 할 수 있겠지만 측정하기가 어려워서 연구의 진보가 제한된다.

결론에 대한 자신감은 연구의 힘에 달려 있다

어린 아이들이 하루에 한 시간 TV를 시청하는 것이 괜찮은 일일까? 너무 많은 시간

이란 얼마만큼일까? 때로는 아이를 체벌하는 것이 괜찮을까? 청소년들이 폭력적인 컴퓨터 게임을 하는 시간에 제한을 두자면 몇 시간이 되어야 할까? 남성과 여성의 행동에서 나타나는 차이는 생물학적인 영향을 어느 정도 반영할까? 설령 자신의 의견을 지지할 과학적 증거를 전혀 알지 못한다 하더라도 아마도 이 질문들에 대한 각자의 의견이 있을 것이다. 마찬가지로 많은 심리학자들이 이런 문제 및 다른 쟁점들에 대해 단호한 의견을 가지고 있다. 그들이 자신의 의견을 지지하는 연구를 어느 정도 인용할 수는 있겠으나, 솔직히 말하면 자료가 지지하는 것 이상으로 자신 있게 의견을 내세우는 사람이 많다. 따라서 결정적인 증거에 근거한 의견과 별로 결정적이지 않은 증거에 근거한 의견을 구별하는 것이 중요하다. 이 책에서 어떤 연구를 좀 자세하게 기술할 때에는 그 연구에서 나온 결론을 뒷받침하는 증거가 얼마나 강력한지(혹은 아닌지)를 이해하는 데 도움을 주기 위해서이다.

파도 같은 외적인 힘과 사람의 내부에 있는 힘이 행동을 이끌어 간다. 결정론적 관점에 따르면 그런 내적 힘들마저 물리 법칙을 따른다.

심리학의 주요 철학적 논제

심리학은 1800년대 후반 마음에 관한 철학의 의문에 과학적 방법을 적용하려는 시도로 시작되었다. 심리학과 연관하여 가장 심오한 철학적 의문은 자유의지 대 결정론, 마음-뇌 문제(mind-brain problem, 또는 심신 관계 문제), 그리고 선천성-후천성 논쟁이다.

자유의지 대 결정론

어떤 것에 대한 과학적 접근(심리학을 포함한)은 우리가 인과 관계의 우주에 살고 있다고 가정한다. 사건이 아무 이유도 없이 "그냥 일어난다"면 우리에겐 과학적 원리를 발견할 가망이 없다. 다시 말해 과학자들은 결정론(determinism), 즉 모든 사건에는 우리가 관찰하거나 측정할 수 있는 이유, 즉 결정인(因)이 있다는 개념을 상정한다. 이 관점은 확립된 사실이 아니고 가정이지만 과학적 연구가 성공을 거둔 것이 이 관점의 가치를 증명하고 있다.

이 관점이 인간의 행동에도 적용될까? 우리가 물리적 세계의 일부임은 사실이다. 결정론적 가정에 따르면 우리가 하는 모든 일에는 원인이 있다. 이 관점은 우리 모두가 갖고 있는 인상, 즉 "내가 내 행위에 대한 결정을 내리는 사람이다. 점심에 무엇을 먹을지 혹은 어떤 스웨터를 사야 할지 결정을 할 때 마지막 순간까지 결정을 내리지 못할 때가 있다. 그래도 내가 둘 중 어느 것이든 선택했을 수 있다."는 생각과 상충된 것처럼 보인다. 행동은 어떤 사람의 독립적인 결정에 의해 초래된다는 믿음을 자유의지(free will)라고 부른다. 이런 인상은 맞든 틀리든 강력한 생각이다(Nichols, 2011). 당신이 생각하기에 당신의 행동은 예측 가능한가? 다른 사람들의 행동은 어떤가? 설문에 따르면 대다수의 사람들은 자기 자신의 행동이 타인의 행동보다 예측하기 힘들다고 생각한다. 다시 말해 우리는 스스로에게는 자유의지가 있지만 다른 사람들은 그다지 그렇지 않다고 생각한다(Pronin & Kugler, 2010).

일부 심리학자들은 자유의지가 착각이라는 입장을 고수한다(Wegner, 2002). 즉, 우리가 의식적인 의도라고 부르는 것이 사실은 우리 행동의 원인이 아니라 행동에 대한 예측이라는 것이다. 손가락 하나를 움직이겠다고 결정하는 경험을 할 때 그 행동은 이미 일어나기 시작하고 있다. 이 입장에 관한 증거를 나중에 의식에 관한 단원에서 살펴볼 것이다.

다른 심리학자와 철학자들은 우리 안에 있는 무언가가 그 행위를 시작시킨다는 의미에서 결정을 내리는 것은 실제로 우리라고 응수한다(Baumeister, 2008). 공이 언덕을 굴러 내려올 때 그 움직임은 언덕의 모양에 달려 있다. 우리가 언덕을 달려 내려올 때 차가 우리 쪽으로 오거나 길 앞에 뱀이 있는 것을 보면 우리는 방향을 바꿀 수 있다. 공은 그렇게 할 수 없다.

그럼에도 불구하고 결정을 하는 '우리'는 그 자체가 유전과 인생 사건들의 산물이다. (우리가 스스로를 창조하지는 않았다.) 그렇다. 어떤 의미에서는 우리에게 의지, 즉 선택을 하는 능력이 있다. 하지만 우리의 의지는 유전과 경험의 산물이다. 의지가 무에서 생겨난 것은 아니라는 말이다.

결정론의 검증은 결국에는 경험에 의한다. 즉, 만약에 우리가 하는 모든 일에 원인이 있다면 우리의 행동은 예측 가능해야 한다. 어떤 경우(예컨대, 반사)에는 행동이 분명히 예측 가능하다. 그러나 보통은 심리학자들의 예측이 기상 예보와 더 비슷하다. 즉, 대부분의 경우 예측이 거의 정확하지만 모든 세부 사항까지 정확할 수는 없는데, 왜냐하면 그냥 너무나 많은 작은 힘들이 작용하고 있기 때문이다.

연구자들이 한 가지 사실은 인정한다. 즉, 결정론이 이론적으로 말이 되고 좋은 연구를 낳기는 하지만 인생관으로서는 좋은 효과가 없다는 것이다. 이 점을 잘 보여주는 연구가 있다. 심리학자들이 사람들에게 두 가지 글 중 하나를 읽게 했다. 일부는 결정론을 지지하는 주장을 읽었고, 나머지 사람들은 그와 무관한 논문을 읽었다. 그런 다음 연구 참여자들이 개인적인 이득을 얻기 위해 '남을 속이는' 것이 쉬운 상황에 놓여졌다. 결정론에 관한 글을 읽은 사람들이 부정행위를 하는 비율이 더 높았다(Vohs & Schooler, 2008). 그들이 개인적인 책임감을 덜 느낀 것임이 분명해 보인다.

마음-뇌 문제

우리가 물질과 에너지로 이루어진 우주에 살고 있다고 할 때, 마음이란 도대체 무

엇일까? 그리고 의식이 왜 존재할까? 경험이 뇌와 어떻게 연관되는가라는 철학적인 물음이 마음-뇌 문제(혹은 심신 관계 문제)이다. 이원론(dualism)이라는 관점은 마음이 뇌와는 분리되어 있으나 어떤 식으로든 뇌를 통제하고 따라서 몸의 나머지 부분도 통제한다는 입장이다. 그러나 이원론은 물리학의 주춧돌인 물질과 에너지 보존의 법칙과 상충된다. 이 법칙에 따르면 우리의 몸을 구성하는 물질과 에너지를 포함하여 어떤 물질 혹은 에너지에 영향을 미칠 수 있는 유일한 방법은 다른 물질 혹은 에너지로 그것에 작용하는 것이다. 마음이 물질 혹은 에너지로 이루어진 게 아니라면 마음이 할 수 있는 일은 아무것도 없다. 그런 이유 때문에 모든 뇌 연구자와 철학자들은 일원론을 선호한다. 일원론(monism)은 의식적 경험을 물리적인 뇌와 떼어놓을 수 없다는 관점이다. 다시 말해 마음의 활동이 곧 뇌의 활동이다. 우리가 아는 한 뇌 활동 없이는 의식이 존재할 수 없는데, 의식 없이 특정 종류의 뇌 활동이 존재할 수 없다는 점 역시 사실일 것이다. 마음-뇌 문제는 많은 연구를 촉발하는데, 그 중 일부를 뇌에 관한 제3장과 의식에 관한 제10장에서 살펴볼 것이다.

그림 1.1에 있는 사진은 어떤 사람이 아홉 가지 과제를 수행하고 있을 때 일어나는 뇌 활동을 양성자 방

왜 아이들마다 서로 다른 데에 관심이 생길까? 아이들마다 유전적 성향이 다르지만 경험도 역시 다르다. 선천성과 후천성의 역할을 분리하기는 쉬운 일이 아니다.

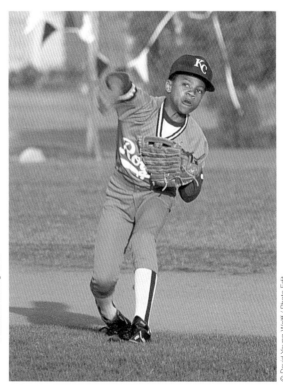

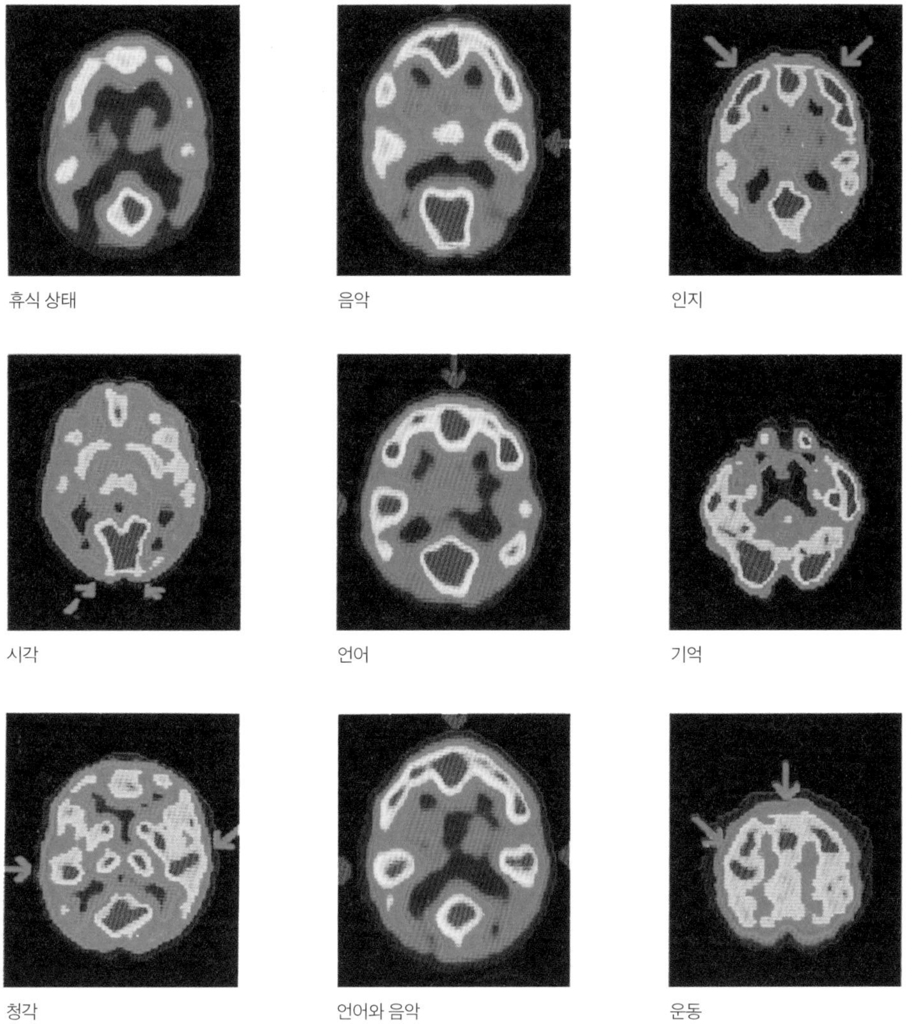

휴식 상태	음악	인지
시각	언어	기억
청각	언어와 음악	운동

Courtesy of Michael E. Phelps and John C. Mazziotta, University of California, Los Angeles, School of Medicine.

그림 1.1 여기 있는 PET 스캔 사진들은 정상인 사람이 여러 다른 활동을 할 때의 뇌 활성을 보여준다. 빨간색이 가장 활성이 높은 곳이고, 그 다음으로 노란색, 초록색, 파란색 순서대로 활성이 높다. 화살표는 가장 활발한 영역을 가리킨다.

출 단층 촬영술(positron-emission tomography, PET)이라 불리는 기법으로 측정한 것이다. 빨간색이 가장 높은 수준의 뇌 활동을 나타내고, 노란색, 초록색 그리고 파란색 순서로 활동이 낮아진다. 여기서 보듯이, 과제에 따라 활동이 증가되는 영역이 달랐으나 모든 영역이 항상 어느 정도는 활동을 보였다(Phelps & Mazziotta, 1985). 우리는 다음과 같이 물을 수 있다. 뇌 활동이 사고를 낳았을까 아니면 사고가 뇌 활동을 낳았을까? 뇌 연구자들 대부분이 "둘 다 아니다."라고 답할 것인데, 그 이유는 뇌 활동과 마음의 활동이 같은 것이기 때문이다.

우리가 이 입장을 수용하더라도 마음-뇌 관계를 이해하기까지는 아직도 멀었다. 어떤 종류의 뇌 활동이 의식과 연관되어 있을까? 도대체 의식적 경험이 왜 존재하는가? 의식적 경험 없이 뇌가 작동할 수 있을까? 이 물음들에 대한 답을 찾는 과정에서 과학적 연구가 철학자들을 곧 실업자로 전락시키지는 않겠지만, 그런 연구 결과는 우리가 진지하게 숙고할 수 있는 철학적 해답에 제약을 가하는 것이 사실이다.

선천성-후천성 논쟁

왜 어린 남자아이들은 대부분 어린 여자아이에 비해 인형보다 장난감 총과 트럭을 가지고 노는 시간이 더 많을까? 생물학적 차이 때문일까 아니면 부모가 아들과 딸을 다르게 양육해서일까?

알코올 남용이 일상적으로 일어나는 문화가 있고 거의 일어나지 않는 문화가 있다. 이런 차이가 사회적 관습의 문제일까 아니면 알코올 복용에도 유전자가 영향을 미치는 것일까?

특정 심리 장애는 작은 도시나 시골보다 대도시에서 더 많이 나타난다. 복잡한 도시에서의 삶이 심리 장애를 일으키는 것일까? 아니면 유전적 소인 때문에 그런 장애가 생긴 사람들이 직업, 주택 및 복지 서비스를 찾아서 대도시로 이사한 것일까?

이 문제들 각각이 행동에서 나타나는 차이가 유전 및 환경 차이와 어떤 관련이 있는가라는 선천성-후천성 논쟁(혹은 유전-환경 논쟁)과 관련된다. 선천성-후천성 논쟁은 심리학 전반에 걸쳐서 다양한 방식으로 제기되며, 그에 대한 간단한 답이 있는 경우는 거의 없다. 때로는 그 답이 "경우에 따라 다르다"의 복잡한 버전이다. 즉, 유전적 차이가 한 환경에서는 사람들에게 큰 차이를, 다른 환경에서는 더 적은 차이를 초래할지도 모르는 것이다.

개념 점검

1. 어떤 면에서 모든 과학적 연구가 결정론을 전제로 하는가?
2. 이원론에 대한 한 가지 주요 반론은 무엇인가?

심리학자가 하는 일

일반적으로 심리학과 연관된 주요 철학적 논쟁 몇 가지를 살펴보았다. 그러나 대부분의 심리학자는 그보다는 좀더 작고 감당하기 쉬운 문제를 다룬다. 그들은 그림 1.2에 있는 것처럼 여러 직장에서 일한다. 심리학자들이 가장 흔히 일하는 곳은 대학 및 대학교, 민간 연구소나 상담소, 병원 및 정신보건 클리닉, 그리고 정부 기관이다.

개인에게 서비스를 제공하는 직업

여러 종류의 정신보건 전문직을 구분하는 것이 중요하다. 심리적인 문제가 있는 사람들에게 서비스를 제공하는 직업 중 주요 종류를 꼽자면 임상심리학자, 정신건강의학과 전문의, 사회복지사, 그리고 상담심리학자이다.

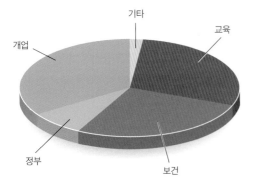

그림 1.2 심리학자들은 다양한 환경에서 일한다(미국 노동부에서 나온 2008년 자료에 근거함).

임상심리학

임상심리학자(clinical psychologist)는 심리학에서 고급 학위(석사 학위, PhD 혹은 PsyD[1])를 받은 사람이며 심리적인 문제를 지닌 사람들을 이해하고 돕는 것을 전문으로 한다. 사람들이 지닌 문제의 범위에는 우울증, 불안, 물질 남용에서부터 부부 갈등, 결정 내리기를 어려워하는 것, 혹은 심지어 "인생이 이것밖에 안 돼?"라는 느낌까지도 포함된다. 임상심리학자들은 이런 저런 방식으로 어떤 사람에게 왜 문제가 있는지를 이해하려고 하고 그 다음에는 그 사람이 그 문제를 극복하도록 돕는다. 일부 임상심리학자들은 대학 교수이거나 연구를 하기도 하지만 개업을 하고 있는 경우도 많다.

정신건강의학

정신건강의학(psychiatry)은 정서적 장애를 다루는 의학 분야이다. 정신건강의학과 전문의가 되려면 의학박사 학위를 먼저 취득해야 하고 그 다음에 정신건강의학과에서 4년의 레지던트 과정을 거쳐야 한다.[2] 이들은 의사이기 때문에 신경안정제와 항우울제 같은 약물을 처방할 수 있다. 반면에 대부분의 심리학자들은 약물을 처방할 수 없다. 미국에서는 현재 몇몇 주가 몇 년의 훈련을 추가로 받은 심리학자들에게 약물 처방권을 허용하고 있다(Fox et al., 2009). 임상심리학자에 비해 정신건강의학과 의사는 정신병원에서 일하는 경우가 더 많으며, 대개 더 심각한 장애를 가진 환자들을 치료한다.

심리학자가 약물을 처방할 수 없는 곳에서 정신건강의학과 의사가 약물을 처방할 수 있다는 점이 심리학자에 비해 유리한 점이 될까? 항상 그렇지는 않다. 약물은 유용하지만 약물에만 전적으로 의존하는 것은 잘못일 수 있다. 보통 임상심리학자를 찾아가면 환자의 문제를 두고 포괄적으로 이야기하는 시간이 있지만 정신건강의학과 의사에게 가면 약물의 효과와 부작용을 점검하는 데 주로 초점이 맞춰질 때가 많다. 어떤 설문 조사에서는 해가 갈수록 대화 치료를 제공하는 정신건강의학과 의사가 점점 더 줄어든다는 결과가 나왔다(Mojtabai & Olfson, 2008).

기타 정신보건 전문가들

다른 여러 종류의 전문가들 역시 도움과 상담 서비스를 제공한다. 정신분석가(psychoanalyst)는 20세기 초 비엔나의 의사 프로이트가 처음 개척하고 이후 다른 사람들에 의해 수정된 이론과 방법에 크게 의존하여 치료를 제공하는 사람이다. 프로이트와 그의 추종자들은 사람의 말이나 행위 뒤에 숨겨진 무의식적이며 상징적인 의미를 추론하

---

1 PhD는 Doctor of Philosophy의 약자로서 철학박사라고 번역될 수 있으나 일반적으로 철학뿐 아니라 어느 분야든 간에 학문적 연구를 한 사람에게 수여되는 학위를 가리킨다. 이와 대조적으로 PsyD는 Doctor of Psychology의 약자로서 실습이 중요시되는 훈련과정을 거친 사람에게 주어지는 학위이며, 주로 미국의 전문대학원(professional school)에서 제공한다. PsyD는 심리학박사라고 번역될 수 있겠으나, 한국에서는 심리학박사라고 하면 PhD인지 PsyD인지 구분이 되지 않는다. 현재 한국에서 거의 모든 심리학 교수들은 PhD를 받은 사람들이다. 본 교과서의 43쪽도 참고하라.

2 이는 미국의 경우이며, 한국에서는 의학박사 학위는 필요하지 않은 대신 인턴 과정과 레지던트 과정을 거쳐야 한다.

려고 했는데, 오늘날의 정신분석가들도 그런 노력을 계속하고 있다.

자신을 정신분석가라고 정당하게 자처할 수 있는 사람이 누구인지에 대해서는 의문이 좀 있다. 어떤 이들은 무의식적 사고와 감정을 파헤치려고 시도하는 모든 사람에게 이 용어를 적용한다. 다른 이들은 정신분석 기관에서 6~8년 프로그램을 이수한 사람에게만 이 용어를 적용한다. 이 기관에는 이미 정신건강의학과 전문의이거나 임상심리학자인 사람만 입학할 수 있다. (젊은 정신분석가를 한 번도 만나본 적이 없는 이유를 알겠는가?)

임상사회복지사(clinical social worker)는 임상심리학자와 유사하지만 받은 훈련이 다르다. 대부분의 경우 임상사회복지사는 사회복지학 석사학위가 있는데 심리적 문제가 전문이다. 많은 건강관리단체가 심리학자나 정신건강의학과 전문의보다는 임상사회복지사 쪽으로 심리적 문제가 있는 환자들 대부분을 보낸다. 그 이유는 사회복지사들은 공식적인 교육을 덜 받아서 시간당 임금이 적기 때문이다. 정신건강의학과 간호사(정신건강의학에서 추가 훈련을 받은 간호사) 중에서도 유사한 서비스를 제공하는 이들이 있다.[3]

상담심리학자(counseling psychologist)는 교육, 직업, 결혼, 건강 및 기타 문제와 관련된 결정의 측면에서 사람들을 돕는다. 상담심리학자는 박사학위(PhD, PsyD 혹은 EdD[4])가 있고[5] 상담 분야의 수퍼비전[6]을 받은 경험이 있는 사람이다. 임상심리학자는 주로 불안, 우울증 및 기타 정서적 장애를 다루는 반면에 상담심리학자는 대부분 삶에서

내리는 결정, 그리고 가족 또는 직업 재적응을 다룬다. 상담심리학자는 교육기관, 정신건강센터, 재활기관 또는 사업체에서 일하거나 개인적으로 개업을 한다.

법심리학자(forensic psychologist)라는 말을 들어보았을지 모르겠다. 그들은 경찰, 변호사 및 법원에 조언과 자문을 제공한다. 법심리학자는 임상심리학자나 상담심리학자이면서 법적 문제에 관해 추가 훈련을 받은 사람들이다. 그들은 피고인이 심신미약 상태가 아니어서 재판을 받을 수 있는지 혹은 가석방 조건이 되는 사람이 얼마나 위험한지 같은 결정에 조언을 한다 (Otto & Heilbrun, 2002). 많은 대중 영화와 TV 드라마는 범죄심리학자가 경찰 수사관들이 연쇄살인범의 심리 프로파일을 만들어나가는 일을 돕는 모습을 보여주었다. 그런 것이 신나고 화려한 전문직인 것처럼 보이겠지만 그런 활동에 관여하는 심리학자는 드물다 (그리고 제14장에서 보겠지만 그들이 만든 프로파일의 정확도도 불확실하다). 오늘날 대부분의 범죄 프로파일러들은 심리학이 아니라 경찰 분야에서 훈련을 받고 경력을 쌓는다.

표 1.1이 다양한 유형의 정신건강 전문가들을 비교하고 있다.

표 1.1 정신건강 전문가[7]

치료사의 유형	교육
임상심리학자	PsyD 또는 임상 경험을 갖춘 PhD가 있고 인턴과정을 거침. 보통은 학부 학위 이후 5년 이상 걸림
정신건강의학과 전문의	의학박사 학위를 따고 정신건강의학과 레지던트 과정을 거침. 학부 학위 이후 도합 8년
정신분석가	정신건강의학 또는 임상심리학을 공부한 후 정신분석 기관에서 6~8년 추가. 이밖에 프로이트식 방법에 의존하는 많은 사람들이 정신분석가로 자처함
정신건강의학과 간호사	2년제 학위부터 석사학위까지 포함됨. 그리고 추가로 수퍼비전을 받은 경험
임상사회복지사	석사학위 그리고 2년의 수퍼비전. 학부 학위 이후 최소 도합 4년
상담심리학자	PhD, PsyD 혹은 EdD, 그리고 상담 분야의 수퍼비전을 받은 경험
법심리학자	보통 임상심리학 혹은 상담심리학 박사학위 그리고 법적 문제에 관한 추가 훈련

개념 점검

3. 정신분석가들이 약물을 처방할 수 있는가?

조직에 서비스를 제공하는 직업

심리학자는 또한 경영, 산업체 및 학교체계에서도 일하면서 당신이 심리학이라고 인식하지 못할지도 모를 작업을 한다. 이런 분야의 일자리 전망은 밝으며, 당신은 이 분야가 흥미롭게 느껴질 수도 있을 것이다.

산업/조직심리학

직장에서 일하는 사람들에 대한 심리학적 연구를 산업/조직심리학(industrial/organizational psychology, 또는 I/O심리학)이라고 부른다. 이 분야는 어떤 직무에 적합한 사람의 고용, 직무를 위한 훈련, 사업팀 개발, 월급과 상

---

3 이 문단의 이야기는 미국의 경우로서 한국의 상황과 동일하지 않다. 관련 분야를 참고하기 바란다.

4 EdD는 Doctor of Education, 즉 교육학박사의 약자이다.

5 한국에서는 반드시 박사학위가 필요하지는 않으며 대신에 한국심리학회 등에서 제공하는 일정한 수련과정과 시험을 통과하여 자격증을 취득하면 된다.

6 수련과정의 일부로서, 특정 분야의 전문가 자격증이 있는 사람에게서 지도감독을 받는 것을 가리킨다.

7 이 표의 내용은 미국의 경우를 보여주는 것으로서 한국의 사정과 동일하지 않다.

여금 결정, 근로자에게 수행에 관한 피드백 제공, 조직 구조 설계, 근로자가 생산적이고 만족스럽게 일하도록 작업장을 조직하는 것과 같은 문제를 다룬다. I/O심리학자는 개인 근로자와 조직 양쪽 모두에 관심을 기울이는데, 여기에는 경제적 상황의 영향과 정부의 규제 등도 포함된다. 우리는 제11장에서 작업 동기에 대해 살펴볼 것이다.

산업/조직심리학자의 관심 중 하나를 보여주는 예는 다음과 같다(Campion & Thayer, 1989). 전자기기를 생산하는 회사에서 자사 제품에 대한 사용 및 수리 매뉴얼을 펴내야 한다. 그 장치를 설계한 엔지니어들이 매뉴얼을 만드는 데 시간을 들이고 싶어 하지 않아서 회사는 매뉴얼을 만들기 위해 기술 전문 작가(technical writer)를 고용했다. 1년 뒤 그녀는 작성한 매뉴얼에 기술적 오류가 너무 많다는 이유로 좋지 못한 수행 평가를 받았다. 그녀는 회사의 엔지니어들에게 기술적 세부사항을 설명해 달라고 요청하면 엔지니어들은 항상 너무 바빴다고 항변했다. 그녀에게는 자신의 직무가 복잡하고 불만스러웠다. 사무실은 조명이 나쁘고 시끄럽고 더웠으며 의자는 불편했다. 이런 문제들을 언급할 때마다 그녀에게 돌아오는 말은 "불평을 너무 많이 한다"는 것이었다.

이와 같은 상황에서 산업/조직심리학자는 그 회사가 갖고 있는 해결책들을 평가하는 것을 돕는다. 한 가지 해결책은 그녀를 해고하고, 전기공학 전문가인 동시에 뛰어난 작가인데 조명이 나쁘고 시끄럽고 덥고 불편한 사무실을 견디는 사람을 고용하는 것이다. 그러나 회사가 그런 사람을 찾지 못하거나 고용할 비용이 모자란다면 그 회사는 작업 환경을 개선하고 현재의 직원에게 더 많은 훈련과 도움을 줄 필요가 있다.

인간요인 전문가

우리가 사용하는 기계들이 점점 더 복잡해져서 그 작동을 배우는 것이 현대 생활에서 힘든 일 중 하나가 되었다. 때로는 그 결과가 심각하다. 조종사가 착륙 기어를 내리는 대신 날개플랩을 들어 올리거나 핵발전소에서 일하는 근무자가 경고 신호를 간과하는 것을 상상해 보라. 인간요인 전문가(human factors specialist) 혹은 인간공학자(ergonomist)라는 부류의 심리학자는 기계를 조작하기 쉽게 만들어서 보통 사람들이 기계를 효율적으로 그리고 안전하게 사용할 수 있게끔 한다. 인간요인 전문가들은 맨 처음에는 군대 환경에서 일했다. 군대 환경에서는 복잡한 기계를 사용하려면 때로는 병사들이 거의 보이지 않는 목표물을 찾아내고, 귀가 멀 것 같은 소음 속에서 언어를 이해하고, 3차원으로 목표를 추적하고, 찰나의 순간에 생사가 걸린 판단을 해야 한다. 군대는 그런 과제들을 재설계하여 군 인력이 그 기술을 쉽게 마스터하도록 하기 위해 심리학자들에게 의지했다.

인간요인 전문가들은 곧 카메라, 컴퓨터, 전자레인지, 휴대전화 같은 일상 도구들의 디자인에 자기네 전문성을 발휘했다. 이 분야는 심리학, 공학 및 컴퓨터과학의 특징을 아우른다. 이는 많은 일자리를 찾을 수 있는 성장 중인 분야이다.

학교심리학

대부분은 아닐지 몰라도 많은 아이들이 언젠가는 학교에서 문제를 겪게 된다. 어떤 아이들은 가만히 앉아 있거나 주의를 기울이는 데 문제가 있다. 다른 아이들은 비행으로 문제를 일으킨다. 일부는 읽기 혹은 학업 기술에 문제가 있다. 또 다른 아이들은 학교 공부를 금방 다하고는 지루해 한다. 이런 아이들 역시 특별한 관심이 필요하다.

학교심리학자(school psychologist)는 대개 유치원부터 고등학교 3학년까지에 걸쳐 학생의 심리적 상태를 다루는 전문가이다. 학교심리학자는 아이의 교육적 필요를 밝혀내고, 그것을 충족시킬 계획을 짜고, 그런 다음 스스로 그 계획을 구현하거나 교사에게 어떻게 할지 조언을 한다.

학교심리학은 심리학과, 교육학과 혹은 교육심리학과에서 배울 수 있다. 일부 국가에서는 학사학위만으로도 학교심리학 일을 할 수 있다. 미국에서는 학교심리학

인간요인 전문가는 기계를 더 쓰기 쉽고 안전하도록 재설계한다. 이 분야는 공학과 심리학 양쪽 모두의 원리를 이용한다.

핫도그와 솜사탕을 먹고는 격렬한 놀이기구를 타고 나서 배가 아파오면 우리가 의식적으로 생각하는 것과는 상관없이 뇌 속의 무언가가 음식을 탓하게 된다. 이런 종류의 학습이 유해한 물질을 피할 수 있게끔 도와준다.

유아와 아주 어린아이는 맛이 괜찮은 것은 거의 무엇이든지 먹으려 하지만 점점 자라가면서 맛 이외의 다른 이유로 어떤 음식을 피하기 시작한다.

자의 최소 학력 요구조건이 대개 석사학위이지만 미래에는 박사학위가 필요하게 될지도 모른다. 대부분의 학교심리학자는 학교 시스템 내에서 일하지만, 일부는 정신보건클리닉, 진로상담센터 및 다른 기관에서 일한다.

교육과 연구를 하는 심리학자

많은 심리학자들, 특히 임상심리학자가 아닌 사람들은 대학(교)에서 가르치고 연구를 한다. 어느 정도까지는, 다른 유형의 심리학자들이 서로 다른 주제를 연구한다. 예컨대, 발달심리학자는 아이를 관찰하고, 생물심리학자는 뇌 손상의 효과를 연구한다. 그러나 다른 부류의 심리학자들이 때로는 같은 질문을 다른 방식으로 접근하여 연구하기도 한다. 이를 설명하기 위해 우리가 무엇을 먹을지를 어떻게 선택하는가라는 예를 생각해 보자. 다른 유형의 심리학자들이 서로 다른 설명을 제시한다.

발달심리학

발달심리학자(developmental psychologist)는 "자궁에서부터 무덤까지" 행동이 나이에 따라 어떻게 변화하는지를 연구한다. 예를 들어 2세부터 4세까지의 언어 발달 혹은 60세부터 80세까지의 기억을 살펴보면서 그 변화를 기술하고 설명하고자 한다.

음식 선택과 관련해서는 출생 시부터 선호하는 맛이 존재한다. 신생아는 단맛을 선호하며 쓰고 신 물질은 기피한다. 그러나 신생아는 마치 아직 소금은 맛볼 능력이 없는 것처럼 짠맛에 대해서는 아무래도 좋은 것처럼 보인다(Beauchamp, Cowart, Mennella, & Marsh, 1994). 걸음마기 유아는 맛이 시거나 쓰지 않은 한 자기 입

에 넣을 수 있는 것은 거의 모두 먹으려고 한다. 그렇기 때문에 부모가 가구광택제 같은 위험 물질은 걸음마기 유아의 손이 닿지 않는 곳에 두어야 한다. 자라면서 아이들은 음식을 점점 더 선별적으로 받아들이게 된다. 그런데 7~8세까지는 아이들이 무언가를 먹지 않으려는 유일한 이유가 대개 그것이 맛이 없을 것이라고 생각하기 때문이다(Rozin, Fallon, & Augustoni-Ziskind, 1986). 더 나이가 들면서는 아이들은 건강에 나쁘다는 식의 더 복잡한 이유를 들면서 어떤 음식을 거부한다.

학습과 동기

학습과 동기(learning and motivation)라는 분야는 행동이 어떻게 과거 행동의 결과 그리고 현재의 동기에 의존하는지를 연구한다. 특정한 행동을 우리가 얼마나 자주 하는지는 과거에 그 행동이 어떤 결과를 낳았는지에 좌우된다.

우리는 전반적으로 무엇을 먹지 않아야 할지를 학습함으로써 음식 선택을 배운다. 예를 들어 무언가를 먹고 난 다음에 아프다면 그 음식의 맛에 대한 혐오가 생기는데, 먹은 음식이 익숙한 것이 아닐 때에는 특히 그렇다. 병이 난 원인이 그 음식이라고 의식적으로 생각하는지 여부는 상관이 없다. 놀이공원에서 무언가를

먹고 격렬한 놀이기구를 탄 다음 배탈이 나면, 그 놀이 기구가 원인임을 알고 있더라도 그 음식이 싫어질 수 있다. 제6장에서 이 점을 더 자세하게 살펴볼 것이다.

인지심리학

인지(cognition)는 사고와 지식을 가리킨다. 인지심리학자 (cognitive psychologist)는 그런 과정을 연구한다. (cogn-라는 어근은 recognize라는, 말 그대로 '다시 알다'를 의미하는 단어에서도 나온다.) 일반적으로 인지심리학자는 사람이 어떻게 판단을 내리고 어떻게 문제를 해결하며 어떻게 사고를 언어로 변환하는지에 초점을 맞춘다. 이 심리학자들은 인간 인지의 최상(전문가의 의사결정)과 최악(왜 사람들이 큰 대가를 치르게 만드는 오류를 범하는지) 두 가지를 다 연구한다.

대부분의 인지심리학자는 음식 선택과 관련된 연구를 거의 하지 않지만, 음식에 대한 인지가 음식에 대한 결정에 개입하는 것이 사실이다. 예컨대, 사람들은 먹을 수 있는 음식을 순전히 그것에 대한 관념 때문에 거부하는 경우가 흔히 있다(Rozin & Fallon, 1987; Rozin, Millman, & Nemeroff, 1986). 미국에서는 사람들 대다수가 개, 고양이 혹은 말의 고기를 먹는 것을 거부한다. 채식주의자는 모든 고기를 거부하는데, 그것이 맛이 나쁠 것이라고 생각해서가 아니라 동물의 신체 부위를 먹는다는 생각이 싫기 때문이다. 채식주의자로 산 기간이 길수록 육식을 옳지 않다고 간주하는 경향이 더 확고하다(Rozin, Markwith, & Stoess, 1997).

그림 1.3에 있는 맛나 보이는 요리들을 한번 먹어보고 싶은가? 북미에 사는 사람들 대다수는 곤충이나 파충류는 멸균되었다고 해도 먹는다는 생각에 구역질이 난다(Rozin & Fallon, 1987). 당신은 누군가가 사과주스 잔에 바퀴벌레를 담갔다가 꺼내는 것을 보고 나서 그 사과주스를 마시겠는가? 만약 그 바퀴벌레가 철저하게 멸균된 것이라면 어쩌겠는가? 어떤 사람들은 그렇게 바퀴벌레로 더럽혀진 사과주스를 마시는 것을 거부할 뿐 아니라 사과주스를 전반적으로 싫어하게 되었다고 말한다(Rozin et al., 1986).

생물심리학

생물심리학자(biopsychologist) 혹은 행동신경과학자(be-

그림 1.3 문화에 따라 금기시하는 음식이 다르다. 여기에 곤충과 파충류가 재료인 음식들이 있다. 독자의 생각에는 맛좋은 특식이 아니겠지만, 세계의 다른 지역에서는 진귀한 요리이다.

havioral neuroscientist)는 신경계의 활동, 약물과 호르몬의 효과, 유전 및 진화적 압력 같은 생물학적 요인의 측면에서 행동을 설명한다. 사람(혹은 동물)이 음식을 어떻게 선택하는가라는 물음에 생물심리학자는 어떻게 답할까?

맛에 대한 선호가 사람마다 다른 이유 중 일부는 어떤 사람은 다른 사람에 비해, 주로 유전적 이유로, 맛봉오리의 수가 세 배까지도 될 수 있다는 사실과 관련된다. 이 유전자는 각 개체군 내에서 사람마다 다르기는 하지만, 맛을 강하게 느끼는 사람과 약하게 느끼는 사람의 상대적 빈도는 아시아, 유럽, 아프리카 사람들 간에 꽤 유사하다(Wooding et al., 2004). 맛봉오리를 가장 많이 가진 사람들은 대개 블랙커피, 흑빵, 매운 고추, 자몽, 무, 방울양배추 등의 강한 맛을 가장 견뎌내지 못한다(Bartoshuk, Duffy, Lucchina, Prutkin, & Fast, 1998; Drewnowski, Henderson, Shore, & Barratt-Fornell, 1998). 그들 대부분은 지나치게 단 음식도 싫어한다(Yeomans, Tepper, Rietzschel, & Prescott, 2007).

호르몬 역시 맛 선호에 영향을 미친다. 오래 전 어떤 아이가 소금에 대한 강한 갈망을 보인 사례가 있었다. 유아일 때 그는 크래커와 베이컨 자체는 먹지 않으면서 거기서 소금만 핥아 먹었고, 모든 음식에 소금을 두껍게 뿌려서 먹었다. 때로는 입에다가 소금을 직접 뿌려 먹기도 했다. 소금이 결핍되면 먹는 것을 멈추고 쇠약해지기 시작했다. 이 아이가 3.5세일 때 병원으로 데려가서 보통의 병원식을 먹게 했다. 아이는 곧 소금 결핍으로 죽고 말았다(Wilkins & Richter, 1940).

그 이유는 몸이 소금을 보유하게끔 해주는 호르몬을 분비하는 콩팥위샘(부신)에 문제가 있었기 때문이다(Verrey & Beron, 1996). 아이가 그토록 소금을 갈망했던 이유는 소변을 통해 나가버린 소금을 보충할 만큼 빨리 소금을 섭취해야 했기 때문이다. (소금을 너무 많이 먹으면 건강에 나쁘지만, 소금을 너무 적게 먹어도 역시 위험하다.) 이후에 나온 연구는 소금이 결핍된 동물은 짠맛에 대한 선호가 즉각적으로 증가함을 보여주었다. 소금이 결핍되면 짠 음식이 특별히 맛있게 느껴지는 원인이 된다

(Jacobs, Mark, & Scott, 1988). 사람들이 피나 땀을 많이 흘려서 소금이 몸에서 빠져 나간 뒤에는 소금을 갈망하게 된다고 이야기하며, 많은 여성이 생리 혹은 임신 도중 소금을 갈망한다.

진화심리학

진화심리학자(evolutionary psychologist)는 특정한 방식으로 행동하려는 경향이 왜 진화에 의해 선택되었는지 등을 비롯하여 행동을 종의 진화 역사의 측면에서 설명하려고 한다. 예를 들어, 사람과 기타 동물들은 왜 단것을 갈망하고 쓴맛은 피할까? 이 문제는 답이 쉽다. 즉, 단것은 대부분 영양가가 있고 쓴 물질에는 거의 모두 독성이 있다(T. R. Scott & Verhagen, 2000).

그러나 행동에 대한 진화론적 설명 중에는 설득력이 있는 것도 있고 논란거리인 것도 있다(de Waal, 2002). 다른 모든 기관과 마찬가지로 뇌는 물론 진화의 산물이다. 하지만 문제는 우리 행동의 세세한 점까지 진화가 선택했는지이다. 예컨대, 남성은 여성보다 여러 명의 성적 파트너를 추구할 가능성이 더 높다. 그런 경향이 일부 진화심리학자들이 주장하는 것처럼 유전적 성향을 반영할까 아니면 사람들이 배우게 되는 관습일까? 이 분야의 연구의 난점은 행동에 진화가 미치는 영향을 우리가 일생 동안 학습해 온 것과 분리하는 것이다. 제3장에서 이 쟁점을 좀더 자세하게 논의한다.

사회심리학 및 비교문화심리학

사회심리학자(social psychologist)는 개인이 다른 사람에게 어떻게 영향을 미치는지 그리고 집단이 개인에게 어떻게 영향을 미치는지를 연구한다. 예컨대, 사람들은 대개 함께 식사를 하는데, 혼자서 먹을 때에 비해 여러 명이 식사를 하면 평균적으로 대략 두 배를 먹는다(de Castro, 2000). 집으로 손님을 초대하는 경우 우리는 사회적 관계를 공고히 하는 한 방법으로 먹을 것이나 마실 것을 내놓는다. 비교문화심리학(cross-cultural psychology)은 서로 다른 문화권 사람들의 행동을 비교한다. 비교문화심리학자는 한 문화를 다른 문화와 비교한다는 점만 제외하면 사회심리학자와 관심이 겹친다. 상이한 문화권의 사람들을 비교하는 일은 무엇이 진정으로 인간이 가진 특성인지 그리고 우리의 배경에 따라 달라지는 것은 무엇인지를 알아내는 데 핵심적인 역할을 한다.

음식은 어떤 문화든지 간에 그 문화를 나타내는 가장 안정적이고 결정적인 특징 중 하나이다. 한 연구에서는 1년을 다른 나라에서 교환학생으로 보낸 일본인 고교생과 대학생을 인터뷰했다. 학생들이 1년을 외국에서 살면서 느낀 만족도는 그 나라의 교육체계, 종교, 가정생활, 여가 혹은 데이트 관습과는 별로 관계가 없었다. 그들이 느낀 만족도의 주요 결정인은 음식이었다. 즉, 가끔씩 일본 음식을 먹을 수 있었던 학생들은 잘 지냈다. 그렇지 못했던 학생들은 향수병에 걸렸다(Furukawa, 1997).

문화에 해당하는 단어 culture와 농업에 해당하는 단어 agriculture가 유사함은 우연이 아니다. 작물을 경작하는 일이 문명으로 가는 주요 단계였기 때문이다. 우리는 우리의 문화에서 무엇을 먹고 어떻게 요리할지 배운다(Rozin, 1996). 뿌리채소인 카사바를 예로 들어 보자. 이 채소는 누군가가 3일 동안 씻고 빨지 않으면 독성이

남미가 원산지인 카사바(cassava)라는 뿌리채소가 이제는 아프리카의 많은 지역에서도 주식이다. 이 채소는 다른 대부분의 곡식에는 부적합한 기후에서 자란다. 그러나 거기에 든 청산가리를 제거하기 위해서는 며칠 동안 그것을 빨고 씻어야만 한다.

있다. 그런 사실을 발견한다는 것을 상상할 수 있겠는가? 누군가가 "지금까지는 이 식물을 먹은 사람은 다 죽었어. 하지만 이것을 3일 동안 씻고 빨으면 괜찮을 것이라고 내가 장담해."라고 말한 적이 있었어야 한다. 이는 어렵고 놀라운 발견이었지만 일단 누군가가 발견하고 나면 문화를 통해 이후 세대에 전달되고 결국에는 다른 나라와 대륙으로까지 전달되게 되었다.

표 1.2는 심리학의 주요 분야 중 일부를 요약하고 있으며, 본문에서 언급되지 않은 여러 분야도 포함하고 있다.

개념 점검

4. a. 바로 앞에서 기술된 심리학 연구의 종류인 발달심리학, 학습과 동기, 인지심리학, 생물심리학, 진화심리학, 사회심리학, 비교문화심리학 중에서 아이들에 가장 집중하는 분야는 어느 것인가?

   b. 사람이 집단 안에서 어떻게 행동하는지에 가장 관심이 많은 두 분야는 어느 것인가?

   c. 어느 분야가 사고와 지식에 집중하는가?

   d. 뇌 손상의 효과에 가장 관심을 두는 분야는?

   e. 보상이 미래의 행동에 미치는 효과를 연구하는 데 가장 관심을 두는 분야는?

5. 생리 중인 여성이 감자칩을 먹고 싶어 하는 이유는 무엇인가?

표 1.2 심리학의 몇몇 주요 전문 분야

전문분야	일반적인 관심	관심 혹은 연구 주제의 예
생물심리학자	뇌와 행동 사이의 관계	배고픔과 배부름을 알려주는 신체 신호는 무엇인가?
임상심리학자	정서적인 어려움	사람들이 심한 불안을 극복할 수 있게 도울 방법은 무엇인가?
인지심리학자	기억, 사고	사람은 여러 가지 종류의 기억을 갖고 있는가?
공동체심리학자	조직과 사회 구조	일자리 기회가 개선되면 심리 장애가 감소되는가?
상담심리학자	사람들이 중요한 결정을 내리는 것을 도움	이 사람이 직업을 바꾸는 일을 고려해야 할 것인가?
발달심리학자	나이에 따른 행동의 변화	아이가 보이는 것과 현실의 차이를 처음 알게 되는 것이 몇 살 때인가?
교육심리학자	학교에서의 학습 개선	학생의 지식을 검사할 최상의 방법은 무엇인가?
환경심리학자	소음, 더위, 과밀 같은 요인들이 행동에 영향을 미치는 방식	어떤 빌딩을 사용하는 사람들의 생산성을 최대화할 수 있는 디자인은 어떤 것인가?
진화심리학자	행동의 진화사	사람들에게서 정서를 나타내는 얼굴 표정이 어떻게 진화되었는가?
인간요인전문가	인간과 기계 사이의 교신	비행기 조종실의 안전을 강화하도록 어떻게 재설계할 것인가?
산업/조직 심리학자	직장에서 일하는 사람들	직무를 단순하고 바보라도 할 수 있게 만들어야 되는가 아니면 흥미롭고 도전적인 것으로 만들어야 하는가?
학습과 동기 전문가	인간 및 다른 종들의 학습	강화와 처벌의 효과는 무엇인가?
성격심리학자	성격 차이	왜 어떤 사람은 수줍음이 많고 어떤 사람은 사교적인가?
심리측정가	지능, 성격, 관심을 측정	현재의 IQ검사가 얼마나 공정한가? 더 나은 검사를 고안할 수 있는가?
학교심리학자	학교에 다니는 아이들에게 영향을 주는 문제들	일상적으로 수업에 방해가 되는 아이를 학교가 어떻게 다루어야 할 것인가?
사회심리학자	집단행동, 사회적 영향	태도를 바꾸게 하는 데 가장 효과적인 설득 방법은 무엇인가?

심리학을 전공해야 할까?

심리학을 전공하면 일자리를 구할 수 있을까? 심리학은 미국, 캐나다와 유럽에서 가장 인기 있는 전공 중 하나이다. 그러므로 심리학 전공자가 일자리를 찾지 못한다면 엄청나게 많은 사람이 어려움에 처할 것임이 틀림없다.

나쁜 소식은 심리학과 학부 졸업생을 뽑는다고 콕 집어서 광고하는 일자리는 거의 없다는 점이다. 한 설문조사에 따르면 심리학 전공자 중 20~25%만이 인사관리 혹은 사회복지사업 같은 심리학과 밀접하게 관련된 일자리를 구했다(Borden & Rajecki, 2000). 좋은 소식은 학사학위가 있는 졸업생들에게 전공을 구체적으로 명시하지 않은 엄청나게 다양한 종류의 일자리가 있다는 점이다. 심리학에서 학위를 받으면 정부, 기업 및 산업계 쪽의 일자리를 두고 다른 모든 사람들과 경쟁하게 될 것이다. 당신이 심리학과 멀어 보이는 일자리를 얻는다 하더라도 심리학 수업은 증거를 평가하고, 보고서를 정리해서 쓰고, 통계를 다루고, 사람들이 말하는 것을 세심하게 듣고, 문화적 차이를 존중하는 법에 대해 많은 것을 가르쳐 주었을 것이다.

심리학을 전공한 다음 의학전문대학원, 치의학전문대학원, 법률전문대학원, 신학대학원 혹은 다른 전문대학원에 지원하는 학생들이 많다. 당신이 선택하려는 전문대학원 프로그램에서 실시되는 교과과정이 무엇인지를 알아내어 심리학 전공에 필요한 교과과정과 비교해 보라. 아마도 심리학 전공이 전문대학원을 준비하는 데 잘 맞는다는 점을 깨닫게 될 것이다.

당신이 심리학자의 길을 걷기 원한다고 가정해 보자. 나라마다 요구되는 학력 요건이 다르기는 하지만, 미국과 캐나다에서는 심리학 분야의 거의 모든 일자리가 학사학위보다 상위 수준의 교육을 요구한다. 석사학위가 있는 사람은 정신보건 혹은 교육상담 쪽에서 일자리를 얻을 수 있지만 그럴 경우 미국 대부분의 주에서는 박사학위가 있는 사람의 감독하에서 일해야 한다. 임상심리학 PhD가 있거나 PsyD가 있는 사람은 정신보건서비스를 제공하는 일을 할 수 있다. PhD와 PsyD의 차이는

PhD 과정에서는 폭넓은 연구 과제가 포함되고 그것이 학위논문으로 이어지는 반면에 PsyD는 그렇지 않다는 점이다. PsyD 과정은 학구적 성향이 강한 것부터 수준이 낮은 것까지 엄청나게 다양하다(Norcross, Kohout, & Wicherski, 2005). 대학의 교수직 혹은 연구직은 거의 대부분 PhD를 요구한다. 이제는 박사학위 수준의 심리학자들 중 기업, 산업 및 군대에서 실용적인 문제와 관련된 연구를 하는 이들의 비율이 점점 더 높아지고 있다.

심리학을 전공하는 것, 대학원의 전망, 심리학과 졸업생의 다양한 일자리에 대해 더 알아보려면 한국심리학회의 웹사이트(http://www.koreanpsychology.or.kr)와 미국심리학회의 웹사이트(www.apa.org/students)를 방문해 보라.

맺음말 　 단원 1.1

심리학자의 유형

실험심리학 연구자, 임상심리학자, 인간요인 전문가, 그리고 산업/조직심리학자가 날마다 하는 일은 거의 공통점이 없지만 이들 모두가 심리학자이다. 심리학자들을 하나로 묶는 것은 연구를 통해 심리학의 진보에 헌신한다는 사실이다.

다양한 심리학적 접근에 대해 논의했지만, 이는 여러 가지 면에서 단순화된 것이다. 특히 생물심리학, 인지심리학, 사회심리학 및 다른 분야가 상당히 겹친다. 거의 모든 심리학자들은 여러 가지 접근을 통해 얻어진 통찰과 정보를 통합한다. 그런 중복되는 면을 강조하기 위해 여러 접근법을 섞은 명칭으로

자신을 묘사하기를 좋아하는 심리학자가 많다. 예를 들면 "저는 사회발달인지신경과학자입니다."처럼 말이다.

이 책을 배워나가면서 우리는 한 번에 한 유형의 행동을, 그리고 일반적으로 한 번에 한 가지 접근법을 다룰 것이다. 이는 단순히 불가피해서 그렇게 하는 것일 뿐이다. 한 번에 많은 주제에 대해서 쉽게 이해되도록 이야기할 수는 없다. 그러나 이 모든 과정들이 궁극적으로는 서로 잘 들어맞음을 염두에 두어야 한다. 우리가 어떤 한 순간에 하는 일은 아주 많은 것들의 영향에 좌우된다.

요약

각 항목 뒤에 있는 쪽수는 그 주제가 처음 논의된 쪽을 가리킨다.

- 심리학이란 무엇인가? 심리학은 행동과 경험에 관한 체계적인 연구이다. 심리학자는 이론적인 문제와 실용적인 문제 모두를 다룬다. (31쪽)
- 세 가지 일반적인 주제. 거의 모든 행동이 많은 것에 영향을 받으며, 모든 사람에게 언제나 적용되는 진술은 거의 없다. 연구의 발전은 좋은 측정법에 달려 있다. 심리학에서 나온 어떤 결론은 다른 결론보다 더 강력한 증거에 토대를 두고 있다. (31쪽)
- 결정론 대 자유의지. 결정론은 인간의 행동을 포함한 모든 것에 물리적인 원인이 있다는 관점이다. 이는 인간에게 자유의지가 있다는 느낌, 즉 우리가 무엇을 할지를 의도적이고 의식적으로

결정한다는 느낌과 조화되기 힘든 관점이다. (33쪽)
- 마음-뇌. 마음-뇌 문제는 의식적 경험이 뇌의 활동과 어떤 관련이 있는가라는 물음이다. (34쪽)
- 선천성-후천성. 행동은 선천성(유전)과 후천성(환경) 모두에 의존한다. 선천성과 후천성 중 어느 것이 상대적으로 더 많이 기여하는가는 행동에 따라 다르다. (35쪽)
- 심리학과 정신건강의학. 임상심리학자는 PhD, PsyD 혹은 석사학위 소지자이다. 임상심리학자와 정신건강의학과 의사는 모두 정서적인 문제가 있는 사람들을 대하지만, 정신건강의학과 의사는 약물 및 기타 의료 처치를 처방할 수 있는 반면에 미국 대부분의 주에서 심리학자는 그럴 수가 없다. 상담심리학자는 어려운 결정을 내려야 하는 사람들을 도와주며, 심각한 장애를 다루는

- 경우는 더 드물다. (36쪽)
- 조직에 서비스를 제공하는 사람들. 임상이 아닌 응용 분야로는 산업/조직심리학, 인간요인, 그리고 학교 심리학이 있다. (37쪽)
- 심리학의 연구 분야. 학문 분야로서 심리학에는 생물심리학, 학습과 동기, 인지심리학, 발달심리학, 그리고 사회심리학을 포함하여 많은 하위 분야가 있다. (39쪽)
- 일자리 전망. 심리학 학사학위가 있는 사람은 다양한 직업 세계에 진입하거나 전문대학원에서 계속 교육을 받을 수 있다. 심리학의 고급 학위가 있는 사람은 자신의 전문 분야에 따라서 다른 더 많은 기회가 있다. (42쪽)

핵심 용어

용어에 대한 완전한 기술을 보려면 표시된 쪽수로 가보면 된다.

결정론 (33쪽)

마음-뇌 문제 (34쪽)

발달심리학자 (39쪽)

법심리학자 (37쪽)

비교문화심리학 (41쪽)

사회심리학자 (41쪽)

산업/조직심리학 (37쪽)

상담심리학자 (37쪽)

생물심리학자(혹은 행동신경과학자) (40쪽)

선천성-후천성 논쟁 (35쪽)

심리학 (31쪽)

이원론 (34쪽)

인간요인 전문가(혹은 인간공학자) (38쪽)

인지 (40쪽)

인지심리학자 (40쪽)

일원론 (34쪽)

임상사회복지사 (37쪽)

임상심리학자 (36쪽)

자유의지 (33쪽)

정신건강의학 (36쪽)

정신분석가 (36쪽)

진화심리학자 (41쪽)

학교심리학자 (38쪽)

학습과 동기 (39쪽)

심리학의 과거와 현재

- 심리학이 어떻게 시작되었을까?
- 초기 심리학자들의 관심은 무엇이었을까?
- 시간이 지나면서 심리학이 어떻게 변화했을까?

시간을 돌려 1880년으로 가서 당신이 젊은 학자였다고 상상해 보라. 심리학의 새로운 과학적 접근법에 열정을 느껴서 심리학자가 되기로 결심한다. 초기의 다른 심리학자들과 마찬가지로 당신은 생물학 또는 철학을 공부했을 것이다. 그리고 철학의 문제에 생물학에서 사용하는 과학적 방법을 적용하려고 결심했다.

거기까지는 좋다. 그런데 무슨 질문을 가지고 연구할 것인가? 좋은 연구 질문은 흥미롭고 답이 가능한 질문이다. (둘 다일 수가 없다면 둘 중 하나라도 되어야 할 것이다!) 1880년이라면 연구 주제를 어떻게 선택하겠는가? 심리학 학술지는 그 이듬해에나 최초로 출간되었으므로 학술지에서 연구 아이디어를 얻을 수도 없다. (그런데, 그마저도 독일어로 되어 있을 것이다.) 이전 연구자들이 없기 때문에 그들의 전통을 따를 수도 없다. 당신 스스로 모든 것을 해내야 한다.

이제부터 여러 쪽에 걸쳐, 얼마 동안 심리학을 지배했다가 사라진 프로젝트들을 비롯하여 심리학자들이 좋은 연구 주제라고 간주했던 것이 어떻게 변해왔는지를 좀 살펴볼 것이다. 나중의 장들에서 심리학의 역사에서 일어난 발전을 추가로 논의할 것이다. 그림 1.4는 심리학 안팎의 주요 역사적 사건 몇 가지를 요약하고 있다. 심리학의 역사에 관해 더 많이 알고 싶다면 www.cwu.edu/~warren/today.html 혹은 www.uakron.edu/ahap 같은 웹사이트를 방문해 보라.

심리학의 초기

천문학, 물리학, 화학 그리고 생물학 같은 과학은 여러 세기에 걸쳐서 서서히 발달했다. 처음에는 그 과학을 하는 모든 사람들이 아마추어였다. 그들은 의학, 법학 혹은 다른 전문직 일을 하면서 남는 시간에 약간의 연구를 하였다. 과학자라는 사람들이 생겨나기 훨씬 전에, 그리고 대학교에서 그런 분야들이 연구할 만한 영역으로 포함되기 훨씬 전에 이 아마추어 연구자들은 이미 아주 많은 지식을 축적했다.

이런 '오래된' 과학들과는 대조적으로 심리학은 새로운 과학을 출발시키려는 의도적인 시도에서 생겨났다. 1800년대 말 생물학 및 다른 분야에서 일어나는 진보를 유심히 본 여러 학자가 있었다. 이들은 그에 비해 정신 과정에 대한 이해가 아리스토텔레스를 비롯한 고대 철학자들의 시대 이후 별로 진전된 바가 없다는 생각이 들었다. 그들은 마음에 관한 아주 오래된 질문에 과학의 연구법을 사용하여 달려들 것을 제안했다. 마음에 관한 과학이 가능하기나 한지에 대해서 의심을 품는 이가 많았다. 그러나 그런지 아닌지를 알아낼 유일한 방법은 시도를 해보는 것이었다.

Wilhelm Wundt와 최초의 심리학 실험실

의사이며 감각 연구자였던 Wilhelm Wundt(분트라고 발음됨)는 1879년 독일 라이프치히에 오로지 심리학 연구만을 위한 최초의 실험실을 설립했다. Wundt의 관심은 광범위했지만(Zehr, 2000), 그의 목표 중 하나는 화학에서 나오는 원소에 견줄 만한 경험의 원소를 찾아내는 것이었다. 심리학의 원소는 감각과 느낌이라고 그는 주장했다(Wundt, 1896/1902).[8] 특정 순간에 우리는 훌륭한 식사의 맛, 좋은 음악 소리, 그리고 어떤 수준의 쾌락을 경험할 수 있다. 이 원소들이 융합되어 하나의 복합적 경험을 이룰 것이다. 나아가서 Wundt는 우리의 경험이 어느 정도는 우리의 의도적인 통제 하에 있다고 주장했다. 즉 우리는 주의를 한 원소에서 다른 원소로 옮길 수 있고 그에 따라 다른 경험을 할 수 있다는 것이다. 경험의 구성 원소에 대한 이런 생각을 검증하기 위해 Wundt는 실험참가자에게 다양한 종류의 불빛, 감촉, 소리를 제시하고 그것에 대한 감각의 강도와 질을 보고하게 했다. 다시 말해 실험참가자에게 내성(introspection)을 하도록, 즉 스스로의 내부를 들여다보라고 요청했다. 그는 자극을 변화시킬 때 사람

---

8 (원주) 이처럼 연도 사이에 / 표시가 있는 인용 문헌은 그것이 최초로 발행된 해(1896)와 다시 발행된 해(1902)를 나타낸다. 모든 참고 문헌은 www.sapyoung.com의 수업자료실에 있다.

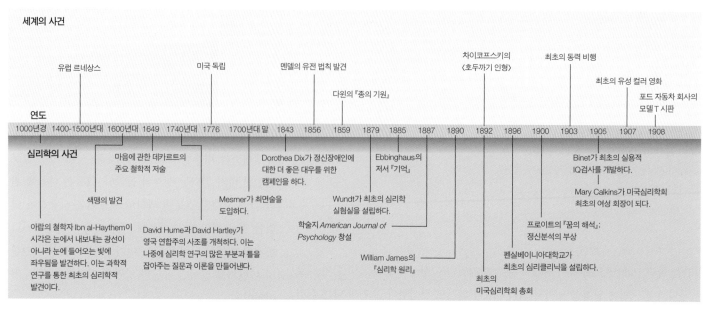

그림 1.4 심리학 안팎의 주요 사건 중 일부 (부분적으로 Dewsbury, 2000a를 기초로 함)

들의 보고에서 나타나는 변화를 기록했다.

Wundt는 의미 있는 심리학 연구의 가능성을 보여주었다. 예를 들어 초기 연구 중 하나에서 그는 왔다 갔다 하면서 두 지점에서 쇠구슬을 쳐서 소리를 내는 진자를 만들었다. 사람들은 그 진자를 보면서 소리가 났을 때 진자가 어디에 있는 것으로 보였는지를 말했다. 평균적으로 사람들은 그 소리가 났을 때 진자가 쇠구슬보다 약 1/8초 앞이나 뒤에 있다고 보고하였다 (Wundt, 1862/1961). 따라서 우리가 무언가를 보거나 들었다고 생각하는 시점이 그 사건이 일어난 시점과 똑같지 않다는 것이 분명해 보인다. Wundt의 해석은 사람이 한 자극에서 다른 자극으로 주의를 옮기는 데 1/8초 정도가 걸린다는 것이었다.

Wundt와 그 제자들은 많은 연구를 쏟아낸 학자들이어서 여기서처럼 간략한 소개는 Wundt에게는 억울한 일이다. 그는 자신의 연구에 관한 50,000쪽이 넘는 저술을 남겼다. 하지만 그의 주된 영향은 심리학적 질문에 답하기 위해 과학적 자료를 수집한 선례를 남겼다는 데서 나온다.

Edward Titchener와 구조주의

처음에는 세계의 심리학자 대부분이 Wundt에게서 직접 교육을 받았다. Wundt의 제자 중 한 사람인 Edward Titchener는 1892년 코넬대학교의 심리학 교수가 되어 미국으로 갔다. Wundt처럼 Titchener도 심리학의 주된 문제가 정신적 경험의 본질이라고 믿었다.

Titchener(1910)는 일반적으로 실험참가자에게 자극을 하나 제시하고 그것을 독립된 특징들로 분석하게 하였다. 예를 들어 레몬을 보고 그것의 노랑, 밝기, 모양 및 기타 특성을 말하라고 했다. Titchener는 자신의 접근을 구조주의(structuralism, 또는 구성주의)라고, 즉 마음을 구성하는 구조들, 특히 감각, 느낌, 심상 같은 것을 밝히려는 시도라고 불렀다. 예를 들어 당신이 이 연구를 하는 심리학자라고 하자. 나는 레몬을 보

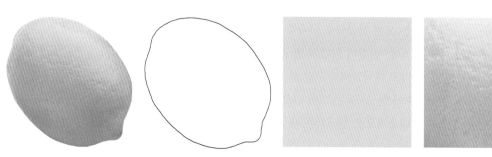

Edward Titchener는 실험참가자들에게 자신의 감각을 이야기하게 했다. 예를 들어, 레몬을 보면서 그들은 모양에 대한 자신의 감각, 색깔에 대한 자신의 감각, 그리고 질감에 대한 자신의 감각을 기술하곤 했다.

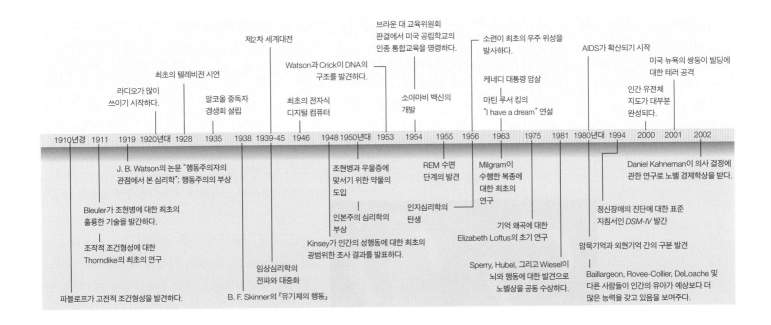

고서 레몬의 밝기에 대한 내 경험을 레몬의 노랑에 대한 내 경험과 분리해서 당신에게 말해 주려고 한다.

여기서 문제가 보일 것이다. 내 보고가 정확한지를 당신이 어떻게 알겠는가? 1927년 Titchener가 사망한 후 심리학자들은 그의 질문들과 방법을 사실상 저버렸다. 왜일까? 좋은 과학적 질문은 흥미로워야 하고 또 답이 가능해야 한다는 점을 상기해 보라. 마음의 원소에 관한 Titchener의 질문은 흥미롭든 말든 상관없이 답하기가 불가능해 보였다.

William James와 기능주의

Wundt 및 Titchener와 같은 시대에 하버드대학교의 William James는 심리학의 주요 논제 중 몇 가지를 논리정연하게 기술하여 미국 심리학의 창시자로 인정받게 되었다. James의 저서 『심리학 원리(*Principles of Psychology*)』(1890)는 오늘날에도 여전히 심리학을 지배하고 있는 많은 질문들을 규정했다.

James는 마음의 원소를 찾아내는 지루한 일을 굳이 하려고 하지 않았다. 그는 마음이 무엇인가보다는 마음이 무엇을 하는가에 초점을 두었다. 다시 말해 의식의 원소를 찾는 대신에 그는 사람이 유용한 행동을 어떻게 만들어내는지를 알아내고 싶어 했다. 이런 이유 때문에 그의 접근을 기능주의(functionalism)라고 부른다. 그는 심리학적 물음의 좋은 예로 다음과 같은 것을 제시했다(James, 1890).

• 사람이 가진 좋은 습관을 어떻게 더 강화시킬 수 있을까?
• 한 번에 둘 이상의 항목에 주의를 기울일 수 있을까?
• 사람은 무언가를 이전에 본 적이 있음을 어떻게 인식할까?
• 의도가 어떻게 해서 행위를 일으킬까?

James는 가능한 답들을 제안하기는 했지만 자기 자신만의 연구는 거의 하지 않았다. 그가 주로 기여한 바는 자신이 제기한 문제들을 이후의 연구자들이 파고들 생각을 불어넣어 주었다는 것이다.

감각을 연구하기

1800년대 말과 1900년대 초에 심리학자들은 이상 행동은 정신과 의사들에게 맡기고서 거의 주의를 기울이지 않았다. 그들은 연구의 많은 부분을 시각 및 여타의 감각 연구에 할애했다. 왜 그랬을까? 한 가지 이유는 정신적 경험을 이해하기를 원했기 때문인데, 경험은 감각으로 구성된 것이었다. 다른 이유는 비교적 쉽고 답이 가능한 문제부터 시작하는 것이 제일 좋기 때문이었다. 이를테면 성격보다는 감각을 연구하는 것이 분명히 더 쉬웠다.

초기 심리학자들은 물리적인 자극과 심리적인 지각 사이의 주요한 차이를 발견했다. 예를 들면 어떤 불빛이 다른 불빛에 비해 두 배로 강하다고 해서 우리에게 두 배로 더 밝게 보이지는 않는다. 그림 1.5는 빛의 강도와 사람이 지각한 그 빛의 밝기 사이의 관계를 보여준다. 물리적인 자극과 사람이 지각한 그것의 특성 사이의 관계를 수학적으로 기술한 것을 정신물리학적 함수(psychophysical function)라고 부르는데, 왜냐하면 그것이

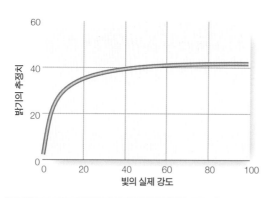

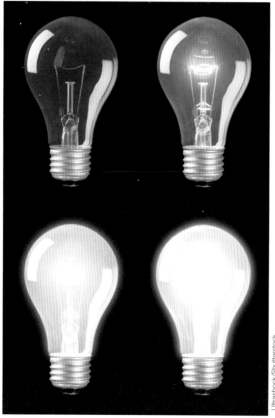

그림 1.5 이 그래프는 빛의 물리적인 강도와 사람이 지각한 빛의 강도 간의 관계를 보여준다. 어떤 불빛이 물리적으로 두 배 밝아지더라도 우리 눈에 두 배 더 밝게 보이지는 않는다. (Stevens, 1961을 수정함)

심리학을 물리학과 연관 짓기 때문이다. 그런 연구가 심리학적 질문에 관한 과학적 연구가 실행 가능함을 보여주었다.

개념 점검

6. 최초의 심리학자들이 연구에서 주로 초점을 두었던 것은 어떤 주제이며 그 이유는 무엇인가?

7. 구조주의자와 기능주의자의 차이는 무엇이었는가?

다윈과 동물 지능 연구

찰스 다윈의 자연선택에 의한 진화론(Darwin, 1859, 1871)은 생물학뿐 아니라 심리학에도 엄청난 영향을 미쳤다. 다윈은 인간과 여타 종이 멀지만 공통된 조상에서 나왔다고 주장했다. 만약 그렇다면 다른 동물도 인간과 공통된 특징이 어느 정도 있어야 할 것이다. 지능도 포함해서 말이다.

이런 생각에 근거하여, 서로 다른 동물 종들을 비교하는 전문가인 초기의 비교심리학자(comparative psychologist)들은 지금보다 당시에는 더 합리적으로 보였던 어떤 일을 하였다. 즉, 동물 지능을 측정하려고 나섰던 것이다. 이들은 동물을 가장 똑똑한 동물부터 가장 멍청한 동물까지 순서대로 나열할 수 있을 것이라고 생각했음이 분명하다. 비교심리학자들은 다양한 종에게 지연반응 문제와 우회 문제 같은 과제를 주었다. 지연반응 문제(delayed-response problem)에서는 먹이가 있는 곳을 나타내는 신호를 동물이 보거나 듣는다. 신호가 나온 후 동물이 신호를 얼마나 오랫동안 기억하는지를 알아보기 위해 지연시간 동안 동물을 구금한다(그림 1.6). 우회 문제(detour problem)에서는 동물과 먹이 사이를 장애물로 가로막고서 동물이 장애물 뒤에 있는 먹이까지 가기 위해 먹이에서 멀어지는 우회로를 택하는지를 본다(그림 1.7).

그런데 동물 지능을 측정하는 것은 보기보다 어려운 일이었다. 한 과제는 우둔하게 잘 못하는 종이 다른 과제는 똑똑하게 잘하기도 했다. 예컨대, 얼룩말은 일반적으로 먹이를 얻기 위해 두 패턴 중 하나에 접근하는 과제를 잘 학습하지 못하지만, 그 패턴이 가는 줄무늬와 두꺼운 줄무늬인 경우에는 아주 잘한다(Giebel, 1958, 그림 1.8). 쥐들은 다른 것들과는 달라 보이는 한 물체 아래 숨겨진 먹이를 찾기는 못 배우지만 다른 것들과 다른 냄새가 나는 물체를 선택하기는 쉽게 배운다(Langworthy & Jennings, 1972).

결국 심리학자들은 동물들 간의 상대적인 지능이란 것이 무의미한 질문이라고 판단하게 되었다. 종에 따라 잘하는 것이 다르기 때문에 그들에게 순위를 매긴다는 것이 말이 안 되는 일이다.

오늘날 심리학자들은 동물 학습을 계속 연구하고 있지만 강조점이 달라졌다. 오늘날의 질문은 "동물 연

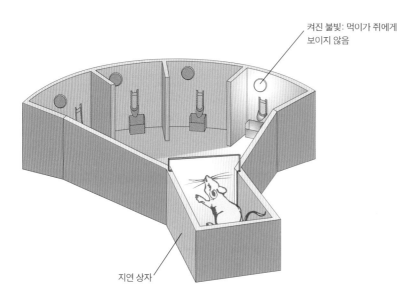

그림 1.8 얼룩말은 줄무늬 패턴을 비교하는 과제를 할 때 학습이 빠르다(Giebel, 1958).

그림 1.6 초기 비교심리학자들은 지연과제 문제를 가지고 동물 지능을 진단했다. 이 과제가 변형되어 실험동물뿐 아니라 인간에게도 오늘날 여전히 사용되고 있다.

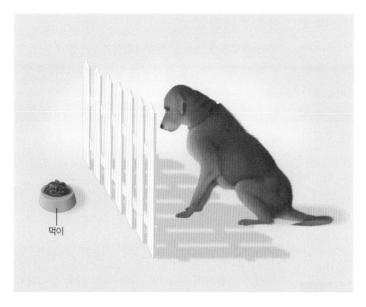

그림 1.7 우회 문제에서 동물이 먹이 쪽으로 가려면 일단 먹이와 먼 쪽으로 가야 한다.

구를 통해 지적 행동의 기제에 대해 무엇을 알 수 있을까?" 그리고 "각각의 종이 가진 행동 경향이 어떻게 진화되었을까?"이다.

인간 지능의 측정

일부 심리학자들이 동물 지능을 연구하는 동안 인간 지능을 살펴본 이들도 있었다. 찰스 다윈의 사촌인 Francis Galton은 지능을 측정하려 했던, 그래서 지능의 차이가 유전에 바탕을 둔 것인지를 물으려 했던 최초의 사람들 중 한 사람이었다. Galton은 측정에 푹 빠져 있었다(Hergenhahn, 1992). 예를 들어 그는 기상도(weather map)를 발명했고, 강의 도중의 지루함의 정도를 측정했으며, 개인의 신원을 확인하기 위한 지문의 사용을 제안했고, 서로 다른 나라 여성들의 미를 (과학의 이름으로) 측정하고자 시도했다.

인간의 업적에서 유전의 역할을 알아내기 위해서 Galton(1869/1978)은 유명한 위인의 아들도 역시 유명해지는 경향이 있는지를 조사했다. (19세기 영국에서 여성은 유명해질 기회가 거의 없었다.) Galton은 판사, 작가, 정치가 및 기타 유명한 사람의 아들도 비슷한 성취를 이룰 가능성이 높음을 발견했다. 그는 이런 우세한 점을 유전의 탓으로 돌렸다. (그가 이런 결론을 내릴 만한 증거가 충분했다고 생각하는가? 만약 유명한 남성의 아들 역시 유명해진다면 유전만이 유일한 설명인가?)

Galton은 단순한 감각 운동 과제를 사용하여 지능을 측정하려고 했으나 이는 만족스럽지 못했다. 1905년 Alfred Binet라는 이름의 프랑스 연구자가 유용한 지능검사를 최초로 고안했는데, 이에 대해서는 제9장에서 살펴볼 것이다. 여기서는 미국 및 다른 서양 국가에서 지능을 측정한다는 생각이 인기를 끌었다는 점을 주목하라. 지능검사의 인기에 고무된 심리학자들은 나중에 성격, 흥미 및 다른 심리적 특성에 대한 검사를 개발하였다. 인간 지능을 측정하려는 과학자는 동물 지능을 측정하려는 사람들과 몇 가지 동일한 문제에 직면한다. 즉, 사람에게는 많은 지적 능력이 있으며, 사람마다 능숙한 것과 능숙하지 않은 것이 있다는 점이다. 지능검사를 공정하고 정확하게 만들기 위해 많은 연구가 이루어지고 있다.

행동주의의 등장

오늘날에는 심리학을 '행동 그리고 경험에 관한 체계적인 연구'라고 정의하는 것이 합리적으로 보인다. 그러나 심리학 역사상 상당히 오랜 기간 동안 실험심리학자 대부분이 '그리고 경험'이라는 구절에 반대했을 것이다. 오늘날에도 어떤 심리학자들은 덜 맹렬하기는 하지만 여전히 반대한다. 20세기 중반에는 연구자들 대부분이 심리학을 행동의 연구라고 아주 단정적으로 이야기했다. 그들은 마음, 경험 혹은 그와 유사한 어떤 것에 대해서도 별로 할 말이 없었다. (이에 대해 우스갯소리로 심리학자들이 '마음을 잃어버렸다'고 한다.[9])

경험을 연구하는 데 반대하는 이유는 무엇이었을까? 경험을 분석하여 구성 원소를 밝혀내려던 Titchener의 노력이 실패했음을 상기해 보라. 대부분의 심리학자들은 마음에 관한 물음은 답하기가 불가능하다는 결론을 내리고는, 그 대신에 관찰 가능한 행동에 초점을 맞추었다. 환경의 변화가 행동을 어떻게 변화시킬까? 학습은 무엇이며 어떻게 일어날까?

John B. Watson

많은 사람이 John B. Watson을 행동주의(behaviorism)

초기 행동주의자들은 미로 속의 쥐를 연구했다. 이 행동이 예상보다 더 복잡함이 밝혀지면서 행동주의자들은 다른 주제로 관심을 돌렸다.

의 창시자로 간주한다. 행동주의는 정신 과정이 아니라 관찰과 측정이 가능한 행동에 집중하는 심리학의 한 분야이다. Watson은 최초의 행동주의자는 아니었으나 이 접근을 체계화하고 대중화시켰다(Watson, 1919, 1925). 아래에 Watson의 글에서 인용한 두 부분이 있다.

행동주의자의 관점에서 보면 심리학은 자연과학에 속하는 순전히 객관적인 실험 분야이다. 심리학의 이론적 목표는 행동의 예측과 통제이다. (1913, p. 158)

심리학 연구의 목표는 특정한 자료와 법칙을 규명하는 것이다. 자극이 주어지면 무슨 반응이 일어날지 심리학이 예측할 수 있고, 반대로 반응이 주어지면 그 반응을 일으킬 효과적인 자극이 무엇인지 심리학이 구체적으로 말할 수 있는 그런 자료와 법칙 말이다. (1919, p. 10)

학습에 대한 연구

Watson에게서 자극을 받아 많은 연구자들이 동물 행동, 특히 동물 학습을 연구하는 일에 착수했다. 인간이 아닌 동물을 연구하는 것의 한 가지 장점은 연구자가 동물의 식생활, 수면/각성 시간표 등등을 인간에 대해서보다 훨씬 더 완벽하게 통제할 수 있다는 것이다. 다른 장점으로 가정된 것은 인간이 아닌 동물의 학습은 더 이해하기 쉬울 수 있다는 것이다. 많은 심리학자들이 단순하고 기본적인 행동의 법칙이 발견될 것이라고 낙관적으로 예상했다. 물리학자들이 어떠한 장소에서 어떠한 물체라도 떨어뜨려서 중력을 연구할 수 있는 것과 마찬가지로 20세기 중반에는 많은 심리학자들이 미로 속에 있는 쥐를 연구함으로써 행동의 모든 것을 알 수 있을 것이라고 생각했다. 대단히 영향력 있는 심리학자였던 Clark Hull은 다음과 같이 썼다. "현대의 심리학자들이 직면한 가장 풀기 힘든 문제 하나가 미로 학습 현상에 대한 적절한 설명을 찾는 일이다"(1932, p. 25). 또 다른 사람은 "미로의 선택지점에

---

9 원문은 psychologists had "lost their minds"인데, 심리학자들이 마음을 연구 대상에서 제외했으므로 말 그대로 마음, 즉 정신을 잃은 것이다. 그런데 이 영어 구절에는 미쳤다는 뜻이 있어서 여기서는 심리학자들이 마음을 연구하지 않다니 정신 나갔구나라는 정도의 중의적인 농담이 되었다.

© WILL & DENI MCINTYRE/Gettyimages

서 쥐의 행동을 결정하는 요인을 계속해서 실험적으로 그리고 이론적으로 분석함으로써 심리학에서 중요한 모든 것(아마도 … 사회와 언어가 개입되는 문제 같은 것들을 제외하면)을 본질적으로는 밝혀낼 수가 있다고 나는 믿는다"(Tolman, 1938, p. 34)라고 썼다.

연구가 진행됨에 따라 미로에서 쥐가 하는 행동이 예상했던 것보다 더 복잡함을 알게 되었다. 1920년대 심리학자들이 마음에 대한 구조주의 접근을 버렸던 것과 꼭 마찬가지로 이후 심리학자들은 미로 속의 쥐를 연구하는 일이 행동의 보편적인 원리를 금세 밝혀줄 것이라는 희망을 버렸다. 심리학자들은 동물 학습 연구를 계속하고 있지만 그 목표와 방법은 달라졌다.

오늘날에도 행동주의 접근은 여전히 생생하게 살아 있지만 제6장에서 볼 바와 같이 더 이상 한때 그랬던 것처럼 실험심리학을 지배하지는 않는다. 컴퓨터과학의 등장은 기계의 기억, 지식 및 정보 처리에 대해 이야기하는 것이 가능함을 보여주었고, 기계에 그런 과정들이 있을 수 있다면 인간도 아마 그러리라고 추정할 수 있다. 행동주의자들이 기피했던 주제들에 관해 의미 있는 연구가 가능함을 심리학자들은 보여주었다.

프로이트에서 현대 임상심리학까지

20세기 초 임상심리학은 시각, 청각, 운동 및 기억 장애에 주로 개입하는 작은 분야였다(Routh, 2000). 심리 장애(혹은 정신질환)에 대한 치료는 정신의학의 영역으로 남아 있었다. 오스트리아의 정신과 의사 지그문트 프로이트(Sigmund Freud)는 환자의 꿈과 기억을 분석하는 방법을 가지고 심리치료를 혁신했고 보급했다. 그는 현재의 행동을 더듬어 올라가서 어렸을 때의 성적 환상을 비롯한 아동기 초기의 경험을 찾아내려고 했다. 우리는 제14장에서 프로이트의 이론을 살펴볼 것이다. 프로이트는 설득력 있는 연설가이자 작가였고, 영향력이 어마어마했다. 20세기 중반에는 미국과 유럽의 정신과 의사 대다수가 그의 방법을 따르고 있었다.

제2차 세계대전 도중 많은 군인들이 전쟁 경험 때문에 생긴 트라우마에 대처할 수 있도록 도움을 원했다. 정신과 의사들이 그 수요를 모두 충족시킬 수 없었으므로 심리학자들이 치료를 하기 시작했고, 그리하여 지금 우리가 알고 있는 임상심리학이 발달하기 시작했다. 제15장에서 보겠지만 연구자들은 치료법을 평가하기 시작했고 새로운 치료 방법들이 등장했다.

최근의 동향

심리학은 단순한 감각 과정을 연구하는 일부터 공동체를 변화시키려는 개입에까지 이르는 넓은 범위를 아우른다. 기초 연구(basic research)는 이론적인 지식 그 자체를 추구하는데, 이를테면 학습과 기억 과정을 이해하는 것이다. 응용 연구(applied research)는 실용적인 문제를 다루어서 예컨대 학습 장애가 있는 아이들을 돕는 방법을

탐색한다. 두 종류의 연구는 서로를 지원한다. 기초 과정을 이해하면 응용 연구자들이 효과적인 개입 방법을 개발하는 데 도움이 된다. 실용적인 해결책을 찾기 위해 일하는 사람들이 때로는 이론적으로 중요한 원리를 발견하기도 한다.

최초의 심리학자들 중 의식적 마음을 연구하고 싶었으나 Titchener의 내성법에 실망했던 이들이 있었음을 상기해 보라. 1960년대 이후 인지심리학(사고와 지식에 관한 연구)이 서서히 중요한 위치를 차지하게 되었다. 인지심리학자는 사람들에게 자신의 사고 과정을 기술하게 하는 경우도 이따금씩 있지만 그보다는 다양한 상황에서 반응의 정확성과 속도를 측정하여 그 밑바탕에 있는 과정을 추론하는 경우가 더 많다.

급속하게 성장하고 있는 또 다른 분야가 신경과학이다. 새로운 뇌 스캔 기법 덕분에 이제는 두개골을 열지 않고도 뇌 활동을 연구할 수 있게 되었다. 오늘날 신경과학은 심리학의 거의 모든 측면에 영향을 주고 있어서 심리학자들은 전공 분야를 불문하고 이 분야의 발전과 그 이론적 함의를 자각해야 할 필요가 있다(Norcross et al., 2005).

새로이 중요성을 띠게 된 또 다른 분야는 진화심리학이다. 특정한 방식으로 행동한 동물들은 생존해서 번식하여 우리의 조상이 되었다. 행동이 성공적인 번식으로 이어지지 못한 동물들은 자기 유전자를 전달하는 일에 실패했다. 어떤 경우에는 지금 우리가 하는 행동을 초래한 진화의 선택적 압력이 무엇인지 신중하게 추론해볼 수 있다.

성격에 관심을 둔 연구자들은 주로 공포, 분노, 슬픔 같은 무언가 잘못되었을 때 일어나는 것에 수십 년 동안 집중해 왔다. 긍정심리학(positive psychology)이라는 비교적 새로운 분야는 사람들을 행복하고 생산적이고 성공적으로 만드는 소인과 경험을 연구한다. 우리는 제12장에서 이 주제를 다룬다.

새로운 응용 분야도 생겨났다. 건강심리학자(health psychologist)는 흡연, 음주, 성행위, 운동, 식생활 및 스트레스에 대한 반응 등 사람의 행동에 의해 건강이 어떻게 영향을 받는지를 연구한다. 또한 그리하여 건강을 증진시킬 수 있도록 사람의 행동을 변화시키고자 노력한다. 스포츠심리학자(sports psychologist)는 심리학 원

그림 1.9 미국 심리학 최초로 중요한 위치를 차지한 여성 중 한 사람이었던 Mary Calkins.

던 Mary Calkins(그림 1.9)는 하버드대학교 최고의 심리학과 대학원생으로 인정받았지만 박사학위 수여가 거부되었는데, 왜냐하면 하버드대학교에는 오직 남성에게만 학위를 수여하는 전통이 있었기 때문이다(Scarborough & Furomoto, 1987). 하지만 그녀는 나중에 미국심리학회의 회장을 역임했으며, 초기 심리학에서 중요한 여성이었던 심리학자 Margaret Washburn도 마찬가지로 회장이 되었다.

2005년도에 심리학에서 새로 PhD를 받은 사람 중 70% 이상이 여성이었다(Cynkar, 2007). 여성은 발달심리학 같은 몇몇 분야를 크게 지배하고 있고 심리학 조직에서 지도자 역할도 많이 맡고 있다. 심리학에서 학사 및 석사 학위를 받는 소수집단 학생의 수는 전체 인구에서 그들의 집단이 차지하는 비율에 거의 비례한다. 그러나 그림 1.10이 보여주는 것처럼, 심리학에서 PhD를 받는 아프리카계 미국인과 라틴 아메리카계 학생은 인구 규준에 못 미친다(Center for Psychology Workforce Analysis and Research, 2007).

미래에는 심리학이 어떤 모습이 될까? 몇 가지 가능한 경향을 내다볼 수 있다. 의학의 발전으로 사람들이 더 오래 살기 때문에 노화심리학이 점점 더 중요해지고 있다. 천연자원의 고갈과 기후 변화로 인해 사람들의 생활 방식은 우리가 쉽사리 예측할 수 없는 많은 면에서 달라져야 할 것이다. 사람들로 하여금 행동을 바꾸도록 설득하는 일은 정치가와 심리학자 양쪽 모두를 위한 과제이다.

리를 적용하여 운동선수가 목표를 정하고, 훈련을 하고, 노력을 집중할 수 있도록 돕는다.

또한 오늘날 심리학자의 범위는 인간의 다양성을 더 많이 반영하도록 넓어졌다. 심리학의 초기인 1900년 즈음 심리학은 대부분의 다른 학문 분야보다 여성에게 더 개방적이었다. 그렇기는 했어도 여성에게는 기회가 제한되어 있었다(Milar, 2000). 기억 연구자였

개념 점검

8. 행동주의자들은 왜 사고와 지식이라는 주제를 기피하였는가?

9. 우리가 오늘날 알고 있는 것과 같은 임상심리학이 등장하도록 만든 사건은 무엇인가?

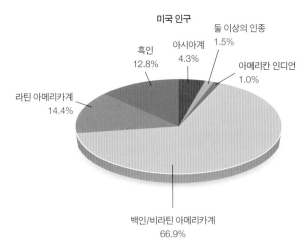

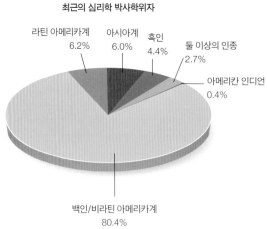

그림 1.10 미국의 인구 대비 비율로 본 민족 집단과 2005년에 심리학에서 박사학위를 받은 사람들 전체 대비 비율로 본 민족 집단. (출처: Center for Psychology Workforce Analysis and Research, 2007.)

세월의 흐름과 함께 나아가는 심리학

심리학 초기 여러 해 동안 많은 심리학자들이 엄청난 노력을 기울였음에도 실망스러운 결과를 낳은 프로젝트들이 있었는데, 이를테면 Titchener의 마음의 원소 찾기가 한 예이다. 초기 심리학자들의 노력이 모두 성과가 없었던 것은 아니어서 우리는 다음 장부터 세월의 시험을 견뎌낸 고전적인 연구를 많이 접할 것이다. 그렇지만 현재 우리가 보기에 방향이 잘못되었던 과제에 시간을 들인 심리학자들이 과거에 있었다면 오늘날에도 잘못된 방향으로 가고 있는 심리학자가 많지 않다고 어떻게 확신할 수 있을까?

물론 확신할 수는 없다. 우리가 오늘날 가장 소중하게 여기는 이론 및 연구 과제 중 일부는 세월의 시험을 견뎌낼 것이고 일부는 그렇지 못할 것이다. 그렇다고 절망할 이유는 없다. 마치 미로 속의 쥐처럼 연구자들은 시행착오를 거쳐 앞으로 나아간다. 그들은 특정 방향으로 나아가다가 때로는 진보를 하고 때로는 막다른 골목에 도달한다. 하지만 막다른 골목을 탐색해서 그것을 제외시키는 것조차도 일종의 진보이다. 연구는 분명한 답을 주지 않는 경우에도 최소한 더 나은 질문으로 이끌어줄 수 있다.

요약

- **연구 문제의 선택.** 심리학의 역사에서 연구자들은 무엇이 흥미롭고 중요하고 답이 가능한 질문인지에 관해 의견을 여러 차례 수정해 왔다. (45쪽)

- **최초의 연구.** 1879년 Wilhelm Wundt는 최초로 오로지 심리학만을 하는 실험실을 설립하였다. (45쪽)

- **자기 관찰의 한계.** Wundt의 제자였던 Edward Titchener는 사람의 자기 관찰에 의존하여 정신적 경험의 원소를 분석하고자 시도했다. 다른 심리학자들은 이 접근에 대해 실망하였다. (46쪽)

- **미국 심리학의 창시.** 미국 심리학의 창시자 William James는 마음의 내용이 아니라 마음이 어떻게 유용한 행동을 이끌어내는지에 주목했다. 그렇게 함으로써 그는 행동주의 등장의 길을 닦았다. (47쪽)

- **초기 감각 연구.** 19세기 말과 20세기 초, 많은 연구자들이 감각 연구에 집중했는데, 그 한 가지 이유는 감각이 정신적 경험에 핵심적이기 때문이다. (47쪽)

- **다윈의 영향.** 찰스 다윈의 자연선택에 의한 진화론은 여러 방식으로 심리학에 영향을 주었다. 이 이론에 자극 받은 초기 심리학자들 중 저명한 몇 사람은 상이한 종들의 지능을 비교하는 연구를 했다. 그 물음은 예상보다 더 복잡한 것으로 판명났다. (48쪽)

- **지능검사.** 인간 지능의 측정은 초기 심리학자들의 관심사 중 하나였으며 아직까지도 지속되고 있다. (49쪽)

- **행동주의자가 지배하던 시대.** 마음을 분석하려던 시도가 좌절되자 심리학자들은 행동주의로 눈을 돌렸다. 오랫동안 심리학 연구자들은 행동(특히 동물 학습)을 연구하였는데, 정신적 경험을 사실상 배제하는 수준에까지 이를 정도였다. (50쪽)

- **미로 학습.** 20세기 중반, 많은 실험심리학자들이 미로 속의 쥐를 연구하였다. 이 접근이 학습과 행동에 관한 일반 법칙을 만들어내는 데 실패하자 심리학자들은 좌절하여 대부분 그런 접근을 포기했다. (50쪽)

- **프로이트.** 프로이트의 이론은 심리치료가 초기에 발달하는 데 지대한 영향을 미쳤다. 하지만 오늘날에는 다른 기법들이 더 널리 퍼져 있다. (51쪽)

- **임상심리학.** 한때는 심리 장애가 있는 사람들을 치료하는 일을 정신과 의사들이 거의 도맡아 했었다. 제2차 세계대전 이후 임상심리학자들이 이 역할의 많은 부분을 맡게 되었다. (51쪽)

- **오늘날의 심리학 연구.** 오늘날 심리학자들은 대단히 폭넓은 범위의 주제들을 연구한다. 인지심리학이 실험심리학의 지배적인 분야로서 학습에 대한 행동주의 접근을 대체하였다. 신경과학이 이제는 거의 모든 분야의 연구자에게 영향을 주고 있다. 다른 새로운 접근들 역시 널리 퍼지고 있다. (51쪽)

핵심 용어

건강심리학자 (51쪽)

구조주의(혹은 구성주의) (46쪽)

긍정심리학 (51쪽)

기능주의 (47쪽)

기초 연구 (51쪽)

내성 (45쪽)

비교심리학자 (48쪽)

스포츠심리학자 (51쪽)

응용 연구 (51쪽)

정신물리학적 함수 (47쪽)

행동주의 (50쪽)

개념 점검 문제에 대한 답

1 우리가 원인과 결과의 우주에 살고 있지 않다면 과학적인 법칙과 원리를 발견할 수 없을 것이다.

2 이원론은 물질과 에너지 보존의 법칙과 상충된다. 마음이 비물질이라면 우주 속의 그 어떤 것에도 영향을 미치지 못한다.

3 정신분석가는 정신건강의학 또는 임상심리학 학위가 있는 사람들이다. 정신건강의학 분야의 훈련을 받은 정신분석가는 의사이기 때문에 약물을 처방할 수 있다. 반면에 미국 대부분의 주에서 임상심리학 분야에서 훈련을 받은 정신분석가는 약물을 처방할 수 없다.

4 **a**. 발달심리학 **b**. 사회심리학과 비교문화심리학 **c**. 인지심리학 **d**. 생물심리학 **e**. 학습과 동기

5 몸에서 혈액이 빠져 나가기 때문에 소금도 빠져나가는데, 소금 결핍은 짠맛에 대한 갈망을 불러일으킨다.

6 초기 심리학 연구는 감각에 주로 초점을 두었다. 그 이유는 감각이 경험에 핵심적이고, 초기 연구자들이 감각에 대한 물음은 답이 가능하다고 믿었기 때문이었다.

7 구조주의자는 마음의 구성 요소를 이해하고자 했다. 그들은 연구의 바탕을 주로 내성에다가 두었다. 기능주의자는 마음이 무엇을 할 수 있는지를 탐구하고자 했고 주로 행동에 초점을 맞추었다.

8 행동주의자는 관찰이 가능한 행동에 집중한다. 그런데 사고와 지식은 어떤 사람 안에 있는, 관찰이 불가능한 과정이다.

9 제2차 세계대전 도중과 이후 정신과 의사들이 제공할 수 있는 것보다 서비스에 대한 수요가 더 많았다. 그래서 임상심리학자들이 심리적 문제에 대한 치료를 하기 시작했다.

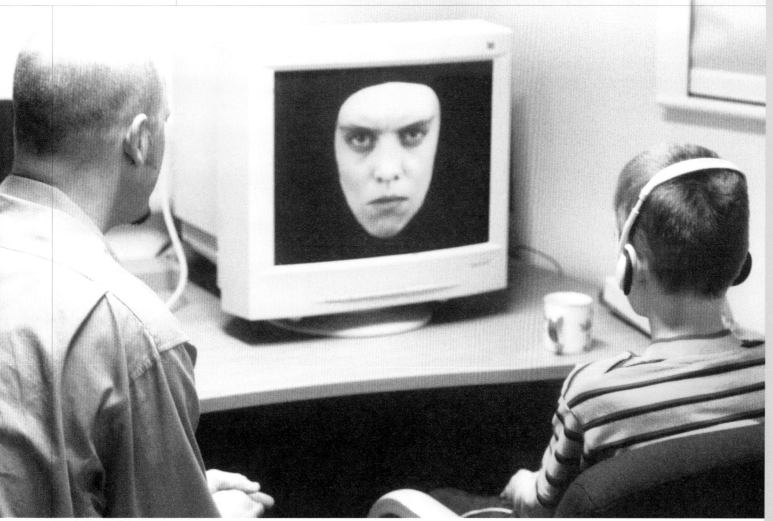

2

심리학의 과학적 연구법

© Annabella Bluesky/Photo Researchers

여러 해 전에 나는 TV에서 코끼리에 관한 자연 다큐멘터리를 보고 있었다. 해설자는 코끼리가 먹는 엄청난 양의 먹이에 관한 이야기를 한 후에 코끼리의 소화계에 관해 설명하기 시작했다. 그는 일반적인 코끼리가 자동차를 32km나 움직이기에 충분한 양의 방귀를 하루에 뀐다고 말했다. 나는 "와, 놀라운 일이로군!"하고 생각했다. 그리고 다른 몇몇 사람에게 그것에 관해 말했다.

나중에 나는 이런 생각이 들기 시작했다. '잠깐 있어 보자. 그걸 어떻게 측정했지? 누군가가 코끼리 꽁무니에다가 풍선을 붙여 가지고 24시간 동안 방귀를 채집했나? 그러고 나서 그 방귀를 자동차에다가 집어넣고서는 그 차가 얼마나 멀리 가는지 보았을까? 그 차는 중형차였나 아니면 소형차였나? 시내에서 아니면 고속도로에서? 전형적인 코끼리를 대상으로 측정했는지 아닌지 어떻게 알지? 코끼리를 광범위하게 표집해서 평균을 구한 걸까?' 이런 생각을 할수록 나의 의심은 커져갔다.

"거참, 무슨 상관이람?"이라고 당신은 말할지도 모르겠다. 옳은 말이다. 코끼리 방귀로 차가 얼마나 멀리 갈 수 있는지는 중요한 게 아니다. 나는 그 다큐멘터리의 제작자를 조롱하려는 게 아니라 나를 비웃으려는 것이다. 나는 그런 주장이 의심스러워지기 전에 몇 사람에게 그 이야기를 했다고 앞서 말했다. 몇 십 년 동안 나는 어떠한 주장에 대해서든 의문을 품고 그 증거를 검토하라고 가르쳐 왔다. 그랬던 내가 어떤 어처구니없는 말을 무비판적으로 받아들이고는 다른 사람들에게 이야기를 하고 있었던 것이다. 아마도 그들은 또 다른 사람들에게 그런 이야기를 전했을 수 있다. 요점은 우리는 모두 입증되지 않은 주장을 받아들이려는 유혹에 빠진다는 것이다. 그래서 증거를, 특히 우리가 믿고 싶어 하는 재미있거나 놀라운 주장을 지지한다고 이야기되는 증거를 따지고 들도록 스스로 훈련할 필요가 있다. 이 장은 심리학에서 증거를 검토하는 문제를 다룬다.

증거를 검토하고 비판적으로 사고하기

- 과학자는 이론을 어떤 식으로 검토할까?
- 대부분의 과학자들은 우리가 현재 갖고 있는 지식과 상반되는 이론 및 주장에 대해서 왜 그렇게 의심을 가질까?

설명이란 무엇일까? 다음의 인용문("The Medals and the Damage Done," 2004, p. 604)을 보자.

> 2002년에 [Michael] Brennan은 조정 종목의 영국 챔피언이었다. … 영국 올림픽 예선전이 다가오면서 Brennan은 자신에 차 있었다. 그러나 … 지난 12개월 동안 Brennan의 성적은 끊임없는 감기, 관절 통증과 피로로 인해 서서히 떨어져 왔다. … 올 4월에 진행된 예선전에서 … 모든 출전자 중에서 꼴찌를 하고 말았다. "믿을 수가 없었죠."라고 그는 말한다. 경험 많은 스포츠닥터가 보기에 그것에 대한 설명은 명백했다. 즉 Brennan은 "설명되지 않은 성적 하락 증후군(unexplained underperformance syndrome; UPS)"을 겪고 있는 것이다.

어떤 생각이 드는가? "설명되지 않은 성적 하락 증후군"이 설명인가?

다른 예를 보자. 새들은 겨울을 대비해서 남쪽으로 날아가는데 "그 이유는 본능 때문이다." 어떤 사람은 "공격적이기 때문에" 싸움에 휘말린다. 어떤 학생은 주의를 집중하기 힘들어 하는데 "왜냐하면 주의집중 결핍 장애가 있기 때문이다." 이런 진술이 설명일까? 아니면 설명되지 않은 성적 하락 증후군보다 더 나을 바 없는 말일까?

좋은 설명이란 무언가에 이름을 붙이기를 넘어 더 나아간 것이고, 좋은 설명을 찾으려면 좋은 연구가 필요하다. 심리학 연구자는 과학적 방법을 사용하는데, 화학자나 물리학자에게는 없는 문제를 겪는다. 그 한 가지는 표집(sampling)의 문제이다. 사람을 연구하는 심리학자는 연구 참여자가 어떤 면에서 유별나지는 않을지에 대해 걱정을 해야 한다. 화학자는 예컨대 메탄 분자를 연구하면서 그런 걱정을 하지 않는다. 메탄 분자 하나를 보면 메탄 분자 모두를 본 것이나 마찬가지이다. 또 다른 것은 윤리 문제이다. 화학자는 화학물질 한 병을 가지고 원하는 것은 무엇이나 할 수 있다. 그걸로 실험실을 폭파시켜 버리지 않는 한 말이다. 사람을 대하는 심리학자에게는 엄격한 제약이 가해진다. 게다가 또 다른 문제는 자신이 연구에 참여하고 있음을 아는 사람은 누군가 자신을 관찰하고 있음을 알고 있다는 바로 그 이유 때문에 평소와 달리 행동할 때가 가끔 있다는 것이다. 화학자는 화학물질 한 병에 대해 그런 걱정을 하지 않는다. 이 장에서 우리는 과학의 일반 원리 몇 가지를 살펴본다. 또한 심리학자가 그 원리를 적용하는 몇 가지 특별한 방식도 살펴본다.

증거 수집하기

과학이라는 단어는 '지식'을 의미하는 라틴어에서 유래한다. 과학은 세심한 관찰을 통해 얻어진 반복검증 가능한 자료에 토대를 둔, 지식을 위한 탐구이다. 먼저 자료 수집부터 살펴본 다음에 반복검증 가능한(replicable)이라는 단어를 들여다보자.

연구는 세심한 관찰로 시작된다. 예를 들면, Robert Provine(2000)은 쇼핑몰로 가서 누가 언제 웃는지를 기록함으로써 웃음을 연구했다. 천문학과 해부학은 거의 완전히 관찰과 기술에 근거한 학문이다.

관찰을 넘어서 설명을 찾으려 할 때 연구자는 가설을 만들고 검증을 하는데, 가설(hypothesis)이란 명료한 예언적 진술을 가리킨다. 가설 검증은 다음 네 절에서 살펴볼 (그리고 그림 2.1에 나타난 대로) 일련의 단계를 거친다. 대부분의 과학 간행물에 있는 논문도 역시 이 순서를 따른다. 이 책의 각 장마다 심리학 연구의 예를 "증거는 뭘까?"라는 제목이 붙은 구획에서 적어도 하나는 볼 수 있다. 각 예는 가설로부터 해석에까지 이르는 순서를 따라 진행될 것이다.

가설

가설은 관찰에 근거한 것일 수 있다. 예를 들어 텔레비전에서 폭력물을 많이 보는 아이는 그 자신이 공격적인 아이일 수 있다. 또한 가설은 예컨대 텔레비전의 폭력물을 포함하여 "아동은 눈에 보이는 행동을 모방하기 쉽다."는 것과 같은 더 일반적인 진술을 토대로 만들어질 수도 있다.

그림 2.1 실험은 가설로부터 나오는 예측을 검증한다. 결과는 그 가설을 지지하든지 아니면 수정하거나 폐기할 필요가 있음을 알려준다.

좋은 가설은 예측을 이끌어낸다. 예를 들면, "아이는 텔레비전의 폭력물을 보도록 내버려두면 더 공격적으로 행동할 것이다."라거나 "텔레비전에 나오는 폭력물의 양을 감소시키면 범죄율이 줄어들 것이다."라는 예측을 할 수 있다.

방법

어떠한 가설이든지 여러 가지 방식으로 검증할 수 있다. 텔레비전 폭력물의 영향을 검증하는 한 방법은 폭력적인 방송물을 보는 아이가 더 폭력적인지를 살펴보는 것일 것이다. 그렇지만 그런 연구는 인과관계에 대해서는 알려주는 게 없을 것이다. 왜냐하면 폭력물을 보는 것이 폭력성을 증가시킬 수도 있지만 이미 폭력성이 높은 사람이 아마도 폭력물을 보기를 좋아할 것이기 때문이다. 더 좋은 방법은 일군의 아이들(여름캠프에 참가한 아이들 같은)을 택하여 무선적으로 두 집단에다가 할당하고 한 집단은 폭력물을 보게 하는 반면에 다른 집단은 비폭력적인 방송물을 보게 한 다음, 그 두 집단이 폭력 행동 면에서 서로 다른지를 알아내는 것이다(Parke, Berkowitz, Leyens, West, & Sebastian, 1977). 이런 연구의 한계점은 연구자가 사람들이 무엇을 보는지를 통제하는 것은 겨우 며칠뿐이라는 사실이다.

어떤 방법이라도 장점과 단점이 있기 때문에 연구자들은 연구법을 여러 가지로 달리한다. 상이한 방법을 사용한 연구들이 모두 똑같은 결론을 내놓는다면 우리는 그 결론에 더 확신을 갖게 된다.

결과

모든 연구에 기본적인 것은 결과를 측정하는 일이다. '폭력 행동' 같은 현상은 측정하기가 애매하다. (위협은 폭력 행동에 포함될까? 폭언도 포함될까? 떠밀기나 때리기는 어느 정도면 장난과 폭력 간의 경계를 넘게 되나?) 연구자가 측정에 관한 명백한 규칙을 정해 놓는 것이 중요하다. 측정을 한 다음에 연구자는 그 결과가 충분히 놀라워서 설명이 필요한 것인지 아니면 겉으로 보이는 그 추세가 우연에 의한 것일 수 있는지를 알아낸다.

해석

연구자의 마지막 과업은 그 결과가 무엇을 의미하는지를 살펴보는 것이다. 그것이 원래의 가설과 상반된다면 그 가설을 폐기하거나 수정해야 한다. 결과가 예측과 맞아떨어진다면 연구자는 그 가설을 믿게 되지만 또한 그 결과에 들어맞는 다른 가설도 고려해 보아야 한다.

반복검증 가능성

대부분의 과학자들은 결과를 면밀하고 정직하게 보고한다. 자료의 왜곡은 드물며 수치스러운 일이다. 과학자가 정직한 주된 이유는 다른 연구자가 그의 결과를 점검해 볼 수 있기 때문이다. 과학적 연구를 보고하는 사람은 누구나 그 연구방법을 충분히 자세하게 기술해 놓아서 다른 사람이 그 절차를 반복할 수 있도록, 그리고 바라건대 대략 동일한 결과를 얻을 수 있도록 해야 한다.

반복검증 가능한 결과란 누구나 그 동일한 절차를 따르면 적어도 대략적으로라도 얻을 수 있는 결과를 가리킨다. 반복검증되지 못한 결과의 한 예를 보자. 1960년대와 1970년대 초에 여러 연구자가 쥐들을 무언가를 하도록 훈련시키고서 그 뇌를 꺼내어 어떤 화학물질을 추출한 다음 그것을 훈련 받지 않은 쥐들에게 주사했다고 보고했다. 그러자 그 주사를 맞은 쥐들은 첫째 집단의 쥐들이 학습했던 것을 분명히 기억하는 것으로 보였다. 우리가 뇌의 기능에 대해 알고 있는 바에 따르면 이론적으로 이 실험은 실패해야 한다. 하지만 만약 그 결과가 유효한 것이라면, 어떤 일이 일어날 수 있을지 상상해 보라. 어떤 사람들은 반쯤 진지하게 말하기를, 언젠가는 수업을 들으러 가는 대신에 유럽 역사나 미적분학 입문 주사를 맞는 날이 올 수도 있겠다고 했다. 안타깝게도 그 결과는 반복검증되지 못했다. 그 실험을 반복했던 다른 연구자들은 대부분 일관성 있는 효과를 얻을 수 없었던 것이다(L. T. Smith, 1975).

그러면 무슨 결론을 내려야 할까? 어떤 현상이 반복검증될(일관성 있게 반복될) 수 있는 조건을 누군가 알아내기 전까지는 우리는 그것을 진지하게 받아들이지 않는다. 이 규칙이 가혹한 것으로 보일 수도 있지만 이는 오류에 대한 최선의 방어책이다. 어떤 결과가 반복검증되지 못할 때 우리는 반드시 원래의 연구가 부적절하거나 사기였다고 여기지는 않는다. 때로는 무작위적인 자료가 분명히 의미 있어 보이는 패턴을 우연히 만들어내기도 해서 연구자가 무언가 흥미로운 것을 발견했다고 순진하게 믿기도 한다. 그런 종류의 사건이 어느 정도 빈번히 일어나는데, 따라서 연구자들이 다른 이들이 발표한 결과를 좀더 자주 반복검증하려고 노력한다면 도움이 될 것이다(Lehrer, 2010; Simmons, Nelson, & Simonsohn, 2011).

그러나 효과가 작지만 실제로 존재하는 것일 때도 흔히 있다. 예를 들면, 한 가지 교수법이 다른 것보다 더 좋은데도 그 차이가 작아서 연구자들이 그런 효과를 매 연구마다 반복검증하지는 못할 수도 있다. 자료상의 추세가 작은 것을 볼 때 연구자들은 메타 분석(meta-analysis)을 사용하는데, 이것은 많은 연구의 결과를 합쳐서 마치 그것이 모두 하나의 커다란 연구인 것처럼 분석하는 것이다. 메타 분석도 역시 실험 절차상의 어떤 차이가 효과를 증가 또는 감소시키는지를 찾아낸다.

과학 이론을 평가하기

반복검증된 자료가 어떤 가설을 지지한다면 마침내 연구자는 이론을 제안하게 된다. 과학 이론(theory)이란 추측을 넘어서는 것으로서, 많은 관찰 결과와 맞아떨어지며 정확한 예측을 하는 설명 또는 모형을 가리킨다. 좋은 이론은 가능한 한 적은 수의 가정을 가지고 시작하며 정확한 예측을 많이 내놓는다. 그런 면에서 좋은 이론은 우리가 기억해야 할 정보의 양을 줄여준다. 화학의 원소 주기율표가 더할 나위 없이 좋은 예이다. 즉 원소들에 대한 정보로부터 우리는 엄청나게 많은 화합물의 성질을 예측할 수 있다.

과학이 진보해 나가는 중요한 이유 하나는 과학자들 간에 이론을 어떻게 평가할지에 대해서 전반적인 합의가 있다는 것이다. 대부분의 사람들은 자신의 종교적 또는 정치적 관점을 변화시킬 증거를 상상조차 하기 힘든 반면에 과학자들은 일반적으로 자신이 선호하는 이론을 내버리고 다른 이론을 채택하게 만들 증거를 상상할 수 있다. (아, 물론 항상 그렇지는 않다. 어떤 이들은 완고하다.)

입증 책임

철학자 Karl Popper는 연구의 목적은 어느 이론이 틀린 것인지를 밝혀내는 것이라고 말하면서 과학자가 자신의 이론을 부정하기를 꺼리지 않는 자세를 강조했다. 즉, 연구의 요점은 부정확한 이론을 반증하는 것이며, 좋은 이론이란 그것을 반증하려는 모든 시도를 견뎌내는 이론이다. 좋은 이론은 배제 과정을 통해 성공해 간다.

잘 만들어진 이론은 반증 가능(falsifiable)하다. 즉, 대단히 명료하고 정확한 용어로 진술되어 있어서 어떠한 증거가 그것에 반하는 것으로 간주될 수 있는지 알 수 있다. 물론 그런 증거가 존재할 경우에 말이다. 예를 들면 중력 이론은 낙하하는 물체에 대한 정밀한 예측을 한다. 그 예측들은 많은 검증을 거쳤고 어느 한 관찰도 예측과 어긋나지 않았기 때문에 우리는 중력 이론에 강한 확신을 갖고 있다.

이 점은 다시 한 번 이야기할 필요가 있는데 왜냐하면 '반증 가능'하다는 말이 나쁜 것처럼 들리기 때문이다. 반증 가능하다는 것은 어떤 이론에 반하는 증거가 실제로 있다는 말이 아니다. (만약 있다면 그 이론은 반증되었을 것이다.) 이 용어는 어떤 것이 그 이론에 반하는 증거로 간주될 수 있는지를 상상할 수 있음을 의미한다. 모호한 예측만 하는 이론은 반증 가능하지 않다. 예를 들면 프로이트(Sigmund Freud)는 모든 꿈은 소망 충족을 위해 생겨난다고 주장했다. 비록 머릿속 '검열관'이 그 꿈을 위장시키기는 하지만 말이다. 행복한 꿈을 꾼다면, 그것은 소망 충족인 것으로 보인다. 불행한 꿈을 꾼다면, 분명히 머릿속 검열관이 소망을 위장시킨 것이다. Domhoff(2003)가 말했듯이 프로이트는 어떠한 관찰도 그의 이론에 들어맞는 것으로, 또는 적어도 반대되지는 않는 것으로 간주되도록 이론을 만들었다(그림 2.2).

하지만 Popper가 연구는 반드시 어떤 이론을 반증하려는 시도라고 쓴 것은 지나친 일이었다. "모든 물체는 낙하한다."(중력의 법칙)는 말은 반증 가능하다. "일부 물체는 낙하한다."는 말은 비록 분명히 사실이긴 해도 반증 가능하지 않다. 이 말은 한심하리만큼 약한 진술이지만 그럼에도 불구하고 사실이다. 만약 "일부 물체는 낙하한다."가 틀린 말이라면, 그것이 틀렸음을 입증할 수 없을 것이다!

모든 연구가 이론을 반증하려는 노력이라고 주장하는 대신에 또 다른 길은 입증 책임, 즉 어떤 주장을 지지하는 증거를 제시할 의무에 관해 이야기하는 것이다. 형사 재판에서는 입증 책임이 검찰 쪽에 있다. 만약 검찰이 확실한 증거를 내놓지 못하면 피고는 풀려난다. 그 이유는 어떤 사람이 유죄라면 검찰이 설득력 있는 증거를 찾을 수 있어야 할 것이지만 무죄인 피고가 자신의 결백을 증명할 길은 없는 경우가 많기 때문이다.

과학에서도 마찬가지로 입증 책임은 어떤 주장이 사실이라면 그 주장을 하는 사람에게 있다. "어떤 물

그림 2.2 프로이트에 따르면 모든 꿈은 소망 충족에 토대를 두고 있다. 만약 꿈이 불행한 것이라면 그 이유는 머릿속 검열관이 소망을 위장시켰기 때문이다. 이 이론과 들어맞지 않는 관찰을 하나라도 생각해 낼 수 있을까?

체는 낙하한다."는 주장의 경우, 입증 책임은 누구든지 그 주장을 지지하는 사람에게 있다. (물론 이 경우 그 입증 책임을 수행하기는 쉽다.) "모든 물체는 낙하한다."는 주장의 경우, 모든 물체에 대해서 그것이 사실임을 입증하기는 아무에게도 기대할 수 없다. 따라서 그 입증 책임은 그런 주장을 의심하는 모든 사람에게 있다. (누군가 이 진술에 예외가 있음을 보여주지 않는 한 우리는 그것을 계속 믿을 것이다.) "UFO가 외계로부터 지구에 왔다."거나 "어떤 사람은 아무런 감각정보 없이도 사물을 지각하는 초능력을 갖고 있다."는 등의 주장에 대한 입증 책임은 그런 말을 지지하는 이가 누구든지 간에 그 사람에게 있다. (그 말이 사실이라면 누군가는 명백한 증거를 내놓을 수 있어야 할 것이다.)

절약성

만약 알려진 사실에 잘 들어맞는 이론이 여러 개라면 어떻게 해야 할까? 예를 들어 당신 방의 벽에 걸려 있

는 그림이 기울어져 있다고 하자. 다음 세 가지 설명이 머리에 떠오른다.

- 약한 지진 때문에 그림이 흔들렸다.
- 친구가 그림에 부딪혔는데 그런 얘기를 하지 않았다.
- 유령이 그림을 움직였다.

이 세 가지 설명 모두가 관찰된 사실에 들어맞지만 우리는 그것들을 동일하게 취급하지 않는다. 사실에 들어맞는 것으로 보이는 설명들 중에서 하나를 선택해야 할 경우에 우리는 가정이 더 적거나 더 단순하거나 기존의 좋은 이론과 더 잘 합치되는 것을 선호한다. 이를 절약성(parsimony, 말 그대로 '인색함') 원리 또는 오컴의 면도날(Occam's razor, 철학자 William of Occam의 이름을 따름)이라고 부른다. 절약성 원리는 보수적인 개념이다. 즉 유효하게 작용하는 생각들은 버리지 말며, 새로운 가정(예컨대 유령)을 가능한 한 하지 말라는 것이다.

절약성, 그리고 개방성의 정도

절약성 원리는 우리가 이미 믿고 있는 것을 고수하고 새로운 급진적 가설에는 저항하라고 가르친다. 당신은 "우리는 새로운 가능성에 대해 개방적인 태도를 가져야 하지 않나요?"라고 불평할지도 모르겠다. 만약 개방성(open-mindedness)이 적절한 증거를 기꺼이 숙고하는 태도를 의미한다면, 그래야 한다. 하지만 개방성이 '어떤 것이 사실일 가능성은 다른 어떤 것과도 똑같다.'라는 가정을 의미한다면, 그래서는 안 된다. 우리가 현재 갖고 있는 의견의 배후에 있는 이유가 강력할수록 그 의견을 바꾸려면 더 많은 증거를 요구해야 한다.

예를 들면 영구 운동 기계, 즉 소비하는 것보다 더 많은 에너지를 생성하는 기계(그림 2.3이 한 예를 보여준다)를 만들어 내려던 사람들이 많았다. 미국 특허청은 이 문제에 대해서 공식적으로 문을 닫아걸고 있어서 그런 기계에 대한 특허는 신청 받기조차 거부한다. 물리학자들은 논리적 이유로 그리고 일관된 관찰 결과를 바탕으로 어떠한 일이든 항상 에너지가 소비되며 기계를 계속 돌리려면 반드시 에너지가 필요하다고 확신한다. 누군가 당신에게 영구 운동 기계 같은 것을 보여준다면 배터리나 다른 에너지원이 숨겨져 있는지 찾아보라. 만약 못 찾는다면 아마도 당신이 그것을 놓친 것일 것이다. 영구 운동 기계 같은 비상한 주장에는 비상한 증거가 필요하다.

심리학에서 대단히 놀라운 결과를 얻었다는 주장이 나왔던 몇 가지 예를 살펴보자. 그런 주장에 대한 증거를 검토해 보아야 공평하겠지만, 회의적인 태도를 견지하면서 가능한 한 단순하고 절약적인 설명을 추구하는 것 또한 중요하다.

절약성 원리의 적용: 놀라운 말 '영리한 한스'

20세기 초에 독일의 수학교사였던 von Osten 씨는 그의 말 한스(Hans)의 지적 능력을 입증하는 일에 착수했다. 그는 먼저 한스에게 물건을 하나 보여주면서 "하나"라고 말하고는 한스의 발을 들어올렸다. 물건을 두 개 보여주고는 한스의 발을 두

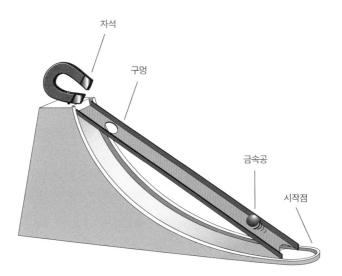

그림 2.3 영구 운동 기계의 한 가지 안: 자석이 금속공을 당겨서 경사면을 올라오게 한다. 금속공이 꼭대기에 다다르면 구멍 사이로 떨어져서 출발점으로 돌아가게 되고 거기서 다시 자석이 그 공을 끌어 올리게 된다. 이 기구가 왜 확실히 실패하는지 알 수 있겠는가? (65쪽의 답 A를 보라.)

번 들어올려 주는 식으로 진행했다. 연습을 계속하자 한스는 물건을 보고 그것에 맞는 횟수만큼 발로 땅을 두드리게 되었다. 곧 한스는 물건을 볼 필요조차 없어졌다. 그저 숫자를 말해주면 그 수만큼 땅을 두드릴 수 있게 되었던 것이다.

더 나아가서 von Osten 씨는 더하기, 빼기, 곱하기, 나누기, 단순한 대수학뿐 아니라 더 어려운 것까지 훈련시켰다. 한스는 학습 속도가 빨라서 정답을 90~95% 정도나 맞히게 되었다. 한스와 von Osten은 대중 공연을 시작했다. 많은 사람들은 한스가 대단한 지적 능력을 가졌다고 쉽사리 믿게 되었다. 그러나 Oskar Pfungst(1911)는 한스가 질문자를 볼 수 있고 그 질문자가 답을 알고 있을 때만 정

영리한 한스와 그 주인 von Osten 씨는 한스가 복잡한 수학 문제에 대단히 정확하게 답할 수 있음을 보여주었다. 문제는 어떻게 그렇게 했는가이다. (Fernald, 1984에 인용된 Pfungst, 1911을 재인용)

답이 나올 수 있다는 것을 알아차렸다. 분명히 질문자 (항상 von Osten이었던 것은 아니다)가 답을 누설하고 있는 듯했다.

결국 Pfungst는 한스에게 문제를 내는 사람은 누구나 한스의 발을 보려고 몸을 앞으로 기울인다는 것을 알아냈다. 한스는 그런 신호를 볼 때마다 발로 땅을 두드리기를 시작하도록 학습했던 것이다. 한스의 두드리기가 정답에 도달할 때쯤 질문자는 마지막 두드리기가 나올지 모른다고 예상하면서 얼굴 표정이 살짝 바뀌곤 했다. 한스는 단순히 그런 단서가 보일 때까지 두드리기를 계속했을 뿐이었다.

한스가 수학을 알지 못한다는 것을 Pfungst가 입증한 것은 아님을 눈여겨보라. Pfungst는 그저 한스의 행동을 얼굴 표정에 대한 반응이라는 용어로 설명할 수 있음을 보여주었을 뿐이다. 따라서 절약성 원리에 맞게, 더 복잡한 무언가를 가정할 필요가 전혀 없었다.

절약성 원리의 적용: 초감각 지각

초감각 지각(extrasensory perception; ESP)이 존재할 가능성은 심리학에서 오랫동안 논란이 되어 왔다. 초감각 지각 신봉자들은 적어도 일부 사람들은, 항상은 아니지만, 아무런 감각기관으로 에너지를 받아들이지 않고서도 정보를 얻을 수 있다고 주장한다. ESP 능력을 가진 사람은 다른 사람의 생각을 멀리서도 그리고 알려진 모든 종류의 에너지를 차단하는 장벽이 있더라도 읽어낼 수 있다(텔레파시)고 이들은 주장한다. 또한 어떤 사람은 눈에 보이지 않는 물체를 지각할 수 있거나(투시력), 미래를 예측할 수 있거나(예지), 정신력을 집중해서 주사위를 굴리는 것같이 물리적 사건에 영향을 미칠 수 있다(염력)고 주장한다.

이런 주장 중 하나라도 받아들이게 되면 우리는 심리학의 주요 개념들을 대대적으로 점검해야 할 뿐 아니라 물리학의 가장 근본적인 원리들을 폐기해야 한다. ESP에 대한 증거로는 어떤 것이 있을까?

일화

일화(anecdote)란 꿈이나 육감이 실제로 들어맞는 것 같은, 산발적으로 일어나는 일에 대한 사람들의 이야

1. 위대한 사람이 대낮에 천둥에 강타당해 쓰러질 것이다. 탄원서를 가진 자에 의해 예고된, 악행. 예언에 따르면 또 다른 사람이 밤중에 쓰러진다. 랭스와 런던에서 충돌이, 그리고 투스카니에서 역병이 발생.

2. 땅과 바다 양쪽에서 돌아다니는 고기가 커다란 파도에 휩쓸려 해변에 던져질 때 그 모양은 낯설고 매끄러우며 무시무시하다. 바다로부터 적들이 곧 성벽에 도달한다.

3. 왼쪽으로 날아가는 독수리, 전투에 프랑스가 합류하기 전에 그는 준비를 한다. 어떤 이들은 그를 선하다고 생각하고 다른 이들은 그를 악하거나 불확실하다고 생각한다. 더 약한 당은 그를 길조로 간주할 것이다.

4. 곧, 그다지 길지 않은 시간 후에, 대혼란이 땅과 바다에서 일어날 것이다. 바다의 전투는 그 어느 때보다 더 클 것이다. 혼란을 더 크게 만들 불꽃과 짐승들.

그림 2.4 노스트라다무스 추종자들에 따르면 이 글들 각각이 20세기에 일어날 사건에 대한 구체적인 예언이다(Cheetham, 1973). 이 예언들이 무엇을 의미한다고 생각하는가? 당신의 답을 65쪽에 있는 답 B와 비교해 보라.

마술사 Lance Burton은 사람이나 동물을 갑자기 나타나게, 사라지게, 공중에 뜨게, 또는 불가능하다고 생각되는 다른 것들을 하게 만들 수 있다. 그가 이런 묘기를 어떻게 부리는지 모르기는 해도 우리는 당연히 그런 묘기가 관중을 속이는 방법에 근거한 것이라고 생각한다.

얼마나 될까? 그 특정 사건이 일어날 확률은 낮겠지만 어떤 이상한 우연의 일치가 발생할 확률은, 충분히 오래 기다리기만 한다면, 대단히 높다.

게다가 우리는 실제로 들어맞은 육감이나 꿈은 기억하여 화제로 삼고 때로는 과장하는 경향이 있는 반면에 그렇지 않은 육감이나 꿈은 쉽게 잊어버린다. 육감이나 꿈을 그것이 예측한 사건이 일어나기 전에 기록해 두었다가 그런 믿기 어려운 예측이 실제로 얼마나 맞아들어 가는지를 알아보아야만 일화적 증거를 평가할 수 있다.

후세에 일어날 많은 사건을 예언했다고들 이야기하는 16세기 프랑스 작가 '예언자 노스트라다무스'라는 이름을 들어보았을 것이다. 그림 2.4는 그가 쓴 글 네 구절을 예로 들어 보여주고 있다. 그의 '예언'이란 것은 모두 이 정도 수준의 애매모호한 것들이다. 어떤 일이 일어나고 나서 사람들은 상상력을 발휘하여 그 사건에 들어맞도록 그의 글을 재해석한다. (어떤 예언이 무슨 사건이 일어나기 전까지는 어떤 의미인지 모른다면, 그것이 정말로 예언인가?)

개념 점검　　1. 노스트라다무스 예언의 정확성을 어떻게 과학적으로 평가할 수 있을까?

직업적 초능력자

사람의 마음을 읽는다거나 기타 놀라운 능력을 갖고 있다고 주장하는 다양한 무대 공연자들이 있다. 'The Amazing Kreskin'이라는 사람은 '초감각' 지각이라기보다 '극도로 민감한' 시각(Kreskin, 1991)이라고 말하기를 더 좋아한다. 그래도 여전히, 그가 공연자로서 성공한 이유 중 하나는 사람들에게 자신이 비상한 초능력의 소유자라고 믿게 했기 때문이다. Kreskin을 비롯한 그런 종류의 사람들을 면밀히 관찰하고 나서 David Marks와 Richard Kammann(1980)은 마술 쇼에서 흔히 사용되는 것과 똑같은 종류의 속임수를 그들이 사용한다고 결론지었다. 예를 들면 Kreskin은 가끔씩 공연 첫머리에서 관중에게 자기 마음을 읽어보라고 요청한다. Kreskin의 다음과 같은 지시를 이용해서 바로 지금 이 속임수를 독자들에게 실시

기이다. 그런 경험은 흔히 깊은 인상을 남기지만 과학적 증거는 아니다. 기묘한 우연의 일치로 인한 사건은 언젠가는 반드시 일어나게 되어 있는데, 사람들은 그런 사건을 쉽게 기억한다. 노스캐롤라이나 주에 있는 어떤 회사에는 한때 Suresh C. Srivastava라는 이름의 직원이 두 사람이나 있었다. 그런 일이 일어날 확률이

해 보겠다. "내 마음을 읽으려고 해 보세요. 나는 1과 50 사이의 수 하나를 생각하고 있습니다. 홀수로 이루어진 두 자리 수인데, 그 두 자리는 똑같은 숫자가 아닙니다. 예컨대 15일 수는 있어도 11일 수는 없어요. 수 하나를 골랐습니까? 하나를 고르세요."

자, 내가 생각했던 수는 37이다. 당신은 37을 골랐는가? 아니면 35를 골랐는가? 사실 나는 35를 생각하기 시작하다가 중간에 마음을 바꾸었는데, 그래서 당신은 35를 골랐을 수 있다.

당신이 '나의 마음을 읽는 데' 성공했다면, 놀랐는가? 그럴 필요 없다. 처음엔 선택할 수 있는 수(1과 50 사이)가 많아 보이지만 지시를 다 듣고 나면 몇 개밖에 남지 않는다. 첫 자리 숫자는 1 아니면 3이어야 하고, 둘째 자리 숫자는 1, 3, 5, 7 또는 9이어야 한다. 두 숫자가 똑같아서는 안 되기 때문에 11과 33을 제외해야 하고, 아마도 당신은 예컨대 15도 제외했을 것이다. 그러고 나면 겨우 7개의 수가 남게 된다. 사람들은 대개 예로 들어진 수와는 거리가 먼 것을 고르게 되고 가장 큰 수나 가장 작은 수도 피해 간다. 그러고 나면 선택될 가능성이 가장 높은 수가 37이고 그 다음이 35이다.

다른 여러 가지 묘기(Marks & Kammann, 1980)를 선보인 후에 Kreskin은 무대 뒤로 사라지고 시장이나 다른 어떤 고위 인사가 Kreskin에게 줄 수표를 관중에게 숨긴다. Kreskin은 무대에 다시 나타나 걸어서 돌아다니다가 마침내 "수표가 여기 있군요!"라고 소리친다. 이 추측이 틀리면 그는 돈을 못 받게 된다. (그가 틀리는 일은 좀처럼 없다.)

Kreskin은 어떻게 맞추는 걸까? 그건 영리한 한스의 경우와 같은 속임수이다. Kreskin은 사람들의 얼굴을 주의 깊게 살펴본다. 사람들은 대부분 Kreskin이 수표가 있는 곳 근처로 가면 들뜬 표정을 짓고 거기서 멀어지면 실망한 표정을 짓는다.

물론 "글쎄, 몇몇 직업적 초능력자가 하는 일을 당신이 설명하긴 한 것 같군요. 그렇지만 당신이 아직 조사해 보지 않은 다른 사람이 있어요. 아마도 그 사람은 정말로 초능력이 있을 거예요."라고 반박하는 사람이 반드시 있다. 글쎄, 그럴지도 모르겠지만 다른 공연자들도 역시 착시와 속임수를 사용하고 있다고 가정하는 것이 더 간단하다(더 절약적이다).

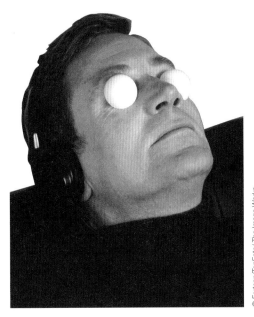

그림 2.5 간츠펠트 실험에서는 정상적인 감각정보를 대부분 차단당한 '수신자'가 '송신자'가 살펴보고 있는 사진이나 동영상을 묘사하려고 노력한다.

실험

일화나 무대 공연은 통제되지 않은 조건에서 일어나기 때문에 과학적 증거로서는 거의 쓸모가 없다. 실험실에서 수행된 실험만이 ESP에 대해 진지하게 검토할 만한 유일한 증거이다.

지난 몇 십 년간 연구자들은 카드 한 벌의 순서를 추측하기, 난수 생성기에서 나온 수를 추측하기, 그리고 다른 사람이 현재 보고 있는 장면을 멀리서 묘사하기를 비롯한 여러 가지 방법을 시도했다. 각 경우마다 처음의 연구는 흥분을 불러 일으켰지만 다른 연구자들이 그 발견을 반복검증하기에 실패하면서 흥분은 가라앉았다. 예를 들어 간츠펠트(ganzfeld, '전체 장'을 의미하는 독일어) 실험에서는 '송신자'가 사진이나 동영상 네 개를 보고 그중의 하나를 무선적으로 고른다. 그리고 다른 방에 있는 '수신자'가 그 송신자의 사고와 심상을 말한다. 일반적으로 수신자는 아마도 약할 것으로 생각되는 초감각 자극을 뒤덮어버릴 수 있는 정상적인 자극들을 최소화시키기 위해 절반으로 잘린 탁구공으로 눈을 덮고 이어폰으로 잡음을 듣는다(그림 2.5). 나중에 판단자가 수신자가 말한 것에 대한 기록을 보고 네 개의 사진이나 동영상과 비교하여 어느 것과 가장 유사한지 결정한다. 평균적으로 네 번에 한 번 정도 정답이 나와야 한다. 만약 수신자가 '맞히는' 비율이 1/4을 넘는다면 우리는 우연적으로 그렇게 잘할 확률을 계산할 수 있다. 한 개관 논문은 이 방법을 사용한 실험실 열 군데 중에서 여섯 군데가 긍정적인 결과를 얻었다고 썼다(Bem & Honorton, 1994). 하지만 나중에 일곱 군데 실험실에서 수행된 14개의 실험에서는 우연 확률과 다르다는 증거가 나오지 않았다(Milton & Wiseman, 1999).

2011년에 권위 있는 학술지에 사람들이 미래를 예지할 수 있음을 보여준다고 주장하는 일련의 연구(Bem, 2011)가 게재되었다. 한 연구에서는 대학생들이 모니터 상의 오른쪽이나 왼쪽 중 어디에 그림이 나올지 예측하여 그쪽을 클릭했다. 그런 추측 후에 컴퓨터가 좌우 중 하나를 무선적으로 선택했다. 만약 그것이 학생의 추측과 같으면 성행위를 하고 있는 한 쌍의 남녀 사진이 모니터에 나타났다. 실험자는 학생들의 추측과 컴퓨터의 선택이 같았던 경우가 53%로서 이는 미래를 예측하는 능력을 시사한다고 보고했다. 또 다른 연구는 학생들에게 단어 목록을 하나 읽히고서 그 단어들을 회상시킨 후에 그 단어 목록의 절반을 다시 읽혔다. 이 연구는 학생들이 회상해 냈던 단어 중에는 나중에 다시 읽혔던 단어가 더 많았다고 주장했다. 말하자면, 시험이 끝나고 나서 시험 내용을 공부함으로써 시험 점수를 올릴 수가 있다는 말이다! (이런 것이 된다고 믿는다면 얼마든지 시도해 보라.)

그런데 당신이 공부 습관을 그런 식으로 바꾸기 전에 알아야 할 것이 하나 있다. 다른 심리학자들은 이 연구의 절차뿐 아니라 결과에 대한 통계 분석에서 많은 문제와 이상한 점을 찾아냈다(Alcock, 2011; Rouder & Morey, 2011). 또한 세 군데 대학교의 실험실이 이 연구의 절차를 그대로 반복했는데 동일한 결과를 얻지 못했다(Ritchie, Wiseman, & French, 2012). 유망한 결과인 듯했다가 다른 연구자들이 반복검증에 실패하곤 했던 오랜 역사를 감안할 때 대부분의 심리학자들은 그러한 주장에 대해 여전히 회의적이다.

반복검증의 실패가 ESP를 믿지 못하게 하는 한 가지 주된 이유이지만 또 다른 이유는 절약성 원리이다. 만약 누군가 말이 수학을 한다거나 사람이 우연적인 사건을 예지한다고 주장한다면 우리는 그에 대한 단순한 설명을 철저하게 탐색해야 한다.

심리학을 할 때 과학적으로 생각하기

지금까지 과학 전반에 대해서 무엇을 배웠는가? 과학은 증명이나 확실성을 다루는 게 아니다. 과학적 결론은 모두 잠정적이어서 수정될 수 있는 것이다. 그렇지만 잠정적이라는 말이 잘 만들어진 이론을 특별한 이유 없이 쉽게 포기해도 된다는 의미는 아니다.

과학자는 가장 절약적인 이론을 항상 선호한다. 주요한 새 가정이 필요한 주장은 그게 무엇이든 간에 받아들이기 전에 과학자는 그 주장이 더 단순한 설명을 제거해 버리는 반복검증 가능한 실험에 의해, 그리고 기존의 이론보다 더 우수한 새 이론에 의해 지지받아야 한다고 강력히 요구한다.

요약

- **과학적 연구의 단계.** 과학적 연구는 가설, 방법, 결과, 그리고 해석이라는 단계를 거친다. 거의 모든 연구는 여러 방향으로 해석할 수 있기 때문에 우리는 많은 연구에서 나온 결과 패턴을 토대로 결론을 내린다. (57쪽)
- **반복검증 가능성.** 어떤 연구의 결과는 다른 연구자들이 똑같은 방법을 써서 유사한 결과를 얻을 수 있어야만 중요한 것으로 받아들여진다. (58쪽)
- **입증 책임.** 어떠한 논쟁에서든지 명백한 증거를 제시할 수 있어야 하는 쪽이 그렇게 할 의무를 진다. (59쪽)

- **절약성.** 다른 모든 것이 동등하다고 할 때, 과학자는 더 단순한 가정에 의존하는, 또는 기존의 다른 이론들과 모순되지 않는 가정에 의존하는 이론을 선호한다. (60쪽)
- **초감각 지각에 대한 회의적 태도.** 심리학자들은 초감각 지각에 대한 주장을 정밀하게 조사한다. 왜냐하면 지금까지 보고된 증거가 반복검증되지 못했으며 과학적 방법은 절약적인 설명을 탐색하는 것이기 때문이다. (61쪽)

핵심 용어

가설 (57쪽)

메타 분석 (59쪽)

반복검증 가능한 결과 (58쪽)

반증 가능한 (59쪽)

이론 (59쪽)

입증 책임 (59쪽)

절약성 (60쪽)

초감각 지각 (61쪽)

이 단원의 질문에 대한 답

A. (61쪽) 금속공을 끌어당겨 경사면을 올라오게 할 만큼 강한 자석은 금속공이 꼭대기에 있는 구멍에 다다랐을 때 그 공을 놓아주지 않고 계속 당겨서 구멍을 넘어오게 할 것이다.

B. (62쪽) 노스트라다무스의 예언을 Cheetam(1973)은 다음의 것들로 해석했다. (1) John F. Kennedy와 Robert F. Kennedy의 암살, (2) 잠수함에서 발사되는 폴라리스 탄도미사일, (3) 히틀러의 프랑스 침공, (4) 제2차 세계대전.

단원 2.2

심리학 연구를 수행하기

- 심리학자는 정의하기 어려운 과정들을 어떻게 연구할까?
- 심리학자는 연구를 어떻게 설계할까? 그리고 어떤 특수한 문제가 생겨날 수 있을까?
- 심리학자는 연구를 수행할 때 윤리 문제를 어떻게 다룰까?

라디오 토크쇼에 두 심리학자가 손님으로 나왔다. 한 심리학자는 탁아소가 아동에게 나쁘다고 주장했다. 왜냐하면 어릴 때 탁아소에 매일 맡겨졌다가 슬프게도 심리 장애를 겪고 있는 성인을 자신의 클리닉에서 많이 보았기 때문이다. 다른 심리학자이자 연구자인 Sandra Scarr(1997)는 역시 어릴 때 탁아소에 맡겨졌지만 사회에 잘 적응한 성인에 대해서는 그 임상심리학자가 알 도리가 없다는 점을 지적했다. Scarr는 네 개의 나라에서 몇 천 명의 사람들을 조사한 잘 설계된 연구 8편을 거론했는데, 어느 연구도 탁아소 때문에 해로운 결과가 얻어졌다는 증거를 찾지 못했다.

일화와 8편의 연구 중 어느 유형의 증거가 더 강력해 보이는가? Scarr의 입장에서는 실망스럽게도, 그 토크쇼에 전화를 걸어 온 사람들은 두 종류의 증거가 대략 비슷하게 설득력 있는 것으로 생각하는 듯했다.

다른 어느 분야와도 마찬가지로 심리학은 그 관련자들이 강한 증거와 약한 증거를 분별할 수 있을 때만 앞으로 나아간다. 이 단원에서 우리는 연구자가 심리 현상을 연구할 때 맞닥뜨리는 특수한 문제 몇 가지를 살펴볼 것이다.

심리학 연구의 일반 원칙

이 단원의 일차적인 목적은 당신이 심리학 연구를 수행할 수 있도록 준비시키는 것이 아니라 연구를 지적으로 해석하는 사람이 되도록 도와주는 것이다. 어떤 새로운 연구에 대한 이야기를 들으면 당신은 그 증거가 얼마나 좋은 것인지 그리고 그 증거로부터 무슨 결론(만약 있기나 하다면)을 내려야 합당한지를 판단할 적절한 질문을 할 수 있어야 한다.

조작적 정의

물리학자가 당신에게 온도가 쇠막대의 길이에 미치는 영향을 측정해 달라고 한다고 하자. 당신은 "온도라는 게 정말로 무슨 의미인가요? 그리고 길이라는 것도 정말로 무슨 의미인가요?"라고 물어본다. 그러면 물리학자는 "걱정 마세요. 여기 온도계와 자가 있으니까 가서 측정하세요."라고 대답한다.

심리학자도 똑같은 방략을 사용할 필요가 있다. 예컨대 온도가 분노에 미치는 영향을 측정하고자 한다면 분노가 실제로 무엇인지 논쟁을 할 수도 있고 아니면 분노를 측정하는 방법을 선택해 볼 수도 있다. 사람들에게 얼마나 화가 났는지 물어볼 수도 있고 일 분당 얼굴 찡그리기 횟수나 욕설의 수를 셀 수도 있고 아니면 분노를 측정하는 다른 어떤 방법을 찾을 수도 있다. 그렇게 할 때 우리는 조작적 정의를 사용하고 있는 것이다. 조작적 정의(operational definition)란 **무언가를 산출하거나 측정하는 데 사용되는 조작(또는 절차)을, 일반적으로 그것을 수치로 나타낼 수 있는 방식으로, 구체적으로 명시하는 정의**를 가리킨다. 조작적 정의는 사전적 정의와는 다르다. 당신은 '일 분당 얼굴 찡그리기 횟수'가 분노의 진짜 의미는 아니라고 반발할 수도 있겠다. 물론 아니다. 그러나 온도계의 수치도 역시 온도의 진짜 의미는 아니다. 조작적 정의는 단지 무언가를 어떻게 측정하는지를 말해줄 뿐이다. 그럼으로써 우리는 연구에 착수할 수 있게 된다.

우호성을 연구한다고 해보자. 우호성에 대한 조작적 정의, 즉 우호성을 측정하는 방법이 필요할 것이다. 어떤 사람이 한 시간 동안 몇 사람에게 웃음을 짓는가로 또는 어떤 사람이 친한 친구로 몇 사람을 열거하는가로 우호성을 정의할 수도 있겠다. 사랑은 '당신에게 가까이 있어 달라고 요구하는 어떤 사람과 몇 시간을 함께 보내는가'라고 조작적으로 정의할 수도 있다.

✓ 개념 점검

2. 다음 중 어느 것이 지능에 대한 조작적 정의인가?
   a. 인간관계를 이해하는 능력
   b. IQ 검사 점수

    c. 현실 세계에서 생존하는 능력

    d. 뇌에 있는 대뇌겉질의 산물

3. 유머 감각의 조작적 정의로 무엇을 제안해 보겠는가?

모집단 표본

화학실험실에서는 어떤 화합물의 특성을 발견하면 그 결과는 그 동일한 화합물에 대해서는 어디서나 똑같이 적용된다. 심리학은 다르다. 심리학자가 어떤 사람 집단을 연구할 때는 그 사람들이 혹시 어떤 면에서 유별나지는 않을지에 대해 걱정해야 한다.

어떤 경우에는 그런 걱정이 적다. 예를 들어 눈, 귀 및 다른 감각기관들은 모든 사람에게서 유사하게 작동한다. 시각 또는 청각 장애가 있는 사람들은 물론 제외하고 말이다. 사실 연구자는 실험동물을 사용할 때가 많다. 연구하기 쉽다는 이유로 선택된 집단을 편의 표본(convenience sample)이라고 부른다. 유감스럽게도 미국이나 그와 비슷한 나라에서는 과도하게 대학생에 대한 연구를 하는 이들이 많다. 대학생은 어떤 목적에는 만족스럽지만 다른 목적에는 만족스럽지 않은 편의 표본이다.

모집단(population)에 대한 더 좋은 표본을 얻는 것이 중요할 때가 많다. 2개 주의 학생들 같은 두 모집단을 비교한다면 연구자는 그 모집단들에서 유사한 표본을 얻어야 한다. 다음 예를 보자. 매년 가을에는 미국 여러 주의 평균 SAT 점수가 신문에 나는데, 어떤 주는 다른 주보다 시종일관 더 높은 점수를 기록한다. 그런데 어떤 주에서는 대부분의 고등학생이 SAT를 치르는 반면, 다른 주에서는 대부분의 대학교가 SAT가 아니라 ACT 점수를 요구한다.[1] 따라서 그런 주의 학생은 다른 주에 있는 대학(흔히 명문 대학인)에 지원하려 할 때만 SAT를 치른다. 한 주에 사는 대부분의 학생들을 다른 주에 사는 정선된 학생들과 비교한다면 그 결과는 무의미하다.

편의 표본에 비해 훨씬 더 좋은 것은 대표 표본(representative sample)인데, 이것은 남자와 여자, 흑인과 백인, 젊은이와 노인, 도시 사람과 시골 사람 또는 무

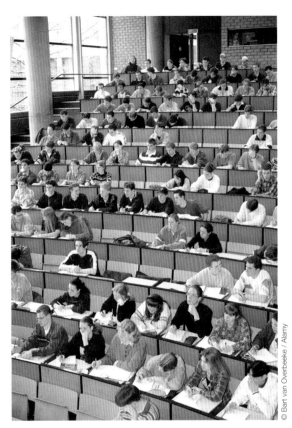

대학생들이 편의 표본으로 사용될 때가 많다.

엇이든지 결과에 영향을 주기 마련인 다른 모든 특성의 비율이 모집단을 닮은 표본이다. 어떤 지역에 사는 사람들의 대표 표본을 얻기 위해서 연구자는 거주자의 몇 %가 각 범주에 속하는지 파악하고 나서 그 비율에 맞도록 사람들을 선택한다. 물론 어떤 면에서는 대표성이 있는 표본이 다른 면에서는 대표성이 없을 수도 있다.

그보다 더 좋은 것은 무선 표본(random sample, 무작위 표본)인데, 이것은 모집단에 있는 모든 개인 각자가 선택될 확률이 동일한 표본이다. 토론토 거주자의 무선 표본을 얻기 위해서 연구자는 토론토 지도를 가져와서 여러 구역을 무선적으로 선택하고, 각 구역마다 한 가정을 무선적으로 선택한 후에 각 가정에서 한 사람을 무선적으로 선택할 수 있다. 여기서 무선적이란 말은 특별한 의미를 지닌다. 당신이 단순히 "자, 나는 이 구역, 이 구역, 그리고 이 구역을 뽑겠어."라고 말한다면 그 결과는 무선적인 것이 아니다. 모든 구역 각각이 또는 모든 사람 각자가 선택될 확률이 반드시 동일하도

------

1 SAT는 Scholastic Aptitude Test의 준말이고 ACT는 American College Testing의 준말이다.

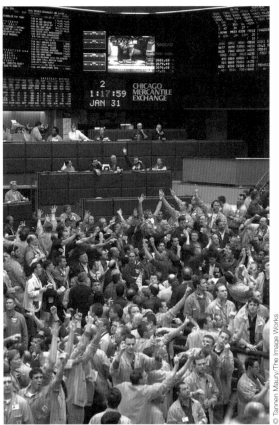

심리학 연구자는 서로 다른 문화의 사람들을 비교함으로써 인간 행동에 대한 일반화를 검증한다.

록 만들어야 한다. 무선 표본의 이점은 다음과 같다. 즉 무선 표본이 클수록 그 결과가 전체 모집단과 많이 다를 확률이 낮아진다. 그런데 무선 표본이 이론적으로 최선이기는 하지만 만들어내기는 힘들다.

어떤 결과가 모든 인류에게 적용되기를 원한다면 연구가 더욱 힘들어진다. 왜냐하면 한 나라의 모집단은 다른 나라의 모집단과 다를 수 있기 때문이다. 미국인은 대부분 서구적이고 교육을 받았으며 산업화되었고 부유하며(세계의 다른 나라들 대부분에 비해) 그리고 민주적이라고 묘사되는데, 이를 줄여서 WEIRD(western, educated, industrial, rich, democratic)라고 한다(Henrich, Heine, & Norenzayan, 2010). 미국인에게는 이런 줄임말이 모욕적으로 느껴질지도[2] 모르겠지만, 요점은 문화적 차이를 심각하게 받아들일 필요가 있다는 것이다.

우리는 식사습관과 여가활동(Kobayashi, 2011), 종교, 정치 및 성행동 측면에서 문화적 차이를 예상해야 함을 알고 있다. 차이는 또한 우리가 예상하지 못한 데서도 나타난다. 한 가지 예만 보자. 당신에게 일련의 그림을 주고 첫째 사건부터 가장 최근의 사건까지 논리적인 이야기를 만들어서 그림을 순서대로 늘어놓으라고 하면 당신은 아마도 그림을 왼쪽에서 오른쪽으로 또는 위에서 아래로 배열할 것이다. 호주 원주민은 자신이 어느 방향을 향하고 있든지 간에 상관없이 그림을 동쪽에서부터 서쪽으로 배열한다(Boroditsky & Gaby, 2010). 물론 그러려면 어느 방향이 동쪽인지 정확히 알고 있어야 한다. 호주 원주민에게는 시간의 화살이 동쪽에서 서쪽으로 날아간다. 미국인은 시간이 왼쪽에서 오른쪽으로 간다고 생각하는 것과 꼭 마찬가지로 말이다.

단지 한 문화만이 아니라 세계 전체에 걸쳐 인간에 대해 이야기하고 싶은 연구자는 비교문화 표본(cross-cultural sample), 즉 두 가지 이상의 문화로부터 얻은 사람 집단을 필요로 한다. 비교문화 표집을 하기는 어려운데 왜냐하면 비용이 많이 들고 언어 장벽이 있으며 어떤 문화에서는 사람들이 이상해 보이는 과제를 하는 데 참여하기를 꺼리기 때문이다. 표 2.1은 중요한 표본 유형을 보여주고 있다.

표 2.1 표본의 유형

표본	포함되는 개인	장점과 단점
편의 표본	표집할 수 있는 사람 누구나	가장 얻기 쉽지만, 결과가 모집단 전체에게로 일반화되지 못할 수 있음
대표 표본	모집단 전체와 동일한 비율의 남자/여자, 흑인/백인 등	결과는 아마도 모집단 전체와 비슷할 것이지만, 표본이 어떤 측면에서는 대표성이 있으나 다른 측면에서는 없음
무선 표본	모집단에 있는 모든 개인이 각자 선택될 확률이 동일함	이런 종류의 표본은 얻기 힘들지만, 모집단 전체에 일반화하기에는 제일 좋음
비교문화 표본	서로 다른 문화의 사람들	언어 장벽, 비협조 문제 등 어려움이 많으나 많은 연구 문제에 필수적임

2 weird는 사전에 여러 의미가 나와 있으나 시쳇말로 하자면 '또라이 같은' 정도의 의미가 될 것이다.

4. 당신이 길거리에 서 있으면서 지나가는 사람 열 명마다 한 사람을 인터뷰한다고 하자. 이것은 편의, 대표, 무선 표본 중 어느 종류인가?

관찰 연구 설계

조작적 정의와 표집은 많은 종류의 연구에 중요한 문제이다. 심리학자는 다양한 연구 방법을 사용하는데, 그 각각이 장점과 단점을 갖고 있다. 연구는 대부분 무슨 일이 어떤 상황에서 일어나는가를 기술하면서 시작된다. 먼저 여러 종류의 관찰 연구를 살펴보자. 나중에 실험을 살펴볼 것인데, 실험은 인과관계를 드러내도록 설계하는 연구법이다.

자연 관찰

자연 관찰(naturalistic observation)은 대체로 자연적인 상황에서 일어나는 일을 세심하게 관찰하는 것이다. 예를 들면 생물학자 Jane Goodall(1971)은 여러 해에 걸쳐 야생 침팬지를 관찰하면서 그들의 섭식 습관, 사회적 상호작용, 몸짓 등 생활방식 전체를 기록했다(그림 2.6).

마찬가지로 심리학자도 때때로 '국외자'로서 인간 행동을 관찰하려 한다. 낯선 사람들이 거리에서 스쳐 지나갈 때 서로에게 미소를 짓는 빈도가 얼마나 되는지 관찰할 수도 있다. 이 행동은 작은 마을과 인구가 밀집된 도시 간에 얼마나 다를까? 여자와 남자 중 누가 더 많이 미소를 지을까? 젊은이와 노인 중에서는?

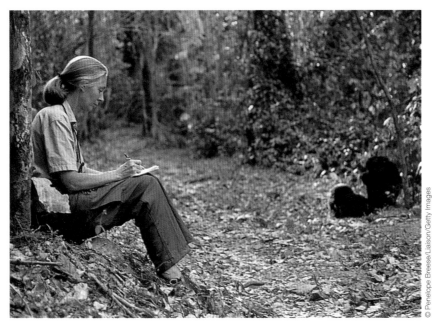

그림 2.6 자연 관찰 연구에서는 관찰자가 자연 상황에서 행동을 기록한다. 여기 유명한 생물학자 Jane Goodall이 침팬지에 대한 관찰을 기록하고 있다. Goodall은 끈기 있게 침팬지들 주위에 머물러 있음으로써 점차로 그들의 신뢰를 얻었고 개별 침팬지들을 구별할 수 있게 되었다.

사례사

드물게도 깜짝 놀랄 만한 병이 몇 가지 있다. 예를 들면 어떤 사람은 통증에 거의 완전히 무감각하다. 카그라스 증후군(Capgras syndrome)이 있는 사람은 자기 친척 중 몇 사람이 진짜 그 사람의 모습과 목소리를 가지고 그 사람인 양 행동하는 사기꾼으로 바꿔치기 되었다고 믿는다. 코타르 증후군(Cotard's syndrome)이 있는 사람은 자기가 죽었다고 또는 존재하지 않는다고 완강하게 주장한다. 희귀병이 있는 사람을 만난 심리학자는 사례사(case history)를 작성할 수 있는데, 이것은 한 사람에 대한 철저한 묘사로서 그 사람의 능력과 장애, 의학적 상태, 생활사(史), 특이한 경험 등 의미 있어 보이는 것은 무엇이든 포함한다. 사례사는 일종의 자연 관찰이지만 한 개인에게 초점을 맞춘 것이기 때문에 그 둘은 구분된다.

사례사는 중요할 수 있지만 그저 한 가지 일화에 그칠 위험성이 있다. 다른 관찰자가 사례사의 주인공이나 그와 비슷한 다른 사람을 조사하지 않는 한 우리는 원래 조사자의 보고서밖에 볼 수 없다. 그런데 그 조사자는 중요한 점을 빠트리거나 과장하거나 오해했을 수도 있다. 좋은 사례사는 연구의 길잡이가 되지만 그러한 단 하나의 보고서를 해석할 때는 신중해야 한다.

조사

조사(survey)는 질문에 대한 사람들의 반응을 토대로 특정 믿음, 태도 또는 행동이 얼마나 많이 나타나는가에 대한 연구이다. 당신의 직업이 무엇이든 간에 아마도 언젠가 당신은 직원, 소비자, 이웃 또는 어떤 단체의 회원에 대한 조사를 수행할 것이다. 또한 조사 결과에 대한 이야기를 종종 읽고 듣기도 할 것이다. 그래서 조사 결과가 어떻게 오해를 불러일으킬 수 있는지 알아야 한다.

표집

무선 표본 또는 대표 표본을 얻는 일은 어떠한 연구에서도 중요하지만 조사에서는 특히 중요하다. 1936년에 Literary Digest라는 잡지는 사람들에게 천만 통의 엽서를 보내어 미국의 차기 대통령으로 누구를 찍을지 물어보았다. 2백만 명이 응답을 했는데 그중에서

일부 이상한 조사 결과는 그저 사람들이 질문을 진지하게 받아들이지 않았거나 이해하지 못했다는 사실을 반영할 뿐이다.

57%가 공화당 후보 Alfred Landon을 선호했다.

그해 말에 민주당 후보 Franklin Roosvelt가 Landon을 큰 표 차로 이겼다. 위의 조사는 왜 그렇게 터무니없이 틀렸을까? 문제는 *Literary Digest*가 전화번호부와 자동차 등록인 목록에서 이름을 뽑았다는 것이다. 대공황이 끝나가던 무렵인 1936년에는 가난한 사람들(대부분 민주당 지지자인) 중에서 전화나 자동차를 소유한 이가 별로 없었다.

응답자의 진지함

당신은 설문조사에 응할 때 어떤 답을 할지 얼마나 세심하게 숙고하는가? 한 조사에서 응답자의 45%만이 우주의 다른 행성에 지적 생명체가 존재한다고 믿는다고 답했다. 그러나 그 조사지의 나중에 나오는 몇 질문에서 82%의 응답자가 "미국 정부가 우주의 지적 생명체에 대한 증거를 숨기고 있다."고 믿는다고 답했다(Emery, 1997). 37%의 사람들은 존재하지 않는 어떤 것에 대한 증거를 미국이 숨기고 있다고 정말로 생각했던 걸까? 아니면 깊이 생각하지도 않고 충동적으로 답했던 걸까?

▶ 직접 해 보세요!

또 다른 예를 보자. 당신은 다음 중 어느 프로그램을 텔레비전 재방송 때 가장 보고 싶은가? 가장 높은 것을 1, 가장 낮은 것을 10으로 하여 보고 싶은 순서대로 적어 넣어 보라.[3] (다음 문단으로 넘어가기 전에 여기 본문에다가 또는 다른 종이에다가 답을 적어 넣으라.)

___ 사우스파크(South Park)

___ 프렌즈(Friends)

___ 로스트(Lost)

___ 엑스 파일(The X-Files)

___ 그레이 아나토미(Grey's Anatomy)

___ 텔레토비(Teletubbies)

___ 빅뱅 이론(The BigBang Theory)

___ 스페이스 닥터(Space Doctor)

___ 스타 트렉(Star Trek)

___ 프리즌 브레이크(Prison Break)

내가 노스캐롤라이나 주립대학교에서 학생들에게 이 조사를 했을 때 거의 모든 학생이 정확히 내가 요구한 대로 했다. 즉 〈스페이스 닥터〉를 포함하여 모든 프로그램에 순위를 매겼다. 그런데 〈스페이스 닥터〉는 사실 존재하지 않았던 프로그램이다. 학생들은 대부분 이 프로그램에 낮은 순위를 매겼다. 하지만 10% 이상의 학생들이 상위 5위 이내의 순위를 주었고 몇몇은 1순위를 주었다. [이 조사는 〈몰래카메라〉(Candid Camera)의 과거 방송분 하나로부터 아이디어를 얻은 것인데, 그 방송분에서는 사람들에게 존재하지 않는 프로그램인 〈스페이스 닥터〉에 대한 의견을 물었더니 확신을 갖고 답하는 이가 많았다.]

〈스페이스 닥터〉에 순위를 매긴 학생들은 물론 아무 잘못이 없다. 내가 순위를 매기라고 했고 그들은

_____

3 한국 독자들을 위해 일부는 원서에서와 달리 한국에서 방영된 미국 드라마로 대체하였다.

내가 하라는 대로 했을 뿐이다. 문제는 그런 조사 결과를 마치 제대로 된 의견인 것처럼 해석하는 경우에 발생한다.

질문의 표현 방식

▶ 직접 해 보세요!

한 가지 시범을 먼저 하고서 시작하자. 다음 두 질문에 답해 보라.

1. 나는 세금을 올리는 데 반대한다. (하나를 골라 동그라미 치시오.)

　　1　　2　　3　　4　　5　　6　　7
매우 그러함　　　　　　　　　전혀 그렇지 않음

2. 나는 절대로 거짓말하지 않고 살아가고 있다. (하나를 골라 동그라미 치시오.)

　　1　　2　　3　　4　　5　　6　　7
매우 그러함　　　　　　　　　전혀 그렇지 않음

이제 위의 답들을 덮어서 가리고 아래의 비슷한 질문에 답해 보라.

3. 나는 모든 아동에게 질 좋은 교육을 제공하기 위해 몇 천 원을 더 세금으로 기꺼이 낼 의향이 있다. (하나를 골라 동그라미 치시오.)

　　1　　2　　3　　4　　5　　6　　7
매우 그러함　　　　　　　　　전혀 그렇지 않음

4. 다른 모든 사람들처럼 나는 가끔 선의의 거짓말을 한다. (하나를 골라 동그라미 치시오.)

　　1　　2　　3　　4　　5　　6　　7
매우 그러함　　　　　　　　　전혀 그렇지 않음

한 대학교의 학생들은 대부분 위의 네 질문에 모두 동의하는 쪽으로 답했다 (Madson, 2005). 위의 질문 1은 3과, 2는 4와 서로 반대되는 것임에 주목하라. 세금을 올리는 데 반대하면서 찬성할 수는 없다. 항상 정직하면서 가끔 거짓말을 할 수도 없다. 그러나 질문을 어떤 방식으로 하는지가 질문에 내포된 의미를 변화시킨다. 질문 3은 가치 있는 목적을 위해 "몇 천 원"의 세금을 더 내는 것에 대해 이야기한다. 이는 미지의 이유로 미지의 액수만큼 세금을 올리는 것과는 다르다. 마찬가지로 "선의의 거짓말"이 무슨 의미인지에 따라 "절대로 거짓말하지 않고 살아가고" 있으면서도 가끔 선의의 거짓말을 할 수도 있다. 적어도 많이 하지만 않는다면 말이다. 요점은 질문을 어떤 식으로 하는가에 따라 답이 이쪽이나 저쪽으로 편향될 수 있다는 것이다.

또 다른 예를 보자. 당신이 이혼소송을 담당하고 있는 판사여서 부모 A와 B 중 누구에게 아이의 양육권을 줄지 판결해야 한다고 하자. 누가 아버지이고 누가 어머니인지는 상관하지 말라. 부모 A는 대체로 '괜찮은' 사람이다. 부모 B는 큰 장점과 큰 단점이 몇 가지 있다. B는 더 좋은 집을 갖고 있고 수입이 더 많으며 아이와 더 친밀한 관계이다. 하지만 또한 직장 일로 여행을 많이 다녀야 하고 사소한 건강 문제가 좀 있다. 부모 어느 쪽에게 양육권을 수여하겠는가? 사람들은 대부분 B라고 답한다. 어느 쪽에게 양육권을 주기를 거부하겠는가라고 물어보면 또다시 사람들은 대부분 B라고 답한다. "수여한다(award)"는 용어는 사람들로 하여금 장점에 집중하게 하고 "거부한다(deny)"는 말은 단점이 부각되게 만들어서 상이한 결과를 낳게 된다(Shafir, 1983).

요약하면, 앞으로 어떤 조사 결과에 대한 이야기를 듣게 되면 질문이 어떤 방식으로 표현되었는지와 어떤 선택지가 제공되었는지를 물어보라. 약간만 다른 표현이라도 비율상의 차이를 야기할 수 있다.

조사자 편향

때로는 어떤 단체가 조사에서 자기네가 듣기를 원하는 답을 부추기는 방향으로 질문을 표현한다. 1993년도 조사에서 고등학교 남학생의 92%와 여학생의 98%가 성희롱을 당한 적이 있다고 답했다(Shogren, 1993). 충격적인 결과이지 않은가? 그러나 어쩌면 그 조사의 설계자들이 성희롱이 만연해 있음을 보여주기를 원했을 수 있다. 그 조사에서는 성희롱을 중대한 범죄(예컨대 누군가가 사람들 앞에서 당신의 옷을 찢어 벗기는 것)에서부터 짜증나는 경미한 일에까지 걸친 목록을 줌으로써 정의했다. 예를 들어 화장실 벽에 그려진 성적인 낙서나 그림이 맘에 들지 않으면 자신이 성희롱을 당한 것으로 간주할 수도 있다. 스스로 성적 매력이 넘쳐 보이게 옷을 입었는데(십대들이 대부분 그렇게 하는 것처럼. 그렇지 않나?) 관심을 끌려고 했던 사람이 아닌 다른 누군가가 엉큼한 눈길로 자신을 주시한다면 그것도 성희롱으로 간주될 수 있을 것이다. (성희롱을 당한 적이 **없다**고 응답한 학생들이 나는 걱정된다! 그들은 화장실 벽에 그려진 **모든** 낙서와 그림을 좋아했다는 말인가? 그런 낙서나 그림을 성적인 것으로 본 적이 한 **번도** 없다고?) 성희롱은 물론 심각한 문제이다. 하지만 중요한 범죄와 경미한 사건을 합쳐서 물어보는 조사는 오해를 불러 일으키기 십상이다.

줄기세포는 한 사람의 조직과 기관 모두가 발생하는 근원이 되는 기초 세포입니다. 미국 하원은 인간 배아로부터 얻어진 줄기세포를 이용하는 실험에 연방 자금을 지원할 것인지를 논의 중입니다. 이 세포를 얻기 위해서는 살아 있는 배아가 발생 첫 주에 파괴될 것입니다. 그런 실험을 위해 당신의 연방 세금을 사용하는 것을 당신은 지지합니까 아니면 반대합니까?

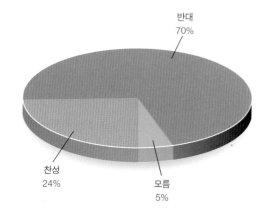

인공수정 병원에서는 여성의 자궁에 착상되지 못한 여분의 수정란(배아라고도 불리는)이 가끔씩 생깁니다. 이 여분의 배아는 폐기되거나 아니면 줄기세포 연구라는 의학 연구에 사용되도록 부부가 기부할 수 있습니다. 줄기세포 연구를 지지하는 어떤 사람들은 그것이 많은 질환에 대한 치료법을 찾는 중요한 길이라고 말합니다. 줄기세포 연구에 반대하는 다른 사람들은 인간의 배아를 하나라도 연구 목적으로 사용하는 것은 잘못된 일이라고 말합니다. 당신은 어떠신가요? 줄기세포 연구를 지지합니까 아니면 반대합니까?

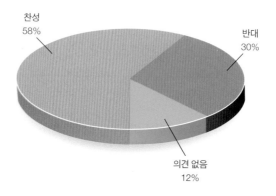

그림 2.7 왼쪽의 질문은 줄기세포 연구 반대파가 작성한 것으로서 대부분의 사람들이 반대를 표현하도록 유도했다. 오른쪽의 질문은 다른 방식으로 표현되어 있어서 대부분의 사람들이 지지를 표현하도록 유도했다. (출처: ICR/National Conference of Catholic Bishops, 2001 그리고 ABC News/Bellnet, June 2001, © 2004 by Public Agenda Foundation. 허가하에 실음)

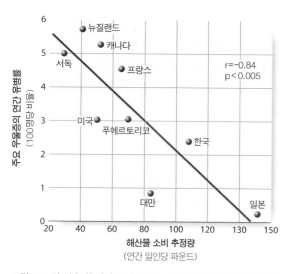

그림 2.8 각 점은 한 나라를 나타낸다. x축 상의 값은 평균적인 사람이 일 년에 먹는 해산물의 양을 나타낸다. y축 상의 값은 주요 우울증이 발병할 확률을 나타낸다. 해산물 섭취량이 증가함에 따라 우울증의 확률은 감소한다.

그림 2.7은 유사한 모집단을 대상으로 비슷한 시기에 수행된 두 조사의 결과를 보여준다. 주제는 낙태된 태아로부터 추출해낸 줄기세포를 의학 연구에서 사용해도 되는가이다. 왼쪽에 있는 질문은 낙태와 줄기세포 연구에 반대하는 단체가 만든 것이다. 오른쪽에 있는 질문은 줄기세포 연구에 대해 중립적이거나 호의적인 단체가 만든 것이다(Public Agenda, 2001). 보는 바와 같이 질문의 표현 방식이 답에 영향을 주었다.

상관연구

또 다른 유형의 연구는 상관연구이다. 상관(correlation)이란 두 변인 사이의 관계에 대한 측정치이다. (변인이란 나이, 교육 기간 또는 독서 속도처럼 사람들 간에 서로 다른 측정 가능한 모든 것을 가리킨다.) 상관연구는 연구자가 두 변인 간의 관계를, 어느 변인도 통제하지 않은 상태에서, 측정하는 절차이다. 예를 들어 사람의 키와 몸무게 사이의 상관을 측정할 수도 있고, 성격검사 점수와 친구의 수 사이의 상관을 측정할 수도 있다.

상관계수

어떤 변인 쌍은 강한 관련성을, 다른 변인 쌍은 약한 관련성을 갖고 있다. 상관의 정도를 측정하기 위해서 연구자는 상관계수(correlation coefficient), 즉 두 변인 간의 관계에 대한 수학적 추정치를 사용한다. 상관계수 0은 일관된 관계가 없음을 의미한다. 상관계수 +1이나 −1은 완벽한 관계를 나타낸다. 즉 한 변인의 수치를 알면 다른 변인을 완벽히 정확하게 예측할 수 있다. (심리학에서는 아마도 +1 또는 −1 같은 완벽한 상관계수를 절대로 보지 못할 것이다.) +1 같은 정적 상관계수는 한 변인이 증가하면 다른 변인도 역시 증가함을 의미한다. −1 같은 부적 상관계수는 한 변인이 증가하면 다른 변인은 감소함을 의미한다. 부적 상관계수는 정적 상관계수와 똑같이 유용하다. 예를 들면 골프를 더 자주 연습할수록 점수는 더 내려가는데, 따라서 골프 연습은 점수와 부적으로 상관된다. 사람들이 해산물을 많이 먹는 나라에서는 우울증이 더 적은데, 따라서 해산물 소비와 우울증은 그림 2.8에서 보는 바와 같이 부적 상관을 보인다(Gómez-Pinilla, 2008).

상관계수 0은 한 변인이 증가함에 따라 다른 변인이 일관하게 증가하거나 감소하지 않음을 나타낸다. 0에 가까운 상관계수는 두 변인이 정말로 관련이 없거나 아니면 한 변인 또는 두 변인 모두가 제대로 측정되지 못했음을 의미한다. (어떤 것이

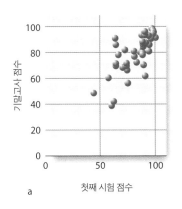 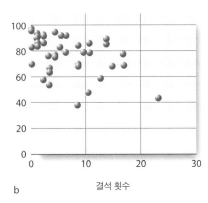 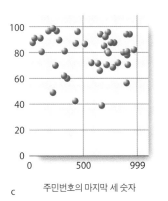

a 첫째 시험 점수   b 결석 횟수   c 주민번호의 마지막 세 숫자

그림 2.9 이 산포도에서 각 점은 한 사람에 대한 두 변인의 측정치를 나타낸다. (a) 첫째 시험 점수와 기말고사 점수(상관 = +.72). (b) 결석 횟수와 기말고사 점수(상관 = −.44). (c) 주민번호의 뒤 세 자릿수와 기말고사 점수(상관 = −.08).

정확하게 측정되지 못했다면 그것이 다른 아무것이라도 예측하기를 바라기는 힘들다.) 예를 들어 학생들에게 학교에서 얼마나 공부 잘하고 싶은지 물어보면 그 대답과 성적 사이의 상관은 거의 0이다(Dompnier, Darnon, & Butera, 2009). 이것은 동기가 학업 성공에 중요하지 않다는 의미일까? 물론 아니다. 이것은 많은 학생들이 공부 잘하고 싶다고 말해야 한다고 생각하기 때문에 그렇게 말한다는 것을 의미한다. 측정(이 경우 특정 질문에 대한 답)이 부정확하다면 그것은 다른 어떤 것과도 높은 상관을 보이지 않을 것이다.

그림 2.9는 세 가지 상관관계의 산포도(scatter plot)를 보여준다(실제 자료임). 산포도에서 각 점은 x축(수평선)에 어떤 특정 개인의 한 측정치를, y축(수직선)에 그 개인의 다른 측정치를 나타낸 것이다. 그림 2.9에서 각 점은 심리학개론을 수강하는 각 학생을 나타낸다. y축 상에 있는 그 학생의 값은 기말고사에서 정답을 맞힌 비율을 나타낸다. 첫째 그래프에서 x축 상에 있는 값들은 첫 번째 시험에서 기록한 점수를 나타낸다. 여기서 상관은 +.72로서 상당히 강한 관련성을 보여준다. 첫 번째 시험을 잘 치른 학생들 대부분은 기말고사도 역시 잘 치렀고, 첫 번째 시험을 잘 못 본 학생들 대부분은 기말고사도 역시 잘 못 보았다. 둘째 그래프에서 x축은 38회의 수업 중 결석한 횟수를 나타낸다. 여기서는 상관이 −.44로서 결석을 많이 한 학생일수록 일반적으로 시험점수가 더 낮음을 보여준다. 셋째 그래프는 기말고사 점수가 각 학생의 주민번호의 마지막 세 숫자와 어떻게 관련되는지를 보여준다. 예상대로 상관은 0에 가깝다. 더 큰 모집단의 학생 자료를 살펴본다면 이 상관은 틀림없이 점점 더 0에 가까워질 것이다.

개념 점검

5. 다음 각각이 정적, 무, 또는 부적 상관 중 무엇을 보여주는지 말하시오.

　　a. 어떤 지역의 인구밀도가 높을수록 수입은 낮다.

b. IQ 점수가 높은 사람이 높은 전화번호 숫자를 갖고 있을 확률은 다른 사람들보다 더 높지도, 더 낮지도 않다.

c. 밤에 자다가 자주 깨는 사람은 다른 사람보다 더 우울함을 느끼기 쉽다.

6. +.50 상관과 −.75 상관 중 어느 것이 두 변인 간의 더 강한 상관을 나타내는가?

7. 학생의 평점과 자존감 설문지 점수 간의 상관은 아주 낮아서 0보다 그다지 높지 않다. 왜 그럴 수 있을까?

착각 상관

관찰을 비체계적으로 하면 우리는 가끔씩 실제로는 존재하지 않는 상관이 보이는 것 같은 생각이 들 때가 있다. 예를 들어 아이들이 설탕을 먹으면 과잉활동을 하게 된다고 믿는 사람이 많다. 그러나 광범위한 연구에 따르면 설탕은 활동 수준에 거의 영향을 미치지 않으며, 어떤 연구는 설탕이 행동을 진정시킨다는 것을 발견했다(Milich, Wolraich, & Lindgren, 1986; Wolraich et al., 1994). 그렇다면 왜 설탕이 아이에게서 과잉활동을 유도한다고 믿는 이가 많을까? 한 연구에서는 5~7세 아들을 가진 엄마 두 집단을 대상으로 한 집단에는 아들에게 설탕을 주었다고, 다른 집단에는 아들에게 가짜약을 주었다고 말해 주고서 이들을 관찰했다. 가짜약(placebo, 또는 속임약, 위약)이란 약리적 효과가 없는 약을 가리킨다. 실제로는 두 집단의 아이들 모두 가짜약을 받았다. 자기 아들이 설탕을 먹었다고 생각한 엄마들은 관찰 기간 동안 자기 아들이 과잉활동을 보인다고 평가한 반면에 다른 엄마들은 그러지 않았다(Hoover & Milich, 1994). 즉 엄마들은 보리라고 기대한 것을 보았던 것이다.

사람들은 두 사건(예컨대 설탕과 활동 수준) 간의 연결을 보기를 기대할 경우 그런 연결을 지지하는 사례를 기억하고 반대되는 것은 무시한다. 따라서 착각 상관(il-lusory correlation), 즉 무관하거나 약하게 관련된 사건들에 대한 비체계적인 관찰에 근거한 외견상의 관련성을 지각한다. 사람 집단에 대한 고정관념 중에는 착각 상관인 것이 많다.

또 다른 예로서 보름달이 인간 행동에 영향을 미친다는 널리 퍼져 있는 믿음을 살펴보자. 몇 백 년 동안 많은 사람들은 범죄 및 다양한 종류의 정신적 혼란이 다른 때보다 보름달 때 더 많이 일어난다고 믿어왔다. 사실 광기(lunacy, '달'을 의미하는 라틴어 luna에서 유래)라는 용어는 원래 보름달에 의해 초래된 정신장애를 의미했다. 어떤 경찰관들은 보름달이 뜬 밤에 신고가 더 많이 들어온다고 말하며, 어떤 병원 직원들은 그런 날에 응급실에 들어오는 환자가 더 많다고 말한다. 하지만 자료를 면밀하게 검토한 결과 달의 위상 변화와 범죄나 정신장애 사이에는 아무런 관련성도 발견되지

않았다(Raison, Klein, & Stechler, 1999; Rotton & Kelly, 1985). 그렇다면 왜 그런 믿음이 지속될까? 사람들은 자신의 믿음에 들어맞는 사건은 기억하고 그렇지 않은 것은 무시하기 때문이다.

상관관계 ≠ 인과관계

"상관관계는 인과관계를 의미하지 않는다." 이것은 우리가 심리학 및 기타 분야에서 듣고 또 듣게 될 말이다. 상관은 두 변인이 서로 얼마나 강하게 관련되는가를 보여준다. 하지만 왜 관련되는지는 알려주지 않는다. 두 변인(A와 B라고 부르자)이 정적 상관을 보일 경우, A가 B의 원인일 수도 있고 B가 A의 원인일 수도 있으며 또는 어떤 제3의 변인 C가 양자 모두의 원인일 수도 있다.

예를 들면 자외선 차단제를 얼마나 많이 사용하는가는 피부암에 걸릴 확률과 정적 상관을 보인다. 이것은 자외선 차단제가 피부암의 원인이라는 의미일까? 전혀 아니다. 태양 아래서 많은 시간을 보내기 때문에 피부암에 대해 걱정을 하는 사람들이 자외선 차단제를 더 많이 사용하는 사람들일 가능성이 더 높다.

또한 부모가 아이의 엉덩이를 얼마나 자주 때리는지와 그 아동이 얼마나 자주 버릇없는 짓을 하는지 사이에는 정적 상관이 있다. 이 상관관계는 볼기 치기가 버릇없는 행동을 초래함을 보여주는가? 아니면 버릇없는 행동이 볼기 치기를 초래하는가? 또 다른 가능성은 그 부모에게 볼기 치기를 하게 만드는 '호전적' 행동 유전자가 있고 그 아이가 이 유전자를 물려받아서 버릇없는 행동을 하게 되었다는 것이다. 이 모든 설명이 다 가능하기 때문에 인과관계에 대한 결론을 끄집어낼 수 없다.

"그러면 상관관계는 무슨 소용이 있나요?"라는 의문이 생길 수 있겠다. 첫째, 상관관계는 예측을 하는 데 도움이 된다. 둘째, 상관연구는 나중에 어떤 결론을 끄집어낼 수 있는 실험을 하기 위한 길을 닦아준다. 예를 들어 부모들 절반에게 볼기 치기를 멈추도록 설득하고서 그 아이들의 행동이 개선되는지를 조사할 수도 있다.

상관관계 자료로부터 원인과 결과에 대한 결론을 왜 끌어낼 수 없는지를 보여주는 예를 좀 더 보자(그림 2.10도 보라).

사람들의 기대와 잘못된 기억 때문에 보름달과 이상행동 간의 관계 같은 착각 상관이 생겨난다.

- 정치적 보수주의가 행복과 상관된다. 즉 정치적 보수주의자가 진보주의자보다 더 행복한 경향이 있다(Napier & Jost, 2008). 보수주의자가 되면 더 행복해진다는 말일까? 아니면 행복하면 더 보수적으로 된다는 말일까? 어쩌면 둘 다 아닐지도 모른다. 아마도 경제적으로 안정된 사람이 가난한 사람보다 더 정치적으로 보수적이기 쉽고 또한 더 행복하기도 쉬울 것이다. 따라서 다른 종류의 연구를 더하지 않고는 결론을 내릴 수 없다.
- 한 연구에 따르면 밤잠을 7시간 정도 자는 사람은 그보다 덜 자거나 더 자는 사람보다 그 다음 몇 년 사이에 사망할 확률이 더 낮다(Kripke, Garfinkel, Wingard, Klauber, & Marler, 2002). 우리는 (일부 사람들이 그랬던 것처럼) 잠을 너무 많이 자면 건강을 해친다고 결론 지어야 할까? 한 대안적 해석은 이것이다. 즉 생명을 위협하는 병이 있는 사람이 건강한 사람보다 더 많이 자는 경향이 있다. 따라서 어쩌면 여러분의 잠이 병을 초래하기보다는 병이 여러분의 잠을 초래하는 것일 수 있

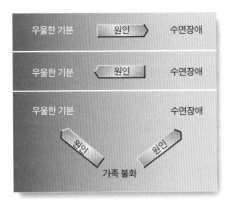

그림 2.10 우울증과 수면장애 간의 강한 상관은 우울증이 수면을 방해하는지, 부족한 수면이 우울증을 일으키는지, 아니면 또 다른 문제가 우울증과 수면장애 모두를 야기하는지에 대해서 알려주는 바가 없다.

다. 또는 어쩌면 늙어갈수록 병과 여분의 잠이 모두 생길 확률이 높아질 수 있다. (이 연구에는 젊은 성인부터 101세 노인까지 포함되었다!)

이제, 감추고 싶은 비밀을 하나 이야기해 주겠다. 즉, 드물긴 하지만 상관연구 결과가 인과관계를 의미할 때도 있다. 이것이 '감추고 싶은 비밀'인 이유는 교수는 학생이 상관관계로부터 인과관계적 결론을 끌어내지 않기를 원하는데 거기다가 예외를 언급하면 위험하기 때문이다. 그렇지만 날씨가 좋아지면 사람들의 기분이 일반적으로 더 좋아진다는 사실(Keller et al., 2005)을 두고 생각해 보자. 가능한 설명 한 가지는 날씨가 기분을 변화시킨다는 것이다. 다른 가능성으로는 무엇이 있을까? 사람의 기분이 날씨를 변화시킬까? 그럴 리 없다. 다른 어떤 것이 날씨와 사람의 기분을 모두 통제할까? 만약 그런 게 있다면 무엇이? 다른 아무런 가설도 없는 상태라면 우리는 날씨가 기분을 변화시킨다고 결론짓는다. 또한 미국 하원의원이 얼마나 자주 페미니스트 입장에 찬성하는 쪽으로 투표를 하는지는 그 의원에게 몇 명의 딸이 있는가와 상관된다(Washington, 2006)는 것을 생각해 보자. 어떤 사람의 투표 기록이 자식의 성별에 영향을 준다는 것은 말이 안 된다. 딸이 있다는 사실이 정치적 견해에 영향을 줄 가능성은 농후하다. 여기서도 역시 상관연구 결과는 인과관계를 시사한다. 그럼에도 불구하고 요점은 여전히 다음과 같다. 즉 누군가 상관연구로부터 끌어낸 인과관계적 결론은 거의 항상 의심해 보아야 한다.

개념 점검

8. 학생이 말한 심리학에 대한 관심의 정도와 그 학생의 심리학 시험 점수 사이에 +.8의 상관이 나왔다고 하자. 어떤 결론을 끌어낼 수 있을까?

9. 평균적으로, 약을 많이 먹는 사람일수록 젊어서 죽을 가능성이 더 높다. 이 상관관계에 대한 여러 가지 설명을 제안해 보라.

10. 평균적으로, 상담회기에 규칙적으로 출석하는 약물중독자는 중도탈락자보다 약물 없이 살 가능성이 더 높다. 이 상관관계에 대한 여러 가지 설명을 제안해 보라.

실험

인과관계를 밝히기 위해서 연구자는 실험을 사용한다. 실험(experiment)이란 연구자가 적어도 하나의 변인을 조작하면서 적어도 하나의 다른 변인을 측정하는 연구를 가리킨다. 독립변인(independent variable)은 실험자가 변화시키거나 통제하는 항목, 예컨대 사람들이 받는 훈련의 유형이나 어떤 과제를 시작하기 전에 주어지는 지시문의 표현 방식 같은 것이다. 종속변인(dependent variable)은 실험자가 결과를 파악하기 위해 측정하는 항목, 예컨대 사람들이 몇 개의 문제에 정답을 말하는지 또는 신호에 얼마나 빨리 반응하는지 같은 것이다. 만약 이런 절차가 상이한 집단에게서 상이한 행동을 초래한다면 독립변인을 원인으로, 그리고 종속변인을 결과로 생각할 수 있다.

실험집단(experimental group)은 실험을 통해 검증되도록 설계된 처치를 받는다. 예를 들면 실험집단은 나중의 행동에 영향을 줄 것으로 생각되는 어떤 특수한 경험을 할 수 있다. 통제집단(control group)은 실험을 통해 검증되도록 설계된 처치만 제외하고 실험집단과 똑같은 방식으로 취급되는 일군의 사람들이다. 실험집단의 사람들이 어떤 특수한 경험을 한다면 통제집단의 사람들은 동일한 기간에 다른 무엇을 한다. 실험집단이 어떤 약물을 받는다면 통제집단은 가짜약을 받는다. 표 2.2는 실험을 관찰연구와 대조시키고 있다.

실험의 핵심 절차는 참가자를 여러 집단에 무선 배정(random assignment)하는 것이다. 즉 실험자는 이름을 제비뽑기하는 것 같은 무작위 절차를 사용하여 모든 참가자가 특정 집단에 배정될 확률이 다른 어느 참가자와도 동일하게 만든다. 이것이 왜 중요할까? 몇 가지 예를 보자.

폐경기의 여성은 에스트로겐 및 관련 호르몬들의 분비가 감소된 상태이다. 오래 전부터 의사들은 호르몬 대체요법을 권장해 왔고 그런 요법을 받은 여성은 동일한 연령의 다른 여성보다 더 건강한 경향이 있었다. 하지만 의사의 권고를 따르는 여성은 식사나 운동 같은 다른 면에서도 건강을 더 의식하는 경향이 있다. 따라서 그런 여성은 호르몬 이외의 다른 이유 때문에 건강한 것일 수도 있다. 한 실험에서 16만 명 이상의 여성이 호르몬 또는 가짜약을 투여 받는 데 동의했다. 그 결과에 따르면, 호르몬을 투여 받은 여성은 엉덩이골절과 대장암에 걸릴 위험성이 감소했지만 심장병, 뇌중풍, 그리고 유방암에 걸릴 위험성은 증가했다(Writing Group, 2002). 전반적으로 손해가 최소한 이득만큼은 컸다는 것이다.

또 다른 예를 보자. 하루에 맥주나 포도주 한 잔 정도로 술을 적당히 마시는 사람이 심한 술꾼이나 비음주자보다 장기적으로 더 건강한 경향이 있음이 여러 연구에서 밝혀졌다. 술을 많이 마시는 것이 나쁠 것임은 뻔하지만, 만약 당신이 비음주자라면 맥주나 포도주를 마시기 시작해야 할까? 그것은 확실하지 않다. 첫째, 발견된 그 효과는 크기가 작다. 한 연구에서 덜 건강한 노인 중 비음주자의 비율은 25%인 반면에 더 건강한 노인 중에서는 22%였다(Sun et al., 2011). 둘째, 비음주자는 적당량 음주자와 다른 측면에서도 다를 수 있다. 어쩌면 건강한 사람이 병에 걸리기 쉬운 사람보다 술을 마실 확률이 더 높을 수 있다. 어쩌면 알코올을 금지하는 종교를 믿는 사람은 다른 이유로 건강이 더 나쁠 수 있다. 그리고 다른 가능성들도 상상할 수 있다. 음주집단과 비음주집단에 사람들을 무선 배정하는 연구를 누군가 수행하지 않는 한 확실히 말할 수 없다. (그런 연구는 하기 힘들 것이다.)

개념 점검 11. 강의자가 심리학개론 수업에서 시험의 빈도가 학생의 기말고사 성적에 영향을 미치는지 알고자 한다. 이 강의자는 첫째 분반에서는 매주 시험을 보게 하고, 둘째 분반에서는 세 번의

표 2.2 다섯 가지 연구법의 비교

관찰연구

사례연구	한 개인에 대한 자세한 묘사; 드물게 발생하는 상황을 연구하는 데 적당함
자연 관찰	자연적인 환경에서 행동을 기술함
조사	질문에 대한 답을 토대로 태도, 믿음 또는 행동에 대해 연구함
상관연구	연구자가 측정은 하지만 통제는 하지 않는 두 변인 간의 관계에 대한 기술; 두 변인이 관련되는지는 알려주지만 인과관계에 대한 물음에는 답하지 못함

실험

연구자가 통제하는 한 변인이, 측정될 다른 어떤 변인에 미치는 영향을 알아냄; 인과관계에 대한 정보를 얻는 유일한 방법

시험을, 셋째 분반에서는 중간고사 하나만 보게 한다. 세 분반 모두 동일한 기말고사를 치르고 나서 강의자는 세 분반의 성적을 비교한다. 이 실험 예에서 독립변인과 종속변인을 적어보라.

기대의 영향을 감소시키기

실험은, 조심하지 않으면 많은 면에서 잘못될 수 있다. 일어날 수 있는 여러 가지 문제와 연구자가 그것을 어떻게 극복하는지 살펴보자.

실험자 편향과 맹목 연구

실험자 편향(experimenter bias)이란 실험자가 (대개 의도치 않게) 결과를 잘못 지각하는 경향을 가리킨다. 당신이 심리학 연구자로서 왼손잡이 아동이 오른손잡이 아동보다 더 창의적이라는 가설을 검증하고 있다고 하자. (왜 그런 어처구니없는 가설을 검증하려는지 모르겠지만 하여간 그렇다고 하자.) 만약 결과가 그 가설을 지지한다면 당신은 유명한 심리학자가 되어 성공가도를 달릴 것으로 기대한다. 이제 왼손잡이 아동이 무언가를 하는 모습이 보여서 당신은 그것이 '창의적인' 것으로 간주되는지 아닌지 판단하려 하고 있다. 당신은 공정한 판단을 하고 싶다. 당신이 무엇을 창의적인 것으로 생각하는지가 자신의 가설에 영향을 받지 않았으면 한다. 그냥 자기 가설을 무시하려고 노력해 보라. 잘 안 될 것이다.

기대의 영향을 최소화하기 위해서는 맹목 관찰자(blind observer), 즉 연구자의 예측을 모르는 상태에서 자료를 기록하는 관찰자를 사용하는 것이 최선이다. 예를 들어 어떤 사람으로 하여금 당신이 손잡이(handedness)에 관심이 있다는 것을 모르는 채로 아동 집단의 창의적 행위를 기록하게 할 수도 있다. 가설이 무엇인지 모르는 관찰자는 공정한 관찰 결과를 기록한다.

이상적으로는 실험자가 실험의 목적을 참가자에게도 또한 숨긴다. 실험자가 창의성을 증가시킨다는 알약을 아동에게 준다고 하자. 만약 무엇이 예측되는지를 아동이 안다면 그런 기대가 아동의 행동에 영향을 줄 수도 있다.

단순 맹목 연구(single-blind study)에서는 관찰자나 참가자 둘 중 한쪽만이 어느 참가자가 어떤 처치를 받았는지 모른다(표 2.3). 이중 맹목 연구(double-blind study)에서는 관찰

자와 참가자 모두가 어느 참가자가 어떤 처치를 받았는지 모른다. 물론 연구를 설계한 실험자는 어느 참가자가 어떤 처치를 받았는지에 대한 기록을 갖고 있어야 할 것이다. [만약 실험절차의 기록이 누구에게도 없다면 농담 삼아 이를 '삼중 맹목(triple blind)'이라고 부른다.]

요구 특성

화학자에게는 없지만 심리학자에게는 있는 문제는 이것이다. 즉 심리학 실험에서 사람들은 자신이 실험에 참가하고 있음을 안다는 것이다. (윤리적으로 연구자는 참가자에게 실험 참가에 대한 이야기를 해주고 동의를 얻어야 한다.) 당신이 연구에 참가하고 있음을, 그리고 누군가 당신을 관찰하고 있음을 안다면 그것이 당신의 행동에 영향을 미치지는 않을까? 게다가 실험자가 보고자 하는 것이 무엇인지 당신이 안다(또는 추측한다)고 하자. 그런 기대가 당신의 행동을 변경시키지는 않을까?

예를 하나 보자. 실험자가 일군의 남자들에게 분홍색을 보는 것은 사람의 힘을 빠지게 한다고 믿을 만한 이유가 있다고 말해 주었다. 다른 남자 집단에게는 분홍색을 보는 것이 힘을 솟아나게 만든다고 말해 주었다. 그리고 나서 남자들이 분홍색 판을 보는 동안 악력을 측정했다. 분홍색이 힘을 솟아나게 하기를 기대했던 남자들은 10% 더 강한 악력을 나타냈다(Smith, Bell, & Fusco, 1986; 그림 2.11).

연구자가 무엇을 예상하는지를 참가자에게 말해 주지 않을 때조차도 참가자의 추측은 자신의 행동에 영향을 준다. Martin Orne(1969)은 요구 특성(demand characteristics)을 참가자 자신에 대해 예상되는 것이 무엇인지 그리고 실험자가 알고자 하는 것이 무엇인지를 참가자에게 알려주는 단서라고 정의했다. 요구 특성을 최소화하기 위해 실험자는 실험의 목적을 숨기려고 할 때가 많다. 이중 맹목 연구 또한 그런 목적에 부합한다. 즉 만약 두 집단이 동일한 기대를 갖고 있지만 처치 때문에 서로 달리 행동한다면, 그 차이는 그들이 가진 기대 때문이 아니다.

표 2.3 단순 맹목 연구와 이중 맹목 연구

어느 참가자가 어느 집단에 속하는지 누가 알고 있는가?

	연구를 설계한 실험자	관찰자	참가자
단순 맹목 연구	알고 있음	모름	알고 있음
단순 맹목 연구	알고 있음	알고 있음	모름
이중 맹목 연구	알고 있음	모름	모름

분홍색을 보면 힘이 솟는다는 말을 들음   분홍색을 보면 힘이 빠진다는 말을 들음

그림 2.11 분홍색 판을 보는 동안 힘이 솟을 것이라고 기대한 남자들은 힘이 빠질 것이라고 기대한 남자들보다 실제로 더 힘이 강했다.

개념 점검   12. 실험자는 다음 중 어느 것을 최소화하거나 회피하려고 할 것인가?
반증 가능성, 독립변인, 종속변인, 맹목 관찰자, 요구 특성

사전-사후 연구의 문제점

화학자가 어떤 액체에다가 다른 액체를 붓는다고 하자. 갑자기 첫째 액체가 초록색으로 변하더니 폭발한다. 여기서 우리는 인과관계적 결론을 내린다. 왜냐하면 그 첫째 액체가 곧 저절로 초록색으로 변해서 폭발할 예정이었다고 생각할 아무 이유가 없기 때문이다. 이제 심리학에서 나오는 몇몇 절차를 생각해 보자. 연구자가 아이들에게 언어 훈련을 시켰더니 그 후 몇 달에 걸쳐 아이들의 언어 기술이 향상된다. 우울증 환자에게 심리치료를 했더니 점차로 우울증이 완화되는

경우가 많다. 폭력적인 십대들에게 특별한 훈련을 시켰더니 덜 폭력적으로 된 이들이 많다. 이 모든 경우 중 어느 하나에서라도 인과관계적 결론을 내릴 수 있을까? 아니다. 왜냐하면 아무런 처치 없이도 시간이 지나면 호전되었을 사람이 많을 수 있고 심지어 그럴 가능성이 높기도 하기 때문이다.

사전–사후 연구(before-and-after study) 대신에 더 좋은 설계는 두 집단을 비교하는 것이다. 즉, 연구자가 참가자들을 두 집단에 무선 배정한 후, 한 집단(실험집단)에게는 처치를 하고 다른 집단(통제집단)에게는 하지 않는다. 두 집단 사이에 차이가 생긴다면 그것은 처치의 효과가 나타난 것이다. 그렇다고 해도 그 결과를 지나치게 일반화시키지 않도록 조심해야 한다. 어쩌면 그 절차가 한 문화에서만 또는 특별한 환경에서만 효과가 있을 수도 있기 때문이다. 심리학자들은 단 하나의 연구가 내놓은 결과에 대해서는 그게 무엇이든지 간에 신중해야 함을 알게 되었다.

핵심 점검 **증거는 뭘까?**

획득형질의 유전? 사전–사후 연구의 문제점

사전–사후 연구의 한계를 보여주는 구체적인 연구를 하나 살펴보자. 진화와 관련된 것이긴 하지만 여기서 요점은 진화 그 자체보다는 연구의 어떤 함정을 보여주려는 것이다.

다윈이 제안한 자연선택에 의한 진화론은 단순한 주장이다. 즉 한 종류의 유전자들을 가진 개체가 다른 종류의 유전자들을 가진 개체보다 더 많이 번식하면 세대가 지나면서 전자(前者)의 유전자들이 더 많아질 것이다. 결국에는 전체 개체군이 가장 성공적으로 번식했던 개체들을 닮게 될 것이다. 다윈 이전에 라마르크(Jean-Baptiste Lamark)는 획득형질의 유전에 의한 진화라는 다른 이론을 내놓았다. 그 이론에 따르면, 당신이 근육 운동을 한다면 당신의 자식이 더 큰 근육을 갖고 태어날 것이다. 당신이 새끼발가락을 사용하지 않으면 당신의 자식은 당신의 것보다 더 삭은 새끼발가락을 갖고 태어날 것이다. 이 이론을 지지하는 증거는 전혀 없었으며 1900년대 초가 되어서는 모든 생물학자가 이 이론을 버리고 다윈의 이론을 채택했다. 그러나 몇몇 완고한 사람들은 라마르크식 진화론을 옹호하기를 계속했다.

첫째 연구(McDougall, 1938)

가설 쥐가 미로를 헤엄쳐 나가기를 학습하면 그 자손은 그것을 더 빨리 학습할 것이다.

방법 쥐들은 특정 길을 따라 헤엄쳐서 물탱크로부터 벗어나기를 배웠다. 실험자는 각 쥐가 항상 올바른 길로 빨리 헤엄쳐서 갈 때까지 훈련시켰다. 그런 후에 그 쥐들이 새끼를 낳게 만들었다. 실험자는 학습을 제일 잘한 쥐들을 고른 게 아니라 단순히 무선적으로 선택하여 번식시켰다. 다음 세대의 쥐들이 충분히 자랐을 때 실험자는 그 쥐들을 훈련시킨 후 번식시켰다. 이러한 절차가 여러 세대에 걸쳐 계속되었다.

결과 쥐들의 평균 수행이 첫 몇 세대에 걸쳐 세대가 지날수록 향상되었다. 즉 제2세대는 제1세대보다 더 빨리 학습했고 제3세대는 제2세대보다 더 빨리 학습하는 식으로 몇 세대 동안 향상되었는데, 더 나중에는 결과의 변동이 심했다.

해석 이 결과는 가설과 일치하지만 우리는 다른 가설도 역시 고려해 보아야 한다. 이 결과가 정말로 획득형질의 유전을 보여주는 것이라면, 미로를 학습한 경험이 어떻게든 유전자 돌연변이가 올바른 방향으로, 즉 다음 세대가 똑같은 미로를 학습하는 데 도움이 되는 방향으로 일어나도록 만들었다고 생각해야 할 것이다. 그런 일이 어떻게 일어날 수 있을지 상상하기 힘들다.

결과가 우리가 알고 있다고 생각하는 것과 너무 심하게 상충될 때 과학자는 다음의 질문을 한다. 그런 결과가 반복검증될 수 있는가? 더 절약적인 설명은 없을까? 그 연구의 설계에 약간이라도 결함이 있는가?

실제로 위의 실험 절차에서 무언가 잘못된 것이 하나라도 보이는가? 이 연구가 나왔을 때 무엇이 잘못되었는지를 알아본 사람은 거의 없었다. 하지만 한 연구자 집단이 이 연구는 통제집단이 없는 사전–사후 연구임을 알아차렸다. 그들은 만약 미로에서 훈련받지 않는 통제집단을 포함시켜 이 연구를 반복하면 어떤 일이 일어날지 궁금해졌다. 통제집단의 자손이 훈련받은 쥐들의 자손만큼 향상을 나타낼까?

둘째 연구(Agar, Drummond, Tiegs, & Gunson, 1954)

가설 만약 McDougall의 연구를 통제집단을 포함시켜 반복검증해 본다면, 미로에서 훈련을 받지 않은 통제집단에서도 역시 학습의 향상이 일어날 것이다.

방법 훈련집단의 쥐들은 McDougall의 연구에서와 똑같은 처치를 받았다. 즉 미로를 학습하고 나서 번식을 했다. 다음 세대의 쥐들 역시 미로를 학습하고 나서 번식을 하는 식으로 계속되었다.

통제집단에서는 훈련에 사용된 쥐들이 번식에는 사용되지 않았다. 젊고 건강한 쥐는 일반적으로 한 번에 약 12마리의 새끼를 낳는다. 각 세대마다 몇 마리는 미로에서 훈련을 받았지만 번식에 사용되지는 않았다. 같은 어미에게서 난 다른 쥐들은 훈련을 받지 않았고 번식을 하였다. 각 세대마다 연구자는 미로학습의 측정치를 얻었는데, 오직 훈련 받지 않은 쥐들만이 번식을 했기 때문에 통제집단의 모든 쥐들은 훈련 받지 않은 쥐들의 자손이었다. 따라서 세대에 걸쳐 학습이 약간이라도 향상된다면 그것은 훈련에 기인한 것일 수 없었다. 이 실험은 매년 여러 세대의 쥐를 번식(쥐는 대략 60일이면 성적 성숙기에 도달한다)시키면서 18년 동안 계속되었다.

결과 그림 2.12가 결과를 보여준다. 첫 몇 해 동안 평균적으로 훈련집단과 통제집단 모두 세대가 지나면서 학습 향상을 나타냈다. 더 나중에는 결과가 변동했다. 두 집단은 연구 전체에 걸쳐 유사한 수행을 보였다.

해석 대부분의 사람들이 놀라겠지만 McDougall의 연구 결과는 반복되었다. 그러나 훈련집단의 수행이 통제집단과 다르지 않았기 때문에 훈련은 세대에 걸친 향상과 아무런 관련이 없는 것

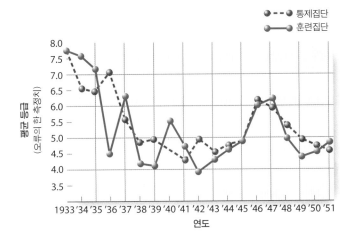

그림 2.12 실험집단과 통제집단의 쥐들은 여러 세대에 걸쳐서 동일한 속도로 향상되었다. (출처: Agar, W. E., Drummond, F. H., Tiegs, O. W., & Gunson, M. M., "Fourth (final) report on a test of McDougall's Lamarckian experiment on the training of rats," *Journal of Experimental Biology, 31*, 307-321. © 1954 The Company of Biologists Ltd. 허가하에 실음)

이었다. 즉 이 결과는 획득형질의 유전에 대한 증거를 전혀 보여주지 않았다.

그렇다면 세대에 걸친 그러한 향상을 어떻게 설명할 수 있을까? 한 가능성은 첫 세대의 쥐들이 스트레스를 많이 받았다는 것이다. 그 쥐들은 쥐 사육공장으로부터 비좁은 상자에 갇힌 채 기차에 실려서 McDougall의 실험실에 배달된 지 얼마 되지 않았었다. (그렇다, 쥐의 번식과 판매를 전문으로 하는 회사들이 있다.) 제2세대는 실험실에서 자라긴 했지만 큰 스트레스를 받았던 쥐들의 자손이었다. 아마도 그런 영향이 여러 세대 동안 지속되었을 수 있다.

또 다른 가능성은 실험자들이 쥐를 돌보고 실험을 실시하는 데 점차로 더 숙달되어 갔다는 것이다. 쥐가 변해 가는 것이 아니라 실험자가 변해 가는 것을 우리가 보았는지도 모른다.

셋째 가능성은 쥐들의 교미가 항상 남매 간에 이루어졌기 때문에 나중의 세대는 활동성이 떨어졌을지도 모른다는 것이다. 일반적으로 근친 번식은 유해할 것으로 예상하지만 어쩌면 활동성이 더 낮은 쥐가 더 천천히 헤엄을 치고 따라서 미로의 갈림길에서 어느 방향으로 돌아야 할지 생각할 시간이 더 있을지도 모른다. 이런 생각이 좀 억지인 것처럼 들리겠지만 불가능한 것은 아니다.

우리는 어느 설명이 옳은지 모른다. 위의 주제는 답을 알기 위해 누군가가 연구를 반드시 더 해야 할 만큼 중요한 것이 아니다. 주된 결론은 획득형질의 유전을 가정하지 않고서도 McDougall의 연구 결과를 설명할 수 있다는 것이다.

이 이야기는 연구에 대한 여러 가지 사항을 잘 보여준다. (a) 만약 일어날 법하지 않은 결과가 얻어진다면 더 절약적인 설명을 찾아보라. (b) 사전-사후 연구를 경계하라. 통제집단 없이는 그 결과가 무엇을 의미하는지 알 수 없다. (c) 행동이 한 세대로부터 다음 세대로 넘어가면서 변할 경우, 반드시 유전학적인 설명이 필요한 것은 아니다. 그런 변화가 환경의 변화를 반영하는 것일 수도 있다. (예를 들어 손자의 환경은 할아버지가 성장했던 환경과는 다르다.)

연구에서 윤리적으로 고려할 점

어떤 실험에서든지 심리학자는 한 변인을 조작하여 행동이 어떤 영향을 받는지 알

아본다. 어쩌면 당신은 누군가가 당신의 행동을 변경시키려고 한다는 생각에 반대할 수 있겠다. 그렇다면 당신이 사람들과 대화할 때마다 당신은 그들의 행동을 적어도 약간은 변경시키려 하고 있다는 사실을 생각해 보라. 심리학에서 대부분의 실험은 대화보다 더 심하게 사람을 조종하려고 하는 것이 아니다. 그렇기는 해도 어떤 실험에서는 곤란한 문제가 제기되며, 연구자는 참가자를 윤리적으로 대하도록 법과 양심 모두에 의해 제한을 받는다.

인간연구를 할 때의 윤리적 우려

텔레비전에 방영되는 폭력물 문제를 생각해 보자. 심리학자들이 폭력적 프로그램이 정말로 시청자를 살인자로 변화시킬지도 모른다고 믿는다면 실제로 그럴지를 알아내기 위한 실험을 수행하는 것은 비윤리적일 것이다. 또한 심각한 고통, 수치심 또는 다른 아무런 해악이라도 초래하기 쉬운 실험절차를 시행하는 일도 비윤리적일 것이다.

사람을 대상으로 한 연구를 수행하기 전에 연구자는 참가자에게서 사전 동의(informed consent), 즉 참가자가 무슨 일이 일어날 것인지에 대한 이야기를 들었고 계속 참여하기로 동의했다는 진술을 받아야 한다. 연구자가 자원자를 모집할 때는 무슨 연구를 하는지 설명한다. 대부분의 연구절차는 지각, 기억 또는 주의집중에 대한 검사처럼 무해하다. 하지만 때로는 혐오스러운 사진을 보거나 진한 설탕물을 마시거나 전기충격을 받는 등 사람들이 원하지 않을 만한 절차가 포함되기도 한다. 그럴 경우 참가자에게는 그런 절차가 너무 싫다면 중간에 포기할 권리가 있다는 이야기를 해준다.

아동, 지적 장애가 있는 사람, 또는 사전 동의를 할 수 있을 만큼 지시를 잘 이해하지 못하는 여타 사람들을 대상으로 한 연구에서는 특수한 문제가 발생한다(Bonnie, 1997). 심한 우울증이 있는 사람들의 경우에도 특수한 문제가 생기는데(Elliott, 1997), 왜냐하면 자신의 안녕을 도모하는 데 관심이 없어진 듯한 사람들이 있기 때문이다. 이런 경우 연구자는 그 사람의 보호자나 가장 가까운 친척과 상의를 하거나 아니면 단순히 더 이상 진행하지 않기로 결정한다.

대학교에서 이루어지는 연구는 먼저 연구윤리심의

위원회(Institutional Review Board; IRB)의 승인을 받아야 한다. IRB는 계획된 연구가 사전 동의 절차를 포함하는지 그리고 각 참가자의 비밀 보장을 확실히 하는지를 판단한다. IRB는 또한 위험한 절차를 방지하고자 한다. 예컨대 마약을 제공하려는 계획은 아마도 거부할 것이다. 비록 사람들이 그런 연구에는 앞다투어 사전 동의를 한다고 할지라도 말이다. 이 위원회는 또한 심한 창피를 당하게 하거나 모욕적인 절차는 금지하려 한다. 만약 텔레비전의 '리얼리티 쇼'가 IRB의 승인을 거쳐야 한다면 금지 당할 만한 프로그램이 많다 (Spellman, 2005).

또한 IRB는 연구자가 참가자를 일시적으로 속이려 하는 절차를 평가한다. 누군가가 자신을 설득하려고 하고 있음을 알고 있는 사람을 설득하는 것이 더 힘든지 아닌지를 연구자가 검증하려 한다고 하자. 연구자는 곧 있을 설득에 대해서 알고 있는 집단과 모르는 집단을 사용하기 원한다. 모든 참가자에게 모든 정보를 사실대로 알려주면 연구의 핵심 목표가 훼손된다. IRB는 이런 일시적인 속임수가 받아들일 만한 것인지 결정해야 할 것이다.

미국심리학회(American Psychological Association; APA)는 실험에서 자원자를 윤리적으로 적절히 대하는 방법에 관한 책을 출간하였다(Sales & Folkman, 2000). APA는 이러한 원칙을 위반하는 회원은 누구라도 견책하거나 제명한다.

동물연구를 할 때의 윤리적 우려

어떤 심리학 연구는, 특히 감각, 배고픔, 학습 같은 기초 과정에 대한 연구는 인간이 아닌 동물을 대상으로 한다(그림 2.13). 사람들이 연구자로 하여금 통제하도록 허용하지 않을 생활 측면들(예컨대 누가 누구와 결혼할지)을 연구하거나, 어떤 행동을 몇 달 또는 몇 년(사람들이 기꺼이 참여하려는 기간보다 더 긴)에 걸쳐 계속 연구하거나, 건강에 위협이 되는 연구를 하기 원할 경우 연구자는 동물을 사용한다. 동물연구는 대부분의 신약, 외과수술 절차, 통증 완화법에 대한 예비 검사에 오랫동안 필수적인 역할을 해왔다. 불치병에 걸린 사람들은 동물연구로부터 개발될 수도 있는 치료법에 대한 희망을 품을 권리가 있다고 주장한다(Feeney,

그림 2.13 동물연구의 한 예: 어린 부엉이의 머리에 부착된 거울 덕분에 연구자는 이 부엉이의 머리 움직임을 추적할 수 있고 따라서 부엉이가 한 쪽 귀가 막힌 채로 어떻게 소리의 위치를 파악하는지 알아낼 수 있다. 이런 발견은 시각을 상실한 사람이 어떻게 청각으로 보상을 하는지 이해하는 데 도움이 될 수도 있다.

1987). 심리학, 생물학 및 의학에는 어느 측면에선가는 동물연구로부터 얻어진 지식이 많다.

그럼에도 불구하고 동물연구를 대체로 또는 완전히 반대하는 사람들이 있다. 동물은 어쨌거나 사전 동의를 할 수가 없기 때문이다. 동물권익 지지자 중에는 동물도 인간과 똑같은 권리를 누려야 하며, 동물(애완동물조차)을 우리에 가두는 것은 노예로 삼는 일이고, 어떠한 동물이라도 죽이는 것은 살인과 같은 일이라고 강경하게 주장하는 이들이 있다. 다른 이들은 어떤 종류의 동물연구에는 반대하지만 다른 종류의 동물연구에 대해서는 양보할 용의가 있다.

심리학자들의 태도는 다양하다. 대부분 일부 종류의 동물연구는 지지하지만 받아들일 수 있는 연구와 받아들일 수 없는 연구를 나누는 경계선을 어디엔가 긋는다 (Plous, 1996). 당연히 서로 다른 심리학자들은 서로 다른 곳에 그 선을 긋는다.

많은 다른 정치적 논쟁에서와 마찬가지로 이 논쟁에서도, 흔한 전략 한 가지는 각 진영이 반대 진영의 가장 극단적인 행위를 비난하는 것이다. 예를 들면, 동물권익 옹호론자들은 원숭이나 개에게 정당화하기 힘들어 보이는 고통스러운 처치를 가한 연구들을 지적한다. 반면에 연구자들은 실험실을 파손하거나 폭발물을 심어 놓거나 밤에 연구자의 아이들 방 창문을 쾅쾅 치거나 창문으로 물 호스를 집어넣어 집을 물바다로 만든 동물권익 옹호 시위자들을 지적한다(C. Miller, 2007a). 일부 시위자들은 어떠한 약이라도, 심지어 AIDS 치료약이라 할지라도, 동물연구로 개발된 것이라면 사용하는 데 반대한다고 말한 바 있다. 양쪽이 서로 가장 극단적인 상대를 비난하는 데 집중할 때 안타깝게도 합의점을 찾기는 더욱 힘들어진다.

비교적 중립적인 국외자가 신중하게 수행한 한 연구에서는 진실은 골치 아픈 것이라고 결론 내렸다. 즉 어떤 연구는 동물에게 고통을 주지만 그럼에도 불구하고 과학적 및 의학적 진보에 중요하다는 것이다(Blum, 1994). 우리는 절충점을 찾아야 한다고 대부분의 사람들은 결론 짓는다.

신경과학회나 미국심리학회 같은 전문가 단체는 연구에서 동물을 온당하게 사용하기 위한 지침을 발간한다. 대학교 및 기타 연구소는 실험동물 보호관리 위원회를 만들어서 실험동물이 인도적으로 취급되도록, 실험동물의 고통과 불편함이 최소한도로 유지되도록, 그리고 고통을 유발할 수도 있는 절차를 시행하기 전에 실험자가 대안적 방법을 모색하도록 요구하고 있다.

예상되는 실험 결과의 가치(이는 예측하기 어렵다)가 동물이 견뎌야 할 고통(이는 측정하기 어렵다)을 능가하는지 미리 판단할 수 있을까? 다른 윤리 판단의 경우에 흔히 그런 것과 마찬가지로 일리 있는 주장이 양쪽 모두로부터 나올 수 있으며, 어떠한 절충안도 완전히 만족스럽지는 않다.

맺음말 | 단원 2.2

심리학 연구

과학자들은 대부분 증명이라는 단어를 피한다. 왜냐하면 너무 최종적인 것처럼 들리기 때문이다. 심리학자도 확실히 그러하다. (심리학 과목에는 OX형 문제가 없고 단지 '아마도-어쩌면'형 문제만 있다는 농담들을 한다.) 인간 행동의 가장 복잡하고 흥미로운 측면들은 유전, 평생에 걸친 경험, 그리고 무수한 현재의 영향요인들의 산물이다. 실제적이고 윤리적인 한계를 감안할 때 심리학 연구자들이 의기소침해질 것이라고 생각될지도 모르겠다. 그러나 그런 어려움 때문에 연구자들은 복잡한 방법을 설계하는 데 대단한 창조성을 발휘해 왔다. 단 하나의 연구로 어떤 물음에 대한 결정적인 답이 얻어지는 경우는 드물지만 많은 연구가 수렴하여 우리의 전체 지식이 쌓여간다.

요약

- **조작적 정의.** 심리학자는 여러 가지 목적으로 조작적 정의를 사용하는데, 이는 어떤 현상을 어떻게 측정하는지 또는 산출하는지를 기술한다. (66쪽)
- **표집.** 심리학자는 더 큰 집단에 적용되는 결론을 끌어내고자 하기 때문에 전체 모집단을 닮은 표본(대표 표본이나 무선 표본)을 선택하려고 한다. 결과를 전 세계의 사람들에게 적용하려면 비교문화 표본이 필요하다. (67쪽)
- **자연 관찰.** 자연적인 상황 하에서 인간이나 다른 종을 묘사하는 것이 자연 관찰이다. (69쪽)
- **사례사.** 일반적으로 유별난 특성을 지닌 한 개인에 대한 자세한 연구가 사례사이다. (69쪽)
- **조사.** 어떤 설문지에 대한 사람들의 응답에 대한 보고가 조사이다. 조사를 수행하기는 쉽지만, 유감스럽게도, 오해를 유도하는 결과를 얻기도 쉽다. (69쪽)
- **상관.** 상관연구는 연구자의 통제 밖에 있는 변인들 사이의 관계를 살펴본다. 이 관계의 강도는 상관계수로 측정되는데, 이는 0(관계 없음)에서부터 +1 또는 −1(완벽한 관계)의 범위에 걸쳐 있다. (72쪽)
- **착각 상관.** 비체계적인 관찰을 할 때 두 변인 간에 보인다고 사람들이 생각하는 관계, 즉 착각 상관을 조심하라. (73쪽)
- **인과관계 추론하기.** 상관연구는 인과관계를 밝혀낼 수 없지만 실험은 그럴 수 있다. (74쪽)
- **실험.** 연구자가 독립변인을 조작하여 그것이 종속변인에 미치는 영향을 알아내는 것이 실험이다. 사전-사후 연구는 해석하기 어려운 결과를 내놓을 때가 많다. 따라서 그 결과를 서로 다른 집단들 간에 비교하는 것이 더 낫다. (75쪽)
- **무선 배정.** 실험자는 사람들을 실험집단과 통제집단에 무선적으로 배정한다. 모든 참가자가 각자 실험집단에 배정될 확률이 동등해야 한다. (75쪽)
- **실험자 편향 극복하기.** 실험자의 기대가 행동의 해석과 자료의

기록에 영향을 미친다. 객관성을 보장하기 위해 연구자는 어떤 결과가 예상되는지를 모르는 맹목 관찰자를 사용한다. 이중 맹목 연구에서는 관찰자도 참가자도 연구자가 무엇을 예상하는지 알지 못한다. (76쪽)

• 요구 특성. 연구자는 요구 특성의 효과를 최소화시키고자 노력하는데, 요구 특성이란 실험자가 참가자에게 무엇을 기대하는지를 참가자에게 알려주는 단서를 의미한다. (77쪽)

• 실험 윤리. 인간 참가자에 대한 연구는 그가 사전 동의를 하고

나서 진행되어야 한다. 심리학자는 참가자에게 가해지는 위험을 최소화시키려고 노력하지만 때로는 어려운 윤리적 결정을 내려야 하는 상황에 직면한다. (79쪽)

핵심 용어

가짜약 (73쪽)

단순 맹목 연구 (76쪽)

대표 표본 (67쪽)

독립변인 (75쪽)

맹목 관찰자 (76쪽)

무선 배정 (75쪽)

무선 표본 (67쪽)

비교문화 표본 (68쪽)

사례사 (69쪽)

사전 동의 (79쪽)

산포도 (73쪽)

상관 (72쪽)

상관계수 (72쪽)

실험 (75쪽)

실험자 편향 (76쪽)

실험집단 (75쪽)

요구 특성 (77쪽)

이중 맹목 연구 (76쪽)

자연 관찰 (69쪽)

조사 (69쪽)

조작적 정의 (66쪽)

종속변인 (75쪽)

착각 상관 (74쪽)

통제집단 (75쪽)

편의 표집 (67쪽)

- 연구자는 연구의 '평균' 결과를 어떤 식으로 기술할 수 있을까?
- 연구자는 사람들 간의 차이를 어떤 식으로 기술할 수 있을까?
- 결과가 우연한 변동을 넘어서는 어떤 것을 나타내는지 연구자가 어떻게 알 수 있을까?

몇 년 전에 한 TV 프로그램에서 Dungeons & Dragons(D&D)라는 게임을 즐기는 것으로 알려진 청소년 28명이 자살을 했다고 보도했다. 놀랍지 않은가?

꼭 그렇지는 않다. 당시에 적어도 3백만 명의 청소년이 그 게임을 일상적으로 했다. D&D를 하는 사람 중 자살했다고 보고된 비율, 즉 3백만 명 중 28명은 십대 전반의 자살률보다 훨씬 더 낮은 것이었다.

그래서 이 결과는 D&D를 하는 것이 자살을 방지한다는 의미일까? 전혀 아니다. 28명이라는 보고된 사례는 아마도 불완전한 자료일 것이다. 게다가, D&D를 하는 것과 자살 사이의 상관관계가 어떠하든 간에 그것은 인과관계에 대해서는 아무것도 알려주지 않는다. 어쩌면 단순히 D&D를 하는 유형의 청소년이 그것을 하지 않는 청소년과 다를 수 있다.

그렇다면 여기서 무슨 결론을 끌어내야 할까? 아무 결론도 내릴 수 없다. 자료가 불완전하거나 방법에 결함이 있으면 아무 결론도 나오지 않는다. (자료가 받아들일 만한 것일 때조차 사람들은 때로 그 자료를 그림 2.14에서처럼 혼란스럽거나 오해를 유발하는 방식으로 제시한다.) 이 단원에서 우리는 자료를 분석하고 해석하는 올바른 방법을 살펴본다.

기술 통계

어떤 연구의 의미를 설명하려면 연구자는 그 결과를 요약해야 한다. 만약 연구자가 100명의 사람을 관찰한다면 우리는 각 개인에 대한 자세한 사항이 아니라 전반적인 경향 또는 평균을 알기 원한다. 따라서 연구자는 기술 통계(descriptive statistics), 즉 결과의 수학적 요약을 제공한다. 이 장에서 앞서 살펴본 상관계수는 기술 통계의 한 예이다.

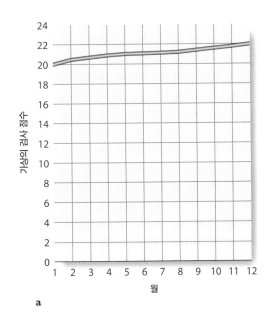

a

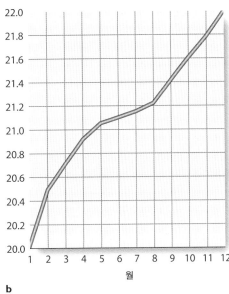

b

그림 2.14 통계는 오해를 일으킬 수 있다. 두 그래프는 1년 사이에 20에서 22로 증가한, 똑같은 자료를 보여준다. 그러나 그래프 (b)는 0에서 22 사이가 아니라 20에서 22 사이의 범위만 보여줌으로써 그 증가가 극적인 것처럼 보이게 만든다. (Huff, 1954를 따름)

중앙 집중 경향의 측정치

우리는 중앙 집중 경향, 즉 가운데에 있는 또는 평균적인 값에 관심을 둔다. 중앙 집중 경향을 나타내는 방식에는 세 가지가 있는데 평균값, 중간값, 그리고 최빈값이 그것이다. 평균값(mean)은 모든 점수의 합을 점수의 총 개수로 나눈 것이다. 예를 들면 2, 10, 3의 평균값은 5이다(15÷3). 평균값은 점수들이 정규분포에 가까울 때 특히 유용한데, 정규분포(normal distribution, 또는 정상분포)란 점수들이 평균값 주위에 대칭적인 빈도로 모여 있는 것을 가리킨다. 예컨대 다양한 학생들이 어떤 과제를 완성하는 데 얼마나 오래 걸리는지 측정해 보면 그 값은 대개 정규분포에 가까운 패턴을 나타낸다.

그러나 평균값은 오해를 낳을 수 있다. 예를 들어 이번 학기에 내 수업을 듣는 모든 학생은 팔다리가 평균 개수보다 더 많다! 이건 사실이다. 생각해 보라. 한 사람의 팔이나 다리의 평균 개수가 몇일까? 그 답은 2가 아니라 1.99…이다. 왜냐하면 팔이나 다리를 절단당한 사람들이 일부 있기 때문이다. 따라서 평균의 측면에서 보면 거의 모든 사람이 그보다 높거나 낮은 일이 벌어질 수 있다. 또 다른 예를 보자. 한 조사에서는 사람들에게 가능하다면 차후 30년 동안 몇 명의 성 파트너를 갖고 싶은지 물었다. 여성의 답은 평균 2.8명, 남성의 답은 평균 64.3명이었다(L. C. Miller & Fishkin, 1997). 그러나 이 평균값들은 커다란 오해를 낳는 것이다. 여성의 거의 2/3와 남성의 대략 절반이 "1명"이라고 응답했다. 그들은 한 사람과의 연인 관계를 원하고

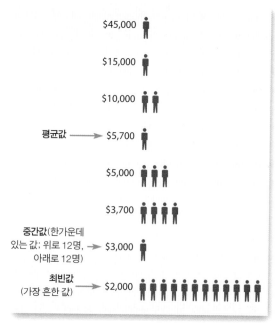

그림 2.16 X라는 회사의 직원 25명의 월급 평균값, 중간값 및 최빈값. (Huff, 1954를 따름)

있었던 것이다. 다른 사람들은 대부분 평생에 걸쳐 몇 명의 성 파트너를 원했지만 소수의 남자들이 몇 백 명, 몇 천 명, 또는 몇 만 명을 원한다고 답했다.

모집단 분포가 전혀 대칭적이지 않을 경우에는 평균값보다 중간값이 전형적인 점수들을 더 잘 대표할 수 있다. 중간값(median, 또는 중앙값)은 점수들을 가장 높은 것에서부터 가장 낮은 것까지 순서대로 배열했을 때 그 가운데 값을 가리킨다. 예를 들어 2, 10, 3으로 이루어진 점수 집합에서 중간값은 3이다. 1, 1, 1, $3.5×10^5$으로 이루어진 점수 집합에서 중간값은 1이다. 요약하면, 평균값은 극단적인 점수에 큰 영향을 받지만 중간값은 그렇지 않다.

중앙 집중 경향을 나타내는 세 번째 것은 최빈값(mode), 즉 가장 빈번하게 발생하는 값이다. 예를 들어 2, 2, 3, 4, 10이라는 점수 분포에서 최빈값은 2이다. 최빈값은 특별한 경우를 제외하곤 거의 유용하지 않다. 대학생들에게 하루에 몇 시간 공부하는지를 물었더니 그림 2.15에 보이는 바와 같은 결과가 얻어졌다고 하자. 이 대학교 학생의 절반은 아주 많이 공부하고 나머지 절반은 거의 공부하지 않는다. 이 분포의 평균값은 하루 4.28시간이지만 모든 학생이 그것보다 훨씬 더 많이 또는 훨씬 더 적게 공부하기 때문에 이 값은 대표

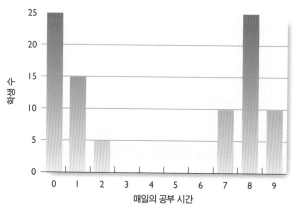

그림 2.15 어떤 대학의 학생들의 공부습관에 대한 가상적인 조사 결과. 이 경우 평균과 중간값 모두 오해의 소지가 크다. 이 분포는 최빈값이 0과 8로서 두 개이다.

성이 없다. 중간값도 역시 이보다 나을 게 없다. 왜냐하면 학생 수가 짝수라서 딱 중간에 있는 값이 없기 때문이다. 중간에 가장 가까운 두 점수의 한가운데에 있는 값을 취할 수도 있겠지만 그럴 경우 2와 7로부터 중간값 4.5가 계산되어 나오는데 이역시 대표성이 없다. 이와 같은 분포를 양봉 분포(bimodal distribution, 최빈값이 두 개인 분포)라고 하는데, 이 경우 연구자는 두 개의 최빈값을 기술하면서 평균값이나 중간값은 아예 언급조차 하지 않을 수 있다.

요약하면, 평균값은 점수의 합을 점수의 개수로 나눈 것이다. 중간값은 점수를 최고부터 최저까지 순서대로 나열할 때 가운데에 있는 값이다. 최빈값은 가장 흔한 점수이다(그림 2.16).

개념 점검

13. a. 다음의 점수 분포에서 평균값, 중간값 및 최빈값을 구하라.
   5, 2, 2, 2, 8, 3, 1, 6, 7
b. 다음 분포의 평균값, 중간값 및 최빈값을 구하라.
   5, 2, 2, 2, 35, 3, 1, 6, 7

변산의 측정치

그림 2.17은 점수 분포 두 가지를 보여주는데, 이는 심리학개론 과목의 두 시험 결

과라고 하자. 둘 다 평균은 똑같이 70이지만 분포가 다르다. 당신의 점수가 80일 경우, 첫째 시험이라면 75%의 다른 학생들보다 더 잘했겠지만 둘째 시험이라면 95%의 다른 학생들보다 더 잘했을 것이다.

그림 2.17에 있는 두 그래프 간의 차이를 기술하기 위해서는 평균값 주위의 변산(variation, 퍼져 있는 정도)에 대한 측정치가 필요하다. 그러한 가장 간단한 측정치는 분포의 범위(range)인데, 이는 **최고점과 최저점**에 대한 진술이다. 그림 2.17a에서 범위는 38부터 100이고, 그림 2.17b에서 범위는 56부터 94이다.

범위는 양쪽 끝에 있는 값만 반영하기 때문에 간단하기는 해도 그다지 유용하지는 않다. 더 유용한 측정치는 표준편차(standard deviation; SD)인데, 이는 정규분포에서 점수들 사이의 변산의 양에 대한 측정치이다. 이 장끝에 있는 부록에 표준편차를 계산하는 공식이 나와 있다. 지금은 점수들이 평균 근처에 밀집되어 있을 때는 표준편차가 작다는 것만 기억하면 된다. 점수들이

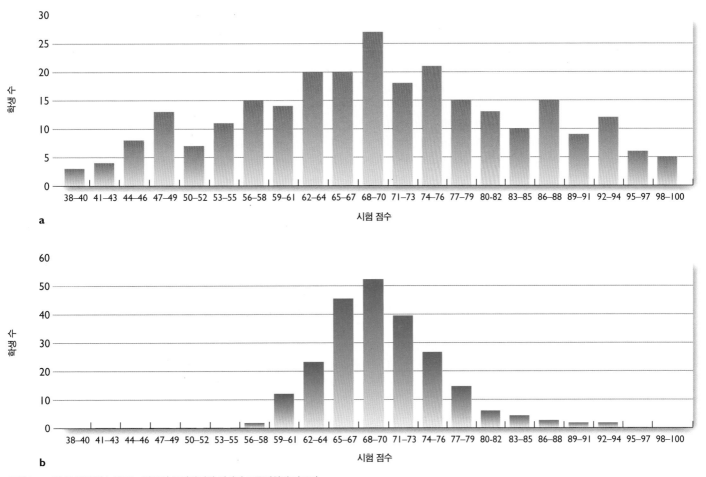

그림 2.17 이 두 시험 점수 분포는 평균이 동일하지만 변산과 표준편차가 다르다.

널리 퍼져 있을 때는 표준편차가 크다. 그래서 표준편차가 그림 2.17a에서는 크고 b에서는 작다.

그림 2.18이 보여주듯이 SAT는 평균 500점과 표준편차 100점이 나오도록 설계되었다. 이 시험을 치른 모든 사람 중에서 68%가 평균의 1 표준편차 안쪽인 점수(400~600점)를, 95%가 2 표준편차 안쪽인 점수(300~700점)를 기록한다. 겨우 2.5%만이 700점을 넘을 것이고, 다른 2.5%만이 300점 미만일 것이다.

표준편차 덕분에 우리는 서로 다른 시험에서 나온 점수를 비교할 수 있다. 예를 들어 당신이 SAT에서 평균보다 1 표준편차 위에 있는 점수를 받았을 경우, 상대적으로 보자면, ACT 같은 다른 시험에서 평균보다 1 표준편차 위에 있는 점수를 받은 누군가와 비슷한 성적을 올린 것이다.

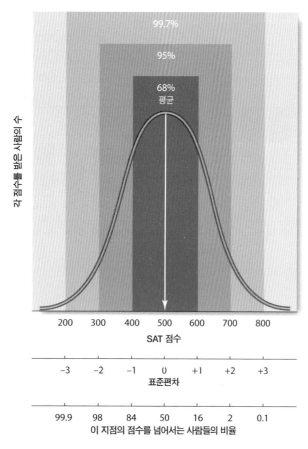

그림 2.18 점수의 정규분포에서는 평균으로부터의 변산 정도를 표준편차로 나타낼 수 있다. 이 예에서 400과 600 사이의 점수는 평균에서 1 표준편차 이내에 있다고 말한다. 300과 700 사이의 점수는 평균에서 2 표준편차 이내에 있다고 말한다.

개념 점검

14. 당신이 첫 번째 심리학 시험에서 80점을 얻었다고 하자. 모든 학생들의 평균은 70이고 표준편차는 5이다. 두 번째 시험에서 당신은 90점을 받았다. 이번에는 평균이 또 70이지만 표준편차가 20이다. 다른 학생들에 비해 당신의 성적은 올랐는가 내렸는가 아니면 비슷하게 유지되었는가?

결과를 평가하기: 추론 통계

금연을 돕기 위해 사람들을 두 집단에 무선 배정한다고 하자. 한 집단은 흡연하면 처벌을 받고 다른 집단은 흡연하지 않으면 보상을 받는다. 처치가 시작되기 전에는 두 집단 모두 하루에 평균 10개비의 담배를 피운다. 6주간의 치료가 끝난 후, 처벌 집단의 사람들은 하루에 평균 7.5개비를, 보상집단의 사람들은 6.5개비를 피운다. 이 차이를 얼마나 의미 있는 것으로 보아야 할까?

이 물음에 답하려면 그저 7.5와 6.5라는 숫자만 알아서는 부족하다는 것이 분명하다. 이 연구에 얼마나 많은 흡연자가 있었나? (겨우 몇 명이었나? 아니면 몇 백 명? 몇 천 명?) 또, 각 집단 내의 변산은 얼마나 컸나? 사람들의 행동이 대부분 집단 평균에 가까웠을까 아니면 소수의 극단적인 점수가 평균을 왜곡시켰을까? 우리는 이런 결과를 추론 통계를 이용하여 평가한다. 추론 통계(inferential statistics)란 작은 표본에서 나온 추론에 근거하여 큰 모집단에 대한 진술을 하는 것이다. 특정 종류의 통계 절차는 관찰된 것만큼 큰 차이가 순전히 우연적인 변산에 의해 발생할 확률을 계산한다. 예를 들면 처벌 처치와 보상 처치가 정말로 동등한 효과를 낸다면 두 집단 간에 이 연구에서 얻어진 것만큼 큰 차이가 우연히 나타날 확률은 얼마나 될까?

그 결과는 p(확률을 의미하는 *probability*에서 따옴)값으로 요약된다. 예를 들어 $p < .05$는 무작위적으로 생성된 결과가 관찰된 결과와 유사할 확률이 5% 미만임을 의미한다. p값이 작을수록 관찰된 결과가 그만큼 얻어지기 힘든 것이다.

일반적으로 연구자들은 p가 .05보다 작으면 결과가 통계적으로 유의미한, 즉 통계적으로 신뢰할 만한 것으로 간주한다. 즉 우연적으로 생길 것 같지 않다는 것이다. 좀더 신중한 연구자라면 p가 .01 또는 심지어 .001보다 작아야만 결과가 유의미하거나 신뢰할 만한 것으로 간주할 수도 있다. 통계적 유의미성은 세 가지 요인에 좌우되는데, 그것은 집단 간 차이의 크기, 각 집단에 있는 참가자의 수, 그리고 각 집단 내 개인들 사이의 변산의 정도이다.

결과가 통계적으로 유의미하지 않다면 어떻게 될까? 그때는 아무런 결론도 내리지 말아야 한다. 가설이 틀렸다거나 처치가 효과가 없었다고 결론지어서는 안 된다. 때로는 가설이 옳기는 해도 입증하기 힘들기도 하고, 때로는 단순히 측정이 부정확하기 때문에 처치 효과가 없어 보이기도 한다. 물론 유의미한 효과를 얻는 데 실패하는 경우가 많을수록 의심은 더 커져야 한다.

다양한 이유로 많은 과학자들은 p값을 기술하는 대신에(또는 거기다가 추가로) 그림 2.19에서처럼 각 집단의 평균과 95% 신뢰구간을 보여주기를 권장한다(Cumming, 2008). 95% 신뢰구간(confidence interval)이란 진정한 모집단 평균이 들어 있을 가능성이 95%인 범위이다.

"잠깐만, 7.5와 6.5라는 평균은 이미 알고 있는데 그것이 '진정한' 모집단 평균이 아니란 말이야?"라고 물을지도 모르겠다. 아니다. 그것은 모집단의 특정 표본에서 나온 평균이다. 또 다른 흡연자 집단을 연구하는 다른 사람은 동일한 결과를 얻지 못할 수도 있다. 우리에게 중요한 것은 모든 흡연자의 평균이다. 그런 평균을 측정해서 얻기는 사실상 불가능하지만 만약 표본의 평균, 표본의 크기, 그리고 표준편차를 알면 그 표

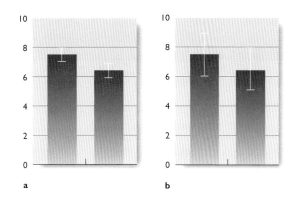

그림 2.19 수직선은 95% 신뢰구간을 나타낸다. 그래프 a에 있는 막대들은 진짜 평균이 매우 좁은 범위 내에 있을 가능성이 95%임을 나타낸다. 그래프 b에 있는 막대들은 더 넓은 범위 내에 있을 가능성을 보여준다.

본 평균이 모집단 평균과 얼마나 비슷할지 추정할 수 있다. 그림 2.19는 두 가지 가능성을 보여준다.

그림 2.19a에서는 95% 신뢰구간이 작다. 다시 말하면 표준편차가 작고 표본이 커서 표본 평균이 거의 확실히 진정한 모집단 평균에 가깝다. 그림 2.19b에서는 95% 신뢰구간이 커서 표본 평균이 진정한 모집단 평균의 대략적인 근사치에 불과하다. 자료를 신뢰구간과 함께 제시하면 독자가 두 집단 간 차이가 얼마나 크고 의미 있는 것인지 알 수 있다(Hunter, 1997; Loftus, 1996).

개념 점검

15. 95% 신뢰구간이 크거나 작은 경우 중 어느 결과에 더 중요성을 부여해야 할까? p 값이 크거나 작은 경우 중 어느 것에 더 중요성을 부여해야 할까?

통계와 결론

밀실에서 불을 꺼버리면 아무것도 보이지 않게 된다. 아이스티에 설탕을 넣으면 단맛이 나게 된다. 때로는 심리학 연구자가 이처럼 너무나 일관성 있는 결과를 얻어서 통계가 필요하지 않다. 통계적 검증은 더 작은 효과를 평가하는 데 중요하다. 예컨대 조사에서 표현 방식을 달리하면 사람들의 응답이 변할까? 참고 교재를 전자책으로 사용하는 것이 학생들의 시험점수를 향상시킬까? 약물 남용을 치료하는 데 개인별 치료보다 가족 치료가 더 좋은 결과를 가져올까? 대부분의 심리학 연구자는 작은 효과를 다루기 때문에 통계를 확실히 이해할 필요가 있다.

통계치를 살펴보는 것은 결론으로 향해 가는 첫 단계일 뿐이다. 실험이 통계적으로 유의미한 또는 신뢰할 만한 결과를 내놓았다고 말하는 것은 단지 우연에 의해 그런 결과가 나오기는 힘들다는 것을 의미할 뿐이다. 이 지점에서 심리학자는 자신의 지식을 토대로 그 결과의 가장 그럴듯한 해석을 찾아낸다.

요약

• **평균값, 중간값, 최빈값.** 어떤 분포의 중앙 집중 경향성을 나타내는 한 방법은 모든 점수를 더한 값을 개체의 수로 나눈 평균값을 보여주는 것이다. 또 다른 방법은 모든 점수를 최고부터 최저까지 순서대로 배열한 후에 가운데 있는 중간값을 구하는 것이다. 최빈값은 가장 빈번하게 발생하는 점수이다. (84쪽)

• **표준편차(SD).** 대부분의 점수가 평균 근처에 몰려 있는지 아니면 널리 퍼져 있는지 나타내기 위해 심리학자는 표준편차라는 점수 범위를 보고한다. 어떤 특정 점수가 평균에서 몇 표준편차만큼 떨어져 있는지를 알면 다른 점수들의 몇 %가 그 점수보다 아래에 있는지 파악할 수 있다. (85쪽)

• **추론 통계.** 어떤 큰 모집단의 특성을 그 모집단의 작은 표본으로부터 얻어진 결과에 근거하여 추정하려는 노력이 추론 통계이다. (86쪽)

• **우연적 결과의 발생 확률.** 추론 통계가 가장 많이 쓰이는 것은 어떤 연구 결과가 우연적으로 발생했을 확률을 계산하는 데이다. 두 집단 간의 차이가 크다면, 각 집단 내의 변산이 작다면, 그리고 각 집단의 개체 수가 많다면 이 확률이 낮다. (86쪽)

• **통계적 유의미성.** 심리학자가 $p < .05$라고 말할 때 그것은 관찰된 결과가 우연적인 변동으로 인한 것일 확률이 5% 미만이라는 의미이다. 일반적으로 설정된 기준은 5% 이하이다. 결과가 이 기준을 충족하면 통계적으로 유의미하다 또는 신뢰할 만하다고 말한다. (86쪽)

핵심 용어

개념 점검 문제에 대한 답

1 노스트라다무스의 예언을 평가하려면 예언된 사건이 일어나기 전에 그 예언이 정확히 무엇을 의미하는지를 누군가에게 물어서 알려 달라고 해야 할 것이다. 그러고 나면 또 다른 사람에게 그 사건이 일어날 가능성을 추정해 달라고 부탁할 것이다. 마지막으로 그 사건의 발생 가능성에 대한 추정치와 비교하여 그 예언의 정확도를 알아볼 것이다.

2 IQ 검사 점수(b)가 지능에 대한 한 가지 조작적 정의이다. (이것이 최선의 조작적 정의인지는 다른 문제이다.) 다른 답 중 어느

것도 지능을 측정하거나 산출하는 방법을 알려주지 않는다.

3 유머 감각은 어떤 사람이 영화를 보는 동안 웃는 횟수 또는 다른 사람들을 웃게 만드는 어떤 말을 하는 횟수라고 정의할 수 있다. 측정 방법이 포함된다면 다른 정의도 가능하다.

4 이것은 편의 표본이다. 연령이나 기타 어떠한 측면에서도 전체 모집단에 대응되는 표본을 얻으려는 노력을 전혀 하지 않았는데, 따라서 이것은 대표 표본이 아니다. 모집단의 모든 사람 각자가 여기에 참여할 가능성이 동일하지는 않은데 왜냐하면 모든 종류의 사람이 하루 중 그 시간에 그 거리를 걸어갈 확률이 동일하지 않기 때문이다.

5 **a**. 인구밀도와 수입 간 부적 상관. **b**. 전화번호와 IQ 점수 간 무상관. **c**. 깨어남과 우울증 간 정적 상관.

6 -.75 상관이 더 강한 관련성을 나타낸다. 즉 한 변인의 측정치를 토대로 다른 변인을 예측하는 정확성이 더 크다. 부적 상관은 정적 상관과 똑같이 유용하다.

7 한 가능성은 평점이 자존감과 관련이 없다는 것이다. 다른 가능성은 자존감의 측정치나 평점 중 하나가 또는 둘 다 부정확하다는 것이다. 만약 어떤 것이 제대로 측정되지 않았다면 그것이 다른 어느 것과도 강하게 상관될 수 없다.

8 어떤 사람의 관심 정도나 시험점수 중 어느 하나를 알면 다른 하나를 상당히 정확히 예측할 수 있다는 결론만 내릴 수 있을 뿐이다. 심리학에 대한 관심이 심리학 내용을 배우는 데 도움이 될 것이라거나 심리학 시험을 잘 치르는 것이 심리학 내용에 대한 관심을 증가시킨다는 결론은 내릴 수 없다. 물론 두 결론 모두 사실일 수는 있지만, 그 어느 결론도 이 결과로부터 따라 나오지는 않는다. 상관연구는 인과관계를 입증할 수 없다.

9 어쩌면 약을 너무 많이 먹는 것이 합병증을 초래해서 앓아누울 수도 있을 것이다. 또는 아마도 약을 많이 먹는 사람은 이미 심각한 병을 갖고 있는 사람일 것이다.

10 어쩌면 상담회기가 약물을 끊고자 하는 사람에게 도움이 될 수 있을 것이다. 또는 어쩌면 중독 문제가 가장 심각한 사람이 결국 중도에 탈락하는 사람일 수 있다.

11 독립변인은 학기 중 치러진 시험의 빈도이다. 종속변인은 학생의 기말고사 성적이다.

12 그중에서 요구 특성만이 회피해야 할 것이다. 반증 가능성이 좋은 이론의 특징임을 기억하지 못한다면 59쪽을 보라. 어떤 실험이든지 적어도 하나의 독립변인(실험자가 통제하는 것)과 적어도 하나의 종속변인(실험자가 측정하는 것)이 있어야 한다. 맹목 관찰자를 사용하는 것이 유리하다.

13 **a**. 평균값=4, 중간값=3, 최빈값=2. **b**. 평균값=7, 중간값=3, 최빈값=2. 점수 분포에서 8을 35로 숫자 하나만 바꾸었는데 중간값이나 최빈값은 영향을 받지 않았지만 평균값은 큰 영향을 받았음을 주목하라.

14 점수가 첫째 시험의 80점에서 둘째 시험의 90점으로 오르긴 했지만 당신의 성적은 다른 학생들에 비하여 사실상 떨어졌다. 첫째 시험에서 얻은 80점은 평균보다 2 표준편차만큼 높아서 98%의 다른 학생들보다 더 좋은 성적이다. 둘째 시험에서 얻은 90점은 평균보다 1 표준편차만큼만 높을 뿐이어서 84%의 다른 학생들보다 더 좋은 성적이다.

15 두 물음 모두 더 작은 경우가 더 중요하다. 95% 신뢰구간은 결과에 대한 확신이 높음을 의미한다. 작은 p값은 그런 큰 차이를 단순히 우연에 의해 얻을 확률이 낮음을 의미한다.

통계 계산

이 부록은 제2장에서 언급된 통계치 중 몇 가지를 계산하는 법을 보여준다. 이는 주로 독자의 호기심을 충족시키기 위한 것이다.

표준편차

표준편차(SD)를 구하기 위해서는

1. 점수들의 평균을 구하라.
2. 개별 점수들로부터 평균을 빼라.
3. 그 결과 각각을 제곱하고, 그 제곱된 값을 다 더한 후에 점수의 총 개수로 그것을 나누라.

이렇게 얻어진 결과를 변량(variance, 또는 분산)이라 부른다. 표준편차는 변량의 제곱근이다. 예를 하나 보자.

개별 점수	각 점수에서 평균을 뺀 값	그 차이의 제곱
12.5	-2.5	6.25
17.0	+2.0	4.00
11.0	-4.0	16.00
14.5	-0.5	0.25
16.0	+1.0	1.00
16.5	+1.5	2.25
<u>17.5</u>	+2.5	<u>6.25</u>
105		36.00

평균은 15.0(첫째 열의 합계를 7로 나눈 값)이다. 변량은 5.143(셋째 열의 합계를 7로 나눈 값)이다. 표준편차는 2.268(5.143의 제곱근)이다.

상관계수

상관계수를 구하기 위해서 두 변인 중 하나를 x, 다른 하나를 y라 칭한다. 측정치 쌍 x_i와 y_i를 구한다. 그리고 나서 다음 공식을 사용한다.

$$r = \frac{[(\Sigma x_i y_i)] - n \cdot \bar{x} \cdot \bar{y}}{n \cdot sx \cdot sy}$$

이 공식에서 $(\Sigma x_i y_i)$는 x와 y를 곱한 것의 합이다. 즉, 각 관찰 쌍 (x, y)에 대해 x와 y를 곱하고 나서, 그 결과값을 모두 더한다. $n \cdot \bar{x} \cdot \bar{y}$라는 항은 x의 평균과 y의 평균과 n(관찰 쌍의 수)을 곱하는 것을 의미한다. 분수 $n \cdot sx \cdot sy$는 x의 표준편차와 y의 표준편차와 n을 곱하는 것을 의미한다.

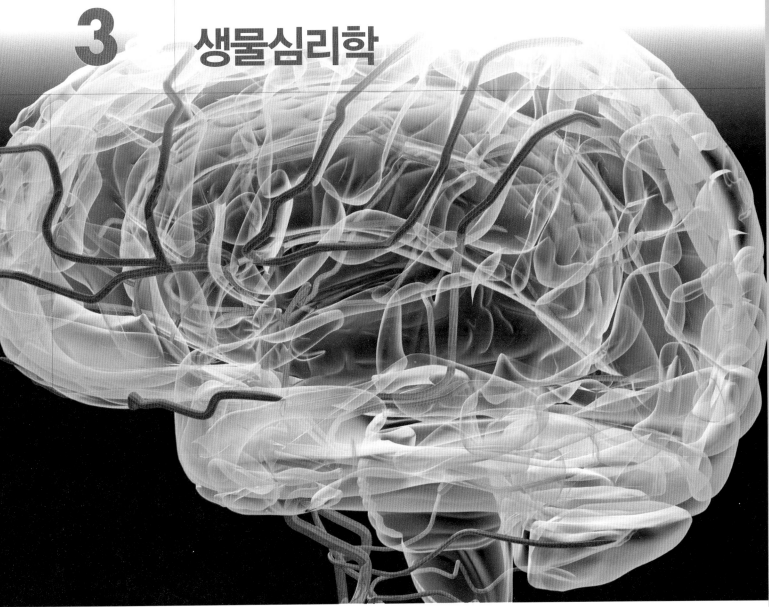

© iStockphoto.com/David Marchal

3 생물심리학

벌은 놀라우리만치 복잡한 행동을 한다. 그러나 우리는 벌의 뇌 속으로 들어가서 벌이 되어 산다는 것이 어떻게 느껴질지(느껴지기라도 한다면) 알 도리가 없다.

사람 뇌의 무게는 단지 1.2~1.4kg에 지나지 않으며, 벌의 뇌는 겨우 1mg이다. 1달러짜리 지폐의 무게가 약 1g이니 그것을 1,000개의 조각으로 자를 경우 그 한 조각이 대략 벌의 뇌만큼 무거운 것이다. 그렇게 작은 뇌를 가지고 벌은 먹이를 찾고, 포식동물을 피해서, 자기 벌집을 찾아 돌아가서는, 다른 벌들에게 먹이가 있는 데로 안내하는 춤을 춘다. 또한 여왕벌을 돌보고 침입자로부터 벌집을 보호하기까지 한다.

우리가 지각하거나 수행하는 것은 모두 뇌 활동의 산물이다. 뇌가 어떻게 그 모든 것을 할까? 우리가 이를 알고 싶어 하는 데는 실용적 이유와 이론적 이유가 모두 있다. 몇몇 실용적 관심사는 이상행동과 관련된 것이다. 심리 장애는 근원이 생물학적인 것일까? 약물이나 기타 생물학적 도구로 심리 장애를 효과적으로 치료할 수 있을까? 노년기에 일어나는 쇠퇴를 방지할 수 있을까? 이론적 이유는 우리가 어떻게 기능하는가에 관한 것이다. 뇌 활동은 의식과 어떤 관계일까? 사람들의 성격이 서로 다른 이유는 뇌가 달라서일까? 연구자들은 이런 물음에 매혹되어 지칠 줄 모르고 노력하고 있다.

뉴런과 행동

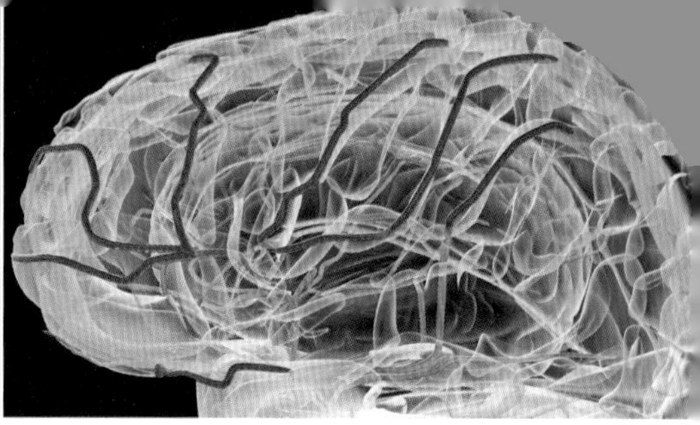

• 신경계에 있는 개별 세포들의 작용을 통해 우리의 경험과 행동을 얼마나 설명할 수 있을까?

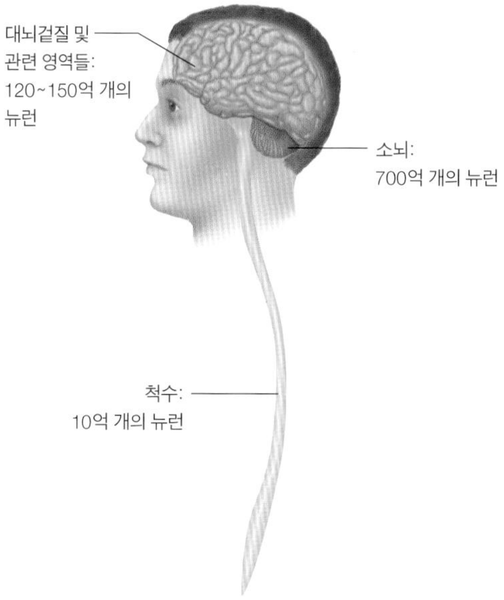

우리는 기계와 어떻게 다를까? 우리는 대개 기계를 금속으로 만들어진 어떤 것으로 생각한다. 하지만 사실상 기름을 변환시켜 자동차를 움직이게 하는 것처럼 한 유형의 에너지를 다른 유형으로 변환시키는 것은 무엇이든지 모두 기계이다. 그런 의미에서 우리는 기계와 전혀 다르지 않다. 왜냐하면 우리는 일종의 기계이기 때문이다. 사람의 신체는 음식에 든 에너지를 신체의 모든 작용으로 변환시킨다. 뇌는 그런 기계의 일부이고, 그래서 사고와 행위를 이해하는 한 가지 방법은 뇌가 어떻게 작동하는지를 분석하는 것이다. 차를 연구하기 위해서는 차의 각 부품이 무엇을 하는지를 살펴보는 것과 마찬가지로 연구자들은 뇌의 서로 다른 부위의 기능을 조사한다.

신경계를 구성하는 개별 세포부터 먼저 살펴보자. 단 하나의 실리콘칩을 연구해보았자 컴퓨터를 설명할 수 없는 것처럼 뇌 속에 있는 개별 세포를 연구해도 행동을 깊이 이해할 수는 없다. 그렇기는 해도 그것이 출발점이고 몇몇 심리학적 관심사에 불을 밝혀주는 것은 사실이다.

그림 3.1 성인의 중추신경계에 있는 뉴런의 분포에 대한 추정치. 정확한 수치는 알 수 없으며, 사람마다 그 값이 다르다. (R. W. Williams & Herrup, 1988의 자료에 근거함)

신경계의 세포

우리는 우리 '자신'을 감각하고 생각하고 기억하는 어떤 단독 실체라고 느낀다. 그러나 우리의 뇌는 뉴런(신경세포, neuron)이라는 엄청난 수의 개별 세포들로 이루어져 있다. 그림 3.1은 인간 신경계의 여러 부위에 있는 뉴런 개수에 대한 추정치를 보여준다(R. W. Williams & Herrup, 1988). 신경계에는 아교세포(교세포, glia)[1]라는 다른 종류의 세포도 있는데, 이것은 뉴런을 절연시키거나 이웃한 뉴런들 사이의 활동을 동기화시키거나 폐기물을 제거하는 등 많은 방식으로 뉴런의 작용을 도와주는 세포이다. 아교세포는 뉴런보다 작지만 수가 더 많다.

뉴런은 신체의 다른 세포들과 유사한 면이 많다. 뉴런의 가장 독특한 점은 그 모양인데, 얼마나 많은 출처로부터 정보를 받아들이는가와 얼마나 먼 거리에 걸쳐 정보를 내보내는가에 따라 모양이 다양하다(그림 3.2). 뉴런은 세 부위, 즉 세포체, 가지돌기, 그리고 축삭으로 이루어져 있다(그림 3.3). 세포체(cell body)에는 그 세포의

핵이 들어 있다. 가지돌기(수상돌기, dendrite. '나무'를 뜻하는 그리스어에서 유래함)는 다른 뉴런들로부터 입력을 받아들이는 가지를 널리 뻗치고 있는 구조물이다. 축삭(축색, axon)은 한 가닥으로 된 길고 가는 섬유로서 끝 부근에서 가지를 친다. 척추동물의 축삭 중에는 말이집으로 싸여 있는 것들이 있는데, 말이집(수초, myelin)은 축삭을 따라 흐르는 신경충동의 전달 속도를 높여주는 절연성 덮개 같은 것이다. 일반적으로 축삭은 정보를 다른 세포로 전달해 주고, 가지돌기나 세포체가 그 정보를 받아들인다. 정보는 흥분성일 수도, 억제성일 수도 있다. 즉 그 다음 세포가 그 자신의 메시지를 내보낼 가능성을 높이거나 낮출 수 있다. 억제성 메시지는 필수적인 용도가 많다. 예를 들면 뇌는 통증 자극이 주어지는 동안 더 이상의 통각을 억제하는 기제를 갖추고 있다. 압정을 밟고서 반사적으로 그 발을 들어 올릴 경우 억제성 시

---

1 해부학 용어로는 한글화된 번역어를 쓰고 괄호 속에 기존 한자 용어와 영어 원어를 표기하기로 한다.

그림 3.2 뉴런의 모양은 대단히 다양하다. 뉴런 (a)와 (b)는 많은 곳으로부터 입력을 받아들이며, 뉴런 (c)는 겨우 몇 군데서부터 입력을 받고, 뉴런 (d)와 (e)는 중간 정도 수의 근원으로부터 입력을 받는다. 감각뉴런 (e)는 감각수용기로부터 뇌나 척수로 정보를 전달한다. 삽입된 그림: 세포체를 갈색으로, 축삭과 가지돌기를 초록색으로 보여주는 전자현미경 사진. 이 색깔은 인위적으로 입힌 것이다. 전자현미경 사진은 빛이 아니라 전자 빔으로 만들어진 것이어서 색깔을 보여주지 않는다.

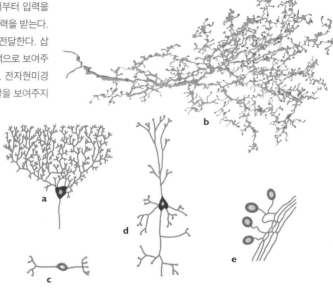
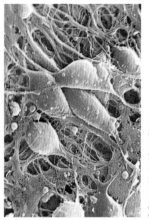

냅스 덕분에 다른 발을 동시에 들어 올리려 하지 않게 된다.

개념 점검

1. 뉴런의 어느 부위가 다른 뉴런으로부터 입력을 받아들이는가? 어느 부위가 다른 세포들로 메시지를 보내는가?

활동전위

축삭의 기능은 피부에서부터 척수까지처럼 정보를 먼 거리에 걸쳐 전달하는 것이다. 전기 전도는 정보를 거의 순간적으로 전달할 것이지만 우리의 신체는 비교적 좋지 않은 전기 전도체이다. 만약 축삭이 전기 전도를 한다면 전기적 충동(electrical impulse)은 멀리 갈수록 점점 더 약해질 것이다. 그래서 발가락을 꼬집히면 키 작은 사람은 키 큰 사람보다 더 아프게 느낄 것이다.

따라서 축삭은 그런 식이 아니고 활동전위라는 과정을 통해 정보를 전달한다. 활동전위(action potential)는 축삭을 따라 얼마나 먼 거리이든 상관없이 일정한 강도로 흘러가는 흥분을 가리킨다. 활동전위는 전등 스위치를 켜고 끄는 것 같은 예-아니오 또는 온-오프 메시지이

다. 이 원리를 **실무율**(all-or-none law)이라고 한다.

활동전위가 단순한 전기 전도에 비해 갖는 장점은 뇌에 도달할 때까지 최대 강도를 유지한다는 것이다. 단점은 시간이 걸린다는 것이다. 우리가 발가락에서 일어나는 일을 알게 되기까지는 적어도 1/20초가 걸린다. 통증과 가려움 감각은 심지어 더 느리다. 1/20초라는 시간 지연 때문에 불편할 일은 거의 없지만 그러한 지연은 이론적으로 흥미롭다. 손가락의 촉각 정보가 뇌로 전해지는 동안 촉감 지각이 지연된다는 것을 연구자들이 처음 입증했을 때 그들은 지각이 손가락이 아니라 머리에서 일어난다는 것을 보여주었던 것이다. 당신이 무언가를 만지면 그 감각이 손가락에 있는 것 같지만 그게 아니라 당신의 머릿속에 있다. 이런 결론을 지지하는 다른 증거는 특정 뇌 영역을 직접 자극하면 손가락에 대한 촉감이 생겨나며(심지어 손가락이 절단되었어도), 손가락을 만져도 그 관련 뇌 영역이 손상되었으면 촉감이 느껴지지 않는다는 것이다.

활동전위가 어떻게 작동하는지 간단히 설명해 보면 다음과 같다.

1. 축삭이 자극을 받지 않고 있을 때는 그 세포막이 안정전위(resting potential), 즉 축삭 세포막에 걸쳐 전기적 분극화를 나타낸다. 일반적으로 세포막 안쪽이 바깥쪽에 비해서 약 −70밀리볼트의 전하를 띠고 있다. 이 값은 축삭 안쪽에 음전하를 가진 단백질이 있기 때문에 생겨난다. 게다가 나트륨-칼륨 펌프라는 기제가 나트륨 이온을 축삭 밖으로 내보내는 동시에 칼륨 이온을 안으로 끌어들인다. 결과적으로 나트륨 이온은 축삭 바깥쪽에 그리고 칼륨 이온은 축삭 안쪽에 밀집된다.

2. 활동전위는 둘 중 한 방식으로 시작된다. 첫째, 축삭 중에는 자발적 활동을 나타내는 것이 많다. 둘째, 다른 뉴런들로부터 들어오는 입력이 뉴런의 세포막을 흥분시킬 수 있다. 어느 쪽이든 간에 흥분이 축삭의 역치(대개 약 −55밀리볼트)를 넘

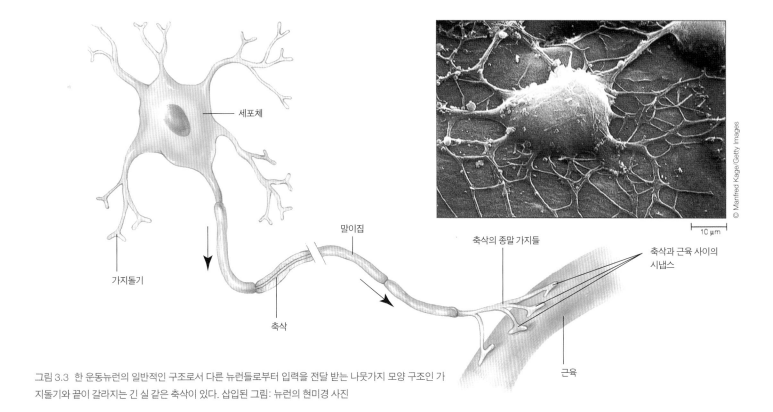

그림 3.3 한 운동뉴런의 일반적인 구조로서 다른 뉴런들로부터 입력을 전달 받는 나뭇가지 모양 구조인 가지돌기와 끝이 갈라지는 긴 실 같은 축삭이 있다. 삽입된 그림: 뉴런의 현미경 사진

으면 축삭에 있는 어떤 문들이 짧은 시간 동안 열려서 나트륨 이온과 칼륨 이온이 드나들게 된다. 세포막 바깥에 밀집되어 있던 나트륨 이온은 세포막 안의 음전하에 이끌려 세포 속으로 급속히 흘러든다. 양전하를 띤 나트륨 이온의 이러한 유입이 활동전위이다. 축삭의 한 지점에서 들어온 양전하들은 축삭 상의 다음 지점을 자극하여 나트륨 통로가 열리게 만드는데, 그림 3.4에서 보는 것처럼 이러한 과정이 반복된다.

3. 나트륨 통로는 몇 밀리초[2] 동안 열리고 나서는 갑자기 닫히는 반면에 칼륨 통로는 조금 더 오랫동안 열려 있다. 나트륨 이온이 세포 안으로 양전하를 갖고 들어왔기 때문에 세포 내부는 더 이상 칼륨 이온을 끌어당기지 않는다. 그리고 칼륨 이온은 세포 바깥보다 안에 더 밀집되어 있기 때문에 세포로부터 흘러나가게 되는데 그럼으로써 양전하가 빠져나간다. 칼륨 이온의 유출이 축삭의 내부를 안정전위 상태로 되돌려 놓는다(그림 3.5b).

4. 결국에는 나트륨-칼륨 펌프가 여분의 나트륨 이온을 축삭 밖으로 쫓아내고 도망나갔던 칼륨 이온을 다시 잡아들인다.

이 과정을 요약하면, 나트륨이 세포 속으로 들어오고(흥분) 나서 칼륨이 세포 밖으로 나간다(안정전위로 복귀).

축삭을 따라가는 전도(conduction)는 도화선에 불이 붙어가는 것과 비슷하다. 즉 한 지점에 붙은 불이 그 다음 지점에 불을 붙이고 그것이 또 그 다음 지점에 불을 붙

그림 3.4 이온의 움직임이 축삭을 따라 활동전위를 전도시킨다. 세포막의 각 지점마다 나트륨 이온이 축삭으로 들어온다. 세포막의 각 지점이 원래의 상태로 돌아오면서 활동전위는 다음 지점으로 흘러간다.

이는 것이다. 나트륨 이온들이 세포막을 통과하여 축삭 안으로 들어오면 그중 일부가 옆 부분으로 확산되어 그곳의 나트륨 통로가 열릴 만큼 충분히 축삭을 흥분시킨다. 그림 3.5에서 보듯이 이 활동전위는 그 다음 부위로 축삭을 타고 퍼지고 똑같은 일이 반복되면서 축삭을 타고 내려간다. 이러한 방식으로 활동전위는

2 millisecond. 1,000분의 1초.

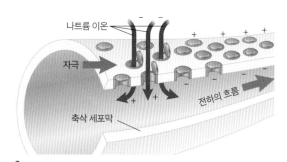

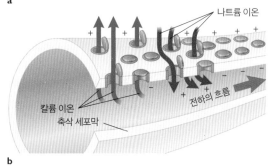

그림 3.5 (a) 활동전위 동안 나트륨 통로가 열려서 양전하를 가진 나트륨 이온이 축삭으로 들어온다. (b) 활동전위가 발생한 후에 축삭의 그 지점에 있는 나트륨 통로가 닫히고 다음 지점에 있는 나트륨 통로가 열린다. 나트륨 통로가 닫히면서 칼륨 통로가 열리고 칼륨 이온이 축삭 밖으로 흘러나간다. (Starr & Taggart, 1992를 수정함)

축삭의 끝에 도달할 때까지 똑같은 강도를 유지한다.

이런 정보가 심리와 어떻게 관련될까? 첫째, 손가락과 발가락에서 들어오는 감각이 왜 서서히 약해지다가 뇌에 도달할 때쯤에는 없어지지 않는지 설명할 수 있다. 둘째, 활동전위에 대한 이해는 뉴런 간의 교신을 이해하는 첫걸음이다. 셋째, 마취제(예컨대, 노보카인)는 나트륨 통로를 막는 작용을 하여 뉴런을 조용하게 만든다. 치과의사가 이를 드릴로 갈아낼 때 이에 있는 수용기(receptor)는 "아야! 아파! 아프다고!"라는 메시지를 보낸다. 그러나 이 메시지는 나트륨 통로가 막혀 있기 때문에 뇌에 도달하지 못한다.

개념 점검

2. 생쥐와 기린의 발끝을 동시에 꼬집으면 어느 동물이 더 빨리 반응할까? 왜?

3. 다음 빈 칸을 채우시오. 축삭 세포막이 안정 상태에 있을 때 그 안쪽은 바깥쪽에 비해 더 많은 ____ 전하를 갖고 있다. 축삭 세포막이 역치에 도달하면 ____ 이온이 바깥에서 안으로 ____ 전하를 갖고 들어온다. 이러한 이온의 유입이 축삭의 ____ 에 해당된다.

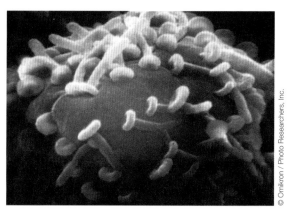

그림 3.6 이 시냅스는 전자현미경으로 몇 천 배 확대한 모습이다. 축삭의 끝이 부풀어서 종말단추를 형성한다.

시냅스

그렇게나 많은 개별 뉴런들이 어떻게 힘을 합쳐서 의식의 흐름을 만들어내는 것일까? 그 답은 교신(communication)이다. 한 뉴런과 다음 뉴런 간의 교신은 축삭을 통한 전달과는 다르다. 한 뉴런과 다음 뉴런 사이의 특수한 연결부위(그림 3.6)인 시냅스(연접, synapse)에서 뉴런은 그 다음 뉴런을 흥분시키거나 억제하는 화학물질을 분비한다. 즉 이 화학물질은 그 다음 뉴런이 활동전위를 일으킬 가능성을 높이거나 낮춘다.

축삭은 일반적으로 여러 개의 가지로 나누어지는데, 각 가지의 끝에는 그림 3.7에서 보듯이 볼록하게 부풀어 있는 시냅스전 종말(presynaptic ending) 또는 종말단추(terminal bouton)라는 부위가 있다. 활동전위가 종말단추에 다다르면 다른 뉴런에 있는 수용기를 활성화시키는 화학물질인 신경전달물질(neurotransmitter)이 분비된다(그림 3.7). 다양한 뇌 영역에서 수십 가지의 신경전달물질이 사용되는데, 한 뉴런은 그중 단 한 가지 또는 몇 가지만 분비한다. 신경전달물질 분자는 작은 틈으로 확산되어 시냅스후 뉴런(시냅스에서 정보를 받아들이는 쪽에 있는 뉴런)에 있는 수용기로 간다. 신경전달물질은 열쇠가 자물쇠에 꼭 맞아들어 가듯이 수용기에 결합하여 시냅스후 뉴런을 흥분시키거나 억제한다. 컴퓨터에서 쓰이는 메시지는 단순히 온/오프(1과 0으로 표시되는)인데, 과학자들은 시냅스 메시지도 역시 그와 같은 것으로 가정하곤 했다. 이제는 시냅스 메시지가 대단히 다양하다는 것이 알려져 있다. 신경전달물질의

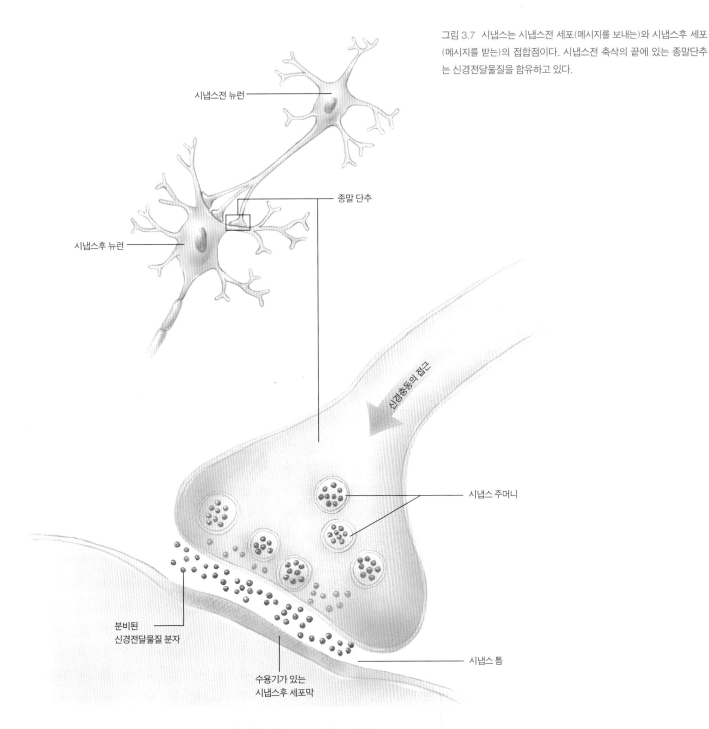

그림 3.7 시냅스는 시냅스전 세포(메시지를 보내는)와 시냅스후 세포(메시지를 받는)의 접합점이다. 시냅스전 축삭의 끝에 있는 종말단추는 신경전달물질을 함유하고 있다.

시냅스전 뉴런

종말 단추

시냅스후 뉴런

신경충동의 접근

시냅스 주머니

분비된
신경전달물질 분자

수용기가 있는
시냅스후 세포막

시냅스 틈

효과는 신경전달물질의 종류와 그 수용기에 따라 달라져서 예컨대 재빨리 시작되어 겨우 1밀리초 동안만 지속될 수도 있고 더 천천히 시작되어 몇 초 동안 지속될 수도 있다. **펩티드**(peptide)성 전달물질은 더 넓은 뇌 영역으로 확산되어 몇 분 이상 지속되는 효과를 낸다. 빠르고 짧은 메시지는 시각과 청각에 중요하다. 느리고 오래 가는 메시지는 미각과 후각에 더 적절하다. 아주 느리고 분 단위로 지속되는 메시지는 배고픔, 목마름, 성 추동에 유용하다. 그림 3.8은 시냅스 전달을

요약하고 있다.

억제성 시냅스는 중요한 일을 한다. 억제는 브레이크를 거는 것과 같다. 예를 들어 발을 꼬집으면 일군의 다리 근육이 수축되는 반사가 일어나는데, 척수에 있는 억제성 시냅스가 그 다리를 반대 방향으로 움직이는 근육의 활동을 차단한다.

신경전달물질은 수용기를 흥분시키거나 억제하고 난 후에 그 수용기로부터 분리되어 메시지 전달이 끝난다. 이 시점 이후 신경전달물질 분자의 운명은 여러

그림 3.8 신경전달의 복잡한 과정은 겨우 1~2밀리초 걸린다.

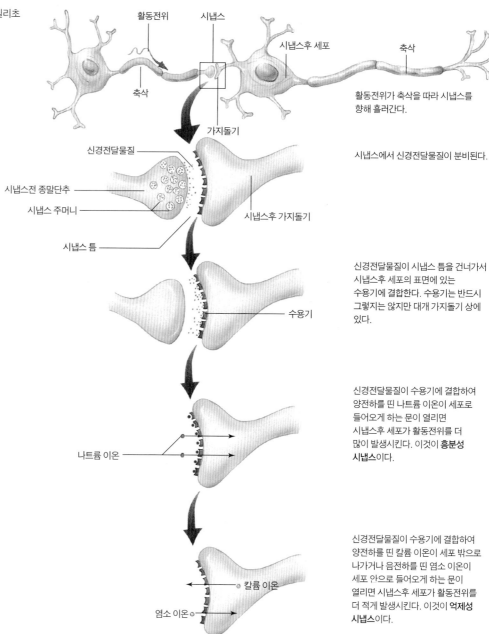

활동전위

시냅스

시냅스후 세포

축삭

축삭

활동전위가 축삭을 따라 시냅스를 향해 흘러간다.

가지돌기

신경전달물질

시냅스전 종말단추

시냅스 주머니

시냅스후 가지돌기

시냅스에서 신경전달물질이 분비된다.

시냅스 틈

수용기

신경전달물질이 시냅스 틈을 건너가서 시냅스후 세포의 표면에 있는 수용기에 결합한다. 수용기는 반드시 그렇지는 않지만 대개 가지돌기 상에 있다.

나트륨 이온

신경전달물질이 수용기에 결합하여 양전하를 띤 나트륨 이온이 세포로 들어오게 하는 문이 열리면 시냅스후 세포가 활동전위를 더 많이 발생시킨다. 이것이 **흥분성 시냅스**이다.

칼륨 이온

염소 이온

신경전달물질이 수용기에 결합하여 양전하를 띤 칼륨 이온이 세포 밖으로 나가거나 음전하를 띤 염소 이온이 세포 안으로 들어오게 하는 문이 열리면 시냅스후 세포가 활동전위를 더 적게 발생시킨다. 이것이 **억제성 시냅스**이다.

가지로 달라져서, 시냅스후 수용기로 되돌아가서 그것을 다시 흥분시킬 수도 있고 시냅스로부터 확산되어 흩어질 수도 있으며 재흡수(reuptake)라는 과정을 통해 자신을 분비한 축삭으로 되돌아갈 수도 있다. 항우울제는 대부분 재흡수를 차단함으로써 신경전달물질의 효과를 연장시키는 작용을 한다.

개념 점검

4. 시냅스전 뉴런과 시냅스후 뉴런 간의 차이는 무엇인가?

5. GABA는 시냅스후 뉴런을 억제하는 신경전달물질이다. 어떤 약물이 GABA가 수용기에 결합되는 것을 막는다면 그 시냅스후 뉴런에 무슨 일이 일어날까?

핵심 점검   증거는 뭘까?

뉴런은 화학적 교신을 한다

뉴런은 시냅스에서 화학물질을 분비함으로써 교신한다는 것을 방금 배웠다. 무슨 증거로 이런 중요한 결론을 내리게 되었을까?

오늘날 신경과학자들은 뉴런이 시냅스에서 화학물질을 분비한다는 증거를 풍부하게 갖고 있다. 이들은 그 화학물질이 어디로 가며 거기서 무슨 일이 일어나는지를 방사능을 이용하여 추적

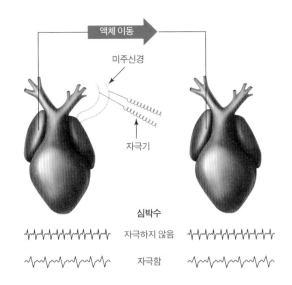

미주신경

자극기

심박수

자극하지 않음

자극함

그림 3.9 Otto Loewi는 개구리의 심박수를 낮추는 것으로 알려진 축삭을 자극했다. 그리고는 그 심장 주변의 액체를 모아서 다른 개구리의 심장으로 옮겼다. 그 다른 개구리의 심박수가 느려지자 Loewi는 첫째 개구리의 심장에 있는 축삭이 심박수를 낮추는 화학물질을 분비한다고 결론 내렸다.

을 계속하면서 그는 그 심장 주변의 액체를 채집하여 두 번째 개구리의 심장으로 옮겼다.

결과 Loewi가 첫 번째 개구리의 심장에서 나온 액체를 옮겨 넣어주자 두 번째 개구리의 심장도 역시 느리게 뛰었다(그림 3.9).

해석 자극된 축삭이 심박수를 감소시키는 화학물질을 분비했음이 분명하다. 적어도 이 경우에는 뉴런이 화학물질을 분비하여 메시지를 보낸다.

Loewi는 이 연구 및 관련 연구를 한 공로로 노벨 생리학상을 받았다. 그러나 뛰어난 실험조차도 한계가 있다. 그의 실험 결과는 축삭들이 모든 시냅스에서, 또는 대부분의 시냅스에서, 아니면 겨우 몇몇 시냅스에서 화학물질을 분비했는지는 보여주지 않았다. 이 문제에 답할 수 있는 기술은 몇 십 년 후에야 개발되었다. 그 답은 대부분의 시냅스가 화학물질을 사용하지만 일부는 전기적으로 교신한다는 것이다.

한다. 순수 화학물질을 뉴런에 주입하고는 그 반응을 극도로 미세한 전극을 이용하여 측정한다. 1920년에 Otto Loewi는 나중에 자서전(Loewi, 1960)에서 이야기한 대로 간단한 기구를 이용한 재치 있는 실험을 통해 뉴런이 화학물질을 가지고 교신한다는 것을 입증했다.

가설 만약 뉴런이 화학물질을 분비한다면, 그것을 일부 채집하여 두 번째 동물에게 옮겨주어 그 동물로 하여금 첫 번째 동물이 하고 있던 것을 하게 만들 수 있어야 한다. Loewi는 뇌 속의 화학물질을 채집할 수는 없었기 때문에 심장 근육으로 가는 축삭을 이용하여 연구했다. (어떤 뉴런은 근육을 자극하는데, 이 뉴런과 근육 간의 접합부는 두 뉴런 간의 시냅스와 비슷하다.)

방법 Loewi는 개구리의 심장박동을 느리게 만드는 특정 축삭을 전기적으로 자극했다. 이 자극

신경전달물질과 행동

뇌에는 수십 가지의 신경전달물질이 있는데, 그 각각이 많은 종류의 수용기를 활성화시킨다. 표 3.1은 아주 풍부하게 존재하는 전달물질 몇 가지를 열거하고

표 3.1 중요한 신경전달물질 몇 가지

신경전달물질	기능	해설
글루탐산	뇌의 주된 흥분성 전달물질로서 대부분의 시냅스에 존재. 학습을 비롯한 거의 모든 뇌 활동에 필수적	뇌중풍은 대개 글루탐산의 과도한 방출에 기인한 과잉자극으로 뉴런을 죽게 만든다.
GABA (gamma-aminobutyric acid)	뇌의 주된 억제성 전달물질	불안 완화제와 항간질약은 GABA 시냅스의 활동을 증가시킨다.
아세틸콜린	뇌의 각성을 증가시킴	아세틸콜린은 또한 운동뉴런에 의해서도 분비되어 골격근을 자극한다.
도파민	한 경로는 운동에 중요하고(파킨슨병에서 손상됨), 다른 경로는 기억과 인지에 중요함	항정신병 약물은 대부분 도파민 시냅스의 활동을 감소시킨다. 파킨슨병에 사용되는 L-도파는 도파민의 가용성을 높여준다.
세로토닌	많은 종류의 동기화된 행동과 정서적 행동을 수정함	항우울 약물은 대부분 세로토닌 시냅스의 활동을 연장시킨다.
노르에피네프린	정서적이거나 기타 의미 있는 사건에 대한 기억의 저장을 향상시킴	노르에피네프린을 분비하는 모든, 또는 거의 모든 축삭은 청색반점(청반, locus coeruleus)이라는 작은 뇌 영역에서 발원한다.
히스타민	각성과 경계심을 증가시킴	항히스타민제(알레르기 약물)는 히스타민을 차단하는데 이로 인해 졸음이 유발된다.
엔도르핀	통증을 감소시키고 쾌감을 증가시킴	모르핀과 헤로인은 엔도르핀이 작용하는 것과 동일한 수용기를 자극한다.
일산화질소	활발히 활동하는 뇌 영역의 혈관을 확장시킴	전달물질 중 기체인 것으로는 일산화질소가 유일하다.
아난다마이드, 2-AG 및 기타	시냅스후 뉴런에서 거꾸로 시냅스전 뉴런에 보내져서 신경전달물질의 추가 분비를 감소시킴	대마초에 든 활성 성분인 THC는 이것들이 자극하는 것과 동일한 시냅스전 수용기를 자극한다.

있다. 예를 들면 세로토닌(serotonin)은 적어도 15가지, 아마도 그 이상의 수용기를 활성화시킨다(Roth, Lopez, & Kroeze, 2000). 각 수용기 유형은 행동의 약간씩 다른 측면을 통제한다. 예컨대 세로토닌 제3 유형 수용기는 구역질을 일으키기 때문에 연구자들은 구역질을 방지하는 약물을 개발할 수 있었다(Perez, 1995). 하지만 몇몇 예외를 제외하면 복잡한 행동은 대부분 여러 신경전달물질과 여러 유형의 수용기에 좌우된다.

그렇기는 해도 한 특정 전달물질이나 수용기를 증가 또는 감소시키는 질환은 행동을 예측 가능한 방식으로 변화시킨다. 한 예는 파킨슨병(Parkinson's disease)인데, 이것은 50세를 넘은 사람의 약 1%가 걸리는 질환이다. 주요 증상은 자발적 운동을 시작하기 어려움, 느린 움직임, 떨림, 경직성, 그리고 우울한 기분이다. 이 모든 증상의 원인은 도파민(dopamine)이라는 신경전달물질

을 분비하는 축삭들의 경로가 점차로 쇠퇴하는 데서 찾을 수 있다. 우연히 발견된 치료약물이 너무나 많은 것과는 달리, 파킨슨병의 치료법은 이 병의 배후에 있는 기제를 알게 됨으로써 생겨났다. 연구자들은 뇌 속에서 도파민 수준을 올려야 할 필요가 있음을 알고 있었다. 도파민 알약이나 주사는 효과가 없을 터인데 왜냐하면 도파민은 (다른 많은 화학물질처럼) 혈류로부터 뇌로 통과해 들어갈 수가 없기 때문이다. 그러나 L-도파라는 약물은 뇌로 들어갈 수가 있다. 뉴런은 L-도파를 흡수하여 도파민으로 변환시키는데, 따라서 도파민 공급량이 올라가게 된다. 제15장에서 보겠지만 우울증이나 조현병(정신분열증)을 완화시키는 약물 또한 도파민 시냅스와 세로토닌 시냅스에 작용한다.

개념 점검

6. 조현병이 있는 사람 중에는 도파민 시냅스를 차단하는 약물인 할로페리돌을 먹는 이들이 있다. 이 약물은 파킨슨병이 있는 사람에게 어떤 영향을 미칠까?

맺음말 　단원 3.1

뉴런, 시냅스, 그리고 행동

단어를 몇 개 말하는 것 같은 단순해 보이는 행동조차도 시간적으로 잘 짜인 움직임들의 복잡한 연쇄이다. 그런 복잡한 행동은 시냅스로부터 생겨나는데, 시냅스의 기본적인 틀은 단순한 과정이다. 즉 세포가 화학물질을 분비하면 그것이 다음 세포를 다양한 기간 동안 흥분시키거나 억제한다. 그리고 나면 그 화학물질은 씻겨 나가거나 그것을 분비한 세포로 다시 들어가서

재사용된다.

복잡한 행동이 가능한 것은 엄청난 수의 뉴런들 사이에 존재하는 연결 덕분이다. 한 뉴런이나 한 시냅스 그 자체는 별로 하는 것이 없다. 우리의 의식 경험은 그 각각이 아주 작은 역할을 하는 수십 가지의 신경전달물질, 수십 억 개의 뉴런, 그리고 수 조 개의 시냅스로부터 생겨난다.

요약

- 신경의 구조. 신경세포인 뉴런은 세포체, 가지돌기 및 축삭으로 구성된다. 축삭은 다른 뉴런으로 정보를 전달한다. (93쪽)
- 활동전위. 정보는 축삭을 통해 활동전위에 의해 전달되는데, 활동전위는 축삭의 각 지점마다 재생되어 강도의 손실이 없다. (94쪽)
- 활동전위의 기제. 활동전위는 나트륨이 축삭 속으로 유입되어야 일어난다. 이 유입을 막는 것은 무엇이나 다 활동전위를 차단한다. (94쪽)

- 뉴런의 교신 방식. 뉴런은 시냅스라는 특수한 접합부에서 신경전달물질이라는 화학물질을 분비함으로써 다른 뉴런과 교신한다. 신경전달물질은 그 다음 뉴런을 흥분시키거나 억제한다. (96쪽)
- 신경전달물질과 행동 장애. 특정 신경전달물질의 과잉이나 결핍은 이상행동으로 이어지는데, 파킨슨병이 있는 사람의 증상이 그 예이다. (99쪽)

핵심 용어

가지돌기(수상돌기) (93쪽)

뉴런 (93쪽)

도파민 (100쪽)

말이집(수초) (93쪽)

세포체 (93쪽)

시냅스 (96쪽)

시냅스후 뉴런 (96쪽)

신경전달물질 (96쪽)

아교세포(교세포) (93쪽)

안정전위(휴지전위) (94쪽)

종말단추 (96쪽)

축삭(축색) (93쪽)

파킨슨병 (100쪽)

활동전위 (94쪽)

약물과 그 효과

- 약물은 시냅스에 어떤 효과를 낼까?
- 약물은 행동에 어떤 영향을 미칠까?

컴퓨터의 회로 연결 중 몇몇을 임의적으로 바꾸려 한다면 거의 확실히 향상이 아닌 '변경된 상태'가 생겨날 것이다. 사람의 뇌에 약물을 주는 것은 컴퓨터의 회로 연결을 바꾸는 것과 좀 비슷해서 거의 모든 약물이 적어도 일시적으로는 뇌 기능을 어떤 식으로든 방해한다. 약물이 뇌에 미치는 효과를 검토하면 뇌의 정상적인 과정과 기능에 관해 더 많은 것을 깨닫게 된다. 제15장에서 우리는 알코올 중독을 비롯하여 약물 남용과 중독을 살펴볼 것이다. 여기서는 약물이 어떻게 작용하는가에 주안점을 둔다.

향정신성 약물(psychoactive drug)은 시냅스의 활동을 변경시킴으로써 의식 경험을 변화시킨다. 어떤 약물은 수용기에 부착되어 그것을 활성화시킨다. 어떤 것은 자물쇠에 거의 들어맞지만 돌려지지 않는 열쇠처럼 불완전하게 부착된다. 약물은 신경전달물질의 분비를 증가 또는 감소시킨다. 또는 신경전달물질의 재흡수(분비된 전달물질이 자신을 분비한 뉴런으로 되돌아가는 것)를 감소시킨다. 시냅스 활동을 증가시키는 약물을 경쟁자 또는 전사를 뜻하는 그리스어에 근거하여 효능제(agonist, 또는 효현제)라고 부른다. 시냅스 활동을 감소시키는 약물은 적을 뜻하는 그리스어에서 나온 길항제(antagonist)라는 이름으로 부른다.

흥분제

흥분제(stimulant, 또는 자극제)는 에너지, 경계심 및 활동성을 증가시키는 약물이다. 암페타민, 메스암페타민,[3] 그리고 코카인은 시냅스전 뉴런이 도파민이나 세로토닌

과잉활동성 아동을 진정시키기 위해 처방되는 약물인 리탈린은 시냅스에 코카인과 똑같은 효과를 낸다. 차이는 효과의 정도가 다르다는 것이다. 리탈린 알약은 뇌에서 도파민 활동을 천천히 그리고 약하게 증가시키는 반면에 코카인은 갑작스레 강한 효과를 야기한다.

을 분비하고 난 후에 재흡수하는 데 사용하는 단백질을 막아버린다(Beuming et al., 2008). 그 결과 흥분성 약물은 이 전달물질들이 시냅스에 작용하는 효과를 연장시킨다. 도파민 시냅스는 성과 음식에서부터 도박과 전자오락에 이르기까지 사람을 강하게 동기화시키는 거의 모든 것에 결정적인 역할을 한다(Koepp et al., 1998; Maldonaldo et al., 1997). 흥분성 약물은 도파민 시냅스 활동을 증가시킴으로써 뇌의 동기 체계를 압도해 버린다.

코카인은 염산 코카인이라는, 코로 흡입할 수 있는 분말 형태로 오랫동안 유통되어 온 마약이다. 1985년 이전에는 염산 코카인으로부터 더 강렬한 효과를 얻는 유일한 방법이 그것을 정제 코카인(염산을 제거한 코카인)으로 변환시키는 것이었다. 정

---

3 이 약물의 상품명이 필로폰으로서, 속칭 '히로뽕'이 이것이다.

제 코카인은 뇌에 빠른 속도로 들어가는데 그럼으로써 더 강력한 경험을 하게 만든다. 1985년에 처음 시장에 나온 크랙 코카인은 이미 염산이 제거된 형태로서 흡연하기에 알맞게 만들어진 것이다(Brower & Anglin, 1987; Kozel & Adams, 1986). 이것에 '크랙(crack)'이라는 이름이 붙은 이유는 흡연 시에 금이 갈라지듯이 딱딱거리는 소리가 나기 때문이다. 크랙 코카인은 몇 초 이내에 강력한 절정감을 유발한다.

흥분성 약물의 행동적 효과는 용량에 따라 달라진다. 낮은 용량에서는 주의집중이 향상된다. 사실상 암페타민은 흔히 애더럴이라는 상품명으로 주의력결핍장애에 처방된다. 더 높은 용량의 암페타민과 코카인은 혼란, 주의집중 감퇴 및 충동성을 일으킨다(Simon, Mendez, & Setlow, 2007; Stalnaker et al., 2007). 신체적 효과로는 심박률, 혈압 및 체온의 증가와 발작, 폐 손상 및 심장마비의 위험성이 있다.

암페타민이나 코카인은 뇌로 들어가면 각성을 증가시키고 대부분 유쾌한 효과를 유발한다. 그러나 이 약물들은 도파민과 기타 전달물질의 재흡수를 억제하기 때문에 시냅스전 뉴런이 그 전달물질을 보충하는 속도보다 더 빨리 전달물질이 씻겨나간다. 따라서 다음 몇 시간 동안 시냅스전 뉴런의 전달물질 공급은 줄어들게 되고 약물 사용자는 경미한 무기력감과 우울을 겪기 시작하는데, 이런 상태는 뉴런에 전달물질의 공급이 충분해질 때까지 지속된다.

주의력결핍장애에 흔히 처방되는 또 다른 약물인 메틸페니데이트(상품명 리탈린)는 코카인이 작용하는 시냅스와 똑같은 시냅스에 똑같은 방식으로 효과를 낸다(Volkow et al., 1997, 1998). 다른 점은 알약으로 복용하는 메틸페니데이트는 한 시간 이상에 걸쳐 천천히 뇌에 들어가며, 그 효과가 떨어지는 데도 여러 시간이 걸린다는 것이다. 따라서 크랙 코카인에 그다지도 중독되기 쉽게 만드는 갑작스런 '절정감'을 이 약물은 유발하지 않는다.

주의력결핍장애 때문에 메틸페니데이트를 복용하는 사람은 나중에 약물을 더 남용하기 쉽게 될까? 그런 사람 중에는 알코올이나 기타 다양한 약물을 남용하는 이들이 많다. 하지만 그런 남용을 반드시 메틸페니데이트의 탓으로 돌릴 수는 없다. 이들은 어찌 되었건 약물을 해보려는 성향이 있는 사람들일지도 모른다. 이 문제에 명백히 답하기 위해서는 누군가가 사람들을 메틸페니데이트를 받는 집단과 받지 않는 집단으로 무선 배정해야 할 것이다. 그런 연구는 행해진 적이 없고 하기도 힘들 것이다. 덜 만족스러운 방법을 사용한 연구들은 결론을 내릴 수 없는 결과들을 내놓았다. 어떤 연구는 메틸페니데이트 복용이 나중에 약물을 남용할 가능성을 높인다고, 다른 연구는 그것을 낮춘다고 시사한다(Golden, 2009). 메틸페니데이트 복용은 아마도 나중의 약물 남용에 어느 쪽으로든 큰 영향을 미치지 않을 것이다.

담배에 들어 있는 니코틴은 신경전달물질 아세틸콜린에 반응하는 시냅스를 자극하여 각성과 흥분을 증가시킨다. 비록 니코틴은 흥분제로 분류되지만 흡연가들은 대부분 니코틴이 자신을 이완시킨다고 말한다. 연구에 따르면 이 역설에 대한 설명은 다음과 같다. 흡연은 긴장 수준을 높이지만 금연은 긴장을 더욱 높인다. 담배를 피우면 그런 금단 증상이 완화되어 평상시의 기분이 회복된다(Parrott, 1999). 담배를 끊기가 힘든 이유는 니코틴이 특정 세포들을 변화시켜서 니코틴에 더 많이 반응하는 동시에 다른 종류의 유쾌한 사건에는 덜 반응하게 만들기 때문이다(Changeux, 2010). 이런 일이 일어나면서 담배를 끊기가 더욱 더 힘들어지게 된다.

개념 점검

7. AMPT(alpha-methyl-para-tyrosine)라는 약물은 신체가 도파민을 만드는 것을 막는다. 고용량의 AMPT를 복용한 사람은 나중에 코카인, 암페타민, 또는 메틸페니데이트에 어떤 반응을 보이게 될까?

8. 주의력결핍장애가 있는 사람 중에는 메틸페니데이트 알약을 먹고 나서 처음 몇 시간 동안은 유익한 효과를 경험하다가 늦은 오후와 저녁에는 그 효과가 사라진다고 말하는 이들이 있다. 왜 그럴까?

환각제

감각 왜곡을 일으키는 약물을 환각제(hallucinogen)라고 한다(Jacobs, 1987). 이런 약물 중에는 버섯이나 식물

그림 3.10 멕시코의 우이촐(Huichol) 부족 사람들이 만드는 실 그림(yarn painting)인 타블라(tabla)는 사람들이 관습적 의례에서 환각 유발성 페요테 선인장을 먹은 후에 경험하는 아름다운 빛, 생생한 색깔 및 "독특한 동물들"의 이미지를 불러일으킨다.

에너지를 높이기 위해 MDMA를 사용하는 젊은이들이 많다. 그러나 이 약물의 효과가 떨어지면 사람들은 우울해지고 무기력해진다. 상습적인 사용자는 불안 증가, 우울, 그리고 주의집중, 기억 및 수면의 장애를 나타내는데, 이런 증상들은 MDMA 사용을 중지한 지 1년 이상이 지날 때까지 지속된다(Montoya, Sorrentino, Lukas, & Price, 2002; Reneman et al., 2001). MDMA는 또한 체온을 때로는 위험 수준까지 올린다. 여러 연구가 MDMA를 많이 복용하는 사람에게서 지속적인 우울, 불안 및 기억 상실을 보고했다. 이런 손상의 얼마나 많은 부분이 MDMA에 기인한 것이고 얼마나 많은 부분이 그들이 복용했을 수 있는 다른 약물에 기인한 것인지는 분명하지 않지만 말이다(Capela et al., 2009; Hanson & Luciana, 2010).

억제제

억제제(depressant)는 알코올이나 불안완화제처럼 각성을 감소시키는 약물이다. 인류는 선사시대부터 알코올을 사용해 왔다. 고고학자들이 이란의 자그로스 산맥에 있는 신석기 시대 마을 하나를 발굴하자 기원전 약 5,500~5,400년에 만들어진, 인간이 만든 가장 오래된 공예품 중 하나인 항아리가 나왔다(그림 3.11). 고고학자들은 이 항아리 안에서, 특히 밑바닥에서 누런 찌꺼기를 발견했다. 무엇이 들어 있었는지 궁금해진 학자들은 그 찌꺼기를 화학분석실에 보냈다. 명백한 답이 돌아왔는데, 그것은 포도주였다. 그 항아리는 포도주 용기였던 것이다(McGovern, Glusker, Exner, & Voigt, 1996).

알코올은 메탄올, 에탄올, 프로필알코올(소독용 알코올) 등을 포함하는 분자들의 범주이다. 에탄올은 그중에서 사람이 마실 수 있는 종류이다. 중간 용량의 알코올은 억제성 시냅스의 활동을 촉진하여 사람들을 이완시킨다. 더 높은 용량의 알코올은 공격성을 비롯한 위험 감수 행동을 증가시키는데, 왜냐하면 평소 그런 행동에 제약을 가하고 있던 공포와 억제를 알코올이 억누르기 때문이다. 폭음할 때와 같은 그보다 더욱 높은 용량의 알코올은 호흡과 심박수를 위험할 정도로 억압한다. 과도

에서 유도된 것이 많고, 사람이 제조한 것들도 있다. LSD(lysergic acid diethylamide) 같은 환각제는 감각을 왜곡시키고 때로는 꿈 같은 상태나 강렬한 신비적 경험을 일으킨다. 어떤 선인장에서 유도된 환각제인 페요테는 아메리카 원주민의 종교 의식에서 오랫동안 사용된 역사가 있다(그림 3.10).

LSD는 주로 세로토닌 수용기 한 종류에 부착된다(Jacobs, 1987). LSD는 그 수용기를 불규칙하게 자극하면서 평상시에 신경전달물질이 그 수용기를 자극하는 것을 방해한다. 이 지점에서 우리가 모르는 부분이 시작된다. 즉 LSD가 어디서 효과를 내는지는 알고 있지만 그런 수용기의 변경이 어떻게 LSD 사용자들이 말하는 것 같은 경험을 일으키는지는 우리가 이해하지 못하고 있다.

일반적으로 "엑스터시"라고 부르는 약물인 MDMA(methylenedioxymethamphetamine)는 낮은 용량에서는 암페타민과 비슷한 흥분 효과를 내며 높은 용량에서는 LSD와 비슷한 환각 유발 효과를 낸다. 파티에서

한 알코올 섭취는 간과 기타 장기들을 손상시키고 의학적 질환을 악화시키며 기억과 운동 통제를 방해한다. 임신 중에 알코올을 마시는 여성은 아기의 뇌와 건강 및 겉모습이 손상될 위험을 떠안는다.

불안완화제(anxiolytic drug) 또는 진정제(tranquilizer)는 사람이 이완되도록 돕는다. 가장 흔한 예는 디아제팜(상품명 바륨)과 알프라졸람(상품명 자낙스)을 비롯한 벤조디아제핀 계열의 약들이다. 벤조디아제핀은 억제성 시냅스에서의 전달을 촉진함으로써 사람을 진정시킨다. 이런 약들을 알코올과 동시에 복용하면 호흡과 심박수가 위험하게 떨어질 수 있다.

플루니트라제팜(상품명 로힙놀)이라는 벤조디아제핀계 약은 "데이트 강간 약물"로 관심을 끌고 있다. 이 약은 물에 빨리 녹고 색깔이나 냄새나 맛도 없어서 먹는 사람이 눈치를 채지 못한다. 다른 불안 완화제처럼 이 약은 졸음, 서투른 움직임, 그리고 기억 장애를 유발한다(Anglin, Spears, & Hutson, 1997; Woods & Winger, 1997). 이 약을 먹은 사람은 공격자를 싸워 물리칠 힘이 없으며 그런 사건을 명확히 기억하지 못할 수도 있다. 누군가 이 약을 주었을 것이라고 의심되면 병원에서는 소변 검사로 그것을 탐지할 수 있다. 또 다른 데이트 강간 약물인 GHB(gamma hydroxybutyrate)는 가정에도 있는 재료로 (불순물이 섞이긴 해도) 쉽게 만들 수 있기 때문에 널리 퍼지게 되었다. 플루니트라제팜처럼 GHB는 신체를 이완시키고 운동 협응

알코올은 적은 양을 마시면 사람을 편안하게 만든다. 많이 마시면 판단을 흐리게 하고 호흡을 억제하며 간 및 기타 장기를 손상시킨다.

을 방해한다. 고용량의 GHB는 구토, 떨림, 혼수상태 및 죽음을 야기한다.

개념 점검

9. 알코올과 불안완화제(진정제)는 어떤 종류의 시냅스 활동을 촉진시키는가?

마취제

마취제(narcotics)[4]는 졸음, 통증에 대한 무감각, 그리고 반응성의 감소를 야기하는 약물이다. 그 하위 부류인 아편제(opiates)는 양귀비에서 추출한 천연 약물과 그것을 닮은 화학구조를 가진 합성 약물을 가리킨다. 아편제는 사람을 불안이나 통증이 거의 없이 행복하고 따뜻하며 만족

그림 3.11 기원전 약 5500~5400년으로 추정되는 이 포도주 항아리는 지금까지 발견된 가장 오래된 인간의 공예품 중 하나이다.

4　narcotics는 수면 또는 마비를 야기하는 약물로서 수면제 또는 최면제로도 불리지만 문맥에 따라 마약으로 번역되기도 한다.

한 상태로 만든다. 모르핀(morphine, 그리스 신화에서 꿈의 신인 모르페우스에게서 따온 이름)은 진통제로서 의료적으로 중요하게 쓰인다. 이 약은 구역질을 일으키고 세상을 외면하게 만드는 바람직하지 못한 결과를 초래한다. 뇌에서 이 약이 빠져나가고 나면 들뜬 기분이 물러가고 불안, 고통, 그리고 소리 및 기타 자극에 대한 과장된 반응성이 생겨난다. 이러한 금단증상은 습관적 사용 시에 특별히 강해진다.

모르핀, 헤로인, 메사돈, 코데인 같은 아편성 약물은 뇌에 있는 특정 수용기에 결합한다(Pert & Snyder, 1973). 아편제 관련 신경전달물질 수용기의 발견은 아편제가 피부가 아니라 뇌에서 통증을 차단한다는 것을 입증했다. 그리고 나서 신경과학자들은 뇌가 아편제 **수용기**에 결합하는 **엔도르핀**(endorphins)이라는 여러 가지 화학물질을 만들어낸다는 것을 알아냈다(Hughes et al., 1975). 엔도르핀은 만성 통증을 억제한다. 또한 뇌는 "달리기 도취감(runner's high)"[5] 같은 유쾌한 경험을 할 때, 또는 소름 끼칠 만큼 좋은 음악을 듣고서 등을 타고 내려가는 전율을 느낄 때 엔도르핀을 분비한다(A. Goldstein, 1980).

아편제는 중독성이 대단히 강하지만 의학적 치료 상황에서 통증을 억제하기 위해 모르핀을 복용하는 사람이 중독자가 되는 경우는 거의 없다. 중독은 약물 그 자체뿐 아니라 사람, 환경, 그리고 약물을 복용하는 이유에도 좌우된다.

마리화나

마리화나(marijuana, 대마초)는 분류하기 어렵다. 흥분제는 분명히 아니다. 진정 효과가 있긴 하지만 알코올이나 진정제와 똑같지는 않다. 통증을 경감시키지만 아편제처럼 강력하지는 않다. 시간이 평소보다 느리게 간다는 착각을 일으키지만 마리화나의 효과는 LSD가 일으키는 것 같은 더 극단적인 감각 왜곡은 아니다.

마리화나 사용자에게 기억 문제가 있다는 연구가 많다. 강력한 증거를 내놓은 연구 중 하나에서는 마리

화나를 끊은 지 몇 달 후에 기억이 향상되었음이 발견되었다(Pope, Gruber, Hudson, Huestis, & Yurgelun-Todd, 2001). 이 결과는 빈약한 기억이 마리화나를 사용하기로 선택했던 사람들의 평생에 걸친 특성이 아니라 마리화나 사용의 결과임을 강력히 시사한다.

마리화나는 여러 가지 의료적 목적으로 사용될 수 있어서 구역질을 감소시키고, 근육 떨림을 억제하며, 안압을 떨어뜨리고, 뇌중풍 후에 뇌 속의 세포 상실을 감소시킨다(Glass, 2001; Panikashvili et al., 2001). 하지만 동물 연구에 따르면 마리화나는 뇌중풍 발생 후 가능한 한 빨리, 또는 더 좋기로는 뇌중풍 발생 전에, 투여될 때 뇌를 보호하는 데 대단히 효과가 좋다(Schomacher, Müller, Sommer, Schwab, & Schäbitz, 2008). (뇌중풍을 겪을 위험성이 있는 모든 사람에게 항시적으로 마리화나에 어느 정도 취한 채로 있으라고 권고하기는 좀 비현실적이다.)

법적인 제약 때문에 마리화나의 이러한 의료적 용도에 대한 연구는 많지 않다. 부정적인 측면으로 보면 마리화나는 파킨슨병의 위험성을 높이는데(Glass, 2001), 아마도 장기간 사용하면 담배의 경우처럼 폐암의 위험성을 높일 것이다.

마리화나가 "입문용 약물"로서 위험하다는 말을 들어보았을지도 모르겠다. 즉 헤로인이나 코카인 사용자 중에는 처음에 마리화나부터 사용한 이들이 많다는 것이다. 그게 사실이긴 하지만 그들은 다른 위험한 경험을 비롯하여 담배와 알코올도 먼저 시도해 보았다. 따라서 마리화나 사용이 다른 약물의 사용을 부추기는지는 분명하지 않다.

마리화나 속의 활성성분은 THC(tetrahydrocannabinol)이다. THC는 뇌 전체에 풍부하게 널려 있는 수용기에 부착된다(Herkenham, Lynn, deCosta, & Richfield, 1991). 이 수용기에 부착되는 화학물질인 아난다마이드(anandamide)와 2-AG를

캘리포니아에서 의학적 용도의 마리화나가 합법화되자 마리화나를 유통하고 판매하는 가게와 클럽이 많이 생겨났다.

---

5 대개 "러너스 하이"라고 번역된다.

뇌 자신이 대량으로 만들어낸다(Devane et al., 1992; Stella, Schweitzer, & Piomelli, 1997). 이 수용기는 기억과 운동을 통제하는 뇌 영역에 풍부하지만 심박수와 호흡을 통제하는 숨뇌(연수)에는 거의 없다(Herkenham et al., 1990). 숨뇌에는 이와 달리 아편제 수용기가 많다.

다른 대부분의 신경전달물질 수용기와는 달리 아난다마이드와 2-AG(따라서 마리화나)를 위한 수용기는 시냅스전 뉴런에 자리 잡고 있다. 시냅스전 뉴런이 글루탐산이나 GABA 같은 전달물질을 분비하면 시냅스후 뉴런이 아난다마이드나 2-AG를 분비하는데, 이것들은 시냅스전 세포로 가서 그 전달물질이 더 이상 분비되지 않도록 억제한다(Kreitzer & Regehr, 2001; Oliet, Baimoukhametova, Piet, & Bains, 2007; R. I. Wilson & Nicoll, 2002). 이는 사실상 "네 신호를 받았어. 그만하고 더 이상 보내지마."라고 말하는 셈이다. 마리화나는 이 천연의 역행 전달물질을 닮아 있어서 똑같은 효과를 낸다. 신호가 보내지기 전에조차 그것을 억제할 수 있다는 점만 제외하고 말이다. 이는 마치 시냅스전 세포가 신호를 보내지 않았는데도 보냈다고 '생각하는' 것과 같다.

마리화나는 많은 행동적 효과를 내는데, 연구자들은 그것을 설명하기 시작했다. 마리화나는 세로토닌 수용기 중 구역질을 일으키는 유형을 차단하기 때문에 구역질 감소 효과를 낸다(Fan, 1995). 또한 섭식과 식욕을 담당하는 뇌 영역의 활동을 증가시킨다(Dimarzo et al., 2001). 마리화나가 어떻게 시간이 느리게 간다는 착각을 일으키는지는 설명하기 힘들지만 똑같은 현상이 실험동물에게서도 일어난다. 마리화나 연기의 영향하에 있는 쥐들은 특정 시간 간격으로 반응해야 할 때 장애를 나타낸다. 즉 마치 10초가 20초인 것으로 느껴지는 양 너무 빨리 반응한다(Han & Robinson, 2001).

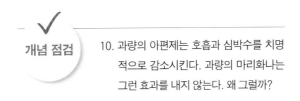

개념 점검 10. 과량의 아편제는 호흡과 심박수를 치명적으로 감소시킨다. 과량의 마리화나는 그런 효과를 내지 않는다. 왜 그럴까?

그림 3.12는 여러 약물의 효과를 도식으로 보여준다. 표 3.2는 우리가 살펴본 약물을 요약하고 있는데, 위험성 목록은 지면 제한 때문에 불완전하다. 어떤 약물이라도 대량으로 또는 상습적으로 사용하면 치명적일 수 있다.

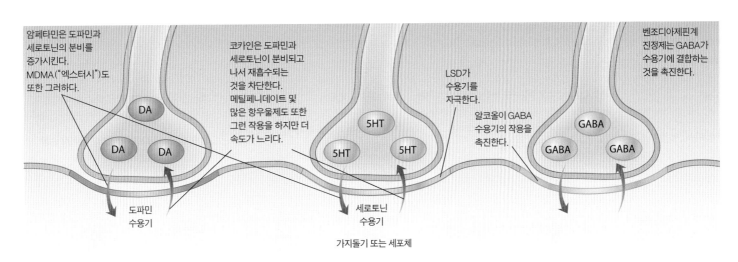

그림 3.12 합법 및 불법 약물 모두 시냅스에 작용한다. 약물은 신경전달물질의 분비를 증가시키거나, 그것의 재흡수를 차단하거나, 수용기를 직접 자극하거나 차단할 수 있다.

표 3.2 흔히 남용되는 약물과 그 효과

약물 범주	신경계에 미치는 효과	단기 효과	위험성(일부 목록)
흥분제			
암페타민	도파민 분비를 증가시키고 재흡수를 감소시켜 그 효과를 연장시킴	에너지와 경계 상태를 높임	정신병적 반응, 동요, 심장 문제, 불면, 뇌중풍
코카인	도파민 재흡수를 감소시켜 그 효과를 연장시킴	에너지와 경계 상태를 높임	정신병적 반응, 심장 문제, 약물 구입비를 위한 범죄, 사망
메틸페니데이트(리탈린)	도파민 재흡수를 감소시키나 코카인보다 더 느리게 시작하고 더 느리게 끝남	경계 상태를 높임, 코카인보다 훨씬 더 약한 금단 효과	혈압 상승
카페인	각성을 억제하는 화학물질을 차단함	에너지와 경계 상태를 높임	불면
니코틴	아세틸콜린 시냅스 일부를 자극함, 도파민을 분비하는 뉴런 일부를 자극함	각성을 증가시킴, 상습 흡연자가 금연 시 긴장과 우울이 초래됨	담배에 든 타르로 인한 폐암
억제제			
알코올	억제성 신경전달물질인 GABA의 효과를 촉진함	이완, 억제의 감소, 기억과 판단의 장애	자동차 사고, 실직
벤조디아제핀	억제성 신경전달물질인 GABA의 효과를 촉진함	이완, 불안 감소, 졸음	
마취제			
모르핀, 헤로인 및 기타 아편제	엔도르핀 시냅스를 자극함	통각 감소, 현실 세계에 대한 관심이 없어짐, 절제 시 불쾌한 금단 효과	심장 정지, 약물 구입비를 위한 범죄
마리화나			
마리화나	흥분성 및 억제성 전달물질 두 가지 모두에 대한 부적 피드백 수용기를 흥분시킴	통증과 구역질을 감소시킴, 시간 감각의 왜곡	기억 장애, 폐 질환, 면역 반응의 손상
환각제			
LSD	세로토닌 제2유형 수용기를 부적절한 때에 자극함	환각, 감각의 왜곡	정신병적 반응, 사고, 공황 발작, 환각 재현
MDMA("엑스터시")	도파민 분비 뉴런을 자극함, 고용량에서는 세로토닌 분비 뉴런도 자극함	저용량에서는 각성을 증가시킴, 고용량에서는 환각을 일으킴	탈수, 발열, 세로토닌 시냅스의 장기적 손상
로힙놀과 GHB	GABA 시냅스의 활동(억제성)을 촉진함	이완, 억제의 감소	근육 협응과 기억의 장애
펜시클리딘(PCP 또는 "천사의 가루")	글루탐산 수용기의 한 종류를 억제함	취함, 불분명한 발음, 고용량에서는 환각, 사고 장애, 기억과 정서의 손상을 일으킴	정신병적 반응

약물과 시냅스

노보카인 및 관련 약물(활동전위를 차단하는)을 제외하고, 심리적 효과를 내는 모든 약물은 시냅스에 작용한다. 이것은 항우울제, 항불안제, 조현병 치료약물 등뿐 아니라 이 단원에서 강조되었던 다른 남용 약물도 포함해서 하는 말이다. 남용 위험성뿐 아니라 의료적 용도도 있는 약물이 많다. 그 예로는 아편제, 흥분제, 그리고 마리화나를 들 수 있다. '좋은' 정신의학적 약물과 '나쁜' 남용 약물의 구분은 사람이 그것을 얼마나 많이, 어떻게, 그리고 왜 사용하는가에 많이 좌우되는 문제이다.

요약

- 흥분제. 암페타민이나 코카인 같은 흥분성 약물은 도파민 및 다른 어떤 신경전달물질의 분비를 증가시키고 재흡수를 감소시킴으로써 활동 수준과 쾌감을 높여준다. 크랙 코카인은 다른 형태의 코카인에 비해 뇌에 더 빠른 속도로 들어가기 때문에 더 강력한 효과를 발휘한다. (102쪽)

- 환각제. 환각제는 감각 왜곡을 유발한다. LSD는 세로토닌 시냅스의 한 유형에 작용한다. MDMA는 저용량에서는 흥분성 효과를, 고용량에서는 환각유발 효과를 낸다. (103쪽)

- 알코올. 우리 사회에서 가장 널리 남용되는 약물인 알코올은 사람을 이완시키고 억제를 풀어준다. 또한 판단과 추리를 방해할 수 있다. (104쪽)

- 불안완화제. 불안을 경감시키는 데 사용되는 벤조디아제핀은 근육 또한 이완시키고 수면을 촉진한다. 불안완화제와 알코올은 억제성 시냅스를 촉진함으로써 효과를 낸다. (105쪽)

- 아편제. 아편성 약물은 신경계에 있는 엔도르핀 수용기에 결합한다. 아편제의 즉각적인 효과는 쾌감과 통증 감소이다. (105쪽)

- 마리화나. 마리화나의 활성 성분인 THC는 많은 수용기에 작용한다. 마리화나는 시냅스전 뉴런 상의 수용기에 작용하여 흥분성 및 억제성 전달물질 모두의 분비에 브레이크를 거는 역할을 한다. (106쪽)

핵심 용어

마취제 (105쪽)

불안완화제(진정제) (105쪽)

아편제 (105쪽)

알코올 (104쪽)

억제제 (104쪽)

엔도르핀 (106쪽)

향정신성 약물 (102쪽)

환각제 (103쪽)

흥분제 (102쪽)

뇌와 행동

• 뇌의 일부를 잃게 되면 마음의 일부도 또한 잃게 될까?

뇌를 공부할 때는 뇌 영역들의 이름과 기능을 외우느라 정신없게 되기 쉽다. 그런 모든 것을 배우기 전에 기억해야 할 두 가지 중요한 요점부터 이야기하자.

첫째는 우리는 뇌의 모든 부분을 사용한다는 것이다. 우리는 뇌의 겨우 10%만 사용한다고 '사람들이 말하는' 것을 들어본 적이 있을 것이다. 그런 생각이 어디서부터 생겨났는지 아무도 모르지만 사람들은 적어도 한 세기 동안 서로에게 그런 이야기를 해 왔다. 그게 무슨 말일까? 뇌의 90%를 잃고 나서도 여전히 지금처럼 멀쩡하게 살 수 있을 것이라고 믿는 사람이 한 사람이라도 있을까? 아마도 없을 것이다. 어떤 이들은 "우리는 분명히 우리 뇌로 훨씬 더 많을 것을 할 수 있어"라고 말한다. 글쎄, 그렇기는 한데, 그건 10%를 사용한다는 것과는 아무 상관없는 이야기다. 성적이 나쁜 운동선수도 자신의 모든 근육을 사용하기는 하는데, 다만 기술적으로 잘 사용하지 못할 뿐이다. 마찬가지로 뇌를 잘 사용하지 못하는 사람도 뇌의 모든 것을 사용하고 있기는 하다. 좀더 나은 생각은 어느 특정 순간에 뇌의 어떤 영역이 다른 영역보다 더 활동적이거나 덜 활동적이라는 것이다. 그게 사실이긴 하지만 뇌의 모든 영역의 활동을 증가시키면 더 영리해질 것이라고 생각한다면 그것은 잘못된 것이다. 신체의 모든 근육을 동시에 수축시키면 운동을 잘하게 되는 게 아니라 경련이 일어날 것이다. 마찬가지로 모든 뉴런이 동시에 활동하면 뛰어난 생각이 나오는 게 아니라 발작이 일어날 것이다. 뇌 활동이 유용하기 위해서는 어떤 뉴런은 활동하는 동시에 다른 뉴런은 억제되는 방식이어야 하며, 따라서 억제도 흥분과 똑같이 중요하다.

기억할 둘째 요점은 일원론(monism)이라는 개념, 즉 정신 활동과 뇌 활동은 서로 뗄 수 없다는 생각이다. 나는 젊은 대학생일 때 내가 마음과 뇌를 갖고 있고 이 둘은 별개의 것이라는 생각을 당연한 것으로 받아들였다. 그런데 그런 생각, 즉 이원론(dualism)에 의문을 품는 이들이 많다는 것을, 그리고 거의 모든 과학자와 철학자는 그런 생각을 거부한다는 것을 알게 되었다. 당신은 적어도 이원론을 당연한 것으로 받아들이지는 말아야 함을 알아야 된다. 우리가 아는 한, 뇌 활동 없이는 정신 활동이 있을 수 없고, 정신 활동 없이는 특정 종류의 뇌 활동이 있을 수 없다. 뇌의 일부를 잃게 되면 마음의 일부를 잃게 된다.

뇌와 척수로 구성되는 중추신경계는 말초신경계를 통해 신체와 교신을 하는데, 말초신경계는 척수를 신체의 다른 부위와 연결하는 신경들로 구성되어 있다. 말초신경계는 피부 및 근육과 연결되는 체성신경계와 심장, 위 및 기타 장기와 연결되는 자율신경계

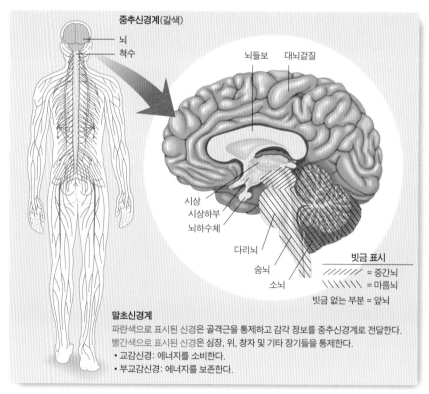

그림 3.13 신경계의 주요 구성 요소는 중추신경계와 말초신경계인데, 후자는 체성신경계와 자율신경계로 나뉜다.

로 구분된다. 감각신경은 신체 영역들로부터 정보를 척수로 전달하고, 운동신경은 척수로부터 근육으로 정보를 전달하여 수축이 일어나게 한다. 그림 3.13은 신경계의 주요 구획들을 요약하고 있다.

대뇌겉질

척추동물의 뇌는 그림 3.13에서 보듯이 세 주요 구획, 즉 마름뇌(후뇌, hindbrain), 중간뇌(중뇌, midbrain), 그리고 앞뇌(전뇌, forebrain)로 구성된다. 어류, 양서류, 파충류 및 조류에서는 중간뇌가 뇌에서 커다란 부분을 차지한다. 인간을 비롯한 포유류에서는 앞뇌가 단연코 가장 큰 영역이다. 뇌는 **왼쪽**과 **오른쪽**의 두 반구로 이루어진다(그림 3.14). 각 반구는 신체 반대편의 감각과 운동을 통제한다. (왜 한쪽 반구가 신체의 같은 쪽이 아니라 반대쪽을 통제할까? 아무도 모른다. 모든 척추동물과 많은 무척추동물은 이와 똑같은 식의 연결을 갖고 있다.) 이 단원에서 나중에 좌반구와 우반구의 차이를 살펴볼 것이다. 대뇌겉질(대뇌피질, cerebral cortex)이라는 앞뇌의 바깥 표면이 인간에게서 유별나게 눈에 띈다.

뒤통수엽

학자들은 그림 3.15에서처럼 대뇌겉질을 네 개의 엽(lobe), 즉 뒤통수엽, 마루엽, 관자엽 및 이마엽으로 기술한다. 머리의 뒷부분에 있는 뒤통수엽(후두엽, occipital lobe)은 시각에 전문화되어 있다. 이 영역이 손상된 사람은 겉질시각상실(피질맹, cortical blindness)을 나타내는데, 이는 눈 손상에 기인한 일반적인 종류의 시각상실과 다르다. 정상 시각을 갖고 있다가 눈 손상을 당한 사람은 시각 장면을 상상할 수 있고 여전히 시각적 꿈을 (죽을 때까지는 아닐지 몰라도, 여러 해 동안) 꿀 수 있다. 겉질시각상실이 있는 사람에게는 시각적 심상이 없는데, 꿈에서조차 그러하다. 하지만 그런 사람의 눈은 정상이어서 뇌의 다른 영역들로 계속 정보를 보내는데, 각성과 수면을 통제하는 정보도 보내진다. 따라서 겉질시각상실이 있는 사람은 여전히 낮에는 각성되며 밤에는 졸린다고 느낀다.

겉질시각상실이 있는 사람들 중에는 맹시를 경험하는 이들이 있다. 맹시(blind-sight)는 아무것도 의식적으로 보지 못함에도 불구하고 어떤 시각 자극을 가리키거나 그것이 있는 방향을 말할 수 있는 능력을 가리킨다(Weiskrantz, Warrington, Sanders, & Marshall, 1974; Striemer, Chapman, & Goodale, 2009). 어떤 이들은 물체의 색깔, 운동 방향, 또는 대략적인 모양을 정확히 말할 수 있는데, 그러면서도 자신은 그저 추측으로 말할 뿐이라고 완강하게 주장한다(Radoeva, Prasad, Brainard, & Aguirre, 2008). 의식적으로는 보이지 않는 얼굴의 정서 표현에 반응하는 이들도 있다(Gonzalez Andino, de Peralta Menendez, Khateb, & Pegna, 2009; Tamietto et al., 2009).

이 현상을 어떻게 설명할까? 어떤 경우에는 손상된 시각겉질에 섬처럼 남아 있는 건강한 조직이 어떤 기능을 할 만큼 충분히 크지만 의식적 지각을 일으킬 만큼 크지는 않다(Fendrich, Wessinger, & Gazzaniga, 1992; Radoeva et al., 2008). 또한 일차

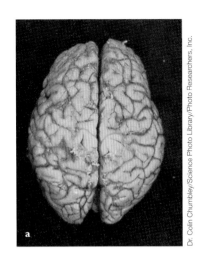

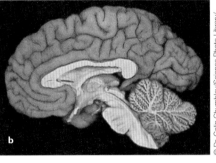

그림 3.14 인간의 대뇌겉질. **(a)** 좌반구와 우반구. **(b)** 뇌의 안쪽 면의 모습. 주름 덕분에 뇌의 표면적이 대단히 넓어진다.

시각겉질 바깥에 있는 여러 영역이 여전히 시각 정보를 받아들이고 있다. 그렇지만 역시 어떤 기능을 통제할 만큼은 되지만 의식적 지각에는 충분하지 않을 만큼 말이다(Schmid et al., 2010). 맹시는 의식 없이도 많은 기능이 일어난다는 것을 입증한다. 또한 뇌 손상 후에 구체적으로 어떤 것을 잃거나 얻을 수 있는지를 보여준다.

개념 점검 11. 맹시는 눈 손상에 기인한 시각상실과 어떻게 다른가?

관자엽

각 반구의 관자엽(측두엽, temporal lobe)은 머리의 왼쪽과 오른쪽 옆면 방향에 위치하고 있으며 주된 청각 영역이면서 시각의 특정 측면을 담당한다. 관자엽의 청각 영역이 손상된 사람은 농인(聾人)이 되는 게 아니라 음악이

나 말소리 같은 연속적인 소리를 잘 인식하지 못하게 된다. 언어 이해는 관자엽(대부분의 사람에게서는 좌반구의) 부위에 의존한다. 이 영역에 손상을 입은 사람은 말소리를 이해하고 물체의 이름을 기억하는 데 곤란을 겪는다. 그 사람 자신의 말은 문법에 맞지만 대부분의 명사가 빠져 있어서 이해하기 어렵다.

관자엽의 다른 부위가 손상되면 시각 결손이 초래된다. **방추상 이랑**(방추상회, fusiform gyrus)이라는 관자엽의 한 영역은 주로 얼굴 모습에 반응한다(Kanwisher & Yovel, 2006). 이 영역이 손상된 사람은 더 이상 얼굴을 인식하지 못하는데, 그럼에도 불구하고 다른 면에서는 보는 데 문제가 없으며 사람의 목소리를 듣고서는 그 사람을 알아본다(Tarr & Gauthier, 2000). 뇌 손상이 없는 사람들에게서 이 영역의 발달은 사람마다 다르다. 방추상 이랑에 광범위한 연결이 있는 사람은 얼굴 인식하기를 쉽게 배우는 반면에 그런 연결이 적은 사람은 친숙한 사람의 얼굴조차도 인식하기 어려워 한다(Grueter et al., 2007; C. Thomas et al., 2009). 따라서 만약 당신이 사람들의 얼굴을 잘 구별하지 못한

다면 그것은 아마도 당신이 그저 충분히 열심히 노력하지 않고 있기 때문이 아닐 것이다. 당신의 뇌 해부구조와 관련된 특징이 그 이유일지도 모른다.

관자엽의 또 다른 부위가 손상된 사람은 운동맹(motion blindness)이 된다. 즉 물체의 크기, 모양 및 색깔은 볼 수 있지만 운동의 속도나 방향은 인식하지 못한다(Zihl, von Cramon, & Mai, 1983). 이런 사람은 한 위치에 있었던 어떤 사람이 지금은 다른 위치에 있음을, 따라서 그 사람이 움직였음을 결국엔 알게 되지만 그 움직이는 순간순간을 보지 못한다. 이런 사람에게는 찻길을 건너는 것이 위험한 일인데 왜냐하면 자동차들이 정지해 있는 것처럼 보이기 때문이다. 커피를 따르기도 힘든데 왜냐하면 커피가 잔에 차오르는 모습을 볼 수가 없기 때문이다.

운동 지각이 되지 않는 시각을 상상하기란 힘들지만 어떻게 그런 경험을 간단히 해 볼 수 있을지 시범을 해 보자. 거울을 들여다보면서 자신의 왼쪽 눈에 초점을 맞추라. 그러고는 오른쪽 눈으로 초점을 옮겨 보라. 거울에서 당신의 눈이 움직이는 것이 보이는가? (자, 실제로 해 보라.) 사람들은 모두 자신의 눈이 움직이는 것을 못 본다고 말한다.

▶ **직접 해 보세요!**

"아, 그렇지만 거울로 보기에는 그 움직임이 너무 빠르고 작잖아요."라고 당신은 말할 것이다. 그렇지 않다. 다른 사람으로 하여금 당신의 왼쪽 눈을 보고 나서 초점을

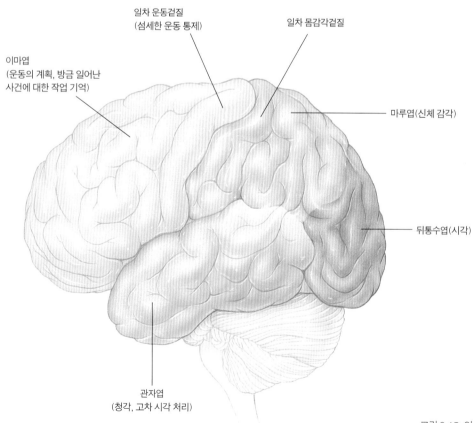

그림 3.15 인간의 앞뇌의 네 엽과 그 기능 일부

이마엽
(운동의 계획, 방금 일어난 사건에 대한 작업 기억)

일차 운동겉질
(섬세한 운동 통제)

일차 몸감각겉질

마루엽(신체 감각)

뒤통수엽(시각)

관자엽
(청각, 고차 시각 처리)

옮겨 당신의 오른쪽 눈을 응시하라고 해 보라. 그 다른 사람의 눈 움직임이 당신에게 보인다. 다른 사람의 눈이 움직이는 것은 보이지만 자기 자신의 눈이 거울 속에서 움직이는 것은 보이지 않는다.

왜 그럴까? 도약 안구 운동(saccades)이라는 자발적 눈 움직임 동안에는, 그리고 사실상 그런 운동이 일어나기 75밀리초 전부터는, 뇌가 관자겉질(측두피질, temporal cortex)에서 운동 지각을 담당하는 영역의 활동을 억압한다(Bremmer, Kubischik, Hoffmann, & Krekelberg, 2009; Burr, Morrone, & Ross, 1994; Paus, Marrett, Worsley, & Evans, 1995; Vallines & Greenlee, 2006). 다시 말하면, 당신은 일시적으로 운동맹이 된다는 것이다. 이제 이런 일이 항상 일어나고 있다면 어떻게 될지 상상해 보라.

관자엽의 다른 부위들은 정서의 특정 측면에 중요하다. 편도체(그림 3.16)는 관자엽 속의 한 구조물로서 정서적 상황에 강하게 반응한다. 편도체가 손상된 사람은 정서적 상황에 대한 묘사나 얼굴 표정 같은 정서 정보를 느리게 처리한다(Baxter & Murray, 2002). 이와 대조적으로 편도체 활동이 쉽게 유발되는 사람은 수줍음과 두려움이 많은 경향이 있다(Hariri et al., 2002; Rhodes et al., 2007).

편도체 활동성을 평가하는 간단한 방법 하나는 갑작스런 큰 소리를 들려주고는 그에 대한 놀람 반응을 측정하는 것이다. 농인을 제외한 모든 사람은 어느 정도 놀람 반응을 보이는데, 다른 사람보다 더 큰 반응을 보이는 사람이 있는가 하면 더 빨리 습관화(habituation, 반응의 감소)를 보이는 사람도 있다. 반응성이 높은 편도체를 가진 사람은 큰 소리에 강한 반응을 보이며 느리게 습관화되는데, 이는 불안을 의미한다. 그런 반응은 정치적 태도와 상관을 보인다. 즉 위험을 초래할 수 있는 자들에 대비한 보호 장치로 강력한 군사력과 경찰력을 선호하는 사람은 편도체 반응이 강한 경향이 있는 반면, 그런 위험에 대해 더 느긋한 사람은 편도체 반응이 더 약하다(Oxley et al., 2008). 그림 3.17은 한 연구 결과를 보여준다. 이 연구는 어느 집단이 정치적 주제에 대해 올바른 태도를 갖고 있는가에 대해서는 아무것도 알려주지 않지만 심지어 정치적 태도조차도 뇌 활동과 관련된다는 것을 보여준다.

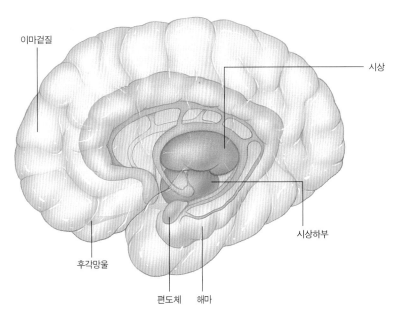

그림 3.16 앞뇌의 내부 구조물들을 바깥쪽 구조물들이 마치 투명한 것처럼 보여주는 그림

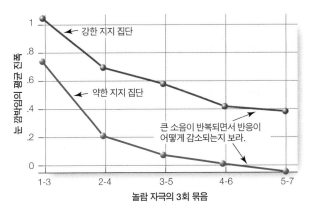

그림 3.17 군사 행동, 사형제도 및 이민 통제를 강력히 지지하는 사람들은 이를 그다지 지지하지 않는 사람들보다 갑작스런 큰 소음에 더 큰 눈 깜박임 반응을 나타낸다. 후자는 그런 소음이 반복됨에 따라 더 신속한 반응 감소를 보인다.

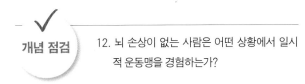

개념 점검　12. 뇌 손상이 없는 사람은 어떤 상황에서 일시적 운동맹을 경험하는가?

마루엽

뒤통수엽의 바로 앞에 있는 마루엽(두정엽, parietal lobe)은 촉감, 통증, 온도, 그리고 신체 부위의 공간적 위치에 대한 자각에 전문화되어 있다. 그림 3.18에서 보는 것처럼 마루

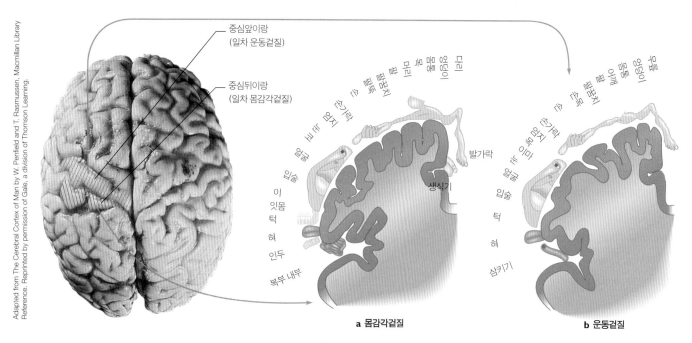

중심앞이랑
(일차 운동겉질)

중심뒤이랑
(일차 몸감각겉질)

다리 엉덩이 몸통 목 머리
팔꿈치 아래팔 손목 손가락 새끼 반지 가운데 집게 엄지
목 이마 눈 얼굴
입술
이 잇몸 턱 혀 인두
복부 내부

발가락
생식기

무릎 엉덩이 몸통 어깨 팔꿈치 손목 손 새끼 반지 가운데 집게 엄지 목 이마 눈꺼풀과 안구 얼굴
입술
턱
혀
삼키기

a 몸감각겉질

b 운동겉질

그림 3.18 각 뇌 영역이 통제하는 신체 부위를 나타내는 **(a)** 일차 몸감각겉질과 **(b)** 일차 운동겉질. 얼굴이나 손처럼 대단히 정확한 통제가 필요한 신체 부위에는 겉질의 더 넓은 영역이 할당되어 있다. (a와 b는 Penfield & Rasmussen, 1950을 따옴)

엽의 앞쪽 부분에 있는 띠 모양의 일차 몸감각겉질(일차 체감각피질, primary somatosensory cortex)은 여러 신체 영역들에 대한 촉감에 민감하다. 이 그림에서 입술이나 손 같은 가장 민감한 영역이 가장 큰 넓이를 차지하고 있음을 주목하라. 몸감각겉질의 어떠한 부분이라도 손상되면 거기에 대응되는 신체 부위로부터 들어오는 감각이 손상된다.

몸감각겉질이 촉각을 담당하는 일차적인 부위이긴 하지만 촉감은 또한 정서 반응에 중요한 영역들도 활성화시킨다. 몸감각겉질로 들어오는 입력이 상실된 사람을 살펴보자. 그 사람의 팔을 부드럽게 쓰다듬으면 그는 이유도 모르면서 미소를 짓는다. 촉감을 느끼지 못함에도 불구하고 유쾌한 정서 경험을 하는 것이다(Olausson et al., 2002). 뇌 손상이 행동과 경험에 일으키는 변화가 놀라우리만치 특정 부문에 전문화되어 있음을 여기서 또 다시 볼 수 있다.

마루엽 손상은 또한 공간적 주의도 방해한다. 그런 손상을 입은 사람은 어떤 물체가 무엇인지는 알아도 어디에 있는지는 알지 못한다. 물체를 향하여 손을 뻗거나, 그것을 피해서 우회하거나, 주의를 한 물체로부터 다른 물체로 옮기는 데 어려움을 겪는다. 그런 사람은

걸어 다닐 때 보이는 것을 묘사할 수 있지만 그것을 피해서 돌아가지 못하고 부딪힌다. 자기 집에 있는 가구를 기억하여 묘사할 수 있지만 그것이 집의 어디에 있는지를 말하지 못한다. 자신의 여러 신체 부위를 찾는 데 문제가 있는 경우도 가끔씩 생긴다(Schenk, 2006).

개념 점검   13. 마루엽 손상은 시각의 어떤 측면을 방해하는가?

이마엽

뇌의 앞쪽 끝부분에 있는 이마엽(전두엽, frontal lobe)에는 손가락을 움직이거나 발가락을 꼼지락거리는 것 같은 섬세한 운동에 중요한 일차 운동겉질(일차 운동피질, primary motor cortex)이 있다. 일차 운동겉질의 각 영역은 신체의 각각 다른 부위를 통제하며, 예컨대 어깨와 팔꿈치 근육보다 혀와 손가락에 더 넓은 영역이 할당되어 있다. 이마앞겉질(전전두피질, prefrontal cortex)이라는 이마엽의 앞쪽 구획은 방금 전에 일어났던 일과 곧 하려고 계획하고 있는 일에 대한 기억에 중요하다. 이마앞겉질은 또한 의사 결정에, 특히 나중에 있을 더 큰 즐거움을 위해 현재의 즐거움을 포기하는 결정을 하는 데 중요하다. 오늘밤 영화 보러 나가는 것과 내일이 마감 시한인 보고서(학기말에 당신의 학점에 큰 영향을 미칠)를 마무리하는 것 중 하나를 선택해야 한다고 하자. 이런 결정은 이마앞겉질에 좌우된다(Frank & Claus, 2006). 이마앞겉질

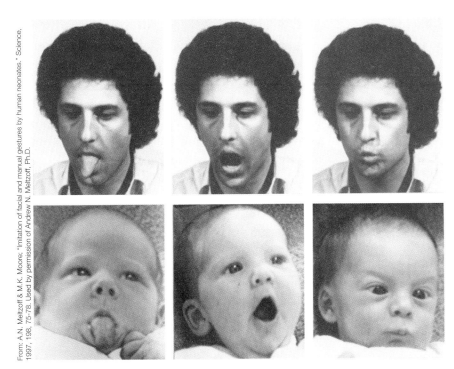

그림 3.19 신생아는 때때로 얼굴 표정을 모방한다. 신생아는 모방하기를 배울 기회가 없었기 때문에 이런 행동은 선천적인 거울 뉴런이 있음을 함의한다. (출처: Meltzoff & Moore, 1977.)

이 손상된 사람은 충동적인 결정을 내릴 때가 많은데, 왜냐하면 한 결과에 대해 얼마나 즐겁게 느끼게 될지 또는 다른 결과에 대해 얼마나 슬프거나 죄책감을 느끼게 될지를 잘 상상하지 못하기 때문이다(S. W. Anderson, Bechara, Damasio, Tranel, & Damasio, 1999; Damasio, 1999).

1990년대 말부터 심리학자들은 뇌의 여러 곳에서, 특히 이마겉질에서 발견된 거울 뉴런(mirror neuron)을 주목하고 있다. 거울 뉴런은 우리가 어떤 움직임을 할 때 그리고 다른 사람이 그와 유사한 움직임을 할 때도 활동을 보인다(Dinstein, Hasson, Rubin, & Heeger, 2007). 거울 뉴런 덕분에 우리가 다른 사람의 행위를 따라할 수 있게 되는 걸까? 거울 뉴런 때문에 우리 자신을 다른 사람과 동일시하고 다른 사람을 더 잘 이해할 수 있게 되는 걸까? 자폐증이 있는 아동은 다른 사람을 보는 동안 이마겉질의 "거울 뉴런"이 거의 활동하지 않으며, 다른 사람을 모방하거나 다른 사람에게 큰 관심을 보이는 일도 거의 없다(Dapretto et al., 2006). 심리학자들이 왜 거울 뉴런이 인간 문명의 기초일 것으로 추측하려 하는지 알 수 있다.

그러나 지나친 추측을 하기 전에 몇 가지 중요한 질문을 해야 한다. 특히, 우리는 다른 사람을 따라 하기를 배우는 데 도움을 주는 거울 뉴런을 갖고 태어났을까? 아니면 다른 사람을 따라 하기를 배우고 나서 거울 뉴런이 생겨났을까? 즉, 어쩌면 우리에게 보이는 것과 우리 자신이 할 수 있는 것 사이의 유사점들을 학습하고 난 후에 다른 사람이 무언가를 하는 모습을 보면 똑같은 것을 우리 자신이 할 수 있다는 생각이 들게 되고 따라서 그런 행위를 담당하는 뉴런들이 활동을 할 수도 있다.

우리에게는 아마도 여러 종류의 거울 뉴런이 있을 것이다. 그림 3.19에서처럼 유아는 때때로 얼굴 움직임 몇 가지를 모방한다. 이는 어떤 움직임의 모습을 그 움직

임 자체와 연결시키는 선천적인 거울 뉴런이 있음을 의미한다(Meltzhoff & Moore, 1977). 하지만 다른 거울 뉴런의 경우에는 학습을 통해 그런 속성이 발달한다. 예를 들어 무용수들은 잘 연습한 어떤 움직임을 수행할 때나 다른 무용수가 그 움직임을 수행하는 것을 볼 때 특정 뇌 영역들이 활동한다. 하지만 자기 자신이 수행하는 움직임이 아닌 것을 볼 때는 그런 활동이 나타나지 않는다(Calvo-Merino, Grèzes, Glaser, Passingham, & Haggard, 2006).

당신이 집게손가락을 움직일 때마다 항상 다른 사람이 새끼손가락을 움직이는 모습이 보인다면 당신의 이마겉질에 있는 어떤 세포들은 당신이 집게손가락을 움직일 때마다 또는 다른 사람이 새끼손가락을 움직이는 모습이 보일 때마다 반응하게 된다(Catmur, Walsh, & Heyes, 2007). 다시 말하면, 적어도 몇몇(아마도 많은) 뉴런은 학습을 통해 거울 특성(또는 이 경우에는 반대 거울 특성)을 발달시킨다.

개념 점검   14. 거울 뉴런이 모방을 야기한다는 생각과는 반대로 모방이 거울 뉴런을 만들어낸다는 것을 시사하는 증거는 무엇인가?

두 반구와 그 연결

많은 사람의 관심을 끌 만한 결과를 야기하는 뇌 손상 유형에 초점을 맞추어 보자. 뇌의 각 반구는 신체 반대편으로부터 대부분의 감각 입력을 받아들이며 반대편 근육을 통제한다. 양 반구는 다른 면에서도 역시 차이가 난다. 거의 모든 오른손잡이와 60% 이상의 왼손잡이에게서는 좌반구의 일부 부위가 말하기를 통제한다. 나머지 왼손잡이 대부분에게서는 양쪽 반구가 말하기를 통제한다. 우반구가 말하기를 완전히 통제하는 사람은 거의 없다. 우반구는 다른 특정 기능에 더 중요한데, 물체가 회전되면 어떤 모습일지를 상상하는 능력이나 얼굴 표정과 어조의 정서적 함의를 이해하는 능력 등이 그것이다(Stone, Nisenson, Eliassen, & Gazzaniga, 1996).

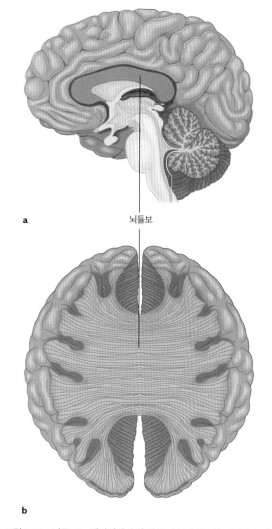

양 반구는 끊임없이 서로 정보를 교환한다. 왼손으로 어떤 것을 만지고 오른손으로 다른 어떤 것을 만져 보면 그 두 가지가 같은 재료로 만들어진 것인지 아닌지 알 수 있다. 왜냐하면 두 반구는 대뇌겉질의 왼쪽과 오른쪽을 연결하는 일군의 축삭들로 이루어진 뇌들보(뇌량, corpus callosum)를 통해 정보를 주고받기 때문이다(그림 3.20). 만약 뇌들보가 절단된다면 어떤 일이 일어날까?

뇌의 어딘가에서 세포들이 비정상적인 주기적 신경충동을 자발적으로 방출하는 질병인 뇌전증(간질)을 완화시키기 위해 신경외과 의사들이 뇌들보를 절단한 적이 가끔 있었다. 뇌전증이 있는 사람들 대부분은 항간질 약물에 잘 반응하여 정상적인 생활을 하는데, 약을 먹어도 계속 대발작을 자주 겪는 사람도 소수 있다. 다른 모든 것이 효과가 없으면 외과의사들이 뇌들보를 절단할 때가 때때로 있다. 이는 그런 수술이 뇌전증 발작을 한쪽 반구에만 한정시킬 것이고 따라서 뇌전증으로 인한 기능 결손이 덜할 것이라는 데 착안한 것이었다.

그런 수술은 예상보다 더 성공적이었다. 발작이 신체 한쪽에만 한정되었을 뿐 아니라 발작의 빈도까지 줄어들었던 것이다. 그 수술은 뇌전증 발작이 양 반구를 오가며 메아리같이 울리게 하는 피드백 고리를 끊어버린다. 그런데 이 분할 뇌(split-brain) 환자들은 정상적인 생활을 다시 하게 되지만 몇몇 놀라운 행동적 효과를 나타낸다.

좌반구가 말하기를 통제하는 대부분의 사람들에게서는 우반구로 들어오는 정보가 뇌들보를 거쳐 좌반구(말을 할 줄 아는)로 신속하게 넘어가서 어떤 대상을

그림 3.20 뇌들보는 대뇌겉질의 양 반구 사이에 정보를 전달하는 섬유들의 커다란 집합이다. (a) 뇌들보의 위치를 보여주는 정중면의 모습. (b) 뇌들보의 각 축삭이 어떻게 좌반구의 한 지점을 우반구의 그에 대응되는 지점과 연결시키는지 보여주는 수평면의 모습.

그림 3.21 (a) hatband라는 단어가 스크린에 순간적으로 제시되면 분할 뇌 환자는 좌반구가 본 것, 즉 band만 보고하며 (b) 오른손으로 band라고 쓴다. 하지만 (c) 왼손(우반구의 통제를 받는)은 모자를 가리키는데, 이것은 우반구가 본 것이다.

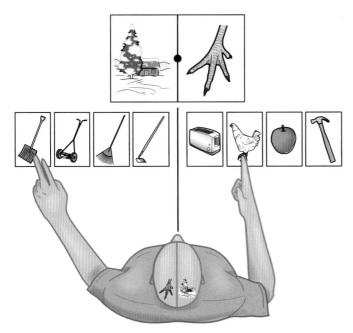

그림 3.22 두 반구가 눈이 온 장면과 닭발을 보고 나서 두 손이 그와 관련된 항목으로 닭과 삽을 가리킨다. 그러나 좌반구(말을 할 줄 아는)는 그 두 항목을 좌반구가 보았던 것, 즉 닭발과 관련지어 설명하려 한다. (출처: Gazzaniga, M. S., "Cerebral specialization and interhemispheric communication: Does the corpus callosum enable the human condition?" *Brain*, *123*, 1293-1326 (fig 19a, p. 1318). © 2000 Oxford University Press. 허가하에 실음)

말로 묘사할 수 있게 된다. 그러나 분할 뇌 환자(뇌들보가 절단된)가 무언가를 왼손으로 만지게 되면 그 정보는 우반구(말을 하지 못하는)로만 들어간다(Nebes, 1974; Sperry, 1967). 그 물체를 가리켜 보라고 하면 그 사람은 왼손(우반구의 통제를 받는)으로 그것을 올바르게 가리키는데, 그러면서도 "그게 무엇이었는지 전혀 모르겠어요. 아무것도 느껴지지 않았거든요."라고 말한다.

이제 분할 뇌 환자가 무언가를 볼 때(그림 3.21) 무슨 일이 일어나는지 살펴보자. 그림 3.21에 있는 사람은 스크린의 한가운데 있는 점을 응시하고 있다. 연구자가 스크린에 *hatband*라는 글자를 안구 운동이 일어나기에는 너무나 짧은 시간인 몇 분의 1초 동안 순간적으로 보여주고는 그 단어가 무엇인지 묻는다. 이 사람은 "band"라고 대답하는데, 이는 좌반구가 본 것이다. (좌반구는 시야의 오른편 부분을 본다.) 하지만 왼손(우반구의 통제를 받는)은 모자(우반구가 본)를 가리킨다.

분할 뇌를 가진 사람은 수술 전과 똑같이 느껴지며 여전히 하나의 의식을 갖고 있다고 말한다. 물론 그렇게 말하는 것은 좌반구이며, 우반구가 경험하는 것에 대해서 좌반구는 알지 못한다! 좌반구는 신체가 하는 모든 것을 계속 이해하려고 한다. 다음의 연구를 보자. 분할 뇌를 가진 사람이 정면을 응시하고 있는 동안 스크린에 두 개의 그림을 아주 짧게 보여주어 좌반구는 한 그림을, 우반구는 다른 그림을 보게 만든다. 그리고 나서 그림 카드 한 세트로부터 두 반구가 본 것과 관련된 항목을 서로 다른 손을 써서 골라내게 한다. 한 경우에는 좌반구가 닭발을 보았고 오른손으로 닭을 가리켰다. 우반구는 눈이 온 장면을 보았고 왼손으로 눈 치우는 삽

을 가리켰다(그림 3.22). 왜 그것들을 골랐는지 물어보자 좌반구(말을 할 줄 아는)는 닭은 닭발과 관련된 것이고 닭장을 치우기 위해서는 삽이 필요하다고 말했다. Gazzaniga(2000)는 좌반구에는 그가 '해석자'라고 이름 붙인 기능이 있다고 추론한다. 좌반구는 일어난 일을 설명하기 위해 이야기를 꾸며낸다. 심지어 어떤 행동이 사실상 다른 이유 때문에 일어났을지라도 말이다. 나중의 장들에서 이런 이야기를 다시 하게 될 것이다. 즉 우리는 우리 자신의 행동이 일어난 모든 이유를 알지는 못할 때가 종종 있는데 그럴 때 우리는 옳을 수도 있고 아닐 수도 있는 이유를 꾸며낸다.

분할 뇌 수술은 드물다. 분할 뇌 환자를 연구하는 이유는 그런 사람을 만나기 마련이기 때문이 아니라 그들을 통해 뇌 조직화에 대해 무언가를 알 수 있고 의식이 있다는 것이 무슨 의미인가에 대한 중요한 물음들이 제기되기 때문이다.

개념 점검

15. 뇌들보 손상을 입은 사람은 손으로 만지는 것 모두가 아니라 일부에 대해 이야기할 수 있다. 이 사람은 어느 손으로 물체를 만져야 그 물체에 대해 말할 수 있을까?

뇌 활동을 측정하기

다양한 뇌 영역들의 기능을 어떻게 발견했을까? 몇 십 년 동안 대부분의 연구는 뇌 손상을 입은 환자에 대한 것이었고 아직도 많은 부분은 그러하다. 그러나 이제는 건강한 사람에게서 뇌 활동을 살펴볼 수 있는 기술이 있다.

뇌파기록법(electroencephalography, EEG)은 머리 피부에 전극을 붙여서 뇌의 전기 활동의 급속한 변화를 기록한다. 이와 비슷한 방법이 자기(磁氣) 변화를 기록하는 자기뇌도기록법(magnetoencephalography, MEG)이다. 두 방법 모두 밀리초 단위로 나오는 자료를 제공하기 때문에 빛, 소리 및 기타 사건에 대한 뇌의 반응을 측정할 수 있다. 그러나 머리 피부 표면에서 기록을 하기 때문에 뇌 활동의 발생 위치에 대해서는 정확한 정보를 거의 주지 못한다.

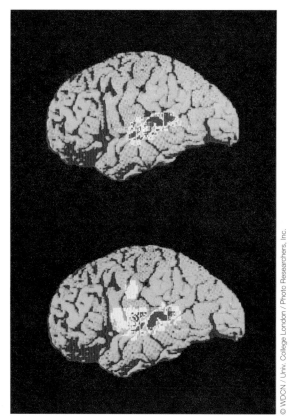

그림 3.23 인간 뇌의 PET 스캔 사진. 빨간색은 어떤 과제를 하는 중에 활동이 가장 많이 증가한 영역을 나타낸다. 노란색은 활동이 그다음으로 많이 증가한 영역을 나타낸다.

© WDCN / Univ. College London / Photo Researchers, Inc.

다른 한 방법은 해부학적 위치에 대해서는 더 좋은 정보를 제공하지만 타이밍에 대한 정보는 별로 주지 못한다. 양전자방출 단층촬영술(positron-emission tomography, PET)은 주입된 화학물질로부터 방출되는 방사능을 다양한 뇌 영역에서 기록한다(Phelps & Mazziotta,

단어: "추상적/구체적?" 단어: "살아있는 것?" 그림: "살아있는 것?"

S01

S02

Max

11.96

© Wagner, Desmond, Demp, Glover & Gabrieli. Photo Courtesy of Anthony D. Wagner.

그림 3.24 이 뇌 스캔은 기능성 자기공명영상법(fMRI)으로 만들어진 것이다. 참가자들은 단어나 그림을 보고서 각 항목이 추상적인 것인지 구체적인 것인지, 살아 있는 것인지 아닌지를 판단했다. 노란색은 이 판단에 의해 가장 많이 활성화된 영역을 보여준다. 빨간색은 덜 강하게 활성화된 영역을 보여준다. (출처: Wagner, Desmond, Demb, Glover, & Gabrieli, 1997. Anthony D. Wagner의 사진 제공)

1985). 먼저, 포도당 같은 물질에 방사능 표지를 붙인 화합물을 사람에게 주입한다. 포도당은 뇌의 주요 연료인 당(糖)이기 때문에 매우 활발한 활동을 하는 뇌 영역들이 이를 신속하게 흡수한다. 따라서 방사능 표지가 달린 포도당은 매우 활동적인 영역에서 주로 방사능을 방출한다. 머리 주변의 탐지기가 그 방사능을 기록하고 결과를 컴퓨터로 전송하면 컴퓨터가 그림 3.23과 같은 영상을 생성한다. 빨간색이 가장 활동적인 영역을 나타내고 그 다음으로 노란색, 초록색, 그리고 파란색 순이다. 아쉬운 점은 PET 스캔을 하려면 뇌를 방사능에 노출시켜야 한다는 것이다.

또 다른 기술인 기능성 자기공명영상법(functional magnetic resonance imaging, fMRI)은 머리 외부에 있는 자기 탐지기를 이용하여 다양한 뇌 영역에서 산소와 결합된 헤모글로빈을 그렇지 않은 헤모글로빈과 비교한다(J. D. Cohen, Noll, & Schneider, 1993). (산소를 더하거나 제거하는 것은 자기장에 대한 헤모글로빈의 반응을 변화시킨다.) 가장 활동성이 높은 뇌 영역이 가장 많은 산소를 소비하고 따라서 혈액의 헤모글로빈에 결합된 산소를 가장 많이 감소시킨다. 이 fMRI 기술은 그림 3.24에서 보듯이 뇌 활동의 상대적 수준을 초 단위로 보여준다.

어떤 과제를 하는 동안 일어나는 뇌 활동을 측정하기 위해 PET이나 fMRI를 이용하려면 그 과제 없이 일어나는 뇌 활동과 비교하지 않고서는 아무것도 그 자료를 통해 알 수가 없다. 기억에 중요한 뇌 영역을 알아내기 원한다고 하자. 사람이 기억 과제를 하고 있는 동안 뇌 활동을 기록하고서는, 그것을 그 사람이 다른 무엇을 하고 있는 동안 일어나는 뇌 활동과 비교해야 할까? 아무것도 하지 않고 있을 때? 그런 비교는 할 수 없을 것이다. 왜냐하면 기억 과제에는 아마도 감각 자극, 운동 반응, 주의집중 및 기타 과정들이 들어 있기 때문이다. 그 외에도 "마음 풀어놓기"(mind wandering)도 특정 뇌 영역들을 활성화시킨다(Mason et al., 2007). 그래서 연구자는 기억 과제와 똑같은 감각 자극, 똑같은 손 운동 등이 필요한 비교 과제를 만들어야 한다. 그러고는 컴퓨터를 이용하여 기억 과제 시의 활동에서부터 비교 과제 시의 활동을 뺀다. 두 과제 간에 가장 차이가 큰 영역들이 아마도 기억의 어떤 측면에 중요할 것이다.

뇌 스캔을 통해 행동에 대한 중요한 통찰을 얻는 때가 가끔 있다(Gonsalves & Cohen, 2010). 하지만 때로는 사람들이 인상적인 뇌 그림에 끌려서 경솔한 해석을 하기도 한다. 한 연구가 초콜릿의 모습이 "초콜릿 중독자들"에게서 특정 뇌 영역들을 흥분시킨다(Rolls & McCabe, 2007)고 보고하자 어떤 대중매체 기자들은 "와, 왜 그들이 초콜릿을 갈망하는지 이제 이해가 된다!"라고 감탄했다. 정말로 그런가? 어느 뇌 영역이 흥분하게 되는지를 안다고 해서 왜 그 영역이 다른 사람보다 특정 사람에게서 더 흥분하게 되는지에 대해 알게 되는 것은 아무것도 없다.

또 다른 문제가 있다. 사람이 화가 나면 특정 뇌 영역이 더 많이 활동하게 됨을 알아냈다고 하자. 나중에 그 영역이 다시 활동하면 그 사람이 또 화가 났다고 결론내릴 수 있을까? 아니다. 그 사람이 오로지 화가 났을 때 그 영역이 활동함을 보여주지 않는 한 말이다. 어쩌면 그 영역은 사람이 놀라거나 흥분하거나 주변의 다른 사람에게 주의를 집중하거나 다른 무엇을 할 때도 역시 활동할지 모른다. 제대로 이해했는가를 검사하는 한 가지 좋은 방법은 이것이다. 즉 어떤 사람이 무엇을 하고 있는지 우리가 알고 있는 시점에서 fMRI 측정을 하고 난 뒤 그 측정 결과를 이용하여 나중에 그 사람이 무엇을 보고 있는지, 듣고 있는지, 또는 할 계획을 세우고 있는지 추론해 낼 수 있을까? 그런 연구에 성공했다고 보고된 경우가 몇몇 있다(Haynes et al., 2007; Kay, Naselaris, Prenger, & Gallant, 2008). 하지만 대부분의 경우에는 fMRI 자료가 무엇을 의미하는지 덜 분명하다.

개념 점검

16. PET 스캔에 비교하여 fMRI의 장점은 무엇인가?

겉질 아래 영역

그림 3.16은 앞뇌의 내부에 있는 몇몇 구조물을 보여준다. 한가운데에 있는 **시상**(thalamus)은 거의 모든 감각 정보가 대뇌겉질로 가는 길에 거치는 마지막 정거

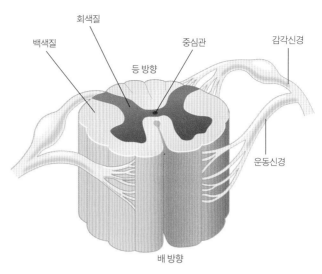

그림 3.25 척수는 머리를 제외하고 신체의 모든 부위로부터 감각 정보를 받아들인다. 척수 속의 운동신경은 근육과 분비샘을 통제한다.

장이다. 시상을 둘러싸고 있는 것이 **가장자리계통**(변연계, limbic system)이라는 영역이다. 기억에 중요한 **해마**(hippocampus)는 제7장에서 다시 볼 것이다. **시상하부**(hypothalamus)는 시상의 바로 아래에 위치해 있는데, 배고픔, 목마름, 체온 조절, 성 및 다른 동기화된 행동에 중요하다.

대뇌겉질이 근육을 직접 통제하지는 않는다. 대뇌겉질은 다리뇌와 숨뇌로 나가는 출력을 통해 머리 근육을 통제(예컨대 씹기, 마시기, 숨쉬기 및 말하기)하고 척수로 나가는 출력을 통해 목 이하의 근육을 통제한다(그림 3.13과 3.25). 척수는 또한 무릎반사 같은 많은 반사를 통제한다. 반사란 어떤 자극에 대한 빠르고 자동적인 반응으로서 예를 들면 걸음을 걷는 동안 일어나는 다리의 무의식적인 조절이나 어떤 뜨거운 것에서 급하게 손을 떼는 것이다.

마름뇌의 일부인 **소뇌**(cerebellum, '작은 뇌'를 뜻하는 라틴어)는 조준이나 타이밍이 필요한 모든 행동에 중요한데, 예컨대 박자에 맞추어 두드리기, 두 시각 자극 중 어느 것이 더 빨리 움직이는지 판단하기, 한 음악적 템포가 다른 것보다 더 빠른지 아니면 더 느린지 판단하기 같은 것에 필요하다(Ivry & Diener, 1991; Keele & Ivry, 1990). 소뇌는 또한 정확한 타이밍이 필요한 학습된 반응에 필수적이다(Krupa, Thompson, & Thompson, 1993). 소뇌가 손상된 사람은 술 취한 사람과 같은 운동 문제를 나타내어서 불분명한 말, 비틀거리기, 부

정확한 안구 운동을 보인다. 이런 유사성이 있는 이유는 알코올이 소뇌의 활동을 억압하기 때문이다.

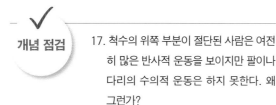

개념 점검

17. 척수의 위쪽 부분이 절단된 사람은 여전히 많은 반사적 운동을 보이지만 팔이나 다리의 수의적 운동은 하지 못한다. 왜 그런가?

자율신경계와 내분비계

척수와 긴밀하게 연결되어 있는 자율신경계는 심장, 소화계 및 기타 기관을 통제한다. 자율이란 용어는 불수의적 또는 자동적이라는 의미이다. 갑작스런 큰 소음은 우리의 심박수를 올린다. 하지만 우리는 손을 마음대로 흔드는 것과 똑같이 심박수를 마음대로 올릴 수는 없다. 그러나 뇌 활동은 자율신경계에 실제로 영향을 미친다. 예를 들어 자율신경계는 우리가 편안한 상태일 때보다 긴장해 있을 때 더 크게 반응한다.

자율신경계에는 두 부분이 있다. (a) 척수의 바로 바깥에 위치해 있는 세포들의 사슬에 의해 통제되는 교감신경계는 심박수, 호흡률, 땀 흘리기 및 기타 격렬한 싸움-또는-도주 반응에 중요한 과정들을 증가시킨다. 또한 비상사태가 끝날 때까지는 중요하지 않은 소화 및 성적 각성을 억제한다. (b) 척수의 꼭대기와 제일 아래 부분에 있는 세포들에 의해 통제되는 부교감신경계는 심박수를 낮추고 소화 활동을 증가시키며 전반

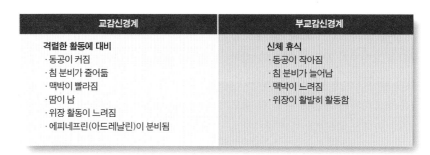

교감신경계	부교감신경계
격렬한 활동에 대비 ·동공이 커짐 ·침 분비가 줄어듦 ·맥박이 빨라짐 ·땀이 남 ·위장 활동이 느려짐 ·에피네프린(아드레날린)이 분비됨	**신체 휴식** ·동공이 작아짐 ·침 분비가 늘어남 ·맥박이 느려짐 ·위장이 활발히 활동함

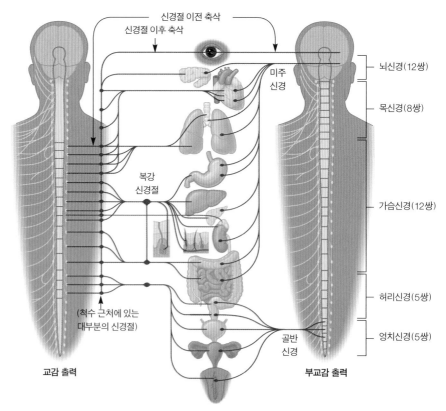

그림 3.26 교감신경계는 한바탕 짧게 일어나는 격렬한 활동을 위해 기관들을 준비시킨다. 부교감신경계는 격렬한 활동에 브레이크를 걸고 신체가 휴식하고 소화를 시키도록 준비시킨다.

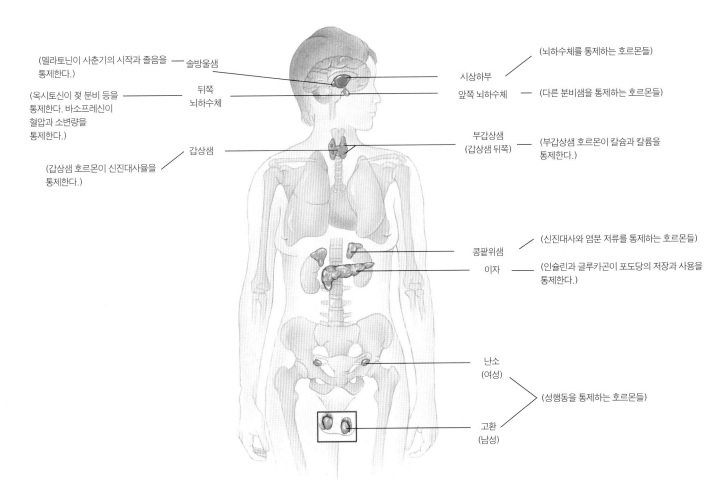

(멜라토닌이 사춘기의 시작과 졸음을 통제한다.) — 솔방울샘

(옥시토신이 젖 분비 등을 통제한다. 바소프레신이 혈압과 소변량을 통제한다.) — 뒤쪽 뇌하수체

갑상샘

(갑상샘 호르몬이 신진대사율을 통제한다.)

(뇌하수체를 통제하는 호르몬들) — 시상하부

앞쪽 뇌하수체 — (다른 분비샘을 통제하는 호르몬들)

부갑상샘 (갑상샘 뒤쪽) — (부갑상샘 호르몬이 칼슘과 칼륨을 통제한다.)

콩팥위샘 — (신진대사와 염분 저류를 통제하는 호르몬들)

이자 — (인슐린과 글루카곤이 포도당의 저장과 사용을 통제한다.)

난소 (여성)

고환 (남성)

(성행동을 통제하는 호르몬들)

그림 3.27 내분비계의 분비샘들은 호르몬을 생산하여 혈류로 분비한다.

적으로 휴식 및 이완기에 일어나는 신체 활동을 촉진한다(그림 3.26). 당신이 운전하고 있는데 경찰차가 사이렌을 울리며 뒤에 나타나면 교감신경계가 활동하기 시작한다. 심장이 급하게 뛰기 시작하고 호흡이 거칠어지며 땀이 나기 시작한다. 경찰차가 당신을 지나쳐서 가버리면 다른 차를 쫓고 있다는 것을 알게 되고 그러면 부교감신경계가 끼어들어서 당신은 갑자기 긴장이 풀리게 된다.

자율신경계는 호르몬을 생산하여 혈류로 방출하는 분비샘들로 이루어진 내분비계에 영향을 미친다. 시상하부와 뇌하수체의 통제를 받는 호르몬은 다른 내분비 기관을 조절한다. 그림 3.27은 내분비샘 몇 가지를 보여준다. 호르몬은 분비샘에서 방출되고 혈류에 의해 운반되어 다양한 기관의 활동을 변화시키는 화학물질이다. 어떤 호르몬 효과는 심박수나 혈압의 변화같이 짧게 지속된다.

다른 호르몬 효과는 임신, 계절에 따른 이동, 동면, 또는 기타 오래 지속되는 활동에 대비한 변화를 신체에 일으킨다. 뇌 속에서 호르몬은 세포의 흥분성을 일시적으로 변화시키며 또한 세포의 생존, 성장 및 연결에도 영향을 준다. 성호르몬(안드로겐과 에스트로겐)은 태아의 발생 초기에 강력한 영향을 미쳐서 신체뿐 아니라 뇌의 특정 영역에서도 남녀 차이를 만들어낸다(Cahill, 2006).

개념 점검

18. 사람이 위험에서 빠져나오려고 하는 동안에는 심박수와 호흡률이 높아진다. 위험이 지나가고 나면 심박수와 호흡률이 모두 정상 이하로 떨어진다. 위험에 빠진 동안에는 자율신경계의 어느 부분이 더 활동하며 위험이 지나가고 난 후에는 어느 부분이 더 활동하는가?

경험과 뇌 가소성

뇌 해부학에 관한 이야기를 할 때면 뇌 구조물이 고정되어 있다는 인상을 받기 쉽다. 사실상 뇌 구조는 상당한 가소성(plasticity), 즉 경험의 결과로 생겨난 변화를 보인다.

예전에 연구자들은 신경계가 유아기 초기 이후에는 새로운 뉴런을 더 만들지 않는다고 믿었다. 나중에 줄기세포라는 미분화된 세포가 뇌의 몇몇 특정 영역에서만 새 뉴런으로 발달한다는 것이 밝혀졌다(Gage, 2000; Graziadei & deHan, 1973; Song, Stevens, & Gage, 2002). 인간 및 기타 포유류에서 새 뉴런은 후각에 필수적인 후각 망울(후구, olfactory bulb)과 기억 형성에 중요한 해마에서 발달한다(Kee, Teixeira, Wang, & Frankland, 2007; Meshi et al., 2006; Ramirez-Amaya, Marrone, Gage, Worley, & Barnes, 2006).

새로운 경험은 다양한 축삭과 가지돌기를 자극하여 그 가지들이 확장되거나 위축되게 한다. 이런 변화는 젊은 사람에게서 더 빨리 일어나기는 하지만 평생 동안 계속되며, 변해가는 환경에 뇌가 적응할 수 있게 만든다(Boyke, Driemeyer, Gaser, Büchel, & May, 2008). 예를 들면, 어떤 사람이 19세에 사고로 한 손을 잃었다. 35년 후 외과의사가 새로운 손을 그의 팔에 이식했다. 몇 달 내에 축삭이 자라나 그 새 손을 그의 뇌와 연결시켰고 이 사람은 그 손의 감각을 일부 회복하였다(Frey, Bogdanov, Smith, Watrous, & Breidenbach, 2008).

또한 사람이 읽기를 배우면, 심지어 성인기에 처음 배운다 하더라도, 상당한 뇌 변화가 일어난다(Carreiras et al., 2009; Dehaene et al., 2010). 사람들이 악기 연주를 배우고 나면 무슨 일이 일어나는지를 살펴본 연구가 많다. 청각에 할당된 한 뇌 영역은 직업적 음악가의 경우 평균보다 30% 더 크다(Schneider et al., 2002). 그리고 손가락 감각에 반응하는 한 영역은 현악기 연주자의 경우 평균보다 더 크다(Elbert, Pantev, Wienbruch, Rockstroh, & Taub, 1995). 음악 교습이 그런 변화를 일으켰는지 아니면 특정 종류의 뇌를 가진 사람이 다른 이들보다 더 음악가가 되기 마련인 것인지 궁금증이 생길 수 있다. 그런데 한 연구에서는 15개월간

음악 교습을 받은 아동들의 뇌에서 그런 교습을 받지 않은 비슷한 아동들에 비해 상당한 변화가 발견되었다(Hyde et al., 2009). 이 발견의 함의는 음악 교습이 뇌를 변화시킨다는 것이다. 그러한 변화가 얼마나 오래 지속되는지 알기 위해서는 후속 연구를 기다려야 할 것이다.

개념 점검
19. 아동이 음악 연주를 학습함에 따라 뇌에서 변화가 생김을 보여준 연구에서 왜 음악 교습을 받지 않은 아동을 통제집단으로 사용해야 했을까?

결합 문제

학자들이 1990년경에 처음 깨닫기 시작한 이론적 문제를 살펴보면서 이 단원을 끝내자. 시각은 뇌의 한 부위에서 일어나고 청각은 뇌의 다른 부위에서, 그리고 촉각은 뇌의 또 다른 부위에서 일어난다. 그 영역들은 서로 많은 정보를 공유하지 않는데다가 어떤 한 중심지로 정보를 보내어 집결시키지도 않는다. 뇌에서 둘 이상의 감각으로부터 정보를 받아들이는 세포는 별로 없다. 다시 말하면, 모든 것을 받아서 합치는 "머릿속의 작은 사람"이란 없다. 그러면 당신이 피아노를 연주할 때 당신이 보는 피아노가 또한 당신이 듣고 느끼는 그 피아노인지 어떻게 아는 걸까? 뇌의 서로 다른 영역들이 어떻게 힘을 합쳐서 단일한 대상이라는 통일된 지각을 만들어내는가라는 물음이 결합 문제(binding problem)이다(Treisman, 1999). (결합 문제는 제1장에서 나왔던 심신 관계 문제와 관련된다.)

그 답의 일부는 공간 지각에 중요한 영역인 마루겉질에 있다. 피아노를 다시 생

영화를 볼 때 말소리는 배우의 입에서부터 나오는 것으로 보인다. 말소리와 입의 움직임이 동시에 일어나기 때문에 우리는 그 둘을 결합시킨다.

각해 보자. 당신에게 느껴지는 손, 보이는 피아노, 그리고 들리는 소리의 위치들을 파악해 보니 모두 동일하다면 당신은 그 감각들을 함께 연결시킨다. 마루겉질은 감각의 위치 파악에 중요하다. 만약 당신이 마루겉질 손상을 입은 사람처럼 아무런 대상의 공간적 위치도 파악할 수 없다면 당신은 아마도 여러 감각을 단일한 경험으로 결합시킬 수 없을 것이다. 노란 레몬과 빨간 토마토를 보고서는 노란 토마토만 보았고 레몬은 전혀 못 보았다고 말할지도 모른다(L. C. Robertson, 2003).

우리는 또한 정확히 동시에 일어나는 사건들에 대해서만 결합이 일어남을 알고 있다. 소리가 영상보다 뚜렷이 앞서거나 뒤서는 영화나 TV 쇼를 본 적이 있는가? 그럴 경우, 그 소리가 스크린에 보이는 사람에게서 나오고 있지 않다는 것을 우리는 안다. 더빙이 잘못된 외국 영화를 볼 때 똑같은 경험을 하게 된다. 그러나 복화술사를 볼 경우, 말소리와 동시에 일어나는 인형의 입 움직임이 그 말소리가 그 인형에게서 나오는 것으로 지각되게 만든다. 심지어 어린 영아조차도 누구의 입술 움직임이 소리와 동기화되는지를 근거로 누가 이야기하고 있는지 알아낸다(Lickliter & Bahrick, 2000).

▶ 직접 해 보세요!

다음의 절차를 시도해 보라(I. H. Robertson, 2005). 그림 3.28에서처럼 커다란 거울 옆에 앉거나 서서 자신의 오른손과 그것이 거울에 비친 모습을 모두 보라. 왼손은 보이지 않도록 하라. 그리고는 양쪽 손으로 주먹을 쥐었다 폈다 하기를 반복하라. 이때 양손으로 동시에, 엄지손가락을 다른 손가락에 대고 나서 엄지손가락을 손바닥에 대기를 교대로 하라. 왼손이 거울에 비친 손과 똑같은 것을 하고 있다는 느낌이 들 것이다. 몇 분 동안 그렇게 하다 보면 거울에 비친 손이 마치 자신의 왼손인 것처럼 느껴지기 시작할 것이다. 당신은 촉각과 시각적 경험을 결합시키고 있는데, 왜냐하

면 그 두 가지가 동시에, 겉보기에는 동일한 위치에서, 일어나기 때문이다. 대부분의 사람들에게 이 절차는 그저 재미있는 시범일 뿐이지만 어떤 사람들에게는 중요한 것이다. 한쪽 팔을 절단당한 사람에게 이 절차는 의수가 신체의 일부인 것처럼 느껴지게 하는 데 도움이 된다.

마루엽 손상이 있는 사람은 색깔과 모양 같은 한 자극의 여러 측면을 잘 결합시키지 못하는데 왜냐하면 그것들의 시각적 위치를 지각하지 못하기 때문이다(Treisman, 1999; Wheeler & Treisman, 2002). 뇌가 온전한 사람도 주의가 산만한 상황에서 무언가를 매우 짧게 보면 똑같은 문제를 경험한다(Holcombe & Cavanaugh, 2001).

개념 점검

20. 결합 문제란 무엇인가?
21. 결합이 일어나기 위해서는 어떤 두 가지 일이 이루어져야 하는가?

그림 3.28 거울에 비친 한쪽 손의 모습을 보면서 왼손과 오른손을 동시에 움직여보라. 몇 분 내에 거울에 비친 손이 자신의 손인 것처럼 느껴질 수도 있다. 이 시범은 결합이 어떻게 일어나는지 보여준다.

뇌와 경험

이 단원의 주된 요점은 마음과 뇌가 긴밀하게 연결되어 있다는 것, 즉 마음과 뇌가 사실상 동의어라는 것이다. 뇌의 일부를 잃으면 마음의 일부를 잃는다. 어떤 정신적 경험을 하고 있다면 그와 동시에 뇌의 어떤 영역에서 활동이 증가한다. 두 사람의 행동이 다르다면 그들의 뇌도 역시 어떤 면에선가는 다르다.

또 다른 중요한 요점은 상이한 뇌 영역들이 상이한 기능을 하면서도 하나의 중앙처리기로 집결하지 않지만 그럼에도 불구하고 어떻게든 하나의 조직적인 전체로서 기능한다는 것이다. 우리는 두 사건이 동일한 위치에서 동시에 일어나는 것을 지각하면 그것들을 단일한 대상으로 함께 결합시킨다. 뇌 영역들은 서로 분리되어 작용하는데도 단일한 경험을 만들어낸다.

뇌 기능에 대한 연구는 뇌 자체가 너무나 복잡하기 때문에 어려운 일이다. 대부분 물로 이루어진 1.3kg 무게의 이 조직 덩어리 속에서 일어나는 그 모든 일을 생각해 보라. 뇌는 놀라운 구조물이다.

요약

- **기억해야 할 두 주요 요점.** 우리는 뇌의 일부만을 사용하는 게 아니라 전체를 사용한다. 대부분의 사람들은 마음이 뇌와 다른 것이라는 생각을 당연한 것으로 받아들이지만 증거는 그와 반대되는 생각을 지지한다. 즉 마음의 활동과 뇌의 활동은 똑같은 것이다. 전자의 일부를 잃는 것은 후자의 일부를 잃는 것이다. (110쪽)

- **중추신경계와 말초신경계.** 중추신경계는 뇌와 척수로 이루어진다. 말초신경계는 중추신경계와 신체의 나머지 부분 간의 교신을 담당하는 신경들로 이루어진다. (110쪽)

- **대뇌겉질.** 대뇌겉질에는 네 개의 엽, 즉 뒤통수엽(시각), 관자엽(청각, 그리고 시각의 일부 측면), 마루엽(신체 감각), 그리고 이마엽(움직임을 위한 준비)이 있다. 대뇌겉질이 손상되면 특수한 행동 결함이 초래된다. (111쪽)

- **뇌의 양 반구.** 뇌의 각 반구는 신체의 반대편을 통제한다. 인간 뇌의 좌반구는 대부분의 사람에게서 언어를 전문적으로 담당한다. 우반구는 공간적 관계를 이해하고 정서 표현을 해석하는 데 중요하다. (115쪽)

- **뇌들보.** 뇌들보는 겉질의 좌우 반구가 서로 교신할 수 있게 한다. 뇌들보가 손상되면 두 반구가 정보를 공유할 수 없다. (116쪽)

- **분할 뇌 환자.** 뇌들보 손상을 입은 사람은 정보가 좌반구에 들어올 때만 그것에 대해 이야기할 수 있다. 그런 사람은 어떤 면에서는 의식이 나누어진 것처럼 행동하고 어떤 면에서는 통일된 의식을 가진 것처럼 행동한다. (116쪽)

- **뇌 기능을 알아내기.** 현대적 기술 덕분에 연구자들은 깨어 있는 사람에게서 다양한 뇌 영역의 구조와 활동을 보여주는 영상을 만들어낼 수 있다. 그러한 방법들은 강력하기는 하지만 거기서 얻어진 결과는 신중하게 해석해야 한다. (117쪽)

- **대뇌겉질과 신체 간의 교신.** 대뇌겉질로부터 나오는 정보는 숨뇌를 거쳐서 척수로 내려간다. 숨뇌와 척수는 말초로부터 감각 입력을 받아들이고 근육과 분비샘으로 출력을 내보낸다. (119쪽)

- **자율신경계와 내분비계.** 자율신경계는 신체 장기들을 비상사태 또는 편안한 활동에 대비할 수 있도록 통제한다. 내분비계는 호르몬을 혈류로 분비하는 기관들로 구성된다. (120쪽)

- **뇌 가소성.** 경험은 뇌의 연결을 변경시킨다. 매일 많은 시간을 연습하는 음악가의 경우처럼 오래 지속되는 특별한 경험은 뇌에 지대한 변화를 일으킨다. (122쪽)

- **결합 문제.** 시각을 담당하는 뇌 영역과 청각을 담당하는 다른 뇌 영역, 그리고 촉각을 담당하는 또 다른 뇌 영역이 어떻게 힘을 합쳐서 어떤 대상에 대한 하나의 통일된 지각을 만들어내는가를 이해하는 것이 이론적으로 문제가 된다. 서로 다른 감각을 하나의 경험으로 결합시키려면 그 다양한 측면들이 동시에 동일한 위치에서 일어나는 것으로 지각해야 한다. (122쪽)

핵심 용어

가소성 (122쪽)

거울 뉴런 (115쪽)

결합 문제 (122쪽)

관자엽(측두엽) (111쪽)

기능성 자기공명영상법(fMRI) (118쪽)

내분비계 (121쪽)

뇌들보(뇌량) (116쪽)

뇌전증(간질) (116쪽)

뇌파기록법(EEG) (117쪽)

다리뇌(뇌교) (119쪽)

대뇌겉질 (111쪽)

뒤통수엽(후두엽) (111쪽)

마루엽(두정엽) (113쪽)

말초신경계 (110쪽)

맹시 (111쪽)

반구 (111쪽)

반사 (119쪽)

소뇌 (119쪽)

숨뇌(연수) (119쪽)

시상하부 (119쪽)

양전자방출 단층촬영술(PET) (118쪽)

이마앞겉질(전전두피질) (114쪽)

이마엽(전두엽) (114쪽)

일원론 (110쪽)

일차 몸감각겉질 (114쪽)

일차 운동겉질 (114쪽)

자기뇌도기록법(MEG) (117쪽)

자율신경계 (120쪽)

줄기세포 (122쪽)

중추신경계 (110쪽)

척수 (119쪽)

편도체 (113쪽)

호르몬 (121쪽)

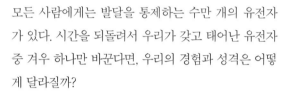

유전과 진화심리학

- 유전자가 어떻게 행동에 영향을 미칠까?
- 행동의 진화에 대하여 어떤 추론을 할 수 있을까?

모든 사람에게는 발달을 통제하는 수만 개의 유전자가 있다. 시간을 되돌려서 우리가 갖고 태어난 유전자 중 겨우 하나만 바꾼다면, 우리의 경험과 성격은 어떻게 달라질까?

뻔한 답이지만, 경우에 따라 다르다! 어느 유전자를 바꿀까? 수백 개의 유전자가 후각 수용기를 통제한다. 그중 한 개에 돌연변이가 일어나면 몇몇 냄새에 대한 민감성이 낮아질 것이고 그런 정도의 결함은 눈치 채지 못할 수도 있다. 다른 특정 유전자의 돌연변이는 삶을 극적으로 변화시키거나 끝내버릴 수도 있다.

유전자 변화의 효과는 또한 환경에 따라서도 달라진다. 당신이 스트레스 경험에 대한 반응을 배가시키는 유전자를 갖고 있다고 하자. 그 유전자는 당신이 대단히 스트레스가 많은 환경에서 지낸다면 큰 영향을 미치겠지만 평온한 환경에서 지낸다면 거의 아무런 영향이 없을 것이다.

행동이 유전과 환경 중 주로 어느 것에 좌우되는지 묻는 것은 쓸데없는 일이다. 유전과 환경 중 어느 하나라도 없으면 우리는 존재할 수가 없다. 하지만 한 사람의 행동이 다른 사람의 행동과 다르다면 그 차이가 유전적 차이와 환경의 차이 중 어느 것에 더 좌우되는지를 물어볼 수는 있다. 예를 들어 색채 시각을 갖는지 아닌지는 거의 완전히 유전에 좌우된다. 반면에 영어와 한국어 말하는 능력 사이의 차이는 그 사람이 어디서 자라났는지에 달려 있다. 대부분의 행동적 차이는 유전적 차이와 환경의 차이 모두에 좌우된다.

유전학 연구는 21세기 사람들에게 점점 더 중요해지고 있다. 우선 유전학의 기본 요점 몇 가지를 살펴보고 나서 그것이 인간 행동에 어떻게 적용되는지 알아보자.

유전 원리

적혈구를 제외한 우리의 모든 세포는 염색체라는 유전물질의 사슬을 함유한 핵을 갖고 있다(그림 3.29). 인간의 핵 하나하나 속에는 23쌍의 염색체가 있는데, 다만 난자와 정자 세포에는 쌍이 아닌 23개의 염색체가 있다. 수정 시에 난자의 23개 염색체가 정자의 23개 염색체와 결합되어 새로운 인간을 만들어낼 23쌍의 염색체가 된다(그림 3.30).

각 염색체 상의 구획들을 유전자라고 하는데 이것들이 발달을 유도하는 화학반응을 통제해서 예컨대 키나 머리털 색깔에 영향을 준다. 유전자는 DNA라는 화학물질로 구성되는데, 이 DNA는 또 다른 화학물질인 RNA의 생산을 통제한다. RNA는 단백질을 만들어내는 등 여러 기능을 한다. 단백질은 신체 구조물의 일부가 되거나 신체에서 일어나는 화학반응의 속도를 제어한다. 유전자라는 개념을 설명하기 위해 교육자들은 흔히 눈 색깔 같은 예를 이용한다. 당신에게 갈색 눈 유전자가 하나 또는 두 개 있다면 당신은 갈색 눈을 갖게 되는데, 왜냐하면 갈색 눈 유전자가 우성이기 때문이다. 즉 그 유전자의 복사본이 하나만 있어도 그 효과가 나타나기에 충분하다는 것이다. 파란 눈 유전자는 열성이다. 즉 오로지 우성 유전자가 없을 때만 그 효과가 나타난다. 파란 눈 유전자가 두 개 있을 때만 당신은 파란 눈을 갖게 된다.

반성 유전자와 한성 유전자

염색체는 쌍으로 존재(어머니와 아버지로부터 각각 하나씩 받음)하기 때문에 우리는 거의 모든 유전자를 두 개

알비노 현상은 많은 종에게서 일어나는데 그 이유는 항상 어떤 열성 유전자 때문이다. (a) 줄무늬스컹크 (b) 미시시피악어 (c) 흉내지빠귀

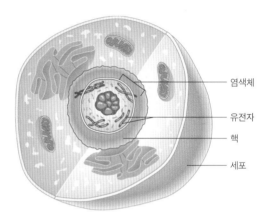

그림 3.29 유전자는 세포의 핵 속에 들어 있는 염색체의 구획들이다. (예를 보여주기 위해 척도가 과장되어 있다.)

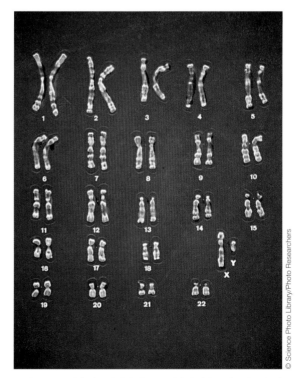

그림 3.30 인간의 세포 각각의 핵은 46개의 염색체를 함유하는데, 정자에서 나온 23개와 난자에서 나온 23개가 합쳐져서 쌍을 이룬다.

씩 갖고 있다. 그 예외가 우리가 남성이 될지 여성이 될지를 결정하는 염색체 상에 있는 유전자이다. 포유류의 성 염색체는 X와 Y라고 부른다(그림 3.31). 여성은 각 세포에 두 개의 X 염색체를 갖고 있다. 남성은 하나의 X 염색체와 하나의 Y 염색체를 갖고 있다. 어머니는 아이에게 하나의 X 염색체를 주고, 아버지는 X 염색체나 Y 염색체 중 하나를 준다. 남성은 X 염색체와 Y 염색체를 하나씩 갖고 있기 때문에 이 염색체 상에는 쌍을 이루지 않는 유전자들이 있다. 여성은 두 개의 X 염색체를 갖고 있지만 각 세포에서 그 둘 중 하나가 무작위로 활성화되고 다른 하나는 발현되지 않는 것으로 보인다.

X 또는 Y 염색체 상에 자리 잡고 있는 유전자를 반성(伴性) 유전자(sex-linked genes, 또는 성 연관 유전자)라고 한다. X 염색체 상에 있는 열성 유전자는 여성보다 남성에게서 그 효과를 더 나타낸다. 예를 들면 적록 색각 결함은 X 연관 열성 유전자에 좌우된다. X 염색체에 이 유전자가 있는 남성은 적록 색각 결함을 나타낼 것인데 왜냐하면 다른 X 염색체가 없기 때문이다. 그 유전자를 가진 여성은 아마도 자신의 다른 X 염색체에 정상 색채 시각 유전자를 갖고 있을 것이다. 결과적으로 여성보다 훨씬 많은 남성이 적록 색각 결함을 나타낸다(그림 3.32).

한성(限性) 유전자(sex-limited genes)는 양쪽 성에서 동등하게 발생하지만 어느 한 성에만 주로 또는 완전히 그 효과를 나타낸다. 예를 들어 남성과 여성 모두 얼굴 털 유전자가 있지만 남성 호르몬이 그 유전자를 활성화시킨다. 남성과 여성 모두 가슴 발달 유전자가 있지만 여성 호르몬이 그 유전자를 활성화시킨다.

그림 3.31 Y 염색체보다 X 염색체가 더 길다는 것을 보여주는 전자현미경 사진 (출처: Ruch, 1984.)

적록 색각 결함 유전자는 X 염색체 상에 있으며 열성이다.

cd = 적록 색각 결함을 일으키는 열성 유전자
CV = 색채 시각을 담당하는 우성 유전자

여성

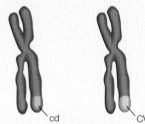

여성은 2개의 X 염색체를 갖고 있다. 만약 한 X 염색체에 적록 색각 결합 열성 유전자가 있으면 다른 X 염색체에는 색채 시각 우성 유전자가 있을 수도 있다. 이 여성은 정상적인 색채 시각을 가질 것이지만 자식에게 적록 색각 결함 유전자를 전해 줄 수도 있다.

cd   CV

남성

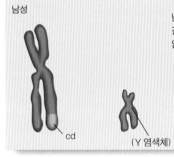

남성은 X 염색체가 하나뿐이라서 적록 색각 결합 열성 유전자를 억누를 다른 X 염색체가 없다.

cd

(Y 염색체)

그림 3.32 남성이 여성보다 더 적록 색각 결함을 나타내기 쉬운 이유

개념 점검

22. 아버지는 적록 색각 결함이 있고 어머니는 정상 시각 유전자 두 개를 갖고 있다고 하자. 이들의 아이들은 어떤 종류의 색채 시각을 갖게 될까?

유전자에 대한 더 복잡한 관점

"무슨 유전자"라고 말하는 것이 편할 때가 많기는 하지만 오해의 소지 또한 있다. 간단한 예라고 생각되는 눈 색깔의 경우에조차 연구자들은 적어도 10개의 유전자가 상당한 영향을 미친다는 것을 발견했다(Liu et al., 2010). 키 차이는 적어도 180개의 유전자뿐 아니

라 섭식 및 기타 환경 요인의 효과에 좌우된다(Allen et al., 2010). 행동에 영향을 미치는 요인을 모두 상상하기는 거의 불가능하다. 더욱이 각 유전자는 그저 눈 색깔이나 키만이 아니라 많은 것에 영향을 준다.

더 나아가서 유전자의 성질은 우리가 한때 생각했던 것보다 더 복잡하다. 어떤 경우에는 한 유전자의 일부가 다른 유전자의 일부와 겹치거나 한 유전자의 부분들이 서로 다른 장소에 위치해 있기도 하다. 후성유전학(epigenetics, 또는 후생유전학)이라는 신생 분야는 환경적 영향의 결과로 DNA 배열의 수정 없이 일어나는 유전자 발현의 변화를 다룬다(Tsankova, Renthal, Kumar, & Nestler, 2007). 히스톤이라는 단백질이 그림 3.33에서처럼 염색체의 DNA를 돌돌 말아서 작은 공 모양으로 만들어 놓고 있다. 특정 화학물질(아세틸기라는)이 히스톤에 부착되면 이 공이 느슨해져서 그 공에 있던 유전자의 발현이 증가한다. 다른 화학물질(메틸기라는)은 유전자에 부착되어 그것을 불활성화시킬 수 있다. 여러 가지 경험이 후성유전적 변화를 일으킨다. 예를 들면 어떤 쥐가 임신 중에 영양 부족을 겪게 되면 그 쥐의 새끼들에게서 특정 유전자가 활성화되어 먹이를 아마도 찾기 힘들 세상에 대비하게 만든다. 그래서 그들은 평생 동안 먹을 것이 있으면 항상 먹고 필요 이상으로 에너지를 소비하지 않으며 (만약 실제로는 먹이가 풍부하면) 비만해진다(Godfrey, Lillycrop, Burdge, Gluckman, & Hanson, 2007). 만약 어미 쥐가 새끼들을 발달 초기에 방치하면 새끼 쥐들의 유전자 발현이 변화되어 스트레스 상황에 더 취약해진다(Weaver et al., 2004; Zhang et al., 2010). 현재까지의 연구는 대부분 실험동물에 대한 것이지만 똑같은 과정이 인간에게서도 일어나기 마련이다. 후성유전은 심리학에서 점점 더 중요한 역할을 하게 될지도 모른다.

개념 점검

23. 어떤 행동 "유전자" 또는 어떤 능력 "유전자"라고 말하는 것이 오해의 소지가 있는 이유는 무엇인가?

24. 후성유전학이라는 분야는 어떤 면에서 유전의 영향과 환경의 영향 간의 구분을 희미하게 만드는가?

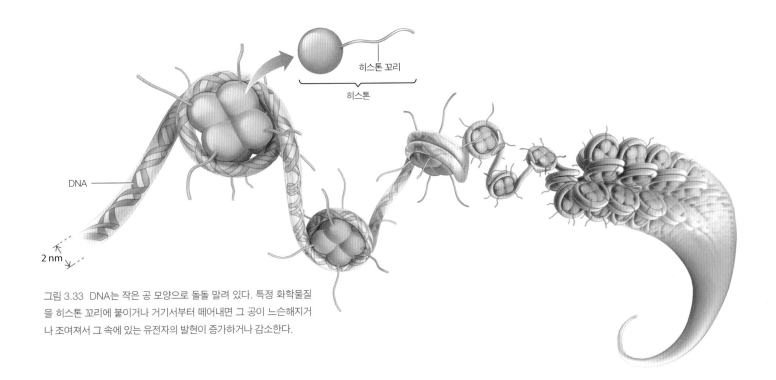

그림 3.33 DNA는 작은 공 모양으로 돌돌 말려 있다. 특정 화학물질을 히스톤 꼬리에 붙이거나 거기서부터 떼어내면 그 공이 느슨해지거나 조여져서 그 속에 있는 유전자의 발현이 증가하거나 감소한다.

인간에게서 유전율 추정하기

모든 행동은 유전과 환경 모두에 좌우된다. 하지만 변이(variations)는 유전자의 차이나 환경의 차이 중 어느 하나에 더 좌우될 수 있다. 어떤 행동상의 변이 중 얼마나 많은 부분이 유전자의 차이에 좌우되는지를 추정하려 한다고 하자. 그 답은 유전율(heritability, 또는 유전력, 유전 가능성)이라는 용어로 요약되는데, 이는 한 개체군 내에서 유전에 기인한 변량의 추정치를 가리킨다. 유전율의 범위는 유전이 모든 변량을 통제함을 나타내는 1에서부터 변량을 전혀 통제하지 못함을 나타내는 0에까지 걸친다. 예를 들면 적록 색각 결함은 1에 가까운 유전율을 나타낸다. 유전율의 정의에는 "한 개체군 내에서"라는 구절이 포함되어 있음을 주목하라. 한 개체군에서 나온 결과는 그 개체군의 유전적 변이와 환경적 변이가 어느 정도인지에 따라 다른 개체군의 것과는 아주 다를 수 있다. 행동의 유전율을 추정하기 위해 연구자들은 전통적으로 쌍둥이와 입양아에게서 얻어진 증거에 의존해 오고 있다.

개념 점검

25. 만약 우리 사회가 변화되어 모든 아동에게 똑같이 좋은 환경을 제공하게 된다면 행동의 유전율은 증가할까 감소할까?

쌍둥이 연구

일란성 쌍둥이는 하나의 수정란에서 발달하기 때문에 동일한 유전자를 지닌다. 이들은 영어로 대개 "identical" twins라고 하는데, 이 용어는 오해의 소지가 있다. 어떤 일란성 쌍둥이들은 거울상이어서 한 사람은 오른손잡이, 다른 사람은 왼손잡이이다. 또한 어떤 유전자가 쌍둥이 한쪽에서는 활성화되지만 다른 쪽에서는 억압되는 일도 가능하다. 이란성 쌍둥이는 두 개의 수정란에서 발달하기 때문에 유전자를 절반만 공유한다(그림 3.34). 이들은 영어로 흔히 "fraternal" twins라고 하는데 왜냐하면 유전적으로는 형제자매와 마찬가지이기 때문이다. 만약 이란성 쌍둥이가 어떤 특질의 측면에서는 거의 일란성 쌍둥이만큼 서로를 닮았다면 그 특질의 유전율은 낮다. 왜냐하면 유전적 유사성이 많은 영향을 미치지 않았기 때문이다. 만약 일란성 쌍둥이가 이란성 쌍둥이보다 서로를 더 많이 닮았다면 그 유전율은 아마도 높을 것이다. 여기서 일부 경우에만 타당한 대안적 설명은 일란성 쌍둥이가 서로를 너무나 많이 닮아서 사람들이 그들을 똑같은 방식으로 대한다는 것이다.

학자들은 또한 서로 다른 환경에서 성장한 일란성 쌍둥이를 연구한다. 오늘날에는 입양 기관이 쌍둥이를 똑같은 한 가정에 배치하지만 과거에는 서로 떨어져

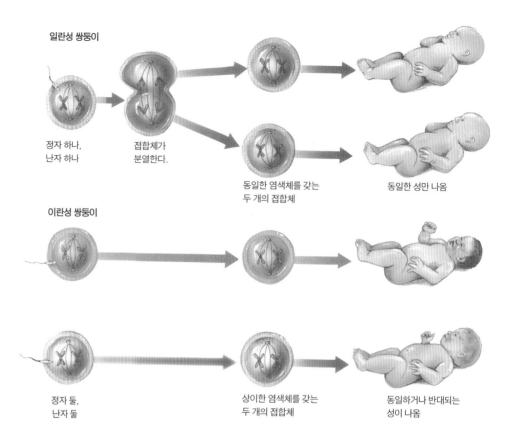

그림 3.34 일란성 쌍둥이는 동일한 수정란에서 발달한다. 이란성 쌍둥이는 다른 정자에 의해 수정된 두 난자로부터 성장한다.

일란성 쌍둥이

정자 하나,
난자 하나

접합체가
분열한다.

동일한 염색체를 갖는
두 개의 접합체

동일한 성만 나옴

이란성 쌍둥이

정자 둘,
난자 둘

상이한 염색체를 갖는
두 개의 접합체

동일하거나 반대되는
성이 나옴

© Enrico Ferrorelli

그림 3.35 일란성 쌍둥이 Jim Lewis와 Jim Springer는 출생 시에 헤어져서 오하이오 주 서부의 서로 다른 도시에서 자라나 성인이 되어 다시 만났다. 이들은 행동의 상세한 부분까지 서로 닮은 점이 많음을 발견했다.

입양된 쌍둥이가 많았다. 서로 떨어져 자란 후에 성인이 되어 다시 만난 일란성 쌍둥이 한 쌍은 많은 면에서 비슷함이 곧 밝혀졌다(그림 3.35). 둘 다 양부모가 Jim이란 이름을 지어주었다. 둘 다 목공일과 제도를 좋아했으며, 집 뜰에 있는 나무 주위에 벤치를 만들었고, 보안관 대리로 일했다. 손톱을 씹는 버릇이 있었고, 똑같은 나이에 체중이 불었으며, 똑같은 상표의 시가를 피웠고, 같은 차종을 몰았으며, 플로리다 주 서부로 휴가를 갔다. 각자 Linda라는 이름의 여성과 결혼했다가 이혼을 하고서는 Betty라는 여성과 결혼했다. 한 사람은 James Alan이란 이름의 아들이, 다른 사람은 James Allen이란 이름의 아들이 있었고, 각자 Toy라는 이름의 애완견을 길렀다. 물론 이러한 유사점 중 얼마나 많은 것이 단순히 우연의 일치인지는 알기 힘들다. 하지만 성인이 되어 다시 만나게 된 다른 많은 쌍둥이들 역시도 세부적으로 유사한 점을 보고했다(Lykken, McGue, Tellegen, & Bouchard, 1992).

연구자들은 따로 자란 후 성인기에 다시 만난 일란성 및 이란성 쌍둥이 약 100쌍을 살펴보았다. 평균적으로 일란성 쌍둥이가 취미, 직업적 관심사, 성격검사 결과, 타인을 신뢰하는 정도, 정치적 태도, 투표할 확률, 직무 만족도, 생애 만족도, 정신질환에 걸릴 확률, 커피와 과일주스 섭취, 아침에 일찍 일어나는 것과 밤에 늦게 자는 것 사이의 기호 면에서 서로를 더 많이 닮았다(Bouchard & McGue, 2003; Cesarini et al., 2008; DiLalla, Carey, Gottesman, & Bouchard, 1996; Fowler, Baker, & Dawes, 2008; Hur, Bouchard, & Eckert, 1998; Hur, Bouchard, & Lykken, 1998; Lykken, Bouchard, McGue, & Tellegen, 1993; McCourt, Bouchard, Lykken, Tellegen, & Keys,

1999). 이것이 함의하는 바는 유전자가 광범위한 행동에 영향을 미친다는 것이다.

입양아에 대한 연구

유전율에 대한 또 다른 종류의 증거는 입양아 연구로부터 나온다. 양부모와의 유사성은 환경의 영향을 의미한다. 생부모와의 유사성은 유전의 영향을 의미한다.

그러나 결과를 해석하기 힘들 때가 가끔 있다. 예를 들면 체포 기록이 있는 입양아 중에는 그 생모가 범죄 경력이 있는 이들이 많다는 증거를 검토해 보자(Mason & Frick, 1994). 그런 유사성은 유전적 영향을 의미하지만 생모는 또한 출생 전 환경의 제공자이기도 했다. 범죄 경력이 있는 생모들 중 많은 이가 담배를 피우고 술을 마시고 아마도 다른 약물도 사용한 데다가 다른 식으로도 태아의 뇌 발달을 위험에 빠트렸을 가능성이 높다. 출생 전 환경은 발달에 중요한 영향을 미친다.

개념 점검   26. 심한 우울증에 빠지게 된 입양아를 연구하는 어떤 사람이 그들의 생부모 중 우울증이 있는 사람이 많은 반면 양부모는 별로 그렇지 않다는 것을 발견한다고 하자. 가능한 한 가지 해석은 유전적 요인이 가정환경보다 우울증에 더 많이 영향을 미친다는 것이다. 다른 해석으로는 어떤 것이 있을까?

염색체에 대한 조사

유전율에 대한 세 번째 종류의 증거는 이것이다. 이제는 생물학자들이 인간 유전체(human genome, 우리의 염색체 상에 있는 모든 유전자의 집합)의 지도를 만들었기 때문에 염색체를 살펴보아서 특정 질환과 연관된 유전자를 규명하는 것이 가능하다. 한 유전자는 헌팅턴병과 깊이 관련된다. 여러 유전자가 특정 유형의 암에 걸릴 위험성이 높은 것과 관련된다.

연구자들은 조현병, 우울증, 알코올 중독, 또는 기타 행동 질환을 설명할지도 모를 유전자를 찾으려고 엄청난 노력을 기울여왔다. 한 질환이나 다른 질환에 걸릴 확률을 증가시키는 유전자가 많이 발견되기는 했지만 현재까지는 어떠한 질환도 단 하나의 유전자의 변이와 강하게 연관된 것으로 보이지 않는다. 다시 말

하면, 거의 모든 행동적 변이는 많은 유전자뿐 아니라 환경상의 변이에도 좌우된다.

유전자가 어떻게 행동에 영향을 미치는가

쌍둥이와 입양아 연구에 근거하여 연구자들은 외로움(McGuire & Clifford, 2000), 신경증(Lake, Eaves, Maes, Heath, & Martin, 2000), TV 시청에 소비하는 시간(Plomin, Corley, DeFries, & Fulker, 1990), 종교적 독실함(Waller, Kojetin, Bouchartd, Lykken, & Tellegen, 1990) 등 조사해 본 거의 모든 행동에 대하여 적어도 중간 정도의 유전율을 발견했다. 유전율이 0인 것으로 보고된 대략 유일한 행동은 교파의 선택이다(Eaves, Martin, & Heath, 1990). 즉, 유전자는 우리가 종교의식에 얼마나 자주 참석하는가에는 영향을 미치지만 어느 종교의식에 참석하(지 않)는가에는 영향을 미치지 않는 것으로 보인다는 말이다. 유전자가 어떻게 이렇게 넓은 범위의 행동에 영향을 미칠 수 있을까?

직접적 영향과 간접적 영향

어떤 경우에는 유전자가 뇌 혹은 감각 수용기의 발달을 변경시킴으로써 행동에 영향을 미친다. 예를 들어 사람의 음식 선호도에 영향을 미치는 한 요인은 혀에 있는 맛봉오리의 수이다. 다른 경우에는 유전자가 신경계 바깥에 있는 어떤 것을 변경시킴으로써 간접적으로 행동에 영향을 미친다. 음식의 선택을 살펴보자. 거의 모든 유아는 우유에 함유된 당류인 젖당(lactose, 또는 유당)을 소화시킬 수 있다. 몇 년 이내에 거의 모든 아시아계 아동 및 기타 많은 아동이 젖당 소화 능력을 상실한다. (이는 유전자에 좌우되는 것이지 얼마나 우유를 자주 마시는가에 달려 있지는 않다.) 젖당을 소화시키지 못하는 사람도 우유를 약간 마실 수 있고 치즈와 요구르트는 더 쉽게 소화되기 때문에 더 잘 먹지만 우유나 아이스크림을 많이 먹으면 배에 가스가 차고 위경련이 난다(Flatz, 1987; Rozin & Pelchat, 1988). 그림 3.36은 유제품 소화 능력이 여러 민족 집단에 따라 어떻게 다른지를 보여준다. 요점은 유전자가 뇌가 아닌 화학

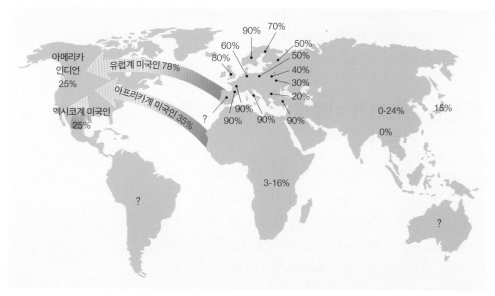

그림 3.36 성인은 우유에 함유된 주된 당류인 젖당을 소화시키는 능력이 서로 다르다. 각 숫자는 각 개체군의 성인 중에서 젖당을 쉽게 소화시킬 수 있는 이들의 비율을 나타낸다. (출처: Flatz, 1987; Rozin & Pelchat, 1988.)

반응을 변경시킴으로써 행동(이 경우, 유제품에 대한 선호)에 영향을 준다는 것이다.

유전자는 또한 신체의 해부학적 특징을 변경시킴으로써 행동에 영향을 미친다. 당신을 대단히 잘생긴 사람으로 만드는 유전자를 생각해 보자. 많은 사람이 당신을 보고 웃음을 짓고 모임에 초대하고 친구가 되려고 하기 때문에 당신의 자신감과 사회적 기술은 늘어나게 된다. 유전자가 다른 사람들이 당신을 어떻게 대하는지에 영향을 줌으로써 당신의 행동을 변화시킨 것이다.

배율 효과

당신이 키가 크게 만드는 유전자와 빨리 달리는 기술을 익히는 데 도움이 되는 유전자를 갖고 있다고 하자. 처음에는 당신 또래들에 비해 농구를 할 때 당신이 약간 더 유리하다. 따라서 당신은 농구팀에 들어가게 되고 지도를 받아서 기술이 향상된다. 기술이 좋아짐에 따라 당신은 더 성공적으로 되고 주위의 격려를 더 많이 받게 된다. 자연적인 작은 이점으로 시작되었던 것이 유전뿐 아니라 환경의 영향도 반영하는 엄청난 이점으로 발전하는 것이다. 이러한 경향을 연구자들은 배율 효과(multiplier effect)라고 부른다. 즉 유전에 기인한 것일 수 있는, 어떤 행동상의 애초에는 사소했던 이점이 환경을 변화시켜 그 이점이 확대된다(Dickens

& Flynn, 2001). 행동의 거의 모든 측면에 대해 똑같은 일이 일어날 수 있다. 예를 들어 적극적이고 활발한 성향을 가진 사람은 외향적인 친구와 자극적인 사회적 상황을 선택하기 쉽다. 더 조심스러운 기질을 가진 사람은 조용한 활동과 작은 사회적 집단을 중심으로 생활한다. 애초의 행동 경향성이 환경을 변화시킴으로써 증가되는 것이다. 따라서 유전과 환경의 영향을 분리하기는 힘들 때가 많다.

개념 점검　27. 배율 효과 때문에 유전율의 추정치가 아동과 성인 중 어느 집단에 대해서 더 높을 것이라고 예상되는가?

환경에 의한 유전적 효과의 수정

어떤 사람들은 유전자가 어떤 행동에 강력한 영향을 미친다면 유전자 수정을 제외하고는 그에 대해 아무것도 할 수 있는 일이 없다고 생각한다. 이런 생각이 반드시 옳지는 않음을 보여주는 한 예가 페닐키톤뇨증(phenylketonuria; PKU)이다. 이것은 치료하지 않을 경우 정신지체를 초래하는 유전성 질환이다. 아프리카계 사람에게는 거의 없지만 유럽 또는 아시아 계통 사람들의 약 2%가 PKU를 일으키는 유전자를 갖고 있다. 하지만 이 유전자는 열성이어서 그 복사본이 하나일 경우에는 거의 무해하다. 부모 양쪽으로부터 복사본을 받은 사람은 단백질의 공통 요소인 페닐알라닌을 대사시키지 못한다. 그러한 아동이 일반적인 음식을 먹으면 페닐알라닌이 뇌에 축적되어 정신지체가 된다. 그러나 페닐알라닌이 적은 식이요법을 하면 뇌를 보호할 수 있다. 따라서 특수 식이요법이 높은 유전율을 나타내는 질환을 막는 것이다.

28. 어떤 것이 유전의 통제하에 있으면 그에 대해 아무것도 할 수 없다고 생각하는 사람들이 있다. 이런 생각에 반대되는 예를 하나 들어보라.

진화심리학

고대로부터 인간은 선발육종(selective breeding)을 해왔다. 농부는 알을 가장 잘 낳는 닭과 우유를 가장 잘 만들어내는 암소를 가지고 다음 세대를 번식시켰다. 사람들은 인간을 잘 따르는 애완견, 믿음직한 파수견, 충실한 목축견을 선발육종했다. 우리는 소출이 가장 많은 식물의 씨를 선택함으로써 품종을 개량했다. 옥수수는 아메리카 원주민이 열심히 선발육종한 결과물인데, 그 조상 격인 식물은 옥수수와 친척관계임을 가까스로 알아볼 수 있을 정도이다(Gallavotti et al., 2005; 그림 3.37). 다윈이 깨달았던 사실은 자연도 또한 선발육종가처럼 작용한다는 것이다. 어떤 유형의 사람들이 다른 이들보다 더 성공적으로 생존하고 자손을 낳는다면(특히 후자의 경우), 그런 사람들이 자신의 유전자를 물려주게 되고 따라서 다음 세대는 덜 성공적인 사람들보다 이런 사람들을 더 닮게 된다. 시간이 지나면서 그 종 전체가 변하게 된다. 다윈이 선호했던 용어는 변이를 수반하는 유전(descent with modification)이지만 이 개념은 곧 진화(evolution)라고 불리게 되었다. 진화란 한 세대로부터 다음 세대로 넘어가면서 다양한 유전자의 빈도가 점진적으로 변하는 것이라고 정의된다. 우리는 현재 지니고 있는 유전자를 왜 갖게 되었을까? 간단히 답하면, 우리의 부모가 그 유전자를 갖고 있었고 자손을 낳을 만큼 오래 생존했기 때문이다. 그리고 우리 부모의 부모가 그랬으며, 이런 식으로 올라간다. 커다란 개체군에서 흔한 유전자는 모두 과거에 이점이 있었다. 비록 오늘날에도 반드시 이점이 있는 것은 아니지만 말이다.

자연선택은 신체에 대해 작용하는 것과 꼭 마찬가지로 뇌와 행동에 대해서도 작용한다. 예를 들어 도도새는 비둘기과에 속하는 커다란 새로서 포유류가 없는 섬에서 사는 데 적응했던 동물이다. 적에게서 도망칠 필요가 없이 살게 되자 도도새는 점차 비행 능력을 상실했다. (날지 않는 도도새는 에너지를 절약하는 이점을 갖고 있었음이 분명하다.) 도도새는 공포 또한 모두 상실했다. 마침내 그 섬에 도래한 인간은 날지 못하고 공포도 없는 도도새를 식용으로 혹은 재미삼아 사냥하여 결국 멸종시켰다.

세가락갈매기는 갈매기과의 다른 종류들과는 달리 가파른 절벽에 튀어나와 있는 좁은 바위에서 번식한다. 이 새의 행동 중에는 그런 환경에 적응된 것이 많은데, 새끼 새가 날 수 있을 만큼 자랄 때까지는 그곳에 머물러 있는 것이 그런 예이다(Tinbergen, 1958). 세가락갈매기 새끼는 안전하고 평평한 곳에 놓아두어도 움직이지 않는다. 이와 달리 다른 갈매기 종의 새끼는 어릴 때부터 걸어 다니기 시작한다. 심지어 세가락갈매기가 둥지를 트는 것 같은 좁은 바위 위에 놓아도 말이다. (물론 그러다가 떨어진다.) 세가락갈매기 새끼에게 적응적인 것임이 너무도 명백한 이 정지 행동은 진화의 산물이지 사고나 시행착오학습의 산물이 아니다.

특수한 환경에서 진화해 나온 동물 행동의 다른 예들을 인용하기는 쉬운데, 인간의 경우에는 어떨까? 우리에게서도 특수한 행동이 진화해 나왔을까? 인간 행동의 어떤 측면은 진화라는 맥락을 떠나서는 이해되지 않는다. 예를 들면 추울 때 돋아나는 '소름'을 생각해 보자. 소름은 우리에게 어떤 좋은 일을 해줄까? 아무것도 해주지 않는다. 그러나 털이 많은 피부를 가진 다른 포유류들은 추울 때 털이 일어섬으로써 얻는 이점이 있다. 즉 방한이 더 잘 된다. 추운 환경에서 털이

그림 3.37 여러 세기 전에 아메리카 원주민은 겨우 먹을 수 있을 만큼 속이 단단한 식물인 테오신트(*teosinte*)를 선발육종하여 마침내 오늘날 옥수수라고 불리는 것을 만들어냈다.

일어서는 것은 우리의 조상에게 유용했는데, 우리는 비록 체모가 짧고 대개 옷을 입고 있어서 일반적으로 소용이 없지만 여전히 그런 반응을 나타낸다.

또한 인간 유아의 움켜잡기 반사(또는 쥐기 반사)를 보자. 유아는 손가락이든 연필이든 무엇이든지 손바닥에 놓으면 그것을 꼭 움켜쥔다. 이 행동은 오늘날에는 아무런 효용이 없지만 우리의 옛 조상에게는 어미가 이동해 다닐 때 유아가 어미에게 들러붙어 있는 데 도움이 되었다(그림 3.38). 이 행동 역시 진화적 잔재로 볼 때만 이해가 된다.

진화심리학자는 특정 유전자에 유리했던 이점을 추리하여 알아내려 한다. 가장 논란이 많은 해석 중에는 인간의 성 행동과 관련된 몇 가지가 있다. 예를 들면 동물계 전체를 볼 때 다수의 상대와 짝짓기할 기회를 노리는 데는 암컷보다 수컷이 더 열심인 종이 많다. 개구리, 새, 혹은 사자에서 이런 경향이 보일 때 뻔해 보이는 진화적 설명 한 가지는 이것이다. 즉, 수컷은 많은 암컷과 짝짓기하여 유전자를 퍼뜨릴 수 있는 반면에 암컷은 더 많은 수컷과 짝짓기해도 더 많은 새끼를 낳을 수 없다. (암컷은 짝이 더 많으면, 특히 첫째 짝이 불임일 경우에는, 이득이 있긴 하지만 그 이득은 수컷의 경우보다 더 적다.) 인간의 경우에도 그림 3.39에서처럼 여자보다 남자가 다수의 성 파트너를 더 열망한다(Schmitt et al., 2003). 많은 남자가 단기적인 성관계로는 거의 누구든지 받아들이려 하지만 대부분의 여자는 단기적 성관계를 거부하거나 대단히 매력적인 파트너만 받아들인다. 이에 대해 제안된 진화적

설명은 다른 종들에 대한 것과 유사하다(Bjorklund & Shackelford, 1999; Buss, 2000; Gangestad, 2000; Geary, 2000). 즉 남자는 두 가지 전략 중 어느 것으로도 유전자를 퍼뜨릴 수 있다. 하나는 한 여성을 전력을 다해 도와서 자신의 자식을 기르는 것이고, 다른 하나는 많은 여자와 성관계를 하고 그 여자들이 자신의 도움 없이 자식을 기를 수 있기를 바라는 것이다(Gangestad & Simpson, 2000). 여자도 다수의 파트너를 가짐으로써 이득을 얻을 수는 있지만(Hrdy, 2000), 성 파트너의 수를 배가시키는 만큼 자식의 수를 배가시킬 수는 없다.

이 해석은 논란을 불러일으켜 왔다. 한 가지 반대 의견은 그런 해석이 남자가 바람을 피는 데 대한 핑계를 제공한다는 것이다. 진화심리학자들은 어떤 일이 왜 일어나는지 설명하는 것이 그런 일이 일어나야 한다는 말과 똑같은 것은 아니라고 응수한다. 예컨대 통증도 진화의 산물이긴 하지만 우리는 통증을 억제하려고 노력한다. 또 다른 반대 의견은 그런 진화적 설명이 다른 동물 종들에게는 적용된다 하더라도 인간에게도 반드시 똑같은 정도로 타당하지는 않다는 것이다. 인간의 경우에는 선천적인 것으로 간주되는 경향성과 학습된 경향성을 분리하기가 더 힘들다(Eagly & Wood, 1999).

남녀 차이에 대한 진화적 설명의 또 다른 예를 보자. 장기적인 성관계 상대로 당신은 용모가 더 매력적인 사람과 경제적으로 더 성공한 사람 중에서 누구를 선호하겠는가? 남자보다는 여자가 경제적으로 성공한 파트너를 선호하는 경향이 더 강하다(Buss, 2000).

그림 3.38 인간 유아는 손바닥에 있는 것은 무엇이든지 꼭 움켜쥔다. 원숭이를 닮은 우리의 먼 조상에게는 이 반사가 새끼가 어미에게 들러붙어 있는 데 도움이 되었다.

이에 대한 진화적 해석 하나는 여자가 음식과 생필품을 구하는 능력이 제한되는 임신 및 유아 양육 기간 동안 그런 것을 잘 제공해 줄 사람이 필요하다는 것이다. 따라서 아마도 여자는 그런 능력을 갖춘 짝을 선호하도록 진화했을 것이다. 이 설명이 그럴듯하긴 하지만 설득력이 크지는 않다. 첫째, 짐작했을지 모르겠지만, 여자가 성공한 파트너를 선호하는 정도는 여자의 경제적 지위가 낮은 나라들에서 가장 강하고 경제적 기회가 남녀에게 거의 동등한 나라들에서 가장 약하다(Kasser & Sharma, 1999).[6] 둘째, 그런 경향성은 다른 포유류에서조차도 전혀 보편적이지 않다. 포유류 종들 중에는 교미 후에 수컷이 암컷과 떨어져서 새끼든 그 암컷이든 전혀 돌보지 않는 종이 많다. 따라서 그런 경향성이 진화를 통해 생겨난 것이라면 특히 인간의 경우에만 해당되는 것이어야 한다.

요약하면, 매우 설득력 있는 진화적 설명(소름이나 유아의 움켜잡기 반사 같은)과 사변적인 해석을 구분하는 것이 중요하다(de Waal, 2002). 진화적 설명을 제안하기는 쉽지만 그것을 검증하기는 힘든 경우가 많다.

개념 점검   29. 인간 유아의 움켜잡기 반사에 대해 진화 심리학자들은 어떤 설명을 내놓는가?

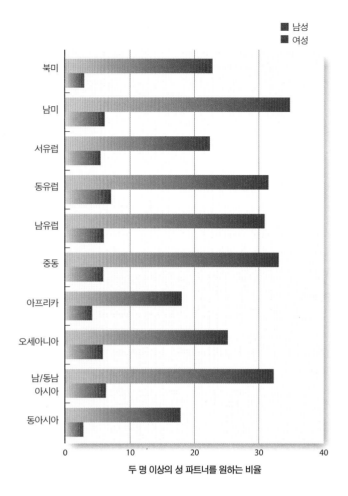

그림 3.39 조사가 실시된 52개국 모두에서 다음 한 달 내에 둘 이상의 성 파트너를 원하는 비율은 여자보다는 남자에게서 더 높았다. (출처: Schmitt et al., 2003.)

6   이 연구 결과는 방금 언급된 진화적 해석을 지지하는 것으로 얼핏 생각될 수도 있으나 경제적으로 성공한 파트너를 남자보다 여자가 더 선호하는 경향이 모든 나라에서 동등하게 나타나지 않고 문화경제적 상황에 따라 달라진다는 사실은 그것이 오로지 진화적으로 생겨난 것일 수만은 없음을 의미한다.

유전자와 경험

물리학자들은 우주의 생성이 그 "초기 조건", 즉 "빅뱅" 후 극히 짧은 시간 동안의 물질과 에너지의 배열에 좌우된다고 말한다. 물리학이나 화학에서는 어떤 실험이든 그 결과가 초기 조건, 즉 물질의 유형, 온도와 압력 등등에 좌우된다. 우리에게도 역시 초기 조건이 있었다. 우리의 유전자가 그것이다. 우리의 유전자를 이해하는 것이 자신이 왜 다른 이들과는 다른 사람으로 발달했는지를 이해하는 데 중요하다. 하지만 그것으로 충분하지는 않다. 유전자는 우리가 환경에 어떻게 반응하는지에 영향을 주며, 환경은 특정 유전자를 활성화시키고 다른 유전자는 불활성화시킨다. 이 단원에서는 유전자가 경험과 상호작용하는 복잡한 방식을 겨우 약간 살펴보았다.

요약

- 유전자. 유전자는 유전을 제어한다. 열성 유전자는 세포마다 그 유전자의 복사본이 두 개 있는 사람에게서만 효과를 발휘한다. 우성 유전자는 세포마다 복사본이 하나만 있더라도 효과를 발휘한다. (126쪽)

- 반성 유전자와 한성 유전자. X 또는 Y 염색체에 있는 유전자는 성과 연관된다. X 연관 열성 유전자는 여성보다 남성에게서 더 자주 효과를 발휘한다. 한성 유전자는 양쪽 성에 다 존재하지만 어느 한쪽 성에 더 큰 영향을 미친다. (126쪽)

- 후성유전학. 유전자의 발현은 여러 가지 경험에 의해 수정될 수 있다. (128쪽)

- 유전율. 유전율 추정치는 일란성 쌍둥이와 이란성 쌍둥이를 비교함으로써, 서로 다른 환경에서 길러진 쌍둥이를 비교함으로써, 입양아가 생부모를 얼마나 닮았는지를 살펴봄으로써, 그리고 특정 유전자와 관찰된 결과 간의 연관성을 찾아냄으로써 얻어진다. (129쪽)

- 유전자가 행동에 영향을 미치는 방식. 유전자는 뇌의 화학적 과정을 변경시킴으로써 행동에 영향을 미친다. 또한 행동에 영향을 미치는 다른 기관들에 영향을 미침으로써 간접적 효과를 발휘하기도 한다. (131쪽)

- 배율 효과. 유전자가 행동의 어떤 측면에 이점을 부여하면 그 사람은 그 최초의 사소한 이점을 배가시키는 방식으로 그 행동을 연습할 수도 있다. (132쪽)

- 환경에 의한 유전적 효과의 수정. 환경의 변화는 주요한 유전적 효과일 수도 있는 것을 변경시키거나 무효화할 수 있다. 페닐키톤뇨증 유전자는 정신 지체를 초래하지만 특수 식이요법은 그 효과를 최소화한다. (132쪽)

- 진화. 생존과 번식의 확률을 증가시키는 유전자는 다음 세대에서 더 흔한 것이 된다. (133쪽)

- 행동의 진화. 동물 행동 중에는 특정 환경이나 생활방식에 대한 진화적 적응으로 설명될 수 있는 것이 많다. (133쪽)

- 인간 행동의 진화. 유아의 움켜잡기 반사 같은 인간 행동의 어떤 측면은 그 행동이 유용했던 조상에게서부터 물려받은 진화적 잔재로밖에 이해할 수 없다. 하지만 설득력 있는 진화적 설명과 더 연구가 필요한 사변적 설명을 구분하는 것이 중요하다. (134쪽)

핵심 용어

개념 점검 문제에 대한 답

1   가지돌기가 다른 뉴런들로부터 입력을 받는다. 축삭이 메시지를 보낸다.

2   생쥐가 더 빨리 반응할 것이다. 왜냐하면 활동전위가 전달되어야 할 거리가 기린의 신경계보다 생쥐의 신경계에서 더 짧기 때문이다.

3   음/나트륨/양/활동전위

4   시냅스전 뉴런은 신경전달물질을 분비하는데, 이것이 시냅스후 뉴런으로 건너가서 흥분성 또는 억제성 수용기를 활성화시킨다.

5   약물이 GABA가 수용기에 결합되는 것을 막는다면 시냅스후 뉴런은 억제를 덜 받을 것이다. 따라서 활동전위가 평소보다 더 많이 일어날 것이다.

6   할로페리돌은 파킨슨병을 악화시킬 것이다. 사실상 많은 용량의 할로페리돌은 누구에게서든지 파킨슨병 증상을 유발한다.

7   AMPT를 복용한 사람은 암페타민, 코카인, 또는 메틸페니데이트에 덜 반응하게 될 것이다. 이 약물들은 도파민의 효과를 연장시키는데, 만약 뉴런이 도파민을 만들 수 없다면 도파민을 분비할 수도 없어서 효과가 연장될 수도 없다.

8   코카인을 복용하고 난 후에 무슨 일이 일어나는지 상기해 보라. 즉 뉴런이 도파민과 기타 전달물질들을 재합성하는 속도보다 더 빨리 분비한다. 코카인은 재흡수를 차단하기 때문에 전달물질의 공급이 부족해지고 그 결과로 무기력과 경미한 우울이 뒤따른다. 똑같은 과정이 메틸페니데이트의 경우에도 일어나지만 더 느리게 그리고 더 적게 일어난다.

9   그런 약들은 억제성 시냅스의 활동을 촉진한다.

10 아편제 수용기는 심박수와 호흡을 통제하는 숨뇌에 많다. 마리화나에 반응하는 수용기는 숨뇌에는 거의 없다.

11 겉질시각상실이 있는 사람은 꿈에서조차도 시각적 심상을 상실한다. 그러나 햇빛은 여전히 그 사람의 각성-수면 주기를 조절한다. 또한 그런 사람 중 일부는 자극에 대한 의식적 지각을 못하면서도 그 자극의 위치나 다른 속성을 말할 수 있는 맹시를 나타낸다.

12 자발적 안구 운동을 하기 조금 전과 하는 동안.

13 물체의 위치를 파악하는 일을 방해한다.

14 뉴런을 훈련시켜서 그 사람이 수행하는 한 종류의 운동과 그 사람이 보는 다른 종류의 운동에 반응하게 만들 수 있다. 학습을 통해 이러한 '반대 거울' 뉴런이 생겨날 수 있다면 아마도 거울 뉴런도 역시 학습을 통해 발달할 것이다.

15 이 사람은 좌반구가 느낄 수 있도록 오른손으로 그 물체를 만져야 한다.

16 fMRI는 사람을 방사능에 노출시키지 않는다.

17 척수는 혼자서 많은 반사를 통제한다. 하지만 근육의 수의적 통제는 뇌로부터 척수로 내려가는 메시지에 의존하는데 척수 위쪽 부분이 절단되면 그런 메시지가 차단된다.

18 위험에 빠진 동안에는 교감신경계가, 그 이후엔 부교감신경계가 지배적으로 활동한다.

19 음악 교습의 효과와 15개월간의 성장의 효과를 분리하는 것이 중요했다.

20 결합 문제란 서로 다른 뇌 영역들이 한 자극의 서로 다른 측면을 분석한다고 할 때 뇌가 어떻게 하나의 통일된 경험을 만들어내는가라는 이론적인 물음이다.

21 결합이 일어나기 위해서는 자극의 서로 다른 측면이 동일한 위치로부터 나온다는 것을 뇌가 파악할 수 있어야 한다. 또한 그 서로 다른 측면들이 동시에 발생해야 한다.

22 아들들은 어머니로부터 정상 색채 시각 유전자 하나를, 아버지로부터 Y 염색체(색채 시각과 상관없음)를 받는다. 따라서 아들은 정상 색채 시각을 가질 것이다. 딸들은 어머니로부터 정상 색채 시각 유전자 하나를 그리고 아버지로부터 적록 색각 결함 유전자를 받는다. 따라서 딸들도 역시 정상 색채 시각을 가질 것이지만 적록 색각 결함 유전자를 보유하게 되어 이를 자신의 아이들에게 전해 줄 수도 있다.

23 행동의 거의 모든 측면이 많은 유전자와 환경적 영향이 합쳐진 효과에 좌우된다. 또한 어떠한 유전자라도 한 가지 이상의 결과에 영향을 미친다.

24 후성유전적 변화란 환경의 영향에 기인한 유전자 발현의 변화이다.

25 만약 모든 아동이 좋은 지원을 받는 환경에 있다면 행동적 변이의 총량은 감소할 것이지만 남아 있는 변이는 얼마나 큰가와는 상관없이 대개 유전에 좌우되어야 할 것이다(왜냐하면 환경의 차이가 최소화되었기 때문이다). 따라서 유전율은 증가할 것이다.

26 어쩌면 우울증에 빠지게 되는 생모들은 건강식을 덜 먹거나 술을 더 마시거나 다른 어떤 방식으로 아기의 출생 전 환경을 위태롭게 할 수도 있다.

27 대부분의 경우 유전율 추정치는 성인의 경우에 더 높아야 한다. 나이가 듦에 따라 사람의 행동 경향성은 애초의 차이를 증가 또는 과장하는 방향으로 환경을 변화시키기 때문이다.

28 페닐키톤뇨증은 정신지체를 야기하는 유전적 질환이지만 특수한 식이요법을 쓰면 문제가 최소화된다.

29 이 반사는 현재 인간에게는 무용지물이지만 어미가 걸어 다니는 동안 새끼가 어미에게 매달려 있어야 했던 우리 조상 격의 종에게는 중요한 것이었다.

4 감각과 지각

© Lynn and Donna Rogers

내 아들 샘이 여덟 살 때 내게 물었다. "아빠, 우리가 다른 행성에 가면 다른 색을 보게 되나요?" 내 아들이 말하는 것은 노란색이 빨간색과 다르고 파란색과도 다르다고 할 때의 색을 의미했다. 그건 불가능하다고 난 말했고, 왜 그런지를 설명해 주었다. 외계 공간 어디를 가든 우리가 지구에서 경험하는 색, 소리 및 기타 감각들과는 근본적으로 다르게 경험할 수 없다고 했다. 감각끼리 다른 결합을 보일지 모르지만, 근본적으로 다른 감각 경험은 있을 수 없다고 생각한 것이다.

3년 후, 샘은 사람들이 똑같은 사물을 볼 때 모두 동일한 경험을 갖는지 물어왔다. 즉, 어떤 사물을 보고 사람들이 "초록색이네."라고 할 때 그들 모두 동일한 경험을 한다는 것을 어떻게 알 수 있느냐는 말이다. 이를 확신하는 방법은 없을 거라고 답했다.

왜 나는 다른 행성에서의 색은 지구에서와 동일하게 보인다고 확신하면서도, 이곳 지구에 있는 사람들 모두 특정 색을 동일한 색으로 보는지에 대해서는 확신하지 못할까? 이에 대한 답이 지금 당신에게 분명치 않다면, 이 장을 다 읽을 때까지 기다려보라.

감각(sensation)은 환경에서 비롯된 에너지가 신경계의 반응패턴으로 전환되는 것이다. 감각은 정보의 등록이고, 지각(perception)은 등록된 정보의 해석이다. 예를 들어, 당신 눈에 부딪히는 광선은 감각을 유발한다. 이런 감각을 통해 룸메이트를 알아보는 경험은 지각이다. 사실상, 감각과 지각을 구분 짓는 일은 종종 힘들 때도 있다.

© A. Gragera/Latin Stock/Photo Reseachers

다른 행성이 정말 환상적이고 이국적이더라도 지구에서 우리가 경험하는 색과는 다를 수 없다. 그 이유는 우리 눈이 볼 수 있는 빛은 특정 주파수 대역에 한정되고, 색이란 우리 뇌가 이 주파수 대역의 빛으로부터 만들어낸 경험이기 때문이다.

시각

- 어떻게 눈은 빛을 우리가 경험하는 것으로 전환할까?
- 어떻게 우리는 색을 지각할까?

1980년대 후반, 미시간 대학교의 한 교수는 모든 대학생이 졸업하기 전에 반드시 답할 수 있어야 하는 질문 하나를 알려 달라고 대학교의 모든 과에 의뢰했다. 즉, 학생이 답하지 못하면 학위를 수여할 수 없을 정도로 아주 중요한 질문이라는 말이었다.

가장 인상적인 질문 중 하나는 화학과에서 제안한 것이었다. 단열이 완벽한 밀폐된 방 가운데에 냉장고를 설치하고, 냉장고 문을 활짝 연 상태에서 냉장고를 작동시켰다고 가정하자. 그 결과, 이 방은 시원해질까, 아니면 더워질까, 또는 방 온도에 아무런 변화가 없을까? (아래 글을 읽기 전에 잘 생각해 보고, 답을 내놓아 보라.)

이 문제에 답하기 위해서 당신이 알아야 할 사실은 냉장고는 차가움을 만들어내지는 않는다는 점이다. 냉장고는 내부에 있는 열을 외부로 이동시킨다. 그런 다음, 외부에 더해진 열과 내부에서 제거된 열을 비교해 보라. 이 둘이 균형을 이루려면, 냉장고는 100%의 효율로 작동해야 한다. 그리고 방이 시원해지려면 100% 이상의 효율로 작동해야 한다. 가장 중요한 물리 원칙 중 하나는 모든 기계는 일정 에너지를 소모한다는 것이다. 그러므로 냉장고는 방을 덥게 할 것이다. 이를 달리 생각해 보는 길은 냉장고는 전기를 사용한다는 사실이다. 전기 사용은 언제나 일정량의 열을 발생시킨다.

이 질문은 엔트로피 법칙, 즉 열역학 제2법칙을 적용해야 답을 얻을 수 있다. 이 개념은 당신이 그 용어 자체를 몰라도 중요한 개념이다. 화학과에서 제안한 이 기발한 질문과는 대조적으로, 심리학과에서는 "현재, 심리학에 대한 정의는 무엇인가?"라는 질문을 제안했다. 참, 쑥스럽다! 우리가 해 온 그 많은 심리학 연구들이 있는데도 세상에 내놓을 것이 기껏 자신에 대한 정의밖에 없단 말인가?

여기 좀 괜찮은 질문이 하나 있다. 물론 심리학 전체를 대표하진 않지만, 투박해 보일는지 몰라도 심리학 교육을 충실히 받은 사람이라면 당연히 답할 수 있는 질문임엔 틀림없다. 우리가 어떤 대상을 볼 수 있게 하는 것은 무엇인가? 우리가 보는 것은 빛이 눈으로 들어오기 때문인가, 아니면 눈에서 시각 광선(sight rays)을 내보내기 때문인가?

빛이 우리 눈으로 들어온다는 것이 정답이다. 나무를 볼 때, 우리가 나무를 지각하는 일은 나무에서 일어나는 것이 아니라 우리 머리 안에서 일어난다. 우리가 시각 광선을 내보내서 나무에 부딪치게 하는 것이 맞다고 해보자. 이럴 경우 그 시각 광선이 나무에 반사되어 눈으로 되돌아오지 않는다면, 우리는 나무에 대해 알

수 없게 될 것이다. 그런데, 조사를 해보니 대학생 중 33% 정도는 시각 광선을 내보내서 지각하는 것으로 생각했다(Winer, Cottrell, Gregg, Fournier, & Bica, 2002).

시각이 어떻게 작동되는가를 발견한 것은 심리학에서는 최초의 과학적 발견이다(Steffens, 2007). 약 1000여 년 전, 이슬람 학자 Ibn Al-Haytham[1]은 사람들이 눈을 뜨자마자 곧 별을 볼 수 있다는 점에 근거해서 시각 광선이 그렇게 먼 물체까지 빠르게 이동한다는 것은 믿기지 않는다고 추론했다. 더 나아가, 빛이 물체에 부딪칠 때 관찰자는 물체에서 직접 반사되어 관찰자의 눈으로 들어온 빛만을 본다는 것을 시범으로 보여주었다.

시각 광선이라는 생각 외에도 사람들은 시각에 대해 잘못 이해하고 있는 점들이 있다. 우리가 보는 것은 외부세계의 복사본이라고 생각하기 때문에 우리는 종종 미혹되기도 한다. 우리가 보는 것은 복사본이 아니다. 컴퓨터가 어떤 광경이나 소리를 1과 0의 연속으로 번역하는 것처럼, 우리의 뇌는 자극을 아주 다른 표상으로 번역한다.

개념 점검

1. 고양이는 완전히 깜깜한 데서도 볼 수 있다는 말을 들은 적이 있을 것이다. 당신은 그것이 가능하다고 생각하는가?
2. 개미는 얼마나 멀리 볼 수 있을까?

---

1 서기 10세기에서 11세기에 걸쳐 활동한 아라비아의 위대한 과학자로, 영어로 표현할 때는 Alhazen으로 표기하기도 하고, 유럽권에서 Al Hassan으로도 표기한다. 시지각과 관련된 그의 선구적인 연구들은 암흑상자(Camera Obscura)라는 실험실을 통해 진행됐다. 이는 우리가 사용하는 사진기(camera)의 원형적인 구조이다.

빛의 탐지

감각은 자극(stimuli)의 탐지다. 자극이란 우리를 둘러싼 세계로부터 나오는 에너지로 특정한 방식으로 우리에게 영향을 준다. 우리의 눈과 귀, 다른 감각기관들은 수용기(receptors)들로 빽빽이 채워져 구성되어 있다. 이때 수용기는 환경의 에너지를 신경계 신호로 전환시키는 전문화된 세포를 말한다.

우리가 빛이라고 부르는 것은 전자기 스펙트럼(electromagnetic spectrum)의 일부인데, 아주 짧은 파장의 감마선과 X-선으로부터 자외선, 가시광선, 적외선으로 이어지면서 라디오나 TV 전송에 사용되는 매우 긴 파장에 걸쳐 존재하는 모든 파장대의 방사 에너지인 전자기파 연속체를 전자기 스펙트럼이라고 한다(그림 4.1). 빛을 볼 수 있는 이유는 우리 눈의 수용기가 (우리가 빛이라고 부르는) 400나노미터(nm)에서 700나노미터까지의 전자기파에 반응하기 때문이다. 만약 다른 수용기들이 있다면 다른 파장대의 전자기파를 볼 수 있을 것이다. 사실, 많은 곤충과 새들은 우리가 볼 수 없는 자외선을 볼 수 있다.

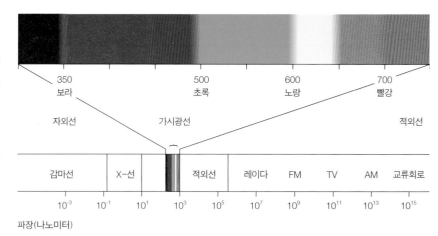

그림 4.1 가시광선은 전자기 스펙트럼에서 작은 일부분이다. 우리가 이 파장대의 전자기파를 볼 수 있는 것은 우리의 수용기가 이에 반응하기 때문이다.

눈의 구조

우리가 어떤 대상을 볼 때, 그 대상에서 반사된 빛은 동공(pupil)을 통해서 들어온다. 동공은 확대와 축소를 통해 눈에 들어오는 빛의 양을 제어하는 조절 가능한 구멍이다. 홍채(iris)는 동공을 둘러싼 눈의 표면 구조로 색깔이 있어서, 갈색, 초록색, 또는 파란색 눈동자라고 말하는 부위다.

동공을 통과한 빛은 유리질(투명한 젤리 같은 물질)을 가로질러서 망막(retina)에 부

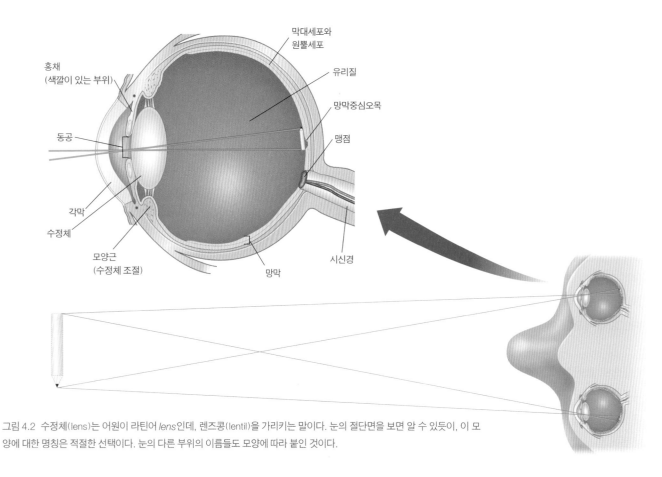

그림 4.2 수정체(lens)는 어원이 라틴어 *lens*인데, 렌즈콩(lentil)을 가리키는 말이다. 눈의 절단면을 보면 알 수 있듯이, 이 모양에 대한 명칭은 적절한 선택이다. 눈의 다른 부위의 이름들도 모양에 따라 붙인 것이다.

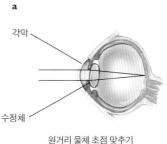

a

각막

수정체

원거리 물체 초점 맞추기
(얇은 수정체)

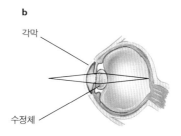

b

각막

수정체

근거리 물체 초점 맞추기
(두꺼운 수정체)

그림 4.3 신축적이고 투명한 수정체는 자신의 모양을 조절해서 원거리 물체(**a**)나 근거리 물체(**b**)에 초점을 맞출 수 있다. 수정체는 눈으로 들어오는 광선들을 굴절시켜 망막 위에 모이게 만든다.

© Chase Swift Photography

그림 4.4 사진 속의 새끼 올빼미 같은 맹금류들은 위보다는 아래 방향을 훨씬 더 선명하게 볼 수 있다. 날아다닐 때는 이런 배치가 도움이 된다. 그렇지만 지상에서 위를 바라볼 때는 머리를 거의 뒤집어야 한다.

덮힌다. 망막은 시각수용기들이 층을 이루고 있는데, 안구의 뒤쪽 표면을 감싸고 있다. 각막과 수정체는 그림 4.2에 그려진 대로 빛을 모아 망막에 초점을 맞춘다. 각막(cornea)은 안구 표면의 단단하고 투명한 구조물로 항상 동일한 방식으로 빛을 모은다. 수정체(lens)는 두께 조절이 가능한 신축성 있는 구조물로 눈이 조절(accommodation), 즉 다른 거리에 있는 물체들에 맞춰 초점을 조절할 수 있게 한다. 멀리 떨어진 물체에 초점을 맞출 때는 눈 근육이 이완되면서 수정체는 얇고 평평해진다(그림 4.3a). 가까운 물체에 초점을 맞출 경우, 눈 근육은 수축되면서 수정체가 두껍고 둥글어진다(그림 4.3b).

망막중심오목(중심와, fovea)[2]은 인간 망막의 중심부에 위치하는데, 세밀한 시각을 담당한다(그림 4.2를 보라). 망막의 모든 영역 중에서, 망막중심오목에는 수용기의

밀도가 가장 높다. 또한 망막의 다른 영역에 비해 망막중심오목을 통해 들어오는 입력정보를 분석하는 데에 더 넓은 대뇌겉질이 할당되어 있다.

매, 올빼미, 기타 맹금류들은 (위로 쳐다보기 위한) 망막의 아랫부분보다는 (아래를 내려다보기 위한) 망막의 윗부분에 수용기의 밀도가 더 높다. 이들이 비행할 때, 수용기들의 이런 배열은 자신 아래의 지상을 더 세밀하게 볼 수 있게 한다. 하지만, 지상에서 자신 위쪽을 자세히 보기는 힘들다(그림 4.4).

표 4.1 일반적인 시각 장애

장애	설명
노안	수정체 신축성의 감소에 따라서 근거리 물체에 초점 맞추는 능력의 저하
근시	원거리 물체에 초점 맞추는 능력의 저하
원시	근거리 물체에 초점 맞추는 능력의 저하
녹내장	시신경의 손상으로, 대개 안구의 압력, 즉 안압의 증가 때문에 일어난다.
백내장	수정체가 뿌옇게 흐려지는 장애

2 눈의 뒤쪽을 감싸고 있는 망막은 전반적으로 부드러운 곡면이지만, 우리가 응시할 때의 시선에 대응하는 망막 부위는 약간 움푹 들어가 있다. 이런 모양 때문에 '중심와'라는 용어를 사용해 왔지만, 더 쉬운 이해를 위해 망막 중심 부위가 오목하게 들어가 있다는 의미로 '망막중심오목'이란 한글 용어를 사용한다.

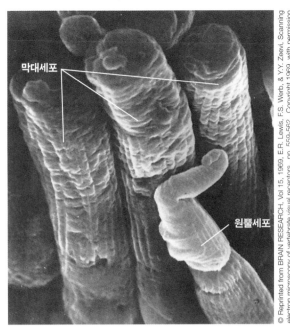

그림 4.5 주사형 전자현미경을 통해 본 막대세포와 원뿔세포. 인간 의 눈 망막에 있는 막대세포는 1억 2천만 개 이상으로 희미한 조명에서도 시각을 가능케 한다. 망막에 있는 원뿔세포는 6백만 개 정도인데, 밝은 조명에서 색을 구별할 수 있게 한다. (출처: *Brain Research*, Vol 15; Lewis, Werb, & Zeevi (1969). *Scanning electron microscopy of vertebrate visual receptors*, pp. 559-562. © 1969 Elsevier. 허가하에 실음)

시각에서 흔히 나타나는 몇몇 장애들을 표 4.1에 기술했다.

개념 점검

3. 사람들은 노년기로 접어들면서 수정체가 점점 딱딱해진다. 이런 딱딱한 상태는 시각에 어떤 영향을 줄까?

시각수용기

망막에는 원뿔세포와 막대세포라는 두 유형의 시각수용기가 있는데, 그림 4.5에 보여진 대로 그 기능과 외양이 다르다. 원뿔세포(추상체, cones)는 색채시각과 주간시각, 그리고 세밀한 시각을 담당한다. 반면, 막대세포(간상체, rods)는 어두운 조명에서의 시각을 담당한다.

인간 망막에 있는 시각수용기 중 약 5% 정도가 원뿔세포다. 5%는 별로 많지 않아 보이지만, 원뿔세포가 많은 망막 부위는 막대세포가 많은 부위에 비해 더 많은 축삭돌기를 뇌로 보내기 때문에, 원뿔세포 반응

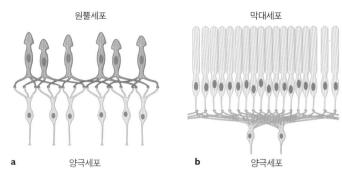

그림 4.6 상당히 많은 막대세포들이 자신의 입력을 다음 세포층을 이루는 양극세포로 수렴시키기 때문에 막대세포에 주어진 빛이 아주 약할 때도 양극세포를 자극한다. 그래서 많은 막대세포로 구성된 망막의 주변부는 흐릿한 빛도 탐지할 준비가 되어 있다. 하지만 망막 주변부의 양극세포는 아주 많은 수의 수용기로부터 입력을 받기 때문에 물체의 위치와 모양에 대한 정보의 정밀도가 떨어진다.

은 인간의 시각겉질에서 지배적이다. 대부분의 새들도 원뿔세포가 많고 양질의 색채시각을 갖는다. 밤에 활동적인 종들(예를 들면, 쥐와 생쥐)은 주로 막대세포를 갖는다.

원뿔세포의 구성비는 망막의 중심으로 가면서 증가한다. 망막중심오목(그림 4.2를 보라)은 원뿔세포로만 구성되어 있다. 망막의 주변부로 가면서 막대세포의 구성비는 급격히 증가하기에 색채시각은 더 약해진다.

▶ 직접 해 보세요!

다음 실험을 해보라. 먼저, 여러 가지 색깔의 펜이나 연필들을 당신 등 뒤에 놓아두어라. (크기, 모양, 밝기가 비슷한 다른 물체들을 사용해도 된다.) 팔을 등 뒤로 돌려 그 중의 하나를 선택한 다음, 당신 머리 뒤에 들고 있어라. 그리고 천천히 당신 시야 안으로

표 4.2 막대세포와 원뿔세포의 차이점

	막대세포	원뿔세포
모양	거의 원기둥 형태	원뿔 형태
인간 망막에서 분포비율	90~95%	5~10%
종 분포	모든 척추동물	낮 시간에 활동하는 동물들
망막에서의 영역	망막 주변부로 가면서 증가	망막중심오목으로 모이면서 증가
색채시각에 기여	없음	있음
세밀한 시각에 기여	없음	있음
희미한 빛 지각	예	아니오
유형 개수	단지 한 유형	세 유형

로 이동시켜라. 그 물체가 보이기 시작할 때 아마도 그
물체의 색은 볼 수 없을 것이다

　막대세포가 희미한 빛을 탐지하는 데 있어 원뿔세
포보다 더 뛰어난 이유가 두 가지 있다. 첫째, 막대세
포는 원뿔세포에 비해 아주 약한 자극에도 반응한다.
둘째, 막대세포들은 자신의 자원을 합친다. 원뿔세포
는 단지 하나 또는 몇 개만이 그 다음 세포인 양극세포
로 메시지를 모아 보내는 반면, 막대세포들은 아주 많
은 수가 메시지를 수렴해서 보낸다. 망막의 주변부 가
장자리에서는 100개 이상의 막대세포 메시지가 하나
의 양극세포로 보내진다(그림 4.6). 표 4.2에는 막대세
포와 원뿔세포의 차이를 요약해 놓았다.

개념 점검　　4. 밤하늘에서 별을 똑바로 보는 것보다는
　　　　　　　 살짝 옆으로 보면 왜 흐릿한 별을 더 잘
　　　　　　　 보게 될까?

암순응

늦은 밤에 손전등이 필요해서 지하실로 내려갔다고
가정해 보자. 그런데 지하실에 하나밖에 없는 전구는
켜지지 않는다. 약한 달빛만이 지하실 들창으로 스며
들어오고 있다. 처음에는 아무것도 볼 수 없었지만, 시
간이 좀 흐르자 당신의 시각은 점차 좋아진다. 희미한
빛 속에서 시각 능력이 점차적으로 향상되는 것을 암순응
(dark adaptation)이라 부른다.

　이 순응기제는 다음과 같다. 시각수용기 안의 레티날
이라는 분자는 빛에 노출되면 화학적으로 변하고, 이
는 시각수용기를 자극한다. (레티날은 비타민 A에서 유
도된다.) 빛이 적당한 상태에서 시각수용기는 레티날
을 재생산하는데, 빛이 이 분자들을 분해시키는 속도
보다 더 빠르지는 않다. 희미한 빛에서는 아무런 경합
없이도 이 분자들을 재생산해서 약한 빛의 탐지를 증
진시킨다.

　원뿔세포와 막대세포는 이런 순응 속도가 다르다.
어두운 장소로 들어갈 때, 원뿔세포는 레티날 재생산
을 먼저 시작하지만, 막대세포가 재생산을 완료할 즈
음에는 막대세포가 원뿔세포보다 흐릿한 빛에 더 민감

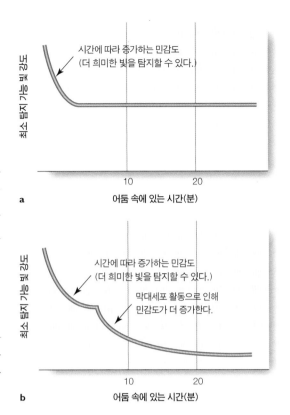

그림 4.7　이 그래프들은 (a) 원뿔세포만 이용해서 똑바로 응시하는
빛에 암순응 하는 과정과 (b) 원뿔세포와 막대세포 모두를 통해 주변
부에 주어진 빛에 암순응 하는 과정을 보여준다. (출처: E. B. Gold-
stein, 1989.)

해진다. 이때 가서는 거의 막대세포로만 보게 된다.

　심리학자들이 암순응 시범을 어떻게 하는지 보자(E.
B. Goldstein, 2007). 당신은 깜빡이는 아주 작은 빛을
제외하곤 칠흑같이 어두운 방으로 들어간다. 조절 손
잡이로 깜빡이는 빛의 밝기를 줄여서 거의 볼 수 없는
상태로 만든다. 3~4분 동안 당신은 그림 4.7a에 그려
진 대로 빛의 강도를 점차적으로 줄이게 된다. 빛 강도
를 감소시킬 수 있다는 것은 당신 눈의 민감도가 증가
해 가고 있음을 의미한다는 점에 주목하라. 당신이 그
광점을 똑바로 응시하면서도 빛의 밝기를 줄여간다는
것은 원뿔세포가 희미한 빛에 순응하고 있음을 보여주
는 것이다. (당신이 광점을 똑바로 응시한다는 것은 막대세
포가 전혀 없는 망막중심오목에 빛을 모으고 있다는 말이다.)

　이제 절차를 약간 바꿔 위의 실험을 반복해 보자. 당
신이 흐릿한 빛을 응시하고 있을 때 바로 옆에 또 다른
빛이 깜빡거린다. 이 빛은 원뿔세포만이 아니라 막대

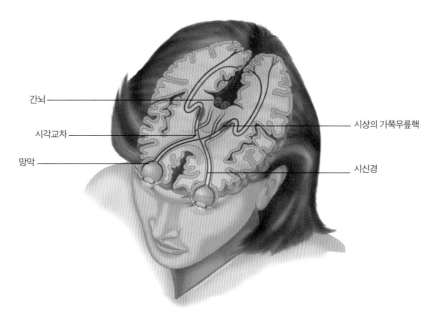

간뇌

시각교차

망막

시상의 가쪽무릎핵

시신경

그림 4.8 망막에서 신경절세포의 축삭돌기들은 맹점을 통해 눈을 빠져나가면서 시신경을 형성한다. 인간의 경우, 각 눈의 시신경 축삭돌기 반 정도는 시각교차에서 뇌의 반대방향으로 교차한다.

세포도 자극한다. 당신은 조절 손잡이를 돌려서 바로 옆에 깜빡이는 빛이 거의 안 보이도록 한다(그림 4.7b). 7~10분 정도까지는 이전 실험과 결과는 동일하다. 그러나 이제는 막대세포가 원뿔세포보다 더 민감해져서 더 흐릿한 빛도 보이기 시작한다. 당신의 막대세포는 다음 20분 이상 계속해서 순응해 나간다.

▶ 직접 해 보세요!

특별한 장치 없이 암순응을 시도해 보려면 다음과 같이 해보라. 밤이 됐을 때, 당신 방에 불을 하나만 켜라. 한 눈을 감고, 손으로 감은 눈을 1분 이상 완전히 덮고 있어라. 손으로 덮여진 눈은 어둠에 순응되는 반면, 뜨고 있는 눈은 빛에 순응된 상태로 지속될 것이다. 이제, 방의 불을 끄고, 두 눈 모두 뜬 상태로 있으라. 명순응된 눈보다 암순응된 눈이 더 잘 보인다는 것을 느낄 것이다. (이 시범에서는 당신 방에 불을 꺼도 창문을 통해 희미한 빛이 들어온다고 가정하고 있다. 완벽하게 어두운 방이라면 당연히 아무것도 볼 수 없다.)

개념 점검

5. 극도로 약한 빛에 완전히 순응된 상태에서, 눈의 망막중심오목과 주변부 중 어디서 더 많은 물체를 보게 될까?

시각경로

당신이나 내가 눈을 설계한다면, 시각수용기는 당연히 눈 바로 뒤의 뇌에 직접 연결시킬 것이다. 이런 경로가 우리에게는 논리적으로 보일 수 있지만, 우리 눈이 실제 작동하는 방식은 아니다. 시각수용기들은 자신의 신경흥분을 뇌로부터 멀어지는 방향인 안구 가운데를 향해 보내 양극세포라는 뉴런과 연결된다. 양극세포는 또 다른 뉴런인 신경절세포(ganglion cells)와 접촉한다. 신경절세포의 축삭돌기들은 한곳으로 모여 시신경(optic nerve)을 형성하고 그림 4.2와 4.8과 같이 뇌 방향으로 돌아서 눈을 빠져나간다. 각 눈의 시신경은 절반씩 시각교차에서 반대방향의 뇌로 나아간다. 시신경 대부분은 시상으로 간 다음, 뒤통수엽(후두엽)에 있는 일차 시각겉질로 정보를 보낸다. 어떤 사람들은 시신경의 축삭돌기가 다른 사람에 비해 3배까지나 더 많다. 이렇게 두툼한 시신경을 가진 사람들은 희미한 빛이나 아주 작은 움직임을 탐지하는 데 더 뛰어나다(Andrews, Halpern, & Purves, 1997; Halpern, Andrews, & Purves, 1999).

망막에서 시신경이 빠져나가는 부위는 맹점(blind spot)이라고 부른다. 눈을 빠져나가는 시신경의 축삭돌기들이 이 공간을 차지하기 때문에 이 부위에는 시각수용기가 있을 자리가 없다. 그리고 이 맹점을 통해 혈관이 눈으로 들어온다. 일상적으로 우리는 맹점을 자각하지는 못한다.

▶ 직접 해 보세요!

맹점을 자각해 보려면, 먼저 왼쪽 눈을 감고 그림 4.9의 가운데를 응시하라. 그런 다음, 천천히 이 그림을 자신으로부터 멀리했다가 다시 가까이 움직여라. 눈이 그림으로부터 25~30cm 정도 떨어져 있을 즈음, 원 둘레에 있는 사자가 사라질 것이다. 사자 이미지가 바로 당신 맹점에 주어지기 때문이다. 그런데도 당신은 이 자리에서 원이 끊어지지 않고 연속되어 있다고 지각한다.

색채시각

시각체계는 어떻게 다른 파장의 빛들을 색채 지각으

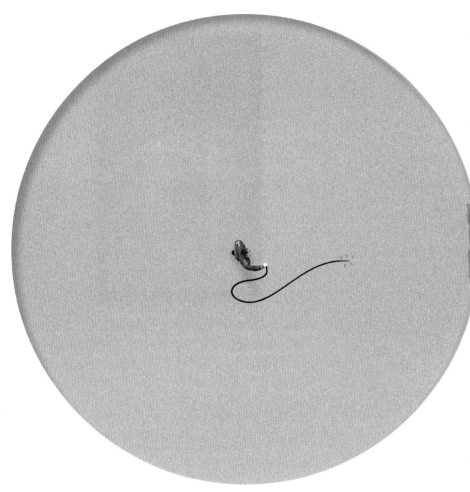

그림 4.9 왼쪽 눈을 감고, 오른쪽 눈으로 동물조련사에 초점을 맞춰라. 오른편에 있는 사자가 사라질 때까지 이 그림을 눈 가까이 또는 멀리 천천히 움직여보라. 사자가 사라지는 그 시점에, 사자의 이미지는 시각수용기가 없는 맹점에 초점이 맞춰진 것이다.

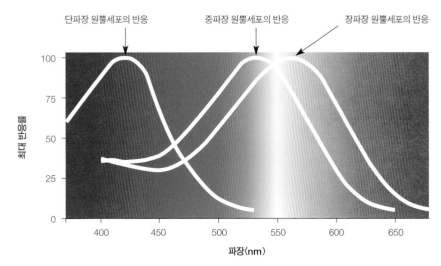

그림 4.10 다양한 빛 파장에 대한 세 유형의 원뿔세포의 민감도 (출처: Bowmaker & Dartnall, 1980.)

로 전환할까? 이 과정은 세 종류의 원뿔세포로 시작한다. 그런 다음, 시각경로의 세포들은 이런 파장 정보를 빨강 대 초록, 노랑 대 파랑, 하양 대 검정이라는 반대 쌍으로 부호화한다. 마지막에 가서는 시각겉질의 세포들이 시야의 여러 부위로부터 온 입력을 비교하여 색채 경험을 종합해 낸다. 이 단계들을 하나씩 살펴보자.

삼원색 이론

Thomas Young은 18세기 영국의 물리학자로, 여러 업적 중 몇 가지만 나열하면, (이집트 상형문자 이해를 가능케 한) 로제타석 해독에 기여했고, 근대적 에너지 개념을 도입했으며, 빛의 파동설을 부활 및 유행시켰고, 보험의 연금지급률 계산법을 창안했고, 사람들이 어떻게 색을 지각하는지에 대한 최초의 이론을 제안했다(Martindale, 2001). 그의 색채이론은 19세기 초반에 Hermann von Helmholtz가 정교화시키고 수정해서 Young-Helmholtz 이론 또는 삼원색 이론(trichromatic theory)으로 알려지게 되었다. 현대 용어로 표현하면, 색채시각은 세 유형의 원뿔세포 반응 비율에 따른다는 주장이다(그림 4.10). 한 유형은 (우리가 일반적으로 파란색으로 보는) 단파장에 가장 민감하고, 다른 유형은 중파장(초록), 또 다른 유형은 장파장(빨강)에 가장 민감하다. 각 파장의 빛은 세 유형의 원뿔세포 반응들의 독특한 비율을 만들어낸다. 흰색 빛은 세 종류 모두를 동등하게 흥분시킨다. 세 유형의 원뿔세포 간의 비율을 통해 뇌가 색을 결정한다는 생각이다.

Young과 Helmholtz는 해부학자들이 세 유형의 원뿔세포가 눈에 존재한다는 것을 확인하기 오래 전에 이 이론을 제안했었다(Wald, 1968). Helmholtz는 관찰자들이 세 파장의 빛을 다양한 양으로 조합시켜서 다른 모든 색에 대응시킬 수 있음을 확인했다. (빛의 혼합은 물감의 혼합과는 다르다. 노란 물감과 파란 물감을 섞으면 초록색이 만들어지고, 노란 빛과 파란 빛을 혼합하면 흰 빛이 만들어진다.)

▶ 직접 해 보세요!

파란 빛에 가장 강하게 반응하는 단파장 원뿔세포는
그 수가 가장 적다. 그래서 망막에서 파랑을 탐지하기
위해서는 파란색을 상대적으로 넓은 영역으로 분산시
켜 제시해야 한다. 그림 4.11은 이 효과를 잘 보여준다.

그림 4.11 파란색 점들은 충분히 크지 않으면 검게 보인다. 먼저, 빨
간색 점의 개수를 센 다음, 파란색 점의 개수를 세어보라. 이제는 더 멀
리 떨어져서 동일하게 반복해라. 아마 빨간색 점의 개수는 동일하지
만, 파란색 점의 개수는 줄어들 것이다.

그림 4.12 밝은 조명 아래서 이 오리의 동공 중 하나를 1분 이상 응시
하라. 이때 눈을 움직이면 안 된다. 그런 다음, 시선을 돌려 하얀 종이
나 하얀 벽을 바라보라. 부적 잔상을 보게 될 것이다.

개념 점검

6. 삼원색 이론에 따른다면, 우리 신경계는
밝은 황록 빛과 어두운 황록 빛 간의 차이
를 어떻게 구별할까?

대립과정 이론

Young과 Helmholtz는 원뿔세포 유형이 몇 개인지에
있어서는 맞았지만, 우리의 색채지각에는 삼원색 이
론만으로 쉽게 다룰 수 없는 특징들이 있다. 예를 들
어 1분 정도 빨간색 물체를 응시한 다음, 시선을 돌리
면 초록색 잔상을 보게 된다. 초록색, 노란색, 파란색
을 응시한 다음에는 각각 빨간색, 파란색, 노란색 잔
상이 보인다. 이런 잔상을 설명하기 위해 19세기 과
학자 Ewald Hering은 색채시각에 대한 대립과정 이론
(opponent-process theory)을 제안했다. 우리는 빨강 대
초록, 노랑 대 파랑, 하양 대 검정이라는 대립쌍을 통해 색을
지각한다는 주장이다. 이를 확인하기 위해서 그림 4.12
에 있는 지시를 따라해 보라.

▶ **직접 해 보세요!**

당신이 시선을 돌려 옆을 보면 이 만화는 정상적인 색

으로 보였다. 어떤 이미지를 응시한 다음에는 파랑이
노랑으로 바뀌고, 노랑이 파랑으로, 빨강이 초록으로,
초록이 빨강으로, 하양이 검정으로, 검정이 하양으로
바뀐다. 어떤 색이 제거된 다음에 다른 색을 경험하는 것을
부적 잔상(negative afterimages)이라고 부른다.

아마도 신경계 어딘가에 있을, 파란색에는 활동이
증가하고 노란색에는 감소하는 세포들로 설명할 수
있을 것이다. 파란색을 충분히 길게 응시하면 이 세포
들은 지쳐서 반응이 감소한다. 우리의 뇌는 이 세포들
의 활동 감소를 노란색으로 해석한다. 이런 세포들이
망막 자체에 있을 것으로 생각할 수 있겠지만, 이런 해

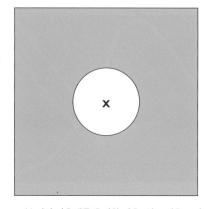

그림 4.13 1분 이상 가운데를 응시한 다음, 흰 표면을 보라. 가운데에
어떤 색이 보이는가?

석에 반하는 관찰 증거가 있다. 그림 4.13의 가운데를 1분 이상 응시한 다음, 흰 표면을 바라보라. 당신이 보게 되는 잔상의 원 바깥부분은 예상한 대로 빨간색이다. 그런데, 원 안쪽은 회색이나 검은색이 아니라 초록색이다. 원 안쪽의 지각은 둘러싼 맥락에 따라 달라진 것이다. 이 결과는 부적 잔상이, 그리고 사실상 일반적인 색채 지각이 망막에서의 상호작용뿐만이 아니라 대뇌겉질에 좌우된다는 점을 강하게 시사한다.

개념 점검

7. 어떤 색채이론이 부적 색채잔상을 설명하는가?

8. 그림 4.12를 응시하면서 생성된 부적 잔상은 배경 위에서 움직이는 듯이 보일 수도 있다. 이 잔상은 왜 한곳에 머물러 있지 못할까?

레티넥스 이론

당신은 지금 아주 어두운 방에서 초록빛 조명이 비추어진 커다란 백색 스크린을 바라보고 있다고 가정하자. 당신이 보는 것이 초록빛 조명으로 비춰진 백색 스크린인지 아니면 백색 조명으로 비춰진 초록색 스크린인지 어떻게 알 수 있을까? 아니면, 노란빛 조명으로 비춰진 파란색 스크린일까? 당신은 모를 것이다. 자, 이제 갈색 셔츠에 파란색 청바지를 입은 사람이 이 스크린 앞에 들어선다. 모든 대상들이 초록빛을 가장 많이 반사하는 상황인데도, 갑자기 셔츠는 갈색으로, 청바지는 파란색으로, 스크린은 흰색으로 보인다. 당신은 한 대상에서 반사된 빛과 다른 대상들

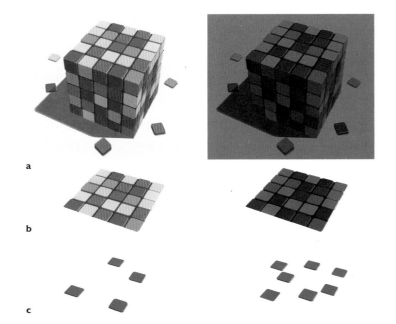

그림 4.14 (a) 정육면체가 노란빛 조명(왼쪽) 아래 있을 때나 파란빛 조명(오른쪽) 아래 있을 때나, 표면을 이루는 작은 정사각형의 색들은 동일하게 지각된다. 중간 판(b)과 아래 판(c)은 맥락(즉, 조명)을 제거했을 때 어떤 일이 벌어지는지를 보여준다. 위 판(a) 왼쪽 정육면체의 "파란색" 정사각형들과 오른쪽 정육면체의 "노란색" 정사각형들은 아래 판(c)에서 볼 수 있듯이 실제로는 회색이다. (출처: Purves & Lotto (2003). *Why We See What We Do*, fig 6.10, p.134, © 2003 Sinauer Associates, Inc. 허가하에 실음)

에서 반사된 빛을 비교하여 색을 지각한다. 대상이 달라진 조명 아래서도 동일한 색으로 보이는 경향을 색채 항등성(color constancy)이라고 부른다(그림 4.14).

이런 관찰들을 설명하려고, Edwin Land(폴라로이드 랜드 카메라 발명가)는 레티넥스 이론(retinex theory)을 제안했다. 이 이론에 따르면, 대뇌겉질은 망막의 여러 다른 부위에서 오는 빛 패턴들을 비교해서 각 영역의 색을 합성한다(Land, Hubel, Livingstone, Perry, & Burns, 1983; Land & McCann, 1971). (레티넥스 retinex라는 용어는 망막 retina와 겉질 cortex라는 말의 합성어다.)

그림 4.14가 뚜렷이 보여주는 바와 같이 우리는 단파장 빛을 "파란색", 장파장 빛을 "빨간색"이라고 불러서는 안 된다. 회색 사각형이 어떤 조명에서는 파란색으로 보이고 다른 조명에서는 노란색으로 보일 수 있다(Lotto & Purves, 2002; Purves & Lotto, 2003). 색은 우리 뇌에서 구성되는 것이지, 빛 자체의 속성은 아닌 것이다.

시각 연구자들은 삼원색 이론과 대립과정 이론, 그리고 레티넥스 이론이 각각의 다른 측면들에서 맞다고 본다. 삼원색 이론은 인간의 색채시각이 세 종류의 원뿔세포로 시작한다고 언명한다. 대립과정 이론은 망막 이후의 신경세포들이 색채 정보를 어떻게 조직화하는지를 설명한다. 레티넥스 이론은 대뇌겉질이 시야의 다양한 영역에서 온 색채 정보들을 비교한다는 점을 분명히 한다.

색채시각 결함

수 세기 전에 사람들은 시각장애가 아닌 사람(즉, 맹인이 아닌 사람)은 색을 지각하고 재인할 수 있다고 가정했었다(Fletcher & Voke, 1985). 그러다가 15세기 즈음해서 색채시각 결함(또는 색맹)이라는 현상이 분명히 확인되었다. 이는 색채시각이 단지 빛 자체의 속성이 아니라 우리의 눈과 뇌의 기능이라는 첫 번째 단서가 되었다.

색맹(colorblindness)이라는 예전 용어가 오해를 불러일으키는 이유는 색을 전혀 구분하지 못하는 사람은 아무도 없기 때문이다. 약 8%의 남성과 1% 미만의 여성이 빨간색과 초록색을 구별하기 힘들어 한다(Bowmaker, 1998). 원인은 X 염색체에 있는 열성 유전

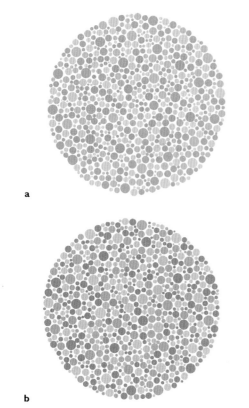

a

b

그림 4.15 이 두 원판은 적-록 색각 결함을 확인해 내는 비공식적인 검사판이다. 무엇이 보이는가? 186쪽 A의 답과 당신의 답을 비교해 보라.

가지고 있다(Fletcher & Voke, 1985).

그림 4.15는 적-록 색각 결함 검사판이다. 조잡해 보여도 색채시각 결함을 확인해 내는 데는 만족스럽기에 일반적으로 사용된다. 두 원판 각각에서 무엇이 보이는가?

▶ 직접 해 보세요!

색채시각 결함인 사람들에게 세상은 어떻게 보일까? 이들도 세상을 기술할 때 일반적인 색채 단어를 사용한다. 장미는 빨갛고, 바나나는 노랗고, 풀은 초록색이라고. 그렇지만 이들이 이렇게 말한다고 해서 다른 사람들과 똑같이 색을 지각한다고 볼 수는 없다. 아주 드물게는 한 눈은 적-록 색각 결함이지만 다른 눈은 정상인 사람도 있다. 이런 사람의 경우, 정상 눈의 경험을 통해 색채 단어가 실제로 가리키는 것을 알기 때문에 색각 결함 눈이 보는 것을 기술할 수 있다. 이들에 따르면, 정상 눈으로 보면 빨강 또는 초록으로 보이는 사물들이 색각 결함 눈에는 노랑 또는 노란빛이 감도는 회색으로 보인다(Marriott, 1976).

▶ 직접 해 보세요!

당신의 색채시각이 정상이라면, 그림 4.16을 통해 색각 결함일 때는 어떻게 보이는지를 경험할 수 있을 것이다. 먼저, 색각 결함 검사판인 원판 b를 가리고, 밝은 조명 아래서 빨간색 원판 a를 1분 정도 응시한다. (조명이 밝고 응시 시간이 길수록 이 효과는 더 확실히 나타난다.) 그런 다음, 원판 b를 보라. 빨간색 원판을 길게 응시했기 때문에 장파장 원뿔세포가 피로해져서 빨간색 감각은 약해진다.

이제 초록색 원판 c를 1분 정도 응시한 다음, 원판 b를 다시 보라. 이번 경우에는 초록색 원뿔세포가 피로해졌기 때문에 원판 b의 숫자는 보통의 경우보다 훨씬 더 분명히 보인다. 사실 적-록 색각 결함인 사람 중에는 원판 c를 본 다음에 원판 b에서 숫자를 보는 사람도 있을 수 있다.

자다. 남성들에게는 X 염색체가 단지 하나만 있기 때문에 적-록 색각 결함을 일으키는 유전자 하나면 충분하다. 여성들은 X 염색체가 둘이기에 이런 유전자가 둘이 있어야 적-록 색각 결함이 나타난다. 적-록 색각 결함인 사람들 모두 단파장 원뿔세포는 가지고 있지만, 장파장 원뿔세포나 중파장 원뿔세포 중 한 유형만

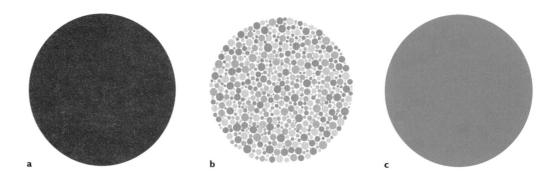

a　　　　　**b**　　　　　**c**

그림 4.16 먼저, 밝은 조명 아래서 원판 **(a)** 를 1분 정도 응시한 다음, 원판 **(b)** 를 보라. 무엇이 보이는가? 다음에는, 1분 정도 원판 **(c)** 를 응시하고 나서 다시 원판 **(b)** 를 보라. 이제는 무엇이 보이는가? 정답은 186 쪽 B에서 확인하라.

능동적 과정으로서 시각

지구상에 사람이 존재하기 전에 색은 있었을까? 색을 지각하는 동물들이 존재하기 전에 색이라는 것이 있었을까? 없었다. 빛은 분명히 존재했고, 여러 사물의 표면이 다양한 파장대의 빛을 반사했지만, 색은 뇌 안에만 존재한다.

　우리의 뇌는 지금 무엇을 보고 있는지를 알아내기 위해 엄청난 양의 정보를 처리한다. 시각을 가진 로봇을 제작한다고 상상해 보라.

빛은 로봇의 시각 감지기에 부딪치고, 그런 다음 … 무얼 할까? 어떻게 로봇은 자신이 보고 있는 대상이 무언지, 또는 그 대상에 대해 어떻게 해야 할지를 알게 될까? 이 모든 처리 과정은 로봇으로 흉내 내기란 아주 어려운 일인데도 우리 뇌에서는 몇 분의 1초 사이에 벌어진다.

요약

- **시각은 어떻게 작동하나.** 빛이 눈 뒤에 붙은 망막에 부딪히면 신경세포들은 뇌로 메시지를 보내는데, 이때 시각이 일어난다. 우리는 눈에서 시각 광선을 밖으로 내보내는 것이 아니다. (141쪽)

- **빛.** 눈에 있는 시각수용기를 흥분시키는 전자기 스펙트럼의 일부가 빛이다. 우리가 다른 유형의 수용기를 가졌다면, 다른 파장대의 전자기파를 빛으로 정의했을 것이다. (142쪽)

- **초점.** 각막과 수정체는 망막 위에 빛을 모아 초점을 이룬다. (142쪽)

- **원뿔세포와 막대세포.** 망막의 망막중심오목과 그 근처에서 주로 발견되는 원뿔세포는 색채시각에 필수적이다. 막대세포는 망막 주변부로 가면서 그 수가 점차 증가하는데 희미한 빛을 탐지한다. (144쪽)

- **맹점.** 시신경이 망막에서 뇌로 빠져나가는 망막 영역이 맹점이다. (146쪽)

- **색채시각.** 색채시각은 세 종류의 원뿔세포에 의존하는데, 각 원뿔세포는 특정 파장대의 빛에 민감하다. 원뿔세포가 전달한 메시지는 시각체계의 그다음 신경세포 활동의 증가 또는 감소를 일으켜서 특정 색을 각각 나타낸다(예, 활동 증가는 파랑, 활동 감소는 노랑). 대뇌겉질은 망막의 각 영역의 반응을 비교하여 색채 경험을 결정한다. (146쪽)

- **색채시각 결함.** 완전한 색맹은 드물다. 어떤 사람들은 유전적인 이유로 빨간색과 초록색을 구별하는 데 어려움을 겪는다. (149쪽)

핵심 용어

각막 (143쪽)

감각 (140쪽)

대립과정 이론 (148쪽)

동공 (142쪽)

레티넥스 이론 (149쪽)

막대세포 (144쪽)

망막 (142쪽)

망막중심오목 (143쪽)

맹점 (146쪽)

부적 잔상 (148쪽)

삼원색 이론(또는 Young-Helmholtz 이론) (147쪽)

색채항등성 (149쪽)

수용기 (142쪽)

수정체 (143쪽)

수정체 조절 (143쪽)

시신경 (146쪽)

신경절세포 (146쪽)

암순응 (145쪽)

원뿔세포 (144쪽)

자극 (142쪽)

전자기 스펙트럼 (142쪽)

지각 (140쪽)

홍채 (142쪽)

비시각적 감각

우리가 흔히 표현하는 말들을 생각해 보라.

• 네가 무얼 말하는지 알겠어(see).

• 네 아픔이 느껴져(feel).

• 모든 사람들의 지지와 관심에 깊이 **감동받았습니다**(touched by).

• 그녀는 고상한 **취미**(taste)를 가진 사람이지요.

• 그는 **아찔할**(dizzy) 정도로 성공했다.

• 이 회사 방침은 썩은 냄새가 나(stink).

• 괜찮은 제안으로 들리는데(sound).

감각 용어들을 은유적으로 사용하는 것은 우연이 아니다. 우리의 사고와 뇌 활동은 거의 대부분 전반적으로 감각 자극들을 다룬다. 아마도 당신은 이 주장에 의

문을 품을 것이다. "추상적 개념도 그럴까요?"라고 반론을 제기할는지도 모른다. "가끔, 저는 숫자나 시간, 사랑, 정의, 모든 종류의 비감각적 개념들에 대해서 생각하는데요." 그렇다. 하지만 이런 개념들은 어떻게 학습했을까? 보거나 만질 수 있는 물건들을 세면서 숫자를 배우지 않았나? 감각의 변화를 관찰하면서 시간에 대해 학습하지 않았나? 사랑과 정의는 당신이 보고, 듣고, 느낀 일들을 통해 배우지 않았나? 당신의 감각을 통해 탐지했던 무언가를 언급하지 않고도 추상적 개념들을 설명할 수 있을까? 이 단원에서 우리는 소리, 머리 기울임, 피부자극, 화학물질이 일으키는 감각들을 고려해 볼 것이다.

청각

우리가 익숙하게 "귀"라고 부르는 것은 전문적으로는 귓바퀴로 알려진 다육질의 구조다. 귀는 소리를 속귀(내이)로 보내는데, 속귀에는 수용기들이 배열되어 있다. 포유류의 귀는 음파를 한 줄로 늘어선 수용기 세포들의 역학적 변위로 전환한다. 음파(sound waves)는 공기나 물 또는 다른 매질의 진동이다. 음파는 주파수와 진폭 면에서 변동한다(그림 4.17). 음파의 주파수는 1초당 주기(진동) 수로서 헤르츠(hertz, Hz)로 표기한다. 음높이(pitch, 또는 음고)는 주파수와 아주 밀접히 연관된 지각이다. 높은 주파수의 음파는 고음으로, 낮은 주파수 음파는 저음으로 지각한다.

소리 크기(loudness, 또는 음강)는 음파의 진폭, 즉 음파의 강도에 따른 지각이다. 모든 것이 동일한 조건에서, 소리는 진폭이 클수록 더 크게 들린다. 소리 크기는 심리적 경험이기 때문에 다른 요인들 또한 영향을 준다. 예를 들어 동일한 진폭이지만 빠르게 말하면 천천히 말하는 것보다 더 크게 들린다.

귀는 상대적으로 약한 음파를 청각수용기들이 있는 달팽이관(cochlea)이라는 액체로 가득 찬 관에서 더 강한 압력파로 전환한다(그림 4.18). 음파는 고막에 부딪혀서 고막을 진동시킨다. 고막은 세 개의 작은 뼈에 연결되어 있는데, 이들은 모양에 따라 망치뼈, 모루뼈, 등자뼈라고 한다. 커다란 고막의 약한 진동이 이들을 통해 이동하면서, 아주 작은 등자뼈에 가서는 강한 진동으로 변환된다. 그다음에는 등자뼈가 진동을 액체로 찬 달팽이관에 전달하면, 달팽이관 안의 기저막에 늘어선 유모세포들의 털이 진동에 따라 휘어진다. 이 유모세포들은 피부에 있는 촉각수용기처럼 작동하

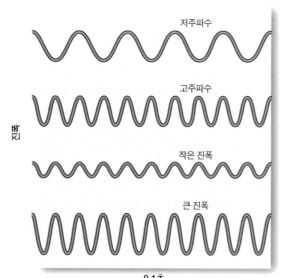

그림 4.17 음파의 봉우리 간의 시간 간격이 소리의 주파수를 결정한다. 주파수는 음높이로 경험된다. 음파의 수직 범위, 즉 진폭은 소리의 강도를 결정한다.

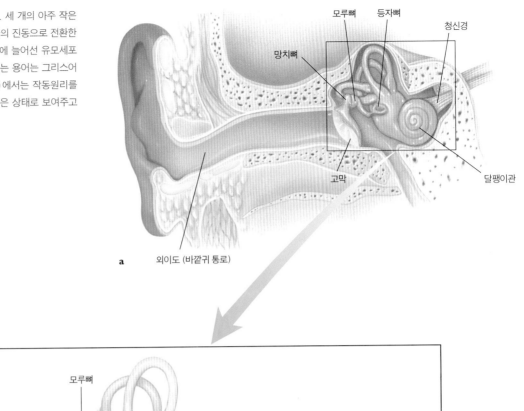

그림 4.18 음파는 고막을 진동시킨다(a). 세 개의 아주 작은 뼈들이 고막의 진동을 액체로 찬 달팽이관의 진동으로 전환한다(b). 달팽이관 안에서의 진동은 기저막에 늘어선 유모세포들을 휘어지게 한다. 달팽이관 cochlea라는 용어는 그리스어로 달팽이(snail)이라는 말이다. 그림 (b)에서는 작동원리를 분명히 보여주기 위해서 달팽이관을 펴놓은 상태로 보여주고 있다.

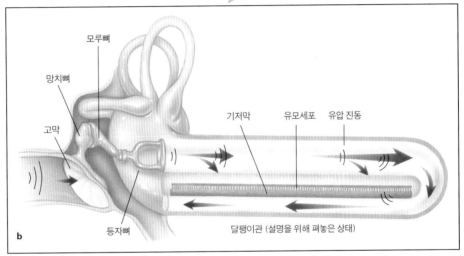

는데, 청신경을 이루는 신경세포에 연결되어 있다. 청신경은 청각을 담당하는 뇌 영역으로 신호를 전달한다.

청각기제를 이해하면 청각장애를 설명하는 데 도움이 된다. 청각장애의 하나인 전음성 난청(conduction deafness)은 고막에 연결된 뼈들이 달팽이관으로 음파를 적절히 전달하지 못하는 데서 발생하는 장애다. 전음성 난청은 뼈들의 움직임을 방해하는 것을 수술로 제거해서 교정할 수 있다. 전음성 난청인 사람들은 자신의 목소리는 들을 수 있는데, 그 이유는 목소리가 고막을 거치지 않고도 두개골을 통해 달팽이관으로 전달되기 때문이다. 다른 유형의 난청으로 감각신경성 난청(nerve deafness)이 있는데, 이는 달팽이관, 유모세포, 또는 청신경의 손상에 따른 장애다. 다른 질환이나 유전, 큰 소음에 노출된 경험 등이 감각신경성 난청의 일반적인 원인이다.

보청기는 중증 감각신경성 난청인 경우를 제외하면 청각장애를 보완해 줄 수 있다(Moore, 1989). 달팽이관의 특정 부위에 손상을 입은 사람은 고주파 소리나 중주파 소리를 듣는 데 문제가 있다. 현대의 보청기들은 특정 주파수 영역만을 증폭시키도록 조절할 수 있다.

음높이 지각

인간은 성인인 경우 약 15~20Hz에서 약 15,000~20,000Hz(1초당 주기)까지의 음파를 듣는다. 청각의 상한선은 나이가 들어감에 따라 감소하고, 큰 소음에 노출된 경험에 따라 감소한다. 그래서 아이들은 어른에 비해 더 높은 주파수의 소리를 들을 수 있다. 낮은 주파수 음파는 저음으로 지각되고, 높은 주파수 음파는 고음으로 지각되지만, 주파수가 음높이와 동일하진 않다. 예를 들어, 주파수를 두 배로 하면 음높이가 두

청각은 진동을 감지하는 것이다. Sean Forbes는 어릴 때부터 심각한 난청을 앓아왔는데 독순법(입모양 읽기)과 다리를 스피커에 대고 진동을 느껴 음악을 경험해 왔다. 그는 이제 유명한 뮤지션이 되었다. 래퍼 Eminem은 그의 "I'm deaf"란 제목의 이피(EP) 음반 제작을 도왔다.

배로 올라가는 것은 아니고, 한 옥타브 위로 올라간다.

우리는 주파수 대역별로 다른 기제를 통해 음높이를 지각한다. 낮은 주파수(약 100Hz까지)에서는 음파가 달팽이관의 액체를 통해 모든 유모세포들을 진동시키면 이 유모세포들은 음파에 동조된 활동전위를 산출한다. 이를 빈도원리(frequency principle)라고 한다. 예를 들어, 주파수가 50Hz인 소리는 유모세포 각각이 초당 50개의 신

경신호를 뇌로 보내게 한다.

대략 100Hz를 넘어서는 유모세포가 음파의 주파수를 따라갈 수가 없다. 그렇지만, 여전히 각 음파는 최소한 몇 개의 유모세포를 흥분시키는데, 이들의 "연사(연속사격)"를 통해 진동 하나당 활동전위 하나로 반응하는 셈이 된다(Rose, Brugge, Anderson, & Hind, 1967). 이는 연사원리(volley principle)로 알려져 있다. 그렇게 해서, 1,000Hz의 소리는 뉴런이 그 정도로 빨리 발화하지는 못하는데도 초당 1,000개의 신경신호를 산출하게 된다. 연사라는 방식으로 약 4,000Hz까지의 소리는 설명할 수 있다. 이 정도면 우리의 말소리와 음악소리 대부분을 설명하는 데는 충분하다. (피아노의 가장 높은 음은 4,224Hz다.)

이보다 더 높은 주파수 소리영역을 설명하기 위해서는 또 다른 기제가 필요하다. 달팽이관을 따라 각 지점의 유모세포들은 특정 주파수 음파에만 진동하는 조율된 공명기라 할 수 있다. 최고 주파수 음은 등자뼈에 인접한 유모세포를 진동시키고, 더 낮은 주파수 음(100~200Hz까지 내려간 음)은 기저막의 끝부분에 있는 유모세포를 진동시킨다(Warren, 1999). 이것이 장소원리(place principle)이다. 100Hz 이하의 음은 모든 유모세포를 동등하게 발화시키는데, 우리는 빈도원리로 이 소리를 듣는다. 100Hz에서 4,000Hz의 음은 연사원리와 장소원리의 조합을 통해 안다. 4,000Hz 이상에서는 오로지 장소원리에 근거해서 음높이를 지각한다. 그림 4.19에는 음높이 지각의 세 원리들이 요약되어 있다.

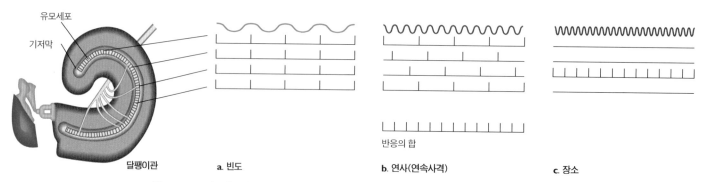

그림 4.19 (a) 저주파 소리영역에서, 기저막에 늘어선 유모세포들은 음파와 동조된 신경신호를 산출한다. (b) 중주파 소리영역에서, 각각의 유모세포들은 각각 다른 음파에 동조된 신경신호를 산출하지만, 연사(연속사격)로, 즉 집단으로 작동하여 각 음파에 하나 이상의 신경신호를 산출한다. (c) 고주파 소리영역에서는 기저막의 특정 지점만 진동한다.

9. 사람들로 꽉 들어찬 방에서 쥐 한 마리가 고주파로 약하게 찍찍 소리를 냈다고 가정해 보자. 이 쥐 소리를 들을 가능성이 가장 낮은 사람은 어떤 사람들일까?
10. 기저막 특정 지점의 유모세포들이 활동할 때, 5,000Hz의 소리를 들었다고 하자. 동일한 유모세포들의 활동량이 두 배로 증가한다면 우린 어떤 소리를 들을까?

당신은 아마도 악기의 한 음을 듣고 그 음높이를 "오, 그건 반음 높은 도(C sharp)예요."라고 말하는 사람을 본 적이 있을 것이다. 이렇게 음높이를 명명하는 사람도 있지만, 전혀 그렇지 못한 사람도 있다. 그 중간은 거의 찾기 힘들다. 이 능력의 주된 요인은 조기 음악훈련이다. 음악훈련을 받은 모든 사람이 절대 음감을 발달시키는 것은 아니지만, 절대 음감을 가진 사람 대부분은 음악훈련을 받았다(Athos et al., 2007). 베트남어나 표준 중국어(베이징어)같이 성조 언어를 사용하는 사람들에게선 이 능력이 더 광범위하게 나타나는데, 이 언어들을 배운 아이들은 초기부터 말소리의 음높이에 세심한 주의를 기울이는 훈련을 받기 때문이다(Deutsch, Henthorn, Marvin, & Xu, 2006). 예를 들어 표준 중국어에서 (상승조의) dá는 12개 묶음(즉, 한 다스)을 의미하지만, (하강조의) dà는 크다는 것을 의미한다. 당신이 절대 음감을 가졌는지 확인해 보려면, 웹사이트 http://perfectpitch.ucsf.edu에 들어가 보라.

절대 음감을 가진 사람이 감탄스럽다면, 특정 음의 높이를 (명명하지는 못하더라도) 알아내는 당신의 능력에 놀랄지도 모른다. 한 연구에서는 특별한 재능이나 훈련을 받은 적이 없는 대학생 48명에게 TV 프로그램 주제가에서 5초 분량만 듣게 했는데, 이를 원래 음조로 연주한 조건도 있고, 약간 낮은 음조, 또는 약간 높은 음조로 연주한 조건도 있었다. 학생들은 대개 원래 음조를 정확히 골라냈지만, 자신이 시청했던 프로그램인 경우에만 한정됐다(Schellenberg & Trehub, 2003). 즉, 친숙한 음높이를 기억해낸 것이다.

흔히 "음치(tone-deaf)"라는 사람들은 사실 완전한 음치는 아니다. 정말 음을 구별할 수 없다면 말을 이해할 수 없기 때문이다. 하지만, 이들은 음의 주파수가 10% 이하로 차이가 나는 것을 탐지하지 못하는 반면, 대부분의 사람들은 1% 이하의 차이도 탐지해 낸다(Hyde & Peretz, 2004; Loui, Alsop, & Schlaug, 2009). 음치인 사람들은 다른 사람들이 음정에 맞지 않게 노래 부르는 것을 알아채지 못하고, 멜로디에서 어떤 음이 틀린 것을 탐지하지 못한다. 이들에게는 친척 중에 음치인 사람들이 있다는 점에서 아마도 유전적인 소인이 있는 것으로 보인다(Peretz, Commings, & Dube, 2007). 음치인지 확인해 보고 싶으면 웹사이트 www.brams.umontreal.ca/amusia-demo에서 검사해 보면 된다.

소리 위치 지각

어떤 소리를 들을 때 듣는 활동은 당신 귀 안에서 벌어지지만, 그 소리는 "저기 밖 어딘가"에서 난다고 경험한다. 그래서 당신은 일반적으로 소리의 출처를 추정할 수 있다. 이때 어떤 단서들이 사용될까? 청각체계는 두 귀로 들어오는 메시지 각각을 비교해서 소리 원천의 방향을 결정한다. 소리가 앞에서 날 때는 메시지가 두 귀에 동일한 강도로 동시에 도달한다. 소리가 왼쪽에서 날 때는 왼쪽 귀에 메시지가 먼저 도착하고 강도가 더 크다(그림 4.20). 저주파 소리의 위치를 지각할 때는 두 귀에 도달하는 시간 차가 중요하다. 강도는 고주파 소리의 위치를 지각할 때 더 도움을 준다.

소리 원천의 대략적인 거리 또한 탐지할 수 있다. 소리가 점점 더 커지면, 점점 가까이 오는 것으로 해석한다. 두 소리의 음높이에 차이가 있으면, 더 높은 음이 더 가깝다고 판단한다. (저주파 음은 거리가 멀어도 잘 전달된다. 그래서 고주파 음을 들으면, 그 음의 원천은 상대적으로 가까이 있을 가능성이 높다.) 하지만 소리의 크기와 주파수는 절대적인 거리가 아니라 상대적인 거리를 알려줄 뿐이다. 절대적 거리의 유일한 단서는 반향의 크기다(Mershon & King, 1975). 밀폐된 방에서는 소리 원천에서 직접 오는 음파를 먼저 듣고, 그다음에는 벽, 바닥, 천장, 다른 물체들에 반사된 음파들을 듣게 된다. 어떤 소리의 메아리(반향)가 여러 번 들린다면 그 소리의 원천이 아주 멀리 있다고 판단한다. 메아리를

그림 4.20 소리 원천에 더 가까이 있는 귀가 음파를 먼저 받는다. 이 단서는 저주파 소리의 위치를 탐지하는 데 중요하다.

듣기 힘든 소음이 많은 방에서는 소리 원천의 위치를 탐지하기 힘들다(McMurtry & Mershon, 1985).

개념 점검

11. 소리가 정확히 앞에서 들리는지 아니면 뒤에서 들리는지 구별하기 힘든 이유는?

12. 두 귀 모두 보청기가 필요한 사람이 왼쪽 귀에만 보청기를 달았다면 소리 위치 지각에 어떤 영향을 미칠까?

13. 당신이 듣는 라디오가 (스테레오가 아닌) 모노 음향이라고 가정해 보자. 좌우 다른 방향에서 다른 소리가 나는 것으로 청취자가 들을 수 있도록 방송국이 소리를 내보낼 수 있을까? 가까운 소리와 먼 소리를 구분 짓게 할 수도 있을까? 그럴 수 있는지, 없는지, 그리고 그 이유를 설명하시오.

평형감각

지금 눈을 꼭 감은 채로 롤러코스터를 타고 있다고 상상해 보라. 위로, 아래로, 앞으로, 뒤로 움직인다는 감

평형감각은 머리 위치를 알려주는 동시에 자세와 균형을 잡는 데 핵심적인 역할을 한다.

각은 머리 양쪽의 속귀에 있는 안뜰기관(전정기관, vestibule)이라는 구조에서 비롯된다. 평형감각(vestibular sense)은 머리의 기울어짐과 가속, 그리고 중력을 기준으로 한 머리의 방향을 탐지한다. 이는 자세와 균형을 잡는 데 아주 중요한 역할을 한다. 평형감각이 강렬해지면 멀미가 유발되기도 한다.

평형감각은 또한 머리를 움직이면서도 표적에 눈을 응시할 수 있도록 한다. 길을 걸어갈 때 머리는 위 아래로 흔들거려도 도로 표지판을 계속 응시할 수 있다. 평형감각이 머리 움직임을 탐지해서 눈 움직임을 상쇄하기 때문이다.

▶ **직접 해 보세요!**

시범 삼아, 머리는 움직이지 말고 이 교재를 위, 아래 또는 양 옆으로 흔들면서 읽어보라. 그런 다음, 교재는 가만히 놓고 당신 머리를 위, 아래 또는 양 옆으로 움직이면서 읽어보라. 교재를 흔들 때보다 머리를 움직일 때 더 읽기가 쉽다는 것을 알게 될 것이다. 이유는 당신의 평형감각 덕분에 머리를 움직이면서도 눈을 교재에 계속 응시할 수 있기 때문이다. 평형감각이 손상된 사람들은 걷는 중에는 시야가 흐릿하게 보인다고 보고한다. 이들이 도로 표지판을 읽기 위해서는 반드시 멈춰 서야 한다.

평형감각체계는 세 방향으로 난 반고리관과 두 개의 평형석기관으로 구성되어 있다(그림 4.21b). 반고리관(semicircular canals)에는 유모세포들이 배열되어 있고, 그 안은 젤리 같은 물질로 채워져 있다. 우리의 몸이 특정 방향으로 가속될 때, 해당되는 방향의 반고리관 안의 젤리 같은 물질은 유모세포들을 밀쳐내고, 이에 따라 휘어진 유모세포들은 메시지를 뇌로 보낸다. 그림 4.21b에 있는 평형석기관들도 유모세포를 가지고 있는데(그림 4.21c), 유모세포는 (탄산칼슘 입자들인) 평형석 근처에 있다. 머리를 어느 쪽으로 기울이느냐에 따라 이 입자들이 흥분시키는 유모세포들이 다르다. 평형석기관은 중력의 방향을 알려주기에 어느 쪽이 위인지 지각하게 된다.

우주공간의 무중력 환경에 있는 우주인은 평형감각을 통해 위, 아래를 알 수 없다. 대신에 우주선의 벽면

과 같은 시각적 신호에 의지해 움직이는 학습을 해야 한다.

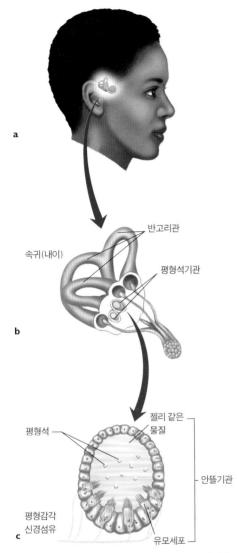

그림 4.21 안뜰기관의 위치(a)와 구조(b)를 보여준다. 머리나 몸을 움직이면 유모세포가 휘어져 머리의 기울어짐과 움직임의 방향 및 가속을 알려준다(c).

피부감각

우리가 흔히 촉각이라고 생각하는 것은 부분적으로는 독립적인 몇 개의 감각으로 구성된다. 피부압력, 따뜻함, 차가움, 통증, 가려움, 진동, 피부 위의 움직임, 피부 늘어남 등이 이에 해당한다. 이런 감각들은 그림 4.22에서처럼 몇 종류의 수용기에 따라 일어난다(Iggo & Andres, 1982). 피부를 핀으로 콕 찌르는 것은 가볍게 건드리는 것과는 다르게 느껴지고, 이 두 감각 모두 불에 데는 것과도 다른데, 그 이유는 각각 다른 수용기를 흥분시키기 때문이다. 이런 감각들을 총괄하여 피부감각(cutaneous senses)이라고 한다. 피부감각은 신체의 감각체계라는 의미로 몸감각체계라고도 한다.

당신은 가려움이라는 감각에 대해 궁금해 해본 적이 있는가? 가려움은 촉각일까, 통증일까, 그도 아니라면 무얼까? 가려움을 담당하는 특별한 유형의 수용기가 있는데, 이 수용기는 척수의 특별한 경로를 통해 메시지를 보낸다(Y.-G. Sun et al., 2009). 가려움은 통증과는 다르다. 사실, 통증은 가려움을 억제한다(Andrew & Craig, 2001). 예를 들면, 치과의사가 수술하기 위해 입을 마취시켰다면 마취가 풀려 나갈 때 가려움수용기는 통증수용기와 촉각수용기보다 더 빨리 회복된다. 그 가려운 부위를 긁으면, 긁는다는 것도 느끼지 못하고 가려움도 줄여주지 못한다.

간지러움은 또 다른 종류의 피부감각이다. 왜 본인이 자기 몸을 간지럽힐 수 없는지에 대해 생각해본 적이 있는가? 어떤 사람들은 아주 약간 자신을 간지럽힐 수 있다고 한다. 특히 잠에서 막 깨어날 때 그렇다는데, 이는 다른 사람이 간지럽힐 때와는 동일하지 않다. 그 이유는 간지러움을 느끼려면 놀람이 필요하기 때문이다. 자기 몸을 스스로 접촉하려 할 때는 뇌의 특정 부위들이 실제 자극과 유사한 예기 반응을 형성한다(Carlsson, Petrovic, Skare, Peterson, & Ingvar, 2000). 스스로 간질이려

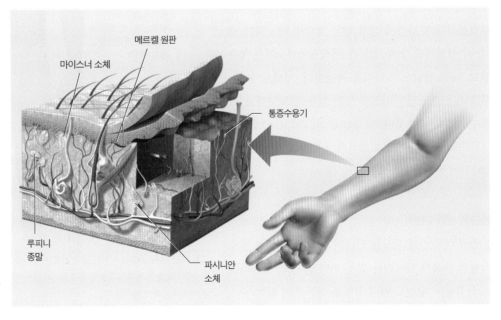

그림 4.22 피부감각은 여러 종류의 수용기들의 산출물로서, 각 수용기들은 특정 종류의 정보에 민감하다.

고 할 때, 그 감각은 결코 놀랍지 않다.

통증

통증은 그 자체만으로도 중요하지만, 우울증과 불안이 관련되어 있다는 점에서도 중요하다. 통증 경험은 신체감각과 정서적 반응이 혼합되어 있다. 감각적 특성과 정서적 특성은 각각 다른 뇌 영역에서 담당한다(Craig, Bushnell, Zhang, & Blomqvist, 1994; Fernandez & Turk, 1992). 정서적 측면을 담당하는 뇌 영역인 앞쪽 띠겉질(전측 대상피질, anterior cingulate cortex)은 다른 사람이 상처 입는 것을 목격할 때 받는 정서적 통증에도 반응한다(Singer et al., 2004). 신체적 통증은 순간적으로 아주 강렬하고 일시적이지만, 정서적 통증은 더 오래 지속한다. 아주 아픈 상처가 생겼을 때 당신의 느낌을 회상해 보라. 그런 다음, 남들 앞에서 누군가가 당신을 모욕했을 때의 느낌도 회상해 보라. 사람들 대부분 정서적 통증을 더 강하게 되살린다(Chen, Williams, Fitness, & Newton, 2008).

사람들은 종종 "감정이 상한 일"에 대해 얘기한다. 이렇게 얘기하는 것이 단지 말만 하는 것일까, 아니면 이런 사회적 통증은 실제 통증과 같은 것일까? 몇몇 측면에서 보면 이것도 통증과 같다. 첫째, 다른 사람들로부터 거부당했다고 느낄 때, 신체적 통증과 같이 앞쪽 띠겉질의 활동이 증가한다(Eisenberger, Lieberman, & Williams, 2003). 둘째, 당신이 믿든 말든, 아세트아미노펜(타이레놀)을 복용하면 감정이 상한 것이 풀린다! 대학생들에게 감정이 상한 일을 날마다 메모하게 했다. 이 실험기간 중 한 집단은 아세트아미노펜을 복용했고, 다른 집단은 가짜약을 복용했다. 아세트아미노펜을 복용한 집단은 감정이 상한 일을 덜 보고했고, 그 횟수도 점차 감소했다(De Wall et al., 2010). (그렇다면, 다음번에 누군가의 감정을 상하게 했을 때 사과하지 말고, 그냥 알약 한 알을 건네 보라.)

통증의 관문이론

통증이 너무 심해 의사를 만나러 갔을 때, 의사가 별로 걱정할 문제가 아니라는 말을 하면 곧 통증이 가라앉기 시작한다. 당신도 이런 경험을 해본 적이 있는가?

제2장에서 다룬 가짜약(placebo)이라는 용어를 다시 생각해 보라. 가짜약이란 사람들의 기대에 따른 효과 이상으로는 중요한 변화가 없는 약이나 일련의 절차를 말한다. 대부분의 의학적 질병에서 가짜약은 별 효과를 보이진 않지만, 최소한 정서적인 측면에서 통증을 완화시키는 경우가 종종 있다(Hróbjartsson & Gøtzsche, 2001; Wager et al., 2004). 한 실험에 참가한 대학생들에게 손가락 하나에 냄새가 강한 갈색 액체를 발라주었다. 이 액체는 사실 가짜약이지만, 그들에게는 통증완화물질이라고 알려주었다. 그런 다음, 약을 바른 손가락과 다른 손의 손가락을 좀 아프게 꼬집었다. 이들은 가짜약을 바른 손가락이 덜 아프다고 일관되게 보고했다(Montgomery & Kirsch, 1996). 가짜약이 어떻게 작동하는지는 아직 분명치 않지만, 이 결과는 단순한 심리적 이완 때문이라는 설명을 배제한다. 왜냐하면, 이완은 양손에 동일하게 작용할 것이기 때문이다.

위와 같은 관찰들을 근거로, Ronald Melzack과 P. D. Wall(1965)은 통증의 관문이론(gate theory)을 제안했다. 척수에는 아마도 통증 신호를 막을 수 있는 관문이 있는데, 통증 신호가 반드시 이 관문을 통과해야 우리가 통증을 느낄 수 있다는 설명이다. 만약 다른 종류의 입력들이 이 관문을 닫으면, 통증 신호가 뇌에 도달하는 것을 막게 된다. 우리가 다쳤을 때, 상처 주위의 피부를 문지르면 억제적 신호가 척수로 전달되어 통증 관문을 닫는다. 즐거운 일이나 성가신 일도 억제적 신호를 보낸다. 한편, 어

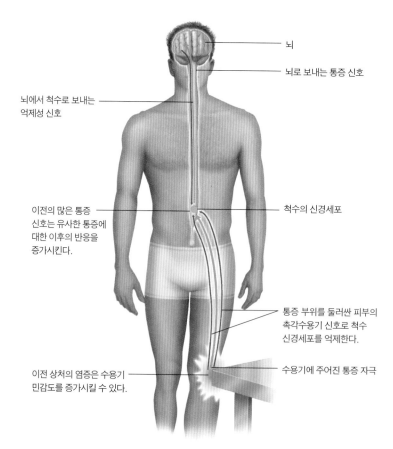

뇌

뇌로 보내는 통증 신호

뇌에서 척수로 보내는 억제성 신호

이전의 많은 통증 신호는 유사한 통증에 대한 이후의 반응을 증가시킨다.

척수의 신경세포

통증 부위를 둘러싼 피부의 촉각수용기 신호로 척수 신경세포를 억제한다.

수용기에 주어진 통증 자극

이전 상처의 염증은 수용기 민감도를 증가시킬 수 있다.

그림 4.23 피부로부터 시작된 통증 신호는 척수를 거쳐 뇌로 전달된다. 통증 관문이론에 따르면, 척수의 특정 신경세포들은 통증을 가로막거나 증가시킬 수 있다. 초록색 선은 흥분성 입력의 축삭돌기이고, 빨간색 선은 억제성 입력의 축삭돌기다.

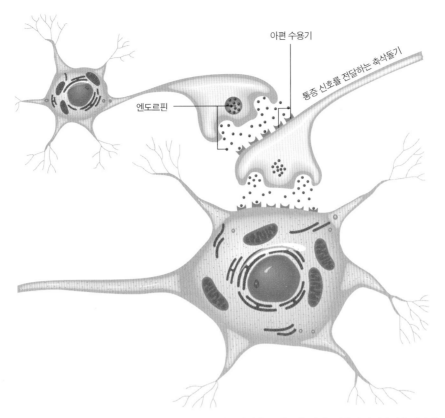

아편 수용기

통증 신호를 전달하는 축삭돌기

엔도르핀

그림 4.24 엔도르핀은 통증감각을 전달하는 신경전달물질 방출을 막는다. 아편물질은 유사하게 작용해서 엔도르핀 효과를 낸다.

떤 자극들은 통증 신호를 끌어올리기도 한다. 특히, 일제히 쏟아지는 고통스런 자극으로 통증을 느낀 이후에는 유사한 자극들에 대한 반응이 증가한다(Walters, 2009). 뇌가 어떻게 통증을 느낄지를 학습하고 나서는 통증을 점점 더 잘 느끼게 된다고도 말할 수 있다(그림 4.23).

통증을 줄이는 방법

어떤 사람들은 통증에 완전히 무감각하다. 이들을 부러워하기 전에 먼저 다음 상황을 고려해 보라. 이들은 뜨거운 물체를 집어 들어 종종 화상을 입기도 하고, 뜨거운 커피에 혀를 데기도 하며, 자각하지 못한 상태에서 자기 몸 어딘가를 베기도 하고, 혀끝을 깨물어버리는 경우도 있다. 위험을 피하는 법을 배우지 못하기 때문에 이들 중 다수가 어릴 때 사망한다(Cox et al., 2006).

우리는 통증을 완전히 제거해 버려서도 안 되겠지만, 통증을 막고도 싶어 한다. 주의분산이 한 방법이다. 전망이 좋은 병실에 있는 수술 후 환자들은 창문이

없는 병실의 환자들에 비해 통증 호소가 적고, 진통제 복용도 줄어들며 회복 또한 빠르다(Ulrich, 1984).

몇몇 약물 처방도 통증을 줄인다. 엔도르핀(endor-phin)은 **통증감각을 약화시키는 신경전달물질이다**(Pert & Snyder, 1973; 그림 4.24). 엔도르핀이라는 용어는 "내인성(endogenous)"이라는 말과 "모르핀(morphine)"이라는 말의 합성어다. 모르핀은 엔도르핀 시냅스를 자극하는 물질로 오래전부터 둔중하고 오래가는 통증을 억제하는 것으로 알려져 왔다. 성행위나 짜릿한 음악 같이 즐거운 경험 또한 엔도르핀을 방출한다(A. Gold-stein, 1980).

역설적으로, 통증을 감소시키는 또 다른 방법은 통증을 유도하는 것으로 시작한다. 캡사이신(capsaicin)이라는 화학물질은 **통증을 일으킬 정도의 열에 반응하는 수용기를 자극한다**(Caterina, Rosen, Tominaga, Brake, & Julius, 1999). 캡사이신은 할라페뇨나 그와 유사한 고추가 매운 맛을 내게 하는 물질이다. 캡사이신을 피부에 대고 문지르면 일시적으로 뜨거운 느낌이 생긴다(Yarsh, Farb, Leeman, & Jessell, 1979). 이 감각이 완화

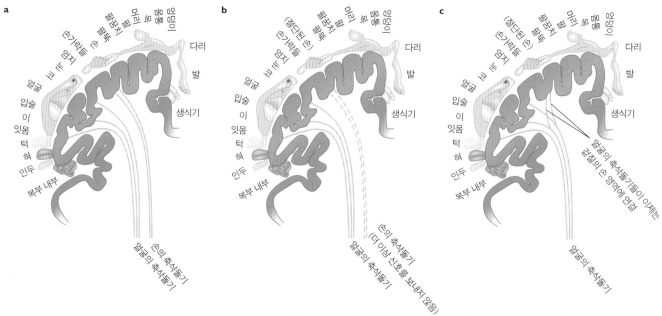

그림 4.25 **(a)** 몸감각겉질의 각 영역은 신체의 각기 다른 부위들로부터 입력을 받는다. **(b)** 신체 일부, 가령 손이 절단된다면, 겉질의 손 영역은 더 이상 손으로부터 정상적인 입력을 받지 못한다. **(c)** 인근 영역의 축삭돌기들은 겉질의 손 영역으로도 돌기를 뻗어 흥분시킨다. 이제, 얼굴을 자극하면 겉질의 얼굴 영역과 손 영역 둘 다 흥분되고, 얼굴 감각과 손에 대한 환상지 감각 둘 다 생성된다.

되면 피부는 통증 민감도를 어느 정도 잃게 된다. 캡사이신을 함유한 일부 피부 크림은 근육통을 완화하는데 쓰인다. 캡사이신이 통증을 줄여주는 근거는 뉴런이 통증 신경전달물질을 재합성하는 것보다 더 빨리 이 신경전달물질을 방출해 버리기 때문이다. 또한, 과도한 캡사이신은 통증수용기를 손상시키기도 한다.

개념 점검

14. 날록손은 모르핀 과다복용의 해독제로 사용되는 약물로 엔도르핀 시냅스를 막는 것으로 알려져 있다. 쾌감을 주는 자극이 엔도르핀을 방출하는지 여부를 확인하기 위해 날록손을 어떻게 사용할 수 있을까?

15. 심리학자 Linda Bartoshuk은 구강 통증에 대한 처방으로 할라페뇨 고추 성분을 적당량 함유한 사탕을 추천한다. 그 이유는?

환각지

어떤 사람들은 팔다리 일부를 잃은 지 오래되었는데도 통증을 포함한 지속적인 감각을 보고한다. 환각지(phantom limb, 또는 환상지)로 알려져 있는 이 현상은 팔다리 절

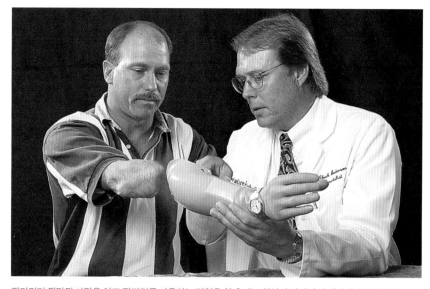

팔다리가 절단된 사람은 인조 팔다리를 사용하는 경험을 한 후에는 환각지 감각이 약해지거나 사라진다.

단 후 며칠 동안 지속되기도 하고 몇 주, 또는 수년에 걸쳐 지속되기도 한다(Ramachandran & Hirstein, 1998). 의사와 심리학자들은 그 원인에 대해 오랫동안 궁금해 했다. 1990년대의 연구에 와서야 뇌 안에서 문제가 있음이 발견됐다.

그림 3.18은 각 신체부위들의 감각정보가 몸감각겉질(체감각겉질)로 입력되는 것을 보여준다. 그림 4.25a는 그 그림의 일부를 다시 보여준 것이다. 그림 4.25b는 손이 절단된 직후의 상태이다. 겉질의 손 영역이 비활동적이 되는 이유는 손으로부터 오는 축삭돌기가 비활동적이기 때문이다. (겉질의 손 영역에 있는 뉴런들을 배우자

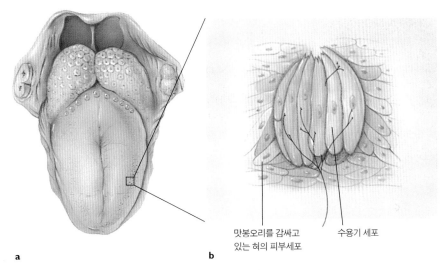

맛봉오리를 감싸고
있는 혀의 피부세포

수용기 세포

a

b

그림 4.26 **(a)** 맛봉오리는 침에 녹은 화학물질에 반응하고, 성인의 경우 혀 가장자리를 따라 배열되어 있다. **(b)** 혀 표면 일부의 단면을 통해 맛봉오리를 보여주고 있다.

를 잃은 "과부들"로 비유해 볼 수도 있다.) 시간이 흘러가면서, 원래 겉질의 얼굴 영역만을 흥분시켜 왔던 얼굴에서 온 축삭돌기들은 겉질의 손 영역 근처와 연결이 강화된다. 그런 이후로 얼굴을 자극하면 겉질의 얼굴 영역도 계속 흥분되지만 손 영역도 흥분된다. 얼굴 영역 뉴런에서 나온 축삭돌기들이 손 영역 뉴런들을 자극하면, 손에 대한 경험이 만들어진다. 이것이 바로 환각지라는 것이다(Flor et al., 1995; Ramachandran & Blakeslee, 1998).

환각지 감각은 완화시킬 수 있다. 보철기로 부착된 인조 손 또는 인조 팔다리 사용을 학습한 사람들은 그런 감각이 사라진다(Lotze et al., 1999). 관련된 겉질 영역들이 인조 팔다리에 반응하기 시작하면 이런 감각들이 비정상적인 감각들을 대체한다(Di Pino, Guglielmelli, & Rossini, 2009).

개념 점검　　16. 손에 대한 환각지 감각은 신체 어느 부위를 만질 때 가장 강할까?

화학적 감각

인간이 시각과 청각에 과도하게 의존하는 것은 동물계에서 보면 특이한 일이다. 대부분의 동물은 음식과 짝을 찾을 때 주로 맛과 냄새에 의존한다. 우리 인간들은 종종 이 감각들의 중요성을 간과하곤 한다.

미각

혀에 주어진 화학물질을 탐지하는 미각(taste)은 단지 한 기능만 한다. 바로 먹고 마시는 것을 관장하는 것이다. 미각수용기는 혀 표면 주름에 배열된 맛봉오리(미뢰, taste buds) 속에 있는데, 성인의 경우 이 맛봉오리들은 대부분 혀 바깥 가장자리를 따라 배열되어 있다(그림 4.26). (아이들의 맛봉오리는 더 넓게 퍼져 있다.)

▶ **직접 해 보세요!**

다음 (1991년 Bartoshuk 연구에 기초한) 시범을 시도해 보라. 무언가 작은 것(면봉이 좋을 것이다)을 설탕물이나 소금물, 또는 식초에 적셔라. 그런 다음, 혀의 뒤쪽까지 가지 말고 중간 즈음에 그것을 대어본다. 당신은 그것을 느낄 수는 있지만 아무 맛도 나지 않을 것이다. 이제는 천천히 혀의 옆이나 앞쪽으로 움직여보라. 갑자기, 맛이 느껴질 것이다. 다른 방향으로 움직이면 (즉, 혀의 측면에 먼저 대고 혀 가운데로 그것을 움직이면) 혀 가운데에서도 그 맛을 계속 느끼게 된다. 이로 미루어보건대, 맛봉오리가 당신에게 알려주는 것은 맛을 느끼는 위치는 아니라는 것이다. 혀의 촉각수용기를 자극할 때, 뇌는 그 맛이 촉각으로 느껴지는 곳에서 온다고 해석한다.

미각수용기 유형

전통적으로 서양 문화에서는 네 가지 기본 맛으로 단맛, 신맛, 짠맛, 쓴맛을 들어왔다. 하지만 아시아 요리에서 흔히 언급되는 글루탐산소다(monosodium gluta-mate; MSG, 인공조미료로 알려져 있음)의 맛은 위의 네 맛으로는 기술할 수 없었는데(Kurihara & kashiway-anagi, 1998; Schiffman & Erickson, 1971), 연구를 통해 MSG에 반응하는 미각수용기가 발견됐다(Chaudhari, Landin, & Roper, 2000). 영어에는 MSG 맛에 대한 단어가 없어서 (비록 소금을 넣지 않은 닭고기스프 맛 비슷하지만), 연구자들은 일본어인 우마미(umami)라는 말로 사용하고 있다.

아주 다양한 화학물질이 쓴맛을 내기에 쓴맛은 수수께끼다. 이 물질들의 공통적인 특징은 다량으로 복용하면 독성이 있고, 독성까지는 아니어도 몸에는 해롭다는 점이다. 다양한 물질들 모두가 어떻게 하나의 동일한 수용기를 흥분시킬 수 있을까? 답은 "그렇지 않다"이다. 우리가 가지고 있는 쓴맛수용기는 25종류 이상으로, 이들은 각기 다른 화학물질에 민감하게 반응한다(Adler et al., 2000; Behrens, Foerster, Staehler, Raguse, & Meyerhof, 2007; Matzunami, Montmayeur, & Buck, 2000). 이 수용기들 중 어느 것이든 흥분시키는 화학물질은 동일한 쓴맛 감각을 일으킨다. 그에 따른 결과 중 하나는 광범위하게 다양한 해로운 화학물질들이 쓴맛을 낸다는 점이다. 또 다른 결과는 낮은 농도의 쓴맛 물질은 탐지하지 못한다는 점인데, 쓴맛수용기는 어떤 유형이든 충분히 많지 않기 때문이다.

후각

냄새에 대한 감각은 후각(olfaction)이라고 한다. 후각수용기는 코의 뒤쪽 기도의 점액질 막에 있는데(그림 4.27), 공기로 운반되는 분자들을 탐지한다. 후각수용기의 축삭돌기는 후각경로를 형성하여 뇌 아래에 있는 후각 망울로 이어진다.

인간의 냄새 감각은 개나 다른 종의 동물들만큼 뛰어나지 않지만, 흔히들 생각하는 것보다는 잘 작동한

다. 우리는 개가 킁킁거리며 숲속 나무들 사이로 누군가를 추적해 가는 것을 보면, "와아, 난 결코 그렇게 할 수 없는데"라고 생각한다. 당연히 그럴 수밖에 없을 게다. 우리가 서 있을 때는 코가 땅으로부터 멀어진 높은 곳에 있으니 냄새 맡기가 힘들 수밖에 없지 않겠는가? 실험자들은 20대 성인에게 팔다리로 짚고 기어가면서 코를 땅에 대고 눈을 가린 채로 특정 냄새를 추적해 보라고 했다. 실험참가자 대부분은 그림 4.28에서처럼 성공적이었다(J. Porter et al., 2007).

우리 인간에게는 몇 종류의 후각수용기가 있을까? 1991년까지도 연구자들은 몰랐다. 대조적으로, 19세기 연구자들은 인간의 색채수용기가 세 종류라는 정설을 확립했었다. 이들이 사용한 행동연구법은 사람들에게 세 종류의 빛을 다양한 비율로 합쳐서 특정한 색에 대응시키게 하는 방식이었다. 하지만 후각 연구에서는 어느 누구도 이에 상응하는 연구를 하지 못했었다. 사람들에게 셋, 넷, 일곱, 열 또는 다른 개수의 냄새들을 적절한 비율로 혼합해서 가능한 모든 냄새에 대응시키게 할 수 있을까?

어느 누구도 이 문제를 풀려고 일생을 다 바치지 않았었다는 점은 어쩌면 다행이었는지도 모른다. Linda Buck과 Richard Axel(1991)은 현대적인 생화학 기술을 이용하고 나서야 인간에게 수백 가지 유형의 후각수용기가 있음을 확인했다. 쥐나 생쥐에게는 대략 천 가지나 있다고 한다(Zhang & Firestein, 2002; 그림 4.29).

다수의 냄새들이 강한 정서적 반응을 유발한다. 냄새 감각을 잃은 사람들은 자기 삶의 즐거움 대부분을 잃게 되고, 다수는 우울한 상태에 빠지게 된다(Herz, 2007). 하지만 냄새에 대한 우리의 정서적 반응이 타고난 것은 아니다. 미국사람들은 노루발풀(wintergreen) 냄새에서 사탕을 연상한다. 영국에서는 노루발풀을 진통제 연고에 포함된 성분으로 생각하곤 한다. 어떨지 짐작해 보라. 당연히 미국사람 대부분은 이 냄새를 좋아하고, 영국사람은 그렇지 않다. 장미향을 싫어한다는 여자가 있는데, 그 이유는 장미향을 처음 맡을 때가 어머니의 장례식이었기 때문이다. 스컹크 냄새(제법 떨어진 곳에서 나는)가 좋다고 말한 여자는 그 냄새가 어린 시절 시골에서 경험한 즐거운 여행을 떠올리게 하기 때문이라고 했다(Herz, 2007).

내가 당신에게 "파미산 치즈 냄새"라는 표지가 붙은 것을 건네며 냄새를 맡아보라고 권한다고 가정해 보자. 당신은 그것이 좋다고 말할 것이다. 그다음에 나는 "아이고, 미안합니다. 표지를 잘못 붙였군요. 이건 사실 토사물 냄새랍니다." 오, 이러면 안 되지! 이제 당신은 그 냄새를, 그 똑같은 냄새를 싫어하게 될 것이다. "잠깐만요. 제가 실수했군요. 처음이 맞아요. 이건 정말 파미산 치즈랍니다." 이번에 당신은 그 냄새를 좋아할까, 싫어할까? 냄새에 대한 정서적 반응은 그것을 무엇으로 생각하는지에 달려 있다(Herz & von Clef, 2001).

후각은 인간을 제외한 대부분의 포유동물에게 중요한 사회적 기능을 한다. 다수의 종에서, 각 개체들은 후각을 사용하여 서로 누군지 알아보고, 암컷이 가임기인지 여부를 확인한다. 대부분의 사람들은 냄새를 통해 상대방을 확인하는 일을 선호하지 않는다. 탈취제 산업이나 향수 산업은 인간 체취를 제거하거나 감추는 목적으로만 존재한다. 그러나 후각은 우리들이 일반적으로 인정하는 것 이상으로 사회적 행동에 중요하다. 여성의 땀 냄새, 특히 배란기 전후의 여성의 땀 냄새는 남성의 테스토스테론 분비를 증가시킨다(Miller & Maner, 2010). 이런 상황에서 남성의 뇌는 말한

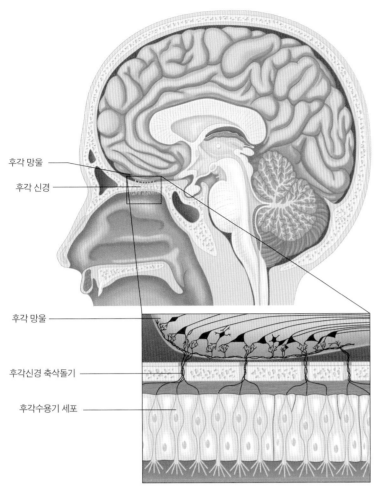

후각 망울
후각 신경

후각 망울

후각신경 축삭돌기

후각수용기 세포

그림 4.27 비강에 배열된 후각수용기 세포들은 정보를 뇌의 후각 망울로 보낸다.

그림 4.28 노란 선은 초콜릿 냄새가 나는 경로다. 빨간 선은 이 냄새를 따라가는 과제를 수행한 사람이 보인 경로다. (출처: Porter, Craven, Khan, Chang, Kang, Judkewicz et al. (2007). Mechanisms of scent-tracking in humans. *Nature Neuroscience, 10*, 27-29.)

다. "우후, 여자 땀 냄새가 나네. 그녀 몸이 뜨거운 게 분명해!" 여성의 경우는 다르다(Wyart et al., 2007). 남성의 땀 냄새는 여성의 스트레스 호르몬 증가를 유발한다! 이때 여성의 뇌에서는 "남자 땀 냄새인 것 같은데. 우으으… 짜증나!" 이런 말이 나온다.

당신이 몇몇 사람들의 체취만을 맡고 나서, 그 체취에 근거해 잠재적인 연애 상대로 얼마나 선호하는가를 평가하게 됐다고 상상해 보라. 대부분의 사람들은 자기 가족이나 친척에게서 나는 체취와 가까울수록 낮은 평점을 주었다(Havlicek & Roberts, 2009). 여성들은 임신 가능한 상태일 때는 이런 경향을 더 강하게 보인 반면, 피임약을 복용하는 중에는 그 경향이 줄어들었다(Roberts, Gosling, Carter, & Petrie, 2008). 친척과 비슷한 체취를 가진 잠재적 배우자를 피하는 것은 근친결혼을 피하고, 자식에게 다양한 면역유전자를 제공하는 좋은 책략이다.

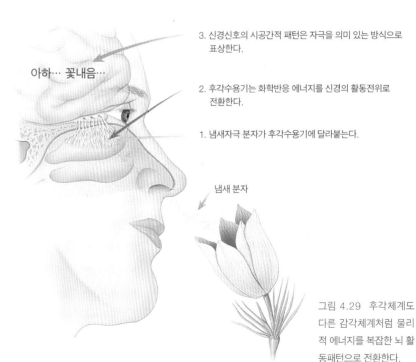

아하… 꽃내음…

3. 신경신호의 시공간적 패턴은 자극을 의미 있는 방식으로 표상한다.

2. 후각수용기는 화학반응 에너지를 신경의 활동전위로 전환한다.

1. 냄새자극 분자가 후각수용기에 달라붙는다.

냄새 분자

그림 4.29 후각체계도 다른 감각체계처럼 물리적 에너지를 복잡한 뇌 활동패턴으로 전환한다.

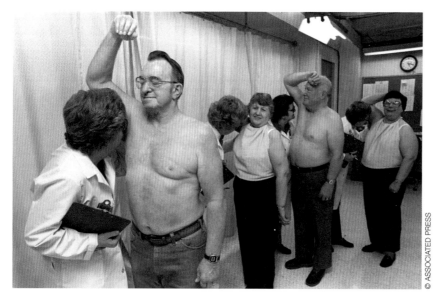

탈취제 전문 감별사: 아마도 이 직종은 당신이 생각해본 적이 없을 것이다. 다른 포유동물들에게는 각 개체의 체취가 아주 중요한데, 미국 산업계에서는 사람들의 체취를 제거하는 데 무려 수백만 달러를 투자하고 있다.

란색이나 주황색, 또는 다른 색으로 경험하는 공감각자들은 공감각을 경험하지 못하는 사람들과 마찬가지로 뇌 반응이 약했다(Brang, Edwards, Ramachandran, & Coulson, 2008). 단어에서 맛을 경험하는 공감각자는 어떤 단어가 생각도 나기 전에 맛이 느껴졌다고 한다. 그는 그 단어가 무슨 단어인지 기억할 수는 없지만 참치 맛이 난다는 점은 기억난다고 했다(Simner & Ward, 2006). 어떤 공감각자는 적-록 색각 결함이기에 실생활에서는 결코 볼 수 없는 색들을 공감각으로 본다고 한다. 그는 이렇게 지각한 색들을 "화성의 색"이라고 이름 붙였다(Ramachandran, 2003). 분명히, 그의 망막은 이런 색의 신호를 뇌로 보낼 수 없는데도 뇌는 그런 색을 지각하도록 조직화된 것이다.

▶ 직접 해 보세요!

✔ 개념 점검

17. 왜 사람들은 약한 쓴맛보다 약한 단맛이나 짠맛에 더 민감할까?

18. 냄새에 대한 사람들의 정서 반응은 어떻게 설명할 수 있을까?

공감각

우리의 감각세계 여행은 공감각(synesthesia)으로 마무리지으려 한다. 공감각이란 소리 같은 한 유형의 자극이 색 같은 또 다른 경험도 일으키는 상태를 말한다. 공감각을 경험하는 사람은 500명당 1명 정도로 추정되지만, 남들이 이해하지 못하는 경험을 숨기려는 사람들도 있기 때문에 더 높을 수 있다(Day, 2005).

공감각을 경험하는 사람 중 어느 둘을 뽑아도 정말 동일한 경험을 갖는 경우는 거의 없다. 사실 이런 상태를 경험하는 사람들은 화요일의 색 또는 특정 멜로디의 맛에 대해 달리 주장하기도 한다. 공감각적 지각은 즉각적이고 자동적이다. 한 연구에서는 공감각자를 포함한 실험참가자들에게 "이 맑은 호수는 가장 아름다운 색조인 7로 보인다."와 같은 문장을 듣게 했다. 7을 "파란색"으로 경험하는 공감각자는 이 문장에서 7을 들은 지 0.1초 안에 뇌 반응을 강하게 보였다. 7을 노

또 다른 예를 들어보자. 다음 자극판에서 가능한 빨리 2와 A를 찾아내라.

```
555555555555 555555555555 555555555555 5555555525555
555555555555 555555555525 555555555555 555555555555
555555555555 555555555555 555255555555 555555555555
552555555555 555555555555 555555555555 555555555555
555555555555 555555555555 555555555555 555555555555

444444444444 444444444444 444444444444 444444444444
444444444444 44A444444444 444444444444 444444444444
44444A444444 444444444444 444444444444 4444444A44444
444444444444 444444444444 444444444444 444444444444
444444444444 444444444444 444444444A44 444444444444
```

한 공감각자는 다른 사람들이 여러 개의 '4'들 중에서 'A'를 찾기 힘들어 하는 것처럼, 'A'와 '4' 둘 다 빨간색으로 보이기 때문에 탐색을 어려워했다. 하지만 그는 '2'는 보라색으로, '5'는 노란색으로 보여서 다른 사람들이 '5'들 중에서 '2'를 찾는 시간보다 더 신속하게 찾았다. 이런 경험은 다음 자극판과 거의 유사하다고 볼 수 있다. 완전히 동일한 것은 아니지만 말이다(Laeng, Svartdal, & Oelmann, 2004).

이 결과에는 놀랄 정도로 이상한 점이 있다. 자극판에서 '2'를 탐색하는 데 공감각으로 지각된 색이 도움을 준다지만, 어쨌든 이 공감각자의 뇌는 먼저 자극판의 여러 '5'들 중에서 '2'가 있다는 것을 알고 난 다음에야 '2'에 대한 색 경험을 만들 수 있기 때문이다. 이런 점에서, 공감각은 매력적인 미스터리로 남는다. 대부분의 사례

를 검토해 보면, 공감각은 아동기 중에 점차적으로 발달한다. 다수의 6세, 7세 아이들이 공감각을 어느 정도 보인다. 이들이 몇 살 더 먹으면, 일부는 공감각을 잃어버리는 반면, 다른 일부는 공감각이 더 분명하고 더 일관되게 발달한다(Simner, Harrold, Creed, Monro, & Foulkes, 2009).

공감각은 사람마다 천차만별이다. 어떤 공감각자들은 일관된 면이 있어도 약한 내적 경험 정도에 그치지만, 다른 공감각자들은 자신이 지각하는 색(또는 다른 속성)이 "저기 밖에", 즉 실제 세계에 존재하는 것으로 분명히 지각한다(Rogowska, 2011). 이런 다양성을 고려해 볼 때, 아마도 하나 이상의 설명을 모색해 볼 필요가 있다.

맺음말　단원 4.2

감각 체계

100,000Hz까지 들을 수 있는 박쥐나 주변을 탐색하는 수염이 있는 쥐가 경험하는 세계는 우리가 경험하는 세계와는 여러 면에서 다른 세계다. 감각의 기능은 세계의 모든 것을 우리에게 알려주는 것이 아니라 인간 삶의 조건에서 가장 자주 사용할 정보들을 의식하게 만드는 것이다.

요약

- 음높이. 저주파 소리는 귀 안의 유모세포 진동 빈도로 음높이가 지각된다. 중주파 소리는 다수 뉴런들의 반응 연사로 음높이가 지각된다. 고주파 소리는 유모세포들이 진동하는 위치로 음높이가 지각된다. (153쪽)

- 소리 위치 지각. 소리가 두 귀에 도달하는 시간 차와 소리 크기를 탐지해서 소리 원천의 위치를 지각한다. 소리 원천의 거리는 일차적으로 소리에 뒤따르는 반향의 크기로 지각한다. (155쪽)

- 평형감각체계. 평형감각체계는 중력을 기준으로 머리의 움직임과 위치를 알려준다. 이 체계는 몸이 움직이고 있을 때 눈이 대상을 계속 응시할 수 있도록 해준다. (156쪽)

- 피부수용기. 우리가 피부에서 경험하는 여러 유형의 감각은 각각 다른 수용기에 의존한다. 가렵다는 감각은 피부조직 염증으로 생기는데, 통증을 통해 억제된다. 간지러움은 자극의 예측 불가능성 때문에 일어난다. (157쪽)

- 통증. 통증을 느끼는 것은 통증 주변부의 접촉과 같이 동시에 일어나는 다른 경험에 의해 상당히 억제될 수도 있고, 더 커질 수도 있다. 감정 손상은 신체적 통증과 닮았는데, 특히 정서적 측면에서 유사하다. (158쪽)

- 환각지. 팔다리 일부가 절단된 후에는 그에 해당하는 몸감각겉질 영역이 정상적인 입력을 받지 못한다. 인근 겉질 영역의 축삭들이 가지를 뻗어 이 침묵의 겉질 영역을 흥분시킨다. 이 겉질 영역이 새로운 입력을 받으면 예전의 방식으로 반응해서 환각지 감각을 만들어낸다. (160쪽)

- 미각수용기. 사람들에게는 단맛, 신맛, 짠맛, 쓴맛, 우마미(MSG) 맛에 민감한 수용기들이 있다. 우리에겐 아주 다양한 종류의 쓴맛수용기들이 있지만, 각 종류별로 수용기들은 많지 않다. (161쪽)

- 후각수용기. 냄새 감각을 담당하는 후각체계는 수백 개 유형의 수용기들로 작동한다. 우리는 이전의 경험에 기초해 여러 냄새들에 대해 강한 정서적 반응을 보인다. 후각은 대부분의 사람들이 알고 있는 것보다 더 강하게 사회적 반응에 영향을 준다. (162쪽)

- 공감각. 어떤 사람들은 한 감각이 다른 감각을 통해 유발되는 경험을 일관되게 한다. 예를 들면, 일부 공감각자들은 특정 낱자나 숫자에서 색을 경험할 수 있다. (164쪽)

핵심 용어

감각신경성 난청 (153쪽)

공감각 (164쪽)

관문이론 (158쪽)

달팽이관 (152쪽)

미각 (161쪽)

맛봉오리 (161쪽)

빈도 원리 (154쪽)

소리 크기 (152?쪽)

엔도르핀 (159쪽)

연사원리 (154쪽)

음높이 (152쪽)

음파 (152쪽)

장소원리 (154쪽)

전음성 난청 (153쪽)

캡사이신 (159쪽)

평형감각 (156쪽)

피부감각 (157쪽)

헤르츠(Hz) (152쪽)

환각지 (160쪽)

후각 (162쪽)

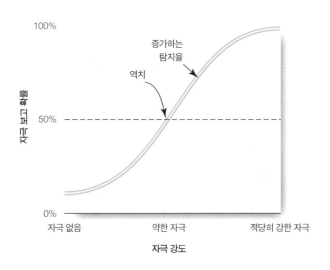

감각정보의 해석

- 세계가 세계에 대한 우리의 지각과 갖는 관계는 무엇일까?
- 보고 있다고 생각하는 것이 가끔씩 틀리는 이유는 무엇얼까?

"그림 한 장은 천 마디 말보다 났다."는 속담이 있다. 그렇다면, 그림 한 장의 천분의 일의 가치를 갖는 것은? 한 마디 말? 아마 그 정도도 되지 않을지 모른다.

사진은 아래와 같이 굉장히 많은 점들로 구성되어 있어서, 확대해서 보면 점들을 하나하나 볼 수 있다(그림 4.30). 점 각각은 우리에게 아무것도 알려주진 않지만, 다수의 점들로 구성된 패턴은 의미 있는 그림이 된다.

우리의 시각도 이와 비슷하다. 눈의 망막에는 1억 개 이상의 막대세포와 원뿔세포가 있고, 이들 각각은 시야에서 한 점을 보는 셈이다. 우리가 지각하는 것은 점이 아니라 선, 곡선, 물체들이다. 신경계는 엄청난 양의 정보로 시작해서 중요한 패턴을 추출해 낸다.

최소 자극의 지각

초창기의 심리학 연구자들 중 일부는 사람들이 탐지할 수 있는 가장 약한 소리, 빛, 접촉의 물리적 크기를 알아내려고 했다. 이들은 또한 사람들이 탐지할 수 있는 한 자극과 다른 자극 간의 최소 차이도 측정했다. 이를 최소 가지 차이(just noticeable difference; JND)라고 한다. 이런 질문은 쉬워 보여도 그 답은 제법 복잡하다. 첫째, 검사 대상자가 검사받기 바로 전에 어떤 활동을 하고 있었는지에 따라 그 답은 달라진다. 눈부시게 화창한 날 해수욕장에서 몇 시간 보낸 다음이라면, 희미한 빛을 탐지하기는 쉽지 않을 것이다. 몇 시간 동안 시끄러운 음악을 즐긴 다음이라면, 부드럽고 약한 소리를 듣는 것이 힘들 것이다. 그렇지만 조용하고 어두운 방에서 몇 시간을 보낸 후라도 검사 대상자의 반응을 해석하기란 쉽지 않다.

감각역과 신호탐지

당신의 청각 역치, 즉 들을 수 있는 최소 강도를 결정하는 전형적인 실험을 상상해 보자. 매 시행마다 실험자는 당신에게 무음을 제시하거나 또는 여러 희미한 음 중 하나를 제시하고, 당신은 들렸다, 안 들렸다 둘 중 하나로 보고한다. 그림 4.31은 전형적인 결과를 보

© Associated press

그림 4.30 우리는 점들로 구성된 사진에서 대상과 패턴을 본다.

그림 4.31 절대 감각역 측정 실험의 전형적인 결과. 당신이 지각할 수 있는 자극과 지각할 수 없는 자극을 구분하는 명확한 경계선은 없다.

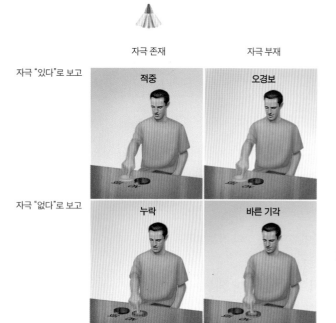

	자극 존재	자극 부재
자극 "있다"로 보고	적중	오경보
자극 "없다"로 보고	누락	바른 기각

그림 4.32 사람들은 두 가지 옳은 판단(녹색 배경)과 두 가지 틀린 판단(붉은색 배경)을 한다. 당신이 자극이 있는지 없는지 의심스러울 때 자극이 있다고 반응하는 편이라면, 적중을 많이 보일 뿐만 아니라 오경보도 많을 것이다.

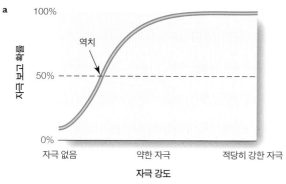

지시문: 당신은 불빛 신호가 제시됐다고 정확히 보고하면 100원의 상금을 받을 것이다. 불빛 신호가 없는데도 제시됐다고 틀린 보고를 하면 10원 벌금을 내야 한다.

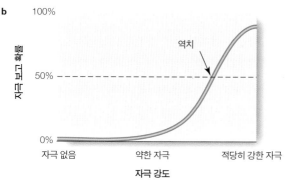

지시문: 당신은 불빛 신호가 제시됐다고 정확히 보고하면 10원의 상금을 받을 것이다. 불빛 신호가 없는데도 제시됐다고 틀린 보고를 하면 100원 벌금을 내야 하고 추가로 따끔한 전기충격도 받을 것이다.

그림 4.33 지시에 따라 달라지는 감각역 측정 결과

여준다. 사람이 들을 수 있는 소리와 들을 수 없는 소리를 구분 짓는 분명한 선이 없음을 주목하라. 그래서 연구자들은 절대 감각역(absolute sensory threshold)을 한 개인이 50%의 확률로 자극을 탐지할 때의 자극 강도로 정의한다. 하지만, 사람들은 때때로 음이 전혀 제시되지 않은 조건에서도 음을 들었다고 보고하기도 한다. 놀랄 필요는 없다. 이 연구가 진행되는 중에 실험참가자들은 희미한 음들을 들어왔고, 거의 들리지 않을 때도 "예"라고 말했던 것이다. "전혀 안 들렸음"과 "거의 안 들렸음"의 차이는 아주 근소하다. 실험참가자들이 소리가 제시되지 않았을 때도 어떤 음을 들었다고 보고한다면 그들이 보일 수 있는 다른 반응들에 대해서도 신중하게 해석할 필요가 있다. 그들은 얼마나 자주 소리를 실제로 들었는가, 그리고 얼마나 자주 추측만 한 걸까?

약한 자극을 탐지하려 할 때 사람들은 두 가지 옳은 판단을 한다. 자극의 존재에 "있다"로 보고하는 경우("적중")와 자극의 부재에 "없다"로 보고하는 경우("바른 기각")이다. 또한 이들은 두 가지 틀린 판단도 한다. 자극 탐지를 못하는 경우("누락")와 자극이 없는데 있

다고 보고하는 경우("오경보")이다. 그림 4.32는 이런 가능성들을 보여준다.

신호탐지이론(signal-detection theory)은 사람들이 적중, 바른 기각, 누락, 오경보로 반응하는 경향에 대한 연구 분야다(D. M. Green & Swets, 1966). 원래 이 이론은 잡음 속에서 전파 신호를 탐지하는 문제들에 적용하려고 공학에서 시작되었다. 자극이 있는 시행들 중 80% 정도에서 자극이 있다고 보고하는 사람을 생각해 보자. 이 사람이 자극이 없을 때도 자극이 있다고 보고하는 것이 얼마나 자주 있는지를 모른다면 위의 통계치는 무의미하다. 만약 이 사람이 자극이 없는 시행의 80% 정도에서 자극이 있다고 보고했다면, 그는 단지 추측만 했던 것이다.

신호탐지 실험에서 사람들의 반응은 누락 또는 오경보라는 위험을 감수할 의향에 따라 달라진다. (의심스러울 때는 둘 중의 하나를 감수해야 한다.) 당신이 이 실

험에 참가했는데, 불빛 신호가 제시됐다고 정확히 보고할 때마다 상금으로 100원을 받고, 신호가 없는데 있다고 하면 벌금으로 10원을 물게 된다고 가정해 보자. 당신은 신호에 대해 의문이 들 때는 "있다"라는 추측을 하게 되어 그림 4.33a와 같은 결과를 보일 것이다. 이제, 규칙이 바뀌었다. 불빛 신호 제시를 정확히 보고하면 10원의 상금이 주어지고, 신호가 없는데 있다고 보고하면 100원 벌금에다 따끔한 전기충격도 받는다. 이제 당신은 확실할 때만 "있다"라는 반응을 보여, 그림 4.33b와 같은 결과를 보이게 될 것이다.

사람들은 다른 이유로 오경보 반응에 조심스러워지기도 한다. 한 실험에서는 실험참가자들에게 스크린에 순간적으로 제시된 단어를 읽게 했다. 이들은 강이나 복숭아와 같은 일상적인 단어들이 제시될 때는 읽기 수행을 잘했다. 하지만 남근이나 암캐와 같이 정서적 의미를 담은 단어들이 제시될 때는 일반적으로 자신이 어떤 단어를 보았는지 확실치 않다고 말했다. 몇몇 설명이 가능하다(예컨대, G. S. Blum & Barbour, 1979). 한 설명에 따르면, 실험참가자들은 자신이 옳다는 판단이 확실치 않으면 정서적 의미가 담긴 단어를 입 밖으로 내기를 주저한다.

신호탐지 접근은 실험실에서 멀리 벗어난 여러 장면에서 중요하다. 예를 들면, 사법체제 또한 신호탐지 상황에 속한다. 배심원단은 다음과 같이 두 가지 경우에서 옳은 판단을, 또 다른 두 가지 경우에서 틀린 판단을 내릴 수 있다.

	피고는 사실 유죄	피고는 사실 결백 (무죄)
배심원단 "유죄" 선고	적중	오경보
배심원단 "무죄" 선고	누락	바른 기각

판사는 배심원들에게 확실치 않을 때는 "무죄"를 표하라고 지시한다. 죄 지은 사람을 풀어주게 되는 "누락"은 결백한 사람을 가두게 되는 "오경보"보다 더 용납할 수 있기 때문이다.

또 다른 예는 공항에서 수하물을 검사하는 장면이다. 검사관들은 없는 무기를 "보인다"고 할 수도 있고, 있는 무기를 놓칠 수도 있다. 이 상황에서의 특별한 문제는 극히 소수의 공항 여행객들만이 무기를 소지한다는 점이다. 연구자들은 물품이 아주 드물 경우 사람들이 종종 간과하는 경향이 있음을 확인했다(Wolfe, Horowitz, & Kenner, 2005). 즉, 검사관들은 "발견된 무기 없음"이라고 말하는 데 익숙해지는 것이다. 이 같은 사례에서 검사관들에게 검색 속도를 늦추도록 조치하는 것은 별 도움이 되지 않는다. 그들에게 실수를 고칠 기회를 주는 것은 실수를 다소간 줄일 수는 있지만, 완전히 제거하지는 못한다(Kunar, Rich, & Wolfe, 2010).

개념 점검

19. 어떤 암에 걸린 환자들 중 90%에게 체내에 특정 화학물질이 있다고 가정하자. 이 화학물질로 그 암을 진단할 수 있을까? 이 문제를 신호탐지이론으로 고려해 보라.

역하 지각

역하 지각(subliminal perception)은 자극을 아주 희미하게 또는 순간적으로 제시해서 의식적으로 지각하지 못하게 해도 때때로 우리 행동에 영향을 미칠 수 있다는 생각이다. (Limen이란 라틴어는 "역(閾), 즉 문턱"이란 말이어서 subliminal, 즉 역하는 "문턱 아래 또는 역 아래"라는 의미다.) 역하 지각은 강력한 현상인가, 불가능한 현상인가, 아니면 그 중간 어디쯤 위치한 것인가?

효력이 없는 역하 지각

여러 해 전, 역하로 제시된 메시지가 사람들의 구매습관을 제어할 수 있다는 주장이 제기되었다. 예를 들면, 극장 운영자가 "팝콘 드세요."라는 문구가 담긴 프레임을 영화 필름 중간에 삽입하는 것이다. 영화 관람객들은 이 메시지를 전혀 자각하지는 못하지만 쉬는 시간이 되면 팝콘을 사러 구내매점으로 모여들 것이라고 여긴 것이다. 이 가설을 검증한 많은 실험 결과, 아주 약간의 효과 내지는 아무런 효과가 없음이 밝혀졌고(Cooper & Cooper, 2002), 그 광고를 만든 제작자는 결국에 가서는 아무 증거도 없다고 시인했다(Pratkanis, 1992).

또 다른 주장으로, 어떤 록큰롤 뮤직 녹음에는 "악마"의 메시지가 담겨 있는데, 이 메시지는 역방향으로 녹음해서 그 노래에 중첩시켰다는 것이다. 청취자들이 이 메시지를 무의식적으로 지각하고는 악마의 충고를 따르게 된다고 주장하는 사람들도 있었다. 특정 록밴드가 역방향 메시지를 노래에 삽입했는지 여부는 관심거리가 아니다. 문제는 사람들이 역방향 메시지를 들으면 행동에 영향을 받느냐는 것이다. 연구자들은 역방향 메시지를 들은 사람들이 그것이 순방향으로는 무슨 소리인지를 알아낼 수가 없었고, 역방향 메시지가 행동에 아무런 영향을 주지 않는다는 사실을 확인했다(Kreiner, Altis, & Voss, 2003; Vokey & Read, 1985).

세 번째 근거 없는 주장은 "역하 오디오테이프"다. 희미하고 거의 들을 수 없는 메시지를 담은 역하 오디오테이프를 들려주면 기억 향상, 금연, 체중 감소, 자존감 상승 등이 가능해진다는 주장이다. 한 연구에서 심리학자들은 200명 이상의 자원자들에게 당시에 인기를 끌고 있었던 오디오테이프를 들려주었다. 그런데 실험자들은 의도적으로 자존감 상승 테이프 일부에 "기억 향상 테이프"라는 표지를 붙였고, 기억 향상 테이프 일부에는 "자존감 상승 테이프"라는 표지를 붙였다. 한 달 정도 청취 기간이 지난 후, 자신이 자존감 상승 테이프를 들어왔다고 생각했던 사람 대부분이 자존감이 상승되었다고 말했고, 기억 향상 테이프를 들어왔다고 생각했던 사람 대부분은 기억이 향상되었다고 말했다. 오디오테이프의 실제 내용에는 차이가 전혀 없었다. 이런 향상은 사람들의 기대에 따른 것이지, 테이프의 효과를 본 것은 아니었다(Greenwald, Spangenberg, Pratkanis, & Eskanazi, 1991).

효력이 있을 수 있는 역하 지각

역하 메시지는 비록 일시적이고 미묘하지만 나름 효과가 있다. 예를 들어, 한 연구에 참가한 사람들에게 행복한 얼굴, 중성적 얼굴, 화난 얼굴 중 하나를 화면에 1/30초 이하로 보여준 다음, 곧이어 중성적 얼굴을 보여주었다. 이런 실험조건에서, 행복한 얼굴이나 화난 얼굴을 보았다는 보고는 없었고, 추측해서 보고하라고 해도 우연 수준에 머물렀다. 하지만 실험참가자들이 행복한 얼굴을 볼 때는 순간적으로 자신의 얼굴 근육을 미소 짓는 방향으로 살짝 움직였다. 화난 얼굴을 볼 때는 얼굴 근육을 찌푸리는 방향으로 살짝 긴장시켰다(Dimberg, Thunberg, & Elmehed, 2000). 또 다른 연구에서, 사람들은 아주 짧은 시간 동안 얼굴 하나를 본 다음, 차폐 패턴을 제시하여 의식적 탐지를 못하게 했다. 잠시 후에, 제시된 다른 얼굴을 보고 남성 또는 여성 둘 중 하나로 범주화해야 했다. 평균적으로, 첫 번째 역하로 제시된 얼굴이 두 번째 제시된 얼굴과 동일한 성별인 경우 더 빠른 범주화 반응을 보였다(Finkbeiner & Palermo, 2009).

역하 지각 효과는 평균적인 수행을 기준으로 볼 때 작은 변화로만 드러난다. 하지만, 이런 효과가 조금이라도 일어난다는 사실 자체는 무의식적 영향이 가능함을 보여준다(Greenwald & Draine, 1997).

개념 점검 20. 백화점에서 음악과 함께 "훔치지 마시오."라는 말을 역하 상태로 방송하면 절도행위가 줄어들 것이라고 어떤 사람이 주장했다고 가정하자. 이 주장을 검증할 최선의 방법은 무엇일까?

패턴 지각과 재인

당신이 지금 보고 있는 것이 무엇인지 어떻게 알까? 아주 단순한 예를 들어 시작해 보자. 빛을 보고 있을 때 당신의 뇌는 빛이 어느 정도 밝은가를 어떻게 판단하나? 그 빛이 더 강할수록 더 밝아 보일 것이라고 추측할 수는 있을 것이다.

▶ **직접 해 보세요!**

지각된 밝기는 주변 물체들과의 비교에 따라 달라진다. 명도 대비(brightness contrast)는 어떤 물체를 둘러싼 물체들과의 비교에 따라 그 물체의 밝기가 증가하거나 감소하는 것을 말한다. 그림 4.34를 보자. 중간 왼편의 분홍색 막대들과 중간 오른편의 분홍색 막대들을 비교해 보라. 오른편의 막대들이 더 어두워 보일 것이다. 그렇지만, 사실 이들은 모두 밝기가 동일하다.

두 지점에서 반사되는 빛의 양은 동일한데, 왜 똑같이 보이지 않을까? 무언가를 볼 때, 뇌는 과거 경험을 사용하여 빛 패턴이 어떻게 생성되었는지를 모든 맥락 정보를 고려하면서 계산한다(Purves, Williams, Nundy, & Lotto, 2004). 그림 4.34를 보면, 격자무늬 왼

그림 4.34 중앙 왼쪽 영역에 있는 분홍색 막대들은 중앙 오른쪽 영역에 있는 분홍색 막대들과 사실 동일한 밝기이지만, 왼쪽에 있는 분홍색 막대들이 더 밝게 보인다.

그림 4.35 이 사람은 누구일까? 우리는 얼굴 특징뿐만 아니라 헤어스타일로도 사람을 알아본다. 누군지 아직도 확실치 않다면, 186쪽 C에서 정답을 확인하라.

편 가운데를 반투명한 하얀 막대가 가리고 있는 것으로 보일 것이다. 그래서 하얀 막대 안에 작은 분홍색 막대들이 밝게 보인다. 대응하는 오른편 부분에는 작은 분홍색 막대들이 빨간색 막대들 아래에, 하얀색 배경 위에 있는 것으로 보인다. 이곳의 분홍색이 더 어두워 보이는 이유는 이 분홍색을 그 위와 아래에 있는 하얀색 배경과 대비시키기 때문이다.

명도 지각이 이렇게 복잡한 것이라면, 얼굴 재인은 얼마나 설명하기 어려울까 상상해 볼 수 있을 것이다. 사람들은 놀라울 정도로 친숙한 얼굴을 잘 알아본다. 심지어 수년 동안 한 번도 마주친 적이 없는 경우에도 그렇다(Bruck, Cavanagh, & Ceci, 1991). 대부분 우리는 얼굴 특징들만으로 사람을 알아보지만, 헤어스타일에

도 주목한다. 그림 4.35에 있는 사람을 알아볼 수 있겠는가?

세부특징 탐지기 접근

우리는 어떻게 패턴을 재인할까? 한 설명에 따르면, 패턴 재인은 자극을 부분들로 쪼개면서 시작한다. 예를 들어, 어떤 알파벳을 볼 때 세부특징 탐지기(feature detectors)라고 불리는 시각겉질의 전문화된 뉴런이 선이나 각 같은 단순한 세부특징에 반응한다. 어떤 뉴런은 "수평선"이라는 세부특징을 탐지하고, 다른 뉴런은 수직선을 탐지한다.

핵심 점검 증거는 뭘까?

세부특징 탐지기

뇌에 세부특징 탐지기가 있다는 증거는 무엇일까? 이 증거는 실험실 동물 연구와 인간을 대상으로 한 연구에서 나왔다.

첫째 연구

가설 고양이와 원숭이의 시각겉질 뉴런들은 빛이 특정 패턴으로 망막에 주어질 때만 반응한다.

방법 시각겉질 연구의 선구자 David Hubel과 Torsten Wiesel은 1981년에 생리학 및 의학 분야의 노벨상 수상자들이다. 이들은 아주 가는 미세전극을 고양이와 원숭이의 뒤통수겉질(후두피질)의 세포에 삽입한 다음, 다양한 빛 패턴을 실험동물의 망막에 제시하면서 그 세포의 활동을 기록했다. 그들은 처음에는 단순히 광점만을 사용했기에 약한 세포반응만 관찰되었다. 나중에 가서 그들은 선분을 자극으로 사용했다(그림, 4.36).

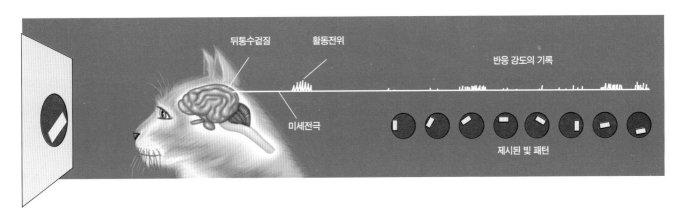

그림 4.36 Hubel과 Wiesel은 시각겉질에 있는 뉴런들의 활동을 기록했다. 대부분의 뉴런들은 망막 특정 부위에 특정 각도의 빛 막대를 제시했을 때만 활발하게 반응했다.

결과 그들은 각 세포가 특정 자극이 있을 때 가장 잘 반응한다는 것을 발견했다(Hubel & Wiesel, 1968). 어떤 세포들은 빛 막대가 수직일 때만 활동적으로 반응한다. 다른 세포들은 수평 막대에만 활동적이다. 달리 말해서, 세포들은 세부특징을 감지하는 탐지기로 보인다. 나중 연구자들은 다른 특징, 가령 특정 방향으로의 움직임에 반응하는 세포도 발견했다.

해석 Hubel과 Wiesel은 고양이와 원숭이의 세부특징 탐지기 뉴런을 보고했다. 시각겉질의 조직화가 고양이와 원숭이같이 상대적으로 먼 친척 관계인 종들에게서도 비슷하다면, (확실한 것은 아니지만) 인간도 유사한 조직화를 보일 가능성이 높다.

이차 증거는 다음과 같은 논리를 따른다. 인간의 시각겉질이 세부특징 탐지기 세포들을 가지고 있다면, 특정 세포에 과도한 자극을 주면 그 세포들이 피로해질 것이다. 그런 후, 피로해진 세포들의 비활성화로 인해 잔여 효과가 나타나게 된다. (그림 4.12의 부적 색채잔상을 회상해 보라.) 이런 예로 **폭포착시**(waterfall illusion)를 들 수 있다. **폭포를 1분 정도 바라본 다음, 폭포 근처 벼랑으로 눈길을 돌리면 벼랑이 위로 흘러 올라가는 것처럼 보인다.** 폭포를 응시하면 아래 방향 운동에 반응하는 뉴런들이 피로해진다. 이런 뉴런들은 피로해지면서 비활성화되는 반면, 위 방향 운동에 반응하는 뉴런들은 계속 활성화된 상태로 남는다. 그 결과, 위 방향 운동이라는 착시가 나타난다.

▶ 직접 해 보세요!

이와 관련된 또 다른 시범이 있다.

둘째 연구

가설 특정 수직선들을 일정 시간 응시하면 그 굵기의 선에 반응하는 세부특징 탐지기들은 피로해진다. 이제 그 수직선들보다 더 굵거나 가는 수직선들을 바라보면, 실제 굵기에 비해 더 굵거나 더 가늘게 보일 것이다.

방법 그림 4.37의 오른쪽 반을 덮고, 왼쪽 중간의 작은 직사각형을 1분 이상 응시하라. 이 작은 직사각형의 한 지점만 응시하지 말고, 이 직사각형 안에서 당신 눈의 초점을 움직여라. 그런 다음, 그림 4.37의 오른편 중앙에 있는 작은 정사각형을 바라볼 때 위 격자판과 아래 격자판의 선 간격을 비교해 보라(Blakemore & Sutton, 1969).

결과 그림 오른쪽 반에서 당신은 무엇을 지각했나? 사람들은 일반적으로 위의 선들이 더 가늘고, 아래의 선들은 더 굵어 보인다고 보고한다.

해석 그림의 왼편을 응시하면 위 격자판에서는 굵은 선에 민

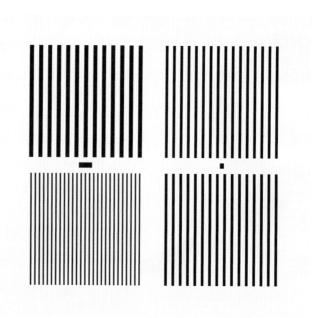

그림 4.37 당신의 세부특징 탐지기를 피로하게 만들어 잔여효과를 만들어내려면, 둘째 연구의 지시에 따라 시도해 보라. (출처: Blakemore & Sutton, 1969.)

감한 뉴런들이 피로해지고, 아래 격자판에서는 가는 선에 민감한 뉴런들이 피로해진다. 그럼 다음, 중간 굵기의 선들을 바라볼 때, 피로해진 뉴런들은 비활동적이 된다. 가는 선에 민감한 뉴런들은 오른편 위 부분을 지각할 때 지배적이 되고, 굵은 선에 민감한 뉴런들은 아래 부분을 지각할 때 지배적이 된다.

요약하면, 다음 두 유형의 증거가 시각 세부특징 탐지기의 존재를 지지한다. (a) 여러 동물들의 뇌에는 세부특징 탐지기라는 특성을 가진 세포들이 존재하고, (b) 특정 패턴을 응시한 후에는 뇌 안에 있는 세부특징 탐지기 세포의 피로에 따른 잔여 효과가 나타난다.

방금 기술한 연구는 전 세계 여러 실험실에서 방대한 연구 활동을 불러일으켰다. 후속 연구들은 초기 연구 결과들에 대한 우리의 생각을 바꾸게 만들었다. 예를 들면, 특정 뉴런들이 다음과 같은 하나의 수직선에 잘 반응하더라도,

아래의 사인파 줄무늬에는 훨씬 더 강하게 반응한다.

그래서 세포들이 탐지하는 세부특징은 아마도 단순히 선 하나가 아니라 더 복잡한 특징일 것이다. 더 나아가, 각 세포들은 특정 자극이 아니라 일련의 자극에 반응하기 때문에 하나의 세포가 당신이 특정 시점에 무엇을 보고 있는지에 대한 분명한 메시지를 전달한다고 볼 수 없다.

과학의 진전과 관련해 말할 수 있는 중요한 점은 설령 노벨상을 받은 연구의 증거라 할지라도 단선적인 증거들은 어떤 질문에 대한 최종적인 답을 제시한다고 볼 수 없다는 것이다. 우리는 하나의 가설을 검증할 때도 다양한 방법을 모색해야 한다.

21. 세부특징 탐지기는 무엇이고, 어떤 증거들이 세부특징 탐지기라는 생각을 지지할까?

a

b

세부특징 탐지기로 지각이 설명될까?

앞서 기술한 뉴런들은 시각정보처리 초기 단계에서 활동적이다. 우리가 얼굴을 지각하려면 여러 다양한 세부특징 탐지기들의 반응을 단순히 합하기만 하면 될까?

아니올시다. 세부특징 탐지기만으로는 얼굴뿐만 아니라 낱자의 지각도 완벽하게 설명할 수 없다. 예를 들어, 우리는 그림 4.38a에서 CAT과 HAT이란 단어를 지각한다. 비록 이 그림에서는 'H'와 'A'가 동일한 형태인데도 말이다. 마찬가지로, 그림 4.38b의 가운데 자극은 'B'로도 읽을 수 있지만 '13'으로도 읽을 수 있다. 어떤 패턴을 지각하는 것은 맥락에 따른 것이지, 세부특징 탐지기들의 단순한 합산으로 되는 것은 아니다.

게슈탈트 심리학

그림 4.38에서 본 것처럼, 한 방식 이상으로 무언가를 지각하는 능력은 전반적인 형태의 지각을 강조하는 연구접근인 게슈탈트 심리학(Gestalt psychology)의 기반이다. 게슈탈트라는 말은 패턴이나 형상을 의미하는 독일어다. 게슈탈트 심리학의 설립자들은 지각을 구성성분들로 분해해서 이해한다는 생각을 버렸다. 한 멜로디를 개개의 음표로 쪼개면 더 이상 멜로디가 아니다. 이들의 슬로건을 한마디로 말하면, "전체는 부분의 합과는 다르다."

게슈탈트 심리학은 세부특징 탐지기의 중요성을 부인하진 않는다. 세부특징 탐지기만으로는 충분치 않다는 입장이다. 세부특징 탐지기는 상향 과정(bottom-up process)을 대표하는데, 이 과정에서는 작은 요소들이 결합하여 더 큰 것을 만들어낸다. 하지만 지각은 하향 과정(top-down process)도 포함하는데, 여기서는 맥락 속의 각 대상들에 지각자의 경험과 기대를 적용한다. 몇몇 예를 살펴보자.

그림 4.39에서 위 그림과 아래 그림을 보면, 처음에는 잠시 동안 검고 흰 무의미

그림 4.39 두 그림 각각에서 어떤 동물이 보이는가? 안 보인다면, 186쪽에서 정답 D를 확인해 보라. (출처: Dallenbach (1951). A puzzle picture with a new principle of concealment. *American Journal of Psychology, 54*, 431-433.)

a   b

그림 4.38 맥락은 우리의 지각을 결정한다. 그림 (a)에서 동일한 낱자를 맥락에 따라 'A' 또는 'H'로 본다. 그림 (b)에서는 중앙에 있는 자극을 수평으로 읽는지 아니면 수직으로 읽는지에 따라 낱자 'B'로 보기도 하고, 숫자 '13'으로 보기도 한다. (그림 (b) 출처: Kim, 1989.)

한 얼룩들만 보이다가 갑자기 어떤 동물이 보일 것이다. 이 동물을 지각하기 위해서는 전경과 배경(figure and ground)을 분리해야 한다. 즉, 배경으로부터 물체를 구별해 내는 것이다. 일반적으로 이런 구별은 거의 순식간에 일어난다. 우리는 (여기서처럼) 그 구별이 어려운 경우에만 이런 과정을 의식하게 된다.

하나의 방식 이상으로 지각될 수 있는 가역적 도형(reversible figures) 네 개가 그림 4.40에 있다. 실제로 우리는 다음과 같은 가설을 검증하게 된다. "이것이 물체의 앞면인가, 저것이 앞면인가? 이 부분은 전경인가, 배경인가?" 가역적 도형을 더 길게 바라볼수록 한 지각에서 다른 지각으로 교대되는 빈도는 더 증가한다(Long & Toppine, 2004). 그림 (a)는 Necker 정육면체로, 이 도형에 처음 주목한 학자의 이름을 붙였다. 이 정육면체에서 어느 면이 앞면인가? 당신은 두 가지 경우

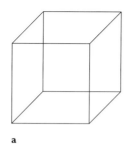   

Sara Nadaer and Faces or Vace from MIND SIGHTS, © 1990 by Roger N. Shepard. Reprinted by permission of Henry Holt and Company, LLC.

a　　　　　b　　　　　c　　　　　d

그림 4.40　가역적 도형: **(a)** Necker 정육면체. 어느 면이 앞면인가? **(b)** 두 얼굴 또는 꽃병 **(c)** 할머니 또는 젊은 여자 **(d)** 얼굴 또는 무엇인가? (출처: 그림 (b), Faces or vase from MIND SIGHTS by Roger Shepard (1990), 그림 (c), Boring (1930). A new ambiguous figure. *American Journal of Psychology, 42*, 444-445.)

의 앞면을 볼 수 있다. 그림 (b)는 꽃병이기도 하고, 마주보는 두 옆얼굴이기도 하다. 그림 (c)는 할머니로 보이는가, 젊은 여자로 보이는가? 대부분 모든 사람들은 즉시 둘 중의 하나로 본다. 그러나 많은 사람들이 하나의 지각에 단단히 묶여 다른 것으로 지각하지 못한다. 그림 (d)는 8세 여자아이가 얼굴이라고 생각하고 그렸다. 이 그림에서 다른 가능성을 찾을 수 있는가? 그림 (c)와 (d)를 볼 때 좀 어려우면 186쪽의 정답 E와 F를 확인해 보라. 가역적 도형의 시사점은 우리의 지각이 단순히 선과 점들을 합해서만 (상향 과정을 통해서) 이루어지는 것이 아니라 질서를 부여해서 (하향 과정을 통해서) 이루어진다는 것이다.

개념 점검　22. 가역적 도형 현상은 세부특징 탐지기가 시각을 완전히 설명한다는 견해와 어떤 면에서 상충되는가?

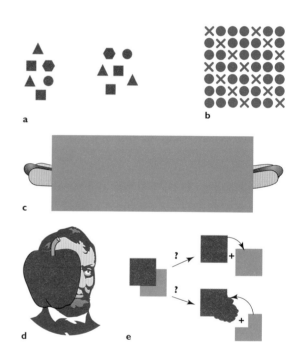

그림 4.41　게슈탈트 원리들: **(a)** 근접성, **(b)** 유사성, **(c)** 연속성, **(d)** 폐쇄성, **(e)** 좋은 형태

게슈탈트 심리학자들은 우리가 지각할 때 의미 있는 전체로 조직화하는 원리들을 밝혀냈다(그림 4.41). 근접성(proximity)이란 가까이 있는 대상들이 한 집단에 속하는 것으로 지각하는 경향이다. 그림 4.41a의 대상들은 근접성에 따라 두 집단을 형성한다. 유사한 것들이 한 집단에 속하는 것으로 지각하는 경향은 말 그대로 유사성(similarity)이라고 부른다. 그림 4.41b에서 보면 유사성에 따라 X들은 한 집단으로, ●들은 또 다른 집단으로 지각된다. 선들이 중간에 끊겨 있을 때(그림 4.41c)는 빈틈을 채우는 연속성(continuation)에 의해 지각한다. 이 그림에서 당신은 아주 긴 핫도그 중간을 사각형이 가리고 있는 것으로 지각할 것이다.

그림 4.41d처럼 친숙한 도형이 가려졌을 때, 우리는 폐쇄성(closure)에 따라 도형을 지각한다. 즉, 도형의 나머지 부분을 상상하여 단순하고, 대칭적이며, 과거 경험에 일관된 것으로 본다(Shimaya, 1997). 예를 들어 다음 페이지의 도형들은 주황색 사각형이 파란색 마름모를 가리고 있는 것으로 보게 될 것이다. 사실, 당신은 이 사각형 뒤에 무엇이 있는지를 모르는데도 말이다.

폐쇄성 원리는 연속성 원리와 닮았다. 하지만, 복잡한

패턴에서는 폐쇄성이 더 많은 정보를 다룬다. 예를 들어, 그림 4.41c에서는 중간의 빈틈을 채워서 아주 긴 핫도그 하나로 지각한다. 아래 그림처럼 맥락을 추가하면, 동일한 패턴을 짧은 핫도그 두 개로 지각할 수도 있다.

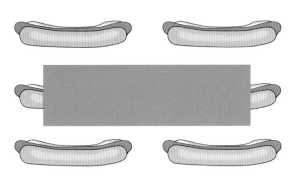

또 다른 게슈탈트 원리는 공통 운명(common fate)이다. 여러 대상들이 동시에 유사한 방식으로 변화하거나 움직이면 대상 각각을 동일 집단의 부분으로 지각한다. 그림 4.42에서처럼, 두 대상이 동일한 방향, 동일한 속도로 움직이는 것을 보면, 동일한 물체의 부분들로 지각한다. 또한, 대상들이 함께 밝아지거나 어두워져도 서로 연관된 것으로 지각된다(Sekuler & Bennett, 2001).

마지막으로, 우리는 가능한 한 언제나 단순하고, 친숙하고, 대칭적인 형태, 즉 좋은 형태(good figure)로 지각하는 경향이 있다. 우리에게 친숙한 많은 대상은 기하학적으로 단순하거나 그에 가깝다. 해와 달은 둥글고, 나무기둥은 지면과 수직으로 만나며, 얼굴과 동물은 거의 대칭적이고 등등. 우리가 무언가를 원, 사각형, 직선으로 해석할 수 있으면, 그렇게 한다. 그림 4.41e를 보면, 왼쪽 패턴은 빨간색 사각형이 초록색 사각형 위에 중첩된 것으로 볼 수 있고, 아니면 좌우가 바뀐 초록색 'L'이 어떤 부정형의 빨간색 대상 일부를 가리고 있는 것으로도 볼 수 있다. 우리는 첫 번째 해석에 강하게 끌리는데, 그 이유는 그런 형태가 "좋고", 규칙적이며 대칭적인 대상이 되기 때문이다.

그림 4.43a는 흰색 삼각형이 세 개의 알 모양 위에 놓여 있는 것으로 지각된다(Singh, Hoffman, & Albert, 1999). 하지만, 그림 4.43b처럼 파란색 대상들을 기울이면 이들 위에 무언가 있다는 착시는 사라진다. 우리는 대상이 대칭적이고 좋은 형태일 때만 위에 놓인 대상을 "본다."

좋은 형태 원리는 어린 시절부터 사각형, 삼각형 등에 친숙해진 사람들이 사는 서양 문화 사회들에만 적용될까? 당연히 그렇지 않다. 연구자들은 아프리카 서남부 문화권에 사는, 가공 생산물도 없고 모양에 대

a

b

c

그림 4.42 그림 (a)를 본 다음에 그림 (b)를 보면, 머리와 꼬리는 동일한 방식으로 움직이기 때문에 하나의 도마뱀으로 보인다. 그림 (a)에서 그림 (c)로 가면, 머리는 움직이지만 꼬리는 그렇지 않다. 그래서 이 경우 두 마리의 도마뱀으로 지각된다.

한 어휘도 부족한 Himba인들을 대상으로 연구했다. 이들조차 정사각형과 거의 정사각형에 가까운 모양들 간의 차이를 미국 대학생들만큼이나 잘 알아챘다 (Biederman, Yue, & Davidoff, 2009).

시각과 청각의 유사성

게슈탈트 심리학의 지각적 조직화 원리는 청각에도 적용된다. 가역적 도형과 마찬가지로, 어떤 소리들은 한 방식 이상으로 들을 수 있다. 시계소리는 "똑, 딱, 똑, 딱…"으로 들리지만, "딱, 똑, 딱, 똑…"으로 들릴 수도 있다. 차 앞 유리창 와이퍼 소리가 "드르륵, 드르륵"으로 들리고, "륵드르, 륵드르"로 들릴 수도 있다.

게슈탈트 원리 중, 연속성과 폐쇄성은 한 자극이 다른 자극을 가릴 때 가장 잘 적용된다. 그림 4.44에서 보면, 그림 c와 그림 d의 맥락은 어떤 물체들이 삼차원 육면체를 부분적으로 가리고 있음을 보여준다. 그림 a와 그림 b에서는 중첩되어 있는 것을 보여주지 않기 때문에 육면체를 볼 가능성이 희박하다. 비슷한 논지로, 그림 4.45a에서는 일련의 무의미한 조각들이 보인다. 그림 4.45b에서와 같이 헝클어진 검은색 띠를 덧붙이면 이 조각들은 PSYCHOLOGY라는 단어로 보게 된다(Bregman, 1981).

동일한 원리가 청각에도 적용된다. 말소리나 노래의 아주 짧은 부분을 무음 상태로 제시하면, 그 빈틈을 채우지 못해서 그 말이나 노래를 이해하기 힘들어진다. 하지만, 동일한 빈틈을 소음으로 채워 넣으면, 우리는 이 빈틈에서 무엇이 발생하는지를 "듣는다." 즉, 연속성과 폐쇄성 원리가 적용된 것이다(C. T. Miller, Dibble, & Hauser, 2001; Warren, 1970).

움직임과 깊이의 지각

자동차가 우리로부터 멀어져 갈 때, 망막에 맺히는 차 이미지는 점점 작아지지만, 우리는 차가 움직인다고 지각하지, 줄어든다고 지각하지는 않는다. 이런 지각은 시각 항등성(visual constancy)을 잘 보여준다. 시각 항등성이란 망막에 도달하는 실제 패턴은 왜곡되더라도 동일한

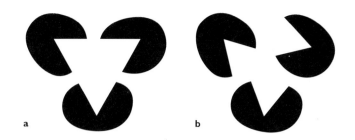

그림 4.43 그림 (a)를 보면, 세 개의 알 모양 위에 놓여 있는 삼각형이 보인다. 이렇게 보는 이유는 삼각형이 "좋은 형태"이고 대칭적이기 때문이다. 그림 (b)와 같이 알 모양들을 약간 틀어 놓으면, 착각적 삼각형은 사라진다. (출처: Singh, Hoffman, & Albert (1999). Contour completion and relative depth: Petter's rule and support ration. *Psychological Science, 10*, 423-428. © Sage Publications. 허가하에 실음)

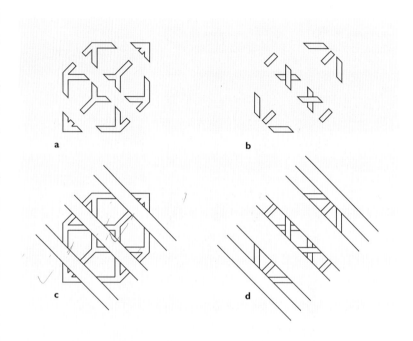

그림 4.44 (a)와 (b)는 평평한 2차원 대상들의 배열로 보인다. 중첩하는 선들로 맥락을 부여하면 (c)와 (d)에서 정육면체가 드러난다. (출처: Kanizsa (1979). *Organization in vision: Essays on Gestalt perception*, pp. 7-9. © ABC-CLIO, LLC. 허가하에 실음)

모양, 크기, 색으로 대상을 지각하는 경향을 말한다. 그림 4.46은 모양 항등성과 크기 항등성을 잘 보여주는 예들이다. 항등성은 대상과의 친숙성에 의존하고, 거리 및 시야각(angles of view)을 추정하는 능력에 기반한다. 예를 들어 우리가 문을 볼 때 특정 각도에서 보더라도 문은 여전히 직사각형으로 지각된다. 그러나 대상이 모양과 크기를 동일하게 유지한다는 것을 알기 위해서 우리는 움직임이나 거리상 변화를 지각해야 한다. 어떻게 우리는 그렇게 하는 것일까?

움직임 지각

움직이는 대상들에 우리의 주의가 끌리는 데는 상당한 이유가 있다. 우리의 진화사

a

b

그림 4.45 PSYCHOLOGY라는 단어가 왜 (a)보다 (b)에서 더 쉽게 읽힐까? (출처: Bregman, 1981.)

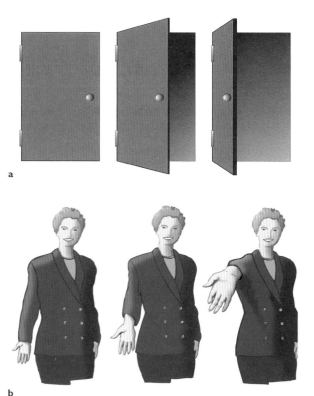

a

b

그림 4.46 (a) 모양 항등성: 우리는 세 문 모두 직사각형으로 지각한다. (b) 크기 항등성: 우리는 세 손 모두 동일한 크기로 지각한다.

를 훑어보면, 움직이는 물체는 고정되어 있는 물체에 비해 우리의 행동을 요구할 가능성이 높았다. 움직이는 물체가 다른 사람일 수도 있다. 당신이 잡아채서 먹을 수 있는 무엇일 수도 있고, 당신을 잡아먹길 원하는 무엇일 수도 있다. 사람들은 신체의 움직임을 지각하는 데 특히 능숙하다. 어떤 사람의 어깨와 팔꿈치, 손, 엉덩이, 무릎, 발목에 작은 광점을 붙였다고 가정

해 보자. 그런 다음, 방 안의 모든 불을 끄면 이 사람의 몸에 부착한 광점들만 보일 것이다. 이 사람이 걷기 시작하자마자 당신은 이 광점 패턴을 움직이고 있는 사람으로 본다. 사실은 당신 뇌에 바로 이 과제에 전문화된 영역이 있기 때문에 그렇게 보는 것이다(Grossman & Blake, 2001). 이런 놀라운 현상을 직접 경험해 보길 원한다면 다음 웹사이트를 방문하라: www.biomotionlab.ca/Demos/BMLwalker.html.

▶ 직접 해 보세요!

다음과 같이 간단한 시험을 해보라. 당신 눈앞에 어떤 물건을 든 다음, 그것을 오른쪽으로 움직여라. 이제는 그 물건을 당신 눈앞에 든 상태에서 당신 눈만 왼쪽으로 돌려보라. 이 물건의 이미지는 물건을 움직일 때나 눈을 돌릴 때나 동일한 방식으로 눈 망막에서 이동한다. 그런데, 전자의 경우에는 물건이 움직이는 것으로 지각되는 반면 후자의 경우에는 그렇지 않다. 왜 그럴까?

눈을 움직일 때 물체가 고정된 것으로 보이는 이유는 두 측면에서 고려해 볼 수 있다. 한 이유는 평형체계가 뇌의 시각 영역에 머리와 눈의 움직임을 알려주기 때문이다. 뇌는 눈이 왼쪽으로 움직였다는 것을 알면 당신이 본 것을 그 움직임의 결과로 해석한다. 아주 드물게 일어나는 뇌 손상을 입은 남자는 자신의 눈 움직임과 지각을 연결시킬 수 없었다. 머리나 눈을 움직일 때마다 세상도 움직이는 것으로 보였다. 그래서 그는 현기증과 구토 증상을 자주 경험했다(Haarmeier,

그림 4.47 영화 한 편은 시간당 86,400번 깜빡이는 연속된 정물사진으로 구성된다. 여기서는 시간 대신에 공간상에 펼쳐진 일련의 정물사진들을 보여주고 있다.

Thier, Repnow, & Peterson, 1997).

다른 이유는 다음과 같다. 우리가 대상의 운동을 지각하는 것은 그 대상이 배경을 기준으로 해서 상대적으로 움직일 때다(Gibson, 1968). 우리가 눈을 움직이거나 걸어갈 때 고정된 물체들은 망막에서는 움직이지만 배경을 기준으로 해서는 움직이지 않는다.

어떤 물체가 고정되어 있고 그 배경이 움직이면 무엇이 지각될까? 이같이 드문 경우에는 그 물체가 움직이는 것으로 잘못 지각되는 유도된 움직임(induced movement)이라는 현상이 일어난다. 밤하늘에 떠 있는 달을 스쳐 지나가는 구름을 보면 구름은 고정되어 있고 달이 움직이는 것으로 지각된다. 유도된 움직임은 실제운동(real movement)과 반대된다는 의미에서 가현운동(apparent movement)이다.

우리는 이미 폭포 착시(172쪽)에 대해 살펴보았다. 이는 가현운동의 또 다른 예이다. 또 다른 예로 스트로보스코프 움직임(stroboscopic movement)을 들 수 있는데, 이는 고정된 이미지들을 신속하게 연속 제시할 때 일어나는 운동착시다. 한 장면이 스크린에 나타나고 몇 분의 1초 뒤에 약간 다른 장면이 나타나면 대상들이 부드럽게 움직이는 것으로 지각된다(그림 4.47). 영화란 실제로는 스크린에 연속으로 제시되는 일련의 정물사진들이다.

시각적 움직임을 탐지하는 능력은 천문학 역사에서 흥미로운 기여를 했다. 1930년, Clyde Tombaugh는 해왕성 너머에 있을 수 있는 미지의 행성을 찾으려고 밤하늘을 탐색하고 있었다. 그는 하늘의 각 영역을 며칠 간격으로 두 번씩 촬영했다. 별(항성)과 달리 행성은 한 사진에서 다른 사진으로 가면 위치를 바꾼다. 하지만, 밤하늘에서 움직이지 않는 무수히 많은 점들 중

에서 움직이는 점을 어떻게 찾을 수 있을까? 그는 한 사진에서 다른 사진으로 왔다 갔다 하면서 볼 수 있는 기계에 각 쌍의 사진들을 넣고 보았다. 어떤 쌍의 사진들을 교대로 볼 때 그는 한 점이 움직이는 것을 즉각 알아챘다(Tombaugh, 1980). 그는 그 점이 명왕성임을 확인했다. 이제는 천문학자들이 명왕성을 왜소 행성으로 분류하고 있지만 말이다(그림 4.48).

깊이 지각

우리는 3차원 세상에 살고 있지만, 우리 눈의 망막은 사실 2차원 표면에 지나지 않는다. 깊이 지각(depth perception), 즉 거리 지각은 우리가 이 세상을 3차원으로 경험하도록 해준다. 깊이 지각은 몇 가지 요인에 의존한다.

▶ 직접 해 보세요!

깊이 지각에 영향을 주는 한 요인은 망막 부등(retinal disparity)이다. 이 단서는 한 대상이 좌우 눈에 주어지는 망막에서의 위치상 차이를 말한다. 이렇게 해보라. 팔을 쭉 뻗은 상태에서 당신의 엄지를 세워라. 먼저 한 눈으로 엄지를 본 다음, 다른 눈으로 엄지를 보라. 당신의 엄지가 보이는 위치는 배경 위에서 이동하는 것으로 보인다는 점에 주목하라. 이제는 엄지를 얼굴 가까이 가져와서 동일한 방식으로 교대로 엄지를 보라. 이때 당신 엄지의 위치 이동은 훨씬 더 클 것이다. 두 눈 간의 차이 크기가 거리를 측정하는 한 방법이다.

두 번째 깊이 지각 단서는 두 눈의 수렴(convergence)이다. 이 단서는 가까운 대상에 초점을 맞출 때 두 눈이 회전하는 각도를 말한다. 가까이 있는 대상에 초점을 맞추려 할 때 두 눈은 안으로 돌면서 눈 근육에 긴장을 느끼게 된다. 이 근육이 더 많이 당겨질수록 그 대상은 더 가까이 있는 것이다.

망막 부등과 수렴은 두 눈 모두에 의존하기 때문에 양안 단서(binocular cues)라고 부른다. 단안 단서(monocular cues)는 한 눈만으로도 깊이와 거리를 판단할 수 있게 한다. 그림 4.49와 같은 사진을 볼 때 두 눈 모두 동일한 이미지를 보게 되는데, 단안 단서들은 이런 이미지 안에 존재한다. 그림에서 깊이를 해석하는 능력은 경험에 의존한다. 예를 들어, 그림 4.50에서 사냥꾼은 창을 아프리카영양에 겨누고 있는 것으로 보이는가? 그림이라는 걸 거의 본 적이 없는 아프리카 원주민들에게 이 그림을 보여주

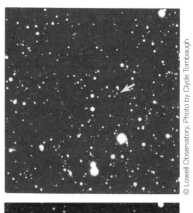

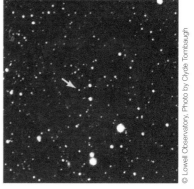

그림 4.48 Clyde Tombaugh는 밤하늘의 각 영역을 며칠 간격으로 두 번 촬영했다. 그런 다음, 기계를 이용하여 각 쌍의 사진을 번갈아 보았다. 특정 영역의 사진을 교대로 볼 때 두 사진 간에 움직이는 점 하나를 목격했다. 그 점이 바로 명왕성이었다.

그림 4.49 우리는 (한 눈만으로도 작동하는) 단안 단서를 이용하여 사진에서 깊이와 거리를 판단한다. 가까이 있는 대상은 동일한 유형의 대상이 멀리 있을 때보다 망막에서 (또는 사진에서) 더 넓은 공간을 차지한다. 가까이 있는 대상은 더 자세히 보인다. 근접한 대상은 멀리 있는 대상 위에 겹쳐 있다. 전경에 있는 대상은 지평선에 있는 대상보다 더 선명하게 보인다.

면, 다수가 사냥꾼이 아기 코끼리를 겨냥하고 있다고 말한다(Hudson, 1960).

깊이를 지각할 때 사용하는 단안 단서 일부를 살펴보자.

대상 크기: 다른 모든 조건이 동일할 때, 가까이 있는 대상은 멀리 있는 대상보다 더 큰 이미지를 만든다. 이 단서는 이미 크기를 알고 있는 대상에서만 도움을 준다. 예를 들어, 그림 4.49에서 조깅하는 사람은 우리가 더 크다고 알고 있는 집들 어느 것보다도 더 큰 이미지를 준다. 따라서 우리는 조깅하는 사람이 더 가까이 있는 것으로 지각한다. 하지만 배경에 있는 여러 산들은 드러나 보이는 크기뿐만 아니라 실제 크기도 다르기 때문에 커 보이는 대상을 무조건 가까운 것으로 가정할 수는 없다.

선형 조망: 평행하는 선들은 지평선으로 뻗어가면서 서로 점점 가까워진다. 그림 4.49의 길을 주의해서 보면 알 수 있다. (관찰자에 근접해 있는) 사진의 아래에

서 길의 가장자리들은 서로 멀리 떨어져 있다. 아주 멀리 가면 이 가장자리들은 서로 모인다.

세부: 조깅하는 사람같이 가까이 있는 대상들은 멀리 있는 대상보다 더 상세하게 보인다.

중첩: 우리의 시야에서 가까이 있는 대상은 멀리 있는 대상을 가린다. 예를 들어, 가장 가까이 있는 전봇대는 가까이 있는 나무를 가려서 전봇대가 나무보다 더 가까이 있는 것으로 보인다.

결 기울기: 전봇대 하나와 그 다음 전봇대 간의 거리를 주목해서 보라. 아주 먼 거리에 있는 전봇대들을 보면 서로 가까이 모여 있는 것으로 보인다. 대상들이 "함께 모여" 보이는 정도는 이들의 대략적인 거리에 대한 단서가 된다.

그림자: 그림자는 대상의 위치뿐만 아니라 크기도 가늠케 한다.

조절: 눈의 수정체는 근접해 있는 대상에 초점을 맞출

그림 4.50 사냥꾼은 어떤 동물을 공격할까? 그림이나 사진에 익숙하지 않는 사람들은 아기 코끼리를 공격할 것이라고 말했다. (출처: Hudson, 1960.)

당신이 이 기차의 승객이 되어 수평선 방향을 바라보고 있다면, 기찻길 아래의 지면은 멀리 떨어진 풍경보다 더 빨리 스쳐 지나가는 것으로 볼 것이다. 이 사진에서 운동 시차는 가까이 있는 흐릿한 지면과 멀리 떨어진 선명한 대상들로 나타난다.

때 조절된다. 즉, 수정체 모양이 바뀌는데, 뇌가 이 변화를 탐지해서 대상까지의 거리를 추리한다. 당신이 그림 4.49를 볼 때, 이 사진 자체가 얼마나 떨어져 있는가는 조절을 통해 알 수 있다. 이 경우, 조절은 사진 속 대상들의 상대적 거리에 대해서 아무런 정보도 주진 못한다.

운동 시차: 사진이나 그림에서는 도움을 주지 못하지만, 우리가 움직이고 있을 때 깊이 지각에 도움을 주는 또 다른 단안 단서가 있다. 걷거나 차를 타고 가면서 지평선에 시선을 맞추고 있으면 가까이 있는 대상은 망막 위를 신속하게 가로질러 가는 반면, 멀리 있는 대상은 느리게 가로질러 간다. 당신이 이동할 때 대상의 이미지들이 망막을 가로질러 가는 속도의 차이를 운동 시차(motion parallax) 원리라고 한다. TV나 영화 제작진들은 이 원리를 이용한다. 카메라를 천천히 움직이면 가까이 있는 대상들이 멀리 있는 대상들보다 더 움직여서 깊이감이 생긴다.

✓

개념 점검 23. 그림 4.50에는 어떤 단안 단서들이 있을까?

24. 입체사진 기법에서 카메라는 동일한 장면을 두 개의 다른 위치에서 각각 다른 컬러 필터나 다른 편광 필터로 촬영한다. 그런 다음, 두 사진을 중첩시킨다. 관찰자는 이 합성사진을 특수한 안경으로 보면 한 눈에는 한 카메라로 찍은 장면이 보이고 다른 눈에는 다른 카메라로 찍은 장면이 보인다. 여기서 사용되는 깊이 단서는?

시각 착시

시각은 일반적으로 우리가 보는 것을 잘 이해하도록 작동하지만, 특별한 상황에서는 우리를 속이기도 한다. 시각 착시(optical illusion)는 시각 자극에 대한 그릇된 해석이다. 그림 4.51에서 몇 예들을 볼 수 있다. 더 많은 예들을 보려면 다음 사이트를 방문하라: www.michaelbach.de/ot/index.html.

심리학자들은 시각 착시를 가급적 간단명료하게 설명하고 싶어 한다. 모든 착시를 설명하는 것은 아니지만 다수에 적용되는 한 접근은 깊이 지각의 착오와 관련된다.

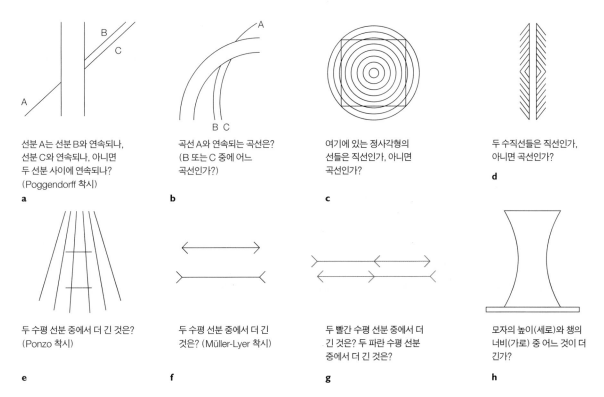

선분 A는 선분 B와 연속되나,
선분 C와 연속되나, 아니면
두 선분 사이에 연속되나?
(Poggendorff 착시)

a

곡선 A와 연속되는 곡선은?
(B 또는 C 중에 어느
곡선인가?)

b

여기에 있는 정사각형의
선들은 직선인가, 아니면
곡선인가?

c

두 수직선들은 직선인가,
아니면 곡선인가?

d

두 수평 선분 중에서 더 긴 것은?
(Ponzo 착시)

e

두 수평 선분 중에서 더 긴
것은? (Müller-Lyer 착시)

f

두 빨간 수평 선분 중에서 더
긴 것은? 두 파란 수평 선분
중에서 더 긴 것은?

g

모자의 높이(세로)와 챙의
너비(가로) 중 어느 것이 더
긴가?

h

그림 4.51 이 기하학적 도형들은 시각 착시를 잘 보여준다. 정답은 다음과 같다(자와 컴퍼스로 직접 확인해 보길 권한다): **(a)** B, **(b)** B, **(c)** 직선, **(d)** 직선, **(e)** 둘 다 동일, **(f)** 둘 다 동일, **(g)** 둘 다 동일, **(h)** 둘 다 동일

깊이 지각과 크기 지각

그림 4.52를 보면, 망막에 주어진 이미지는 가까이 있는 작은 대상일 수도 있지만 멀리 있는 큰 대상일 수도 있다. 당신이 크기나 거리 중 하나를 안다면 다른 하나를 추정할 수 있다. 하지만, 크기든 거리든 틀린 판단을 한다면 다른 하나 또한 틀리게 된다.

▶ **직접 해 보세요!**

이미지 하나를 취해서 그 대상의 겉으로 드러나 보이는 거리를 변화시킬 때 어떤 일이 일어나는가를 잘 관찰해 보라. 먼저, 그림 4.12를 다시 응시해서 부적 잔상을 만들어라. 그런 다음, 종이 한 장을 앞에 들고 바라보면서 이 잔상을 잘 살펴보라. 손에든 종이를 앞뒤로 움직이면 잔상의 표면적인 크기가 변화되는 것을 볼 수 있다.

실제 세상에서는 대상의 크기와 거리를 알려주는 단서가 많지만, 하늘에 있는 대상의 경우에는 언제나 그렇진 않다. 사람들은 친숙하지 않은 대상이 하늘에 있는 것을 볼 때는 그 거리를 종종 잘못 판단한다. 그렇게 되면 그 대상의 크기와 속도 또한 과대평가한다. 이런 착시를 통해, UFO가 믿을 수 없을 정도로 빨리 이동한다는 보고를 설명할 수도 있다.

다수의 시각 착시들은 거리 판단이 잘못돼서 일어난다. 그림 4.53a는 Ames 방 (이 방의 설계자 Adelbert Ames 이름을 붙임)에 있는 사람들을 보여준다. 이 방은 정상

적인 사각형 방으로 보이지만, 사실 이 방의 한 구석은 다른 구석에 비해 아주 가깝다. 두 젊은 여자의 키는 사실 동일하다. 이 배경 단서들을 모두 제거하면 이 두 여자는 다른 거리에 있는 동일한 크기로 정확히 지각될 것이다. 하지만, 표면적으로 사각형인 이 방은 오도된 단서들을 제공하기 때문에 두 여자의 키 크기는 아주 다르게 보인다.

이차원 그림들 다수가 오도된 깊이 단서들을 제공한다. 오랫동안 그림이나 사진을 보아온 경험 때문에 당신은 대부분의 그림들이 삼차원 장면을 표현한 것으로 해석한다. 그림 4.54를 보면 당혹스러운 그림들이 있다. 하나는 두 갈래/세 갈래 기구이고, 다른 하나는 원형으로 된 계단인데 시계방향으로는 언제나 오르막이고 시계 반대방향으로는 언제나 내리막이 된다. 두 그림 모두 삼차원 대상으로 볼 때는 우리를 당황케 한다.

그림 4.55를 보면, 선형 조망 단서는 그림의 오른쪽이 왼쪽에 비해 멀리 떨어져 있음을 알려준다. 그래서 오른쪽의 원기둥이 가장 멀리 떨어져 있는 것으로 보게 된다. 이 원기둥이 가장 멀리 있으면서도 다른 원기

등들과 동일한 크기의 망막 이미지를 만든다면 이 원기둥이 가장 큰 것일 수밖에 없다. 일상적으로 크기 항등성과 모양 항등성을 보장하는 단서들이 우리를 잘못 이끌 때 시각 착시를 경험하게 된다(Day, 1972).

탁자면 착시는 그림 4.56에서 볼 수 있다(Shepard, 1990). 여기서 보면 정말 믿을 수 없는 일이 벌어지는데, 파란색 탁자의 가로 길이는 노란색 탁자의 세로 길이와 동일하고, 파란색 탁자의 세로 길이는 노란색 탁자의 가로 길이와 동일하다. 노란색 탁자가 파란색 탁자에 비해 더 길고 좁게 보이는 까닭은 노란색 탁자가 깊게 늘어진 것으로 해석되기 때문이다. 사실상, 당신의 뇌는 이런 방식으로 봄으로써 각 탁자가 실제로는 어때야 하는지를 구성해 낸다.

달 착시

대부분의 사람들은 지평선의 달을 하늘 높이 있는 달보다 약 30% 정도 더 크게 본다. 이 달 착시(moon illusion)는 아주 명백해서 많은 사람들이 대기 중에서 광선의 굴절이나 다른 물리적 현상으로 설명하려고 했었다. 하지만, 카메라로 달을 찍어서 그 이미지 크기를 재어보면 달이 수평선에 있을 때나 하늘 높이 있을 때나 동일하다는 것을 확인할 수 있다. 그림 4.57은 달이 하늘의 두 다른 위치에 있을 때를 보여준다. 두 사진에서 달 이미지를 직접 측정해 보면 이들이 실제로 동일한 크기라는 것을 알 수 있다. (대기의 광선 굴절은 지평선에 있는 달을 주황색으로 보이게 하지만, 이미지 크기 자체를 증가시키지는 않는다.) 하지만 사진은 우리가 실생활에

그림 4.52 이것은 막강해진 새가 아니다. 이 해오라기는 카메라에 아주 가까이 있는 상태다. 어떤 물체까지의 거리를 잘못 판단하면, 그 크기도 잘못 판단하게 된다.

서 접하는 달 착시의 강력함을 보여주지 못한다. 그림 4.57이나 비슷한 방식으로 찍은 사진들을 비교해 보면 달은 어느 위치에서나 거의 동일하게 보인다. 그러나 실제 밤하늘에서는 지평선에 놓인 달이 엄청나게 커 보인다.

이 착시에 대한 한 설명은 크기 비교이다. 하늘의 낮은 곳에 있는 달을 볼 때는 지평선 근처의 아주 작아 보이는 집이나 나무와 비교하기 때문에 달이 아주 커 보인다는 것이다. 하늘 높이 떠 있는 달을 볼 때는 별 특징 없이 방대하기만 한 하늘과 비교하기에 달이 작아 보인다(Baird, 1982; Restle, 1970).

두 번째 설명은 관찰자와 지평선 사이의 지형이 상당한 거리감을 준다는 것이다. 반면, 달이 하늘 높이 있을 때는 달까지의 거리를 판단할 근거가 없고, 무의식적으로 머리 위의 달이 더 가까이 있을 것으로 본다는 것이다. 우리는 지평선의 달이 더 멀리 떨어져 있다고 보기에 달이 더 큰 것으로 지각한다(Kaufman & Rock, 1989;

a

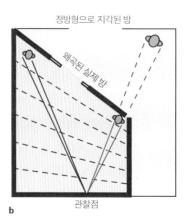

정방형으로 지각된 방

왜곡된 실제 방

관찰점

b

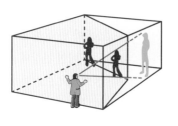

그림 4.53 Ames 방은 작은 구멍을 통해 한 눈으로 보게 설계되었다. (a) 두 사람의 실제 키는 동일하지만, 아주 다른 키로 보인다. (b) 이 도해는 방의 구조가 관찰자의 거리 지각을 어떻게 왜곡시키는지를 보여준다. (b의 출처: Wilson et al., 1964.)

Rock & Kaufman, 1962). 이 설명이 호소력을 갖는 이유는 달 착시를 다른 착시에서 중요하다고 받아들여진 요인인 거리 지각과 연결 지어 설명하기 때문이다.

여러 심리학자들은 이 두 번째 설명에 만족하지 못한다. 그 이유는 지평선의 달이 하늘 위의 달보다 더 멀리 있는 것으로 보인다는 점이 확실치 않기 때문이다. 많은 사람들이 어느 달이 더 멀리 있어 보이는지 물으면 확실치 않다고 답한다. 좀 더 답을 재촉하면 대부분의 사람들은 지평선의 달이 더 가까운 것으로 보인다고 위의 주장과는 모순되는 답을 한다. 어떤 심리학자들은 이런 상황은 제법 복잡하다고 답한다. 이들에 따르면, 우리는 지평선이 아주 멀다고 무의식적으로 지각한다. 결과적으로, 지평선의 달은 매우 큰 것으로 지각하게 된다. 그런 다음, 지평선의 달 크기가 크다고 지각했기 때문에 더 가까이 있는 것으로 보인다고 의식적으로는 말하지만, 달은 더 멀리 있다고 계속해서 무의식적으로 지각한다는 것이다(Rock & Kaufman, 1962).

시각 착시 연구들은 다른 현상들에서 이미 밝혀진 점들을 확인한다. 즉, 우리가 지각하는 것은 "저기 밖에" 있는 것과 동일한 것이 아니다. 우리의 시각체계는 우리를 둘러싸고 있는 세계에 대한 유용한 정보를 제공하는 놀라운 일을 한다. 하지만, 흔치 않은 상황에서는 왜곡된 지각을 하게 된다.

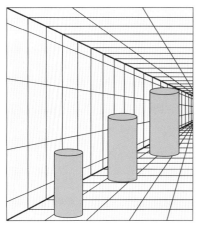

그림 4.55 오른쪽 원기둥이 더 커 보이는 이유는 맥락에 의해 이 원기둥이 멀리 떨어져 있는 것으로 지각되기 때문이다.

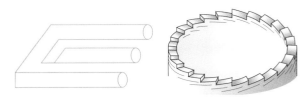

그림 4.54 우리는 이차원 도형들을 삼차원 대상으로 해석하려고 하기 때문에 여기의 이차원 도형 둘은 우리를 당황하게 한다.

그림 4.56 탁자면 착시. 파란색 탁자의 너비와 길이 각각은 노란색 탁자의 길이와 너비 각각과 같다. 아래 세 그림에서는 노란색 탁자면을 회전시켜 파란색 탁자면 위에 올려놓아 두 면이 동일한 탁자면임을 보여준다.

그림 4.57 일반적으로 머리 위에 달이 있을 때보다 지평선에 있을 때 훨씬 더 커 보인다. 이 사진에서는 달 착시가 거의 사라졌지만, 사진에 찍힌 달의 물리적 이미지가 동일하다는 점을 잘 보여준다. 이로 보아, 달 착시 설명은 물리적인 것이 아니라 심리적이어야 한다.

감각정보를 의미 있게 만들기

"보는 것이 믿는 것이다(즉, 백문이 불여일견이다)."라는 표현을 아마 들어본 적이 있을 것이다. 이 속담은 여러 경우에 적용되고, 우리가 믿는 것이 보는 것에도 영향을 준다는 의미도 포함한다. 지각은 망막을 자극하는 사건들을 단순히 합하는 문제는 아니다. 우리는 볼 것으로 기대되는 것을 찾고, 들쑥날쑥한 패턴에 질서를 부여하고, 이차원 그림에서 삼차원을 보며, 시각 착시도 본다. 뇌는 망막을 자극하는 빛이 무엇인지 계산하는 것이 아니라 대상들이 실제 무엇인지와 무엇을 하고 있는지를 알아내고자 한다.

요약

- **최소 자극의 지각.** 지각할 수 있는 감각자극과 그렇지 않은 감각자극을 구분 짓는 분명한 경계선은 없다. (167쪽)

- **신호 탐지.** 신호 탐지가 얼마나 정확한지 결정하기 위해서는 자극이 있을 때의 적중 대 누락 비율뿐만 아니라 자극이 없을 때의 오경보 대 바른 기각 비율도 고려해야 한다. (168쪽)

- **드문 자극의 탐지.** 사람들이 특정 물체를 탐지하려고 할 때 아주 드물게 나타나는 것이라면 간과할 가능성이 높다. (169쪽)

- **역하 지각.** 특정 상황에서 의식적으로 파악하지 못하는 약한 강도의 자극은 비록 잠시 동안이라도 우리 행동에 영향을 미친다. (169쪽)

- **명도 대비.** 어떤 표면이 더 어두운 표면과 대비되면 더 밝아 보인다. (170쪽)

- **세부특징 탐지기.** 지각의 정보처리 첫 단계에서 세부특징 탐지기 뉴런들은 선과 점, 그리고 단순한 움직임을 파악한다. 시각 잔여효과는 특정 세부특징 탐지기의 피로로 해석할 수 있다. (171쪽)

- **조직화된 전체의 지각.** 게슈탈트 심리학자들에 따르면, 우리는 주어진 패턴을 하향 방식으로 처리해서 조직화된 전체로 지각한다. (173쪽)

- **시각 항등성.** 우리는 망막을 자극하는 빛 패턴이 변하더라도 대상의 모양, 크기, 색이 변하지 않는다고 지각한다. (176쪽)

- **운동 지각.** 우리는 대상이 배경을 기준으로 움직이면 그 대상이 움직이는 것으로 지각한다. 실제 움직이는 대상과 우리 자신의 움직임에 따라 일어나는 유사한 패턴의 망막 자극을 잘 구별해 낸다. (176쪽)

- **깊이 지각.** 깊이를 지각할 때 우리는 눈 근육의 조절 정보와 두 눈에 주어진 시야의 망막 부등 정보를 이용한다. 또한, 하나의 눈으로도 효과적인 여러 단서들을 사용하는 것을 학습한다. (178쪽)

- **시각 착시.** 몇몇 시각 착시들은 대상들 간의 상대적인 거리를 잘못 판단하기 때문에 일어난다. 우리는 자극판을 지각할 때 이와 유사한 대상들에 대한 이전의 경험과 비교한다. (180쪽)

핵심 용어

가역적 도형 (173쪽)	명도 대비 (170쪽)	양안 단서 (178쪽)
게슈탈트 심리학 (173쪽)	상향 과정 (173쪽)	역하 지각 (169쪽)
공통 운명 (175쪽)	세부특징 탐지기 (171쪽)	연속성 (174쪽)
근접성 (174쪽)	수렴 (178쪽)	운동 시차 (180쪽)
깊이 지각 (178쪽)	스트로보스코프 움직임 (178쪽)	유도된 움직임 (178쪽)
단안 단서 (178쪽)	시각 착시 (180쪽)	유사성 (174쪽)
달 착시 (182쪽)	시각 항등성 (176쪽)	전경과 배경 (173쪽)
망막 부등 (178쪽)	신호탐지이론 (168쪽)	절대 감각역 (168쪽)

개념 점검 문제에 대한 답

1 사람과 마찬가지로, 고양이도 희미한 빛에 적응한다. 하지만, 고양이도 모든 동물처럼 빛이 눈에 부딪힐 때만 볼 수 있다. 완전한 암흑 상태에서, 시각은 불가능하다.

2 개미는 다른 동물과 같이 빛이 이동하는 데까지 볼 수 있다. (아마 개미도 1억 5천만km 떨어진 태양을 볼 수 있을 것이다.) 눈이 제대로 작동하는 한, 사람이든 동물이든 얼마나 멀리까지 볼 수 있는지는 눈과는 상관이 없다.

3 수정체가 굳어졌기 때문에 노년층은 다양한 거리의 대상들에 초점을 맞추기가 힘들어진다. 특히, 가까이 있는 대상에 초점 맞추는 데 어려움을 겪는다.

4 망막 중심에는 원뿔세포만 있다. 눈을 약간 옆으로 돌려서 보면, 빛은 막대세포가 더 많은 망막 영역에 주어지기 때문에 밤하늘의 흐릿한 빛에도 반응한다.

5 주변부에서 더 많은 물체들을 볼 것이다. 완벽히 암순응된 상태에서, 원뿔세포만 있는 망막중심오목은 주변부의 막대세포만큼 민감하지 않기 때문이다.

6 밝은 황록 빛과 어두운 황록 빛은 동일한 비율의 세 원뿔세포 활동을 일으키지만, 더 밝은 경우는 원뿔세포들의 전체 활동이 더 크게 일어난다.

7 대립과정 이론은 부적 색채잔상을 잘 설명하는데, 우리가 빨강 대 초록과 같은 대립쌍으로 색을 지각한다고 가정하기 때문이다.

8 잔상은 배경 위가 아니라 우리 눈에 있다. 잔상의 다른 부분에 초점을 맞추려고 하면 눈이 움직여서 잔상도 함께 움직이게 된다.

9 당연히, 쥐로부터 가장 멀리 있는 사람이 쥐 소리를 들을 가능성이 낮을 것이다. 덧붙여, 노년층은 고주파 소리에 대한 청력이 저하되었기 때문에 찍찍 소리를 들을 가능성이 낮다. 그리고 시끄러운 음악같이 큰 소음에 자주 노출되어 청력이 손상된 사람도 쥐 소리를 들을 가능성이 낮다.

10 여전히 5,000Hz 소리를 듣지만, 이전보다 더 크게 들린다. 고주파 음에서 우리가 듣는 음높이는 어디에 있는 유모세포가 활동하는지가 중요하지 1초당 발화되는 신경신호 수는 중요치 않다.

11 우리는 두 귀로 들어오는 소리 입력을 비교하여 소리 위치를 지각한다. 소리가 정확히 앞과 정확히 뒤에서 들려오면, 왼쪽 귀와 오른쪽 귀에 입력되는 소리가 동일하기 때문에 구별하기 힘들다.

12 오른쪽 귀에 비해 왼쪽 귀에 들리는 소리가 더 커져서, 실제 소리 위치와 상관없이 왼쪽에서 소리가 나는 것으로 들릴 것이다. (하지만, 오른쪽에서 난 소리는 오른쪽 귀에 먼저 도달하기에 두 귀에 도달시간 차이는 상대적인 강도와 경합을 벌이게 될 것이다.)

13 소리의 위치지각은 두 귀의 반응 비교에 따르기 때문에, 모노 라디오 소리로는 여러 다른 방향에서 들리는 것이 가능하지 않다. 하지만 스피커 하나로도 변동이 가능한 반향크기, 소리크기, 고주파 음에 따라 소리의 거리지각이 가능하기 때문에 다른 거리에서 소리가 나는 것을 모노 라디오에서 구현할 수 있다. 결과적으로, 이 라디오는 사람들이 당신에게 가까이 걸어오거나 또는 멀리 걸어가는 인상을 쉽게 줄 수는 있지만, 측면으로 이동하는 인상을 줄 수는 없다.

14 먼저, 여러 사람들을 대상으로 쾌감을 주는 자극이 통증을 감소시키는 정도를 확인해라. 그런 다음에는 그들 중 반에게는 날록손을, 나머지 반에게는 가짜약을 준다. 다시 쾌감 자극이 통증을 감소시키는 정도를 측정하라. 쾌감 자극이 엔도르핀을 방출해서 통증을 줄인다면, 날록손 처방 집단에서는 엔도르핀 방출이 줄어들기에 쾌감 자극의 진통효과가 저해될 것이다.

15 할라페뇨 고추의 캡사이신은 뉴런의 통증 신경전달물질 재합성 속도보다 더 빨리 그 신경전달물질을 방출시킬 것이다. 그래서 그 이후의 구강 통증 민감도는 더 줄어든다. 그리고 할라페뇨는 통증수용기를 손상시키기도 해서 통증이 줄어들 수도 있다.

16 손에 대한 환각지 감각은 무언가가 얼굴에 접촉될 때 가장 강할 것이다.

17 사람의 쓴맛수용기는 많은 유형이 있지만, 각 유형별 쓴맛수용기는 많은 수는 아니기에 쓴맛에 대한 민감도는 상대적으로 약하다.

18 냄새에 대한 정서적 반응 대부분은 다른 사건들과의 연합을 통해 학습된다.

19 이 암에 걸린 환자에게 이 화학물질이 있다는 적중률은 알고

있는데, 암에 걸리지 않아도 이 화학물질이 있는 경우인 오경보율을 모른다면, 암 진단이라는 평가를 할 수 없다. 즉, 그 암에 걸리지 않은 사람들 중 이 화학물질을 가지고 있는 사람은 몇 명인가? 이 비율(즉, 오경보율)이 크다면, 이 진단검사는 쓸모없는 검사다.

20 몇 주간의 기간을 설정한 다음, 전체 기간의 반에 해당하는 날들을 무작위로 선정해서 역하로 경고 메시지를 방송한다. 나머지 반에 해당하는 날에는 역하 메시지를 제시하지 않거나 전혀 무관한 메시지를 역하로 방송한다. 경고 메시지를 역하로 제시한 날에 절도행위 빈도가 더 감소했는가를 비교 확인한다.

21 세부특징 탐지기는 수평선과 같이 특정한 시각특징에 가장 강하게 반응하는 뉴런이다. 한 증거는 실험동물의 뉴런 반응 기록을 보면 각 세포들이 특정한 자극에만 주로 반응한다는 것이다. 다른 증거는 어떤 자극을 응시한 사람들은 일시적으로 그런 종류의 자극에 대한 민감도가 떨어지는데, 이는 그 자극에 반응하는 세부특징 탐지기가 피로해졌음을 시사한다.

22 시각이 단순히 세부특징 탐지기들을 자극해서 그 반응들을 합산하는 문제라면, 특정 자극판은 언제나 동일한 지각을 산출하게 될 것이다.

23 대상 크기와 선형 조망이 단서가 되어 코끼리가 더 멀리 있는 것으로 보인다.

24 망막 부등

단원 내 기타 문제의 답

단원 4.1

A. (150쪽 문제, 그림 4.15) **a.** 74 **b.** 8

B. (150쪽 문제, 그림 4.16) 그림 4.16b에서 29라는 숫자가 보여야 한다. 원판 a의 빨간색 원을 응시한 다음에 원판 b를 보면, 당신이 적-록 색각 결함인 것처럼 29라는 숫자가 덜 분명하게 보일 것이다. 초록색 원을 응시한 다음에는 숫자 29는 평소 때보다 더 선명하게 보일 것이다. 이런 효과가 당신에게 나타나지 않으면 다시 시도해 보라. 두 번째 시도에서는 원판 a와 원판 c를 좀 더 오랫동안 응시하고, 원판 b를 볼 때도 좀 더 길게 보면 좋다. 이 효과들은 즉시 나타나는 것이 아니기 때문이다.

단원 4.3

C.

D.

E. (174쪽 문제, 그림 4.40)

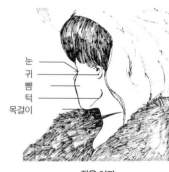

눈
귀
뺨
턱
목걸이

젊은 여자

눈
코
입
턱

할머니

F.

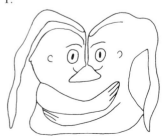

5 발달

© Arthur Tilley/Gettyimages.com

로봇을 하나 구입했다고 생각해 보자. 집에 가져왔을 때, 당신은 로봇이 제대로 할 수 있는 것이 아무것도 없음을 알게 된다. 심지어 혼자서는 균형을 잡지도 못한다. 신경을 거슬리게 하는 시끄러운 소음을 내기도 하고, 팔다리를 아무렇게나 움직이고 틈 사이로 뭔가 새어 나오는 것을 발견할 수도 있다. 로봇을 산 곳에서는 환불도 해주지 않으며 로봇의 전원을 꺼서도 절대 안 된다. 이제 당신은 이 쓸모없는 기계로 이러지도 저러지도 못하는 신세가 된 것이다.

그런데 몇 년 후 그 로봇은 걷고 말하며 읽고 쓸 줄 알게 되고, 그림을 그리고 수학 문제도 풀 수 있게 된다. 로봇은 지시를 잘 따르고 가끔은 지시하지 않아도 스스로 훌륭한 일을 해낸다. 기억능력 게임에서 당신을 이기기도 한다.

어떻게 이 모든 것이 가능하게 되었을까? 당신은 단지 그 로봇이 어떻게 작동하는지를 몰랐던 것일 수도 있다. 당신의 로봇은 시간이 지나기만 하면 단계적으로 능력이 발현되는 프로그램을 저장하고 있었던 것일까? 아니면 이 모든 기술을 학습할 수 있게 프로그램화되어 있던 것일까?

아동도 이런 로봇과 같다. 부모는 "어떻게 내 아이가 지금의 모습으로 자라게 되었을까? 두 자녀가 왜 저렇게 다르게 자랐을까?"를 궁금해 한다. 발달심리학자는 선천성(nature, 또는 천성)과 후천성(nurture, 또는 양육)이 어떻게 결합되어 인간의 행동을 만드는지 이해하기 위해 노력한다. 요람에서 무덤까지 말이다.

© David Gifford/Science Photo Library/Photo Researchers

연령이 증가함에 따라 우리의 행동은 여러 면에서 변화한다. 발달심리학자는 이러한 변화에 대해 설명하고자 많은 노력을 기울인다.

영유아 인지발달

- 영아의 능력과 경험에 대해 어떻게 알 수 있을까?
- 아동의 사고 과정은 어른의 사고 과정과 어떻게 다를까?

어린 아동의 미술 작품은 놀랍게 창의적이며 그들의 생각이 미술작품에 고스란히 드러난다. 1살 반 걸음마기 아동은 점으로만 그린 그림을 당당하게 자랑했지만 이를 본 어른은 당황스럽기만 하다. 아동은 그것이 토끼라고 말하면서 몇 개의 점을 더 그려 넣고, "이것 봐요! 토끼가 깡충깡충 뛰고 있어요."라고 덧붙였다(Winner, 1986). 그림 5.1은 내 딸 로빈이 6살이었을 때, 할로윈 옷을 입은 여자아이와 남자아이가 그림을 그리는 모습을 그린 것이다. 그림 속 여자아이 옆에는 야생 동물 사진을 몇 개 붙이고는 그것이 여자아이가 그린 그림이라고 했다. 그림 속 남자아이의 그림은 낙서처럼 보였다. 로빈에게 왜 그림 속 여자아이가 남자아이보다 훨씬 더 잘 그렸는지를 묻자, "아빠, 그 남자애를 놀리지 마세요. 애는 최선을 다하고 있는 거예요."라고 대답했다.

그림 5.1 6살 Robin Kalat의 그림. 그림을 그리고 있는 두 아동을 그린 그림이다.

위의 사례와 같이 아동의 그림은 자신의 세계관을 표현한다. 아동이 성장하면서 그리기 기술은 더욱 발전하지만 위와 같은 생각의 표현은 점점 줄어든다. 우리도 연령이 증가하면서 새로운 능력과 기술을 점점 더 많이 갖게 되지만 어떤 것은 잃어버리기도 한다.

아동의 능력을 연구하는 것은 정말 어려운 일이다. 아동은 어른의 질문을 잘못 이해할 수 있고 어른 또한 아동의 대답을 잘못 이해할 수 있다. 발달심리학자는 아동을 연구하기 위해 기발한 방법을 많이 개발해 왔으며 덕분에 아동에 대한 이해는 상당히 진전되어 왔다. 이번 단원에서 계속 마주치게 될 주제 중 하나는 아동의 능력을 어떻게 측정하느냐에 따라 아동에 대한 결론이 다를 수 있다는 것이다.

발달 연구를 위한 연구 설계

마음의 발달을 연구하는 것은 특별한 문제를 가진다. 연령이 다른 사람의 집단을

우리는 연령이 증가하면서 성숙하지만 때론 아이 같은 행동을 하기도 한다. 그런 행동이 받아들여지는 상황에서는 말이다.

표 5.1 횡단 연구, 종단 연구

	설명	장점	단점	예시
횡단 연구	동시에 다른 연령대의 개인 혹은 집단을 비교하는 방법	1. 신속한 연구진행 2. 연령 효과와 현 사회의 영향이 혼입되지 않음	1. 다른 연령의 서로 다른 사람들을 표집하기 때문에 표집오차 가능성 있음 2. 동시대효과가 발생할 가능성 있음	기억능력 연구를 위해 3세, 5세, 7세 아동 연구
종단 연구	한 집단의 사람들의 발달을 추적해 조사하는 연구	1. 표본 차이에 따른 표집 오차 가능성이 없음 2. 하나의 경험이 이후 발달에 미치는 영향을 연구할 수 있음 3. 개인을 계속해서 연구하기 때문에 연구의 일관성 유지 가능	1. 오랜 시간 필요 2. 참가자 중단 3. 연령효과와 사회변화를 분리하기가 때로는 어려움	3세 아동의 기억능력을 연구한 후 2년 뒤, 4년 뒤에 같은 아동 연구

동시에 연구해야 할 것인가 아니면 한 집단의 사람들을 반복적으로 연구하여 한 연령에서 다른 연령으로의 변화를 확인해야 할 것인가? 두 접근 모두 강점과 약점을 지니고 있다.

횡단 설계와 종단 설계

횡단 연구(Cross-Sectional study)는 연령이 다른 집단을 동시에 비교한다. 예컨대 6세, 8세, 10세 아동의 그림을 비교할 수 있을 것이다. 횡단 연구는 다양한 목적으로 적절히 사용될 수 있지만 성인을 대상으로 하는 연구에서 가끔 문제가 발생할 수 있다. 예를 들어 무작위로 선정된 55세와 85세 성인 표본 집단을 비교하면, 85세 집단이 55세 집단보다 운동에 대한 관심이 더 적다는 것을 발견할 수 있다. 85세 집단이 평균적으로 키가 더 작고 머리가 작다는 것 또한 발견하게 될 것이다. 왜 이런 결과가 나온 것일까? 평균적으로 여성의 수명이 남성보다 더 길다. 또한 여성은 남성에 비해 키와 머리가 작고 운동에 대한 관심도 적다. 따라서 이런 경우 55세와 86세 성인 표본은 서로 동등하지 않다.

종단 연구(Longitudinal study)는 한 집단의 사람이 발달해 가는 과정을 추적하는 것이다. 가령, 한 집단의 아동을 6세부터 12세까지 반복적으로 연구할 수 있다. 표 5.1에 두 가지 연구 방법의 차이를 제시했다. 종단 연구는

당연히 많은 시간을 필요로 한다. 게다가 처음에 참가했던 사람이 모두 계속해서 자발적으로 연구에 참여하는 것은 아니다. 선별적 탈락(Selective attrition)은 참가자가 건강, 먼 곳으로의 이주, 관심의 상실 등 여러 가지 이유로 연구에서 탈락되는 경향성을 의미한다. 연구에 계속해서 참여하는 사람은 중도에 그만두는 사람과 여러 가지 면에서 다를 수도 있다. 심리학자는 탈락자들의 자료를 폐기하여 선별적 탈락에 따른 문제를 보완할 수 있다.

어떤 연구문제는 종단 연구만이 해결할 수 있는 것이다. 가령, 부모의 이혼이 아동 발달에 미치는 영향을 연구하기 위해서 연구자는 아동이 이혼 초기와 후기 어떻게 반응하는지 비교해야 한다. 행복한 아동이 행복한 어른이 되는지를 연구하기 위해서도 연구자는 한 집단을 계속 추적하여 연구해야 한다.

계열 설계(sequential design) 혹은 교차 계열 설계(cross-sequential design)는 횡단 연구와 종단 연구를 결합한 것이다. 연구자는 여러 연령대의 집단을 연구하기 시작해 얼마간의 기간에 걸쳐 계속해서 그들을 반복적으로 연구한다. 예컨대 6세, 8세 아동을 연구한 뒤 2년 뒤 다시 그 아동을 연구하게 되는 것을 말한다.

집단	첫 연구 시점	2년 후
A집단	6세	이제, 8세
B집단	8세	이제, 10세

개념 점검

1. Santa Enigma 대학 1학년 학생의 평균 학점은 C인데 졸업반 학생의 평균 학점은 B+였다. 이러한 결과에 대해서 연구자는 학생들이 대학을 다니면서

공부습관이 향상되었기 때문이라고 설명했다. 선별적 탈락의 개념에 근거해서 대안적 설명이 무엇인지를 제안해 보라.

동시대 효과

만일 당신이 1940년대에 태어났다면 당신의 어린 시절과 청소년 시절은 오늘날과 매우 달랐을 것이다. 인터넷, 컴퓨터, 스마트 패드도 없을 뿐만 아니라 핸드폰, 에어컨, 식기세척기, 세탁기 등도 없으며 TV를 보는 대신 라디오를 들었을 것이다. 부유한 집에서만 전화를 사용했고 여성이나 소수 집단의 사람은 거의 대학에 가지 못했으며 취업의 기회도 제한되어 있었다. 만약 그 시대에 살았더라면 당신은 어떤 모습이었을까?

세대가 다른 사람들 간에는 여러 가지 다른 점이 있는데 이를 동시대 효과(cohort effects)라 한다(그림 5.2). 동시대인(코호트, cohort)이란 특정 시기에 태어난 사람들이나 특정 시기에 어떤 조직에 함께 들어간 사람들을 의미한다. (가령, 같은 해 대학을 들어간 학생들 또는 같은 해 회사에 고용된 사람들을 코호트라고 한다.)

당신이 태어나 자란 시대는 당신의 심리적 발달에 강력한 영향을 미친다. 예를 들어, 경제 대공황과 제2차 세계대전이 있었던 시기에 어린 시절을 보낸 미국사람은 돈을 저축하고 나라의 이익을 위해 희생해야 한다고 배웠다. 전쟁이 끝나고 경제 상황이 좋아진 이후에도 이들 대부분은 계속해서 근검절약하고 소비에 신중했다(Rogler, 2002). 반면, 오늘날의 젊은이들은 더 많은 시간을 여가 생활로 보낸다(Larson, 2001).

오래전 미국에서는 현재 많은 나라와 마찬가지로 사람들은 대부분 자신이 태어난 곳이나 가까운 인근에 사는 것이 통상적이었다. 오늘날 많은 사람들은 계속해서 더 나은 직업을 찾아 먼 곳까지 이동한다. 그 결과 사회에 대한 일체감이 낮아졌으며 우정을 유지하기 어려워졌고 이웃을 도와주어야 한다는 의무감이 적어졌다(Oishi, 2010). Jean Twenge(2006)는 동시대 효과는 문화적 차이와도 유사한 것이라고 말한다. 나이 든 사람들에게 과학기술은 낯선 것이다. 따라서 이들에게는 현 사회가 마치 새로운 문화인 것처럼 느껴질 수 있다.

개념 점검

2. 옷을 고르는 데 나이가 미치는 효과를 연구한다고 가정해 보자. 동시대 효과는 종단 연구와 횡단 연구 중 어디에 더 많은 영향을 미칠까?

그림 5.2 다른 시대에 태어난 사람들은 다른 경험을 하며 자란다. 오늘날에는 지극히 평범한 수영복을 예전 검사관들은 '노출이 아주 심한' 것으로 금지했다.

태아와 신생아

이야기를 처음부터 시작해 보자. 태내기 모든 인간은 수정된 난자세포, 즉 접합체(zygote)로 발달하기 시작해 임신 8주경 태아기로 접어들 때까지 몇 단계를 거쳐 발달한다. 임신 6주가 되면 뇌는 태아의 움직임을 약간 일으킬 정도로 성숙한다. 그 첫 움직임은 외부 자극에 의한 것이 아니라 자발적인 것이다. 우리의 예상과는 다르게, 이러한 움직임을 조절하는 근육과 신경들은 감각기관보다도 먼저 성숙한다. 이러한 자발적인 움직임은 필수적인데 이것 없이는 척수가 제대로 성장하지 않는다. 그 뒤 감각기관이 생기며 소리가 나는 쪽으로 머리와 눈을 움직이고, 뇌는 자고 깨는 것을 반복한다(Joseph, 2000). 태아는 하품과 딸꾹질을 많이 하는데 이것이 어떤 역할을 하는 것처럼 보이지만, 그것이 무엇인지 아직 분명하지 않다(Provine, 2012).

태아는 산모로부터 영양분을 받아 성장한다. 영양이 부족한 산모는 일반적으로 작은 아기를 낳는다(그림 5.3). 조산아와 미숙아로 태어난 아동은 훗날 학습, 인지발달, 정서적 자기조절에서 어려움을 보인다(Clark, Woodward, Horwood, & Moor, 2008; Shenkin, Starr, & Deary, 2004). 이것은 확실한 사실이지만 무엇을 의미하는지는 확실하지 않다.

조산아와 미숙아가 뇌 발달에 손상을 받는다고 가

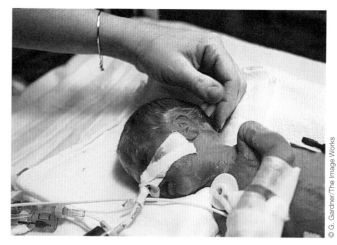

그림 5.3 저체중으로 태어난 아기는 신체적, 행동적 문제들에 취약하다. 그렇지만 이러한 어려움이 저체중으로 인한 것인지는 확실하지 않다.

정하기에 앞서 아이가 왜 그렇게 작게 그리고 일찍 태어났는지를 생각해 보아야 한다. 어떤 산모는 영양상태가 좋지 않거나 건강하지 않을 수 있다. 다른 변인을 통제하면서 출생 시 체중의 효과를 연구하는 한 가지 방법은 몸무게가 다르게 태어난 쌍둥이를 비교하여 연구하는 것이다. 대부분의 경우 몸무게가 더 적게 태어난 아이도 건강하게 발달한다(R. S. Wilson, 1987).

발달하는 태아는 다양한 기형발생물질(teratogens)에 취약하다(테라토젠; 이는 글자 그대로 말하면 괴물 제조기를 의미하지만, 너무 심한 용어이다). 여기에는 산모가 먹는 약과 치료 과정이 포함되며 산모의 감염 그리고 산모에게 노출되는 환경 내 화학물질 등도 포함된다. 산모가 먹는 모든 약물은 태아의 뇌에 도달한다(Hubbs-Tait, Nation, Krebs, & Bellinger, 2005). 만일 산모가 임신 중 많은 양의 술을 마시면 태아는 태아 알코

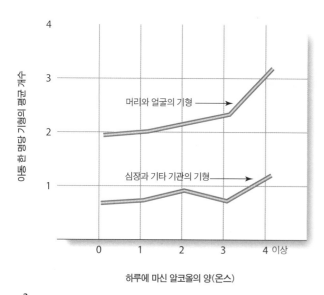

그림 5.4 (a) 임신 중 하루에 마시는 알코올의 양이 많을수록 아동의 머리, 얼굴, 다른 기관에 기형이 나타날 확률이 높다(Ernhart el al., 1987의 자료에 근거함). (b) 태아 알코올 증후군을 가진 아동: 미간이 넓은 것을 주목하라. 이러한 증후군의 전형적인 특징이다.

올 증후군(fetal alcohol syndrome)이라는 질병에 걸릴 수도 있는데, 이는 얼굴·심장·귀의 기형 그리고 발작, 과잉행동, 학습·기억·문제해결·주의·운동 능력의 결함을 포함한 신경계 손상을 특징으로 한다(Mattson, Crocker, & Nguyen, 2011). 이러한 증상은 산모의 음주 양과 시기에 따라 아주 다르게 나타난다(그림 5.4).

신경계 손상에 대한 설명은 다음과 같다. 뉴런이 발달하기 위해서는 지속적인 흥분이 필요하다. 만일 이것이 없을 때 뉴런은 자기파괴 프로그램을 활성화시킨다. 알코올은 뇌의 주요 흥분성 신경전달물질(글루탐산)의 활동을 방해하고 억제성 신경전달물질(GABA)의 활동을 촉진시킨다. 이러한 활동이 뉴런의 각성을 낮추고 신경의 자기파괴를 유도하게 되는 것이다(Ikonomidou et al., 2000).

그럼에도 불구하고 때때로 "고위험"군 아동(저체중, 태어나기 전 알코올이나 약물에 노출됨, 취약가정, 편견의 희생자 등)도 모든 장애물을 극복하여 건강하고 성공적으로 자라게 된다. 탄력성(resilience, 장애를 극복하는 능력)에 대한 이해가 아직 완벽하지는 않지만 이것이 유전적 영향, 교육, 지지적인 친척, 친구와 어느 정도 관련이 있다는 것은 분명하다(Bonanno & Mancini, 2008).

개념 점검

3. 임신 중 너무 많은 알코올을 섭취하는

것은 태아의 뇌 발달에 어떤 해로운 영향을 미칠까?

영아기

좋은 측정 기술과 함께 연구는 발전한다. 말도 못하고 할 수 있는 행동도 별로 없는 영아의 심리적 과정을 어떻게 측정할 수 있을까? 연구자는 영아가 할 수 있는 겨우 몇 개의 반응을 관찰하여 세상에 대한 영아의 이해가 어떻게 발달하는지 추론한다.

영아의 시각

미국 심리학의 창립자인 William James는 만약 영아가 말을 할 수 있다면 세상은 "와글거리는 혼란"의 상태, 즉 의미 없는 광경과 소리로 가득 차 있다고 말할 것이라 했다. James시대 이후 심리학자는 영아의 시각적 능력을 알아내기 위하여 다양한 연구를 진행해 왔다.

먼저 영아의 눈 움직임을 관찰하면서 연구를 시작할 수 있다. 심지어 태어난 지 이틀밖에 되지 않은 영아도 얼굴 모양의 그림을 흑백의 면적이 유사한 다른 그림보다 더 오래 응시했다(Fantz, 1963; 그림 5.5). 그러나 영아는 성인이 가진 것과 같은 "얼굴"의 개념을 가지고 있는 것은 아니다. 그림 5.6에서 제시되었듯이 신생아는 왜곡된 얼굴도 정상적인 얼굴과 동일한 시

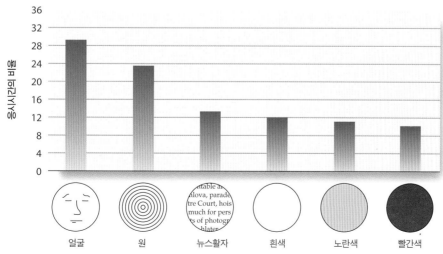

그림 5.5 영아는 얼굴 패턴에 더 많은 주의를 기울인다. 이러한 결과는 영아가 시각적 선호를 가지고 태어난다는 것을 제안한다. (Fantz, 1963 연구에 근거)

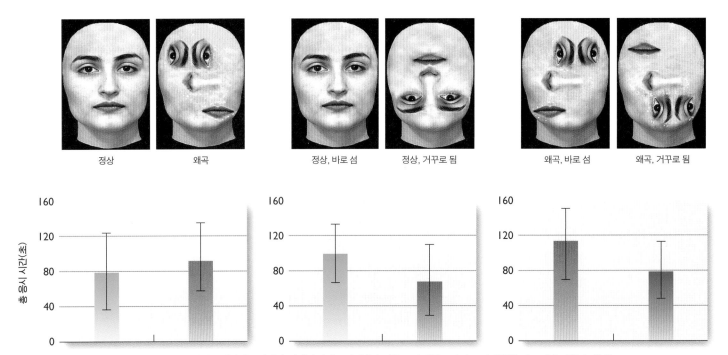

| 정상 | 왜곡 | 정상, 바로 섬 | 정상, 거꾸로 됨 | 왜곡, 바로 섬 | 왜곡, 거꾸로 됨 |

그림 5.6 영아는 정상 얼굴과 왜곡된 얼굴을 거의 동일하게 응시했다. 하지만 영아는 위아래가 거꾸로 된 얼굴보다 바로 선 얼굴을 더 오래 응시했다. (출처: Cassia, V. M., Turati, C., & Simion, F., "Can a nonspecific bias toward top-heavy patterns explain newborns' face preferences?" *Psychological Science*, 15, 379-383. © 2004 Sage Publications, Inc. 허가하에 실음)

간을 응시했다. 그러나 얼굴의 왜곡됨과 상관없이 신생아는 똑바로 선 얼굴을 거꾸로 뒤집어진 얼굴보다 길게 응시했다. 신생아의 얼굴에 대한 개념은 그저 타원형 윤곽 안에 눈, 코, 입이 위를 향해 있는 모습인 것이다(Cassia, Turati, & Simion, 2004).

얼굴인식 능력은 생후 몇 해 동안 계속해서 발달한다. 한 연구에서 부모는 두 아이의 얼굴을 여러 각도와 다양한 표정으로 찍은 사진이 나오는 그림책을 자기 아이에게 반복적으로 읽고 보여주었다. 2주 후 4세 아동은 두 아동의 사진을 쉽게 구별했다. 하지만 정상 사

by C.J. Mondloch, A. Leis, & D. Maurer. (2006) *Child Development*, 77, 234-243. Blackwell Publishers.

그림 5.7 이 두 얼굴은 눈과 코, 입의 위치만이 달라진 것이다. 4세 아동은 두 얼굴 중 어떤 얼굴이 예전에 본 것인지 구별하지 못한다. (출처: Mondloch, Leis, & Maurer, 2006)

진과 눈, 코, 입의 간격을 변화시킨 사진과 비교하여 선택하도록 했을 때, 이들은 무선적으로 반응했다(Mondloch, Leis, & Maurer, 2006). 그림 5.7에서 확인할 수 있듯이, 아동은 6세가 되어서야 두 사진의 차이를 쉽게 알아냈다.

얼굴인식의 점진적 발달은 경험과 관련이 있으며, 영아도 어른과 마찬가지로 자주 보는 얼굴을 더 잘 인식했다. 6개월 된 영아는 사람의 얼굴과 원숭이 얼굴 모두를 잘 인식한다. (실험 절차는 다음과 같다. 원숭이 혹은 사람의 얼굴을 30초간 보여준 후 그 얼굴과 다른 얼굴을 제시한다. 만일 영아가 새로운 얼굴을 더 오래 본다면 그 전에 보여준 얼굴을 인식했다고 추론하는 것이다.) 그 이후 3개월간 영아의 원숭이 얼굴인식 능력은 줄어든다. 원숭이 얼굴에 이름을 붙이는 특별한 훈련을 하지 않는다면 말이다(Scott & Monesson, 2009).

좀더 나이든 아동과 성인은 그들 자신과 같은 인종의 얼굴이나 유사한 인종의 얼굴을 전혀 다른 인종의 얼굴보다 더 잘 인식한다. 이는 뇌의 특정 영역이 평균적 얼굴을 중심으로 작은 차이에도 아주 민감하게 반응하기 때문이다(Leopold, Bondar, & Giese, 2006). 또 다른 설명은 대부분의 사람들이 내집단의 얼굴에 더 많은 주의를 기울이기 때문이라는 것이다. 한 연구에서 대학생에게 얼굴을 제시하면서 빨간 배경을 가진 얼굴은 같은 학교에 다니는 학생이고 초록색 배경의 얼굴은 다른 학교의 학생이라고 알려주었다. 실제로 이것은 거짓 정보이며 배경은 무작위로 제시된 것이다. 그럼에도 불구하고 학생들은 그들과 같은 학교 학생이라고 알려준 사람의 얼굴을 더 잘 인식했다(Bernstein, Young, & Hugenberg, 2007).

5개월이 될 때까지 영아는 기어가 손을 뻗어 직접 탐색하기보다는 시각적으로 세상을 경험한다. 그 후 몇 개월에 걸쳐 팔다리 움직임의 통제력이 증가하면서 영아는 장난감을 집고 그 주변을 기어 다니면서 시각적 경험과 행동을 협응시키는 방법을 획득한다. 이러한 경험은 높이에 대한 공포를 학습하는 데 중요한 역할을 한다(Adolph, 2000). 이른 시기에 기는 영아는 높이에 대한 공포를 더 이른 시기에 경험하고 이보다 늦게 기기 시작하는 영아는 높이에 대한 공포를 더 나중에 경험한다(Campos, Bertenthal, & Kermoian, 1992).

영아의 청각

영아는 많은 행동을 하지 못하는데, 그들이 잘하는 행동 중 하나가 입으로 무엇을 빠는 것이다. 연구자들은 이러한 반응을 이용해 영아의 청각을 연구한다. 영아는 자신을 흥분시키는 어떤 소리가 들릴 때 더욱 더 힘차게 빨기 행동을 보이기 때문이다.

한 연구에서 영아에게 간단한 소리를 들려주고 이것이 영아의 빨기 속도에 어떤 영향을 주는지 알아보았다(그림 5.8). 처음 몇 번은 그 소리가 빨기 속도를 증가시켰다. 소리가 반복되자 그 속도는 점차 줄어들었다. 이것은 영아가 소리에 습관화된 것을 의미한다. 습관화(habituation)는 반복되는 자극에 대하여 반응이 줄어드는 것을 말한다. 실험자가 새로운 소리를 들려주자 빨기 속도는 다시 증가한다. 이는 영아가 새로운 소리에 반응했다는 것을 분명하게 보여주는 것이다. 자극의 변화가 이전에 습관화된 반응의 강도를 증가시킬 때, 그 자극이 탈습관화(dishabituation)를 일으켰다고 한다.

탈습관화를 관찰함으로써 영아가 두 소리의 차이를 구분할 수 있는지를 알 수 있다. 예를 들어 바(ba) 소리에 습관화된 영아가 파(pa) 소리를 듣게 된다면 빨기 속도는 증가한다(Eimas, Siqueland, Jusczyk, & Vigorito, 1971). 태어난 지 1달 된 영아도 바와 파 소리를 명백하게 구별하는데 이것은 이후 언어 이해 발달에서 중요한 역할을 하는 능력이다.

이와 비슷한 연구에서는 한 언어의 소리, 가령 독일어에 습관화된 영아는 다른 언어의 소리, 가령 일본어를 들었을 때 탈습관화되었다. 처음 영아는 독일어와 영어 사이의 변화에 반응하지 않았는데 아마도 그것은 두 언어의 소리와 운율이 유사하기 때문일 것이다. 하지만 5개월이 되었을 때, 영아는 영국영어와 미국영어의 억양의 차이에도 탈습관화된다(Jusczyk, 2002). 이러한 연구는 아동이 단어의 의미를 알기도 전에 언어의 소리에 주의를 기울인다는 것을 나타낸다.

개념 점검 4. 영아가 바(ba) 소리에 습관화된 후 블라(bla)라는 소리가 제시되었는데 영아의 빨기 속도가 증가하지 않았다. 이것을 어떻게 해석할 수 있을까?

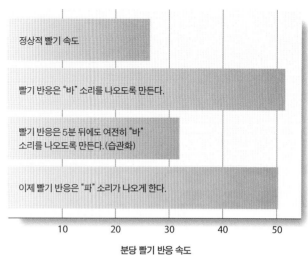

그림 5.8 바(ba) 소리를 반복적으로 들은 뒤 영아의 빨기 반응은 습관화되었다. 그후 영아에게 새로운 소리 파(pa)를 들려주었을 때 영아의 빨기 반응 비율이 증가했다. (Eimas, Siqueland, Jusczyk, & Vigorito, 1971 연구 결과에 근거)

영아의 학습과 기억

말을 하지 못하는 영아의 학습과 기억을 어떻게 측정할 수 있을까? 많은 연구자들은 영아가 젖꼭지를 빨았을 때 어떤 소리가 나기 시작하면 더 강하게 빠는 것을 학습한다는 사실을 연구에 이용해 왔다. 연구자들은 영아가 서로 다른 소리를 변별하여 어떤 소리에는 더 강하게 반응한다는 것을 알아냈다. 또한 연구자들은 생후 3일이 채 안 된 신생아도 젖꼭지를 빨아 여성의 목소리가 녹음된 테이프 소리가 나도록 할 수 있음을 알아냈다. 이를 이용한 실험에서 신생아는 다른 여성의 목소리보다 어머니의 목소리가 들릴 때 젖꼭지를 더 자주 빨았다(DeCasper & Fifer, 1980). 영아가 어머니의 목소리를 선호하는 것이 분명해 보인다. 태어난 지 며칠 되지 않은 영아도 이러한 선호를 보이는 것에 근거하여 발달심리학자들은 태어나기 전부터 아기들은 어머니의 목소리를 알고 있다고 생각한다.

후속 연구에서도 신생아는 친숙하지 않은 성인의 영어 혹은 타갈로그어(필리핀어)가 녹음된 목소리를 듣기 위해 빨기 행동을 보였다. 영어를 쓰는 어머니를 둔 영아는 녹음된 영어 목소리에 더 자주 빠는 행동을 보였으며 영어와 타갈로그어의 이중 언어를 사용하는 어머니의 신생아는 두 언어 모두를 듣기 위해 빠는 행동을 보였다(Byers-Heinlein, Burns, & Werker, 2010).

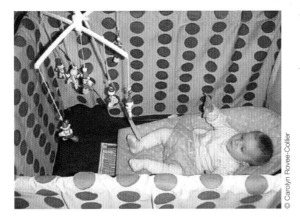

그림 5.9 2달 된 영아는 발목에 리본으로 연결된 모빌을 움직이게 만들기 위해 발길질을 해야 한다는 것을 학습한다. 이들은 며칠 뒤에도 모빌이 어떻게 움직였는지를 기억한다.

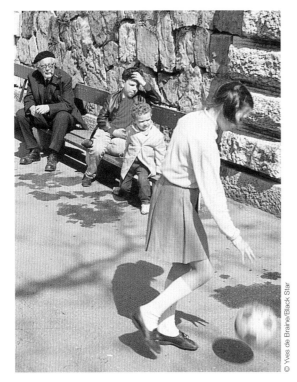

Piaget(제일 왼쪽)는 아동이 성숙도에 따라 같은 경험에도 다르게 반응함을 보여주었다.

신생아는 어머니의 목소리뿐 아니라 엄마가 사용하는 언어의 억양 또한 알고 있는 것이 분명해 보인다.

학습 또는 기억을 측정하기 위해 심장박동을 측정하기도 한다. 연구자들은 간단한 피아노 멜로디를 출생 전 3주 동안 태아에게 매일 두 번씩 들려주었다. 출생 6주 후 영아들은 다른 멜로디보다 친숙한 멜로디가 나왔을 때 심장박동이 더 증가했다(Granier-Deferre, Bassereau, Ribeiro, Jacquet, & deCasper, 2011). 이러한

연구 결과는 적어도 6주 동안은 태내 경험의 기억이 유지됨을 보여주는 것이다.

개념 점검 5. 영아가 녹음된 아버지의 목소리를 듣기 위해 젖꼭지를 빠는 행동을 한다고 가정하자. 점차적으로 영아는 이 소리에 습관화되고 빠는 빈도는 줄어든다. 이때, 연구자는 영아에게 새로운 남자의 녹음된 목소리를 들려주었다. 만일 빠는 빈도가 증가했다면 어떤 결론을 내릴 수 있을 것인가? 또한 빈도가 여전히 같거나 줄어들었다면 어떤 결론을 내릴 수 있을까?

Carolyn Rovee-Collier(1997, 1999)는 영아가 행동을 학습하고 기억할 수 있음을 보여주었다. 그녀는 영아가 발길질을 하면 모빌이 움직이도록 아이의 발목에 리본을 묶었다(그림 5.9). 2개월 된 영아는 이러한 반응을 빠르게 학습했으며 45분 동안 모빌을 계속해서 움직이게 했다. (물론 영아는 다리 근육을 잘 통제하지 못한다. 모빌이 움직이게 하기 위해 그렇게 많은 통제 능력이 필요하지는 않다.) 며칠 뒤 리본을 다시 묶었을 때도 영아는 그것이 무엇인지를 기억했으며 상당히 즐거워했다. 6개월 된 영아는 2주 뒤에도 이 반응을 기억했다. 설사 영아가 이것을 잊어버렸다 할지라도 빠르게 다시 학습했으며 몇 달 이상 이러한 반응에 대한 기억을 유지했다(Hildreth, Sweeney, & Rovee-Collier, 2003).

인지발달에 대한 Jean Piaget의 관점

영아보다 나이 든 아동을 검사하는 것은 훨씬 더 쉽다. 따라서 아동의 생각이 어른과 다르다는 것을 금방 알게 된다. 이러한 견해에 관해 가장 영향력 있는 설명을 제공한 이론가는 Jean Piaget(1896~1980)이다.

Piaget는 처음 스위스에서 프랑스어를 사용하는 아동의 지능 검사를 실시하면서 같은 연령대의 아동들이 주어진 질문에 똑같이 틀린 답을 하는 것에 큰 관심을 가졌다. 그는 아동의 사고 과정이 어른과는 질적으로 다르다고 결론을 내렸다. Piaget에 따르면 아동은 지적 발달을 이루기 위해 지식의 축적 이상의 것을 한다고 말했다. 그들은 새로운 정신과정을 구축한다.

Piaget에 의하면 행동은 도식에 근거한다. 도식(schema)은 대상과 상호작용하는 조직화된 방식이다. 가령, 영아는 잡기 도식과 빨기 도식을 가지고 있다. 시간이 지나면서 이들은 새로운 도식을 추가하고 도식에 외부 대상을 동화하고 조절하는 방식을 통해 적응한다. 동화(assimilation)는 기존의 도식에 새로운 대상이나 문제를 적용하는 것을 의미한다. 가령, 동물이 움직이는 것을 본 뒤 해와 달이 움직이는 것을 보았다면 아동은 해와 달도 동물처럼 살아 있다고 생각할 수도 있다. 조절(accommodation)은 기존의 도식을 새로운 대상이나 문제에 적용하기 위해 수정하는 것을 의미한다. 아동은 "살아 있는 것만이 스스로 움직인다."는 말에 예외가 있다는 것을 배우고 해와 달은 움직이지만 살아 있는 것은 아니라는 것을 알게 된다.

영아는 계속해서 동화와 조절 사이를 왔다갔다 한다. 평형화(equilibration)는 동화

와 조절 사이의 조화 또는 균형을 맞추는 것을 말한다. Piaget에 따르면 평형화는 지적 성장의 핵심이다. 아동은 현재 자신이 이해하는 것과 반대되는 증거를 만날 때 불일치를 경험한다. 아동은 이러한 불일치에 대해 조절을 하면서 더 높은 수준의 인지적 평형 상태에 도달한다.

성인도 이와 비슷한 과정을 경험한다. 새로운 수학문제를 풀어야 할 때 익숙한 몇 가지 방법 중 하나를 찾아 문제를 해결하려고 한다. 이것은 도식에 새로운 문제를 동화시키는 것이다. 만일 새로운 문제가 아주 다른 것이라면 당신은 그 문제를 풀기 위해 도식을 수정(조절)해야 할 것이다. Piaget는 이런 방식으로 지적 성장이 일어난다고 보았다.

Piaget는 다음의 4단계에 걸쳐 아동기 지적 발달이 이루어진다고 주장했다.

1. 감각운동기(태어난 후부터 2세까지)
2. 전조작기(2세부터 7세까지)
3. 구체적 조작기(7세부터 11세까지)
4. 형식적 조작기(11세부터 계속)

각 단계를 정의하는 연령은 가변적이며 모든 사람들이 형식적 조작기에 이르는 것은 아니다. 하지만 모든 사람들은 반드시 이러한 순서의 단계를 거쳐 발달한다. Piaget의 인지발달 단계에 대해 살펴보자.

Piaget의 감각운동기

Piaget는 인지발달의 첫 단계를 감각운동기(sensorimotor stage)로 불렀는데, 이 시기(태어난 후부터 1.5세~2세까지)의 행동은 대부분 감각자극에 대한 단순 운동반응이기 때문이다. 잡기 반사와 빨기 반사를 생각해 보자. Piaget에 의하면 영아는 그 순간 자신이 보고 들은 것에만 반응한다. 그는 특히 이 시기의 영아는 불과 몇 초 전에 제시된 대상을 기억하지 못한다고 주장한다. 이러한 주장에 대해 Piaget가 제시하는 증거는 무엇일까?

핵심 점검 증거는 뭘까?

영아의 대상영속성 개념

Piaget는 태어난 지 몇 달 안 된 영아는 대상영속성(object permanence), 즉 대상이 더 이상 보이지 않거나 들리지 않을 때에도 계속해서 존재한다는 개념이 없다고 주장했다. 말하자면 영아에게는 "눈에 보이지 않는 것은 존재하지 않는 것이다."

Piaget는 이러한 결론을 아래와 같은 관찰을 통해 이끌어냈다. 6개월 된 영아 앞에 장난감을 두었다. 영아는 손을 뻗어서 장난감을 잡을 수 있다. 잠시 후 영아가 장난감을 잡으려고 하기 전에 투명한 유리잔으로 그것을 덮었다. 영아는 유리컵을 치우고 장난감을 잡았다. 다음 단계에서는 같은 과정을 반복하되 투명한 유리잔 대신 불투명한 유리잔을 사용했다. 영아는 유리잔이 장난감을 가리는 것을 보았지만 유리잔을 치우고 장난감을 집으려고 시도하지 않았다. 다음 영아와 장난감 사이에 불투명한 얇은 장벽을 세웠다. 장벽으로 가려진 장난감을 볼 수 없는 영

아는 그것을 잡으려 하지 않았다(Piaget, 1937/1954; 그림 5.10).

Piaget에 따르면 영아는 숨겨진 장난감이 계속해서 존재한다는 사실을 모른다. 하지만 이러한 결과는 상황에 따라 다르게 나타날 수 있다. 가령, 장난감을 보여준 후 불을 껐을 때 만일 그 장난감이 영아에게 친숙한 것이라면 7개월 된 영아는 그 장난감을 향해 손을 뻗었다. 하지만 장난감이 낯선 것이라면 손을 뻗지 않았다(Shinskey & Munakata, 2005). 한편, Renee Baillargeon(1986)은 다른 방식으로 영아를 실험하면 대상영속성에 대한 영아의 이해가 드러난다고 제안했다.

가설 불가능한 사건(만일 대상이 영속적이라면)을 본 영아는 놀랄 것이다. 따라서 가능한 사건을 본 아동보다 불가능한 사건을 본 아동은 그 사건을 더 오랫동안 응시할 것이다.

방법 6개월과 8개월 된 영아에게 먼저 일련의 사건을 보여주어 실험 장면과 친숙하도록 한다. 연구자는 스크린을 올려서 경사로에서 이어지는 찻길이 있음을 영아에게 보여준다. 다음 그림에 제시되었듯이 장난감 차가 경사를 내려와 스크린 반대편에서 나타나는 것을 보여준다. 이것은 "가능한" 사건이다.

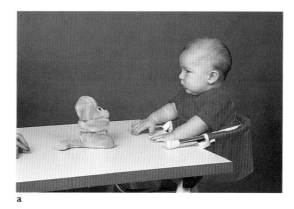

a

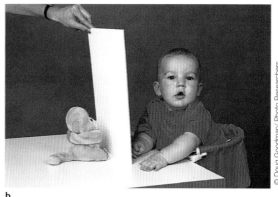

b

© Doug Goodman/ Photo Researchers

그림 5.10 **(a)** 6~9개월 된 영아는 눈에 보이는 장난감에 손을 뻗지만 장막에 가려져 있는 것에는 손을 뻗지 않는다. **(b)** 영아는 누군가 그것을 가리는 것을 볼 수 있어도 보이지 않는 장난감에는 손을 뻗지 않는다. Piaget에 따르면 이것은 아동이 대상영속성 개념을 이해하지 못한다는 것을 의미한다.

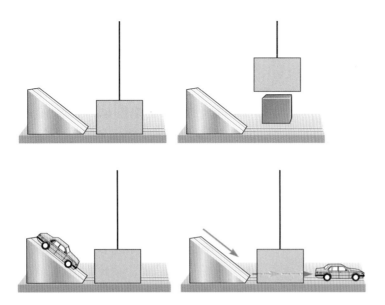

가능한 사건. 상자가 찻길 뒤에 있기 때문에 차는 블록을 지나쳐갈 수 있다.

차가 지나가고 나서 아동이 얼마나 오랫동안 응시하는지를 측정했다. 이를 세 시행 연속으로 보여주었으며 세 시행 동안 영아의 응시 시간이 감소하지 않을 경우 감소할 때까지 그 시행을 반복했다(습관화가 되었다는 것이다). 다음 단계에서 "가능한" 사건과 "불가능한 사건"을 제시한다.

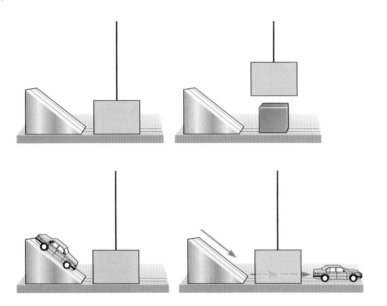

불가능한 사건. 장막이 올라갔을 때 영아는 차가 지나가는 길 위에 블록이 놓여 있는 것을 본다. 장막이 내려온 후 차는 경사를 내려와 반대편에서 다시 나타난다.

불가능한 사건은 다음과 같다. 스크린을 올려서 차가 지나가는 길에 블록이 있는 것을 보여준다. 스크린으로 가린 후 영아에게 장난감 차가 경사를 내려와 스크린 끝 쪽에서 다시 나타나는 것을 보여준다. (실제로 연구자들은 스크린을 내리고 나서 차가 지나갈 수 있도록 블록을 제거한다.) 이와 같이 가능한 사건과 불가능한 사건을 제시한 후 영아의 응시 시간을 측정했다. 두 가지 사건은 두 번 더 반복되었으며 제시 순서는 무선적이었다.

결과 그림 5.11에서 보는 바와 같이 영아는 불가능한 사건을 더 오랫동안 응시했다. 또한 두 번째, 세 번째 사건의 쌍보다 첫 번째 제시된 사건의 쌍을 가장 오래 응시했다(Baillargeon, 1986).

해석 영아는 왜 불가능한 사건을 더 오래 응시했을까? 이에 대하여 추론한다면(단지 추론일 뿐임을 인정하면서), 불가능한 사건이 더 놀라웠기 때문이다. 즉, 영아가 이 사건에 놀라기 위해서는 그 블록이 계속해서 존재하고 있음을 기대하고 있었어야 한다. 그렇다면 6개월 된 영아도 기초 물리학뿐 아니라 대상영속성을 어느 정도 이해하고 있는 것이다. 약간 다른 방법으로 실험을 실시한 후속 연구에서는 3.5개월밖에 안 된 영아에서도 대상영속성 개념이 나타났다(Baillargeon, 1987).

그럼에도 불구하고 숨겨져 있는 대상을 집으려고 손을 뻗는 Piaget의 대상영속성 과제에서는 9개월 아동도 실패한다는 것을 기억해야 한다. 영아는 대상 영속성을 이해한 것일까? 아닐까? 이것은 좋은 질문이 아니다. 영아는 어떤 상황에서는 이러한 개념을 사용하지만 어떤 다른 상황에서는 이를 활용하지 못한다. 우리 또한 마찬가지이다. 우리는 영어수업에서 문법 규칙을 배웠으나 말할 때 이를 어겨본 적이 있지 않은가? 수학 공식을 배웠으나 새로운 문제에 적용하지 못한 적도 많지 않은가?

발달심리학자는 이러한 방법을 활용해서 다양한 개념들에 대한 영아의 이해를 연구했다. 영아에게 장막 뒤에 5개의 물건을 놓은 후 5개의 물건을 추가로 놓는 장면을 보여준 다음 장막을 올렸다. 장막을 올린 후, 9개월 된 영아는 물건이 10개 있을 때보다 5개만 있을 때 더 오래 응시했다. 이는 영아가 덧셈의 개념을 어느 정도 이해한다는 것을 제안하는 것이다(McCrink & Wynn, 2004). 연구자들은 모래 상자의 한 위치에 공을 숨긴 다음 그것을 같은 위치 혹은 다른 위치에서 다시 꺼내는 것을 영아에게 보여주었다. 영아는 새로운 위치에서 공을 꺼냈을 때 이를 더 오래 응시했다(Newcombe, Sluzenski, & Huttenlocher, 2005). 10개월 영아는 큰 물체와 작은 물체가 외길에서 만나 교차할 때 만일 큰 물체가 작은 물체에게 절을 하고 지나가도록 길을 비켜주었다면 그 사건을 더 오래 응시했다(Thomsen, Frankenhuis, Ingold-Smith, & Carey, 2011). 영아가 이러한 장면에 놀라서 오랫동안 응시하는 것이라면 이것은 영아가 사회적 위계를 어느 정도 이해함을 의미하는 것이다. 이와 유사한 연구에서는 5개월 된 영아가 액체는 장애물을 통과할 수 있지만 고체는 그렇지 못하다는 것도 이해함을 보여주었다(Hespos, Ferry, & Rips, 2009). 하지만 12개월 된 영아가 상자 안에 어떤 장난감을 넣은 후 다시 꺼냈을 때 다른 모양 혹은 다른 색의 장난감이 나와

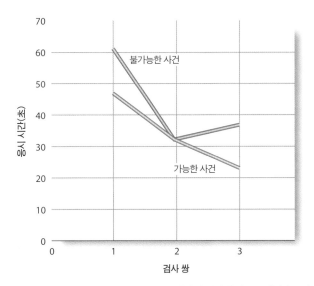

그림 5.11 불가능한 사건, 가능한 사건에 대한 6개월, 8개월 된 영아의 평균 응시시간을 나타낸다. (출처: Baillargeon, 1986.)

도 놀라지 않는다는 연구결과도 있다(Baillargeon, Li, Ng, & Yuan, 2009). 영아는 물건이 마법처럼 모양이나 색이 변한다고 상상하는 듯하다.

우리는 위와 같은 연구를 통해 두 가지 결론을 내릴 수 있다. 첫째, 연구 결과는 실험 절차에 따라 다를 수 있기 때문에 영아나 누구든 어떤 것을 할 수 있는지 없는지에 대한 추론은 조심스럽게 이루어져야 한다. 둘째, 개념은 점차적으로 발달한다. 따라서 영아는 한 상황에서는 특정 개념을 이해하는 듯 보이지만 다른 상황에서는 그렇지 않을 수 있다.

자기 개념

어린 아동은 과연 "자기"라는 개념을 가지고 있을까? 그렇다면 우리는 이를 어떻게 알 수 있을까? 여기에 증거가 있다. 연구자는 영아의 코에 냄새 없는 립스틱으로 점을 그려 넣고 영아를 거울 앞으로 데려 온다. 한 살이 되지 않은 영아는 거울로 보이는 자신의 코에 빨간색 점이 묻은 것을 무시하거나 혹은 거울에 손을 뻗어 점을 닦는 행동을 한다. 1살 반 이후부터 영아들은 자신의 코에 손을 갖다 댄다. 이것은 영아가 거울 속 자신을 인식하기 시작했다는 지표로 여겨질 수 있다(그림 5.12). 영아마다 이러한 자기 인식의 신호를 보이는 시기는 다를 수 있지만, 이들이 창피해 하는 모습을 보이기 시작하는 시점과 자기 인식을 처음 보이는 시기는 거의 일치한다(M. Lewis, Sullivan, Stanger, & Weiss, 1991). 두 상황 모두에서 자기 인식을 나타내는 영아와 두 상황 모두에서 자기 인식을 나타내지 못하는 영아로 뚜렷이 구분된다.

이 시기 전에는 자신과 다른 사람을 구분하는 능력이 전혀 없을까? 이에 대해 확실하게 답할 수는 없다. 우리는 한 살 반 이전 영아가 자기 인식을 보인다는 어떤 증거도 발견하지 못했다. 하지만 증거가 없다는 것이 부재의 증거가 되는 것은 아니다. 우리가 아직 생각해 내지 못한 어떤 과제에서는 더 어린 영아도 자기 인식을 보여줄 수 있을지도 모른다.

Piaget의 전조작기

한 살에서 두 살 사이 아동은 말하기 시작한다. 자기 장난감을 달라고 요구하는 아동은 분명히 대상영속성을 갖고 있는 것이다. 그럼에도 불구하고 아동이 제대로 이해하지 못하는 것이 많다. 그들은 엄마도 누군가의 딸이라는 것을 이해하지 못한다. 형제가 있는 남자아이가 자기 형이 남자 형제가 없다고 주장할 수 있다. Piaget는 이 시기를 전조작기(preoperational stage)라고 명명했는데, 이것은 이 시기 아동이 심리적 과정을 가역적으로 조작하는 능력이 부족하기 때문이다. 앞의 남자아이가 형도 형제를 가지고 있다는 것을 이해하려면 '나는 형제를 가지고 있다.'라는 개념을 입장을 바꾸어 생각해야 한다. Piaget가 제안한 전조작적 사고의 핵심은 자기중심성, 외양과 실제 구분의 어려움 그리고 보존개념의 부재, 이 세 가지이다.

자기중심성: 타인의 관점을 이해하지 못하는 것

Piaget에 따르면 어린 아동의 사고는 자기중심적(egocentric)이다. 이것의 의미는 아동이 이기적이라는 뜻

그림 5.12 아동의 코에 냄새 없는 립스틱을 바르면, 2세 아동은 거울을 보면서 립스틱을 지우려고 코에 손을 갖다 대는데 이는 자기 인식을 나타내는 것이다.

그림 5.13 어떤 경우에는 상대 성인이 유리컵 두 개를 볼 수 있고 어떤 경우에는 한 개의 유리컵만 볼 수 있다. 두 개의 유리컵이 성인에게 보일 때, 아동은 "그 컵을 잡으세요."라고 말하지 않고 어느 한 컵을 지적해서 잡으라고 이야기한다. (출처: Nadig & Sedivy, 2002.)

 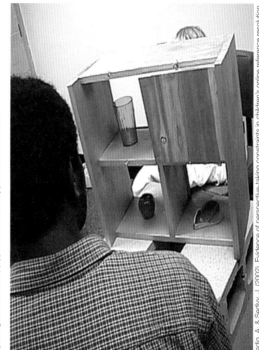

이 아니라 아동이 세상을 자기를 중심으로 인식하고 다른 사람의 관점을 잘 이해할 수 없다는 것을 의미한다. 당신이 블록을 사이에 두고 학령전기 아동과 마주 보고 앉아 있을 때 아동은 자기 방향에서 블록이 어떻게 보이는지에 대해서는 설명할 수 있지만 당신의 방향에서 블록이 어떻게 보이는지에 대해서는 설명하지 못한다.

또 다른 예도 있다. 아이들에게 다음과 같은 루씨의 이야기를 들려준다. 루씨는 자신이 '예전부터 가지고 있던' 빨간 구두를 원한다. 오빠인 라이너스가 방에 들어오자 루씨는 오빠에게 빨간 구두를 가져다 달라고 부탁한다. 오빠는 루씨에게 '새로 산' 빨간 구두를 가져다주었고 루씨는 화가 났다. 루씨가 원하는 것은 예전부터 있던 빨간 구두였기 때문이다. 이 이야기를 들은 어린 아이들은 오빠가 잘못된 신발을 가져다 준 것에 오히려 더 놀라워했다. 루씨가 원하는 신발이 무엇인지 자신은 알고 있었기 때문이다(Keysar, Barr, & Horton, 1998).

그런데 어린 아동도 가끔은 다른 사람의 관점을 분명히 이해한다. 한 연구에서 5, 6세 아동이 어른에게 어떤 컵을 잡으라고 설명해야 할 때, 만일 어른 앞에 두 개의 컵이 있다면 어른이 어떤 컵인지를 정확히 인식하도록 하기 위해서 "큰" 혹은 "작은" 컵이라고 명

시해 준다. 만일 어른 앞에 하나의 컵만 놓여 있다면 아동은 그냥 "그 컵"이라고 말한다(Nadig & Sedivy, 2002; 그림 5.13).

✓ **개념 점검** 6. 다음 중 가장 자기중심적 생각의 예로 보이는 것은?
a. 인용구 없이 다른 사람의 표현을 사용하는 작가
b. 일이 잘못되어 가는 것에 대해 타인을 비난하는 정치가
c. 대학 신입생들에게 전문가에게 하듯이 어렵게 강의하는 교수

마음 이론: 서로 다르게 생각할 수 있음을 아는 것

아동이 자기중심적이라 하는 것은 다른 사람이 아는 것과 모르는 것을 잘 이해하지 못한다는 것을 의미한다. 심리학자는 마음 이론(theory of mind), 즉 다른 사람도 마음을 가지고 있으며 어떤 사람이 알고 있는 것을 다른 어떤 사람은 모를 수 있다는 것에 대한 이해가 아동 초기에는 부족하지만 점차적으로 발달한다고 말한다. 아동이 다른 사람의 마음을 이해하는 능력이 있는지 어떻게 알 수 있을까? 이에 대한 연구자들의 노력 중 한 가지 예를 다음에 제시했다.

Nadig, A. & Sedivy, J. (2002). Evidence of perspective-taking constraints in children's online reference resolution. Psychological Science, 13(4), pp. 329–336. Used by permission of the author.

Nadig, A. & Sedivy, J. (2002). Evidence of perspective-taking constraints in children's online reference resolution. Psychological Science, 13(4), pp. 329–336. Used by permission of the author.

다른 사람의 지식과 믿음에 대한 아동의 이해

아동은 언제 어떻게 다른 사람도 마음과 지식을 가진다는 것을 이해하게 될까? 이러한 질문에 답하기 위해 연구자들은 기발한 연구 방법을 설계했다.

가설 다른 사람이 마음을 가진다는 것을 이해한 아동은 다른 사람이 잘못된 믿음을 가질 수 있다는 것도 안다.

방법 아동에게 다음의 상황을 보여주면서 이야기를 들려준다. Maxi는 엄마가 초콜릿을 파란색 찬장에 넣는 것을 본다. 그런데 Maxi가 잠시 나가 있는 동안 엄마는 초콜릿을 초록색 찬장에 옮겨 넣는다. 이 장면을 모두 지켜본 아동에게 연구자는 다음과 같은 질문들을 한다. 다시 돌아온 Maxi는 어디에서 초콜릿을 찾을까? 만일 할아버지가 초콜릿을 꺼내는 것을 도와줄 수 있다면 Maxi는 할아버지에게 초콜릿을 어디서 꺼내달라고 부탁할까? Maxi가 형이 초콜릿을 빼앗아가는 것을 막으려 한다면 형에게 어디서 초콜릿을 찾으라고 할까? (그림 5.14). 아동은 말로 답하거나 손가락으로 어디인지를 가리킬 수 있다.

결과 나이 든 아동은 정확하게 답한다. Maxi는 파란색 찬장에서 찾을 것이고 할아버지께 파란색 찬장에서 초콜릿을 꺼내달라고 말할 것이다. 그러나 형에게 알려줄 때는 초록색 찬장을 가리킬 것이다. 그러나 어린 아동은 마치 Maxi도 모든 상황을 지켜본 것처럼 그래서 모든 사실을 알고 있는 것같이 대답한다. 실험 절차에 따라 Maxi의 잘못된 믿음 과제 수행에서 성공적 수행을 보이는 연령은 다르게 나타난다. 성공적 수행을 보이는 아동의 비율은 3세에서 6세까지 증가하며 4세 반 이상의 아동은 대부분 정확하게 답한다(Wellman, Cross, & Watson, 2001; Wimmer & Penner, 1983).

해석 다른 사람의 생각, 믿음, 지식에 대한 이해가 점차적으로 발달하는 것은 분명하다. 그러나 이러한 변화를 설명하는 것은 어려운 문제이다. 예컨대, 대부분의 3세 아동은 질문 자체를 완벽히 이해하지 못하는 듯하다.

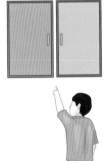

그림 5.14 Maxi는 엄마가 찬장 한곳에 초콜릿을 두는 것을 보았다. 그가 없는 사이에 엄마는 새로운 곳으로 초콜릿을 옮겼다. Maxi는 어디에서 초콜릿을 찾을까? 어린 아동은 새로운 위치를 가리키는데 이것은 Maxi가 잘못된 믿음을 가질 수 있다는 사실을 아동이 아직 이해하지 못했다는 것을 의미한다.

게다가 "마음 이론"은 전혀 이해하지 못하다가 완벽하게 이해하는 상태로 갑자기 발달하는 개념이 아니다. 심지어 성인도 위와 같은 상황에서 물건의 위치를 잘못 알고 있는 사람의 생각을 묻는 질문(그 사람은 물건이 어디에 있다고 생각하고 있을까?)보다 실제로 물건이 어디에 있는지를 묻는 질문에 훨씬 더 빠르게 반응하여 대답한다(Apperly, Riggs, Simpson, Chiavarino, &

Samson, 2006). 또한 과제를 다소 변형한다면 아주 어린 아동도 마음 이론을 가지고 있음을 알 수 있다. 18개월 된 아동에게 눈가리개를 하고 앞이 안 보이는 경험을 하게 한 후, 어른이 눈가리개를 하지 않은 상황에서 인형이 어떤 위치에 있는 것을 확인한다. 어른이 눈가리개를 한 다음, 연구자는 인형을 다른 위치로 옮겼다. 눈가리개를 풀고 어른이 인형을 찾으려고 할 때, 18개월 된 아동은 인형이 원래 있던 위치를 응시하는

데 이것은 어른이 그곳에서 인형을 찾을 것이라 생각하고 있다는 것을 의미한다(Senju, Southgate, Snape, Leonard, & Csibra, 2011). 이제 우리는 아동이 다른 사람의 잘못된 믿음을 아는지 모르는지 알아내는 것이 얼마나 어려운지 알게 되었다. 아동은 과제의 방식이나 상황에 따라 때로는 이를 이해하는 것처럼 보일 수 있고 다른 맥락에서는 이해하지 못하는 것처럼 보일 수도 있다.

개념 점검

7. 실제로 초콜릿은 초록색 찬장에 있지만 아동은 Maxi가 파란색 찬장을 찾아볼 것이라고 말했다. 이것은 무엇을 의미할까?

외양과 실제의 구분

Piaget의 전조작기 동안, 아동은 외양과 실제(appearance and reality)를 분명하게 구분하지 못하는 것처럼 보인다. 예를 들어 당신이 흰색 공을 파란색 필터로 가리는 모습을 본 아동은 그 공이 파란색이라고 말할 것이다. 당신이 "맞아, 이 공은 파란색처럼 보일 거야. 그런데 이 공이 실제로 무슨 색일까?"라고 물으면, 아동은 "파란색이다."라고 대답한다(Flavell, 1986). 이와 유사한 예로 돌처럼 만들어진 스펀지를 본 3세 아동은 그것이 진짜 돌이라고 말한다. 그런데 그것이 실제로 스펀지라고 대답하는 경우에도 아이들은 그것이 스펀지처럼 보인다고 말한다.

그러나 결과는 질문을 어떻게 하느냐에 따라 다르다. 심리학자들은 3세 아동에게 돌처럼 보이는 스펀지를 보여주고 그것을 만져보게 했다. 그 뒤 연구자들은 이것이 무엇처럼 보이는지, 실제로는 무엇인지 두 가지 질문을 했다. 대부분의 아동은 두 질문에 모두 "돌"이라고 답하거나 모두 "스펀지"라고 대답했다. 하지만 만일 연구자가 "물이 쏟아져서 닦아야 하는데, 뭔가 좀 갖다 줘."라고 말하면 아동은 스펀지를 가져다준다. 그리고 연구자가 "돌처럼 보이는 거 옆에서 테디베어 인형을 사진 찍으려고 하는데 뭔가 좀 가져다줄래."라고 부탁할 때도 아동은 같은 스펀지를 가져다주었다. 이처럼 말로는 분명하게 표현하지는 못하지만, 아동도 실제로 스펀지이지만 돌처럼 보일 수 있다는 것을 이해하고 있음이 분명하다(Sapp, Lee, & Muir, 2000).

또 다른 실험도 살펴보자. 연구자가 아동에게 실제 집의 축소 모형판인 장난감 집을 보여준다. 그 다음 그 작은 모형 집에 작은 장난감을 숨겨놓고 실제 집의 "같

a 2세 반 아동은 작은 방에 인형이 숨겨져 있는 것을 본다.

아동은 큰 방에서 인형을 찾지 못한다.

아동은 기계가 방을 크게 만들 수 있다는 것을 듣는다. 기계 소리가 날 때 아동은 잠시 나가 있다가 다시 돌아온다.

b 아동은 작은 방에 인형이 숨겨져 있는 것을 본다.

아동은 "커진" 방에서 인형을 찾는다.

그림 5.15 **(a)** 만일 실험자가 작은 방에 작은 장난감을 숨겨놓고 큰 방의 같은 장소에서 장난감을 찾으라고 한다면 대부분의 2세 반 아동은 무작위로 장난감을 찾아다닌다. **(b)** 그러나 실험자가 작은 방과 큰 방은 똑같은 것인데 단지 기계가 방을 크게 만들었다고 이야기하면 같은 아동도 장난감이 있는 위치를 찾아낸다.

은 장소에" 그와 똑같은 큰 장난감이 있다고 설명해 주었다. (가령, 장난감 집의 소파 뒤에 작은 장난감이 있다면 실제 집안에 소파 뒤에 큰 장난감이 놓여 있는 것이다.) 그러고 난 후 연구자는 아동에게 실제 큰 집에서 큰 장난감을 찾아보라고 요구했다. 대부분의 3세 아동은 정확한 위치에서 단번에 장난감을 찾아낸다(DeLoache, 1989). 그러나 대부분의 2.5세 아동은 무작위로 장난감을 찾아다닌다(그림 5.15a).

그런데 이 실험의 결과 또한 연구자가 이를 어떻게 질문하느냐에 따라 달리 나타난다. 위의 실험에서 연구자는 아동이 보는 앞에서 작은 방에 장난감을 숨긴 다음, "여기 이 기계는 물건을 커다랗게 만들 수 있어."라고 이야기하면서 기계의 빛을 방에다 비추는 모습을 보여준 후 아이를 밖으로 데리고 나온다. 그 다음 연구자는 아동에게 '쿵차 쿵차' 하는 신기한 소리를 들려준 후 모형 방이 실제 방처럼 "커진" 것을 보여주고 그 방에서 숨겨진 장난감을 찾아보라고 한다. 이러한 절차를 사용한 실험에서는 2살 된 아동도 바로 정확한 위치에서 장난감을 찾아냈다(DeLoache, Miller, & Rosengren, 1997; 그림 5.15b). (물론, 아동은 그 기계가 작은 모형 방을 크게 확대시킨다는 것을 의심하지 않았다. 연구자가 어떻게 된 일인지 사후 설명을 해 주어도 대부분의 아동들은 계속해서 그렇게 믿었다.)

보존개념의 발달

Piaget에 따르면, 전조작기 아동은 보존개념(concept of conservation)이 부족하다. 이들은 대상의 모양과 배열이 달라져도 수, 길이, 부피, 면적, 질량과 같은 대상의 특성이 보존된다는 것을 이해하지 못한다. 이러한 변형을 이해하기 위해 필요한 정신적 조작을 할 수 없기 때문이다. 표 5.2에 전형적인 보존개념 과제가 제시되어 있다. 예를 들어 같은 양의 물이 들어 있는 두 개의 유리컵을 보여준 후, 그 중 한 컵에 있는 물을 길고 가는 다른 컵에 옮겨 부으면 전조작기 아동은 긴 컵에 더 많은 물이 들어 있다고 말한다(그림 5.16).

한때 나는 이러한 과제에서는 질문이 어떻게 표현되느냐에 따라 아동이 실제로 이해하고 있는 바를 제대로 말하지 못할 수도 있다는 생각이 들었다. 만약 당신도 나와 같은 생각이 든다면 6세 아동을 찾아서 어떻게 이것을 말로 물어봐야 할지 생각해 보라. 다음은 실제 나의 경험이다. 심리학개론 수업에서 Piaget의 연구를 시연할 때, 5세 반이 된 내 아들 샘을 불러

표 5.2 보존개념 측정의 전형적 과제

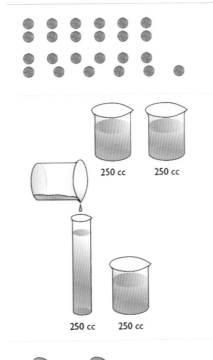

수의 보존
← 전조작기 아동은 두 열의 동전의 개수가 같다고 말한다.

← 전조작기 아동은 아래 열에 더 많은 동전이 있다고 말한다.

부피의 보존
← 전조작기 아동은 같은 크기의 컵에 같은 양의 물이 있다고 말한다.

250 cc   250 cc

← 전조작기 아동은 길고 가는 컵에 더 많은 물이 있다고 말한다.

250 cc   250 cc

질량의 보존
← 전조작기 아동은 같은 크기의 찰흙 덩어리를 보고 찰흙의 양이 같다고 말한다.

← 전조작기 아동은 짓눌러진 찰흙 덩어리는 찰흙의 양이 다르다고 말한다.

그림 5.16 전조작기 아동은 외양이 변해도 물의 부피는 변하지 않는다는 것을 이해하지 못한다. 구체적 조작기로 이행할 동안 아동은 보존과제가 어렵고 혼란스럽다고 생각한다.

와 여기에 참여하도록 했다. 나는 샘에게 두 개의 컵을 보여주었고 샘은 두 개의 컵에 동일한 양의 물이 들어 있음을 확인했다. 그런 다음 나는 그 중 하나의 컵을 넓은 컵에 부었다. (물의 높이는 낮아진다.) 물이 어느 컵에 더 많이 들어 있느냐고 질문하자 샘은 자신 있게 길고 얇은 컵을 가리켰다. 수업이 끝난 후 샘은 나에게 "아빠 왜 그렇게 쉬운 질문을 나에게 했어요? 누구나 그 컵에 물이 더 많이 들어 있는 걸 알잖아요. 내가 얼마나 똑똑한지 보여주기 위해서 더 어려운 질문을 했었어야 했어요!"라면서 불평을 늘어놓았다. 1년 후 나는 같은 내용을 강의할 때 6세 반이 된 샘을 수업시간에 다시 초대했다. 나는 긴 유리컵에 있는 물을 넓은 컵에다가 옮긴 후 어느 컵에 더 많은 물이 있는지 물었다. 아들의 얼굴은 벌개졌고 한참 후 나에게 속삭였다. "아빠 나 잘 모르겠어요." 수업이 끝난 후 아들은 나에게 "아빠 왜 그렇게 어려운 질문을 나에게 했어요? 나 다시는 아빠 수업에 따라 오지 않을래요."라면서 다시 불평을 늘어놓았다. 너무 쉬워 당황스럽던 질문이 이제는 너무 어려워서 당황스러운 질문이 된 것이다.

내 아들이 7세 반이 되던 해 나는 집에서 그 질문을 다시 던졌다. 그러자 아들은 "당연히 두 유리잔에 있는 물의 양은 같아요. 왜냐고요? 이거 함정이 있죠?"라며 아들은 자신 있게 답했다.

Piaget의 구체적 조작기와 형식적 조작기

7세경, 아동은 구체적 조작기에 접어들게 되고 물리적 특성의 보존개념을 이해하기 시작한다. 그러나 이러한 변화는 점차적이다. 6세 아동은 짓눌려진 찰흙의 무게는 변하지 않는다는 것은 이해하지만 이 짓눌린 찰흙을 물이 담긴 유리잔에 넣는다면 잠기는 물의 양이 원래 찰흙 덩어리와 다를 것이라고 생각한다.

Piaget에 따르면 구체적 조작기(stage of concrete operations) 아동은 구체적 대상에 대한 심리적 조작은 잘할 수 있지만 추상적이고 가설적 생각에 대한 심리적 조작은 어려워한다. 예컨대, "산더미같이 많은 휘핑크림을 도시의 한쪽에서 반대쪽으로 옮기려면 어떻게 해야 할까?"라는 질문에 나이 든 아동은 상상력 넘치는 답을 말하며 즐거워하지만 구체적 조작기의 아동은 질문이 이상하다며 불평한다.

혹은, "만약 네가 눈을 한 개 더 갖게 되어서 몸의 어디든지 붙일 수 있다면 어디에 붙일래?"와 같은 질문에 구체적 조작기 아동은 대부분 이마의 중간, 즉 두 눈의 사이에 붙이겠다고 바로 대답한다. 이들보다 나이가 많은 아동은 보다 창의적인 대답을 한다. 가령, 그것을 뒤통수에 붙이거나 음식이 소화되는 것을 볼 수 있도록 위장에 붙이고 싶다고 한다든가 혹은 손톱에 붙여 주변 구석구석을 몰래 살펴보겠다고 대답한다.

Piaget가 제시한 형식적 조작기(stage of formal operations)에 도달한 청소년들은 논리적이고 연역적인 추론 및 체계적 계획 능력이 발달된다. Piaget에 따르면 11세경 아동은 형식적 조작기에 이른다. 하지만 후속 연구자들은 많은 사람이 더 늦은 시기에 이 단계에 도달하고, 도달하지 못하는 사람도 있다는 것을 발견했다. 형식적 조작은 계획하는 능력을 포함한다. 예컨대, 아동에게 서로 다른 색의 액체가 들어 있는 5개의 유리병을 제시하고 이 중 몇 가지를 혼합해 노란색 액체를 만들 수 있다고 설명했다. 유리병의 혼합 방식을 발견하는 것이 과제이다. 구체적 조작기에 있는 아동은 아무런 계획 없이 바로 과제를 수행한다. 이들은 A, B, C, D를 섞다가 A, C, E로 섞어본다. 이전에 시도한 혼합 방식과 순서를 잊어버린다. 형식적 조작기의 청소년들은 이 문제에 좀더 체계적인 방식으로 접근한다. 그들은 먼저 AB, AC, AD, AE, BC 등의 순으로 두 병을 혼합해 본다. 이것이 실패하면 세 병을 혼합하기 시작한다. ABC, ABD, ABE, ACD 등의 모든 조합의 가능성을 한 번씩만 시도하여 마침내 과제에 성공할 것이다. 표 5.3은 Piaget가 말한 인지발달의 네 단계를 요약한 것이다.

표 5.3 Piaget의 인지발달 단계의 요약

단계 / 나이	성취하는 면과 활동	한계
감각운동기 (출생~1세 반)	감각 자극에 반사적 혹은 다른 방식들로 반응	언어를 거의 사용하지 못함; 이 시기 초기에는 대상영속성 개념을 이해하지 못하는 듯 보임
전조작기 (1세 반~7세)	언어발달; 단어나 다른 상징으로 표상 가능; 현재 존재하지 않지만 기억 속에 있는 대상들에 대한 반응이 가능	가역적 사고, 보존개념의 이해 어려움; 사물의 둘 이상의 측면이 아닌 한 측면에만 집중(길이 혹은 너비); 외양과 실제의 구분을 어려워 함
구체적 조작기 (7세~11세)	질량, 수, 부피의 보존개념 이해; 보거나 만질 수 있는 구체적 대상에 대한 논리적 추론 가능	추상적 개념이나, 가설적 상황에 대한 이해에 어려움을 보임
형식적 조작기 (11세 이후)	추상적, 가설적 개념들에 관해 논리적으로 추론 가능; 체계적 전략과 계획을 미리 세움	거의 없음. 하지만 가끔은 인간 사고의 비합리적 측면을 보일 수 있음

개념 점검

8. Piaget의 단계 중 다음은 각각 어디에 속하는 아동일까?

a. 보존개념은 이해하지만 추상적이고 가설적 질문에 어려움을 보이는 아동

b. 대상영속성 과제에서는 수행을 잘하지만 보존개념에서 어려움을 보이는 아동

c. 도식을 가지고 있지만 완벽한 문장을 말하지는 못하고 대상영속성 획득에 어려움을 보이는 아동

d. 가설적 질문에 잘 대답하고 다른 과제의 수행도 잘하는 아동

Piaget의 단계는 구분되는 것일까?

Piaget는 지적 발달이 네 단계로 분명하게 구분된다고 여겼다. 그는 한 단계에서 다음 단계로 이행할 때 애벌레가 번데기가 되고 번데기가 나비가 되는 것과 같이 사고의 재조직화가 필요하다고 믿었다. 다시 말해, 지적 성장은 혁신적인 재조직화의 시기를 가진다는 것이다.

하지만 후속 연구자들은 이러한 결론에 의구심을 제기했다. 만일 이것이 사실이라면 같은 단계에 있는 아동들은, 가령, 전조작기에 있는 아동은 그 단계에서 일관된 수행을 나타내야 한다. 하지만 실제로 과제의 난이도에 따라 수행의 차이는 분명히 나타난다. 예컨대, 수 보존 과제에서 연구자가 7개의 물건을 한쪽에는 촘촘하게 다른 쪽에는 넓게 늘어놓고 어떤 쪽에 물건이 더 많은지를 물어보면 전조작기 아동은 넓게 늘어놓은 쪽 물건이 더 많다고 대답한다. 그러나 Rochel Gelman(1982)은 그림 5.17에서처럼 물건의 수를 세

개로 줄였을 때 3~4세의 어린 아동도 양쪽 물건의 개수가 같다고 대답하는 것을 발견했다.

아동이 분명하게 구분된 단계로 점프를 하듯이 이동한다는 Piaget의 믿음과는 달리 최근 대부분의 심리학자는 발달은 점차적이고 연속적으로 이루어진다고 생각한다(Courage & Howe, 2002). 즉, 나이 든 아동과 어린 아동과의 차이가 새로운 능력이 없다가 생기는 정도로 크지는 않다는 것이다. 자신이 가진 개념을 점점 더 많은 상황에 적용할 수 있는 것이 보다 핵심적인 능력이라는 것이다.

Piaget와 Vygotsky의 서로 다른 관점

Piaget의 이론이 암시하는 것 중 하나는 특정 개념, 가령 보존개념과 같은 것을 아동 스스로 깨달아야 한다

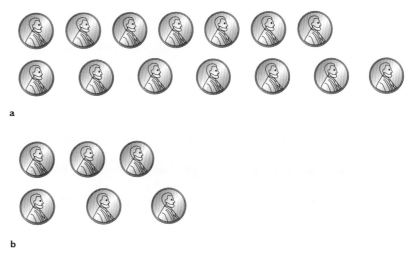

그림 5.17 **(a)** 표준적인 수 보존 과제에서 전조작기 아동은 넓게 퍼져 있는 열에 대상의 수가 더 많다고 대답한다. **(b)** 단순화한 같은 과제에서는 전조작기 아동도 두 열이 가진 대상의 개수가 같다고 대답한다.

는 것이다. 그러므로 어떤 개념을 가르치기 위해서는 아동이 핵심적인 측면에 주의를 기울여 그 개념을 스스로 발견하도록 지원하는 것이 중요하다. 이와 반대로 러시아의 심리학자 Lev Vygotsky(1978)는 교육자가 물리, 수학의 원리를 아동 스스로 발견할 때까지 기다려서는 안 된다고 주장한다. 무엇보다 그는 언어의 유용성은 중요한 경험과 이해를 다음 세대로 전수하는 데 있다고 말한다.

Vygotsky의 주장은 아동의 발달 수준을 무시한 채 교육해야 한다는 것을 의미하는 것은 아니다. 모든 아동은 근접발달 영역(zone of proximal development), 즉 아동 스스로 혼자 할 수 있는 영역과 도움을 얻어야만 할 수 있는 것 사이의 간격을 지니고 있다. 따라서 교육은 이 영역 내에서 이루어져야 한다. 예를 들어, 우리는 4세 아동에게 부피의 보존개념을 가르쳐서는 안 된다. 하지만 아직 이 개념을 스스로 이해하지 못하는 6세 아동은 도움과 지도를 통해 배울 수 있을 것이다. 마찬가지로 어른이 아동에게 정보를 이해하고 조직화하는 방법을 알려준다면 아동은 목록을 외우고 이야기를 기억하는 능력을 향상시킬 수 있다(Larkina, Guler, Kleinknecht, & Bauer, 2008). Vygotsky는 이러한 도움을 비계(Scaffolding), 즉 건물을 지을 때 임시적으로 사용하는 받침대에 비유했다. 건물이 다 지어지면 비계는 제거된다. 좋은 교육자는 아동의 근접발달 영역을 민감하게 알아내고 어느 정도까지 아동이 발전하도록

개념 점검

9. 보존개념을 가르치는 것에 대해 Piaget와 Vygotsky는 각각 어떻게 생각할까?

이끌어야 하는지를 계속해서 고민하는 사람이다.

우리는 얼마나 발달했을까?

Piaget와 Vygotsky의 인지발달이론은 모두 인간은 영아의 사고방식에서 시작해서 결국 어른의 사고방식에 도달하게 되며 그 이후 계속해서 어른처럼 생각할 것이라고 제안한다. 두 이론가의 생각이 과연 맞을까? 우리도 가끔은 아이와 같은 방식으로 생각하지 않는가?

자기중심적 사고를 생각해 보자. 어린 아동은 자신이 알고 이해하는 것을 다른 사람도 알고 이해하고 있을 것이라 생각하는 듯 보인다. 그런데 성인도 종종 이와 같은 실수를 저지른다. 당신이, "그 남자와 그 여자의 딸이 도착했다."라고 말했다면 듣는 사람은 한 사람(그 남자와 그 여자의 '딸')이 도착했는지, 아니면 두 사람(그 여자의 딸과 또 어떤 남자)이 도착했는지를 알 수 있을까? 당신은 듣는 사람도 당신의 말뜻을 잘 이해하고 있다고 과대평가한 것일 수 있다(Keysar & Henly, 2002).

다른 예를 들어보자. Piaget에 따르면 7세 이후 아동은 수, 부피 등등의 개념을 이해하게 된다. 만일, 두 개의 길고 좁은 용기에 있는 물 중 하나를 넓은 너비의 용기에 붓는다면 나이 든 아동이나 성인은 두 용기에 같은 양의 물이 있다고 자신 있게 대답할 것이다. 그러나 이를 다른 식으로 검사해 보자. 길고 좁은 컵과 넓고 짧은 컵에 원하는 만큼의 주스를 따르게 한다면 아동뿐 아니라 성인도 넓고 짧은 컵에 따를 때는 평소보다 더 적게 따랐다고 생각하면서 더 많은 양의 주스를 붓는다. 심지어 전문적 바텐더도 길고 얇은 유리잔보다 짧고 넓은 유리잔에 더 많은 음료를 붓는다(Wansink & van Ittersum, 2003). 이러한 예는 묻는 방식에 따라 성인도 부피 보존개념을 완벽하게 이해하지 못하는 것처럼 보일 수 있음을 명백히 보여준다. 요컨대 나이가 들면서 우리는 아이와 같은 사고방식을 억제

근접발달영역은 아동이 스스로 할 수 있는 영역과 도움을 얻어야만 할 수 있는 것 사이의 간격을 말한다.

할 수 있지만 그러한 방식이 완전히 사라지지는 않는다. 우리는 내면 깊이 아이와 같은 마음을 여전히 가지고 있는 것이다.

개념 점검

10. 음료의 정량보다 더 많은 양의 음료수를 받기 위해서 어떻게 할 수 있을까?

아동을 이해하기

당신도 한때는 어린 아이였지만 그때의 경험을 명확하게 기억하지 못한다. Jean Piaget는 아동이 성인과 다른 방식으로 사고하는 것에 관심을 기울였다. 아동은 단순히 생각이 느리거나 지식의 양이 적은 것이 아니라 정보를 다른 방식으로 처리한다는 것이다. 우리가 하는 모든 것은 나이가 들면서 발달하게 된다. 하지만 영아와 어린 아동이 무엇을 이해하는지 무엇을 잘못 이해하는지를 정확히 밝히는 것은 힘들다.

게다가 그 변화는 점진적이고 불완전하다. 심지어 성인도 때때로 어린 아이처럼 생각하기도 한다. 발달에서는 갑작스럽게 인지적 기술을 획득하는 것은 중요하지 않다. 지속적으로 넓고 다양한 환경 안에서 더 일관성 있게 이 기술들을 적용시키는 것이 더욱 중요하다.

요약

- 횡단, 종단 연구. 횡단 연구는 동시에 다른 연령대의 개인을 연구한다. 종단 연구는 한 집단의 사람들을 추적해 그들의 발달 과정을 본다. 계열적 연구는 횡단 연구와 종단 연구를 결합한 연구이다. (190쪽)
- 동시대 효과. 젊은이와 나이 든 사람 사이의 많은 차이는 연령 때문이 아니라 그들이 살아온 시대의 영향 때문이다. (191쪽)
- 태아기 발달. 인간의 뇌는 태어나기 훨씬 전부터 성숙하기 시작한다. 알코올과 같은 약물에 노출되는 것은 뇌의 활동을 감소시키고 뉴런의 자기파괴 프로그램을 활성화시킨다. 몇몇 사람은 불리한 환경도 잘 이겨내고 살아간다. (192쪽)
- 영아의 능력에 대한 추론. 영아의 능력은 과소평가되었는데 이것은 영아가 자신의 근육을 거의 통제하지 못하기 때문이다. 이를 고려한 주의 깊은 연구들은 우리가 기대하고 있는 것보다 영아가 더 많은 능력을 갖고 있는 것을 보여준다. (193쪽)
- 영아의 시각과 청각. 신생아는 특정 시각패턴을 다른 것보다 더 오래 응시한다. 그들에게 같은 소리를 반복해서 제시하면 습관화되지만 조금이라도 다른 소리를 제시하면 탈습관화된다. 이것은 신생아가 서로 다른 소리를 구별하는 능력이 있다는 것을 의미한다. (193쪽)
- 영아의 기억. 신생아는 녹음된 어머니 목소리가 나오면 다른 여성의 목소리가 나올 때보다 젖꼭지를 더 강하고 활기차게 빨았다. 이는 신생아가 어머니의 목소리를 인식함을 의미한다. 또한 2개월 된 영아도 모빌을 발로 차면 움직인다는 것을 학습하며 며칠이 지난 뒤에도 이를 기억한다. (195쪽)
- Piaget의 아동 사고에 대한 관점. Jean Piaget에 따르면 아동의 사고는 성인의 사고와 질적으로 다르다. 그는 아동이 동화와 조절을 통해 지적 발달을 한다고 믿었다. (196쪽)
- Piaget의 발달단계. 감각운동기 단계의 영아는 그 순간 그들이 보고 듣고 느끼는 것에 대하여 반응한다. 전조작기의 아동은 가역적 사고를 하지 못한다. 구체적 조작기 단계에서 아동은 구체적 문제에 대해서는 사고하지만 추상적인 문제에 대해서는 잘 생각하지 못한다. 형식적 조작기에 접어든 아동과 성인은 체계적으로 계획을 세우고 가설적 혹은 추상적 질문을 다룰 수 있다. (196쪽)
- 자기중심적 사고. 어린 아동은 종종 다른 사람의 관점을 이해하지 못한다. (199쪽)

- 마음 이론. 다른 사람이 가진 지식, 믿음, 잘못된 믿음 등에 대한 이해는 아동기에 점차적으로 발달한다. (200쪽)

- 외양과 실제. 어린 아동은 때로 외양과 실제를 구분하지 못하는 듯 보인다. 하지만 과제를 단순화시키면 이들도 구분할 수 있다. 이는 특정 개념에 대한 아동의 이해가 상황에 따라 다를 수 있음을 보여주는 것이다. (202쪽)

- Vygotsky. Lev Vygotsky에 의하면 아동은 근접발달 영역 내 새로운 내용을 성인이나 그들보다 나이가 더 많은 아동에게서부터 배운다. (205쪽)

- 성인. 성인도 어떤 상황에서는 어린아이같이 생각한다. (206쪽)

핵심 용어

사회적 발달과 정서적 발달

• 사회적 행동과 정서적 행동은 나이가 들면서 어떻게 변할까?

당신은 〈내 고민이 무엇일까?〉라는 TV쇼에 참가했다. 커튼 뒤에는 한 사람이 서 있고 당신은 그를 볼 수 없다. 또한 이 사람은 자신의 가장 큰 고민을 말하지만 당신은 들을 수 없다. 대신 당신은 그 사람을 잘 아는 심리학자에게 한 단어 혹은 한 구절로 답할 수 있는 질문을 할 수 있다. 당신은 커튼 뒤 사람의 고민을 알아맞혀야 한다. 여기에 규칙이 있다. 질문의 수가 늘어날수록 당신의 상금은 줄어든다. 당신은 첫 질문에서 맞는 답을 추측해 낸다면 백만 달러를 상금으로 받을 것이고 두 번째 질문을 알아맞히면 그 절반을 받게 되는 식이다. 가장 좋은 전략은 가능한 한 적은 질문을 해서 정답을 추론해 내는 것이다.

그렇다면 가장 좋은 첫 번째 질문은 무엇일까? 아마도 이 질문이 가장 좋은 질문일 것이다. "저 사람은 몇 살입니까?" 10대의 고민은 20대와 다르고 20대의 고민은 더 나이 든 성인과 다르기 때문이다. 사람들은 저마다 나이에 맞는 걱정과 기회 그리고 기쁨을 가지고 살아간다.

Erik Erikson은 각 단계별로 사회 정서적 갈등이 있음을 강조했다.

Erikson의 인간발달 이론

Erik Erikson은 인간의 생애를 단계(stages) 또는 시기(ages)라고 불리는 여덟 개의 기간으로 나눈다. 그는 각 단계마다 인간이 성공적으로 이루어야 하는 특정한 과업과 이에 따른 사회 정서적 갈등이 있다고 말한다. 표 5.4는 Erikson의 단계를 요약한 것이다.

Erikson에 따르면 일반적으로 어떤 한 단계에서 과업을 실패하면 대부분 다음 단계까지 불운한 결과가 이어진다. 가령, 영아는 기본적 신뢰와 불신의 과업을

표 5.4 Erikson의 인간발달 단계

단계	주요 갈등	전형적 질문
영아기	기본적 신뢰 대 불신	세상은 예측 가능하고 나에게 지지적인가?
걸음마기(1~3세)	자율성 대 수치심, 의심	나 스스로 할 수 있을까? 혹은 나는 다른 사람에게 항상 의존해야 하는가?
학령전기(3~6세)	주도성 대 죄책감	나는 좋은 사람인가 나쁜 사람인가?
학령기(6~12세)	근면성 대 열등감	나는 성공적인 사람인가 무가치한 사람인가?
청소년기(10대 초기)	정체성 대 역할 혼란	나는 누구인가?
초기 성인기(10대 후반, 20대 초반)	친밀성 대 고립감	나의 삶을 다른 이와 공유할 수 있을 것인가 혹은 나 혼자 살 것인가.
중기 성인기(20대~은퇴)	생산성 대 침체	나는 직장생활과 부모역할 둘 다 성공적으로 잘하고 있는가?
후기 성인기(은퇴 이후)	자아통합 대 절망	나는 충만한 삶을 살았는가 혹은 실패한 삶을 살았는가?

다루어야 한다. 지지적인 양육환경에서 자란 영아는 이후 타인과의 관계에도 긍정적인 영향을 미치는 강한 애착을 형성한다(Erikson, 1963). 학대를 경험한 영아는 신뢰관계를 형성하는 데 실패하며 이후 타인과 친밀한 관계를 형성하는 데 어려움을 겪는다. 이 단원에서 우리는 이와 관련된 연구를 살펴볼 것이다.

청소년기의 주요 과업은 정체성의 성취이다. 대부분의 서구사회 청소년은 자신의 삶을 어떻게 살아갈지 고민하면서 다양한 선택을 고려한다. 이들은 선택 가능한 자신의 정체성과 다양한 미래의 가능성을 생각해 본다.

Erikson에 의하면 초기 성인기 중요한 과업은 친밀감 혹은 고립감이다. 즉, 자신의 삶을 다른 사람들과 공유하며 살아가거나 혹은 홀로 살아가게 되는 것을 의미한다. 이 시기 관계의 질은 여생에 큰 영향을 미치게 된다.

대부분의 경우 삶의 반은 중기 성인기가 차지할 것이다. 이 시기의 주요 과업은 생산성(자식이나 작품과 같은 중요한 것을 생산하는 것)과 침체(생산하지 않는 것)이다. 만일 순조롭게 이런 과업을 달성한다면 자부심을 느낄 것이며 그렇지 않다면 고통과 낙담은 노년까지도 계속될 것이다.

당신은 각 단계별 주요 과업이 Erikson이 말한 것과는 다르다고 생각할 수도 있다. 하지만 그가 주장한 두 가지 관점은 타당해 보인다. 각 단계는 고유의 특별한 어려움이 있고 한 단계의 과업을 만족스럽게 해결하지 못하면 이후 더 큰 어려움이 생긴다. 이제 특정 연령대의 주요 사회 정서적 쟁점들을 보다 자세하게 알아보자.

영아기와 아동기

인생에서 중요한 것 중 하나는 애착(attachment, 타인을 향한 친밀한 느낌)이다. 애착은 영아기에 시작된다. John Bowlby(1973)는 좋은 애착을 형성한 영아는 안정감과 안전을 느끼지만 그렇게 하지 못한 영아는 훗날 친밀한 관계 형성에 어려움을 갖는다고 제안한다. 후속 연구자들은 이러한 Bowlby의 생각이 사실임을

확인했다. 한 종단 연구에서 질이 낮은 보살핌을 받은 걸음마기 아동은 초기 성인기에 단단한 낭만적 애착관계를 형성하는 데 어려움을 겪었다. 이들은 자신의 연애 대상자에게 언어적 적개심을 다른 사람들에 비해 더 자주 분출한다(Oriña et al., 2011).

대부분의 연구에서 애착은 Mary Ainsworth(1979)가 고안한 낯선 상황(Strange Situation)에서 측정된다. 그 절차는 다음과 같다. 어머니와 아동(일반적으로 12개월에서 18개월)이 장난감이 많은 방에 들어온다. 다음, 낯선 사람이 방 안에 들어온다. 어머니는 자리를 떠났다가 다시 돌아온다. 몇 분 후 낯선 사람과 어머니 둘 모두 방 안을 떠난다. 낯선 사람이 돌아오고 마지막으로 어머니 또한 방 안으로 다시 돌아온다. 관찰 거울을 통해 심리학자는 어머니와 낯선 사람이 방으로 들어오고 나갈 때 아동의 반응을 관찰하고 다음과 같은 범주로 아동의 반응을 분류한다.

- 안정애착(secure attachment). 영아는 어머니를 안전 기지로 삼아 환경을 탐색하고 어머니에게 웅얼거리는 소리를 내고 장난감을 보여주기도 하며 눈을 맞춘다. 어머니가 떠났을 때 영아는 약간의 괴로움을 표현하기도 하고 잠시 울기도 하지만 곧 그친다. 어머니가 돌아왔을 때 영아는 어머니를 기쁘게 맞이하고 포옹하고 다시금 장난감을 가지고 논다.

- 불안(혹은 저항)애착(anxious or resistant attachment). 어머니에 대한 기쁜 마음과 화난 마음이 요동친다. 영아는 어머니에게 매달리고 어머니가 떠났을 때 돌아오지 않을까 걱정하는 듯 지나치게 운다. 어머니가 돌아왔을 때 영아는 다시 어머니한테 매달려 있지만 어머니를 안전기지로 삼아 장난감을 탐색하지 못한다. 불안애착을 지닌 아동은 전형적으로 많은 두려움을 보이는데 여기에는 낯선 이들에 대한 심한 두려움도 포함된다.

- 회피애착(avoidant attachment). 어머니가 있을 때에도 영아는 어머니 곁에 있지 않고 상호작용 또한 거의 나타나지 않는다. 어머니가 방을 떠났을 때 울 수도 있지만 울지 않는 경우도 있으며 어머니가 다시 돌아왔을 때 다가가지 않는다.

- 혼란된 애착(disorganized attachment). 영아는 어머니가 존재하지 않는 것처럼 행동하거나 어머니에게 다가갈 때 눈을 피하거나 혹은 자신의 표정을 숨기거나 바닥에 누워 있는다. 영아는 접근과 회피 사이를 반복하는 듯하며 애정보다 두려움을 더 많이 보인다.

애착 유형의 비율은 나라마다 다르지만 안정애착 유형이 가장 높은 비율로 나타난다(Ainsworth, Blehar, Waters, & Wall, 1978). 물론, 많은 아동이 깔끔하게 한 유형에 속하는 것은 아니며 "안정" 혹은 "회피"로 분류된 몇몇 아동은 그 범주의 다른 아동보다 더 안정적이거나 더 회피적이다. 대부분의 경우 영아기에 분류된 애착 유형은 시간이 흘러도 안정적이다(Moss, Cyr, Bureau, Tarabulsy, & Dubois-Comtois, 2005).

낯선 상황에서의 반응은 아동과 아버지의 관계, 아동과 조부모의 관계 그리고 아동과 다른 사람과의 관계를 평가할 때에도 사용된다(Belsky 1996). 일반적으로 한

관계의 질은 다른 관계의 질과 상관이 있다. 예컨대, 어머니와 안정애착을 맺은 아동의 대부분은 아버지와도 안정애착을 맺으며 부부 관계도 행복할 가능성이 높다(Elicker, Englund, & Sroufe, 1992; Erel & Burman, 1995). 또한 12개월에 자신의 부모와 안정적 관계인 영아는 수십 년 뒤에도 부모와 가까운 관계를 계속해서 유지하며(Waters Merrick, Treboux, Crowell, & Albersheim, 2000), 영아기에 안정애착을 형성한 사람은 성인기 때 친밀한 상대와 깊고 낭만적인 관계를 형성할 가능성이 높다(Roisman, Collins, Sroufe, & Egeland, 2005). 또한 이들은 타인과의 갈등도 신속하게 해결한다(Salvatore, Kuo, Steele, Simpson, & Collins, 2011).

무엇 때문에 어떤 아동은 다른 아동보다 더 안정적인 애착을 발달시킬까? 이를 설명하는 한 가지는 모든 아동은 유전적으로 서로 다른 기질(temperament)을 타고났기 때문이라는 것이다. 기질은 사람이 새로운 환경에 활기차게 또는 신경질적으로 혹은 침착하게 반응하는 경향성을 말한다(Bouchard, Lykken, McGue, Segal, & Tellegen, 1990; Matheny, 1989). 대부분의 경우 기질은 꽤 안정적이고 일관된 특성이다(Durbin, Hayden, Klein, & Olino, 2007). "까다로운" 기질을 가진 사람은 영아기와 성인기 내내 다른 사람보다 더 쉽게 두려움을 느낀다(Kagan, Reznick, & Snidman, 1988; Kagan & Snidman, 1991; Schwartz, Wright, Shin, Kagan, & Rauch, 2003).

애착 유형은 또한 부모가 안아주기, 신체적 접촉과 같은 행동을 통해 아동의 요구에 어떻게 반응하느냐와 밀접한 관련이 있다. 부드러운 접촉은 아동을 안심시킨다(Hertenstein, 2002). 부모의 반응성을 높여주는 훈련 프로그램은 안정애착 형성에 도움을 준다(Bakermans-Kranenburg, van Ijzendoorn, & Juffer, 2003).

애착 유형은 대부분 유사하지만 몇몇 다른 문화권에서는 다르게 나타나는 경우도 있다. 그런데 이것은 측정의 어려움을 반영하는 것일 수도 있다. 서구의 심리학자가 남아프리카의 흑인 아동의 애착을 측정했는데 상황에 따라 애착 유형이 다르게 나타났다. 이후 그 문화를 잘 이해하는 지역 협력 연구자의 도움을 얻어 다시 연구한 결과 상황에 걸쳐 일관성이 보이는 자료를 얻을 수 있었다(Minde, Minde, & Vogel, 2006). 일본 영아들이 더 높은 비율의 "불안애착"을 보인다는 연구 결과가 있다. 일본 어머니는 보통 아이와 목욕을 같이 하고 잠도 같은 침대에서 자는 등 아이

와 계속해서 함께 시간을 보낸다. 따라서 일본 어머니가 영아를 낯선 이에게 두고 떠났을 때 이는 공포 반응을 일으키는 새로운 경험이었을 것이다. 미국 아동이 이와 같은 반응을 보였다면 그것의 의미는 다르게 해석되어야 할 것이다(Rothbaum, Weisz, Pott, Miyake, & Morelli, 2000).

개념 점검

11. 낯선 상황에서 어머니에게 매달려 있으며 어머니가 떠났을 때 지나치게 우는 행동을 보이는 아동은 어떤 애착 유형으로 분류될까?

12. 심한 불안을 보이는 아동은 어떤 애착 유형을 가질 가능성이 있을까?

아동기와 청소년기

사회성 발달은 노력이 필요하다. 부모와 선생님은 아동에게 다른 친구들과 장난감을 함께 가지고 놀고 쿠키를 나눠 먹으라고 가르치려고 시도하지만 6세나 7세 전 대부분의 아동은 이를 거부한다. 한 가지 주목할 만한 예외적 상황이 있는데 친구들과 협력해서 어떤 보상을 얻게 되는 상황이라면 이들은 싸우지 않고 동등하게 보상을 나눠 가진다(Warneken, Lohse, Melis, & Tomasello, 2011).

사회성 발달은 청소년기와 성적 성숙이 시작되는 시기인 사춘기에 특히 더 중요하다. 청소년은 부모보다 또래와 더 많은 시간을 보내기 시작한다. 사춘기의 지위는 문화마다 다르다. 기술 이전 사회에서는 10대 대부분이 결혼을 하고 직업을 가진다. 아동기에서 성인기로 지위가 바로 바뀌는 것이다. 1800년대 미국과 유럽에서도 그러했다. 오늘날 서구 사회에서 영양과 건강상태의 개선은 사춘기의 시작 시기를 앞당기는 결과를 가져왔으나(Okasha, McCarron, McEwen, & Smith, 2001), 경제적 상황은 오히려 학교를 더 오랫동안 다니게 하고 결혼을 하고 가정을 꾸리며 직업을 갖는 것을 더 늦추게 했다. 그 결과 신체적으로는 성숙했지만 성인의 지위에 이르지 못하는 상태를 오랫동안 유지하게 되었다.

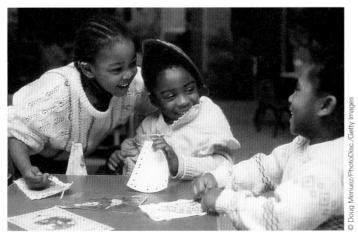

아동은 형제, 자매, 그리고 같은 연령대의 친구와 상호작용하면서 사회적 기술을 습득한다.

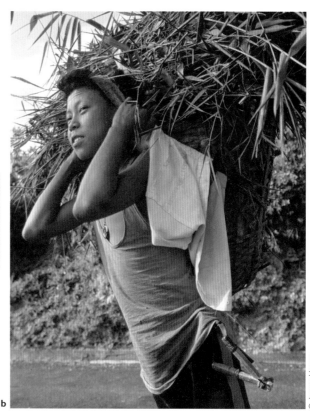

(a) 미국 십대는 부모에게 재정적으로 의지하면서 자신이 하고자 하는 것에 많은 시간을 보낼 수 있는 기회를 갖는다. (b) 기술이 덜 발달된 사회의 십대는 성인이 하는 일을 하며 성인과 같은 책임을 지도록 기대된다.

청소년기는 종종 '질풍노도'의 시기로 묘사되는데, 이는 대부분의 경우 부적절하거나 과장된 이야기다. 대부분의 청소년이 초기에는 변덕을 부리고 부모와 갈등을 보이지만 후기가 되면서 이러한 갈등은 점점 줄어든다(Laursen, Coy, & Collins, 1998). 부모가 자녀를 이해해 주고 공감적으로 지지해 주는 청소년은 부모와 갈등이 심하지 않다고 보고된 바 있다(R. A .Lee, Su, & Yoshida, 2005). 물론 우리는 그것의 원인이 무엇인지, 즉 공감적 부모가 청소년으로 하여금 갈등을 덜느끼게 하는지 아니면 예의 바른 청소년이 부모에게서 바람직한 양육행동을 불러일으키는지에 대해 연구할 필요가 있다.

인간뿐 아니라 다른 종에서도 청소년기는 위험 감수 행동이 나타나는 시기이다(Spear, 2000). 청소년이 위험을 인식하는 것은 확실하다. 청소년에게 음주운전이나 무방비한 성관계 등이 타당한지를 물었을 때 이들은 성인과 같이 이러한 행동이 위험하다고 말한다. 그렇다면 왜 그들은 성인처럼 행동하지 않는 것일까? 대부분의 경우 이들도 어른처럼 행동한다. 적어도 시간을 두고 충분히 고민했을 때는 말이다. 그런데 이들은 빠르게 판단해야 할 때, 특히 또래의 압력이 있을 때 위험한 결정을 하게 된다(Luna, Padmanabhan, & O'Hearn, 2010).

또래 압력을 보여주기 위해서 한 연구에서 참여자에게 담력 시험 비디오 게임을 하게 했다. 게임은 화면에서 차를 운전하는 것이다. 자동차 통행 신호가 노란색으로 변했을 때 그대로 지나쳐가는 것을 성공한다면 점수를 획득할 수 있지만 만약 지나가는 중 통행신호가 빨간색으로 바뀌어 자동차가 충돌하면 게임이 끝나게 되는 위험을 감수하게 된다. 청소년은 성인보다 노란신호에서도 계속 달리는 경향성이 더 높았으며 또한 또래 친구들이 함께 화면을 보고 있을 때 이러한 경향성은 더욱 증가했다(Gardner & Steinberg, 2005).

대부분의 성인은 위험한 선택은 바로 버린다. 아래 제시된 질문을 받았다고 생각해 보자.

• 악어와 함께 수영하기: 좋은 생각일까 혹은 나쁜 생각일까?
• 샐러드 먹는 것: 좋은 생각일까 혹은 나쁜 생각일까?
• 홧김에 불을 지르는 것: 좋은 생각일까 혹은 나쁜 생각일까?

청소년과 성인은 거의 같은 선택을 하지만 성인의 결정이 더 빠르다. 성인은 감정이 격앙된 듯 소리를 지르며 "오 안 돼요! 당연히. 나는 악어와 수영하길 원하지 않아요!"라고 하지만 청소년은 이것에 대한 생각을 먼저 한다(Reyna & Farley, 2006). 즉, 문제는 청소년이 결과에 대해 그렇게 깊게 생각하지 않는 것이 아니라 좋은 결정을 자동적이고 습관적으로 내리지 않는다는 것이다.

정체성 발달

Erikson이 지적했듯이 청소년기는 "나 자신을 찾는" 시기로, "나는 누구지?" 혹은 "나는 무엇이 될까?"를 결정한다. 인간이 처음으로 자신이 어떻게 살지를 고민하며 일관성 있는 "삶의 이야기"를 구성하는 시기인 것이다(Habermas & Bluck, 2000).

미래에 대한 결정, 자기 이해를 위한 탐구에 관해 청소년이 느끼는 걱정과 혼란을 정체성 위기(identity crisis)라고 한다. 여기서 위기는 우리가 보통 생각하는 위기의 의미를 가지기보다는 강한 정서적 격동을 뜻하는 것이다. 정체성 발달에는 두 가지 주된 요인이 있다. 정체성에 관해 적극적으로 탐색하는지의 여부와 결정을 했는지의 여부이다(Marcia, 1980). 아래의 표에 이를 도식화하여 제시했다.

	탐색을 했거나 혹은 진행 중	탐색하지 않음
결정을 했음	정체성 성취 (Identity achievement)	정체성 유실 (Identity foreclosure)
결정하지 않음	정체성 유예 (Identity moratorium)	정체성 혼미 (Identity diffusion)

정체성과 관련된 문제를 결정하기 위해 아직 아무런 고민도 하지 않았으며 뚜렷한 정체감을 가지고 있지 않은 사람은 정체성 혼미(Identity diffusion)를 경험하고 있다. 이들은 적극적으로 자신의 정체성을 탐색하지 않는다. 정체성 혼미는 자존감이 낮고 삶에 대한 절망적이고 비관주의적 태도를 지니고 있는 사람들에게서 흔히 나타난다(Phillips & Pittman, 2007). 정체성 유예(identity moratorium)에 있는 사람은 이러한 문제에 관해 고민을 하고 있지만 아직 결정을 내리지는 않은 상태이다. 이들은 결정하기 전에 다양한 역할을 상상해 보거나 그들의 가능성을 실험해 본다. 연구자들은 정체성 유예를 단순히 결정을 미루는 유형과 적극적으로 탐색하는 유형 두 가지로 구분한다(Crocetti, Rubini, Luyckx, & Meeus, 2008).

정체성 유실(Identity foreclosure)은 많은 고민 없이 확고한 결정을 내린 상태를 말한다. 가령, 아버지로부터 가업을 물려받아 이어갈 것이라는 기대를 받는 청년 또는 결혼을 하고 아이를 낳아 기르게 될 것이라는 말을 들어온 여성을 생각해 볼 수 있다. 이런 식의 결정은 예전 북아메리카와 유럽에서 흔하게 나타났으며 오늘날 몇몇 사회에서는 아직도 흔한 일이다. 어떤 사회에서는 부모가 자녀의 결혼 상대를 정해주는 것이 일반적이다. 이런 환경에서 자란 청소년들은 대안적 탐색을 할 이유가 거의 없는 것이다.

마지막으로 정체성 성취(identity achievement)는 많은 가능성을 탐색해 본 결과로 자신만의 결정을 내린 상태를 말한다. 모든 영역에서 동시에 정체성 획득이 이루어지는 것은 아니다. 예컨대, 어떤 사람이 직업에 대한 결정은 내렸지만 결혼에 대한 결정은 아직 하지 않았을 수도 있다. 또한 정체성을 형성하기는 했지만 훗날 이에 대해 다시 고민할 수도 있다.

십대들의 "개인적 우화"

다음 항목이 진실인지 그렇지 않은지를 답하여라.

• 사람들은 인생의 꿈을 실현하지 못할 수 있지만 나는 반드시 나의 꿈을 실현할 것이다.

• 나는 우리 부모와는 다른 방식으로 사랑과 성에 대해 이해한다.

• 비극적인 일이 타인에게는 일어날 수 있지만 나에게는 일어나지 않을 것이다.

• 거의 모든 사람이 내 얼굴과 내가 무엇을 입었는지 관심 있게 지켜본다.

David Elkind(1984)에 따르면 십대 청소년은 위와 같은 믿음을 특별히 더 강하게 가진다. 그는 이런 믿음을 통틀어 "개인적 우화"로 명명했는데, 즉 "다른 사람에게는 사실일지 몰라도 나에겐 아니야! 난 특별하니까!"라고 확신하는 것을 말한다. 이런 개인적 우화는 어느 정도 삶에 대한 낙관적 관점을 지니게 하지만 어리석고 위험한 결정을 내리게 만들어 곤경에 처하게 할 수 있다.

그러나 이러한 태도가 십대에게만 국한되는 것은

David Elkind에, 따르면 청소년이 위험한 행동을 하는 한 가지 이유는 "개인적 우화", 즉 자신에게는 나쁜 일이 일어나지 않을 것이라는 믿음을 가지고 있기 때문이다.

아니다. 대부분의 중년층도 자신이 다른 사람보다 직업적으로 더 성공할 것이고 큰 질병에 걸리지 않을 것으로 믿는 경향이 있다(Quadrel, Fischhoff, & Davis, 1993). 이들은 자신의 복권 당첨 확률을 과대평가하고, 자신이 표를 골랐을 때 더 그렇게 믿는다(Langer, 1975). 개인적 신화에서 완벽하게 벗어나는 사람은 거의 없다.

성인기

Erikson이 강조했듯이 초기 성인기부터 은퇴할 때까지 인간의 주요 고민은 "내가 무엇을 성취했고 내 나라와 가족에게 무엇을 기여할 수 있을까? 과연 나는 성공할까?"이다.

성인기는 보통 직장을 다니기 시작해서 은퇴하기까지를 의미한다. 우리는 성인기의 수많은 시간을 뭉뚱그려서 생각하게 되는데 그것은 그 사이 큰 변화가 없었던 것처럼 느껴지기 때문이다. 아동기와 청소년기 인간은 매해 자라난다. 하지만 성인기 동안 인간의 외모는 느리고 미묘하게 변한다. 영아기부터 초기 성인기까지 인간은 나이가 들 때 마다 새로운 권한을 부여받는다. 밤늦은 외출, 첫 운전면허, 투표권 행사, 대학 입학 등의 새로운 경험을 시작한다. 초기 성인기 이후부터는 해마다 삶이 분명하게 구분되지 않는다. 아동과 십대는 자신의 나이가 몇 살인지 정확하게 알고 있지만 성인은 종종 자신이 몇 살인지도 생각해 봐야 한다. 중요한 변화는 성인기에도 나타나지만 그것의 대부분은 결혼을 하거나 아이를 갖거나 직업을 바꾸거나 혹은 이사를 가는 것과 같이 자기주도적인 것들이다(Ronka, Oravala, & Pulkkinen, 2003).

Daniel Levinson(1986)은 성인기 발달 단계를 서로 겹쳐지는 부분이 있는 시기(era)로 구분했다. 몇 년 정도 차이는 있을지라도 20세 즈음에 대부분 사람들은 성인기에 접어들며 이때부터 40세까지를 초기 성인기라고 한다. 초기 성인기에는 직업, 결혼, 아이를 갖는 등 중요한 결정을 내리게 된다. 직업을 결정하면 이를 계속 유지하거나 이와 밀접하게 관련된 일을 하게 된다(Low, Yoon, Roberts, & Rounds, 2005). 초기 성인기

사람들은 자신의 목표를 추구하기 위해 최대의 에너지를 쏟아 붓는다. 하지만 사회 초년생의 월급으로 집을 사거나 가족을 부양하는 것은 어렵고 스트레스를 유발하는 과업이다.

중년기, 40세에서 65세 사이 점점 힘이 약해지고 건강이 쇠퇴하기 시작하지만 일을 못하거나 전문성을 발휘하고 사는 데 방해받을 정도는 아니다. 이 시기에 사람들은 직장에서 성공을 이뤘거나 혹은 그동안 이룬 것이 무엇이든 그것을 받아들이게 된다. 많은 사람은 자기 자신뿐 아니라 타인을 더 많이 이해하고 직장 내 스트레스도 덜 받게 된다. 대부분의 경우 자녀들이 성장했으므로 어린 아이를 키우는 일상의 스트레스도 줄어든다.

Levinson(1986)에 따르면 중년기의 성인은 중년기 이행(midlife transition)을 겪는데, 이 시기 사람들은 목표를 재평가하고 새로운 목표를 설정하고 남은 삶을 위한 준비를 한다. 이러한 이행기는 종종 이혼, 질병, 가족의 죽음, 직업의 변화와 같이 과거의 결정과 현재의 목표에 대하여 의문이 들게 하는 어떤 사건에 대한 반응으로 나타난다(Wethington, Kessler, & Pixley, 2004). 청소년기 정체성 위기와 마찬가지로 중년기 이행도 다양한 선택의 가능성을 가지고 있는 문화에서 더 큰 문제이다. 만일 선택권이 없는 사회에서 살고 있다면 당신이 가보지 않았던 삶의 경로에 대해 고민을 하지 않아도 된다! 그러나 서구 사회에서 당신은 많은 희망을 안고 성인이 된다. 더 높은 학위, 직장에서 뛰어난 성취, 멋진 상대와의 결혼, 자녀를 근사하게 키우기, 지역사회의 지도자 되기, 선거에 출마하기, 훌륭한 소설의 집필, 근사한 음악의 작곡 그리고 세계 여행 등등의 목표를 당장은 이룰 수 없다는 것을 알지만 스스로에게 "나중에는 꼭 할 거야."라고 말하곤 한다. 좀 더 나이가 들면, "나중에"라는 말은 더 이상 사용할 수 없다는 것을 깨닫게 될 것이다. 당신의 꿈을 실행하기 위한 계획은 바로 시작하지 않는다면 꿈으로 남아 있을 것이다. 다른 것도 마찬가지이다.

사람들은 중년기 이행을 다양한 방식으로 대처한다. 대부분 비현실적인 목표는 지양하고 그들 삶의 방향과 일관된 새로운 목표를 세운다. 어떤 사람은 자신이 계속해서 가지고 있었던 꿈과 관련된 선택을 한다. 이를 위해 그들은 다시 학교를 입학하거나 새로운 사업을 시작하거나 그동안 꿈꿔왔던 일을 시작한다. 가장 좋지 않은 결과는 이런 것이다. "나는 내 꿈을 포기할 수 없었지만 그것을 위해 나는 어떤 것도 시도해 보지 않았어. 나는 내 삶에 만족할 수 없었지만, 내 삶을 바꾸는 위험을 감수하지는 않았어." 이러한 삶의 태도를 가지고 있는 사람은 낙담하고 우울하게 된다.

분명하게 조언할 수 있다. 당신의 중년기와 그 이후의 삶의 만족을 증가시키기 위해서는 당신이 젊을 때 좋은 선택을 하는 것이다. 어떤 것이 하고 싶다면 중년기 이행까지 기다리지 말고 당장 시작하라!

개념 점검   13. 중년기 이행은 청소년기 정체성 위기와 어떤 점에서 유사할까?

노년기

65세경 인간은 후기 성인기에 도달한다. Erikson에 따르면 자신의 삶의 경험에 만족한 사람들은 "자아 통합"을 느낄 것이며 만족하지 못하는 사람들은 "절망"을 느낀다고 한다. 노년기 우리가 무엇을 경험하게 될지는 그보다 훨씬 전에 어떤 일이 있었는지에 달려 있다.

인간은 서로 다른 방식으로 늙어간다. 어떤 사람은 지능, 운동 협응, 스스로를 돌보는 능력이 더 악화되는 반면 어떤 사람은 생기와 활발함을 유지한다. 건강하고 적극적으로 활동하는 사람의 기억은 상당히 온전하게 유지되어 있다. 노인을 위한 신체 운동프로그램은 기억과 인지기능을 향상시킨다(Colcombe & Kramer, 2003; Mattson & Magnus, 2006).

노인의 기억은 상황에 따라 다르다. 모든 사람은 중요하지 않은 것보다는 즐거운 일을 더 잘 기억한다. 그런데 이러한 특징이 노년기에 더 강하게 나타나는데, 노인은 자신을 즐겁게 하는 것이나 실질적으로 중요한 주제에 대해 더 많은 주의와 자원을 더 집중적으로 배분하는 경향이 있기 때문이다. 따라서 이들은 젊은 사람이 기억하는 세부사항을 간과하기도 한다. 노인은 세부사항이 잘 기억나지 않을 때, "당연히 일어나야 할" 것이 무엇인지를 경험으로 추측하여 그 틈을 채운다(Hess, 2005). 제7장에서 배울 것처럼, 모든 사람은 기억의 공백을 추론하여 채운다. 노인에게는 단지 이러한 일이 좀 더 자주 일어날 뿐이다.

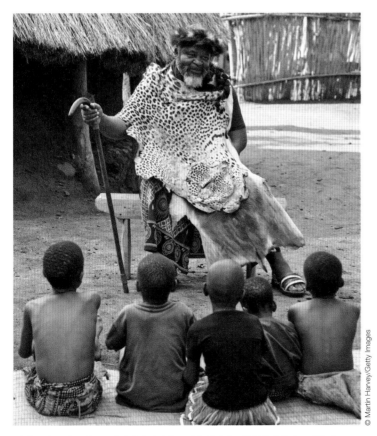

© Martin Harvey/Getty Images

티벳 그리고 다른 많은 문화권에서 아동은 노인을 공경하고 존경해야 한다고 배운다.

제12장에서 살펴보겠지만 건강한 노년층의 사람이 중년층 또는 젊은 사람보다 대체로 더 높은 삶의 만족감을 느끼고 보다 행복하다는 증거가 있다. 놀라운 결과일 수도 있다. 하지만 젊은 사람은 직장과 아이를 기르면서 많은 어려움을 겪지만 노년층의 사람은 여가 생활에 더 많은 시간을 보낸다. 게다가 노년층은 의도적으로 자신의 관심을 가족과 친지 그리고 자신을 기쁘게 할 수 있는 상황에 집중할 수 있다(Carstensen, Mikels, & Mather, 2006).

노년기 삶의 만족은 젊었을 때 어떻게 살았느냐에 대부분 달려 있다. 어떤 사람은 "나는 더 오래 살기를 바라지만 그렇게 되지 않는다 하더라도 앞으로 내 인생을 잘 살아갈 거예요. 또한 진정으로 흥미를 갖는 모든 것을 잘해왔어요."라고 말한다. 어떤 사람은 "나는 내가 그렇게 원했던 것을 결코 하지 못했어요."라고 말하기도 한다. 노년기의 품위는 가정과 지역사회 그리고 더 큰 사회에서 노인을 어떻게 대우하느냐에 달려 있다. 한국을 포함한 몇몇 문화에서는 은퇴를 했을 때나 70세 생일이 되었을 때 특별한 축하 의식을 갖는다(Damron-Rodriguez, 1991). 아프리카계 미국인과 아메리카 원주민 가정은 전통적으로 손윗사람을 공경하며 가정 내 권위를 인정하며 그들에게 조언을 얻는다. 일본 가정 또한 적어도 공식적으로는 비슷한 전통을 가진다(Koyano, 1991).

은퇴는 청소년의 정체성 위기 혹은 중년기 이행과 유사한 또 다른 이행기이다. 은퇴로 인해 스트레스가 줄기도 하지만 직장에 집중해 살았던 이들에게는 상실감 또한 불러일으킨다(Kim & Moen, 2001). 통제감의 감소는 건강이 더 이상 좋아지지 않을 무렵 상당히 큰 문제가 된다. 반세기 동안 사업을 운영했던 사람이 이제는 요양원에서 살면서 그곳 직원의 모든 결정을 따라야 한다고 생각해 보라. 이들에게 어느 정도 선택과 책임감을 주는 것은 그들의 자존감, 건강, 주의력 그리고 기억을 향상시킨다(Rodin, 1986; R owe & Kahn, 1987).

죽음 심리학

• 죽음을 무릅쓰고 할 만한 일을 찾아내지 못한 사람은 살 자격이 없다. ─Martin Luther King Jr. (1964)

• 아픈 환자에게서 얻을 수 있는 최고의 교훈은 "현재를 살아라."이다. 그렇다면 당신은 인생을 회고하며 "내가 얼마나 인생을 낭비하며 살아왔는가!"라고 말할 필요가 없을 것이다. ─Elisabeth Kubler Ross(1975, p. xix)

• 죽음에 관한 가장 슬픈 사실은 한 사람이 죽으면 당신이 그에게 주었던 상처를 거둬들일 수도 없고 베풀지 못했던 애정을 줄 수도 없다는 것이다. 누군가는 말한다. 언제나 죽을 준비가 되어 있는 것처럼 살라고. 나는 말하겠다. 모든 사람이 당신에게 후회할 것을 남기지 않고 죽을 수 있도록 인생을 살아라. ─Leo Tolstoy(1865/1978, p. 192)

당신은 "내일이 마치 인생의 마지막 날인 것처럼 하루하루를 살아라."라는 조언을 들어본 적 있는가? 이 조언은 매순간을 귀중히 여기라는 의미이지만 이 말을 너무 심각하게 받아들인다면 끔찍할 것이다. 진정 오늘 죽을 것이라 믿는다면 당신은 내일을 계획하지 않을 것이다. 저축을 하려고 하지 않을 것이고 미래의 건강을 위해 바람직한 행동이 무엇인지 고민하지도 않을 것이다. 아마 당신은 이 책을 읽으려고도 하지 않을 것이다.

결국 우리 모두는 죽는다는 생각은 스트레스를 불러일으킨다. 인생을 효과적으로 살기 위해 우리는 죽음에 대해 너무 많이 생각하지 않으려 한다. 공포관리이론(terror-management theory)에 따르면, 인간은 죽음에 대한 생각을 피하고 자존감, 희망 그리고 삶의 가치를 제공하는 세계관을 따르면서 공포를 극복한다고 제안한다(Pyszczynski, Greenberg, & Solomon, 2000). 가끔씩 생명이 유한하다는 것이 생각날 때 그 불안을 잠재우기 위해 할 수 있는 것은 무엇이든 한다는 것이다. 당신은 앞으로 살 수 있는 날들이 아직 많이 남아 있음을 생각하며 스스로 안도할 것이다. "나는 건강하고 담배를 피우지 않아. 과음하지도 않으며 그리고 나는 비만도 아니야." 만약 그렇지 않다면 당신은 금연을 곧 계획할 것이고 음주량을 줄일 것이고 곧장 다이어트를 시작할 것이다. 또한 당신은 지금 가지고 있거나 아니면 가질 것으로 희망하는 좋은 직장, 현재의 월급과 그리고 그것이 더 높아질 것이라는 기대 그리고 남은 삶에서 즐길 수 있는 신나는 일들에 대해 생각할 것이다(Kasser & Sheldon, 2000)

탁월한 건강상태조차도 죽음의 시기를 늦출 뿐이다. 따라서 죽음에 대해서 생각하는 것은 삶이 중요하다는 믿음을 지키기 위한 노력이 곱절이 되도록 할 것이다. 당신은 종교적 믿음, 애국심 또는 삶의 의미를 찾아줄 다른 관점을 재차 확인할 것이며(Greenberg et al., 2003), 평상시보다 사회적 관습을 지키기 위한 의무를 더욱 열심히 할 것이다(Gailliot, Stillman, Schmeichel, Maner, & Plant, 2008). 또한 죽고 난 이후에도 존속될 가족과 직무에 관한 것을 위해 얼마나 헌신해 왔는지 자랑스러워 할 것이다(Pyszczynski et al., 2000). 죽음이 다가오는 것에 대해 사람들이 어떻게 반응하는지는 문화에 따라 조금씩 다르게 나타난다. 서양 문화에선 죽음에 대해서 생각할 때가 되면 폭력의 희생양이나 불운에 대해서 자신과 큰 거리를 두면서 "나는 저렇지 않아. 그런 일은 나에게 절대 일어나지 않을 거야."라고 말한다. 한편 동양 문화에서 사람은 다른 사람과 동일시를 잘한다. 이들은 심지어 불운의 대상과도 동일시하면서, "우리 전체 사회가 잘 사는 것이 중요한 것이다."라고 말한다(Ma-Kellams & Blascovich, 2011).

현대 의학의 발달은 죽음에 관하여 새로운 윤리적 쟁점을 불러일으키고 있다. 우리는 사람이 육체적으로나 정신적으로나 심각한 손상을 입은 후에도 생명을 연장시킬 수 있다. 우리는 그렇게 해야 할까? 만약 누군가가 실낱 같은 회복 가능성을 가지고 고통 속에 누워 있다면 그가 빨리 죽음에 이를 수 있도록 도움을 주는 것이 납득할 만한 일일까? 갈수록 많은 사람이 자신과 가족을 대상으로 이와 관련된 어려운 선택을 해야만 할 것이다.

전 생애에 걸친 사회 정서적 발달 문제

Erikson 이론의 요점을 다시 강조하고자 한다. 각 단계는 이전의 상태를 기반으로 한다. 부모와 맺은 초기 애착의 질은 이후 친밀하고 신뢰 있는 관계의 형성과 관련된다. 청소년기 정체성과 관련된 문제를 얼마나 잘 해결했는지에 따라 성인기 삶이 달라진다. 성인기 생산성은 노년기의 만족감을 결정하게 될 것이다. 삶은 연속선상에 있으며 모든 연령대에서 우리가 하는 선택은 그 전과 그 후의 선택과 연결되어 있다.

요약

- 발달에 대한 Erikson의 관점. Erikson은 인간의 삶을 여덟 단계로 기술했다. 각 단계는 고유의 사회 정서적 갈등을 포함한다. (209쪽)
- 영아기 애착. 영아는 중요한 사람과 애착을 발달시키는데 이러한 애착은 낯선 상황에서의 반응으로 측정된다. 초기에 강한 애착을 맺은 영아는 좋은 사회적 관계를 형성하며 성인기 낭만적 애착을 형성한다. (210쪽)
- 청소년기 정체성 위기. 청소년은 "나는 누구인가"에 대한 답을 찾기 위해 노력한다. (213쪽)
- 성인들의 과업. 성인의 주요 과업은 가족과 직업에서의 생산성이다. 많은 성인들은 중년기 이행을 겪으며 자신의 목표를 재평가한다. (214쪽)
- 노년기. 품위와 독립성을 지키는 것은 노년기의 주요 과업이다. (215쪽)
- 죽음의 직면. 모든 사람은 죽음의 필연성에 불안을 느낀다. 죽음을 상기하는 것은 삶에 대한 중요한 믿음을 지키도록 한다. (216쪽)

핵심 용어

공포관리 이론 (216쪽)

기질 (211쪽)

낯선 상황 (2107쪽)

애착 (210쪽)

정체성 성취 (213쪽)

정체성 위기 (213쪽)

정체성 유실 (213쪽)

정체성 유예 (213쪽)

정체성 혼미 (213쪽)

중년기 이행 (214쪽)

다양성: 성차, 문화 그리고 가족

• 성격과 사회적 행동의 발달에 어떠한 요인이 영향을 미칠까?

남자에서 여자로 또는 여자에서 남자로 바뀔 수 있다고 가정해 보자. 혹은 인종이나 문화가 바뀐다고 상상해 보자. 다른 가족의 구성원으로 바뀔 수도 있다. 만약 그런 일이 일어난다면 우리는 어떻게 달라질까? 이러한 급격한 변화 이후, 자신을 예전의 '나'라고 확신할 수는 없을 것이다! 성, 문화, 가족은 인간의 발달과 정체성 형성에 없어서는 안 될 필수 요인이다.

성에 따른 영향

남자와 여자는 행동과 관련하여 여러 가지 측면에서 생물학적 차이가 있다. 어떤 뇌 영역은 남자에게서 더 큰 비율을 차지하며 다른 뇌 영역은 여자에게서 더 큰 비율을 차지한다(Cahill, 2006). 어떤 유전자는 평균적으로 남자의 뇌에서 더 활동적이며 어떤 유전자는 여자의 뇌에서 더 활동적이다(Reinius et al., 2008).

남자와 여자의 행동은 얼마나 다를까? 대부분의 차이점은 무시해도 될 정도로 작지만 몇몇은 아주 일관적이다. 남자는 일반적으로 크고 힘이 세고 물건을 세게 던지고 싸움에 더 자주 휘말리게 된다(Hyde, 2005). 대체적으로 남자는 더 활동적이며 여자는 자기조절을 더 잘한다(Else-Quest, Hyde, Goldsmith, & Van Hulle, 2006). 남자는 처음 본 사람의 타이어를 수리하는 것을 도와주는 경향이 높지만 여자는 장기적으로 사람을 양육하고 돌보는 일을 더 잘한다(Eagly & Crowley, 1986). 만일 많은 신발을 갖고 있다면 그 사람은 여자일 가능성이 높다. 그림 5.18에서 보는 바와 같이 남자와 여자는 다른 방식으로 책을 들고 서 있다.

여자는 남자보다 평균적으로 정서적 신호를 더 잘

탐지한다(Chen & Haviland-Jones, 2000; Hall & Matsumoto, 2004). 남자가 얼마나 자주 여자의 웃음과 친절함을 성적 관심으로 오해하는지 우리는 잘 알고 있다. 심리학자는 한때 이러한 경향을 단순히 남자의 소망 충족적 사고로 인한 현상으로 해석했지만 이후 그 반대 또한 사실임을 알게 되었다. 남자가 실제로 여자가 성적 관심의 신호를 보낼 때 그것이 단순한 친절함이라고 잘못 해석하기도 한다는 것이다(Farris, Treat, Viken, & McFall, 2008). 남자는 단지 정서 표현 인식이 덜 정확하다는 것이다.

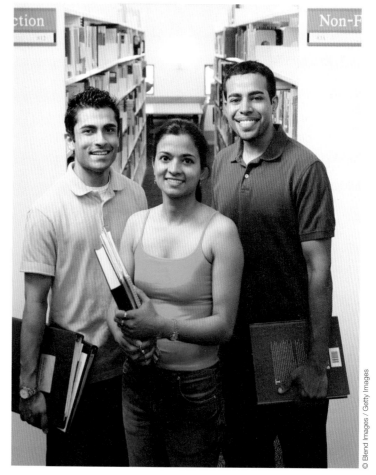

그림 5.18 남자는 책과 같은 물건을 옆구리에 끼지만 사춘기가 지난 여자는 가슴에 물건을 안고 다닌다.

남자는 종종 다른 사람의 정서를 읽는 데 실패한다.

길을 물을 때 남자는 방향과 거리를 알려준다. 즉, "동쪽으로 네 블록 …"과 같은 방식으로 알려주는 반면 여자는 "도서관이 보일 때까지 계속 가세요."와 같이 주요 지형지물을 사용해 길을 알려준다(Saucier et al., 2002). 그림 5.19는 길을 알려줄 때의 남자와 여자의 방법을 비교한 것이다(Rahman, Andersson, & Govier, 2005). 이와 유사하게 원숭이와 쥐 같은 다른 동물의 경우에도 미로에 주요 지형물이 없을 때 수컷이 암컷보다 길을 더 잘 찾았으며, 암컷은 주요 지형물을 더 잘 기억했다(C. M. Jones, Braithwaite, & Healy, 2003; C. L. Williams, Barnett, & Meck, 1990). 그러나 무조건 주요 지형물만 사용해야 하거나 또는 거리에만 의존해야 하는 상황에서는 남녀 모두 사이좋게 길을 찾는다(Spelke, 2005).

또 다른 차이가 있다. 여자는 남자보다 사과를 더 자주 한다. 왜 그럴까? 한 연구에서 남자와 여자에게 일기를 쓰게 했다. 일기의 내용은 자신이 사과했어야만 하는 일이 얼마나 자주 있었는지, 얼마나 자주 사과했는지, 얼마나 자주 다른 사람이 사과를 했어야 했는지 그리고 그 사람이 얼마나 자주 사과를 했는지에 관한 것이다. 남자는 자신이 사과해야 할 상황에 대해 거의 보고하지 않았으며 다른 사람이 사과해야 하는 상황도 거의 보고하지 않았다(Schumann & Ross, 2010). 즉, 여자가 "미안하다."고 말하거나 그런 말을 들어야 된다고 예상하는 상황이 남자에게는 중요하게 느껴지지 않고 가볍게 떨칠 수 있는 것이다. 이러한 차이가 여자와 남자 사이 마찰을 불러일으키는 원인이 됨을 알고 있을 것이다. 하지만 이런 종류의 행동은 문화마다 다르다. 따라서 우리는 이러한 결론을 일반화하기 전 비교문화연구의 결과를 기다려야 할 것이다. (사족: 어떤 남자가 했던 이야기를 인용하자면, "내가 사과해야 하는 일을 저질렀다면, 나는 용서받을 준비가 되어 있다.")

그렇다. 남자와 여자의 행동은 여러 가지 측면에서 서로 다르다. 그렇다면 지능에서는 남자와 여자

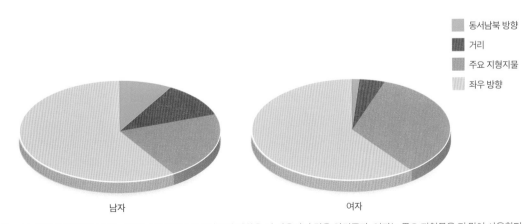

동서남북 방향

거리

주요 지형지물

좌우 방향

남자 여자

그림 5.19 길을 알려줄 때 남자는 여자보다 거리와 동서남북의 방향을 더 사용하며 길을 알려준다. 여자는 주요 지형물을 더 많이 사용한다.

가 어느 정도 다를까? 우리가 아는 한 결코 다르지 않다(Halpern et al., 2007; Hyde, 2005; Levine, Vasilyeva, Lourenco, Newcombe, & Huttenlocher, 2005; Spelke, 2005). 대부분의 사람이 남자가 수학에서는 더 뛰어나다고 믿는다. 남자가 여자보다 정치적, 경제적 지위를 더 높이 가지고 있는 나라에서는 남자가 수학을 더 잘한다. 하지만 남자와 여자가 거의 동등한 지위를 갖고 있는 나라에서는 차이가 나타나지 않는다(Guiso, Monte, Sapienza, & Zingales, 2008). 미국에서는 표준화된 수학 검사와 학교 수학 과정에서 대체로 여학생은 남학생과 유사한 수준이거나 조금 높은데 이러한 현상은 거의 모든 수학 관련 과목에서 초등학교에서 대학까지 계속 나타난다(Hyde, Lindberg, Linn, Ellis, & Williams, 2008; Spelke, 2005).

이것의 한 예외는 그림 5.20에 제시된 기하학 문제에서 남자가 여자보다 더 높은 수행을 보인다는 것이다. 아주 단순한 과제를 사용하여 영아기 때에도 남자가 강점이 있다는 기미를 볼 수 있었다(Moore & Johnson, 2008; Quinn & Liben, 2008). 그러나 이러한 결과가 반드시 선천적 능력의 차이를 보여주는 것은 아니다. 남자는 주로 각도와 방향에 주의를 요하는 놀이, 즉 기하학과 관련된 기술을 학습할 수 있는 놀이를 하며 시간을 더 많이 보낸다. 액션 비디오 게임을 10시간 동안 실시한 젊은 여성은 이후 시공간 과제에서 남성의 수행을 거의 뒤따라 잡았다(Feng, Spence, & Pratt, 2007). 이와 같이 남녀 차이는 능력보다는 흥미의 차이인 것으로 보인다.

체스경기에는 남자 그랜드마스터가 더 많다. 하지만 남자와 여자가 처음에 같은 수준으로 시작했다면 같은 속도로 발전을 보인다는 연구결과도 있다. 가장 높은 단계에 도달하는 남자가 여자보다 더 많은 이유는 여자보다 훨씬 더 많은 남자가 체스를 시작했기 때문이다(Chabris & Glickman, 2006).

유아기에서 성인기까지 계속해서 남자와 여자는 흥미에서도 차이를 보인다. 남자아이와 여자아이를 양육하는 방식이 이러한 차이에 기여하는 것은 분명하다. 예를 들어, TV 광고에서 어떤 장난감을 남자아이만 가지고 노는 것을 본 아동은 그 장난감은 "남자만 가지고 노는 장난감"이라고 말한다(Pike & Jennings, 2005).

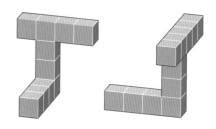

왼쪽의 블록을 회전하여 오른쪽 블록과 일치시킬 수 있을까?

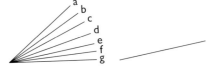

왼쪽의 선분 중 어느 것이 오른쪽의 선분과 일치할까?

그림 5.20 평균적으로 남자가 여자보다 위와 같은 시공간 과제를 조금 더 잘한다.

그러나 생물학적 경향성 또한 이러한 차이에 기여한다. 수컷 원숭이는 '남자 장난감'으로 여겨지는 공이나 자동차와 같은 것을 가지고 노는 것을 더 선호하며 암컷 원숭이는 푹신한 인형과 같은 '여자 장난감'을 가지고 노는 것을 더 선호한다(Alexander & Hines, 2002; Hassett, Siebert, & Wallen, 2008). 3~8개월경(너무 어려서 장난감에 대한 경험이 별로 없는) 여아는 장난감 트럭보다 인형을 더 응시하고 남아는 둘 다 동등하게 응시한다(Alexander, Wilcox, & Woods, 2009).

더욱 중요한 것은 태내기 남성 호르몬인 테스토스테론에 평균보다 더 높은 수준으로 노출된 여아는 다른 여아보다 남자 장난감을 더 많이 가지고 논다는 것을 밝혀냈다는 점이다(Berenbaum, Duck, & Bryk, 2000; Nordenstrom, Servin, Bohlin, Larsson, & Wedell, 2002; Pasterski et al., 2005). (어떤 산모는 더 많은 테스토스테론을 분비하며 태아에게 더 많은 양을 노출시킨다.) 이와는 반대로 임신 중에 테스토스테론의 분비를 방해하는 화학물질에 노출된 산모에게서 태어난 남아는 3세에서 6세 사이 남자 장난감에 평균 이하로 흥미를 보였다(Swan et al., 2010). 이러한 결과는 남자와 여자의 흥미가 다른 것이 사회적 학습뿐 아니라 생물학적 요인에도 근거함을 보여주는 것이다.

개념 점검

14. 남자 장난감 혹은 여자 장난감에 대한 관심에 영향을 미치는 사회적 혹은 문화적 영향에 대해 설명해 보자. 또한 생물학적 영향력을 제안하는 연구에 대해 설명해 보자.

성역할

인간의 행동은 부분적으로 성역할(sex roles)에 따른 것이다. 성역할은 사회가 남성과 여성에게 각각 다르게 기대하는 활동을 의미한다. 성역할은 때로 선택을 제한하기도 한다. 가령, 여성은 전통적 성역할로 인해 자신의 흥미를 추구하거나 전형적인 남자 직업을 택하는 것을 포기할 수 있다. 성역할은 남자에게도 어려움을 준다. 어떤 문화에서는 청년에게 큰 동물을 사냥하는 것이나 남자다움을 증명하기 위해 엄청난 고통을 참는 것을 요구하기도 한다. 미국에서도 남자는 때로 싸움을 해야 할 필요성을 느끼기도 하며 남자다움을 증명하기 위해서 위험한 행동에 관여해야 할 수도 있다(Vandello, Bosson, Cohen, Burnaford, & Weaver, 2008). 많은 남성은 애정 어린 감정을 표현할 때, "남자답지 못한" 느낌을 받는다고 한다.

생물학적 특징도 몇몇 측면에서 성역할에 영향을 준다. 예컨대, 여자만이 수유를 할 수 있으며 남자가 대부분 신체적으로 힘이 더 세다. 그러나 성역할의 대부분은 사회가 설정한 관습에 의한 것이다. 당신은 불 피우는 것이 남자의 일이라 생각하는가 여자의 일이라 생각하는가? 바구니를 만드는 것은? 곡식을 재배하는 것은? 우유를 짜는 것은? 이것에 대한 대답은 사회마다 다를 것이다(Wood & Eagly, 2002). 문화는 또한 남자와 여자의 상대적 지위를 결정한다. 일반적으로 사냥과 전쟁 그리고 다른 신체적 노동이 필요한 문화에서는 남자가 여자보다 더 높은 지위를 가진다. 식량이 충분하고 적이 거의 없는 사회에서는 남녀가 동등한 지위를 가진다.

성차의 설명

성차는 여러 요인에 영향을 받는다. 일반적으로 생물학적 요인은 남자의 강한 체격과 힘뿐 아니라 이후 아동의 흥미에 영향을 주는 태내 호르몬의 작용도 포함한다.

사회적 요인에는 부모가 자녀에게 전달하는 사회적 기대가 포함된다. 어머니는 심지어 6~9개월밖에 안 된 딸과는 이야기를 주고받으며 대화하지만 같은 또래의 아들에게는 지시를 더 많이 내린다(Clearfield & Nelson, 2006). 이 시기 아동이 스스로 걷지도 말하지도 못한다는 점을 고려했을 때 어머니의 이런 행동은 자녀의 행동에 대한 반응이 아니라 어머니의 태도에서 비롯됨을 알 수 있다.

흥미로운 연구가 하나 있다. 과학박물관에 카메라와 마이크 폰을 설치해 가족의 이야기를 엿들었다. 남아와 여아는 동일한 시간 동안 전시품을 감상했으며 부모도 이를 함께 감상하면서 아이에게 설명을 해 주었다. 그런데 부모는 자녀가 얼마나 많은 질문하느냐와 관계없이 평균적으로 여아보다 남아에게 3배 정도 과학적 설명을 더 많이 해 주었다(Crowley, Callanen, Tenenbaum, & Allen, 2001).

문화적, 민족적 차이

어떤 행동양식은 모든 문화권에서 놀라울 정도로 유사하다. 인간이 평균적으로 포옹을 3초 동안 한다는 것을 알고 있는가? 이러한 포옹 지속 시간은 세계 어느 지역이나 동일하다(Nagy, 2011). 반면 많은 관습은 문화마다 상당히 다르다. 유럽과 북미에서 부모는 신생아를 아기 침대에 재우고 처음부터 독립성을 가르친다. 아시아의 영아는 부모의 침대에서 부모와 함께 잔다. 유럽과 미국 사람은 아시아 문화를 낯설게 여길 것이고 아시아 사람은 유럽과 미국 문화를 모질다고 여길 것이다.

만일 당신이 미국 또는 유사한 문화권에서 자랐다면 당신은 친척보다는 또래 친구와 대부분 시간을 보내며 놀았을 것이다. 만일 당신이 아프리카나 남아메리카에서 자랐다면 당신은 형제, 자매 그리고 사촌을 포함한 다양한 연령대의 사람과 함께 어울려 놀았을 것이다(Rogoff, Morelli, & Chavajay, 2010).

물건이나 서비스에 대해서 불만이 있을 때 당신은 분노를 표현해 원하는 것을 얻으려 하는가? 유럽과 미국에서 분노의 적절한 표현은 어느 정도 효과적이다. 반면, 아시아에서는 화를 내는 것이 분명하게 합리화되는 상황이 아니라면 분노의 표현은 역효과를 불러일으킬 수 있다(Adam, Shirako, & Maddux, 2010). 미국인 기업가 혹은 정부의 행정가는 아시아인을 상대할 때, 부드럽고 정중한 접근이 보다 효과적일 수 있는데도 불구하고 화를 내는 과오를 종종 범한다.

문화의 영향을 기술하는 것은 어려운 것이며 때로는 과일반화되기도 한다. 흔히 나타나는 일반화 현상 중 하나는 미국, 캐나다, 유럽과 같은 서구 사회 문화를 "개인주의"로 규정하는 것이다. 이들은 독립성에 가치를 부여하고 개인적 성취를 위해 노력하고 이를 자랑스러워한다. 중국과 같은 "집단주의" 문화에서는 집단의 발전을 위해 노력하고 서로 돕는 것을 강조하며 자신의 성취보다 가족이나 집단의 성취를 더 자랑스러워한다. 이러한 일반화는 어떤 면에서는 유용할 수 있으나 과장되어 있기도 하다(Brewer & Chen, 2007). 미국인도 중국인처럼 자기 집단의 성공에 관심을 가지며 중국인도 미국인과 마찬가지도 개인적 성공을 위해 경쟁한다. 개인주의 대 집단주의의 구분을 버릴 필요는 없지만 이것의 제한점도 인식할 필요는 있다.

문화적 차이의 해석이 얼마나 어려운 것인지 다음의 예를 통해 생각해 보자. 한 연구에서 설문에 응답한 사람들은 대가로 다섯 개의 펜 중 하나를 받을 수 있다. 다섯 개 중 네 개는 같은 색이고 나머지 하나는 다른 색이다. 미국인은 하나만 있는 색의 펜을, 일본인은 동일한 색을 가진 네 개의 펜 중 하나를 골랐다. 왜 그랬을까? 처음에는 일본인은 다른 사람과 똑같이 하는 것을 원하는 것 같다고 설명했다. 다른 설명도 생각해볼 수 있지 않을까? 다른 가능성은 일본인이 예의가 바르다는 것이다. "내가 만일 하나밖에 없는 펜을 선택했는데 다음 사람이 그 색을 정말 좋아한다면 그 사람은 이것을 가질 수 없게 되잖아요." 연구자가 "다른 모든 사람은 이미 선택했으며 당신이 마지막 선택을 하는 것이다."라고 말하자 일본인도 미국인과 마찬가지로 하나밖에 없는 펜을 선택했다(Yamagishi, Hashimoto, & Schug, 2008).

소수민족

소수민족의 성원으로 자라는 것은 특별한 문제를 갖는다. 민족정체성을 형성하는 것은 청소년이 정체성을 찾아가는 과정과 유사하다. 강하고 긍정적인 민족정체성을 가진 소수민족의 구성원 대부분은 높은 자존감을 가진다(Phinney, 1990). 이들은 청소년기 동안 그들의 민족 집단을 높게 평가하고 자신의 자존감을 공고화한다(French, Seidman, Allen, & Aber, 2006). 그런데 이러한 결과는 집단의 지위에 따라 다르게 나타난다. 가령, 플로리다 주 마이애미에 거주하는 쿠바 출신 미국인 중 강한 민족정체성을 갖는 사람들은 높은 자존감을 보이지만 니카라과 출신 미국인은 강한 민족정체성을 가진 경우에도 낮은 자존감을 보인다. 쿠바 출신 미국인은 마이애미에서 정치 문화적으로 높은 지위에 있었다. 민족정체성이 쿠바 출신 미국인과 니카라과 출신 미국인에게 왜 다르게 작용하는지 쉽게 이해가 될 것이다.

집단과 국가 모두에 대해 집단정체성을 가지는 것이 가능하다. 그리고 어떤 사람은 다른 사람에 비해 이

중정체성(double identifications)을 더 강하게 유지하기도 한다(Gong, 2007). 하지만 모두가 그런 것은 아니다. 무슬림 미국인은 2001년 9월 테러공격 이후에 이러한 특수한 문제에 직면해 있다. 순식간에 그들은 적대감과 편견의 대상이 되었으며 많은 무슬림 미국인은 무슬림과 미국 모두에게 정체성을 갖는 것이 더 어려워졌음을 느꼈다(Sirin& Fine, 2007).

문화적 적응

민족정체성은 이민자에게 특히 더 중요한 문제이다. 언어문제뿐만 아니라 많은 이민자는 그들이 합법적으로 이민을 왔는지에 대한 편견과 의심에 직면해 있다. 이들은 또한 낯선 문화에 적응해야 한다. 이민자와 이들의 자녀 그리고 다음 세대의 구성원조차도 두 문화에 대한 부분적 정체성(partial identification)인 양문화성(biculturalism)을 경험한다. 예를 들어, 미국으로 이민 온 멕시코 이민자는 집에서는 스페인어로 말하고 멕시코 문화를 따르지만 다른 공간에서는 영어를 사용하고 미국 문화를 따른다. 두 문화에 대하여 모두 애착을 보이는 이민자가 이전 문화를 완전히 거부하거나 주변 사회에 전혀 참여하지 않으려는 이민자보다 훨씬 더 적응을 잘한다(Sam & Berry, 2010). 두 문화에 모두 참여하는 청소년의 물질남용, 비행, 우울 수준은 더 낮다(Coatsworth, Moldonado-Molina, Pantin, & Szapocznik, 2005). 이에 대한 한 설명 중 하나는 이들의 부모가 자녀를 좀 더 가까이에서 관찰하고 통제한다는 것이다(Fuligni, 1998). 또 다른 설명은 두 문화를 경험하는 청소년은 스스로 완전한 미국의 구성원이라고 느끼지 않기 때문에 또래 압력을 덜 받는다는 것이다.

어릴 때 외국어를 배우기 시작하면 더 잘 숙달하는 것처럼 어릴 때 이민 온 사람은 새로운 문화를 더 쉽게 받아들인다(Cheung, Chudek, & Heine, 2011). 이민자는 원래 문화의 몇몇 측면을 다른 것에 비해 더 오래 유지한다. 가령, 의복이나 놀이에

양인종 출신 사람들이 큰 성공을 거두어 왔다. Barack Obama가 그 대표적인 예이다.

이민자 대부분은 양문화, 즉 두 가지 문화에 친숙해진다. 사진 속 이민 가정 아동들은 현재 미시건의 중학교를 다니고 있다.

관련해서는 미국식으로 바뀐 지 꽤 오래 되었을지라도 음식에서는 자기 문화의 것을 선호하고 유지한다(Ying, Han, & Wong, 2008).

미국에 이민 온 많은 아동은 미국 문화를 이해하고 학교에서 다른 사람과 어울리고 적응하는 것을 어려워하는데 이는 대부분 서투른 영어 실력 때문이다(Romero & Roberts, 2003). 불행히도 이러한 어려움은 아동이 미국 사회의 피상적 측면만을 모방하여 집단에 소속되었음을 증명하려고 하는 후유증을 낳는다. 가령, 아시아계 미국인 아동들은 햄버거를 먹거나 혹은 다른 전형적 미국음식을 먹는 것이 "진짜 미국인"임을 보여주는 것이라 생각한다(Guendelman, Cheryan, & Monin, 2011).

사실 우리 모두 어느 정도는 다양한 하위문화에서 기능할 수 있도록 학습한다. 모든 사람이 같은 배경, 같은 종교, 동일한 문화를 가지고 있는 작은 마을에 사는 것이 아니라면, 다른 환경과 다른 집단의 사람에게 맞추어 말하고 행동을 조정하는 방법을 학습한다. 소수민족에게 이러한 조절은 더 분명하고 강력한 문제이다.

양문화성과 유사한 것으로 양인종성(biracialism)이 있다. 부모의 인종이 서로 다른 미국인의 수는 점점 늘어나고 있다. 가령, 아프리카와 유럽, 유럽과 히스패닉 혹은 아시아와 미국인 부모를 가진다. 부모의 인종이 다른 경우(양인종)는 하와이, 캘리포니아, 푸에르토리코에서 가장 흔하다. 수십 년 전 심리학자는 양인종의 자녀가 아동기와 청소년기에 양쪽 집단에서 모두 거부당하고 불편함을 느낄 것이라고 생각했다. 하지만 오늘날 양인종의 사람은 그들의 배경으로 인해 두 문화의 장점을 취할 수 있으며 편견을 극복했다는 점에 자부심을 느낀다고 말한다. 또한 대부분의 양인종 아동은 두 집단에서 무리 없이 잘 어울린다고 느낀다. 이들이 느끼는 한 가지 어려움은 그들 스스로가 어디에 소속되는지를 구분 지어서 말해야 하는 것이다. 이들은 자신의 인종/민족 정체성을 체크해야 하는 문서에 한 집단에만 체크하기를 원하지 않는다고 한다. 그렇게 했을 때 나머지 집단을 부정하는 것처럼 느껴진다는 것이다(Shih & Sanchez, 2005). 이들 중 많은 사람은 때에 따라 체크하는 집단이 다르다고 보고한다(Doyle & Kao, 2007). 현재 미국의 인구조사 서식은 양인종을 선택할 수 있게 되어 있다.

개념 점검 15. 양인종성은 어느 측면에서 양문화성과 유사할까?

가족

어린 시절 부모와 친척은 아동의 삶에서 가장 중요한 사람이다. 초기 가족경험은 어떻게 아동의 성격과 사회적 행동을 형성할까?

출생 순위와 가족 크기

맏이가 다른 아이보다 더 성공하고 야망이 있다는 이야기를 틀림없이 들어봤을 것이다. 첫째아이 자신도 그들이 정직하고 성실하다고 평가한다(예: Paulhus, Trapnell, & Chen, 1999). 반면, 맏이가 아닌 아동은 인기가 더 많고 독립적이며 관습에 덜 집착하고 불안 수준이 낮으며 보다 창의적이라고 이야기한다.

그런데 위와 같은 주장을 지지하는 결과는 대부분 문제가 많은 연구에서 얻어진 것이다(Ernst & Angst, 1983; Schooler, 1972). 이러한 연구에서 많이 쓰이는 방법은 이것이다. 아동에게 출생 순서와 그들의 학교 시험 성적을 포함한 다양한 질문을 하여 측정한 후 이들 간의 상관을 조사하는 것이다. 이러한 방법의 문제가 무엇일까?

문제는, 대부분의 첫째 자녀는 외동을 키우는 가족으로부터 표집되고 첫째가 아닌 아동은 대부분 가족의 크기가 큰 곳에서 표집되었다는 것이다. 교육 수준이 높고 야망이 많은 부모는 대부분 외동을 키운다. 그리고 그 아동에게 많은 것을 제공해 준다. 따라서 출생 순위에 따른 차이로 보이는 연구결과는 실제로는 가족 크기에 근거한 것일 수 있다(Rodgers, 2001).

이보다 나은 연구 방법은 두 명의 자녀를 둔 가정에서 첫째와 둘째 자녀를 비교하고, 세 명의 자녀를 둔 가정에서 첫째와 셋째 아동을 비교하는 등의 방법을 이용하는 것이다. 그림 5.21은 이러한 연구 중 하나의 결과를 보여준다. 지능 점수의 평균은 가족의 크기가 큰 데보다 작은 데서 더 높았다. 하지만 가족의 크기가 동일할 때 출생 순위에 따른 차이는 거의 없었다(Rodgers, Cleveland, van den Oord, & Rowe, 2000).

그 외의 연구들도 첫째와 이후에 태어난 아동을 비교한 연구에서 나타난 차이가 실제로는 가족 크기에 따른 것임을 명백하게 밝혔다(Wichman, Rodgers, & MacCallum, 2006). 하지만 노르웨이에서 실시된 대규모 연구에서는 가족 크기가 같을 때에도, 첫째아이의 지능이 후에 태어난 아동보다 조금 더 높다는 결과도 발견되었다(Bjerkedal, Kristensen, Skjeret, & Brevik, 2007). 그림 5.21과 그림 5.22의 결과를 비교해 보자. 이와 같이 반대되는 결과는 출생 순위와 지능 사이의

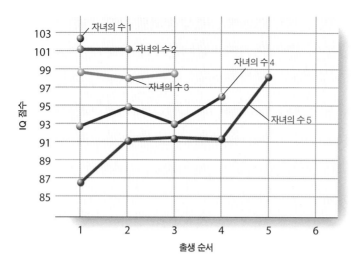

그림 5.21 가족의 크기가 작은 아동은 가족의 크기가 큰 아동보다 IQ점수가 높다. 하지만 가족의 크기가 같을 경우 출생 순서와 IQ 점수 간 상관은 없다. (출처: "Resolving the Debate Over Birth Order, Family Size, and Intelligence" by J. L. Rogers, *American Psychologist*, 55(6), 2000, 599-612. © 2000 by the American Psychological Association. 허가하에 실음)

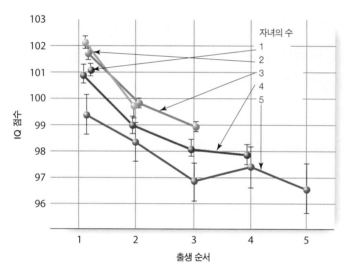

그림 5.22 노르웨이에서 실시된 연구에서는 가족의 크기가 작은 아동이 가족의 크기가 큰 아동보다 점수가 더 높았다. 그리고 가족의 크기를 감안해도 일찍 태어난 아동이 늦게 태어난 아동보다 점수가 더 높았다. (출처: Figure 1 from Bjerkedal, T., Kristensen, P., Skjeret, G. A., & Brevik, J. I., "Intelligence test scores and birth order among young Norwegian men (conscripts) analyzed within and between families," *Intelligence vol. 35* (pp. 503–514). © 2007 Elsevier. 허가하에 실음)

실제 관계가 출생 순위와 성격 사이의 관계처럼 아직도 불확실하다는 것을 보여준다. 하지만 이것이 말하고자 하는 바는 분명하다. 첫째, 출생 순위의 영향은 작으며 둘째, 연구자는 출생 순위 효과를 가족 크기로부터 조심스럽게 분리해야 한다.

개념 점검

16. 우리 반에서 맏이로 태어난 모든 학생과 그렇지 않은 모든 학생을 비교하는 것은 무슨 이유로 적절하지 않을까?

양육 방식의 영향

당신에게 자녀가 있다면 자녀를 사랑해 주고 친절하게 대할 것인가 아니면 거리를 두고 엄격하게 할 것인가? 아이가 원하는 것은 무조건 다 해줄 것인가 아니면 잘했을 때 원하는 것을 보상으로 줄 것인가? 아이의 독립을 격려할 것인가 아니면 엄격하게 제한할 것인가? 당신의 행동이 아이에게 얼마나 많은 영향을 미치게 될 것인가?

심리학자들은 부모의 양육 방식과 자녀의 행동 및 성격 간 비교를 위해 수많은 연구를 진행해 왔다. 이 연구의 대부분은 Diana Baumrind(1971)가 기술한 네 가지 양육 방식에 기초한다.

권위 있는 부모(Authoritative parents)

이 유형의 부모는 높은 기준이 있고 제한을 하지만 자녀에게 온정적으로 대하며 자녀의 말에 적절하게 반응한다. 그들은 아동의 행동에 제한을 두지만 타당할 경우 이를 조정한다. 또한 이들은 자녀가 자신만의 목표를 향해 노력할 수 있도록 격려해 준다.

권위주의적 부모(Authoritarian parents)

권위 있는 부모처럼 권위주의적 부모도 확고한 제한을 하지만 이들은 아이들과 정서적 거리를 더 많이 두는 것처럼 보인다. 이들은 규칙을 세울 때 아이들에게 합리적인 이유를 제시하지 않는다.

허용적 부모(Permissive parents)

허용적 부모는 따뜻하고 아이에게 애정을 주지만 자녀가 힘들어 하는 일은 요구하지 않는다.

무관심한 부모(Indifferent or uninvolved parents)

무관심한 부모는 자녀와 시간을 보내지 않으며 이들의 역할은 음식을 제공하고 쉴 곳을 제공하는 것에 지나지 않는다.

물론 모든 부모가 위의 유형중 하나에 완전히 부합되는 것은 아니다. 그러나 부모의 양육 방식은 시간에 걸쳐 일관성이 있으며 첫째아이와 이후 아이를 키울 때 대체로 일관적이다. 예를 들어, 한 자녀에게 허용적인 부모는 다른 자녀에게도 허용적이다(Holden & Miller, 1999). 부모의 양육 방식과 자녀의 행동 간에 작지만 상당히 일관성 있는 관계를 찾아냈다. 가령, 권위 있는 부모의 아동은 대부분 자립적이면서 협동적이고 학교생활을 성공적으로 잘한다. 권위주의적 부모의 아동은 법을 준수하려는 경향성이 있지만 의심이 많고 독립적이지 못하다. 허용적인 부모의 아동은 종종 사회적으로 무책임하며, 무관심한 부모의 자녀는 충동적이고 버릇이 없는 경향이 있다.

그러나 "가장 최상의" 양육 방식은 아동에 따라 다르다. 다소 두려워하는 기질이 있는 아동에게는 부드러운 훈육도 효과적이며 강한 책임감을 발달시킨다. 두려움이 없는 기질을 가진 아동에게는 어떤 유형의 훈육도 효과가 없다. 대신 이들은 바람직한 행동에 보상을 주는 방식에 반응한다(Kochanska, Aksan, & Joy, 2007). 당신이 만일 부모가 된다면 전문가가 제안하는 "좋은" 양육 방법에 의존하기보다는 스스로 시행착오를 겪으며 당신의 아동에게 최선의 양육 방식을 찾아야 할 것이다.

게다가 양육의 결과를 해석하는 것은 보이는 것처럼 쉽지 않은 일이다. 수년 동안 심리학자들은 부모의 무관심이 충동적이고 통제가 안 되는 아동을 만든다고 생각해 왔다. 그러나 Judith Rich Harris(1998)는 다른 설명도 가능함을 지적했다. 아마도 충동적이고 통제가 안 되는 아동은 부모가 양육을 포기하도록 이끌었을 수 있다. 혹은 부모와 아동이 서로 충돌할 수밖에 없는 행동을 유도하는 유전자를 가졌을 수도 있다. 마찬가지로 권위 있는 부모의 친절한 행동이 아동의 예의 바른 행동을 촉진했을 수도 있겠지만 어려서부터 온순한 아동이 부모가 더 친절하고 따뜻하게 양육하도록 이끌었을 수도 있다.

양육 방식을 연구하는 보다 나은 방법 중 하나는 유전적으로 관련이 없는 부모에게서 길러진 입양아동을 연구하는 것이다. 다른 가정에 분리되어 입양된 쌍둥이를 대상으로 한 연구에서, 두 쌍둥이가 보고한 양부모의 양육 방식 간에 높은 상관이 나타났으며 이러한 관련성은 일란성 쌍둥이의 경우 더 강했다(Krueger, Markon, & Bouchard, 2003). 즉, 만일 한 아동이 친절하고 이해심 있는 양부모에게 길러졌다고 보고한다면 다른 가정에서 길러진 아동 또한 그러한 환경에서 자랐다고 보고한다는 것이다. 쌍둥이의 성격이 양부모에게 영향을 미쳤을 뿐 아니라 그들이 자신의 환경을 어떻게 지각하는지에도 영향을 준 것으로 보인다.

입양된 아동과 양부모의 장기적 성격 특성에 관한 연구 결과는 놀랄 만하다. 아동의 성격과 양부모의 성격 간에는 '0'에 가까운 상관을 보인다(상관이 없다는 것이다)(Heath, Neale, Kessler, Eaves, & Kendler, 1992; Loehlin, 1992; Viken, Rose, Kaprio, & Koskenvuo, 1994). 이러한 이유로 Harris(1995, 1998)는 양육 방식은 성격의 측면에 거의 영향을 주지 않는다고 주장한다. 그녀의 주장에 따르면 대부분의 성격은 유전적 차이에 의한 것이며 나머지 차이도 다른 아동의 영향에 따른 것으로 설명한다.

당연히 모든 사람들이 Harris의 결론을 선뜻 받아들이지 않았다. 양육 방식에 대한 연구로 생애를 보낸 심리학자들은 그간 자신이 부모 역할에 대하여 연구한 결과가 틀릴 수도 있다는 말에 기분이 썩 좋지 않았다. 부모도 자신이 자녀의 성격에 거의 영향을 미치지 않는다는 사실을 반겨하지 않았다. 하지만 Harris(2000)는 다음과 같이 이에 대해 조심스럽게 표현했다. 그녀는 부모가 자녀를 대하는 방식이 자녀에게 영향을 미치지 않는다고 말하지는 않았다. 한 가지는 분명하다. 부모가 자녀를 모질게 대하면, 자녀는 부모를 좋아하지 않을 것이다!

게다가 부모는 자녀가 어디에서 살지 결정하며 따라서 누구와 친구가 될지에 영향을 미칠 수 있다. 또한 부모는 종교, 음악수업과 같이 친구와는 거의 관련이 없는 것의 선택에도 영향을 미친다. 보다 나은 연구 방법을 사용하는 심리학자들은 크진 않지만 양육 방식의 효과를 밝히고 있다(Collins, Maccoby, Steinberg, Hetherington & Bornstein, 2000). 이러한 논쟁은 부모가 아동에게 그리고 아동이 부모에게 상호적 영향을 미친다는 사실을 더 잘 이해할 수 있게 했다(Kiff, Lengua, & Zalewski, 2011).

개념 점검　17. 부모의 행동과 아동의 행동 간의 상관관계가 부모가 아동에게 미치는 영향에 관한 결론을 내리는 데 충분하지 않은 이유는 무엇일까? 또한 양부모의 행동과 입양된 아동의 행동 간의 상관이 왜 더 유용한 정보를 제공할까?

부모의 직업과 양육

영아와 어린 아동을 기르는 표준적 방법이 있을까? 이와 관련된 관습은 문화와 역사적 시대에 따라 다르기 때문에 "표준"이란 말이 분명한 의미를 갖고 있지 않는다. 자급자족 문화에서 어머니는 아이가 태어난 지 얼마 되지 않아 아이를 거의 하루 종일 다른 어른이나 더 큰 아이에게 맡기고 음식을 구하는 등의 일을 하러 다시 나간다(McGurk, Caplan, Hennessy, & Moss, 1993). 태어난 후 몇 달 이내 영아는 여러 사람과 강한 애착을 형성한다(Tronick, Morelli, & Ivey, 1992).

아직도 유럽과 북아메리카의 많은 심리학자들은 건강한 정서적 발달을 위해서 영아는 한 명의 주 양육자, 보통 어머니와 강한 애착을 맺어야 한다고 주장한다. 태어난 지 얼마 되지 않아 영아를 어린이집에 맡기고 두 부부가 모두 직장에 나가는 가정이 점점 많아지고 있는 시점에서, 이에 따른 아동의 심리적 영향이 무엇

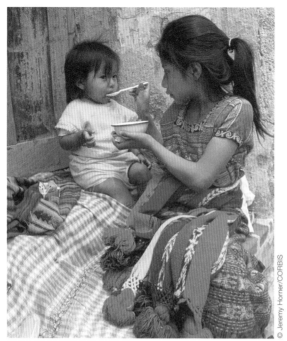

많은 문화권에서 여성은 친구, 일가친척 그리고 다른 아이들에게 자녀를 맡기고 하루 종일 밖에서 일한다.

른 아이와 노는 정도, 성인과의 사회적 관계, 지능 발달 등을 조사했다. 결과는 이러했다. 어린이집에서 적절한 돌봄을 받은 아동은 대부분 만족스럽게 발달한다(Scarr, 1998). 후속 연구에서는 맞벌이 부부의 아동과 전업 주부의 아동의 학업성취 수준이 동일함을 확인했다(Goldberg, Prause, Lucas-Thompson, & Himsel, 2008). 이러한 결과에도 예외는 있었는데, 아이가 태어난 지 일 년 내에 부모 모두 전일제 직장에 복귀한 경우, 그 아이는 나중에 다른 아동과 성인 모두를 향해 문제 행동을 할 확률이 약간 증가한다(Hill, Waldfogel, Brooks-Gunn, & Han, 2005; NICHD Early Child Care Research Network, 2006). 또한 어렸을 때부터 대부분의 시간을 어린이집에서 보냈던 아동들에게 둘러싸인 다른 아동도 역시 더욱 공격적이 된다(Dmitrieva, Steinberg, & Belsky, 2007). 즉, 공격적 행동은 전염된다. 이러한 모든 영향은 물론 어린이집의 질을 포함한 다른 많은 요인들에 달려 있다.

좀더 나이가 든 아동은 부모 모두 직업을 갖고 있는 것에 영향을 덜 받으며 오히려 긍정적인 영향을 받기도 한다. 2402명의 저소득층 가정을 대상으로 한 종단 연구에서 학령전기 아동과 학령기 아동을 대상으로 어머니가 직업을 갖기 전과 후를 비교하여 연구했다. 학령전기 아동은 행동의 변화를 보이지 않았지만 학령기 아동의 경우 어머니의 취업이 몇몇 측면의 적응에서 약간의 이점이 있다는 것이 발견되었다(Chase-Lansdale et al., 2003).

인지에 대한 질문이 부각되었다.

태어난 후 첫 1년 또는 2년 동안 어머니와 함께 집에 있는 아동과 어린이집에 가는 아동 간 비교 연구가 그간 많이 이루어졌다. 이 연구는 아동의 애착(낯선 상황, 혹은 다른 방법에 의해 측정된), 적응, 안녕감, 다

비전통적 가족

서구 사회의 전통적 가족은 아버지, 어머니, 아동으로 구성된 것이다. 따라서 그 외의 모든 형태는 비전통적 가족에 속한다. 경제적 측면에서는 부모 중 한쪽보다 양쪽 부모가 모두 있는 것이 더 낫다. 그리고 누구나 예상할 수 있듯이 아버지가 먼저 돌아가시는 것보다 어머니가 먼저 돌아가시는 것이 아동에게 더 큰 상처를 주는데

오늘날 많은 아동이 한 부모 혹은 게이 부모에게서 길러진다. 연구자들은 양육자가 아동을 사랑해 주고 믿음을 주는 것이 누가 아동을 키우는가보다 더 중요하다고 말한다.

그것은 평균적으로 어머니와 아이들이 같이 보내는 시간이 더 많기 때문이다. 그러나 자녀가 부모의 사망 후 우울증에 걸릴 확률을 측정했을 때는 아버지가 일찍 돌아가신 경우가 더 위험한 것으로 나타났다(Jacobs & Bovasso, 2009). 이것은 평균적으로 아버지가 돌아가셨을 때 더 큰 경제적 어려움이 생긴다는 점으로 설명된다. 만일 홀어머니의 수입이 괜찮다면 홀어머니 밑에서 자란 아동도 두 부모에게서 길러진 아동과 다름없이 훌륭하게 성장한다(MacCallum & G olombok, 2004; Weissman, Leaf, & Bruce, 1987).

게이나 레즈비언 부모에 의해 길러진 아동도 사회 · 정서 발달, 정신적 건강, 이성적 관계 등의 면에서 이성애 부모에 의해 길러진 아이들과 다를 바 없이 발달한다(Bos, van Balen, & van den Boom, 2007; Golombok et al., 2003; Wainwright, Russell, & Patterson, 2004). 이 아동들의 가장 큰 어려움은 부모의 성이 같다는 점에 관련된 친구들의 선입견에서 비롯된다(Bos & Gartrell, 2010).

그럼에도 불구하고 결론을 내리는 것은 조심스러워야 할 것이다. 어떤 차이도 없다는 결론을 내리기 위한 증거를 제시하는 것은 어려운 일이며 전통적 가정과 비전통적 가정에 대한 비교 연구는 대부분 한정된 행동만을 연구했거나 어떤 다른 제한점이 있었다(Redding, 2001; Schumm, 2008). 고작해야 우리는 한 부모 혹은 게이나 레즈비언 부모에게 길러지는 것이 발달에 큰 영향을 주지는 않는다고 말할 수 있다. 현재 우리는 비전통적 가정의 영향이 전혀 없다는 결론을 내릴 수 있는 입장이 아니다.

이혼한 부모 밑에서 자란 많은 남자 아이들은 좌절감을 싸우는 행동으로 표현하는 시기를 겪는다.

부모의 갈등과 이혼

예전 미국인은 이혼에 대해 부끄럽게 여겼다. 한 정치 해설가는 Adlai Stevenson의 1952년 대통령선거 패배가 그의 이혼 때문이라고 설명했다. 미국인은 이 해설가의 말처럼 이혼한 입후보자에게 절대 투표하려 하지 않았다. 그러나 "절대"란 말은 그리 오래 지속되지 않았다. 1980년 즈음 Ronald Reagan은 대통령에 선출되었는데 투표자들은 그의 이혼과 재혼에 대해 거의 주목하지 않았다.

이혼의 영향은 아동마다 상당히 다르다. 이혼 당시 단기적으로 학업 수행이나 사회적 관계에 약간의 차질이 생기는 것은 일반적이다. 이혼 후 첫 해, 아동은 투정을 부리며 각별한 관심을 요구한다(Hetherington, 1989). 장기적으로 보았을 때 이혼 후 어머니가 키운 아동이 어려움을 겪는데 이것은 이혼에 따른 정서적 외상과 경제적 어려움 때문이다. 이혼은 정서적으로는 초등학생 아동에게 가장 큰 영향을 주지만 학업 수행과 관련해서는 십대에게 가장 큰 손상을 준다(Lansford et al., 2006). 그럼에도 불구하고 이혼의 영향은 아동에 따라 많이 다르다(Lansford, 2009). 어떤 아동은 계속해서 괴로워하지만 어떤 아동은 빠르게 회복한다. 처음에는 괜찮아 보이지만 훗날 더 괴로워하는 경우도 있다. 부모의 이혼과 그 이후의 상황을 겪으며 회복력이 더 늘어나는 아동도 있다. 이들은 친구들과 계속해서 좋은 관계를 유지하며 학교생활도 잘하고 양쪽 부모 모두와 좋은 관계를 유지한다(Hetherington, Stanley-Hagan, & Anderson, 1989).

또 다른 연구는 이혼의 영향이 문화와 민족 집단에 따라 다소 다르게 나타날 수 있음을 보여준다. 흑인 가정에서는 이혼이 더 흔한 일이지만 대부분의 경우 흑인 여성이 백인 여성보다 이혼 후 적응을 더 잘한다(McKelvey & McKenry, 2000). 대부분의 흑인 가정에서는 할머니 또는 친척이 아이를 함께 키워주면서 한 부모가 겪는 짐을 덜어준다.

어떠한 연구결과도 아동을 위해 부모가 무조건 함께 살아야 한다고 말하지 않는다. 부모가 계속해서 싸운다면 아동의 마음은 편치 않을 것이다. 부모가 항상 싸우는 것을 지켜본 아동은 항상 긴장되고 쉽게 잠들지 못하며(El-Sheikh, Buckhalt, Mize, & Acebo, 2006), 폭력적이고 파괴적인 행동을 하는 경향성도 나타난다(Sternberg, Baradaran, Abbott, Lamb, & Guterman, 2006).

개념 점검   18. 당신은 누군가로부터 아동을 기르는 좋은 방법은 부모가 둘 다 있는 상태라는 이야기를 들을지도 모른다. 연구 결과에 근거해 이런 주장에 대해 어떻게 답할 수 있을까?

다양한 삶의 방식들

우리가 다른 성을 갖거나 다른 민족 혹은 다른 가정에서 태어났다면 어떻게 달라졌을 것인가를 질문하면서 이 단원을 시작했다. 어떤 측면에서 이러한 차이는 강하게 나타난다. 다른 친구, 다른 활동, 다른 경험을 하게 될 것이다. 그러나 지능이나 성격을 포함한 많은 특성은 거의 변하지 않을 수 있다. 집단 정체감이 어떤 측면에서는 크게 영향을 미치지만 어떤 측면에는 그렇지 않다.

요약

• 성차. 일반적으로 남자와 여자는 관심사를 비롯하여 여러 가지 행동이 서로 다르다. 하지만 지적 능력이 서로 다르다는 연구결과는 없다. (218쪽)

• 성역할. 부모와 여타 어른은 아동에게 남자와 여자가 어떻게 행동해야 하는지에 대한 기대를 전달한다. 이러한 기대는 행동발달에 상당히 큰 영향을 미친다. (220쪽)

• 문화적, 민족적 차이. 소수민족 사람에게 정체성 발달은 특별한 과제이다. 이민 온 아동은 두 문화에 참여하는 데 어려움을 겪기도 한다. 두 가지 문화, 두 가지 민족을 가진 아동은 대부분 잘 발달한다. (221쪽)

• 출생 순위. 첫째 아동과 나중에 태어난 아동을 비교한 연구는 대부분 출생 순위와 가족 크기의 영향을 분리하는 데 실패했다. 첫째 아동과 나중에 태어난 아동 사이에 나타난 차이는 실제로 가족 크기에 따른 것이다. (223쪽)

• 양육 방식. 양육 방식은 아동의 행동과 상관이 있다. 예컨대, 자녀를 이해하면서 따뜻하게 돌보는 부모의 아동은 올바르게 행동하는 경향성이 있다. 그러나 부모가 아동에게 영향을 미치는 만큼 아동도 부모에게 영향을 미친다. (224쪽)

• 비전통적 아동 양육. 아동의 건강한 성격 및 사회성 발달을 위해서는 적어도 한 명의 주 양육자가 필요하다. 양육자의 수, 성별, 성 지향성은 중요한 영향을 미치지 않는다. (226쪽)

• 이혼의 영향. 이혼가정의 아동은 때때로 어려움을 겪기도 하지만 이혼의 결과는 아동에 따라 다르다. (227쪽)

핵심 용어

권위 있는 부모 (224쪽)	무관심한 부모 (224쪽)	양문화성 (222쪽)
권위주의적 부모 (224쪽)	성역할 (220쪽)	허용적 부모 (224쪽)

개념 점검 문제에 대한 답

1 　최저 학점을 받은 1학년 학생들이(1학년의 평균학점을 낮춘 학생들) 4학년이 될 때까지 계속해서 학교를 다니지 않을 수 있다.

2 　횡단 연구가 동시대 효과를 보여줄 것이다. 나이 든 사람이 젊은 사람과 옷을 다르게 입는다면 이것은 기성세대가 지금과는 다른 기준과 취향을 가지고 있음을 보여주는 것일 수 있다.

3 　알코올은 뉴런세포의 억제를 증가시키고 흥분을 손상시킨다. 충분한 활동이 없는 뉴런에서는 자기파괴 프로그램이 활성화된다.

4 　영아는 바(ba)와 블라(bla) 소리의 차이를 듣지 못하는 것이 분명하다. (하지만 이것은 단지 가설적 결과이며 이 연구는 진행되지 않았다.)

5 　만일 그 빈도가 증가한다면 영아가 아버지의 목소리와 다른 남자의 목소리 간 차이를 인식하고 있다고 결론 내릴 수 있다. 만약 빈도가 증가하지 않았다면 영아는 그 차이를 인식하지 못했다고 결론 낼 수 있다. 만일 그 빈도가 줄어들었다면 영아가 아버지의 목소리를 더 선호한다고 가정할 수 있을 것이다.

6 　c가 자기중심적 생각의 예이다. 다른 사람의 관점을 인식하지

못한 경우이다.

7 아동이 "마음 이론"을 가지고 있다는 것을 의미한다. Maxi가 없는 동안 어머니가 초콜릿을 옮겨둔 것을 Maxi가 모르고 있다는 것, 즉 Maxi가 잘못된 믿음을 가지고 있다는 것을 이해했음을 의미한다.

8 **a**. 구체적 조작기 **b**. 전조작기 **c**. 감각운동기 **d**. 형식적 조작기

9 Piaget는 아동이 개념을 스스로 발견할 때까지 기다리라고 권고했다. Vygotsky의 경우는 아동의 근접발달 영역에 따라 다르게 답할 것이다. 어른은 아동의 나이에 맞게 적절하게 도움을 줄 수 있다.

10 짧고 너비가 넓은 유리잔에 음료수를 달라고 요청한다.

11 미국에서 이러한 유형은 불안 혹은 불안정 애착임을 나타낸다. 하지만 일본에서는 놀란 상황에 대한 정상적 반응으로 볼 수 있다.

12 심한 불안을 가진 아동은 불안(혹은 저항)애착 유형을 보일 수 있으며 어머니가 떠나려 할 때 어머니에게 매달리고 고통을 호소한다.

13 둘 다 자신의 인생과 목표 그리고 앞으로 나아갈 방향을 고민한다.

14 남자아이가 장난감을 가지고 노는 광고를 본 아동은 그 장난감이 남자아이 것이라 여길 것이다. 임신 중 테스토스테론의 수준은 훗날 아동이 남자 장난감과 여자 장난감에 대하여 나타내는 흥미의 수준에 영향을 미친다.

15 양문화에 속한 사람은 양쪽 문화의 정체성을 어느 정도 가진다. 양인종에 속한 사람 또한 어느 정도까지는 두 민족의 정체성을 모두 지닌다.

16 첫째의 대부분은 외동을 키우는 가족에서 표집된다. 가족의 크기가 작은 집과 큰 집은 여러 가지 면에서 다르다.

17 유전적 혹은 사회적 영향으로 인해 아동은 부모와 행동이 닮을 수 있다. 입양된 아동은 유전적으로는 양부모를 닮을 수 없다. 따라서 입양 자녀와 부모의 행동 유사상은 오로지 환경적 영향만을 반영하는 것이다. 물론 여기서도 부모가 아동에게 영향을 미치는지 아동이 부모에게 영향을 미치는지에 대한 의문은 여전히 남아 있다.

18 지금까지의 연구 증거에 따르면 한 부모, 게이 커플, 혹은 이혼 가정에서 자란 아동들도 정상적으로 자라난다.

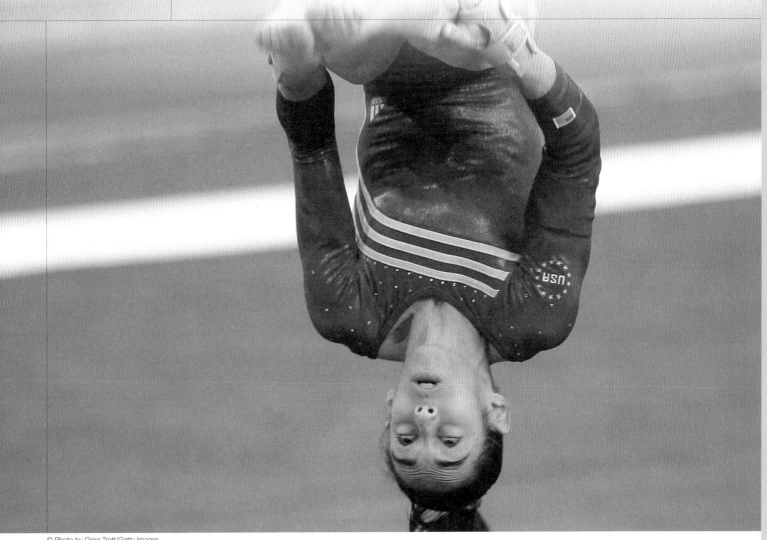

© Photo by Greg Trott/Getty Images

6 | 학습

© Andrea Chu /Getty Images

신생아는 눈과 입을 제외하곤 자기 근육을 거의 제어하지 못한다. 나면서부터 손과 발, 팔과 다리를 비롯한 모든 근육을 완벽히 제어하는 아기를 상상해 보자. 그게 좋은 일일까?

그렇게 조숙한 아기의 부모는 아기 자랑을 하고 나자마자 그런 것이 얼마나 끔찍한 악몽인지를 알게 될 것이다. 극단적인 운동성을 갖고 있지만 경험이라곤 전혀 없는 아기는 우리가 상상할 수 있는 모든 위험에 빠지게 될 것이다. 사람은 무엇이 만져도 안전하고 무엇이 그렇지 않은지, 어디를 갈 수 있고 어디를 가면 안 되는지를 처음부터 배워야 한다. 우리가 하는 거의 모든 것은 끊임없는 학습과 재학습이 필요하다.

심리학자들은 학습 연구에 엄청난 노력을 기울여 왔으며 그런 과정에서 다른 심리학 연구 분야에서 현재 일상적으로 적용되는 연구법을 개발하고 정교하게 만들었다. 이 장은 행동을 변화시키는 절차, 예컨대 맛있는 음식을 보면 왜 입술을 핥는지, 한때 먹고서 탈이 난 적이 있는 음식은 왜 외면하는지, 날카로운 칼을 왜 조심스럽게 다루는지, 누군가 몽둥이를 들고서 우리를 향해 달려오면 왜 몸이 쭈뼛해지는지 등에 관한 것이다.

단원 6.1

고전적 조건형성

- 행동주의적 관점이란 무엇이며 어떻게 그런 관점이 생겨났을까?
- 우리가 어떤 자극에 반응하기를 배울 때 무슨 일이 일어나는 것일까?

20세기 중반에 실험심리학에서 선도적인 연구자들은 대부분 동물 학습에 초점을 맞추고 있었다. 이 주제가 어떻게 그다지 매혹적인 것으로 보였는지를 이해하기 위해서는 역사를 좀 알아야 한다. 동물 학습에 대한 관심은 과학적 뿌리와 철학적 뿌리 모두에서 생겨났다.

학습과 관련된 행동주의적 관점

제1장에서 살펴본 것처럼 초기 심리학자 중 구조주의자들은 사람에게 자신의 감각, 경험 등을 이야기하게 함으로써 정신적 사건을 탐구했다. 다른 심리학자들은 그런 접근법으로부터 가능한 한 멀어지고자 했는데, 왜냐하면 정신적 상태에 대한 진술이 아무것도 설명하지 않는다고 보았기 때문이다. 아래 예를 보라.

질문: 그 여자는 왜 그 남자에게 소리를 질렀을까?
답: 화가 났기 때문이지.
질문: 그 여자가 화가 났는지 네가 어떻게 알아?
답: 그 여자가 소리를 질렀으니까 화가 났다는 걸 알지.

　정신적 상태에 대한 논의에 반대하던 사람들은 행동주의(behaviorism)를 주창했는데, 이것은 심리학이 사람 및 다른 동물이 행하는 것과 그런 행동이 일어나는 상황에만 관심을 두어야 한다는 입장이다. 행동주의자에 따르면 유일하게 중요한 것은 행동이다. 사고, 아이디어, 감정, 혹은 다른 내적 과정은 행동에 영향을 주는 한에서만 중요하다. 더욱이 그런 사고, 아이디어 등등은 어디서 온 것일까? 과거의 사건과 현재의 자극으로부터 생겨난 것임에 틀림없고, 따라서 그런 사건과 자극이 그 행동의 진정한 원인이다. 행동주의자들은 정신적 사건에 관한 이야기를 그냥 엄밀하지 못한 언어로 본다. B. F. Skinner(1990)가 주장했듯이 "나는 … 의도를 갖고 있어."라는 말이 진정으로 의미하는 바는 "나는 …를 곧 할 거야." 또는 "이와 같은 상황에서 나는 대개 …를 해." 또는 "이 행동은 발생하기 전 예비 단계에 있어."라는 것이다. 정신적 경험에 대한 모든 진술은 행동에 대한 기술로 전환될 수 있다.

　행동에 대한 기술을 똑같이 강조하는 것이 영미 사법 체계의 핵심이다. 목격자는 "당신은 무엇을 보고 들었습니까?"라는 질문을 받는다. 받아들여질 수 있는 답은 "피고는 땀을 흘리며 떨고 있었고 목소리가 흔들리고 있었습니다." 같은 것일 수 있다. 목격자는 "피고는 초조해 하고 걱정하고 있었습니다."라고 말해서는 안 된다. 왜냐하면 그런 진술은 목격자가 할 권리가 없는 추론이 들어간 것이기 때문이다. (물론 배심원은 그런 추론을 할 수도 있다.)

　행동주의가 적어도 얼핏 보기에는 터무니없는 것이라서 무시해 버리고 싶을 수 있다. "내 생각과 믿음과 감정이 내 행동의 원인이 아니라니 무슨 소리야?" 행

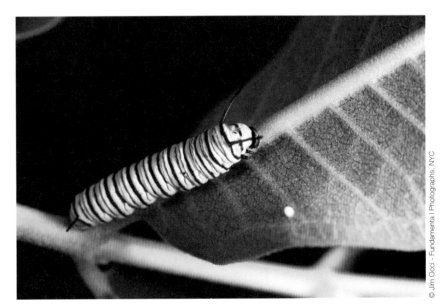

그림 6.1 초기의 동물행동 연구자인 Jacques Loeb은 무척추동물의 행동 대부분 또는 전부를 단순한 자극에 대한 반응으로, 예컨대 빛에 가까이 간다거나 중력의 방향과 반대로 움직이는 것으로 기술할 수 있다고 주장했다.

동주의자는 이렇게 답한다. "정확히 그런 얘기야. 너의 생각과 기타 내적 상태가 너의 행동의 원인이 아니야. 왜냐하면 너의 환경에서 일어나는 사건들이 너의 생각을 일으켰기 때문이지. 그런 사건들이 너의 행동의 진짜 원인이야." 믿기지 않는다면 이렇게 생각해 보라. 당신의 생각이나 기타 내적 상태가 당신의 과거 경험과는 상관없이 행동을 일으킨다면, 그런 주장을 지지할 어떤 증거를 내놓을 수 있는가?

행동주의자는 행동에 대한 가능한 한 단순한 설명을 추구한다. 이런 생각이 제2장에서 나온 절약성 원리라는 것을 우리는 알 수 있다. Jacques Loeb은 이러한 관점을 가진 가장 초기의 가장 극단적인 주창자 중 한 사람이었다. 그의 말에 따르면 "빛 또는 기타 원인에 의해 일어난 동물의 운동이 문외한에게는 그 동물의 의지와 목적의 발현으로 보일 수 있다. 하지만 실제로는 그 동물은 다리가 움직여가는 대로 데려가질 뿐이다"(Loeb, 1918/1973, p. 14). 어떤 애벌레는 왜 빛을 향해 접근할까? 그것은, Loeb에 따르면, 애벌레가 빛을 "좋아하기" 때문이 아니다. 애벌레 앞에 있는 빛이 애벌레의 운동 비율을 높이기 때문이다. 만약 빛이 주로 왼쪽이나 오른쪽에서 비친다면 애벌레는 그 빛쪽으로 도는데, 왜냐하면 그렇게 하기를 "원하기" 때문이 아니라 옆에서 오는 빛이 몸 한쪽의 근 긴장도를 높이고 따라서 애벌레는 한쪽에 있는 다리들을 다른 쪽에 있는 다리들보다 더 많이 움직이게 되기 때문이다. Loeb은 어떤 동물이 열이나 냉기를 향해 움직이거나 물을 향해 또는 물을 피해 움직이거나 위(중력을 거슬러)나 아래로 움직이는 등의 행동에 대해서도 유사한 설명을 적용했다(그림 6.1). 동물이 반드시 어떠한 사고나 욕망, 의도, 기타 내적 과정을 가지지 않고도 선천적 기제가 동물로 하여금 적응적인 방식으로 움직이게 만들었다는 말이다. Loeb의 관점은 자극-반응 심리학(stimulus-response psychology), 즉 행동을 각 자극이 어떻게 반응을 유발하는가라는 측면에서 설명하려는 시도의 한 예이다.

자극-반응 심리학이 Loeb에게는 적절한 용어였지만 오늘날의 행동주의자를 묘사하는 데는 오해를 일으키기 쉽다. 행동주의자는 행동이 현재 주어지는 자극의 산물일 뿐만이 아니라 개인의 경험 내력에다가 각성

이나 졸림 같은 요인들까지 더해진 과정의 산물이라고 생각한다(Staddon, 1999).

Loeb의 설명이 애벌레나 다른 무척추동물의 행동을 모두 설명하기에 충분했을까? 글쎄, 충분하지 않다는 증거를 하나라도 보여준 사람은 아무도 없었다. 그렇다면, 그러한 접근법이 얼마나 널리 적용될 수 있을까를 물어야 하게 되었다. 똑같이 단순한 용어로 척추동물의 행동을 약간, 혹은 많이, 아니면 전부 설명할 수 있을까?

가장 어려운 도전은 학습을 설명하는 일이었다. 행동주의자의 목표는 야심 차고 낙관적인 것이었다. 물리학 법칙에 비견할 만한 근본적인 행동 법칙, 특히 학습 법칙을 발견하는 것이 그들의 목표였다. 하지만 학습을 이해, 관념, 또는 다른 내적 과정을 언급하지 않고 단순한 용어로 설명할 수 있을까?

개념 점검

1. 행동주의자들은 왜 사고라는 관점에서 하는 설명을 거부했는가?
2. Loeb은 어떤 동물이 왜 빛을 향하여 가는지를 어떻게 설명했는가?

파블로프와 고전적 조건형성

소화에 관한 연구로 노벨 생리학상을 받았던 이반 P. 파블로프(Ivan P. Pavlov)는 1900년대 초에 동물 학습의 한 현상을 마주치게 되었는데 그것은 단순한 설명의 가능성이 엿보이는 것이었다. 행동주의가 떠오르고 있었던 때임을 감안하면 당시는 파블로프의 생각이 나올 만한 분위기가 무르익어 있었다.

소화 연구를 계속하고 있었던 어느 날 파블로프는 개가 자신에게 일상적으로 먹이를 주던 실험실 직원을 보자마자 소화액을 분비한다는 것을 알아차렸다. 그런 분비는 분명히 개의 과거 경험에 좌우되는 것이었기 때문에 파블로프는 "심리적" 분비라는 이름을 붙여주었다. 그는 다른 전문가들의 도움을 얻었는데, 이들은 개에게 먹이를 보여주면서 "놀리면" 침 분비가 예측 가능하게 자동적으로 일어남을 발

이반 P. 파블로프(흰 수염을 기른 사람)가 학생 및 개와 함께 찍은 사진. 파블로프는 개의 행동에서 학습된 변화를 기술하는 단순한 원리들을 만들어냈다.

견했다. 이러한 습득된 반응이 조건반사(conditioned reflex)이다. 조건이란 용어는 그 반응이 유전이 아니라 과거 조건에서 생겨났음을 나타낸다.

파블로프의 연구 방식

파블로프는 동물이 먹이 같은 어떤 자극과 소화액 분비 같은 어떤 반응 사이의 자동적 연결, 즉 무조건반사(unconditioned reflex)라는 것을 갖고 태어나는 것이 당연하다고 생각했다. 그는 동물이 어떤 반응을 한 자극으로부터 다른 자극으로 전이시킴으로써 새로운 반사를 습득한다고 추측했다. 예를 들어 먹이에 앞서 항상 특정 소리가 난다면 동물은 그 소리가 마치 먹이인 양 침을 흘리곤 한다.

유기체가 두 자극, 즉 한 중성 자극과 이미 어떤 반사적 반응을 유발하는 다른 자극 간의 새로운 연합을 학습하는 과정을 고전적 조건형성(classical conditioning) 또는 파블로프식 조건형성(Pavlovian conditioning)이라고 한다. 이를 고전적이라고 부르는 이유는 오랫동안 알려졌고 연구되어 왔기 때문이다.

파블로프는 중간 정도의 흥분성을 보이는 개를 선발했다. (매우 흥분하기 쉬운 개는 충분히 오랫동안 가만히 있지 않으려 하고, 매우 억제된 개는 잠에 들곤 한다.) 그러고는 그림 6.2에서처럼 개의 입에 있는 침샘관에 튜브를 붙였다.

파블로프가 먹이를 줄 때마다 개는 침을 흘렸다. 먹이 → 침 분비 연결은 자동적이어서 훈련이 필요하지 않았다. 파블로프는 먹이를 무조건자극, 침 분비를 무조건반응이라고 불렀다. 무조건자극(unconditioned stimulus, UCS)은 무조건반응을 자동적으로 유발하는 사건이다. 무조건반응(unconditioned response, UCR)은 무조건자극이 유발하는 행동이다.

그다음 파블로프는 메트로놈(주기적 소리를 내는 기구) 같은 새로운 자극을 도입했다. 메트로놈 소리가 들리면 개는 귀를 쫑긋 세우고 주위를 둘러보지만 침을 흘리지는 않았다. 따라서 메트로놈 소리는 침 분비와

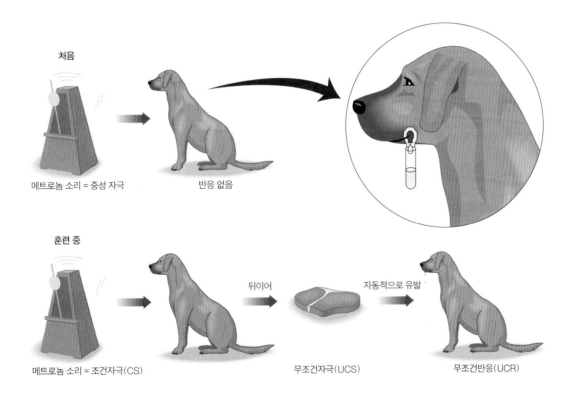

처음

메트로놈 소리 = 중성 자극   반응 없음

훈련 중

메트로놈 소리 = 조건자극(CS)   뒤이어   무조건자극(UCS)   자동적으로 유발   무조건반응(UCR)

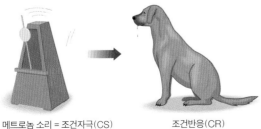

여러 차례 반복 후

메트로놈 소리 = 조건자극(CS)   조건반응(CR)

그림 6.2 조건자극은 무조건자극보다 먼저 나타난다. 처음엔 조건자극이 아무 반응도 유발하지 않으며 무조건자극이 무조건반응을 유발한다. 두 자극을 충분히 여러 번 짝지어 제시하고 나면 조건자극이 조건반응을 유발하는데, 이는 무조건반응을 닮는다.

관련해서는 중성 자극이었다. 파블로프는 개에게 먹이를 주기 몇 초 전에 메트로놈 소리를 들려주었다. 메트로놈 소리와 먹이를 몇 번 짝지어 주자 개는 그 소리가 들리자마자 침을 흘리기 시작했다(Pavlov, 1927/1960).

여기서 메트로놈 소리를 조건자극(conditioned stimulus, CS)이라고 부르는데 왜냐하면 그것에 대한 개의 반응이 선행하는 조건, 즉 CS를 UCS와 짝짓는 것에 좌우되기 때문이다. 메트로놈 소리에 뒤따르는 침 분비는 조건반응(conditioned response, CR)이다. 조건반응은 조건형성(훈련) 절차의 결과로 조건자극이 유발하게 된 모든 반응을 가리킨다. 애초에는 조건자극이 유의미한 반응을 유발하지 않는다. 조건형성 후에는 조건자극이 조건반응을 유발한다.

파블로프의 실험에서 조건반응은 침 분비였고 무조건반응도 침 분비였다. 그러나 어떤 경우에는 조건반응이 무조건반응과 다르다. 예를 들면 전기충격에 대한 무조건반응은 깨갱거리기와 펄쩍 뛰기 등이다. 전기충격과 짝지어진 자극(즉, 전기충격에 대한 경고 신호)에 대한 반응은 근육 긴장과 활동 정지이다(예, Pezze, Bast, & Feldon, 2003).

복습하자면, 먹이 같은 무조건자극(UCS)은 침 분비 같은 무조건반응(UCR)을 자동적으로 유발한다. 소리 같은 중성 자극이 UCS와 짝지어지면 조건자극(CS)이 된다. 처음엔 이 자극이 아무 반응을 일으키지 않거나 주위를 둘러보는 것 같은 무관한 반응을 유발한다. 이 CS를 UCS와 여러 차례 짝짓고 나면 이 조건자극이 조건반응(CR)을 유발하는데 이는 대개 UCR을 닮아 있다. 그림 6.2는 이런 관계를 보여준다.

일반적으로 조건형성은 조건자극이 친숙하지 않은 것일 때 더 빨리 일어난다. 만약 어떤 소리를 (그 뒤에 아무것도 뒤따르지 않은 채) 많이 들었는데 이제는 그 소리가 들리고는 어떤 강한 자극이 뒤따른다면 조건형성이 느리게 일어난다. 마찬가지로 두 사람이 뱀에게 물렸다고 하자. 한 사람은 이전에 뱀 근처에도 가본 적이 없고 다른 사람은 동물원에서 여러 해 동안 뱀을 돌보았다. 둘 중 누가 더 큰 공포를 학습할지 짐작이 갈 것이다.

고전적 조건형성의 예

고전적 조건형성의 예를 더 살펴보면 다음과 같다.

• 자명종이 울리기 몇 초 전에 희미하게 찰칵거리는 소리가 난다. 처음엔 그 소리만 가지고는 잠이 깨지 않지만 자명종 소리에는 잠이 깬다. 한두 주 후에는 찰칵거리는 소리가 들리면 잠이 깬다.

| 무조건자극 | = | 자명종 소리 | → | 무조건반응 | = | 잠이 깸 |
| 조건자극 | = | 찰칵 소리 | → | 조건반응 | = | 잠이 깸 |

• 치과에서 이에 드릴이 닿는 불쾌한 경험을 하기 조금 전에 드릴 소리가 들린다. 그때 이후로 치과 드릴 소리는 불안을 일으킨다.

| 무조건자극 | = | 드릴로 이 깎기 | → | 무조건반응 | = | 긴장 |
| 조건자극 | = | 드릴 소리 | → | 조건반응 | = | 긴장 |

• 아기의 울음소리에 엄마가 아기를 가슴에 안고 젖꼭지를 물리면 젖이 나온다. 며칠 동안 그런 일이 반복되자 아기의 울음소리만 들려도 젖이 나오게 된다.

| 무조건자극 | = | 아기가 젖을 빪 | → | 무조건반응 | = | 젖이 나옴 |
| 조건자극 | = | 아기의 울음소리 | → | 조건반응 | = | 젖이 나옴 |

• 룸메이트가 오디오 스위치를 켤 때마다 고막이 찢어질 것 같은 큰 소리가 터져 나온다. 당신은 스위치를 켜는 소리가 들리자마자 움찔한다.

| 무조건자극 | = | 커다란 음악소리 | → | 무조건반응 | = | 움찔함 |
| 조건자극 | = | 스위치 올리는 소리 | → | 조건반응 | = | 움찔함 |

고전적 조건형성의 유용함을 눈여겨보라. 고전적 조건형성은 일어남직한 일에 신체가 대비하게 만든다.

▶ 직접 해 보세요!

예를 하나 더 들자. 신선하고 맛있는 레몬의 이미지를 마음속에 떠올려 보라. 그 레몬을 여러 조각으로 잘라서 한 조각 입에 대고 즙을 빨아들인다. 그 신맛을 상상하라. 이렇게 레몬을 상상할 때 입안에 침이 고이는 것이 느껴지는가? 만약 그렇다면 당신의 상상력이 레몬의 실제 모양 및 맛과 충분히 비슷한 것을 만들어내서 조건자극으로 작용할 수 있게 한 것이다.

✓
개념 점검　　3. 훈련 시작 시에는 CS가 _____ 을 유발하고 UCS가 _____ 을 유발한다. CS에 UCS가 뒤따르는 일이 많이 반복되면 CS가 _____ 을 유발하고 UCS가 _____ 을 유발한다.

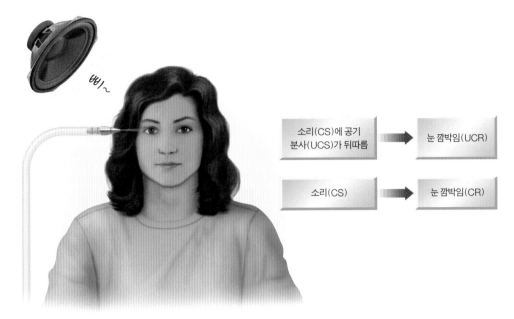

그림 6.3 눈 깜박임 반응의 고전적 조건형성

4. 다음 예에서 CS, UCS, CR, 그리고 UCR이 무엇인지 찾아내 보라: 군대의 훈련 담당 부사관이 "준비, 조준, 발포"라고 소리칠 때마다 대포가 불을 뿜으면서 엄청나게 큰 소리를 내어서 당신이 움찔거리게 된다. 그런 일이 몇 번 반복된 후 대포가 불을 뿜기 전에 "발포"라는 말이 들리면 당신의 근육이 긴장한다.

고전적 조건형성의 여러 현상

조건반응을 확립하거나 증강시키는 과정을 습득(acquisition)이라고 부른다. 고전적 조건형성을 발견하고 나서 파블로프 및 기타 학자들은 그 절차를 변화시켜 다른 결과들을 만들어냈다. 그런 주요 현상 중 몇 가지를 살펴보자.

소거

누군가가 버저를 울리고는 당신 눈에 공기를 훅 분사한다고 하자. 몇 번 반복 후에 당신은 버저 소리가 들리자마자 눈을 감기 시작한다(그림 6.3). 이제 버저 소리가 공기 분사 없이 거듭해서 들린다. 당신은 어떤 반응을 보일까?

당신은 처음엔 눈을 깜박거리고 아마도 두 번째, 세 번째에도 그러겠지만 머잖아서 그러기를 중단한다. 이러한 조건반응의 감소를 소거(extinction)라고 한다. 고전적으로 조건형성된 반응을 소거시키려면 무조건자극(UCS) 없이 조건자극(CS)을 반복해서 제시하라. 즉 반응(CR)의 습득은 그 CS가 UCS를 예측하는 것일 때 일어나고 CS가 더 이상 UCS를 예측하지 않으면 소거가 일어난다.

소거는 망각과 동일한 것이 아니다. 둘 다 학습된 반응을 약화시키지만 이는 다른 방식으로 발생한다. 우리는 학습을 상기시키는 자극이나 연습 없이 오랜 시간이 지나면 망각을 한다. 소거는 특정한 경험, 즉 무조건자극 없이 조건자극을 지각하는 경험 때문에 발생한다. 습득이 어떤 반응을 수행하기를 학습하는 것이라면 소거는 그것을 억제하기를 학습하는 것이다.

소거라는 용어의 함의 때문에 오해를 하지는 말라. 동물이나 식물 종이 멸종(extinction)되면 그것은 영원히 사라지고 없다.[1] 고전적 조건형성에서 소거는 소멸을 뜻하지 않는다. 소거는 반응을 억압한다. 소거는 불을 끄는 것에 비유할 수 있다. 엄청난 불에 물을 끼얹으면 화염은 꺼지지만 연기 나는 잔화(殘火)가 오래도록 남아 있어서 쉽게 다시 불이 붙을 수도 있다.

자발적 회복

당신이 고전적 조건형성 실험에 참여하고 있다고 하자. 처음에 버저 소리(CS)가 들리고 뒤이어 눈에 공기가 분사(UCS)된다. 그런 일이 여러 차례 반복된 후에는 버저 소리가 공기 분사를 더 이상 예측하지 않게 된다. 몇 시행 후에 버저 소리에 대한 당신의 반응은 소거된다. 그러고는 아무 일도 일어나지 않은 채 앉아 있는데 갑자기 그 버저 소리가 다시 들린다. 당신은 어떻게 하겠는가? 아마 눈을 적어도 약간은 깜박거릴 것이다. 자발적 회복(spontaneous recovery)은 소거된 반응이 지연 기간 후에 일시적으로 돌아오는 것을 가리킨다(그림 6.4).

---

1 영어로 extinction은 일반적으로 '멸종'을 의미하며 '소거'라는 의미로는 주로 심리학에서만 사용된다. 따라서 우리말에서는 이렇게 오해가 생길 일이 없다.

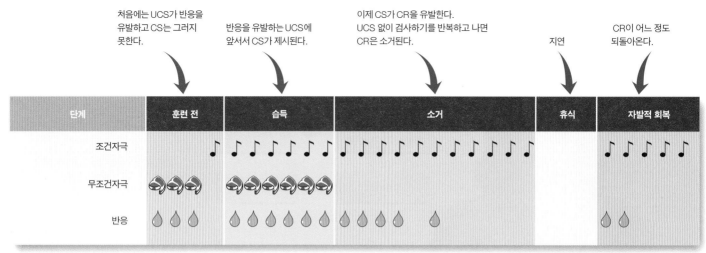

단계	훈련 전	습득	소거	휴식	자발적 회복
조건자극					
무조건자극					
반응					

처음에는 UCS가 반응을 유발하고 CS는 그러지 못한다.

반응을 유발하는 UCS에 앞서서 CS가 제시된다.

이제 CS가 CR을 유발한다. UCS 없이 검사하기를 반복하고 나면 CR은 소거된다.

지연

CR이 어느 정도 되돌아온다.

그림 6.4 조건자극이 항상 무조건자극에 선행하면 습득이 일어난다. 조건자극만 따로 제시되면 소거가 일어난다. 소거 후 휴식 기간은 짧은 자발적 회복을 만들어낸다.

자발적 회복이 왜 일어날까? 이렇게 생각해 보자. 처음에 버저 소리는 눈에 가해지는 공기 분사를 예측했는데, 그러고는 예측하지 않게 되었다. 당신은 더 최근의 경험에 따르는 행동을 했다. 여러 시간 후에는 둘 중 어느 한 경험도 다른 경험보다 훨씬 더 최근의 것이라고 하기 어렵게 되면서 습득과 소거의 효과가 대략 동등한 강도로 된다.

개념 점검

5. 버저 소리에 조건형성된 침 분비에 대한 파블로프의 실험에서 어떤 절차가 소거를 일으키는가? 어떤 절차가 자발적 회복을 일으키는가?

자극 일반화

꿀벌에 쏘이면 꿀벌에 대한 두려움이 학습된다. 이제 장수말벌이나 호박벌이 보인다고 하자. 그것들에 대해서도 역시 두려움이 생겨날까?

아마도 그럴 것이다. 하지만 꿀벌을 닮지 않은 파리나 다른 곤충은 두렵지 않을 것이다. 어떤 새로운 자극이 조건자극과 비슷할수록 비슷한 반응이 나오기가 더 쉽다(그림 6.5). 자극 일반화(stimulus generalization)란 조건반응이 훈련 자극으로부터 그와 유사한 자극에까지 확장되는 것을 가리킨다.

그런데 "유사하다"는 것이 무슨 뜻인지 명확히 기술하기 힘들 때가 많다(Pearce, 1994). 꿀벌에게 쏘이고

난 후 숲속을 걷다가 윙윙거리는 꿀벌 소리가 들리면 두려움이 엄습할 수 있지만 TV에서 방영하는 자연 다큐멘터리 속에서 똑같은 소리가 나면 두렵지 않을 수 있다. 우리의 반응은 자극들의 총체적인 조합에 좌우된다.

변별

아기를 안고서 들판을 걷고 있다고 하자. 아기가 방울을 흔들자 소리가 나고 미소가 절로 나온다. 잠시 후 약간 다른 방울 소리가 들리는데, 그건 방울뱀이다. 이때 우리는 매우 다른 반응을 하는데 왜냐하면 변별(discrimination), 즉 서로 다른 결과를 예측하는 자극들에 서로 다른 반응을 하도록 학습했기 때문이다. 마찬가지로 우리는 수업 시작을 알리는 벨소리와 화재 경보를 알리는 다른 벨소리 간에 변별적 반응을 한다.

변별 훈련은 감각 단서에 대한 민감도를 향상시킨다. 한 연구에서는 사람들에게

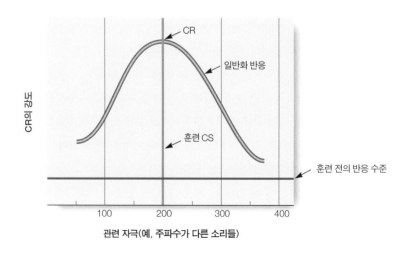

그림 6.5 자극 일반화는 훈련에서 사용된 자극과 유사한 새로운 자극까지 학습된 반응이 확장되는 과정이다. 유사성이 덜한 자극은 더 약한 반응을 유발한다.

사실상 똑같아 보이는 두 화학물질의 냄새를 맡게 했다. 그런데 한 화학물질에는 항상 전기충격이 뒤따랐고 다른 화학물질에는 전기충격이 없는 안전한 기간이 뒤따랐다. 훈련이 진행됨에 따라 사람들은 두 냄새 간의 차이를 더 잘 탐지하게 되었고 전기충격을 예측하는 냄새에 반응했다(Li, Howard, Parrish, & Gottfried, 2008).

약물 내성, 고전적 조건형성의 예

고전적 조건형성은 예상치 못한 데서 모습을 드러낸다. 한 예가 약물 내성(drug tolerance)이다. 특정 약물 사용자들은 그 약물을 거듭해서 복용할수록 점점 더 약한 효과를 경험하게 된다. 어떤 장기 사용자들은 보통 사람이면 죽고도 남을 만큼 많은 양의 헤로인을 스스로 주사하고도 비교적 약한 효과를 경험한다.

약물 내성은 신체 전체에 걸쳐 세포에서 일어나는 자동적인 화학적 변화에 부분적으로 기인한다. 또한 부분적으로는 고전적 조건형성에 좌우되기도 한다. 그 이유를 보자. 약물 사용자가 모르핀이나 헤로인을 자신에게 주입하는 절차는 주삿바늘뿐만 아니라 시간과 공간이 포함되는 복잡한 자극이다. 이 전체 자극은 둘째 자극, 즉 뇌로의 약물 유입을 예측한다. 뇌에 도달한 약물은 약물 그 자체의 효과를 상쇄하는 다양한 신체 방어 반응을 촉발하는데, 호르몬 분비, 심박수 및 호흡률 등의 변화가 그런 반응이다.

첫째 자극	→	둘째 자극	→	자동적 반응
(주사 절차)		(약물이 뇌로 들어감)		(신체의 방어 반응)

한 자극이 자동적 반응을 일으키는 둘째 자극을 예측할 때마다 고전적 조건형성이 일어날 수 있다. 그 첫째 자극이 CS, 둘째 자극이 UCS, 그리고 반응이 UCR이다. 위의 순서는 다음과 같이 다시 쓸 수 있다.

조건자극	→	무조건자극	→	무조건반응
(주사 절차)		(약물이 뇌로 들어감)		(신체의 방어 반응)

여기서 조건형성이 일어난다면 어떻게 될까? CS(약물 주사)가 UCR(약물에 대한 신체의 방어 반응)을 닮은 CR을 유발한다고 하자. 그럴 경우 주사가 시작되자마자 신체는 약물이 들어오기 전에 그 약물에 대한 방어 반응을 가동하기 시작한다. 따라서 약물은 효과가 떨어지게 되는데, 이를 두고 신체가 내성이 생겼다고 말한다. Shepard Siegel(1977, 1983)은 약물 주입 동안 고전적 조건형성이 일어나서 다음과 같이 된다는 것을 보여주는 여러 실험을 수행했다.

조건자극	→	조건반응
(주사 절차)		(신체의 방어 반응)

그 연구는 여러 가지 예언을 검증했는데, 한 가지는 이것이다. 만약 주사 절차가 조건자극으로 작용한다면, 그 약물이 평소와 같은 장소에서 평소와 같은 방식으로 익숙한 자극이 가능한 한 많은 상태에서 투여될 때 신체의 방어 반응이 가장 강해야 한다. (주사할 때의 전체 경험이 조건자극을 이룬다.)

다양한 약물에 대해서 이러한 예언을 지지하는 증거가 얻어졌다(Siegel & Ramos, 2002). 실험동물을 대상으로 한 연구가 많지만 사람을 대상으로 한 관찰도 똑같은 결론을 지지한다. 평소와 다른 장소나 상황에서 평소와 같은 용량의 약물을 주입하고서는 "과다 용량" 반응을 겪는 약물 사용자가 많다. 이전에 그 약물과 연합되었던 자극들이 없는 상태에서는 학습된 내성이 약화되거나 사라지기 때문이다.

두 번째 예언은 다음과 같다. 만약 내성이 고전적으로 조건형성된 것이라면 그것을 소거시킬 수 있어야 한다. 소거를 하기 위해서는 UCS 없이 CS를 제시해야 한다. 약물 사용자를 대상으로 연구하기가 힘들기 때문에 연구자들은 쥐를 연구했다. 약물 효과는 동물에게서 측정하기 힘든 경우가 많지만 한 가지 쉬운 것은 모르핀이 통증을 감소시키는 정도이다. 연구자들은 처음에 쥐를 움찔하게 만드는 데 필요한 최소한도의 통증을 측정했다. 그러고는 쥐에게 모르핀을 투여하고 그 검사를 다시 했더니 모르핀이 통증 반응을 대단히 감소시킨다는 결과를 얻었다. 그다음 단계는 매일 모르핀 주사를 주어 내성을 일으키고는 그때마다 통증 반응을 검사하는 것이었다. 통증 반응이 증가하자, 즉 약물에 대한 내성이 나타나자 연구자들은 마지막 단계로 넘어가서 쥐에게 식염수 주사를 매일 주었다. 주사 절차가 CS이고 약물 자체가 UCS라고 보면, 식염수를 주사하는 것은 UCS 없이 CS만 제시하는 것이다. 식염수 주사를 몇 번 맞고 나자 내성이 일부 소거되었다. 이제는 모르핀 주사가 통증 반응을 상당히 감소시켰다(Siegel, 1977). 요약하면, 약물 내성은 그것이 고전적 조건형성에 좌우되는 것이라고 할 때 나타내리라고 예상되는 특성을 보여준다. 그림 6.6은 이 실험을 요약하고 있다.

약물 내성의 고전적 조건형성에 대한 연구는 마침내 사람들이 중독에서 벗어나도록 돕는 데까지 활용되었다. 약물 중독 전력이 있는 사람은 약물 경험을 상기시키는 광경, 소리 및 냄새가 있으면 갈망을 느낀다. 약물 중독자가 유혹에 저항할 수 있게 만들어 놓은 환

1. 뜨거운 열에 대한 처음의 반응: 쥐가 발을 핥는다.

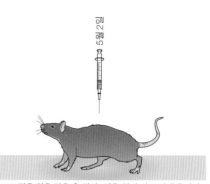

2. 모르핀을 처음 맞은 후 검사: 열을 훨씬 더 뜨겁게 올리지 않는 한 반응이 없다.

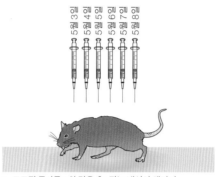

3. 모르핀 주사를 6회 맞은 후: 쥐는 내성이 생겨서 모르핀에도 불구하고 반응을 보인다.

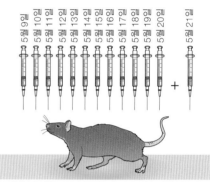

4. 식염수 주사를 12회 맞은 후에는 모르핀 주사가 통증을 감소시킨다. 내성이 일부 소거되었다.

그림 6.6 모르핀은 통증을 감소시키지만 반복해서 투여되면 쥐가 그 효과에 내성을 발달시킨다. 식염수를 거듭 주사하면 학습된 내성의 소거가 일어난다.

경에서 심리학자가 그런 자극을 제시하면 갈망이 부분적으로 소거된다(Loeber, Croissant, Heinz, Mann, & Flor, 2006).

개념 점검 ✓

6. 어떤 사람이 약물 주사 효과에 내성이 생기는 경우, 조건자극, 무조건자극, 조건반응, 그리고 무조건반응은 무엇인가?
7. 연구자들은 쥐에게서 약물 내성을 어떻게 측정했는가?

고전적 조건형성에 대한 설명

고전적 조건형성이란 것이 정말로 무엇일까? 흔히 그렇듯이 그 과정이 처음엔 단순해 보이지만 후속 연구에서는 고전적 조건형성이 더 복잡하고 흥미롭다는 사실이 밝혀졌다. 파블로프는 조건형성이 다음과 같이 CS와 UCS 간의 시간적 관계에 좌우된다는 것에 주목했다.

아래 그림에서 시간은 왼쪽에서 오른쪽으로 흐른다. 파블로프는 CS와 UCS를 거의 동시에 제시하는 것이 뇌에서 어떤 연결이 생겨나게 해서 동물이 CS를 마치 UCS인 것처럼 취급하게 된다고 추측했다. 그림 6.7a는 훈련이 시작되기 전의 연결을 보

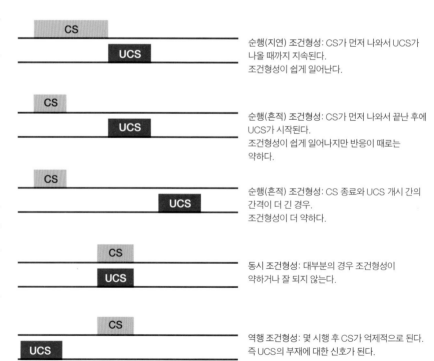

순행(지연) 조건형성: CS가 먼저 나와서 UCS가 나올 때까지 지속된다.
조건형성이 쉽게 일어난다.

순행(흔적) 조건형성: CS가 먼저 나와서 끝난 후에 UCS가 시작된다.
조건형성이 쉽게 일어나지만 반응이 때로는 약하다.

순행(흔적) 조건형성: CS 종료와 UCS 개시 간의 간격이 더 긴 경우.
조건형성이 더 약하다.

동시 조건형성: 대부분의 경우 조건형성이 약하거나 잘 되지 않는다.

역행 조건형성: 몇 시행 후 CS가 억제적으로 된다. 즉 UCS의 부재에 대한 신호가 된다.

여준다. 즉 UCS가 뇌의 어디엔가 있는 UCS 중추를 흥분시키면 이 중추는 곧바로 UCR 중추를 자극한다. 그림 6.7b는 조건형성 동안 발달하는 연결을 보여준다. CS와 UCS를 짝지어 제시하면 그것들의 뇌 표상 간에 연결이 생겨난다. 이 연결이 발달하고 나면 CS가 CS 중추를 흥분시키고, 이것이 UCS 중추를 흥분시키면, 이 중추가 UCR 중추를 흥분시켜서 반응을 산출한다.

나중의 연구는 이런 생각과 들어맞지 않았다. 예를 들면 전기충격(UCS)은 쥐로 하여금 펄쩍 뛰고 찍찍거리게 하지만 전기충격과 짝지어진 조건자극은 쥐로 하여금 한곳에 얼어붙게 만든다. 쥐는 조건자극에 대해 마치 전기충격을 받은 것처럼 반응하는 게 아니라 위험 신호에 대해서처럼 반응한다. 또한 CS의 종료와 UCS의 개시 사이에 지연 간격이 있는 흔적 조건형성에서는 동물이 조건자극이 제시되는 즉시 조건반응을 하는 게 아니라 CS와 UCS 간의 지연 간격이 거의 끝날 때까지 기다렸다가 반응한다. 여기서도 역시 동물

은 CS를 마치 UCS인 것처럼 취급하지 않고 UCS에 대비하기 위한 한 방법, 즉 예측자로 사용하고 있다(Gallistel & Gibbon, 2000).

파블로프가 말했듯이, 다른 모든 것이 동등하다면 CS와 UCS 간의 지연이 길수록 조건형성은 더 약하다는 것이 사실이다. 그러나 그저 CS와 UCS가 시간적으로 가깝다고 해서 충분하지는 않다. 필수적인 것은 그 두 자극이 따로 일어나기보다 함께 일어나는 일이 더 많아야 한다는 것이다. 즉 CS는 UCS를 잘 예측해야 한다. 다음 실험을 보자. 그림 6.8에서처럼 집단 1과 2의 쥐들에게 CS의 제시 후에는 항상 UCS가 뒤따른다. 집단 2에게는 UCS가 또한 CS가 없을 때도 많이 일어난다. 다시 말하면 이 집단의 경우 UCS는 어찌 되었든 자주 일어나는데 CS가 없을 때보다 있을 때 더 자주 일어나지는 않는다. 집단 1은 CS에 대한 강한 반응을 학습하는 반면, 집단 2는 그러지 않는다(Rescorla, 1968, 1988).

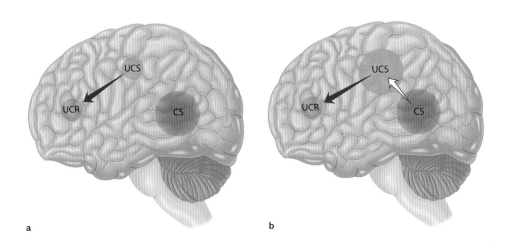

그림 6.7 파블로프에 따르면 (a) 조건형성 시작 시에 UCS 중추의 활동은 UCR 중추를 자동적으로 활성화시킨다. (b) CS와 UCS를 충분히 짝짓고 나면 CS 중추와 UCS 중추 사이에 연결이 발달한다. 그러면 CS 중추의 활동이 UCS 중추로 흘러가고 따라서 UCR 중추를 흥분시키게 된다.

집단 1

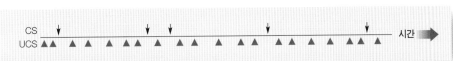

집단 2

그림 6.8 Rescorla의 실험에서 CS는 두 집단 모두에게서 항상 UCS에 선행했다. 그러나 집단 2는 다른 때에도 UCS를 자주 받았다. 집단 1은 CS에 대한 강한 조건반응을 나타냈지만 집단 2는 그러지 않았다.

8. 고전적 조건형성이 CS와 UCS를 거의 동시에 제시하는 것에 **완전히** 의존한다면 Rescorla의 실험에서 어떤 결과가 얻어졌어야 하는가?

이제 다음 실험을 보자. 쥐에게 불빛(CS)을 보여주고 뒤이어 전기충격(UCS)을 주어서 쥐가 불빛에 일관성 있게 반응할 때까지 훈련시킨다. 조건반응은 한 곳에 얼어붙는 것이다. 그리고는 쥐에게 불빛과 소리를 함께 주고 역시 전기충격을 뒤따라 주는 일련의 시행을 실시한다. 이제, 그 소리만 주고 쥐의 반응을 검사해 보자. 쥐가 조건반응을 보일까? 아니다. 불빛과 소리의 순서를 뒤바꾸어도 똑같은 결과가 얻어진다. 즉 먼저 쥐가 소리에 대한 반응을 학습하고 난 후, 불빛-소리 복합에 뒤이은 전기충격을 받는다. 이 쥐는 소리에는 조건반응을 보여도 불빛에는 보이지 않는다(Kamin, 1969; 그림 6.9). 이런 결과는 차폐 효과(blocking effect, 또는 차단 효과)를 보여준다. 즉 한 자극에 대해 이미 형성되어 있는 연합은 추가된 자극에 대한 연합의 형성을 막는다. 연구는 두 가지 설명을 지지한다. 첫째, 첫 번째

자극이 결과를 예측한다면 두 번째 자극은 아무런 새 정보를 더해 주지 않는다. 둘째, 쥐는 결과를 이미 예측하는 자극에 주의를 강하게 집중하며 따라서 새로운 자극에 주의를 덜 준다.

똑같은 원리가 인간의 추리에서도 작용한다. 당신이 고추가 든 무언가를 먹고는 알레르기 반응이 생기는 경험을 여러 차례 한다고 하자. 그래서 고추 먹기를 피하려고 결심한다. 그리고는 고추와 견과를 함께 먹고는 똑같은 알레르기 반응이 생기는 경험을 여러 차례 한다. 당신은 이제 견과도 고추만큼 심하게 피하려고 할까? 아마도 아닐 것이다(Melchers, Ungor, & Lachnit, 2005).

9. 치과의 드릴 소리에 움찔하는 반응을 이미 학습했다고 하자. 이제 치과의사가 마음을 진정시키는 배경음악을 틀어놓고 드릴로 이를 깎는다. 이 배경음악은 드릴 소리와 똑같은 정도로 통증과 짝지어진다. 이 배경음악 소리가 들리면 움찔하는 반응을 학습하게 될까?

집단 1

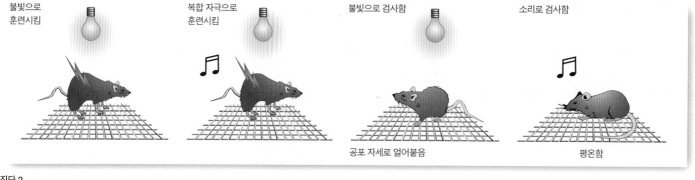

집단 2

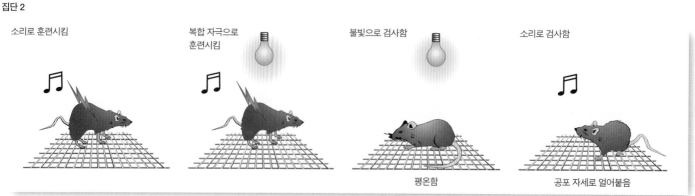

그림 6.9 각 쥐는 불빛이나 소리를 전기충격과 연합하기를 먼저 배운다. 그러고는 불빛과 소리의 복합 자극에 뒤이어 전기충격을 받는다. 각 쥐는 기존 자극(전기충격을 이미 예측하는) 에는 강한 반응을 보이지만 새 자극에는 거의 반응을 보이지 않는다.

단순히 종소리에 침 흘리는 개 이야기가 아니다

심리학을 공부하려고 마음먹었을 때 누군가 당신에게 무얼 배우고 싶은가 이야기해 보라고 했다면 아마도 "어떻게 개가 침을 흘리게 만들지 배우고 싶어요!"라고 답하지는 않았을 것이다. 조건형성된 침 분비에 관한 연구가 근본적인 기제들을 찾아내기 위한 한 방법일 뿐이라는 것을 이해하기 바란다. 유전학자가 초파리를 연구하거나 신경생리학자가 오징어의 신경을 연구하는 것과 꼭 마찬가지로 말이다. 고전적 조건형성은 정서 행동에서부터 약물 내성에 이르기까지 많은 중요한 행동에 큰 영향을 미친다.

"파블로프식"이라는 용어가 때로는 단순하고 기계적이고 로봇 같은 행동을 의미하는 것으로 사용되기도 한다. 파블로프식 또는 고전적 조건형성은 어리석음의 표시가 아니다. 그것은 사건들 간의 관계에 반응하는 한 방식, 즉 우리로 하여금 일어남직한 일에 대비하게 만드는 한 방도이다.

요약

- **행동주의.** 행동주의자는 심리학자가 의도나 기대 같은 내적 상태를 연구할 게 아니라 행동을 연구해야 한다고 역설한다. 과거의 사건이 그 내적 상태를 초래했고 따라서 행동의 진정한 원인은 그 사건이다. (233쪽)
- **학습에 대한 행동주의자의 관심.** 행동주의자의 목표는 관념이나 이해 같은 용어에 기대지 않으면서 행동을 설명하는 것이다. 무척추동물의 행동은 대부분 단순한 용어로 설명할 수 있지만 더 어려운 도전은 학습을 설명하는 일이었다. (234쪽)
- **고전적 조건형성.** 이반 파블로프는 고전적 조건형성, 즉 중성 자극(조건자극)과 처음부터 어떤 반사 반응을 유발하는 자극(무조건자극) 사이에 연합이 형성되는 과정을 발견했다. 이 학습의 결과는 조건자극에 대한 새로운 반응(조건반응)이다. (234쪽)
- **소거.** 조건반응은 조건자극만 단독으로 반복해서 제시하면 소거될 수 있다. (237쪽)
- **자발적 회복.** 만약 소거 후에 조건자극이 일정 시간 동안 전혀 제시되지 않다가 다시 제시되면 조건반응이 되돌아올 수도 있다. 이렇게 반응이 되살아나는 것을 자발적 회복이라 한다. (237쪽)
- **자극 일반화.** 어떤 자극에 대한 조건반응은 그것이 훈련 자극과 비슷한 정도에 따라 다른 자극들에까지 확장된다. (238쪽)
- **변별.** 동물(인간을 포함한)은 서로 다른 결과를 예측하는 자극들에 서로 달리 반응하기를 학습한다. (238쪽)
- **약물 내성.** 약물 내성은 어느 정도 고전적 조건형성에 기인한다. 약물 주입 절차가 방어 반응을 유발하게 된다. (239쪽)
- **고전적 조건형성의 기초.** 파블로프는 두 자극을 시간적으로 가까이 제시하면 그 자극들의 뇌 표상 간에 연결이 발달하기 때문에 조건형성이 일어난다고 생각했다. 나중의 연구에서는 동물이 조건자극을 마치 무조건자극인 것처럼 대하지는 않는다는 것이 밝혀졌다. 또한 시간적으로 가깝다는 것만으로는 충분하지 않다. 학습이 일어나려면 첫째 자극이 둘째 자극을 예측해야 한다. (240쪽)

핵심 용어

고전적 조건형성(또는 파블로프식 조건형성) (235쪽)

무조건반사 (235쪽)

무조건반응(UCR) (235쪽)

무조건자극(UCS) (235쪽)

변별 (238쪽)

소거 (237쪽)

습득 (237쪽)

약물 내성 (239쪽)

자극-반응 심리학 (234쪽)

자극 일반화 (238쪽)

자발적 회복 (237쪽)

조건반응(CR) (236쪽)

조건자극(CS) (236쪽)

차폐 효과 (241쪽)

행동주의 (233쪽)

조작적 조건형성

- 행동의 결과는 미래의 행동에 어떤 영향을 미칠까?

외국의 한 가정이 당신을 태어날 때부터 입양했다고 하자. 당신은 그래서 언어, 관습, 음식, 종교 등등이 다른 땅에서 살았다. 제5장에서 나왔듯이 당신은 틀림없이 많은 면에서 다를 것이다. 그런데 그 가상의 '당신'은 현재의 '당신'과 무엇 하나라도 공통점이 있을까? 또는 문화와 환경이 당신의 행동을 완전히 만들어낼까? 환경 결정론의 가장 극단적인 주장이 행동주의의 창시자 중 한 사람인 John B. Watson에게서 나온 다음과 같은 말이다.

> 내게 건강한 유아 10여 명과 그 유아들을 키울 수 있는, 나 자신이 규정한 세상을 달라. 그러면 나는 어떠한 아이라도 무작위로 선택하여 훈련시켜 그의 재능, 기호, 성향, 능력, 소질, 인종에 관계없이 내가 선택하는 어떠한 유형의 전문가로도, 즉 의사든 변호사든 예술가든 기업가든, 그리고 심지어는 거지/도둑까지도 만들어낼 수 있다고 보장하겠다. 내가 알려진 사실을 넘어 지나치게 나가고 있음을 인정하는데, 그렇지만 반대쪽 주장자들도 마찬가지이다. (1925, p. 82)

Watson이 자신의 주장을 입증할 기회를 가졌던 적이 없음은 말할 필요도 없다. 아무도 그에게 어린이 한 명을 주고서 환경을 그가 완벽히 통제하게 해주지 않았다. Watson이든 누구든 간에 정말로 환경을 완벽하게 통제할 힘이 있다면 한 어린이의 운명을 어느 정도나 통제할 수 있을까? 그 답을 알 길은 없을 것이다. 결국 윤리적인 문제 때문에 말이다. 그렇지만 학습을 연구하는 이들의 목표 중 하나는 환경의 변화가 우리의 행동을 통제하는 방식을 이해하는 것이다.

다른 환경에서 성장하게 되면 행동이 변할 것이다. 하지만 환경이 행동 발달을 완전히 결정할까? 환경이 행동을 어느 정도나 통제하며 어느 정도나 통제하지 못할까?

Thorndike와 조작적 조건형성

파블로프의 연구보다 좀 앞서서 하버드대학교의 대학원생이던 Edward L. Thorndike(1911/1970)는 지하실에서 고양이를 훈련시키기 시작했다. 과거 다른 이들의 실험이 동물의 지능만을 다루었지 동물의 우둔함을 다루지는 않았다고 말하면서 그는 학습에 대한 단순한 행동주의적 설명을 추구했다. 그는 고양이를 문제상자(그림 6.10)에 넣었는데, 고양이는 레버를 누르거나 끈을 잡아당기거나 막대를 밀어서 그 상자로부터 빠져나올 수 있었다. 먹이를 문제상자 바깥에 둘 때도 있었지만 대개 고양이는 그저 상자에서 빠져나오려고 애를 썼다. 고양이는 문제상자의 문이 열리게 하는 반응은 무엇이든 하기를 배웠는데, 특히 문이 빨리 열리게 하는 반응은 더욱 잘 배웠다.

고양이는 시행착오를 겪으며 학습했다. 막대를 밀어서 문제상자에서 빠져나와야

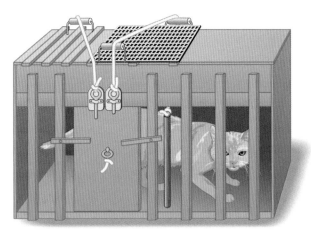

그림 6.10 Thorndike의 문제상자 각각에는 문이 열리게 만드는 장치가 있었다. 여기서는 막대를 밀면 문이 열린다. (출처: Thorndike, 1911/1970.)

하는 경우, 고양이는 처음엔 문을 긁거나 깨물고, 벽을 할퀴고, 이리저리 왔다갔다 하기도 했다. 결국엔 막대에 부딪히게 되고 그러면 문이 열렸다. 그다음에도 고양이는 비슷한 행동들을 하다가 조금 더 빨리 막대에 부딪히게 되었다. 많은 시행을 거쳐 고양이는 점차로, 그러나 일관성 없이 탈출 속도가 빨라졌다. 그림 6.11은 이 행동을 나타내는 학습 곡선을 보여준다. 학습 곡선(learning curve)은 학습 과정 동안 일어나는 행동의 변화에 대한 그래프이다.

고양이가 막대에 부딪히는 것과 문이 열리는 것 사이의 연결을 이해했을까? 아니라고 Thorndike는 말했다. 만약 고양이가 어느 순간 새로운 것을 깨달았다면 그다음부터는 탈출이 빨라졌어야 한다. 고양이의 탈출 시간 그래프는 그런 통찰의 순간이라고 가리켜 말할 수 있는 급격한 변화를 보여주지 않는다.

Thorndike는 학습이 일어나는 이유는 어떤 행동이 다른 행동들에 비해 상대적으로 강해지기 때문이라고 결론 내렸다. 어떤 상황에 들어간 동물은 문을 긁거나 벽을 할퀴거나 왔다 갔다 하는 등등의 반응 레퍼토리(그림 6.12에서 R₁, R₂, R₃ 등으로

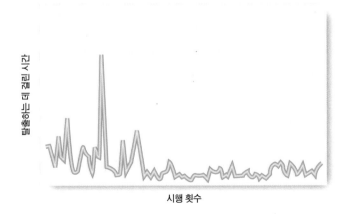

그림 6.11 Thorndike의 한 실험에서 얻어진 자료가 보여주듯이 고양이가 문제상자로부터 탈출하는 데 걸리는 시간은 점진적으로 그러나 일관성 없이 줄어든다. Thorndike는 고양이가 어느 시점에서도 "무언가를 깨닫지는" 않았다고 결론 내렸다. 그보다는 강화가 성공적인 행동이 일어날 확률을 점진적으로 증가시켰다.

표시된)를 가지고 있다. 동물은 일어날 확률이 가장 높은 반응(R₁)을 먼저 시작한다. 특별한 일이 전혀 일어나지 않으면 다른 반응으로 넘어가서 결국에는 문이 열리게 만드는 반응, 예컨대 막대에 부딪히는 반응(이 예에서는 R₇)을 하게 된다. 문이 열리는 것은 그에 선행한 반응을 강화한다.

강화(reinforcement)는 가장 최근의 반응이 미래에도 일어날 확률을 증가시키는 과정이다. Thorndike는 강화가 반응을 "각인시킨다", 즉 증강시킨다고 말했다. 고양이가 다음번에 그 문제상자에 들어가면 효과적인 반응을 할 확률이 약간 더 높다. 고양이가 강화를 또다시 받는다면 그 확률은 한 계단 더 높아진다(그림 6.12). 이러한 관점이 사고, 이해, 또는 다른 정신과정에 의존하지 않는 설명을 원했던 행동주의자의 희망과 어떻게 들어맞는지 이해가 될 것이다.

Thorndike는 자신의 관점을 다음과 같이 효과 법칙(law of effect)으로 요약했다(Thorndike, 1911/1970, p. 244).

동일한 상황에서 나오는 여러 반응 중에서 동물에게 만족감이 수반되거나 곧 뒤따르는 반응들은, 다른 조건이 동등하다고 할 때, 그 상황과 더 견고하게 연결될 것이고 따라서 그 상황이 다시 일어날 때 그 반응들이 다시 일어날 가능성이 더 높을 것이다.

달리 말하면, 가장 성공적인 반응들이 미래에도 발생할 가능성이 더 높아진다. 그런 반응들은 더 빈번해지는데, 동물이 왜 그런가를 이해해야 할 필요는 없다. 이와 비슷하게, 기계가 무작위 반응들을 산출하고는 강화를 야기한 반응을 반복하도록 프로그램을 짤 수 있을 것이다.

Thorndike의 해석이 옳았을까? 이 질문을 다른 식으로 해 보자. 동물은 어떤 결과를 산출하는 반응을 학습할 때 그 결과를 '예상'하게 되는 것일까 아니면 단순히 "이게 이 상황에서 해야 할 반응이야."라고 마음속에 새겨 넣는 것일까? 이 질문은 보기보다 더 답하기 어려운 것이다(Burke, Franz, Miller, & Schoenbaum, 2008).

Thorndike는 일화를 수집하던 연구법을 실험법으

로 대체하여 동물 학습 연구에 혁명을 일으켰다. 그는 또한 겉보기에 복잡한 행동에 대한 단순한 설명이 가능함을 입증했다(Dewsbury, 1998). 부정적인 측면으로는 그가 인위적인 실험실 상황에서 동물을 연구했던 예가 연구자들을 동물이 자연 상황에서 어떻게 학습하는지를 많이 무시하는 방향으로 이끌고 갔다(Galef, 1998).

Thorndike가 연구했던 종류의 학습은 조작적 조건형성(operant conditioning, 왜냐하면 학습자가 환경에 조작을 가하여 결과를 산출하기 때문에) 또는 도구적 조건형성(instrumental conditioning, 왜냐하면 학습자의 행동이 결과를 산출하는 데 도구적인 역할을 하기 때문에)이라고 불린다. 조작적 또는 도구적 조건형성은 어떤 반응 후에 강화를 제공함으로써 행동을 변화시키는 과정이다. 조작적 조건형성과 고전적 조건형성 간의 정의적 차이는 그 절차에 있다. 즉, 조작적 조건형성에서는 학습자의 행동이 결과를 산출하고 그 결과가 미래의 행동에 영향을 미친다. 고전적 조건형성에서는 학습자의 행동이 결과(CS 또는 UCS의 제시)에 아무런 영향을 미치지 않는다. 예를 들면 고전적 조건형성에서는 학습자가 무엇을 하든 또는 하지 않든 상관없이 실험자(또는 세상)가 특정 시간에 두 자극을 제시한다. 그 자극은 미래의 행동을 변화시키지만 그 행동이 결과를 변화시키지는 않는다. 조작적 조건형성에서는 학습자가 강화를 받기 전에 어떤 반응을 해야 한다.

일반적으로 이 두 종류의 조건형성은 또한 서로 다른 행동에 영향을 준다. 고전적 조건형성은 침 분비나 소화 같은 내장 반응(즉, 내장 기관의 반응)에 주로 적용되는 반면, 조작적 조건형성은 골격근 반응(즉, 다리 근육, 팔 근육 등의 운동)에 주로 적용된다. 그러나 이 구분이 무너질 때가 가끔 있다. 예를 들어 소리가 전기충격을 예측하는(고전적 조건형성 절차) 경우 그 소리는 심박수를 증가시킬(내장 반응) 뿐 아니라 동물이 한 곳에 얼어붙게(골격근 반응) 만든다.

개념 점검

10. 종소리가 들리자 동물이 똑바로 앉아서 침을 흘린다. 그리고는 먹이를 받는다. 이 동물의 행동은 고전적 조건형성과 조

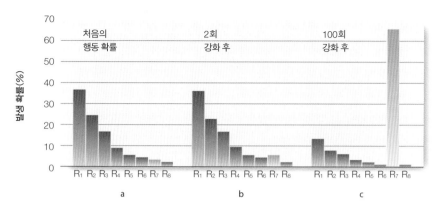

그림 6.12 Thorndike에 따르면 고양이는 주어진 상황에서 많은 행동을 하기 시작한다. 그 행동 중 하나가 강화를 초래하면 그것이 미래에 일어날 확률이 증가한다. 고양이가 자신이 무엇을 또는 왜 하고 있는지를 이해한다고 가정할 필요가 없다.

작적 조건형성 중 어느 것의 예인가? 여기까지는 이 질문에 답할 만큼 충분한 정보가 없다. 답하려면 어떤 정보를 더 알아야 할까?

강화와 처벌

음식은 배고픈 사람에게 효과적인 강화물이고 물은 목마른 사람에게 또한 그러하다. 어떤 것은 어떤 사람에게는 강화물로서 극단적으로 좋은 효과가 있고 다른 사람에게는 그렇지 않다. 오로지 고득점을 기록하기 위해 컴퓨터 게임을 몇 시간이나 하는 사람을 생각해 보라. 한 기발한 실험에서는 어미 쥐가 레버를 누르면 새끼 쥐가 어미 쥐의 장 안으로 운반되어 들어올 수 있게 했다. 그러자 어미 쥐들은 레버를 누르고 또 눌러서 점점 더 많은 새끼 쥐들을 받아들였다(Lee, Clancy, & Fleming, 1999). 무엇이 좋은 강화물이고 무엇이 아닌지를 보여주는 어떤 패턴이 있기라도 한 것일까?

강화물은 개체에게 생물학적으로 유용한 것이라고 추측할 수도 있겠으나 그렇지 않은 강화물이 많다. 예를 들어 단맛을 내지만 생물학적으로는 쓸모없는 화학물질인 사카린은 강화물이 될 수 있다. 많은 사람에게 알코올과 담배는 비타민이 풍부한 채소보다 더 강한 강화물이다. 따라서 생물학적 유용성이 강화를 정의하지는 않는다.

균형이라는 개념에 기대어 강화를 무리 없이 정의하는 한 이론이 있다. 우리가 만약 하루를 원하는 대로 보낼 수 있다면 시간을 평균적으로 어떻게 쪼갤까? 하루의 30%를 자는 데, 10%를 먹는 데, 5%를 운동에, 11%를 독서에, 9%를 친구와 수다 떠는 데, 2%를 몸치장에, 2%를 피아노 연주에 등등으로 보낼 수 있을 것이다. 이제 어떤 이유로 지난 하루 또는 이틀간 이런 활동 중 하나를 못했다고 하자. 그 활동을 할 기회는 우리를 균형 상태로 되돌려 놓을 것이다. 강화에 대한 불균형 원리(disequilibrium principle)에 따르면 어떤 활동을 막는 것은 무엇이든 간에 불균형을 야기하며 균형 상태로 돌아갈 기회는 강화력을 발휘할 것이다(Farmer-Dougan, 1998; Timberlake &

246 6 학습

한 사람에게는 강화물로 작용하는 것이 다른 사람에게는 그렇지 않을 수 있다. Lucy Pearson (왼쪽)은 자동차의 휠 캡을 11만 개 이상 수집했다. Jim Hambrick(오른쪽)은 슈퍼맨 관련 상품을 수집한다.

Farmer-Dougan, 1991).

물론 어떤 활동은 다른 활동보다 더 필요하다. 만약 산소가 결핍되었다면 숨을 쉴 수 있는 기회가 극단적인 강화력을 발휘할 것이다. 독서 시간이나 전화 시간이 결핍되었다면 그런 활동의 강화력이 산소 흡입만큼 되지는 않을 것이다.

개념 점검 　11. 아이가 집안의 허드렛일을 하는 것을 강화하고자 하는데 무엇이 좋은 강화물일지 모른다고 하자. 불균형 원리에 따르면 어떻게 해야 할까?

일차 강화물과 이차 강화물

심리학자들은 그 자체의 속성 때문에 강화력을 지니는 일차 강화물(primary reinforcer, 또는 무조건 강화물)과 다른 어떤 것과 연합됨을 통해 강화력을 갖게 되는 이차 강화물(secondary reinforcer, 또는 조건 강화물)을 구분한다. 음식과 물은 일차 강화물이다. 돈(이차 강화물)은 음식이나 기타 일차 강화물과 교환될 수 있기 때문에 강화력을 지니게 된다. 학생은 좋은 성적을 받으면 사람들이 인정해 준다는 것을 배우고 회사원은 생산성이 높으면 고용주의 칭찬을 받는다는 것을 배운다. 이런 경우 이차라는 말은 '학습된'이라는 의미이지 중요하지 않다는 말이 아니다. 우리는 이차 강화물을 얻기 위한 활동에 대부분의 시간을 소비한다.

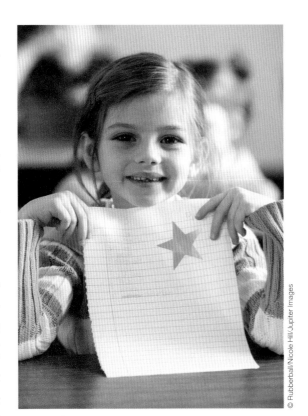

이차 강화물 중에는 놀라울 만치 강력한 것이 많다. 교사가 숙제에 붙여주는 금별 같은 것을 받기 위해 아이들이 얼마나 열심히 공부하는지 생각해 보라.

처벌

강화물과 반대로 처벌(punishment)은 반응이 일어날 확률을 감소시킨다. 강화물은 어떤 자극의 제시(예컨대 먹이를 받음)이거나 제거(예컨대 통증이 멈춤)일 수 있다. 마찬가지로 처벌도 어떤 자극의 제시(예컨대 통증이 생김)이거나 제거(예컨대 먹이를 빼앗김)일 수 있다. 처벌은 신속하고 예측 가능할 때 가장 효과적이다. 처벌이 불확실하거나 지연되면 효과가 떨어진다. 예를 들면, 뜨거운 난로에 손을 댔을 때 느껴지는 타는 듯한 통증은 무엇을 피해야 하는지를 매우 효과적으로 가르쳐준다. 흡연이 오랜 세월 후에 암을 유발할 수도 있다는 위협은 효과적이긴 해도 그다지 강력하지는 않다.

처벌이 항상 효과가 있는 것은 아니다. 처벌받을 것

이라는 우려가 항상 효과가 있다면 범죄율은 0일 것이다. B. F. Skinner(1938)는 유명한 실험실 연구에서 처벌의 효과를 알아보았다. 그는 먼저 배고픈 쥐에게 막대를 눌러서 먹이를 얻도록 가르친 다음 그런 막대 누르기에 대한 강화를 중지했다. 그러고서 10분 동안 어떤 쥐들은 먹이를 받지 못했을 뿐만 아니라 막대를 누를 때마다 앞발을 찰싹 얻어맞았다. (그 막대가 도로 튕겨서 발을 때렸다.) 이런 처벌을 받은 쥐들은 잠시 동안 막대 누르기를 덜 했지만 장기적으로는 처벌 받지 않은 쥐들만큼 많이 막대를 눌렀다. Skinner는 처벌이 장기적인 효과가 없다는 결론을 내렸다.

그러나 그런 결론은 과장된 것이다(Staddon, 1993). 할 수 있는 다른 반응이 없을 경우에는 처벌이 반응을 크게 약화시키지 않는다는 것이 더 좋은 결론일 것이다. Skinner의 배고픈 쥐들은 먹이를 얻을 다른 방도가 없었다. (우리가 숨쉬기에 대해 처벌을 받는다면, 그럼에도 불구하고 우리는 여전히 숨을 쉴 것이다.)

엉덩이 때리기 같은 아동에 대한 체벌은 잘하는 일일까 안 될 일일까? 엉덩이 때리기는 미국에서는 널리 퍼져 있지만 다른 많은 나라(대부분 유럽)에서는 불법적인 일이다(Zolotor & Puzia, 2010). 많은 심리학자가 엉덩이 때리기를 그만두기를 강력하게 주장하면서 부모가 단순히 아이와 합리적으로 이야기하거나 비신체적인 훈육법(타임아웃이나, TV 시청 또는 기타 특전을 빼앗는 등의)을 사용하라고 권고한다. 이러한 권고를 뒷받침하는 증거는 무엇일까?

체벌과 나중의 행동 사이에 상관관계가 있음이 모든 연구에서 나타났다. (어떤 부모는 아이의 엉덩이를 때리도록, 어떤 부모는 그러지 않도록 무선 배정하여 실험할 수는 없다.) 연구 결과는 자주 엉덩이를 맞은 아이가 버릇이 없는 경향이 있음을 보여준다. 이 결과를 해석할 때의 문제점이 보이는가? 엉덩이 때리기가 버릇없는 행동의 원인일 수도 있고 아니면 버릇없는 아이가 부모를 화나게 해서 엉덩이를 맞을 수도 있을 것이다. 또한 엉덩이 때리기는 스트레스가 많은 상황에 놓인 가정, 부모의 불화가 심한 가정, 또는 버릇없는 행동을 초래할지도 모를 다른 요인을 지닌 가정에서 더 흔한 일일 수도 있다(Morris & Gibson, 2011). 더 좋은 연구를 하려면, 자주 엉덩이를 맞은 아이를 비슷한 배경을

지녔지만 타임아웃 같은 비신체적 처벌을 자주 받은 아이와 비교할 수 있다. 그런 유형의 연구는 엉덩이를 맞은 아이와 다른 종류의 처벌을 받은 아이 간에 아무런 차이를 보여주지 않는다(Larzelere, Cox, & Smith, 2010). 따라서 처벌이 나쁜 행동을 야기하기보다는 나쁜 행동이 처벌(어떤 유형이든지 간에)을 야기하는 것으로 보인다.

아동 학대에 가까운 심한 처벌의 경우에는 결론이 달라진다. 그런 처벌로 일어나기 마련인 결과로는 반사회적 행동, 낮은 자존감, 부모에 대한 적대감이 있다(Larzelere & Kuhn, 2005).

개념 점검   12. 자주 엉덩이를 맞은 아이는 나쁜 행동을 하는 경향이 많다. 여기서 왜 엉덩이 때리기가 나쁜 행동을 초래한다고 결론 내릴 수 없는가?

강화와 처벌의 범주

앞서 나온 바와 같이 강화물은 음식 같은 어떤 것을 제시하는 것일 수도, 통증 같은 어떤 것을 회피하는 것일 수도 있다. 처벌 또한 어떤 것을 제시하는 것일 수도, 제거하는 것일 수도 있다. 심리학자는 표 6.1에서처럼 이런 가능성들을 구분하기 위해 서로 다른 용어를 사용한다.

이 표의 왼쪽 위와 오른쪽 아래 칸은 모두 강화를 보여준다. 강화는 행동의 발생 가능성을 항상 증가시킨다. 강화는 정적 강화(positive reinforcement, 음식 같은 어떤 것을 제시하기)일 수도 있고 부적 강화(negative reinforcement, 통증 같은 어떤 것을 회피하기)일 수도 있다. 부적 강화라는 용어가 혼란스럽거나 오해를 불러일으킨다고 여기는 사람이 많다(Baron & Galizio, 2005; Kimble, 1993). 그래서 그 대신에 대부분의 연구자들은 도피 학습 또는 회피 학습이라는 용어를 사용한다. (개체가 위험을 벗어나거나 미리 회피하는 기회를 통해 강화를 받는다.)

처벌은 어떤 행동의 발생 가능성을 항상 감소시킨다. 표 6.1에서 오른쪽 위와 왼쪽 아래 칸은 두 유형의 처벌을 보여준다. 처벌은 통증(엉덩이 때리기) 같은 어떤 것을 제시하는 것일 수도 있고 음식(잠자기 전의 간식) 같은 어떤 것을 생략하는 것일 수도 있다. 무언가를 생략하는 처벌은 때때로 부적 처벌(negative punishment)이라고도 한다.

어떤 절차가 무엇인지 분류하려면 그 표현을 잘 보라. 어떤 절차가 행동을 증가시킨다면 그 절차는 강화이다. 행동을 감소시킨다면 그 절차는 처벌이다. 그 강화가 무언가를 제시하는 것이라면 그 절차는 정적 강화이다. 그 강화가 무언가의 부재라면 그것은 부적 강화인데, 이는 도피 학습 또는 회피 학습이라고도 한다.

개념 점검   13. 다음 예들 각각이 무슨 절차인지 표 6.1에 있는 용어를 사용하여 말하라.
     a. 사장이 당신에게 초과 근무 상여금을 준다.
     b. 룸메이트가 당신이 새벽 5시에 아코디언을 다시 연주하면 죽여 버리겠다

표 6.1 조작적 조건형성의 네 범주

	음식 같은 사건	통증 같은 사건

음식 같은 사건

행동은 이 사건을 일으킴

정적 강화

결과: 음식의 제시로 강화를 받아 행동이 증가함

예: "네 방을 청소하면 오늘 저녁에 피자를 사 주마."

통증 같은 사건

처벌

결과: 행동의 감소, 따라서 통증의 감소

예: "날 다시 모욕하면 따귀를 때릴 거야."

행동은 이 사건을 생략시킴

처벌

결과: 행동의 감소, 따라서 먹을 수 있는 음식이 여전히 존재함

예: "네 동생을 또 때리면 디저트를 안 줄 거야."

부적 강화 = 도피 학습 또는 회피 학습

결과: 행동의 증가, 따라서 통증의 감소

예: "저 병원에 가면 의사가 네 발에 박힌 가시를 뽑아 줄 거야."

고 위협해서 그 시각에는 아코디언을 연주하지 않게 된다.

c. 피부암에 걸릴 위험을 줄이려고 자외선 차단제를 바른다.

d. "똑, 똑, 똑" 물이 떨어지는 소리를 없애려고 수도꼭지를 잠근다.

e. 덜 익힌 해산물을 먹고서 탈이 난 적이 있기 때문에 그런 음식을 피하게 된다.

f. 수영 코치가 당신이 훈련 규칙을 어기면 다음번 수영대회 (당신이 기대하고 있는)에 출전할 수 없다고 당신에게 말한다.

g. 속도위반 딱지를 받으면 가족용 대형차를 일정 기간 운전 하지 못하게 된다.

h. 폭풍이 불어 닥치면 비에 젖지 않으려고 실내로 들어오기 를 배운다.

더 살펴볼 현상들

고전적 조건형성에서 나온 소거, 일반화 및 변별이라 는 개념을 상기해 보라. 똑같은 개념이 조작적 조건형 성에도 적용되는데 절차가 다를 뿐이다.

소거

"맨 처음에 성공하지 못하면 해보고 또 해봐."라는 말 을 들어본 적이 분명히 있을 것이다. 코미디언 W. C. Fields는 "맨 처음에 성공하지 못하면 해보고 또 해봐. 그러고는 포기해. 바보처럼 그 빌어먹을 노력을 계속

표 6.2 고전적 조건형성과 조작적 조건형성

	고전적 조건형성	조작적 조건형성
용어	CS, UCS, CR, UCR	반응, 강화
행동	UCS를 통제하지 않는다.	강화를 통제한다.
습득 시의 짝짓기	두 자극(CS와 UCS)	반응과 강화(특정 자극의 존재하에서)
반응	대부분 내장기관의 반응	대부분 골격근 반응
소거 절차	UCS 없이 CS만 제시	강화받지 못하는 반응

하는 건 쓸데없는 짓이야."라고 말했다.

조작적 조건형성에서 반응이 강화를 초래하기를 중지하 면 소거가 일어난다. 예를 들면 당신이 한때 룸메이트 에게 저녁을 같이 먹자고 말하는 습관이 있었다고 하 자. 최근 여러 차례 룸메이트가 거절을 하면 당신은 같 이 먹자고 말하기를 중지하게 된다. 고전적 조건형성 에서 소거는 UCS없이 CS를 제시함으로써 이루어진다. 조작적 조건형성에서 소거 절차는 반응에 강화가 뒤 따르지 않는 것이다. 표 6.2는 고전적 조건형성과 조작 적 조건형성을 비교하고 있다.

일반화

어떤 자극이 존재하는 상태에서 어떤 반응에 대해 강 화를 받는 사람은 유사한 자극이 있는 상태에서 아마

독이 있음   독이 없음

그림 6.13 오른쪽의 무해한 개구리는 독이 있는 종을 닮은 모양을 갖도록 진화했다. 이는 새가 학습된 회피 반응을 일반화하는 방식을 이용한 것이다. (출처: C. R. Darst & M. E. Cummings, 2006.)

도 똑같은 반응을 할 것이다. 새로운 자극이 원래의 강화 받은 자극과 유사할수록 똑같은 반응이 나올 확률이 높다. 이런 현상을 자극 일반화라고 한다. 예를 들면 렌터카에서 방향지시등 스위치를 조작하려고 자기 자동차에서 그 스위치가 있는 곳과 똑같은 위치로 손이 갈 수도 있다.

자신의 천적이 나타내는 자극 일반화를 역이용하는 겉모습을 갖도록 진화된 동물이 많다(Darst & Cummings, 2006). 독사를 피하기를 학습한 독수리는 아마도 독사와 비슷한 모습의 독 없는 뱀도 역시 피할 것이다. 역겨운 맛이 나는 나비를 피하기를 학습한 새는 비슷하게 생긴 다른 나비도 역시 피할 것이다. 그림 6.13은 그런 예를 보여준다.

변별과 변별 자극

두 자극 중 한 자극에 대한 반응에만 강화가 주어진다면 그 결과는 두 자극 간의 변별(discrimination), 즉 한 자극에만 반응하고 다른 자극에는 반응하지 않는 것이다. 예를 들어 당신이 어떤 사람에게 자신이 아는 사람인 줄로 생각하고 웃으며 인사하고 나서 그가 다른 사람임을 깨닫게 된다고 하자. 그런 경험을 여러 번 하고 나면 그 두 사람 간의 차이를 인식하게 된다.

어느 반응이 적절한지 또는 부적절한지를 알려주는 자극을 변별 자극(discriminative stimulus)이라고 한다. 우리 행동의 많은 부분이 변별 자극에 의존한다. 예를 들면 우리는 일반적으로 강의를 들으면서 조용히 있지만 교수가 토론을 하도록 격려하면 말을 하게 된다. 차를 운전할 때 어떤 도로에서는 빨리 달리지만 다른 도로에서는 느리게 달리기를 배운다. 온종일 계속 이어지

는 여러 자극들이 어떤 행동이 강화를 받을지, 처벌을 받을지, 또는 아무것도 받지 않을지를 신호해 준다. 한 자극이 어떤 반응은 부추기고 다른 반응은 하지 않게 만드는 능력을 자극 통제(stimulus control)라고 한다.

B. F. Skinner와 반응의 조성

가장 유명한 심리학자 중 한 사람인 B. F. Skinner(1904~1990)는 조작적 조건형성이 많은 곳에 사용될 수 있음을 보여주었다. Skinner는 충실한 행동주의자여서 복잡한 정신과정을 통해서보다는 항상 강화 내력의 측면에서 단순한 설명을 하기를 추구했다.

모든 행동 연구자가 직면하는 한 가지 문제는 반응을 어떻게 정의할 것인가이다. 아이들을 관찰하면서 "공격적 행동"의 수를 세고 있다고 하자. 무엇이 공격적 행동이고 무엇이 공격적 행동이 아닐까? Skinner는 상황을 단순화시킴으로써 측정이 간단해지게 만들었다(Zuriff, 1995). 즉 조작적 조건형성 상자(또는 Skinner 자신은 한 번도 사용한 적이 없는 용어인 스키너 상자)를 개발하여 그 속에 든 쥐가 레버를 누르거나 비둘기가 원반을 쪼아서 먹이를 받아먹게 만들었다(그림 6.14). Skinner는 동물이 어떤 식으로든 레버를 누르거나 원반을 쪼면 그 행동을 반응으로 정의했다. 그래서 쥐가 앞발 대신에 코로 레버를 누르면 그것도 반응으로 간주했다. 비둘기가 부리로 원반을 쪼는 대신 날개로 원반을 치면 그것도 역시 반응이었다. 반응은 근육 움직임이 아니라 그 결과에 의해 정의되었다는 말이다.

그런 식의 정의가 의미가 있을까? Skinner는 그것이 일관성 있는 결과를 낳기 때문에 의미가 있다고 답했다. 한 행동(어떠한 행동이라도)을 어떻게 정의할지 결정할 때 최선의 것은 가장 명백한 결과를 산출하는 정의이다.

행동을 조성하기

Thorndike는 고양이를 훈련시켜 막대를 밀거나 끈을 당기도록 하려 했을 때 단순히 고양이를 문제상자 속에 넣고 그냥 기다렸다. Skinner는 쥐가 레버를 누르도록, 비둘기가 원반을 쪼도록 훈련시키려 했다. 이런

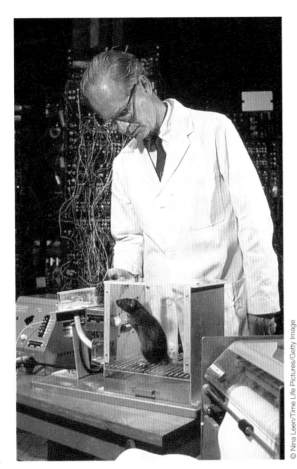

그다음엔 스키너 상자를 두 영역으로 나누고 레버가 있는 절반의 영역 내에서 쥐가 정확한 방향을 향하고 일어설 때만 강화를 준다. 점차로 두 영역 간 경계를 옮기면 쥐가 레버에 더 가까이 가게 된다. 그러고는 쥐가 레버를 만져야 하고 마침내 레버에 무게를 실어야 하게 만든다. 일련의 짧고 쉬운 단계를 거쳐서 쥐가 레버를 누르도록 조성한다.

조성은 물론 인간에게도 역시 적용된다. 교육을 보자. 처음에는 아이가 손가락으로 셈을 하면 부모나 교사가 칭찬을 한다. 나중에는 덧셈과 곱셈을 해야 칭찬을 들을 수 있다. 하나씩 단계를 거치면서 더 복잡한 산수 과제를 하다가 결국 고급 수학을 하고 있게 된다.

행동 연쇄짓기

일상적으로 우리는 단 한 가지 행위만 하고 중지하지는 않는다. 우리는 행동들을 순차적으로 길게 이어서 한다. 순차적인 행동을 만들어내기 위해 심리학자들은 연쇄짓기(chaining)라는 절차를 사용한다. 서커스용 말을 훈련시켜 일련의 행동을 순차적으로 하게 만들고자 한다고 하자. 우리는 각 행동을 그다음 행동을 할 수 있는 기회로 강화하여 행동들을 사슬처럼 연결할 수 있다. 동물은 마지막 행동을 학습하기부터 시작한다. 그러고는 그 마지막 행동 앞의 행동을 학습하는데, 이는 그 마지막 행동을 수행할 수 있는 기회를 얻음으로써 강화를 받는다. 그리고 이런 식으로 행동이 이어진다.

예를 들면, 쥐를 그림 6.15f에서처럼 제일 높은 선반에 올려놓으면 거기서 쥐는 먹이를 먹는다. 그러고는 제일 높은 선반으로 올라가는 사다리가 있는 중간 선반에 쥐를 놓는다. 쥐는 사다리 오르기를 학습한다. 그다음에 쥐를 다시 중간 선반에 사다리 없이 놓아둔다. 제일 높은 선반으로 기어 올라가기 위해서는 쥐가 끈을 당겨서 사다리를 끌어올리기를 학습해야 한다. 그다음에는 쥐를 가장 아래 선반에 놓아둔다(그림 6.15a). 이제 쥐는 사다리를 올라 중간 선반으로 가서, 끈을 당겨 사다리를 끌어올린 후, 그 사다리를 다시 오르기를 학습한다. 이와 같은 연쇄는 계속 이어질 수 있다. 각 행동은 그다음 행동을 할 수 있는 기회로 강화를 받아서 결국에는 마지막 행동이 먹이로 강화를 받는다.

사람들도 반응 연쇄를 학습한다. 우리는 숟가락과

그림 6.14 B. F. Skinner가 조작적 조건형성 상자 속의 쥐를 살펴보고 있다. 레버 위의 불빛이 켜져 있을 때 레버 누르기가 강화를 받는다. 먹이알이 공급 장치(왼쪽)로부터 굴러 나와서 튜브를 타고 상자 속으로 떨어진다.

행동은 그 동물들의 일상적인 행동이 아니다. 만약 동물을 단순히 상자에 넣고 기다렸다면 Skinner는 대단히 오랫동안 기다려야 했을 수 있다. 훈련 과정을 빨리 진행시키기 위해 Skinner는 조성(shaping, 또는 조형)이라는 강력한 기법을 도입했는데, 이는 학습시키려는 새로운 반응에 점차로 가까워지는 반응들을 강화함으로써 새로운 반응을 형성시키는 것이다.

쥐가 레버를 누르도록 조성하려면, 쥐가 흔히 하는 행동인 일어서기를 할 때 강화를 주기부터 시작할 수 있다. 몇 번 강화를 받고 나면 쥐는 일어서기를 더 자주 한다. 이제 규칙을 바꿔서 쥐가 레버를 향하여 일어설 때만 먹이를 준다. 곧 쥐는 레버를 향하여 일어서는 데 더 많은 시간을 보낸다. 다른 방향을 향하고 일어서는 행동은 강화받지 않기 때문에 소거된다.

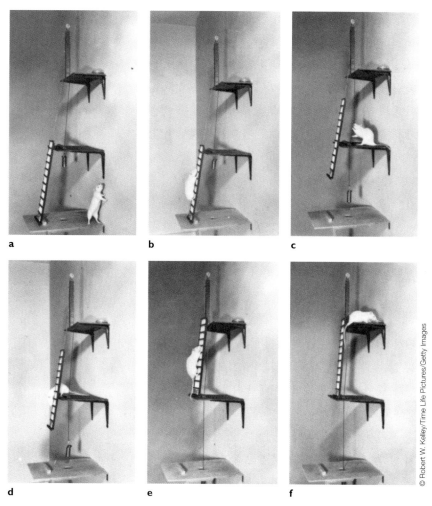

a b c

d e f

그림 6.15 연쇄짓기에서는 각 행동이 그다음 행동을 할 기회에 의해 강화받는다. 제일 높은 선반에 있는 먹이를 먹기 위해서는 이 쥐가 사다리를 올라가 끈을 당겨서 그 사다리를 끌어올리고 다시 그 사다리를 기어 올라가야 한다.

운데로 가서, 똑바로 앉아 있다가, 막대 옆에 있는 끈에다가 앞발을 올리고, 끈을 잡아당겨서 미국 국기를 게양하고는, 뒤로 물러서서 경례를 하게 만들었다. 그러고 나서야 쥐는 강화물을 받았다. 애국심이 쥐의 일상적인 행동 목록의 일부가 아닌 것임은 말할 필요도 없다. 요지는 연쇄짓기가 복잡한 행동을 만들어낼 수 있다는 것이다.

강화계획

조작적 조건형성에서 가장 단순한 절차는 정확 반응 각각에 대해 모두 강화를 제공하는 것인데, 이런 절차를 연속 강화라 한다. 그러나 실생활에서는 연속 강화가 흔하지 않다.

모든 반응이 아니라 일부 반응에만 강화가 주어지는 것을 간헐적 강화 또는 부분 강화라고 한다. 우리는 반응의 일부만이 강화를 받을 것임을 알게 되면 행동이 달라진다. 심리학자들은 강화계획(schedules of reinforcement), 즉 강화를 주기 위한 규칙의 효과를 많이 연구했다. 간헐적 강화를 주기 위한 네 가지 계획은 고정 비율, 변동 비율, 고정 간격, 그리고 변동 간격 계획이다(표 6.3을 보라). 비율 계획은 반응의 수에 따라 강화를 제공한다. 간격 계획은 반응의 타이밍에 따라 강화를 제공한다.

고정 비율 계획

고정 비율 계획은 일정한(고정된) 수의 정확 반응이 나오고 나서야 강화를 제공한다. 예로는 과일 따는 사람에게 과일 몇 kg당 임금을 지급하는 것이나 제과점에서 빵을 10개 살 때마다 하나를 더 얹어주는 것을 들 수 있다.

두서너 개의 반응처럼 적은 수의 반응이 필요한 고정 비율 계획은 안정된 반응률을 만들어낸다. 그러나 강화를 받으려면 많은 수의 반응이 필요할 경우에는 일반적으로 각 강화 후에 휴지 기간이 있고 나서 꾸준한 반응이 다시 시작된다. 연구자들은 때로는 그 결과를 누가(累價) 기록 그래프로 그리는데, 아무 반응이 없으면 평탄한 선이 그려지다가 각 반응마다 선이 한 눈금 올라간다. 10번의 반응을 요구하는 고정 비율 계획이 만들어내는 전형적인 결과는 다음 그림에서 보는 바와 같을 것이다. 강화당 반응의 수는 일정하지만 한

젓가락으로 식사하기를 배운다. 그러고는 자기 음식을 자신이 가져오기를 배운다. 마침내 우리는 어떤 음식을 만들지 계획하고, 시장에 가서, 필요한 재료를 사와서, 요리를 하고, 식기에 담아서, 먹기까지 배우게 된다. 각 행동은 그다음 행동을 할 기회에 의해 강화를 받는다.

조성과 연쇄짓기의 효과를 보여주기 위해 Skinner는 한 가지 시범을 보였다. 먼저 그는 쥐가 우리의 한가운데로 가게 훈련시켰다. 그러고는 특정 음악 소리가 나올 때만 쥐가 그렇게 하도록 훈련시켰다. 그다음에는 쥐가 특정 음악 소리가 나오기를 기다려서는, 우리의 한가운데로 가서, 엉덩이를 바닥에 대고 앉아 있게 훈련시켰다. 한 단계씩 훈련시켜서 Skinner는 마침내 쥐가 음악 소리(미국 애국가)를 기다려서, 우리 한가

표 6.3 몇 가지 강화계획

유형	설명
연속	정확한 반응마다 모두 강화
고정 비율	일정한 수의 반응이 끝나면 강화
변동 비율	평균값을 중심으로 불규칙하게 변하는 수의 반응에 대해 강화
고정 간격	앞선 강화 이후 일정한 지연 후에 나오는 첫 번째 반응을 강화
변동 간격	앞선 강화 이후 불규칙한 지연(평균값을 중심으로 변하는) 후에 나오는 첫 번째 반응을 강화

강화와 그다음 강화 사이의 시간은 변동할 수 있음을 잘 보라. 일반적으로 더 많은 수의 반응을 요구하는 강화계획일수록 휴지 기간이 더 길다. 예를 들면 방금 10개의 수학 문제를 풀었다면 다음 숙제를 하기 전에 잠시 쉰다. 만약 100개의 문제를 풀었다면 더 오래 쉬게 된다.

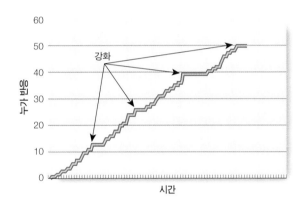

변동 비율 계획

변동 비율 계획은 고정 비율 계획과 비슷하지만 강화가 일정한 수가 아니라 다양한 수의 정확 반응 후에 주어진다는 점만이 다르다. 예를 들어 강화가 한두 번의 반응 후에, 때로는 다섯 번의 반응 후에, 때로는 열 번의 반응 후에 일어날 수 있다. 변동 비율 계획은 꾸준한 반응률을 생성한다.

변동 비율 계획 또는 그와 비슷한 계획은 각 반응이 대략 동등한 성공 확률을 가질 때마다 일어난다. 예를 들면 취업 지원서를 내면 취직이 될 수도 있고 안 될 수도 있다. 더 많은 곳에 지원할수록 취직할 확률은 더 높지만 취직이 되기 전까지 얼마나 많이 지원을 해야 할지는 예측할 수 없다. 도박도 변동 비율 계획으로 성과가 나온다. 복권을 살 경우 매번 당첨 확률이 어느 정도 있지만 당첨되기(라도 한다면)까지 얼마나 여러 번 복권을 사야 할지 예측할 수 없다.

고정 간격 계획

고정 간격 계획은 일정한 시간 간격 후에 나오는 첫 반응에 대해 강화를 제공한다. 예를 들어 동물이 15초 간격 후에 한 첫 번째 반응에 대해 먹이를 받을 수 있다. 그러고는

다른 반응이 효과적이려면 또 15초를 기다려야 한다. 그런 계획상에 있는 동물(인간을 포함하여)은 강화를 받은 후에 멈추었다가 그 시간 간격이 끝나갈 때쯤 다시 반응을 시작하기를 학습한다. 다음번 강화를 받을 시간이 다가옴에 따라 반응률은 점점 높아진다. 그런 누가 기록이 아래에 나와 있다. 한 강화와 다음 강화 사이의 지연은 일정하지만 반응의 수는 변함을 잘 보라.

우편함을 열어보는 것은 고정 간격 계획상에 있는 행동의 예이다. 우편물이 대략 오후 3시에 배달되는데 중요한 소포를 초조하게 기다리고 있다면 2시 30분쯤부터 우편함을 열어보기 시작해서 소포가 도착할 때까지 몇 분마다 계속 열어볼 수 있다.

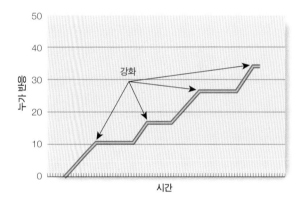

변동 간격 계획

변동 간격 계획에서는 강화가 다양한 시간이 흐른 후에 주어질 수 있다. 예를 들어 강화가 2분 후에 나오는 첫 반응에 주어지고 난 후에, 7초가 지나고 나서 나오는 첫 반응에 대해서, 그러고는 3분 20초 후에 등등으로 주어질 수 있다. 다음 반응이 강화를 받기 전에 얼마나 시간이 지나야 하는지 알 수 없다. 결과적으로 변동 간격 계획상의 반응은 천천히 나오지만 꾸준하다. 페이스북에 들어가 보는 것이 한 예이다. 친구가 어느 때라도 게시물을 올릴 수 있기 때문에 가끔씩 들어가 보게 된다.

상이한 강화계획으로 강화받은 반응들의 소거

두 친구 기주와 준수가 있다고 하자. 기주는 대단히 믿을 만한 사람이다. 기주가 무언가를 하겠다고 할 땐 확실히 한다. 하지만 준수는 그럴 때도 있고 아닐 때도

있다. 이제 두 친구 모두 신뢰하지 못할 행동을 하는 기간을 거친다. 우리는 누구에 대해서 더 빨리 실망하게 될까? 답은 기주이다. 한 가지 설명은 기주의 변화를 더 빨리 알아차릴 수 있다는 것이다. 준수는 과거에 믿을 만하지 못했기 때문에 비슷한 행동을 더 하더라도 거의 눈에 띄지 않는다.

또 다른 예를 보자. 당신이 친구와 함께 카지노에 가서 룰렛 휠에서 도박을 한다. 놀랍게도 당신은 첫 10회의 베팅에서 모두 돈을 딴다. 친구는 따기도 하고 잃기도 한다. 그리고 나서는 둘 모두 오랫동안 계속 잃기만 한다. 두 사람이 똑같은 액수의 돈을 갖고 있다고 가정할 때 누가 더 오랫동안 베팅을 계속할까?

당신의 친구가 그럴 것이다. 비록 처음에 더 유리한 경험을 한 사람은 당신이지만 말이다. 반응은 연속 강화보다 간헐적 강화(비율 계획이든 간격 계획이든)를 받았을 경우에 더 느리게 소거된다. 간헐적 강화를 받은 사람은 돈을 따지 못하면서도 도박을 하는 데 익숙해져 있기 때문에 그 행동이 더 오래 지속된다.

✓

개념 점검
14. 다음의 예 각각에 어떤 강화계획이 적용되는지 말해 보라.
    a. 당신은 극장에서 상영하는 모든 새 영화를 가서 본다. 비록 보고서 좋았던 경우는 대략 1/4밖에 안 되지만 말이다.
    b. 어떤 회사에서 채용 공고가 곧 나올 것이라는 이야기를 듣고서 당신은 가장 먼저 지원하는 사람 중의 하나가 되고 싶다. 그 공고가 언제 나올지 모르기 때문에 당신은 한두 시간마다 찾아보기를 계속한다.
    c. 당신은 TV를 온종일 뉴스만 내보내는 채널에 맞추어 놓는다. 그리고 공부를 하다가 30분마다 고개를 들고 스포츠 경기 점수를 알아본다.
15. 아마추어 천문가가 유성을 보려고 하늘을 관찰한다. 보상(유성을 보는 것)은 변동 간격 계획과 변동 비율 계획 중 어느 것에 따라 주어질까?
16. 신참 도박꾼과 고참 도박꾼이 각자 20번 연속해서 돈을 잃는다. 누가 도박을 계속할 가능성이 더 높은가? 왜?

활용

조작적 조건형성은 이론적 관심으로부터 생겨나기는 했지만 오랫동안 여러 분야에 응용되어 온 역사가 있다. 두 가지 예를 보자.

설득

다른 사람으로 하여금 불쾌한 어떤 일을 하도록 어떻게 설득할 수 있을까? 극단적인 예로, 적군인 전쟁포로로 하여금 아군에게 협조하도록 설득할 수 있을까?

조성 기법을 활용하여 먼저 사소한 수준의 협조에 강화를 주고 나서 조금씩 목표를 향하여 나아가도록 작업할 수 있다. B. F. Skinner나 정적 강화에 대한 이야기를 아마도 들어본 적이 없는 사람들이 이런 원리를 적용한 예가 있다. 한국전쟁 당시 중국 공산당은 미국군 전쟁포로들이 집으로 쓴 편지 중 일부는 전달하고 일부는 중간에 가로챘다. (어느 편지가 전달되었는지는 전쟁포로들이 답장을 받으면 알 수 있었다.) 포로들은 자신을 억류하고 있는 자들에 대한 약간 호의적인 내용을 적어 놓으면 편지가 집으로 전달될 수 있다는 것을 어렴풋이 알게 되었다. 따라서 포로들은 중국 공산당이 사실 그렇게 나쁜 자들은 아니라거나 중국 시스템의 어떤 측면은 아주 잘 작동하는 것으로 보인다거나 전쟁이 곧 끝나기를 희망한다는 말들을 가끔씩 포함시키기 시작했다.

얼마 후 중국군은 글쓰기 대회를 열어서 자기네 관점에서 가장 글을 잘 쓴 포로에게 음식이나 다른 특전을 추가로 제공했다. 상 받은 글들은 대부분 중국 공산당을 약간 칭찬하거나 미국을 약간 비판하는 문장을 한두 개 포함하고 있었다. 점차로 더 많은 포로들이 그런 문장을 포함시키기 시작했다. 그러자 중국군은 "당신은 미국이 완전하지 않다고 말했소. 어떤 면에서 미국이 그러한지 우리에게 이야기해 줄 수 있겠소? 당신네 시스템을 우리가 더 잘 이해할 수 있도록 말이오." 라고 묻기도 했다. 시간이 흐르면서 중국군은 고문을 하지 않고도 별로 크지 않은 강화만을 사용하여 미국군 포로들로 하여금 미국을 비난하고 거짓 자백을 하고 동료 포로들을 밀고하고 군사 기밀을 유출하도록 유도했다(Cialdini, 1993).

요점은 명백하다. 쥐로 하여금 국기에 경례하게 만들기를 원하든지 아니면 병사로 하여금 국기를 훼손하게 만들기를 원하든지 간에 가장 효율적인 훈련 기법은 쉬운 행동부터 시작하여 그 행동을 강화한 후에 점차로 더 복잡한 행동을 조성하는 것이다.

응용 행동분석/행동 수정

어떤 식으로든 사람들은 거의 항상 다른 사람의 행동에 영향을 주려고 한다. 심리학자들은 그런 영향력을 향상시키는 데 조작적 조건형성을 활용해 왔다.

행동 수정(behavior modification)이라고도 불리는 응용 행동분석(applied behavior analysis)에서는 심리학자가 바람직하지 않은 행동에 대한 강화를 제거하고 더 받아들일 만한 행동에 강화를 제공한다. 예를 들어 학교심리학자들은 주의집중 결핍 장애가 있는 아이들이 학교 숙제를 더 많이 끝내도록 도와주는 프로그램을 개설했다.

아이들은 각 숙제를 끝내면 말로 칭찬을 받는데다가 점수도 받았고 숙제를 정확하게 하면 추가로 점수를 더 받았다. 자기 자리를 뜨는 것 같은 모든 규칙 위반에 대해서는 점수를 잃었다. 각 주말에는 점수를 충분히 많이 받은 아이들이 파티에 가거나 현장학습을 나갈 수 있었다. 이런 프로그램을 시행한 결과, 숙제 완성과 수업 중 행동이 많이 개선되었다(Fabiano et al., 2007).

또 다른 예를 보자. 놀이터에서 엎드려서 미끄럼틀을 타고 내려가는 것처럼 놀이기구를 잘못 사용해서 다치는 아이가 많다. 그런 위험한 행동의 강화물은 단순히 짜릿한 느낌일 뿐이다. 그런 행동을 중지시키기 위해 한 안전 요원이 초등학교 수업에서 놀이터 안전에 관해 이야기하면서 만약 모든 아이들이 놀이터에서 더 안전하게 논다면 그 반 전체에 보상을 주겠다고 했다. 대학생들이 놀이터에서 아이들의 행동을 관찰하여 위험한 행동의 수를 보고했다. 강화물은 안전하게 놀았던 아이들의 교실 문에 화려한 색깔의 포스터를 붙여주는 것 같은 사소한 것이었다. 그럼에도 불구하고 그 결과 위험한 행동이 감소했고 이후 몇 주 동안 그런 향상된 상태가 지속되었다(Heck, Collins, & Peterson, 2001).

개념 점검

17. 어떤 사람의 적절한 발언에 더 주의를 집중하는 것은 표 6.1에 기술된 절차 중에서 어느 것에 해당하는가? 부적절한 발언에 주의를 덜 집중하는 것은 어느 절차에 해당하는가?

조작적 조건형성과 인간 행동

당신이 듣는 수업의 강사가 시험 및 보고서 점수와는 상관없이 모든 학생에게 학기말에 똑같은 학점을 주겠다고 공언한다고 하자. 당신은 그 과목을 열심히 공부하겠는가? 아마도 아닐 것이다. 또는 고용주가 직원들이 자기 직무를 얼마나 잘하는가와는 무관하게 월급인상과 승진을 시행하겠다고 말했다고 하자. 당신은 최대한 열심히 일하겠는가? 그럴 리 없다. 우리의 행동은 쥐나 비둘기의 행동과 꼭 마찬가지로 그 결과에 좌우된다. 이것이 조작적 조건형성의 중요한 요점이다.

요약

- 강화. Edward Thorndike는 강화를, 선행한 반응이 미래에 일어날 확률을 증가시키는 과정이라고 정의했다. (245쪽)
- 조작적 조건형성. 조작적 조건형성은 어떤 행동의 비율을 그 행동의 결과를 통해서 통제하는 과정이다. (246쪽)
- 강화의 성질. 만약 어떤 행동을 할 기회가 결핍되었다면 그 행동을 다시 할 수 있는 기회가 강화력을 갖게 된다. 또한 다른 강화물과 교환될 수 있는 어떤 것은 그 자체가 강화물이 된다. (246쪽)
- 강화와 처벌. 행동은 좋은 사건이 제시되거나 싫은 사건이 생략됨으로써 강화를 받는다. 행동은 싫은 사건이 제시되거나 좋은 사건이 생략됨으로써 처벌을 받는다. (248쪽)
- 소거. 조작적 조건형성에서 반응은 더 이상 강화가 뒤따르지 않으면 소거된다. (249쪽)

- **조성.** 조성은 목표 행동에 점차로 비슷해지는 행동들을 강화함으로써 그 목표 행동을 수행하도록 훈련시키는 기법이다. (250쪽)
- **강화계획.** 어떤 반응의 빈도와 타이밍은 강화계획에 좌우된다. 비율 계획에서는 고정된 또는 다양한 수의 반응 후에 강화가 주어진다.

간격 계획에서는 고정된 또는 다양한 시간 간격 후에 강화가 주어진다. (252쪽)
- **활용.** 사람들은 설득이나 응용 행동분석 같은 분야에 조작적 조건형성을 활용해 왔다. (254쪽)

핵심 용어

간헐적 강화 (252쪽)

강화 (245쪽)

강화계획 (252쪽)

고정 간격 계획 (253쪽)

고정 비율 계획 (252쪽)

골격근 반응 (246쪽)

내장 반응 (246쪽)

변동 간격 계획 (253쪽)

변동 비율 계획 (253쪽)

변별 (250쪽)

변별 자극 (250쪽)

부적 강화 (247쪽)

불균형 원리 (246쪽)

소거 (249쪽)

연속 강화 (252쪽)

연쇄짓기 (251쪽)

응용 행동분석(또는 행동 수정) (255쪽)

이차 강화물 (247쪽)

일차 강화물 (247쪽)

자극 일반화 (250쪽)

자극 통제 (250쪽)

정적 강화 (247쪽)

조성 (251쪽)

조작적 조건형성 (246쪽)

처벌 (247쪽)

학습 곡선 (245쪽)

효과 법칙 (245쪽)

학습의 다양성

- 어떤 면에서 학습은 특정 필요에 전문화되어 있을까?
- 우리는 어떻게 다른 사람의 성공과 실패로부터 우리 자신이 그 모든 반응을 시도해 보지 않고도 학습할까?

Thorndike, 파블로프 및 기타 학습 연구의 선구자들은 학습은 언제 어디서 일어나든지 간에 동일하다고 가정했다. 만약 그렇다면 연구자는 침 분비 조건형성이나 스키너 상자 속 비둘기의 반응 같은 편리한 예를 무엇이든 하나만 연구해서 학습의 모든 원리를 발견할 수 있을 것이다.

그러나 연구자들은 시작부터 그런 가정을 의심하게 만드는 결과들을 얻게 되었다. 최소한도로 말하면, 어떤 것은 다른 것보다 학습하기가 더 쉽다. 예를 들면, Thorndike의 고양이는 문제상자에서 빠져나오려고 여러 가지 장치를 당기거나 밀기를 학습했다. 그런데 Thorndike가 똑같은 강화물을 써서 고양이로 하여금 자신을 핥거나 긁도록 가르치려 하자 학습이 느렸고 수행도 일관성이 없었다(Thorndike, 1911/1970). 왜 그럴까?

한 가지 설명은 준비성(preparedness)이라는 개념인데, 이는 진화를 통해 우리가 어떤 연합을 다른 연합보다 더 쉽게 학습하도록 준비되어 있다는 생각이다(Seligman, 1970). 아마도 고양이와 그 조상은 고대로부터 어떤 것을 밀거나 당기면 유용한 결과가 얻어진 상황을 많이 만나 왔을 것이다. 그런 유형의 학습을 촉진하는 성향이 그들에게 진화되어 나왔다는 것은 말이 되는 일이다. 하지만 자신을 핥거나 긁는 것이 장애물을 치워서 갇힌 데로부터 빠져나오게 되는 일이 도대체 언제 일어날까? 고양이가 이런 종류의 학습을 하도록 준비되어 있기를 기대해서는 안 된다.

마찬가지로 개는 소리가 나는 방향에 따라 한쪽 발이나 다른 쪽 발을 들기는 쉽게 학습하지만 똑딱 소리에는 한쪽 발을 들고 버저 소리에는 다른 쪽 발을 들기는 학습하기 힘들어한다(Dobrzecka, Szwejkowska, & Konorski, 1966). 이런 결과는 동물이 자기네 천연 서식처에서 유용한 것을 학습하도록 진화적으로 준비되어 있다고 가정하면 이해된다. 예를 들면 (소리가 어느 방향에서 나는지와는 상관없이) 한 소리는 "왼쪽으로 돌아"를, 다른 소리는 "오른쪽으로 돌아"를 의미하는 일이 자연에서 일어날 리는 없다.

준비성이라는 개념은 실용적으로 많이 활용된다. 사람들은 무언가를 오른쪽으로 움직이기 위해 바퀴를 시계 방향으로 돌리고 왼쪽으로 움직이기 위해 시계 반대 방향으로 돌리기(차의 운전대를 돌릴 때처럼)를 쉽사리 학습한다. 만약 이와 반대 방향으로 제어를 하게 만들면 사람들은 종종 혼란을 겪는다. 기계를 설계하는 공학자들

중에는 사람들이 그 기계 사용법을 쉽게 배울 수 있도록 제어 장치를 어떻게 배치할지에 관해 인간요인 심리학자의 자문을 구하는 이들이 많다. 이상행동에 대한 장에서 우리는 인류가 존재해 온 동안 뱀이나 거미처럼 위험을 초래한 동물에 대한 공포를 사람이 학습하도록 준비되어 있다는 가설을 살펴볼 것이다.

조건 맛 혐오

만약 어떤 소리(CS)가 음식(UCS)을 예측한다면 그 CS가 UCS보다 약 0.5초 먼저 나올 때 학습이 가장 빨리 진행된다. 쥐가 레버를 누른 후에 먹이를 받는다면 이 강화가 반응 후 1~2초 내에 일어날 때 학습이 가장 빠르다. 이런 유형의 연구를 근거로 심리학자들은 한때 서로 몇 초 이내에 일어나는 사건들 간에만 학습이 일어난다고 확신한 적이 있다(Kimble, 1961).

그러나 그런 일반화가 들어맞지 않는 상황들이 있다. 만약 무언가를 먹고 나중에 병이 난다면 무슨 일이 일어나는지 보자. 먹은 때와 병 사이에 상당한 지연 기간이 있음에도 불구하고 그 음식에 대한 혐오가 학습된다. 만약 그 음식을 다시 먹으려 하면 속이 메스꺼워진다. 음식을 병과 연합시키는 것이 조건 맛 혐오(conditioned taste aversion)인데, 이는 John Garcia와 동료들(Garcia, Ervin, & Koelling, 1966)이 최초로 입증한 현상이다. 이 현상의 한 가지 특별한 점은 음식과 병이 단 한 번만 짝지어져도, 심지어 둘 사이의 지연 간격이 길어도, 학습이 일어난다는 것이다. 동물이 단물 같은 일반적으로 선호하는 어떤 것을 마시고 나서 구역질을 일으키는 처치를 몇 분 또는 몇 시간 후에 받는다. 실험자는 동물이 회복되기를 기다려서 며칠 후에 단물과 맹물을 주고 동물이 하나를 선택할 수 있게 한다. 그러면 동물은 맹물을 선호한다(Garcia et al., 1966).

병이 음식 자체 때문에 났는지 아니면 다른 어떤 것 (롤러코스터 타기 같은) 때문에 났는지와는 상관없이 맛 혐오는 학습된다. 뇌의 어떤 부분이 "저 롤러코스터는 상관없어. 지금 배가 아픈데 어떤 모험도 하지 않겠어. 이제부터 저 음식은 금지야."라고 반응한다.

익숙한 음식에 대해서도 맛 혐오가 학습될 수 있지만 전혀 맛본 적이 없는 새로운 음식에 대해서 훨씬 더 강한 혐오가 학습된다. 병이 나기 전에 여러 가지 음식을 먹었다면 처음 맛본 음식에 대해서 주로 혐오가 학습된다. 비록 익숙한 음식을 먹은 것이 시간적으로는 병과 더 가까웠다고 할지라도 말이다. 또 다른 특별한 점은 병이 우리가 먹은 어떤 것과 연합되지 다른 유형의 사건과 연합되지는 않는다는 것이다. 그 증거를 보자.

핵심 점검 | 증거는 뭘까?

학습에서 성향의 역할

사실상 우리가 먹는 음식은 우리가 배부른지 아니면 배고픈지, 건강한지 아니면 아픈지를 결정하며, 피부에 통증이 있을지를 예측하지는 않는다. 이와 대조적으로 우리가 보거나 듣는 것은 통증을 예측하지만 메스꺼움과는 아무런 관련이 없다.

가설 발바닥 전기충격을 경험하는 쥐는 그것과 연관된 시각 또는 청각 자극을 회피하기를 학습할 것이다. 구역질을 경험하는 쥐는 최근에 먹었던 먹이를 회피하기를 학습할 것이다.

방법 목마른 쥐에게 사카린을 탄 물을 튜브를 통해 주었다. 이 튜브는 쥐가 튜브 꼭지를 핥으면 그림 6.16에서처럼 밝은 불빛이 켜지고 딸깍 소리가 나도록 설치되어 있었다. 따라서 각 쥐는 맛, 불빛, 소리를 동시에 경험했다. 쥐들 중 절반은 튜브

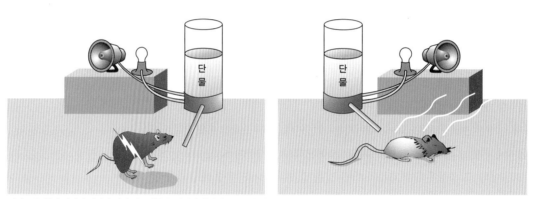

쥐가 물을 핥아 마시면 사카린 맛이 나고 밝은 불빛과 딸각거리는 소리가 제시된다. 어떤 쥐는 물을 마시기 시작한 2초 후에 발에 전기충격을 받는다. 다른 쥐는 구역질을 유발하는 X선을 쬔다.

며칠 후 사카린 맛 물이 든 튜브와 불빛 및 딸각 소리와 연결된 맹물이 든 튜브 중 하나를 쥐가 선택할 수 있다.

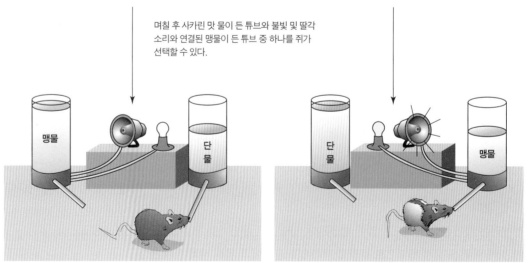

전기충격을 받았던 쥐는 불빛과 소리가 동반되는 튜브 꼭지를 회피한다.

X선으로 인해 구역질이 났던 쥐는 사카린 맛 물을 회피한다.

그림 6.16 Garcia와 Koelling(1966)의 실험: 쥐는 먹었던 것을 병과 연합시키고, 통증을 보거나 들은 것과 연합시킨다.

그림 6.17 이 코요테는 이전에 리튬염을 함유한 양고기를 먹고 아픈 적이 있다. 이제 이 코요테는 살아 있는 양과 죽은 양 모두에 대해서 혐오를 나타낸다.

꼭지를 핥기 시작한 지 2초 후에 약한 발바닥 전기충격을 받았다. 다른 절반은 약한 구역질을 야기하는 X선을 쪼였다. 쥐들이 X선으로부터 회복하도록 이틀을 기다린 후에 이 절차를 반복하고는 다시 이틀 후에 또 한 번 반복했다. 마지막 검사에서 쥐들은 사카린 물이 든 튜브나 맹물이 들었지만 빛과 딸깍 소리에 연결되어 있는 다른 튜브를 핥아서 물을 마실 수 있었다.

결과 전기충격을 받았던 쥐들은 빛과 소리에 연결된 튜브를 회피했지만 사카린 물이 든 튜브는 정상적으로 핥았다. X선을 쪼인 쥐들은 사카린 물을 회피했지만 빛과 소리에 연결된 튜브는 정상적으로 핥았다.

해석 쥐(또는 다른 거의 모든 동물)는 발에 전기충격을 받으면 빛, 소리, 또는 그 당시에 탐지한 다른 신호들을 회피하기를 학습한다. 구역질이 나게 되면 먹었던 것을 피하기를 학습한다. 동물은 어떤 연결을 다른 연결보다 더 잘 학습하는 성향을 분명히 타고난다. 이런 성향은 준비성(preparedness)을 보여주는 훌륭한 예이다.

조건 맛 혐오는 실용적으로 다양하게 활용된다. 목장주들은 구역질을 초래하는

어떤 사람들은 메스꺼움과 구토가 날 만큼 술을 많이 마신다. 그들은 그 술이 얼마나 익숙한 것인지, 얼마나 빨리 구역질이 났는지 및 기타 요인들에 따라 알코올에 대한 혐오를 학습할 수도 있고 아닐 수도 있다. 치료자들은 음주 직후에 구역질을 유도하는 약물을 때때로 사용해 왔다. 이를 몇 번 반복하면 알코올 중독자가 술을 회피하기를 학습할 수 있다.

화학물질을 섞어 넣은 양고기를 코요테들에게 주어서 코요테가 양을 피하게 만들었다(그림 6.17). 그런 절차는 코요테를 죽이지 않고도 양을 보호한다(Gustavson, Kelly, Sweeney, & Garcia, 1976). 알코올 중독을 치료하는 한 가지 방법은 음주에 뒤이어 구역질을 유발하는 약물을 투여하는 것이다. 이 치료법은 널리 쓰이지는 않지만, 사용된 경우 다른 치료법보다 더 빠르고 효과적이었다(Revusky, 2009). 임신한 여성은 대부분 음식 혐오(특히 고기와 계란에 대한)를 경험한다. 또한 임신 초기 몇 주 동안 구역질("입덧")도 경험한다. 이들은 무언가를 먹고서 그 음식과 무관한 어떤 이유로 구역질을 느끼고서는 그 음식에 혐오가 생겨나는 것임이 분명해 보인다. 임신 중 입덧이 가장 심한 여성들이 음식 혐오가 가장 강해지기 쉽다(Bayley, Dye, & Hill, 2009). 마찬가지로 암환자 중에는 화학요법이나 방사선 치료 직전에 먹은 음식에 혐오가 생겨나는 이들이 많다(Bernstein, 1991; Scalera & Bavieri, 2009). 이를 막는 좋은 방법 하나는 "희생양" 역할을 할 음식을 하나 골라서 치료 받기 전에 먹는 것이다. 그렇게 하면 점점 더 많은 음식에 대해 식욕을 상실해 가는 게 아니라 단 하나의 음식에 대해 강한 혐오가 생기게 된다.

개념 점검

18. 연합되어야 할 사건들 간에 지연 기간이 긴 데도 불구하고 학습이 일어나는 것은 어떤 종류의 학습인가?

19. 조건 맛 혐오가 다른 종류의 학습과 다르다는 증거는 무엇인가?

새 울음 학습

새 울음(birdsong)은 듣는 사람의 하루를 밝게 해 주는 것인데, 그렇지만 새들 자신에게는 중대한 용무이다. 대부분의 종에게서 울음은 짝짓기 계절 동안 수컷에게서만 나타난다. 일반적으로 새 울음은 "내가 여기 있소. 나는 ___종의 수컷이라오. 당신이 나와 같은 종의 암컷이라면 내게 가까이 와 주세요. 당신이 나와 동종의 수컷이라면 여기서 떠나시오."라는 말이다. 어떤 종은 타고난 울음을 울지만 어떤 종은 울음을 배워야 한다. 수컷은 생후 1년 초기인 민감기(sensitive period)에 자기 종의 울음을 가장 쉽게 학습한다. (인간도 마찬가지로 어릴 때 언어를 가장 쉽게 배운다.)

새 울음 학습은 고전적 및 조작적 조건형성의 표준적인 예들과는 다르다. 민감기 동안 새 새끼는 듣기만 하고 아무 반응을 하지 않으며 강화를 받지도 않는다. 이듬해 봄 이 새가 울기 시작할 때 시행착오 과정이 진행된다. 처음엔 그 울음이 인간 유아의 옹알이처럼 여러 소리가 혼합된 것이었다가 점차로 변하여 마침내 지난해 여름에 들었던 울음과 같아진다(Marler & Peters, 1981, 1982). 이 새가 받는 유일한 강화물은 자신이 올바른 울음소리를 내었음을 인식하는 것이다.

살면서 나중에 이 새는 주위의 소음에 따라 자신의 울음소리를 수정할 수도 있다. 많은 새들이 이제는 승용차, 트럭, 다른 기계들, 노는 아이들 등이 있는 도시 근교에서 산다. 인간은 시끄러운 종이다. 이 와중에 작은 새가 어떻게 자기 울음소리가 들리게 만들까? 사람에게서 멀리 떨어져 사는 새들에 비해 가까이 사는 새들은 우는 데 더 많은 시간을 소비하고(Diaz, Parra, & Gallardo, 2011), 주위가 더 조용한 시간인 밤에 더 많이 울며(Fuller, Warren, & Gaston, 2007), 차들이 내는 소리에 가려질 음들은 제외한 높은 소리의 울음을 운다(Slabbekoorn & den Boer-Visser, 2006). 새들은 각자 주변의 소음 수준에 따라 울음소리를 조정하는데, 따라서 그 결과는 유전자의 변화가 아니라 학습을 드러낸다. 요점은 학습 원리가 상황에 따라서 다른데, 이는 해당 동물의 삶의 방식을 고려하면 이해가 될 수 있다는 것이다(Rozin & Kalat, 1971).

개념 점검 20. 새 울음 학습은 어떤 측면 때문에 고전적 및 조작적 조건형성과 구분되는가?

사회학습

많은 새들이 다른 새들에게서 울음을 배우는 것과 똑같이 인간도 서로에게서 많은 것을 배운다는 것은 명백하다. 우리는 시행착오를 통해 기술을 향상시킬 수도 있지만 다른 이들이 하는 것을 보고서 그대로 따라 해 보면서 시작한다.

사회학습 접근(social-learning approach)에 따르면, 우리는 타인의 행동을 관찰함으로써 많은 행동에 대한 학습을 한다(Bandura, 1977, 1986). 예를 들어 차를 운전하기를 배우고자 한다면 운전을 이미 익숙하게 잘하는 사람을 관찰하기 시작한다. 실제로 운전을 시도해 볼 때 우리는 잘하면 강화를 받고 잘 못하면 처벌(부상을 입을 수도 있다)을 받지만, 타인에 대한 관찰이 운전 배우기의 진행을 촉진한다.

사회학습은 조작적 조건형성의 한 유형으로서, 그 배후의 기제는 유사하다. 만약 초록 카드와 파랑 카드 중 어느 것이 더 가치 있는지를 파악하는 게 과제라면,

흰정수리북미멧새(white-crowned sparrow) 수컷은 생후 첫 달에 울음을 배우지만 이듬해가 될 때까지는 울기를 시작하지 않는다.

카드를 선택해 가면서 어느 것이 통상 더 많은 강화를 가져오는지 알아보려 할 수 있다. 또는 답을 안다고 주장하는 다른 사람에게서 도움말을 들을 수도 있다. 우리 자신의 경험과 타인의 도움말은 유사한 결과를 초래하며, 동일한 뇌 영역 몇몇을 활성화시킨다(Behrens, Hunt, Woolrich, & Rushworth, 2008). 하지만 많은 경우 사회적 정보는 우리가 직접 무언가를 배우려고 하는 것보다 더 빠르고 효율적이다.

모델링과 모방

관습이 다른 나라를 방문하면 당황스러워 보이는 것을 많이 만나게 된다. 식당에서 음식을 주문하는 일조차도 낯설 수 있다.

옆 그림과 같은 손짓이 어떤 나라에서는 우호적인 것으로 간주되지만 다른 나라에서는 무례하고 저속한 것으로 받아들여진다. 일본을 방문하는 사람들 중에서는 화장실에서 어떻게 해야 할지 모르는 이가 많다. 다른 나라의 관습은 누군가가 우리에게 설명을 해 주거나 우리가 보고 따라함으로써 애써 배우게 된다. 우리는 타인의 행동을 모델링(modeling)하거나 모방(imitation)한다.

고등학교에서 왜 특정 학생이 인기를 끌게 될까? 분명히 많은 이유를 들이댈 수 있지만, 일단 그 학생의 인기가 높아지면 단순히 관심의 초점이 된다는 것 자체가 인기를 더 높여준다. 사실상 당신의 친구가 어떤 여학생이나 남학생에게 관심을 보일 때마다 당신도 역시 그 학생을 주의 깊게 보게 된다. 당신은 친구의 관심을 모델링 또는 모방하는 것이다. 동물들도 똑같이 행동한다. 한 암컷이 특정 수컷과 짝짓기하는 데 관심을 보이면 다른 암컷들도 역시 그 수컷에게 더 관심을 보인다(Dubois, 2007).

타인의 행동은 정보를 주는 것일 때가 많다. 다음과 같은 경험을 한 적이 있는가?

일본의 재래식 화장실은 의자 없이 땅에 파인 구덩이일 뿐이다. 서양인 방문자들은 대개 이를 어떻게 사용해야 하는지 묻는다. (앉아서 누면 된다.)

사회학습 접근에 따르면 우리는 강화받는 행동을 모방하고 처벌받는 행동을 피함으로써 학습한다. 이 소녀는 사원의 코끼리에게서 축복을 받고 있다. 이를 지켜보고 있는 다른 사람들은 나중에 이 소녀를 본보기로 모방할지도 모른다.

부모님에게 "남들 모두" 어떤 것을 하니까 자기도 그것을 하고 싶다고 말한다. 그러면 부모님은 "남들이 모두 절벽에서 뛰어내리고 있다면 너도 그럴래?"하고 소리를 지르신다. 글쎄, 생각해 보자. 만약 말 그대로 모든 사람이 절벽에서 뛰어내리고 있다면 아마도 이유가 있을 것이다! 어쩌면 당신이 지금 서 있는 그곳이 아주 위험한 곳이어서 뛰어내리는 게 더 안전할 수도 있다. 아마도 뛰어내리면 너무 아래로 떨어지지 않고 무언가 부드러운 것 위에 떨어질지도 모른다. 만약 모든 사람이 그렇게 하고 있다면 적어도 그들이 당신이 모르는 무언가를 알고 있을 가능성을 생각해 보아야 한다.

모방을 하는 또 다른 이유는 다른 사람들의 행동이 규준 또는 규칙을 설정한다는 것이다. 예를 들면 우리는 다른 이들이 평상복을 입는 데서는 평상복을 입고 정장을 입는 데서는 정장을 입는다. 한국에서는 도로의 오른쪽 차선에서 차를 몰고 영국에서는 왼쪽 차선에서 차를 몬다. 타인의 행동을 따라하는 것은 많은 상황에서 도움이 된다.

우리는 또한 어떤 경우에는 자동적으로 모방을 한다. 누군가가 하품을 하면 우리도 따라서 하품을 하기 마련이다. 심지어 어떤 동물이 하품하는 사진만 보아도 똑같이 하품을 할 수도 있다(그림 6.18). 우리가 의도적으로 따라하고 있는 것은 아니고, 아무런 새 정보를 받은 것도 아니다. 하품하는 모습을 보는 것이 하품이라는 생각을 암시했기 때문에 모방을 하는 것이다.

우리는 눈에 보이는 다른 많은 행위를 흔히 특별한 동기 없이 자동적으로 모방한다(Dijksterhuis & Bargh, 2001). 누군가가 미소를 짓거나 찡그리는 모습을 보면 우리는 짧게 미소 짓거나 찡그리기 시작한다. 이때 우리의 표정은 알아채기 힘들 만큼 빠르고 비자발적인 실룩거림일 수 있지만 어쨌거나 실제로 일어난다. 운동경기를 보는 관람객들은 때때로 어떤 선수가 하고 있는 동작과 같은 시간에 자신의 팔이나 다리를 약간 움직인다. 피아니스트는 자신이 연습했던 곡을 다른 연주자가 치는 소리를 들을 때 마치 자신이 그 곡을 연주하고 있는 양 손가락을 비자발적으로 두드리기 시작한다(Haueisen & Knösche, 2001). 사람들은 또 눈에 보이는 손짓을 따라한다(Bertenthal, Longo, & Kosobud, 2006). 다음의 시범을 해 보라. 즉 당신이 손뼉을 치면서 다른 사람에게 "손을 흔들어 보세요."라고 말하라. 그러면 당신의 지시대로 손을 흔드는 대신 당신의 행동을 따라하는 이들이 많다.

▶ 직접 해 보세요!

Albert Bandura, Dorothea Ross와 Sheila Ross (1963)는 공격 행동을 학습하는 데 모방이 하는 역할을 연구했다. 이들은 두 집단의 아동에게 한 어른 또는 어떤 만화의 등장인물이 오뚝이 풍선 인형을 난폭

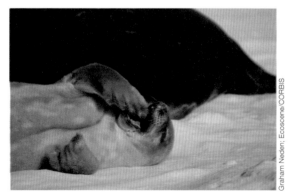

그림 6.18 이 사진을 보면 당신도 하품이 하고 싶어지는가?

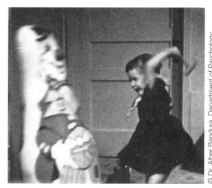

그림 6.19 이 여자아이는 성인 여성이 인형을 때리는 것을 보고 난 후 그 인형을 공격한다. 폭력을 목격하는 것은 폭력적 행동이 일어날 확률을 높인다.

하게 공격하는 동영상을 보여주었다. 다른 한 집단은 다른 동영상을 보았다. 그러고 나서 아동을 오뚝이 인형이 있는 방에 들어보냈다. 오뚝이 인형을 공격하는 동영상을 본 아동들만이 방금 보았던 것과 똑같은 동작으로 그 자신이 인형을 공격했다(그림 6.19). 이것이 명백히 함의하는 바는 아이들은 타인에게서 본 공격 행동을 따라한다는 것이다.

개념 점검 21. 많은 미국 정치인들은 비슷한 스타일의 선거운동을 하고 쟁점에 대해 비슷한 입장을 취한다. 그 이유를 사회학습 측면에서 설명해 보라.

대리 강화와 대리 처벌

6개월 전에 당신의 제일 친한 친구가 잘 다니던 직장을 그만두고 식당을 개업했다. 이제 당신도 직장을 그만두고 당신 자신의 식당을 열어볼까 생각 중이다. 당신은 어떻게 할지를 어떻게 결정하겠는가?

당신은 아마도 그 친구가 얼마나 성공했는지를 물어보기부터 할 것이다. 우리는 다른 사람, 특히 우리가 좋아하는 어떤 사람에게 강화를 가져온 행동을 모방한다(Mobbs et al., 2009). 달리 말하면, 우리는 대리 강화(vicarious reinforcement) 또는 대리 처벌(vicarious punishment)을 통하여, 즉 다른 사람의 경험을 자신의 것으로 대치함으로써 학습을 한다.

새로운 벤처 사업이 성공할 때마다 다른 회사들이 그것을 따라한다. 예를 들면 최초의 몇몇 성공한 인터넷 회사를 많은 회사들이 따라했다. 어떤 스포츠 팀이 항상 승리하면 다른 팀들이 그 경기 스타일을 따라한다. 어떤 TV 프로그램의 시청률이 높게 나오면 다른 제작자들도 이듬해에 비슷한 프로그램을 분명히 내보낸다. 정치인들은 과거에 선거에서 이긴 후보자들의 선거운동 전략을 모방한다.

광고는 대리 강화에 대단히 의존한다. 광고는 광고주의 제품을 사용하는 행복하고 성공한 사람들을 보여주는데, 이는 우리가 그 제품을 쓰면 우리도 역시 행복하고 성공할 것임을 암시한다. 복권 광고는 기쁨에 겨운 당첨자를 보여주면서(당첨되

정치인들은 시종일관 경쟁자를 비방하는 광고를 내보내는데, 그 이유는 그런 종류의 광고가 과거의 선거운동에서 효과적임이 입증되었기 때문이다. 따라서 부정적 광고의 사용은 대리 강화의 한 예이다.

지 못한 이들은 절대로 보여주지 않는다!) 우리도 복권을 사면 당첨될 수 있다고 암시한다.

대리 처벌은 일반적으로 효과가 덜하다(Kuroshima, Kuwahata, & Fujita, 2008). 누군가가 성공하는 것을 보면 우리는 그 기법을 가능한 한 잘 따라한다. 다른 이가 실패하는 것을 보면 왜 실패했는지 또는 어떻게 해야 더 잘 될지 우리는 알지 못한다. 더욱이, 자신의 미래를 낙관하는 사람들은 실패한 사람을 자신과 같은 부류의 사람으로 취급하지 않는다. 다른 사람들은 과음, 흡연, 비만, 위험한 섹스, 운동 부족, 안전벨트 미착용 등으로 인해 고생을 하지만 우리는 "그런 일은 내게 일어나지 않을 거야."라고 혼잣말을 한다.

사회학습에서의 자기 효능감

우리는 성공한 사람을 주로 모방한다. 그렇다면 올림픽 다이빙 선수가 금메달을 따는 모습을 보고도 우리는 왜 그런 다이빙을 모방하려고 하지 않을까? 우리는 자기 효능감(self-efficacy), 즉 과업을 성공적으로 수행할 수 있는 능력이 있다는 믿음이 있을 때만 다른 사람의 행동을 모방한다. 우리는 자신의 강점과 약점을 감안하여 자신을 성공한 타인과 비교하고 자신이 성공할 가능성을 추정한다.

자기 효능감의 이런 효과는 아동이 갖는 인생의 포부에서 명백히 드러난다. 거의 모든 사람이 높은 신분의 고소득 직업을 원하겠지만, 자신은 그런 수준까지 절대로 올라갈 수 없을 것으로 생각하여 시도조차 하지 않는 이들이 많다(Bandura, Barbaranelli, Caprara, & Pastorelli, 2001). 여성과 소수집단의 사람을 눈에 잘 띄는 리더급 직무에 배치하는 일의 한 가지 효용은 그들이 역할 모델이 되어서 다른 사람들에게도 기회가 있음을 보여준다는 것이다. 스포츠 팀과 기타 집단들 또한 효능감을 느끼는 정도가 다르다. 능력에 자신이 있는 집단은 능력에 의구심을 품은 집단보다 훨씬 더 많은 것을 이루어낸다.

자기 강화와 자기 처벌

우리는 자기 효능감이 충분히 강할 경우 성공한 사람의 행동을 모방하려 한다. 하지만 실제로 성공하려면 오랜 노력이 필요할 수 있다. 사람들은 대개 목표를 세워놓고서 그것을 향해 나아가는 과정을 모니터한다. 때로는 마치 다른 사람을 훈련시키고 있는 것처럼 자신에게 강화나 처벌을 주기도 한다. "이 수학 숙제를 시한 안에 마친다면 나한테 주는 상으로 영화를 보러 가야지. 못 마친다면 방 청소하는 벌을 내려야겠어."라고 말하면서 말이다. (그럴듯한 작전이다. 하지만 사람들은 통상 벌을 내리지 않고 자신을 용서해 준다.)

어떤 치료자들은 내담자에게 자기 강화(self-reinforcement)를 사용하도록 가르친다. 어떤 10세 소년은 손톱을 깨무는 버릇이 있어서 때로는 피부가 드러날

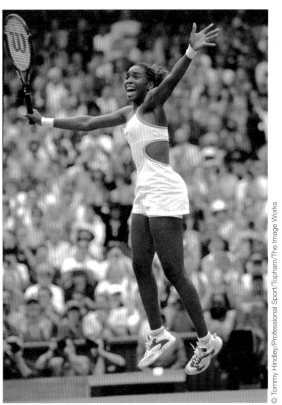

우리는 성공한 사람들의 행동을 모방하는 경향이 있지만 자기 효능감, 즉 우리가 과업을 잘할 수 있다는 믿음이 있을 때만 모방한다.

우리는 자기 효능감을 주로 스스로 성공함을 통해서 획득하지만 부분적으로는 역할 모델을 관찰하고 그와 동일시함으로써도 획득한다.

톱 깨물기 감소 목표를 달성하면 소년은 "난 훌륭해! 멋지게 해냈어!" 같은 칭찬의 글을 썼다. 목표를 달성하지 못한 데 대한 벌은 일주일치 용돈을 부모님께 반납하는 것이었다. 여기에다가 추가된 강화는 소년의 아버지가 소년이 충분한 향상을 보일 경우 자신이 금연을 하도록 돕는 "치료자"의 역할을 소년에게 시킨다는 것이었다. 여러 주가 지나자 소년은 손톱 깨물기를 완전히 멈추었다(Rosen & Rosenbaum, 2001).

자기 강화와 자기 처벌이 어떻게 실패할 수 있는지를 보여주는 재미있는 일화를 하나 소개하자. 금연을 하기 위해서 심리학자 Ron Ash(1986)는 *Psychological Bulletin* 및 기타 명망은 높지만 지루한 학술지들을 읽고 있을 때만 담배를 피우기로 맹세했다. 흡연을 지루함과 연합시키려는 목적이었다. 두 달 후 그는 여전히 평소와 다름없는 수준으로 담배를 피우고 있었지만, *Psychological Bulletin*을 읽는 일은 즐거워지기 시작했다!

정도가 되고 심지어는 피가 나기도 했다. 이 소년은 하루 중 다양한 시각에 얼마나 손톱을 많이 깨물었는지를 기록하는 법을 배우고 나서 목표를 정했다. 만약 손

맺음말   단원 6.3

모든 학습이 똑같은 것은 아니다

학습이 이루어질 때 시냅스가 어떻게 변하는지를 살펴보면 모든 종들과 광범위한 상황에 걸쳐 비슷한 기제가 발견된다. 그럼에도 불구하고 그 기제가 다양하게 변형된 것도 발견된다. 우리가 학습하는 방식은 음식의 선택이나 새 울음처럼 서로 다른 상황에 맞도록 적응된 것이다. 우리는 사회적 기제를 이용하여 학습을 촉진하고 가속시킨다. 이러한 전문화가 이루어진 결과가 많은 목적에 대단히 효율적으로 작용하는 학습이다.

요약

- 준비성. 진화를 통해 우리(그리고 기타 동물들)는 어떤 연합을 다른 연합보다 더 쉽게 학습하도록 준비되어 있다. (257쪽)
- 조건 맛 혐오. 인간을 비롯한 동물들은 음식(특히 새로운 음식)을 먹고서 나중에 병이 나면 그 음식을 회피하도록 학습한다. 이런 유형의 학습은 단 한 번의 짝짓기로, 심지어 그 음식과 병 간의 지연 간격이 길어도, 확실하게 일어난다. 병은 다른 자극들보다 음식과 훨씬 더 강하게 연합된다. (257쪽)

- 새 울음 학습. 어떤 종의 새끼 새는 이듬해 봄에 완전히 정상적인 울음을 울려면 생애 초기의 민감기 동안 자기 종의 울음소리를 들어야 한다. 이 초기 학습 동안에 새끼 새는 반응을 하지 않으며 강화를 받지도 않는다. (260쪽)
- 모방. 우리는 다른 사람의 행동과 그 결과를 관찰함으로써 많은 것을 배운다. (261쪽)
- 대리 강화와 대리 처벌. 우리는 다른 사람에게 강화를 가져오는

행동을 모방하는 경향이 있다. 다른 사람에게 강화를 가져오지 못하는 행동을 회피하는 경향은 더 약하다. (262쪽)

- 자기 효능감. 우리가 어떤 행동을 모방하는가는 우리 자신이 그 행동을 그대로 따라할 능력이 있다고 믿는지의 여부에 달려 있다. (263쪽)

- 자기 강화와 자기 처벌. 사람들이 일단 어떤 행동을 모방하려고 결심하고 나면 목표를 세우고 자기 자신에게 강화를 주기까지도 할 수 있다. (263쪽)

핵심 용어

개념 점검 문제에 대한 답

1 과거의 사건과 현재의 자극이 사고를 일으키는 것이며, 따라서 그런 사건과 자극이 행동의 진짜 원인이다.

2 Loeb에 따르면 옆에서 비치는 빛은 몸의 한쪽에 더 강한 근육 긴장을 초래한다. 따라서 몸 한쪽 면의 근육이 다른 쪽 면의 근육보다 더 활발하게 움직이게 된다. 이러한 운동의 불균형은 몸 양쪽에 동일한 빛 자극이 주어질 때까지 지속된다.

3 무반응(또는 적어도 관심 대상이 아닌 반응), UCR, CR, UCR

4 조건자극은 "준비, 조준, 발포"라는 소리이다. 무조건자극은 대포의 발포이다. 무조건반응은 움찔거리기이고 조건반응은 근육 긴장이다.

5 소거를 일으키기 위해서는 버저 소리를 먹이를 주지 않으면서 거듭해서 제시한다. 자발적 회복을 일으키기 위해서는 먼저 소거를 일으킨다. 그러고는 한동안 기다린 후 버저 소리를 다시 제시한다.

6 조건자극은 주사 절차이다. 무조건자극은 뇌로의 약물 유입이다. 조건반응과 무조건반응은 둘 다 약물에 대한 신체의 방어 반응이다.

7 연구자들은 먼저 모르핀이 쥐의 통증 반응을 감소시키는 정도를 측정했다. 그러고는 모르핀을 며칠 동안 매일 주사하고 쥐의 통증 반응을 매일 검사했다. 주사를 거듭해서 맞은 쥐들은 통증 반응의 증가를 나타냈는데, 따라서 이는 그 약물의 효과에 내성이 생겼음을 의미한다.

8 만약 고전적 조건형성이 CS와 UCS를 거의 동시에 제시하는 것에 완전히 의존한다면, 무조건자극을 CS가 없는 다른 때에 얼마나 자주 받았는가와는 상관없이 두 집단의 쥐들 모두 조건자극에 동일하게 반응했을 것이다.

9 그 배경음악 소리에 움찔하기를 학습하지 않을 것이다. 드릴 소리가 이미 통증을 예측하기 때문에 새로운 자극이 더 정보를 주지 않으며 따라서 통증과 강하게 연합되지 않을 것이다.

10 종소리가 항상 먹이를 예측하는지(고전적 조건형성) 아니면 동물이 똑바로 앉을 때만 먹이를 받는지(조작적 조건형성)를 알아야 한다.

11 아이가 무제한의 기회가 주어질 경우 어떻게 시간을 보내는지 먼저 알아보라. 그리고 나서 아이의 활동 중 어느 것이 최근에 부족한지 찾아내라. 그런 활동을 할 기회가 강화적이어야 한다.

12 나쁜 행동이 엉덩이 때리기를 초래하는 일도 똑같이 가능하다. 또한 엉덩이 때리기에 의존하는 가정은 부모 간 불화가 있는 가정이거나 아이가 나쁜 행동을 하기 쉽게 만들 수 있는 요인이 있는 가정인 경우가 많다.

13 a. 정적 강화, b. 처벌, c. 회피 학습 또는 부적 강화, d. 도피 학습 또는 부적 강화, e. 처벌, f. 처벌, g. 처벌, h. 회피 학습 또는 부적 강화

14 a. 변동 비율. (극장에 가는 횟수의 1/4 정도만 불규칙적으로 강화를 받을 것이다.) b. 변동 간격. (어느 정도의 시간 간격 후에 찾아보는 것은 효과적일 것이지만 그 시간 간격의 길이는 예측할 수 없다.) c. 고정 간격.

15 이것은 변동 간격 계획이다. 변동 비율 계획에서는 반응의 수가 중요하지만 타이밍은 중요하지 않다. 당신이 오늘밤 이미 하늘을 관찰했는데 유성을 보지 못했다면, 오늘밤 세 번 더 관찰해 보았자 아마도 소용없을 것이다. 다른 날에 관찰하는 것이 유성을 볼 확률을 더 높여준다.

16 고참 도박꾼이 더 오래 지속할 것이다. 왜냐하면 소거를 느리게 하는 변동 비율 계획으로 도박 행동에 대한 강화를 받은 내력을 지니고 있기 때문이다. 똑같은 이유로, 술 취한 상태에서 좋은

경험과 나쁜 경험을 모두 해 온 알코올 중독자는 여러 차례의 나쁜 경험을 겪고도 계속 술을 마시기 마련이다.

17 적절한 발언에 주의집중을 더 하는 것은 정적 강화이다. 부적절한 발언에 주의집중을 덜 하는 것은 처벌이다.

18 조건 맛 혐오가 음식과 병 간의 긴 지연에도 불구하고 발생한다.

19 조건 맛 혐오는 지연 기간이 길어도 일어날 뿐 아니라 동물은 병을 다른 사건이 아니라 먹이와 연합시키는 성향을 타고난다.

20 가장 독특한 특징은 학습하는 새가 겉보기에 아무 반응도 하지 않고 아무 강화도 받지 않는데도 새 울음 학습이 일어난다는 것이다. 또한 새 울음 학습은 초기의 민감기에 가장 잘 일어난다.

21 대부분의 미국 정치인들이 비슷한 선거 운동을 하고 비슷한 입장을 취하는 이유 한 가지는 그들 모두가 똑같은 모델, 즉 최근에 선거에서 이긴 후보자들을 따라하는 경향이 있다는 것이다. 또 다른 이유는 그들 모두 똑같은 여론조사 결과에 주의를 집중한다는 것이다.

7 기억

© David Woolley / Getty Images

내가 당신에게 (상당한 값을 받고) 이런 기회를 제공했다고 가정해 보자. 하루 동안, 당신이 원하는 것이면 뭐든지 할 수 있는 기회 말이다. 당신은 흔한 물리적 제약도 받지 않는다. 번쩍하는 순간에 이동해서 당신이 원하는 곳이면 어디든 방문할 수 있다. 심지어 우주공간으로도 갈 수 있다. 앞뒤로 시간여행이 가능해서 미래가 어떨지도 확인하고, 과거의 엄청난 사건들도 목격할 수 있다. (물론, 역사를 바꿀 수는 없다.) 당신이 하고 싶은 건 뭐든지 말하면 곧 이루어질 것이다. 게다가, 당신의 안전은 분명 보장한다. 어딜 가든, 뭘 하든 당신은 멀쩡할 테니 걱정 마시라.

이 놀라운 기회를 받는 대가로 당신은 얼마를 지불할 용의가 있는가?

아, 그렇지! 문제가 하나 있는데 아직 말해 주지 않았군. 그 하루가 지나고 나면, 당신은 일어났던 모든 걸 완전히 잊게 된다. 메모든 사진이든 사라져버린다. 당신의 그 특별한 날을 함께 했던 사람들도 전혀 기억하지 못할 것이다.

자, 이제 당신은 얼마를 지불할 생각인가? 상당히 줄어들겠지, 의문의 여지없이 말이다. 아마 한 푼도 내지 않을지 모르지. 살면서 기억해 내지 못한다면 거의 사는 게 아닐 테니까. 우리의 기억이란 우리 자신과 거의 같은 셈이다.

과거를 상기시키는 적절한 물건이 있으면 당신은 아주 오래전 일이라도 분명히 기억할 수 있다. 다른 기억들은 망각하거나 아니면 왜곡된다.

© Ariel Skelley/Getty Images

기억 유형

- 우리는 하나가 아닌 다른 유형의 기억들도 가지고 있을까?
- 그렇다면, 기억 유형들 간의 차이를 가장 잘 기술하는 방법은 무얼까?

매년 영국에서는 세계 기억 챔피언 대회가 열린다. (이 대회에 대해서 알고 싶은 사람은 www.worldmemorychampionship.com을 방문하라.) 경기 중에 한 종목은 잘 섞여진 한 묶음의 카드 52장을 얼마나 빨리 순서대로 기억하는가이다. 지금까지 최고 기록은 21.9초이다. 다른 경기종목은 1시간 안에 가장 긴 숫자를 기억하는 것이다. 이 종목의 기록은 2,280자리 숫자다. 경기 참여자들은 가상적인 사건 날짜들 기억하기, 사진 속의 낯선 사람들 이름 기억하기 등으로도 경합한다. 이 대회에서 8번이나 세계 챔피언이 된 Dominic O'Brien은 기억훈련법에 대해 많은 강연을 했고, 관련 책들을 저술해 왔다. 그런데도, 한번은 카드순서 기억술을 연습하느라고 친구를 공항에서 데려오는 걸 깜박 잊어버려 화가 잔뜩 난 친구의 전화를 받은 적이 있다고 한다. O'Brien은 친구에게 미안하다고 말하고, 곧 런던의 갯위크 공항으로 차를 몰고 가면서도 카드순서 기억술을 연습했다. 그는 공항에 도착해서야 친구가 런던의 또 다른 큰 공항인 히드로 공항에 도착했다는 것을 기억해 냈다(Johnstone, 1994).

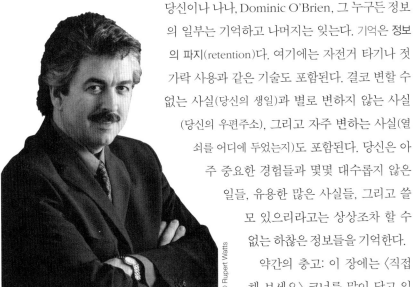

당신이나 나나, Dominic O'Brien, 그 누구든 정보의 일부는 기억하고 나머지는 잊는다. 기억은 **정보의 파지(retention)**다. 여기에는 자전거 타기나 젓가락 사용과 같은 기술도 포함된다. 결코 변할 수 없는 사실(당신의 생일)과 별로 변하지 않는 사실(당신의 우편주소), 그리고 자주 변하는 사실(열쇠를 어디에 두었는지)도 포함된다. 당신은 아주 중요한 경험들과 몇몇 대수롭지 않은 일들, 유용한 많은 사실들, 그리고 쓸모 있으리라고는 상상조차 할 수 없는 하찮은 정보들을 기억한다.

약간의 충고: 이 장에는 〈직접해 보세요〉 코너를 많이 담고 있다. 시간을 좀 들여 시도해 보면 이 장에 대해서 더 많은 정보를 얻어갈 것이다.

Dominic O'Brien은 세계 기억 챔피언 대회를 8번이나 석권했고 기억 훈련서를 여러 권 집필했다. 그런 그도 히드로 공항으로 친구 마중 나가는 약속 같은 실생활 정보를 가끔씩은 망각한다.

그림 7.1 Hermann Ebbinghaus는 무의미철자 목록을 암기하는 자신의 역량을 관찰함으로써 기억연구의 선구자가 되었다.

Ebbinghaus의 선구적인 기억연구

당신이 기억에 대해 연구하고 싶어 한다고 가정해 보자. 누구도 시도해 본 적이 없는 기억연구를 말이다. 어디서부터 시작하면 될까? 당신이 사람들에게 자신의 기억을 기술해 보라고 부탁해 보면, 그 기억이 언제 형성되었는지, 얼마나 자주 회상했는지, 또는 그 기억들이 정확한지 아닌지를 당신은 알 수 없을 것이다. 독일의 심리학자 Hermann Ebbinghaus(1850~1909)는 이런 문제들을 피하려고 현재는 당연하게 받아들이고 있는 연구방법 하나를 고안했다. Ebbinghaus는 새로운 기억재료를 사용함으로써 실험참가자가 무엇을 배웠고, 언제 배웠는지를 정밀하게 통제했다. 그런 다음, 여러 지연시간 뒤에 기억된 정도를 측정했다. 이 기억재료가 완전히 새것이 되도록 하기 위해서, Ebbinghaus는 GAK나 JEK와 같은 무의미철자들로 구성된 기억목록을 사용했다. 그는 약 2,300여 개의 무의미철자를 찾아내서, 무작위로 나열한 목록(그림 7.1)을 만든 다음, 기억연구를 시작했다. Ebbinghaus에게는 무의미철자들을 기억하는 데 열의를 가질 심리학개론 수강생이나 친구들이 없었기에 결국 본인 스스로 자신

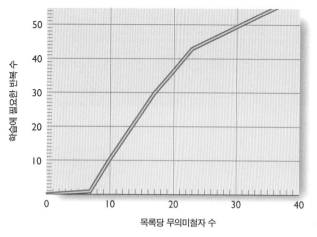

그림 7.2 Ebbinghaus는 무의미철자 목록 하나를 완벽히 암송할 때까지 그 목록을 몇 번 반복해서 읽어야 했는지를 기록했다. 무의미철자가 7개 이하인 목록은 대개 한 번 읽으면 충분했다. 7개를 넘어서서는 목록이 길어질수록 더 많이 반복해야 했다. (Ebbinghaus, 1885/1913.)

의 기억실험 대상자가 되었다. (그는 자신의 학문에 아주 헌신적이었거나 아니면 지루함을 견뎌낼 정도로 인내심이 뛰어났음이 분명하다.)

Ebbinghaus의 발견 대부분은 결코 놀라운 건 아니다. 예를 들어 그림 7.2와 같이, 긴 무의미철자 목록을 외울 때는 짧은 목록에 비해 시간이 더 걸렸다. "당연한 거 아냐."라고 당신은 코웃음 칠지도 모른다. 하지만 Ebbinghaus는 너무도 당연한 것만 보여준 건 아니었다. 그는 더 긴 목록을 외울 때 얼마나 많은 시간이 걸리는지를 측정했다. 당신은 아마도 중력법칙에 대해서

도 마찬가지로 반박할 수 있겠다. "물체가 더 높은 데서 낙하할수록 지면에 도달하는 데 걸리는 시간이 더 길어지는 건 당연하지요!" 그렇지만, 중력 가속도를 측정하는 것은 물리학 발전에 필수적이었는데, 어떤 목록을 완전히 암기하는 데 걸리는 시간을 측정하는 것은 심리학자들이 실험 조건들을 비교하는 데 중요하다. 어른이 아이보다 더 빨리 학습할까? 특정 종류의 목록이 다른 목록보다 더 빨리 학습될 수 있을까? Ebbinghaus의 연구방법은 이후의 모든 기억연구를 주도해 나갔다.

기억 검사법

사람들은 누구나 설단현상을 가끔씩 경험하곤 한다 (Brown & McNeill, 1966). 즉, 누군가의 이름을 기억해 내려 하는데, 생각해 낸 것들은 단지 비슷한 이름들뿐이고 그것들이 맞지 않다는 것도 안다. 아마도 당신은 나중에 정확한 이름을 기억해 내게 될 것이고, 그 이름을 들으면 당장 알아챌 것으로 확신한다.

달리 말해서, 기억은 도 아니면 모가 아니다. 어떻게 검사하는지에 따라 당신은 기억해 낼 수도 있고, 그렇지 않을 수도 있다. 그럼, 기억을 검사하는 주요 방법들을 살펴보자. 각 검사법들을 살펴보면, 여러 유형의 기억들이 구분될 것이다.

그림 7.3 초등학교 2학년 때 당신의 반 친구들을 기억해 낼 수 있는가? 힌트 없이도 기억해 내는 것이 자유회상이다. 반면, 사진이나 이름 첫 글자 목록을 이용해서 기억하면 단서회상이라고 한다.

자유회상

연구자 입장에서 볼 때, 단순한 기억 검사 중 하나는 자유회상(free recall)이다. (검사 받는 실험참가자 입장에선 결코 단순하지 않다.) 무언가 회상하는 것은 반응을 산출하는 것으로, 논술 시험이나 단답형 시험에서 하는 것과 같다. 예를 들면, "초등학교 2학년 때의 반 친구들을 모두 말하시오." 같은 것이다. 당신은 반 친구들을 많이 말하진 못할 것이다. 부분적으로는, 2학년 반 친구들의 이름을 다른 학년 반 친구들 이름과 혼동하기 때문이다.

단서회상

당신이 만약 단서회상(cued recall)을 한다면 더 잘 기억해 낼 것이다. 단서회상 검사에서는 기억 대상에 대한 중요한 힌트를 받는다. 예를 들어 당신의 초등학교 2학년 반 단체사진(그림 7.3)이나 친구들 이름의 첫 글자가 쓰인 목록을 받는다면 당신은 더 잘 기억해 낸다. 다음과 같이 시도해 보라. 표 7.1의 오른쪽 칸을 종이로 가리고 왼쪽 칸의 책들의 저자를 알아맞혀 보라. 그런 다음, 이제는 종이를 옮겨 오른쪽 칸의 저자 이름의 첫 낱자를 보면서 다시 시도해 보라. (이 방법이 바로 단서회상이다.) 이런 힌트가 주어지면 당신의 기억이 얼마나 향상되는지 확인할 수 있다.

재인

세 번째 기억 검사법인 재인(recognition)은 몇몇 선택지 중에서 맞는 항목을 고르는 것이다. 사람들은 흔히 회상할 때에 비해 더 많은 항목을 재인한다. 예를 들면, 당신에게 60명 이름 목록을 주고, 초등학교 2학년 반 친구들의 이름을 고르라고 하는 경우이다. 사지선다형 같은 객관식 시험이 바로 재인 방법을 사용하는 것이다.

표 7.1 자유회상과 단서회상의 차이

도서	저자
지시문: 먼저 오른쪽 칸을 종이로 가린 채, 왼쪽에 기재된 책의 저자를 알아맞혀 보라. 그런 다음, 오른쪽 칸의 종이를 치우고, 다시 저자의 머리글자를 보고 다시 시도해 보라(단서회상).	
모비 딕(*Moby Dick*)	ㅁ ㅂ
오만과 편견 (*Pride and Prejudice*)	ㅇ ㅅ ㅌ
셜록 홈즈 (*Sherlock Holmes stories*)	ㄷ ㅇ
살인자의 기억법	ㄱ ㅇ ㅎ
토지	ㅂ ㄱ
태백산맥	ㅈ ㅈ ㄹ

절약률

네 번째 기억 검사법은 절약률 방법인데(재학습 방법으로도 알려져 있다.) 처음 학습 속도와 재학습 속도를 비교해서 기억이 약해진 정도를 탐지한다. 당신이 초등학교 2학년

반 친구들을 전혀 기억할 수 없고, 심지어 이름 목록에서 그 친구들 이름을 하나도 집어내지 못했다고 생각해 보자. 그래도 전혀 만난 적이 없는 사람들 이름 목록을 외우는 것보다 그 친구들 이름 목록을 다시 외우는 것이 더 빠를 것이다. 다시 말해서, 당신이 무언가를 재학습할 때는 시간을 절약할 수 있다는 것이다. 절약된 시간(첫 학습에 소요된 시간에서 재학습에 소요된 시간을 뺀 시간)의 양이 기억의 측정값이다.

암묵기억

자유회상, 단서회상, 재인, 그리고 절약률에서 보이는 기억은 명시기억(외현기억 또는 직접기억)이다. 다시 말해, 어떤 답을 진술하는 사람은 자신의 진술을 기억의 산물로 생각한다. 암묵기억(내현기억 또는 간접기억)에서는 이전의 경험이 자신이 지금 말하고 행동하는 것에 영향을 주지만 이 영향을 자각하지 못한다. 물론 당신만이 이런 정의가 불충분하다고 느끼는 것은 아니다(Frensch & Rünger, 2003). "자각"이라는 용어같이 모호한 개념으로 무언가 정의한다는 것이 잘하는 일은 아니다. 앞으로 더 개선 발전시킬 때까지 이 정의는 잠정적일 뿐이다.

암묵기억을 가장 잘 설명하는 방법으로 예를 들어 보는 게 좋겠다. 당신은 누군가와 대화(conversation)를 나누고 있을 때 근처 다른 사람들이 전혀 다른 주제로 토론(discussion)하고 있다고 가정해 보자(suppose). 다른 사람들의 토론에 당신은 관심을 두지 않고 있지만, 배경으로 흐르는 대화 중의 몇 단어들은 아마도(probably) 당신 안으로 몰래 잠입할지도 모른다. 당신은 이런 영향을 전혀 눈치채지 못하겠지만 주변 사람들 중 누군가는 당신의 변화를 목격할 수도 있다.

▶ **직접 해 보세요!**

암묵기억에 대한 예시를 하나 들어보자. 다음의 세 낱자에 연이어 낱자들을 추가해서 당신이 아는 영어 단어를 만들어보라.

CON ＿＿＿

SUP ＿＿＿

DIS ＿＿＿

PRO ＿＿＿

표 7.2 기억 검사법

검사	검사 방법	예
자유회상	실험참가자에게 기억나는 대로 말하라고 한다.	백설공주의 일곱 난쟁이 이름을 말하시오.
단서회상	실험참가자의 회상을 돕는 중요한 힌트를 제공한다.	일곱 난쟁이의 이름을 대시오. 힌트: 항상 싱글벙글 웃는 친구도 있고, 작은 친구, 언제나 무뚝뚝한 친구, 언제나 감기에 걸린 것 같은 친구, …
재인	제시된 여러 항목들 중에서 맞는 항목을 고르게 한다.	다음 중 일곱 난쟁이에 해당하는 이름을 고르시오. Sneezy, Sleazy, Dopey, Dippy, Hippy, Happy?
절약률 (재학습)	참가자가 학습한 내용을 일정 시간 경과 후 다시 학습하도록 한다. 재학습에 걸린 시간이 첫 번째 학습보다 더 짧으면 그만큼 절약된 것이고, 그 정도는 기억 일부가 지속함을 의미한다.	다음 이름들을 기억하도록 하시오: Sleepy, Sneezy, Doc, Dopey, Grumpy, Happy, Bashful. 이제, 다음 이름 목록을 위의 목록보다 더 빨리 외울 수 있는가: Sleazy, Snoopy, Duke, Dippy, Gripey, Hippy, Blushy.
암묵기억	특별히 기억에 대한 언급 없이, 단어를 완성하는 과제를 수행하게 한다.	"백설공주와 일곱 난쟁이"라는 동화를 듣고 난 다음, 아래 제시된 문제에서 빈칸을 채워 적절한 이름을 만드시오. __L___P__ __N___Z__ ___ __C __O__EY __R___P__ ___ __PP__ __A__H__U__

당신은 해당되는 단어를 얼마든지 생각해 낼 수 있을 것이다. 사전에서 보면 CON ____으로 이어지는 단어만 해도 100개 이상 된다. 위의 시도에서 당신은 혹시 다음과 같은 단어들, 즉 conversation, suppose, discussion, probably가 생각나지 않았는가? 이 단어들은 앞 단락에 등장했던 단어들이다. 당신이 어떤 단어를 읽거나 들으면 일시적으로 그 단어가 점화(prime)돼서 당신이 이 단어를 사용할 확률이 증가된다. 비록 당신은 그런 영향을 자각하지 못할지라도 말이다(Graf & Mandler, 1984; Schacter, 1987). 이 예시에서 보이는 효과는 단어를 읽는 경우보다 듣는 경우에 더 잘 나타난다.[1]

표 7.2는 몇몇 기억 검사법을 비교해 보여주고 있다.

---

[1] 방금 전에 본문의 〈직접 해 보세요〉와 같이, 다음 빈칸 채우기 과제도 시도해 보라. 대____, 가____, 토____, 아____.
이미 짐작했듯이, '대화', '가정', '토론', '아마도'로 답했을 가능성이 높다. 이 경우도 암묵기억을 보여주는 동일한 예이다.

절차기억과 확률적 학습

절차기억(procedural memory)은 걷거나 젓가락으로 음식을 집어먹는 것같이 어떤 일을 어떻게 하는가에 대한 기억으로 특별한 종류의 암묵기억이다. 심리학자들은 절차기억과 서술기억을 구분하는데, 서술기억(declarative memory)이란 우리가 곧바로 말로 표현할 수 있는 기억을 말한다. 예를 들어 당신이 자판으로 타이핑하는 것을 보면, 정확한 시간에 정확한 키를 칠 수 있을 정도로 낱자들의 위치를 잘 알고 있다. 하지만, 당신은 이런 지식을 분명하게(명시적으로) 서술할 수 있을까? 달리 말해서, 낱자 'ㅊ' 키 바로 오른쪽에 있는 키는 어떤 낱자인지 기억나는가? 또, 낱자 'ㅔ' 바로 왼쪽에 있는 키도 기억나는가?

절차기억, 즉 습관 형성은 서술기억과는 여러 면에서 다르다. 첫째, 두 유형의 기억은 뇌에서 각기 다른 영역에 의존해 있기에 한 유형의 기억과 관련된 뇌 손상이 일어나도 다른 유형의 기억은 온전할 수 있다. 둘째, 절차기억 또는 습관 형성은 점진적으로 발달한다. 이와는 대조적으로, 서술기억은 단번에 형성되는 걸 종종 경험할 수 있다. 예를 들면, "남자 화장실은 왼편에 있고 여자 화장실은 오른편에 있습니다."라거나 "이번 금요일에는 수업 대신에 특별한 이벤트가 있을 겁니다."와 같은 말을 기억하는 것이 이에 해당한다. 습관 형성은 흔히 사실인 것 또는 특정 상황에서만 사실인 것을 학습하는 경우에 더 잘 들어맞는다(Shohamy, Myers, Kalanithi, & Gluck, 2008). 예를 들면, 당신은 구름과 바람, 기압의 특정 패턴을 보고 비가 내릴지 여부를 판가름할 수 있다. 이 세 단서 각각은 어느 것도 그 자체만으로는 기준이 될 수 없다. 또는, 어떤 개들이 특정한 자세로 머리와 귀, 꼬리를 들면 곧 덤벼들 태세라는 걸 알아챌 수도 있다. 때때로 사람들은 다양한 단서들을 포착하는 걸 학습하면서도 그렇게 학습하고 있다는 점을 자각하지 못한다.

✓ **개념 점검**

1. 다음 예들은 어떤 기억 검사법 유형에 해당하는가? (자유회상, 단서회상, 재인, 절약률, 암묵기억 중에서 선택)

a. 당신은 고등학교 때 배운 프랑스어를 잊어버렸다고 생각하지만, 프랑스어를 배운 적이 없는 친구보다 대학 프랑스어 수업에서 더 잘하게 된다.

b. 당신은 전화번호부를 찾아보지 않고서도 동네 피자가게 전화번호를 기억해 내려고 한다.

c. 라디오에서 흘러나오는 노래를 별로 주의하지 않고 들었는데도 나중에 당신은 그 멜로디를 흥얼거리고 있는 걸 깨닫는다. 그렇지만, 이 멜로디가 무슨 노래인지, 어디서 들었는지는 모른다.

d. 당신 차를 주차장 어디에 주차했는지 기억나지 않아서, 주차장에 있는 다른 차들 중에서 당신 차를 찾으려고 두리번거린다.

e. "우리 화학실험 조교 이름이 뭐더라? 김씨였던 것 같은데…"라고 당신 친구가 물었을 때, 당신이 그 이름을 기억해 냈다.

2. 절차기억과 서술기억의 주된 차이는?

Poole

Cotton

1985년, Ronald Cotton(오른쪽 사진)은 강간으로 유죄판결을 받았다. 피해자의 사진 확인에 기초해서 기소된 것이다. 10여 년 후, DNA 증거로 Cotton은 무죄가 입증되었고, 실제 범죄자는 Bobby Poole(왼쪽 사진)임이 밝혀졌다. 목격자 증언은 많은 소송에서 무고한 사람을 유죄로 선고하게 한다.

응용: 용의자 대열에서 재인과정

당신이 어떤 범죄현장을 목격했다고 가정해 보자. 이제, 경찰은 당신에게 그 범죄자를 확인해 줄 것을 요청한다. 용의자 대열에 서 있는 사람들을 보게 하거나 아니면 사진첩을 보여주면서 당신이 목격한 사람을 고르라고 부탁할 것이다. 이때 당신이 맡은 과제는 일종의 재인기억으로, 여러 항목들 중에서 올바른 항목을 찾아낼 때와 같다.

이런 과제에는 문제가 하나 있는데, 당신이 이미 경험해 본 익숙한 일이다. 일종의 재인기억인 다중 선택 시험을 볼 때 선택지 중에서 어느 것도 정확히 정답은 아닌 것 같지만 그 중에서 가능한 최상의 선택지를 고르게 된다. 사진첩을 가지고 이런 일을 한다면 어떻게 될까? 당신은 아마 모든 사진을 죽 훑어본 다음, 당신이 목격한 범죄자와 가장 비슷한 사람을 고를 것이다. 그리고 42번 용의자를 범죄자로 생각한다고 경찰에게 말한다. 그러면, 경찰이 "이 사람일 것 같다고요?"라고 되물어 보면서 "당신이 확신하지 않는다면 법정에서 당신의 증언은 효력이 별로 없을 겁니다."라고 말한다. 당신은 경찰에 협력하기 위해 다시 꼼꼼히 살펴본다. 결국, "예 이 사람이 맞습니다. 믿어도 좋아요."라고 말한다. "좋습니다. 이 녀석이 바로 이 일을 저질렀군요."라고 경찰은 말한다. 이런 피드백을 받으면 그 선택에 대한 당신의 확신은 강화된다. 그런 다음, 당신이 법정에서 증언하면 그 용의자는 유죄 판결을 받게 된다. 그런데, 과연 정당하게 진행된 게 맞나? 목격자 증언만으로 유죄 선고를 받고, 나중에 가서 DNA 증거로 혐의를 벗는 경우가 종종 있다.

심리학자들은 용의자 대열 방식을 개선시키는 방법들을 제안해 왔다. 그중 한 방법은 용의자 대열을 담당하는 수사관을 "맹목" 관찰자(제2장 참조)로 하는 것이다. 혐의가 높은 용의자를 알고 있는 수사관은 의도치 않아도 목격자를 편향시킬 수 있다. 둘째 방법으로, 범인은 왼쪽 눈썹 위에 상처가 있었다고 목격자가 진술했다면 대열에 세울 모든 용의자들이 동일한 특징을 갖도록 만든다(Zarkadi, Wade, & Stewart, 2009). 만약 이렇게 하지 않을 경우, 목격자는 죄의 유무와 상관없이 상처가 있으면 바로 선택하기 때문이다.

셋째 추천안은 경찰이 의심하고 있는 인물을 목격자가 지목했는지 여부에 대해서 가급적 나중에 피드백을 주는 것이다(Wells, Olson, & Charman, 2003; Zaragoza, Payment, Ackil, Drivdahl, & Beck, 2001). 경찰의 동의가 함의된 신호는 무엇이라도 목격자의 확신을 증가시킨다. 설령, 목격자가 잘못 지목했을 경우에도 그렇다(Hasel & Kassin, 2009; Semmler, Brewer, & Wells, 2004; Wright & Skagerberg, 2007). 일반적으로 판사와 배심원은 진술이 확고할 때 훨씬 더 많이 신뢰하게 된다. 비록 확신하는 정도는 정확성과 느슨하게만 연결되어 있음을 보여주는 연구가 있는데도 말이다(Odinot, Wolters, & van Koppen, 2009).

더 논란이 많은 추천안은 용의자들을 한 명씩 순차적으로 보여주는 것이다(Wells et al., 2000; Wells, Memon, & Penrod, 2006). 순차적 용의자 대열에서는, 한 번에 한 사람씩 보고 "예" 또는 "아니요"라고 답하게 한다. 목격자가 예라고 말하면, 용의자 확인 절차는 종료된다. 그래서 목격자가 이미 결정했다면 용의자들을 추가로 볼 기회가 없어진다. 또한, 목격자는 "아니다"라고 말했던 용의자들을 다시 보고 검토할 기회도 갖지 못한다. 따라서 목격자는 가장 혐의가 짙은 용의자를 선택하는 것이 아니라 분명한 용의자를 지목해야 하고, 아니면 아무도 지목하지 못하게 된다. 순차적 용의자 대열 방식은 잘못 지목할 가능성을 상당히 줄여준다. 범죄자가 포함되지 않은 용의자 대열을 목격자가 한꺼번에 확인하는 경우, 대부분의 목격자들은 어쨌든 그중 누군가 한 명(범인에 가장 가까워 보이는 사람)을 지목할 가능성이 높다. 반면에 순차적 대열 방식은 목격자가 무고한 사람을 선택할 가능성을 줄여준다. 하지만, 목격자들이 진범을 빈번히 놓치게 된다는 손실도 감수할 수밖에 없다. 즉, 순차적 대열 방식에서는 목격자가 더 신중을 기하게 되어서 누구도 선택하지 못하는 일이 자주 일어난다(Malpass, 2006). 용의자 대열의 두 방식이 갖는 장단점은 진범을 풀어줄 위험과 무고한 사람을 투옥시킬 위험 중 어디에 가중치를 둘 것인지에 달려 있다.

개념 점검 3. 순차적 용의자 대열 방식은 다중 선택 시험에 내재하는 문제점 중의 하나를 어떻

게 피해 나갈 수 있을까?

아동 목격자

목격자 기억이라는 주제에서 아주 어린 아이가 목격자인 경우를 고려해 보자. 어린 아이가 어떤 범죄의 목격자이거나 희생자일 때, 이들의 말을 우리는 얼마나 신뢰할 수 있을까? 아동 기억 보고의 정확성을 측정할 수 있는 방법은 무얼까?

아동의 기억을 연구하는 한 방법은 아이에게 병원 또는 치과에 다녀온 일을 회상하게 하는 것이다. 아동은 이런 일들을 얼마나 잘 기억해 낼 수 있을까? 일련의 연구에서 만 3세 정도의 아이들이면 6주가 지난 뒤에도 상당히 정확하게 보고할 수 있음을 연구자들은 확인했다(Baker-Ward, Gordon, Ornstein, Larus, & Clubb, 1993). 여러 요인들이 아동의 기억 보고 정확성에 영향을 준다.

- **질문의 지연.** 상처 같은 충격적인 경험을 한 후에 아이들의 기억은 처음에는 아주 정확하지만 시간이 흘러감에 따라 덜 정확해진다. 이는 어느 연령에도 적용된다. 그렇지만, 아주 어린 아이들이라도 지연된 기억 보고가 때로는 더 정교하고 구체적일 수 있다. 아마도 그런 아이는 언어 사용이 더 명확해졌기 때문일 것이다(Peterson, 2011).

- **질문 유형.** "어떤 일이 생겼는지 내게 말해 줄래"처럼 자유 진술형 질문을 하면, 어린 아이들은 대개 짧지만 정확한 답을 한다. "그 남자가 네 옷 아래로 너를 만졌니?"와 같이 암시적인 질문을 한 경우, 아이들의 기억 정확성은 신뢰도가 떨어진다(Lamb, Orbach, Hershkowitz, Horowitz, & Abbott, 2007). 암시적 질문은 어느 정도 시간이 지난 후에는 특히 위험한데, 그 이유는 기억이 더 약화되었기 때문이다(Quas et al., 2007).

- **다른 아이들의 기억 회상 건너 듣기.** 다른 아이들이 어떤 일을 기억해서 말하는 것을 건너 들은 아이는 그 내용이 설령 거짓이라도 동일하게 말하는 경향이 있다(Principle, Kanaya, Ceci, & Singh, 2006).

- **질문의 반복.** 아이에게 한 회기에서 동일한 질문을 두세 차례 반복해서 물으면, 먼저 답변은 잘못 말한 것이라고 하면서 답변을 바꾸는 경우가 가끔 있다(Krähenhühl & Blades, 2006; Poole & White, 1993). 하지만, 자유 서술형 질문을 다른 인터뷰 담당자들이 반복하거나 또는 동일한 인터뷰 담당자가 다른 날에 반복하면 아이들이 더 잘 회상하고, 때로는 새로운 정보를 생각해 내기도 한다(Hershkowitz & Terner, 2007).

- **신체적 대리물의 사용.** 성적 학대 혐의자를 수사하는 과정에서 몇몇 심리학자들은 학대받은 아이의 기억을 확인하기 위해 해부적인 면에서 상세한 인형을 보여주고 문제되는 사건을 실제 행동으로 나타내보도록 유도하는 경우가 있다. 하지만, 아이들은 때때로 기억에 따라 연기하기보다는 공상에 따라 하기도 한다. 연구자가 아이에게 의사선생님이 진료하는 걸 (자신이 아는 대로) 흉내 내서 연기해 보라고 하면, 아이는 실제 일어나지 않았던 행동도 연기할 줄 안다(Greenhoot, Ornstein, Gordon, & Baker-Ward, 1999). 인형의 사용은 별 도움이 안 되는 것으로

보이는 반면, 그림을 그리게 하는 것은 도움이 된다. 아이에게 일어난 일을 말로 하면서 그리게 하면, 정확성의 손실 없이도 더 구체적인 묘사를 하곤 한다 (Patterson & Hayne, 2011).

• 질문의 이해 정도. 당신은 어떤 사람이 호리병을 숨기는 걸 봤나요? 이때 '호리병'과 '숨기다'라는 말을 현재는 사용하지 않는 고어로 묻는다면, 아마도 당신은 "전 모르는데요." 또는 "무슨 말인지 모르겠는데요."라고 답할 것이다. 그런데, 질문을 이해하지 못하는 세 살 된 아이라면 대개 "응, 봤어."라고 답한다 (Imhoff & Baker-Ward, 1999).

어른들은 흔히 아이들이 이해하는 정도를 과대평가하곤 한다. 세 살 된 딸을 데리고 여행을 하던 부부가 오늘 저녁은 바비큐 식당에서 먹을 거라고 딸에게 얘기했다. 딸아이는 너무 흥분해서 조바심을 냈다. 아이는 "바비큐까지 가는 데 이젠 얼마 남았어?"라고 운전하는 내내 물어댔다. 가족이 드디어 그 식당에 거의 다 왔을 무렵, 아이는 물었다. "여기 있는 다른 애들도 다 자기 바비 인형을 갖고 왔어?" 순간 이들 부부에게는 "아하, 우리 딸아이가 말하는 '바비-큐'(barbie-cue)는 그거였구나!"하는 생각이 떠올랐다.

과연 우리는 아동의 증언을 믿을 수 있을까? 간단히 말해, 경우에 따라 다르다. 적절한 질문을 한다면 세 살짜리 아이라도 정확한 정보를 제공한다. 그렇지만, 질문하는 시기가 지연되거나 편향된 질문이라면, 정확성은 떨어진다.

기억에 대한 정보처리 접근

각 시대별로 보면, 심리학자들은 행동기제를 당대의 가장 뛰어난 기술에 비유해서 설명하려고 했다. 1600년대, 르네 데카르트는 동물 행동을 수압 펌프의 작동에 비유했다. 1900년대 초반의 심리학자들은 학습이 전화교환대와 유사하게 작동된다고 주장했다. 라디오가 발명된 초창기에는 신경계가 라디오처럼 작동된다고 설명하는 연구자들도 있었다. 정보처리모형(information-tion processing model)은 인간의 기억을 컴퓨터 기억에 비유한다. 그림 7.4에서와 같이, 이 시스템 안으로 들

어간 정보는 처리되고, 부호화된 다음, 저장된다. 당신이 키보드로 무언가 타이핑하면, 컴퓨터는 일시적인 저장소에 저장한다. 그런 다음, 하드 드라이브에 어떤 내용을 저장하는 것은 안정적이고 장기간 지속하는 표상을 만든 것이다. 정보처리모형에 따르면, 정보는 먼저 단기기억(일시적 저장소)에 들어가고, 그중 일부는 단기기억에서(하드 드라이브 같은) 장기기억으로 옮겨간다. 이렇게 되면 마침내, 환경의 어떤 단서는 이 정보처리 체계를 촉발시켜 저장된 정보를 인출한다(Atkinson & Shiffrin, 1968). 이제부터 이 모형을 검토해 보자.

개념 점검

4. 컴퓨터 기억과 인간 기억 간의 비유는 어떤 면에서 불완전할까? (이 문제는 다른 자료를 검색해서 답을 찾을 순 없다. 그러니, 직접 생각해 보라.)

단기기억과 장기기억

정보처리이론에서는 최근 사건들의 일시적 저장소인 단기기억(short-term memory)과 상대적으로 영속적인 저장소

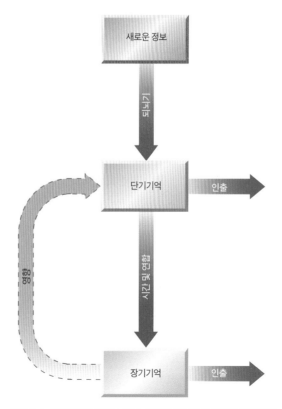

그림 7.4 정보처리모형에서 보면, 기억은 일시적인 기억과 영구적인 기억을 가진 컴퓨터의 기억체계를 닮았다.

인 장기기억(long-term memory)이 구별된다. 예를 들어 보자. 당신이 게임을 하고 있을 때, 현재 점수는 당신의 단기기억에 있고, 게임 규칙은 장기기억에 있다.

심리학자들은 장기기억을 의미기억과 일화기억으로 구분한다. 의미기억(semantic memory)은 당신이 학교에서 배운 거의 모든 것과 같이 원리와 사실에 대한 기억이다. 일화기억(episodic memory)은 당신의 삶 속에서 일어난 특정 사건들에 대한 기억이다(Tulving, 1989). 예를 들면, 중력법칙을 기억하는 것은 의미기억인 반면, 당신이 할머니 꽃병을 떨어뜨려 깨뜨린 일을 기억하는 것은 일화기억이다. 당신이 살고 있는 도시의 시장이 누군지 기억해 내는 것은 의미기억이고, 당신이 그 시장을 만났던 적을 기억하는 것은 일화기억이다.

일화기억은 의미기억에 비해 취약하다. 당신이 몇 년 동안 테니스 경기를 못했다고 하자. 경기 규칙은 여전히 기억하지만, 당신이 했던 특정 게임에 대한 기억은 희미할 것이다. 특히, 연장자일수록 온전한 의미기억을 갖고 있음에도 세부적인 사건에 대해 망각하는 경향이 있다(Piolino, Desgranges, Benali, & Eustache, 2002). 특정 뇌 손상을 입은 사람들은 일화기억 대부분을 잃지만, 그들의 의미기억은 온전하게 유지한다.

개념 점검 5. 다음 각각의 예들이 의미기억인지 일화기억인지 분류하라. (a) 조선왕조의 첫 번째 왕 말하기. (b) "고전적 조건형성" 정의하기. (c) 당신의 제주도 여행에 대해 기술하기. (d) 어제 저녁식사를 한 장소와 함께 식사한 사람, 그리고 먹은 음식 기억하기.

당신은 무언가를 기억해 낼 수 있지만(이건 의미기억이다.), 그것이 언제 일어났는지(이건 일화기억이다.)는 잊어버릴 수 있다(Friedman, Reese, & Dai, 2011). 당신은 어떤 것에 대해 읽거나 듣고 난 다음, 그걸 어디서 배웠는지 잊을 수 있다. 무언가에 대해 당신이 말한 다음, 누구에게 말했었는지는 망각하기 쉽다(Gopie & MacLeod, 2009). 무언가를 어디서, 어떻게 알게 되었는지를 망각하는 것을 원천 기억상실(source amnesia)이라고 한다. 당신이 뜬소문 하나를 들었는데, 그 출처가 믿기지 않아서 묵살해 버렸다고 하자. 그런데 나중에 가서 당신은 출처는 잊어버린 채 그 소문을 진지하게 생각할

수도 있다(M. K. Johnson, Hashtroudi, & Lindsay, 1993; Riccio, 1994).

한 연구에서, 실험에 참여한 학생들은 "육분의는 바다에서 별을 보고 항해할 때 사용하는 기구다."와 같은 정보를 포함한 가상적인 이야기들을 읽었다. 나중에, 이 학생들에게 "바다에서 별을 보고 항해할 때 사용하는 기구는 무엇인가?"라는 질문이 주어졌다. 방금 이 정보를 읽은 학생들은 그렇지 않은 학생들에 비해 더 많이 정답을 말했다. 정답을 말한 대부분이 그 단어가 방금 읽은 이야기에 나왔던 것으로 기억했지만, 이야기를 읽기 전부터 이미 그 정보를 알고 있었다고들 말했다. 다른 집단의 학생들은 "컴퍼스는 바다에서 별을 보고 항해할 때 사용하는 기구다."와 같은 틀린 정보를 담고 있는 이야기들을 읽었다. 시간이 지난 후, 이 집단의 학생들은 별을 이용한 항해기구가 컴퍼스라는 틀린 답을 내놓았다. 이들 대부분은 그들이 읽은 이야기에서 이 정보를 보았다고 기억했지만 그들 또한 "이미" 그 이야기를 읽기 전부터 알고 있는 사실이라고 말했다! 이 예는 또 다른 유형의 원천 기억상실, 즉 잘못 심어진 기억의 원인을 이전의 경험으로 돌리는 경향을 잘 보여주고 있다(Marsh, Meade, & Roediger, 2003).

전통적으로 심리학자들은 단기기억과 장기기억을 여러 가지 면에서 구분 지어 놓고 있다. 그런 구분 중 두 가지는 저장용량과 시간에 걸친 소멸이다.

저장용량 차이

장기기억은 거의 측량할 수 없을 정도로 방대한 저장용량을 갖는다. 장기기억이 얼마나 많은 정보를 저장할 수 있는지 묻는 것은 어떤 도서관에서 수장할 수 있는 책 수를 묻는 것과 비슷하다. 도서관 수장 도서 수에 대한 답은 책들의 크기와 수장 방식에 따라 다르다. 이와는 대조적으로 단기기억은 한정된 저장용량을 갖는다. 아래 제시된 낱자 열을 각각 읽고 난 다음, 보지 않고 낱자 열을 다시 말해 보라. 아니면, 각 낱자 열을 큰 소리로 친구에게 읽어주고, 친구가 기억해서 말하게 해보라.

▶ **직접 해 보세요!**

E H G P H

J R O Z N Q

S R B W R C N

M P D I W F B S

Z Y B P I A F M O

보통 성인이라면 대부분 약 7개 낱자나 숫자, 또는 단어로 구성된 열을 한 번 듣고 되뇌일 수 있다. 8개나 9개인 사람도 있고, 5개나 6개인 경우도 있다. George Miller(1956)는 단기기억 용량을 "매직 넘버 7, 플러스 마이너스 2(magical number 7±2)"라고 불렀다. 사람들은 더 긴 열을 기억해서 말하려고 시도하는 경우에는 처음 일곱 개 항목도 기억해 내지 못하기도 한다. 이는 한 손으로 여러 물건을 들려는 것과 비슷하다. 즉, 여러 물건들을 들려고 하다 보면 물건 모두를 놓치는 것과 마찬가지다.

Kutbidin Atamkulov는 중앙아시아에서 이 마을 저 마을 돌아다니면서 키르기스의 영웅, 마나스 이야기를 노래로 불러주며 여행한다. 이 노래들은 장장 3시간이 걸리는데, 수 세기에 걸쳐 명인으로부터 제자에게 전수되어 내려온 것이다.

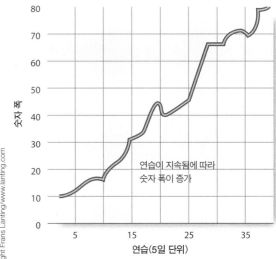

그림 7.5 한 대학생이 숫자 열 암송능력을 점차적으로 증진시킨 기록
(출처: Ericsson, Chase, & Faloon, 1980.)

덩이 만들기(chunking)를 통해 단기기억에 더 많은 정보를 담을 수 있다. 덩이 만들기란 개별 항목들을 의미 있는 연속이나 군집으로 집단화하는 것이다. 예를 들면, "ventysi"라는 알파벳 낱자 열은 대부분의 사람들이 갖는 저장용량 한계인 7개 낱자 열이다. 그런데, 낱자 세 개를 더해 만든 "seventysix"는 "76"이라는 두 자리 숫자로 쉽게 기억할 수 있다. "Seventeenseventysix"는 훨씬 더 길지만, 당신이 1776이라는 숫자 열을 미국 역사에서 중요한 연도로 생각한다면 저장할 항목은 하나가 된다.[2] 사람들은 덩이 만들기에 제법 능숙하고, 때로는 자신이 덩이를 만들고 있음을 자각하지 못하면서도 잘하기 때문에, 심리학자들은 단기기억이 실제로 일곱 항목을 유지한다고 확신하지는 않는다. S R B W R C N이라고 기억해 낼 때, 당신은 정말 7개 항목을 기억한 걸까? 아니면, SR...B...WR...CN와 같이 몇 개의 덩이로 집단화하진 않았나? 아주 최근 연구에 따르면, 단기기억의 용량은 7개 항목이 아니라 3~5개 덩이로도 볼 수 있다(Cowan, 2010).

장기간에 걸쳐 진행되는 실험에 참여한 한 대학생은 실험 초기에는 한 번에 7개 정도의 숫자를 암송할 수 있었다(Ericsson, Chase, & Faloon, 1980). 이 학생은 1년 반 동안 매주 3~5시간 정도 이 암송 연습에 참여하면서 정교한 덩이 만들기 방략을 통해 한 번에 80개 숫자를 암송하게 되었다(그림 7.5). 그는 의욕적인 육상선수이기 때문에, "3492…"를 1마일 경주 세계기록에 가까운 "3분 49.2초"로 저장했을 수도 있다. 다음 숫자 묶음을 1킬로미터 경주 기록이나 중단거리 마라톤 기록 또는 역사상의 특정 날짜로 저장했을지도 모른다. 연습이 반복되면서 더 큰 덩이로 묶이는 숫자를 알아채기 시작했다. 하지만, 이 학생은 낱자 리스트를 기억하는 과제를 실시했을 때는

평균 정도의 수행을 보였다. 왜냐하면 낱자로 덩이를 만드는 방략은 발달시키지 못했기 때문이다.

주의할 점이 하나 있다. 우리는 기억을 저장하는 것을 손에 물건을 들고 있는 것처럼 얘기하고 있다. 이건 단지 느슨한 비유일 뿐이다. 기억은 엄청나게 큰 신경세포 집단에서 확산적으로 연결된 시냅스들의 변화에 의존한다. 이는 어떤 곳에 물건을 놓아두는 것과는 다르다.

시간에 따른 기억의 소멸

단기기억은 연속해서 되뇌지 않으면 말 그대로 짧은 기간만 지속된다. 여기에 고전적인 예시를 들어보겠다. Lloyd Peterson과 Margaret Peterson(1959)은 HOXDF와 같은 무의미한 낱자 열을 제시하고 여러 지연시간 후에 기억을 검사했다. 당신이 이 연구에 참여했다고 가정해 보자. 실험자가 낱자 열을 기억해서 보고하라고 요구할 것을 알기 때문에, 당신은 지연시간 동안 "HOXDF, HOXDF, …"이렇게 되뇌기를 계속할 것이다. 실험자는 이런 되뇌기를 못하게 하려고 당신에게 2차 과제를 부여한다. 당신에게 낱자 열을 제시하면서, 더불어 "231" 같은 세 자리 숫자를 제시한다. 실험자가 그만하라는 신호를 보낼 때까지 당신은 "231, 228, 225, 222, 219, …"과 같이 제시된 숫자로부터 3씩 거꾸로 빼서 그 숫자를 소리 내어 보고해야 한다. 실험자가 중단 신호를 주면, 당신은 낱자 열을 보고하면 된다. 그림 7.6은 이 실험결과이다. 평균적으로, 약 10%의 실

---

2 1776년에 미국은 영국 식민지 상태로부터 독립했기에 기념비적인 해이다. 더불어, 미국 독립은 근대 시민혁명의 시발점이 되어 1789년에는 프랑스 시민혁명이 발발했다.

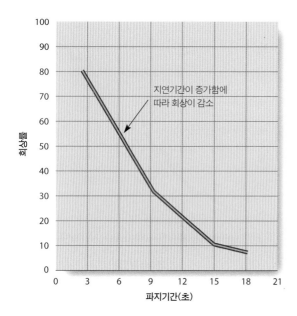

그림 7.6 사람들의 낱자 열에 대한 기억은 낱자들을 되뇌기하지 못하도록 하면 금세 사라진다.

험참가자들만이 18초의 지연시간 뒤에 낱자 열을 기억해 냈다. 달리 말하면, 단기기억은 신속히 사라진다.

Peterson 부부는 HOXDF 같은 무의미한 정보만 다룬 것은 아니었다. 더 의미 있는 실험재료를 사용할 경우, 사람들은 더 많은 정보를 재빠르게 저장한다. 어떤 사람이 당신에게 동쪽 출구는 독사들이 득실거리니 동쪽 출구 대신 서쪽 출구로 나가라고 말했다면, 이 충고를 들은 지 18초가 지나는 사이에 충고를 잊어버릴 거라고는 생각되지 않는다.

왜 단기기억은 사라질까? 가장 단순한 가설은 뇌의 표상은 시간이 지남에 따라 소멸된다는 것이다. 신경과학자들은 어떤 경험 후에 그 기억 흔적을 약화시키는 단백질을 뇌에서 확인했는데, 이는 아마도 중요치 않은 정보를 영구히 저장하는 것을 막기 위함일 것이다(Genoux et al., 2002). 다른 가설에 따르면, 단기기억이 사라지는 이유는 우리가 어떤 것을 다른 것과 혼동하기 때문이라는 것이다. 일련의 낱자들을 읽고 난 다음, 3씩 거꾸로 세면 낱자 열에 대한 기억은 첫 번째 시행에서는 그렇게 빨리 사라지지 않는다. 나중 시행에 가면, 한 열의 낱자들과 다른 열의 낱자들을 혼동하게 되는데, 이런 상호 간섭은 망각률을 점차 증가시킨다(Keppel & Underwood, 1962). 중간에 휴식을 취하고 난 다음, 다시 이 과제를 수행하면 이런 간섭을 줄

일 수 있다(Unsworth, Heitz, & Parks, 2008).

장기기억은 얼마나 오래 지속할까? 경우에 따라 다르다(Altmann & Gray, 2002). 당신이 농구를 하고 있는 중이라면, 현재 점수는 어떤지, 게임 종료까지 대략 어느 정도 시간이 남았는지, 당신 팀이 사용하는 방어 전략과 공격 전략은 무엇인지, 당신이 범한 실책 수 등등을 기억할 것이다. 이런 정보들은 앞으로 펼쳐질 당신 인생을 위해서 기억하게 될 리 없을 것이다(그리고, 기억하길 원치 않을지도 모른다). 그렇지만, 경기 중에 이 정보들이 사라지는 것을 방지하기 위해서 되뇌기를 꾸준히 할 필요도 없다. 유사한 경우로, 지금 당신은 아마도 다음과 같은 것들을 기억할 것이다. 지갑에 현금을 대략 얼마 갖고 있는지, 친구와 저녁식사를 언제 어디서 하기로 했는지, 이번 주말에는 무얼 할 계획인지, 이번에 볼 심리학 시험은 얼마나 남았는지, 그리고 새로운 정보로 갱신하기 전까지 당신이 기억하고 있어야 하는 많은 정보들을 기억하고 있을 것이다.

장기기억의 상당량은 일생 내내 지속된다. 노년층은 아동기에 일어났던 사건도 회고할 수 있다. Harry Bahrick(1984)은 스페인어를 1~2년 전에 배운 사람들이 3~6년 전에 배운 이들보다 더 잘 기억하지만, 6년이 지난 경우에는 스페인어에 대한 기억이 별로 변하지 않음을 확인했다(그림 7.7).

 개념 점검

6. 단기기억과 장기기억의 두 차이점은 무엇일까?
7. 1950년대 기억연구들에 따르면, 단기기억은 되뇌기를 하지 않으면 몇 초 내에 소멸된다. 이 결론이 더 이상 확고하지 않은 이유는?

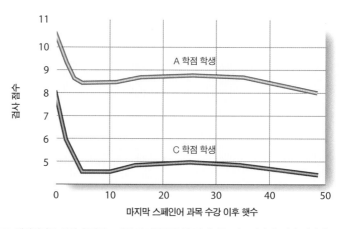

그림 7.7 재인검사를 통해 측정된 스페인어 어휘량은 첫 몇 해에는 감소하지만, 점차 안정적으로 된다. A 학점을 받은 학생들의 기억수행이 더 좋지만, 두 집단 모두 비슷한 망각률을 보인다. (출처: H. P. Bahrick (1984). Semantic memory content in permastore: Fifty years of memory for Spanish learned in school. *Journal of Experimental Psychology, 113*, 1-29. © American Psychological Associations. 허가하에 실음)

작업기억

"Clarence Birdseye는 냉동생선 판매방법으로 특허를 냈다." 아마도 당신은 이 사

실을 몰랐을 것이다. 지금 이 사실은 당신의 단기기억에는 있겠지만, 앞으로 장기기억에 있을 수도 있고 없을 수도 있다. "42쪽에서 위로부터 세 단락을 읽고, 주요 논점을 요약하시오." 이런 지시문 내용 또한 단기기억에 있겠지만, 전혀 다른 종류다. 당신은 나중에 Clarence Birdseye와 관련된 사실을 기억해 내고 싶을지도 모르지만, 반면 42쪽으로 되돌아가서 읽으라는 지시는 앞으로 영원히 기억할 필요는 없다.

원래, 심리학자들은 단기기억을 장기기억 저장소로 무언가를 옮길 동안 잠시 저장하는 것으로 생각했다. 즉, 당신의 기억을 단기기억에서 장기기억으로 전환해서 점차적으로 공고하게 만든다는 생각이다. 이 생각이 갖는 한 문제는 정보가 단기기억에 머물러 있는 시간으로 그 정보가 장기기억이 될지를 예측하기에는 부족하다는 점이다. 당신이 관전하고 있는 하키 게임이 두 시간 내내 1 대 0이었지만, 이 점수를 당신이 영원히 저장하지는 않는다. 대조적으로, 누군가가 당신에게 "당신 여동생이 방금 아이를 낳았어요."라고 전해 준다면, 즉시 영속적인 기억을 형성할 것이다.

오늘날, 대부분의 연구자들은 일시적인 기억이란 그 시점에서 사용하고 있는 정보임을 강조한다. 이같이 다른 관점을 강조하기 위해, 단기기억 대신에 작업기억 (working memory)이라는 용어를 쓴다. 작업기억이 영속적인 기억으로 옮겨간다고 말할 필요는 없다. 이 기억에는 당신이 사용하는 정보가 포함되는데, "42쪽에 있는 글을 읽고 정리하시오." 또는 "첫 번째 교차로에서 우회전하시오."의 경우와 같이 사용한 다음에는 잊어버린다. 작업기억은 현재의 정보를 가지고 작업하기 위한 체계를 말한다. 이는 오늘날 연구하고 있는 주의 과정과 거의 같은 말이라고 보면 된다 (Baddeley, 2001; Baddeley & Hitch, 1994; Repovš & Baddeley, 2006).

작업기억의 주요 측면 하나는 주의 이동을 관장하는 관리기능(executive functioning)이다. 좋은 작업기억의 전형적인 특징은 다른 여러 과제들 중에서 필요에 맞춰 주의를 전환하는 능력이다. 병원 간호사는 여러 환자들의 요구 사항을 지속적으로 확인하는데, 때로는 한 환자에 대한 조치를 잠시 중단하고, 응급사태에 대처한 다음, 다시 원래 환자에게로 돌아와서 하던 조치를 완료해야 한다. 훌륭한 관리기능을 가진 사람은 방해물을 매끄럽게 처리해 나간다. 무언가 그를 방해하면 신속하게 처리하고 자신의 중요 과제로 돌아온다(Fukuda & Vogel, 2011).

▶ **직접 해 보세요!**

당신의 관리기능이 주의를 전환하는 데 걸리는 시간을 측정하는 간단한 방법이 있다. 당신이 잘 알고 있는 시나 노래, 또는 문구를 큰 소리로 되뇌어 보라. (만약 마땅한 예가 떠오르지 않는다면, '가나다라…'와 같이 한글자음 순서대로 말해도 좋다.) 완료할 때까지 시간이 얼마나 걸리는지 측정하라. 그다음, 이제는 동일한 내용을 속으로 암송할 때 걸리는 시간을 측정하라. 마지막으로, 동일한 내용에서 첫 단어는 소리 내서 말하고, 둘째 단어는 속으로, 그다음은 다시 소리 내서,… 이렇게 교대로 하면서 모두 되뇔 때까지 걸리는 시간을 측정하라. 이렇게 교대로 하는 것은 주의를 전환해야 하기 때문에 시간이 더 걸린다.

관리기능 과정을 측정하는 또 다른 방법이 있다. 당신은 다음과 같은 단어 목록을 듣게 된다: 단풍나무, 느릅나무, 떡갈나무, 솔송나무, 밤나무, 자작나무, 버즘나무, 소나무, 삼나무, 호두나무, 층층나무, 가래나무. 각 단어를 들을 때마다 해야 할 일은 바로 전 단어를 말하는 것이다. 가령, "단풍나무, 느릅나무"를 들었을 때, "단풍나무"라고 말하면 된다. 그다음, "떡갈나무"를 들었을 때는 "느릅나무"라고 말하는 것이다. 이 과제를 별 무리 없이 잘 수행했다면, 좀 더 어려운 단계로 넘어갈 수 있다. 이제 당신이 반복할 단어는 두 단어 전의 단어가 된다. "단풍나무, 느릅나무, 떡갈나무"에서는 "단풍나무"라고 하면 된다. 그다음 단어인 "솔송나무"를 들었을 때는 "느릅나무"라고 답하는 것이다. 당신은 이 과제에서 새 단어를 듣는 일과 기억된 것을 반복하는 일을 앞뒤로 번갈아가며 주의 전환을 하게 된다.

이런 과제를 잘하는 사람들은 높은 작업기억 용량과 좋은 관리기능을 갖고 있다. 일반적으로 이들은 학업수행을 포함한 다른 여러 과제에 능숙하고(Rose, Feldman, & Jankowitz, 2011), 타인의 관점을 잘 이해하고(Barrett, Tugade, & Engle, 2004), 과도한 음주 충동을 잘 억제한다(Houben, Wiers, & Jansen, 2011). 이들은 어려운 과제에 집중할 필요가 있을 때는 평균보다 "주의 산만(mind wandering)"을 덜 보이지만, 쉬운 과제를 수행할 때는 평균보다 더 많이 보인다.

흥미로운 점은, 기억 과제를 수행하고 있는 사람에게 특정 리듬에 맞춘 손가락 두드리기같이 지속적인 방해 과제를 추가하면, 사람들 모두 힘들어하는데, 최상의 작업기억 능력을 가진 사람이 가장 많이 힘들어한다 (Kane & Engle, 2000p; Rosen & Engle, 1997). 이들은 작업기억이 떨어지는 사람에 비해 여전히 좋은 수행을 보이지만, 일상적으로 보이는 만큼은 아니다. 물론, 작업기억이 저조한 사람들은 더 나빠질 여지가 없어서 그럴 수도 있다. 다른 이유로, 작업기억이 좋은 사람들은 대개 가장 중요한 정보에만 주의를 기울이기 때문에 수행이 좋다. 이들이 방해를 받으면, 그런 이점도 잃기 쉽다.

개념 점검
8. 음악을 들으면서 공부하는 학생들이 있다. 음악은 이들의 공부에 도움이 될까, 아니면 방해가 될까? (답변은 무엇에 따라 달라질까?)

기억의 다양성

연구자들은 기억이 무언지 명쾌하게 말하지는 못하지만 무엇이 아닌지에 대해서는 동의하는 편이다. 기억은 우리가 물건을 부려놓고 나중에 끄집어내는 저장소는 아니다. Ebbinghaus는 19세기 후반 기억연구를 진행할 때 여러 기억 속성을 측정했고, 그게 전부라고 생각했다. 이제 우리는 기억의 속성이 기억할 재료의 유형, 비슷한 기억재료에 대한 각 개인의 경험, 기억 검사 방법, 그리고 사건의 최신성에 따라 달라진다는 것을 알고 있다. 기억은 하나의 과정이 아니라 여러 과정이다.

요약

- Ebbinghaus의 접근. Hermann Ebbinghaus는 무의미철자 목록을 본인이 직접 기억하고 회상하는 능력을 검사하는 방식으로 선구적인 기억실험을 수행했다. (269쪽)
- 기억 검사법. 자유회상법은 상대적으로 강한 기억만을 보여준다. 점진적으로 약화되는 기억은 단서회상이나 재인, 절약률로 확인할 수 있다. 암묵기억은 기억 내용을 언어로 표현할 수 없거나 그 영향을 자각하지 못하는 조건에서도 행동 변화를 초래한다. (270쪽)
- 절차기억. 절차기억(또는 습관 형성)은 서술기억과는 달리 점차적으로 발달한다. 절차기억은 특정 상황에 전반적으로 들어맞는 정보를 기억하는 데 적합하고, 단일한 사건을 기억해 내는 것과는 대조된다. (272쪽)
- 용의자 대열. 용의자 대열은 기억 검사에서 재인법의 한 예이다. 유감스럽게도, 목격자들은 때때로 최상으로 가능한 선택을 한 다음 자신의 선택이 확실하다고 판단하는 경향이 있다. 심리학자들은 부정확한 용의자 확인을 줄이는 방도들을 제안해 왔다. (273쪽)
- 아동 목격자. 아주 어린 아이일지라도 사건 발생 후, 편중되지 않은 질문을 곧바로 한다면 정확한 목격자 보고를 할 수 있다. (274쪽)
- 정보처리모형. 정보처리모형에 따르면, 정보는 단기기억에서 장기기억으로 전이된다. (275쪽)
- 단기기억과 장기기억. 단기기억은 보통 성인의 경우 단지 몇 항목 정도의 용량을 가지지만, 덩이 만들기를 통해서 한 항목에 더 많은 정보를 담을 수 있다. 장기기억은 엄청난 크기의 용량을 보인다. 단기기억은 되뇌기를 하지 않으면 시간이 지남에 따라 사라지는데, 부분적으로는 비슷한 기억들 간의 간섭 때문이다. 장기기억은 다양한 지속시간을 보이는데, 최대로는 일생 내내 지속된다. (275쪽)
- 작업기억. 작업기억은 현재 접하는 정보를 다루는 체계를 말하는데, 필요에 따라 과제들 간을 오가면서 주의를 이동시키는 능력도 포함한다. (278쪽)

핵심 용어

공고화 (279쪽)
관리기능 (279쪽)
기억 (269쪽)
단기기억 (275쪽)
단서회상 (271쪽)
덩이 만들기 (277쪽)
명시기억(외현기억, 직접기억) (271쪽)

서술기억 (272쪽)
암묵기억(내현기억, 간접기억) (271쪽)
원천 기억상실 (276쪽)
의미기억 (276쪽)
일화기억 (276쪽)
자유회상 (271쪽)
작업기억 (279쪽)

장기기억 (276쪽)
재인 (271쪽)
절약률(재학습법) (271쪽)
절차기억 (272쪽)
점화 (272쪽)
정보처리모형 (275쪽)

부호화, 저장, 그리고 인출

• 어떻게 하면 기억을 증진시킬 수 있을까?

당신은 경험했던 일을 기억하지 못해서 곤경에 처한 적이 있는가? 어떤 한 여자는 기억을 멈출 수 없어서 고통을 느꼈다는 보고가 있다! 이 여자는 가령, 1994년 4월 27일 같은 날짜를 보거나 들었을 뿐인데 그때 있었던 일화들의 기억이 홍수처럼 자신을 엄습해 온다는 것이다. "그날은 수요일이었어요…. 저는 플로리다로 내려갔지요. 할머니가 곧 돌아가실 것 같으니 빨리 내려와서 마지막 인사를 드리라는 거였어요. 그렇지만 할머니는 돌아가시지 않았어요. 우리 엄마와 아빠는 결혼식 참석으로 뉴욕에 갔었지요. 그리고 나서 엄마는 외가 가족을 보러 볼티모어로 갔어요. 나는 25일 즈음 플로리다로 갔는데, 그날은 월요일이었어요. 이날은 닉슨이 사망한 주말이기도 해요. 그리고 난 비행기를 타고 플로리다로 갔고, 아빠는 그 다음날 왔어요. 그런 다음, 나는 집으로 돌아왔고, 아빠는 엄마를 만나려고 볼티모어로 갔지요"(Parker, Cahill, & McGaugh, 2006, p. 40). 이 여자에게 또 다른 날짜를 말해 주면, 그날의 주요 뉴스뿐만 아니라 누구와 함께 어디로 저녁을 먹으러 갔는지도 말한다. 연구자들은 그녀가 기술한 내용을 그녀의 방대한 일기장과 뉴스 사건 모음집과 대조해서 확인했다. 이 여자는 11살 이후의 어떤 날이든 거의 정확히 기억해 냈다. 한 검사에서 연구자들은 그녀에게 1980년부터 2003년까지 매년 부활절(4월 7일)에 일어났던 일들을 물었다. 그녀는 하나 빼고 모두 정확히 맞혔는데, 나중에 그 틀린 하나를 다시 정확하게 고쳐서 보고했다. 이런 놀라운 능력을 더 인상적으로 만든 것은 그녀가 사실 유태인이어서 부활절을 기념하지 않는다는 점이다(Parker et al., 2006).

당신은 이 여자의 아주 자세한 일화기억 능력을 원하지 않을지도 모른다. 왜냐하면 그녀는 자신의 기억에 너무 매여 있어서 현재에 집중하기가 너무 힘들다고 하니 말이다. 그렇지만, 여전히 당신은 기억하고 싶은 것들을 더 잘 기억하길 원할 것이다. 기억은 부호화, 저장, 인출, 이 세 부분으로 구성된다. 이 단원의 요점은 단순하다. 기억 내용을 인출하려고 할 때, 그 내용을 처음에 잘 부호화하지 못했다면 너무 늦었다는 점이다. 기억을 증진시키려면, 공부하는 방식을 향상시켜라.

부호화

어떤 개념의 정의를 외우길 원할 때, 당신은 여러 번 반복해서 되뇌기만 할 것인가? 반복이란 방법 자체는 좋지 않은 공부법이다. 특히 단번에 외우려고 할 때 더 그렇다.

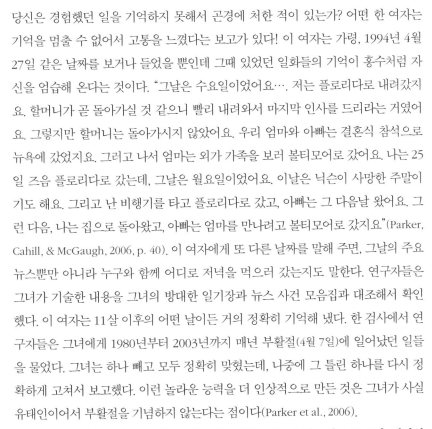

대부분의 배우들은 연기를 준비할 때, 자신이 할 대사의 단어들을 단순히 반복하는 것이 아니라, 대사의 의미(깊은 처리수준)에 대해 생각하는 데 시간을 많이 투자한다.

▶ **직접 해 보세요!**

단순 반복법의 단점을 확인해 보려면, 그림 7.8에 있는 진짜 미국 페니 하나와 가짜 페니 14개를 검토해 보라. 당신이 미국에 살고 있다면 셀 수도 없이 페니를 보아 왔을 것이다. 그렇지만, 지금 진짜 페니를 알아맞힐 수 있는가? 대부분의 미국 시민들은 틀린 답을 내놓는다(Nickerson & Adams, 1979). (지금 당신 주머니에 페니가 없다면, 이 장의 마지막 쪽에 있는 답 B를 확인하면 된다. 당신이 미국인이 아니라면, 당신 나라에서 흔히 사용하는 동전의 앞면이나 뒷면을 기억해서 그려보라.) 간단히 말해, 동

그림 7.8 14개의 가짜 페니들이 있는데 진짜를 골라낼 수 있는가? (R. S. Nickerson & M. J. Adams (1979). Long-term memory for a common object. *Cognitive Psychology*, *11*, 287-307. © Elsevier. 허가하에 실음)

전을 여러 번 보는 것 같은 단순 반복은 확실한 기억을 보장하진 않는다.

부호화에 미치는 유의미성과 그 외 영향들

당신이 무언가를 얼마나 잘 기억하는지에 영향을 주는 한 요인은 그것을 기억해 낼 가치가 있는지 여부다. 예를 들어 인터넷에서 쉽게 찾을 수 있다는 걸 안다면 그 내용을 기억하려고 애쓰지 않을 것이다(Sparrow, Liu, & Wegner, 2011).

또 다른 요인은 당신이 흥미롭다고 생각하는지 여부다. 한 고등학교에서, 과학수업을 듣는 학생들에게 자신이 배운 내용을 주기적으로 요약하거나 또는 배운 내용이 얼마나 자신의 삶과 관련되는지를 요약하는 두 과제 중에 하나를 무작위로 배당했다. 자신과의 관련성에 대한 과제를 수행한 학생들은 배운 내용을 더 흥미롭게 생각하고, 더 잘 기억하며, 더 높은 성적을 받았다(Hulleman & Harackiewicz, 2009).

사람들은 문화권에 따라 다른 욕구와 관심을 갖기 때문에, 비슷한 경험을 가졌다고 해도 기억하는 내용에 차이가 난다(Ross & Wang, 2010). 대자연과 깊게 연결된 삶을 영위하는 호주 원주민들은 사물들 간의 상대적 위치에 대한 특별한 기억을 보인다. 미국인들은 각 개인의 성취를 가치 있게 생각하는 긴 역사를 가진 편인데, 이들은 다른 문화권 사람들에 비해 더 강한 자서전적 기억을 보인다. 미국인들은 자신이 본 것을 기술할 때 중심이 되는 대상에만 한정해서 초점을 맞추는 반면, 아시아인들은 배경을 상대적으로 더 강조한다.

정서적 각성 또한 기억 부호화를 증진시킨다. 아마 당신은 대학 입학식 날, 첫 키스, 큰 경기에서 이겼던 때, 무서워서 얼어붙었던 때를 생생하게 기억할 수 있을 것이다. 극도의 공포는 기억을 방해하지만, 적당한 정서 상태는 기억에 도움을 주는데, 주로 콩팥위샘(부신선)에서 나오는 코티솔과 에피네프린(아드레날린)이라는 호르몬이 증가하기 때문이다(Andreano & Cahill, 2006).

기억에 미치는 각성 효과는 수 세기 동안 잘 알려져 왔다. 17세기 초 영국에서는 사람들이 토지를 매각할 때 서류로 매각 사실을 기록하는 관습이 아직 형성되지 않았다. 종이는 고가의 물품이었고, 글을 읽을 수 있는 사람은 소수에 지나지 않았다. 대신에 동네사람들이 모여서는 그중 대표자가 토지매각을 공표하고 모인 사람 모두 이 사실을 기억하라고 지시했다. 현장에 모인 사람들 중에서 누가 매각을 기억하는 것이 가장 중요하겠는가? 아이들이다. 이들이 다른 누구보다 가장 오래 살 것이기 때문이다. 그리고 모인 사람들 중에서 누가 가장 관심이 적겠는가? 물론, 다시 아이들이다. 아이들이 기억할 확률을 높이기 위해서 어른들은 아이들에게 이 거래에 대해서 얘기해 주면서 발길질을 했다. 동일한 생각은 관습으로 남아, 20세기 초반까지도 여전히 학교에서 학생들의 손바닥을 막대기로 때려 학생들이 주의를 기울이도록 했다.

상당수의 사람들이 정서적으로 강한 뉴스를 들었던 강렬하고도 구체적인 "섬광기억"을 경험한다. 이런 기억에서 사람들은 누가 전해 줬는지, 그때 어디에 있었는지, 무얼 하고 있었는지, 심지어 날씨나 별 관련 없는 자질구레한 점들도 기억해 낸다. 연구자들은 이들이 뉴스를 들었을 때도 인터뷰하고, 몇 년 뒤에도 인터뷰를 해 보면, 섬광기억이라는 특성은 시간이 흘러도 지속된다. 하지만, 나중의 기억보고는 여전히 확신에 차 있고 선명하지만 부정확한 경우도 가끔씩 있다. 2001년 9월 11일 테러리스트 공격 뉴스를 들은 한 사람은 원래 자동차 라디오로 뉴스를 들었다고 했는데, 2년 뒤에는 공항 대합실에서 대기줄에 서 있을 때 들었다고 보고했다(Kvavilashvili, Mirani, Schlagman, Foley, & Kornbrot, 2009). 확신에 차고 선명한 기억이라도 언제나 정확한 것은 아니다.

개념 점검

9. 외상 후 스트레스 장애를 가진 사람 대부분은 정상수준의 코티솔보다 더 낮은 수준을 보인다. 이들은 어떤 기억특성을 보일지 예측해 보라.

주의와 정서 외에도, 여러 다른 요인들이 기억 저장을 잘하는 데 영향을 미친다. 실례를 들어보기 위해, 아래에 있는 목록의 단어들을 읽은 다음, 교재를 덮고 읽었던 단어들을 가능한 많이 빈 종이에 적어보라. 이 예시는 모니터 상에 한 번에 한 단어씩 제시해서 본다면 더 좋을 것이다. 이와 비슷하게 하려면, 먼저 백지로 아래 단어목록을 가린 다음, 한 칸씩 내려가며 읽는 것도 좋다.

▶ 직접 해 보세요!

레몬

포도

토마토

코코넛

오이

토마토

브로콜리

사과

시금치

토마토

오렌지

당근

딸기

바나나

토마토

복숭아

나체

라임

파인애플

순무

망고

토마토

블루베리

토마토

살구

수박

당신이 이 시범을 시도했길 바란다. 그랬다면, 토마토라는 단어는 아마도 당신이 기억한 단어들에 속할 것이다. 이 단어는 한 번이 아니라 무려 여섯 번이나 나왔기 때문이다. 모든 조건이 동일하다는 전제하에 반복은 기억에 도움을 준다. 특히, 반복이 분산되어 일어날 때 그렇다. 아마 레몬과 수박도 기억해 냈을 것이다. 이들은 목록에서 첫 번째와 마지막 단어이기 때문이다. 가장 앞부분의 항목들을 잘 기억하는 경향을 초두 효과(primacy effect)라고 한다. 마지막 부분의 항목들을 잘 기억하는 경향은 최신 효과(recency effect)다. 초두 효과와 최신 효과는 어떤 유형이든 상관없이 거의 대부분의 기억에서 강력하게 나타난다. 지금까지 당신이 보냈던 방학(또는 휴가)이나 관람했던 스포츠 경기들을 모두 기억해 내려고 하면, 아마도 가장 초기와 최근의 것들이 포함될 것이다.

위의 시범에서 당신은 아마 당근과 나체라는 단어도 기억해 냈을 것이다. 당근이라는 단어는 크기, 색, 활자체 때문에 다른 단어들에 비해 독특하다. 나체라는 단어는 과일도 채소도 아닌 목록 내의 유일한 단어로 두드러진다. 대부분 유사한 항목들로 구성된 항목에서 독특한 것들은 쉽게 기억된다. 우리도 평범하지 않은 사람들을 잘 기억하는 경향이 있다. 존 스티븐스, 스티브 존슨, 조 스티븐슨(김영수, 이철수, 김영철)처럼 비슷한 이름에 흔한 외모의 사람들을 만난다면, 그들의 이름을 기억해 내기가 쉽지 않을 것이다. Stinky Rockefeller라는 이름의 빨간 머리색 2미터 장신이라면 아주 쉽게 기억해 낼 것이다.

어린 시절에 망고를 먹은 적이 없었다면 당신은 망고를 기억해 내지 못했을 수도 있다. 사람들은 어린 시절

2차 세계대전에서 중요한 사건인 D-Day는 1944년 6월 6일이었다(위 사진). 밥 윌리엄스(아래 사진)는 D-Day 때 낙하산으로 상륙했었는데, 50주년 기념일에 다시 낙하산 점프에 참여한 40인 중의 한 명이다. 우리는 오랜 시간이 지나면 대부분의 사건들을 잊어버리지만, 가장 인상적인 일들은 기억한다.

에 배웠던 단어들(예, 사과, 오렌지, 바나나)이 나중에 배운 단어들보다 더 쉽게 기억난다는 것을 안다(Juhasz, 2005). 비슷한 경우로, 당신이 *Sesame Street*를 보고 자랐다면, 아마도 Bert, Ernie, Oscar라는 이름을 나중에 TV에서 봤던 등장인물보다 더 빨리 기억해 낼 것이다.

라임이라는 단어는 기억해 냈는가? 아마도 아닐 것이다. 이 단어는 나체라는 단어 바로 다음에 나왔기 때문이다. 사람들은 성적인 것과 관련된 단어를 예기치 않은 맥락에서 보게 되면, 그 단어가 강력하게 주의를 끌어서 다음 단어에 주의를 덜 기울이게 되고, 때로는 그다음에 나오는 4~5개의 단어까지도 영향을 받는다

(Arnell, Killman, & Fijavz, 2007). 일련의 슬라이드 중에 나체 사진이 한 장 끼여 있다면, 이 효과는 훨씬 강하게 나타날 수도 있다. 어떤 사람들은 정서적 각성수준이 높은 단어나 그림 바로 전에 나온 것도 기억하지 못한다(Strange, Kroes, Roiser, Yan, & Dolan, 2008).

✓ **개념 점검**

10. 단어 목록 회상 과제에서 각 단어의 회상률 증감에 영향을 미치는 요인들은 무엇일까?

▶ **직접 해 보세요!**

다른 시범을 하나 더 해보자. 아래에 단어 목록이 둘 있다. 두 목록 중 어떤 것을 선택해도 상관없다. 한 목록을 읽어나가면서 각 단어를 몇 초 정도 반복해서 말하라. 만약 "곤충"이라는 단어인 경우, "곤충, 곤충, 곤충…"이라고 말하고, 다음 단어로 넘어가서 똑같이 반복한다. 다른 목록에서는 당신이 생소한 외국에 있는 광활한 초원에서 홀로 떨어져 있어서 어쩌지도 못하는 상황을 상상하는 것이다. 그곳에서 당신은 음식과 물을 찾아야 하고, 뱀이나 사자 등 다른 위험으로부터 자신의 안전을 지켜야 한다. 이 단어 목록에서 당신은 각 물건이 당신이 처한 생존 조건에서 어떻게 유용하게 쓰일지를 몇 초 동안 생각해야 한다. 그리고 1점(쓸모없음)에서 5점(아주 유용함) 사이에서 그 물건의 평점을 매겨야 한다. 단어를 반복하는 목록을 먼저 할지 아니면 생존평가 목록을 먼저 할지는 당신이 선택하면 된다. 두 목록을 모두 마친 다음, 잠시 휴식을 취하고 나서 당신이 읽었던 단어를 회상해서 적어라.

목록 A

칫솔	메트로놈
온도계	손전등
꼭두각시	체인
보석	칼
턱시도	풍선
수건	카펫
반창고	외투
트램펄린	성냥

목록 B

폭죽	거울
롤러블레이드	가위
우산	끈
해먹	물병
쌍안경	라디오
백과사전	봉투
색소폰	사탕
카메라	연필

사람들 대부분 단어반복 목록보다는 생존평가 목록의 단어를 더 많이 기억해 냈다(Nairne, Pandeirada, & Thompson, 2008; Nairne, Thompson, & Pandeirada, 2007). 만약 당신이 생존 관련성 대신에 유쾌함이라는 측면에서 단어들을 평가하더라도 단어를 회상하는 데 도움이 될 수도 있다. 하지만, 생존평가 조건만큼은 아닐 것이다. 생존에 대해서 생각하는 것은 명백히 주의를 더 기울이게 해서 기억이 더 잘 된다. 확실히, 우리의 뇌가 이런 방식으로 진화해 왔다고 보는 것이 맞을 것이다. 후속 연구에서 실험참가자들은 단어를 평가하면서 읽을 때 사냥 경연대회 또는 자기 부족의 식량을 구하는 사냥을 염두에 두게 했다. 두 경우 모두 사냥이라는 행위는 동일했지만, 경연대회보다는 생존과 관련된 사냥을 생각하는 조건에서 더 많은 단어를 회상했다(Nairne, Pandeirada, Gregory, & Van Arsdall, 2009).

역시, 단어의 단순한 반복은 가장 비효율적인 공부법 중의 하나다. 처리 깊이 원리(depth-of-processing principle)에 따르면, 기억이 얼마나 쉽게 인출되는지는 우리가 만들어내는 연합의 수와 유형에 따른다(Craik & Lockhart, 1972). 단어 목록을 읽든, 교재의 한 장을 읽든 별 생각 없이 단어들만 단순히 읽어나가는 것은 "얕은 처리"이기에 아주 약하고 잠깐 동안의 기억만 남긴다. 반면, 읽다가 잠시 멈추고 읽은 내용의 다양한 측면들을 고려하고 이들을 자신의 경험과 연관 지어 보고 각 주장을 설명하는 자신만의 예를 생각해 볼 수도 있다. 읽은 내용과 관련해서 더 다양하게 생각할수록 더 깊이 처리하게 되고, 나중에 더 쉽게 기억하게 된다. 이 두 방식의 차이는 처음에는 명백하진 않다. 어떤 내용을 읽고 난 다음, 곧 기억해 낼 때는 얕게 처리하든 깊게 처리하든 별 차이가 없다. 그렇지만, 긴 시간이 지난 다음에는 깊게 처리한 내용이 상당히 더 많이 기억난다(Rose, Myerson, Roediger, & Hale, 2010). 표 7.3에 처리 깊이 모형이 요약되어 있다.

표 7.3 기억의 처리 깊이 모형

표면적 처리	기억할 내용을 단순히 반복하라: "용, 소, 호랑이, 닭, 원숭이, 돼지"
깊은 처리	각 항목에 대해 생각하라: 두 단어는 "ㅇ"으로 시작하고, 다른 두 단어는 "ㄷ"으로 시작한다는 점에 주목하라.
더 깊은 처리	세 단어는 가축이고, 다른 세 단어는 가축이 아니라는 점에 주목하라. 그리고 당신과 가족의 띠에 해당하는 동물이 있는지 확인하라.

개념 점검 11. 성적이 좋은 학생들 대부분은 예습, 복습에서 읽어야 할 교재 내용을 평균보다 천천히 읽는다. 왜 그런지 답해 보시오.

부호화 특수성

당신은 어떤 내용을 부호화할 때, 연합을 형성한다. 연합을 많이 만들면, 인출 단서(retrieval cues)라고 부르는 상기물(reminder)이 많아져서 나중에 기억을 촉발시킬 가능성이 높다. 부호화 특수성 원리(encoding specificity principle, Tulving & Thompson, 1973)에 따르면, 학습하는 중에 형성된 연합들이 시간이 지난 후에 가장 효과적

그림 7.9 **여왕**이라는 단어를 **여왕벌**로 연결 지어 기억했다면, 나중에 가서 **트럼프 놀이**라는 단서는 **여왕**이라는 단어 회상에 도움을 주지 못할 것이다. **영국 여왕**으로 연결해 생각할 경우, **체스 말**도 좋은 단서가 되지 못할 것이다.

표 7.4a

과일 – 사과	가축 – 우리
기차 – 역사	바느질 – 실패
금성 – 화성	진보 – 보수
직위 – 시장	신체 – 배
핵심 – 정수	주식 – 상장
수정 – 교정	더위 – 부채

인 인출 단서가 된다(그림 7.9). 한 예를 소개한다. (이는 Thieman[1984] 연구를 우리말의 경우로 변형시킨 것이다.) 먼저, 표 7.4a에 제시된(심리학자들이 쌍 연합이라고 부르는) 단어 쌍들을 읽어라. 그런 다음, 288쪽으로 가서 표 7.4b를 보아라.

목록에 있는 각 단어들을 보고 표 7.4a에서 짝지어졌던 단어를 기억해 내라. **지금 당장 해 보도록 하라.** (답은 이 장 마지막 쪽에 있다.)

대부분의 사람들이 이 과제가 어렵다는 것을 알게 된다. 처음에 사과라는 단어를 과일의 한 유형으로 부호화하면, 용서라는 인출 단서는 회상하는 데 도움을 주지 못할 것이다. 사과라는 단어를 용서를 구한다는 의미로 생각했었다면, 과일이라는 단어는 좋은 단서가 될 수 없을 것이다.

부호화 특수성 원리는 경험한 일을 저장할 때 경험의 다른 측면들에도 적용된다. 한 연구에서는 영어와 러시아어에 능통한 대학생들에게 일부는 영어로, 일부는 러시아어로 여름, 생일, 의사와 같은 단어 목록을 제시했다. 학생들은 각 단어를 보고 기억나는 관련된 사건을 기술하게 했다. 그러자 러시아어 단어인 경우, 러시아어를 사용할 때 경험했던 사건을 대부분 회상했고, 영어 단어가 제시될 때는 영어를 사용할 때 있었던 사건을 회상했다(Marian & Neisser, 2000).

일부 경찰 조사관은 범행 목격자에게 질의할 때 부호화 특수성 원리를 사용한다. 질의를 시작할 때 이들은 목격자에게 사건이 벌어졌던 장소, 날씨, 시간, 목격자의 느낌 등 가급적 원래의 상태에 가깝게 상상하라고 요구한다. 최소한 상상 속에서나마 원래 사건으로 돌아가 보는 것은 목격자가 자신이 보았던 것을 더 구체적으로 기억해 내는 데 도움이 된다(Fisher, Geiselman, & Amador, 1989).

부호화 특수성 원리는 다음과 같은 시사점을 갖는다. 특정 시간과 장소에서 공부한 내용을 기억해 내길 바란다면, 기억해 내려고 할 때와 동일한 조건에서 공부하라. 하지만, 시간과 장소에 구애받지 않고 언제 어디서나 기억하길 원한다면, 공부하는 습관을 다양하게 변화시켜 기억이 특정 상황에 한정되지 않도록 해야 한다.

개념 점검

12. 친구가 어젯밤 있었던 파티에서 일어난 일을 기억하지 못한다고 가정해 보자. 어떤 방식으로 유도하면 기억해 낼 수 있을까?

공부를 조직화하는 방법

다음과 같은 경험을 해본 적이 있는가? 어떤 과목의 교재를 읽고 또 읽었다. 정말 열심히 공부했고, 잘 안다고 확신했다. 그런 다음, 시험을 봤는데 기대한 만큼 기억이 잘 나지는 않았다. 무엇이 잘못됐던 걸까?

한 번에 모두 공부하기 또는 분산시켜 공부하기

공부 내용을 약간씩 나누어서 해야 할까, 아니면 시험 바로 전까지 미루다가 한꺼번에 공부해야 할까? 시험 바로 전까지 미루다가 공부하는 것이 위험하다는 걸 당신은 안다. 예상치 않은 일이 벌어져 단번에 모두 공부하는 것이 힘들어질 수도 있기 때문이다. 정답이 애매해질 수 있으니 질문을 바꿔보자. 시험 바로 전까지 미루지 않고, 단번에 모두 공부했다고 하자. 그렇다면 당신의 시험 결과는 약간씩 나눠서 여러 날에 걸쳐 공부한 경우보다 더 좋을까, 더 나쁠까, 아니면 동일할까?

단번에 모두 공부하는 것이 더 나쁘다는 것이 정답이다. 연구자들이 검사한 모든 종류의 공부에서 동일한 결과가 나왔다(Cepeda, Pashler, Vul, Wixted, & Rohrer, 2006; Kornell & Bjork, 2008). 당신이 지금 외국어를 공부하고 있는 중이라고 하자. 단어의 의미를 알 때까지 단어 목록을 공부한다. 자, 이제 추가로 10분을 더 들여 동일한 단어 목록을 보고 또 본다고 하자. 얼마만큼의 이득을 얻겠는가? 연구자들의 답변에 따르면, 10분을 추가하는 것은 거의 완전히 낭비다(Rohrer & Pashler, 2007). 추가로 공부하지 말고 일단 중단한 다음, 내일 가서 동일한 단어 목록을 10분 정도 다시 공부하는 것이 좋다.

다시 공부할 때까지 기다린다고 할 때, 어느 정도 있다가 해야 할까? 물론, 상황에 따라 다르다. 다음 주에 기억해 내야 할 내용이라면, 내일 재학습을 하는 것이 최상의 결과를 불러온다. 다음 달이라면, 10일 정도 있다가 다시 살펴보면 좋다. 만약, 내년에 기억해 내야 할 경우에는 3주 정도 있다가 다시 하는 게 좋다. 각각의 경우에서, 기다리는 시간은 약간 더 짧은 것보다는 좀 더 긴 것이 좋다(Cepeda, Vul, Rohrer, Wixted, & Pashler, 2008). 여러 번 다시 보면 더 좋은 결과를 얻을 것이다.

어떤 내용을 모두 한꺼번에 공부할 때 공부가 잘되는 것처럼 보이는 이유는 공부한 내용이 그 시점의 기억에서는 새롭기 때문이다. 그렇지만 사람들 대부분 자신이

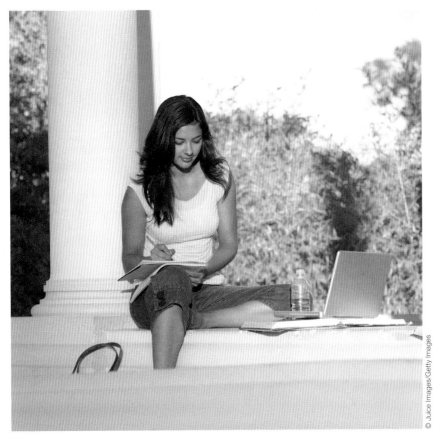

한꺼번에 모두 공부하면, 당신은 그 내용을 나중에 잘 기억할 것이라고 과대평가한다. 다양한 시간대와 장소에서 그 내용을 다시 보면 공부는 더 효과적이다.

잊어버리게 될 양을 언제나 과소평가한다(Koriat, Bjork, Sheffer, & Bar, 2004). 무언가를 잘 기억하기 위해서는 기억에서 인출하는 연습이 필요하다. 즉, 기억한 내용을 찾아내는 일이 중요하다. 어떤 글을 읽고 또 읽는 중에는 당신 기억 속에서는 신선하기 때문에 그 내용을 인출하는 연습이 필요치 않다. 만약 당신이 다른 일에 몰두했다가 다시 돌아오면, 그 생각을 되살리는 데 노력이 필요하다. 이때의 노력이 기억을 강화시킨다.

학습 다변화의 이점

한 회기 내에서도 다양성을 추가하면 이득이 생긴다. 그럴 것 같아 보이진 않지만 말이다. 당신은 지금 여러 화가들의 화풍을 공부하고 있는 중이어서 어떤 화가의 새 작품을 보고 알아맞히려고 한다고 가정해 보자. 화가 A의 여러 그림들을 보고, 그다음에는 화가 B의 그림들, 그리고는 화가 C의 그림들, 이런 순서로 공부하는 것이 더 좋다고 생각하는가? 아니면, 한 화가의 작품 하나를 본 다음, 다른 화가의 작품 하나, 또 다른 화가의 작품 하나, 이런 순서로 보는 것이 더 좋다고 생각하는가? 대부분의 사람들은 첫 번째 방식, 즉 한 화가의 여러 작품들을 연속해서 모두 보는 것이 더 좋다고 생각한다. 하지만, 연구에 따르면 동일한 화가의 작품들을 띄엄띄엄 간격을 두고 보는 것이 실질적으로 훨씬 효과적이다(Kornell, Castel, Eich, & Bjork, 2010).

학습 조건을 다양화하면 과제가 더 어려워 보이지만, 길게 보면 더 도움이 된다. 한 실험에서, 8세 아이들이 90cm 떨어진 표적에 오자미를 던지는 연습을 했다. 동일 연령의 다른 집단 아이들의 경우, 표적을 60cm와 120cm, 두 곳에 두고 번갈아가며 연습했고, 90cm 표적은 없었다. 연습 후, 두 집단 모두 90cm 표적으로 검사를 받았다. 90cm 표적으로 연습한 아이들은 평균 21.1cm 오차를 보였다. 반면, 60cm 표적과 120cm 표적으로 연습한 아이들은 90cm 표적으로는 연습한 적이 없고 검사받을 때가 처음이었는데도 평균 13.7cm 오차를 보였다(Kerr & Booth, 1978). 또 다른 실험에서는, 20대 성인들이 참여하여 두 자리 숫자를 암산으로 제곱하는 기법(예를 들면, 23×23=529)을 연습했다. 좁은 범위의 숫자들로 연습한 사람들은 이 기법을 재빨리 학습했지만, 금세 망각했다. 넓은 범위의 숫자들로 연습한 사람들은 학습 속도는 느렸지만 나중에 더 잘 기억했다(Sanders, Gonzalez, Murphy, Pesta, & Bucur, 2002).

시험 보면서 학습되는 것들

학습내용 다변화를 통한 이득에 덧붙여, 독해와 시험을 교대로 해도 이득이 생긴다. 대부분의 사람들은 어떤 내용을 읽으면서 학습이 된다고 생각하지만, 그 내용을 회상하면서 학습이 된다고는 생각하지 않는다. 사실, 기억을 강화시키기 위해서는 공부내용을 회상하는 연습이 필수적이다. 몇몇 연구에서 보면, 한 집단의 학생들은 읽고, 다시 또 읽는 데 학습시간을 사용했다. 다른 집단은 읽고 나서 질의응답 또는 읽은 내용 이야기하기를 번갈아가며 했다. 학습회기 종료 시점에서 두 집단 모두 수행이 좋았지만, 시간이 흐른 후 시험을 보니 차이가 분명했다. 독해와 시험 또는 독해와 이야기하기를 교대로 한 학생들이 가장 좋은 수행을 보였다. 이들은 여러 유형의 학습내용에서도 동일한 결과를 보였다(Karpicke & Blunt, 2011; McDaniel, Howard, & Einstein, 2009; Roediger & Karpicke, 2006). 어려운 내용을 학습하거나 시험 시점을 지연시킨 고난이도 시험의 경우에서 가장 큰 이득을 보였다(Halamish & Bjork, 2011).

시험을 보는 것은 학습내용을 수동적으로 읽게 하는 것이 아니라 능동적으로 그 내용을 생성해 내게 한다. 또한, 시험은 당신이 무얼 모르는지 보여줌으로써 그 내용에 더 주의를 기울이게 하거나 다른 방식으로 그 내용을 공부하도록 유도한다(Karpicke & Roediger, 2008; Pyc & Rawson, 2010). 이와 관련된 발견이 있다. 당신이 듣는 수업의 담당교수가 "처리 깊이라는 말의 의미가 무엇이라고 생각합니까?"와 같은 질문을 제기하면서 강의를 시작한다고 가정해 보자. 당신은 모른다. 그래서, 모른다고 답할 수도 있고, 아니면 틀린 답이지만 나름대로 추측한 답변을 내놓을 수도 있다. 그런 다음, 담당교수는 정확한 정보를 알려줄 것이다. 연구에 따르면, 질문을 제기하지 않고 강의를 시작할 경우보다 그 정보를 더 잘 기억한다고 한다(Kornell, Hays, & Bjork, 2009). 질문을 하는 것은 당신의 호기심을 진작시키고, 정답에 주의를 더 기울이도록 한다.

결론은 다음과 같다. (a) 어떤 내용을 얼마나 잘 학습했는지 판단하려면 충분한 시간이 지난 다음 망각된 정도를 확인해 봐야 한다. (b) 얼마나 열심히 공부하든, 한꺼번에 공부하는 것은 효과적이지 않다. (c) 학습 조건을 다변화시키면 장기기억이 향상된다. (d) 자기 스스로 시험을 보면 기억이 더 좋아진다.

개념 점검

13. 자, 그럼 당신이 지금하고 있는 개념 점검에 답하는 것이 좋은 생각인 이유는?

14. 지금 듣고 있는 심리학개론 기말시험을 잘 보길 원한다면, 당신이 지금 해야 할 일은 무엇일까? 이 장(제7장 기억)을 봐야 하나, 아니면 이 교재의 제1장, 제2장, 제3장을 봐야 하나?

15. 공부는 앉은자리에서 한꺼번에 하는 게 아니라 긴 시간에 걸쳐 분산시켜 해야 한다는 충고는 부호화 특수성 원리에 부합하는지 아니면 대립되는지를 설명하시오.

표 7.4b

각 단어들에 표 7.4a의 좌-우 단어쌍에서 오른쪽 단어들 중 하나를 적어 넣으시오.

용서 –	대명사 –
과목 –	성공 –
수원 –	임금 –
판매 –	운송 –
식수 –	칭찬 –
학교 –	대출 –

정답: 이 장의 마지막 쪽 정답 C에서 확인하라.

낙하산(parachute)은 부교감(parasympathetic) 신경계처럼, 천천히 활공하게 한다.

교향악단(symphony)이 당신의 기분을 고조시켰다면, 그건 당신의 교감(sympathetic) 신경계를 고양시킨 것이다.

그림 7.10 기억할 필요가 있는 것을 상기시켜 주는 이미지를 생각하는 것도 기억술 중 하나다.

기억술

그리 흥미롭지 않은 긴 목록, 예를 들어, 인체의 모든 골격 이름 같은 것을 암기할 필요가 있다면, 당신은 어떻게 하겠는가? 효과적인 책략 중의 하나는 체계화된 인출 단서를 각 용어에 부착시켜서 필요할 때 그 용어를 떠올릴 수 있도록 하는 것이다. 기억술(mnemonic device)이란 특별한 방식으로 항목들을 부호화하는 기억 보조 방법이다. 기억술이라는 단어의 어원은 "기억"을 의미하는 그리스어이다. 동일한 어원이 "기억의 부족"을 의미하는 기억상실증(amnesia)이라는 단어에서도 나타난다. 몇몇 기억술은 단순하다. 예를 들어, 음악 악보의 높은음자리표에서 EGBDF라는 음표[3]를 기억하기 위해 "Every Good Boy Does Fine(착한 아이들은 잘 해내지)."으로 기억한다. 부교감신경계와 교감신경계의 기능을 기억하기 위해서는 그림 7.10에 기술된 바와 같이 연결시켜볼 수도 있다(Carney & Levin, 1998).

암기해야 할 것이 노벨평화상 수상자 리스트(그림 7.11)라고 해보자. 아마도 다음과 같은 이야기를 구성할 수 있을 것이다. "Dun (Dunant) passed (Passy) the Duke (Ducommun) of Gob (Gobat) some cream (Cremer). That made him internally ILL (Institute of International Law). He suited (von Suttner) up with some roses (Roosevelt) and spent some money (Moneta) on a Renault (Renault) … (둔은 곱 공작에게 크림을 건네주었다. 그 크림 때문에 공작은 속이 좋지 않았다. 그는 장미로 장식된

----

3 높은음자리표에서 EGBDF이라는 음표는 미솔시레파로 우리가 알고 있다. 음악시간에 학생들에게 악보에서 아랫줄에서 윗줄로 올라갈 때 해당하는 음표를 가르칠 때 이 문장을 사용한다.

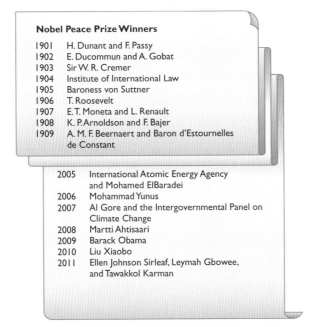

Nobel Peace Prize Winners

1901	H. Dunant and F. Passy
1902	E. Ducommun and A. Gobat
1903	Sir W. R. Cremer
1904	Institute of International Law
1905	Baroness von Suttner
1906	T. Roosevelt
1907	E. T. Moneta and L. Renault
1908	K. P. Arnoldson and F. Bajer
1909	A. M. F. Beernaert and Baron d'Estournelles de Constant
2005	International Atomic Energy Agency and Mohamed ElBaradei
2006	Mohammad Yunus
2007	Al Gore and the Intergovernmental Panel on Climate Change
2008	Martti Ahtisaari
2009	Barack Obama
2010	Liu Xiaobo
2011	Ellen Johnson Sirleaf, Leymah Gbowee, and Tawakkol Karman

그림 7.11 노벨평화상 수상자 리스트: 이와 같은 긴 목록을 암기해야 할 때, 기억술은 유용하다.

그림 7.12 장소법을 사용할 때는 "책상, 방문, 복도…" 이런 식으로 장소 목록을 먼저 학습하고, 그다음에 각 장소에 암기할 항목을 연결시킨다.

정장을 차려입고, 르노 자동차를 사는 데 돈을 들였다…)." 여전히 당신은 수상자 이름들을 외우려고 노력해야 하지만, 당신이 만든 이야기가 기억하는 데 도움을 준다.

다른 기억술로 장소법(method of loci)이 있다. 먼저 해야 할 일은 일련의 연결된 장소들을 암기하는 것이다. 그런 다음, 기억하길 원하는 항목들을 하나씩 각 장소에 생성한 이미지로 연합시키는 것이다. 예를 들어, 먼저 당신의 기숙사 방에서 심리학 강의실까지의 경로를 따라가면서 주요 장소들을 순서대로 암기한다. 그런 다음, 각 장소에 순서에

따라 암기할 이름을 연결시킨다.

당신이 지나가는 처음의 세 장소가 당신 방의 책상, 방문, 그리고 복도라고 해보자. 노벨평화상 제1회 수상자인 Dunant과 Passy를 책상에 연결시키기 위해, "DO NOT (Dunant) PASS (Passy) GO"라고 적힌 모노폴리 게임보드가 그 책상 위에 있다고 상상하는 것이다. 다음에는, 2회 수상자 2명의 이름을 두 번째 장소인 방문과 연결시킨다. (Ducommun에 있는 것과 같은) DUKE대학교 학생이 방문에 서서 알쏭달쏭한 신호를 보낸다. "DO COME IN (Ducommun), GO BACK (Gobat)"이라고 말하는 것이다. 그런 다음, 당신은 복도를 Cremer와 연결시킨다. 누군가가 복도 바닥에 크림CREAM(Cremer)을 엎지른 장면을 상상할 수도 있을 것이다(그림 7.12). 이런 식으로 계속해서 각 수상자 이름을 장소들에 연결시킬 수 있다. 자, 이제 당신은 연결되어 있는 장소들을 순서대로 기억해 내면, 각각의 장소에는 좋은 시각적 이미지가 있어서 노벨평화상 수상자 이름들을 기억해 낼 수 있게 된다.

사람 이름을 외울 때 사용하는 방법과 같은 더 간단한 기억술도 도움이 된다. Harry Moore라는 남자의 이름을 외울 때는 그가 "more hairy(머리숱이 더 많은)"라고 상상할 수 있다. 전통적인 결혼 서약문을 외울 때는 "BRISTLE"로 외우면 된다. BRISTLE은 "Better or worse, Richer or poorer, In Sickness and health, To Love and to cherish(좋을 때나 힘들 때나, 부유할 때나 가난할 때, 아플 때나 건강할 때나, 서로 사랑하고 아끼시길 바랍니다.)"을 상기시킬 것이다.

저장

기억 형성의 대부분은 부호화와 관련되어 있다. 기억을 저장하고 유지한다는 말은 수동적인 과정으로 들리지만, 이때 중요한 일이 일어난다. 초기에 학습이 일어난 다음, 시간이 흘러가면서 어떤 내용들은 상당한 시간이 지나도 기억나고, 아마 영원히 사용할 수 있게 된다. 이 과정을 공고화(consolidation, 또는 응고화)라고 부른다.

수십 년 전, 심리학자들은 기억이 공고화되는 데는 일정한 시간이 지나가면 되는 단순한 과정으로 생각

했었다. 그 후 연구자들은 공고화가 생각보다 다양하고 복잡 미묘한 과정임을 점차 발견해 왔다(Meeter & Murre, 2004). 어떤 기억들은 다른 것보다 아주 쉽게 공고화된다. "자카르타는 인도네시아의 수도다."라는 말을 들었다면, 지속적으로 기억하기 위해서 이와 관련해 무언가 해야 할 것이다. "그래, 금요일에 너와 춤추러 갈 생각이야."라는 말은 거의 즉시 기억에 저장된다. 어떤 주제에 강한 관심과 배경지식을 가지고 있다면, 낯선 주제와 비교해 볼 때 새로운 정보를 더 재빨리 학습한다. 좋아하는 팀이 이긴 중요한 경기들은 그 팀이 진 큰 경기들보다 더 잘 기억하게 될 것이다(Breslin & Safer, 2011).

공고화는 얼마나 오랫동안 지속될 수 있을까? 수십 년 동안 지속된다는 증거들도 있지만, 그 증거들에는 해석이 모호한 점이 있다. 몇몇 연구들에 따르면, 60, 70대 노년층이 근래에 있었던 일보다 사춘기나 성인 초반에 있었던 일들을 더 잘 기억한다고 한다(Haist, Gore, & Mao, 2001; Maguire & Frith, 2003; Niki & Luo, 2002). 예를 들어 연장자들은 젊은 시절에 들었던 음악이나 영화, 정치인을 근래의 것들보다 일반적으로 더 잘 기억한다. 이에 대한 한 해석은 해가 거듭할수록 기억은 계속해서 공고화해진다는 것이다. 다른 해석에 따르면, 청년기의 기억이 더 강하게 형성되기 때문이라고 한다(Berntsen & Rubin, 2002). 대부분의 사람들에게 사춘기와 청년기는 특별히 흥미롭고 중요한 시절이다. 다수의 영화, TV 쇼, 소설은 인생의 이 시기에 초점을 맞춰 만들어진다. 아동기 아이에게 미래의 자신의 삶에 대해 기술하라고 하면, 사춘기와 청년기의 일들에 대해 더 많이 기술한다(Bohn & Berntsen, 2011). 그래서 이 시기에 일어난 사건들을 더 잘 회상할 수 있는 이유는 기억의 공고화라기보다는 고양된 관심 때문일지도 모른다.

✓
개념 점검

16. 가장 빨리 공고화되는 기억은 어떤 종류인가?

17. 노인은 청년기의 사건을 중년기의 사건보다 더 잘 기억한다. 이에 대한 가능한 두 설명은?

인출

사람들은 기억을 어떤 사건 녹화물의 재생과 비슷하다고 생각하는 경우가 가끔 있다. 그렇지만, 기억은 여러 면에서 녹화와는 다르다. 그 중 하나는 다음과 같다. 당신이 예전에 본 적이 있거나 경험했던 것을 기억해 내려 한다고 가정해 보자. 또는, 당신이 가봤던 도시들 모두 일일이 적어보려 한다고 가정해 보자. 당신은 가능한 한 모두 기술한다. 그런 다음, 며칠 후에 다시 그 내용을 기억해 본다. 아마도 두 번째 시도에서는 첫 번째보다 더 많이 기억해 낼 것이다(Erdelyi, 2010). 기억의 손실은 기억상실증이라고 부르는 반면, 시간이 지남에 따라 기억이 증가하는 것은 기억증진(hypermnesia)이라고 한다. 두 번째 시도에서 당신은 첫 번째 시도에서 말했던 것 거의 대부분을 기억하고, 두 시도 사이에 무언가가 첫 번째 시도에서 남겨졌던 내용을 추가적으로 상기시켰기 때문이다. 경찰이 때때로 목격자 진술을 여러 차례로 나눠서 진행하는 것도 이런 이유에서다. 처음에 누락된 것도 나중에는 기억이 날 수도 있다.

기억과 녹화의 또 다른 차이도 있다. 당신이 어떤 일을 경험했는데, 누군가 그 경험의 특정 부분에 대해 물어보았다고 가정해 보자. 가령, "해수욕장에 놀러 갔을 때 무얼 드셨는지 얘기해 주시겠어요?"라고 물을 수 있다. 그런 다음, 또 다른 사람이 해수욕장에 놀러 가서 있었던 일 전반에 대해 물었다고 하자. 첫 번째 질문인 식사에 대해 답했다면, 두 번째 질문에 대한 기억이 약화된다(Bäuml & Samenieh, 2010). 더 나아가, 해수욕장에 같이 놀러 갔던 친구가 당신이 식사에 대한 첫 번째 질문에 답하는 것을 들었다면, 그 친구도 두 번째 답변에서 식사를 제외한 다른 일들에 대해 망각하는 경향이 있다(Coman, Manier, & Hirst, 2009). 어떤 기억내용의 일부분에 초점을 맞추게 되면 그 기억의 나머지가 적어도 일시적으로 약화된다.

기억과 녹화의 세 번째 차이는 아마 가장 큰 차이일 것이다. 당신이 어떤 경험을 기억해 내려고 할 때, 분명히 기억나는 구체적인 부분들로부터 시작하고 나머지는 재구성(reconstruct)하여 빈칸들을 채워 넣는다. 경험하는 동안에 당신은 기억을 구성한다. 그 기억을 인출하려고 할 때는 남아 있는 기억과 당연히 일어났을 것들에 대한 기대에 근거하여 기억내용을 재구성한다. 예를 들어보자. 사흘 전날 밤에 도서관에서 공부했던 것을 회상해 볼 수 있다. 도서관 어디에 앉았는지, 당신이 읽고 있던 것이 무언지, 옆자리에 앉은 사람은 누군지, 도서관을 나와 간식을 먹으러 간 곳이 어딘지, 약간만 노력해도 기억해 낼 수 있을 것이다. 확실치 않다면, 저녁에 도서관에서 공부할 때 늘 있던 것들로 빈칸을 채워 넣을 것이다. 몇 주가 흘러가면 그날 저녁에 있었던 일들은 점차 잊혀져 갈 것이고, 당신이 기억해 내려고 한다면 구체적인 내용들은 점점 더 많이 빠뜨리면서 "일어났음직한 일"들에 의지해 회상할 것이다(Schmolck, Buffalo, & Squire, 2000). 만약 그날 저녁에 당신 옆자리에 앉았던 사람과 사랑에 빠져버렸다면, 그 저녁은 평생 간직될 추억이 된다. 이 경우에도 당신이 기억해 내려 할 때 구체적인 사항들은 재구성된다. 둘이서 도서관을 나와 간식을 먹으러 어디로 갔는지, 각자 무얼 주문했는지도 기억날 것이다. 그런데, 도서관에서 당신이 읽었던 책이 무언지 기억해 내려 할 때는 다음과 같은 추론이 가능하다. "자, 보자. 그 학기엔 공부할 양이 엄청난 화학 과목을 듣고 있었지. 그래서 아마 화학책을 읽고 있었을 거야. 아냐, 잠깐만, 기억난다. 무얼 먹으러 나갈 때 우린 정치 얘기를 하고 있었어. 그래 아마 난 정치학 교재를 읽고 있었을 거야."

목록 기억에서 재구성과 추론

다음 시범을 해 보라. 목록 A에 있는 단어들을 한 번씩 읽어 내려가라. 그다음, 목록을 안 본 채로 몇 초간 쉬어라. 그리고 기억나는 대로 많이 단어를 적어보라. 동일한 절차로 목록 B도 시도하라. 다음 단락으로 넘어가지 말고, 지금 당장 시도해 보라.

목록 A	목록 B
bed	candy
rests	our
weep	sugar
tired	dessert
dream	salty
wake	taste
snooze	flavor
keep	bitter
doze	cookies
steep	fruit
snore	chocolate
nap	yummy

기억나는 단어를 다 적은 다음, 정답이 몇 개인지 확인해 보라. 몇 개밖에 기억하지 못해도 괜찮다. 이 시범의 주요 관심은 몇 개를 맞혔는지가 아니라, 기억해 낼 때 첫 번째 목록에서는 "sleep(잠)"이란 단어를, 두 번째 목록에서는 "sweet(달콤한)"이란 단어를 포함시켰는지 여부이다. 많은 사람들이 (목록에는 없는) 이런 단어들을 포함시키고, 심지어 확신하는 사람도 있다(Deese, 1959; Roediger & McDermott, 1995; Watson, Balota, & Roediger, 2003). 목록 B에서, "sweet(달콤한)"이라는 단어는 의미상 다른 단어들과 연관되어 있다. "sleep(잠)"이라는 단어는 목록 A의 대부분의 단어들과 의미상 연관되고, 이 목록에는 "sleep(잠)"과 동일한 음운 정보를 갖는 세 단어(weep, keep, steep) 또한 포함되어 있다. 이런 영향들이 결합되어 잘못 회상하는 경우가 많다. 명백히, 사람들은 단어들을 개별적으로 학습하지만 그 단어들이 함께 언급하는 요점 또한 학습한다. 시간이 충분히 지난 후 위의 목록을 회상할 때는 목록에 "있었음에 틀림없는" 것들에 대한 기억으로 재구성하는 것이다(Seamon et al., 2002).

단어 목록을 듣는 경우는 읽는 경우보다 더 큰 효과를 보인다. 이런 재구성 효과

가 나타날 수 있다는 걸 미리 알고 있는 경우라면 효과가 약해질 수도 있다(Roediger & McDermott, 2000; Westerberg & Marsolek, 2006). 이런 효과는 기억 강도가 중간 정도인 경우에서 주로 일어난다. 목록이 짧거나 목록을 충분히 학습한 경우라면, 아마도 목록에 없는 가외의 단어를 추가하진 않을 것이다. 목록의 단어를 거의 기억해 내지 못할 정도로 얼핏 본 경우라면, 다른 단어를 추론해 내는 데 사용할 단어 자체가 거의 없게 된다(Schacter, Verfaellie, Anes, & Racine, 1998).

개념 점검 18. "캔디, 새콤한, 설탕, 디저트, 짭짤한, 맛…"과 같은 단어 목록을 한 번 듣는 게 아니라 철저히 암기한다면, 회상할 때 목록에 없는 단어인 "달콤한"이란 단어를 포함시킬 가능성이 더 높을까, 낮을까? 왜 그런가?

이야기 재구성

십대 아이들의 일상생활에 대한 이야기를 듣는다고 생각해 보자. 이 얘기에는 정상적인 일들(TV 보기)과 이상한 일들(부엌에 자전거 두기)이 포함되어 있다. 정상적인 일과 이상한 일 중에 어떤 것이 더 잘 기억날까? 즉시 기억 검사를 한다면, 기억은 여전히 강해서 흔치 않고 유별난 일들이 가장 잘 기억날 것이다. 그렇지만, 그 이야기를 망각하기 시작하면서는 가능성이 낮은 일들은 누락되기 시작하고, "10대들은 아침에 등교한다."는 말과 같이 이야기에는 포함되지 않았던 일들을 포함해서 10대에게 더 전형적인 일상을 재구성하게 된다. 요컨대, 기억의 확실성이 떨어짐에 따라 기대에 의지하는 정도는 높아진다(Heit, 1993; Maki, 1990). 당신이 들었던 이야기든 당신 자신이 직접 경험했던 일이든 반복해서 말하면 다시 말하는 내용은 점점 더 일관적으로 되어 간다(Ackil, Van Abbema, & Bauer, 2003; Bartlett, 1932). 다시 말한 이야기가 더 사리에 맞는 이유는 요점에 더 근거하면서 전반적인 주제에 부합하는 구체적인 사항들은 유지시키고 그렇지 않은 것들은 빼거나 변경시키기 때문이다.

기대의 역할을 부각시킨 한 연구에서는 미국 성인과 멕시코 성인들에게 세 가지 이야기를 들려주고 회

상시켰다. 일부는 미국판 이야기를 듣고, 다른 사람들은 멕시코판 이야기를 들었다. (예를 들면, "데이트 하러 가기"라는 이야기의 멕시코판에서는 남자의 누나가 보호자로 따라간다.) 전반적으로, 미국 실험참가자들은 미국판 이야기를 더 잘 기억하는 반면, 멕시코 참가자들은 멕시코판을 더 잘 기억했다(R. J. Harris, Schoen, & Hensley, 1992).

개념 점검 19. 역사서에서는 한 사건이 다른 사건과 논리 정연하게 연결된다. 하지만 일상생활의 사건들은 논리적이지 않고, 서로 연결되지 않아서 예측하기 힘들어 보인다. 왜 그럴까?

사후판단 편향

1999년, 미국대통령 클린턴의 탄핵심판이 있기 3주 전, 대학생들에게 그 결과를 예측해 보게 했다. 유죄 판결이 나올 것으로 예측한 정도는 평균 50.5%였다. 클린턴이 유죄를 선고받지 않은 뒤 1주 반이 지난 다음 다시 물었다. "4주 반 전에 물어보았을 때 어느 정도 유죄 판결이 날 것으로 당신은 예측했습니까?" 이들은 평균 42.8%일 것으로 답했다(Bryant & Guilbault, 2002). 이들의 행동은 사후판단 편향(hindsight bias)을 잘 보여준다. 사후판단 편향이란 나중에 밝혀진 사실에 부합되도록 과거에 대한 회상 내용을 만들어내는 경향을 가리킨다. 어떤 일이 벌어지고 난 다음, 우린 말한다. "그런 일이 벌어질 줄 난 알았지."

또 다른 예를 보자. 그림 7.13을 보면, 흐릿한 이미지로 시작해서 분명한 코끼리 모양으로 점차 변한다. 당신이 생각하기에 사람들은 평균적으로 몇 번째 지점에서 코끼리를 알아보겠는가? 코끼리가 될 것이라는 건 명백하다. 이와 비슷한 연속 이미지에서 사람들 대부분은 더 이전 지점에서 이미지를 알아볼 것으로 과대평가한다(Bernstein, Atance, Loftus, & Meltzoff, 2004). 즉, 이들은 사후판단 편향을 보여주고 있는 것이다. 5장에서, 아동들은 타인의 관점을 취하는 데 어려움이 있고, 자신은 알고 있지만 타인은 알 수 없다는 점을 이해하기 힘들어 한다는 것을 논의했다. 사후판단 편향도 유사하다. 사람들은 자신이 아는 것을 다른 사람들

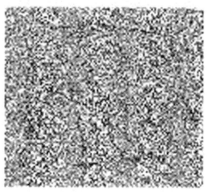

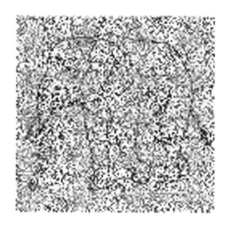

그림 7.13 보통 사람이라면 위의 연속 이미지 어디서부터 코끼리를 알아볼 수 있을까? (출처: Bernstein, Atance, Loftus, & Meltzoff, 2004.)

도 알 것이라고 가정하는 것은 두 경우 모두 해당된다(Birch & Bernstein, 2007).

사후판단 편향은 법적 사례의 판단에도 영향을 미친다. 한 연구에서 사람들은 산악지역을 통과하는 기차의 잠재적 위험성에 대해 설명 들었다. 참가자 일부에게는 이 철도회사가 안전상의 이유로 운행을 중단해야 하는지 여부를 물었다. 이들 중 1/3은 "예"라고 답했다. 다른 참가자들도 잠재적 위험성에 대한 설명을 듣고, 기차가 탈선하여 독성 화학물질이 강으로 유출되는 문제가 있었다는 얘기를 추가적으로 들었다. 이들에게는 예측 가능한 위험에도 무책임하게 작업을 지속한 철도회사에 징벌적 손해배상금을 지불하게 해야 하는지 여부를 물었다. 2/3가 "예"라고 답했다(Hastie, Schkade, & Payne 1999). 즉, 사람들은 사고가 일어났다는 것을 알고 나면, 그 사고는 예측 가능한 일이었다고 생각한다.

기억 증진시키기

수년 전에 일어난 일에 대한 기억을 증진시키려면 무엇을 해야 할까? 대단한 일을 할 건 없다. 그 일이 일어난 장소를 들러보거나 그와 관련해서 상기시킬 것들을 찾아보면 된다. 처음에 별로 기억나지 않는다면, 며칠 후에 다시 시도해 보는 것도 좋다. 여전히, 잃어버린 기억을 찾을 가능성은 한정적일 거다. 기억을 증진시키기 위한 탁월한 전략은 저장하는 방법을 향상시키는 것이다. 기억하길 원하는 것에 대해 신중히 생각하고, 다양한 조건에서 바꿔가며 공부하며, 자주 다시 살펴보라.

요약

- 기억 부호화에 미치는 영향. 기억 대상에 대한 관심을 높이면, 적당한 정서 상태에서처럼 기억 부호화가 향상된다. 방해물은 기억 부호화를 악화시킨다. 목록의 첫 번째와 마지막 항목이 가장 잘 기억되고, 특이한 것과 어린 시절에 친숙한 것들도 기억이 잘 된다. (282쪽)

- 처리 깊이. 기억할 내용의 의미에 대해 생각하고, 다른 내용과 연관 지을 때 기억은 더 강해진다. 우리의 생존과 어떤 관련이 있는지를 생각한다면 그 대상에 대한 기억은 특히 더 증진된다. (285쪽)

- 부호화 특수성. 기억을 형성할 때, 그 기억은 기억 대상에 대해 생각하는 방식에 연결된다. 그래서 기억을 회상해 내려 할 때는 저장할 때 만들었던 연결과 유사한 인출 단서가 아주 효과적이다. (285쪽)

- 공부의 시간 배분. 분산시켜 공부하는 것이 단번에 공부하는 것보다 효과적이다. 단번에 공부할 때는 기억이 생생하기 때문에, 나중에 별로 잊어버리지 않을 것이라 생각하고, 기억을 인출하는 연습도 등한시한다. (286쪽)

- 학습 다변화. 조건을 변화시켜 가면서 공부하면 최상의 장기기억이 가능하다. 예들을 다양하게 변화시키면서 공부하는 것이 동일한 주제의 많은 예들만 한 번에 집중하는 것보다 더 좋다. (287쪽)

- 시험 치르기의 이점. 읽기와 시험을 교대로 바꿔가며 공부하는 것은 동일한 기간에 읽기만 하면서 공부하는 것보다 장기기억을 더 향상시킨다. (287쪽)

- 기억술. 인출 단서를 체계적으로 활용하도록 고안된 기법으로, 여러 항목들로 구성된 목록을 기억하는 데 유용하다. (288쪽)

- 저장과 공고화. 어떤 기억은 점차 사라지는 반면, 어떤 기억은 시간이 지남에 따라 점진적으로 강화된다. (289쪽)

- 인출. 기억은 녹화와는 다르다. 처음에는 잊어버렸던 것을 나중에 기억해 낼 수 있다. 기억내용의 한 측면에만 집중하면 다른 측면은 약화된다. (290쪽)

- 기억의 재구성. 온전하게 기억나는 경우는 드물다. 일반적으로, 사건의 일부를 기억한 다음, 나머지는 논리적인 재구성을 통해 채워 넣는다. (290쪽)

- 단어 목록에서 재구성. 서로 연관된 단어들로 구성된 목록을 읽거나 들으면 연관된 단어지만 목록에는 없던 단어들을 회상하는 경우가 종종 있다. 사람들이 기억하는 것은 목록의 요점이고, 이에 따라 목록에 있어야 할 것을 재구성한다. (291쪽)

- 이야기 기억. 이야기에 대한 기억이 희미해져버린 사람은 이야기 주제에 의지해서 무관해 보이는 사항들은 누락시키고, 이야기의

논리에 부합되는 사실을 추가하거나 논리에 부합되는 방식으로 변경시킨다. (291쪽)

• **사후판단 편향.** 사람들은 이미 이전부터 예측해 왔던 대로 사건이 벌어졌다고 말하면서 자신의 기억을 바꾸는 경향이 있다. (292쪽)

핵심 용어

기억술 (288쪽)

기억증진 (290쪽)

부호화 특수성 원리 (285쪽)

사후판단 편향 (292쪽)

인출 단서 (285쪽)

장소법 (289쪽)

재구성 (290쪽)

처리 깊이 원리 (285쪽)

초두 효과 (283쪽)

최신 효과 (283쪽)

망각

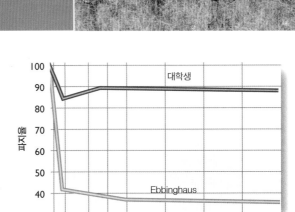

- 왜 우리는 망각할까?
- 왜 우리는 가끔씩 부정확한 기억을 확신하며 말할까?
- 심각한 기억문제를 보이는 원인은 무엇일까?

우리 모두는 망각한다. 그리고 망각했다고 놀라진 않는다. 좀 놀라운 사실은 무언가 분명히 기억한다고 생각하지만 사실 기억대로 그렇진 않다는 점이다. 기억이 때때로 실패하는 원인을 지금부터 모색해 보도록 하자.

그림 7.14   여러 지연시간 후에 보인 Ebbinghaus(1885/1913)의 무의미철자 목록 회상과 대학생들의 목록 회상(Koppenaal, 1963 연구에 기초). Ebbinghaus는 다른 사람들과 비슷한 속도로 학습했지만, 더 빨리 망각했다.

인출과 간섭

무언가를 기억해 내려 할 때 과거에 학습했던 다른 내용과 혼동하는 경우가 있다. 기억연구의 선구자, Hermann Ebbinghaus가 기억나는가? Ebbinghaus는 13개 무의미철자로 구성된 다양한 목록들을 얼마나 오랫동안 기억하는지를 측정했다. 그 결과는 그림 7.14의 초록색 선같이 나타난다. 목록을 외운 뒤 1시간이 지나면, 평균적으로 각 목록의 무의미철자들의 반 이상을 망각했다(Ebbinghaus, 1885/1913). 얼마나 절망적인 그래프인가! 이렇게 빨리 망각하는 것이 사실이라면, 우리의 교육은 무의미한 일이 될 것이다. 하지만, 대부분의 대학생들은 24시간이 지나도 무의미철자의 90% 가까이 기억한다. 그림 7.14의 보라색 선이 그 결과다(Koppenaal, 1963).

대학생들이 Ebbinghaus보다 무의미철자 목록을 더 잘 기억하는 이유는 무엇이라고 생각하는가? 이 대학생들은 사실 아주 똑똑한 친구들일 거라고 말하고 싶을 거다. 음, 그럴 수도 있지만, Ebbinghaus도 그렇다. 아니면, 이 대학생들이 "무의미철자를 암기하는 연습을 상당히 많이 하지 않았을까요."라고 말할 수도 있다(당신이 이렇게 생각했다면, 유감이다). 설명은 오히려 그 반대다. Ebbinghaus는 사실 너무도 많은 무의미철자들을 암기했었다. 무의미철자 목록이 무려 수천 개에 달했다. 당신이 비슷한 목록들을 아주 많이 암기한다면 당신 기억은 잡동사니로 가득한 어수선한 방과 같을 것이다. 이런 어수선함이 훨씬 더 어수선하게 만드는 걸 막지는 못하겠지만, 당신이 원하는 것을 찾는 데는 분명 방해가 된다. Ebbinghaus는 오래된 목록들의 간섭 때문에 새로운 목록을 빠르게 망각했던 것이다.

서로 관련된 내용을 여러 더미 학습한다면, 그 내용들은 서로 간섭한다. 오래된 내용은 순행간섭(proactive interference, 시간상 앞으로 작용한다는 의미)을 통해 새로운 내용의 망각을 증가시킨다. 새로운 내용은 역행간섭(retroactive interference, 시간상 뒤로 작용

한다는 의미)을 통해 오래된 내용의 망각을 증가시킨다. 그림 7.15는 이 두 종류의 간섭을 대비시켜 보여준다.

간섭은 망각의 주요 원인 중 하나다. 당신이 오늘 주

Ebbinghaus는 이전에 학습했던 목록의 간섭 때문에 새로 외운 무의미철자 목록을 빠르게 망각했다.

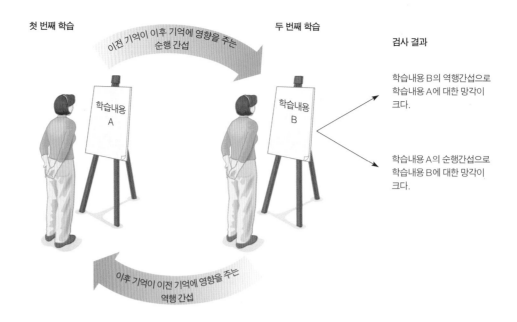

그림 7.15 비슷한 내용들을 순차적으로 학습했다면 각 내용은 다른 내용의 인출을 간섭한다.

첫 번째 학습

학습내용 A

이전 기억이 이후 기억에 영향을 주는 순행 간섭

두 번째 학습

학습내용 B

검사 결과

학습내용 B의 역행간섭으로 학습내용 A에 대한 망각이 크다.

학습내용 A의 순행간섭으로 학습내용 B에 대한 망각이 크다.

이후 기억이 이전 기억에 영향을 주는 역행 간섭

차한 곳을 망각하는 이유는 이전에 주차했던 기억들의 순행간섭 때문이다. 지난주 공부한 프랑스어 단어들을 잊어버린 까닭은 이번 주 공부한 프랑스어 단어 목록의 역행간섭 때문이다.

개념 점검

20. Tryhard 교수는 매 학기마다 자신의 수업을 듣는 학생들의 이름을 외운다. 수년이 지난 다음, 학생 이름을 외우는 것은 이전보다 더 빨라졌지만, 망각도 더 신속히 벌어진다. 그가 망각하는 이유는 순행간섭 때문인가, 아니면 역행간섭 때문인가?

21. 제6장 학습에서 다룬 자발적 회복이라는 개념을 기억해 보라. 이를 순행간섭으로 설명할 수 있는가? (힌트: 원래 학습이 첫 번째이고, 소거가 두 번째이다. 첫 번째가 두 번째를 간섭한다면 어떤 일이 벌어질까?)

22. 목록 학습에서 초두 효과와 최신 효과를 간섭으로는 어떻게 설명할까?

"회복된 기억" 대 "오기억" 논쟁

망각된 기억을 회복시키는 것이 가능할까? 어떤 사람이 심리치료사에게 애매한 심적 고통을 호소하니, 그 심리치료사가 "당신과 같은 증상은 아동기에 성적 학대를 경험한 사람들이 공통적으로 보인답니다. 그런 일이 있었습니까?"라고 말했다고 가정해 보자. 몇 사례

에서는 "아니오."라고 내담자가 말하지만, 심리치료사는 집요하게 계속해 말한다. "당신에게 기억나지 않는다고 실제 그런 일이 없었다는 걸 의미하진 않습니다. 아마도 고통스러운 기억이어서 기억을 억압하고 있는 겁니다." 심리치료사는 최면을 권하거나 회상을 반복해서 시도해 보라고 권한다. 아니면 실제 그런 일이 있었다면 어떤 일들이 벌어질지 상상해 보라고 요구하기도 한다. (이 방법은 오래된 고통스런 기억을 상기시키면 치료에 좋다는 가정을 바탕으로 한다. 물론, 이는 의문의 여지가 너무 많은 가정이다.) 몇 회기가 지난 다음, 내담자가 말한다. "예전으로 돌아가기 시작한 것 같아요… 내가 정말 기억한다는 생각이 들어요…." 대부분의 심리치료사가 오래된 기억을 되살리기 위해서 이런 공격적인 기법을 사용하지 않지만, 일부는 사용한다. 오랫동안 망각된 기억이 임상 기법으로 촉발되어 보고되는 것을 회복된 기억(recovered memories)이라고 한다.

사람들이 오랜 기간 망각된 기억을 회복했다고 주장할 때, 심리치료사들이 진실을 찾아낸 걸까, 왜곡한 걸까, 아니면 상상으로 그려진 사건을 믿도록 확신만을 준 걸까? 이 논제는 심리학에서 가장 뜨거운 논쟁거리 중의 하나가 되었다.

어떤 기억보고 내용은 정말 기괴해서 믿기지 않는다. 한 사례를 보면, 두 자매는 아버지가 자신들을 반복해서 질 성교와 항문 성교로 강간했고, 금요일 밤에는 친구를 데리고 와서 강간하게 했고, 식인풍습과 영

아살육을 하는 악마의식에 강제로 참석시켰다고 고소했다(Wright, 1994). 이 자매는 심리치료사가 반복된 치료회기를 실시하기 전까지는 이런 일들을 전혀 기억하지 못했다. 다른 사례에서는, 3세, 4세인 아동들이 심리치료사의 반복된 촉구를 받은 뒤에 아이들의 주일학교 교사가 헤어 아이론(고데기)으로 성적 학대를 가하고, 아이들에게 강제로 피와 오줌을 마시게 하고, 상들리에에 거꾸로 매달아 놓고, 변기에 밀어 넣고, 주일학교 수업 중에 코끼리와 기린을 죽이게 했다고 그 교사를 고소했다(M. Gardner, 1994). 이 주장을 입증할 물적 증거, 즉 상처나 기린 뼈 같은 것은 확인되지 않았다.

회복된 기억내용이 별로 기이하지 않은 경우에도 그 정확성은 불확실하다. 연구자들은 두 집단의 성인을 대상으로 조사했다. 한 집단은 수년 동안 생각해 본 적은 없지만 아동기 성적 학대 경험을 스스로 기억해 낸 사람들이고, 다른 집단은 치료기간 중에 기억을 회복한 사람들이었다. 대부분의 사례들에서 보면, 오랫동안 망각된 기억을 자발적으로 기억해 낸 경우는 동일 가해자에게 학대를 받은 또 다른 피해자 보고 같은 지지 증거가 확보되었다. 치료를 통해 기억을 회복한 사람들의 경우에서는 단 한 건도 지지 증거가 확인되지 않았다(Geraerts et al., 2007).

사람들은 학대를 경험하면 수년 동안 그 경험을 망각하게 될까? 그리고, 반복된 암시를 통해 전혀 일어나지 않은 일도 회상할 수 있을까?

외상적 사건 기억

제14장에 가서 전면적으로 고려할 지그문트 프로이트는 억압(repression)이라는 용어를 심리학에 도입한 장본인이다. 그에 따르면, 억압이란 도저히 받아들일 수 없는 기억이나 충동을 의식으로부터 무의식으로 밀어 넣는 과정이다. 현재 많은 임상심리사들이 해리(dissociation)라는 용어를 더 선호하는데, 해리란 저장되었지만 인출할 수 없는 기억을 의미한다(Alpert, Brown, & Courtois, 1998). 하지만, 두 과정 중 어느 것도 명백한 지지 증거는 아직 확인되지 않았다(Holmes, 1990).

사람들은 감정을 매우 자극하는 사건을 망각할 수 있을까? "망각"이라는 표현의 의미에 따라 달라진다. 상대적으로 소소한 경험에 대한 논의로 시작해 보자. 한 실험에 참가한 학생들에게 단어 목록 24개를 보여주는데, 각 목록은 분명한 범주(예를 들어, 도구)를 갖는다. 대부분의 목록은 일반적인 범주로 구성되지만, 한 목록은 "추잡한" 단어들로 구성되어 있다. 예를 들지는 않겠지만, 충분히 짐작할 수 있을 것이다. 절차에 따라 모두 진행한 다음, 연구자가 당신에게 목록들의 범주명을 말하라고 요구한다면, 과연 당신은 한 목록에는 추잡한 단어들로 묶여 있었다고 분명히 기억해 낼 수 있을까? 보통 그렇다고 답하겠지만, 24개 목록을 모두 읽은 다음, 이 실험에 참가한 학생들에게는 방해과제가 주어졌고, 그다음에는 추잡한 단어가 없는 21개의 목록을 다시 살펴보게 했다. 그리고 나서 학생들에게 자신이 봤던 단어들이 속하는 범주명을 모두 말하게 했는데, 대부분 "추잡한 단어"에 대해 말하는 것을 망각했다. 그러면, 이 학생들은 아마도 감정을 자극했던 그 경험을 망각한 것일까? 전혀 그렇지 않다. 학생들에게 추잡한 단어들을 읽었다는 점을 상기시켜주

자, "오, 그렇지요."라고 말하며, 그 목록의 단어 대부분을 암송했다(S. M. Smith & Moynan, 2008). 누군가 어떤 경험을 망각했는지 아닌지 확실히 말하기 힘든 이유를 이 연구는 잘 보여주고 있다.

외상적 사건의 경우는 어떨까? 한 연구에서는 부모 중 한 명이 살해당하는 장면을 목격한 16명의 아동들을 조사했다. 16명 모두 그 경험과 관련된 악몽과 상념이 반복되고 있었고, 그 사건을 망각한 아이는 전혀 없었다(Malmquist, 1986). 다른 연구에서는 심하게 학대당한 전쟁 포로(Merckelbach, Dekkers, Wessel, & Roefs, 2003), 유괴당하거나 강제로 포르노 영화를 찍게 된 아동(Terr, 1988), 그리고 다른 끔찍한 경험을 했던 사람들을 조사했다. 사람들은 자신이 경험한 사건을 언제나 거의 기억했고, 아니면 아동기 초기의 사건들을 망각할 것으로 예상되는 정도만큼만 망각했다. 이런 정황에서 억압이 일어나지 않는다면, 억압은 언제 일어난다는 말일까?

외상적 사건을 기억하는지 여부는 사건 발생 시 연령과 심각도, 그리고 가족들의 반응에 따라 달라진다. 몇몇 연구들에서는 아동기 성적 학대 피해자였던 젊은 성인 여성들을 대상으로 조사했다. 이들에게는 성적 학대 관련 병원 기록과 형사소송 기록도 있었다. 각 연구에서 보면, 학대당할 때 연령이 높은 사람들이 낮은 사람들보다 더 잘 기억했다. 학대의 심각도가 높거나 학대가 반복되는 경우, 그리고 가족으로부터 지지와 격려를 더 많이 받을수록 외상적 사건에 대한 기억은 더 좋았다(Alexander et al., 2005; Goodman et al., 2003; L. M. Williams, 1994). 이런 면에서 보면, 어린 시기의 외상적 기억은 다른 일반 기억과 유사하다.

개념 점검 23. 이 장 초반부의 내용에 근거해 볼 때, 외상적 사건이 다른 일반 사건보다 더 잘 기억될 이유는 무엇일까?

암시의 영향

심리치료가 억압된 기억을 회복시킨다는 주장에 회의적인 사람들은 대안적으로 어떤 설명을 할까? 다수의 연구에서 기억 회상은 재구성 과정이라고 지적한다.

아마도 아동기 학대(또는 그런 종류의 다른 문제들)에 대해 기억하라는 반복된 암시는 오(誤)기억(false memory, 또는 오보고)을 주입할 수 있다. 오기억은 당사자가 기억난다고 믿지만 틀린 내용의 기억 보고를 가리킨다(Lindsay & Read, 1994; Loftus, 1993). 초기 연구에서는 동영상 하나를 보여주고 "아이들이 통학버스를 타는 걸 봤나요?"와 같은 유도하는 내용의 질문을 하면 많은 사람들이 동영상에서 통학버스를 봤다고 잘못 보고하는 것이 확인되었다(Loftus, 1975). 실험자가 사람들을 오도하여 자신의 삶에 대한 오기억을 보고하도록 할 수 있을까? 지금부터 이와 관련된 두 실험을 살펴보자.

암시와 오기억

첫 번째 연구

가설 어떤 경우에는, 아동기에 일어난 사건에 대해 전해 들은 사람들은 그 사건이 사실이 아니어도 실제 일어났다고 믿게 될 것이다.

방법 실험참가자들에게 이 연구가 아동기 기억에 관한 것이라고 말한다. 각 참가자들에게 네 가지 사건을 기술한 글을 제시한다. 이 중 세 사건은 실제 일어났던 일이다. (실험자는 사전에 실험참가자들의 부모를 만나 어린 시절의 사건에 대한 기술을 확보했다.) 네 번째 사건은 미아가 되었다는 이야기로 사실이 아니지만 그럴듯하게 구성했다. 한 베트남 여성에게 주어진 예는 다음과 같다. "당신과 엄마, 티엔, 그리고 투안이 함께 브레머턴의 Kmart에 갔었다. 그 당시 당신은 5살이었다. 당신 엄마는 아이들에게 블루베리 얼음과자를 사먹으라고 돈을 주었다. 당신은 가장 빨리 달려가 가장 먼저 줄에 서려고 했는데, 어쩌다가 그 가게에서 길을 잃었다. 당신이 중국인 아줌마에게 매달려서 울고 있는 걸 티엔이 발견했다. 그리고 당신 남매 셋이서 얼음과자를 사러 함께 갔다." 실험참가자들은 네 개의 글을 모두 읽은 다음, 각 사건에서 기억나는 대로 추가해서 기술한다. 참가자들에게 일주일 후에 다시 추가 기술하게 하고, 또 일주일 후에 추가 기술하게 한다(Loftus, Feldman, & Dashiell, 1995).

결과 24명의 실험참가자 중에 6명이 암시된 틀린 사건을 기억해 냈고, 이 중 일부는 구체적인 사항을 추가해서 정교화했다. 위의 예에서 언급된 여성은 다음과 같이 말했다. "흐릿하지만 내가 Kmart를 돌아다니고 티엔과 투안을 찾으면서 울었던 기억이 나요. 완전히 미아가 되었다고 생각했어요. 나는 신발 코너로 갔지요. 우린 언제나 거기서 많은 시간을 보냈거든요. 난 손수건 코너로 갔어요. 우리가 같이 있었던 마지막 장소가 거기였거든요. 나는 마트를 10번이나 빙빙 돌아다녔어요. 울면서 돌아다녔던 게 기억나요. 중국 여자나 얼음과자는 기억나지 않아요. (내가 만약 얼음과자를 먹었다면 그건 라즈베리 얼음과자였을 거예요.) 그리고, 내가 가족을 다시 찾은 건 기억나지도 않아요."

해석 암시가 어떤 사람들에게는 자신의 개인적인 경험을 어느 정도 구체적으로 보고할 수 있게 한다. 일어난 적이 없었던 사건이라도 말이다. 그렇다고 하더라도, 검사받은 사람 중 1/4 정도만이 암시의 영향을 받았고, 이들 대부분이 기억한 내용도 어렴풋한 것일 뿐이었다. 그런데, 연구자들은 간략한 암시 한 번만으로도 이 효과를 이끌어냈다. 비슷한 연구에서 실험참가자 47명 중 13명은 길을 잃거나 동물이나 다른 아이의 공격을 받았다는 오기억을 구체적으로 보고했고, 18명 이상이 이와 관련된 부분적인 회상을 보고했다(Porter, Birt, Yuille, & Lehman, 2000). 어린 시절 달걀을 먹어 속이 불편했었다는 얘기를 들은 뒤, 많은 사람들이 달걀 먹기를 피했고, 아스파라거스를 처음 먹었을 때 좋아했었다는 얘기를 들으면 아스파라거스에 대한 선호도가 증가했다(Bernstein & Loftus, 2009).

이런 오기억들이 완전히 틀린 내용은 아닐 수 있다는 반론도 있다. 위의 젊은 베트남 여성은 어떤 시기에 길을 잃은 적이 있을 수도 있다. 5살 때 Kmart가 아니라면 또 다른 장소, 또 다른 시기에 말이다. 이들 중 몇몇 사람은 달걀은 아닐지라도 무언가 먹고 속이 좋지 않았었을 수도 있다. 다른 연구에서 연구자들은 거의 불가능한 사건이 있었음을 암시했다. 예를 들면, 대학생들에게 디즈니랜드의 가짜 광고를 읽게 했다. 이 광고에는 사람들이 디즈니랜드에서는 분명 만날 수 없는 Bugs Bunny라는 Warner Brothers 사 캐릭터와 만나서 악수를 한다는 내용이 들어 있었다. 이 광고를 읽은 학생 중 30%가 나중에 보고하길, 자신도 디즈니랜드에서 Bugs Bunny를 만났다고 했다. 몇 명은 그 캐릭터의 귀와 꼬리도 만졌다고 했다(Loftus, 2003). 또 다른 연구에서는 영국 학생들에게 특정 경험에 대해 상상해 보라고 했는데, 나중에 가서 자신들이 그런 경험을 했다는 기억 보고를 했다. 가령, "간호사가 내 새끼손가락에서 피부조직 샘플을 떼어 갔다."는 상상인데, 이는 영국 의사들이 사용하지 않는 의료 절차다(Mazzoni & Memon, 2003). 요약하면, 암시는 일어난 적이 없는 사건에 대한 기억도 보고하게 만들 수 있다.

두 번째 연구

가설 어떤 심리치료사들은 내담자들에게 어린 시절 사진을 보여주고 옛 기억을 되살리게 한다. 사진을 보면 이전 기억을 되살릴 수 있다는 것은 확실히 맞다. 하지만, 옛날 사진이 오기억을 촉진시킬 가능성도 있지 않을까?

방법 연구자들은 대학생 45명의 부모에게 연락을 취해 자녀들이 초등학교 3학년이나 4학년 때 있었던 일들을 알려 달라고 했다. 다른 집단의 경우는 자녀가 초등학교 5학년이나 6학년일 때의 일들을 보고받았다. 두 집단 모두 보고받은 정보는 가족이 여러 번 반복해서 얘기했던 내용이 아니라서 대학생 자신이 기억할 수도 못할 수도 있는 내용이었다. 연구자들은 실험 진행 중에 대학생들에게 암시해 줄 다음의 사건이 실제로는 일어난 적이 **없었다**는 점을 부모에게 확인 받았다. 즉, 초등학교 1학년 때 친구와 함께 "Slime"이라는 끈적끈적한 점액질 장난감을 담임 선생님 책상 서랍 속에 몰래 넣어 두어 선생님을 깜짝 놀라게 해서 가벼운 처벌을 받았다는 내용이다. 연구자들은 부모에게 부탁해서 1학년 때와 3학년 또는 4학년 때, 5학년 또는 6학년 때의 학급 사진을 구했다.

이런 사전 준비가 완료되면, 실험에 참가하는 각 대학생에게 세 사건(두 건은 부모로부터 들은 내용이고 한 건은 틀린 내용)에 대해서 간략히 이야기해 주었다. 그러고 나서, 각 사건에 대해서 추가적으로 기억나는 것이 있으면 보고하게 했다. 대학생들을 무작위로 반씩 나눈 다음, 한 집단에게는 각자의 학급 사진을 보여줬고, 다른 집단에게는 보여주지 않았다. 실험 첫 번째 회기를 마칠 즈음, 학생들에게 다음 주에는 1학년 때 일어난 그 사건을 생각해 볼 것이니 더 많이 기억나도록 노력하라고 부탁했다. 학급 사진을 보여준 집단에게는 그 사진을 가져가게 했다. 일주일 후, 두 번째 회기에서 학생들은 기억난다고 생각되는 내용들을 다시 보고했다(Lindsay, Hagen, Read, Wade, & Garry, 2004).

결과 대부분의 학생들은 실제 일어난 두 일들에 대해 분명한 기억을 보고했다. 1학년 때 일어난 일로 틀리게 알려준 내용과 관련해서는 그림 7.16에 첫 번째 회기와 두 번째 회기에 각각 그 사건을 보고한 학생 비율이 표기되어 있다. 기억보고는 첫 번째에서 두 번째 회기로 가면서 증가했고, 사진을 본 학생들이 그렇지 않은 학생에 비해 더 많이 보고했다. 두 번째 회기에 가서는 학급사진을 본 학생의 2/3 정도가 틀린 정보의 사건이 기억난다고 보고했다.

연구 종반에 연구자들은 학생들에게 1학년 사건은 실제로 일어난 적이 없던 것이라고 설명해 주었다. 학생들 다수가 "말도 안 돼! 기억난단 말예요. 정말 이상하네요!"라고 놀라는 모습을 보였다(Lindsay et al., 2004, p. 153).

해석 옛날 사진을 살펴보는 것은 옛 기억을 불러일으키고, 무언가를 암시하여 오기억이 형성될 가능성을 증가시킨다. 왜 그럴까? 무언가를 기억하고 있는지 여부를 판단하려고 할 때, 우리는 관련된 생각과 이미지를 불러오려고 노력한다. 구체적인 내용을 추가로 회상할 수 있다면 실제 기억일 가능성이 있다. 사진은 구체적인 내용을 회상하기 수월하게 해서 그 사건이 실제 있었던 일로 생각하게 만든다(Henkel, 2011; Strange, Garry, Bernstein, & Lindsay, 2011). 친구와 함께 선생님에게 장난쳤던 것을 기억하려고 하면, 그 시각적 이미지는 더 선명해지고 확신을 갖게 만든다.

이와 관련된 연구들에서, 연구자들은 컴퓨터 프로그램으로 사진을 변형시켜 아동기 사진에서 사람들이 영국의 찰스 왕세자와 차를 마시거나 가족과 함께 열기구 풍선을 타는 장면을 만듦으로써 틀린 사건의 자극으로 사용했다. 다수의 실험참가자들은 그런 사건이 기억난다고 주장했고, 구체적인 사항들을 추가 보고했다(Strange, Sutherland, & Garry, 2004; Wade, Garry, Read, & Lindsay, 2002). 변조된 역사적 사건 사진을 본

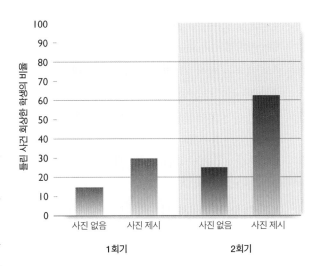

그림 7.16 초등학교 1학년 학급사진을 본 학생들 중 암시된(사실이 아닌) 사건이 기억난다고 한 사람이 더 많았다. (Lindsay, Hagen, Read, Wade & Garry (2004). True photographs and false memories. *Psychologial Science*, 9. ⓒ Sage Publications 허가하에 실음)

그림 7.17 1989년, 한 남자가 베이징 톈안먼 광장에서 중국군 전차를 가로막고 있었다. (아래의) 변조된 사진을 본 사람들은 이 사건 때 대규모 군중이 모인 것으로 기억했다. (Sacchi, Agnoli, & Loftus (2007). Changing history: Doctored photographs affect memory for pas public events. *Applied Cognitive Psychology*, 21, 1005-1022.)

From Sacci, D. L. M., Agnoli, F., 7 Loftus, E. F. (2007). Applied Cognitive Psychology, 21, 1005-1022.

사람들은 그 사건들을 사진에 부합되는 것으로 잘못 기억했다(Sacchi, Agnoli, & Loftus, 2007; 그림 7.17). 사진의 효과는 앞서 기술했던 원천 기억상실과 관련된다. 무언가 기억나지만, 어디서 학습했는지 기억하지 못하면, 원천 기억상실이라고 한다. 사진을 보는 경우, 우리는 사진에서 무언가를 보고, 그것을 오래전 경험에서 기억해 냈다고 생각하는 것이다.

의견의 일치와 불일치

어린 시절 외상적 사건의 기억이 복구될 가능성에 대해서 우리는 어떤 결론을 내릴 수 있을까? 다수의 심리치료사들은 연구 장면에서 만들어진 오기억들(쇼핑몰에서 미아가 된 경험, 초등학교 1학년 때 장난 등)이 성적 학대와 같이 정서적으로 강렬한 기억과는 다르다고 반박한다. 이 비판에 대해 연구자들은 연구상 윤리적 문제 때문에 외상적 학대 기억을 암시를 통해 주입하기 힘들다고 답한다.

누군가 오랫동안 기억하지 못했던 일을 기억해 낸다면 그 기억은 정확할지도 모른다. 억압이라는 과정에 대해 회의적인 시각을 갖는 심리학자들도 아동기에 가졌던 경험을 여러 해가 지날 때까지 다시 생각하지 않을 수도 있음을 인정한다(McNally & Geraerts, 2009). 여러 사례들을 고려해 보건대, 그런 기억보고를 지지하는 독자적인 증거가 확보되지 않는다면 판단을 보류하는 것이 최선이다. 더 나아가 권고할 것은 오기억 보고 확률을 증가시키는 암시 반복, 사진 제시, 또는 다른 기법의 사용을 피하라는 것이다.

개념 점검 24. 사후판단 편향은 어떤 면에서 "오기억"의 주입과 유사할까?

기억상실증

컴퓨터 구매자에게 주어진 충고를 무시하고 강력한 자기장 안으로 당신의 컴퓨터를 통과시켰다고 상상해 보자. 그런데, 이 과정에서 문서파일만 지워지고, 그림파일은 온전했다고 하자. 아니면, 오래전에 저장한 파일들은 온전하지만 새 파일들은 더 이상 저장할 수 없다고 가정해 보자. 이런 가상적인 손상을 통해, 컴퓨터의 기억이 작동하는 방식에 대해 힌트를 얻을 수도 있다.

동일한 논리가 인간 기억에도 적용된다. 다양한 종류의 뇌 손상은 어떤 종류의 기억은 손상시키지만, 다른 기억은 온전하기에 이를 통해 우리는 기억이 조직된 방식에 대해 추론해 볼 수 있다.

해마의 손상에 따른 기억상실증

기억상실증(amnesia)이란 기억을 잃어버리는 것이다. 가장 심각한 기억상실증의 경우라도 이전에 학습했던 모든 것을 망각하진 않는다. 어떻게 걷는지, 말하는지, 먹는지를 잊진 않는다. (정말 그렇다면, 기억상실증이라고 하지 않고 **치매**라고 부른다.) 많은 사례들에서 보면, 기억상실증인 사람은 사실적인 지식의 대부분은 기억한다. 이들이 자주 망각하는 것은 자신의 개인적 경험들이다. 기억상실증은 해마 손상을 포함한 여러 종류의 뇌 손상에서 비롯된다.

1953년, Henry Molaison은 기억연구에서 이름 앞글자를 따서 H. M.이라고 알려진 인물로, 당시 그는 매일 여러 차례 뇌전증[4]에 따른 소발작을, 그리고 일주일에 한두 차례 대발작을 보였다. 그에게는 뇌전증 억제제가 효력이 없었다. 절망 끝에 그의 주치의는 대뇌 관자엽(측두엽) 안쪽에 위치한 앞뇌(전뇌)의 큰 구조물인 해마(hippocampus) 대부분을 제거했다(그림 7.18). 이 시술은 해마를 파괴시키면 뇌전증 발작의 빈도가 감소한다는 몇몇 수술 사례에 근거한 것이다. 이 당시 연구자들에게는 해마를 손상시키면 어떤 문제가 있는지에 대한 지식이 거의 없었다. 그 이후로 동물연구는 해마가 기억의 부호화와 인출에 중요하다는 점을 밝혀왔다. 연구자들에게는 학습 중에 일어나는 시냅스 변화를 가장 잘 보여주는 뇌 영역이 바로 해마다.

---

4 뇌전증(epilepsy)은 오랫동안 '간질'이라는 병명으로 사용되어 왔다. 간질이라는 표현이 부정적인 의미를 갖기에 근래부터 '뇌전증'이란 새로운 이름으로 불리고 있다. 본문의 '소발작(부분발작)'과 '대발작(전신 발작)'이란 표현도 '간질발작'의 정도를 가리키는데, 이로부터 비롯된 말이다. (제3장의 단원 3.3에서 두 반구와 그 연결 부분을 참조하라.)

위의 수술은 H. M.이 보인 발작의 빈도와 강도를 크게 감소시켰다. (이 사례에서는 효과를 봤지만, 다른 뇌전증 치료에서는 일반적이지 않다.) 그는 성격은 안 변했지만 점점 수동적으로 되어갔다(Eichenbaum, 2002). 그의 지능지수 점수는 약간 올라갔는데, 아마도 뇌전증 발작이 줄어들었기 때문일 것이다. 하지만 그는 심각한 기억문제를 보였다(Corkin, 1984; Milner, 1959). H. M.은 새로운 장기기억을 저장할 수 없는 순행성 기억상실증(anterograde amnesia)이 심각한 상태였다. 수술 후 여러 해 동안 올해를 1953년이라고 했고, 자신은 27살이라고 했다. 나중에는 어림짐작으로 대충 말했다(Corkin, 1984). 그는 동일 호의 잡지를 여러 번 반복해서 읽곤 했는데, 자신이 그렇게 하고 있다는 사실을 알아채지 못했다. 자신이 사는 곳이 어딘지 기억할 수도 없었다. 또한 뇌 손상 이전에 일어났던 사건들을 기억 못하는 역행성 기억상실증(retrograde amnesia)도 약하게나마 보였다(그림 7.19). 초기 보고에 따르면, H. M.의 역행성 기억상실증은 수술 전 몇년에 국한된다. 시간이 지나고 난 후의 연구보고에서 보면, 이 기억상실증은 확장되었고, 특히 일화기억(자서전적 기억)에서 그랬다. 해마 및 기타 뇌 영역 손상에 따른 기억상실증을 보인 또 다른 환자는 일화기억이 완전히 상실됐다. 이 환자에게 오래전 가족사진을 보여줬더니 사진 속의 사람들 이름은 알았지만, 사진 속의 사건도 가족들과 관련된 일들도 전혀 기술하지 못했다(Rosenbaum et al., 2005).

H. M.은 대부분의 다른 기억상실증 환자처럼 정상적인 단기기억과 작업기억을 가졌다(Shrager, Levy, Hopkins, & Squire, 2008). 누군가 그에게 어떤 숫자를 외우라고 말하면 몇 분 뒤에도 회상할 수 있었다. 그를 방해하는 것이 전혀 없었다면 그랬다. 하지만, 무언가 그를 방해하면 그 숫자를 망각했고, 숫자를 외워야 한다는 점도 잊었다. 종종 그는 동일한 사람에게 동일한 얘기를 몇 분 내에 다시 반복하기를 계속했는데, 자신이 바로 전에 말했다는 것을 망각한 것이다(Eichenbaum, 2002).

20년 동안 깊은 잠에 빠졌다가 깨어나 엄청나게 변한 세상을 보게 된 소설 속의 인물, 립 반 윙클(Rip van Winkle)처럼, H. M.은 매해가 지나가면서 점점 시대에

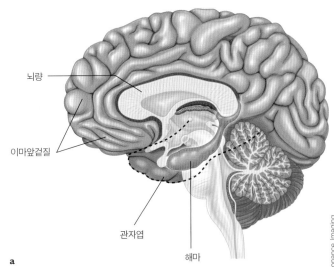

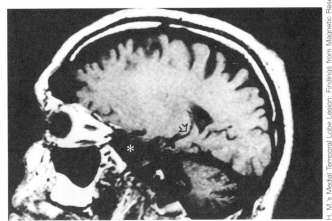

그림 7.18 (a) 해마는 겉질 아래에 있는 제법 큰 뇌 구조물이다. (b) 사진은 H. M.의 뇌를 MRI로 촬영한 것이다. 별표 부위는 해마가 사라진 곳을 가리킨다. 화살표는 온전하게 남아 있는 해마 부위를 가리킨다. (Suzanne Corkin 과 David Amaral의 사진제공)

H. M.'s Medial Temporal Lobe Lesion: Findings from Magnetic Resonance Imaging. *The Journal of Neuroscience,* Volume 17, Number 10, 1997. pp.: 3964-3979 © 1997 Society for Neuroscience

그림 7.19 뇌 손상은 역행성 기억상실증(옛 기억의 상실)과 순행성 기억상실증(새로운 기억 저장 문제)를 일으킨다.

뒤떨어지게 되었다(Gabrieli, Cohen, & Corkin, 1988; M. L. Smith, 1988). 그는 1950년대 중반 이후에 유명해진 인물들은 못 알아봤는데, 유명인 이름을 대면 정확한 정보를 아주 조금 말하는 경우도 가끔 있었다(O'Kane,

Kensinger, & Corkin, 2004). 자쿠지[5]나 그래놀라[6]처럼, 그가 수술 받은 이후에 영어로 편입된 단어나 구절은 이해하지 못했다(Corkin, 2002). 그는 soul food[7]는 "용서"로, closet queen[8]은 "나방"일 것으로 추측했다.

H. M.은 심각한 기억장애에도 불구하고 새로운 기술을 획득하고 유지할 수 있었다. 서술기억(사실기억)과 절차기억(기술과 습관)의 구분을 상기해 보라. H. M.은 아래 제시된 것과 같이 거울에 비춰진 글을 읽는 것을 학습했다(N. J. Cohen & Squire, 1980). 하지만, 이런 읽기기술이나 새로운 기술을 학습했다는 사실을 기억하지 못했고, 이런 과제를 성공할 때마다 언제나 놀라움을 표현했다.

He could read sentences written backwards, like this.

H. M.에 대한 연구결과는 유사한 손상을 가진 사람과 실험실 동물들에 대한 연구로 이어졌다. 그 결과, 다음과 같은 사실들이 드러났다.

- 서술기억 저장에는 해마가 필요하다. 절차기억은 바닥핵(기저핵) 같은 다른 뇌 영역에 의존한다.
- 해마는 자신의 삶에서 벌어진 특정 사건에 대한 기억, 즉 일화기억에 특히 중요하다. 일화기억은 점차적으로 발달하는 절차기억과는 달리 단번에 형성된다.
- 해마는 암묵기억(내현기억)보다 명시기억(외현기억)에 더 중요하고, 쉬운 과제보다 어려운 과제에서 더 중요하다(Reed & Squire, 1999; J. D. Ryan, Althoff, Whitelow, & Cohen, 2000).
- 해마는 어디에 무엇이 있는지에 대한 기억, 즉 장소기억에 특히 중요하다(Kumaran & Maguire, 2005).
- 해마 손상 환자들은 과거를 회상하는 데 어려움을 갖는 것처럼 미래를 상상하는 데도 힘들어한다. 해수욕장에 놀러가거나 박물관을 방문하는 것같이 미래의 일을 상상할 때, 우리는 과거에 있었던 유사

---

5 jacuzzi, 기포를 뿜어내는 욕조
6 granola, 시리얼의 일종
7 미국 남부 흑인들의 전통음식
8 동성애를 숨기는 남자 동성애자

한 일들을 모아서 재배열하거나 수정하게 된다. 만약 과거를 기억하지 못한다면 미래를 상상할 때 구체적인 내용을 담을 수 없다(Hassabis, Kumaran, Vann, & Maguire, 2007). 이런 면에서 볼 때, 기억상실증 환자는 과거도, 미래도 없이 순전히 현재의 순간에서만 사는 셈이다.

기억에서 해마의 역할은 정확히 무엇일까? 영향력 있는 한 이론에 따르면, 해마는 기억에서 구체적인 내용과 맥락을 회상하는 데 결정적이다. 어제 한 일들을 기억해 낼 때 당신의 기억은 언제, 어디서, 누구와, 무엇을 했는지 등을 포함한, 풍부한 구체성을 갖는다. 이런 구체적인 내용들은 해마에 의존적이다. 시간이 지남에 따라 기억은 공고화되지만, 공고화되면서 기억은 변한다. 우리가 기억하는 것은 일어난 일의 "요점"이고, 구체적인 사항은 더 희박해진다(Winocur, Moscovitch, &Sekeres, 2007).

개념 점검

25. H. M. 사례에서 가장 크게 손상된 기억은 무엇인가? 그리고, 손상이 아주 적은 기억은 어떤 종류들인가?

이마앞겉질의 손상에 따른 기억상실증

이마앞겉질(전전두피질)의 손상 또한 기억상실증을 일으킨다(그림 7.18을 보라). 이마앞겉질은 해마로부터 광범위하게 입력을 받기 때문에 이마앞겉질 손상에 따른 증상은 해마 손상의 증상과 중첩된다. 하지만, 몇몇 특별한 결함 또한 일어난다.

이마앞겉질 손상은 뇌졸증이나 머리 외상, 코르사코프 증후군(대개 장기적인 알콜 중독에 따른 비타민 B의 장기간 결핍으로 유발된 증상)의 결과일 수 있다. 이 결함은 광범위하게 발생하는 뉴런의 상실 또는 위축으로 이어지는데, 이마앞겉질에서 특히 잘 나타난다. 이런 환자들은 무감정적 반응, 혼란, 기억상실증을 보인다(Squire, Haist, & Shimamura, 1989). 단어 목록을 기억하라고 제시하면, 목록을 다 마치기도 전에 초반부 단어들을 망각하고, 곧이어 후반부 또한 기억하지 못한다(Stuss et al., 1994).

이마앞겉질 손상을 입은 환자들은 여러 질문에 답할 때, 작화증(confabulations)을 보인다. 작화증이란 자신의 기억에 틈이 생기면 이야기를 만들어 채워 넣으려는 시도를 말한다. 오늘 일어난 일들에 대해 답할 때 과거에 있었던 일들로 기술하곤 한다(Borsutzky, Fujiwara, Brand, & Markowitsch, 2008; Schnider, 2003). 예를 들면, 나이 든 한 여성은 입원 환자인데도 아기에게 젖을 먹이려 집에 가야 한다고 고집하는 경우다. 정확히 말해, 작화증은 질문에 답하지 못한다는 점을 숨기려는 시도는 아니다. 왜냐하면 코르사코프 증후군 환자들이 "프레몰라는 어디에 있습니까?"나 "롤리타 공주는 누구입니까?"와 같은 질문에는 이야기를 꾸며내 답하지 않기 때문이다(Schnider, 2003). 즉, 답을 전혀 모르는 사람은 알지 못한다는 점을 시인한다. 다음의 인터뷰는 전형적인 예다(Moscovitch, 1989, pp. 135-136). 정확한 정보들이 섞여 있고, 과거 어느 시점에선 정확했던 내용과 연결시킨다는 점, 그리고 답변들 간의

차이를 설명하려고 창의적인 시도를 한다는 점에 주목하라.

심리학자: 연세가 어떻게 되세요?

환자: 제 나이는 40, 42, 으음 미안해요. 62입니다.

심리학자: 결혼하셨나요, 아니면 독신인가요?

환자: 기혼자입니다.

심리학자: 결혼하신 지 얼마나 되셨지요?

환자: 약 4개월 정도입니다.

심리학자: 당신 부인 성함은?

환자: Martha.

심리학자: 자녀분은 몇 명 두셨나요?

환자: 넷이요. (웃으면서) 네 달 동안 이 정도면 괜찮지요.

심리학자: 아이들은 몇 살입니까?

환자: 맏이는 서른둘이고, 이름은 Bob이에요. 그리고 막내는 스물둘인데 Joe라고 해요.

심리학자: 네 달 동안 어떻게 이 아이들을 갖게 됐나요?

환자: 입양했지요.

심리학자: 누가 입양한 건가요?

환자: Martha와 제가.

심리학자: 결혼하자마자 곧 이렇게 나이 든 아이들을 입양하길 원하셨단 말이죠?

환자: 결혼하기 전에 우리는 그 애들 중 하나, 그 애들 중 둘을 입양했었죠. 맏딸 Brenda와 Bob, 그리고 결혼한 뒤로는 Joe와 Dina를 말이죠.

심리학자: 이 모두 다 당신에겐 좀 이상하게 들리지 않나요? 무얼 말씀하고 계신 거죠?

환자: 저도 약간 이상하다고 생각합니다.

심리학자: 제가 당신 기록을 살펴보니 당신은 결혼한 지 이미 30년이 넘은 걸로 나오는데요. 기록대로 말씀드리면 그게 더 합당하게 들리지 않습니까?

환자: 아닙니다.

심리학자: 결혼한 지 네 달밖에 되지 않았다고 정말 믿으시는 겁니까?

환자: 네.

이마앞겉질 손상환자들은 자신이 작화한 내용을 확고하게 방어하고, 종종 동일한 작화를 다른 시점에까지 유지한다. 실제로, 이는 어떤 내용을 충분치 않게 학습한 정상인에게도 적용되는 일이다. 한 연구에서는, 대학생들에게 그들이 잘 알지 못하는 주제에 대한 2분 분량의 복잡한 설명을 들려주었다. 이들은 일주일에 한 번씩 총 4주 동안 동일한 내용의 설명을 들은 다음, 동일한 질문에 답하게 했다. 대부분의 참가자들은 틀린 추측의 답변을 매주 동일하게 반복했다(Fritz, Morris, Bjork, Gelman, & Wickens, 2000).

왜 이마앞겉질 손상 환자는 정상인보다 훨씬 더 많이 작화 행동을 보일까? Morris Moscovitch(1992)에 따르면, 이마앞겉질은 즉각 회상할 수 없는 기억들을 재구

성하는 데 사용하는 책략들을 가지고 작업을 하는 데 필수적이다. 당신이 지금까지 여행해 본 곳 중에 가장 북쪽은 어딘가, 지난주에 샐러드를 몇 번 먹었는가라는 질문을 받는다면, 당신은 추론해서 답할 것이다. 이마앞겉질 손상을 입은 사람들은 합당하게 추론하기 힘들어 한다.

뇌 손상을 입은 사람들은 다른 측면에서는 기억의 약화를 보이지만 암묵기억 검사 대부분에서는 좋은 수행을 보인다. 예를 들어, 한 환자는 단어 목록을 들은 다음, 목록의 단어를 하나도 기억해 내지 못할 수도 있고, 단어 목록을 들었는지도 기억하지 못할 수도 있다. 하지만, CON___과 같이 세 낱자 어간을 제시받고 빈칸을 채우라고 하면 단어 목록에 있었던 단어로 빈칸을 채운다(Hamann & Squire, 1997).

또 다른 예를 보자. 환자들에게 테트리스라는 비디오게임을 반복 연습시킨 다음, 그들에게 물어보면 이 게임을 한 적이 없다고 답했다. 그런데, 회기를 거듭할수록 이들의 게임 수행은 점점 향상되었다. 이들이 밤에 눈을 감고 잠들려고 할 때 무언가 작은 블록 이미지들이 보여서 이것들이 무언지 놀랐다는 보고도 있다(Stickgold, Malia, Maguire, Roddenberry, & O'Connor, 2000).

중요한 결론 하나가 뇌 손상과 기억상실증에 대한 모든 연구들로부터 드러난다. 우리에게는 여러 다른 유형의 기억들이 있다는 점이다. 다른 유형의 기억 손상 없이도 한 유형의 기억만 손상될 수도 있다.

개념 점검 26. 작화증은 일종의 오기억이라 하더라도, 이 단원 앞부분에서 다뤘던 암시를 통한 오기억과는 어떻게 다를까?

알츠하이머병의 기억손상

더 흔한 기억장애는 알츠하이머병(Alzheimer's disease, 노인성 치매)이다. 이 질환은 대부분 노년기에 발생하고, 점차적으로 심각해지는 기억상실, 혼란, 우울증, 사고장애, 그리고 주의력 약화라는 특징을 보인다. 몇몇 유전자들이 60세 이전의 이 질환 발병과 연결되어 왔지만, 알츠하이머 환자의 99% 이상은 60세 이후에 시작되고, 이 환자

들 대부분은 특정 유전자와는 관련이 없다. 더군다나, 이 유전자들의 효과도 필연적이지 않다. 나이지리아의 요루바 지역 사람들은 거의 대부분 알츠하이머병에 걸리는 일이 없다. 이들도 미국인에게 알츠하이머병을 일으키는 경향이 있다고 여겨지는 유전자를 가졌는데 도 그렇다(Hendrie, 2001). 요루바 문화의 어떤 면이 알츠하이머병 예방효과를 갖는지 불확실하지만, 이들의 식습관이 그 가능한 후보로 여겨지고 있다.

알츠하이머병은 뇌의 해로운 단백질 누적과 뇌세포의 퇴화를 나타내는데, 이는 각성과 주의를 손상시킨다. 기억문제로는 순행성과 역행성 기억상실증 모두 포함된다. 기억 수행은 각성 수준의 변동에 따라 달라질 수 있다(Palop, Chin, & Mucke, 2006). 때때로 환자들은 커피 한 잔이나 활기찬 산책으로 혈액순환이 증가되면 좀 더 좋은 수행을 보인다.

알츠하이머 환자들은 뇌 손상 영역이 해마와 이마앞겉질도 포함하기 때문에 H. M.의 증상과 코르사코프 증후군의 증상과 겹친다. 예를 들어, 이들은 코르사코프 환자처럼 작화증을 보인다(Nedjam, Dalla Barba, & Pillon, 2000). 이들의 잡다한 기억문제는 각성과 주의의 전반적인 감소로 보건대 그리 놀라운 것은 아니다. 각성 저하와 주의 손상은 기억의 어떤 면에서건 손상을 준다. 하지만, 대체로 이들은 H. M.처럼 휴대폰 사용법과 같은 새로운 기술을 학습할 수 있다(Lekeu, Wojtasik, Van der Linden, & Salmon, 2002).

개념 점검　27. 알츠하이머 환자들은 어떤 종류의 기억에 손상을 겪을까?

유아기 기억상실증

우리 모두가 경험하는 기억상실증으로 마무리해 보자. 당신이 6살이었을 때 있었던 일을 얼마나 기억할 수 있는가? 4살 때는 어떤가? 2살 때는? 성인 대부분 자신의 아동기 초기에 대한 기억은 몇몇 단편적인 조각만 보고한다(Bauer, Wenner, & Kroupina, 2002; K. Nelson & Fivush, 2004). **초기 일화기억의 희박함**은 유아기 기억상실증(infant amnesia) 또는 아동기 기억상실증

(childhood amnesia)으로 알려져 있다. 심리학자들은 유아기 기억상실증에 대해 많은 이론들을 제안해 왔지만, 충분히 설득력 있는 설명은 아직 없다.

이 주제와 관련된 최초의 제안은 아마도 지그문트 프로이트가 한 것이다. 그에 따르면 아동은 4~5살 때 정서적으로 힘든 경험을 겪어서 이 시기나 이전에 경험한 모든 것을 억압한다. 하지만 프로이트나 그 누구도 이런 생각을 지지하는 설득력 있는 증거를 제시하지 못했다.

더 현대적인 제안에 따르면, 일화기억에 중요한 것으로 알려진 해마는 발달하는 속도가 느려서 생애 초기 몇 년간의 기억은 잘 저장되지 않는다고 한다(Moscovitch, 1985). 게다가, 우리가 유아에게서 확인할 수 있는 기억 대부분은 절차기억(무엇을 어떻게 하는지)이거나 의미기억(무엇이 안전한 행동인지, 위험한 행동인지와 같은 것)이다.

하지만, 문제는 유아가 기억을 형성하지 않는다는 것이 아니다. 기억이 오랫동안 지속하지 못한다는 것이 문제. 세 살, 네 살 아이들은 몇 달 전에 있었던 생일파티나 다른 사건을 분명히 기억한다. 그렇지만, 몇 년 뒤에는 기억하지 못한다. 전하는 바에 따르면 아주 똘망똘망한 2살 된 아이는 생후 5개월 때 3일 동안 병원에 입원했던 일을 구체적으로 답변했다고 한다. 부모와 조부모들은 그때 이후로 그 일에 대해 얘기한 적이 없는데도 말이다(Solter, 2008). 하지만, 일 년 뒤 그 아이는 그 일을 기억하지 못했다. Patricia Bauer(2005)는 다양한 연령의 취학 전 아동들에게 새로운 경험을 하게 한 다음, 나중에 그들의 기억을 확인했다. 아이들 대부분 아주 잘 학습했지만, 어릴수록 더 빨리 망각했다.

또 다른 제안에서는 어떤 경험에 대한 영속적인 기억은 3세에서 4세 사이에 발달하는 "자아감"이 요구된다고 한다(Howe & Courage, 1993). 하지만, 쥐나 비둘기, 인간 외의 다른 종들 또한 오랫동안 지속되는 기억을 발달시킨다. 쥐가 3살 아이보다 더 강한 자아감을 갖는다고 말하지 않으려면, 쥐의 기억은 성인이 된 인간을 대상으로 논의해 왔던 기억과는 동일하지 않다고 주장하는 셈이다. 그러니, 이 생각은 그리 신뢰할 만하진 않다.

우리는 언어에 의존적이어서 어릴 때 부호화된 기억에는 접근하기 힘들다는 생각이 또 다른 가능성이다. 이 생각은 네 살 아이는 세 살 때 일어난 일을 기술할 수 있지만 일곱 살 아이는 그렇지 못하다는 점을 설명하지 못한다. 그래도, 여전히 몇몇 흥미로운 연구들은 언어의 시작이 유아기 기억상실증의 한 요인임을 보여준다. 심리학자들은 세 살 아이들에게 "마법의 축소기계"를 가지고 놀게 했다. 아이가 큰 장난감을 구멍 안에 집어넣고 손잡이를 돌리면, 그 기계가 장난감을 축소시킬 수 있는 것처럼 더 작은 똑같은 장난감이 기계에서 나오는 것을 볼 수 있었다. 이 아이들은 6개월 또는 1년 후에 다시 오면, 그 기계와 작동법을 분명히 기억했다. 하지만, 그 기계가 어떻게 작동되는지, 축소시킨 장난감 이름이 무언지를 물어보면, 처음 그 기계를 가지고 놀던 때에 사용하던 단어로만 자신의 경험을 기술했다(Simcock & Hayne, 2002). 예를 들어, 세 살 때 "테디 베어"라는 단어를 알던 아이는 나중에도 그 말을 사용하지만, 세 살 때 그 단어를 모르던 아이는 그 사이에 배웠어도 사용하지 않았다. 유사한 연구에서, 두 살 아이들은 "마법 비눗방울 기계"가 단지 한 색깔의 비눗물로만 작동되는 것을 경험했다. 그때는 이 색깔 이름을 몰랐지만 두 달이

지나면서 배운 아이들 중에서 30%만이 나중에 그 기계를 작동시킬 때 색깔 이름을 댈 수 있었다(Morris & Baker-Ward, 2007). 이처럼 아이들은 새로 배운 단어를 이전 기억에 적용시키는 경우도 가끔 있지만, 언제나 그런 것은 아니다.

또 다른 가능성으로는 유아기 기억상실증이 부호화 특수성과 관련될 것이라는 생각이다. 우리가 특정 시간, 장소, 신체적 상태, 심리적 상태에서 무언가 학습하면, 동일한 조건이나 유사한 조건에서 더 쉽게 기억해 낸다. 아마도 유아기 기억을 찾아낼 적절한 인출단서를 충분히 가지고 있지 않기 때문에 우리의 어린 시절을 망각할지도 모른다.

현재 이 시점에서 보면, 이들 가설 중 어느 하나도 제대로 정립된 것은 없다. 유아기 기억상실증은 여러 설명들을 통해 이해될 수 있겠지만, 하나의 설명으로는 아니다.

개념 점검

28. 유아기 기억상실증이 장기기억 형성 실패 때문이 아니라는 증거는 무엇일까?

맺음말 　단원 7.3

기억상실과 왜곡

이 단원의 초반부에서는, 우리가 오래전 일을 기억해 내려 할 때 구체적인 부분들은 희미해지는 것을 종종 알 수 있고, 많은 정보를 추론하거나 재구성할 필요가 있다는 것을 보여주는 증거들을 제시했다. 우리가 이런 식으로 만들어졌다는 사실은 결코 실망스러운 것은 아니다. 컴퓨터는 우리가 무한대로 입력하는 모든 것을 저장한다. 하지만 우리의 뇌는 그럴 필요가 없다. 경험이 오래되어 갈수록 구체적인 모든 것을 기억해 낼 필요는 줄어들어 간다. 구체적인 내용이 필요하다면 그땐 목적에 맞춰서 추론해 낼 수 있기 때문이다.

요약

- 간섭. 몇몇 유사한 내용들을 학습할 때 앞서 배운 내용이 나중에 배운 내용의 인출을 간섭하는 것을 순행간섭이라고 한다. 나중 내용이 앞선 내용을 간섭하면 역행간섭이 된다. 간섭은 망각의 주요 원인 중 하나다. (295쪽)

- "회복된 기억" 대 "오기억" 논쟁. 일부 심리치료사는 최면이나 암시를 사용해서 사람들의 고통스런 경험을 이끌어 내려 한다. 많은 연구자들이 이런 회복된 기억의 정확성에 의문을 제기한다. 암시는 사람들이 기억을 왜곡시키거나 일어나지 않은 사건을 보고하게 할 수 있다. (296쪽)

- 해마 손상에 따른 기억상실증. 해마가 손상된 H. M.과 기타 환자들은 새로운 서술기억, 특히 일화기억을 장기기억으로 만드는 데 상당한 어려움을 겪는다. 하지만 이들의 단기기억과 절차기억, 암묵기억은 정상이다. (300쪽)

- 해마의 역할. 해마는 기억에서 여러 기능을 한다. 한 기능은 어떤 사건의 구체적인 내용과 맥락을 함께 결합하는 것이다. 해마가 제대로 작동하지 않거나 해마의 정보가 약화되면, 사건에 대한 "요점"만 기억하게 된다. (302쪽)

- 이마앞겉질 손상. 이마앞겉질 손상 환자들은 틀린 답변에 확신을 가지는데, 이를 작화증이라고 한다. 작화증의 내용 대부분은 환자의 인생 초기에는 정확한 정보였다. (302쪽)

- 알츠하이머병. 대부분 60세에서 65세 이후에 발병하는 질환인 알츠하이머병 환자들은 다양한 기억문제를 보인다. 그렇지만, 절차기억은 명시적인 서술기억보다 온전한 편이다. 이 문제들은 주로 각성 저하와 주의 손상에서 비롯된다. (303쪽)

- 유아기 기억상실증. 사람들 대부분 자신의 아동기 초기를 거의 기억하지 못한다. 그렇지만, 취학전 아동들은 몇 달이나 몇 년 전을 분명히 기억하기도 한다. 이에 대해 완전히 믿을 만한 설명은 아직은 없다. (304쪽)

핵심 용어

개념 점검 문제에 대한 답

1 **a**. 절약률 **b**. 자유회상 **c**. 암묵기억 **d**. 재인 **e**. 단서회상

2 절차기억은 점차적으로 발전하고, 대개 정확한 정보에 민감하다. 그리고 명시기억과는 다른 뇌 영역에서 작동한다.

3 다중 선택 시험을 치르는 사람은 정확히 맞는 답이 없어도 가능한 최선의 답을 선택한다. 동일한 논리가 동시적 용의자 대열 방식에 적용될 수 있다. 반면, 순차적 용의자 대열 방식에서는 확신이 들 때만 선택한다.

4 컴퓨터는 저장된 기억을 정확하게 보고한다. 저장된 파일을 몇 년 동안이나 열어보지 않아도 정확하다. 반면, 인간의 기억은 시간이 지남에 따라 구체성과 정확성이 점점 떨어진다. 컴퓨터에서는 하드 드라이브의 기억내용을 삭제할 수 있지만, 인간 기억의 경우 삭제는 쉽지 않다. 이 외에도 여러 차이점들을 찾아볼 수 있을 것이다.

5 **a** 의미기억 **b** 의미기억 **c** 일화기억 **d** 일화기억

6 단기기억은 기억용량이 작은 반면, 장기기억은 용량이 엄청나게 크다. 그리고 당연한 말이지만 단기기억 내용은 오래 지속되지 않는다.

7 이전의 실험 시행들로 인한 간섭을 최소화시키면 단기기억은 더 오랫동안 지속됨이 확인되었다.

8 노래를 따라 부르거나 발로 장단을 맞추는 것처럼 음악이 주의를 끌거나 어떤 반응을 유발한다면, 음악 듣기는 주의를 약화시킨다. 가장 똑똑한 학생이 가장 차이를 많이 느낀다. 배경음악은 말도 없고 반응을 유발하는 경향도 없는데, 그 음악이 더 방해하는 다른 소리로 주의를 돌리는 것을 막아준다면 약간의 이득을 주는 셈이다.

9 코티솔 수준이 낮기 때문에 이들은 기억 저장에 문제가 있고, 건망증이 빈번할 것이다.

10 적당한 정서 상태는 기억을 증진시키고, 방해물은 기억을 약화시킨다. 기억은 반복, 독특성, 목록 내에서의 위치(첫 번째 또는 마지막)에 따라서 향상된다. 우리는 인생 초기에 배운 단어는 나중에 배운 단어보다 더 잘 기억한다. 예상치 못한 각성을 일으키는 단어 다음에 나오는 단어를 잘 기억하지 못하는 경향도 있다.

11 교재를 읽다가 그 의미를 생각하기 위해서 멈추는 학생들은 깊은 처리를 하고 있는 것이다. 이들은 빨리 읽어버리는 친구들보다 내용을 더 잘 기억하게 된다.

12 단순히 기억나지 않는다고 말하는 사람이라면 그에 대해 말하고 싶지 않은 것이 보통이다. 정말 기억하길 원하는데 기억나지 않는다면, 파티에 있었던 사람과 함께 그곳으로 가보면 기억이 날 수 있다. 비슷한 시간대에 가면 더 좋다. 원래 학습했던 조건과 나중에 회상하는 조건이 비슷할수록 회상률은 더 좋아진다.

13 기억인출 연습은 기억을 강화시킨다. 공부시간 일부를 점검 질문에 답하는 데 할애하는 학생은 읽는 데 모든 시간을 사용하는 학생보다 학업수행이 더 좋다.

14 기말시험을 대비해서 효과적으로 준비하기 위해서는 교재 전체 내용을 일정치 않은 간격을 두고 개괄해야 한다. 지금 당장 제1, 2, 3장을 훑어보는 것도 도움이 된다. 물론, 하루 이틀 뒤에 제7장(기억)으로 시험을 볼 예정이라면, 목표와 전략은 달라진다.

15 위의 충고는 부호화 특수성 원리에 부합한다. 한꺼번에 모든 내용을 공부한다면, 그때 생각했던 내용만 부호화될 것이다. 반면, 여러 시간대로 분산시켜 공부한다면 기억내용에는 훨씬 더 다양하고 많은 인출단서들이 부착될 것이다.

16 자신이 이미 잘 알고 있는 주제나 자신에게 아주 중요하고 흥미를 유발하는 주제인 경우, 아주 빠른 속도로 기억이 공고화된다.

17 기억은 해가 바뀌어도 지속적으로 공고화된다는 설명이 있다. 또 다른 설명으로는 아주 강한 관심을 갖는 시기인 청년기의 기억이 더 강하게 형성된다는 것이다.

18 목록에 없는 단어를 포함시킬 가능성은 낮다. 기억이 약할 경우에 주로 추론에 의지하는 경향이 크다.

19 어떤 역사적 사건이 있고 난 오랜 후에 가서, 역사가들은 사건들의 요점에 근거해서 일관된 이야기를 엮는다. 그 이야기 패턴에 부합되는 구체적인 내용은 강조하고 그렇지 않은 것은 제외시킨다. 반면, 우리의 일상생활에서는 특정 패턴에 부합하지 않는 사실들을 포함한 모든 사실들을 알고 있기 때문에 논리적 연결과 일관성이 떨어져 보인다.

20 이는 순행간섭 때문이다. 이전에 암기한 학생 이름들이 근래의 학생 이름의 기억을 간섭한다.

21 먼저 특정 반응을 학습하고, 그다음에 그 반응의 소거가 학습된다. 첫 번째 학습이 두 번째 소거를 순행적으로 간섭하게 되면, 자발적 회복이 일어나게 될 것이다.

22 목록의 첫 항목은 순행간섭을 덜 받고, 마지막 항목은 역행간섭을 덜 받는다. 하지만, 이런 낮은 정도의 간섭은 초두 효과와 최신 효과를 설명하는 이론들 중의 하나일 뿐이다.

23 정서적으로 각성된 기억은 대개 다른 사건에 비해 더 잘 기억된다. 정서적으로 각성된 사건들은 코티솔 분비를 촉진시키고, 기억저장을 지원하는 뇌 영역을 활성화시킨다.

24 사후판단 편향은 나중에 경험한 것이 암시로 작용한다고 볼 수 있다. 이전에 자신이 생각했던 것을 기억해 내려 할 때 그 암시에 영향을 받아서 자신의 기억을 그에 부합되게 바꾸는 것이라고 해석할 수 있다.

25 H. M.은 새로운 서술기억을 형성하는 데 가장 큰 손상을 입었다. 수술 전에 학습했던 사실들에 대한 기억과 새로운 절차기억을 형성하는 능력, 그리고 단기기억은 온전한 편이었다.

26 작화행동을 통해 꾸며진 진술문 대부분은 지금은 아니더라도 한때는 사실이었다. 그래서 이 진술문들은 새로운 정보를 담고 있지는 않다.

27 알츠하이머 환자들은 대부분 모든 유형의 기억이 약화되지만, 새로운 기술(절차기억) 습득은 가능하다.

28 어린 아이들도 몇 달 전이나 심지어 몇 년 전의 일들을 기억한다. 그러나 시간이 지남에 따라 그 기억을 잊어버린다.

단원 내 기타 문제의 답

단원 7.1

A. (271쪽 문제, 표 7.1)

멜빌(Herman Melville), 오스틴(Jane Austen), 도일(Arthur Conan Doyle)

김영하, 박경리, 조정래

단원 7.2

B. (282쪽 문제, 그림 7.8) 정확한 페니는 A이다.

C. (288쪽 문제, 표 7.4b)

용서 – 사과	대명사 – 우리
과목 – 역사	성공 – 실패
수원 – 화성	임금 – 보수
판매 – 시장	운송 – 배
식수 – 정수	칭찬 – 상장
학교 – 교정	대출 – 부채

8 인지와 언어

"이 문장은 거짓이다."라는 문장에 대해 생각해 보라. 이 문장은 참인가 거짓인가? 이 진술이 참이라고 말하면 그것이 거짓이라는 이 문장이 주장하는 의견에 동의하게 된다. 그러나 그것이 거짓이라고 말하면 문장 자체의 의견을 맞는 것으로 만든다. 자기참조 문장이라 불리는, 그 문장 자체에 관해 기술하는 문장은 혼란을 야기할 수 있다. 그런 문장은 참일 수 있다(바로 이 문장처럼!). 그것은 거짓이거나("이 문장을 읽는 사람은 누구든 해왕성으로 갑자기 공간 이동될 것이다."), 검증이 불가능하거나("아무도 이 문장을 읽지 않을 때면 이 문장의 글씨체가 달라진다."), 아니면 우스울 수도 있다("이 문장 없다 동사").

이 장에서는 사고에 대해 사고하라는 요구를 받을 것이다. 이는 자기참조적이어서, "지금 무엇을 생각하고 있는지에 대해 생각하려고" 노력하면 "이 문장은 거짓이다."라는 문장을 대할 때 생기는 혼란스러운 순환 고리에 빠질 수 있다. 따라서 심리학 연구자들은 사람들이 말하는 자신의 사고 과정에 대한 생각뿐만 아니라 세밀하게 통제된 실험에서 얻어진 결과에도 가능한 한 많이 초점을 맞춘다.

© Owen Franken/CORBIS

인지심리학은 사람들이 어떻게 생각을 하는지 그리고 무엇을 아는지를 연구한다.

주의와 범주화

- 주의란 무엇일까?
- 개념을 어떻게 연구할 수 있을까?

인지(cognition)는 사고 및 지식의 사용을 의미한다. 인지심리학자는 또한 사람이 사고를 어떻게 언어로 풀어내는지도 연구한다. 인지는 무언가에 주의를 기울이는 일 그리고 그것이 무엇인지 범주화하는 일로 시작된다. 연구자들이 인지 과정에 대해 어떻게 알 수 있을까? 대략 1970년부터 심리학자들은 관찰할 수 없는 것을 추론해 내는 다양한 방법을 개발해 왔다.

인지심리학에서 하는 연구

인지심리학이 단순할 것이라고 생각할지도 모르겠다. "사람이 생각하는 것이 무엇

그림 8.1 참가자들은 더 매력적이라고 생각되는 얼굴을 가리켰다. 그런 다음 실험자가 카드를 바꿔치기하고 나서 그 얼굴이 왜 더 매력적으로 보이는지 물어보았다. (출처: Johansson, Hall, Sikström, & Olsson, 2005.)

인지 그리고 아는 것이 무엇인지 알고 싶으면, 그냥 물어보면 되지 않겠어?"라고 말이다. 심리학자들이 실제로 물어보는 경우도 있지만 사람이 자신의 사고 과정을 늘 알고 있지는 않다. 다음의 실험을 보자. 실험자가 한 번에 두 개의 카드를 제시하는데, 두 장 모두 여성의 얼굴 사진이며 어느 쪽이 더 매력적인지를 묻는다. 실험자가 때로는 설명을 해달라고 요청하기도 한다. 그림 8.1에서와 같이 실험자가 간간이 카드를 은밀하게 바꿔치기 하여서 실제로는 피험자가 선택하지 않은 얼굴을 두고 왜 그 얼굴을 선택했는지를 물어본다. 사람들은 대개 바꿔치기한 것을 눈치 채지 못해서 바꿔치기 된 카드에 대한 그들의 설명이 평균적으로 원래 선택한 카드에 대한 설명만큼 길고, 구체적이고, 또 자신감이 있다(Johansson, Hall, Sikström, & Olsson, 2005). 사람들이 원래 선택했을 당시가 아닌, 나중에 만들어낸 이유를 말하고 있음이 분명하다. 따라서 바꿔치기하지 않은 시행에서도 사람들은 이유를 모른 채로 선택을 한 이후에 합리적인 것처럼 들리는 설명을 만들어냈을 것이라고 추측된다.

사람들의 사고 과정을 그냥 물어보기만 해서는 알아낼 수가 없다면 어떻게 밝혀낼 수 있을까? 정신적 과정을 어떻게 측정할지를 보여준 최초의 실험 중 하나를 살펴보자.

핵심 점검 증거는 뭘까?

심상(mental imagery)

당신이 무언가를 보면서 다른 각도에서는 그것이 어떻게 보일지를 묘사한다면 아마도 당신은 그 물체를 회전시키는 상상을 했다고 말할 것이다. Roger Shepard와 Jacqueline Metzler(1971)는 사람들이 심상을 사용한다면 심상을 회전시키는 데 걸리는 시간이 실제 물체를 회전시키는 데 걸리는 시간과 비슷할 것이라고 추론했다.

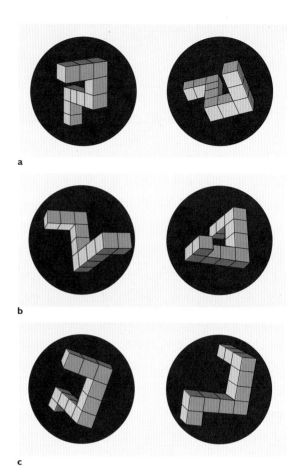

a

b

c

그림 8.2 Shepard와 Metzler(1971)의 실험에서 사용된 그림 쌍의 예. 각 쌍의 그림들이 같은 물체가 회전된 것을 보여주는가 아니면 서로 다른 물체를 보여주는가? (323쪽의 답 A를 보라.) (출처: R. N. Shepard & J. N. Metzler, "Mental Rotation of Three-Dimensional Objects", *Science* Vol, 171(pp. 701-703). Copyright © 1971 AAAS. 허가하에 실음)

가정 사람들이 어떤 질문에 답하기 위해 심상을 회전시켜야 한다면 그것을 더 많이 회전시켜야 할수록 그 질문에 답하는 데 시간이 더 오래 걸릴 것이다.

방법 참가자들이 그림 8.2와 같이 쌍으로 짝지어진 3차원 물체의 그림을 살펴보았고, 한 물체를 회전하면 다른 것과 일치할지를 표시했다. (책을 더 읽기 전에 스스로 이 문제에 답해 보라.)

▶ **직접 해 보세요!**

사람들은 같다라는 표시로 한쪽 레버를, **다르다**는 표시로 다른 레버를 당겼다. 정답이 **같다**일 경우 사람들은 첫 번째 그림이 두 번째 그림과 일치할 때까지 심상을 회전시킴으로써 답을 파악하는지도 모른다. 만약 그렇다면 심상을 얼마나 많이

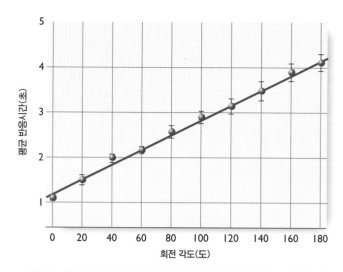

그림 8.3 회전해야 할 각도에 따라 '같다'라고 정답을 말하기까지 걸리는 평균 시간 (출처: R. N. Shepard & J. N. Metzler, "Mental Rotation of Three-Dimensional Objects", *Science* Vol, 171(pp. 701-703). © 1971 AAAS. 허가하에 실음.)

회전시켜야 하는가에 따라 반응시간이 달라져야 한다.

결과 참가자들이 거의 모든 항목에 정답을 말했다. 예측한 것처럼, 같다라고 대답한 경우 그들의 반응시간은 그림 8.3이 보여주는 것처럼 두 그림에서 물체가 배치된 방향 상 각도 차이에 따라 달라졌다. 회전 각도가 20도씩 커질 때마다 반응시간이 일정한 양만큼 증가했다. 다시 말해 사람들은 어떤 대상이 일정한 속도로 회전하는 것을 바라보는 것처럼 반응했다.

해석 심상을 보는 것은 실제 물체를 보는 것과 어느 정도 비슷하다. 위의 경우 상식적인 예측이 정확해 보인다. 그러나 요점은 사람이 어떤 문제에 답하는 데 걸리는 반응시간으로부터 사고 과정을 추론할 수 있다는 것이다. 인지심리학의 많은 연구가 반응의 타이밍으로부터 나온 추론으로 이루어진다.

주의

우리는 처리할 수 있는 것보다 더 많은 광경, 소리, 냄새 및 기타 자극에 끊임없이 싸여 있다. 주의(attention)는 다른 자극보다 일부 자극에 더 많이 반응하고 더 잘 기억하는 경향이다.

때로는 무언가(예, 시끄러운 소리)가 갑자기 우리의 주의를 사로잡는다. 심리학자들은 이것을 "상향(bottom-up)" 처리라고 부르는데 왜냐하면 말초 자극이 이를 통제하기 때문이다. 마술사들이 이런 경향을 이용한다. 마술사가 모자에서 토끼나 비둘기를 꺼내면 놀란 관중은 자동적으로 깡총깡총 뛰어가는 토끼나 날아가는 비둘기를 바라본다. 관중의 주의가 다른 곳에 쏠려 있는 짧은 시간 동안 마술사는 눈에 띄지 않게 다음 마술을 준비한다(Macknik et al., 2008).

상향 처리와 반대로 우리는 "하향(top-down)" 처리를 통해 주의를 의도적으로 이동시킬 수 있다. 이를 보여주기 위해 다음 그림의 중심에 있는 x에 눈을 고정시킨

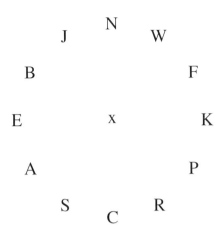

© Michael Forsberg/www.michaelforsberg.com

그림 8.4 주의전 과정의 예: 캐나다두루미가 얼마나 많든지 간에 미국흰두루미가 즉각적으로 보인다.

다음 눈을 움직이지 않으면서 x 둘레에 있는 글자들을 시계 방향으로 읽어 보라.

여기서 확인할 수 있듯이, 우리 눈을 움직이지 않고도 주의를 통제하는 것이 가능하다. 시야에 있는 무언가에 주의를 더 많이 기울이면 그 영역에 대해 민감한 시각피질이 더 활성화되고 혈액의 흐름을 더 많이 받는다(Müller, Malinowski, Gruber, & Hillyard, 2003). THIS 같은 단어에 집중하여 그 글자에 주의를 기울이면 뇌의 언어 영역의 활성이 증가한다. 하지만 글자의 색깔에 주의를 기울이면 색깔 탐지 영역으로 활성이 이동하게 된다(Polk, Drake, Jonides, Smith, & Smith, 2008).

자극이 자동적으로 우리의 주의를 사로잡는 상향 처리로 돌아가 보자. 자신의 이름이 불리거나 자신의 사진이 보이는 일은 우리의 주의를 끌 것임이 거의 확실하다(Brédart, Delchambre, & Laureys, 2006; K. L. Shapiro, Caldwell, & Sorensen, 1997). 군중 속에 있는 화난 얼굴은 발견하기가 쉽다(Schmidt-Duffy, 2011). 다른 것은 모두 정지해 있는데 하나만 움직이고 있는 물체는 주의를 끄는데, 그 물체가 구불구불거리며 불규칙하게 움직이는 동물이거나 우리 쪽으로 정면으로 다가오고 있어서 위협이 될 수 있을 때에는 특히 그렇다(Lin, Franconeri, & Enns, 2008; Pratt, Radulescu, Guo, & Abrams, 2010).

또한 이상한 것이라면 어떤 것에나 주의가 흘러간다. 어떤 복장 경연 대회를 본 적이 있는데, 이 대회에서는 군중 속에서 재빨리 찾을 수 있도록 아주 특이하게 입어야 했다. 우승자는 무대에 벌거벗고 올라온 젊은 남성이었다. 그는 충분히 상을 탈만 했지만 그 대회에는 문제가 있었다. 즉, 가장 특이한 복장(혹은 탈복장)은 다른 사람들이 무엇을 입고 있는가에 달려 있었다. 벌거벗은 남자는 대부분의 장소에서는 금방 눈에 띄지만 누드비치에서라면 코트를 입고 타이를 매고 있는 사람을 더 빨리 알아챌 것이다. 이상한 것이 무엇인가는 맥락에 달려 있다.

이상한 물체가 어떻게 주의를 끄는지를 보여주기 위해 그림 8.4에서 캐나다두루미 떼에 섞여 있는 미국흰두루미 한 마리를 찾아보라. 분명히 쉽게 찾을 수 있을 것이다. 무언가가 그 주변의 항목들과 크기, 모양, 색깔 혹은 움직임 면에서 대단히 다르면 우리는 그것을 주의전 과정(preattentive process, 또는 전주의 과정)을 통해 찾아내는데, 이는 그것이 즉각적으로 두드러지게 드러남을 의미한다. 우리는 무리가 크든 작든 그 미국흰두루미를 똑같이 재빨리 찾아낼 것이다.

이 과제를 그림 8.5의 과제와 비교해 보라. 여기서는, 모든 새들이 흑꼬리도요새이다. 당신이 해야 할 과제는 머리가 오른쪽을 보고 있는 새를 찾는 것이다. 여기서는 당신이 새를 한 마리씩 따로따로 확인해야만 한다. 새가 더 많을수록 이상한 새를 찾는 데 필요한 시간이 더 길어질 것이다. (운좋게도 그 새가 있는 구석 쪽에서 찾기를 시작한다면 빨리 찾을 수도 있겠다.) 여기서는 우리가 주의 과정(attentive process), 즉 여러 항목들을 순차적으로 탐색해야 하는 과정에 의존해야만 한다(Enns & Rensink, 1990, Treisman & Souther, 1985).『월리를 찾아라』라는 책이 주의 과정을 요구하는 과제를 보여

그림 8.5 주의 과정의 예: 오른쪽을 보고 있는 흑꼬리도요새를 찾아라. 이 경우 새를 한 번에 한 마리씩 살펴보아야 한다.

주는 훌륭한 예이다.

　주의 과정과 주의전 과정을 구분하는 일은 실용적으로 활용된다. 당신이 인간요인심리학자인데 여러 개의 계기판이 있는 기계를 설계한다고 상상해 보자. 이상적으로 첫째 계기판은 70, 둘째는 40, 셋째는 30, 그리고 넷째는 10을 가리켜야 한다고 하자. 그림 8.6의 윗줄과 같이 계기판을 배열한다면 각각의 계기판을 따로따로 확인해서 무언가 위험한 것이 있는지를 찾아야만 한다. 아랫줄에서는 모든 안전 범위가 오른쪽에 오도록 계기판이 정리되었다. 이제는 누군가가 표시를 힐끗 보고도 제자리에서 벗어난 것이 있다면 재빨리(주의전 과정에서) 알아차릴 수 있다.

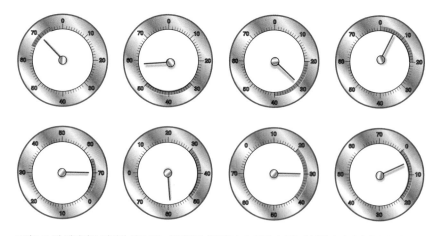

그림 8.6 각 계기판은 기계가 하고 있는 무언가를 측정한다. 눈금판의 초록색 부분이 안전지대이다. 윗줄은 조작자가 계량기를 한 번에 하나씩 확인해야 한다. 아랫줄은 안전 범위가 모두 같은 위치에 있어서 안전하지 않은 수치가 금방 눈에 띈다.

개념 점검　1. 갈색 덤불이 우거지고 갈색 토끼 한 마리가 가만히 정지해 있는 들판에 당신이 있다고 가정해 보라. 이때 토끼를 찾는 과정은 주의 과정일까 아니면 주의전 과정일까? 만약 토끼가 깡충깡충 뛰기 시작한다면 토끼를 찾는 과정이 주의 과정을 통해서일까 아니면 주의전 과정을 통해서일까?

주의 병목

주의가 한정되어 있음을 보여주는 증거는 많다. 이는 마치 다양한 항목들이 어떤 병목을 통과하려고 하는데 한 번에 매우 적은 양만 허용되는 것과 같다. 만약 두 개 혹은 세 개의 물체가 화면 상에 잠깐 번쩍이면 우리는 그것의 색깔을 가려낼 수 있다. 만약 화면 상에 여섯 개의 물체가 번쩍이면 우리는 여전히 두 개나 세 개의 색깔만을 알아본다(Zhang & Luck, 2008). 자신의 주의 병목을 검사해 보려면 http://dualtask.org라는 사이트를 방문해 보라.

원자력발전소에서는 경고 신호에 주의를 기울이는 것이 특별히 중요하다. 1979년 펜실베이니아 쓰리마일아일랜드 원자력발전소에서 거의 재앙이 될 뻔한 사고가 일어났다. 사고는 방사능 가스를 분출시켰고 공포를 불러일으켰다. 그림 8.7은 당시 통제실의 모습 일부를 보여주고 있는데, 엄청난 수의 손잡이와 계기판이 있다. (그 이후 과제를 단순화하도록 통제시스템이 재설계되었다.) 잘못 설계된 통제시스템은 사람이 주의를 기울일 수 있는 능력을 압도해 버린다. 인간의 주의가 가진 한계의 예들을 살펴보자.

주의의 갈등

우리가 한 번에 두 가지 일을 할 수 있을까? 걸으면서 껌을 씹는 것처럼 때로는 쉽게 두 가지를 할 수 있다. 사실 두 가지 활동이 서로 조화가 잘 되면 한 번에 두 가지를 다 하는 것이 쉬운 일이다(Hemond, Brown, & Robertson, 2010). 그러나 두 가지 이상의 일을 한 번에 하는 '멀티태스킹'을 하려는 사람들은 자신이 느끼는 것보다 더 수행이 떨어진다. 많은 학생들이 표면적으로는 노트 필기를 하려고 노트북 컴퓨터를 강의실에 들고 오지만, 그들 중 대부분은 컴퓨터를 사용해서

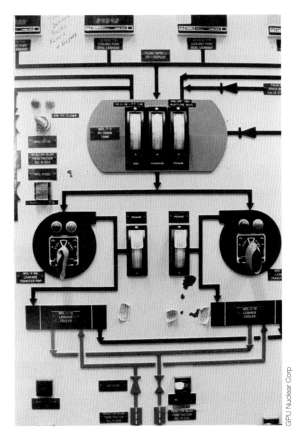

그림 8.7 쓰리마일아일랜드 TMI-2 원자력발전소의 통제시스템은 혼란스러웠는데, 그 중 작은 일부가 여기에 나타나 있다. 중요한 계기판 중 일부는 잘 보이지 않았고, 어떤 것은 표식이 명확하지 않았으며, 경고 신호의 의미가 모호한 것이 많았다. 1979년 사고 이후 시스템이 재설계되었다.

이메일 및 기타 활동도 한다. 평균적으로 노트북 컴퓨터를 강의실에 들고 오는 학생들이 다른 학생들보다 성적이 더 나쁘다(Fried, 2008).

심지어 우리가 한 가지 과제를 하고 있을 때에도 우리의 주의 수준은 변화한다. "마음이 산만해져" 있는 동안에는 우리가 과제와 관련이 없는 무언가에 대해 생각하고 있고, 관련 정보를 처리하는 능력이 떨어진다(Barron, Riley, Greer, & Smallwood, 2011). 산만한 마음은 특히 어려운 과제를 수행할 때 간섭을 일으킨다(Cohen & Maunsell, 2011).

수십 년 전 자동차 라디오가 처음 도입되었을 때 사람들은 라디오를 듣는 것이 운전자에게 방해가 되어 사고를 일으키지 않을까 우려했다. 우리가 더 이상 라디오에 대해 우려하지는 않지만 운전자들이 휴대전화를 사용하는 것에 대해서는 우려하고 있다. 휴대전화 통화는 차에서 동승자와 대화를 하는 것보다 더 방해가 되는데, 왜냐하면 동승자는 대부분 운전 상황이 어려워지면 대화를 하다가 멈추기 때문이다. 휴대전화 통화를 하고 있는 상대방은 운전자가 직면할 수 있는 어려움에 대해 알지 못한다(Drews, Pasupathi, & Strayer, 2008, Carter, Cohen, & Horowitz, 2008). 동승자가 휴대전화로 다른 사람과 이야기를 하고 있다면 어떨까? 그런 경우 운전자는 대화의 한쪽만 있는 '반쪽짜리 대화'를 듣는데, 이는 온전한 대화보다 더 방해가 된다(Emberson, Lupyan, Goldstein, & Spivey, 2010). 절반만 있는 대화는 예측하지 못한 데서 시작하고 멈춘다. 또한 그것을 옆에서 듣고 있는 사람은 내용을 상상하여 빈곳을 채우는 경향이 있는데, 그렇게 하는 데는 정신적 노력이 든다.

스트룹 효과

다음의 지시문을 읽으면서 그림 8.8을 자세히 보라.

▶ 직접 해 보세요!

그림의 윗부분에 있는 색깔 블록들을 보라. 왼쪽에서 오른쪽으로 가면서 가능한 한 빨리 하나하나의 색깔을 말하라. 그런 다음 그림의 중앙에 있는 무의미 철자를 보라. 다시 또 가능한 한 빨리 각각의 색깔을 말하라. 그 다음에 아랫부분에 있는 진짜 단어로 눈을 돌려라. 단어를 읽는 것이 아니라 각각의 색깔을 빨리 말하라.

대부분의 사람들은 처음 두 부분의 색깔을 빨리 말하지만 색깔이 있는 단어(이 단어는 우연히도 색깔 이름이다)에 가서는 속도가 느려진다. 오랜 세월 독서를 해 온 터라 빨강을 보고 '초록'이라고 말하기는 쉬운 일이 아니다. 단어를 읽는 것이 색깔에 주의를 기울이는 일에 방해가 되는 것이다. 글씨가 인쇄된 잉크의 색깔을 말하는 대신 단어를 읽으려고 하는 경향은 그것을 발견한 심리학자의 이름을 따서 스트룹 효과(Stroop effect)라 부른다. 사람들이 자신의 시력을 흐릿하게 하거나 색깔 단어를 의미가 없는 것으로 용케 보게 되면 이 과제를 더 잘한다(Raz, Kirsch, Pollard, & Nitkin-Kaner, 2006).

ZYK	TUV	MRK	VLB	YIU	ZNG	GAK	NYL	WVB
ACJ	BDC	DSR	VNW	CAJ	KFI	NOZ	RFL	HIY
XNE	PZQ	PDN	RBY	SOV	ALA	GNT	URF	PNR

빨강	갈색	빨강	파랑	파랑	초록	빨강	갈색	빨강
초록	빨강	빨강	갈색	파랑	갈색	초록	초록	파랑
갈색	빨강	빨강	초록	빨강	초록	갈색	빨강	파랑

그림 8.8 (왼쪽부터 오른쪽으로) 각 부분의 잉크 색깔을 읽어라. 단어 자체는 무시하려고 노력하라.

▶ 직접 해 보세요!

단어가 항상 색깔보다 우선순위가 높을까? 반드시 그런 것은 아니다. 다음을 시도해 보라. 그림 8.8로 돌아가서 네 모서리에 있는 색깔 조각을 보라. 이번에는 뭔가를 말하는 대신 맞는 색깔 조각을 손으로 가리키는 과제이다. 빨강을 만나면 왼쪽 아래에 있는 파란색 조각을 가리켜라. 그러고 나서 이런 시범을 계속하는데, 이번에는 단어의 의미와 같은 색깔을 가리켜라. 다시 말해 빨강을 만나면 왼쪽 위에 있는 빨간색 조각을 가리켜야 한다. 지금 해 보라.

당신은 아마도 잉크의 색깔과 같은 색깔 조각을 가리키기는 쉬웠고 단어 의미에 대응되는 색깔을 가리키기는 더 어려웠을 것이다(Durgin, 2000). 우리가 말을 하고 있을 때에는 눈에 보이는 단어를 읽도록 더 많이 점화되어 있지만, 무언가를 가리킬 때에는 단어가 인쇄된 잉크의 색깔 같은 비언어적 단서에 주의를 기울이도록 더 많이 점화된 상태이다.

변화맹

영화감독들은 한 장면의 다른 부분을 다른 날에 찍어도 구름의 형태, 배경 소품 혹은 연기자의 복장에서 차이를 알아채는 관람객이 별로 없다는 점을 오래 전에 발견했다(Simons & Levin, 2003). 왜 그럴까? 대부분의 사람은 자신이 전체 장면을 한 번에 본다고 믿는다. 어떤 의미에서는 이 말이 맞다. 한 연구에서는 사람들이 거의 3000개의 복잡한 장면을 하나당 3초씩 보았다. 가끔씩 장면 중 하나가 반복되었고, 그런 일이 일어나면 보는 사람이 이를 인지했음을 보고하기 위해 자판을 눌러야 했다. 평균적으로 사람들은 반복된 장면의 75% 이상을 정확하게 알아챘다(Konkle, Brady, Alvarez, & Oliva, 2010).

그러나 장면의 요점을 보는 것은 장면의 세부사항 모두를 인식하는 것과는 다르다. 복잡한 장면을 보고 있을 때 우리의 눈은 한 지점에 고정되어 있다가 다른 지점으로 휙 옮겨가서, 1초에 세 번 정도 고정된다(Henderson, 2007). 한 번 고정될 때마다 우리는 세부사항 중 일부에만 주의를 기울인다(Franconeri, Alvarez, & Enns, 2007). 눈을 고정하고 있는 동안 세부사

a 주의가 주어지는 부분의 주변부의 변화

b 주로 주의가 주어지는 부분의 변화

그림 8.9 각 쌍의 사진에서 당신은 두 사진 간의 차이를 얼마나 빨리 찾을 수 있는가? 도움이 필요하다면 323쪽의 답 B를 확인하라.

결론은 우리가 스스로 보거나 듣는 것에 대한 자세한 표상을 유지하지 않는다는 것이다. 몇 가지 세부사항들은 유지하지만 모든 것에 주목할 수는 없다. 이것이 함의하는 점 하나는 목격자 보고가 언제나 불완전하다는 것이다. 목격자가 간과한 많은 일이 일어났을 수 있다. 마술사는 변화맹을 활용한다(Macknik et al., 2008). 마술사는 허공으로 공을 던지고 몇 번을 받은 다음 그것이 올라가는 것을 '보면서' 다시 던지는 척한다. 많은 관객들이 그 변화를 즉시 알아채지 못한다. 그들은 공이 올라가는 것을 '보고'… 그 다음에 사라지는 것을 본다.

주의력결핍장애

다른 모든 것과 마찬가지로 주의를 유지할 수 있는 능력도 사람마다 다르다. 주의력결핍장애(attention deficit distorder, ADD)의 특징은 쉽게 산만해지고, 충동적이며, 기분이 변덕스럽고, 계획한 대로 끝까지 일을 하지 못하는 것이다(Wender, Wolf, & Wasserstein, 2001). 주의력결핍과잉행동장애(attention-deficit hyperactivity disorder, ADHD)는 **과도한 활동과 '안절부절못함'만 제외하면 주의력결핍장애와 같다.** 주로 주의에 문제가 있는 사람들도 있고, 주로 충동성 문제가 있는 사람도 있고, 두 가지 문제가 다 있는 사람도 있다(Gruber et al., 2011). 여러 연구가 신체적 운동을 하고 나면 행동이 개선됨을 보여주었다(Gapin, Labban, & Etnier, 2011).

그 밑바탕에 있는 원인이 다양하다는 점은 거의 확실하다. 여러 가지 유전적 요인이 존재하지만 유전자의 효과는 환경에 의존한다. 한 연구에서 밝혀진 유전자가 있는데, 이 유전자는 사회경제적 수준이 낮은 가정의 아이들에게서는 ADHD의 확률을 높이지만 중산층 혹은 더 잘 사는 가정의 아이들에게는 영향을 미치지 않았다(Nobile et al., 2010). 어떤 경우에는 태아일 때 알코올 노출, 납 중독, 뇌전증(간질) 혹은 정서적 스트레스의 결과로 ADHD가 나타났다(Pearl, Weiss, & Stein, 2001). 대부분의 경우 그 원인을 알 수 없다.

항 중 하나가 바뀐다면 인식이 된다. 또한 딴 곳에서 일어나는 크고 갑작스런 변화도 우리의 주의를 끈다. 그러나 한 번에 모든 세부사항에 주의를 기울일 수는 없으며, 무언가 달라진 것도 우리는 쉽게 간과할 수 있다(Cohen, Alvarez, & Nakayama, 2011).

심리학자들은 어떤 장면의 일부에서 일어나는 변화를 감지하지 못하는 이 현상을 변화맹(change blindness)이라고 부른다. 무언가가 갑자기 움직이거나 그 모습을 바꾼다면 그것은 자동적으로 주의를 끈다. 하지만 천천히 일어나는 변화 혹은 한 번 봤을 때와 다시 봤을 때 일어난 변화는 알아차리는 경우가 드물다(Henderson & Hollingworth, 2003). 영화의 줄거리 같은 다른 문제로 우리의 작업기억이 분주할 때는 특히 변화를 인지할 가능성이 낮다(Todd, Fougnie, & Marois, 2005). 그림 8.9는 두 쌍의 사진을 보여준다. 각 쌍은 한 가지 면에서 서로 다르다. 당신은 얼마나 빨리 그 차이를 찾을 수 있을까? 대부분의 사람들이 10초 이상의 시간이 필요하다(Rensink, O'Regan, & Clark, 1997).

개념 점검
2. 당신은 그림 8.9에서 두 사진 간의 차이를 주의전 기제를 통해 찾았는가 아니면 주의 기제를 통해 찾았는가?

ADHD가 있는 사람 중 많은 이가 특정 뇌 부위에서 약간의 이상을 보이지만 그런 뇌의 이상이 진단에 도움을 줄 만큼 충분히 일관적이지는 않다(Seidman et al., 2011). 많은 심리학자들이 ADHD가 단일한 장애일까에 의구심을 품고 있다(Furman, 2008).

'주의력 결핍'이라고 하는 것이 정확하게 무엇을 뜻할까? 문제는 주의를 기울일 수 있는 능력이 아니다. ADHD가 있는 사람이라도 자신이 관심 있는 것에는 무엇이든 쉽게 주의를 기울인다. 문제는 주의를 재빨리 그리고 적절하게 움직이는 것과 관련이 있다. 다음 두 가지 과제가 주의력결핍장애를 잘 보여주는 과제이다.

• 선택지연 과제(choice-delay task) 당신은 지금 당장 받는 작은 보상을 선호하는가 아니면 나중에 받는 더 큰 보상을 선호하는가? 분명히 이는 얼마나 더 크고 얼마나 더 나중에 받느냐에 달려 있다. 평균적으로, ADHD가 있는 사람은 같은 나이의 다른 사람들에 비해 즉각적인 보상을 택할 가능성이 더 높았다(Solanto et al., 2001).

• 멈춤신호 과제(stop-signal task) 해야 할 과제가 화면상에서 X를 보면 자판에서 X키를 누르고, O를 보면 O키를 누르는 것이라고 가정해 보자. 하지만 두 글자 다음에 바로 '삑' 소리를 듣는다면 자판을 누르지 말아야 한다. 만약 글자와 소리가 동시에 나타난다면 자판을 누르려는 욕구를 우리가 쉽게 억제할 수 있다. 만약 이미 누르려고 시작한 다음에 소리가 난다면 이미 늦었다. 글자가 나오고 소리가 나기까지의 지연시간이 짧았을 때 흥미로운 결과가 나왔다. 우리가 자판을 누르는 손가락을 멈출 수 있는 최대로 긴 지연시간은 얼마일까? ADD나 ADHD가 있는 사람들은 지연시간이 짧았을 때에도 자신의 반응을 억제하는 데 문제가 있었다(Lipszyc & Schachar, 2010).

선택지연 과제와 멈춤신호 과제는 주의 문제 중 서로 다른 종류를 측정한다. 어떤 아이들은 한 과제에서는 문제를 나타내는 반면 다른 과제에서는 문제를 나타내지 않는다(Solanto et al., 2001; Sonuga-Barke, 2004).

개념 점검   3. 주의력결핍 혹은 충동통제를 측정하기 위해 사용하는 행동 검사 중 하나를 기술해 보라.

ADD 혹은 ADHD를 치료하는 가장 흔한 약물은 메틸페니데이트(상품명 리탈린) 같은 흥분성 약물이다(Elia, Ambrosini, & Rapoport, 1999). 흥분성 약물은 학교 성적과 일상 행동을 개선시킨다(de Wit, Crean, & Richards, 2000; Jerome & Segal, 2001). 그러나 흥분성 약물이 특정 어린이에게 도움이 되는 것처럼 보인다고 해서 ADD 혹은 ADHD 진단을 확증하지는 않는다. 흥분성 약물은 정상적인 아이들의 주의 지속 시간 역시 증가시킨다(R. Elliot et al., 1997; Zahn, Rapoport, & Thompson, 1980).

행동 요법 역시 약물과 더불어 사용하거나 아니면 약물 대신 사용했을 때 ADD와 ADHD에 대처하는 데 도움이 된다(Pelham & Fabiano, 2008). 이 방법들 중에는 교실에서 착한 행동을 했을 때 보상을 주고 부적절한 행동을 했을 때 타임아웃 시키는 것, 그리고 부모들이 배워서 사용하는 기법들이 있다. 액션 컴퓨터 게임을 여러 시간 동안 하는 사람들 역시 주의를 집중하는 능력이 향상된다(Boot, Simons, Fabiani, & Gratton, 2008). 주의력을 향상시키는 또 다른 방법은 자연과 교류하는 것이다(Berman, Jonides, & Kaplan, 2008). 도심의 거리에서는 자동차 및 주의를 요하는 여타 항목들에 둘러싸여서 우리가 정신적으로 지치게 된다. 숲 속을 걸어가면 우리가 가진 자원이 보충되어 나중에 주의력을 통제할 수 있는 능력이 개선된다.

범주화

우리는 무언가에 주의를 기울일 때 그것이 무엇인지를 알고 싶어 한다. 우리는 그것을 건물, 나무 혹은 강 같은 어떤 종류의 범주에 집어 넣는다. 범주 혹은 개념을 만드는 것은 인지에서 주요한 한 단계이다.

범주를 기술하는 방식

우리는 어떤 개념의 의미를 파악하려면 마음속 사전에서 그것을 찾아보는 것일까? 몇몇 단어들은 단순하고 명백한 정의를 갖고 있다. 예를 들어 직선은 두 점 사이의 가장 짧은 거리이다.

그러나 정의하기가 힘든 개념이 많다. 당신은 아마도 트롯트음악을 듣고 트롯트 음악이라고 인식할 수 있겠지만, 그것을 정의할 수 있는가? 대머리인 것과 대머리가 아닌 것 간의 경계는 무엇일까? 머리카락 한 올이 빠진 남성은 대머리일까? 물론 아니다. 그런데 그 사람의 머리카락이 한 올 더 빠지고, 또 빠지고 또 빠진다. 결국 그는 대머리가 된다. 어느 시점에서 머리카락 한 올이 더 빠짐으로 인해 그가 대머리가 된 것일까?

Eleanor Rosch(1978; Rosch & Mervis, 1975)는 많은 범주가 원형(prototype)이라

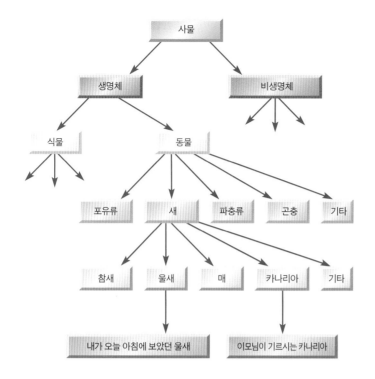

제로 존재함을 보여주었다(A. M. Collins & Quillian, 1969, 1970). 다음의 참-거짓 질문에 가능한 한 빨리 답해 보라.

- 카나리아는 노란색이다.
- 카나리아는 지저귄다.
- 카나리아는 알을 낳는다.
- 카나리아는 깃털이 있다.
- 카나리아는 피부가 있다.

다섯 개 항목 모두가 참이지만, 사람들은 대부분 '노란색'과 '지저귄다' 항목에 가장 빨리 답하고 '알'과 '깃털' 항목은 약간 더 느리게 답하고 '피부' 항목은 그보다 더 느리게 답한다. 왜 그럴까? 노란색과 지저귐은 카나리아의 특징이다. 우리는 알 혹은 깃털을 특별히 카나리아의 특질이라고 생각하지 않기 때문에 "카나리아는 새이고, 새는 알을 낳는다. 따라서 카나리아도 알을 낳을 수밖에 없다."라고 추론한다. 피부에 대해서는 "카나리아는 새이고 새는 동물이다. 동물은 피부가 있고 따라서 카나리아도 피부가 있어야 한다."라고 추론해야만 한다. 이런 식으로 사물을 범주화하는 것은 전체적으로 엄청난 노력을 절약시켜 준다. 새 혹은 동물 전반에 대한 새로운 사실을 배우게 되면 그 사실을 모든 종에 대해 따로따로 다시 배우지 않아도 된다.

개념 점검　4. '정치가들은 연설을 하는가?' 또는 '정치가들은 국수를 먹는가?'라는 두 질문 중 사람들은 어떤 것에 더 빨리 답할까? 왜 그럴까?

우리는 또한 어떤 단어나 개념을 관련된 다른 개념들과 연결짓는다. 그림 8.10은 어떤 사람이 특정 순간에 갖고 있을 수 있는 개념들이 연결된 망을 보여주고 있다(A. M. Collins & Loftus, 1975). 이 망이 당신 자신이 갖고 있는 개념들을 나타내고 있다고 가정해 보자. 이 그림에 나타난 개념들 중 하나에 대해 생각하는 일은 활성화 확산(spreading activation)이라 불리는 과정을 통해 그 개념과 연결된 개념들을 활성화, 즉 점화시킨다(A. M. Collins & Loftus, 1975). 예를 들어 '꽃'이라는 말을 들

불리는 친숙한 또는 전형적인 예로 가장 잘 기술된다고 주장했다. 우리는 트롯트음악 혹은 대머리인 사람의 좋은 원형을 파악한 다음, 다른 항목들을 그것에 견주어 본다. 무언가가 원형을 얼마나 많이 닮았는가에 따라 우리는 그것을 그 범주의 구성원, 비구성원 또는 변두리 사례라고 부른다. 예를 들어, 승용차와 트럭은 '차량'의 구성원이다. 꽃은 비구성원이다. 에스컬레이터와 워터스키는 '차량'의 변두리 사례이다.

하지만 어떤 범주들은 원형으로 기술하기가 곤란하다(Fodor, 1998). '하늘을 나는 돼지' 혹은 '외계에서 온 곤충 눈 괴물'은 그 범주의 원형을 한 번도 접한 적이 없어도 그런 것들에 대해 생각할 수 있다.

개념망과 점화

한 단어만 생각하고 다른 아무것도 생각하지 않으려고 해보라. 그러기는 불가능하다. 우리는 무언가에 대해 생각할 때마다 그것과 관련된 무언가가 생각난다. 예컨대 새에 대해 생각하면 그것과 연결된 다른 용어들, 예컨대 더 구체적인 용어인 **참새**, 더 일반적인 용어인 **동물**, 그리고 기타 관련 용어인 비행이나 알 같은 것이 생각난다.

▶ **직접 해 보세요!**

우리는 항목들을 위계별로 조직하는데, 예컨대 **동물**은 상위 수준 범주로, **새**는 중간 수준 범주로, 그리고 **참새**는 하위 수준 범주로 체계화한다. 연구자들은 사람들이 다양한 질문에 대답하는 데 걸리는 지연시간을 측정함으로써 이런 종류의 위계가 실

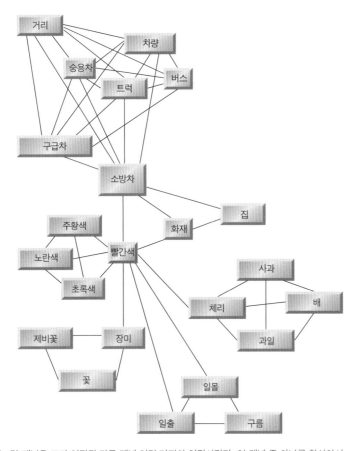

그림 8.10 우리는 각 개념을 그와 연관된 다른 개념 여러 가지와 연결시킨다. 이 개념 중 하나를 활성화시키는 자극은 그와 연결된 개념들을 무엇이든지 역시 부분적으로 활성화(즉 점화)시킬 것이다. (A. M. Collins & E. F. Loftus, "A Spreading-Activation Theory of Semantic Processing", *Psychological Review* Vol. 82(6)(pp. 407-428)에서. Elizabeth Loftus의 허가하에 실음)

으면 '장미', '제비꽃' 그리고 다른 꽃들이 생각나도록 점화된다. '빨간색'이라는 말도 들으면 '꽃'과 '빨간색'의 조합이 '장미'를 생각하도록 점화시킨다. 그래서 '장미'라는 단어가 화면에 짧게 비치거나 아주 조용한 소리로 들려도 보통 때보다 더 쉽게 인식하게 된다.

어떤 개념을 점화시킨다는 발상은 우물 펌프에 마중물을 붓는 것과 유사하다. 펌프질을 처음 시작할 때 물을 끌어올리기 위해 마중물을 어느 정도 넣으면 펌프를 이용해서 계속해서 우물에서 물을 길어 올릴 수 있다. 마찬가지로 어떤 개념을 점화(priming)시키는 것은 그 개념을 시작시킨다. 즉, 어떤 단어를 읽거나 듣는 것은 그와 관련된 단어를 생각하거나 인식하기 쉽게 만든다. 무언가를 보는 것은 그것과 관련된 물체를 인식하기 쉽게 만든다. 점화는 독서할 때 중요하다. 우리가 잘 모르는 단어를 접하게 되었을 때 그것에 선행한 문장들이 그 단어와 밀접하게 연관된 개념에 관한 것이라면 그 단어를 더 쉽게 이해하게 된다(Plaut & Booth, 2000). 그 문장들이 새로운 단어의 뜻에 대한 힌트를 제공하기 때문이다.

점화는 많은 상황에서 일어난다. 내일 무엇을 할 계획이냐는 질문을 받았을 때 방 안에서 청소 세제 냄새가 난다면 그 냄새를 자각하고 있지 않더라도 방을 청소한다는 생각이 점화될 수 있다(Holland, Hendriks,

© Davenport, J. L. & Potter, M. C. (2004). Scene consistency in object and background perception. Psychological Science, 15, 559-564.

그림 8.11 미식축구 경기장이라는 배경은 '미식축구 선수'를 식별하는 일을 점화시키고, 교회는 '성직자, 수도자'를 식별하는 것을 점화시킨다. 이 사람들이 서로 뒤바뀐 환경에 놓여 있으면 이들을 식별하기가 더 힘들어진다. (출처: Davenport & Potter, 2004.)

& Aarts, 2005). 맥도날드, KFC 및 다른 패스트푸드 상점의 상표를 보는 것이 그것에 대한 생각을 점화시켜서 사람들이 참지 못하고 나중에 올 약간 더 큰 보상보다 즉각적인 보상을 선호하게 만든다(Zhong & DeVoe, 2010). 입사 지원자들을 면접하는데 어떤 지원자의 지원서가 무거운 서류판에 철해져 있는 것을 본다면 그 무게가 우리로 하여금 이 사람이 중요하다고 생각하도록 점화시킨다(Ackerman, Nocera, & Bargh, 2010). 우리가 그림을 보고 전경에 있는 사람이나 물체가 무엇인지를 파악하려고 할 때 배경이 점화시키는 답이 전경에 있는 대상과 동일할 때 그 과제가 더 쉬워진다(Davenport & Potter, 2004, 그림 8.11).

▶ 직접 해 보세요!

활성화 확산이라는 측면에서 설명될 수 있는 예를 보자. 다음 질문에 재빨리 답해 보라(혹은 다른 누군가에게 물어보라).

1. 모세는 방주에 동물을 종류마다 몇 마리씩 데리고 갔는가?
2. 루이 암스트롱이 달에 첫발을 디뎠을 때 했던 유명한 말은 무엇인가?
3. 어떤 사람들은 St. Louis를 '세인트루이스'라고 발음하고 어떤 사람들은 '세인트 루이'라고 발음한다. 켄터키 주의 수도를 독자는 어떻게 발음하겠는가?

이 단원의 끝 323쪽에서 답 C를 볼 수 있다. 이 질문들에 틀리게 답하는 사람이 왜 그렇게 많을까? 그림 8.12는 활성화 확산이라는 측면에서 설명을 제시하고 있

다(Shafto & MacKay, 2000). 루이 암스트롱에 관한 질문은 서로 연결된 그리고 또 다른 항목들에 연결된 일련의 소리와 개념들을 활성화시킨다. '암스트롱'이라는 소리 그리고 '달에 착륙한 최초의 우주인' 그리고 '유명한 말'이라는 개념은 모두 "인간에게 하나의 작은 발자국…"이라는 말과 연결되어 있다. '루이 암스트롱'이라는 이름마저도 '닐 암스트롱'과 느슨하게 연결되어 있는데 왜냐하면 두 사람 모두 유명한 사람이기 때문이다. 이 모든 것들이 조합된 효과가 "인간에게 하나의 작은 발자국…"이라는 답을 자동적으로 촉발시킨다.

개념 점검   5. 누군가가 "cardinal"[1]이라고 말한 다음 화면에 단어 *bird*를 아주 짧게 비춘다고 가정하자. 이를 본 사람들 중 일부는 그 단어를 정확하게 식별해서 이들에게는 점화가 일어났음을 알 수 있고, 다른 사람들은 그렇지 않다. 점화 그리고 제7장에서 본 부호화 특수성이라는 개념 두 가지 모두를 감안해서 설명한다면, 왜 어떤 사람들은 *bird*라는 단어를 식별하고 어떤 사람들은 그러지 못했을까?

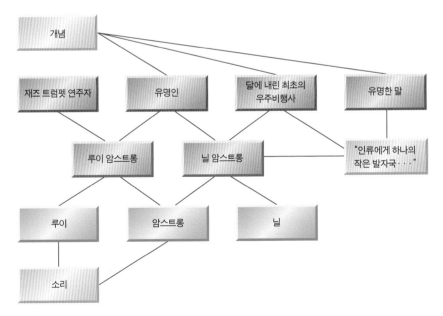

그림 8.12 한 설명에 따르면 '암스트롱'이라는 단어와 '비행사', '달에 최초로 착륙한 사람', '유명한 말'이라는 개념은 모두 그와 연결된 "인류에게 하나의 작은 발자국…"이라는 말을 활성화시킨다.

---

1   추기경이라는 뜻과 홍관조라는 뜻이 있음.

주의와 개념에 관해 생각하기

행동주의자들은 전통적으로 인지라는 주제를 기피했는데 그 이유는 생각과 지식은 관찰이 불가능하기 때문이다. 이 단원이 인지에 관한 연구의 가능성을 보여주었다고 하더라도 행동주의자들이 제기한 반론이 사소한 것이 아님도 또한 알아야 한다. 인지에 관한 연구는 어려우며, 많은 연구가 결론을 확인하고 재확인하고 대안이 되는 설명들을 비교해야만 한 단계 나아갈 수 있다. 인지 연구의 결과는 이론적으로뿐만 아니라 실용적으로도 이점이 있다. 예를 들어 '주의'라는 것이 무엇을 의미하는지를 더 구체적으로 알게 될수록 주의력 결손이 있는 사람들에게 더 많은 도움을 줄 수 있다.

요약

- 인지심리학의 연구 방법. 연구자들은 속도와 정확성을 측정하여 정신 과정을 추론한다. (311쪽)

- 심상. 심상은 어떤 측면에서는 시각을 닮았다. 회전하는 물체에 대한 질문에 답하는 데 필요한 시간은 그 물체가 한 위치에서 또 다른 위치에 있기까지 실제로 얼마나 많이 회전하는가에 달려 있다. (311쪽)

- 상향 처리와 하향 처리. 어떤 자극은 자동적으로 우리의 주의를 끈다. 우리는 또한 주의를 통제하여 한 항목에서 다른 항목으로 주의를 의도적으로 이동시킨다. (312쪽)

- 주의 과정과 주의전 과정. 주변에 방해 자극들이 있는가와 상관없이 무언가 특이하게 돌출된 것이 있다면 우리는 재빨리 알아챈다. 그보다 덜 독특한 항목들을 알아채려면 하나의 목표물에서 다음 목표물로 주의가 이동해야 한다. (313쪽)

- 주의 병목. 주의는 제한되어 있어서 여러 항목들이 주의를 끌려고 경쟁한다. (314쪽)

- 주의 분산. 한 항목으로 주의의 방향을 돌리려면 다른 것으로부터 주의를 덜어내야 한다. 예를 들어 휴대전화로 통화를 하는 일은 운전하는 일로부터 주의를 분산시킨다. (314쪽)

- 스트룹 효과. 우리가 말을 할 때에는 글씨로 적힌 단어가 우리의 주의를 사로잡아서 글자의 색깔에 주의를 기울이는 일을 어렵게 만든다. (315쪽)

- 변화맹. 어떤 장면에서 변화가 천천히 일어나거나 안구운동 도중에 변화가 일어나면 그 변화를 우리가 알아차리지 못하는 경우가 많다. (316쪽)

- 주의력결핍장애. 주의력결핍장애가 있는 사람은 주의를 이동시키는 데 어려움이 있다. 주의 문제를 알아보는 두 가지 검사는 선택지연 과제와 멈춤신호 과제이다. (317쪽)

- 범주화. 사람들이 사용하는 범주 중에는 정의하기 힘든 것이 많다. 범주의 변두리에 있는 예가 많아서 그런 항목들에 대해서는 범주에 속하거나 속하지 않는다는 이분법적 판단을 고수할 수 없다. (318쪽)

- 개념망과 점화. 우리는 단어나 개념을 그와 연관된 개념들과 연결하여 표상한다. 어떤 개념에 대해 생각하는 것은 관련된 개념들이 생각나도록 우리를 점화시킨다. (319쪽)

핵심 용어

멈춤신호 과제 (318쪽)

변화맹 (317쪽)

선택지연 과제 (318쪽)

스트룹 효과 (315쪽)

원형 (318쪽)

인지 (311쪽)

점화 (320쪽)

주의 (312쪽)

주의 과정 (313쪽)

주의력결핍과잉행동장애(ADHD) (317쪽)

주의력결핍장애(ADD) (317쪽)

주의전 과정 (313쪽)

활성화 확산 (319쪽)

단원 내 기타 문제의 답

A. a 쌍의 물체는 같고, b 쌍도 같고, c 쌍은 다르다. (312쪽)

B. 위의 그림에서는 벽에 있는 수평 막대의 위치가 바뀌었다. 아래 그림에서는 (밖에 있는) 헬리콥터의 위치가 바뀌었다. (317쪽)

C. 맞는 것이 하나도 없다. 1. 모세가 아니라 노아의 방주이다. 2. 달에 착륙한 사람은 루이 암스트롱이 아니고 닐 암스트롱이다.

3. 켄터키 주 수도는 Frankfort로서, 정확한 발음은 '프랭크퍼트'이다. ('루이빌'이 아니다!) (321쪽)

문제 해결과 의사 결정

- 우리는 문제를 어떻게 해결할까?
- 생각을 할 때 범하는 흔한 오류 몇 가지는 무엇일까?

그림 8.13은 일반적인 마분지 조각을 잘라서 구부려 만든 물체를 보여주고 있다(M. Gardner, 1978). 이것은 어떻게 만들어졌을까? 종이를 가져다 직접 만들어 보라. (답은 336쪽 D에 있다.)

▶ **직접 해 보세요!**

이것은 '통찰' 혹은 '아하!' 문제이다. 문제를 해결했을 때 그 답을 어떻게 찾았는지 설명을 하지 못할 가능성이 많다. 우리는 "그냥 생각이 났어요."라고 말한다.

창의적인 문제 해결을 보여주는 또 다른 예가 있다. 어느 대학의 물리학 시험에서 기압계를 이용하여 어떤 건물의 높이를 판단하는 방법을 묻는 문제가 나왔다. 한 학생이 답하기를 기압계에 긴 줄을 묶어서 건물의 꼭대기로 가서는 기압계를 땅으로 늘어뜨리겠다고 답했다. 그런 다음 줄을 잘라서 그 줄의 길이를 재겠다는 것이었다.

교수가 이 답을 틀렸다고 채점했을 때 학생이 이유를 물었다. 교수는 "글쎄, 학생의 방법으로도 되기는 하겠지만 내가 학생들이 사용했으면 하는 방법이 아니군요."라고 답했다. 학생이 반론을 제기하자 그 교수는 학생에게 다시 한 번 시도해 보라고 제의했다.

학생이 말했다. "알겠습니다. 기압계를 건물 꼭대기로 가져가서 떨어뜨리고 바닥에 닿을 때까지

© David Burnett/Contact Press Images

98개의 플라스틱 물병을 모두 한 번에, 차량을 쓰지 않고, 어떻게 운반하겠는가? 새로운 문제에 맞닥뜨리면 사람들은 때때로 새롭고 효율적인 해결책을 발견해 낸다.

걸리는 시간을 잽니다. 그런 다음 중력 상수를 이용하여 낙하하는 물체의 속도 공식으로 건물의 높이를 계산합니다."

"음, 그 방법도 되겠네요. 그리고 풀이를 위해 물리학 원리를 이용하기도 했군요. 그렇지만 여전히 내가 생각했던 답은 아닌데, 또 다른 방법을 떠올릴 수 있나요?"라고 교수가 말했다.

학생이 답했다. "또 다른 방법이요? 물론이죠. 맑은 날에 기압계를 건물 옆에 세워 놓습니다. 기압계와 그 그림자의 높이를 잽니다. 그리고 건물 그림자의 높이도 잽니다. 그 다음 아래 공식을 사용하는 겁니다."

기압계의 높이 ÷ 건물의 높이 = 기압계 그림자의 높이 ÷ 건물 그림자의 높이

교수는 감명을 받았으나 여전히 점수 주기를 꺼렸고, 그래서 그 학생은 고집스럽게 또 다른 방법을 제시했다. "기압계의 높이를 잽니다. 그런 다음 건물의 계단을 올라가면서 기압계 높이를 단위로 삼아 표시를 합니다. 꼭대기에 도착했을 때 나온 기압계 단위의 숫자에 기압계의 높이를 곱하여 건물 높이를 구합니다."

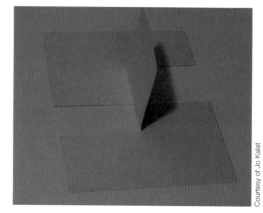

Courtesy of Jo Kalat

그림 8.13 이 물체는 보통의 마분지 한 장을 자르고 접어서 만들어진 것이다. 어떻게 한 것일까?

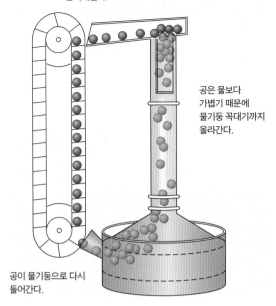

공은 공기보다 무겁기 때문에 컨베이어 벨트로 굴러가서 그것을 끌어내린다.

공은 물보다 가볍기 때문에 물기둥 꼭대기까지 올라간다.

공이 물기둥으로 다시 들어간다.

그림 8.14 한 발명가가 이 '영구운동 기계'에 대한 특허를 출원했다. 물보다 가벼운 고무공이 물기둥 위로 올라가서 수면에 뜬다. 공은 공기보다는 무거우므로 떨어지고 벨트를 움직여서 에너지를 생성한다. 공이 다시 물기둥으로 들어간다. 이 시스템이 작동하지 못하는 이유는 무엇일까? (336쪽의 답 E를 확인하라.)

교수는 한숨을 쉬면서 말했다. "한 가지 방법을 더 말하면, 그것이 어떤 것이든 내가 원했던 답이 아니더라도 학생에게 점수를 줄게요."

"진짜요? 어떤 방법이라도 좋다고요?" 학생이 미소를 띠면서 물었다.

"그래요. 다른 어떤 방법이라도 좋아요."

"좋습니다. 건물 주인에게 가서 이렇게 말하는 겁니다. '여보세요, 이 건물 높이를 말씀해 주시면, 이 멋진 기압계를 드릴게요!'라고요." 학생의 대답이었다. 때로는 사람들이 이 물리학 수강생처럼 풍부한 상상력을 동원하여 창의적인 해결책을 만들어낸다. 다른 때는 사람들이 절대로 작동할 리가 없는 창의적인 생각을 제시하기도 한다. 그림 8.14가 한 예를 보여준다. 심리학자들이 문제 해결 행동을 연구하는 이유는 어느 정도는 사고 과정을 이해하기 위해서이고, 또 어느 정도는 사람들이 더 효율적으로 추론을 하도록 도울 방법을 찾기 위해서이다.

사고 및 문제 해결의 두 가지 유형

Daniel Kahneman(2011)은 인간의 사고를 두 가지 체계의 측면에서 기술했다. 우리는 빠르고 **자동적인 과정**(친숙한 얼굴 알아보기나 일상적인 행위 같은)과 **쉽다고 생각하는 물음**에는 체계 1(System 1)을 사용한다. 체계 1은 대개 무의식적으로, 혹은 적어도 큰 노력 없이 진행된다. 우리는 수학 계산, 증거를 평가하기, 그리고 주의집중이 필요한 다른 모든 것에는 체계 2(System 2)를 사용한다. 체계 1은 시간과 에너지를 아껴 주므로 우리는 가능한 한 언제나 그것에 의존한다. 다음의 질문에 답해 보라.

▶ 직접 해 보세요!

배트와 공의 값이 합쳐서 1달러 10센트이다. 배트가 공보다 1달러 더 비싸다. 그렇다면 공 값은 얼마일까?

체계 1에 기초한 직관적인 답은 공의 값이 10센트라는 것이다. 하지만 이 답은 틀렸다. 공의 값이 10센트이고 배트의 값이 1달러이고 배트가 공보다 1달러 더 비싸다면, 전체는 1달러 20센트이다. 약간 더 노력하면 공 값이 5센트일 수밖에 없다는 계산을 할 수 있다. 그런데 당신은 체계 2를 사용하여 계산을 좀 해야 한다는 점을 깨닫지 못한 채 경솔하게 결론을 내릴지도 모르겠다. 만약 그 질문이 작은 글씨로 희미하게 인쇄되어 있어서 글씨를 그냥 읽기만 하는데도 약간의 노력을 기울여야 한다면 그에 대해 생각을 해보고 맞는 답을 내놓았을 가능성이 더 높다(Alter, Oppenheimer, Epley & Eyre, 2007). 그렇다. 사실은 문제를 읽기가 힘들면 우리는 문제를 더 잘 해결한다! 속도를 늦추고 문제에 대해 생각하게 만드는 것이 있다면 그것이 무엇이든 우리의 수행을 향상시킨다.

많은 경우 체계 2는 알고리듬(algorithm)을 가지고 문제를 해결한다. 알고리듬이란 답을 계산해 내거나 모든 가설을 검증하기 위한 명시적인 절차이다. 당신이 아이오와 주 에임즈(Ames)에 살면서 도시를 이동해 다니는 영업사원이라고 가정해 보자(그림 8.15). 당신이 원하는 것은 가장 짧은 경로로 10개 도시에 들렀다가 집에 돌아오는 것이다. 당신은 가능한 모든 경로를 나열하고

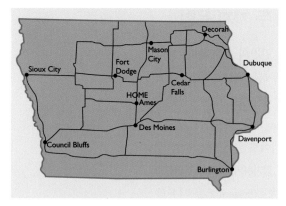

그림 8.15 이동하는 영업사원 과제에서 원하는 바는 방문해야 하는 모든 지점을 연결하는 가장 짧은 경로를 찾는 것이다.

측정한 다음 어떤 것이 가장 짧은지 결정할 수 있다.

그러나 그렇게 모든 경로를 계산하기에는 시간이 오래 걸릴 수도 있고, 10개가 아니라 100개 도시를 들러야 한다면 도저히 모든 가능성을 고려할 수가 없다. 그렇다면 당신은 문제를 단순화하여 만족스러운 추측을 만들어내는 전략인 어림법(heuristic)에 의존하게 될 것이다. 어느 정도 오류의 가능성을 수용할 의향이 있거나 어쩔 수 없이 수용해야 할 때 어림법은 빠른 지침이 되며, 대부분의 경우 잘 들어맞는다(Gigerenzer, 2008). 체계 1은 어림법에 크게 의존한다. 어느 아이가 맏이인지 추측하고자 할 때 키가 가장 큰 아이를 택하라는 것은 어림법이다. 두 도시 중 인구가 더 많은 데가 어디인지를 추측하려고 할 때 더 많이 들어본 도시를 택하는 것도 어림법이다(D. G. Goldstein & Gigerenzer, 2002). 어떤 과제의 지시문을 이해하기 어렵다면 아마도 그 과제 자체가 어려울 것이라는 것 역시 또 다른 어림법이다. 그런데 무언가가 이해하기 어려우면 또한 우리는 아마도 그것이 중요할 것이라고 가정한다(Labroo et al., 2009). 하나하나의 어림법은 대부분의 경우 잘 작동하지만 항상 그렇지는 않다. 예를 들어, 만약 제시문이 익숙하지 않거나 선명하지 않은 글씨체로 적혀 있다면 사람들은 읽기 힘들어 하고 따라서 그 과제의 난이도를 과대평가하게 된다(Song & Schwarz, 2008). 어떤 약물이나 식품첨가물이 그 이름을 발음하기가 어려우면 사람들은 그것이 안전하지 않다고 가정한다(Song & Schwarz, 2009).

최대화와 필요충족

"어느 직업을 택할까?" 혹은 "돈을 어떻게 쓸까?" 같은 질문에 대해서도 우리는 어림법을 사용한다. 필요한 정보가 우리에게 전부 있는 것이 아니며 '맞는' 답을 찾고 있는 것도 아닌데 그 이유는 그런 질문에는 단 하나의 정답이 있지 않기 때문이다. 대신에 우리는 몇 가지 가능성을 생각해 내고 그것들을 고려하고, 문제를 단순화하여 할 수 있는 가장 좋은 선택을 한다. (모든 결정이 체계 1과 체계 2에 깔끔하게 맞아떨어지는 것은 아님을 주목하라. 결정을 단순화하기 위해 어림법을 사용한 다음 우리가 내린 결정을 세밀하게 숙고한다면 사고의 유형 두 가지를 모두 사용하고 있는 것이다.)

어떤 결정을 내리기 전에 당신은 얼마나 많은 가능성들을 고려하고 얼마나 철저히 살펴보는가? 최대화(maximazing)라는 전략은 최상의 선택지를 찾기 위해 가능한 한 많은 선택지를 철저하게 검토하는 것이다. 필요충족(satisficing)은 무언가 만족스러운 것이 나올 때까지만 찾는 것이다. 많은 것이 걸려 있는 선택을 해야 한다면 합리적인 가능성 모두를 세심하게 검토해야만 한다. 예컨대 어떤 강에 놓을 새로운 다리의 디자인으로 가장 안전한 것이 무엇인가 같은 선택이다. 그러나 우리가 일상에서 내리는 결정 대부분은 그보다 훨씬 더 적은 것이 걸려 있고 가장 좋은 선택지를 찾는 것보다는 만족스러운 것을 빨리 찾는 것이 더 중요하다(Keys & Schwartz, 2007). 최대화 전략을 따르는 습관이 있는 사람도 있고, 크든 작든 결정을 내릴 때 대부분의 경우 필요충족을 선호하는 사람도 있다. 연구자들은 아래와 같은 질문들을 토대로 주로 최대화주의자와 필요충족주의자로 사람들을 분류한다(Schwartz et al., 2002). 다음의 질문에 대해 자신을 1(절대로 그렇지 않다)부터 7(완벽하게 그렇다)까지로 평가해 보라.

• 운전하면서 라디오를 들을 때 다른 방송국들을 자주 점검한다.
• 제일 재미있는 프로를 찾기 위해 TV 채널을 빈번하게 돌린다.
• 어떤 옷을 살지 결정하기 전에 가게들을 많이 둘러본다.
• 구직 면접을 많이 본 후에 맞는 직장을 잡으려고 한다.

점수가 높을수록 당신은 최대화주의자에 가깝다. 연구자들은 객관적 기준에 따르면 심한 최대화주의자들이 보통은 더 나은 선택을 함을 알아냈다. 최대화주의자가 필요충족주의자보다 대학 성적이 더 나은 것도 아닌데 초봉이 더 높은 일자리를 구한다. 그러나 그들은 결정을 내리는 데 더 어려움을 겪으며(Paivandy, Bullock, Reardon, & Kelly, 2008), 자신의 선택에 대해 대개는 덜 만족한다. 필요충족주의자는 '웬만큼 좋은' 무언가를 추구하고 그것을 발견한다. 최대화주의자는 '최상'의 것을 찾으면서 계속해서 자신이 맞았는지 의구심을 가진다(Iyengar, Well & Schwartz, 2006). 최대화는 또 다른 식으로 역효과를 낼 수 있다. 최상의 직장인 것처럼 보였거나 돈을 투자할 최상의 방법으로 보였던 것이 일이 잘 풀리면 더없이 훌륭할 수 있지만 일이 잘못되면 재난이 될 수도 있다. 아주 다양한 상황에서도 괜찮을 만한 무언가를 선택하는 것이 더 현명할지도 모르는 일이다.

어떤 선택을 하려고 할 때 당신은 선택지가 얼마나 많으면 좋겠는가? 원하는 것이 무엇인지 정확하게 알고 있는 경우(이를테면 다른 아무 것도 신경 쓰지 않고 어떤 동네에서 가장 싼 숙소를 원할 때처럼)에는 우리는 가능한 한 많은 선택지를 살펴보고 싶어 한다. 그러나 자동차를 살 때처럼 많은 기준을 세워두고 있다면 대개 우리는 다섯 개, 열 개 혹은 스무 개로 가능성을 제한하기를 더 선호한다(Lenton, Fasolo, & Todd, 2008; Reed, Mikels, & Simon, 2008; Shah & Wolford, 2007).

오늘날에는 선택을 하는 일이 어려운 경우가 많은데 왜냐하면 단순히 엄청난 수의 선택지가 있기 때문이다. 당신이 가는 동네 마트에는 라면 종류가 수십 가지 있고 음료수의 종류도 그 정도 있을 수 있다. 한 연구에서는 연구자들이 마트에서 시식용 잼 샘플들을 제공했다. 6가지 다른 종류의 잼을 제공했을 때는 사람들 중 12%가 하나를 샀다. 24가지를 제공했을 때는 많은 사람들이 지나가다가 몇 개를 맛보기는 했지만 하나라도 산 사람은 거의 없었다(Iyengar & Lepper, 2000). 지나치게 많은 선택지는 사람이 어떤 결정을 내리는 것 자체를 억제한다(Schwartz, 2004). 마찬가지로 미국의 은퇴자들은 의료보험급여 D를 적용받아 50가지의 처방약 제도 중에서 한 가지를 선택할 수 있다. 연구에 따르면 그렇게나 많은 선택지 중에서 좋은 선택을 하기는 힘들다(Wood et al., 2011).

이 원리를 데이트라는 주제에 적용해 보자. 당신이 다니는 대학에서 연애 상대자가 될 수 있는 사람을 몇 명이나 만나게 될까? 수백 명일까? 아니면 수천 명일까? 각각의 사람에 대해 충분히 알게 되어 당신에게 최상인 사람을 선택하는 것이 실현 가능한 일일까? 연구자들은 한 사람이 다양한 잠재적 파트너와 3분 동안 대화를 나누는 스피드데이트 상황을 연구했다. 소규모 집단일 경우에는 사람들이 교육, 직업 및 중요한 성격 특성을 근거로 선택을 했다. 24명 이상의 집단일 경우에는 사람들이 외모 같은 피상적인 특성에 거의 전적으로 의존했다(Lenton & Francesconi, 2010). 선택지가 여러 개 있는 것은 좋지만 너무 많으면 문제가 된다.

개념 점검 6. 6페이지짜리 메뉴판을 보고 메뉴를 정할 때 최대화주의자와 필요충족주의자 중 누가 더 어려움을 겪겠는가?

대표성 어림법과 기저율 정보

어림법 사고가 대개는 도움이 되지만 그것에 부적절하게 의존하면 우리는 엉뚱한 곳으로 이끌려가게 된다. 2002년에 Daniel Kahneman은 부적절한 어림법 사용의 예를 보여준 연구로 노벨 경제학상을 수상했다. 예를 들어 다음의 이야기를 보자. "무언가가 오리같이 보이고, 오리같이 헤엄치고, 오리같이 꽥꽥거리면, 그것은 오리일 가능성이 높다." 이 말은 대표성 어림법(representativeness heuristic)의 한 예인데, 그것은 어떤 범주의 구성원을 닮은 항목은 역시 그 범주에 속할 것이라는 가정이다. 우리가 흔치 않은 범주를 접할 때를 제외하면 이 어림법이 보통은 잘 맞는다. 희귀한 새인 것 같은 무언가가 보일 경우, 그것이 그와 유사한 좀 더 흔한 종이 아니라는 것을 확실하게 하려면 세심하게 살펴보아야 한다. 일반적으로 무언가가 이 범주와

저 범주 중 어디에 속하는지를 판단하려면 기저율 정보(base-rate information), 즉 그 두 범주가 얼마나 흔한 것들인가를 고려해야 한다.

사람들이 대표성 어림법을 적용할 때는 기저율 정보를 간과하는 경우가 많다. 예를 들어 다음 질문(Kahneman & Tversky, 1973을 수정함)을 보자.

▶ **직접 해 보세요!**

심리학자들이 엔지니어 30명과 변호사 70명을 면담했다. 그 중 한 사람인 잭은 45세의 기혼남으로 네 명의 아이가 있다. 그는 대체로 보수적이고 신중하며 의욕이 넘친다. 그는 정치적·사회적 논제들에 관심을 보이지 않으며, 여가 시간을 주로 요트 타기, 집에서 하는 목공, 그리고 수학 수수께끼를 푸는 데 보낸다. 잭이 100명의 표본 집단 중 엔지니어인 30명에 속할 가능성은 얼마인가?

대부분의 사람들이 상당히 높은 가능성(아마도 80 아니면 90%)을 예상한다. 그 이유는 그에 대한 묘사가 변호사보다는 엔지니어같이 들리기 때문이다. 우리가 진짜 확률을 알 수 없기 때문에 그 추정치가 틀린 것은 아니다. 핵심적인 점은, 그 표본에 엔지니어 30명과 변호사 70명이 있다고 들은 사람들이 있었고 엔지니어 70명과 변호사 30명이 있다고 들은 사람들이 있었는데 이 두 집단 모두 잭에 대해 대략 똑같은 추정치를 내놓는다는 것이다(Kahneman & Tversky, 1973). 분명히 기저율 정보(표본에서 엔지니어의 수)가 어느 정도 영향을 미쳐야 하는데도 말이다.

대표성 어림법 오용을 보여주는 또 다른 예를 보자: 린다는 철학을 전공했다. 그녀는 31세인데 똑똑하고 직설적이며 차별과 사회정의 문제에 관심이 많다.

당신이 예측하기에 린다가 은행원일 확률은 얼마일까? 그녀가 페미니스트 은행원일 확률은 얼마일까? (더 읽기 전에 답을 해보라.)

진짜 확률은 여기서 중요하지 않다. 흥미로운 결과는 많은 사람이 린다가 은행원일 확률보다 페미니스트 은행원일 확률을 더 높게 추정한다는 점이다(Tversky & Kahneman, 1983). 그녀가 은행원이 아니면서 페미

2002년도에 프린스턴 대학교의 Daniel Kahneman(왼쪽)이 노벨 경제학상을 받았다. 심리학과 관련된 연구로 노벨상을 받은 사람들이 있었지만 Kahneman은 심리학 박사 학위를 가진 사람으로는 최초의 수상자였다.

니스트 은행원일 수는 없다. '페미니스트'라는 단어가 사람들의 대표성 어림법을 촉발시켜서 "그래, 거기에 잘 들어맞네."라고 말하게끔 하는 것임이 분명해 보인다(Shafir, Smith, & Osherson, 1990).

개념 점검

7. 사람들의 짐에서 폭발물을 탐지하여 비행기 안전을 지키는 장치가 개발되었다. 이 장치가 폭탄의 95%를 탐지한다. 짐에 폭발물이 없는데도 오경보(없는 폭탄을 있다고 탐지하는 것)를 울릴 확률이 5%이다. 이 장치를 사용해도 좋은가?

가용성 어림법

우리는 무언가가 얼마나 흔한지를 예측할 때 보통은 예를 떠올리기 시작한다. 다른 수업보다 천문학 수업이 즐거웠던 기억이 더 많다면 아마도 천문학 수업이 당신에게 실제로 재미있었을 것이다. 당신이 기억하기에 모기에 물린 경우가 여름에 많고 겨울에는 없다면 모기는 여름에 더 흔하다는 결론을 내린다. 가용성 어림법(availability heuristic)은 우리가 어떤 범주의 예들을 쉽게 떠올릴 수 있으면 그 범주가 흔한 범주임에 틀림없다고 가정하는 경향이다. 그런데 흔치 않은 사건이 뚜렷하게 기억에 남을 경우 이 어림법은 우리를 잘못된 방향으로 이끈다. 2001년 9월 11일 일어난 테러 사건 이후 몇 달 동안 미국인 대부분이 비행기 사고에 대한 생각을 자주 했고 그래서 그런 재난이 흔하다고 간주하여 비행기 여행을 기피했다. 치명적인 사고가 날 위험은 비행기보다 자동차가 훨씬 더 큰데도 그들은 비행기 대신 자동차로 움직였다(Gigerenzer, 2004).

또 다른 예를 들어보자. 우리가 응원하는 팀이 다음 경기에서 이기면 기분이 어떨까? 버스를 놓치면 기분이 어떨까? 사람들은 대부분 좋은 일 뒤에 얼마나 기분이 좋을지 그리고 나쁜 일 뒤에 얼마나 기분이 나쁠지를 과대평가한다. 그렇게 하는 이유 한 가지는 우리가 과거에 비슷한 일이 있은 뒤 기분이 어땠는지 기억해 내려 하게 되는데, 그러면 기억에 쉽게 떠오르는 것이 과거에 겪었던 가장 극단적인 경험들이다(Gilbert & Wilson, 2009). 그런 기억이 쉽게 떠오르기 때문에 우리가 그것이 전형적인 것이라고 가정하는 것이다.

또한 "객관식 문제에서는 처음 직관대로 밀어붙여야 한다."는 널리 퍼져 있는 믿음을 생각해 보자. 연구자들은 이 주장이 틀렸음을 일관되게 밝혀 왔다(J. J. Johnston, 1975; Kruger, Wirtz, & Miller, 2005). 답을 바꾸면 여러 가지 이유로 도움이 된다. 처음에 문제를 읽었을 때 잘못 읽었음을 발견하게 될 때도 있다. 때로는 시험을 치다가 나중에 나오는 문제가 이전 문제의 정답을 상기시켜 주기도 한다. 그렇다면 왜 많은 학생들이 처음의 직관이 맞다고 믿고 있을까? 시험지를 돌려받았을 때 우리는 틀린 문제를 점검한다. 그러면 정답에서 오답으로 고친 세 개는 인식하지만 오답에서 정답으로 바꾼 다섯 개는 간과한다. 가용성 어림법 때문에 우리는 답을 고치면 해가 된다고 믿게 되는 것이다.

표 8.1 대표성 어림법과 가용성 어림법

	다음과 같이 가정하는 경향	다음의 경우 우리를 잘못 인도한다.	실수의 예
대표성 어림법	어떤 범주의 구성원을 닮은 항목은 아마도 그 범주에 속한다.	어떤 것이 희귀한 범주의 구성원을 닮은 경우	무언가가 UFO일지도 몰라 보인다. 그래서 UFO라고 판단한다.
가용성 어림법	어떤 범주의 구성원을 떠올리기가 더 쉬울수록 그 범주는 더 흔한 범주이다.	어떤 범주가 다른 범주보다 더 주목을 받거나 더 뚜렷하게 기억에 남을 경우	자동차 사고보다 비행기 사고에 대한 보도를 더 많이 기억한다. 그래서 비행기 여행이 더 위험하다고 생각하게 된다.

인간 인지에서 흔히 나타나는 기타 오류

대표성 어림법과 가용성 어림법에 부적절하게 의존하는 것뿐 아니라 사람들은 다른 여러 가지 오류를 꾸준히 범한다. 수십 년 동안 대학 교수들은 어떤 결론을 지지하는 증거와 그에 반하는 증거를 주의 깊게 평가하기, 즉 비판적 사고(critical thinking)를 강조해 왔다. 그러나 비판적 사고를 가르치는 사람들조차도, 의심을 했어야 마땅할 허튼소리를 받아들이고 말 때가 가끔 있다. 왜 똑똑한 사람들이 때로는 심각한 실수를 할까? 몇 가지 이유가 아래에 있다.

과도한 자신감

▶ **직접 해 보세요!**

나일 강의 길이는 얼마인가? 아마도 알지 못할 텐데, 그렇다면 마일이나 킬로미터로 'X와 Y 사이'처럼 대략의 범위를 추측해 보라. 그런 다음 답에 대해 얼마나 자신감이 있는지를 말해 보라. 당신이 '0%'라고 말한다면 그 범위가 틀렸음을 당신이 아는 것이다. 그렇다면 답이 옳다는 자신감이 꽤 커질 때까지 그 범위를 넓혀 보라.

이와 같이 어려운 질문의 경우 사람들은 대부분 자신이 한 답을 과신한다. 자신감이 90%라고 말했을 때 실제로 맞는 경우는 90%보다 훨씬 더 적다(Plous, 1993). 쉬운 질문에서는 그런 경향이 역전되어 사람들의 자신감이 지나치게 떨어지는 경향이 있다(Erev, Wallsten, & Budescu, 1994; Juslin, Winman, & Olsson, 2000). (그나저나, 나일 강의 길이는 4,187마일, 즉 6,738킬로미터이다.)

Philip Tetlock(1992)은 정부 관리와 자문위원, 외교 정책 전공 교수, 신문 칼럼니스트 등과 같이 세계에서 일어나는 사건을 분석하고 예측하는 것을 직업으로 삼는 사람들을 연구했다. 그는 그들에게 향후 1년에서 10년 사이에 세계에서 일어날 사건들을 예측(예컨대 한반도, 중동 등지에서 어떤 일이 일어날지)해 달라고 요청했다. 나중에 그 예측을 실제 결과와 비교했더니 정확도가 매우 낮게 나왔는데, 가장 자신에 차 있었던 사람들의 예측이 특히 부정확했다.

과도한 자신감이 때로는 도움이 된다(Johnson & Fowler, 2011). 자신감이 높은 사람들은 좋은 일자리를 제의 받고 승진도 잘 하는 경향이 있다. 자신감이 높은 정치인들이 선거에서 이긴다. 싸움에서 이길 것이라고 확신하는 행위를 하면 더 센 상대방이 굽힐 수도 있다. 그러나 과도한 자신감은 해가 될 수도 있다. 자신감이 지나친 리더는 종종 심각한 대가가 뒤따르는 큰 실수를 저지른다. 만약 더 센 상대방이 굽히지 않으면 스스로가 이길 수 없는 싸움에 빠졌음을 깨닫게 될 수도 있다.

확증 편향

우리가 종종 하는 실수는, 어떤 가설을 받아들이고 나면 다른 가능성은 검토하지도 않고 그 가설을 지지하는 증거만을 탐색하는 것이다. 확증 편향(confirmation bias)이라는 이 경향은 사회 각계각층에서 일어난다. 사람들은 과학, 정치, 또는 종교 문제에서 자신과 의견이 같은 사람들의 이야기를 대부분 듣는다. 그러고 나서는 자신에게 반대하는 사람들이 편향되어 있다고 비난한다.

일단 판단을 내리고 나면 우리는 그 판단을 고수할 이유들을 찾는다. Peter Watson(1960)은 학생들에게 어떤 수열을 알려주고 그것을 생성하기 위해 자신이 생각했던 특정 규칙을 맞혀 보라고 했다. 그 규칙이 생성해 낼 수도 있는 숫자들의 한 예가 '2, 4, 6'이라고 그는 설명했다. 그는 학생들에게 다른 수열에 대해 질문할 수 있고 그러면 그 수열이 자신의 규칙에 들어맞는지 여부를 알려주겠다고 말했다. 학생들은 규칙을 알았다는 생각이 들면 바로 그에게 말해야 했다.

대부분의 학생들이 먼저 "8, 10, 12예요?"라고 물었다. "맞아요."라는 답을 들으면 그들은 이어서 "14, 16, 18이요?"라고 물었다. 학생들은 매번 "그래요. 그 수열이 규칙에 들어맞아요."라는 말을 들었다. 곧 대부분의 학생들이 "세 개의 연속된 짝수가 규칙이에요."라고 말했다. 그런데 "아닙니다. 그 규칙이 아니에요."라는 답을 들었다. 많은 학생들이 "20, 22, 24?", "26, 28, 30?", "250, 252, 254?" 등을 시도해 보면서 끈질기게 계속했다. 그들은 다른 가능성은 무시하면서 자신의 규칙에 들어맞는 수열만 계속해서 검증했다. Watson이 생각하고 있었던 규칙은 "점점 더 커지는 세 개의 양의 정수"였다. 예를 들어 1, 2, 3도 되고, 21, 25, 601도 된다.

확증 편향을 보여주는 특별한 사례 한 가지가 기능적 고착(functional fixedness)이다. 이는 어떤 품목을 사용하는 데 단 하나의 접근법 혹은 단 하나의 방식만을 고수하는 경향이다.

▶ 직접 해 보세요!

1. 당신에게 그림 8.16과 같이 양초, 성냥 한 갑, 압정 몇 개, 그리고 짧은 끈이 주어져 있다. 다른 도구는 하나도 사용하지 않고 벽에 양초를 고정시켜 양초에 불을 켤 수 있는 방법을 찾아보라.

그림 8.16 이 재료들만 주어졌을 때 양초에 불을 붙일 수 있도록 양초를 벽에 고정하는 최상의 방법은 무엇일까?

2. 다음 아홉 개의 점 배열을 살펴보라.

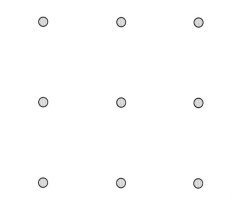

아홉 개의 점 모두를 일련의 직선들로 연결하되, 한 직선의 끝이 다음 직선의 시작이 되도록 하라. 예컨대 한 방식은 다음과 같다.

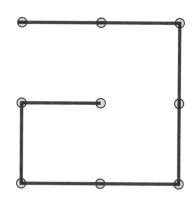

단, 가능한 한 적은 수의 직선을 사용하라.

질문 1에 답하기가 어려운 이유는 대부분의 사람들이 성냥갑 자체를 하나의 도구 아닌 성냥을 넣는 용기로만 생각하기 때문이다. 성냥갑은 한 가지 방식으로만 사용되도록 '기능적으로 고착되어' 있다. 별다른 도구 없이 살아가는 자급자족 사회의 사람들에게 유사한 질문을 했다. 그들에게 몇 가지 물건을 주고 궁지에 빠진 사람에게 다가갈 수 있도록 탑을 쌓기 위해 그 물건들을 어떻게 이용할지를 물어보았다. 그 물건들 중에 빈 상자가 있으면 그들은 그것을 사용했지만 그 상자에 다른 물체가 들어 있으면 상자를 비우고 나서 사용한다는 생각을 재빨리 해내지 못했다 (German & Barrett, 2005).

질문 2가 어려운 이유는 사람들이 대부분 만들어진 선들이 아홉 개의 점에 의해 정해진 영역 안에 들어 있어야만 한다고 가정하기 때문이다. (336쪽의 답을 보라.)

질문의 틀 잡기

합리적인 사람이라면 질문이 어떤 식으로 표현되었는가와 상관없이 똑같은 답을 해야 할 것이다. 그렇지 않은가? 그런데 대다수의 사람이 질문의 표현 방식에 따라 답을 바꾼다. 제2장의 설문조사에 관해 논의하면서 살펴본 것을 상기해 보라.

▶ 직접 해 보세요!

당신이라면 지금 5,000원을 받겠는가 아니면 4주 후에 6,200원을 받겠는가? 대부분의 사람이 지금 5,000원을 받는 것을 택한다. 질문을 바꾸어서 해 보자. 지금 5,000원 그리고 한 달 뒤에 0달러를 받는 것과 지금 0달러 그리고 한 달 뒤에 6,200원을 받는 것 중 어느 것을 선호하겠는가? 두 번째 질문에서 사용된 표현이 지연된 보상을 선택하는 사람의 비율을 증가시킨다(Magen, Dweck, & Gross, 2008).

또 다른 예를 보자. 당신이 공중보건국의 책임자로 임명되었고, 600명의 목숨을 위험에 처하게 한 질병에 대처할 방안을 선택해야만 한다. 방안 A는 200명의 목숨을 구한다. 방안 B는 600명을 구할 가능성이 33%이고 아무도 구하지 못할 확률이 67%이다. 더 읽기 전에 방안 A와 B 중 하나를 선택하라.

이제 또 다른 질병이 발생해서 또다시 당신이 두 개의 방안 중 하나를 선택해야

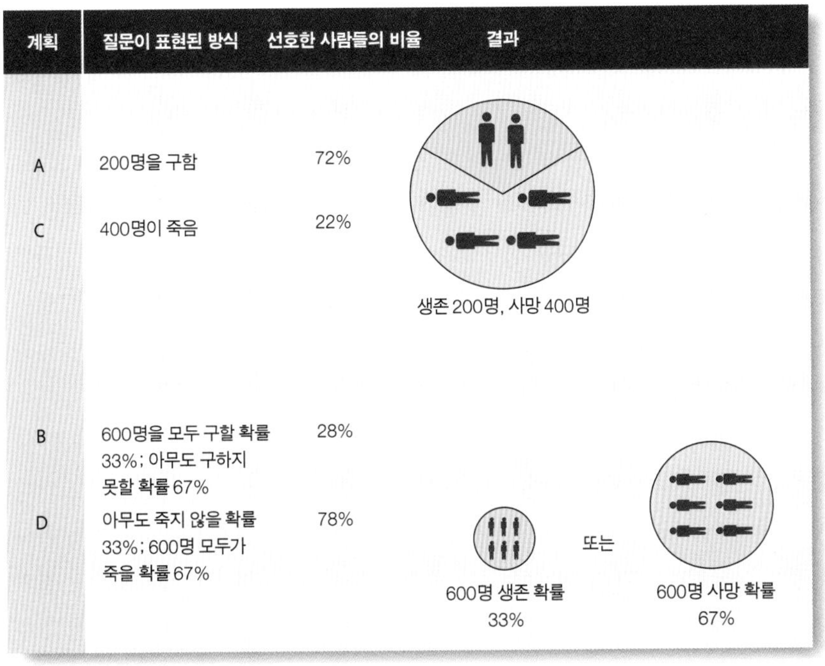

계획	질문이 표현된 방식	선호한 사람들의 비율	결과
A	200명을 구함	72%	
C	400명이 죽음	22%	생존 200명, 사망 400명
B	600명을 모두 구할 확률 33%; 아무도 구하지 못할 확률 67%	28%	
D	아무도 죽지 않을 확률 33%; 600명 모두가 죽을 확률 67%	78%	600명 생존 확률 33% / 또는 / 600명 사망 확률 67%

그림 8.17 대부분의 사람들이 B가 아닌 A를, C가 아닌 D를 선택했다. 하지만 A는 C와 같은 결과를 낳고, B는 D와 같은 결과를 낳는다. Amos Tversky와 Daniel Kahneman(1981)은 무언가를 얻기 위해서는 안전한 전략을 취하지만 손실을 피하기 위해서는 위험을 감수한다는 설명을 제시했다.

만 한다. 방안 C를 적용하면 400명이 죽는다. 방안 D를 적용하면 아무도 죽지 않을 가능성이 33%이고 600명이 죽을 가능성이 67%이다. 지금 방안 C와 D 중에서 하나를 선택하라.

그림 8.17은 이런 선택지가 주어졌을 때 많은 사람들이 어떻게 반응했는지 그 결과를 보여준다. 대부분이 B보다 A를, C보다 D를 선택했다. 그러나 방안 A는 C와 정확하게 똑같다(200명이 살고, 400명이 죽는다). 그리고 방안 B는 D와 정확하게 똑같다. 그렇다면 왜 그렇게 많은 사람이 A와 D를 선택했을까? Tversky와 Kahneman(1981)이 보여준 것처럼, 대다수의 사람은 위험을 무릅쓰고라도 커다란 무엇(예, 사람을 구조함)을 얻으려 하지는 않는데 왜냐하면 작은 것이라도 확실히 무언가를 얻으면 기분이 좋음을 알기 때문이다. 그러나 우리는 손실을 피하기(예, 사람들이 죽게 두지 않는 것) 위해서는 기꺼이 위험을 감수하는데, 왜냐하면 손실은 아무리 작아도 기분이 나쁘기 때문이다. 어떤 질문의 틀이 달라질 때 그것에 답하는 경향이 달라지는 것을 틀 효과(framing effect)라고 부른다.

틀은 도덕 판단에도 영향을 미친다. 무언가를 팔기 원한다면 매출을 위해 거짓말을 하겠는가? 영업 손실을 피하기 위해 거짓말을 하겠는가? 이 두 문장이 말하고 있는 행위는 같고 결과도 같다. 그러나 대부분의 사람들은 영업 손실을 피하는 쪽으로 질문이 표현되었을 때 기꺼이 거짓말을 하겠다고 말한다(Kern & Chugh, 2009).

매몰 비용 효과

매몰 비용 효과는 틀 효과의 특별한 사례이다. 몇 개월 전에 오늘 하는 축구 경기의 비싼 입장권을 사두었는데, 날씨가 살을 에듯 춥다고 하자. 당신은 표를 산 것을 후회한다. 그렇다면 당신은 게임을 보러 갈까?

많은 사람들이 궂은 날씨 속에서 고생을 하며 게임을 보는데 그 이유는 돈이 아까워서이다. 이 예는 이미 지불한 돈이나 들인 노력 때문에 무언가를 기꺼이 하려는 마음인 매몰 비용 효과(sunk cost effect)를 보여준다(Arkes & Ayton, 1999). 이런 경향이 생겨나는 상황은 많다. 어떤 회사가 성공적이지 못한 프로젝트에 계속해서 돈을 투자하는 이유는 이미 쓴 돈을 낭비했다고 인정하고 싶지 않기 때문이다. 프로스포츠 팀이 고액 연봉 선수의 성적에 실망하고 있지만 돈이 아깝기 때문에 그 선수를 계속 기용하는 경우도 마찬가지이다.

개념 점검

8. 학생이 새 학기에 자신이 받을 성적을 예상할 때 혹은 운동 코치가 다음 시즌의 팀 성적을 예측할 때 범할 수 있는 오류는 무엇인가?

9. "전체 대학생 중 90% 이상이 심야 TV 방송을 보는 것을 좋아하지만 50세 이상 성인은 20%만이 좋아한다. 따라서 심야 TV 방송의 시청자 대부분은 대학생이다."라고 누군가가 말한다. 이 사람은 어떤 사고의 오류를 범하고 있는가?

10. 누군가가 나에게 매일 아침 '수리수리마수리'라고 말하면 건강에 좋을 것이라고 이야기한다. 나는 매일 그렇게 말하고 당연히 나는 계속 건강하다. 나는 이 마법의 단어가 건강을 보장한다는 결론을 내린다. 이때 내가 범하는 사고의 오류는 어떤 것인가?

11. 유리창을 새로 바꾸기 위한 비용을 지불하라고 설득하기 위한 다음의 주장들 중 어떤 것이 소비자들을 가장 많이 설득하겠는가? (a) "유리창을 교체하면 돈을 아끼실 수 있어요." (b) "유리창을 교체하지 않아서 돈을 버리고 계신 거예요."

전문성

우리 모두가 추론을 하면서 오류를 범하지만 어떤 사람들은 특정한 분야에서 전문성을 발달시켜서 최소한의 오류를 범하면서 문제를 빨리 해결할 수 있게 된다.

그들은 적절한 알고리듬을 재빨리 적용하며, 특정 상황에서 어떤 어림법이 효과가 있고 어떤 것이 효과가 없는지를 인식한다. 그 단계에 이르기까지는 엄청난 노력이 필요하다.

연습하면 (거의) 완벽하게 된다

전문가의 수행은 극히 인상적이다. 어떤 사람들은 난이도가 최고인 십자말풀이를 신속하게 해낸다. X선 사진을 보고 주요 질병을 나타내는 하나의 점을 즉각적으로 알아채는 의사도 있다. 어떤 이는 새를 몇 분의 1초 동안 보고 그것의 종, 성별 및 연령을 가려내기도 한다. 전문가들에게 타고난 특별한 재능이나 놀라운 지능이 있다고 가정하고 싶은 생각을 뿌리치기 힘들다. 전문성에 대해 연구한 심리학자들은 그렇지 않다고 말한다. 어느 분야에서 전문성을 갖게 되는 사람들이 대부분 다른 면으로는 유별나게 인상적이지 않다. 실제로 극도로 총명한 사람(즉 상위 1% 중에서도 상위 1%)들은 어떤 한 분야에서라도 전문가가 되는 경우가 드문데 왜냐하면 그들은 쉽게 지루해 하기 때문이다.

체스에서부터 스포츠, 바이올린 연주에 이르는 분야에서 전문성은 약 10년 동안의 강도 높은 훈련을 필요로 한다는 것이 원칙이다(Ericsson & Charness, 1994; Ericsson, Krampe, & Tesch-Römer, 1993). 최고의 바이올린 연주자들은 아주 어렸을 때부터 시작하여 매일 서너 시간을 연습한다. 세계 일류의 테니스 선수는 백핸드로 치는 것을 한 번에 몇 시간 동안 연습하며, 골프 선수는 칩샷을 위해 비슷한 노력을 기울인다. 헝가리 작가 Laszlo Polgar는 충분히 노력하면 거의 누구든지 전문성을 획득할 수 있음을 입증하는 일에 착수했다. 그는 자신의 딸 세 명에게 체스 기술을 육성시키는 데 엄청난 노력을 기울였다. 세 딸 모두가 출중한 실력을 갖게 되었고, 그중에서 Judit는 여성으로는 최초로 그리고 최연소로 그랜드마스터 위치에 오르게 되었다.

전문성이 전적으로 총 연습 시간에 달려 있다고 주장하는 사람들도 있지만 연구에 따르면 그렇지 않다. 두 사람이 피아노 혹은 체스 같은 기술을 동일한 시간 동안 연습해도 마지막에 반드시 동일하지는 않다. 학교에서 학습이 빠른 사람이 전문성도 더 빨리 발전시키는 경향이 있다(Campitelli & Gobet, 2011; Meinz & Hambrick, 2010). 그렇기는 해도 어떤 분야에서 수행이 훌륭한 사람과 평균인 사람의 차이는 대부분 연습에 달려 있다.

연습뿐만 아니라 사람은 연습에서 받는 피드백이 필요하다(Kahneman & Klein, 2009). 예컨대, 운동선수는 자신의 수행이 이전의 시도보다 더 좋았는지 아니면 나빴는지, 그리고 경쟁하는 다른 선수들과 비교해서 어땠는지를 곧바로 안다. 컴퓨터 프로그래머는 훌륭한 피드백을 받는다. 즉, 무언가를 잘 만들어 놓으면 프로그램이 돌아간다. 실수가 있으면 컴퓨터가 죽어버리거나 원래 해서는 안 될 일을 한다. 좋은 피드백을 받는 사람은 연습을 통해 향상될 가능성이 크다.

반면에 심리치료사들은 상대적으로 미약한 피드백을 받는다. 우울증 환자 중 일부는 치료를 받지 않아도 몇 주 안에 나아지고, 일부는 어떤 치료를 받더라도 더디게 나아진다. 치료의 질이 어떤 환자에게는 영향을 미치지만, 일반적으로 특정 사례에서 성공이나 실패의 어느 정도가 치료로 인한 것인지를 알기는 힘들다. 결과적으로 치료사들은 이를테면 운동선수들처럼 연습을 통해 효과적으로 발전할 수가 없다.

정치가들은 어떨까? 그들이 연습을 통해 발전할까? 그들이 좋은 피드백을 받는 과제인 선거에서 이길 능력은 분명히 나아진다. 그러나 직무 경험을 통해 공공 정책에서 올바른 판단을 하는 능력이 크게 개선되지는 않는다. (만약 개선된다면, 경험 많은 입법자들이 서로 의견 일치를 볼 것이라고 예상해야 한다.) 문제는 피드백의 부재이다. 정부가 어떤 정책을 법률로 시행할 때, 그와는 다른 정책이 시행된다면 얼마나 더 좋거나 나쁠지 우리가 아는 경우는 거의 없다.

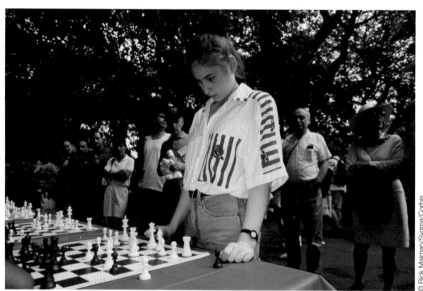

Judit Polgar는 장기간의 지속적 노력이 딸을 체스의 그랜드 마스터로 만들 수 있다는 자기 아버지의 자신감에 부응했다.

전문가의 패턴 인식

전문가들은 정확히 무엇을 하기에 남들과 다를까? 무엇보다 먼저, 그들은 어떤 형태를 보고 그것의 중요한 특징을 재빨리 인식할 수 있다.

전형적인 실험(de Groot, 1966)에서 체스 전문가와 초보자들이 그림 8.18에 있는 것과 같이 체스판에 놓인 말들을 잠깐 관찰한 다음 그 위치를 기억해 내려고 했다. 만약 말들이 보통 게임에서와 같이 배열되어 있으면 전문가들은 그 위치의 91%를 정확하게 기억했다. 반면에 초보자들은 겨우 41%를 기억했다. 그러나 말들이 임의로 배열되었을 때에는 전문가와 초보자가 거의 같은 정도로 기억했다. 다시 말해, 전문가들은 전반적으로 기억력이 우월한 것이 아니라 체스판의 흔한 패턴을 인식하도록 학습해 왔다는 것이다. (여러 개의 항목들이 들어 있는 하나의 묶음을 인식한 다음 그런 묶음을 하나의 단위로 기억하는, 제7장에서 나왔던 의미 덩이 짓기라는 개념을 상기해 보라.)

a

b

그림 8.18 체스 마스터는 (a)처럼 보통의 게임에서 일어날 수 있는 방식으로 배열된 체스 말들은 재빨리 인식하고 기억할 수 있다. 그러나 (b) 같은 임의적인 형태를 외우는 데는 평균보다 나을 것이 없었다.

또 다른 예는 농구에서 나온다. 누군가가 자유투를 던지고 있는 짧은 동영상을 본다고 상상해 보라. 그런데 공이 네트에 닿기 전에 동영상이 중단된다. 어느 시점까지 동영상을 보아야만 공이 링에 들어갈지 여부를 예측할 수 있을까? 대다수의 사람들은 공이 링 근처에 가기 전까지는 확실하게 알지 못한다. 프로 농구 선수들은 던지는 사람이 손에서 공을 놓기 훨씬 전에 대개 안다(Aglioti, Cesari, Romani, & Urgesi, 2008, 그림 8.19). 조류 식별에서부터 X선 사진 판독 그리고 체조 경기 심판에 이르는 기타 영역에서도 전문가들은 중요한 패턴을 거의 즉각적으로 인식한다(Murphy & Medin, 1985; SteMarie, 1999; Tanaka, Curran, & Sheinberg, 2005).

개념 점검 12. 단원 7.1의 도입부에서 세계 기억 챔피언십을 언급했다. 이 대회에서는 참가 선수들이 단어, 숫자 혹은 카드의 긴 목록을 외우는 능력을 겨룬다. 연습을 통해 이런 종류의 전문성이 어떻게 개발되는 것일까? 다시 말해서, 이 전문가들이 다른 사람들과 다르게 하고 있는 것이 무엇일까?

근거리 전이와 원거리 전이

우리가 한 영역에서 전문성을 개발하면 그것이 다른 일을 하는 데도 도움이 될까? 그럴 것이라고 예전부터 생각되었다. 오래 전 영국과 미국에서는 대학 교육에서 라틴어와 그리스어를 하는 데 초점을 두었는데, 이는 학생들이 삶의 모든 측면에 도움이 되는 정신적 규율을 얻게 될 것이라는 가정에 근거한 것이었다. 오늘날 의과대학의 예과 교과과정은 미적분학을 필수로 한다. 의사들이 미적분학을 많이 쓸 것 같은가? 전혀 그렇지 않다. 단지 무언가 어려운 것에 집중하게 하면 총체적인 지적 능력이 강화될 것이라는 기대 때문이다. 그와 유사하게 노인에게 뇌 운동을 위해 십자말풀이 같은 것을 하라고 권장하는 사람이 많다. 그러나 연구 결과 노인들이 십자말풀이를 하면 그냥 십자말풀이를 잘하게 될 뿐이다. 그들이 열쇠를 어디에 두었는지를 더 잘 기억하게 되지는 않는다(Salthouse, 2006).

심리학자들은 근거리 전이와 원거리 전이를 구분하

고 있다(Barnett & Ceci, 2002). 무언가 유사한 기술을 연습한 것을 바탕으로 새로운 기술을 배울 때 득을 보는 근거리 전이(near transfer)는 증명하기가 쉽다. 그보다 유사성이 덜한 무언가를 연습함으로써 이득을 얻는 원거리 전이(far transfer)는 보여주기가 더 어렵다. 물리학 수업에서 다음과 같은 문제를 푸는 것을 배운다고 하자. 초속 25미터(m/s)로 가고 있는 열차가 매초 2m/s씩 속도를 증가시킨다. 지금부터 10초 뒤에 기차의 속도는 얼마일까? 이 문제를 풀기 위해 당신은 2m/s에 10초를 곱하고(답은 20m/s가 나옴), 그것을 원래 속도인 25m/s에 더하여 45m/s 라는 답을 구한다. 이제 매초 특정 양만큼 속도가 증가하는 자동차에 관한 새로운 문제를 접하면 그것을 쉽게 풀 수 있다. (이것이 근거리 전이이다.) 그런데 다음의 문제를 접한다면 어떨까. 존은 여섯 번째 생일날을 시작으로 매달 2달러의 용돈을 받는다. 용돈은 매달 20센트씩 올라간다. 일곱 번째 생일에는 그가 얼마를 받겠는가? 이것이 원거리 전이를 보여주는 한 가지 예이고, 대부분의 사람들은 이 문제를 어려워한다(Bassok & Holyoak, 1989). 물론 당신은 이 문제를 어떻게 푸는지 알 텐데, 그 이유는 열차 문제와 같은 문단에 있고 따라서 그 유사성을 인식하기 때문이다. 20센트/개월에 12개월을 곱하고(2달러 40센트가 나온다) 그것을 원래의 2달러에 더하면 총합 4달러 40센트가 나온다.

원거리 전이가 일어나기는 일어나지만 그러려면 대개 첫 번째 기술을 강도 높게 연습해야 하고, 그랬을 때조차도 보통은 효과가 크지 않다(Herzog, Kramer, Wilson, & Lindenberger, 2009). 모든 종류의 지적 수행을 향상시킨다고 알려진 과제는 없다.

원거리 전이를 보여주는 최상의 예 중 하나는 계속 바뀌는 지시에 반응하는 데서 얻는 이득이다. 먼저 그림을 살펴보고 각 그림마다 과일이 있는지 아니면 야채가 있는지를 판단한다. 몇 번의 시행 후 지시가 바

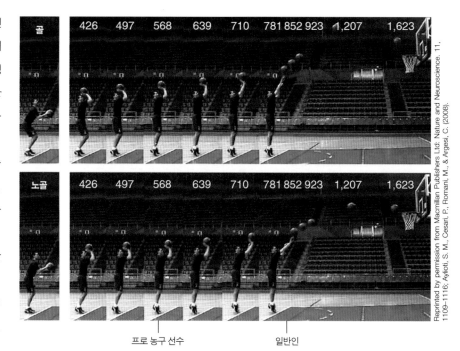

프로 농구 선수   일반인

Reprinted by permission from Macmillan Publishers Ltd: Nature and Neuroscience. 11., 1109–1116; Aglioti, S. M., Cesari, P., Romani, M., & Argesi, C. (2008).

그림 8.19 그림 아래의 선은 사람들이 '불확실하다'거나 틀린 답을 말하는 것보다 정답('골' 혹은 '노골')을 더 많이 맞히는 지점을 나타낸다. (출처: Aglioti, S. M., Cesari, P., Romani, M., & Urgesi, C., [2008]. Action anticipation and motor resonance in elite basketball players., Nature Neuroscience, 11, 1109-1116.)

꿴다. 이제는 각각의 과일 혹은 야채가 큰지 아니면 작은지를 말해야 한다. 그다음에는 색깔을 말해야 할 수도 있고, 그다음에는 다시 돌아가서 과일인지 야채인지를 말해야 할 수도 있다. 신속하게 바뀌는 과제를 수행하기를 충분히 연습한 뒤에는 제7장에 나온 바와 같이 주의를 통제하는 능력과 '중앙 관리 기능(central executive function)' 검사를 수행하는 능력이 향상된다(Karbch & Kray, 2009). 언어를 두 개 이상 말하면서 자라는 아이들 역시 주의 통제 검사에서 수행이 우수한데, 그 이유는 아마도 한 언어에서 다른 언어로 왔다 갔다 하는 경험 때문일 것이라고 추측할 수 있다(Bialystok, Craik, Green, & Gollan, 2009). 끊임없는 주의를 요하는 특정 컴퓨터 게임은 아이들의 관리 기능을 개선시키며, 신체 운동, 음악 훈련, 무술 훈련 및 연극 연습도 마찬가지 역할을 한다(Diamond & Lee, 2011; Moreno et al., 2011).

개념 점검   13. 원거리 전이로 입증된 예를 하나 들어보라.

문제 해결의 성공과 실패

이 단원에서 우리는 사고의 최상의 형태인 전문성과 최악의 형태인 오류에 대해 살펴보았다. 전문가들은 강도 높은 연습을 통해 기술을 연마한다. 물론 우리는 모두 자신의 전문 분야가 아닌 주제에 관해 결정을 내려야 한다. 완벽을 고집하지는 않더라도 우리가 최소한

어떤 멍청한 일은 하지 않는다는 기준을 지킬 수는 있다. 아마도 만약 우리가 범하는 통상적인 오류를 더 잘 알게 된다면 그 오류들을 피하도록 더 경계할 수 있을 것이다.

요약

- 두 유형의 사고. 우리는 흔히 체계 1을 사용하여 재빨리 그리고 자동적으로 결정을 한다. 더 어려운 문제라고 인식한 것에 대해서는 체계 2를 사용하여 계산을 하거나 증거를 따져보거나 다른 방식으로 노력이 드는 과정을 끌어들인다. (325쪽)
- 알고리듬과 어림법. 사람들은 알고리듬(모든 가능성을 확인하는 방법)과 어림법(어떤 문제를 단순화하는 방법)을 사용하여 문제를 해결한다. (325쪽)
- 최대화와 필요충족. 최대화 전략은 최상의 선택지를 찾고자 가능한 모든 선택지를 철저하게 검토하는 것이다. 필요충족 전략은 충분히 좋다고 생각되는 선택지가 나오면 곧바로 이를 수용하는 것이다. 최대화 전략을 사용하는 사람은 좋은 선택을 하지만 자신의 선택에 대해 완전히 만족하지 못하는 경우가 흔히 있다. 최대화 전략은 가용한 선택지가 많을 때 특히 문제가 된다. (326쪽)
- 대표성 어림법과 기저율 정보. 무언가가 어떤 범주의 구성원과 닮아 있으면 우리는 대개 그것이 그 범주에 속한다고 가정한다. 하지만 그 범주가 흔치 않은 범주일 때에는 그런 가정이 위험하다. (327쪽)

- 가용성 어림법. 우리는 일반적으로 어떤 범주의 예를 우리가 더 쉽게 생각해 낼수록 그 범주가 더 흔하다고 가정한다. 그러나 이 어림법은 희귀한 범주에 속한 항목이 많은 주목을 받을 때 우리를 잘못된 길로 빠지게 한다. (328쪽)
- 오류를 범하는 몇 가지 이유. 사람들은 어려운 문제에 관한 자신의 판단에 과도하게 자신감을 갖는 경향이 있다. 사람들은 자신의 가설에 맞지 않는 증거가 아니라 가설을 지지하는 증거를 찾는 경향이 있으며, 질문의 틀이 달라지면 같은 질문에도 다르게 답한다. 사람들은 이전에 했던 행위가 시간이나 돈의 낭비였음을 인정하는 것을 피하려고 달갑지 않은 행위를 한다. (329쪽)
- 전문성. 전문가가 되는 데는 수년간의 연습과 노력이 필요하다. 전문가는 경험이 적은 사람에 비해 친숙하고 의미 있는 패턴을 더 신속하게 인식하고 암기한다. (332쪽)
- 근거리 전이와 원거리 전이. 어떤 과제를 하는 기술을 발달시키는 것이 그와 유사한 과제를 수행하는 데 도움이 된다. 유사성이 크지 않은 과제에서는 도움이 되는 경우가 거의 없다. (333쪽)

핵심 용어

가용성 어림법 (328쪽)　　　　　비판적 사고 (329쪽)　　　　　최대화 (326쪽)

근거리 전이 (334쪽)　　　　　　알고리듬 325?쪽)　　　　　틀 효과 (331쪽)

기능적 고착 (330쪽)　　　　　　어림법 (326쪽)　　　　　필요충족 (326쪽)

기저율 정보 (327쪽)　　　　　　원거리 전이 (334쪽)　　　　　확증 편향 (329쪽)

대표성 어림법 (327쪽)　　　　　체계 1 (325쪽)

매몰 비용 효과 (331쪽)　　　　　체계 2 (325쪽)

D. 일반적인 종이 혹은 마분지 한 장을 주어진 그림과 한 치의 오차
도 없이 똑같이 만들기 위해서는 어떻게 자르고 접어야 하는지
를 다음 그림이 보여주고 있다. (324쪽)

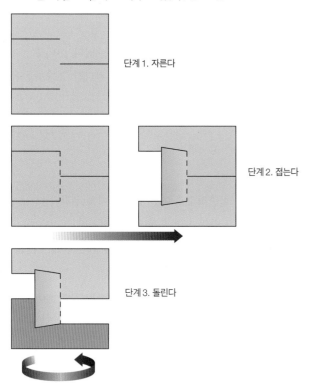

단계 1. 자른다

단계 2. 접는다

단계 3. 돌린다

E. 물이 바깥으로 흘러 넘치지 않게 할 정도로 무거운 막이라면
고무공 역시 안으로 들어오지 못하게 막을 것이다. (325쪽)

F.(1) 양초를 벽에 고정하는 가장 좋은 방법은 다음 그림에서처럼
성냥갑에 든 성냥을 다 비우고 성냥갑의 옆면을 압정으로 벽에
고정하는 것이다. 짧은 끈은 아무 상관이 없다.

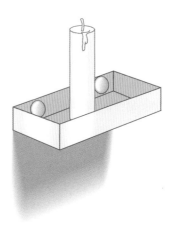

(2) 네 개의 직선으로 점들을 연결할 수 있다.

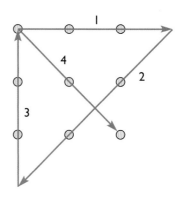

언어

동물의 모든 종이 의사소통 방식을 갖고 있지만 오로지 인간의 언어만이 생산성이라는 특성을 지니는데, 생산성(productivity)이란 단어를 조합하여 무한대로 다양한 생각을 나타내는 새로운 문장을 만들어내는 능력을 말한다(Deacon, 1997). 우리는 매일 그 누구도 이전에 말한 적이 없는 새로운 문장들을 창안해 낸다.

당신이 "어느 누구도 그 문장을 말하지 않았는지를 어떻게 알 수 있죠?!"라고 물을 수 있다. 글쎄, 물론 어떤 특정 문장이 새로운지 확실하게 알 수 있는 사람은 아무도 없지만 새로운 문장들(어떤 문장인지 구체적으로 밝혀지는 못하더라도)이 많다는 점은 우리가 자신할 수 있다. 왜냐하면 단어들을 재배열할 수 있는 가짓수가 엄청나게 많기 때문이다. 다음과 같은 일을 상상해 보라. (하지만 인생에서 다른 할 일이 전혀 없지 않다면 실제로 해보지는 말라.) 어떤 책이든 한 권을 선택하여 거기에서 10개가 넘는 단어로 된 문장을 하나 뽑는다. 그 책이든 다른 어떤 책이든 얼마나 많이 읽어야 그것과 완벽하게 똑같은 문장을 또 만날 수 있을까?

요약하자면 우리는 사용하는 문장 모두를 외우고 있지 않다. 그보다는 문장을 만들고 이해하기 위한 규칙을 배운다. 저명한 언어학자 Noam Chomsky(1980)는 그런 규칙들을 변형 문법(transformational grammar)이라고 이야기했는데, 이는 심층 구조를 표면 구조로 변환하는 체계이다. 심층 구조는 문장의 기저에 있는 논리 혹은 의미이다. 표면 구조는 실제로 말로 나오거나 글로 쓰여 있는 단어의 나열이다(그림 8.20). 이 이론에 따르면 우리는 말을 할 때마다 언어의 심층 구조를 표면 구조로 변형시킨다.

동일한 심층 구조를 나타내지 않는데도 두 개의 표면 구조가 서로 유사할 수 있다. 또한 표면 구조 두 개가 서로 유사하지 않은데 동일한 심층 구조를 나타낼 수 있다. 예를 들어, "명수는 비위를 맞추기 쉬운 사람이다."는 "명수의 비위를 맞추기는 쉽다."와 동일한 심층 구조를 지닌다. 즉, 이 두 문장은 같은 생각을 나타

심층 구조 1: 당신이 전기톱을 들고 있다. 전기톱으로 다른 사람을 공격하겠다고 위협하는 데 사용하지 말라!

심층 구조 2: 어떤 정신 나간 사람이 전기톱을 들고 있다. 그 사람을 협박하지 말라!

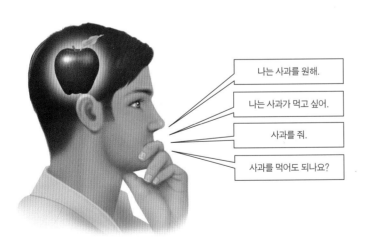

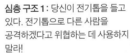
나는 사과를 원해.
나는 사과가 먹고 싶어.
사과를 줘.
사과를 먹어도 되나요?

그림 8.20 변형 문법에 따르면 우리가 어떤 특정한 심층 구조를 각기 다른 표면 구조를 가진 여러 개의 문장 중 어느 하나로 변형시킨다.

그림 8.21 "Do not threaten someone with a chain saw"라는 영어 문장은 표면 구조는 하나이지만 서로 다른 뜻에 대응하는 두 개의 심층 구조를 가진다.

낸다. 이에 반해 "Never threaten someone with a chain saw."라는 영어 문장을 보자. 이 문장의 심층 구조는 그림 8.21에 보이는 것처럼 두 개의 심층 구조[2]에 대응된다.

동물에게서 나타나는, 언어의 전조

연구자 Terrence Deacon이 8세 초등학생이었던 자기 아이의 학급에서 언어에 관한 수업을 한 적이 있다. 한 아이가 다른 동물에게도 자기네만의 언어가 있는지를 물었다. Deacon은 다른 종들도 의사소통을 하지

만 인간의 언어 같은 생산성을 지니지는 않는다고 설명했다. 하지만 아이는 다른 동물들에게 적어도 몇 개의 단어와 짧은 문장이 포함된 단순한 언어라도 있는지를 고집스럽게 캐물었다. 그는 아니라고, 없다고 대답했다.

다른 아이가 "왜 없어요?"라고 물었다(Deacon, 1997, p. 12). Deacon은 머뭇거렸다. 그래, 왜 없을까? 만약 인간에게 언어가 그렇게나 유용하다면 왜 다른 동물들에게는 미약하게라도 언어가 진화를 통해 생겨나지 않았을까? 그리고 인간을 언어를 배우기에 그렇게나 유리하게 만드는 것이 무엇일까?

인간에게 생긴 언어 전문화를 연구하는 방법 중 하

그림 8.22 심리학자들은 침팬지들에게 동작이나 기호로 의사소통하기를 가르치려고 시도했다. (a) 침팬지가 먹이를 요구하기 위해 칩을 배열한다. (b) 인간과 집에서 함께 사는 또 다른 침팬지이다. 이 침팬지는 영어 단어와 유사한 몇 개의 소리를 내는 것을 배웠다. (c) 보노보 침팬지인 칸지(Kanzi)는 단어를 표시하기 위해 기호를 누른다. (d) 침팬지 한 마리가 수화로 '칫솔'이라고 말하고 있다.

----

2 "절대로 전기톱으로 사람을 협박하지 말라."라는 뜻과 "전기톱을 가진 사람을 절대로 협박하지 말라."라는 뜻이 모두 될 수 있다.

나는 다른 종들이 언어 쪽으로 얼마나 나아갈 수 있는 지를 묻는 것이다. 1920년대부터 시작하여 여러 심리학자들이 집에서 침팬지를 기르면서 그들에게 말하기를 가르치려고 했다. 침팬지들은 인간의 습관 중 많은 것을 배웠지만 단어는 몇 개밖에 이해하지 못했다.

문제점 중 하나는 인간은 숨을 내쉬면서 소리를 내는 데 반해 침팬지들은 숨을 들이마시면서 소리를 내는 것이다. (숨을 들이마시면서 인간의 소리를 내려고 해 보라!) 그런데, 침팬지들이 사실상 손동작을 하기는 한다. R. Allen Gardner와 Beatrice Gardner(1969)는 와슈(Washoe)라는 이름의 침팬지에게 미국 청각장애인들이 쓰는 수화(아메슬란, Ameslan)를 가르쳤다. 와슈는 결국 100개의 수화 단어를 배웠고 다른 침팬지들도 시각적 기호들을 사용하여 의사소통하는 것을 배웠다(그림 8.22).

이런 동작들이 언어와 얼마나 유사할까? 이런 식의 훈련을 받은 와슈 및 여타의 침팬지들은 무언가를 이야기하기 위해서가 아니라 거의 무언가 요구를 하는 데에만 한정해서 그 기호들을 사용했고, 독창적인 조합으로 사용하는 경우는 드물었다(Pate & Rumbaugh, 1983; Terrace, Petitto, Sanders, & Bever, 1979; C. R. Thompson & Church, 1980). 이에 반해 아는 단어가 100개 정도 되는 인간의 아이는 단어를 연결해서 짧은 문장을 만들고, 무언가를 기술하기 위해 단어를 사용할 때가 많다. 그렇지만 와슈가 무언가 이해했음은 분명하다. 와슈는 '누구'에 대한 질문에는 이름으로, '무엇'에 관한 질문에는 물체로, '어디'에 관한 질문에는 장소로 답했다. 이는 와슈가 답한 이름, 물체 혹은 위치가 틀렸을 때조차도 그랬다(Van Cantfort, Gardner, & Gardner, 1989).

또 다른 종인 보노보 침팬지 *Pan paniscus*를 대상으로 한 결과는 더 인상적이다. 보노보의 사회적 행동은 여러 가지 면에서 인간과 유사하다. 수컷과 암컷이 강한 유대를 형성하고, 암컷은 가임 기간이 아닐 때도 성적으로 반응하며, 수컷이 새끼 기르기에 기여하고, 다 자란 동물들끼리 음식을 공유한다. 인간과 마찬가지로 뒷다리로 편안하게 서며, 얼굴을 마주보고 교미를 하는 경우도 종종 있다. 보노보 여러 마리가 그림 8.22c와 그림 8.23에 있는 것처럼 어떤 판에서 키를

그림 8.23 보노보 침팬지 칸지가 이어폰으로 질문을 듣고 판에 있는 답을 가리킨다. 실험자 Rose Sevcik에게는 질문이 들리지 않으므로 그녀가 정답을 신호로 알려줄 수는 없다.

눌러서 짧은 문장을 만드는 것을 학습했다. 와슈 및 기타 보통의 침팬지들과 달리 보노보들은 무언가를 요구하는 것이 아니라 사건을 묘사하기 위해 기호를 사용할 때가 가끔 있다. 한 보노보는 손에 상처가 있었는데 엄마가 자기를 물었다고 설명했다. 그러나 인간의 아이들과 달리 보노보들은 "내 거야!" 같은 소유의 표현을 전혀 사용하지 않는다(Lyn, Greenfield, Savage-Rumbaugh, Gillespie-Lynch, & Hopkins, 2011).

대단히 숙달된 보노보들은 2~2.5세 아이가 언어를 이해하는 수준만큼 기호를 잘 이해하는 것으로 보인다(Savage-Rumbaug et al., 1993). 그들은 또한 구어 영어도 상당히 이해하는 것으로 드러나서 "네 공을 물어." 그리고 "진공청소기를 바깥으로 갖고 가." 같은 이상한 명령도 그대로 실행했다(Savage-Rumbaugh, 1990; Savage-Rumbaug, Sevcik, Brakke, & Rumbaugh, 1992). 보노보들은 이어폰으로 명령이 주어지면 응답하는 검사를 통과했으므로 제2장에서 나왔던 "영리한 한스" 사례에서와 같은 유형의 신호 때문에 그런 행동들을 했을 가능성은 배제되었다(그림 8.23).

왜 보노보가 일반적인 침팬지보다 언어를 더 잘 사용할까? 보노보들은 이런 유형의 학습을 더 잘하도록 타고난 것임이 분명해 보인다. 또한 그들은 관찰과 모방을 통해 학습했는데, 이런 방법이 이전의 연구들이 사용했던 정식 교육법보다 이해를 더 촉진한다

(Savage-Rumbaugh et al., 1992). 마지막으로 이 보노보에게는 언어 경험이 어렸을 때부터 시작되었다.

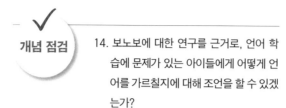

개념 점검

14. 보노보에 대한 연구를 근거로, 언어 학습에 문제가 있는 아이들에게 어떻게 언어를 가르칠지에 대해 조언을 할 수 있겠는가?

인간의 언어 학습 전문화

인간은 보노보를 비롯한 다른 어느 종보다도 언어에 더 적합함이 분명하다. 우리가 언어를 그렇게 쉽게 배우는 이유는 무엇일까?

언어와 일반 지능

우리 뇌가 크게 진화되면서 우연히 부산물로 언어가 진화되었을까? 여러 가지 관찰 결과가 이 생각을 강력하게 반박한다. 돌고래와 고래는 뇌가 더 크지만 인간 언어와 유사한 유연한 의사소통 체계가 발달되지 않았다. 어떤 사람들은 뇌 손상을 당하여 뇌의 총 부피가 침팬지보다 작지만 계속해서 언어를 말하고 이해한다.

또한 어떤 예측에 의하면 모든 아동의 거의 7%는 다른 면에서는 지능이 정상이지만 언어에서 분명한 한계를 보인다. 예를 들어 이들은 "소녀가 밀치던 사람이 누구였니?"와 "소녀를 밀치던 사람이 누구였니?"의 차이를 이해하지 못한다(Leonard, 2007). 어떤 특정한 유전자를 지닌 한 가족에 속한 사람들은 다른 면에서는 정상 지능을 가졌음에도 언어 장애가 훨씬 더 크다(Fisher, Vargha-Khaden, Watkins, Monaco, & Pembrey, 1998; Lai, Fisher, Hurst, Vargha-Khaden, & Monaco, 2001). 그들은 명사의 복수형을 만드는 것같이 아주 단순한 규칙조차도 완전히 익히지 못한다.

반대쪽 극단에 있는 윌리엄즈 증후군(Williams syndrome)을 살펴보자. 유전적 장애인 이 증후군의 특징은 대부분의 측면에서는 정신 지체가 특징적으로 나타나지만 다른 능력에 비해서 언어는 놀랍도록 잘 사용하는 것이다(Meyer-Lindenberg, Mervis, & Berman, 2006). 동물 이름을 되도록 많이 말해 보라고 하자 한 아이는 "아이벡스, 고래, 황소, 야크, 얼룩말, 강아지, 고양이, 호랑이, 코알라, 용…"이라고 말하기 시작했다. 또 다른 아이는 22개 언어로 1,000개 이상의 노래를 부를 수 있었다(Bellugi & St. George, 2000). 그러나 이 아이들은 5달러보다는 50페니를 더 선호했고, 버스의 길이를 예측해 보라고 하자 "3인치 혹은 100인치요, 아마도."라는 답을 했다(Bellugi, Lichtenberger, Jones, Lai, & St. George, 2000). 언어 능력이 곧 일반 지능은 아닌 것임이 분명하다.

전문적 능력으로서의 언어 학습

Susan Carey(1978)는 1.5세에서 6세 사이의 아이들이 하루에 평균 아홉 개의 단어를 배운다는 계산을 했다. 그런데 아이들이 어떻게 그 단어의 뜻을 알아낼까? 부모가 개구리 한 마리를 가리키며 '개구리'라고 한다. 그 단어가 작은 것, 초록색인 것, 혹은 그 특정 개구리가 아니라 그냥 개구리를 의미함을 아이가 어떻게 추측하는 걸까? 아니, 실제로 그 소리가 무언가 뜻이 있다는 사실 자체를 어떻게 알까?

Noam Chomsky는 사람이 언어를 너무도 쉽게 배우는 것으로 보아서 아동은 전개념(preconception)을 갖고 시작하는 것이 분명하다고 주장했다. Chomsky와 그의 추종자들은 사람이 언어를 습득하기 위해 내장되어 있는 기제인 언어습득장치(language acquisition device)를 타고난다고 제안했다(Pinker, 1994). 이 이론의 증거 한 가지는 청각장애 아이들 중 수화를 배우지 않은 아이들이 자기만의 수화를 만들어내고 자기 부모나 다른 청각장애 아이들에게 그것을 가르치려고 시도한다는 것이다(Goldin-Meadow, McNeill, & Singleton, 1996; Goldin-Meadow, & Mylander, 1988). 추가 증거는 아이들이 "불행한 소년이 미키마우스를 보고 있어?(Is the boy who is unhappy watching Mickey Mouse?)" 같은 종류의 표현을 듣는 경우가 흔치 않음에도 불구하고 그런 복잡한 문법 구조 사용을 배운다는 점이다. 그런 류의 문법을 그렇게나 빨리 익히려면 아이들을 이끌어 주는 어떤 소인이 있음이 틀림없다.

이에 대해 우리가 아이들의 배울 기회를 과소평가

한다고 반박하는 다른 심리학자들도 있다. 전 세계의 부모들은 아가언어(parentese)로 아이에게 이야기함으로써 언어 학습 과제를 단순화시킨다. 아가언어란 모음을 길게 발음하는 형태의 언어로 cat과 cot 같은 단어의 차이를 보통보다 더 분명하게 해준다(Kuhl et al., 1997). 1세 미만인 유아조차도 자신이 듣는 언어에서 규칙적인 것을 감지한다(Marcus, Vijayan, Rao, & Vishton 1999; Saffran, 2003). 예를 들어 어른들은 대개 "Lookattheprettybaby"라며 단어들을 끊지 않고 연이어 발음한다. 이를 듣는 유아들은 통계적 관계로 어떤 소리들이 함께 어울려 단어가 되는지를 감지한다. 예컨대, 유아는 2음절 조합 'pre-tty'와 'ba-by'는 빈번하게 듣지만 'ty-ba'를 듣는 경우는 그보다 드물어서 pretty와 baby 사이에 분절 지점(word break)이 있다는 결론을 내린다. 우리가 이런 추론을 할 수 있는 이유는 유아들이 'ty-ba'에 대해서는 새롭고 주의를 끄는 소리인 것처럼 반응하지만 'pre-tty'와 'ba-by'에 대해서는 그렇게 반응하지 않기 때문이다(Saffran, Aslin, & Newport, 1996). 요약하자면 유아는 자신이 듣는 언어의 규칙성으로부터 언어의 기초를 배운다.

개념 점검

15. 생명공학자들이 유전자를 조작하여 인간만큼 큰 뇌를 가진 새로운 품종의 너구리를 만들어낸다고 가정해 보자. 이 너구리들에게서 언어가 발달될 것이라고 예상해야 할까?

언어와 인간의 뇌

인간 뇌의 어떤 측면이 우리가 언어를 그렇게 쉽게 배우게 해줄까? 뇌 손상이 있는

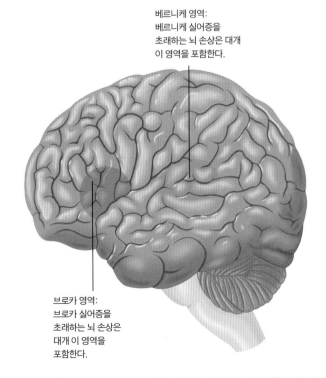

베르니케 영역:
베르니케 실어증을
초래하는 뇌 손상은 대개
이 영역을 포함한다.

브로카 영역:
브로카 실어증을
초래하는 뇌 손상은
대개 이 영역을
포함한다.

그림 8.24 언어에 주요한 결손을 일으키는 뇌 손상은 대개 여기에 보이는 좌반구를 포함하고 있다. 그렇지만 손상이 이 영역을 포함하고 그 너머로까지 확장되었을 경우만 언어 결손이 심각하다.

사람들을 대상으로 한 연구는 오래 전부터 특별히 언어에 중요한 뇌 영역으로 두 군데를 지적해 왔다. 브로카 영역(Broca's area)을 포함하여 이마겉질이 손상된 사람들에게는 브로카 실어증(Broca's aphasia)이 생겼다. 이는 언어 산출에 어려움이 있는 장애이다. 뇌 손상이 브로카 영역 밖에까지 넓게 퍼졌을 때에만 언어 장애가 심각하게 나타나지만 브로카 영역은 핵심적인 것으로 보인다. 환자는 말을 천천히 그리고 불분명하게 하며, 쓰기 혹은 타자도 말하기보다 나을 것이 없다. 브로카 실어증이 있는 사람은 전치사, 접속사 및 단어 어미 같은 문법 장치를 사용하고 이해하는 데 특별히 문제가 있다. 예컨대, 어떤 사람은 치과 약속에 관한 질문을 받았는데 "네…, 월요일… 아버지와 딕… 수요일 9시… 10시… 의사들… 그리고 이빨"이라고 천천히 중얼거렸다(Geschwind, 1979, p. 186).

베르니케 영역을 포함한 관자겉질에 손상이 있는 사람들에게는 베르니케 실어증(Wernicke's aphasia)이 생긴다. 이 장애는 유창하고 문법에 맞게 말을 하지만 명사를 회상하고 언어를 이해하는 데 문제가 있는 것이 특징이다. 명사를 어려워한다는 점과 언어 이해에 문제가 있다는 점은 서로 잘 들어맞는다. 우리가 무엇이 어떤 이름으로 불리는지를 기억하지 못하면 그 단어가 사용된 문장을 처리하는 데 어려움을 겪을 것이다. 이 사람들은 명사를 대부분 빠뜨리기 때문에 그들의 말은 이해하기 어렵다. 예를 들어 한 환자는 자신의 건강에 대한 질문에 다음과 같이 답했다. "더 좋지 않았는데 그 이유는 마음의 마음에서부터 마음 속에 나를 마음 속에 그리고 완전히 빠져서 우리 사이에 찾을 수 있는 걸 더 이상 기억할 수가 없기 때문이에요"(J. Brown, 1977, p. 29).

우리 뇌의 언어 영역은 다른 종의 뇌에 존재하는 언어 영역의 전구체가 진화된 것이다. 원숭이 뇌에서 인간의 베르니케 영역과 브로카 영역에 대략 대응되는 영역은 원숭이의 발성에 반응을 한다(Gil-da-Costa et al., 2006; Petlov et al., 2008). 그러나 그 영역들의 구조는 원숭이에서 유인원을 거쳐 인간에 이르는 동안에 상당히 진화했다(Rilling et al., 2008). 더 나아가 언어는 이 두 영역만이 아니라 그보다 훨씬 더 많은 영역에 의존한다. 우리가 던지다 같은 행위 동사를 읽거나

들으면 그런 종류의 행위를 담당하는 뇌 영역에서 활동이 증가한다(Willems, Labruna, D'Esposito, Ivry, & Casasanto, 2011). 다시 말해 우리는 무언가를 자신이 직접 하는 것을 상상함으로써 그것을 이해하는 것이다. 또한 다른 단어를 읽으면 뇌에서 색깔 지각, 얼굴 인식, 정서 등등을 담당하는 영역이 활성화된다. 인간 뇌 전체가 언어를 가능하게 하도록 조직화되어 있다고 말하는 것이 공평하다.

개념 점검 ✓ 16. 뇌가 손상된 환자 A는 유창하게 말을 하지만 그의 말은 이해가 힘들고, 또 그는 다른 사람의 말을 잘 이해하지 못한다. 환자 B는 타인의 말을 대부분 이해하지만 말을 느리고 불분명하게 하고, 전치사, 접속사 및 어미를 거의 모두 빠뜨린다. 각 환자는 어떤 종류의 실어증을 앓고 있는가?

언어 발달

뇌의 전문화 덕분에 우리는 언어를 쉽게 학습하지만 그래도 학습을 해야만 한다. 아이들의 언어 학습은 놀랍다. 부모가 언어를 어떻게 가르쳐야 할지에 대해 아무것도 모를지라도 사실상 거의 모든 아이들이 언어를 배운다.

아동기 초기의 언어

표 8.2는 아이들이 다양한 단계의 언어 능력에 도달하는 평균 나이를 나열하고 있다(Lenneberg, 1969; Moskowitz, 1978). 이는 평균이며, 아이들마다 차이가 상당히 크다는 점을 기억하라. 이런 단계를 거치면서 언어가 얼마나 발전하는가는 주로 성숙에 의존한다(Lenneberg, 1967, 1969). 자식에게 언어를 접할 기회를 많이 갖도록 하는 부모는 아이의 어휘력을 향상시킬 수 있지만 언어 단계를 거치면서 일어나는 발전의 속도에는 거의 영향을 미치지 못한다. 청각장애 부모를 가졌는데 청각이 정상인 아이들은 말을 접할 기회가 훨씬 적지만 이 아이들에게도 언어가 거의 예정대로 발달한다.

청각장애 유아들은 처음 6개월까지는 청각이 정상인 유아만큼이나 옹알이를 하는데, 그 다음부터 옹알이가 줄어든다. 청각이 정상인 유아들이 처음에 하는 옹알이는 아무렇게나 나오는 소리일 뿐이지만 이들은 곧 자신이 들어왔던 소리를 반복하기 시작한다. 만약 부모가 유아의 소리에 대답하는 반응을 하면, 유아는 그 대답 유형(예컨대 자음-모음)을 대략적으로 모방한다(Goldstein & Schwade, 2008). 1세 즈음에는 유아가 그 가족이 말하는 언어를 닮은 소리로 대부분 옹알이를 한다(Locke, 1994).

유아가 최초로 내는 소리 중 하나는 '무'인데, 전 세계 많은 언어에서 이 소리 혹은 그와 유사한 소리가 '엄마'를 의미하는 말이 되었다. 유아는 또한 '더', '푸', '버' 같은 소리도 낸다. 많은 언어에서 아버지라는 단어는 '다다' 혹은 '파파'와 유사하다. '바바'가 중국어에서는 아버지이고 다른 여러 언어에서는 할머니

표 8.2 언어 발달의 단계

연령	일반적인 언어 능력(개인 간 편차가 큼)
3개월	무작위적인 발성
6개월	좀 더 또렷한 옹알이
1세	그 가족의 일반적인 말소리를 닮은 옹알이; "음마"를 비롯하여 아마도 하나 이상의 단어; 언어 산출보다 이해가 훨씬 더 나음
1.5세	대부분 명사인 단어들(평균 50개 정도)을 말할 수 있음; 구절은 거의 혹은 전혀 말하지 못함
2세	2단어 구절을 말함
2.5세	더 긴 구절과 짧은 문장을 말하는데 오류가 좀 있고 구조가 독특함; 훨씬 더 많은 것을 이해할 수 있음
3세	1,000개 단어에 가까운 어휘력; 오류가 더 적은 긴 문장을 말함
4세	성인의 언어 능력에 근접함

이다. 사실상 유아가 중요한 개념에 대해 무슨 단어를 쓸지를 부모에게 말하고 있는 셈이다.

1.5세 즈음 걸음마기 유아의 어휘력은 대부분 50단어 정도이지만 이들이 단어들을 같이 연결하는 경우는 거의 없다. 걸음마기 유아가 "아빠"와 "빠빠이"라는 말을 할 수는 있지만 "아빠, 빠빠이"라고 말하지는 않는다. 아이가 이렇게 한 단어로만 말해도 부모가 보통 맥락상으로 상당한 의미를 알아차린다. '엄마'라는 말은 "저건 엄마의 사진이야.", "엄마한테 데려다 줘.", "엄마가 나를 여기 남겨두고 가버렸어." 혹은 "엄마, 배고파"를 의미할 수 있다. 한편 걸음마기 유아는 단어와 어떤 동작을 조합하기는 한다. 이를테면 "내꺼"라고 하면서 무언가를 가리키는 것이다(Iverson & Goldin-Meadow, 2005). 그런 단어와 동작의 조합이 원시적인 종류의 문장이 된다.

2세에 이르면 아이들은 둘 이상의 단어로 된 전보문 같은 구절을 말하는데, "책 더(more page)"(좀 더 읽어주세요.), "끈끈 다 없어(allgone sticky)"(내 손이 이제 깨끗해요.), "다 나갔어(allgone outside)"(누군가 문을 닫았어요.) 같은 말들이다. 그런 구절들이 지닌 창의성에 주목하라. 부모가 "끈끈 다 없어!" 같은 말을 했을 가능성은 거의 없다.

2.5~3세에 이르면 대부분의 아이들이 문장을 만들어내면서 좀 특유한 표현을 쓴다. 많은 어린 아이가 부정문에 관한 자기만의 규칙을 갖고 있다. 흔한 규칙 하나는 "아니 자고 싶어(no I want to go to bed)!"처럼 아니 또는 안(no, not)을 문장의 시작이나 끝에 붙이는 것이다. 어떤 여자 아이는 무언가를 그냥 더 높고 큰 소리로 말해서 부정문을 만들었다. 만약 이 아이가 "내 장난감으로 같이 놀고 싶어!"라고 악을 쓰며 말한다면 "내 장난감으로 같이 놀고 싶지 않아!"를 의미했다. 이 아이는 사람들이 자기에게 무언가를 하지 말라고 할 때에는 소리를 지르는 것을 보고 이 규칙을 배운 것이다. 내 아들 샘은 한동안 문장의 끝에 '나 역시(either)'를 붙여서 부정문을 만들었다. 부정의 의미로 "리마콩 먹고 싶어 나 역시(I want to eat lima beans either)."[3]라고 말하는 식이었다. 사람들이 "그거 하기 싫어, 나 역시(I don't want to do that either)."라고 말하는 것을 들었던 것이다.

어린 아이들은 말을 할 때 문법 규칙을 적용한다. 물론 그 규칙이 무엇인지 명확하게 말하지 못할지라도 말이다. 예를 들어 복수와 과거형을 만드는 규칙을 적용하여 "the womans goed and doed something" 혹은 "the mans getted their foots wet" 같은 문장을 말한다. 이를 두고 아이들이 과잉규칙화한다고, 즉 규칙을 과일반화한다고 말한다. 내 아들 데이비드는 '어떤 여성의 것'을 뜻하는 'shis'라는 말을 만들어냈다. ('he-his, she-shis'라고 규칙을 일반화한 것으로 보인다.) 아이들이 자신이 들어온 그대로 따라 말하기만 하는 것은 아님이 분명하다.

우리에게는 초기 아동기에 언어를 배우기 좋은 '최적기'가 있음이 확실해 보인다(Werker & Tees, 2005). 그렇다는 증거의 많은 부분은 제2언어를 배우는 사람들에게서 나온다. 어른이 아이보다 제2언어의 어휘를 더 빨리 익히지만 아이들은 발음을 더 잘 배울 뿐 아니라 문법의 어려운 측면도 더 잘 익힌다. 어떤 언어를 마스터하기 위해서는 일찍 시작해야만 하고 12세 이후에 시작한 사람이 원어민 수준에 도달하는 경우는 거의 없다. 생후 불과 몇 년 지나서 시작한 사람도 그 이전에 시작한 사

람들에 비해서는 불리하다(Abrahmsson & Hyltenstam, 2009). 그러나 연구자들이 언어가 갑자기 더 어려워지는 분명한 한계 연령을 찾은 것은 아니다. 제2언어를 배우는 것은 4세보다는 2세 아이들에게 더 쉽고, 마찬가지로 16세 청소년보다는 13세 청소년에게 더 쉽다(Hakuta, Bialstok, & Wiley, 2003; Harley & Wang, 1997).

개념 점검 17. 아이들이 단어를 엮어서 자기가 한 번도 들은 적이 없는 조합을 만들기 시작하는 것이 몇 세 때부터인가? 아주 어린 아이조차도 문법 규칙을 배운다고 심리학자들이 믿는 이유는 무엇인가?

언어를 접하지 못한 아이 혹은 두 언어를 접하며 산 아이

언어를 전혀 접해 보지 않은 아이가 새로운 언어를 만들어낼까? 아주 드문 경우인데 유아가 우연히 다른 사람들과는 떨어져서 인간과의 접촉 없이 숲에서 자라다가 몇 년 후에 발견되는 경우가 있었다. 그런 아이들은 자기만의 언어를 보이지 않을 뿐 아니라 언어를 배울 기회가 주어진 뒤에도 그다지 배우지 못한다(Pinker, 1994). 그러나 이 아이들의 발달은 너무나 비정상적이고 그들의 어린 시절에 관해서 알려진 바가 너무도 없기 때문에 섣불리 어떤 결론을 내려서는 안 된다.

청각장애인 아동을 대상으로 한 연구가 더 좋은 증거가 된다. 말을 배울 만큼 충분히 잘 듣지 못하는 아이들과 수화를 배우지 않은 아이들은 자기네만의 수화를 발명해 낸다(Senghas, Kita, & Özyürek, 2004). 니카라과에서 관찰된 바에 따르면 수화가 수십 년에 걸쳐서 진화함이 밝혀졌다. 청각장애인들이 수화를 배워서는 다음 세대에게 그것을 가르쳤는데, 이 세대는 초기 아동기에 배운 그 수화를 더 정교화하여 표현력이 더 좋은 것으로 만들어서 그 개선된 수화를 다음 세대

---

3 문법에 맞는 표현은 'I don't want to eat lima beans, either'이다.

에게 가르치는 식으로 이어졌다(Senghas & Coppola, 2001).

만약 어떤 청각장애 아이가 수화를 만들어내기 시작하는데 주위에 다른 청각장애 아이가 아무도 없고 어른들도 그 수화를 배우지 못해서 그 누구도 이 아이의 수화에 반응을 하지 않는다면 아이는 점차로 그것을 버리게 된다. 12세 무렵이 되어서야 겨우 수화를 접하게 되는 아이는 수화 기술을 습득하는 데 안간힘을 써야 하고, 더 일찍 시작한 아이들의 수준을 절대로 따라잡지 못한다(Harley & Wang, 1997; Mayberry, Lock, & Kazmi, 2002). 이 관찰은 언어 학습에서 초기의 발달이 중요함을 보여주는 가장 좋은 증거이다. 즉, 어렸을 때 아무런 언어도 배우지 않은 아이는 언어를 배우는 데 영구적으로 장애를 갖게 된다.

두 개의 언어를 배우는 이중 언어(bilingual) 환경에서 자라는 아이들도 있다. 이중 언어를 하는 사람은 뇌에서 두 가지 언어를 표상하는 영역이 서로 다를 것이라고 추측하는 사람들이 많다. 그러나 연구에 따르면 두 언어가 같은 영역을 활성화시킨다(Perani & Abutalebi, 2005). 유아기 초기부터 이중 언어를 사용해 온 사람들은 양쪽 반구 모두에서 언어에 전념하는 뇌 영역이 더 넓고, 뇌에서 더 광범위한 연결이 발달되기는 하지만 같은 뇌 영역이 두 언어 모두에 관여한다(Hull & Vaid, 2007; Luk, Bialstock, Craik, & Grady, 2011; Mechelli et al., 2004; Perani & Abutalebi, 2005). 만약 뇌가 두 언어를 같은 영역에 표상한다면 이중 언어 사용자들이 어떻게 두 언어를 분리시킬까? 그들은 두 언어를 분리시키지 않는다. 적어도 완전히 분리시키지는 않는다(Thierry & Wu, 2007). 그들이 두 언어를 왔다 갔다 할 때면 혼란을 겪는 경우도 종종 있다(Levy, McVeigh, Marful, & Adnerson, 2007; Linck, Kroll, & Sunderman, 2009).

이중 언어 사용은 두 가지 단점이 있다. 아이들이 언어 하나보다는 두 개를 마스터하기까지 시간이 더 오래 걸리고, 언어 하나를 하는 사람보다 어휘력이 떨어진다는 점이다. 이중 언어 사용자들은 어떤 단어를 떠올리는 데 평균보다 오래 걸리는 경우가 종종 있다(Bialystok, Craik, & Luk, 2008). 이중 언어 사용의 주요 장점은 명백하다. 다른 언어를 아는 사람은 더 많

그림 8.25 이중 언어 혹은 다중 언어 환경에서 자란 아이들은 더 많은 사람과 의사소통할 수 있는 능력뿐 아니라 주의를 통제할 수 있는 능력이 발달된다는 이점이 있다.

은 사람과 의사소통을 할 수 있다(그림 8.25). 또 다른 장점은 이중 언어 사용자들은 한 언어의 틀에서 또 다른 언어의 틀로 왔다 갔다 함으로써 주의를 통제하는 연습을 하게 된다. 그러는 과정에서 주의를 통제하고 방해자극을 억제하며 작업기억에 정보를 유지하는 능력이 향상된다. 평균적으로, 그들은 한 가지 언어를 사용하는 사람들에 비해 더 잘하는 비언어적 과제들이 많다(Bialystok, Craik, Green, & Gollan, 2009).

개념 점검

18. 언어 발달을 위해서는 초기에 언어를 접하는 것이 필요함을 보여주는 가장 설득력 있는 증거는 무엇인가?
19. 이중 언어 사용의 장점과 단점은 무엇인가?

언어의 이해

영어에는 뜻이 애매모호한 단어들이 많다. 예를 들어 영어에서 peck이란 단어는 '부쉘⁴의 4분의 1'이라는 뜻도 있고 '부리로 쪼다'는 뜻도 있다. rose는 장미꽃을 의미하거나 rise라는 동사의 과거형이 될 수 있다. desert는 마른 땅인 사막을 뜻할 수도 있고 누군가를 버린다는 뜻이 될 수 있다. 그런데 맥락상으로 듣는 사람이 보통 그 의미를 알아듣는다.

여러 언어를 비교해 보면 맥락의 중요성을 더욱 깨닫게 된다. 표준중국어에는 명사의 수에 따른 구분이나 동사의 시제 구분이 없고, 영어의 a나 the 같은 관사가 없

---

4 bushel. 곡물이나 과일을 측정하는 중량 단위로 약 36리터에 해당함.

다. 따라서 "한 남자가 사과 하나를 사고 있다(A man is buying an apple)."라는 문장이 "그 남자들이 사과 여러 개를 샀다(The men bought apples).", "한 남자가 사과 여러 개를 살 것이다(A man will buy apples)." 등등을 뜻할 수 있다. 이렇게 모호함에도 불구하고 듣는 사람은 보통 맥락 속에서 그 의미를 이해한다. 만약 맥락이 충분하지 않으면 말하는 사람이 '내일' 혹은 '어제' 같은 단어를 덧붙인다. 말레이어에는 "당신과 나(you and I)"를 뜻하는 하나의 단어가 있고 "다른 사람과 나(someone else and I)"를 뜻하는 다른 단어가 또 있다. 영어로 번역하면 두 단어 모두 'we'이다. 말레이시아 사람들은 'we'라는 애매한 단어를 듣고 사람이 어떻게 이해하는지 의아해 한다. 영어 사용자가 중국인이 단수와 복수 혹은 시제를 나타내는 말이 없이 어떻게 의사소통을 하는지 의아해 하는 것과 꼭 마찬가지로 말이다.

단어의 이해

맥락은 우리가 한 단어를 어떻게 해석할지를 결정할 뿐만 아니라 애매한 소리가 이렇게 또는 저렇게 들리도록 우리를 점화시킨다. 예를 들어 정상적인 s 소리와 정상적인 sh 소리의 중간에 있는 소리를 컴퓨터로 만들어냈다. 이 어정쩡한 소리가 'embarrass'라는 단어 말미에 오게 되면 사람들이 그것을 's' 소리로 들었다. 같은 소리가 'abolish'라는 단어의 말미에 오게 되면 사람들은 그것을 'sh' 소리로 들었다(Samuel, 2001).

또한 우리는 들리는 말을 이해하기 위해 입모양 읽기를 스스로 알고 있는 정도보다 더 많이 이용한다. 입 모양이 소리에 대응되지 않으면 우리는 보는 것과 듣는 것 사이의 타협점을 찾는다(McGurk & MacDonald, 1976).

한 연구에서 학생들에게 어떤 소리가 빠져 있는 하나의 문장을 테이프에 녹음하여 들려주었다(Warren, 1970). 그 문장은 "The state governors met with their respective legislatures convening in the capital city(주지사들이 수도에서 모임을 하고 있는 각 해당 주의 입법부 관계자들을 만났다)."라는 것이었다. 그런데 legislatures(입법부)라는 단어의 첫 번째 s, 그리고 그와 인접한 i와 l의 일부가 기침소리나 신호음으로 대체되었다. 학생들에게 녹음된 것을 들려주고 기침 소리나 신호음의 위치가 어디인지를 가려내 보라고 했다. 20명의 학생들 중 그 위치를 정확하게 가려낸 사람은 한 명도 없었고, 기침소리나 신호음이 방해한 단어가 그 단어가 아니라 다른 단어들 중 하나라고 생각한 사람이 절반이었다. s 소리가 빠져 있었다는 말을 들은 사람들조차도 분명히 s 소리를 들었다고 고집했다. 뇌가 맥락을 이용하여 빠진 소리를 채워 넣는 것이다.

legislatures라는 단어를 분리된 글자들의 묶음이 아닌 하나의 전체로 듣는 것과 똑같이, 우리는 한 번에 단어 하나가 아니라 단어들의 연쇄를 하나의 전체로 해석한다. dent와 tent의 중간쯤 되는 소리가 나도록 세심하게 조작된 단어가 녹음된 테이프를 듣는다고 해보자. 당신이 그것을 지각하는 방식은 맥락에 따라 달라진다.

1. When the *ent in the fender was well camouflaged, we sold the car.[5]
2. When the *ent in the forest was well camouflaged, we began our hike.[6]

1번 문장을 들은 사람들 대부분은 그 단어가 dent였다고 말한다. 2번 문장을 들은 사람들 대부분은 그 단어가 tent였다고 보고한다. 이제 다음 두 문장을 더 보자.

3. When the *ent was noticed in the fender, we sold the car.[7]
4. When the *ent was noticed in the forest, we stopped to rest.[8]

3번 문장과 4번 문장에서는 맥락이 너무 늦게 나와서 도움이 되지 않는다. 사람들이 dent를 들었다고 보고할 가능성이 두 문장 모두에서 비슷하다(Connine, Blasko, & Hall, 1991). 이것이 무엇을 의미하는지를 생각해 보라. 처음 두 문장에서는 fender 혹은 forest라는 단어가 *ent보다 세 음절 뒤에 나타났다. 3번과 4번 문장에서는 fender 또는 forest라는 단어를 여섯 음절 뒤에 듣게 된다. 애매한 소리가 들리면 맥락이 그것을 명백하게 해줄 때까지 우리는 대략 세 음절 동안 그 소리를 '결정되지 않은' 상태로 남겨 두는 것임이 분명하다. 그 시점 이후에는 너무 늦은 것이다.

맥락은 오랫동안 지연되면 애매한 단어를 정확하게 듣는 데 도움이 안 되기는 하지만 그 단어의 뜻을 이해하는 데는 여전히 도움이 된다. 다음 문장을 보자(Lashley, 1951).

Rapid righting with his uninjured hand saved from loss the contents of capsized canoe.

누군가가 이 문장을 말하는 것을 귀로 듣기만 해서 철자를 전혀 보지 못한다면, 처음에는 두 번째 단어가 writing으로 해석되기 마련이다.[9] 그런데 문장의 마지막 두 단어에 이르면 이야기가 달라진다. 갑자기 capsized canoe라는 어절이 righting이 '노를 가지고

....

5 번역문: 범퍼의 *트가 잘 가려지자, 우리는 차를 팔았다.
6 번역문: 숲 속 *트가 잘 가려지자, 우리는 하이킹을 시작했다.
7 번역문: 범퍼에서 *트가 보이자 우리는 차를 팔았다.
8 번역문: 숲속에서 *트가 보이자, 우리는 쉬려고 멈췄다.
9 그럴 경우, 주어 부분은 '그의 다치지 않은 손으로 글씨를 빨리 쓰기'라는 뜻이 된다.

밀기'를 뜻함을 알려준다.[10] 맥락은 즉각적으로 나타날 때만 우리가 듣는 소리에 영향을 미치는데, 그렇지만 지연되면 어떤 단어의 뜻을 바꿀 수 있다.

문장의 이해

언어를 이해하려면 세계에 관한 지식이 필요하다. 예를 들어 다음의 문장들(Just & Carpenter, 1987)을 보자.

That store sells horse shoes.
That store sells alligator shoes.

사람들은 horse shoes는 '말이 신는 신발'을 의미하는 것으로 해석하지만 alligator shoes는 '악어가죽으로 만든 신발'로 해석한다. 문장에 대한 우리의 이해는 그 문장의 구조뿐만 아니라 세계에 관한 우리의 지식에도 의존한다.

또 다른 예를 보자.

I'm going to buy a pet hamster at the store, if it's open.[11]
I'm going to buy a pet hamster at the store, if it's healthy.[12]

문장의 구조만 보면 it이 첫째 문장에서는 the store를 가리키고 둘째 문장에서는 a hamster를 가리킨다는 점을 알려주는 것이 전혀 없다. 우리가 제대로 이해를 한 이유는 가게는 열릴 수 있지만 햄스터는 열릴 수 없고, 반면에 햄스터는 건강할 수 있지만 가게는 그럴 수가 없음을 알고 있기 때문이다.

요약하자면, 어떤 문장에 대한 이해는 세계에 관해 우리가 갖고 있는 지식 그리고 문장의 화자나 저자와 우리가 공유하고 있는 모든 가정에 의존한다. 때로는 심지어 우리가 어디에 있는가를 기억해야만 할 때도 있는데 왜냐하면 장소에 따라서 어떤 단어의 뜻이 달라지기 때문이다. (그림 8.26)

▶ 직접 해 보세요!

이제 다음 문장을 살펴보자. While Anna dressed the baby played in the crib.[13] Anna가 옷을 입힌 사람은 누구일까? 요람에서 논 사람은 누구일까? 쉼표를 더하

그림 8.26 영국에서는 football coach가 축구 팬들이 잔뜩 탄 버스이다. 미국에서는 football coach가 미식축구팀을 지도하는 사람이다.(역주: 이 경고판이 영국에서는 "예약하지 않은 축구팬 전세버스는 들어올 수 없음"을, 미국에서는 "예약하지 않은 축구 코치는 들어올 수 없음"을 의미한다.)

면 문장이 단순해지겠지만 쉼표 없이도 영어 문법은 'baby'가 dressed의 목적어인 동시에 played의 주어가 되는 것을 금한다. 아기가 요람에서 놀았다면(당신은 틀림없이 그렇게 답했을 것이다) Anna 자신이 옷을 입었음이 분명하다. 그럼에도 불구하고 많은 사람들이 Anna가 아기의 옷을 입혔다고 생각한다(Ferreira, Bailey, & Ferraro, 2002). 말을 하거나 글을 쓸 때에는 사람들이 우리가 하는 이야기를 어떻게 오해할 수 있는지를 생각해 보려고 하는 것이 중요하다.

언어 이해의 한계

어떤 문장은 문법에는 맞지만 거의 이해가 불가능하다. 그 한 예가 이중으로 내장된 문장, 즉 문장 안에 문장이 있고 또 그 안에 문장이 있는 경우이다. 문장 하나에 다른 문장이 내장된 문장은 단순하지는 않지만 이해는 가능하다.

The dog the cat saw chased a squirrel.[14]
The squirrel the dog chased climbed the tree.[15]

첫째 문장에서는 'the cat saw the dog'이 'the dog chased a squirrel'에 내장되어 있다. 둘째 문장에서는 'the dog chased the squirrel'이 'the squirrel climbed the tree'에 내장되어 있다. 여기까지는 좋다. 그런데, 이제 이중으로 내장된 문장을

---

10 right는 동사로서 "~을 똑바로 세우다, 일으키다"는 뜻이 있다. 따라서 이 문장은 '그가 다치지 않은 손으로 재빨리 (노를 저어) 전복된 카누를 일으켜 세워서 속에 있던 물건들을 잃어버리지 않았다.'라는 뜻이 된다. "from loss"를 문장의 맨 끝으로 옮기면 해석이 쉬워진다.

11 번역문: 그 가게에서 애완용 햄스터를 살 거야, 열었으면.

12 번역문: 그 가게에서 애완용 햄스터를 살 거야, 건강하면.

13 번역문: Anna가 옷을 입는 동안 아기는 침대에서 놀았다. (dressed 다음에 쉼표를 넣으면 해석하기 쉽다.)

14 번역문: 고양이가 본 개가 다람쥐를 쫓아갔다.

15 번역문: 개가 쫓아간 다람쥐가 나무를 기어 올라갔다.

그림 8.27 대부분의 학생들은 자기가 직접 이름표를 붙였음에도 불구하고 '청산가리 아님'이라는 이름표 대신 '설탕'이라는 이름표가 붙은 병의 설탕으로 만들어진 음료를 선호했다. 사람들이 '아님'이라는 단어를 항상 신뢰하지는 않는다. (Rozin, Markwith, & Ross, 1990의 결과에 기초함)

살펴보자.

The squirrel the dog the cat saw chased climbed the tree.[16]

이중으로 내장된 문장은 기억에 과도한 부담을 준다. 사실 우리의 기억이 다른 문제들로 이미 꽉 차 있다면 문장 하나가 내장된 문장을 이해하기도 곤란할 수 있다 (Gordon, Hendrick, & Levine, 2002).

이중 부정 역시 이해하기 힘들다. "I would not deny that …"은 동의한다는 것을 의미한다. "It is not false that …"은 무언가가 사실임을 의미한다. 사람들은 흔히 그런 문장들을 잘못 이해한다. "Which of the following is not true …"(다음 중 사실이 아닌 것은?)라고 묻는 객관식 시험 문제에서 답지 중 하나에 not이 들어 있는 경우를 본 적이 있는가? 그런 문항에서는 혼란이 올 것임이 거의 확실하다.

삼중 부정은 이보다 더 어렵다. 심지어 사중 부정을 포함하는 다음의 문장을 살펴보자(강조는 첨가됨). "If you do *not* unanimously find from your consideration of all evidence that there are *no* mitigating factors sufficient to *preclude* the imposition of a death sentence, then you should sign the verdict requiring the court to impose a sentence *other* than death."[17] 이 문장은 수년 전 일리노이 주에서 배심원들에게 사형 선고와 무기징역을 두고 어떻게 판단을 내릴지 설명하기 위해 판사들이 읽어주곤 했던 지시문이다. 그것을 이해한 배심원들이 많았으리라고 생각하는가?

단일 부정문의 경우, 사람들이 '아니다' 또는 '없다'는 단어의 의미를 전적으로 수용하지 않는 경우가 흔히 있다. 포장지에 "바퀴벌레 성분 없음"이라고 쓰여 있는 식품이 있다고 하자. 그런 표시가 사람들에게 그 상품을 사도록 권장하겠는가? 전혀 아니다! 예전에 필자가 비행기를 탔는데, 출발 직후 엔진 두 개 중 하나가 고장 나서 회항한 적이 있었다. 승무원이 승객들에게 무슨 일이 일어나고 있는지 이야기했는데, "당황하지 마세요."라고 말하자 우리는 당황할 이유가 있다는 것을 깨닫게 되었다. 당신이 누군가에게 무엇을 부탁했을 때 그 사람이 "No problem"이라고 말하면 당신은 어떤 반응을 하는가? "no problem"이라는 표현은 거의 문제가 생길 뻔했거나 어쩌면 아주 사소한 문제가 있음을 함의한다.

기발한 실험 하나를 예로 들자면, 두 개의 병에 실험자가 설탕을 붓는 것을 학생들이 보고 있었다. 그런 다음 학생들에게 한 병에는 '자당, 설탕'이라는 딱지를 붙이고 다른 병에는 '청산가리 아님, 독극물 아님'이라는 딱지를 붙이라고 했다. 그리고 실험자가 각 병에 담긴 설탕을 퍼서 음료 두 잔을 만들고서는 학생들에게 그 중 어느 것을 골라 마실지 선택하라고 했다(그림 8.27). 44명이 둘 중 하나를 선택했는데, 그 중 35명이 직접 표기한 병 중 독극물이 들지 않았다고 표기한 것이 아니라 '자당'이라고 표기한 병의 설탕으로 만든 것을 원했다(Rozin, Markwith, & Ross, 1990).

읽기

언어 연구자들은 음소와 형태소를 구분한다. 음소(phoneme)는 f나 sh 같은 소리의 최소 단위이다. 형태소(morpheme)는 의미를 갖는 최소 단위이다. 예를 들

---

16 번역문: 고양이가 본 개가 쫓아간 다람쥐가 나무를 기어 올라갔다.
17 번역문: 모든 증거를 고려한 결과 사형 구형을 배제할 경감 요인이 없다고 배심원들이 만장일치로 판단하지 않는다면, 법정이 사형이 아닌 형을 구형하도록 요구하는 평결에 서명해야만 한다.

음소
(소리의 단위)

형태소
(의미의 단위)

그림 8.28 shamelessness라는 단어는 아홉 개의 음소(소리의 단위)와 세 개의 형태소(의미의 단위)를 지닌다.

면 thrills라는 명사에는 두 개의 형태소(thrill과 s)가 들어 있다. 맨 끝에 있는 s가 의미의 단위가 되는 이유는 그것이 그 명사가 복수임을 나타내기 때문이다(그림 8.28). harp(하프)는 한 개의 형태소를 갖고, harping(하프 켜기)은 두 개의 형태소를 갖지만 harpoon(작살)은 한 개의 형태소만을 갖는데, harpoon은 harp에서 유래된 말이 아니기 때문이다. 형태소는 친숙하지 않은 한 단어를 우리가 의미 있는 부분들로 쪼개도록 도와준다. 예를 들어, reinvigoration이라는 단어는 re-in-vigor-ation(다시라는 뜻의 re, 무언가를 생성한다는 뜻을 가진 접두어 in, 활기를 뜻하는 vigor, 동사를 명사형으로 만드는 ation)으로 볼 수 있는데, 이는 vigor(활기)를 다시 증가시키는 과정을 의미한다.

영어 및 다른 유럽 언어를 읽는 사람에게는 한 글자 혹은 여러 글자의 조합이 한 개의 형태소를 나타낸다는 점이 익숙하다. 그러나 일본어 히라가나 표기에서는 각각의 글자가 한 개의 음절(syllable)을 나타낸다. 중국어에서는 글자 한 개가 하나의 형태소를, 그리고 보통은 한 단어 전체를 나타낸다.

情緒と活
うつ病,

일본어 히라가나

聖東溷出壽
栖紫爰時毖
烱燴東闔一株
生香得藥清

중국 한자

일본어 히라가나와 중국의 한자로 쓴 글자의 예시

20. thoughtfully라는 단어에는 몇 개의 음소가 있는가? 형태소는 몇 개인가?

단어 인식

앞의 내용을 상기해 보면, 전문성은 수년간의 연습을 통해 생겨나서 어떤 사람이 복잡한 형태를 한눈에 알아보게끔 된다. 우리는 어린 시절부터 거의 매일 하루에 몇 시간씩 책을 읽어왔기 때문에 독서의 전문성을 키워왔을 터이다. 우리는 스스로 전문가라고 여기지 않을 수도 있는데 그 이유는 우리가 보통은 다른 사람보다 훨씬 더 능숙한 사람을 가리킬 때 전문가라는 용어를 사용하기 때문이다. 그렇지만 체스판의 형태를 한눈에 알아보는 전문가처럼 우리는 단어를 즉각적으로 알아본다. 한 연구에서는 사람들이 아주 짧게 제시된 단어가 fish인지 fist인지를 알아채는 속도와 정확성이 sung인지 아니면 lung인지를 알아채는 것과 똑같았다(Adelman, Marquis, & Sabotos-DeVito, 2010). 그 결과는 우리가 단어를 하나의 전체로 읽는다는 것을 함의한다. 왜냐하면 끝에 있는 글자를 보는 속도가 첫 글자를 읽는 속도와 다르지 않기 때문이다.

다음 실험을 살펴보자. 실험자가 글자 하나를 4분의 1초 미만 동안 화면에 비추고, 간섭을 일으키는 무늬를 보여준 다음 "글자가 C였는가 아니면 J였는가?"라고 묻는다. 그 다음에는 실험자가 동일한 조건인데 글자가 아니라 단어 전체를 화면에 보여주고 "단어의 첫 글자가 C였는가 아니면 J였는가?"라고 묻는다(그림 8.29). 둘 중 어느 질문이 더 쉬울까? 사람들 대다수가 글자 하나만 나타났을 때보다 글자가 단어의 일부였을 때 더 정확하게 가려낸다(Reicher, 1969; Wheeler, 1970). 이것이 단어 우월 효과(word superiority effect)라는 것이다.

추가 연구에서 James Johnston과 James McClelland(1974)는 학생들에게 화면에 단어를 짧게 비춰주고 각 단어에서 표시된 위치에 있는 글자 하나를 식별해 내게 했다(그림 8.30). 어떤 시행에서는 실험자가 학생들에게 전체 단어를 보도록 노력하라고 말했다. 다른 시행에서는 실험자가 결정적인 글자가 화면에서 정확히 어디에 나타날지 보여주면서 그 지점에 초점을 맞추고 화면의 나머지 부분은 무시하라고 말했다.

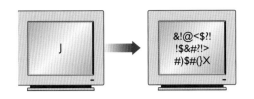

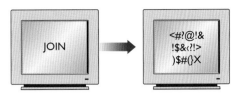

그림 8.29 단어 하나 혹은 글자 하나를 화면에 비춰준 다음 간섭을 일으키는 무늬를 비춰주었다. 관찰자들에게는 화면에 "나타난 것이 C인가 J인가?"라는 질문을 한다. 글자가 단어의 일부였을 때 그것을 정확하게 가려내는 사람이 더 많았다.

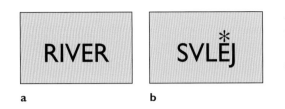

a   b

그림 8.30 학생들이 지정된 지점에 있는 하나의 글자(b)보다 전체 단어(a)에 초점을 둘 때 표시된 글자를 더 잘 가려냈다.

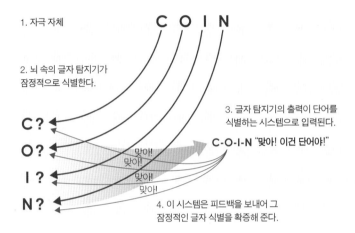

그림 8.31 한 모형에 따르면 시각 자극이 특정 글자 단위들을 활성화시키는데, 어떤 단위는 다른 단위보다 더 강하게 활성화된다. 그러면 이 글자 단위들이 어떤 단어 단위를 활성화시키고, 이 단어 단위가 다시 이를 구성하는 글자 단위들을 강화시킨다. 이런 이유로 인해 우리는 하나의 글자보다 전체 단어를 더 쉽게 인식한다.

응되는 단위들이 중간 정도로 활성화된다고 가정해 보자. 이 단위들은 COIN이라는 단어에 대응되는 더 상위의 단위를 흥분시킨다. 네 개의 글자 단위 중 어느 것도 혼자서 강한 메시지를 보내지는 않지만 그것들이 합쳐진 효과는 강력하다(McClelland & Rumelhart, 1981). 그런 다음 COIN이라는 지각이 개별 글자를 식별하는 단위들에 흥분성 피드백을 주어서 잠정적으로 식별되었던 각 글자를 확증해 준다.

이 모형은 그림 8.32에 대한 우리의 지각을 설명하는 데 도움이 된다. 그림의 맨 위에 있는 단어가 PFB가 아니라 RED로 보이는 이유는 무엇일까? 그 아래에 있는 다른 단어들에서는 그 글자들이 P, F, B처럼 보인다. 맨 위 단어에서 애매한 첫 번째 글자는 P 단위와 R 단위를 활성화시키고, 두 번째 글자는 E와 F 단위, 그리고 세 번째 글자는 D와 B 단위를 활성화시킨다. 그러면 이 단위들 모두가 합쳐져서 RFB, PFB, PFD 그리고 RED에 대응되는 다른 단위들을 활성화시킨다. 그 단어가 RED(선택지들 중 유일한 영어 단어)라고 잠정

대부분의 학생들은 글자 하나에만 초점을 맞출 때보다 전체 단어를 볼 때 결정적인 글자를 더 잘 식별했다. 이러한 효과는 COIN 같은 진짜 단어에 대해서만 일어났고, CXQF 같은 무의미 철자 조합에서는 일어나지 않았다(Rumelhart & McClelland, 1982).

당신 자신이 단어 우월 효과를 경험했을지도 모른다. 긴 시간 자동차 여행을 하면 지루함을 달래려고 사람들이 가끔씩 옥외 광고판에서 알파벳의 모든 글자가 있는지 찾으려고 해본다. 단어를 읽어서 글자를 찾아내는 것이 글자를 하나씩 확인하는 것보다 더 쉽다.

단어 우월 효과를 어떻게 설명할 수 있을까? 한 모형에 따르면(McClelland, 1988; Rumelhart, McClelland, & the PDP Research Group, 1986), 우리의 지각과 기억은 뉴런들의 집합에 해당하는 '단위'들 사이의 연결로 표상된다. 각 단위가 다른 단위와 연결을 맺는다는 말이다(그림 8.31). 그래서 어떤 단위가 활성화되면 그것은 이웃한 단위들 중 일부는 흥분시키고 일부는 억제한다. C, O, I, N이라는 각각의 글자에 대

RED
SROT
E ISH
DEBT

그림 8.32 가능한 글자들의 조합이 우리로 하여금 어떤 단어를 식별할 수 있게 해 준다. 그러면 단어 인식은 다시 글자 식별을 확인하도록 돕는다. (출처: Rumelhart, David E., James L. McClelland, and PDP Research Group, PARARREL DISTRIBUTED PROCESSING, VOLUME 1: EXPECTATIONS IN THE MICROSTRUCTURE OF COGNITION; FOUNDATIONS. 저작권은 MIT에 있음, MIT 출판부의 허가하에 실음)

적으로 지각되면 피드백을 통해 R, E, D 단위의 활동이 강해진다. 단어 인식은 이보다 더 복잡해질 수 있다. 다음의 문장을 살펴보라.

They boy cuold not slove the porblem so he aksed for help.[18]

모든 단어들이 철자가 정확하면 물론 더 빨리 읽히지만 대부분의 독자들은 위의 단어들을 could, solve, problem, asked로 '인식'한다(Rayner, White, Johnson, & Liversedge, 2006; White, Johnson, Liversedge, & Rayner, 2008). 우리가 무언가를 읽을 때에는 맥락을 처리하여서 제자리를 벗어난 글자들조차도 정확한 단어 식별을 활성화시킨다. (이런 경향이 교정을 보는 사람에게는 문제가 되어서 때로는 오자나 탈자를 인지하지 못하는 것이다!)

개념 점검

21. 우리가 단어를 읽을 때 한 번에 한 글자씩 읽지는 않음을 보여주는 증거는 무엇인가?

독서와 안구 운동

독서에는 당연히 안구운동이 필수적이다. 심리학자들이 안구운동을 관찰하자 독자의 눈이 단속적인 방식으로 움직임이 밝혀졌다. 우리 눈이 움직이는 대상을 따라갈 때는 꾸준히 움직이지만 인쇄물 같은 고정된 대상을 훑어볼 때에는 고정과 도약 안구 운동을 교대로 한다. 고정(fixations)은 눈이 정지되어 있는 것이고 도약 안구 운동(saccades)은 눈이 한 응시점에서 다른 응시점으로 재빨리 움직이는 것이다. 우리가 글을 읽는 것은 눈이 고정되어 있는 동안이지 도약 안구 운동 도중이 아니다. 우리의 안구 운동을 누군가가 관찰한다면 우리의 주의가 언제 흐트러지는지 알아낼 수 있다. 눈의 고정 기간이 길어지고, 잘못된 지점에 더 많이 고정되며, 내용의 난이도에 덜 민감해지는 때가 그런 때이다(Reichle, Reineberg, & Schooler, 2010). 또한 눈도 더 자주 깜박인다(Smilek, Carriere, & Cheyne, 2010).

평균적인 성인 독자의 경우 대부분의 고정 기간

은 200~250ms 동안 지속된다. 고정 기간은 legal 같은 친숙한 단어에 대해서보다 luau[19] 같은 어려운 단어나 lead 같은 둘 이상의 뜻이 있는 단어에 대해서 더 길다(Rodd, Gaskell, & Marslen-Wilson, 2002). 도약 안구 운동은 25~50ms밖에 안 걸리기 때문에 정상적인 독서 속도에서는 초당 약 네 번의 고정이 일어난다(Rayner, 1998).

사람이 눈을 한 번 고정하는 동안 얼마나 많이 읽을 수 있을까? 한 번에 글자 약 11개가 일반적인 한계이다. 이를 보여주기 위해 다음의 문장에서 화살표(↓)로 표시된 글자 i에 초점을 맞추어 보라.

↓

1. This is a sentence with no misspelled words.[20]

↓

2. Xboc tx zjg rxunce with no mijvgab zucn.

눈을 앞뒤로 왔다 갔다 하도록 허용하면 문장 2가 엉터리임을 인식하게 된다. 하지만 충실하게 응시점을 바라보고 있는 한 이 문장은 괜찮아 보인다. 우리는 눈을 고정한 글자에다가 더해서 (띄어쓰기를 포함하여) 왼쪽으로 서너 개 그리고 오른쪽으로는 약 일곱 개의 글자를 더 읽는다. 나머지는 너무 흐릿해서 알아보기가 힘들다. 따라서 우리는 – –ce with no m – – 또는 아마도 – –nce with no mi – –를 보게 된다.

11개 글자라는 이 한계는 조명에 따라 좀 달라진다. 희미한 조명 아래에서는 읽을 수 있는 범위가 글자 한두 개밖에 안 될 정도까지 감소하며 따라서 독서 능력도 그만큼 떨어진다(Legge, Ahn, Klitz, & Luebker, 1997). 글자 크기가 엄청나게 크거나 작지 않은 한 이 한계는 글자 크기에 좌우되지 않는다(Miellet, O'Donnell, & Sereno, 2009). 아래 보기에서 다시 한 번 각 문장에서 i에 초점을 맞추고 그것의 왼쪽과 오른쪽으로 몇 개의 글자를 읽을 수 있는지 확인해 보라.

↓

This is a sentence with no misspelled words.

↓

This is a sentence with no misspelled words.

↓

is a sentence with no misspelled

우리의 읽기 폭(reading span)이 망막중심오목(중심와)에 몇 개의 글자가 들어갈 수 있는지에 의해 제한된다면 글씨체가 커질수록 읽을 수 있는 글자의 수가 줄어들 것이다. 실제로는 (어느 정도까지는) 글씨체가 커져도 작을 때와 견주어 똑같이 잘

---

18 철자가 틀리지 않았을 경우 '소년은 문제를 풀 수가 없어서 도움을 청했다'라는 뜻.

19 '하와이식 파티'라는 뜻.

20 번역문: 이것은 철자가 잘못된 단어가 없는 문장이다.

읽거나 심지어는 더 잘 읽는다.

연구 결과는 언어에 따라 다르다. 영어보다 글자 하나가 더 많은 정보를 전달하는 일본어와 중국어에서는 독자의 눈이 한 번 고정될 때마다 읽히는 글자의 수가 더 적다(Rayner, 1998). 다시 말해, 그 한계는 사람이 한 번에 주의를 기울일 수 있는 의미의 양에 달려 있다. 왼쪽에서부터 오른쪽으로 필기하는 히브리어와 페르시아어에서는 독자가 눈이 고정된 곳보다 왼쪽에 있는 글자를 더 많이 읽고 오른쪽에 있는 글자는 더 적게 읽는다(Brysbaert, Vitu, & Schroyens, 1996; Faust, Kravetz, & Babkoff, 1993; Malamed & Zaidel, 1993).

속독을 하는 사람이 보통의 독자와 어떻게 다른지 궁금할 수도 있겠다. 평균적인 성인 독자는 1초에 네댓 번 눈을 고정시키고 가끔씩 되돌아가므로 전반적으로 분당 약 200단어를 읽는다. 속독자들은 눈을 더 짧게 고정하며, 되돌아가는 횟수가 더 적고, 한 번 고정할 때 읽는 글자 수가 조금 더 많다(Calef, Pieper, & Coffey, 1999).

그들은 연습을 통해 대다수 내용에 대해 정상적으로 이해하면서 독서 속도를 두세 배 더 빠르게 한다. 그러나 어려운 내용을 이해하려면 독자는 속도를 늦추고 그에 대해 생각할 필요가 있다. 속독자들이 대학 교재를 읽을 때는 독서 속도를 늦추거나(Just & Carpenter, 1987) 아니면 시험을 망친다(Homa, 1983).

개념 점검 22. 만약 어떤 단어가 11글자를 넘는다면 독자가 그 단어를 읽는 데 두 번 이상 눈을 고정해야 할까?

맺음말   단원 8.3

언어와 인간성

이 단원을 시작하면서 우리는 "언어가 인간에서 그렇게 유용하다면 왜 다른 종들에서는 미약하게라도 진화를 통해 언어가 생겨나지 않았을까?"라는 질문을 살펴보았다. 어떤 연구도 이 질문에 답을 주지는 않지만 우리가 추측할 수는 있다.

동물의 적응 중에는 그 정도가 작을 때보다 클 때 훨씬 더 유용한 것이 많다. 예를 들어 몸에서 냄새가 나는 것은 스컹크에게 극도로 유용하다. 그런데 냄새가 약간 나는 것은 별로 도움이 되지 않을 것이다. 고슴도치는 긴 가시 때문에 살아남는다. 짧은 가시 몇 가닥이 있다면 약간은 도움이 되겠지만 크게 도움이 되지는 않는다. 마찬가지로, 언어가 미약하게 발달된 상태는 아마도 불안정한 상태일 것이다. 진화론적으로 말하자면 말이다. 일단 인간 같은 종에서 진화를 통해 언어가 조금 생기고 나면 언어 능력이 더 나은 개체가 그렇지 않은 개체에 비해 진화적으로 선택을 받는 데 엄청난 이점을 갖게 될 것이다.

요약

• **언어의 생산성.** 인간의 언어는 새로운 개념을 표현하기 위한 새로운 단어와 구절들을 창조하게끔 해준다. (337쪽)

• **동물을 대상으로 한 언어 훈련.** 보노보는, 그리고 그보다는 덜하지만 다른 종들도, 언어의 특정 측면을 학습했다. 인간에게는 유인원 조상에게서 찾아볼 수 있는 잠재능력이 진화 중에 정교화된 것이 분명하지만, 거기서 더 나아가 그 능력이 더 크게 발전되었다. (338쪽)

• **언어와 지능.** 언어 없이도 지능을 갖거나 아니면 지능의 다른 측면은 갖지 않고 언어만을 갖는 것도 가능하다. 그러므로 많은 심리학자들은 언어를 단순히 전반적인 지능의 부산물이 아니라 하나의 전문화된 능력으로 간주한다. (340쪽)

• **언어 학습 소인.** Noam Chomsky와 여타 학자들은 아이들이 언어를 쉽게 습득한다는 사실은 우리가 언어를 촉진하는 소인을 타고남을 보여준다고 주장해 왔다. (340쪽)

• **뇌 조직화와 실어증.** 뇌 손상, 특히 좌반구 손상은 사람이 언어를 이해하거나 사용하는 능력에 장애를 일으킨다. 많은 뇌 영역이 다양한 방식으로 언어에 기여한다. (341쪽)

• **언어 발달의 단계.** 아이들은 언어 발달에서 여러 단계를 거치는데, 이는 뇌 구조의 성숙을 반영한다. 처음부터 아이들의 언어는 창의적이어서 언어의 규칙을 사용하여 새로운 단어의 조합과

문장들을 만들어낸다. (342쪽)

- 언어를 접하지 못했거나 두 가지 언어를 접한 아이들. 청각장애 아이들은 언어를 접하지 못하면 자기네만의 수화를 만들어낸다. 그런데 구어도 수화도 배우지 않은 청각장애 아이는 이후 어떤 언어든 잘 학습하지 못한다. 이중 언어 환경에 있는 아이는 때로는 두 개의 언어를 따로 유지하는 데 어려움을 겪기도 하지만 주의를 통제하고 이동시키는 능력이 커지는 이득을 본다. (343쪽)
- 언어의 이해. 우리는 세계에 대해 일반적으로 갖고 있는 지식을 적용하여 애매한 단어와 문장을 맥락 안에서 이해하게 된다.

(344쪽)

- 언어 이해의 한계. 이해하기 어려운 문장이 많이 있는데, 특히 구절이 내장된 문장 혹은 둘 이상의 부정이 들어간 문장이 그러하다. (346쪽)
- 읽기. 우리가 책을 읽을 때에는 눈이 고정된 시간과 도약적으로 움직이는 시간이 교대로 나타난다. 평균적인 성인은 눈이 한 번 고정될 때 11글자 정도를 읽는다. (347쪽)

핵심 용어

개념 점검 문제에 대한 답

1 갈색 물체로 가득 찬 들판 속에 정지해 있는 갈색 토끼를 찾는 데는 주의 과정이 필요하다. 하지만 깡충깡충 뛰는 토끼를 찾기 위해서는 주의전 과정을 사용해도 된다. (이런 이유로 인해 다른 동물에게 잡아먹힐 위험에 처한 동물은 할 수 있다면 정지해 있다.)

2 변화가 주의전 기제를 통해 눈에 당장 띄지는 않았다. 장면의 각 부분을 한 번에 하나씩 확인하기 위해 주의 과정을 사용해야만 했다.

3 선택지연 과제에서 물음은 어떤 조건에서 사람이 나중에 더 큰 보상을 받기 위해 지금의 보상을 희생하는가이다. 멈춤신호 과제에서 첫째 신호는 어떤 반응을 요구하는데 둘째 신호는 첫째 신호를 취소시킨다. 문제는 사람이 어떤 상황에서 그 반응을 억제할 수 있는가이다.

4 정치가들은 스파게티를 먹는가라는 질문에 답하는 데 더 오래 걸릴 것이다. 연설을 하는 것은 정치가들의 유별난 특성이다. 스파게티를 먹는 것은 그렇지 않다. 두 번째 질문에 답하기 위해서는 정치가들은 사람이고 대부분의 사람은 스파게티를 먹는다는 추론을 해야 한다.

5 'cardinal'이라는 단어를 듣고 홍관조라는 새를 떠올린 사람들에게는 활성화 확산이 일어나 'bird'라는 단어가 점화되었을 것이다. 그러나 'cardinal'을 가톨릭교회의 간부로 생각한 사람에게는 'bird'가 아닌 전혀 다른 종류의 단어가

점화되도록 활성화 확산이 일어난다.

6 최대화주의자가 더 어려움을 겪는다. 왜냐하면 그들은 모든 선택지를 고려하고 싶어 하기 때문이다. 필요충족주의자는 받아들일 만한 선택지를 재빨리 찾을 수 있다.

7 오경보율 5%는 너무 높다. 100명의 무고한 승객들이 탄 비행기가 있고 한 사람이 짐 두 개씩을 부친다고 하자. 폭발물이 없는 가방이 200개인데 그 중에서 이 장치가 5%, 즉 10개의 가방을 폭탄이 든 것으로 식별할 것이다. Speer(1989)는 (연방비행관리국이 사용을 고려했던) 이 장치가 폭탄 한 개를 찾아내는 사이에 오경보를 5백만 번 울릴 것이라고 추산했다.

8 두 집단 모두 과도한 자신감을 가질 수 있다.

9 기저율을 고려하지 않았다. 장년층 모두의 20%가 대학생 전부의 90%보다 더 많다.

10 '수리수리마수리'라는 마법의 단어를 말하지 않고도 건강할 수 있다는 가설을 검증하지 않고서 너무 서둘러서 한 가설을 수용했다.

11 아마도 (b)일 것이다. 사람들은 대개 무언가를 얻기 위해서보다는 손실을 회피하기 위해서 어떤 일을 기꺼이 한다.

12 다른 종류의 전문성과 마찬가지로 암기 전문가들은 패턴을 인식하는 것을 학습한다. 대다수의 사람들은 "하트 킹, 스페이드 2, 클로버 3, 클로버 7, 다이아몬드 에이스"를 카드 다섯 개로

보겠지만 카드를 암기하는 것을 연습한 사람은 이것을 하나의 친숙한 패턴 혹은 그보다 더 큰 패턴의 일부로 볼 수 있다.

13 한 언어에서 다른 언어로 왔다 갔다 하는 것을 포함하여 과제 사이를 왔다 갔다 하기를 연습하면 주의와 중앙 관리 기능에 도움이 된다. (그러나 이런 종류의 연습마저도 주의에만 도움이 되고 다른 종류의 지적 기능에는 도움이 되지 않는다.)

14 아이가 어릴 때 언어 학습을 시작하라. 올바른 반응을 하는 데에 직접적인 강화를 주기보다는 모방에 가능한 한 많이 의존하라.

15 아마도 그렇지 않을 것이다. 사람보다 더 큰 뇌를 가진 종이 이미 여럿인데 언어를 보이지는 않는다. 어떤 사람들은 정상적인 지능이지만 언어에 제한이 있고 다른 사람들은 전체적인 지능은 낮은데도 언어가 거의 정상이다. 뇌 크기, 지능 그리고 언어는 같은 것이 아니다.

16 환자 A는 베르니케 실어증이 있다. 환자 B는 브로카 실어증이 있다.

17 아이들은 한 번에 두 단어를 말하기 시작하자마자 단어를 새로운 조합으로 묶기 시작한다. 아이들이 그런 규칙을 과일반화하여 womans나 goed 같은 단어를 만들어내는 것을 보면 그들이 문법 규칙을 배우고 있음을 알 수 있다.

18 구어를 배울 수 없고 유아기 때 수화로 의사소통할 기회가 없었던 청각장애 아이들은 수화를 배우기에 영구적으로 불리한 상태가 된다.

19 장점: 더 많은 사람들과 말을 하는 것이 가능해지고 주의를 통제하는 능력이 향상된다. 단점: 하나의 언어를 배우는 것보다는 두 개를 배우는 데 더 오래 걸리고, 두 언어 중 어느 하나도 언어 하나만 배우는 사람만큼 마스터하기가 어렵다.

20 음소는 th-ough-t-f-u-ll-y로 7개가 있다. thought-ful-ly라는 세 개의 형태소(사고라는 뜻의 thought, 무언가로 차 있음을 나타내는 ful, 형용사를 부사로 만드는 ly)가 있다.

21 그림 8.32에 있는 것과 같은 애매한 글자들이 어떤 맥락에서는 어느 글자로 보이다가 다른 맥락에서는 또 다른 글자로 보인다. 또한 특정 글자가 제자리에 있지 않을지라도 철자가 틀린 단어를 독자가 때때로 '인식'한다.

22 그럴 때도 있지만 항상 그런 것은 아니다. Memorization이라는 단어의 네 번째 글자에 눈을 고정한다고 가정해 보자. 그러면 그 왼쪽으로 세 개의 글자 그리고 오른쪽으로 일곱 개의 글자를 볼 수 있을 것이다. 다시 말해 마지막 글자만 제외하면 모든 글자를 볼 수 있다. 영어에서 memorizatio-로 시작하는 단어는 단 하나밖에 없으므로 우리는 이미 그것이 무슨 단어인지 안다.

9 지능

© Antonio Mo/Jupiter Images

자전거를 수리하기 위해서는 전반적 문제해결 능력이나
자전거에 대한 전문지식을 활용할 수 있다. 두 접근 방법
모두 지능의 유형을 드러낸다.

저명한 수학자이자 컴퓨터 공학계의 개척자인 Alan Turing은 매일 자전거로 출퇴근을 하는데, 때때로 자전거 체인이 빠져 그것을 교체해야 했다. Turing은 자전거 수리에 대해 기록을 하다 발견한 사실이 있는데 그것은 앞바퀴가 정확히 몇 번 회전한 다음 주기적으로 체인이 빠진다는 것이다. 그 회전수는 앞바퀴 살의 개수와 체인 고리의 개수 그리고 페달의 톱니 개수의 곱이었다. 그리고 그는 어떤 구부러진 바퀴살과 체인의 연결 부위가 접촉될 때마다 체인이 느슨해진다고 추론했다. 따라서 그는 그 구부러진 바퀴살을 찾아내 자전거를 고쳤으며 더 이상 아무 문제없이 타고 다닐 수 있었다(I. Stewart, 1987).

Turing의 문제해결 방식은 상당히 인상적이나 박수를 칠 필요까지는 없다. 우리 동네 자전거 수리공은 이 같은 수학적 지식이 전혀 없어도 자전거 수리를 할 수 있다. 그렇다면 당신은 Turing이 똑똑하지 않다는 의미인 거냐고 질문할 수도 있을 것이다. 물론 아니다. 이 사례의 핵심은 지능이란 Turing이 보여준, 새로운 문제를 해결하는 능력뿐 아니라 자전거 수리공이 갖는 숙련된 기술도 포함한다는 것이다.

앞의 세 장의 목표는 학습, 기억, 인지에 관해 이해하는 것이었다. 앞 장에서는 주로 이론적 측면이 먼저이고 실용적 응용은 뒷전이었다. 여기서는 그 반대이다. 물론 지능에 대한 연구도 중요한 이론적 이슈를 다루지만 전통적으로 지능의 연구는 개인차를 측정하고 학교 수행을 예측하는 실용적 관심사를 중심으로 이어져왔다.

지능과 지능검사

- "지능"이 무엇을 의미할까?
- 지능의 종류는 여러 가지일까?

우주에 지적 능력을 가진 생명체가 있을까? 수 세기 동안 수많은 전파탐지용 접시를 별을 향해 세워두고 외계문명의 신호를 찾길 원했다. 만일 우리가 그 신호를 잡아낸다면 그것을 이해할 수 있을까? 이 사업을 추진하는 사람들은 우주의 생명체가 우리와 의사소통하기에 충분할 정도로 닮아 있을 것이라 가정한다. 하지만 지구상에서 우리는 돌고래에게도 "공을 링에 넣어"라는 아주 피상적 메시지밖에 전달할 수 없다는 것을 고려했을 때 이것은 엄청난 기대이다.

지능의 정의

지능이 무엇일까? 이 질문에 답하기 전에 이 질문을 분석해 보자. 만일 우리가 중력이 무엇인지 혹은 자기력이 무엇인지 묻는다면 정확한 답은 하나밖에 없을 것이다. 그러나 '아름다움'을 묻는다면 이것은 다른 문제이다. 아름다움은 보는 사람의 눈에 달려 있으며, 당신이 어떤 것이 아름답다고 느껴졌을 때 어느 누구도 당신이 틀렸다고 말할 수 없다. 지능이 중력과 같이 정확히 한 가지로만 정의가 가능한 "실재적"인 것일까? 아니면 아름다움과 같이 주관적인 평가를 포함하는가? 아니라면 둘 사이 어딘가에 있는 것일까?

지능을 정확하게 정의하는 것은 쉽지 않다. 여기 몇 가지 시도가 있다(Kanazawa, 2004; Sternberg, 1997; Wolman, 1989).

- 지능은 자신의 환경에 적응하고 환경을 형성하거나 선택하는 정신적 능력이다.
- 지능은 새로운 상황을 다루는 능력이다.
- 지능은 판단하고 이해하고 추론하는 능력이다.
- 지능은 사람과 사물 그리고 상징을 이해하고 다루는 능력이다.
- 지능은 목적에 맞게 행동하고 합리적으로 생각하고 환경을 효과적으로 다루는 능력이다.

위의 정의 중 어느 것도 완벽하게 만족스럽지는 않다. 판단, 이해, 합리적 사고와 같이 분명하게 정의되지 않는 용어의 사용을 주목하라.

심리학자가 먼저 학습, 기억, 인지 능력을 분석하고 거기서 얻어진 지식에 근거하

여 지능을 이해했다고 말할 수 있다면 참 좋았을 것이다. 그런데 실제로 심리학자는 학교에서 좋은 성적을 얻는 능력으로 정의되는 지적인 능력을 검사하는 것에서부터 지능 연구를 시작했다. 그다음 그 검사가 무엇을 측정했는지를 연구했다. 어떤 것에 대해 확실히 알기 전에 측정을 시도하는 것이 이상하게 보일 수 있다. 하지만 어떤 것이 무엇인지 알기 위해서는 연구가 필요하며, 좋은 연구는 모두 측정으로부터 시작된다.

Spearman의 심리 측정적 접근과 g 요인

심리학에서 초창기 지능에 관한 연구 프로그램 중 하나는 Charles Spearman(1904)의 심리 측정적 접근(psychometric approach)인데 이는 수행에서 개인차의 측정을 기반으로 한 것이다. Spearman은 인간이 지시를 제대로 따르고 음정을 맞추고 같은 색을 찾고 수학 문제를 푸는 것과 같은 과제를 얼마나 잘하는지 측정했다. 그는 그의 과제들 중 어떤 과제 수행이든 다른 종류의 과제 수행과 정적 상관이 있음을 발견했다. 이를 통해 Spearman은 모든 과제는 서로 공통점이 있다고 추론했다. 그는 어떤 지능 검사든 잘 수행하기 위해서는 g라고 일컬어지는 "일반" 능력이 필요하다고 주장했다. g는 항상 이탤릭체 소문자로 표시되어야 한다. 수학적 용어인 e(자연로그의 밑변), i(제곱해서 -1이 되는 수)와 같이 말이다.

Spearman은 또한 과제 간에 완벽한 상관을 보이지 않는 점을 설명하기 위해 각각의 과제들은 "특수" 능력인 s 또한 요구된다고 제안했다(그림 9.1). 이와 같이 지능은 일반 능력과 특수 능력(물리, 음악, 수학, 논리, 공간능력 등 알려지지 않은 수많은 능력들)으로 구성되어 있다. Spearman은 이러한 자신의 이론을 지능의 "군주(monarchic)" 이론이라 했는데, 이는 그의 이론이 더 약한 능력들을 지배하는 군주, 즉 능력 g를 포함하고

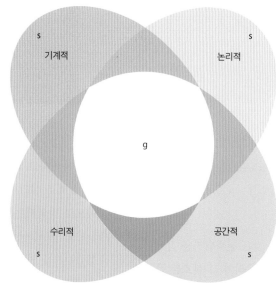

그림 9.1 Spearman(1904)에 따르면 모든 지적 능력은 공통되는 부분이 있는데 이것이 그가 일컫는 *g* ("일반 능력") 요인이다. 각각의 능력은 또한 *s* ("특수 능력") 요인도 포함한다.

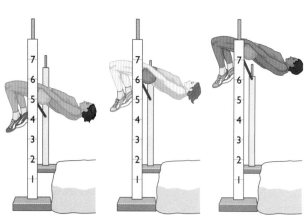

그림 9.2 달리기, 높이뛰기, 멀리뛰기의 측정은 서로 관련이 있다. 왜냐하면 세 가지 모두 같은 다리 근육에 의존하기 때문이다. 이처럼 IQ 검사에서 나타나는 *g* 요인은 한 가지 능력을 반영하는 것이다.

있기 때문이다.

이후 심리학자들은 거의 모든 종류의 인지 검사 점수가 어떤 집단에서 실시되어도 서로 정적으로 상관이 있음을 확인했다(W. Johnson, Bouchard, Krueger, McGue, & Gottesman, 2004; W. Johnson, te Nijenhuis, &Bouchard, 2008). 우리는 이러한 경향을 이미 알고 있다. 한 과목에서 뛰어난 학생은 보통 다른 과목에서도 뛰어나다. 한 과목에서 뛰어난 사람이 다른 시험에서 평균 이하의 수행을 보이는 것은 아주 특수한 상황에서만 있는 일이다. 예를 들어, 한 연구에서 학교 시험에서 우수한 성적을 받은 케냐의 시골아동이 전통생약에 관한 시험에서는 낮은 성적을 받았고 전통생약에서 점수가 좋은 아동은 학교 시험에서는 낮은 성적을 받았다(Sternberg el al., 2001). 짐작건대, 두 집단의 아동은 서로 다른 환경에서 살아왔을 것이다.

g 에 관한 가능한 설명

왜 한 가지 영역에서 수행이 높은 사람은 다른 영역에서도 높은 수행을 나타낼까? 이에 대한 가장 간단한 해석은 모든 과제는 한 가지의 기본적 능력을 측정하기 때문이라는 것이다. 그림 9.2에 제시된 과제의 비유를 생각해 보자. 100m 달리기를 잘하는 사람 대부분은 높이뛰기도 잘하며 멀리뛰기 또한 잘한다. 왜냐하면 세 가지 경기 모두 같은 다리 근육을 사용하기 때문이다.

이와 유사하게 사람들은 서로 다른 지능검사 모두에서 수행을 잘할 수 있다. 왜냐하면 모든 지능검사는 하나의 근본적인 능력을 측정하기 때문이다. 이것이 사실이라면 무엇이 근본적 능력일까? 한 가지 가능성은 작업기억이다(예, Martinez & Colom, 2009). 대부분의 지능과제에서는 주의 이동 능력과 기억에 정보를 유지하는 것이 중요하다. 또 다른 가능성은 정보처리 속도이다(Coyle, Pillow, Snyder, & Kochunov, 2011). 컴퓨터와 마찬가지로 인간의 경우에도 빠른 정보 처리 능력은 복잡한 과제도 완성하는 것을 가능하게 해준다.

*g*에 관한 다른 설명은 지능의 다양한 유형이 같은 방식으로 발달하기 때문에 관련 있다는 것이다(Petrill, Luo, Thompson, & Detterman, 1996). 몸의 세 부분(왼쪽 다리, 오른쪽 팔, 왼쪽 집게손가락)의 길이와 비유해 보

자. 일반적으로 왼쪽 다리가 긴 대부분의 사람은 오른 팔과 왼쪽 집게손가락 또한 길다. 한 부분의 성장을 촉진시키는 요인은 다른 부분의 성장도 돕는 요인(가령, 유전자, 건강, 영양소)이기 때문이다. 이와 유사하게 모든 유형의 지능은 유전자, 건강, 영양소 그리고 교육에 달려 있다. 한 유형의 지능 발달을 돕는 요소를 가진 사람은 다른 유형의 지능 발달에 필요한 요소 또한 갖추고 있다.

위의 설명 중 어떤 것을 지능에 더 적용할 수 있을까? 건강한 다리 근육 모두가 필요한 달리기와 점프처럼, 여러 가지 지적 능력이 하나의 근본적 능력을 측정하고 있기에 서로 상관이 있는 것일까? 혹은, 팔, 다리, 손가락처럼 함께 성장하고 있기에 상관이 있는 것인가? 두 가지 가정 모두 어느 정도는 사실이다. 대부분의 지적 과제는 주의, 작업기억, 처리속도를 필요로 한다. 또한 뇌 발달에서도 한 영역을 바람직하게 촉진시키는 인자가 다른 모든 영역의 발달도 촉진시키므로 독립적인 뇌 영역들의 기능도 서로 상관이 높은 것이다.

✓ **개념 점검**

1. Spearman이 *g* 요인 개념을 주장하며 제시한 증거는 무엇일까?

2. 앞에서 *g* 요인에 대한 두 가지 설명을 배웠다. 이 두 가지 설명으로 '어떤 것이 지능의 한 측면은 손상시키고 다른 측면은 좋아지게 할 수 있을까?'라는 물음에 어떻게 답할 수 있을까?

지능의 위계적 모델

Spearman과 이후 대부분의 연구자들은 *g* 요인(일반 요인)을 지능의 핵심요소로 여겼으나 이것이 모든 것을 설명해 주지는 않는다. Spearman은 특수한 지적 능력인 *s* 요인의 존재를 제안했으나 이를 설명하는 것은 다른 심리학자들의 몫이었다.

Raymond Cattell (1987)은 유동 지능과 결정성 지능을 구분했다. 물의 예를 통해 유추해 보자. 흘러가는 물은 어떤 모양의 용기에도 담길 수 있으나 얼음 결정체는 고정된 모양을 가지고 있다. 유동 지능(fluid intelligence)은 정보를 사용하고 추론하는 힘이다. 이는 관계를 인식하고 새로운 문제를 해결하며 새로운 지식을 얻는 능력을 포함한다. 결정성 지능(crystallized intelligence)은 획득된 지식 및 기술과 이를 특정 상황에 적용하는 능력을 말한다. 유동 지능은 당신이 새로운 직업에서 새로운 기술을 익힐 수 있게 하는 반면 결정성 지능은 당신이 이미 획득한 직무기술을 말한다. 새로운 단어를 배우는 능력은 유동 지능의 예이고 이미 학습한 단어는 결정성 지능의 한 부분이다. 제8장에서 논의된 전문성은 결정성 지능이다.

유동 지능은 20세경 절정에 이르고 수십 년간 유지되다가 평균적으로 노년기부터 떨어지기 시작하는데 이러한 지능의 저하에는 개인차가 나타난다(Horn, 1968). 반면, 결정성 지능은 나이가 들어도 계속 증가한다(Cattell, 1987; Horn & Donaldson, 1976). 20세 젊은이가 새롭고 익숙하지 않은 문제 해결에서는 노인보다 성공적이지만 65세 노인도 자신의 전문영역에서는 젊은이를 뛰어넘는 탁월함을 나타낸다. 유동 지능과 결정성 지능 간 차이는 실제적으로 드러나기보다는 이론적으로 정의되는 것이다. 모든 과제는 유동 지능과 결정성 지능 모두를 어느 정도 포함하고 있다.

다른 연구자들은 지능을 언어적 처리(언어), 지각적 처리(시각, 청각을 다루는 것) 그리고 심적 회전(공간 관계)의 3가지 측면을 포함한 위계적 관점으로 설명했다. 이러한 세 가지 능력은 다시 각각 세분화되어 설명된다(W. Johnson & Bouchard, 2005).

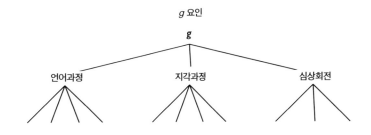

g 요인

✓ **개념 점검**

3. 이 단원의 처음에 제시된 Alan Turing의 자전거 체인 수리 방법은 유동 지능의 예일까, 결정성 지능의 예일까? 자전거 수리공의 해결 방법은 유동 지능에 의한 것일까 결정성 지능에 의한 것일까?

Howard Gardner에 따르면, 우리는 수학적 능력, 예술적 기술, 근육 기술, 음악적 능력 등 다양한 지능을 가지고 있다.

Gardner의 다중지능이론

어떤 비판가는 지능의 g 일반요인 개념을 없애라고 제안하거나 그것의 중요성을 덜 강조한다. Howard Gardner(1985, 1999)에 따르면 만일 순수한 형태의 지능검사를 실시할 수 있다면 다중지능(multiple intelligences)을 발견하게 수 있을 것이라 한다. 다중지능은 언어, 음악, 논리·수학추리, 공간추리, 사물인식·분류, 신체운동, 자기통제와 자기이해, 타인의 사회적 신호에 대한 민감성(대인 관계적)의 서로 관련 없는 형태의 지능을 말한다. Gardner는 인간은 지능의 한 영역에서 뛰어날 수 있지만 다른 영역에서는 그렇지 않을 수 있다고 주장한다. 예컨대, 운동선수는 몸을 움직이는 기술은 뛰어날 수 있지만 음악적 능력은 부족할 수 있다. 한 측면의 지능이 뛰어난 어떤 사람이 다른 부분에서는 평범하거나 더 못할 수도 있는데 그것은 각각의 능력이 다른 종류의 연습이 필요할 뿐만 아니라 그 기능을 담당하고 있는 뇌 영역이 서로 다르기 때문이다.

Gardner는 사람들이 저마다 다른 능력을 가진다는 중요한 사실을 지적한다. 문제는 그러한 능력이 서로 다른 유형의 지능으로 설명될 수 있느냐이다. Gardner의 입장을 지지하기 위해서는 누군가가 다양한 지적 기술이 서로 큰 상관이 없음을 밝혀야 할 것이다. 하지만 연구결과는 신체운동 능력과 음악 능력을 제외하고는 Gardner가 제안한 지능의 유형이 서로 정적으로 관련되어 있음을 밝혔다(Visser, A shton, & Vernon, 2006). 따라서 언어, 논리·수학추리, 공간추리 등 다른 대부분의 지적 능력은 단순히 g 일반요인의 다른 모습인 것처럼 보일 수 있다. Gardner의 생각은 만약 언어

를 통제하고 순수한 형태로 지능을 측정할 수 있다면 지능 간의 높은 상관은 막을 수 있다는 것이다. 그렇지만 이러한 지능을 순수한 형태로 측정하는 방법은 그 누구도 알지 못한다. Gardner의 이론은 매력적인 생각이지만 이것을 뒷받침할 확고한 증거는 부족하다.

다중지능이론과 맥을 같이 하여 사람마다 학습 양식(learning style)이 서로 다를 수 있다는 생각을 품은 이들이 많다. 이 관점에 따르면, 어떤 사람은 시각적 학습자이며 어떤 사람은 언어적 학습자이고 또 다른 어떤 사람은 이것과는 또 다른 방식으로 학습한다는 것이다. 이것이 사실이라면, 시각적 방식의 수업 비중이 높은 경우 첫 번째 유형의 학생이 가장 잘 배울 것이고 언어적 방식의 수업 비중이 높다면 두 번째 유형의 학생이 가장 잘 배울 것이다. 하지만 이러한 예측을 지지하는 증거는 거의 없고 오히려 이를 반대하는 증거가 많다(Pashler, McDaniel, Rohrer, & Bjork, 2008). 시각장애가 있는 학생은 시각적 방식으로 배울 수 없고 청각장애가 있는 학생은 말로 하는 방식의 수업으로 배울 수 없다는 아주 분명한 예외만을 제외한다면 말이다. 이 학습 양식이라는 개념은 증거도 없이 대중적인 것이 되었다.

개념 점검　　4. 음악, 수학, 사회적 민감성 등이 정말 서로 다른 능력인지 아니면 한 가지 지능의 서로 다른 측면인지를 확인하기 위해서는 어떠한 증거가 필요할까?

Sternberg의 지능의 삼두이론

Spearman의 지능이론은 "군주(monarch)" 역할을 하는 g 요인이 다른 특수한 능력을 지배한다고 주장하므로 "군주적(monarchic)"이라고 일컬어진다. Robert Sternberg(1985)는 (a) 인지 처리 과정 (b) 지능을 필요로 하는 맥락의 확인 (c) 실용적 방식으로 지능을 사용하기와 같은 지능의 세 가지 측면을 다루는 삼두이론(triarchic theory)을 제안하면서 Spearman의 관점을 넘어서려 시도했다. Sternberg는 우리가 문제를 해결할 때 정보를 부호화하고 추론하고 정보 간의 관계를 설정하고 지식을 적용하는 단계들을 거친다고 주장했다. 만일 그렇다면 각각의 과정을 측정하는 지능검사가 별도로 있는 것이 타당할 것이다. Sternberg는 부호화, 추론, 적용을 따로 측정

하는 검사를 만들려 했으나 그 모든 측정치 간 높은 상관이 나타났다(Deary, 2002). 다시 말해 그는 지능의 g 요인을 재발견했을 뿐이었다.

이후 Sternberg는 지능의 유형을 어떻게 구분 지을 수 있는지 탐색했다. 그는 지능이 적어도 분석적(비판적 사고), 창의적(새로운 발상 착안), 실용적(무엇을 하는 것) 유형을 포함한다고 주장했다. Sternberg는 이러한 세 영역을 모두 포함하는 새로운 검사를 개발하고자 시도했다. Sternberg와 그의 동료들은 자신이 개발한 창의적, 실용적 지능의 검사 도구가 표준화된 지능검사보다 실제 삶에서의 지능을 더 잘 예측한다고 주장했다(Sternberg, 2002). 하지만 많은 연구자들은 다음과 같은 의문점을 제안하면서 아직도 이를 확신하지 못하고 있다(Brody, 2003; Gottfredson, 2003; Koke & Vernon, 2003).

- Sternberg는 그의 검사가 수행을 예측하는 성과를 과잉 평가해 왔다.
- 분석적, 비판적, 실용적 지능을 측정하는 검사의 점수는 서로 높은 상관관계를 보이며 표준화된 IQ 검사와도 높은 상관관계를 보인다. 따라서 Sternberg의 검사가 지능의 서로 다른 부분을 측정한다는 것이 분명치 않다. 오히려 g 요인을 한 번 더 발견한 것처럼 보인다.
- 분석적 지능점수(표준화된 IQ 검사와 유사한)는 창의적, 실용적 검사가 예측하는 점수뿐만 아니라 창의적, 실용적 행동도 예측한다. 세 개의 서로 다른 종류의 검사라고 제안된 것이 동일한 과정을 측정하고 있는 것처럼 보인다.

표 9.1은 지능의 네 가지 이론을 요약해 놓은 것이다.

개념 점검　5. g 요인과 구별되는 지적 능력의 실재를 설명하는 증거는 무엇일까?

표 9.1 지능의 네 가지 이론

이론	이론가	핵심 개념과 용어
심리 측정적 접근	Charles Spearman	g 요인: 전반적 추론 능력 s 요인: 특정 과제에 필요한 특수한 능력
유동, 결정성 지능	Raymond Cattell	유동 지능: 친숙하지 않은 문제를 해결하는 것 결정성 지능: 매우 숙련된 지식들
다중지능	Howard Gardner	음악, 대인관계, 무용, 수학 등 사회적으로 가치 있는 능력들
삼두이론	Robert Sternberg	분석적, 창의적, 실용적 지능

IQ 검사

앞서 우리는 지능과 IQ 검사에 대하여 전반적인 논의를 했다. 따라서 IQ 검사에 대한 개념은 친숙하게 느껴질 것이다. 이제 검사의 실제 예를 좀더 세밀하게 살펴볼

때이다.

다음의 이야기로 유추해 보자. 당신은 다음번 올림픽 팀 구성원을 선택하는 책임을 지고 있다. 그런데 올림픽 규칙이 당신이 생각하는 것과 다르게 변했다. 각 나라에서 남자 선수 30명과 여자 선수 30명만 보내야 하며 모든 선수는 모든 경기에 참가해야 한다. 올림픽 위원회는 모든 선수가 다 뽑히기 전까지 어떤 경기를 하게 될지 발표하지 않을 것이다. 그간 해왔던 방식으로는 선수 선발 테스트를 할 수 없을 것이 분명하다. 그렇다고 선수를 무작위로 뽑을 수도 없다. 어떻게 해야만 할까?

가장 좋은 방략은 "전반적 운동능력"을 평가할 수 있는 검사를 고안하는 것일 수 있다. 즉, 당신은 지원자의 달리기, 점프력, 방향 전환, 균형 유지, 던지고 잡기, 발차기, 역기 들기, 신호에 빠르게 반응하기 그리고 이와 다른 운동 실력을 측정할 것이다. 그리고 여기서 가장 높은 점수를 받은 지원자를 선정하게 될 것이다.

위와 같은 검사가 불완전한 것임은 분명하다. 하지만 팀이 잘하길 원한다면 그 어떤 방법으로든 운동능력을 평가할 필요가 있다. 이후에 다른 사람들도 이 검사를 사용할 것이다. 이러한 검사가 널리 사용되는 것이 운동능력이 단일 속성이라는 것을 의미하는가? 절대 아니다. 운동능력을 단일 능력으로 생각하는 것이 편리할 수는 있다. 하지만 뛰어난 농구 선수가 수영이나 체조에서는 뛰어나지 않다는 것을 우리는 잘 알고 있다.

IQ 검사 또한 앞서 생각해 본 운동능력 검사와 유사하다. 당신에게 대학입학 지원자를 선택해야 할 책임이 있다면 당신은 최고의 학생을 선택하길 원할 것이다. 대학에서는 전에는 배우지 않았던 과목을 공부하게 될 것이므로 한 가지 주제에 관한 지식이 아닌 다양한 학문적 기술이 이치에 맞는다. 즉, 당신은 성취(achievement, 이미 배운 것, 즉 결정성 지능)검사보다 적성(aptitude, 학습 능력, 즉 유동 지능)검사를 원할 것이다. 높은 적성이 높은 성취를 가져오고 과거의 성취가 미래 학습능력을 증가시키기에 적성과 성취를 분리하는 것은 어렵지만, 우리는 그것을 시도한다.

IQ 검사의 본래 목적은 일반 학교에서 수업을 듣기 어려운 **최저** 능력의 학생을 알아내기 위한 것이었다.

이후 이 검사는 가속학습[1] 교실에서도 학습할 수 있는 뛰어난 학생을 판별하는 데에도 사용되곤 했다. 이와 유사한 검사는 대학과 전문학교에서의 지원자를 선출하는 데에도 사용되었다. 학교 성적은 유용한 자료이나 성적의 기준이 학교와 선생님마다 서로 다르다. 객관적 검사는 서로 다른 학교와 교실에 있는 학생을 공정하게 비교하는 데 도움을 줄 수 있어야 한다.

지능지수(Intelligence Quotient, IQ) 검사는 학교 또는 이와 유사한 환경에서의 개인의 수행을 예측하기 위한 것이다. 지수라는 용어는 정신연령을 생활연령으로 나눈 뒤 여기에 100을 곱하여 지능지수를 구하면서 처음 사용되었다. 어떤 아동의 정신연령(Mental age)은 그 아동과 동일한 수행을 하는 아동의 평균 연령을 말한다. 생활연령(chronological age)은 태어나서 지금까지 살아온 시간을 의미한다. 예를 들어 10세 아동의 평균적 수행을 하는 8세의 아동은 정신연령이 10세이고 생활연령이 8세이므로 IQ는 (10 ÷ 8) × 100 = 125이다. 이렇게 지능을 계산하는 방법은 이제 사용하지 않으나 그 용어는 남아 있다.

프랑스 심리학자인 Alfred Binet와 Theophile Si-mon(1905)은 IQ 검사를 처음 제작했다. 프랑스의 교육부는 보통 학생과 같은 학급에 배치될 수 없을 정도의 심각한 지적 결함을 가지고 있는 아동을 가려낼 수 있는 공정하고 객관적인 방법을 원했다. 프랑스 교육 당국은 이를 결정하기 위해서 사적 의견이 아니라 공정한 검사가 필요했던 것이다. Binet와 Simon의 검사는 아동이 성공적인 학업 수행에 필요한 숫자 세기, 기억하기, 지시 따르기, 언어 이해 등의 지적 기술을 측정한다.

이 검사는 다른 검사와 마찬가지로 합리적인 수준에서 정확한 예측을 한다. 그런데 이 검사가 한 학생이 다른 학생보다 더 높은 성취를 할 것이라 정확하게 예측했다고 가정해 보자. 그렇다면 이것이 첫 번째 학생의 지능이 더 높기 때문이라고 말할 수 있을까? 답은 그렇지 않다. IQ는 측정의 결과이지 무엇을 설명하는 것은 아니다. 농구 선수가 슛 성공률이 낮기 때문에 슛을 잘 못하는 것이 아닌 것처럼 아동의 지능점수가 낮기 때문에 수행이 낮은 것도 아니다.

스탠포드-비네 검사

Binet와 Simon에 의해 고안된 지능검사는 그후 스탠포드대학교의 심리학자들에 의해 영어로 개정되어 스탠포드-비네 검사(Stanford-Binet IQ test)로 발행되었다. 검사 문항은 연령에 맞추어 고안되었다(표 9.2). 예를 들어, "8세용"으로 표시된 검사 항목은 8세 아동의 60~90%가 올바르게 반응을 할 것이다. (나이가 더 많은 집단에서는 올바르게 반응한 아동의 비율이 더 높을 것이며 이보다 어린 집단에서는 더 낮을 것이다.) 8세용 문항에서 대부분의 정답을 맞히고 9세용 문항에서는 그렇게 하지 못한 아동의 정신연령은 8세이다.

학교심리학자들은 검사를 실시하고 점수를 계산하는 것에 대해 정교한 훈련을 받은 사람들이다. 8세 아동을 검사할 때 심리학자들은 7세 아동 문항에서부터 시작한다. 아동이 7세 문항에서 많이 틀리지 않는다면 6세 문항을 실시하지 않고 모든 점수를 부여한다. 만일 아동이 7세 문항의 대부분을 답한다면 8세, 9세 문항으로 계속 진행한다. 아동이 대부분의 문항에서 틀린 답을 했을 때 검사를 끝낸다. 이러한

---

1 한국 학원의 선행학습과는 구별되는 개념이다. 가속학습은 같은 학년의 학생보다 더 앞서 학습하는 것을 의미한다. 예컨대 2학년 나이의 학생이 3학년 교실에서 공부하는 것을 가리킨다. 이에 비해 선행학습에서는 2학년생이 3학년생이 공부할 내용을 미리 공부하고 난 후 다시 2학년 교실에서 학습한다.

표 9.2 스탠포드-비네 검사의 문항 예시

나이	문항 예시
2	수검자는 그림 문항을 가리키며 묻는다. "이것이 무엇일까요?" "여기에 크기와 모양이 다른 조각들이 있어요. 이것들과 맞는 구멍을 찾아 맞춰 보세요."
4	"왜 사람들은 집에 살까요?" "새는 하늘을 날고, 물고기는 __에서 헤엄칩니다."
6	"여기에 말 그림이 있어요. 말의 어떤 부분이 없어졌는지 알 수 있을까요?" "여기에 사탕이 몇 개 있어요. 몇 개가 있는지 세어 보세요."
8	"길을 잃은 강아지를 보면 어떻게 해야 할까요?" "스테파니는 오늘 발목을 다쳐서 글을 쓸 수가 없어요. 여기에서 무엇이 어색한지 말해 보세요."
10	"도서관에서 왜 정숙해야 하는 걸까요?" "4, 8, 3, 7, 1, 4를 따라 읽어 보세요."
12	"'후회'라는 단어의 의미가 무엇인지 말해 보세요." "그림을 보고 무엇이 잘못 되었는지 말해 주세요."
14	"'높음'과 '낮음'의 유사점을 말해 보세요." "이렇게 접고 자른 다음 펼치면 몇 개의 구멍이 생길까요?"
성인	**축하하다, 반대로, 약속**이란 단어를 사용해 문장을 만들어 보세요." "'유리 집에 사는 사람은 돌을 던져서는 안 된다.'는 속담의 의미를 말해 보세요."

출처: Nietzel and Bernstein, 1987.

방법은 적응적 검사(adaptive testing)라고 하며 개인 각자의 속도에 맞춰 검사를 진행하며 보통 한 시간 조금 넘게 걸린다(V. W. McCall, Yates, Hendricks, Turner, & McNabb, 1989).

스탠포드-비네 검사의 점수는 모든 연령대에서 검사 점수가 동일하게 나오도록 하기 위해서 정립된 표값에 근거하여 계산된다. 모든 연령대의 지능점수의 평균은 100이다. 즉, 6세 아동이 IQ 점수가 116이라면 이 아동은 84%의 다른 6세 아동보다 수행을 더 잘한다는 것을 의미하며 어떤 성인의 IQ 점수가 116점이라면 84%의 다른 성인보다 수행이 더 높다는 것을 의미한다. 스탠포드-비네 검사는 시각추리, 단기기억 그리고 다른 특화된 기술을 반영한 하위 점수를 제공한다(Daniel, 1997; V. W. McCall et al., 1989).

웩슬러 검사

처음 David Wechsler에 의해 제작되고 후속 연구자들에 의해 개정된 웩슬러 성인용 지능검사 4판(Wechsler Adult Intelligence Scale – Fourth Edition, WAIS – IV)과 웩슬러 아동용 지능검사 4판(Wechsler Intelligence Scale for Children – Fourth Edition, WISC – IV)은 스탠포드-비네 검사와 같이 평균은 100이고 점수의 편차 또한 이와 거의 유사하다. WISC(웩슬러 아동용 지능검사)는 16세까지 사용할 수 있으며 WAIS(웩슬러 성인용 지능검사)는 모든 성인을 위한 검사이다. 스탠포드-비네 검사와 같이 웩슬러 검사 또한 한 번에 한 사람을 검사한다. 스탠포드-비네와 웩슬러 검사는 가장 널리 사용되는 지능검사이다.

웩슬러 검사는 전체 점수와 네 개의 하위영역 점수를 제공한다. 첫 번째 하위영역은 언어이해 지표로, "문자라는 단어는 무슨 뜻일까요?", "복숭아와 자두가 어떤 점에서 유사한지 말해 보세요."와 같은 문항으로 구성되어 있다. 두 번째 하위영역은 지각추론 지표로 비언어성 검사로 불리기도 하며 블록을 패턴에 맞추어 정렬하는 것과 같은 문항으로 구성되어 있다(그림 9.3).

세 번째 하위항목은 작업기억 지표로, "다음 숫자를 듣고 따라해 보세요. 3, 6, 2, 5", "다음 숫자를 듣고 거꾸로 따라해 보세요. 4, 7, 6"과 같은 문항으로 구성되어 있다. 네 번째 하위영역은 처리속도 지표로, "아래 그림에서 모든 원에는 /(사선)을, 모든 정사각형에는 X자를 최대한 빠르게 그으시오."와 같은 문항으로 구성되어 있다.

△ ○ □ ▱ ○ △ ▱ □ ○

WISC – IV와 WAIS – III는 모두 간단한 문제로 시작해서 점차 어려운 문제의 순서로 진행된다. 각 하위영역의 점수는 개인의 강점과 약점을 알려준다. 예를 들어 영어가 제2언어인 아동은 언어영역에서는 점수가 낮을 수 있지만 지각추론이나 처리속도와 같은 비언어적 영역에서는 더 높은 점수를 받을 것이다. 어떤 장애를 가진 사람은 처리속도 과제에서는 느리게 반응하지만 다른 검사 영역에서는 잘할 수 있다.

문화적 영향이 적은 검사

만약 당신이 영어가 제2언어이거나 청각에 문제가 있는 사람이라면 스탠포드-비네 검사나 웩슬러 검사는 당신의 실제 능력을 과소평가할 것이다. "왜 수화 또는 다른 언어로 검사를 번역해 주지 않는가?"라고 물을 수 있을 것이다. 심리학자는 그 작업을 해왔다. 그러나 번역된 항목은 본래의 항목보다 더 쉽거나 더 어려울 수 있다. 예컨대, 스탠포드-비네 검사 항목 중 하나는 제시된 단어와 운율이 맞는 단어를 찾는 것이다. 운율을 만드는 것이 영어에서는 조금 쉽고 이탈리아

그림 9.3 대부분의 IQ 검사는 개인별로 실시된다. 심리학자(왼쪽)가 피검사자(오른쪽)의 반응을 기록하고 있다.

어에서는 아주 쉽지만 줄루어(Zulu, 남아프리카공화국의 한 종족에서 사용하는 언어)에서는 거의 불가능하다 (M. W. Smith, 1974). 게다가 어떤 문항의 내용이 한 문화에서는 친숙한 것이지만 다른 문화에서는 친숙하지 않은 것일 수 있다.

심리학자들은 문화적으로 공평하고 문화적 영향이 적은(culture-reduced) 검사를 개발하기 위해 노력해 오고 있다. 물론 문화적 영향을 완전히 제거한 과제는 없지만 몇몇 과제는 다른 과제보다 좀 더 타당하다. 문화적 영향이 적은 검사로 가장 널리 사용되는 것은 John C. Raven에 의해 개발된 레이븐 진행적 행렬 검사(Raven's progressive matrices)이다. 쉬운 항목에서부터 어려운 항목 순으로 진행되는 이 행렬 검사는 언어의 사용이나 사실과 관련된 정보를 참고할 필요 없이 추상적 추론 (유동 지능)능력을 측정하기 위한 것이다. 레이븐 행렬 검사에 답하기 위해서는 가설을 세우고 이를 검사하면서 규칙을 추론해야만 한다. 그림 9.4에는 이 검사와 유사한 세 가지 행렬이 제시되어 있다. 첫 번째는 쉽고 두 번째는 어려우며 세 번째 제시된 것은 아주 어렵다.

레이븐 행렬 검사는 다양한 문화에 걸쳐 얼마나 공평할까? 이 검사는 웩슬러 검사나 스탠포드-비네 검사보다 더 적은 정보를 요구하지만 피검사자가 지필 검사나 선다형 문제에 익숙하다는 것을 가정한다. 앞서 말했듯이 문화적 영향으로부터 완전히 자유로운 과제는 없으나 이 검사는 다른 검사보다는 그에 준하는 검사이다. 이 검사의 단점은 단일 점수만을 제공하기 때문에 개인의 강점과 단점을 확인해 주지 못한다는 것이다.

개념 점검

6. 레이븐 진행적 행렬 검사에 비해 웩슬러 검사가 가지고 있는 이점은 무엇일까? 또한 레이븐 진행적 행렬 검사의 장점은 무엇일까?

IQ 점수의 개인차

왜 어떤 사람은 다른 사람에 비해 IQ 점수가 높은 것일까? 영국 학자 Francis Galton(1869/1978)[2]은 처음으로 유전의 중요성에 대해 주장한 학자이다. 이것에 대한 증거로 그는 정치인, 판사, 그리고 저명한 사람 대부분이 뛰어난 일가친척을 가지고 있다는 점을 들었다. 하지만 우리는 왜 이러한 증거가 유전에 대한 결론을 정당화시킬 수 없는지 바로 알 수 있다. 오늘날

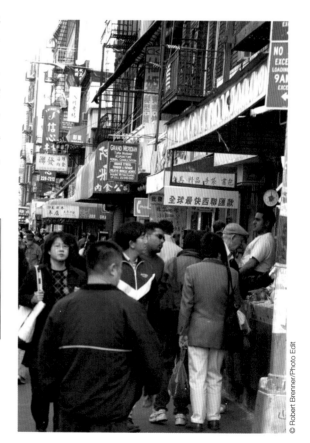

이민 첫 세대들은 영어로 된 지능검사에서 좋은 점수를 받지 못한다. 대체로 이들의 자녀나 손자들은 더 높은 점수를 받는다.

그림 9.4 레이븐 진행적 행렬 검사와 유사한 문항들이다. 수평과 수직의 패턴에 맞게 행렬이 완성되도록 만드는 것을 보기에서 고르시오. (368페이지에 정답이 제시되어 있다.)

우리가 가진 더 나은 증거를 살펴보도록 하자.

가족 유사성

광범위한 문헌의 개관 논문(Plomin, DeFries, Mc-Clearn, & McGuffin, 2001)에 근거해 작성된 표 9.3은 유전적 관계 정도가 서로 다른 사람들 간 지능점수의 상관을 제시하고 있다. 이 자료의 대부분은 유럽과 북미 국가의 가족에게서 얻어진 것이다. 일란성("동일한") 쌍둥이는 서로 .85의 상관이 있었으며 이것은 이란성 쌍둥이 또는 쌍둥이가 아닌 형제자매들 간의 상관보다 훨씬 높은 것이다(Bishop et al., 2003; McGue & Bouchard, 1998). 또한 일란성 쌍둥이들의 뇌 용적은 아주 유사하며(Posthuma et al., 2002), 작업기억, 주의, 읽기, 수학, 외국어 학습과 같은 특수한 영역에서도 유사한 능력을 보인다(Dale, Harlaar, Haworth, & Plomin, 2010; Koten et al., 2009; Kovas, Haworth, Dale, & Plomin, 2007; Luciano et al., 2001). 이란성 쌍둥이에 비해 일란성 쌍둥이가 더욱 유사한 것은 지능이 유전적 차이에 영향을 받는다는 것을 함축한다. 다른 곳에서 길러진 두 일란성 쌍둥이의 지능도 높은 상관이 나타남을 주목하라(표 9.3). 일란성 쌍둥이는 서로 다른 곳에 입양되어 다른 부모에게 길러졌어도 IQ 검사 점수가 아주 비슷하다(Bouchard & McGue, 1981; Farber, 1981).

일란성 쌍둥이는 일생 동안 심지어 80세 이상이 될 때까지도 계속해서 서로 닮아간다(Petrill et al., 1998). 사실, 일란성 쌍둥이와 이란성 쌍둥이의 차이는 나이가 들어감에 따라 증가하는데 이는 유전의 영향이 젊었을 때보다 나이가 들면서 더 커짐을 나타내는 것이다(Davis, Haworth, & Plomin, 2009; Lyons et al., 2009). 왜 그런 것일까? 한 가지 이유는 나이 든 사람은 자신의 환경을 더 잘 통제한다는 점에 있다. 즉, 특정 영역의 수행에 강점을 가진 사람은 그것을 유지하고 증가시킬 수 있는 활동에 이끌린다. 이것은 제3장에서 배운 배율 효과(multiplier effect)의 한 예일 수 있다. 인

생 초기 유전적 특징에 따라 어떤 영역에서 평균보다 조금이라도 높은 수행 능력을 가진 사람은 그 능력을 더욱 향상시키기 위해서 필요한 격려와 지원을 만날 수 있는 곳으로 자신의 삶을 이끄는 것이다(Dickens & Flynn, 2001).

이러한 연구의 한계는 대부분의 쌍둥이 연구가 중산층 가족의 자료에 기반을 둔 것이란 점이다. 빈곤층 가족을 대상으로 한 연구에서는 유전의 영향력이 덜 발견된다. 가령, 빈곤층 가족에서 태어난 일란성 쌍둥이들의 상관은 이란성 쌍둥이의 상관과 거의 다르지 않다(Tucker-Drob, Rhemtulla, Harden, Turkheimer, & Fask, 2011; Turkheimer, Haley, Waldron, D'Onofrio, & Gottesman, 2003). 이에 대한 설명은 다음과 같다. 열악한 환경에서 자란 아동은 유전적으로 마련된 지적 능력을 발달시킬 수 있는 기회가 제한된다. 풍부한 환경에서 자란 아동에게는 유전적 차이가 지능에 더 강력한 영향을 미치는 것이다. 마찬가지로 유전적 영향은 교육의 질이 낮으면 약해진다. 유전적으로는 강점을 가지고 있더라도 교육의 질이 낮다면 어떤 학생도 잘할 수 없을 것이다. 교육의 질이 어느 정도 보장될 때 비로소 학생 간 개인차도 드러나는 것이다(Taylor, Roehrig, Hensler, Connor, & Schatschneider, 2010).

표 9.3 아동의 유전적, 환경적 유사성 수준에 따른 IQ 점수의 상관

유전적 혹은 환경적 유사성의 정도	IQ 점수의 상관
부모와 자녀	0.41
형제들	0.47
입양된 아동과 그의 생부모	0.23
서로 다른 가정에 입양된 생물학적 형제	0.23
양부모와 입양된 아동	0.19
같은 가정에 입양되었지만 유전적으로 관련이 없는 아동	0.31
다른 가정에 입양된 일란성 쌍둥이	0.78
함께 길러진 일란성 쌍둥이	0.85
함께 길러진 이란성 쌍둥이	0.6

출처: Plomin et al., 2001.

---

2 / (사선)의 의미는 최초 출판년도와 개정된 출판시기를 나타내는 것이지, Galton의 탄생과 죽음 시기를 나타내는 것은 아니다. 그것은 1822~1911이다.

쌍둥이와 단독으로 출생한 형제

표 9.3에서 이란성 쌍둥이가 다른 형제자매보다 서로 더 많이 닮아 있음을 주목하라. 이러한 결과는 같은 시각에 태어나 환경을 더 많이 공유했을 때 나타나는 영향력을 암시하는 것이다. 이러한 주장을 지지하는 또 다른 결과는 나이 차가 2~3년 이하인 형제간의 지능점수 상관이 나이 차가 훨씬 더 많은 형제간의 지능점수 상관보다 더 높다는 것이다(Sundet, Eriksen, & Tambs, 2008).

입양 아동

표 9.3에서 같은 가정에 입양되었지만 유전적으로 관련이 없는 아동의 지능점수 상관을 주목해 보자. 이는 공유된 환경의 영향력을 제안한다(Plomin et al., 2001; Segal, 2000). 그럼에도 불구하고 이들 간의 상관은 생물학적 형제자매보다는 낮다. 어릴 때 입양된 아동의 지능점수는 양부모의 지능점수와 어느 정도 상관이 있으나, 시간이 지날수록 그들의 지능점수는 생물학적 부모와 높은 상관을 나타내며 양부모와의 상관은 점점 줄어든다(Loehlin, Horn, & Willerman, 1989; Plomin et al., 2001; 그림 9.5).

이러한 결과는 생물학적 부모의 유전적 영향을 의미하는 것일 수도 있지만 다른 설명 또한 가능하다. 아이를 입양 보낸 부모 중 지능이 낮은 부모는 빈곤하고 아이에게 좋은 출생 전 환경을 제공할 수 없었을 것이다. 그런 어머니는 영양이 결핍되어 있거나 흡연과 음주를 하거나 유전적 요인이 아닌 다른 이유로 어린 영유아 자녀를 위험에 처하게 할 수 있었을 것이다. 출생 전의 열악한 돌봄은 일생 동안 자녀의 낮은 지능점수와 관련이 있다(Breslau, Dickens, Flynn, Peterson, & Lucia, 2006). 요컨대, 입양된 아동은 유전이 아닌 다른 이유로 생물학적 부모와 닮을 수도 있다.

유전자의 확인

인간 유전체 프로젝트와 관련된 연구들은 지능의 발달과 관련된 유전자를 식별하는 것을 가능하게 했다. 방법은 IQ가 낮은 사람보다 높은 사람에게서 더욱 흔한 유전자를 찾아내는 것이다. 이와 비슷한 연구가 실험

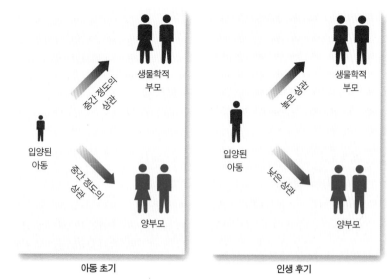

그림 9.5 입양된 아동의 IQ 점수는 연령이 증가하면서 생물학적 부모와 더 강력하게 상관을 맺는다.

실 동물을 사용하여 진행되었는데, 학습이 빠른 동물과 느린 동물을 비교했다. 인간의 행동과 관련된 수십 개의 유전자가 발견되었으며, 쥐를 사용했을 때도 수십 개가 발견되었는데 그 중 몇몇은 인간에게서도 발견되는 것과 같은 유전자였다. 하지만 지금까지의 연구는 한두 개의 영향력이 큰 유전자를 발견했다기보다는 작은 영향력을 가진 수많은 유전자를 발견했을 뿐이다(Deary, Penke, & Johnson, 2010). 그 많은 유전자가 어떻게 지능에 기여하는지에 대해서 밝히는 것은 앞으로의 과제이다.

IQ 점수의 유전 가능성은 유전이 사람의 지적 성취를 결정한다는 것을 의미하는 것이 아니다. 아동에게 극도로 좋은 환경 또는 나쁜 환경을 제공한다면 이것이 그들의 IQ 점수를 높이거나 낮출 수 있다는 것은 분명하다. 유전은 IQ에 영향을 미치지만 그 영향력은 환경에 의해 크게 변할 수 있다.

환경적 영향과 개입

환경이 지능에 영향을 준다는 것을 생각할 때 우리는 먼저 얼마나 자주 아동에게 책을 읽어주고 미술관에 데려가야 할지 등을 고민하게 될 것이다. 이러한 요소가 중요한 것이 분명하지만 이와는 다른 환경적 요소에도 관심을 가져야 한다. 특히, 많은 연구자들은 발달 초기 신체적 건강의 중요성을 강조한다. 연구자들은 여러 국가와 미국 내 주별로 IQ 점수를 비교했다. 서로 다른 나라에서 각기 다른 언어로 측정된 IQ 점수가 언제나 비교 가능한 것은 아니므로 조심스럽게 접근할 필요가 있다. 그럼에도 불구하고 지능점수가 일관되게 낮은 나라 및 미국 내 주들은 아동에게 파상풍, 말라리아, 결핵, 간염, 콜레라, 홍역과 같은 전염병에 노출될 위험이 높은 곳이었다(Eppig, Fincher, & Thornhill, 2010, 2011). 질병에 맞서기 위해서는 상당한 양의 신체 에너지가 필요한데 뇌를 형성하는 것 또한 그러하다. IQ 점수는 가족의 재산 정도나 교육의 질보다 감염성 질병과 더 강한 상관을 보인다. 그러나 이러한 결과는 상관일 뿐이므로 항상 그렇듯이 인과관계의 설정은 조심스럽게 이루어져야

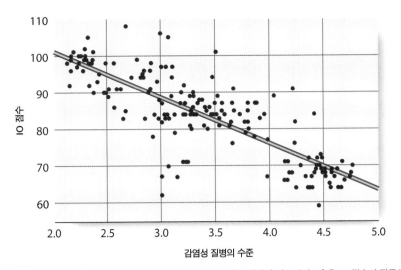

그림 9.6 각각의 점은 한 나라의 결과를 보여준다. X축은 감염성 질병의 정도이며 Y축은 IQ 점수의 평균이다. 상관은 −.82이다. (Figure 1 part (a) 출처: Eppig, C., Fincher, C. L., & Thornhill, R.,"Parasite prevalence and the worldwide distribution of cognitive ability," Proceedings of the Royal Society B, 277, 3801-3808. © 2010 by the Royal Society. 허가하에 실음)

작위로 할당된 6세 아동의 지능점수가 다른 아동보다 평균적으로 1~2점 더 높아짐을 발견했다(Schellenberg, 2004). 후속 연구에서도 음악 수업은 부모의 수입이나 교육 수준과는 별개로 IQ 점수 향상에 도움이 된다는 것을 보여주었다(Schellenberg, 2006).

개입은 일찍 시작되었을 때 가장 효과적이다. 어떤 고아원은 특별히 더욱 열악한 환경을 제공하는데, 영양이 부족하고 지적 발달을 위한 자극을 제공해 주지 못한다. 이러한 고아원에 남겨진 아동 대부분은 학교 시험에서 낮은 점수를 받는다. 이런 고아원을 떠나 입양이 되는 아동의 점수는 확실히 향상되며, 이러한 경우에도 가장 뚜렷한 향상을 보이는 것은 입양이 생후 6개월 전에 이루어진 경우이다(Beckett et al., 2006; Nelson et al., 2007; van IJzendoorn, Juffer, & Poelhuis, 2005).

한다. 그림 9.6은 모든 국가의 결과를 보여준다.

지능이 낮은 아동을 어느 수준까지 도와줄 수 있을까? 극빈가정 아동의 지적 발달을 돕기 위한 수많은 특별 개입 프로그램이 시도되었다. 간단한 개입으로 장기간의 효과를 기대했던 사람들은 아마도 실망이 컸을 것이다. 하나의 유전자가 큰 효과를 내지 않는 것처럼 단일한 환경적 개입으로 큰 효과가 나타나지 않는 것은 당연한 것이다. 그러나 수년 동안 매주 꽤 많은 시간을 개입한 집중 프로그램은 상당한 효과를 보였으며 그 효과가 지속되었다(Barnett, 2011; Reynolds, Temple, Ou, Arteaga, & White, 2011).

흥미로운 개입 중 하나는 음악 수업이었다. 한 연구에서 음악 수업을 받도록 무

개념 점검

7. IQ 점수의 개인차에 유전적 요인이 기여함을 지지하는 증거는 무엇일까?

8. 지능 발달에 있어 감염성 질병의 영향을 보여주는 증거는 무엇일까?

9. 어떤 상황에서 환경적 개입이 지적 발달에 강력한 영향을 미칠까?

완벽히 이해하지 못한 것을 측정하기

표준화된 IQ 검사는 우리가 앞 장에서 배운 인간의 기억과 인지에 대한 발견이 발표되기 훨씬 전부터 시행착오를 겪으며 제작되었다. 우리는 지금도 지능에 대해 그렇게 잘 이해하고 있지 않다. 지능에 대한 이해 없이 지능을 측정하는 것이 가능한 것일까? 아마도 가능할 것이다. 물리학자도 중력이나 자기장에 대해 이론적으로 이해하기 전에 그것을 측정한 바 있다. 지능과 관련하여 심리학자도 같은 것을 시도할 수 있다.

혹은 그렇지 않을 수도 있다. 서툴게 이해한 현상을 측정하는

것은 위험하다. 현재의 지능 측정도구에 만족하지 않는 많은 심리학자들은 더 나은 것을 만들기 위해 노력하고 있으나, 더 개선된 IQ 검사를 개발하는 것은 들리는 것만큼 간단한 일은 아니다.

현재의 IQ 검사들은 강점과 약점을 가지고 있다. IQ 검사도 다른 도구와 마찬가지로 건설적으로도 파괴적으로도 사용될 수 있다. 다음 단원에서는 IQ 검사를 평가하는 방법에 대해서 알아보도록 하겠다.

요약

- **지능의 정의.** 지능에 대한 우리의 현재 이해 수준을 생각해 봤을 때 지능을 정의하는 것은 어렵다. 심리학자들은 측정을 통해 지능이 무엇인가를 알게 되길 바라며 지능을 측정하고자 시도한다. (357쪽)

- ***g* 요인.** 어떤 지능검사 점수는 다른 지능검사 점수와 정적으로 상관이 있다. 이와 같이 검사의 중복되는 측면을 *g*, 지능의 일반요인이라 일컫는다. (357쪽)

- ***g*에 관한 가능한 설명.** 많은 심리학자들은 *g* 요인이 처리속도와 작업기억과 같이 모든 지능에 기저하고 있는 능력들과 일치한다고 생각한다. 다른 가능한 설명은 한 영역의 지적 능력의 발달을 촉진시키는 성장 요인이 다른 영역의 발달도 촉진시키기 때문에 지능들은 서로 관련이 높다는 것이다. (358쪽)

- **유동 지능, 결정성 지능.** 심리학자들은 유동 지능(추론능력)과 결정성 지능(획득하고 연습한 지식)을 구분한다. (359쪽)

- **지능의 위계.** *g* 요인은 언어, 지각, 심상 회전과 같은 더 구체적인 하위 범주로 나눠질 수 있다. (359쪽)

- **지능은 한 가지일까 아니면 여러 가지일까?** Howard Gardner는 사람마다 대인관계적 능력, 음악적 능력, 운동 능력 등을 포함한 다양한 지능을 가질 수 있다고 주장했다. 하지만 지금까지 어느 누구도 이러한 지능들이 서로 독립적이라는 것을 증명하지 못했다. (360쪽)

- **삼두이론.** Sternberg가 제안한 지능의 삼두이론에 의하면 지능은 분석적, 창의적, 실용적 영역이라는 세 가지로 구성되어 있다. 다시금 이러한 구성요소가 독립된 능력인지 혹은 *g* 요인의 다른 표현인지에 대한 쟁점이 제기되었다. (360쪽)

- **IQ 검사.** 스탠포드-비네 검사와 웩슬러 검사 그리고 다른 IQ 검사들은 학교에서 수행 수준을 예측하기 위해 고안되었다. 레이븐 진행적 행렬 검사처럼 문화적 영향이 최소화된 검사는 영어가 익숙하지 않은 사람에게도 실시할 수 있다. (361쪽)

- **유전적 영향.** 쌍둥이와 입양된 아동의 연구는 유전이 지능수행에 있어 개인차를 설명한다고 제안한다. 하지만 어떤 단일 유전자가 이러한 영향을 발휘하는 것은 아니다. (364쪽)

- **환경적 영향.** 지적 발달은 발달 초기의 신체적 건강을 포함한 많은 환경적 요인에 영향을 받는다. 집중적 개입은 인생 초기부터 시작되어 수년간 지속될 때 아동의 지적 발달에 도움이 될 수 있다. (366쪽)

핵심 용어

결정성 지능 (359쪽)	심리 측정적 접근 (357쪽)	정신연령 (362쪽)
다중지능 (360쪽)	웩슬러 성인용 지능검사 4판 (363쪽)	진행적 행렬 검사 (364쪽)
삼두이론 (360쪽)	웩슬러 아동용 지능검사 4판 (363쪽)	*g* 요인 (357쪽)
성취 (361쪽)	유동 지능 (359쪽)	IQ 검사 (362쪽)
스탠포드-비네 검사 (362쪽)	적성 (361쪽)	*s* 요인 (357쪽)

단원 내 기타 문제의 답

1. 8   **2.** 2   **3.** 4

세 문제를 해결하기 위해서 가로 또는 세로 열을 따라서 다른 모양일 경우 그것을 추가하고 같은 모양일 경우 그것을 빼준다.

지능검사의 평가

- IQ 검사는 얼마나 정확하고 실용적이며 공정할까?
- 왜 어떤 사람의 지능점수는 다른 사람보다 높은 것일까?

> 존재하는 것은 무엇이든 양적으로 존재한다.
>
> — E. L. Thorndike(1918, p. 16)
>
> 양적으로 존재하는 모든 것은 측정될 수 있다.
>
> — W. A. McCall(1939, p. 15)
>
> 존재하는 것 중 어떤 것은 부정확하게 측정될 수 있다.
>
> — D. Detterman(1979, p. 167)

위의 세 가지 모든 인용구를 지능에 적용할 수 있다. 만일 지능이 존재한다면 그것은 양적으로 존재할 것이며 측정 가능할 것이고 부정확하게 측정될 수도 있을 것이다. IQ 검사는 얼마나 정확하고 실용적이며 공정할까? 많은 것이 불분명하기 때문에 위 질문은 아직도 논란거리이다.

IQ 검사의 표준화

첫 단원에서, 우리는 IQ 검사의 예들을 살펴보았다. IQ 검사 또는 여타의 검사를 평가하기 위해서는 객관적 증거가 필요하다. 이러한 평가는 표준화(standardization), 즉 질문을 평가하고 검사 시행의 규칙을 만들고 점수를 해석하는 일련의 과정으로 시작된다. 이러한 과정의 한 단계는 규준(norms)을 만드는 것인데 이는 여러 점수의 발생 빈도를 기술한 것이다. 심리학자들은 모집단을 대표할 만한 사람들로 이루어진 대규모의 표본에 근거하여 검사의 표준화를 시도한다.

당신은 표준화된 검사라는 용어를 마치 엄청난 무언가를 의미하는 양 사용하는 사람을 본 적이 있을지도 모르겠다. 표준화 검사와는 반대로 비표준화 검사가 있는데 이는 교수가 수업 평가에서 사용하는 시험 문제와 같은 것이다. 어떤 문제는 혼란스럽기도 하고 교수가 실제 의도한 것보다 시험이 더 쉽거나 어려울 수도 있다. 검사의 표준화는 이러한 점을 개선시킬 수 있다.

IQ 점수의 분포

Binet와 Wechsler 그리고 IQ 검사를 개발한 연구자들은 평균이 100점이 되도록 검사 문항을 선정하고 이를 채점하는 방식을 개발했다. 웩슬러 검사의 표준편차는 15이고 스탠포드-비네 검사의 표준편차는 16이다. (제2장에서 언급한 바와 같이 표준편차는 개인 간 점수의 차이를 측정하는 것이다. 표준편차가 작을수록 대부분의 점수가 평균에 가까이 분포되며 표준편차가 클수록 점수가 넓게 분포한다는 것을 의미한다.) 대규모 표본의 점수 분포는 그림 9.7에서 제시된 종 모양 곡선, 즉 정규분포와 가까운 모양을 형성한다. 정규분포에서는 모든 사람의 68%가 1 표준편차 이내에 있으며 2 표준편차 이내에 약 95%의 사람이 있다.

웩슬러 검사에서 115점을 받은 사람은 평균으로부터 1 표준편차 내에 있는 사람들과 평균보다 1 표준편차 아래에 있는 모든 사람보다 더 높은 점수를 얻은 것이다. 즉, 그림 9.7에 제시된 것같이 이 사람보다 점수가 낮은 사람의 비율은 84%이다. 우리는 이를 "이 사람은 백분위 84에 있다."고 말한다. IQ 점수가 130인 사람은 백분위 98에 있으며 이는 그 사람이 98%의 사

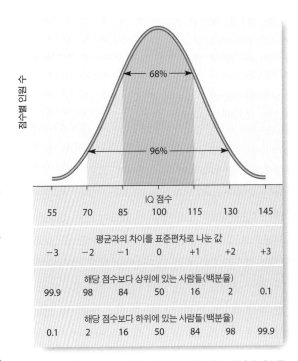

			IQ 점수			
55	70	85	100	115	130	145
평균과의 차이를 표준편차로 나눈 값						
−3	−2	−1	0	+1	+2	+3
해당 점수보다 상위에 있는 사람들(백분율)						
99.9	98	84	50	16	2	0.1
해당 점수보다 하위에 있는 사람들(백분율)						
0.1	2	16	50	84	98	99.9

그림 9.7 평균이 100이고 표준편차가 15인 웩슬러 IQ 검사의 점수를 나타낸다. (1 표준편차의 범위는 평균 위아래로 15점이다.)

람들보다 점수가 높다는 것을 의미한다.

하지만 사실상 지능점수의 실제 분포는 이론적 분포처럼 대칭적이지 않다. 그림 9.8에서 보는 것처럼 최빈치(가장 흔한 점수)는 100이 아니라 105이며, 점수들은 평균을 중심으로 균등하게 분포되어 있지 않으며 평균보다 훨씬 아래에 있는 사람의 수가 평균보다 똑같은 거리만큼 훨씬 더 위에 있는 사람의 수보다 더 많다(W. Johnson, Carothers, & Deary, 2008).

분포의 왼쪽 끝에 불룩 튀어나온 부분은 정신적 장애가 있는 사람의 점수를 나타낸다. 예를 들어, 다운증후군(Down syndrome) 환자는 21번 염색체를 하나 더 가지고 태어난 결과 다양한 신체적, 정신적 손상을 보인다. 특히 이들은 언어 발달과 운동 기술 그리고 기억과 인지에서 어려움을 보인다. 하지만 다운증후군을 가진 사람 중에도 일부 사람들은 다른 사람보다 훨씬 더 성공적으로 살아간다(Carr, 2008).

정신적 어려움을 겪고 있다고 말하거나 지적 장애라는 용어를 사용하는 것은 IQ 점수가 평균 아래 2 표준편차, 즉 검사마다 조금씩 다르겠지만 68 또는 70점 이하에 해당되는 경우이다. 하지만 이러한 구별은 임의적이며 심리학자들은 진단을 내리기 전, 다른 기능의 수준도 관찰한다. 미국의 장애아 교육 관련 조례는 아동 능력의 한계와 상관없이 모든 아동에게 "무상으로 그리고 적정 수준으로" 교육이 제공되어야 한다고 밝히고 있다. 가벼운 신체적, 정신적 장애를 지닌 아동에게도 가능한 한 통합 교육을 제공한다, 즉 다른 아동과 같은 교실에 배치하여 교육하되 이 아동들의 특수성을 고려한다는 것이다. 다른 아동과 같은 교실에 배치하는 것의 긍정적 측면은 장애 아동만 있는 교실에 배치된 경우보다 언어 능력이 더 높은 수준으로 발달될 수 있다는 것이다(Laws, Byrne, & Buckley, 2000). 하지만 장애가 있는 아동은 친구가 거의 없으며 이런 현상은 고학년으로 갈수록 더 심해진다(Hall & McGregor, 2000).

IQ 점수가 130 혹은 그 이상은 "영재" 범위에 속한다. 장애 진단을 내리는 것과 마찬가지로 영재 판별 또한 검사 점수뿐 아니라 다른 행동도 관찰하여 판단한다. 영재 아동은 도움을 많이 받지 않아도 빠르게 학습하고 지식을 얻기 위해 노력하고 심도 있는 질문을 하며 새로운 아이디어를 생각해 낸다(Winner, 2000). 하

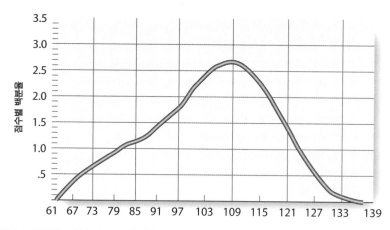

그림 9.8 실제 점수의 분포는 그렇게 대칭적이지 않다. 최빈값(가장 흔한 점수)은 평균보다 조금 높으며 평균보다 훨씬 아래에 있는 점수가 훨씬 위에 있는 점수보다 더 많다. (출처: Johnson, W., Carothers, A., & Deary, I. J., 2008. "Sex differences in variability in general intelligence." *Perspectives on Psychological Science* Vol. 3 (pp. 518-531). ⓒ 2008 Sage Publication, Inc. 허가하에 실음)

지만 대부분의 영재 아동은 자신과 유사한 관심사를 갖는 또래 친구를 찾기 어려워하여 혼자 긴 시간을 보내기도 한다.

처음 IQ 검사가 실시된 이래 심리학자들은 여자아이가 언어유창성과 같은 언어적 검사와 기억 과제에서 남자아이보다 더 높은 수행을 보임을 발견했다. 남자아이는 여자아이보다 시공간 회전 과제를 더 잘한다. 주의력 과제에서는 남자아이는 한 번에 한 항목에 집중하는 반면 여자아이는 주의를 더 넓게 분산시킨다(W. Johnson & Bouchard, 2007). 이러한 성차가 크지는 않다. 그러나 검사 개발자는 특정 유형의 문항을 더 많이 선택함으로써 한 성별에 더 유리한 결과를 가져오게 하도록 검사를 제작할 수도 있었다. 하지만 실제로 이들은 다양한 유형의 문항의 균형을 맞추어 남자와 여자의 평균 점수가 같아지도록 검사를 개발했다(Colom, Juan-Espinosa, Abad, & García, 2000).

남자는 더 큰 개인차를 보인다. 여러 지능 척도상에서 남자의 점수는 여자보다

위 사람은 다운증후군(Down Syndrome)이다.

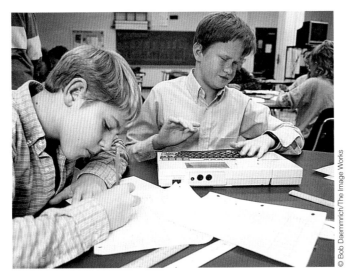

IQ 점수가 낮은 아동은 다른 학생과 같은 학급에서 교육을 받는다. 더 심각한 장애를 가진 아동은 특수반에서 배운다.

더 많이 상하 극단에 분포한다(Arden & Plomin, 2006; Hedges & Nowell, 1995). 41개국을 대상으로 실시한 연구에서 남자의 점수가 더 큰 편차를 보였는데 언어점수는 35개국에서 수학점수는 37개국에서 더 큰 편차가 나타났다(Machin & Pekkarinen, 2008). 하지만 이러한 경향성은 그리 크지 않았다. 왜 남자들은 더 큰 차이를 보이는지 우리는 알지 못한다.

플린 효과

1920년대에는 "화성이 무엇일까?"라는 질문이 어렵게 여겨졌다. 왜냐하면 사람들 대부분이 행성에 대해 잘 알지 못했기 때문이다. 그러나 오늘날 이런 문제는 쉬운 것이다. 연구자들은 검사의 전반적 난이도를 동일하게 유지하기 위해 주기적으로 재표준화(restandarization)를 실시한다.

지능검사를 재표준화하는 사람들은 검사의 평균점수가 올라가는 것을 막기 위해서 계속해서 검사를 어렵게 만들고 있다는 것을 깨닫게 된다. 즉, 시간이 지나고 세대가 바뀌면서 지능점수는 점차 높아지고 검사를 만드는 사람들은 검사의 평균을 100점으로 유지하기 위해 시험을 더 어렵게 만들게 된다. 이러한 경향성을 플린 효과(Flynn effect)라 하는데, 이런 효과를 밝힌 James Flynn의 이름을 따서 불리게 된 것이다(Flynn, 1984, 1999). 이러한 결과는 나라마다 시험의 종류에 따라, 기간에 따라 서로 다르지만 10년마다 지능점수가 3점씩 오르는 전형적 경향성을 보였다. 만약 당신의 부모가 지금 당신의 나이에 풀었던 IQ 검사를 당신에게 실시한다면 당신의 점수는 부모보다 더 높을 것이며 조부모 시대의 IQ 검사를 실시한다면 그보다도 훨씬 더 높을 것이다.

플린 효과에서 비롯된 한 가지 결과는 만약 당신이 지능검사를 실시한 후 재표준화된 검사를 훗날 실시하게 된다면 당신의 점수는 떨어진다는 것이다! 당신의 능력이 떨어진 것이 아니라 더 높은 기준에 비교된 것이다. 대부분은 몇 점 정도의 차이

는 중요하지 않다고 생각하지만, 분포의 끝 부분에 위치한 사람들에겐 몇 점 낮아지는 것이 특별한 혜택의 대상이 되는 자격 요건이 될 수 있다(Kanaya, Scullin, & Ceci, 2003).

플린 효과(지능점수가 세대가 지남에 따라 점점 높아지는 것)는 모든 민족에서 나타나며(Raven, 2000), 수십 년 동안 미국, 캐나다, 유럽, 호주, 뉴질랜드, 이스라엘, 터키, 일본, 브라질, 중국, 케냐 등을 포함한 여러 국가에서 발견되었다(Daley, Whaley, Sigman, Espinosa, & Neumann, 2003; Flynn, 1998; Kagitcibasi & Biricik, 2011; Must, te Nijenhuis, Must, & van Vianen, 2009). 플린 효과는 특정 시대에 더 강력하게 나타나기도 한다(Sundet, Eriksen, Borren, & Tambs, 2010). 적어도 유럽의 일부에서는 1900년대 초, 중반에 플린 효과가 더 강력했으나 1990년대 즈음 점수 증가의 추이가 줄어들고 거의 바뀌지 않았다(Sundet, Barlaug, & Torjussen, 2004; Teasdale & Owen, 2005, 2008). 레이븐 진행적 행렬 검사와 같은 추론 검사에서 점수의 증가가 가장 많이 나타났으며 지식(Flynn, 1999; Rodgers & Wanstrom, 2007)과 반응 속도(Nettelbeck & Wilson, 2004) 측면에서는 점수의 증가가 미미하거나 거의 나타나지 않았다.

플린 효과를 어떻게 설명할 것인가? 몇 가지 가설이 있다:

- 교육 수준의 향상과 검사에 포함된 문제를 해결하는 기술의 증가. 교육은 매우 중요하지만 플린 효과는 교육으로 별로 설명될 수 없다. IQ 점수의 상승은 방금 학교교육을 받기 시작한 6세 아동과 학교 교육을 거의 받지 못하는 케냐의 시골 아동에게서도 분명히 나타났다(Daley et al., 2003). 또한 그러한 점수의 증가는 추리 검사(레이븐 진행적 행렬 검사와 같은)에서 가장 크며, 학교에서 배우는 유형의 사실적 지식에서 가장 적다.

- 자신과 다른 지역의 사람과 결혼하는 경향성의 증가(Mingroni, 2004). 식물을 재배하는 사람들은 잡종 강세(hybrid vigor), 즉 서로 다른 식물의 유전자 교배를 통해 품질이 개선된다는 것을 오랫동안 인식해 왔다. 인간도 이와 마찬가지로 부모의 유전자가 서로 너무 유사하지 않을 때 자녀에게 이점이 있다.

그러나 플린 효과는 고향에 계속 머무르는 사람에게도 일어난다. 또한 한 연구에 따르면 한 가족 내에서 플린 효과의 크기는 아이들 간 나이 차에 따라 달라진다(Sundet et al., 2010). 이러한 경향성은 부모의 유전자와 관련된 것일 수가 없을 것이다.

- 정신지체의 감소. 의학의 진보는 여러 유형의 정신지체를 감소시켰다. 하지만 수십 년 동안 낮은 점수가 감소되었을 뿐 아니라 고득점자 또한 증가되었다(Wai & Putallaz, 2011).

- 인지적 자극의 증가. 지난 세월 동안 사람들은 라디오에서 시작해서 영화, 텔레비전, 비디오 게임, 인터넷 등 점점 더 많은 자극에 노출되어 왔다. 이러한 경험들은 레이븐 진행적 행렬 검사 또는 이런 유형의 검사에서 요구하는 기술을 향상시킨다(Neisser, 1997). 심지어 케냐의 시골에서도 몇몇 가정에서는 이제 텔레비전을 보유하고 있다(Daley et al., 2003).

- 영양과 건강 상태의 개선(Sigman & Whaley, 1998). 수년 동안 평균 신장이 점점 증가하고 있는데 이는 영양과 건강 상태의 개선으로 설명될 수 있을 것이다. 또한 영아들이 예전에 비해 목을 가누는 시기가 더 빨라졌으며 앉고 서고 걷고 첫 단어를 말하는 능력도 더욱 이른 시기에 나타난다(Lynn, 2009). 목을 가누는 것은 교육 수준의 증가 또는 과학기술의 진보와는 전혀 관련이 없으나 발달 초기 영양 및 건강 상태와는 많은 관련이 있다. 1900년대 초에는 비타민과 미네랄의 결핍이 흔했으나 더 이상 그렇지 않으며 임신 중 여성의 음주와 흡연도 과거에 비해 훨씬 줄어든 것 같다.

요즘 젊은이들은 지난 세대보다 다소 더 똑똑하다고 주장할 수도 있을 것이다(Cocodia et al., 2003; R. W. Howard, 1999; Schooler, 1998), 그런데 현재 젊은이들의 IQ 점수가 그들의 조부모 세대보다 15~20점 정도 높다는 것을 정말 믿을 수 있을까? Flynn(1998)은 IQ 점수 증가는 사실이나, 사람들이 더 똑똑해졌다고는 할 수 없다고 주장한다. 그렇다면 이제 IQ 점수가 의미하는 것이 정말로 무엇인지 생각해 보아야 한다.

개념 점검   10. 왜 개선된 교육이 플린 효과를 모두 설명하지 못하는 것일까?

검사의 평가

학교 시험이 불공평하다고 불평해 본 적이 있는가? 공평하지 않게 '보이는 것'이 반드시 불공평한 것은 아니며 공평하게 보이는 것이 반드시 공평한 것도 아니다. 심리학자들은 검사의 정확성과 공평성을 평가하고자 할 때, 검사의 신뢰도 및 타당도와 관련된 특정 종류의 증거들을 검토한다.

신뢰도

검사의 신뢰도(reliability)는 같은 점수가 반복해서 나올 가능성으로 정의된다(T. B. Rogers, 1995). 만일 검사가 신뢰롭다면 실시할 때마다 거의 똑같은 결과가 나올 것이다. 검사의 신뢰도를 결정하기 위해 심리학자들은 상관계수를 계산한다. (제2장에서 우리는 상관계수는 어떤 측정값을 예측하기 위해 다른 측정값을 사용하는 것이 얼마나 정확한 것인지를 측정하는 지표임을 배웠다.) 심리학자들은 같은 검사를 같은 사람에게 두 번 시행하거나 동형 검사를 한 번 더 시행해 둘 간의 점수를 비교한다. 또는 검사를 반으로 나누어 처음의 점수와 두 번째 점수를 비교하거나 홀수 번째 문항과 짝수 번째 문항의 점수를 비교하기도 한다. 만일 모든 항목이 거의 같은 것을 측정한다면 두 점수 간에는 높은 상관이 나타날 것이다. 상관계수는 이론적으로 −1에서 +1 사이의 범위에 있으나 현실적으로 신뢰도 계수는 항상 0 이상의 값을 갖는다. 부적 신뢰도의 의미는 처음에 높은 점수를 받았던 대부분의 사람들이 평균보다 낮은 점수를 받았다는 것인데 이러한 양상은 거의 일어날 수 없다. 그림 9.9는 첫 번째 검사와 재검사 사이의 상관인, 검사−재검사 신뢰도(test−retest reliability)를 제시하고 있다.

만일 검사의 신뢰도가 완벽히 +1이라면 처음 검사에서 제일 높은 점수를 받은 사

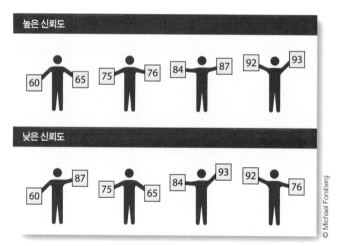

그림 9.9 높은 신뢰도를 보이는 검사에서 사람들은 시험을 볼 때마다 유사한 점수를 받게 된다. 낮은 신뢰도를 보이는 검사에서 점수들은 무작위로 변화할 것이다.

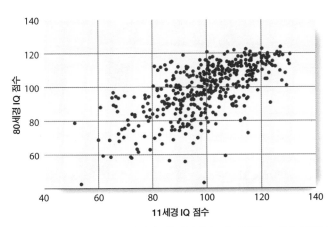

그림 9.10 위의 산포도에서 각 점은 한 사람의 점수를 나타낸다. X축의 값은 11살에 측정된 IQ 점수이며 Y축의 값은 80세에 측정된 점수를 나타낸다. (MHT= Moray House Test: IQ 검사의 한 유형) (출처: Deary, I. J., Whiteman, M. C., Starr, J. M., Whalley, L. J., & Fox, H. C., "The impact of childhood intelligence on later life: Following up the Scottish mental surveys of 1932 and 1947." *Journal of Personality and Social Psychology* Vol. 86 (pp. 130-147). ⓒ 2004 American Psychological Association. 허가하에 실음)

람이 재검사에서도 제일 높은 점수를 받은 것이며 처음 검사에서 두 번째로 높은 점수를 받았다면 재검사에서도 두 번째로 높은 점수를 받았다는 식으로 생각할 수 있다. 만일 검사의 신뢰도가 0이라면 이번 검사 점수와 다음 검사의 점수가 아무런 상관이 없이 무작위로 변한다는 것을 의미한다. 웩슬러 검사와 스탠포드-비네 검사 그리고 진행적 행렬 검사를 포함하여 일반적으로 사용되는 지능검사의 신뢰도는 .9 이상이다.

사람들 대부분의 IQ 점수는 시간에 걸쳐 안정적이다. 수많은 연구들은 10년에서 20년을 사이에 두고 같은 검사를 실시한 사람들의 IQ 점수 상관이 .9에 가깝다(Larsen, Hartmann, & Nyborg, 2008)는 것을 밝혔으며, 한 연구에서는 11세에 측정한 IQ 점수와 80세에 측정한 IQ 점수 간 상관이 .66임(Deary, Whiteman, Starr, Whalley, & Fox, 2004)을 밝혔다. 그림 9.10에 이런 결과가 제시되어 있다.

개념 점검

11. 어떤 사람이 새로운 "IQ 검사"를 막 고안해 냈다. 이 검사의 점수는 당신의 머리의 길이를 머리 둘레로 나누고 여기에 100을 곱하여 산출한다. 이 검사의 점수는 신뢰도가 높을까?

12. 대부분 학생들은 표준화된 검사에서 두 번째로 검사를 실시했을 때 더 높은 점수가 나온다는 것을 알게 되었다. 이러한 점수의 증가는 그 검사의 신뢰도가 낮다는 것을 의미할까?

타당도

검사의 타당도(validity)는 검사가 의도한 목적에 따라 검사 점수를 해석한 것이 실제 증거와 이론에 얼마나 합당한가를 의미한다(Joint Comonittee on Standards, 1999). 좀 더 간략하게 말하자면, 타당도는 측정하고자 했던 것을 얼마나 잘 측정하는지를 나타내는 것이다. 검사의 타당도를 결정하기 위해 다음의 5가지 증거를 검토한다.

내용. 검사의 내용은 그 목적에 맞아야 한다. 구직자가 푸는 문제는 그 직업에서 중요한 것만 포함되어야 하며 5학년 학기말 시험은 5학년 교육과정에 해당하는 문제만 포함하고 있어야 한다.

반응과정. 어떤 기술을 측정하고자 하는 검사에서 다른 요령을 써서 문제를 풀 수 없고 반드시 그 기술을 사용해서 문제에 답해야 한다. 가령, 읽기이해 검사에서 읽고 답해야 하는 문제에서 내용을 읽지 않고 배경지식을 이용해 문제를 풀 수 있다면 그 검사는 읽기이해를 타당하게 측정하고 있는 것이 아니다(Katz, Lautenschlager, Blackburn, & Harris, 1990).

내적 구조. 만일 검사가 작업기억과 같은 단일 기술을 측정하는 것이라면 모든 항목들은 서로 높은 관련이 있어야 한다. 즉, 하나의 항목을 옳게 답하는 사람은 다른 항목에서도 평균보다 높은 정반응률을 보여야 한다.

다른 변인들과의 관계. 만일 검사가 타당하다면 검사 점수는 다른 유형의 중요한 수행을 예측한다. 흥미 검사의 점수는 그 사람이 관심을 갖는 활동이나 직업을 예측해야 한다. 성격검사의 결과는 불안이나 우울의 문제가 생길 수 있는지를 예측할 수 있어야 한다. IQ 검사의 점수는 학교 성적을 예측할 수 있어야 한다. 실제로 IQ 검사는 학교 성적과 모든 과목의 성취검사와 정적으로 상관이 있다(Deary, Strand, Smith, & Fernandes, 2007).

IQ 검사는 처음 학교 성적을 예측하기 위해 고안되었다. 그런데 놀랍게도 이후의 결과들은 IQ 점수가 학교 성적뿐 아니라 여러 가지 다른 수행 또한 예측함을 보여주었다. 대부분의 경우 지능이 더 높은 아동은 더 좋은 직업을 갖게 되며 더 많은 월급을 받는다(Strenze, 2007). 교통사고율도 더 낮으며(O'Toole, 1990), 외상 후 스트레스 장애를 겪을 확률도 낮았다(Vasterling et al., 2002). IQ 점수가 높은 아동은 지도 읽기를 더 잘하고 전표를 더 잘 이해하고 버스 시간표를 더 잘 읽고 음식에 적힌 영양성분을 더 잘 읽고 약을 복용할 때도 보다 정확하다(Gottfredson, 2002a;

Murray, Johnson, Wolf, & Deary, 2011). 또한 IQ 점수가 평균보다 높은 아동은 미래의 즐거움을 위해 현재의 작은 기쁨을 포기한다(Shamosh et al., 2008). 또한, 이들은 인종차별주의를 반대하는 태도를 더욱 강하게 유지하며 여성을 위한 활동에 더욱 호의적이다(Deary, Batty, & Gale, 2008). 건강과 수명 또한 더 길고 무엇보다 높은 성실성을 보인다(Deary, Batty, Pattie, & Gale, 2008; Gottfredson, 2004). 비록 이러한 관련성이 몇몇 영역에서는 아주 작게 나타나지만 이러한 결과는 IQ 점수가 학교를 벗어난 실생활에서의 결과와도 연관이 있음을 보여주는 것이다.

예상대로 높은 지능점수는 과학 영역에서의 성공을 예측한다. 과학 영역에서 석사 또는 박사학위를 받은 사람 중에서도 높은 IQ 점수를 지닌 사람은 특허를 더 많이 내고, 학술지에 더 많은 논문을 게재한다(Park, Lubinski, & Benbow, 2008). IQ 점수는 다른 추가적 정보와 합쳐져서 다른 많은 직업에서의 성공도 예측한다(Schmidt & Hunter, 1998). Linda Gottfredson(2002b, pp. 25, 27)에 따르면, "일반적 지능 요소인 *g* 요인은 직무수행을 예측하는 가장 좋은 단일 예측변인이며, …[그것은] 직무의 여러 영역에서의 수행을 향상시킨다." Frank Schmidt와 John Hunter(1981, p. 1128)에 따르면, "전문적으로 개발된 인지능력 검사는 직업에서의 수행을 예측하는 타당한 요인이다. …모든 직업에서 그러하고 … 모든 환경에서 그러하다." 이것은 너무 과장된 말이다. 예를 들어, IQ 점수가 가수 또는 운동선수의 성공을 예측하는 데 유용한 요소는 아닐 것이다. 하지만 많은 직장에서 사원을 채용하는 데 인지검사 점수를 사용하는 것은 직무를 빠르게 잘 배워 일을 잘할 사람을 선택할 확률을 높일 수 있을 것이다.

그렇다면 IQ 검사는 지적으로 관련된 모든 것을 측정할까? 물론 그렇지 않다. 한 연구는 중학교 2학년 학생의 학교 성적이 자기절제력 측정치와 높은 상관이 있음을 밝혔다(Duckworth & Seligman, 2005). 대학 성적은 노력의 측정치(Crede & Kuncel, 2008), 그리고 호기심(von Stumm, Hell, & Chamorro-Premuzic, 2011)과 높은 상관이 있었다. 주도성이나 창의성같이 측정하기 어려운 다양한 특성에서도 개인차가 나타난다.

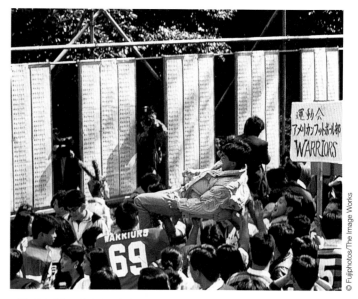

어떤 나라에서는 검사 점수가 학생의 미래를 돌이킬 수 없이 확정한다. 높은 점수를 얻은 학생은 미래의 성공이 보장되지만 성적이 낮은 학생에게는 기회가 제한된다.

검사 시행의 결과. 검사 시행에 따른 여러 이점이 있지만, 때로 의도치 않은 결과도 발생한다. 예를 들어, 미국의 공교육 체제에서는 매 학년 학기말 시험 점수로 다음 학년으로 진급할지 결정한다. 또한 이 점수는 다음 연도 교사의 연봉과 정부의 학교지원금의 액수에도 영향을 미친다. 이런 이유로 아주 실력이 좋은 선생님은 성적이 낮은 학생이 많은 학교에서 가르치기를 꺼려한다(Tuerk, 2005). 학생과 선생님들은 검사를 준비하기 위해서 더 중요한 교육 목표를 희생시키기도 한다. 검사를 실시하는 것이 이러한 비용을 감수할 정도로 충분한 역할을 하는가? 이것에 대한 의견은 많지만 실제로 이 이슈를 다루는 연구는 별로 없다(Braden & Niebling, 2005).

타당도 측정의 문제점

검사의 타당도를 측정하는 것은 어려울 수 있다. SAT 또는 ACT 점수는 단지, 대학교의 성적과 약간의 상관을 가진다. 이를 설명하는 한 가지는 대학교에서는 학생마다 다른 수업을 듣기 때문이다. 어려운 수업에서 평균 B를 받은 학생이 쉬운 수업에서 A를 받은 학생보다 더 잘한 것일 수 있다. 같은 수업을 듣는 학생만을 대상으로 조사한 경우 검사 점수는 학생의 수업 성적을 보다 성공적으로 예측한다(Berry & Sackett, 2009).

검사 점수가 거의 같은 학생들의 학교 성적을 비교할 때도 문제점이 발견된다. 미국의 대학원 입학 자격시험(GRE)의 점수를 생각해 보자. 이 시험의 점수는 대학 졸업생이 얻은 점수이다. 한 대규모 연구에 따르면 물리학과 대학원 1년차 성적이 GRE 수리 영역 점수보다 GRE 언어 영역 점수와 더 높은 상관을 나타냈다. 그리고 영문학을 전공하는 대학원 1년차 학생의 경우에는 이와 반대의 결과가 나타난다. 이들의 대학원 성적은 언어 영역 점수보다 수리 영역의 점수와 더 높은 상관을 보였다(Educational Testing Service, 1994). 이것은 실로 놀라운 결과인데 물리학은 진정한 수리 영역이며 영문학 또한 언어 영역의 대표주자이기 때문이다.

설명은 간단하다. 물리학을 전공한 학생들 대부분은 수리 영역에서 거의 같은(가장 높은) 점수를 얻었고 마찬가지로 영문학을 전공한 학생들은 언어 영역에서 거의 같은(가장 높은) 점수를 얻었다. 한 전공의 모든 학생이 거의 같은 점수를 받았다면 이 점수는 앞으로 누가 더 잘할 것인지 예측할 수 없다. 검사는 그것이 제공하는 점수의 범위가 어느 정도 보장되어야만 수행을 예측한다.

개념 점검

13. 높은 신뢰도를 가지면서 낮은 타당도를 보이는 검사가 있을까? 낮은 신뢰도를 보이면서 높은 타당도를 보이는 검사는 있을까?

14. 만약에 물리학과 대학원이 GRE 수리 영역에서 하위 점수를 받은 학생들에게 그리고 영문과 대학원은 언어 영역에서 하위 점수를 받은 학생들에게 입학 허가를 주었다면 검사의 예측 타당성은 어떻게 될까?

15. 입학에 있어 치열한 경쟁을 벌이는 대학교와 모든 지원자를 받아주는 대학교 중 어느 쪽이 SAT점수가 대학 학점을 더 잘 예측할 수 있을까?

점수 변동에 대한 해석

당신이 첫 번째 시험에서 94%를 맞혔으며 똑같은 난이도의 두 번째 시험에서 88%를 맞혔다고 가정해 보자. 그렇다면 이것은 당신이 첫 번째 시험에서 공부를 더 열심히 한 것을 의미할까? 꼭 그렇지만은 않다. 검사가 완벽한 신뢰도를 가지지 않는다면 점수는 변할 수 있다. 신뢰도가 더 낮을수록 점수의 변동은 더 크다.

이러한 사실을 망각하고 때때로 부적절한 결론에 이르기도 한다. 한 연구에서 Harold Skeels(1966)는 고아원의 영유아를 검사하여 가장 하위권의 점수를 받은 아이들을 분별해 냈다. 그는 이 영유아를 집중적인 보살핌을 받을 수 있는 곳으로 옮기고, 몇 년 뒤 다시 IQ 검사를 실시했을 때 대부분 아동의 점수가 의미 있게 올라갔음을 발견했다. 심리학자들이 그래왔듯, 우리도 영유아에게 특별한 관심을 보여주는 것이 지능을 향상시킨다고 결론을 내릴 수 있을까? 꼭 그렇지

만은 않다(Longstreth, 1981). 영유아에게 시행하는 IQ 검사는 낮은 신뢰도를 가진다. 점수의 변동이 아주 크게 나타나는데 심지어 하루 이틀 사이에도 변화가 나타난다. 낮은 점수를 얻은 영유아들에게 훗날 재검사를 실시하면 점수의 평균은 높아질 수밖에 없다. 그것은 아이들의 점수가 더 이상 낮아질 여지가 없기 때문이다.

마찬가지로 첫 검사에서 만점을 받은 학생을 생각해 보자. 이 학생이 다음 검사에서는 몇 점을 받을 것으로 생각하는가? 이 학생의 점수는 내려갈 것이다. 이것은 그가 자만했다거나 공부를 하지 않았기 때문이 아니다. 검사가 완벽하게 신뢰롭지 않기 때문이다. 어느 정도 검사 점수의 변동은 불가피하다.

지능검사는 편향되었는가?

검사는 신뢰도와 타당도를 가지고 있어야 할 뿐만 아니라 편향되지 않아야 한다. 즉, 모든 집단의 사람들에게 똑같이 공정하고 정확해야 한다. 편향된(biased) 검사는 하나 이상의 집단의 수행을 과대평가하거나 과소평가한다. 한 집단이 다른 집단보다 높은 수행을 보였다는 것 자체가 편향을 나타내는 것은 아니다. 극단적 예를 한번 들어보자. 공부를 열심히 한 학생은 그렇지 않은 학생보다 더 높은 점수를 받는다. 이러한 결과가 공부하지 않은 학생이 불리하도록 시험이 편향되었다는 것을 의미하는가? 그렇지 않다. (이것이 만일 편향되었다고 생각한다면, 당신의 입장에서 편향되지 않은 검사는 모든 사람이 같은 점수를 받는 검사라고 정의되어야 할 것이다.) 어떤 수행에서 사람들이 실제로 서로 다르다면 이를 측정하는 검사는 그러한 차이를 정확하게 보여주어야 한다. 운전면허 시험은 시력검사를 포함한다. 이것이 시각장애인에게 불리하도록 편향된 시험인가? 역시 아니다. 검사 결과는 그가 운전을 잘하지 못할 것이라는 것을 정확하게 예측해 준다. 하지만 만일 진학 안내 상담자를 지원한 사람에게 시력검사를 실시한다면 이는 시각장애인에게 불리하도록 편향된 검사일 것이다. 왜냐하면 그가 이 직업을 수행할 수 있는 능력을 과소평가할 것이기 때문이다. 요컨대 편향되었다는

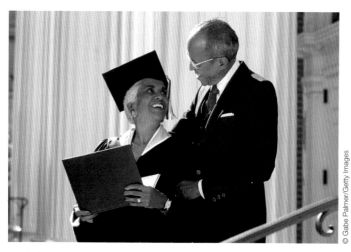

25세 이후 대학에 들어간 여성은 자신의 SAT점수가 예측한 것보다 더 나은 학점을 받는다. 이들의 수행을 과소평가했다는 점에서 이 검사는 "편향"된 것이다.

것은 검사가 특정 목적의 측면에서 불공정함을 의미한다. 연구자는 어떤 검사를 어떻게 사용하든지 간에 그것이 편향되었는지를 파악할 필요가 있다.

편향은 경험적인 문제이다. 이는 증거를 통해 결정되어야 한다는 말이다. 만약 편향된 검사가 있다면, 어떤 검사가 어떤 집단에게 편향되었다는 것일까? 25세가 넘어서 대학이나 대학원에 입학하는 여성의 경우 그 사람의 SAT점수가 예측하는 것보다 더 높은 학점을 받는다(Swinton, 1987). 이 사람들 대부분은 SAT검사에서 좋은 점수를 받기는 하지만 여전히 그들에게 SAT는 불리하게 편향된 검사이다. 똑같은 SAT점수가

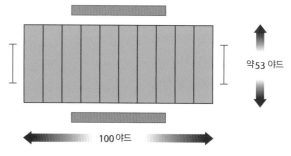

약53 야드

100 야드

위 그림은 미식축구 경기장을 나타낸다. 골라인과 사이드라인들 간의 거리의 비율은 어떻게 되는가?

a. 1.89
b. 1.53
c. 0.53
d. 5.3
e. 53

그림 9.11 이 문항은 여학생에게는 불리하게 편향되어 있다는 것이 밝혀지면서 SAT에서 제거된 것이다. 이 문항을 제외한 나머지 문항에서 거의 만점을 맞은 여학생들도 골라인과 사이드라인이 무엇인지 몰랐다. (정답은 a이다.)

25세를 넘은 여성과 20세의 사람들 간에 무언가 다른 것을 의미한다는 점에서 편향되었다는 것이다. 이들은 왜 SAT점수가 예측하는 것보다 높은 학점을 받을까? 세 가지 가설이 있다. (a) 졸업한 지 꽤 시간이 흘렀기 때문에 시험을 치는 기술이 녹슬었을 것이다. (b) 그 시기 다시 학교로 돌아와 공부하려는 사람은 누구든지 강한 동기를 갖는다. (c) 졸업 후 몇 년간의 경험은 어떤 이점을 갖게 한다.

검사가 어떤 집단에게 편향되었는지 아닌지를 판단하기 위해 심리학자들은 여러 종류의 연구를 시행하고 있다. 이들은 검사 자체뿐만 아니라 개개의 검사 항목에서의 편향을 확인하기 위해 노력한다.

검사 문항에서 나타날 수 있는 편향의 평가

100문항으로 이루어진 검사를 실시한다고 가정해 보자. 이 검사에서 어떤 한 문항이 A집단에게는 10번째로 쉬운 문제이고 B집단에게는 42번째로 쉬운 문제이다. 이것은 그 문항이 포함하는 정보나 기술이 B집단보다 A집단에서 더 자주 접할 수 있음을 암시하는 것이다. 그렇다면 이 문항은 편향된 것이다(Schmitt & Dorans, 1990). 예컨대, 그림 9.11에 제시된 SAT 문제는 미식축구 경기장 도안을 제시하고 골라인 사이의 거리와 사이드라인 사이의 거리의 비율을 묻는다. 남학생에게 이 문제는 가장 쉬운 문제 중 하나이지만 많은 여학생은, 심지어 다른 문제에서는 하나도 틀린 게 없는 똑똑한 여학생도 이 문제를 맞히지 못했다. 미식축구에 관심이 없는 대부분의 여학생들은 골라인과 사이드라인이 무엇인지도 몰랐던 것이다. 이후 SAT출제위원은 이 문항을 편향된 것으로 판별하고 이를 제거했다.

검사 전체에서 나타날 수 있는 편향의 평가

편향된 검사란 어떤 특정 집단 구성원의 수행을 체계적으로 잘못 평가하는 검사로 정의된다. 예를 들어, 만일 IQ 검사가 흑인 학생에게 불리하게 편향되어 있는 것이라면, 이 검사에서 100점을 맞은 흑인 학생은 100점을 받은 백인 학생보다 학교에서 공부를 더 잘할 것이다.

그런데 같은 IQ 점수를 받은 흑인 학생과 백인 학생이 실제 학교 성적은 거의 동일하거나 심지어 흑인 학생이 조금 떨어지는 경우도 있다(Pesta & Poznanski, 2008; Sackett, Borneman, & Connelly, 2008). SAT점수도 마찬가지다(McCornack, 1983). 즉, 수십 년 동안 백인 학생이 흑인 학생보다 학교 성적이 더 우수했다는 불편한 사실이 존재한다. IQ 점수는 실제 학생의 성적과 대략 일치한다. 검사는 단순히 그 차이를 보여주는 것이다. 학교 수행을 저하시키는 무언가가 검사에서의 수행 또한 저하시키고 있음이 분명해 보인다.

흑인 학생과 백인 학생 간의 차이는 지난 수년간에 걸쳐 줄어들고 있다. 그림 9.12에서 제시된 것과 같이 스탠포드-비네 검사와 웩슬러 검사에서, 평균 점수가 100인 백인 학생의 점수를 기준으로 했을 때, 흑인 학생의 평균이 1970년 83점에서 2000년 88점으로 증가했다(Dickens & Flynn, 2006). 다른 연구에서도 1990년도

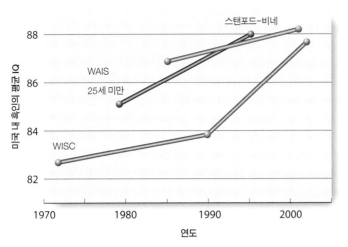

그림 9.12 가장 널리 사용되는 두 개의 IQ 검사에서 1970년에서 2000년 사이 백인 학생의 점수 대비 흑인 학생의 점수는 증가했다. (Modified from Dickens & Flynn, 2006.)

까지 점수는 증가하고 그 이후 점수가 안정되었다(Magnuson & Duncan, 2006; Murray, 2007). 평균적으로 흑인 학생의 학교 성적 또한 높아졌다(Grissmer, Williamson, Kirby, & Berends, 1998). 학교 성적과 검사 점수가 동시에 향상된 것은 검사가 성적을 타당하게 예측한다는 판단을 지지하는 것이다. 흑인 학생의 IQ 점수와 학교 성적이 향상된 것은 이들의 영양 상태와 교육 수준이 높아지고 이들 부모의 취업 기회가 증가된 것과 관련이 있을 것이다.

편향된 검사에 대한 정의를 그대로 따르면, 백인과 흑인 학생 모두의 학교 수행을 정확하게 예측하는 IQ나 SAT 검사는 편향된 것이 아니다. 하지만 다른 가능성은 여전히 남아 있다. 즉, 많은 흑인 학생이 학교와 IQ 검사 모두에서 그들이 발휘할 수 있는 것보다 더 낮은 수행을 나타내는 것일 수 있다.

왜 그럴까? 한 가지 가설은 빈곤 때문이라는 것이다(Evans & Schamberg, 2009). (가난은 태아기의 건강과 영양에 좋지 않은 영향을 미칠 뿐 아니라 높은 수준의 스트레스를 가져온다.) 그러나 이것이 모든 것을 설명해 주지는 않는다. 같은 사회경제적 지위를 가진 백인과 흑인을 비교했을 때 두 집단의 점수 차이는, 비록 적지만, 계속해서 발견된다(Magnuson & Duncan, 2006). 이와 관련된 가설 중 하나는 백인 가정의 자녀들은 IQ 검사(그리고 학교 시험)와 관련된 기술이나 내용에 친숙해질 기회가 더 많다는 것이다. 실제로 한 연구에서 백인 가정에 입양된 흑인 아동은 흑인 가정에 입양된 흑인 아동보다 더 높은 IQ 점수를 받았다(Moore, 1986). 또 다른 설명은 낮은 기대감과 포부와 관련된다. 만약 당신에게 어떤 가능성도 보이지 않는다면 당신은 노력하지 않을 것이다. 대체로 흑인 여성이 흑인 남성보다 더 높은 점수를 획득하며 대학을 더 많이 다니는데 이는 흑인 남성이 학업에 최선을 다하지 않음을 강력히 제안하는 것이다(McKinnon & Bennett, 2005). 이러한 가능성에 대해서는 다음 절에서 좀 더 자세히 다룰 것이다.

개념 점검

16. 어떤 회사에서 판매원을 고용하는데 스페인어 능력을 평가했다. 이러한 회사의 고용 방침이 스페인어를 못하는 지원자에게 불리하게 편향된 것인가?

17. 어떤 새로운 IQ 검사에서 키가 큰 사람이 작은 사람보다 더 높은 점수를 얻게 된다고 가정해 보자. 우리는 이 검사가 키가 작은 사람에게 불리하도록 편향된 것인지를 어떻게 판단할 수 있을까?

핵심 점검 증거는 뭘까?

고정관념의 위협

편향의 수준은 검사 자체뿐 아니라 검사의 진행 방식과 검사를 받는 사람에 대한 기대에도 영향을 받는다. 당신이 어떤 시험을 보려 하는데 누군가, "당신과 같은 사람들(왼손잡이거나 빨간색 머리 또는 작은 도시에 살고 있는 사람들, 또는 누구든 간에)은 이런 종류의 시험을 잘 못 봐요."라고 말했다고 하자. 이것이 당신에게 어떤 영향을 미칠까? 아마도 의욕을 잃을 것이다. 비록 이 말을 믿지 않았어도 이 말은 당신의 주의를 흐릴 것이다. 혹시라도 시험을 잘 못 보면 그 기분 나쁜 예측이 사실임이 확인될 거라고 걱정하고 있을 것이다.

Claude Steele는 이러한 생각을 고정관념의 위협(stereotype threat)으로 명명했다. 이는 자신이 수행을 잘하지 못해 자신이 속한 집단에 대한 고정관념이 사실임을 보여줄 것이라는 지각된 위험을 말한다. 특히 IQ 검사를 받는 흑인 학생들은 자신이 점수가 좋지 못하면 이것이 흑인에 대한 편견을 강화시킬 수 있다는 두려움을 갖는다. 주의가 산만해지고 의욕을 잃을 수도 있다. Steele의 연구와 그 결과를 살펴보도록 하자.

가설 흑인 학생들이 자신이 보는 검사에서 흑인이 대체로 잘하지 못한다고 믿는다면 자신의 수행이 그들 집단을 나쁘게 보여줄 것이라 생각하며 걱정한다. 그들은 또한 자신감을 잃을 것이다. 그 결과, 그들은 자신의 능력만큼 수행하지 못한다. 만일 흑인 학생들에게 이런 걱정이 없다면 그들의 수행은 향상될 것이다.

방법 참가자는 미국 최고의 대학 중 하나인 스탠포드 대학교에 재학 중인 20명의 백인과 20명의 흑인 학생들이다. 그들에게 GRE 시험문제 중 난이도가 높은 언어 영역 27개 문제를 선택하여 제시했다. 시험을 시작하기 전 두 집단으로 나눠진(무작위로 할당되었다.) 학생들에게 각각 다음과 같이 지시

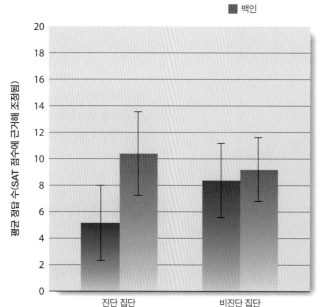

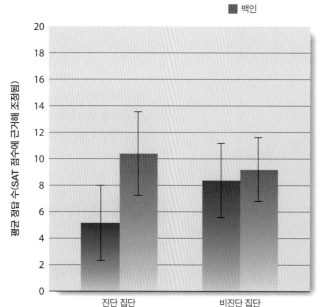 그림 9.13 검사가 자신의 강점과 약점을 확인하는 것이라고 믿은 흑인 학생은 그들의 능력을 모두 발휘하지 못했다. (출처: Claude M. Steele & Joshua Aronson, "Stereotype threatand the intellectual test performance of African Americans." *Journal of Personality and Social Psychology* Vol. 69 (pp. 797-811). © 1995 American Psychological Association. 허가하에 실음.)

했다. "비진단" 집단의 학생들에게는 이 연구는 인간이 어떻게 어려운 언어 문제를 푸는지 조사하는 것이라고 말했다. 반대로, "진단" 집단의 학생들에게는 이 연구는 참가자의 강점과 약점을 알아보기 위한 것이라고 말했다. 후자의 지시는 평가에 대한 불안을 높이기 위한 시도였다.

결과 각 집단의 학생들이 옳게 대답한 개수를 그대로 제시하지 않고 참가자들의 SAT점수에 따라 시험 점수를 조정했다. 그림 9.13에 제시되어 있는 결과는 각 집단의 학생들이 그들의 SAT점수에 의해 예측된 검사 점수에 비례해 얻은 실제 검사 점수를 나타낸 것이다. 흑인 학생의 SAT점수 평균은 603점이고 백인 학생의 점수 평균은 655점이다. 따라서 만일 흑인과 백인 학생 모두 자신의 SAT점수가 예측한 만큼 수행을 한다면, 백인 학생의 정반응률이 약간 높더라도, 이 그래프에서는 같은 수준의 수행을 보여줄 것이다.

비진단 집단의 경우 실제로 그러한 패턴을 나타냈다. 하지만, 진단 집단에서는 흑인 학생들의 경우 자신의 SAT점수가 예측하는 것보다 더 낮은 점수를 받았다. 그들은 비진단 집단에 포함된 흑인보다 더 적은 문제에 대답했으며 더 적은 문제의 정답을 맞혔다. 이러한 지시 유형이 백인 학생에게는 유의미한 영향을 미치지 않았다.

실험이 끝나고 인터뷰를 실시했을 때, "진단" 집단의 흑인

학생들은 이런 시험을 치르는 흑인 학생에 대한 고정관념이 강하게 떠올랐다고 보고했다. 이들은 또한 이런 고정관념을 자신이 확인시켜 주는 것 같은 자기 회의감도 느꼈다고 말했다(Steele & Aronson, 1995). 같은 연구자가 실시한 또 다른 연구에서는 참가자에게 단순히 인종을 묻는 것만으로도 흑인 학생의 점수를 손상시켰음을 발견했다(Steele & Aronson, 1995).

해석 이러한 결과는 많은 흑인 학생들이 자신이 치르는 시험에서 흑인 학생이 잘 못한다는 암시에 아주 민감하다는 것을 보여주는 것이다. 이러한 걱정은 문제에 주의를 집중하는 능력을 발휘하지 못하도록 방해하는 듯하다.

고정관념의 위협에 대한 심층연구

고정관념의 위협에 대한 다양한 후속 연구가 이루어졌으며 대부분 결과가 반복 검증되었다(Nguyen & Ryan, 2008; Steele, 2010). 고정관념의 위협은 독일에 사는 터키 소수민족과 같은 집단에서도 적용되었다(Walton & Spencer, 2009).

또 다른 고정관념 중 하나는 흑인이 백인보다 더 높은 운동능력을 가지고 있다는 것이다. 한 연구에서 백인과 흑인 대학생에게 미니 골프와 비슷한 게임을 하도록 지시했다. 연구자가 운동능력을 측정하기 위해 이것을 실시한다고 하자 흑인 학생은 백인 학생보다 더 잘했으며 백인 학생들이 불안을 더 많이 느꼈다고 보고했다. 반면 이것이 운동에서의 전략적 사고를 측정하는 것이라고 말했을 때, 백인이 흑인보다 더 잘했으며 흑인 학생들이 더 큰 불안을 보고했다(Stone, Lynch, S jomeling, & D arley, 1999).

여자가 수학을 더 못한다는 고정관념을 강조할 때, 여자의 수학 성적은 평균적으로 더 떨어진다. 그들의 불안은 증가되고 집중도는 하락한다(Krendl, Richeson, Kelley, & Heatherton, 2008). 하지만 이러한 고정관념을 믿지 않거나 그것이 자신에게는 적용되지 않는다고 믿는 여자는 수학을 더 잘한다(Dar-Nimrod & Heine, 2006; Kiefer & Sekaquaptewa, 2007; Lesko & Corpus, 2006).

아시아 여성에게 수학문제를 풀도록 한 세 개의 흥미로운 연구가 있다. 한 집단의 아시아 여성에게 먼저 여성에 대한 설문지를 완성하도록 하면서 자신이 '여

자'라는 사실에 주의를 집중하도록 유도한 후 수학문제를 풀게 했다. 이 여성들의 수학 점수는 평소보다 낮았다. 다른 여성들에게는 연구자는 자신이 '아시아인'이라는 것에 주의를 기울이도록 했다. (아시아인이 수학을 더 잘한다는 고정관념이 있다.) 세 개의 연구 중 두 연구에서 자신이 아시아인이라는 생각에 집중하는 것은 아시아 여성의 수학 점수를 향상시켰다(Ambady, Shih, Kim, & Pittinsky, 2001; Cheryan & Bodenhausen, 2000; Shih, Pittinsky, & Ambady, 1999).

모든 사람이 자신의 능력을 발휘할 수 있도록 하기 위해 어떻게 고정관념의 위협을 방지할 수 있을까? 한 가지 방법은 사람들에게 고정관념에 대해 설명해 주는 것이다. 한 연구에서 수학문제가 남자와 여자의 능력 차이를 진단하는 것이라고 했다. 그런데 연구자는 몇몇 여성들에게(무작위로 선출된) 고정관념의 위협에 대해서 설명해 주고 고정관념 때문에 그들의 수행이 방해받지 않도록 노력할 것을 촉구했다. 이 집단의 여성은 평균적으로 남자 못지않은 수행을 했다(Johns, Schmader, & Martens,2005). 다른 연구에서도 연구자는 시험 보는 것에 자신감이 없는 학생에게 그들이 가장 중요하게 생각하는 가치관과 자신의 가장 소중한 특징 그리고 큰 성공을 했을 때 어떤 느낌인지를 글로 쓰도록 했다. 이러한 시도는 학생의 검사 점수를 향상시켰다(Lang & Lang, 2010; Martens, Johns, Greenberg, & Schimel, 2006; Miyake et al., 2010). 근심거리를 글로 적는 것 또한 도움이 되었는데 이를 밖으로 표현하는 것이 근심을 떨치는 역할을 했을 것이다(Ramirez & Beilock, 2011). 이런 연구들의 착안점은 수행에 대해 걱정하는 것이, 운동선수의 경우와 꼭 마찬가지로, "강력한 압박감에 눌려 숨이 막히게 만든다."는 것이다(Beilock, Jellison, Rydell, McConnell, & Carr, 2006).

글쓰기를 통한 개입의 효과는 놀랍게도 오래 지속될 수 있다. 한 집단의 중학교 1학년 흑인 학생들이 자신의 가족, 우정, 관심, 가치관과 관련하여 스스로에게 힘을 북돋아 주는 글쓰기 과제를 수행했다. 그 결과 적어도 2년 이후까지 그들의 학교 성적이 향상되었다(Cohen, Garcia, Purdie-Vaughns, Apfel, & Brzustoski, 2009).

고정관념 위협은 일관된 효과이지만 아주 큰 효과는 아니다. 대부분의 연구에서 이 효과의 크기는 IQ 점수 3점 정도와 동등하다고 한다. 하지만 우리가 모르는 것은 이것이 수년간 쌓였을 때의 결과이다. 학교 성적이 나쁘거나 검사에서 좋은 점수를 받지 못했다고 알려준다면 그 학생은 시작부터 낙담하게 될 수 있다. 처음 용기를 잃는 것은 나중에 더 큰 낙담으로 이어질 수 있다. 이런 낙담의 전반적 효과는 얼마나 클까?

개념 점검 18. 고정관념의 위협은 검사의 타당도에 어떻게 영향을 미치는가?

맺음말 · 단원 9.2

검사 시행의 결과

지능에 관한 이론적 논의와 상관없이 IQ 검사는 실용적인 이유로 계속 사용될 것이다. 감독이 팀을 위해 가장 최고의 선수를 선발하기 위해 노력하는 것처럼 대학교 또는 회사에서는 가장 빠르게 배울 수 있는 지원자를 선발하기 위해 노력할 것이다. 누군가 이와 같은 판단을 하게 된다면, 우리는 그들이 이용 가능한 방법 중 가장 좋은 것을 사용하여 그 결과를 정확하게 평가하길 원할 것이다.

검사를 하는 것은 검사를 받는 개인이나 검사 점수를 평가하는 기관에게 어떤 결과를 제공한다. 이뿐만 아니라 검사 실시는 어떤 다른 종류의 결과도 제공한다. 만일 지능에 영향을 미치는 요인에 대해 좀 더 잘 이해할 수 있게 된다면 우리는 이러한 요인들에 관련하여 어떤 시도를 할 수 있을 것이다. 사회는 아동 발달을 돕기 위해 가능한 좋은 개입을 하고자 하지만 이러한 개입을 효과적으로 만들기 위해서는 연구가 필요하다. 태아기 건강과 발달 초기 영양이 얼마나 중요할까? 아동의 유형에 따라 효과적 자극은 다를까? 이러한 질문에 답하기 위해서 우리는 좋은 측정치가 필요하다. 그리고 측정은 검사를 통해서만 가능하다.

요약

- **표준화.** 검사 점수의 의미를 결정하기 위해 검사를 고안한 사람들은 모집단의 대표 표본 혹은 무작위 표본의 점수의 평균과 표준편차를 결정한다. IQ 검사는 주기적으로 개정된다. (369쪽)
- **IQ 점수의 분포.** IQ 검사의 평균은 100이고 표준편차는 검사에 따라 15점 혹은 16점이다. 하지만 대부분의 최빈값(mode, 가장 빈번한 점수)은 100보다 높고 하위 점수 분포에 튀어나온 부분이 있다. (369쪽)
- **플린 효과.** IQ 검사의 평균을 100으로 유지하기 위해서 IQ 검사는 주기적으로 개정되어 왔으며 점점 더 어려워졌다. 즉, IQ 점수 그 자체는 꾸준히 증가해 왔다. 이런 경향성의 원인은 아직 밝혀지지 않았다. (371쪽)
- **신뢰도와 타당도.** 검사는 신뢰도와 타당도를 통해 평가된다. 신뢰도는 검사 점수가 반복적으로 측정되는 것을 말하고 타당도는 측정하고자 하는 것을 얼마나 잘 측정하는지를 말하는 것이다. (372쪽)

- **타당도의 측정.** 검사의 타당도를 목적에 맞게 평가하기 위해서 연구자들은 검사의 내용, 검사 수행에서 나타나는 반응 과정, 검사 문항의 내적 구조, 다른 변인들과의 관련성, 그리고 검사 사용의 결과를 조사한다. (373쪽)
- **검사 편향.** 편향은 측정의 부정확함을 의미한다. 심리학자들은 한 집단에게는 쉽지만 다른 집단에게는 어려울 수 있는 문항을 검사에서 제거하기 위해 노력한다. 또한 검사가 모든 집단에 대하여 동등하게 정확한 예측을 할 수 있는지를 평가하려고 노력한다. (375쪽)
- **시험 불안과 고정관념의 위협.** 흑인 학생에게 흑인은 그 검사에서 잘하지 못한다는 고정관념을 어떤 식으로든 떠올리게 하면 이들은 그 검사에서 좋은 점수를 받지 못한다. 하지만 간단한 절차로 이러한 고정관념의 위협을 약화시킬 수 있다. (377쪽)

핵심 용어

검사-재검사 신뢰도 (372쪽)	다운증후군 (370쪽)	편향 (375쪽)
고정관념의 위협 (377쪽)	신뢰도 (372쪽)	표준화 (369쪽)
규준 (369쪽)	타당도 (373쪽)	플린 효과 (371쪽)

개념 점검 문제에 대한 답

1. 다양한 종류의 검사들은 서로 정적 상관이 있다.
2. 만약 모든 지적 능력이 한 요인에 기초한다면 어떤 한 부분이 손상되었을 때 다른 부분이 양호하다는 것은 상상할 수 없다. 달리기하는 근육이 손상되었다면 점프하는 부분도 손상되었다는 것을 유추해 보면 알 수 있다. 하지만 만약 지적 능력이 함께 성장하기 때문에 서로 관련성이 있다면 한 부분이 다른 부분보다 더 많이 손상될 가능성도 있다. 제8장에서 다룬 윌리엄스 신드롬(Williams syndrome)이 좋은 예이다. 손가락 하나를 절단한 것이 다리를 손상시키지 않는 예를 통해서도 유추해 볼 수 있다.
3. Turing의 해결 방법은 어디에나 적용될 수 있는 일반적 능력인 유동 지능을 반영한다. 자전거 수리공의 해결 방법은 특정 영역의 경험을 통해서 발달되는 능력인 결정성 지능을 나타낸다.
4. 지능의 다양한 영역에서 필요한 능력이 서로 높은 상관이 있는지 아닌지를 알아볼 필요가 있다. 만약 상관이 높으면, 이들은 단순히 g 요인의 다른 측면일 것이다. 만일 상관이 높지 않고 그 차이가 훈련의 양만을 반영하는 것이 아니라면, 이들은 지능의 서로 다른 영역이다.
5. 그런 측정치는 어떤 유형의 지적 행동은 예측하지만 g 요인을 측정하는 모든 검사들과는 낮은 상관을 보여야 할 것이다.
6. 웩슬러 검사는 여러 하위 검사의 점수를 제공하므로 개인의 강점과 약점을 파악할 수 있도록 한다. 레이븐 진행적 행렬 검사는 모국어가 영어가 아닌 사람도 공평하게 측정할 수 있는 검사이다.
7. 증거 중 하나는 일란성 쌍둥이의 IQ 점수가 이란성 쌍둥이보다 더 많이 유사하다는 것이다. 두 번째 유형의 증거는 입양된 아동의 IQ 점수가 그의 생물학적 부모의 점수와 유의미하게 상관이 있다는 것이다.
8. 감염성 질병에 노출될 확률이 높은 국가와 미국 내 주에서 IQ

점수의 평균이 가장 낮았다.

9 환경적 개입은 이른 시기에, 가급적 생후 6개월 이전에 시작된다면 가장 효과적일 것이다.

10 플린 효과는 이제 막 학교에 들어간 6세 아동에서도 나타난다. 학교에서 배우는 내용과 같은 사실적 지식에 대한 검사에서는 적게 나타나며 레이븐 진행적 행렬 검사와 같은 추리 검사에서 가장 크게 나타난다.

11 그렇다! 검사가 "신뢰롭다는 것"은 단순히 그 점수가 반복해서 나올 수 있다는 것을 의미한다. 이 검사의 점수는 유용하지 않을 수 있지만 높은 신뢰도(반복 가능성)를 가진다.

12 반드시 그러한 것은 아니다. 사람들의 점수가 거의 동등하게 향상되었다면 처음에 가장 높은 점수를 받은 사람들은 두 번째 검사에서도 가장 높은 점수를 받는다.

13 그렇다. 높은 신뢰도와 낮은 타당도를 보이는 검사가 있을 수 있다. 당신의 총 머리 길이를 머리 둘레로 나눈 값을 지능점수로 측정한다면 이것은 높은 신뢰도(반복 가능성)를 보이나 짐작건대 낮은 타당도를 보일 것이다. 반면 낮은 신뢰도를 보이는 검사는 높은 타당도를 보일 수 없다. 낮은 신뢰도의 의미는 점수가 무작위로 변동하는 것을 말한다. 만약 어떤 검사가 같은 검사를 다시 실시했을 때의 점수도 예측할 수 없다면 다른 어떤 것도 예측할 수 없을 것이다.

14 검사의 예측 타당도는 증가할 것이다. 대부분의 학생이 거의 같은 점수를 받는다면 예측 타당도는 낮아질 것이다. 학생들의

점수의 분포가 넓게 퍼져 있을 때, 더 높을 것이다.

15 거의 모든 지원자를 받아주는 대학교에서 SAT점수의 예측 타당도가 더 높을 것이다. 입학에 있어 치열한 경쟁을 벌이는 대학교에서는 거의 대부분 학생들이 거의 비슷한 SAT점수를 받았을 것이다. 편차가 적은 점수로는 누가 대학에서 높은 학점을 받을지 예측할 수 없다.

16 이것은 경우에 따라 다르다. 만일 그 판매원이 스페인어를 하는 고객을 많이 상대해야 하는 곳에서 일을 해야 한다면 그 검사는 직업에서의 성공을 정확히 예측할 것이므로 편향된 것이 아니다. 그러나 만일 그 판매원이 스페인 고객과 관련 없는 곳에서 일을 한다면 그 시험은 편향된 것이다.

17 우리는 그 검사가 키가 작은 사람과 큰 사람의 학교 성적을 정확하게 예측하는지 알 필요가 있다. 만일 그 검사에서 점수가 100인 작은 사람들이 100점을 받은 큰 사람들보다 공부를 더 잘한다면 그 시험은 작은 사람의 수행을 과소 예측하는 것이며 이러한 부정확한 예측은 편향됨을 의미한다. (키가 큰 사람들이 이 검사에서 수행이 더 높다는 것 **자체**는 편향을 의미하는 것이 아니다.)

18 고정관념의 위협이 있을 때 없을 때보다 더 낮은 수행이 나타난다. 따라서 고정관념의 위협은 검사의 타당도를 낮아지게 한다

10 의식

© Rob Goldman/Getty Images

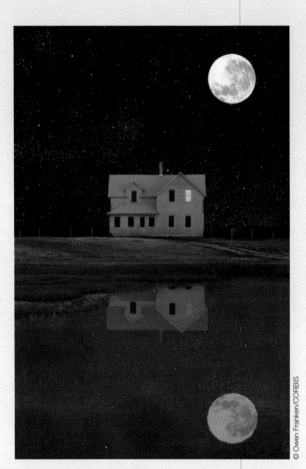
수면과 꿈은 변경된 의식 상태이다.

인간이 하는 모든 질문 중에서 가장 심오하고 가장 어려운 것이 두 가지 있다. 하나는 도대체 왜 우주라는 것이 존재하는가이다. 철학자 라이프니츠(Gottfried Leibniz, 1714)가 말했듯이 "왜 아무것도 없는 게 아니라 무언가가 있을까?" 심오한 질문 두 번째는 물질과 에너지로 이루어진 우주에서 왜 의식이 존재하는가이다. 우리 뇌 속 원자들의 움직임이 왜 의식 경험을 만들어낼까?

지금까지 이 질문들에 어떻게 답할지 아는 이는 아무도 없다. 사실상 의식은 관찰할 수 없기 때문에 연구하기가 너무 힘들어서 많은 심리학자와 철학자들은 우리가 의식에 대해 말할 수 있는 유용한 무언가를 하나라도 찾아낼 수 있을지에 대해 절망했다(Churchland, 1986; Lashley, 1923). 인간이 아닌 동물은 의식이 있을까? 만약 있다면 어느 동물이? 그걸 우리가 어떻게 알지?

의식에 관한 질문 중에는, 적어도 현재의 방법으로는, 답할 수 없는 것이 많다. 하지만 그렇다고 해서 우리가 몇 가지 더 단순하지만 관련된 질문을 해결하지 못할 일은 아니다. 뇌 활동의 어떤 측면이 의식에 필수적일까? 우리가 잘 때, 꿈꿀 때, 또는 최면에 걸렸을 때 의식 경험은 어떻게 변할까? 이런 질문들 또한 흥미진진한 것이다.

의식적 과정과 무의식적 과정

• 어떤 뇌 활동이 의식에 필수적일까?
• 의식은 행동과 어떤 관계에 있을까?

의식이란 도대체 무엇일까? William James(1892/1961)가 말했듯이 "우리는 그 의미를 너무나 오래 전부터 알고 있기 때문에 아무도 우리에게 그것을 정의해 보라고 하지 않는다"(p. 19). 사람들은 의식이란 말을 서로 다른 방식으로 쓰는데, 그래서 그 의미를 명확히 하는 것이 중요하다. 예를 들면 잠을 자고 있는 사람은 자기 주변에서 일어나는 일을 자각하고 있지 않다는 의미에서 의식이 없다고 말할 수 있지만, 그가 꿈속에서 일어나고 있는 일은 의식하고 있을지도 모른다. 의식(consciousness)의 한 가지 정의는 자기 자신과 주변 상황을 지각하고 있다는 주관적 경험이다. 그러나 이 정의는 "주관적 경험"이라는 구절에 기대고 있는데, 이 구절은 의식이란 말 자체보다 더 잘 정의된 게 아니다. 실제로는 우리가 어떤 것을 말로 보고할 수 있다면 그것을 의식하고 있다는 조작적 정의를 사용하는 연구자가 많다. 이 정의는 말을 할 수 있는 사람에게만 적용된다. 유아가 말을 하게 되기 전까지는 의식이 없는 상태라고 우리가 가정하지는 않는다. 마찬가지로 동물도 말을 못하고 특정 유형의 뇌 손상을 입은 사람도 말을 못하지만 우리는 이들이 의식이 없다고 꼭 가정하지는 않는다.

의식의 수준

의사들은 각성, 반응성 및 의식 상태에 관련된 뇌 활동의 다양한 정도를 구분한다. 뇌사(brain death)의 경우 뇌가 어떠한 자극에도 아무런 활동이나 아무런 반응도 보이지 않는다. 대부분의 사람들은 이런 상태가 지속되는 사람에게서 생명 유지 장치를 제거하는 것이 윤리적이라고 생각한다. 혼수상태(coma)의 경우에는 외상성 뇌 손상으로 인해 뇌가 꾸준하지만 낮은 수준의 활동을 유지하면서 어떠한 자극(통증을 유발할 수 있는 자극도 포함하여)에도 전혀 반응하지 않는다. 혼수상태인 사람은 통상 몇 주 이내에 죽거나 회복되기 시작한다. 장기적인 혼수상태는 드물다.

혼수상태로부터 벗어나기 시작하는 사람은 식물인간 상태(vegetative state)로 들어가는데, 이때는 통증에 대한 반응으로 심박수가 올라가는 것 같은 제한된 반응성이 나타난다. 반응성은 수면 상태와 각성 상태 간에 다른데, 각성 상태에서조차 뇌 활동은 정상 이하이고 목적성 행동이 전혀 나타나지 않는다. 다음으로 높은 단계는 최소 의식 상태(minimally conscious state)로서, 사람이 목적성 행동과 언어 이해를 나타내는 짧은

기간들이 있다. 식물인간 상태나 최소 의식 상태는 몇 달 또는 몇 년 동안 지속될 수 있다.

식물인간 상태인 사람은 의식이 있을까?

식물인간 상태인 사람은 아무것도 하지 않기 때문에 당연히 의식이 없다고 생각하기 쉽다. 그러나 새로운 연구 기법은 특정 사례들의 경우 그런 생각이 틀렸을 가능성을 제기한다. 연구자들은 교통사고로 지속적인 식물인간 상태가 된 어떤 젊은 여성의 뇌 활동을 fMRI를 이용하여 기록했다. 그녀에게 테니스를 치는 모습을 상상하라고 지시하자 비손상 집단의 사람들에게서와 똑같이 그녀의 운동겉질 영역에서 활동이 증가했다. 그녀의 집 안을 걸어서 돌아다니고 있다고 상상하라고 지시하자 공간 탐색/보행을 담당하는 뇌 영역들이 활동을 했는데, 이 역시 비손상 집단의 사람들에게서와 마찬가지였다(Owen et al., 2006). 그림 10.1이 그런 결과를 보여준다.

식물인간 상태인 53명의 다른 환자를 대상으로 한 후속 연구에서 위와 유사한 결과가 4명에게서 얻어졌다. 그중 한 사람에게 "당신은 남자 형제가 있나요?" 같은 질문을 하고서는 그 답이 예이면 테니스를 치는 상상을, 그 답이 아니요라면 집 안을 돌아다니는 상상을 하라고 지시했다. 그 환자의 뇌 반응은 첫 다섯 개의 질문에 올바른 답을 내놓았다. 여섯 번째 질문에는 그의 뇌가 아무 반응을 보이지 않았는데, 이는 그가 잠들었음을 시사하는 것이었다(Monti et al., 2010).

식물인간 상태에 있는 사람에게서 의식의 존재 여부를 추론하는 또 다른 방법은 이것이다. 연구자들은 음들을 연속적으로 제시하면서 뇌 반응을 관찰했다. 두 가지 음을 A와 B라고 부르자. AAAAB 순서로 음이 제시되는 경우, 마지막 B음은 정상인과 식물인간 모두에게서 약간 더 큰 반응을 야기하는데 왜냐하면 B가

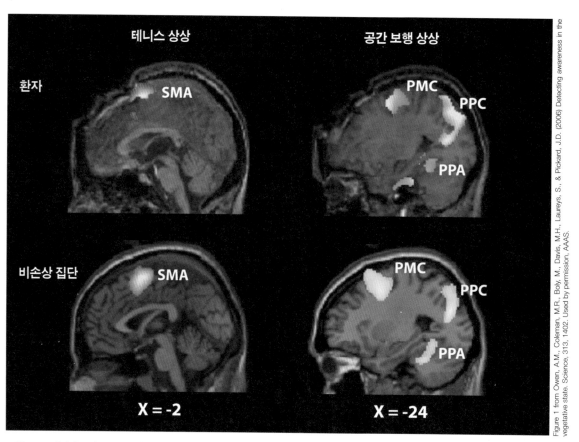

Figure 1 from Owen, A.M., Coleman, M.R., Boly, M., Davis, M.H., Laureys, S., & Pickard, J.D. (2006) Detecting awareness in the vegetative state. Science, 313, 1402. Used by permission, AAAS.

그림 10.1 빨강과 노랑으로 표시된 뇌 영역들은 테니스를 치거나 집 안을 돌아다니는 상상을 하라는 지시에 활동 증가를 나타냈다. 지속적인 식물인간 상태인 환자와 손상 없는 사람들 간의 유사성을 눈여겨보라. SMA = 보조 운동겉질, 복잡한 운동을 계획하는 데 중요한 영역. PMC, PPC 및 PPA = 공간적 심상과 공간 기억을 담당하는 세 영역. (출처: Owen et al., 2006.)

그냥 다른 음이기 때문이다. 그런데 이제 다음의 순서로 음들이 들린다고 하자.

AAAAB ... AAAAB ... AAAAB ... AAAAB ... AAAAB ... AAAAA

건강하고 의식이 있는 사람들은 맨 마지막 A음에 큰 반응을 보인다. 왜냐하면 그들은 이 음들의 순서 패턴을 학습했는데 마지막 A가 예상과 어긋나기 때문이다. 대부분의 식물인간 환자들은 그런 반응 향상을 나타내지 않지만 한 연구에서는 검사한 환자 22명 중 2명이 그랬다. 그 두 환자는 겨우 사나흘 뒤에 식물인간 상태에서 최소 의식 상태로 진전했다(Faugeras et al., 2011).

이런 모든 연구의 결과는 식물인간 상태인 환자 중 적어도 몇몇은 말을 이해하고 반복적인 소리 패턴을 인식할 정도로 의식이 있음을 함의한다. 이는 희망적인 결과인데, 하지만 또한 좀 섬뜩한 것이기도 하다.

사람들이 환자에 대한 어떤 이야기를, 그가 듣지 못한다고 가정한 채 그 환자 옆에서 했던 적이 얼마나 많을까?

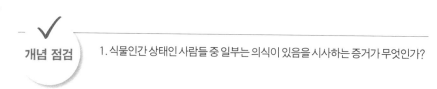

개념 점검   1. 식물인간 상태인 사람들 중 일부는 의식이 있음을 시사하는 증거가 무엇인가?

공간 무시

우반구의 일부가 손상된 사람들은 여전히 의식이 있지만, 들어오는 정보의 절반만 의식하는 것임이 분명할 때가 가끔씩 있다. 이들은 공간 무시(spatial neglect), 즉 신체의 왼쪽 절반, 세상의 왼쪽 절반, 또는 대상의 왼쪽 절반을 의식하지 못하는 경향성을 나타낸다(Buxbaum, 2006). 이런 경향성은 우반구 뇌졸중이 발생한 직후에 가장 심하며, 그러고 나서는 호전되기 시작한다(Farnè et al., 2006). (좌반구 손상은 오른쪽 절반에 대한 무시를 초래하는 일이 거의 없다.)

공간 무시를 겪는 사람들은 접시의 오른쪽 절반에 있는 음식만 먹거나 책의 오른쪽 페이지만 읽는 경우가 많다. 그림을 그릴 때 대상의 오른쪽 부분만 그리기도 한다(Driver & Mattingley, 1998). "정면을 가리키시오."라고 지시하면 오른쪽을 가리킨다(Richart, Honoré, Bernati, & Rousseaux, 2004). 어떤 환자들은 신체 왼쪽 부분의 감각을 일부 상실하기는 하지만, 문제는 대개 주의와 관련된 것이다. 무언가를 기억해 내어 묘사할 때조차도 그들은 오른쪽에 대해서만 이야기한다.

▶ 직접 해 보세요!

공간 무시와 관련된 경험을 당신 스스로 해 볼 수 있다. 정면을 응시하면서 눈을 움직이지 않고서 무엇이 보이는지 이야기하라. 그런 후에 냅킨이나 카드를 눈앞에서 손가락 하나 거리쯤에 들고 있어서 시야의 한가운데 부분이 가려지도록 하라. 다시, 눈을 움직이지 않고서 무엇이 보이는지 이야기하라. 시야의 주변부에 있는 물체들을 당신이 더 많이 이야기하고 있음을 깨닫게 될 것이다. 그것들은 이전에도 보였지만 당신은 시야의 가운데에 있는 물체들에 너무 주의를 집중하고 있어서 주변부의 물체들은 무시했다. 마찬가지로, 공간 무시를 나타내는 사람들도 특별한 노력을 기울이면 또는 누군가가 왼쪽으로 그들의 주의를 환기시키면 왼쪽에 있는 대상들에 반응할 수 있다.

✔ **개념 점검**

2. 공간 무시를 겪는 사람들이 그냥 감각의 결손이 아니라 주의의 결손을 나타낸다는 것을 보여주는 증거는 무엇인가?

의식에 필요한 뇌 기제

모든 신경계 활동이 의식되는 것은 아니다. 심지어 깨어 있는 정상인에게서도 말이다. 척수는 반사를 통제하고, 시상하부는 체온을 조절하며, 다른 많은 과정들이 우리가 자각하지 못하는 사이에 일어난다. 어느 순간에든 우리의 감각 수용기에 들어오는 자극들 중에서 우리는 겨우 몇 가지만 의식한다. 바로 지금, 무언가 냄새가 나거나 맛이 느껴지는가? 왼쪽 다리에선 무엇이 느껴지나? 목덜미에서는? 우리가 주의를 한 감각에서 다른 감각으로 옮겨감에 따라 그때까지 의식하

지 못했지만 존재하고 있었던 많은 것을 우리는 자각하게 된다(Lambie & Marcel, 2002).

의식되는 자극과 의식되지 못한 채로 남아 있는 자극은 뇌 활동의 측면에서 어떻게 다를까? 좋은 연구 설계 한 가지는 동일한 자극을 사람들이 보고하는 조건(의식)과 보고하지 못하는 조건(무의식)에서 제시하는 것이다. 그러고는 뇌 스캔으로 그 두 조건에서 뇌 활동이 어떻게 다른지 측정한다. 한 연구에서는 참여자가 스크린에 겨우 29밀리초(ms) 동안 짧게 제시되는 단어를 보았다. 어떤 시행에서는 다음과 같이 그 단어의 앞과 뒤에 텅 빈 스크린이 제시되었다.

그러한 조건에서는 비록 단어가 그렇게나 짧게 제시되었어도 사람들이 대개 그 단어를 식별했다. 다른 시행에서는 다음과 같이 단어의 앞과 뒤에 차폐 패턴이 제시되었다.

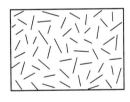
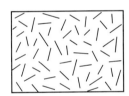

이런 조건에서는 사람들이 그 단어를 거의 전혀 보지 못했다. 두 조건 모두 빛(단어)이 망막을 29ms 동안 자극했는데, 따라서 그 정보가 어떻게 되었는지 의문이 생긴다. 뇌 기록을 보면 그 자극이 두 조건 모두에서 시각겉질의 동일한 영역을 활성화시켰지만 사람들이 그 단어를 의식한 시행에서는 더 큰 활성화가 나타났다. 그런 시행에서는 그 활성화가 그림 10.2에서와 같이 시각겉질에서부터 뇌의 다른 부분으로 더 많이 퍼져나갔다(Dehaene et al., 2001). 나중의 연구에서는 자극에 대한 뇌 반응이 적어도 처음 0.2초 동안은 거의 동일하다가 조금 후부터 두 조건 간에 달라지기 시작한다는 것이 밝혀졌다. 의식적 지각이 일어난 시행에

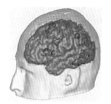 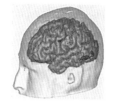

단어가 의식된 경우　　단어가 의식되지 못한 경우

그림 10.2 아주 짧게 제시된 단어를 사람이 의식하는 경우 왼쪽 그림의 뇌에서 초록색으로 표시된 영역들이 활동했다. 차폐로 인해 단어가 의식되지 못한 경우 오른쪽 그림의 뇌에서 빨간색으로 표시된 영역들만 활동했다. (출처: Dehaene, S., et al., "Cerebral mechanisms of word masking and unconscious repetition priming," *Nature Neuroscience, 4* (pp. 752-758). © Nature Publishing Group. 허가하에 실음.)

그림 10.3 양안 경합을 경험하려면 관을 각각의 눈에 대고 보면서 두 원이 융합되는 듯이 보일 때까지 눈의 초점을 조절하라. 빨간 줄과 초록 줄이 교대로 보이게 될 것이다.

서는 그 활동이 이마앞겉질(전전두피질)을 비롯하여 다른 영역들로 퍼져나갔다가 뇌의 뒤쪽 부분으로 메아리처럼 되돌아오는데, 그 결과 광범위한 뇌 영역에서 동시적인 활동이 일어난다(Gaillard et al., 2009). 그 메아리 같은 활동이 의식적 지각을 증폭시키는 것이다. 이마앞겉질이 손상된 사람은 비교적 약한 자극을 탐지하는 확률이 평균보다 떨어진다(Del Cul, Dehaene, Reyes, Bravo, & Slachevsky, 2009; Rounis, Maniscalco, Rothwell, Passingham, & Lau, 2010). 식물인간 상태에서의 의식 손상에 대한 한 가지 설명은 활동이 이마앞겉질로 퍼져나가지만 이마앞겉질이 그 활동을 그것의 발원지인 영역들로 되돌려 보내지 못한다는 것이다(Boly et al., 2011).

또 다른 예를 보자. 일반적으로 양쪽 망막은 거의 동일한 것을 본다. 그림 10.3에서 두 이미지가 상충할 때 무슨 일이 일어나는지를 살펴보라.

▶ 직접 해 보세요!

화장지가 감겨 있는 한가운데의 종이관 같은 것을 찾거나 만들어서 양쪽 눈 각각에 대고 그림 10.3을 보라. 재빨리 손쉽게 하려면, 두 손을 동그랗게 오므려서 관 같이 만들 수도 있고, 코가 페이지에 거의 닿을 만큼 가까이 가서 당신의 두 눈이 두 그림의 바로 앞에 있게 해도 된다. 두 원이 겹친 것처럼 보이도록 눈의 초점을 조절하라. 처음엔 한쪽 눈에 보이는 것(예컨대 빨간 줄과 까만 줄들)이 의식될 것이다. 곧 그 지각이 사라

지고 초록 줄과 까만 줄들이 보이기 시작한다. 동일한 위치에서 두 개의 이미지를 동시에 볼 수는 없기 때문에 당신의 뇌는 두 지각 사이를 왔다 갔다 한다(Blake & Logthetis, 2002). 왼쪽 망막에 비치는 패턴과 오른쪽 망막에 비치는 패턴을 교대로 보는 것을 양안 경합(binocular rivalry)이라 한다. (만약 한쪽 눈의 시력이 좋고 다른 쪽 눈의 시력은 나쁘다면 거의 항상 한 이미지만 보일 수도 있다.)

양안 경합이 일어나는 동안 당신 뇌의 부위들은 양쪽 눈에서 들어오는 정보를 계속 처리하고 있다. 당신의 양쪽 눈이 컴퓨터 스크린 상에서 서로 다른 장면을 보고 있다고 하자. 당신이 한쪽 눈에 비치는 장면을 의식하는 동안 실험자가 다른 쪽 눈에 비치는 장면을 점진적으로 바꾸어 얼굴을 보여준다. 그 얼굴이 위아래가 뒤집힌 것일 때보다 올바로 선 것일 경우 당신의 주의가 그쪽 눈으로 더 빨리 이동한다. 감정 표현이 되어 있는 얼굴이 중성적인 얼굴보다 더 빨리 주의를 끌어당긴다(Alpers & Gerdes, 2007). 단어가 한쪽 눈에 나타날 경우 그것이 당신이 읽을 줄 모르는 언어일 때보다 읽을 줄 아는 언어일 때 당신의 주의를 더 빨리 끌어당긴다(Jiang, Costello, & He, 2007). 즉, 무의식적 처리가 중요한 무언가를 탐지하고서 당신의 의식적 주의를 그것에게로 돌린다는 것이다.

연구자들은 제3장에서 살펴본 fMRI 및 유사한 기구를 사용하여 뇌 활동을 측정한다. 양안 경합 동안의 뇌 활동 패턴을 식별하기 위해 연구자들은 한 자극은 일정하게 두고 다른 자극은 1초당 몇 번 번쩍거리게 만들 수 있다. 그러고는 그 번쩍거리는 자극과 동일한 주파수로 맥동하는(pulsate) 뇌 활동 패턴을 찾아낸다. 연구 참여자들이 번쩍거리는 자극이 보인다고 말할 때 뇌의 광범위한 부위에서 그 리듬의 활동이 나타난다(Cosmelli et al., 2004; S. H. Lee, Blake, & Heeger, 2005). 그 지각이 사라지고 다른 것으로 대치됨에 따라 그 리듬의 활동도 사그라들고 더 안정적인 활동 패턴이 뇌에 퍼진다. 요약하면, 의식적 지각은 뇌의 넓은 부위에 걸친 활동을 제어한다. 왜 여러 가지를 동시에 의식하기가 힘든지가 이제 이해되기 시작한다. 우리가 무언가를 의식할 때는 그것이 뇌의 대부분을 점유하기 때문이다.

3. 연구자들은 한 자극이 어떤 시행에서는 의식되고 다른 시행에서는 의식되지 못하도록 어떤 식으로 배치했는가?

4. 대부분의 사람들은 양안 경합 동안 무엇을 지각하는가?

구성물로서의 의식

무언가를 보거나 들을 때 우리는 그것이 일어나는 그대로 보거나 듣는다고 가정한다. 그러나 여러 연구가 그런 가정에 의문을 제기한다. 한 단어가 스크린에 29ms 동안 짧게 제시된 후 차폐 자극이 뒤따라서 당신이 그 단어를 의식하지 못한다고 하자. 그러고는 실험자가 같은 절차를 반복하지만 단어의 제시 기간을 50ms로 늘린다. 그러면 당신은 그 단어가 보인다. 여기서 중요한 점은 29ms의 무의식적 지각과 21ms의 의식적 지각이 당신에게 일어나는 게 아니라는 것이다. 그보다는 50ms 제시의 후반부가 당신이 전반부를 의식할 수 있도록 반대 방향으로 작용한다는 것이다. 어떤 의미로는, 당신의 뇌가 50ms 자극의 전반부를 지각하기 위해서 후반부가 나올 때까지 기다렸다가 그 자극 경험을 구성해 냈다.

이와 관련된 현상이 여기 있다. 다음과 같이 두 수직선이 나타난다고 하자.

    |

    |

0.1 또는 0.2초가 지난 후에 다음과 같은 원들이 나타난다.

        ○

        ○

수직선의 모습을 보고할 때 당신은 그것이 다음과 같다고 말한다.

    |

    |

즉, 원들이 서로 어긋나 있는 것과 같은 방향으로 수직선들이 부분적으로 어긋나 있는 것처럼 보인다(Ono & Watanabe, 2011). 나중의 자극이 먼저 나온 자극의 지각을 변화시켰다는 말이다. 의식이 사건이 일어나는 것과 정확히 동일한 시간에 일어나지 않는다는 것은 분명하다. 우리는 이미 일어난 사건에 대한 의식적 지각을 구성해 낸다.

5. 어떤 자극이 일어남과 동시가 아니라 일어난 후에 그 자극에 대한 의식적 지각을 우리가 구성해 낸다는 것을 시사하는 증거는 무엇인가?

의식과 행위

의식이 하는 일은 무엇일까? 많은 일이 무의식적으로 일어난다. 제4장에서 살펴본

역하 지각을 상기해 보라. 우리가 탐지하지 못하는 짧고 희미한 자극이 우리를 점화시켜서 그와 유사한 어떤 것을 탐지하게 만든다. 또한 제7장에서 나온 암묵 기억을 상기해 보라. 어떤 단어를 보거나 듣기는 했지만 그랬던 기억이 없다 하더라도 그것을 평소보다 더 많이 생각하거나 사용하게 된다. 의사 결정은 어떤가? 우리의 의식적 결정이 우리의 행동을 통제한다는 인상을 모두들 갖고 있다. 이것이 옳은 생각일까? 적어도 가끔씩은, 우리가 얼마나 통제력을 갖고 있는가라는 측면에서 볼 때 바보 같은 짓을 한다. 심리학자 Daniel Wegner(2002)가 하는 이야기를 보자. 그는 비디오게임 스크린을 보면서 조이스틱을 움직여서 원숭이 점프로 통들을 뛰어넘고 있었다. 아니, 적어도 그러고 있는 것처럼 보였다. 그런데 "게임 스타트"라는 글이 화면에 떴고, 그제야 Wegner는 자기가 아무것도 조종하고 있지 않았다는 것을 깨달았다. 당신 자신도 비슷한 경험이 있을지 모른다. 의식적 통제라는 생각을 심각하게 위협하는 유명한 실험 하나를 살펴보자.

핵심 점검 **증거는 뭘까?**

의식과 행위

과학적으로 그리고 철학적으로 중요한 한 연구에서 Benjamin Libet와 동료들은 사람이 행위를 하려는 의식적 결정을 내린 시간, 그 행위를 준비하는 뇌 활동이 시작된 시간, 그리고 그 행동 자체가 일어난 시간을 측정했다. 당신은 이 세 가지 사건의 시간적 순서가 어떨 것이라고 추측하는가?

가설 연구자들은 다음의 세 가지 가설을 생각했는데, 그 모두가 흥미로운 것이었다. (a) 사람이 어떤 행위를 하려는 결정을, 그와 관련된 뇌 활동이 시작되기 전에, 자각하게 된다. (b) 그 뇌 활동과 동시에 자각이 시작된다. (c) 운동을 야기하는 뇌 활동이 의식적 결정 이전에 시작된다.

방법 연구 참여자들은 단순한 운동을 하도록, 즉 손목을 구부리도록 지시를 받았다. 어떤 운동을 할지를 선택할 수는 없었지만 언제 그 운동을 할지는 완전히 자기 마음대로였다. 자발적으로, 미리 계획하지 않고, 손목을 구부리고 싶을 때 구부리는 것이 그들이 할 일이었다. 그런 자발적인 욕구가 생겨나기를 기다리면서 연구 참여자들은 그림 10.4에 있는 것과 같은 특수 시계를 보고 있어야 했다. 이 시계는 빛점이 원을 그리며 한 바퀴 도는 데 2.56초가 걸렸다. 그들은 갑자기 손목을 구부

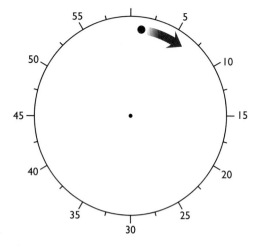

그림 10.4 빛점이 시계 둘레를 2.56초에 한 바퀴 돈다. 참여자들은 손목을 구부리려는 의식적 결정을 하면서 그 시각에 빛점이 있는 위치를 보고는 기억해 두었다가 나중에 그것을 보고한다. (출처: Libet, Gleason, Wright, & Pearl, 1983.)

리기로 결정하는 시점에 그 빛점이 있는 위치를 보아 두었다가 나중에 그것을 보고해야 했다. 한편 연구자는 참여자의 두피에 붙여 놓은 전극을 통해 근육 운동의 개시를 담당하는 뇌 영역인 운동겉질에서 일어나는 활동의 증가를 탐지했다. **운동의 개시 이전에 일어나는 운동겉질 활동의 증가를** 준비성 전위(readiness potential)라 부른다. 연구자는 손목 근육이 구부러지기 시작하는 시점도 또한 측정했다. 어떤 시행에서는 참여자에게 손목을 움직이려는 의도를 느낀 시간이 아니라 손목이 구부러지는 것을 느낀 시간을 보고하게 했다.

결과 그림 10.5는 커다란 표본에서 얻어진 평균을 보여준다.

평균적으로 사람들은 운동이 일어나기 200~300ms 전에 운동 의도를 형성했다고 보고했다(Libet, Gleason, Wright, & Pearl, 1983). (특수 시계를 보고 있다가 그 시각을 나중에 보고했다.) 예를 들면 빛점이 시계상 위치 30에 있을 때 운동이 일어났는데 이보다 200ms 전에, 즉 빛점이 위치 25에 있을 때 운동 의도를 형성했다고 참여자가 보고했을 수 있다. (빛점이 원을 그리며 한 바퀴 도는 데 2.56초가 걸림을 기억하라.) 이와 대조적으로 뇌의 준비성 전위는 의도의 형성 시각보다 300~800ms 전에 시작되었다. 다른 여러 실험실에서도 다양한 절차를 사용하여 이런 발견이 반복검증되어서 준비성 전위가 의식적 의도보다 앞서서 일어난다는 것이 확증되었다(Haggard & Eimer, 1999; Lau, Rogers, Haggard, & Passingham, 2004; Pockett & Miller, 2007; Trevena & Miller, 2002).

사람들이 그런 시간들을 정확히 보고할 수 있을까? 어떤 시행에서는 참여자가 손목 운동이 일어난 시간을 보고했음을 상기하라. 그런 시행에서 참여자는 대개 실제 시간의 100ms 이내로 그 운동을 보고했다(Lau et al., 2004; Libet et al., 1983). 이런 결과로부터 연구자들은 사람들이 경험 시각을 어느 정도 정확하게 보고한다고 결론을 내렸다.

해석 이런 결과는 우리가 의식하기 전에 우리의 뇌가 자발적 운동을 만들어낸다는 것을 알려준다. 만약 그렇다면, 우리의 의식이 우리의 행위의 원인이 아니다.

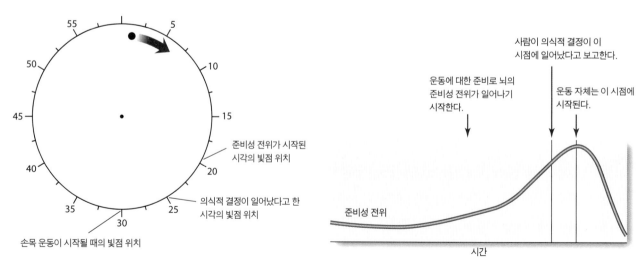

그림 10.5 평균적으로 뇌의 준비성 전위는 참여자가 보고한 결정 시각보다 300ms 이상 앞서 시작되었으며, 그렇게 보고된 결정 시각은 운동보다 200~300ms 이전에 일어났다.

6. 앞의 "증거는 뭘까?"에 소개된 실험에서 연구 참여자들은 무엇을 보고했으며 언제 그것을 보고했는가?

7. 다음 사건들의 순서를 말하라: 운동하려는 의식적 결정, 운동과 관련된 뇌 활동, 운동 자체.

다음의 후속 연구에 당신이 참여한다고 상상해 보라. 당신이 보고 있는 스크린 상에 0.5초마다 알파벳 한 글자가 나타나는데, 그 글자는 매번 다르다. 당신은 언제 행동할 것인지를 선택할 수 있을 뿐 아니라 두 행위 중 어느 것을 할지도 선택할 수 있다. 어느 시점에 당신은 왼쪽 버튼과 오른쪽 버튼 중 어느 것을 누를지 자발적으로 결정한다. 결정하자마자 당신은 그 버튼을 누르고, 그렇게 결정할 당시에 스크린에 나타나 있던 글자가 무엇인지 기억해 둔다. 연구자는 당신의 뇌 활동을 기록한다. 결과는 이러하다. 당신은 대개 반응을 한 지 1초 이내에 보았던 글자를 보고한다. 글자는 1초에 두 번밖에 안 바뀌었기 때문에 연구자가 당신의 결정 시각을 아주 정확하게 알아낼 수는 없었다. 하지만 그럴 필요도 없었는데, 왜냐하면 이마겉질과 마루겉질 영역들에서 당신의 반응이 나오기 7~10초 전에 오른쪽 손이나 왼쪽 손과 관련된 활동이 나타났기 때문이다(Soon, Brass, Heinze, & Haynes, 2008). 즉, 당신의 피질을 관찰하고 있는 누군가가 당신이 자신의 결정을 자각하기 몇 초 전에 당신이 어떤 선택을 할지 예측할 수 있을 것이라는 이야기다.

그렇지만 심각한 반대 견해들이 있다. 한 가지는 시계나 기타 기구를 보고 있는 것이 의사 결정 과정을 방해할지도 모른다는 것이다(Miller, Shepherdson, & Trevena, 2011). 두 번째 반대 의견은 자발적 결정이 일어난 시간을 보고하기는 자극이나 행위가 일어난 시간을 보고하기보다 더 힘들 수도 있다는 것이다. 어쩌면 사람들은 움직임을 시작한 시간을 인지하고서 그보다 조금 전에 결정이 이루어졌다고 단순히 추측하는 것일지도 모른다. 연구에 따르면 어떤 사람의 움직임 직후에 삐 소리를 들려주면 그 사람은 그 움직임이 실제보다 더 나중에 일어난 것으로 추측했으며 또한 결정 시간도 사람들이 보통 보고하는 것보다 더 나중인 것으로 추측했다(Banks & Isham, 2009). 이런 결과는 결정 시각에 대한 보고가 추측에 지나지 않는다는 생각을 지지한다.

이와 밀접하게 관련된 세 번째 반대 의견은 자발적이고 의도적인 결정이 어떤 명확한 시각에 갑작스럽게 나타나는 사건이 절대로 아니라는 것이다. 연인 관계인 사람들에게 언제 그들이 사랑에 빠졌는지 물어보면 그들이 사랑을 확신한 시간을 말해 줄 수 있겠는데, 하지만 날카로운 관찰자라면 그 사랑이 오래 전부터 발전해 오고 있었음을 알 수 있을 것이다. 마찬가지로 의도적 결정을 한 시간을 보고할 때 참가자는 그 결정이 시작된 시간이 아니라 그것을 확신하게 된 시간을 이야기한다. 요약하면, 의식적 과정을 연구하기는 정말로 힘들다.

의식이 존재하는 목적은 무엇일까?

의사 결정에서 의식이 하는 역할이 아직까지 불명확함을 감안하면, 도대체 왜 우리는 의식이란 것을 갖고 있을까? 어떤 이론가들은 의식은 단순히 관찰자일 뿐이며 아무것도 하지 않는다고 주장한다. 그러나 만약 의식이 정말로 어떤 목적을 위해 기능한다면, 그 목적이란 무엇일 수 있을까?

고려해 볼 만한 한 가설은 의식적 사고가 미래에 할 수 있는 행위들을 시연해 보는 한 방법이라는 것이다(Baumeister & Masicampo, 2010; Baumeister, Masicampo, & Vohs, 2011). 우리가 무언가를 하고 난 후에 이런 생각이 들 수 있다. "일이 뜻대로 안 되었네. 무엇을 달리할 수 있었을까? 그러면 무슨 일이 일어났을까? 아, 알겠다. 다음번에 이런 상황이 닥치면 …을 해야지." 이런 방식으로 의식적 사고는 미래의 어느 시점에 일어날 우리의 행동을 수정한다.

이런 종류의 과정은 우리가 무언가에 대해 의식적으로 생각을 할 때만 일어난다. 그렇지만 여전히 남는 의문은 왜 그것이 의식에 의존하는가이다. 미래에 할 행위의 결과를 계산할 수 있는 로봇(아마도 의식이 없는)을 제작할 수도 있지 않을까? 만약 그렇다면, 왜 인간은 의식이 필요한 걸까? 그리고 예컨대 우리가 꽃을 보거나 멜로디를 들을 때 하는 경험 같은 단순한 자각, 우리처럼 아마도 다른 많은 동물 종들에게도 있을 그런 종류의 의식이 하는 기능은 (만약 있기라도 하다면) 무엇일까? 난해한 문제가 많이 남아 있음은 분명하다.

의식의 역할

심리학의 동이 틀 무렵부터 대부분의 연구자들은 의식을 연구하기 불가능한 문제로 치부해 왔다. 이 단원에서 읽었듯이 의식은 아주 난해한 주제이긴 하지만 이제는 연구가 불가능해 보이지는 않는다. 우리는 의식의 일부 측면을 연구할 수 있다. 그리고 모든 의문에 답할 수는 없다면 적어도 문제가 무엇인지를 명확히 밝힐 수는 있다.
　의식을 연구하면 어떤 결과를 얻을 수 있을까? 어떤 뇌 활동이 의식과 연관되는지를 잘 알게 되면 뇌가 손상된 사람들에게서, 그리고 영아와 태아 및 동물에게서 의식의 존재를, 또는 부재를, 추리하는 데 더 도움이 될 것이다. 또한 마음과 뇌 사이의 관계에 대한 아주 오래된 문제를 고찰하기에 더 유리한 고지를 점령하게 될 수도 있다.

요약

- 의식이 왜 존재하는지는 사람들이 궁금해 하는 가장 어렵고 심오한 의문 중 하나이다. 하지만 우리는 뇌 활동의 어떤 측면이 의식에 필수적인가 같은 질문들은 연구할 수 있다. (384쪽)
- 의식의 수준은 뇌사에서와 같이 전혀 없는 데서부터 혼수상태, 식물인간 상태, 최소 의식 상태, 공간 무시를 거쳐 완전한 자각에 이르기까지 다양하다. (385쪽)
- 뇌 스캔은 환경에 전혀 반응하지 않는 것으로 보이는 일부 환자들에게서 의식이 있을 가능성을 보여준다. (385쪽)
- 우반구 일부가 손상된 사람은 의식이 있지만 그 의식이 때로는 세상의 오른쪽 절반에만 제한되기도 한다. 그 사람의 주의를 왼쪽에 있는 정보로 이끌어서 그것을 의식하게 하는 일이 가능하다. (386쪽)
- 상이한 조건하에서 제시된 한 자극은 어떤 경우에는 의식되고 어떤 경우에는 의식되지 않는다. 그 자극이 의식될 경우에는 뉴런들이 더 강하게 활성화되며 그 활동이 다른 뇌 영역들에 걸쳐 울려 퍼지는데, 그럼으로써 서로 멀리 떨어진 뇌 영역들 간에 동시적인 활동이 형성된다. (387쪽)
- 양안 경합의 경우, 우리는 두 자극이 서로 경합하여 의식적 자각에 이르고 뇌 활동을 지배하는 것을 보게 된다. (388쪽)
- 어떤 자극에 대한 의식적 경험은 그 자극 자체보다 약간 늦게 일어나는 구성물이다. (389쪽)
- 움직이려는 의식적 결정이 일어난 시각에 대한 사람들의 보고는 그 결정이 운동의 준비를 담당하는 뇌 활동의 개시보다 더 나중에 일어남을 보여준다. 이런 결과는 의사 결정 과정의 초기 부분이 무의식적임을 시사한다. (389쪽)
- 몇몇 연구는 사람들이 자신의 의사 결정 시간을 정확히 보고할 수 있다는 생각에 의문을 제기한다. 의도적 결정은 갑작스럽지 않고 점진적으로 일어난다. (391쪽)
- 의식적 사고의 기능은 미래에 비슷한 상황이 다시 발생할 때 할 행위를 준비시키는 것일 수 있다. (391쪽)

핵심 용어

공간 무시 (386쪽)	양안 경합 (388쪽)	최소 의식 상태 (385쪽)
뇌사 (385쪽)	의식 (385쪽)	혼수상태 (385쪽)
식물인간 상태 (385쪽)	준비성 전위 (390쪽)	

수면과 꿈

- 우리는 왜 잠을 잘까?
- 꿈의 내용은 어떻게 설명해야 할까?

의식과 각성은 깨어 있음과 수면 간을 매일 순환한다. 수면 동안 우리는 주변에 대한 자각이 감소한다. 꿈은 우리를 불가능한 사건이 가능해 보이는 환상의 세계로 데려간다. 우리에게 왜 그러한 변경된 의식 기간이 있을까?

일주율

동물의 삶에는 주기가 있다. 동면을 보자. 얼룩다람쥐는 먹이를 찾기 힘든 겨울에 동면을 한다. 암컷은 봄에 먹이를 찾을 수 있게 되자마자 깨어난다. 수컷도 먹이가 필요하긴 하지만 암컷보다 더 빨리 깨어나야 할 이유가 있다. 암컷은 교미할 준비가 된 상태로 겨울 땅굴에서 나오는데, 1년에 딱 한 번만 교미한다. 암컷보다 더 나중에 깨어나는 수컷은 좀 더 잠을 잔 대가로 그 한 해 전체의 교미할 기회를 날려버리게 된다. 그런 위험을 피하기 위해 수컷은 암컷보다 일주일 먼저 깨어난다. 암컷도 없고 먹이도 없으며 아무 할 일도 없이 수컷들은 그 한 주를 기다리면서 서로 싸우기만 한다(French, 1988).

해가 뜨고 지는 것은 매일의 각성과 수면 리듬을 만들어내는 게 아니라 자연의 시간에 맞게 동기화시킨다. 따라서 내적으로 생성된 주기가 조절되어 우리는 낮에는 초롱초롱하게, 밤에는 졸리게 느껴진다.

요점은 예측 가능한 필요에 대비할 수 있게 하는 내적인 타이밍 기제가 진화를 통해 동물에게 생겨났다는 것이다. 얼룩다람쥐 수컷은 현재 상황에 반응해서가 아니라 며칠 후에 일어날 일에 대비해서 깨어난다. 마찬가지로 새들은 북쪽의 서식지가 살기 어렵게 되기 한참 전인 가을에 남쪽으로 이동하기 시작한다.

인간은 낮에는 활동하고 밤에는 자도록 준비시키는 기제를 갖고 있다. 다른 동물들처럼 우리는 일주율(circadian rhythm), 즉 대략 하루를 주기로 지속되는 활동과 무활동의 리듬을 생성한다. (circadian이라는 용어는 "about a day"를 의미하는 circa와 dies라는 라틴어에서 유래했다.) 해가 뜨고 지는 것이 우리의 리듬을 재설정시키는 단서가 되기는 하지만 그 리듬은 우리 자신이 만들어낸다. 여름이나 겨울의 극지방처럼 시간 단서가 없는 환경에서도 대부분의 사람들은 각성-수면 주기를 생성하는데, 이는 24시간보다 약간 더 길어서 점차로 시계가 가리키는 시간과 어긋나게 된다(Palinkas, 2003).

일주율이 우리의 수면과 각성만 통제하는 게 아니다. 하루가 흘러가는 동안 배고픔, 목마름, 소변량 등이 변한다. 체온은 늦은 오후의 37.2℃에서부터 한밤중의 36.7℃까지 변화한다(Morris, Lack, and Dawson, 1990). 대부분의 젊은이들의 기분은 하루 내내 변해서 늦은 오후에 가장 행복하게 느낀다(Murray et al., 2009).

어떤 생쥐들은 다른 일주율을 만들어내는 유전자를 갖고 있으며(Siepka et al., 207), 사람들 중에도 그런 이들이 있다. 평균보다 더 짧은 일주율을 가진 사람은 다른 사람보다 더 빨리 자고 더 빨리 일어난다(Toh et al., 2001). 사람들은 대부분 주말과 휴가를 늦게까지 깨어 있을 기회로 즐기는 반면에 짧은 일주율을 가진 사람은 평소보다 더 빨리 잠자리에 들 기회로 여긴다!

졸음과 각성 정도는 단지 잠을 얼마나 오랫동안 자지 않았는가뿐 아니라 일주율에도 좌우된다. 만약 당신이 밤을 꼬박 샌 적이 있다면(대부분의 대학생들이 가끔 그러듯이) 아마도 오전 2~6시에 대단히 졸렸을 것이다. 그러나 아침에는 더 잠이 오는 게 아니라 덜 졸리기 시작한다. 수면 결핍이 지속됨에도 불구하고 일주율 때문에 당신은 더 깨어나게 된 것이다.

한 연구에서 자원자들이 3일 동안 밤잠을 자지 않았다. 그들의 체온과 추론 과제 수행은 첫날 밤 동안 떨어졌다가 다음 날 아침에 증가했다. 둘째와 셋째날 밤에 체온과 추론 능력은 더 떨어졌지만 다음 낮 동안에는 어느 정도 회복되었다(그림 10.6). 따라서 수면 결핍은 정상적으로 오르내리는 체온과 각성의 일주율에 점진적인 쇠퇴가 겹쳐진 패턴을 만들어낸다(Babkoff, Caspy, Mikulincer, & Sing, 1991).

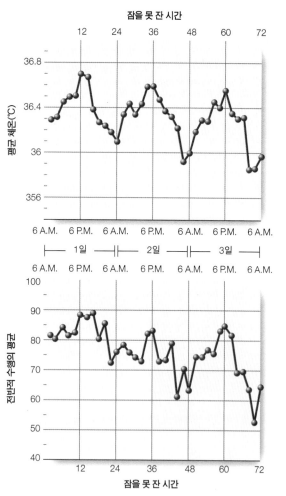

그림 10.6 3일에 걸친 수면 결핍의 누적 효과: 체온과 추리 능력이 매일 밤 떨어졌다가 다음 날 아침 증가하며, 또한 날이 갈수록 쇠퇴한다. (출처: Babkoff, Caspy, Mikulincer, & Sing, 1991.)

개념 점검

8. 우리가 만약 깊은 바다 속에 있는 잠수함에 타고 있는데 불빛이 항상 똑같이 켜져 있다면 우리의 각성과 수면 리듬에 무슨 일이 일어날까?

아침형 인간과 저녁형 인간

사람들은 일주율이 저마다 다르다. "아침형 인간"은 일찍 일어나서 정신이 쉽게 초롱초롱해지며 아침에 일을 제일 잘한다. "저녁형 인간"은 아침에 발동이 걸리는 데 더 오래 걸리며(비유적으로 또한 말 그대로) 오후나 저녁에 가장 일을 잘한다. 당신은 아마도 자신을 아침형 인간, 저녁형 인간, 또는 중간형 인간으로 분류할 수 있을 것이다.

젊은 성인은 대부분 저녁형이거나 중간형인 반면에 65세 이상인 사람은 대부분 아침형이다. 아무것도 해야 할 일이 없을 때 몇 시에 잠자리에 들고 싶은지를 물어보면 사람들의 평균적인 답은 십대 동안 점점 더 늦어져서 20세 때 오전 1~2시가 되었다가 다시 몇십 년에 걸쳐서 천천히 그리고 꾸준히 역전된다(Roenneberg et al., 2004). 20세가 넘어서 더 일찍 자는 쪽으로 변하는 것이 직장에 출근해야 하기 때문이라면 갑작스런 변화가 나타날지도 모르며, 그런 경향이 퇴직 후에는 역전될 것으로 예상해야 한다. 그런 경향이 평생에 걸쳐 점진적으로 계속된다는 사실은 생물학적 근거가 있음을 시사한다. 더욱이 다른 종들에서도 똑같은 패턴이 나타난다. 늙은 쥐는 재빨리 깨어나는 반면에 젊은 쥐는 더 천천히 깨어나며 수행이 나중에 더 향상된다(Winocur & Hasher, 1999, 2004).

일주율상의 연령 차이는 행동에 여러 방식으로 영향을 미친다. 한 연구에서는 젊은이(18~22세)와 노인(66~78세)의 기억을 비교했다. 이른 아침에는 노인이 대략 젊은이만큼 잘했다. 나중에는 젊은이는 안정적으로 유지되거나 향상되는 반면에 노인은 수행이 떨어졌다(May, Hasher, & Stoltzfus, 1993). 그림 10.7이 이 결과를 보여준다.

수면 스케줄을 변화시키기

일반적으로 이른 아침의 햇빛은 생체 시계를 매일 재

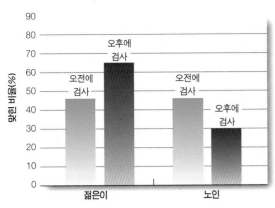

그림 10.7 이른 아침에는 노인이 기억 과제를 젊은이만큼 잘한다. 오후에는 젊은이는 수행이 향상되고 노인은 떨어진다.

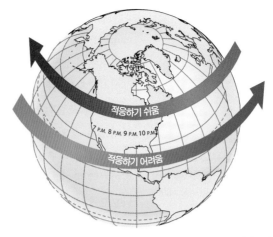

그림 10.8 동쪽으로 여행 가는 사람은 서쪽으로 여행 가는 사람보다 더 심한 시차 부적응을 겪는다.

설정하여 외부 세계와 동기화된 상태로 유지되게 만든다. 우리가 시간대를 넘어가는 여행을 하면 내적 리듬이 새로운 환경과 일시적으로 어긋나게 된다. 예를 들어 미국 캘리포니아에서 프랑스로 여행을 간다면 생체 시계는 오후 10시(잠잘 시간에 가까운)인데 현지 시각은 오전 7시(일어날 시간)일 수 있다. 그럴 때 시차 부적응(jet lag)을 경험하게 되는데, 이는 내적 시계가 새 환경과 위상이 어긋난 동안 불편함과 비효율을 겪는 시기를 가리킨다. 사람들은 대부분 동쪽으로 날아갈 때(더 이른 시간에 자야 한다)보다 서쪽으로 날아갈 때(더 늦은 시간에 자야 한다) 더 쉽게 적응한다(그림 10.8).

사람들은 언제 학교나 직장에 가야 하는지에 따라 잠드는 시간과 일어나는 시간을 의도적으로 통제한다. 하지만 해는 여전히 내적 시계를 지배한다. 연구자들은 독일에 사는 사람들에게 언제 잠들고 언제 일어나기를 선호하는지 물었다. 주중에는 독일 전역에 걸쳐 사람들이 동일한 시간대에 있기 때문에 똑같은 시간에 일어난다. 그러나 주말과 휴일에는 동독 지역의 사람들이 서독 지역의 사람들보다 약 30분 더 일찍 자고 일찍 일어나기를 선호하는데, 이는 동독 지역에서 해가 30분 더 일찍 뜬다는 사실과 들어맞는 것이다(Roenneberg, Kumar, & Merrow, 2007).

미국의 대부분 지역에서는 일광절약시간제를 시행하기 때문에 3월의 한 일요일에 시계를 한 시간 앞당겨야 한다. 월요일에 시계가 일어나라고 알리면 내적 시계는 아직 1시간 전인데도 사람들은 일어난다. 하늘이 아직 어두운데 일어나는 것은 내적 시계를 효과적으로 재설정하지 못한다. 일광절약시간제가 시작되면 그 후 한두 주 동안 사람들의 수행은 평소보다 떨어진다(Lahti et al., 2006; Monk & Aplin, 1980). 그런 경향은 이미 수면 부족인 사람들(대부분의 대학생을 비롯하여)에게서 가장 강하게 나타난다.

어떤 사업체에서는 일일 삼교대 근무를 한다. 예컨대 자정~오전 8시, 오전 8시~오후 4시, 그리고 오후 4시~자정 식으로 말이다. 자정~오전 8시 근무를 항상 하고 싶어 하는 사람은 거의 없기 때문에 회사들은 대개 직원들을 삼교대 조로 순환시킨다. 장기간의 교대 근무는 체중 증가를 비롯한 많은 문제와 연관되어 있다(Suwazono et al., 2008). 고용주가 직원의 짐을 덜어 주는 데는 두 가지 방법이 있다. 첫째, 직원을 한 교대 근무조에서 다른 조로 옮길 때 시간상 그 이전 조가 아니라 이후 조로 옮겨주어야 한다(Czeisler, Moore-Ede, & Coleman, 1982; 그림 10.9). 예컨대 오전 8~오후 4시 조에서 근무하던 사람을 자정~오전 8시조로 옮기는 것(동쪽으로 여행 가는 것처럼)이 아니라 오후 4시~자정조로 옮겨주는 것(서쪽으로 여행 가는 것처럼)이다. 둘째, 야간 근무조에게 햇빛과 비슷할 만큼 밝은 빛을 제공해 주면 도움이 된다. 한 연구에서 밤에 아주 밝은 빛에 노출된 젊은이들은 새 스케줄에 6일 내에 일주율이 적응되었다. 더 어두운 빛 아래서 일한 집단은 일주율이 변경되지 못했다(Czeisler et al., 1990).

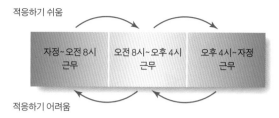

적응하기 쉬움

| 자정~오전 8시 근무 | 오전 8시~오후 4시 근무 | 오후 4시~자정 근무 |

적응하기 어려움

그림 10.9 3교대 근무제에서 철야근무(graveyard shift)는 영어로 공동묘지 근무시간이란 뜻으로 적절한 이름이다. 왜냐하면 심각한 산업 재해가 대개 근로자들이 가장 졸리는 밤에 일어나기 때문이다. 시차 부적응에서와 같이 근무시간 변화의 방향이 중요하다. 더 나중 시간으로 옮기는 것이 더 이전 시간으로 옮기는 것보다 더 쉽다.

개념 점검

9. 당신이 한국의 어떤 회사의 회장이라고 하자. 지구 반대편에서 오는 누군가와 사업 관계를 맺고자 한다. 그와 만날 장소로 태평양 한가운데의 하와이 섬과 중동의 두바이 중에서 어느 곳이 당신에게 더 좋을까?

일주율의 뇌 기제

수면과 각성의 일주율은 뇌의 밑바닥 부분에 있는 시각교차위핵(시교차상핵, suprachiasmatic nucleus)이라는 작은 구조물에서 생성된다. 이것이 손상되면 신체의 활동 주기가 불안정해진다(Rusak, 1977). 이 영역에서 추출해 낸 세포를 체외에서 살려두면 세포 스스로

24시간 리듬을 생성한다(Earnest, Liang, Ratcliff, & Cassone, 1999; Inouye & Kawamura, 1979). 다른 영역에 있는 세포들도 매일의 리듬을 만들어내기는 하지만 시각교차위핵이 신체의 주된 시계 역할을 한다(그림 10.10).

시각교차위핵은 솔방울샘(송과선, pineal gland)의 호르몬인 멜라토닌(melatonin)의 분비를 조절함으로써 그 통제력을 일부 발휘하는데, 멜라토닌은 일주율에 중요하며 많은 종의 경우 번식, 동면 등의 일년율에도 중요하다(Butler et al., 2010). 일반적으로 인간의 솔방울샘은 잠자기 두세 시간 전에 멜라토닌을 분비하기 시작한다. 멜라토닌 알약을 저녁에 먹는 것은 별로 효과가 없는데 왜냐하면 멜라토닌이 이미 나오고 있기 때문이다. 그러나 우리가 방금 몇 개의 시간대를 건너 동쪽으로 날아와서 졸리지 않는데도 현지 시간에 맞추어 잠들고 싶다면 멜라토닌 알약이 도움이 될 수 있다(Deacon & Arendt, 1996).

개념 점검

10. 햇빛은 일주율에 어떤 역할을 하는가?

우리는 왜 잠을 잘까?

수면이 어떤 유익한 점이 있지 않은 한 우리가 인생의 1/3을 소비하지 않을 수 없게 만드는 기제가 진화되었을 리 없다. 하지만 어떤 유익한 점이 있는 걸까? 과학자들은 여러 가지를 밝혀냈다.

가장 간단한 것은 수면이 에너지를 아껴준다는 것이다. NASA가 화성을 탐색하는 로봇을 보냈을 때 밤에는 탐색하는 것이 에너지를 낭비하는 일일 것이므로

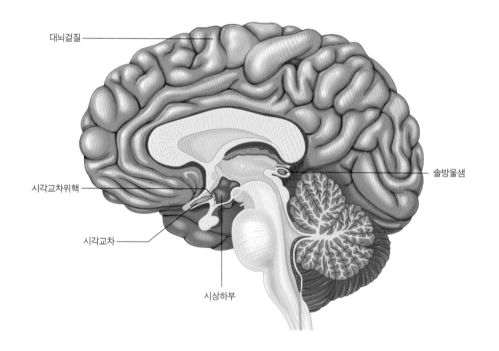

그림 10.10 뇌의 밑바닥 부분에 있는 작은 영역인 시각교차위핵이 일주율을 만들어낸다. 시각신경으로부터 들어오는 정보는 타이밍을 만들어내지는 못하고 재설정할 뿐이다.

대뇌겉질

솔방울샘

시각교차위핵

시각교차

시상하부

NASA는 로봇이 밤에는 작동 중지되도록 프로그램했다. 아마도 우리의 옛 조상에게서도 똑같은 이유로 수면이 진화되어 나왔을 것이다. 수면 중인 포유류와 조류는 체온이 떨어지며, 모든 동물은 근육 활동이 적어져서 에너지가 절약된다. 식량이 모자랄 때 사람은 잠을 더 많이 자고 체온을 더 낮게 유지하여 에너지를 아낀다(Berger & Phillips, 1995).

여러 동물 종은 하루 수면량이 서로 다른데, 이는 각종의 생활방식을 보면 이해가 된다(Campbell & Tobler, 1984; Siegel, 2005). 고양이와 박쥐를 비롯한 포식 동물은 하루 대부분을 잠잔다. 이들은 에너지가 풍부한 식사를 단시간에 하여 영양을 섭취하며, 자는 동안 공격 받을 위험성이 거의 없다. 이와 반대로 말은 풀을 뜯어 먹는 데 많은 시간을 소비해야 하며, 공격자로부터 달아나는 데(심지어 밤에도) 생존이 달려 있다(그림 10.11). 그래서 잠을 별로 자지 않으며 쉽게 깨어난다. 영화 감독 우디 앨런(Woody Allen)은 "사자와 송아지가 함께 누워 있을지라도 송아지는 별로 자지 않을 거야."라고 쓴 적이 있다.

어떤 사람은 다른 사람보다 잠을 덜 잔다(Meddis, Pearson, & Langford, 1973). 일반적으로 늦게 자고 늦게 일어나는 "저녁형 인간"이 아침형 인간보다 수면 박탈을 더 잘 견딘다. 저녁형 인간이 더 젊고 에너지가 넘치는 경향이 있다는 게 한 가지 이유이다(Caldwell et al., 2005). 그리고 어떤 사람은 다른 사람보다 수면 박탈을 더 잘 견딘다. 1965년도에 샌디에이고 고등학교의 한 학생인 Randy Gardner(그림 10.12)는 11일 동안 잠을 자지 않는 것을 과학 프로젝트로 수행하고도 멀쩡했다(Dement, 1972). 마지막 날 밤에 그는 수면 연구자인 William Dement를 상대로 아케이드 게임을 대략 100번 해서 모두 이겼다. 그 고생이 끝나기 직전에 열린 기자회견에서 그는 정상적으로 행동했다. 그러고는 14시간 40분을 자고 상쾌하게 깨어났다.

만약 당신이 11일 동안 잠을 못 자게 하는 고문을 받는다면 Randy Gardner처럼 잘 견디겠는가? 아마도 아닐 것이다. 두 가지 이유가 있는데, 첫째로 Gardner는 원하면 그만둘 수 있음을 알고 있었다. 통제 가능하다는 느낌은 어떠한 경험이라도 스트레스를 줄여준다. 둘째로 우리가 Gardner에 대한 이야기를 들은 유일한

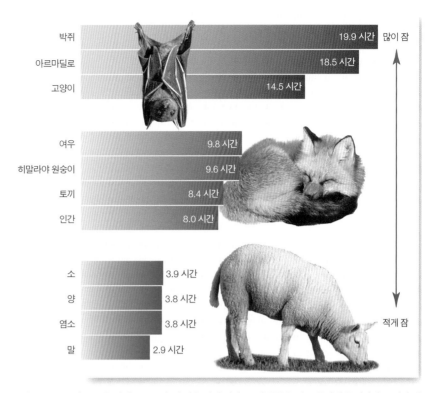

그림 10.11 포식 동물은 피식 동물보다 더 잠을 많이 잔다. 포식 동물은 자는 동안에 공격당하는 일이 거의 없지만 피식 동물은 공격당하지 않도록 자다가도 빨리 일어날 필요가 있다. (Zepelin & Rechtschaffen, 1974의 자료에 근거함)

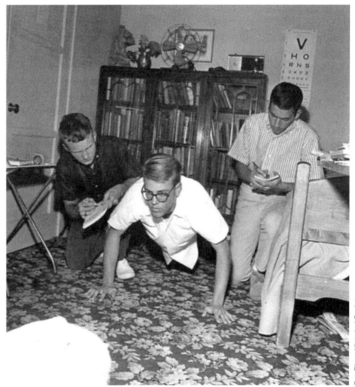

그림 10.12 Randy Gardner는 264시간 동안 계속된 수면 박탈의 막바지에조차도 정신이 초롱초롱하고 움직임이 정상이었다. 관찰자들은 그의 모든 움직임을 충실하게 기록했다.

이유는 그가 수면 박탈을 너무나 잘 견뎌냈기 때문이다. 얼마나 많은 사람이 오래 잠을 자지 않으려고 시도하다가 포기했는지 알 수 없다.

그래도 여전히, 사람은 잠이 필요하다. 수면 결핍인 사람은 병, 특히 우울증 및 기타 정신장애에 더 잘 걸리게 된다(Wulff, Gatti, Wettstein, & Foster, 2010). 또한 주의집중력이 떨어진다(Åkerstedt, 2007; Gvilia, Xu, McGinty, & Szymusiak, 2006). 수면 박탈 상태로 "깨어 있는" 사람에게서는 활성화된 뉴런과 마치 그 사람이 자고 있는 듯이 비활성화된 뉴런들이 함께 섞여서 나타난다(Vyazovskiy et al., 2011). 그 결과 수면 결핍인 사람은 음주 운전자만큼 위험하다(Falleti, Maruff, Collie, Darby, & McStephen, 2003).

수면은 또한 학습과 기억을 다양한 정도로 증강시키는데, 이는 학습 유형에 따라 달라진다(Doyon et al., 2009). 무언가를 학습하고 나서 3시간 이내에 잠(선잠이라도)을 자면 기억이 향상되고 밤잠을 못 자면 기억이 저하된다(Hu, Stylos-Allan, & Walker, 2006; Korman et al., 2007; Rasch & Born, 2008; Yoo, Hu, Gujar, Jolesz, & Walker, 2007). 또한 밤잠을 푹 자고 나면 다음날 학습이 향상된다(Van der Werf et al., 2009). 따라서 밤을 새워 공부하는 것은 삼가야 할 일이다.

비디오게임 기술 같은 어려운 운동 과제를 학습할 때 활동하는 뇌 영역들은 그날 밤 자는 동안에 다시 활성화되어 낮 동안에 일어났던 것과 동일한 패턴을 재생하는데, 다만 더 빠른 속도로, 그리고 때로는 거꾸로 재생한다. 자는 동안 그 영역들에서 일어나는 활동의 양은 다음날 수행 향상의 정도를 예측한다(Euston, Tatsuno, & McNaughton, 2007; Huber, Ghilardi, Massimini, & Tononi, 2004; Maquet et al., 2000; Peigneux et al., 2004). 각성과 수면은 학습에서 상보적인 역할을 한다. 동물연구자들은 학습이 깨어 있는 동안 적절한 시냅스를 증강시키고 잠자는 동안 다른 시냅스를 약화시킴을 보여주었다(Vyazovskiy, Cirelli, Pfister-Genskow, Faraguna, & Tononi, 2008).

개념 점검 11. 수면의 중요한 기능 두 가지를 말하라.

수면의 단계

1950년대 중반에 프랑스와 미국의 연구자들이 각자 독립적으로 역설적 수면(paradoxical sleep), 즉 급속 안구 운동 수면(rapid eye movement sleep; REM)이라는 수면의 한 단계를 발견했다(Dement & Kleitman, 1957a, 1957b; Jouvet, Michel, & Courjon, 1959). 이 수면 단계에서는 자는 사람의 눈이 감긴 눈꺼풀 아래에서 빨리 왔다 갔다 움직인다. (다른 수면 단계들은 비REM 수면 또는 NREM 수면이라고 한다.) 역설이란 뚜렷한 모순을 가리키는 말이다. REM 수면을 역설적이라고 하는 이유는 어떤 면에서는 얕은 잠이고 다른 면에서는 깊은 잠이기 때문이다. REM 수면 동안에는 뇌가 활동적이고 심박수, 호흡률 및 체온이 많이 오르내리기 때문에 잠이 얕다(Parmeggiani, 1982). 이와 동시에, 자세와 몸의 이동을 통제하는 큰 근육들이 대단히 이완되어 있기 때문에 잠이 깊다. 사실상 그런 근육들로 가는 신경이 REM 수면 동안에는 실질적으로 마비되어 있다. 또한 REM 수면은 깊거나 얕다고 분류하기 힘든 특징(음경의 발기와 질 윤활작용 같은)을 갖고 있다.

William Dement의 초기 연구는 REM 수면 중인 사람을 깨우면 대개 꿈을 꾸고 있었다고 말하지만 다른 수면 단계에 있는 사람을 깨우면 거의 그렇지 않음을 보여주었다. 하지만 나중의 연구에서는 그런 관계성이 약해졌다. REM 수면 중인 성인을 깨우면 꿈을 보고하는 경우가 대략 85~90%인 반면, NREM(비REM) 중인 사람을 깨우면 50~60%의 경우에 꿈을 보고한다(Foulkes, 1999). REM 꿈은 보통 더 길고 더 복잡하며 본인의 행위가 더 많지만 항상 그런 것은 아니다(McNamara, McLaren, Smith, Brown, & Stickgold, 2005). 더욱이 뇌 손상을 당한 사람들 중에는 REM 수면을 하지만 꿈을 꾸지 않는 이들이 있고 REM 수면을 하지 않지만 꿈을 꾸는 이들이 있다(Solms, 1997). 따라서 REM은 꿈꾸기와 동일한 것이 아니다(Domhoff, 1999).

그럼에도 불구하고, 생생한 꿈은 REM 수면 동안에 가장 많이 일어나는데 체위근이 REM 수면 동안 마비되어 있기 때문에 사람들은 일반적으로 꿈의 내용을 실행에 옮기지 않는다. REM 행동 장애(REM behavior disorder)라는 병이 있는 소수의 사람들은 REM 동안 근육 활동을 억제하지 못하는데, 그 결과 팔을 휘두르며 돌아다닐 때도 있다.

밤 동안의 수면 주기

우리가 자는 동안 뇌는 대개들 생각하는 것보다 더 활동적이다. 뉴런의 신진대사율, 자발적 활동, 자극에 대한 반응성은 20% 이상 떨어지지 않는다(Hobson, 2005). 수면의 주된 특징은 억제적 메시지의 증가인데, 이는 뇌의 메시지가 광범위하게 퍼져나가는 것을 막는다(Massinimi et al., 2005). 한 뇌 영역의 활동이 다른 영역들을 흥분시키기가 더 힘들어진다(Esser, Hill, & Tononi, 2009). 이 장의 첫 단원에서 나온 것처럼 뇌 전반적으로 메시지가 퍼지는 것이 의식적 경험에 필수적인데, 따라서 그런 전파가 차단되면 의식이 감소된다.

수면 연구자들은 머리 피부에 붙여 놓은 전극으로 뇌파를 기록하여 수면 단계를 구분한다(그림 10.13). 뇌전도(electroencephalograph; EEG)는 뇌 활동의 패턴을 반영하는 아주 작은 전기적 변화를 머리 피부에서 측정하여 증폭시킨다. 수면 연구자들은 EEG 측정과 동시에 안구 운동도 함께 측정하여 그림 10.14에서와 같은 다원수면도(polysomnograph, 말 그대로 "여러 가지 수면 측정치")를 만들어낸다. 잠자는 사람은 먼저 1단계에 들어가는데, 이때 눈은 거의 정지되어 있으며 EEG는 짧고 고르지 못한 파를 보여주는데 이는 뇌 활동이 상당히 일어나고 있음을 나타낸다(그림 10.14a). 뇌 세포들이 저마다 발화하고 있기 때문에 그 활동이 많은 사람이 동시에 이야기하는 소리처럼 서로를 거의 상쇄하여 그런 파가 기록된다.

잠이 계속되면서 사람은 그림 10.14b~e에서처럼 2, 3, 4단계로 진행해 간다. 이 단계들은 길고 느린 파의 수가 서로 달라서, 2단계에서 가장 적고 4단계에서 가장 많다. 이런 파들은 뉴런들 간의 동기화(synchrony)를 나타내는데, 이는 뇌 활동의 감소와 관련된다. 뇌 활동이 적기는 하지만 발생하기만 하면 많은 뉴런을 동시에 자극하기 때문에 뇌파가 커지게 된다. 2단계의 또 다른 특징은 초당 약 12~13회 주기로 일어나는 뇌파인 수면 방추(sleep spindle)인데, 이는 대뇌겉질과 그 아

그림 10.13 잠자는 사람의 뇌 활동을 전극으로 측정하는데, EEG는 뇌파 패턴을 기록하여 보여준다.

© Will & Deni McIntyre / Photo Researchers, Inc

래에 있는 시상 간의 정보 교환 때문에 생겨난다. 수면 방추는 기억을 저장하는 데 중요하며(Eschenko, Molle, Born, & Sara, 2006), 매일 밤 일어나는 수면 방추의 수는 그 사람의 IQ 점수와 놀랍게도 높은 상관(.7)을 나타낸다(Fogel, Nader, Cote, & Smith, 2007).

잠자는 사람은 2, 3, 4단계를 거쳐 진행하고 나서 다시 점차로 3단계와 2단계를 거쳐 REM 수면으로 들어간다. 그림 10.14f에서 보는 것처럼 REM 수면 시에 EEG는 1단계를 닮았지만 눈은 꾸준히 움직인다. REM 수면이 끝나면 다시 2, 3, 4단계로 진행한 후 다시 3, 2, REM 단계를 거치는 식으로 수면 단계가 순환한다. 건강한 젊은이의 경우 한 순환 주기는 평균 90~100분간 지속된다. 그림 10.15에서와 같이 밤이 깊어지면서 3단계와 4단계는 점점 짧아지는 반면에 REM 수면과 2단계는 더 길어진다.

개념 점검

12. 어느 수면 단계 동안 뇌의 활동이 가장 적은가? 어느 수면 단계 동안 근육이 가장 이완되어 있는가?

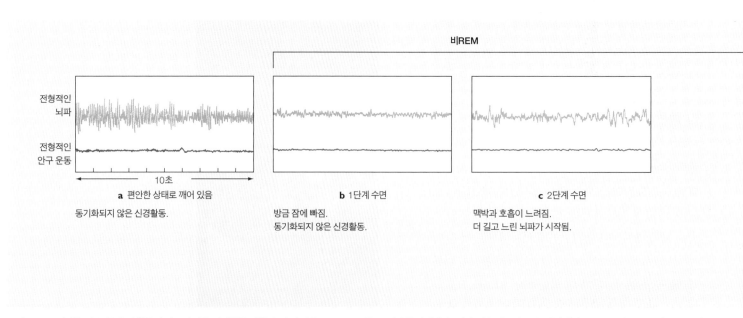

그림 10.14 사람은 자는 동안 뇌 활동의 정도가 다른 단계들을 거친다. 파란 선은 EEG로 보여주는 뇌파를 나타낸다. 빨간 선은 안구 운동을 나타낸다. REM 수면은 급속 안구 운동이 추가된 점만 제외하고 1단계 수면과 비슷하다. (T. E. Le Vere가 제공함)

그림 10.15 이 사람은 밤에 REM 및 비REM 수면의 주기를 5회 거쳤고 세 번 짧게 깨어났다(A). 4단계는 밤잠의 나중보다 앞부분에서 더 많은 시간을 차지한다. REM과 2단계는 시간이 지날수록 더 많아진다. (출처: Dement, 1972.)

수면의 이상

코미디언 Steven Wright는 누군가가 그에게 "간밤에 잘 잤어요?"라고 묻자 "아니요, 몇 가지 실수를 했지요."라고 대답했다고 말한다.

잠은 사람들이 그것을 하는 데 실수를 하는 그런 종류의 활동이 아니기 때문에 그 말에 웃음이 나온다. 그러나 때때로 우리는 잠을 못 자거나 자고 나도 원기 회복이 안 되거나 나쁜 꿈을 꾼다. 그런 경험들이 "실수"는 아니지만 그런 잠이 우리가 원했던 것은 아니다.

불면증

불면증은 "수면의 결핍"이라는 뜻이다. 더 구체적으로 말하자면, 불면증(insomnia)은 그 다음날 쉬었다는 느낌이 들지 않는 수면 부족을 가리킨다. 6시간의 잠이 어떤 사람에게는 불면증이고 다른 사람에게는 아닐 수 있다. 불면증은 시끄러움, 걱정, 소화불량, 부적절한 온도, 알코올이나 카페인 복용, 의학적 또는 심리적 장애로 인

불면증은 사람이 다음날 얼마나 졸리는지를 가지고 판단한다.

해 생긴다(Ohayon, 1997). 불면증이 지속된다면 병원에 가 보아야겠지만, 가끔씩 또는 경미하게 불면증을 겪는다면 다음 몇 가지를 시도해 볼 수 있다(Hauri, 1982; Lilie & Rosenberg, 1990).

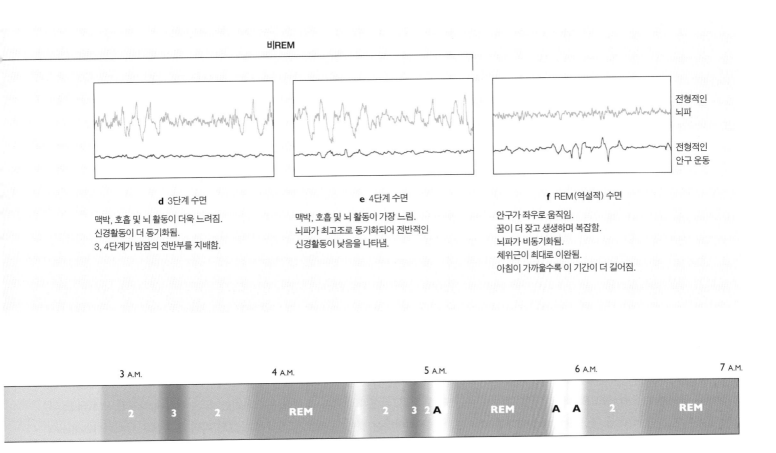

d 3단계 수면
맥박, 호흡 및 뇌 활동이 더욱 느려짐.
신경활동이 더 동기화됨.
3, 4단계가 밤잠의 전반부를 지배함.

e 4단계 수면
맥박, 호흡 및 뇌 활동이 가장 느림.
뇌파가 최고조로 동기화되어 전반적인
신경활동이 낮음을 나타냄.

f REM (역설적) 수면
안구가 좌우로 움직임.
꿈이 더 잦고 생생하며 복잡함.
뇌파가 비동기화됨.
체위근이 최대로 이완됨.
아침이 가까울수록 이 기간이 더 길어짐.

전형적인 뇌파

전형적인 안구 운동

- 매일 자고 일어나는 시간을 규칙적으로 유지하라.
- 카페인, 니코틴 및 기타 흥분제를 피하라. 특히 저녁 시간에는.
- 알코올이나 진정제에 의존해서 잠들려고 하지 말라. 그런 것을 반복 사용하게 되면 그것 없이는 잠자지 못하게 될 수도 있다.
- 침실을 조용하면서 덥지 않게 유지하라.
- 매일 운동하라. 하지만 잠들기 직전에는 말고.

수면 무호흡

자는 동안 가끔씩 짧은 기간 호흡을 하지 않는 사람들은 많다. 하지만 수면 무호흡(sleep apnea)이 있는 사람은 1분 이상 호흡을 못하다가 깨어나서는 숨을 헐떡거린다. 이들은 8~10시간을 잠자리에 누워 있어도 그 시간의 절반도 못 잘 수 있다. 수면 무호흡은 비만인 중년 남성에게 가장 흔한데, 이들은 기도가 평균보다 더 좁아진 상태이다. 깨어 있는 동안에는 자주 격렬하게 호흡함으로써 보충하지만 자는 동안에는 그런 패턴을 유지할 수가 없다(Mezzanotte, Tangel, & White, 1992).

치료법에는 몸무게를 줄이고 자기 전에 알코올과 진정제를 피하라는 권고가 포함된다. 외과의사가 기도를 넓히기 위해 조직을 제거할 수도 있다. 수면 무호흡이 있는 사람 중에는 자는 동안 코와 입을 덮는 마스크를 통해 공기를 불어넣어 강제로 호흡을 시키는 기구를 사용하는 이들도 있다.

수면 발작

수면 발작(narcolepsy, 기면증, 졸음병)이 있는 사람은 대낮에 갑작스럽게 졸음이 엄습하면서 근육의 힘이 빠지거나 마비되는 경험을 한다. 그리고 깨어 있는데 꿈을 꾸는 것 같은 경험도 가끔씩 한다. 이러한 증상은 REM 수면이 깨어 있는 상태에 침입하는 것을 나타낸다(Guilleminault, Heinzer, Mignot, & Black, 1998).

특정 유전자를 지닌 개에서도 수면 발작이 생겨난다. 이 유전자는 오렉신(orexin) 또는 히포크레틴(hypocretin)이라고 불리는 신경전달물질에 대한 뇌 수용기에 장애를 일으킨다(Lin et al., 1999). 생쥐에게서 오렉신의 생산을 차단하면 수면 발작이 유발된다는 것도 밝혀졌다(Chemelli et al., 1999). 수면 발작을 겪는 사람은 오렉신을 만드는 뉴런의 수가 정상 이하이다(Thanickal et al., 2000). 오렉신은 사람을 깨우지는 않지만 깨어 있는 상태를 유지시키는 데는 도움이 된다(M. G. Lee, Hassani, & Jones, 2005). 오렉신이 부족한 사람은 낮에 깨어 있고 밤에 자는 대신에 하루 내내 자고 깨는 것을 교대로 한다(Mochizuki et al., 2004).

홍분제와 항우울제를 함께 복용하면 낮 동안 각성 상태가 유지되며, 근육의 힘이 갑자기 빠지는 일을 막을 수 있다. 앞으로 오렉신에 기반을 둔 약이 개발될 수도 있는데, 현재로는 아무것도 나와 있는 약이 없다.

기타 수면 경험들

잠꼬대는 웅얼거림에서부터 명확한 여러 문장을 말하는 데까지 걸치는 흔히 일어나는 경험이다. 사람들은 잠꼬대를 생각보다 많이 하는데 왜냐하면 그랬다는 것을 기억하지 못하는데다가 그것을 듣는 사람도 대개는 없기 때문이다. 잠꼬대는 모든 수면 단계에서 나오지만 2단계 수면 중에 가장 많이 나온다(Moorcroft, 2003). 잠꼬대 하는 사람은 때로 마치 대화를 하고 있는 것처럼 말 사이사이에 멈춘다. 사실 어떤 사람은 잠꼬대로 대화를 할 수 있다. 잠꼬대는 정신적 또는 정서적 장애와 관계가 없으며, 잠꼬대에서 창피한 말이 나오는 경우는 드물다. 따라서 당신이 만약 잠꼬대를 많이 하는 사람이라면, 너무 걱정하지 말라.

머리는 깨어났는데 몸이 움직여지지 않는 경험을 한 적이 있는가? 만약 있다면, 너무 놀라지 말라. 우리가 잠에서 깰 때 뇌의 여러 영역들이 반드시 동시에 깨어나는 것은 아니다(Krueger et al., 2008; Silva & Duffy, 2008). 가끔 겉질의 대부분은 깨어났는데 숨뇌의 일부가 REM 수면 중에서와 똑같이 척수로 억제적 메시지를 여전히 내려보내고 있을 때가 있다. 그러면 머리는 깨어나서 눈은 떠졌지만 일시적으로 팔다리를 움직이지 못하는 느낌이 들게 된다.

몽유병은 가계에 흐르는 경향이 있으며 대부분 아동에게서 그리고 주로 4단계 수면 시에 나타난다(Dement, 1972). 일부 성인도 몽유병이 있는데, 대개 밤잠의 전반부에 나타난다. 이들은 서투르고 목적 없어 보이는 동작을 하며 주변에서 일어나는 일에 잘 반응하지 않는다. 떠도는 이야기와는 달리, 자면서 돌아다니고 있는 사람을 깨우는 것은 위험하지 않은데, 깨우는 것이 특별히 도움이 되지도 않는다(Moorcroft, 2003). 그 사람을 부드럽게 이끌어서 잠자리에 돌아가게 하는 것이 더 낫다. 어떤 사람들은 자면서 돌아다닐 뿐 아니라 먹고, 가구를 재배치하고, 차를 몰고, 성행위를

하기(자위행위나 파트너와 함께)도 하는 것으로 보고된 바 있다(Mangan, 2004). 그 사람이 정말로 자는 것일까라는 의구심이 들 수 있겠다. "어떤 면에서는" 그렇다고 할 수 있다. 앞서 말한 것처럼 뇌 전체가 반드시 동시에 깨어나거나 잠드는 것은 아니다. 수면은 뇌의 다른 영역보다 어느 한 영역에서 더 깊이 일어날 수도 있다. 뇌의 특정 영역은 깨어 있는데 다른 영역이 잠들어 있을 경우 몽유병이 일어난다.

자각몽(lucid dreaming)은 뇌의 일부는 깨어 있고 일부는 잠들어 있는 또 다른 예이다. 자각몽을 꾸고 있는 사람은 그것이 꿈이라는 것을 자각하고 있다. 뇌의 일부(아마도 이마앞겉질)가 자각몽 동안 평소보다 더 깨어 있어서 뇌가 꿈을 꾸고 있음을 알아채는 것임이 분명하다.

잠자리에 누워서 잠들려고 하고 있는데 갑자기 발로 꿈틀 하고 차는 경험을 한 적이 있는가? 잠들려고 하는 중에 가끔씩 일어나는 다리 경련은 흔한 것이어서 전혀 염려할 게 아니다. 그러나 어떤 사람은 특히 밤잠의 전반기에 다리에 "벌레가 기어가는 듯한" 감각이 오래 지속되면서 강한 다리 움직임이 반복적으로 일어나서 자다가 깨어나게 될 정도이다(Moorcroft, 1993). 주기성 사지 운동 장애[periodic limb movement disorder, 또는 비공식적으로는 하지불안증후군(restless leg syndrome)이라고 불리는]라는 이 병은 대부분 50세가 넘은 사람에게서 잠을 방해하는 경우가 많다. 그 원인은 모르는 상태인데, 최선의 충고는 그 병을 악화시키는 요인, 예컨대 카페인, 스트레스, 피로 등을 피하라는 것이다. 때로는 진정제가 그런 다리 움직임을 억제한다(Schenck & Mahowald, 1996).

악몽이란 단지 불쾌한 꿈일 뿐이다. 그러나 밤공포증(야경증, night terror)이 있는 사람은 자다가 비명을 지르고 심장이 쿵쾅거리며 식은땀이 흐르면서, 때로는 팔을 휘두르면서 깨어난다. 밤공포증은 REM 수면이 아니라 3 또는 4단계 수면 동안 일어나며, 그 꿈의 내용(이 있기라도 한 경우에는)은 어떤 이미지처럼 보통 단순한 것이다. 밤공포증은 이를 겪고 있는 사람을 달래거나 안심시키려고 해 보았자 소용없으며 자연스레 끝날 때가 되어야 끝난다. 밤공포증이 있는 아동이 많으며 성인의 거의 3% 또한 그러하다(Mahowald & Schenck, 2005). 치료법으로는 심리치료, 항우울제와 항불안제, 그리고 스트레스를 최소화하는 것 등이 있다.

개념 점검 13. 뇌의 일부가 깨어 있는 와중에 다른 일부는 자고 있을 수 있다는 사실을 반영하는 증거는 무엇인가?

꿈

성자라 하더라도 꿈에서 일어나는 일까지 책임질 수는 없다.
―성 토마스 아퀴나스

고대에는 꿈이 미래를 예견한다고들 믿었다. 물론 가끔씩 그럴 때도 있는데, 그것

은 우연한 일이거나 아니면 꿈꾼 사람이 어떤 결과를 예상할 이유가 있었기 때문이다. 오늘날 과학자들은 꿈이 미래에 대한 이야기를 해 준다고 믿지 않는다. 비록 다른 많은 이들은 아직도 그렇게 믿지만 말이다. 당신이 오늘밤 비행기 추락 사고에 대한 꿈을 꾼다면 내일 비행기 타기를 주저하겠는가? 꿈에서 친구가 당신을 기분 나쁘게 대하거나 애인이 바람을 피운다면 당신은 실생활에서 의심이 많아지게 되겠는가? 만약 그렇게 된다면, 당신 말고도 그런 사람이 많다는 것을 알아 두라 (Morewedge & Norton, 2009).

꿈이 미래를 이야기해 주는 게 전혀 아니라면 무엇을 우리에게 알려주나? 꿈을 설명하거나 해석할 수 있을까? 꿈의 내용을 살펴보자.

꿈꾸기에 대한 기술 연구

꿈의 내용을 파악하기 위해 어떤 연구에서는 사람들에게 꿈 일기를 쓰게 한다. 다른 방법은 실험실에서 사람을 재우면서 자는 중간에 깨워서 즉시 꿈 보고를 하게 하는 것이다(Domhoff, 2003). 표 10.1은 두 연구에서 조사된 3개 국가의 대학생들이 흔히 꾸는 꿈의 주제를 열거하고 있다. 표집들 간의 유사성에 주목하라.

꿈은 문화에 따라 예측 가능한 방식으로 달라진다(Domhoff & Schneider, 2008). 예를 들면 수렵 채집 사회의 사람들은 동물에 대한 꿈을 많이 꾸고 위험한 사회에서 사는 사람들은 난폭한 공격의 피해자가 되는 꿈을 꾼다. 그래도 여전히 꿈 내용의 범문화적 유사성은 놀랄 만하다.

꿈이란 말의 일반적인 용법은 꿈이 행복한 것임을 함의한다. 디즈니 만화영화에 나오는 신데렐라는 "꿈은 마음이 만들어내는 소망이야"라고 노래한다. 마틴 루서 킹 목사의 유명한 연설 "내게는 꿈이 있어요"는 아주 멋진 미래를 이야기했다. 남자 친구나 여자친구를 "꿈같은" 사람이라고 부르는 것은 칭찬일 것이다. 프로이트는 모든 꿈은 소망 충족에 근거한다고 주장했다. 그러나 표 10.1은 꿈 내용의 많은 부분이 또는 대부분이 추락하거나 쫓기거나 무언가를 할 수 없는 것 같은 불쾌한 것

표 10.1 특정한 꿈 주제를 보고한 대학생의 비율

꿈 주제	미국 1958년	일본 1958년	캐나다 2003년
추락	83%	74%	74%
공격 받거나 쫓김	77%	91%	82%
무언가를 하려고 계속 시도함	71%	87%	54%
숙제	71%	86%	67%
섹스	66%	68%	76%
약속이나 수업에 지각함	64%	49%	60%
맛있는 음식을 먹음	62%	68%	31%
놀라서 얼어붙음	58%	87%	41%
사랑하는 사람의 죽음	57%	42%	54%

출처: Griffith, Miyagi, & Tago(1958); Nielsen et al.(2003).

임을 보여준다. 대학생들에게 꿈과 낮 동안의 경험을 기록하게 한 연구에서는 꿈의 73%가 위협적인 무언가를 포함하고 있는 반면에 주간 활동 보고의 15%만이 그러했다(Valli, Strandholm, Sillanmäki, & Revonsuo, 2008). 이상하게도 11~13세 아이들이 평균적으로 가장 즐거운 꿈을 꾼다(Foulkes, 1999). 그 이후로는 꿈이 점점 더 나빠진다. 유감스러운 일이지만.

어떤 꿈은 기괴하지만 대부분의 꿈은 우리가 일상생활에서 생각하는 대상과 비슷하다(Domhoff, 1996; Hall & Van de Castle, 1966). 예를 들면 10대 이전의 아이들은 이성에 대한 꿈을 거의 꾸지 않지만 십대들은 꾼다(Strauch & Lederbogen, 1999). 시각 장애인은 이동이나 교통수단의 어려움에 대한 꿈을 자주 꾼다(Hurovitz, Dunn, Domhoff, & Fiss, 1999). 한 연구에서는 젊은이들에게 주제 목록을 주고 자신이 관심 있는 것과 관심 없는 것을 따로 체크하게 했다. 그러고는 이후 3일 동안 그들이 꾼 꿈을 보고하게 했다. 그들은 관심사에 대한 꿈을 자주 꾸었고 관심 없는 주제에 대해서는 거의 꿈을 꾸지 않았다(Nikles, Brecht, Klinger, & Bursell, 1998). 하지만 우리가 일상생활에서 하는 모든 것에 대하여 꿈을 꾸지는 않는다. 독서나 글쓰기, 컴퓨터 사용하기, 또는 TV 보기에 대한 꿈을 꾸는 사람은 거의 없다(Schredl, 2000). 사람들은 실제 생활에서 실행하지는 않는 성적 환상이나 기타 환상에 대한 꿈을 꾸기도 한다. 꿈 내용에 대한 훌륭한 연구를 보려면 http://www2.ucsc.edu/dreams라는 웹사이트를 보라.

꿈에 대한 의문 중에는 답하기 어려운 것이 많다. 예를 들어 "우리는 꿈을 얼마나 정확하게 기억할까?" 글쎄, 어떻게 알 수 있을까? 실제로 일어난 사건은 우리가 사람들의 기억을 그것과 비교하지만 꿈은 원본과 비교할 길이 전혀 없다. 또는 겉보기에 단순한 다음 질문을 보자. "우리는 꿈을 컬러로 꿀까?" 사람들이 이렇게 묻는 이유는 그런지가 기억나지 않기 때문이다. 하지만 사람들에게 기억해 보라고 요청하는 것 외에 이 질문에 어떻게 답할 수 있을까? 우리에게 있는 최선의 증거는 사람들을 깨운 즉시 물어보면 적어도 절반의 경우 색깔을 보고한다는 것이다(Herman, Roffwarg, & Tauber, 1968; Padgham, 1975). 이 결과가 다른 꿈들이 흑백임을 의미하지는 않는다. 아마도 그런 꿈에서의

SLOW WAVE

엄청나게 큰 강당에서 무대 위에 혼자 있었어요. 거기엔 사람이 많았는데 제가 아는 사람은 아무도 없었죠. 다들 내가 얼마나 잘하나 보자 하는 눈으로 저를 응시하고 있었어요.

맨 처음엔 제 마음과 영혼을 다 담아서 노래를 불렀어요. 그렇지만 노래가 끝나도 사람들은 박수도 없이 저를 여전히 빤히 쳐다보고 있더라고요.

깔깔!

허공으로 다리를 차올리며 춤을 췄어요. 화려해 보이도록 생각할 수 있는 모든 걸 다 했어요. 역시 박수는 없었어요.

거의 울음이 터지려는데 꼭 저같이 생긴 여자가 무대로 나와서는 저를 데리고 나갔어요.

그만큼 했으면 됐어.

©1997 Dana Hughes and Jesse Reklaw

http://www.nonDairy.com/slow_wave.cgi

Cartoon reprinted by permission of Jesse Reklaw.

이 4컷 만화는 만화가가 이야기 들었던 실제 꿈을 보여준다. 꿈은 흔히 가능한 사건과 불가능한 사건을 혼합하며 "잘못될 수 있는 일"이라는 주제가 자주 나온다. (Jesse Reklaw의 허가하에 실음)

색깔은 기억할 만하지 않을 것이다.

시각 장애인은 시각적인 꿈을 꿀까? 경우에 따라 다르다. 시각겉질이 손상되어서 앞을 못 보게 된 사람은 시각적 이미지뿐 아니라 시각적 꿈도 상실한다. 약 5~7세 이후에 눈이 손상된 사람은 여전히 시각적인 꿈을 꾼다. 비록 그 빈도가 시간이 가면서 떨어지기는 하지만 말이다. 선천적으로 또는 초기 아동기에 맹인이 된 사람은 꿈에 시각적 이미지가 없다. 그 대신에 소리, 촉감, 냄새 및 맛에 대한 꿈을 꾼다(Hurovitz et al., 1999).

개념 점검

14. 꿈의 내용은 어떤 면에서 깨어 있을 때의 사고와 비슷하고 어떤 면에서 다른가?

프로이트의 꿈 이론

정신분석의 창시자인 오스트리아 의사 프로이트는 꿈이 사람의 무의식적 사고와 동기를 드러낸다고 주장했다. 그는 꿈을 이해하려면 숨겨진 의미를 찾아내야 한다고 말했다. 각각의 꿈은 현재(顯在) 내용(표면에 나타나 있는 내용)과 잠재 내용(꿈 경험이 상징적으로 나타내는 숨겨진 생각)을 갖고 있다는 것이다.

예를 들어 프로이트(1900/1955)는 한 친구가 자신의 삼촌인 꿈을 꾼 적이 있었다. 프로이트가 해석해 낸 관련성은 다음과 같다. 그의 친구 두 사람이 교수직에 추천을 받았지만 둘 다 아마도 유태인이란 이유로 불합격되었다. 프로이트 자신도 그 똑같은 자리에 추천 받았는데 그도 유태인이었기 때문에 역시 불합격되지 않을까 두려웠다. 그의 친구들이 삼촌과 무슨 관련이 있었을까? 한 친구는 프로이트가 보기에 자신의 삼촌처럼 좀 천진난만했다. 다른 친구는 위법 행위로 고소당한 적이 있었는데, 프로이트의 삼촌도 사업상 잘못으로 고소당했다. 이 친구들을 삼촌과 연결시켜서 프로이트는 자신의 꿈이 다음과 같은 뜻이라고 해석했다. "어쩌면 친구들이 대학교에 임용되지 못한 이유는 한 사람은 (내 삼촌처럼) 얼간이고 다른 사람은 (내 삼촌처럼) 범죄자로 비춰졌기 때문일 수도 있어. 만약 그렇다면 내가 유태인이라고 해서 임용되지 못하는 것은 아닐지도 몰라."

희한하게도, 프로이트가 위의 사례에서처럼 자신의 꿈을 이야기할 때는 항상 성과는 전혀 관련 없는 해석을 했다. 그가 다른 사람의 꿈에 대한 이야기를 할 때는 항상 성적 상징에 해석이 집중되었다. 한 예를 들면, 한 남성이 커다란 꼬리를 가진 흰 개 예닐곱 마리가 꼼짝 않고 앉아 있는 모습을 본 꿈을 이야기했다. 프로이트는 그 꿈이 그 남성의 부모가 개들이 하는 것과 같은 방식으로 섹스를 하는 장면을 어린 시절에 보았던 경험과 관련된다고 주장했다. 하지만 그 남성 자신조차도 이 해석이 그럴듯하지 않은 억지라고 생각했다(Esterson, 1993).

많은 치료자들은 내담자가 의미 있다고 생각하는 해석을 제공한다. 그러나 어느 해석이 정확하며 어느 해석이 그렇지 않은지를 확인할 방도는 없다. 프로이트의 꿈 분석 방법은 쇠퇴 일로에 있다(Domhoff, 2003).

개념 점검 15. 꿈에 대한 프로이트의 개념은 제2장에서 기술된 의미로 반증 가능한가?

꿈꾸기에 대한 현대적 이론

꿈에 대한 활성화−합성 이론에 따르면, 대뇌겉질이 REM 수면 동안 일어나는 두서없는 활동과 감각기관에 들어오는 모든 자극을 합쳐서 최대한 말이 되는 이야기를 만들어낸 것이 꿈이다(Hobson & McCarley, 1977). 꿈의 어떤 측면은 자발적 뇌 활동 및 다양한 외부 자극과 실제로 관련된 것으로 보인다. 예컨대 다리뇌(뇌교)로부터 들어오는 입력은 시각 영역을, 특히 REM 기간의 첫 몇 분 동안, 활성화시키는데, 따라서 거의 모든 꿈이 시각적 내용을 담고 있다(Amzica & Steriade, 1996). 또한 화장실을 가거나 찾으려 하는 꿈을 꿀 때는 사람들이 깨어나서 실제로 화장실에 가야 할 필요가 있음을 알게 되는 경우가 흔하다. 걷거나 달리려고 하는데 몸이 움직여지지 않는 꿈을 꾼 적이 있는가? 한 가지 설명은 주요 체위근이 REM 수면 동안 사실상 마비되어 있다는 것이다. 뇌는 근육에게 움직이라는 메시지를 보내지만 근육이 움직이지 않았음을 알려주는 감각 피드백을 받게 된다.

활성화−합성 이론의 한 가지 문제점은 검증 가능한 명백한 예측을 내놓지 못한다는 것이다. 예를 들어 근육은 REM 수면 동안 항상 마비되어 있다. 그러면 왜 우리가 움직이지 못하는 꿈을 항상 꾸지는 않는 것일까? 또한 방 안의 소리나 기타 자극이 꿈속에 섞여 나오는 일은 가끔씩만 일어난다(Nir & Tononi, 2010). 어쩌면 이 이론의 더 심각한 문제는 꿈 경험이 이상하기는 해도 무작위적이거나 우연적인 것 같지는 않다는 것이다.

한 대안적인 견해는 꿈꾸기가 다음과 같은 특수한 조건에서 일어나는 특수한 종류의 사고라는 것이다(Domhoff, 2011; Foulkes, 1999; Solms, 2000).

- 감각 자극의 감소(특히 뇌의 일차 감각영역들에서 일어나는)

- 계획 수립과 작업기억에 중요한 이마앞겉질(전전두피질)의 활동 감소
- 사고에 대한 의도적 통제력의 상실
- 얼굴 인식과 동기 및 정서의 특정 측면을 담당하는 부위를 비롯하여 다른 많은 대뇌겉질 부위에서 지속적으로 일어나는 활동

William Domhoff(2011)는 꿈꾸기를 뇌의 "기본 네트워크(default network)"의 활동에 비유하는데, 이는 마음 풀어놓기(mind wandering)와 백일몽 시에 활동하는 체계이다. 기본 네트워크는 꿈이 그러는 것처럼 한 생각에서 다른 생각으로 계획도 통제도 없이 떠돈다. 뇌의 일차 시각 및 청각 영역들이 수면 중에는 거의 아무것도 하지 않기 때문에 뇌의 나머지 부분이 그 사람이 지난 며칠 동안 보거나 듣거나 생각했던 무언가에 대개 초점을 맞추어 방해받지 않고 이미지를 만들어낸다. 가끔씩 꿈에서 오래 전에 걱정거리였던 무언가가 등장한다. 예를 들면 나이든 사람이 고등학교 사물함 열쇠번호를 잊어버리는 꿈을 꿀 수도 있다. 계획 수립과 작업기억에 중요한 영역인 이마앞겉질의 활동이 낮기 때문에 꿈속의 이야기는 한 사건에서 다른 사건으로 별 연속성 없이 그리고 의도적인 느낌도 그다지 없이 건너뛴다.

꿈은 그 사람의 관심사와 성격에 대해 무언가를 실제로 드러낸다. 즉 우리는 우리의 관심을 끄는 문제나 걱정스러운 일에 대해 꿈을 꾼다. 그러나 이런 종류의 해석은 프로이트와 그의 추종자들이 했던 것처럼 숨겨진 상징적 의미를 찾아내는 것과는 다르다.

개념 점검 16. 꿈꾸기는 다른 사고와 어떻게 다른가?

수면과 꿈의 신비

수면과 꿈은 무의식 상태가 아니라 감소된 또는 변경된 의식 상태이다. 예를 들어 아이가 조그맣게 우는 소리에 부모는 깨어난다. 건강한 뇌는 완전히 일을 내려놓는 때가, 완전히 쉬는 법이 절대로 없다.

수면과 꿈에 대해 우리의 이해는 점점 깊어지고 있지만 주요 질문들은 남아 있다. REM 수면의 기능 같은 기본적인 문제도 명확한 답이 없는 상태이다. 꿈은 오랫동안 경이로움의 원천이었으며 연구자들은 관심거리와 신비로운 현상을 많이 발견하고 있다.

요약

- **일주율.** 변화가 없는 환경에서조차 사람들은 대략 24시간 주기로 잠을 잔다. (393쪽)
- **아침형 인간과 저녁형 인간.** 어떤 사람은 빨리 깨어나서 아침 일찍 최고조의 각성에 도달한다. 다른 사람은 더 느리게 깨어나며 늦은 오후나 이른 저녁에 최고조의 각성에 도달한다. (394쪽)
- **일주율의 뇌 기제.** 뇌의 한 영역이 대략 24시간인 리듬을 생성한다. 햇빛은 이 리듬을 생성하는 게 아니라 재설정한다. 태양시와 어긋나는 각성-수면 주기를 유지하기는 힘들다. (396쪽)
- **수면의 필요성.** 수면은 에너지 절약과 기억 증강을 위한 기회 등을 비롯한 여러 기능을 한다. 수면이 결핍된 사람은 주의집중을 유지하기 어려워한다. (396쪽)
- **수면 단계.** 잠잘 때 사람은 1단계부터 4단계까지 갔다가 다시 3, 2, 1단계로 돌아오는 주기를 나타낸다. 1단계부터 시작해서 다시 1단계로 끝나는 주기는 대략 90~100분 걸린다. (398쪽)
- **REM 수면.** 수면이 한 주기를 돌고 나면 REM 수면이라는 특수한 단계가 1단계를 대체한다. REM 수면의 특징은 급속 안구 운동, 높은 수준의 뇌 활동, 근육 이완이다. 꿈은 이 단계에서 흔히 나타나지만 이 단계에만 한정된 것은 아니다. (398쪽)
- **불면증.** 주관적으로 만족스럽지 않은 수면을 가리키는 불면증은 여러 원인이 있다. 수면 이상에는 수면 무호흡과 수면 발작이 포함된다. (400쪽)
- **꿈 내용.** 유쾌한 꿈보다는 불쾌한 꿈이 더 많다. 프로이트는 꿈이 무의식적 동기의 산물이라고 주장했다. 현대의 이론가들은 꿈을 감각 입력이 적고 사고에 대한 의도적 통제가 없는 조건에서 일어나는 일종의 사고라고 이야기한다. (402쪽)

핵심 용어

급속 안구 운동(REM) 수면 (398쪽)

꿈에 대한 활성화-합성 이론 (405쪽)

뇌전도(EEG) (399쪽)

다원수면도 (399쪽)

밤공포증 (402쪽)

불면증 (400쪽)

수면 무호흡 (401쪽)

수면 발작 (401쪽)

수면 방추 (399쪽)

시차 부적응 (395쪽)

일주율 (393쪽)

자각몽 (402쪽)

잠재 내용 (404쪽)

주기성 사지 운동 장애 (402쪽)

현재(顯在) 내용 (404쪽)

최면

- 최면이 할 수 있는 것은 무엇일까?
- 최면의 한계는 무엇일까?

진리는 착오들 간에 그려진 경로에 지나지 않는다.[1]

— Franz Anton Mesmer

만약 최면술사가 당신이 4살짜리 어린이라고 말하니까 당신이 그런 아이처럼 행동하기 시작한다면 우리는 당신이 좋은 최면 대상이라고 말할 것이다. 만약 최면술사가 앞에 있는 빈 의자에 당신의 사촌이 앉아 있다고 말하니까 당신이 그 사촌이 보인다고 인정한다면 다시 한 번 우리는 당신의 최면 깊이에 대한 이야기를 할 것이다.

그러나 만약 당신이 최면에 걸리지 않았는데 갑자기 4살짜리 어린이처럼 행동하거나 빈 의자에 누군가 앉아 있는 게 보인다고 주장한다면 어떻게 될까? 그럴 경우 심리학자는 당신이 심각한 심리 장애를 겪고 있다고 추측할 것이다. 최면은 때로는 기괴한 일시적 상태를 유도한다. 최면이 그다지도 매력적으로 보이는 것은 놀라운 일이 아니다.

최면(hypnosis)은 최면술사와 최면 대상 간의 특수한 관계라는 맥락에서 일어나는 피암시성(suggestibility)이 증가된 상태를 가리킨다. 최면이라는 용어는 그리스의 수면의 신인 Hypnos에서 유래한 것인데, 사실 최면과 수면은 겉보기에만 유사할 뿐이다. 두 경우 모두 사람이 자발성을 상실하며, 꿈을 꾸는 사람처럼 최면에 걸린 사람도 서로 모순된 정보를 저항 없이 받아들인다. 그러나 최면에 걸린 사람은 걸어서 돌아다니며 실제 세계에 있는 대상들에 반응한다. 또한 뇌 활동도 자는 사람이 아니라 휴식하며 깨어 있는 사람의 것과 비슷하다(Rainville, Hofbauer, Bushnell, Duncan, & Price, 2002).

최면은 오스트리아의 의사인 Franz Anton Mesmer(1734~1815)가 도입했다. Mesmer가 때때로 병을 치료한 방법은 피, 신경 활동 및 뭔지 모를 "체액"의 흐름 방향을 바꾸기 위해 환자의 몸 위에서 자석을 왔다 갔다 움직이는 것이었다. 어떤 환자들은 병이 극적으로 호전되었다고 말했다. 나중에 Mesmer는 자석 없이 자신의 손만 가지고도 그런 치료를 할 수 있음을 발견했다. 이런 일로부터 대부분의 사람들은 그 현상이 암시의 힘과 관련된 것이라고 결론 내릴 것이다. 그러나 Mesmer

는 그 자신이 자석이기 때문에 자석이 필요 없다는 기발한 결론을 이끌어냈다. 그런 주장을 하면서 그는 신체 자성(animal magnetism, 또는 동물 자기)이라는 용어를 만들었다.

그가 죽고 나서 다른 사람들이 "신체 자성" 또는 "메스머리즘(Mesmerism)"을 연구하다가 결국에는 그것을 "최면"이라고 부르게 되었다. 그 무렵 많은 의사와 과학자들은 이미 최면을 사기꾼이나 요술과 관련지어 생각하고 있었다. 오늘날에도 여전히 최면을 오락으로 이용하는 무대 공연자들이 있다. 그런 과장된 주장을 면허가 있는 치료자가 합법적으로 사용하는 최면과 주의 깊게 구분해야 한다.

최면을 유도하는 방법

Mesmer는 최면이 자신의 몸에서 발산되는 힘이라고 생각했다. 만약 그렇다면 특별한 사람만이 다른 사람에게 최면을 걸 수 있을 것이다. 오늘날 최면술사가 성공하려면 연습이 필요하지 특별한 힘이 필요한 것은 아니라는 것이 밝혀졌다.

최면에 걸리는 첫 단계는 한번 시도해 보는 데 동의하는 것이다. 사람들이 흔히 생각하는 것과는 달리, 협조적이 아닌 사람에게 최면을 걸기는 불가능하다. 최면술사가 당신에게 앉아서 편하게 있으라고 하면 당신은 그렇게 한다. 왜냐하면 최면을 경험해 보고 싶으니까 말이다. 최면의 중요한 요점은 최면술사의 암시를 따르는 것이다. 그래서 당신이 앉아서 편하게 있으면 이미 암시를 따르고 있는 것이다.

그러고는 최면술사가 다음과 같은 말을 단조롭게 반복할 수도 있다. "당신은 잠이 오기 시작합니다. 눈꺼풀이 무거워지고 있어요. 눈꺼풀이 아주 무거워지고 있어요. 눈이 감기기 시작합니다. 깊고 깊은 잠에 빠

비록 Mesmer가 사람을 저항할 수 없게 통제할 수 있었던 것으로 흔히 묘사되지만, 최면은 대상자가 자진해서 걸리려는 마음이 있는가에 좌우된다.

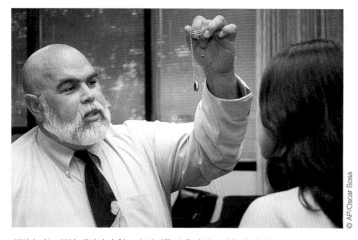

최면술사는 최면 대상자의 협조와 암시를 수용하려는 마음에 기대어 암시를 반복함으로써 최면을 유도한다.

지고 있어요." 또 다른 기법(Udolf, 1981)으로는 최면술사가 "최면이 되고 나면 당신 팔이 저절로 올라가기 시작할 것입니다."라고 암시를 준다. (어떤 이는 최면술사가 성공하기를 간절히 바라는 마음에 팔을 즉시 위로 뻗어 올리기도 하기 때문에 "아니, 아직 안 돼요. 그냥 편하게 있어요. 나중에 그렇게 될 겁니다."라고 말해 주어야 한다.) 그

러고 나서 최면술사는 당신에게 편하게 있으라고 하면서 당신의 팔이 마치 헬륨 풍선이 매달려 있는 듯 더 가볍게 느껴지기 시작한다고 암시를 준다.

최면술사는 당신의 팔이 이상하게 느껴지면서 꿈틀거리기 시작한다고 암시를 줄 수도 있다. 이 암시의 타이밍이 중요한데 왜냐하면 한 자세로 오래 서 있거나 앉아 있으면 팔다리가 실제로 이상하게 느껴지고 꿈틀거리기 때문이다. 최면술사의 암시가 딱 적당한 순간에 주어지면 당신은 '와, 그렇네. 내 팔이 정말로 이상하게 느껴지잖아. 제대로 되어 가고 있군!'이라는 생각이 든다. 최면에 걸리고 있다고 믿는 것이 실제로 최면에 걸리기 위한 중요한 단계이다.

최면의 용도와 한계

최면은 일반적인 피암시성과 비슷하다. 누군가 당신에게 햇살 가득한 화창한 날을 상상하라고 하면 당신은 최면에 걸리지 않고도 거의 분명히 그렇게 할 것이다. 일어서서 손을 머리에 얹으라고 하면 역시 당신은 최면에 걸리지 않고도 아마 그렇게 할 것이다. 그러고는 그가 당신에게 닭처럼 팔을 퍼덕거리면서 꼬꼬댁 하고 울어 보라고 한다. 당신은 그렇게 할 수도 있고 안 할지도 모른다. 사람들은 암시를 어느 정도나 많이 따르는지가 서로 다르다. 최면 상태에서 암시를 가장 잘 따르는 사람들이 최면에 걸리지 않고도 암시를 가장 잘 따르는 사람들이다. 최면은 피암시성을 향상시키기는 하지만 약간만 향상시킨다(J. Kirsch & Braffman, 2001). 당신이 만약 쉽게 최면에 걸리는 사람이라면 아마도 소설이나 영화에 마치 그 사건들이 거의 실제로 일어나고 있는 것처럼 강하게 반응할 것이다.

최면이 할 수 있는 것

잘 확립된 최면 효과 하나는 통증 억제이다. 어떤 사람들은 마취제 없이 최면만 된 상태에서 외과 수술이나 치과 수술을 받는다. 최면의 효과는 급성 통증에 가장 잘 나타나지만 만성 통증에도 역시 도움이 된다(Patterson, 2004). 최면은 마취제에 부작용이 있는 사람이나 아편성 진통제에 내성이 생긴 사람에게 특히 도움이 된다.

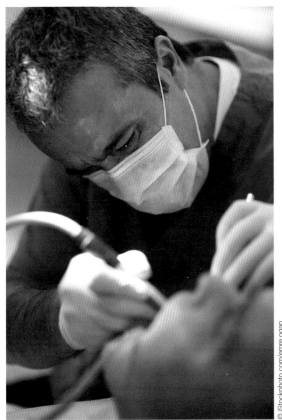

어떤 치과의사들은 최면을 사용하여 통증을 완화시키는데, 심지어 이 뽑기나 신경치료에도 최면을 이용한다.

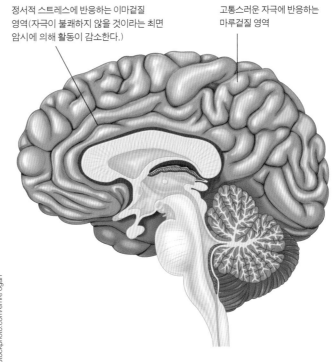

정서적 스트레스에 반응하는 이마겉질 영역(자극이 불쾌하지 않을 것이라는 최면 암시에 의해 활동이 감소한다.)

고통스러운 자극에 반응하는 마루겉질 영역

그림 10.16 통증을 덜 경험할 것이라는 최면 암시는 정서적 고통과 관련된 이마겉질 영역의 활동을 감소시키지만 마루겉질의 감각 영역에는 거의 효과를 내지 않는다.

제4장에서 나왔던, 통증에 감각적 요소와 정서적 요소가 모두 있다는 사실을 상기해 보라. 최면은 대부분 정서적 요소를 변경시킨다. 최면에 걸린 사람이 아프지 않다고 말할 때조차도 심박수와 혈압은 여전히 증가한다(Hilgard, 1973). 통증을 느끼지 못할 것이라는 최면 암시를 받은 사람은 고통스러운 자극을 받을 경우 신체 감각에 반응하는 마루엽(두정엽) 영역에서 높은 각성을 나타내지만 불쾌한 정서에 반응하는 이마겉질(전두피질) 영역에서는 그렇지 않다(Rainville, Duncan, Price, Carrier, & Bushnell, 1997; 그림 10.16).

최면의 또 다른 용도는 최면후암시(posthypnotic suggestion), 즉 최면에서 깨고 난 후 무언가를 하거나 경험할 것이라는 암시이다. 최면 상태에서 당신은 숫자 1은 빨간색으로 보이고 숫자 2는 노란색으로 보일 것이라는 암시를 받는다고 하자. 당신이 최면에서 깨어나고 나서 연구자들이 검은색 숫자를 다양한 배경에다가 보여주면서 당신에게 숫자가 보이자마자 버튼을 누르라고 한다. 당신은 1 또는 2를 보는 데는 아무 문제없

겠지만 1 또는 2 는 대개 보지 못할 것이다(Cohen Kadosh, Henik, Catena, Walsh, & Fuentes, 2009). 최면술사가 그 암시를 취소하거나 그 효과가 약해져서 없어지기 전에는 당신은 제4장에서 살펴본 공감각을 가진 사람과 비슷할 것이다.

한 연구에서는 쉽게 최면에 걸리는 사람인 것으로 밝혀진 성인들을 두 집단에 무선적으로 할당했다. 한 집단에게는 주소가 적혀 있고 우표도 붙여진 엽서 120장을 주고서 매일 하나씩 우편으로 모두 부치라고 (최면을 걸지 않고) 부탁했다. 다른 집단은 하루에 엽서 하나를 부치라는 최면후암시를 받았다. 비최면 집단은 사실 더 많은 엽서를 보내왔지만 매일 엽서를 하나 보내야 한다는 것을 상기해야 했다고 말했다. 최면후암시를 받은 집단은 일부러 그런 노력을 한 적이 없다고 말했다. 엽서를 보낸다는 생각이 그저 "맘속에 떠올라서" 그렇게 하려는 충동이 갑자기 들었다는 것이다(Barnier & McConkey, 1998).

흡연자에게 자신이 담배를 피우기를 원하지 않을

것이라는 최면후암시를 주어 본 치료자가 많다. 그 결과는 잡다하다. 어떤 연구는 유의미한 효과를 보고하지만 가짜약 요법 또한 효과를 낸다(Elkins, Marcus, Bates, Rajab, & Cook, 2006; J. P. Green, Lynn, & Montgomery, 2008). 즉 그 효과의 많은 부분이 기대에 좌우되는 것이다.

최면이 할 수 없는 것

최면의 힘에 대한 놀라운 주장 중에는 자세히 들여다보면 그다지 놀랍지 않게 되는 것이 많다. 예컨대 그림 10.17에서처럼 최면에 걸린 사람은 한 의자에는 머리와 목을, 다른 의자에는 발을 걸치고 몸을 뻣뻣하게 펼 수 있으며 심지어는 그 위에 다른 사람이 올라설 수도 있다. 놀랍지 않은가? 사실 놀랍지 않다. 이는 최면에 걸렸든 아니든 보기보다 더 쉽다. 한번 해 보라. (그러나 다른 사람이 당신 위에 올라서게 하지는 말라. 제대로 균형을 잡지 못하는 사람은 당신에게 부상을 입힐 수 있다.)

> ▶ 직접 해 보세요!

최면을 이용해서 기억을 향상시키려 시도했던 사람이 많다. 예를 들면 괴로움을 겪고 있는 사람이 심리치료자에게 "왜 내가 그런 문제가 있는지 모르겠어요. 어쩌면 어렸을 때 나쁜 경험을 했는지도 모르죠. 그냥 기억이 안 나요."라고 말한다. 또는 범죄의 목격자가 "그 범죄자를 1~2초 정도 보았어요. 하지만 지금은 자세히 생각이 나질 않아요."라고 말한다. 치료자와 경찰관들은 때로는 없어진 기억을 회복시키려는 목적으로 최면에 의존하기도 했다. 하지만 최면에 걸린 사람은 암시를 받기가 대단히 쉽다. "당신이 이전에 얘기해 준 것보다 더 많이 기억날 거예요."와 같은 암시를 받으면 최면 상태의 사람은 더 많은 정보를 말하는데, 그중 일부는 정확하지만 대부분은 그렇지 않다(Fligstein, Barabasz, Barabasz, Trevisan, & Warner, 1998; J. P. Green & Lynn, 2005; Wagstaff et al., 2004). 최면 상태가 아닌 사람에게 기억나지 않는 정보를 더 "추측해" 보라고 하면, 그렇게 얻어진 추가 정보는 최면이 내놓는 것과 거의 동일하다. 즉 정확한 사실 몇 가지 더, 그리고 대단히 많은 부정확한 정보가 나온다. 두 경우의 주

그림 10.17 미국 연방대법원은 1987년에 형사피고인이 최면 상태에서 기억해 낸 자세한 정보에 대해 증언해도 된다고 판결했다. 그 결정은 The Amazing Kreskin이라는 마술사의 이러한 항의를 촉발시켰다. 그는 최면의 힘을 보여주는 데 흔히 사용되는 스턴트(두 의자 사이에 걸쳐 허공에 누워 있는 사람 위에 올라서기)를 빌려와서 시위를 했다.

요 차이점은 최면 상태의 사람은 부정확한 정보를 더 자신 있게 이야기한다는 것이다(Dinges et al., 1992). 전형적인 연구를 하나 살펴보자.

> 핵심 점검 증거는 뭘까?

최면과 기억

이 연구 및 비슷한 다른 많은 연구의 설계는 다음과 같이 단순하다. 실험자가 학습 내용을 주고, 그것에 대한 연구 참여자의 기억을 검사하고 나서, 최면을 건 후에, 기억을 다시 검사한다(Dywan & Bowers, 1983).

가설 사람들은 학습한 내용의 일부를 최면에 걸리기 전에 기억할 것이고 최면 후에는 그보다 더 많이 기억할 것이다.

방법 54명의 사람이 단순한 물체(예컨대 연필, 망치, 자전거)의 그림 60개를 3.5초에 하나씩 보았다. 그러고 나서 60개의 빈칸이 있는 종이에다가 보았던 항목을 가능한 한 많이 기억해서 적었다. 그 그림들을 다시 보고 나서 기억해 적어냈고, 세 번째로 보고 나서 또 적어냈다. 그 다음 주에 그들은 그 그림

들을 다시 보지 않고서 기억해 낼 수 있는 모든 항목들의 목록을 매일 다시 작성했다. 마지막으로, 그림들을 처음 본 지 일주일 후에 그들은 실험실에 다시 왔는데, 그중 무선적으로 선택된 절반의 사람들을 최면에 걸리게 했고 나머지 사람들은 그냥 편안히 쉬게 했다. 모든 사람에게 그 그림들을 가능한 한 많이 기억해 내라고 했다.

결과 그림 10.18은 두 집단의 평균을 보여준다. 최면 집단은 이전에 기억나지 않았던 항목을 몇 개 기억해 냈으며 비최면 집단보다 더 많은 항목을 보고했다. 그러나 최면 집단은 또한 틀린 항목을 비최면 집단보다 더 많이 보고했다.

해석 이 결과는 최면이 기억을 향상시킨다는 증거를 보여주지 않는다. 그보다는, 사람들은 불확실하거나 의심스러운 기억을 보고하기를 일반적으로 주저하는데 최면은 그런 경향성을 감소시킨다는 것이다. 최면은 또한 상상과 현실을 혼동하게 만들지도 모른다.

이 연구는 제4장에서 논의된 신호 탐지 문제의 한 예이다. 새로이 기억난 항목은 "적중"이지만, 적중한 수 그 자체만으로는 아무 소용없는 정보이다. "오경보"의 수, 즉 보고된 기억 중 부정확한 것의 수도 알지 않는 한 말이다.

이 결과 및 유사한 결과를 바탕으로 미국의학협회(1986)는, 비록 다른 모든 방법이 실패할 경우에는 최면이 수사 도구로 사용될 수 있을지 몰라도, 최면 상태에서 유발된 어떠한 증언도 재판정에서는 거부되어야 한다고 권고했다. 예를 들어 최면 상태의 목격자가 자동차 번호판의 숫자를 말해서 경찰이 그 차를 추적했더니 거기서 혈흔이 발견되었다면 그 혈흔은 분명히 증거로 받아들여질 수 있다. 비록 최면 상태에서 나온 보고는 그렇지 않다 하더라도 말이다. 이런 종류의 성공 사례는 드물다.

최면을 통해 사람들이 전생의 기억을 불러낼 수 있다는 놀라운 이야기를 들어본 적이 있을 것이다. 전생의 기억이 떠오르고 있다고 주장하는 최면 상태의 젊은 사람들은 현재의 애인과 무척 닮은 누군가와 결혼한, 자기 자신과 비슷한 어떤 사람의 삶을 이야기하는 경우가 가장 많다. 그들이 하는 이야기는 흔히 나무랄 데 없지만, 자기네 나라가 전쟁 중인지 또는 어떤 종류의 화폐가 그 나라에서 사용되는지 같은 전생에 대한 사실을 물어보면 그들의 추측이 정확한 경우는 거의 없다(Spanos, 1987-1988).

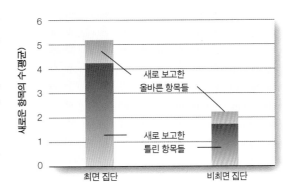

그림 10.18 최면은 사람들이 이전에 기억하지 못했던 항목들이 더 많이 기억나게 했다. 그러나 사람들이 자신 있게 보고한 새로운 "기억들"은 대부분 부정확한 것이었다. (출처: J. Dywan and K Bowers, "The Use of Hypnosis to Aid Recall," *Science*, vol 222 (pp. 184-185). © 1983 American Association for the Advancement of Science. 허가하에 실음)

개념 점검

17. 최면의 두 가지 실용적인 활용도를 들어 보라.
18. 최면이 기억을 향상시키는가?

핵심 점검 증거는 뭘까?

최면과 위험한 행동

대부분의 최면술사들은 "걱정할 필요 없어요. 사람들은 평소에 하지 않으려는 것을 최면에 걸렸다고 해서 하지는 않아요."라고 말한다. 그렇게 확신시켜 주는 것이 당신이 최면에 걸리기로 동의하도록 설득하는 데 중요하다. 하지만 그게 사실일까? 누가 어떻게 알 수 있을까? 최면술사가 고객에게 비도덕적인 행위를 시키니까 거부를 당하고 나서 그런 비윤리적 실험의 결과를 이야기한다고 당신은 생각하는가? 그럴 리 없다. 더욱이, 드물지만 연구자들이 최면에 걸린 사람에게 위험한 행동을 하게 했을 때 해석하기 힘든 결과들이 얻어졌다. 한 가지 예를 보자.

가설 최면에 걸린 사람은 평소에는 거부할 행위를 때로는 할 것이다.

방법 대학생 18명이 세 집단에 무선 배정되었다. 연구자는 한 집단에는 최면을 걸었고, 둘째 집단에는 최면에 걸린 척하라고 지시했고, 셋째 집단에는 최면에 대한 이야기 없이 단순히 연구에 참여해 달라고만 했다. 그러고 나서 각 학생에게 세 가지 행동을 하도록 부탁했다. 첫째는 상자에서 독사를 꺼내기였다. 독사에게 너무 가까이 가는 사람은 연구자가 마지막 순간에 제지를 했다. 둘째, 연기를 뿜고 있는 질산이 들어 있는 큰 통에서 동전(이미 녹기 시작하고 있는)을 꺼내기였다. 이 경우에는 마지막 순간에도 제지를 하지 않았다. 지시대로 행했던 사람들은 바로 즉시 따뜻한 비눗물로 손을 씻게 했다. (오늘날의 윤리 지침에 따르면 이런 연구는 할 수 없을 것이다.) 셋째, 그 질산을 최면술사의 조수 얼굴에다 뿌리기였다. 연구 참여자가 손을 씻고 있는 동안 연구자는 그 질산을 물로 바꿔치기했는데, 참여자가 그 사실을 알 길은 없었다.

결과 최면에 걸렸던 6명의 학생 중 5명이 세 가지 지시를 모두 따랐다(Orne & Evans, 1965). 게다가, 최면에 걸린 척 행동했던 6명의 학생도 모두 그랬다! 최면에 대한 언급 없이 그런 행동을 실험의 일부로 생각하라는 이야기만 그냥 들었던 6명 중 2명도 그렇게 했다. (그러나 최면에 걸리지 않았던 사람들은 최면 상태의 사람들보다 더 오래 주저하기는 했다.)

왜 사람들이 그런 비상식적인 행동을 할까? 이들은 실험자를 신뢰했다면서 다음과 같이 설명했다. "만약 그 사람이 무언가를 하라고 나한테 말한다면 그것이 정말로 위험한 것일 리는 없잖아요."

해석 최면에 걸린 사람이 그렇지 않으면 하기를 거부할 행동을 할지의 여부를 판단할 수 있는 적절한 증거는 없다. 왜냐하면 사람들이 하기를 거부할 행동을 하나라도 찾아내기는 힘들기 때문이다!

여기서 통제집단의 중요성에 주목하라. 사람들이 최면 없이 어떤 일까지 하려 할지를 단순히 가정해서는 안 된다. 우리는 그것을 실제로 시험해 볼 필요가 있다.

최면은 변경된 의식 상태인가?

만약 최면술사가 당신에게 "당신의 손이 올라가고 있습니다. 당신은 아무리 해도 그걸 멈출 수 없어요."라고 말하면, 당신의 손이 정말로 올라갈 수도 있다. 나중에 당신에게 왜 그랬느냐고 물어보면 당신은 자신의 행동에 대한 통제력을 상실했다고 답할지도 모른다. 그래도 당신은 인형이 아니었다. 그 행동은 자발적인 것이었을까 아니었을까? 다른 식으로 질문하자면, 최면은 정상적인 각성 상태와 정말로 다른 것일까?

한쪽 끝에는 최면을 피암시성이 증가된 특성을 나타내는 특수한 의식 상태로 간주하는 심리학자들이

최면에 걸린 사람들은 그렇지 않았더라면 하기를 거부할 것들을 모두 할까? 문제는 최면에 걸리지 않은 사람도 실험자의 요구에 따라 또는 자기 스스로 때로는 이상하고 위험한 행동을 하려 한다는 것이다.

있다. 다른 쪽 끝에는 최면과 정상적인 각성 시의 의식 상태의 유사성을 강조하는 심리학자들이 있다. 대부분의 심리학자들은 최면을 어떤 면에서는 특수한 상태이지만 다른 면에서는 그렇지 않은 것으로 간주한다(I, Kirsch & Lynn, 1998). 최면이 특수한 의식 상태인지 여부를 가리는 한 방법은 최면에 걸리지 않은 사람이 최면에 걸린 사람이 하는 모든 것을 할 수 있는지를 알아보는 것이다. 당신은 얼마나 확실하게 최면에 걸린 사람인 척할 수 있을까?

사람은 얼마나 잘 최면에 걸린 척할 수 있을까?

여러 실험에서 어떤 대학생들은 최면에 걸렸고 다른 이들은 최면에 걸린 척했다. 그리고는 숙련된 최면술사가 그들을 살펴보고서 누가 진짜로 최면에 걸렸는지를 가려내려고 했다.

최면술사를 속이기는 생각보다 쉬웠다. 최면을 가장한 사람들은 찌르는 듯한 통증을 꿈쩍하지 않고 견뎌냈으며 잃어버린 기억을 회상해 내는 척했다. 앉으라고 하자 이들은 앉을 의자가 뒤에 있는지 확인하지도 않고 (최면에 걸린 사람이 그러듯이) 즉각 앉았다(Orne, 1959/ 1979). 분노하라고 하자 이들은 꼭 최면에 걸린 사람처럼 심박수와 호흡의 증가 같은 생리적 변화를 나타냈다(Damaser, Shor, & Orne, 1963). 숙련된 최면술사조차 최면을 가장한 사람을 가려낼 수 없었다.

최면을 가장한 사람들은 최면에 걸린 사람이 어떻게 행동할지 항상 알지는 못했기 때문에 두 집단 사이에 몇 가지 차이가 생겨났다. 예컨대 최면술사가 "Schmaltz 교수가 저 의자에 앉아 있어요."라는 말로 암시를 주자 최면에 걸린 사람 중 몇몇은 "교수님이 저기 보이는데 어떻게 저 의자도 또한 보일 수 있나요?"라고 어리둥절해서 물었다. 최면을 가장한 사람들은 그런 이중 현실(double reality)이 보인다는 말

을 하는 적이 없었다. 실험의 이 시점에서 Schmaltz 교수가 방으로 들어왔다. "저 사람이 누구죠?"라고 최면술사가 물었다. 최면을 가장한 사람들은 아무도 보이지 않는다거나 Schmaltz 교수를 다른 사람이라고 말했다. 최면에 걸린 사람들은 "저 사람은 Schmaltz 교수예요."라고 말했다. 그리고는 그중 몇몇은 똑같은 사람이 두 군데에서 보여서 혼란스럽다고 말했다. 이들 중 또 몇몇에게는 그 순간에 교수의 환영이 사라졌다. 다른 이들은 그 이중 이미지를 계속 받아들였다.

한 연구는 최면에 걸린 사람과 최면을 가장한 사람을 구분하는 방법을 보고했다. 그런데 그 방법은 우리가 예상하는 그런 게 아닐 수 있다. 단순히 사람들에게 자신이 얼마나 깊이 최면에 걸려 있다고 생각하는지, 얼마나 편안한지, 최면에 걸려 있는 동안 주위에서 일어나는 일을 자각하고 있는지를 물어본다. "극도로" 최면에 걸렸으며, "대단히" 편안하고, 주위의 일들을 "전혀 모르고 있다"고 답한 사람들은 거의 항상 최면을 가장한 이들이었다. 진짜로 최면에 걸렸던 사람들은 단지 약하게만 그렇다고 답했다(Martin & Lynn, 1996).

그러면, 결론은 무엇일까? 최면에 걸린 척하는 사람이 자신이 알고 있는 최면의 어떤 효과든지 거의 모두 흉내 낼 수 있음은 분명하다. 그러나 최면은 보통 단순히 역할 연기가 아니다. 역할 연기를 하는 이들이 모방해서 내는 효과가 최면에 걸린 사람들에게서는 저절로 일어난다.

개념 점검 19. 최면은 사람들로 하여금 최면에 걸리지 않았다면 하려고 하지 않을 것들을 하게 만드는가?

변경된 의식 상태의 다른 예

특수한 기법을 사용하여 평온하고 이완된 상태를 유도하는 체계적 절차를 가리키는 말인

명상은 그날의 걱정과 관심사를 몰아내서 평온하고 편안한 상태를 유도한다.

명상(meditation)은 세계 많은 나라에서, 특히 인도에서, 몇 천 년 동안 실행되어 온 전통을 따른다. 명상의 한 종류는 "마음챙김(mindfulness)", 즉 무사고 자각(thoughtless awareness)을 추구하는데, 이 경우 사람은 그 순간의 감각들을 자각하고 있지만 그 이외의 다른 면에서는 수동적이다. 이런 상태를 추구하면서 사람은 단 하나의 이미지에 집중하거나 어떤 소리 또는 짧은 종교적 문장(예컨대 "옴" 또는 "신은 선하다")을 되풀이 말하기도 한다. 명상가는 자신의 사고를 관찰하여 수정하려고 할 수도 있고 특정 사고와는 거리를 두려고 할 수도 있다. 명상의 목표는 지혜를 얻는 것에서부터 전반적인 안녕에 이르기까지 다양하다(Walsh & Shapiro, 2006).

명상이 휴식을 유도하고 통증을 감소시키며 불안을 누그러뜨리고 여러 면에서 건강을 증진시킨다는 것을 보여주는 연구가 많다(Hölzel et al., 2011; Wachholtz & Pargament, 2008; Yunesian, Aslani, Vash, & Yazdi, 2008). 명상은 사람이 주의집중을 통제하는 능력을 높이는 데 특히 유용하다(MacLean et al., 2010).

기시감(déjà vu) 경험, 즉 어떤 사건이 신기하게도 친숙하다는 느낌은 젊은 성인에게는 상당히 흔하며 나이가 들수록 더 적어진다(A. S. Brown, 2003). 이는 여러 가지 형태로 일어나기 때문에 한 가지 설명만으로는 부족할지도 모른다. 우리가 처음으로 가 본 어느 곳이 마치 이전에 거기에 가 본 적이 있는 것처럼 친숙해 보일 때가 가끔씩 있다. 어쩌면 비슷한 것을 아마도 영화나 사진으로 본 적이 있을 것이다.

더 흔히 일어나는 일은 사람들이 익숙한 환경에서 기시감을 보고하는 것이다. 당신이 자기 방에 앉아 있거나 익숙한 길을 걸어가고 있거나 일상적인 대화를 하고 있는 중에 갑자기 "이런 일이 이전에도 있었어!"라는 느낌이 든다. 어떤 의미에서는 물론 그런 일은 이전에도 있었지만 당신이 느끼는 바는 그것이 어떤 과거 경험과 비슷하다는 게 아니다. 그보다는 그 특정 사건이 과거에 일어났던 것 같다는 것이다. 사람들이 이야기하고 있을 때 당신은 "난 저들이 무슨 말을 할지 알고 있었어!"라는 느낌이 든다. 당신이 그 말을 정말로 예측할 수는 없었지만, 듣고 난 후에는 그 말을 막 예측하려 하고 있었다는 느낌이 든다. 분명히 무언가

가 뇌를 자극하여 "익숙하다"는 신호를 촉발하는 것으로 보인다.

관자겉질(측두피질)에서 시작되는 뇌전증(간질, epilepsy)이 있는 한 남성은 발작이 시작되기 전에 특수한 느낌, 즉 전조(aura)가 있었다. 이 전조에는 강력한 기시감이 포함되었는데, 이는 그가 돌아다니면서 여기저기로 주의를 옮겨도 될 정도로 오래 지속되었다. 전조 도중에는 그가 보는 것마다 모두 이상하게도 친숙하게 느껴졌다(O'Connor & Moulin, 2008). 이런 사례에서는 그가 본 것이 실제로 친숙한 것이었다는 가설을 버릴 수 있다. 관자엽에 이상이 있는 다른 많은 사람도 역시 강한 기시감을 경험한다(Moulin, Conway, Thompson, & Jones, 2005).

개념 점검

20. 기시감이 반드시 어떤 경험이 실제로 친숙한 것임을 나타내는 것은 아니라는 증거는 무엇인가?

웬들은 이 단어를 이전에 본 적이 있다는 이상한 느낌이 든다.

맺음말 　 단원 10.3

최면이란 무엇일까

연구자들은 몇 가지 전반적인 사항에 대해서는 의견이 일치한다. 즉 최면은 최면에 걸린 척하는 것과는 다르며, 사람들에게 최면 없이는 갖지 못할 정신적 또는 신체적 힘을 주지는 못한다. 최면은 사람이 이완되게 하고 집중하게 하며 평소보다 암시를 더 잘 따르게 한다. 명상도 또한 집중력을 높여 주지만 최면보다는 그 효과가 더 오래 지속된다.

요약

- **최면의 본질.** 최면은 최면술사와 최면 대상 간의 특수한 관계라는 맥락 속에서 일어나는 피암시성의 증가라는 상태이다. (407쪽)
- **최면의 유도.** 최면을 유도하기 위해 최면술사는 사람에게 정신 집중을 요구하고서는 암시를 반복적으로 준다. 최면에 걸리기 위한 첫 단계는 최면에 기꺼이 걸리고 싶어 하는 마음과 최면에 걸리고 있다는 믿음을 갖는 것이다 (407쪽)
- **사용되는 곳.** 최면은 통증을 경감시킬 수 있고, 최면후암시를 통해 때로는 사람들이 나쁜 습관을 끊는 데 도움을 줄 수 있다. (408쪽)
- **사용되지 않는 곳.** 최면은 사람에게 특별한 힘이나 비상한 능력을 주지는 않는다. 최면 상태에서 기억을 이야기해 보라고 하면 사람들은 올바른 정보와 틀린 정보가 혼합된 것을 아주 자신 있게 말한다. (410쪽)
- **한계의 불확실함.** 최면에 걸린 사람은 평소에는 하기를 거부할 어떠한 것도 하지 않을 것이라고 주장하는 최면술사가 많지만

이런 주장을 지지하는 증거는 거의 없다. (411쪽)

- 변경된 의식 상태로서의 최면. 최면은 정상적인 각성 상태와 대단히 다르지는 않지만 사람들이 그런 척 가장하는 어떤 상태인 것도 아니다. (412쪽)

- 명상. 명상은 편안함을 증가시키고, 불안을 감소시키며,

주의집중을 향상시킨다. (413쪽)

- 기시감. 사람들은 현재의 경험이 신기하게도 익숙하다는 느낌을 받을 때가 가끔 있다. 이 현상에 대한 설명으로는 여러 가지가 필요하다. (413쪽)

핵심 용어

기시감 (413쪽)

명상 (413쪽)

최면 (407쪽)

최면후암시 (409쪽)

개념 점검 문제에 대한 답

1 식물인간 상태인 한 여성은 어떤 지시에 대해 비손상 집단의 사람들과 비슷한 뇌 활동을 나타냈다. 또 다른 환자는 예-아니요로 답하는 질문을 하자 예에 대해서는 한 가지 행동을 상상하고 아니요에 대해서는 다른 행동을 상상함으로써 답을 했다. 어떤 환자들은 음들의 순서 패턴으로부터 무엇이 예상되는지를 학습하고서 그 예상이 어긋날 때는 더 큰 뇌 활동을 나타냈다.

2 그들은 어떤 대상을 기억에서 떠올려 이야기할 때도 그 대상의 왼쪽을 무시한다. 또한 다양한 방법으로 그들의 주의를 왼쪽에 더 많이 가도록 만드는 것이 가능하다.

3 연구자들은 단어를 몇 분의 일 초 동안 제시했다. 단순히 단어만 제시했을 때는 대부분의 사람이 그것을 식별했다. 다른 경우에는 그 단어의 앞과 뒤에 방해 패턴을 삽입했다. 그럴 경우 사람들은 단어를 의식하지 못했다.

4 대부분의 사람들은 한 자극을 지각하고 나서 다른 자극을 지각한다. 즉 두 자극을 교대로 지각한다.

5 짧게 제시되어 차폐된 자극은 의식적으로 지각되지 않지만 약간 더 길게 제시된 자극은 그 전체 기간만큼 지속되는 것으로 지각된다. 또한 첫째 자극의 지각이 그에 뒤따르는 자극에 의해 변경될 수 있다.

6 연구 참여자들은 특수 시계를 보면서 자신이 손목을 구부리려는 자발적 결정을 한 시간을 기억해 두었다가 몇 초 후에 그것을 보고했다.

7 측정 가능한 뇌 활동이 먼저 시작되었고, 그러고는 의식적 결정에 대한 지각이 일어났으며, 마지막에 운동이 일어났다.

8 여전히 24시간 주기의 리듬을 유지할 것이다. 햇빛이 그 리듬을 재설정하기는 하지만 우리가 체내에서 그 리듬을 생성해 낸다.

9 당신이 서쪽으로 여행 갈 수 있는 곳인 두바이가 더 좋을 것이다.

10 햇빛은 우리가 시계의 시간을 맞추는 것처럼 일주율을 재설정한다.

11 수면은 에너지를 아껴주고, 자는 동안 기억을 증강시킨다.

12 뇌는 4단계 수면에서 가장 활동이 적다. 근육은 REM 수면 중에 가장 이완된다.

13 정신은 깨어났는데 몸이 움직여지지 않는다는 느낌, 몽유병, 자각몽 등이 있다.

14 우리는 대부분 평소에 생각하는 것과 똑같은 주제에 대한 꿈을 꾼다. 하지만 꿈에서는 대개 즐거운 정서가 더 적다.

15 아니다. 반증 가능한 이론은 구체적인 예측을 내놓기 때문에 그것에 반하는 증거를 우리가 상상할 수 있다. 프로이트의 꿈 이론은 명확한 예측을 하지 못한다.

16 꿈꾸기는 다른 사고와 비슷하지만 감각자극이 감소되었고 사고에 대한 의도적 통제가 상실된 시간에 일어난다.

17 최면은 통증을 완화시킬 수 있으며, 최면후암시는 사람들이 흡연 같은 원하지 않는 습관을 없애는 데 도움이 된다.

18 아니다. 최면 상태의 사람은 더 많은 정보를 자신 있게 말하지만 그 대부분은 틀린 것이다.

19 증거는 불분명하다. 어떤 실험에서는 최면에 걸린 사람들이 이상한 것들을 했지만 최면에 걸리지 않은 사람들도 역시 그랬다.

20 관자엽 뇌전증이 있는 어떤 사람이 발작 시에 어디에 있었는가 또는 무엇을 보고 있었는가와는 상관없이 발작 직전에 강력한 기시감을 경험한다고 말했다.

11 행동의 동기

© iStockphoto.com/Aaron Farmsworth

2004년 여름, 캘리포니아 주 데이비스 시 식물원은 원산지인 수마트라 외에 다른 곳에서는 거의 재배되지 않는 희귀식물이 곧 꽃을 피울 것이라는 발표를 했다. 당신이 그 지역에 있었다면 굳이 이 희귀한 사건을 목격하러 갔을까? 아니라고? 만약 그것이 진짜 아름다운 꽃이라는 이야기를 듣는다면? 사랑스럽고, 달콤한 냄새가 난다면? 여전히 아닌가?

그렇다면 내가 진실을 말해 준다면 어떨까? 그 꽃은 '악취 나는 백합' 또는 '시체 식물'이라고 불리는데, 그 이유는 죽은 지 일주일쯤 된 거대한 고기나 생선의 시체에서 날 법한 냄새가 나기 때문이다. 한번 냄새를 훅 맡기만 해도 어떤 사람은 구역질을 할 수 있다. 이제 그것을 보러 가고 싶은가? 만약 보러 간다면 줄을 서서 기다려야 할 것이다. 그 꽃이 피어 있었던 5일 동안 3,000명 이상의 방문객이 몰려들었다(Cimino, 2007).

그 방문객들의 행동이 이상한 것은 아니다. 사람들은 오로지 호기심 때문에 새롭고 흥미로운 경험을 찾는다. 배고픔이나 성 같은 명백하게 생물학적 가치가 있는 동기도 때로는 의아한 행동을 만들어낸다. 그럼에도 불구하고 연구자들이 동기의 많은 측면을 이해하는 데 진전을 이루었다. 우리는 동기가 야망과 업무에 적용되는 경우를 살펴보기부터 시작할 것이다. 그런 다음 배고픔과 성이라는 두 가지 대표적이며 중요한 동기를 살펴본다.

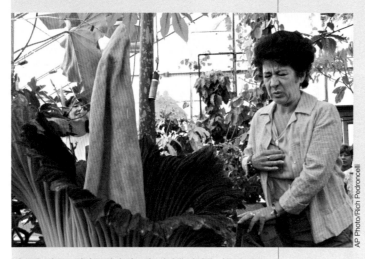

이 꽃을 키우는 사람은 거의 없는데, 거기엔 당연한 이유가 있다. 당신은 이 꽃을 보려고 줄서서 기다리겠는가?

작업 동기

- 동기란 무엇일까?
- 왜 어떤 사람들은 다른 사람보다 더 많이 노력할까?
- 지금 쾌락을 얻고 중요한 일을 나중으로 미루려는 유혹에 어떻게 저항할 수 있을까?

인간 행동의 놀라운 특성 중 하나는 경쟁을 즐긴다는 점이다. 사람들은 거의 모든 것에서 서로 경쟁을 한다. 한 여성은 자신의 이름을 기네스북에 등재하기 위해 손톱을 6미터씩이나 길렀다. 사람들은 진흙탕에 배치기로 뛰어들기 대회, 아내 나르기 대회, 수중 하키 대회에서 경쟁을 벌인다. 크리스피 크림 챌린지에서는 참가자들이 3.2km를 달리고 크리스피 크림 도넛 12개를 먹은 다음 다시 출발점으로 달려간다. (구토를 하는 사람은 실격이다.) 그리고 국제 가위-바위-보 대회가 있다는 사실을 아는가?

사람의 경쟁하려는 본성을 이용하는 것이 유익할 수가 있다. 어떤 아빠가 아들이 쇼핑센터에서 차까지 걸어가게 하려고 애쓰고 있었는데, 아들은 고집스럽게 거부했다. 그 아빠는 약속도 해보고, 애원도 해보고, 위협도 해보았지만 소용이 없었다. 그러다가 아빠 친구가 "얘, 꼬마야, 아저씨랑 차까지 누가 빨리 달려가나 해볼까?" 아들은 바로 출발했고 경주에서 이겼으며 모든 이가 흡족해 했다.

학교나 직장에서 뛰어나려는 것도 마찬가지이다. 사람들은 끊임없이 다른 누군가의 수행을 넘어서거나 자신이 이전에 가장 잘했던 것보다 더 잘하기 위해 분투한다.

당신은 진흙탕에 배치기로 뛰어들기 대회에 참가하겠는가?

© Sol Neelman/Corbis

동기를 보는 관점

심리학의 다른 많은 용어들과 마찬가지로 동기도 정의하기가 어렵다. 여러 가지 가능성을 살펴보자. "동기는 행동을 활성화시키고 이끌어가는 어떤 것이다." 이 서술은 듣기에 좋지만 다른 현상들 역시 이 서술에 들어맞는다. 예컨대, 빛은 식물 성장을 활성화시키고 이끌지만 우리가 빛이 식물을 동기화시킨다고 말하지는 않는다.

"동기는 우리의 행동을 더 열성적이고 정력적으로 만드는 어떤 것이다." 아뿔싸! 동기화된 행동 중에는 전혀 열성적이지 않은 것도 있다. 예를 들어 몇 시간 동안 자도록 동기화될 수도 있다.

이건 어떤가? 제6장에 나온 강화의 개념을 기초로 하여 동기(motivation)를 어떤 결과의 강화 가치를 결정해 주는 과정이라고 정의할 수 있다. 좀 더 일상적인 언어로 말하자면, 동기는 다른 때보다 어느 한 시점에 당신이 무언가를 더 많이 추구하게끔 만드는 어떤 것이다. 예를 들면, 우리는 어떤 때는 음식을 원하고 다른 때는 원하지 않는다. 동기화된 행동은 목표 지향적이다. 우리는 배고픔에 의해 동기화되면 음식이 나올 때까지 계속해서 이런저런 시도를 해 본다. 춥다면 옷을 더 입거나 따뜻한 난롯가를 찾거나 그밖에 무엇이든 더 따뜻해질 수 있는 일을 한다.

이 정의는 동기에 대한 서술로는 효과적이지만 아무 이론도 제시하지 않는다. 영향력 있는 이론 중 몇몇을 그 장점 및 단점과 함께 간단히 살펴보자.

추동 이론

동기를 추동으로 간주하는 관점이 있다. 추동(drive)이란 불안하거나 초조한 어떤 상태로서, 우리로 하여금 그런 상태가 제거될 때까지 여러 가지 행동을 하게 만든다(Hull, 1943). 예를 들어 손가락에 가시가 박히면 그로 인한

표 11. 1 동기에 대한 세 가지 관점

관점	기본 입장	주요 약점
추동 이론들 추동 이론에 따르면, 동기는 우리가 그것을 감소시킬 방법을 찾을 때까지 지속되는 초조한 상태이다.	동기는 우리가 감소시키고자 하는 요구나 초조한 상태에 바탕을 두고 있다. 어떤 특정 행위가 일어날지 구체적으로 말하지 않는다.	우리가 항상 자극을 감소시키려고 하지 절대로 증가시키려고 하지 않는다는 의미가 된다. 또한 외적 자극의 중요성을 간과한다.
항상성(+ 예측) 항상성은 체온 같은 변인을 일정한 범위 내로 유지하는 과정이다.	동기는 신체 상태를 어떤 최적 중간 수준 근처로 유지하는 경향이 있다. 현재의 요구에 반응하고 미래의 요구를 예측할 수도 있다.	외적 자극의 중요성을 간과한다.
유인 이론들 유인은 우리가 그것에 대한 생물학적 요구가 없을지라도 우리를 끌어당기는 외적 자극이다.	동기는 매력적인 자극에 대한 반응이다.	추동이나 항상성과 결합되지 않는 한 불완전한 이론이다.

불편함이 우리로 하여금 가시가 제거될 때까지 다양한 행위를 시도하도록 동기유발한다.

1940년대와 1950년대에 심리학자들 사이에서 인기가 있었던 **추동 감소 이론**(drive-reduction theory)에 따르면 인간 및 다른 동물들은 배고픔을 감소시키기 위해 먹고, 목마름을 감소시키기 위해 마시고, 성 추동을 감소시키기 위해 성 행동을 한다. 이 관점에 의하면, 우리는 모든 욕구(need)가 만족되고 나면 수동적으로 된다. 사람들이 새로운 경험을 추구하는 것, 예컨대 롤러코스터를 타거나 이상한 꽃 냄새를 맡는 경험 같은 것은 이 관점에 문제를 제기한다.

항상성

추동 감소라는 개념에서 더 진보한 것이 항상성(homeostasis)이라는 개념이다. 항상성은 어떤 유기체 안에서 **생물학적 상태가 최적 수준으로 유지**되는 것이다(Cannon, 1929). 항상성이라는 개념은 우리가 평형 상태를 추구한다는 점을 인정하는데, 이때 평형 상태란 자극이 없는 상태를 가리키는 게 아니다. 예를 들어 사람은 상당히 일정한 체온과 안정된 체중, 특정한 양의 체수분, 적당한 양의 감각 경험 등을 유지하려고 노력한다.

우리는 또한 미래의 욕구를 예측해서 행동한다. 예컨대 우리는 배가 고프지 않더라도 아침을 많이 먹을 수 있는데, 그 이유는 단지 점심을 먹기 위해 쉬기에는 너무 바쁠 것임을 알기 때문이다. 많은 동물이 겨울에는 추운 날씨로부터 몸을 보호하기 위해 여분의 지방과 털을 지니고 있다가 봄에는 살이 빠지고 털도 빠진

다. 항상성에서 수정된 개념이 생체적응(allostasis)인데, 이는 개체의 요구와 상황에 따라 달라지는 생물학적 상태의 수준을 유지하는 것이라고 정의된다.

유인 이론

추동 감소와 항상성 개념은 새로운 자극이 행동을 일으키는 힘을 간과한다. 예를 들어, 누군가가 당신에게 좋아하는 디저트를 권한다면 배가 고프지 않더라도 먹겠는가? 동기에는 우리를 특정 행동을 하도록 밀어붙이는 내부의 힘 이외의 것도 포함된다. 동기는 유인(incentive), 즉 우리를 어떤 행동을 하도록 끌어당기는 자극도 포함한다. 동기화된 행동은 대부분 추동과 유인의 조합에 의해 통제된다. 우리는 배가 고프기(추동) 때문에 먹기도 하고 맛있는 음식이 보이기(유인) 때문에 먹기도 한다. 더운 날 우리는 몸을 식히기(추동) 위해, 그리고 물속에서 첨벙거리는 것을 좋아하기(유인) 때문에 수영장으로 뛰어든다.

개념 점검

1. 이 장의 도입부에서 악취가 나는 꽃을 보기 위해 줄을 선 사람들 이야기를 했다. 그런 행위를 동기에 대한 추동 감소 관점, 유인 관점 혹은 항상성 관점에서 보면 이해가 되는가?

서로 부딪히는 동기들

우리에게는 거의 항상 둘 이상의 동기가 있다. 때로는 다양한 동기들이 서로 조화를 이룬다. 어느 더운 날에 밖에 있다고 상상해 보라. 땀을 식히고 싶고, 목도 마르고 배도 약간 고프고, 친구들과 함께 있고 싶다. 누군가가 시원한 레모네이드 한잔과 간식을 먹으러 가자고 한다. 그래서 먹으러 가면 체온 조절, 갈증, 배고픔 및 사교 활동 네 가지 동기 모두가 충족된다. 다른 경우에는 우리 안의 동기가 서로 갈등을 일으킬 수 있다. 친구들은 심야 영화를 보러가고 싶어 하는데 당신은 졸릴 수 있다. 그런 갈등을 우리는 어떻게 해결하는 것일까?

Abraham Maslow(1970)는 우리가 욕구 위계에 의해 갈등을 해결한다고 제안했다. 욕구 위계(hierarchy of needs)란 그림 11.1에서 보는 것처럼 가장 긴급한 욕구에서부터 다른 모든 욕구가 해결되고 나서야 관심을 받게 되는 욕구에까지 걸친 체계이다. 숨을 쉬어야 한다면 산소를 얻으려는 싸움이 다른 모든 것에 우선시된다. 배고프거나 목마르거나 너무 덥거나 너무 춥다면 그 욕구가 충족될 때까지 그것을 추구한다. 기본적인 생리적 욕구가 충족되면 공격으로부터의 보호나 고통 회피 같은 안전 욕구로 넘어간다. 그다음에 사회적 욕구가, 그러고는 자존감 욕구가 이어진다. 이 위계의 정점에 자아실현 욕구, 즉 잠재력을 실현하기 위한 창의적 활동에 대한 욕구가 있다. 더 나아가서 Maslow는 상위의 욕구를 더 많이 충족시키는 사람이 다른 사람보다 정신적으로 더 건강하기 마련이라고 제안했다.

일반론으로서 Maslow의 단계설은 특정 동기가 다른 것보다 우위에 있다는 주장인데 이는 타당한 이야기다. 하지만 이 이론은 말 그대로 받아들이면 틀린 이야기가 된다. 때로는 고통을 벗어나거나 위험을 피하는 것이 음식을 찾는 것보다 더 시급하다. 당신은 사랑하는 사람을 만나기 위해 먹거나 마실 기회를 포기하고 혹독한 추위 속을 걸어갈 수 있을까? 이는 얼마나 추운지, 얼마나 배가 고프고 목이 마른, 그리고 그 사람을 얼마나 사랑하는지에 달려 있다. 당신은 대의명분을 위해 목숨을 걸 수 있겠는가? 어떤 사람들은 그렇게 한다. 하위 수준의 욕구가 보통은 상위 수준의 욕구에 우선시되지만 그 예외는 흔히 볼 수 있다.

Maslow의 이론이 양육을 빠뜨렸고 자아실현이라는 모호한 개념을 지나치게 강조한다는 점도 비판을 받는다(Kendrick, Griskevicius, Neuberg, & Schaller, 2010). 또한 이 이론은 특정 문화에 한정된다. 많은 중국인에게는 자존감과 개인적 성취보다 자신이 속한 집단이나 가족에 대한 소속감이 더 중요하다. 그림 11.2는 대안적인 욕구 위계 이론을 보여준다(Yang, 2003). 이 모델에 따르면 모든 사람이 제일 아래에 있는 생존 욕구를 충족해야 한다. 그러고 나면 둘 중 한 방향으로 가거나 두 개를 결합할 수 있다. 오른쪽 가지는 생식과 관련되는데, 이는 모든 인류 문화에서 필수적인 목표이지만 어떤 특정 문화 내의 모든 사람에게

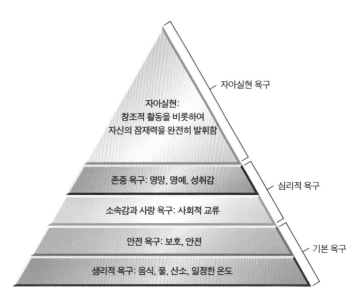

그림 11.1 Maslow의 욕구 위계에 따르면, 낮은 곳에 있는 욕구를 충족시킨 다음에야 더 위에 있는 욕구로 넘어간다. (Maslow, 1970에 기초함)

적용되는 것은 아니다. 왼쪽 가지는 개인 자신의 욕구를 표현하는 것과 관련된다. 다른 사람과 관계를 맺고 가족이나 집단에 소속되는 것은 모든 사람에게 중요한데, 집단주의 문화의 사람들에게는 특히 그러하다. 자존감과 자아실현 욕구는 어떤 문화에서는 사람에게 중요하지만 그렇지 않은 문화도 있다.

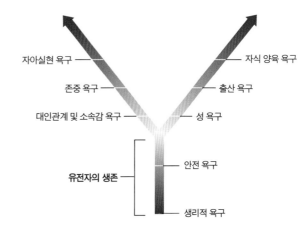

그림 11.2 수정된 욕구 위계 모델에 따르면 생리적 욕구와 안전 욕구를 충족시킨 사람은 일군의 목표와 다른 일군의 목표 중 한쪽을 강조하는 방향으로 나아가게 된다. (출처: Yang, K. S., "Beyond Maslow's culture-bound linear theory: A preliminary statement of the double-Y model of basis human needs," *Nebraska Symposium of Motivation* Vol. 49 (pp. 175-255). ⓒ 2003 University of Nebraska. 허가하에 실음)

2. Maslow의 위계에 대한 몇 가지 비판은 무엇인가?

목표와 마감 시한

우리 자신을 포함하여 누군가를 동기유발하는 가장 강력한 방법은 목표를 정하는 것이다. 다음 목표 중 가장 좋은 것은 무엇일까?

- 모든 과목에서 A 학점을 받도록 공부하겠다.
- 적어도 평균 C를 받도록 공부하겠다.
- 최선을 다해 공부하겠다.

연구에 따르면 '최선을 다한다'는 것은 목표가 전혀 없는 것과 똑같다. 이 목표는 듣기에는 훌륭하지만 달성해야 하는 일정에 뒤처질 일이 없기 때문에 보충 공부를 할 동기가 생기지 않는다. 가장 효과적인 목표는 구체적이고 어렵고 현실적인 목표이다(Locke & Latham, 2002). 지난 학기에 A도 받고 B도 받았다면 이번 학기에는 전 과목 A 학점이라는 목표가 열심히 공부하게끔 동기를 부여하는 좋으면서도 어려운 목표이다. 반면에 최소한 평균 C 학점이라는 목표는 너무 쉬울 것이다. 그러나 지난 학기에 평균 C 학점보다 낮은 학점을 받았다면 전 과목 A 학점이라는 목표는 비현실적이어서 금방 포기하게 될 것이다.

직원에게 목표를 설정해 주는 회사가 많은데, 역시나 목표가 높지만 현실적일 때 가장 효과적이다. 어느 회사가 올해 수익이 10% 증가하면 모든 직원에게 큰 보너스를 지급하겠다고 공지했다고 하자. 직원들이 보기에 그 수준에 도달할 가능성이 현실적이라면 그러기 위해 일할 것이다. 엄청나게 노력해도 7~8% 증가밖에 달성하지 못할 텐데 10% 미만일 땐 전혀 보너스가 없다면 직원들은 포기할 것이다.

어떠한 목표라도 효과가 있으려면 충족되어야 할 조건들이 있다(Locke & Latham, 2002). 한 가지는 그 목표를 진지하게 받아들이는 것인데, 가급적이면 목표를 사람들에게 공개하는 것이 좋다. 다음 학기에 좋은 성적을 받고 싶다면 친구와 가족들에게 그런 이야기를 하라. 또한 자신의 진전에 대해서 자주 피드백을 받아야 한다. 전 과목 A가 목표인데 한 과목에서 B를 받으면 그 과목을 더 열심히 공부해야 함을 안다. 수익 10% 증가가 목표인데 현재 수익이 9% 증가했다면 조금 더 열심히 일해야 함을 안다. 마지막으로, 노력해서 그 보상을 받을 가치가 있다는 믿음이 있어야 한다. 사회생활을 희생할 만큼 당신이 성적에 관심이 있는가? 약속대로 사장이 보너스를 줄 것이라고 신뢰하는가? 신뢰하는 직원도 있지만 사장이 거짓말하고 사기 치는 악당이라고 생각하는 직원도 있다(Craig & Gustafson, 1998, 그림 11.3).

목표에 대해서 한 가지 더 지적하자면, 부적절한 목표는 좋지 못한 결과를 낳는다. 전 과목 A라는 목표를 세우면 어떤 학생들은 쉬운 과목만 수강하거나 흥미롭기는 하지만 A를 받을 확신이 없는 과목은 수강을 취소하게 된다. 1995년 호주 정부는 대학 교수진에게 발표 논문의 총 수를 늘리라는 목표를 제시했다. 그 결과로 거의 읽히지 않는 학술지에 짧은 논문을 많이 발표하는 교수들이 많아져서 논문 양은 증가했지만 그 질은 떨어졌다(Butler, 2002). 회사가 새로운 고객을 확보한다는 목표를 세우면 직원들이 새 고객이 될 수 있는 사람들에게 집중하는 와중에 오래된 고객은 대체로 무시하게 된다.

3. 사람들이 새해의 목표를 지킬 가능성이 가장 높은 조건은 무엇이겠는가?

다음의 조건하에서 목표를 설정할 때 활발한 활동이 일어난다.

목표가 현실적이다.

목표 달성에 진지하게 전념한다.
이를 공개적으로 한다면 특히 좋다.

피드백이 받아들여진다.

그 목표를 달성하는 것이
노력할 만한 가치가 있다고 믿는다.

그림 11.3 열심히 노력하도록 동기화시키는 데 가장 효과적인 목표를 만드는 조건

현실적인 목표

높지만 현실적인 목표가 최상의 목표라고 할 때, 어떤 목표가 현실적일까? 대부분의 미국인은 자신을 평균보다 더 건강하고, 똑똑하고, 창의적이며 거의 모든 면에서 평균보다 낫다고 평가한다. 이런 낙천주의 덕분에 명절 쇼핑, 기말 보고서, 부엌 리모델링 등등 다른 과제에 필요한 시간도 너무 적게 추산한다. 회사들은 신제품을 시장에 도입하는 데 필요한 시간, 판매 직원을 재조직하는 데 걸리는 시간 혹은 건물 하나를 짓는 데 걸리는 시간을 너무 적게 추산한다(Dunning, Heath, & Suls, 2005). 행정기관은 주요 사업의 시간과 비용을 지나치게 적게 추산한다. 비공식적으로는 'Big Dig'로 불리는 보스턴의 중심 도로 터널화 사업은 28억 달러의 비용을 들여 1998년에 완공되는 것으로 계획되었다. 실제로는 2007년에 완공되기까지 146억 달러의 비용이 들었는데, 이는 보스턴 시가 빚을 다 갚을 때까지 누적될 이자를 계산하지 않은 비용이다.

한 대학의 4학년생들에게 우등 논문(중대한 연구 논문이다)을 언제 완성할 수 있을지 '현실적으로' 예측해 달라고 했다. 또 모든 것이 잘못된다고 할 경우 언제 완성할 수 있을지도 물었다. 평균적으로 그들은 최악의 시나리오가 전개될 경우의 예측보다 1주일 늦게 논문을 끝냈다(Buehler, Griffin, & Ross, 1994). 교훈은, 필요하다고 생각하는 것보다 더 많은 시간을 할당하고 더 일찍 시작하라는 것이다. 중대한 과제는 대개 예상보다 품이 더 많이 든다. 또 다른 좋은 수는 스스로에게 다음과 같이 묻는 것이다. "완성하리라고 예상한 시점인데 일이 재앙을 맞은 것처럼 잘못되었음을 알게 되었다고 상상해 보라. 무슨 일이 생겼기에 일이 잘못되었는지 이야기해 보라." 이렇게 함으로써 그러지 않았더라면 간과했을 문제와 장애물을 억지로라도 직면하게 된다.

개념 점검

4. 당신이 도전적인 과제를 6주 이내에 끝낼 수 있다고 말하는 직원들을 감독하고 있다고 하자. 그렇다면 6주 안에 끝냈을 때 보너스를 주겠다는 약속을 해야 할까?

목표를 향한 집념

왜 어떤 사람은 눈부시게 성공하는 반면 어떤 사람은 뒤처질까? 그 답은 집념과 깊은 관계가 있다. 성공할 능력이 있는 사람 중에는 몇 번 좌절하면 포기하는 이들이 많지만 어떤 사람은 시도를 계속한다. 미국에서 가장 성공한 소설가 중 한 사람인 John Irving은 난독증이 있었다. 스스로의 진단에 따르면 그가 성공한 이유는 오로지 엄청난 노력과 여러 차례의 원고 수정을 기꺼이 감수하겠다는 마음 때문이었다(Amabile, 2001).

사람들은 "절대로 포기하지 말라"고 말한다. 보통은 그것이 좋은 좌우명이다. 목표를 더 오래 고집하는 사람들이 더 성공하고 더 행복하며 스트레스 앞에서 회복력이 더 큰 경향이 있다. 하지만 성공이 불가능해질 때는 어떻게 될까? 최선을 다해 노력했지만 팀에 들어가지 못했다. 제일 가고 싶었던 대학에 합격하지 못했다. 사귀고 싶었던 사람이 다른 사람과 결혼했다. 어느 시점에서는 그만두어야 한다. 목표가 불가능해진 후에도 잘 포기하지 못하는 사람들은 신체 건강과 정신 건강 모두에 문제가 생기기 쉽다(G. E. Miller & Wrosch, 2007). 절대 포기하면 안 된다. 단, 성공이 불가능해지기 전까지만 말이다! 성공이 불가능하면 포기해야 한다.

마감 시한의 효용

마감 시한이 없다면 얼마나 열심히 일하겠는가? 마감 시한이 있는 경우, 때로는 마감 시한이 얼마 안 남았을 때가 되어서야 진심으로 열심히 일한 적이 있는가? 예컨대, 지금 이 단원을 읽고 있는 이유가 내일 치르는 시험 범위에 포함되기 때문인가? (만약 그렇다고 해도 부끄러워할 필요는 없다. 필자도 출판사 편집장이 마감 시한을 정해 주지 않았다면 지금 여기 앉아서 이 단원을 집필하고 있지는 않을 것이다!)

일을 내일로 미루는 것은 많은 학생과 근로자에게 문제가 된다. 이 현상을 멋지게 보여주는 실험 하나를 보자.

핵심 점검 증거는 뭘까?

마감 시한의 효용

어떤 교수가 한 반에서는 확고한 마감 시한을 주었고, 다른 반에서는 학생들에게 각자 마감 시한을 정하라고 했다. 마감 시한이 고른 간격으로 주어진 학생들이 미루기를 할 기회가 있었던 학생들보다 더 성적이 좋은지를 알아보기 위해서였다(Ariely & Wertenbroch, 2002).

가설 작업을 고르게 분배 받았거나 스스로 고르게 분배하는 학생들이 학기말까지 미룰 기회가 있는 학생들보다 더 잘할 것이다.

방법 한 교수가 같은 강의를 두 반으로 나누어 가르쳤다. 각 반에 학생들이 임의로 배정된 것은 아니었으나 두 반 학생들의 학업 성적은 대략 대등했다. 한 반에게는 세 개의 보고서를 제출해야 하는데, 첫 번째 것은 학기의 3분의 1 시점에, 두 번째는 3분의 2 시점에 그리고 세 번째 것은 학기말에 제출해야 한다고 말했다. 다른 반에서는 학생들에게 각자가 스스로의 마감 시한을 선택할 수 있다고 말했다. 이 학생들은 학기의 3분의 1 시점마다 하나씩 제출할 수도 있고, 학기말에 세 개를 한꺼번에 낼 수도 있고, 이밖에 어느 때이든 자신이 선택한 시점에 제출할 수 있었다. 그렇지만 두 번째 수업이 있는 날까지 제출 시점을 정해야 했고 자기가 선택한 마감 시한은 지켜야 했다. 다시 말해, 마감 시한을 넘긴 보고서는 벌점을 받을 것이었다. 애초에 그보다 더 늦은 마감 시한을 선택할 수 있었더라도 말이다. 종강 후 교수는 보고서가 언제 제출되었는지는 알지 못한 상태로 모든 보고서를 채점했다.

결과 당신이 마감 시한을 선택할 수 있는 반이었다면 어떻게 했겠는가? 보고서 세 개를 제출하는 마감 시한을 전부 학기의 마지막 날로 택한 학생이 51명 중 12명이었다. 보고서를 더 일찍 끝내려고 노력하겠지만 필요하다면 여분의 시간을 가질 기회가 있을 것이라는 것이 아마도 그들의 논리였을 것이다. 그러나 다른 학생은 마감 시한을 학기말로 잡으면 저항하기 힘든 유혹에 빠질 것임을 알았기 때문에 더 이른 마감 시한을 정했다. 일부 학생들은 학기의 3분의 1, 3분의 2, 그리고 학기말로 마감 시한을 고르게 분배했고, 다른 학생들은 타협점을 찾아 처음 두 개의 보고서는 3분의 1이나 3분의 2 지점보다는 더 늦더라도 학기말은 아닌 시점에 내는 것으로 정했다.

평균적으로, 마감 시한을 지정해 준 반의 학생들이 스스로 마감 시한을 선택할 수 있었던 반보다 더 나은 성적을 받았다. 후자의 학생들 중에서는 대략 3분의 1, 3분의 2, 학기말로 마감 시한을 정한 학생들이 마감 시한을 지정 받은 학생들과 비슷하게 잘했고, 마감 시한을 모두 학기말로 정한 학생들보다는 훨씬 더 잘했다.

해석 교수가 한 반만 대상으로 연구해서 그 반 학생들에게 스스로의 마감 시한을 정하라고 했다면 마감 시한을 고르게 분배한 학생들이 제일 잘했다는 점에서 아무런 결론을 내지 못했을 것이다. 그것은 이른 마감 시한이 도움이 됨을 의미할 수도 있지만 좋은 학생일수록 마감 시한을 더 이르게 정한다는 것을 의미할 수도 있다. 그런데 마감 시한을 이르게 정했던 학생들이 지정된 마감 시한이 있었던 학생들과 성적이 그저 비슷했던 반면에 마감 시한을 늦은 시점으로 정했던 학생들은 성적이 더 나빴다. 따라서 마감 시한을 정하는 것이 도움이 된다는 결론을 내릴 수 있다. 우리는 작업 중 일부를 어느 시점까지 해야만 한다면 그렇게 하기 위해 자신의 시간을 관리한다. 마감 시한이 모두 마지막까지라면 마지막까지 미루려는 강력한 유혹에 직면하게 된다.

✓

개념 점검 5. 스스로 마감 시한을 선택한 반에서 마감 시한을 빠른 시점으로 선택한 학생들이 늦은 시점으로 선택한 학생들보다 더 잘

했다. 그런데 이 반 전체의 평균은 마감 시한이 정해져 있었던 반과 똑같았다고 가정해 보자. 그 경우에는 어떤 결론이 내려졌을까?

유혹

해야 할 일이 좀 있다. 그 일은 당장 끝내야 하는 것은 아니지만 지금 하지 않으면 나중에 후회할 것이다. 그런데 나중에 우리를 더 편하게 만들어줄 일을 하기보다는 지금 당장 즐길 수 있는 무언가를 하고 싶다. 이것이 유혹, 즉 심리학자들이 '소망 대 의무 갈등(want vs. should conflict)'이라고 부르는 것의 전형적인 예이다. 심리학자들은 또 만족 지연(delay of gratification)에 대해서도 이야기하는데, 이것은 나중에 더 큰 즐거움을 얻기 위해 당장의 즐거움을 거절하는 것이다. 유혹은 다른 많은 상황에서도 일어난다. 시험에서 부정행위를 하거나 세금신고서에 거짓말을 하거나 제한속도를 넘겨서 운전하거나 위험한 성행위를 하려는 유혹에 빠질 수 있다. 업무와는 관계없는 종류의 유혹도 많지만 모든 것을 여기에 모아서 기술하는 것이 편리하겠다.

아이들에게서 유혹에 대한 저항을 측정하는 절차는 다음과 같다. 실험자가 아직 학교에 다니지 않는 나이의 아이를 혼자 방에 앉혀 놓고 설명을 한다. "여기 마시멜로가 있어. 지금 이걸 먹어도 되고 내가 돌아올 때까지 기다려도 돼. 만약에 기다리면 내가 마시멜로를 하나 더 줄게." 따라서 선택은 지금 하나를 먹느냐 아니면 나중에 두 개를 먹느냐이다. 어떤 아이들은 처음 받은 마시멜로를 당장 먹었고 어떤 아이들은 진득하게 기다렸는데, 그중에는 마시멜로를 쳐다보지 않는 등의 전략을 사용하는 아이들도 있었다. ('마시멜로 실험' 또는 'marshmallow experiment'를 인터넷에서 검색하면 꽤 재미있는 영상들을 찾아볼 수 있다.) 장기적인 후속 연구 결과, 기다린 아이들에게서 유의미한 장점이 발견되었다. 청소년이 되었을 때 그들은 주의가 덜 산만하고 좌절에 더 잘 대처하며 유혹을 더 잘 견딜 수 있었다. 또한 그들은 평균보다 높은 SAT 점수를 받았다(Shoda, Mischel, & Peake, 1990).

사람들은 아동기에서 성인기로 성장해 가면서 유혹에 저항하고 만족을 지연시키는 능력이 서서히 개선된다(Steinberg et al., 2009). 그래도 나이와 상관없이 사람들은 나중에 입을 손해에도 불구하고 지금 당장 즐길 수 있는 무언가를 하려는 유혹에 직면한다. 사람들은 대부분 유혹에 저항하는 자신의 능력을 과대평가하는데, 따라서 유혹 상황을 군이 피하지 않는다(Nordgren, van Harreveld, & van der Pligt, 2009). 유혹에 저항하는 것보다는 유혹이 있는 상황을 피하는 것이 더 낫다.

다음 상황을 상상해 보라. 당신과 다른 학생 한 명이 실험 연구에 참여하러 온다. 연구자가 두 개의 연구에 참여할 수 있다고 말해 준다. 그 중 한 연구가 솔깃하게 들린다. 다른 연구는 어렵고 고통스럽다. 당신은 동전을 던져서 무엇이 나왔는지 혼자서 본 다음 누가 유쾌한 연구에 참여하게 될지를 알려 달라는 부탁을 받는다. 이런 상황에서 학생들 중 거의 90%는 동전던지기에서 자신이 이겨서 유쾌한 연구에 참여할 사람이 자신이라고 주장한다. 많은 학생이 거짓말을 하고 있음이 명백하다. 그런데 동전은 당신이 던지는데 그 결과를 자신과 실험자 중 누가 알려주기를 원하는지 물어본다고 하자. 이제는 대부분의 사람들이 "실험자가 해 주세요."라고 말한다

(Batson & Thompson, 2001). 사람들은 부정행위의 유혹을 받을 것임이 뻔한 상황에 놓이기를 회피하는 것이다.

유혹을 극복하기 위한 한 가지 방법은 훨씬 앞서서 어떤 행위를 해 버리는 것이다. 예를 들어 지금 500달러를 받는 것과 1년 뒤에 750달러를 받는 것 중에 어느 것을 선택하겠는가? 기다렸다가 750달러를 받는 것이 더 합리적임을 알면서도 500달러를 즉각적으로 받기를 선택할 수도 있을 것이다. 그런데 그 결정을 미리 한다면 어떻게 될까? 예컨대 지금부터 6개월 뒤에 500달러를 받는 것과 1년 6개월 뒤에 750달러를 받는 것 중에서 선택을 해야 한다. 이런 조건에서는 아마도 당신은 기다렸다가 750달러를 받는 것으로 마음을 바꿀 것이다. 6개월 뒤에는 다른 쪽을 선택했더라면 하고 후회할지도 모르지만 말이다.

유혹에 저항하기를 원한다면 그런 연습을 하는 것이 도움이 될까? 그 답은 여느 때와 마찬가지로 "경우에 따라 다르다"이다. 어떤 유혹에 저항하는 것이 같은 종류의 유혹에 저항하는 데 도움을 준다. 예컨대 금연을 시도하고 있는데 지금 당장 담배를 피우고 싶은 유혹을 물리친다면 나중에 다시 담배를 피우고 싶은 유혹을 물리칠 능력이 좋아지게 된다(O'Connell, Schwartz, & Shiffman, 2008). 그러나 유혹에 저항하는 것은 노력이 필요한 일이어서 다른 종류의 유혹을 물리치는 것이 더 어려워진다. 또한 한 가지 유혹을 물리친 사람은 흔히 다른 식으로 즐거움을 누릴 자격이 있다고 느낀다. 유치한 코미디 영화와 심각하고 지적이며 고상한 영화 중 하나를 선택한다고 해 보자. 다른 상황에서 방금 '고결한' 선택을 한 다음이라면, 예컨대 저녁을 간단하게 먹었고 호사스런 후식을 먹을 기회도 포기한 다음이라면, 평소보다 유치한 코미디 영화를 고를 가능성이 더 높다(Milkman, Rogers, & Bazerman, 2008).

유혹에 저항하는 능력은 또한 다른 사람이 어떻게 하는지에도 달려 있다. 당신이 다음 연구에 참여한다고 하자. 실험자가 5분 안에 풀어야 할 수학 문제 20개를 내준다. 최대한 많이 푼 다음, 답안지를 찢어버리고 몇 개를 풀었는지 보고하면 정답 하나에 50센트씩 받을 것이라고 한다. 말하자면, 해결한 문제의 수를 부풀려서 돈을 더 받기가 쉽다. 보통 사람은 5분에 약 7개 항목을 풀지만, 대부분의 사람들이 약간은 속여서 12개 정도를 풀었다고 보고한다. 그런데 이제, 겨우 1분이 지났을 뿐인데 누군가가 일어서더니 답안지를 찢어버리고 전부 맞혔다고 말하고는 10달러를 다 받아 간다고 가정해 보자. 그가 거짓말을 했음이 분명한데, 그러고도 그냥 넘어갔다. 당신은 어떻게 반응할까? 보통은 그의 행위가 다른 사람들의 거짓말을 증가시킨다. 그런데 그가 당신의 학교가 아닌 당신 대학의 주요 경쟁 상대로 생각되는 다른 대학의 옷을 입고 있다고 해 보자. 이 경우에는 그의 거짓말 때문에 당신이 거짓말을 할 확률이 감소한다(Gino, Ayal, & Ariely, 2009). "허! 저 사람들은 저런 짓을 해. 우린 그보다는 낫지!"라는 혼잣말이 나온다.

부정행위를 감소시키는 또 다른 개입 방식이 있다. 방금 살펴본 것과 비슷한 실험에 당신이 참여한다고 하자. 실험 직전에 모세의 10계명을 기억나는 대로 최대한 많이 열거하는 예비 과제를 한다. 이 조건에서는 심지어 종교가 없는 학생들도 거짓말이 0으로 감소된다! 단순히 윤리적 규범을 환기시켜 주는 것이 속이려는 유혹을 감소시키는 것이다(Mazar, Amir, & Ariely, 2008). 한 가지 유의할 점이 있다. 이 연구들은 미국과 캐나다 대학생을 대상으로 한 것이었다. 다른 문화에서는 다른 결과가 나올 수 있다.

개념 점검

6. 당신이 가장 좋아하는 단체에 어떤 사람을 강연자로 초청하려고 한다면 언제 초청을 해야 할까? 그 이유는 무엇인가?

7. 어떤 유혹에 저항하려고 하는 사람에게 어떤 조언을 해주겠는가?

미루기를 극복하기

영어로 procrastination은 '내일'을 의미하는 라틴어 *cras*에서 나왔는데, 내일까지 무언가를 미룬다는 뜻이다. 목표를 향해 꾸준히 일하는 것이 중요하다고 할 때, 무언가를 미루려는 유혹을 어떻게 극복할 수 있을까? 한 가지 답은 자신감이다. 실패가 걱정되는 사람들은 시작을 잘하지 못한다. 약간의 부추김이나 칭찬이 도움이 되는 경우가 많다(Fritzche, Young, & Hickson, 2003).

어떤 행위를 언제, 어디서, 어떻게 할지에 대해 자세한 계획을 세우면 그 일을 할 가능성이 높아진다(McCrea, Liberman, Liberman, Trope, & Sherman, 2008). 운동을 더 하는 것이 목표라고 해 보자. 어떤 종류의 운동을 언제 어디서 할지를 결정하라. 좀 더 건강한 식사를 하고 싶다면 내일 점심으로 햄버거 대신 샐러드를 먹겠다고 결심하거나 마트에 갔을 때 과일과 야채를 사겠다고 다짐하라. 다음 선거에서 투표를 하겠다고 결심하면 투표소가 어디인지 찾아보고, 거기에 어떻게 갈 것인지 결정하고 언제 갈지를 선택하라(Nickerson & Rogers, 2010). 구체적인 계획을 세우면 그와 관련된 상황이 그 행동을 불러낼 것이다(Milne, Orbell, & Sheeran, 2002; Verplanken & Faes, 1999).

자신이 어떤 결정이나 행위를 미루고 있음을 깨닫는다면, 한 가지 좋은 전략은 다른 무언가(심지어 중요하지 않은 것이라도 좋다)에 대한 결정을 먼저 내리는 것이다. 이를테면, 동물원에 간다면 코끼리와 하마 중 어느 동물을 먼저 보겠는가? 휴가를 간다면 하와이, 카리브 해, 프랑스 중 어디를 선호하겠는가? 이러한 빠르고 돈 안 드는 결정을 내린 직후에는 사람들이 어떠한 종류의 행위(예컨대 새 컴퓨터 구매 같은)라도 실천에 옮길 가능성이 평소보다 더 높아진다(Xu & Wyer, 2008). 미루고 아무것도 안 하는 마음가짐이 아니라 결정하고 행동하는 마음가짐으로 변하게 된다는 것이다.

▶ 직접 해 보세요!

또 이렇게도 해 보라. 우선, 해야 하는데 생각보다 덜 하는 활동을 가려낸다. 이를테면 치실하기, 방 청소하기, 조부모님께 전화하기 같은 것들이다. 지금 활동 하나를 선택해 주기 바란다. 이제는 다음 주에 그 활동을 최소한 한 번은 할 가능성을 예측해 보라. 지금 예측해 보기 바란다. 지시를 따랐다면 당신은 그 행동을 실제로 할 확률을 방금 높인 셈이다! 어떤 바람직한 행동을 할 확률을 단순히 추정하는 것만으로도 우리가 그 행위를 할 확률이 높아진다(Levav & Fizsimons, 2006). 심리학자들은 이 현상을 단순 측정 효과(mere measurement effect)라고 부른다.

개념 점검

8. 기말 보고서를 써야 하는데 어떻게 하면 그것을 시작할 확률을 높일 수 있을까?

9. 누군가가 당신에게 무언가를 하도록 설득하는 데 단순 측정 효과를 어떻게 사용할 수 있을까?

직무 설계와 직업 만족도

동기에 관한 주제 중 특히 업무와 관련된 것을 다루는 연구를 살펴보자. 사람이 더 열심히, 더 효율적으로, 그리고 더 만족을 느끼며 일하는 직무가 있고 그렇지 않은 직무가 있다. 왜 그럴까?

직무 설계에 대한 두 가지 접근

당신이 회사를 창립하거나 재조직하고 있다고 하자. 업무량을 어떻게 분배할지 결정해야 한다. 업무가 힘든 것이 될 위험을 무릅쓰면서 도전적이고 흥미롭게 만들어야 할까? 아니면 업무가 따분할지라도 쉽고 누구나 할 수 있게 만들어야 할까?

그 답은 직원과 그들의 동기에 대해 당신이 가정하

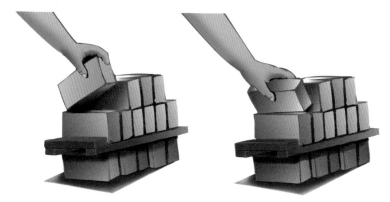

그림 11.4 단순한 과제일지라도 수행하기에 가장 좋고 가장 안전하며 가장 효율적인 방법이 무엇인지 알아내기 위해 심리학자들이 연구를 해왔다. 예를 들어 Gilbreth(1911)에 따르면, 왼쪽 그림은 벽돌 하나를 들어 올리는 올바른 방법을 보여주고 오른쪽 그림은 틀린 방법을 보여준다.

는 바에 따라 달라진다. X 이론(Theory X)이라고도 불리는 직무 설계에 대한 과학적 관리론(scientific-management approach)에 따르면 대부분의 직원은 게으르고 무관심하며 비창의적이다. 따라서 시간을 아끼고 부상을 피하기 위해서는 고용주가 업무를 가능한 한 누구든 할 수 있게 만들고 직원이 각각의 과제를 올바르게 하고 있는지 감독해야 한다(그림 11.4). 고용주는 아무것도 우연이나 근로자 주도권에 휘둘리게 내버려두지 않는다(McGregor, 1960).

이와는 다른 관점으로서 Y 이론(Theory Y)이라고도 불리는 인간관계 접근법(human-relations approach)에 따르면 직원들은 직무의 다양성, 성취감 및 책임감을 좋아한다(McGregor, 1960). 따라서 고용주는 각 직원에게 의미 있는 과제에 대한 책임감을 지워주어 직무를 풍요롭게 해야 한다. 예를 들어 과학적 관리론을 따르는 재무 서비스 회사는 각 직원마다 많은 고객들의 기록 중 단 한 종류만 취급하도록 하여 한정된 과제에 대한 전문성을 개발하게끔 할 것이다. 같은 회사가 인간관계 접근법에 따라 재조직화된다면 각 직원이 담당하는 고객의 수를 줄이면서 그 고객들의 모든 정보를 취급하게 할 수도 있다. 많은 자극을 주는 직무를 맡은 직원이 일반적으로 더 큰 만족감을 느낀다(Campion & McClelland, 1991). 고용주의 관점에서는 그러한 풍요로운 직무가 장점이 많지만 두 가지 단점이 있다. 단순한 직무보다 근로자를 훈련시키는 데 더 오랜 시간이 걸리고, 풍요로운 직무를 수행하는 직원은 급여를 더 많이 받기를 기대한다!

어떤 접근법이 더 나을까? 상황에 따라 다르다. 교육에 비유하여 살펴보자. X교수는 학생들에게 무엇을 읽을지, 좋은 성적을 받으려면 언제 그리고 정확히 무엇을 해야 할지 말해 준다. (이 강의가 과학적 관리법과 유사한 것이다.) Y교수는 전반적인 논점을 개관해 주고, 권장 독서 목록을 제공하며, 학생들이 스스로 논의를 이끌어가게 하고, 학생들 자신의 프로젝트 아이디어를 만들어내라고 권고한다. (이 강의는 아마도 약간 더 극단적이기는 해도 인간관계 접근법과 유사하다.) 어느 강의를 더 좋아하겠는가?

해당 주제에 관심이 많고 자신만의 생각이 있다면 Y교수의 강의를 무척 좋아하고 X교수의 강의는 지루하게 생각할 것이다. 하지만 그 강의를 그저 필수과목이기 때문에 듣는다면 정확한 구조를 지닌 X교수의 강의를 더 환영할 것이다. 직무의 경우도 똑같다. 어떤 직원은, 특히 더 젊고 똑똑한 사람은, 자극이 더 많은 직무가 주는 도전을 바탕으로 성장하지만 어떤 직원은 단순하고 안정된 부류의 과제를 선호한다(Arnold & Hose, 1980; Campion & Thayer, 1985, Hackman & Lawler, 1971).

개념 점검 10. "나는 내 직원들이 자기 업무를 즐기고 자신이 성취한 것에 자부심을 느꼈으면 한다." 이 말은 인간관계 접근을 반영하는가 아니면 과학적 관리론을 반영하는가?

직업 만족도

직업 선택은 삶의 질에 막대한 영향을 미친다. 우리는 20세와 70세 사이에 깨어 있는 시간의 대략 절반을 일을 하며 보낼 것이다. 우리는 그 시간을 좋아하는 일을 하는 데 쓰고 싶을 것이다. 우리가 자신의 직업을 얼마나 좋아하는가는 직무를 얼마나 잘 수행하는가와 중간 정도의 상관이 있다(Judege, Thoresen, Bono, & Patton, 2001). 그 인과관계는 아마도 여러 방향으로 작용할 것이다. 즉 직업 만족도가 높으면 수행이 향상되고, 수행이 좋으면 직업 만족도가 향상되며, 매우 성실한 사람들은 삶에 만족하고 직무를 성공적으로 수행하기 쉽다(Judge et al., 2001; Tett & Burnett, 2003). 그러나 그 상관관계가 높지는 않다. 이에 대해 아마도 여러 가지 설명을 생각해 볼 수 있을 것이다. 예컨대 어떤 직무를 잘하는 사람 중에는 만족도가 높지 않은 이들이 있는데, 왜냐하면 더 나은 직무를 하고 싶어 하기 때문이다.

직업 만족도가 흥미 정도, 임금, 동료, 경영을 포함하여 직무 그 자체에 주로 달려 있음은 명백한 일이다. 또한 직업 만족도는 근로자의 성격에도 달려 있다. 어떤 사람은 다른 사람보다 그냥 쉽게 만족한다. 일란성 쌍둥이와 이란성 쌍둥이를 비교한 연구는 직업 만족도의 유전성이 매우 높음을 보여준다(Arvey, McCall, Bouchard, Taubman, & Cavanaugh, 1994). 가까운 친척들이 자신의 직업에 대해 만족도가 높다고 말한다면

당신도, 다른 직업을 갖고 있더라도, 아마 직업 만족도가 높을 것이다. 직업은 유전되지 않지만 기질은 유전된다. 어떤 사람에게는 자기 직업의 좋은 점이 많이 보이고 어떤 사람에게는 불만스러운 점이 많이 보인다(Ilies & Judge, 2003; Judge & Larsen, 2001; Thoresen, Kaplan, Barsky, Warren, & de Chaermont, 2003).

일반적으로 나이가 더 많은 근로자가 젊은 근로자보다 직업 만족도가 높다고 보고한다(Pond & Geyer, 1991). 한 가지 설명은 나이가 든 근로자가 더 임금이 높고 좋은 직무를 한다는 것일 수 있다. 또 다른 설명은 오늘날의 젊은이들은 그 연장자들이 과거에 그랬던 만큼 쉽게 만족하지 않는다는 것이다(Beck & Wilson, 2000). 또 다른 가능성은 자신과 맞지 않는 직장에서 시작했다가 나중에 더 적합한 직무를 찾게 되는 젊은 근로자가 많다는 것이다. 게다가 많은 젊은이가 아직도 직장을 옮길 가능성을 고려하고 있을 수 있다. 중년에 이르면 대부분의 사람들은 자신의 직업이 무엇이든 간에 체념한다.

임금과 직업 만족도

근로자의 만족도를 계속 유지시키려는 고용주는 급여 체계에 세심한 주의를 기울인다. 근로자는 임금을 많이 받기 원할 것임이 분명하지만 또한 급여 체계가 공정하다고 느낄 필요가 있다. 한 고전적인 실험에서는 일부 근로자들로 하여금 자신의 자격이 평균 미달이었는데도 고용되었다고 믿도록 만들었다. 그들은 평균보다 더 열심히 일했는데, 이는 그 직무를 할 자격이 있음을 고용주에게 납득시키기 위해서임이 분명해 보인다. 하지만 아마도 자신이 그 임금을 받을 만하다고 <u>스스로</u> 확신하기 위해서이기도 할 것이다(J. S. Adams, 1963).

자신의 상사가 관리를 불공평하게 한다고 느끼는 직원들은 다른 직장을 찾게 되기 마련이다. 그들은 또한 일터를 깨끗이 유지하거나 다른 직원을 돕거나 퇴근 후의 모임에 참여하기 같은, 회사에 도움이 되는 '선량한 시민' 행동을 더 이상 하지 않는다(Simons & Roberson, 2003). 반대편 끝에는 정서적 애착이 생겨서 충성스럽게 정력적으로, 임금을 받고 하는 일보다 훨

씬 더 많은 것을 하는 사람들이 있다(Meyer, Becker, & Vandenberghe, 2004; Seo, Barrett, & Bartunek, 2004).

돈이 모든 사람들에게 근로 동기의 일부임은 확실하다. 그러나 임금이 완벽한 동기유발인은 아니다. 임금은 더 낮아도 성취감을 주거나 근무 조건이 매우 쾌적한 직업을 선택하는 사람이 많다. 심지어 은퇴한 뒤에도 자신이 하던 일을 그리워하게 되는 사람이 많다. 많은 사람들에게 일은 자신의 정체성의 즐겁고 중요한 일부이다.

개념 점검　11. 직업 만족도를 높여주는 몇몇 요인은 무엇인가?

직무 탈진

거의 모든 직업이 어느 정도 스트레스가 있지만 때로는 업무 스트레스가 너무 심해서 사람이 육체적으로 그리고 정서적으로 소모된다. 그런데 탈진(burnout)이라는 용어를 남용해서는 안 된다. 열심히 일을 해왔으나 즐겁게 휴가를 보낸 후 회복된다면 탈진한 것은 아니다. 직무 탈진(job burnout)은 정신적 및 육체적 피로와 의기소침함을 오랫동안 지속적으로 느끼는 것을 가리킨다. 이런 상태의 사람은 자신의 직무 및 동료들과 동떨어져 있다고 느끼면서 어떤 종류의 성취감도 느끼지 못한다(Melamed et al., 2006). 이런 느낌이 오래 지속되

불쾌하고 힘든 업무를 하면서 긍정적으로 행동해야 하는 간호사 및 기타 직업인에게는 직무 탈진이 심각한 문제이다.

는 데는 최소한 두 가지 설명이 가능하다. 첫째는 피로와 낙심이 성격 특질의 하나라는 것이다. 즉 우울해졌을 때 직무를 탓하는 사람이라는 것이다. 다른 설명은 직무 탈진이 심하게 박살난 다리와 같다는 것이다. 그런 종류의 부상을 당하고 난 다음에는 절대로 완전히 회복하지 못한다. 그래서 약간의 충격만 있어도 그 다리가 또 부상을 입는다.

탈진은 특히 간호사, 교사, 치료사같이 남을 돕는 직업에 종사하는 사람에게서 흔히 볼 수 있다. 사람들은 이들이 언제나 남을 지지하고 북돋아주기를 기대한다. 다음과 같이 대비되는 상황을 살펴보자. 당신이 사무직으로 일한다면 어느 날 출근해서 동료들에게 "오늘 난 일은 여전히 하겠지만 저기압일 거야."라고 말할 수도 있다. 하지만 남을 돕는 직종에서는 그렇게 할 수가 없다. 당신이 간호사인데 1번 병실에서는 환자의 토사물을, 2번 병실에서는 환자의 혈액을, 3번 병실에서는 배설물을 막 치웠다고 상상해 보라. 4번 병실에는 당신이 특별히 좋아하던 환자가 있었는데, 그가 막 사망했다. 바로 다음에 5번 병실에 들어가서 명랑한 척하고 용기를 북돋워 주어야 한다. 당신이 훈련을 받은 분야는 간호 쪽이지 연기 쪽이 아니다. 한 가지 정서를 억누르면서 또 다른 정서로 대체하는 과정은 엄청난 노력을 요구한다(Cheung & Tang, 2007).

탈진이 주는 피해는 상당하다. 고용주 입장에서는 탈진을 느끼는 직원의 효율이 떨어지게 된다는 점이 피해이다(Taris, 2006). 직원의 관점에서는 병에 걸릴 위험이 높아지는데, 스트레스를 이겨내려는 와중에 흡연, 음주, 과식 및 기타 습관들이 악화되는 것이 그 몇몇 이유이다(Melamed et al., 2006).

어려운 직무를 하는 사람 모두가 탈진을 경험하는 것은 아니다. 대인관계 상황을 다루는 능력에 자신이 있는 사람에게서는 탈진이 덜 일어난다(Jawahar, Stone, & Kisamore, 2007). 또한 고용주나 동료들이 지지를 해주면 사람들은 나아진다. 어떤 직업은 본질적으로 스트레스가 많다는 것을 감안하면 사람들이 스트레스를 관리할 수 있는 방법을 우리는 찾아내야 한다.

개념 점검　12. 직무 탈진이 특히 쉽게 일어나는 직업은 무엇인가?

지도력

열심히 일하려는 동기가 얼마나 강한가는 직원이 느끼는 그 조직의 지도력(leadership)이 어떠한가에 따라서도 달라진다. 어떤 고용주는 깊은 충성심과 강렬한 노력을 불러일으키는 반면에 어떤 이는 직원이 최소한의 일도 겨우 하도록 만든다. (대학 교수, 스포츠 코치, 정치 지도자의 경우에도 똑같다.)

좋은 지도력에는 무엇이 필요할까? 초기 심리학 연구는 효율적 지도자와 비효율적 지도자 사이에 일관된 성격 차이를 찾아내지 못했다. 효율적인 지도자라고 해서 항상 더 사교적이거나 솔직하거나 아니면 또 다른 특성이 있지는 않았다. 여기에는 틀림없이 무언가 잘못된 것이 있을 것이다. 좋은 지도자와 나쁜 지도자가 실제로

다르지 않다면, 회사 중역이나 대학 총장이나 도지사를 아무렇게나 뽑아도 될 것이다. 이후의 연구자들은 결정적인 단 하나의 성격 요인이 없는 이유가 여러 자질의 조합이 중요하기 때문이라는 결론을 내렸다. 좋은 지도자에게는 성격, 지능, 전문성, 동기, 가치관 그리고 사람을 다루는 기술이 적절하게 조합되어 있다(Zaccaro, 2007).

더욱이 좋은 지도력이 무엇인가는 상황에 따라 달라진다. 창의적인 시인이라 할지라도 아마도 자동차 수리 문제에 대해서는 창의적인 해결책을 내놓지 못할 것이다. 이처럼 모든 상황에서 창의적인 사람은 없는 것과 똑같이 모든 상황에서 좋은 지도자인 사람은 없다(Vroom & Jago, 2007). 어떤 위원회의 좋은 지도자는 쟁점을 표결에 부치기 전에 모든 사람에게 의견을 표명할 기회를 준다. 6세 아동 한 반을 데리고 현장학습을 이끄는 사람은 자신이 결정을 해서 아이들에게 무엇을 할지를 말해 준다. 위원회 회의에서는 독재적 접근이 거의 늘 실패할 것이고, 6세 아이들에게 하루의 계획을 짜기 위해 논의를 한 후 표결을 하라고 하는 것은 대개 좋은 방법이 아니다.

산업-조직심리학자들은 변혁적 지도력과 거래적 지도력 유형을 구분한다. 변혁적 지도자(transformational leader)는 미래에 대한 비전을 명백하게 제시하고, 부하직원들을 지적으로 자극하며, 그들이 상상력을 발휘하여 조직을 개선시키도록 동기를 유발한다. 거래적 지도자(transactional leader)는 성과를 낸 업무에 대해 보상(주로 임금)을 제공함으로써 조직이 이미 하고 있는 것을 더 효율적으로 하게끔 만들고자 한다. 지도자는 이 둘 중 하나이거나, 둘 다이거나 둘 다 아닐 수 있다. 변혁적 지도자로 묘사되는 사람들은 거의 모든 조직에서 효율적이라고 지각된다(Lowe, Kroeck, & Sivasubramaniam, 1996). 이 결과가 놀랍지는 않을 것이다. 자신의 지도자에 대해 "나를 지적으로 자극하고 내 잠재력을 최대한 발휘하도록 동기를 유발하는 확실한 비전의 소유자"라고 묘사한 뒤, 그가 전반적으로 잘못하고 있다고 말할 리는 없을 것이다. 거래적 지도자는 매년 똑같은 활동을 하는 조직에서 효율적인 경우가 많다(Lowe et al., 1996).

맺음말 단원 11.1

업무와 야망

아쉽게도 많은 근로자가 매일 똑같은 업무를 하면서 더 열심히 일할 동기가 별로 생겨나지 않는다. 그러나 가장 생산성이 높은 사람들은 자신의 일을 경쟁으로 본다. 그들은 더 나은 제품을 만들거나, 자기 상품을 더 많이 팔거나, 더 좋은 소설을 쓰는 등 자신이 하는 일을 그 누구보다 아니면 최소한 과거의 자신보다는 더 잘하려고 한다.

최우수 학생은 수업을 들으면서 그와 비슷한 야심을 갖고 있다. 이 단원에서는 그런 과정을 어떻게 촉진시킬지에 관하여 몇 가지 힌트를 강조했는데, 특히 미루려는 유혹에 맞서 싸우는 것이 그 중 하나이다.

요약

- 동기화된 행동의 특성. 동기화된 행동은 때에 따라, 상황에 따라, 그리고 사람에 따라 다르며, 사람이 목표에 도달할 때까지 지속된다. (419쪽)
- 추동 감소로서의 동기. 동기의 어떤 측면은 추동 감소로 이야기할 수 있다. 하지만 어떤 뚜렷한 추동을 감소시키는 것이 아닌데도 사람은 새로운 경험을 갈망한다. (419쪽)
- 항상성 유지 방법으로서의 동기. 동기화된 행동 중에는 신체 상태와 자극을 거의 일정한 수준, 즉 항상성 수준으로 유지하려는 것이 많다. 게다가, 행동은 미래의 욕구를 예측하여 발생하기도 한다. (420쪽)
- 유인으로서의 동기. 동기는 부분적으로 유인의 통제하에 있다. 유인이란 우리를 특정 행위로 끌어당기는 외적 자극이다. 추동과 유인 두 가지 모두가 동기화된 행동 대부분을 통제한다. (420쪽)
- 동기 갈등. 사람이 단 하나의 이유 때문에 무언가를 하는 경우는 거의 없다. 일반적으로 생물학적 욕구가 동기보다 우위에 오지만 항상 그렇지는 않다. (420쪽)

- **목표 설정.** 목표를 정하는 것이 그 목표가 높되 현실적이라면 강한 노력을 하도록 동기유발한다. 다른 중요한 요인으로는 목표에 진지하게 헌신하는 것, 진척 상황에 관한 피드백을 받는 것, 목표가 공정한 보상을 가져올 것이라는 믿음이 포함된다. (422쪽)
- **목표를 현실적으로 만들기.** 사람들은 목표를 성취하기 위해 드는 시간과 노력을 너무 적게 예측하는 경향이 있다. 필요해 보이는 것보다 더 많은 시간과 자원을 계획하고 가능한 한 빨리 시작하는 것이 최선이다. (423쪽)
- **마감 시한.** 마감 시한은 사람이 더 열심히 일하도록 동기유발한다. 할 일을 여러 부분으로 나누어 마감 시한을 정하면 과제를 분산시킬 수 있다. (423쪽)
- **만족의 지연.** 지금 받을 작은 보상과 나중에 받을 더 큰 보상 중 어느 것을 선택하느냐는 사람에 따라 다르다. 만족을 지연시킬 수 있는 아이들은 사춘기에 도달했을 때 장기적인 이점을 보인다. 아주 미리 선택을 하면 지연된 보상을 선택하기가 더 쉬운 경우가 많다. (424쪽)
- **유혹을 극복하기.** 유혹에 맞서기보다는 유혹당할 만한 상황을 피하는 것이 더 낫다. 어떤 유혹에 저항하는 것은 나중에 비슷한 유형의 유혹에 저항하는 데 도움이 되지만 다른 종류의 유혹에 저항하는 능력은 약화시킨다. 다른 사람이 유혹에 굴복하는 것을 보는 것이 자신 역시 굴복할 위험을 증가시키는데, 예외가 있다면 그 사람을 자신과 다른 외부인으로 보는 경우이다. 윤리적 규범에 관해 상기시키는 것이 어떤 상황에서는 부정행위를 줄인다. (424쪽)
- **미루기를 극복하기.** 사람은 무엇을 언제 어디서 할지에 대한 구체적인 계획을 세우면 그 목표를 향해 나아가기 시작한다. 어떤 종류의 결정이든 결정을 하면 미루기를 끝내는 데 도움이 된다. (425쪽)
- **직무 설계.** 과학적 관리론에 따르면 직무는 단순하고 누구든 할 수 있게 고안되어야 한다. 인간관계 접근에 따르면 직무가 직원에게 성취감을 줄 만큼 충분히 흥미롭도록 만들어져야 한다. (426쪽)
- **직업 만족도.** 직업 만족도는 높은 직무 수행도와 중간 정도의 상관이 있는데, 그 이유로는 여러 가지가 있다. 행복한 기질을 지닌 사람이 다른 사람보다 자신의 직무에 만족할 가능성이 더 높고, 일반적으로 나이가 더 많은 근로자도 마찬가지이다. 직업 만족도에는 또한 급여 체계가 공정하다는 느낌이 필수적이다. (427쪽)
- **직무 탈진.** 어떤 사람은 오랜 기간 의기소침하게 되어서 자신의 직무와 동료들로부터 소외된다. (428쪽)
- **지도력.** 지도력에 요구되는 것은 상황에 따라 다르다. 같이 일하는 사람들이 무언가를 할 마음이 내키게 만드는 지도자는 거의 어떤 조직에서든 효율적인 지도자로 지각된다. 보상을 사용하여 직원들로 하여금 일을 효율적으로 하게 만드는 지도자는 사업이 안정적인 상황에서 효과적이다. (428쪽)

핵심 용어

거래적 지도자 (429쪽)

과학적 관리론 (426쪽)

단순 측정 효과 (426쪽)

동기 (419쪽)

만족의 지연 (424쪽)

변혁적 지도자 (429쪽)

생체적응 (420쪽)

욕구 위계 (421쪽)

유인 (420쪽)

인간관계 접근 (426쪽)

자아실현 (421쪽)

직무 탈진 (428쪽)

추동 (419쪽)

항상성 (420쪽)

배고픔 동기

• 우리가 얼마나 그리고 언제 먹을지를 어떻게 결정할까?

고프다고 이야기하겠는가? 아마도 그렇게는 못할 것이다.

작은 새들은 (주로 씨앗 혹은 곤충을) 그 순간 꼭 필요한 만큼만 먹고 지방을 거의 하나도 저장하지 않는다. 가능한 한 몸을 가볍게 하는 것이 포식자에게서 날아 도망가는 데 중요하기 때문이다. 반대편 끝에는 사자에서 악어와 상어에 이르는 포식자들이 뭔가 큰 것을 잡으면 엄청나게 많은 양의 식사를 하지만 반면에 아무것도 못먹는 날도 많다. 그들은 먹을 수 있을 때 최대한 많이 먹고 먹이가 없을 때에는 저장된 지방으로 살아간다. 그들의 소화 체계는 엄청난 식사를 받아들이도록 적응되어 있다(Armstrong & Schindler, 2011).

악어처럼 게걸스럽게 먹는 인간은 거의 없지만, 인간이 존재한 이래 음식이 모자란 경우는 흔히 있었으므로 우리 역시 나중을 대비해 필요한 것보다 많이 먹는 전략을 진화시켜 왔음이 분명해 보인다. 그러나 오늘날 번영하고 있는 나라들에서는 음식이 넘쳐나고 많은 사람이 과식을 한다(Pinel, Assanand, & Lehman, 2000).

우리가 먹는 것은 또한 사회적 동기에도 달려 있다. 남자친구나 여자친구의 집에 갔을 때 좋은 인상을 주고 싶다고 상상해 보라. "저녁 식사가 다 되었어요!"라는 말을 듣고 식탁으로 갔는데 엄청나게 많은 음식이 차려져 있다. 주인들은 당신이 식사를 즐기기를 기대하고 있으리라. 점심 때 돼지처럼 많이 먹었기 때문에 배가 안

식사 시간은 단순히 배고픔을 없애기 위한 기회가 아니다. 가족이나 친구들과 즐거운 경험을 함께할 기회, 그 날의 일들을 이야기할 기회, 심지어 한 세대의 문화적 전통을 다음 세대로 물려줄 수 있는 기회이다.

© Annie Griffiths Belt/Corbis

배고픔과 배부름의 생리학

배고픔은 신체에 필요한 연료가 떨어지지 않게 해주는 역할을 한다. 얼마나 많은 연료가 필요한지를 우리 뇌가 어떻게 알까? 이는 자동차에 연료를 여유 있게 유지하는 것보다 복잡한 문제이다. 우리는 위장, 창자, 지방세포, 간세포 및 혈류에 연료를 저장한다. 게다가 식사는 매번 다른 영양소로 구성된다. 이는 마치 차의 연료 탱크에 얼마만큼의 연료가 이미 들어 있는지 또는 연료 탱크에 들어 있는 것이 정확하게 무엇인지를 우리가 모르는 것과 마찬가지다. 배고픔의 복잡한 특성 때문에 섭식(eating)을 통제하려면 여러 가지 기제가 필요하다.

배고픔의 단기 조절

보통은 식사를 끝내게 하는 주요 요인이 위장과 창자의 팽창이다. 우리는 소화기관이 꽉 차면 배부르다고 느낀다(Seeley, Kaplan, & Grill, 1995). 위장의 팽창 신호는 신경을 통해 뇌로 가고, 창자의 팽창 신호는 호르몬 분비를 통해 뇌로 보내진다(Deutsch & Ahn, 1986; Gibbs, Young, & Smith, 1973). 우리에게 친숙한 음식이라면 한 입에 얼마만큼의 영양분이 포함되는지를 대략 잴 수도 있다(Deutsch & Gonzalez, 1980).

위장은 비어 있으면 그렐린(ghrelin)이라는 호르몬을 분비하여 배고픔을 일으킨다. 배고픔을 유발하는 또 다른 주요 요인은 세포로 들어가는 포도당의 양이 떨어지는 것이다(그림 11.5). 포도당(glucose)은 혈액 내 가장 풍부한 당분으로 몸의 중요한 에너지원이며 뇌가 사용하는 거의 유일한 에너지원이다. 약간 지나치게 단순화시

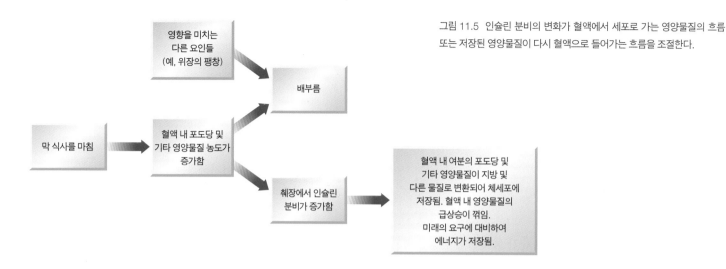

그림 11.5 인슐린 분비의 변화가 혈액에서 세포로 가는 영양물질의 흐름 또는 저장된 영양물질이 다시 혈액으로 들어가는 흐름을 조절한다.

막 식사를 마침 → 혈액 내 포도당 및 기타 영양물질 농도가 증가함 → 배부름

영향을 미치는 다른 요인들 (예, 위장의 팽창) → 배부름

혈액 내 포도당 및 기타 영양물질 농도가 증가함 → 췌장에서 인슐린 분비가 증가함 → 혈액 내 여분의 포도당 및 기타 영양물질이 지방 및 다른 물질로 변환되어 체세포에 저장됨. 혈액 내 영양물질의 급상승이 꺾임. 미래의 요구에 대비하여 에너지가 저장됨.

켜서 이야기하자면, 배고픔이란 포도당을 충분히 공급하도록 우리를 동기유발하는 기제라고 할 수 있다. 몸은 거의 어떤 음식에서든지 포도당을 만들어낸다. 너무 많이 먹으면 그 남아돌아가는 것을 몸이 지방 및 다른 연료로 변환해서 저장한다. 너무 적게 먹으면 저장된 연료를 혈당으로 변환한다. 혈액에서 세포로 들어가는 포도당 흐름은 췌장에서 분비되는 호르몬인 인슐린에 달려 있다.

인슐린(insulin)이라는 호르몬은 포도당 및 여러 다른 영양물질이 체세포로 더 많이 들어가게 만든다. 식사를 시작하면, 영양물질이 혈액으로 들어가기 전에 뇌가 췌장에 인슐린을 분비하라는 명령을 내보낸다. 인슐린은 포도당 및 다른 영양물질을 혈액에서 끌어내어 연료가 필요한 세포로, 또 미래에 사용하기 위해 영양물질을 비축하는 세포로 이동하게끔 촉진한다.

식사가 계속되면서 소화된 음식에서 나온 영양물질이 혈액으로 들어가는데, 거의 그만큼 빠른 속도로 인슐린은 또한 혈액에서 초과된 영양물질을 빼내어 간세포나 지방세포로 이동시킨다. 이 과정이 혈액 내 영양물질 폭증을 억제한다(Woods, 1991). 식사 후 몇 시간이 지나서 혈당 수준이 떨어지기 시작하면 췌장이 또 다른 호르몬인 글루카곤(glucagon)을 분비하는데, 이 호르몬은 간을 자극하여 저장된 포도당을 다시 혈액으로 분비하게끔 한다.

인슐린 농도가 올라가고 내려감에 따라 그림 11.6에 나타난 것처럼 배고픔이 감소하고 증가한다. 인슐린은 포도당의 흐름을 통제함으로써 배고픔에 영향을 미치

지만 좀 더 직접적인 효과를 내기도 한다. 인슐린은 배부름 신호를 내보내는 시상하부 뉴런을 자극한다(Brüning et al., 2000). 인슐린은 식이요법에도 중요한 영향을 미친다. 대략 1970년부터 탄산음료와 포장식품을 만드는 회사들이 감미료로 액상 과당을 첨가해 왔다. 과당은 다른 당보다 단맛이 더 강해서 적게 넣어도, 즉 칼로리는 낮아도 같은 정도의 단맛을 느낄 수 있다. 그러나 과당은 인슐린 분비를 많이 자극하지 않고(Teff et al., 2004), 따라서 배부르다는 느낌을 유발하지 않는다. 하루 평균 최소 한 잔의 탄산음료를 마시는 사람은 체중이 늘어날 가능성이 평균보다 더 높다(Dhingra et al., 2007, Liebman et al., 2006).

개념 점검 13. 인슐린의 하루 중 농도는 시간대에 따라 오르내린다. 인슐린 농도는 사람들이 배가 고프다고 느끼기 쉬운 한낮에 더 높을까 아니면 대부분의 사람이 배가 덜 고픈 한밤중에 더 높을까?

배고픔의 장기 조절

식사를 끝내게 만드는 위장 팽창 및 다른 기제들은 전혀 완벽하지 않다. 다음 식사 때 우리는 필요한 것보다 좀 더 많이 또는 좀 더 적게 먹을 수도 있다. 우리가 끼니 때마다 먹을 양을 같은 방향으로 계속 잘못 판단한다면 비만해지거나 수척해질 것이다.

우리에게는 단기 오류를 교정하기 위한 장기 기제가 있다. 과식을 하고 나면 자신의 보통 체중으로 돌아갈 때까지 배고픔을 덜 느낀다. 너무 적게 먹으면 보통 체중으로 돌아갈 때까지 평소보다 더 배고픔을 느낀다. 대부분의 사람에게서 매일의 체중은 변동이 있지만 매월의 체중은 안정적으로 유지된다.

우리의 평균 체중은 고정점(set point)이라 불리는데, 이것은 신체가 애써 유지하는 수준이다(그림 11.7). 그것은 집에서 보일러 온도계를 일정한 온도로 고정해 놓는 것과 유사하다. 일정한 체중을 유지하는 일은 렙틴이라는 호르몬에 달려 있다. 렙틴(leptin)은 몸의 지방세포가 분비하는 호르몬으로서, 지방세포의 양이 많을수록 많이 분

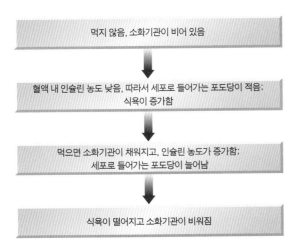

먹지 않음, 소화기관이 비어 있음

↓

혈액 내 인슐린 농도 낮음, 따라서 세포로 들어가는 포도당이 적음; 식욕이 증가함

↓

먹으면 소화기관이 채워지고, 인슐린 농도가 증가함; 세포로 들어가는 포도당이 늘어남

↓

식욕이 떨어지고 소화기관이 비워짐

그림 11.6 섭식과 인슐린 농도 사이의 피드백 체계가 영양의 항상성을 유지하도록 통제한다.

비된다. 몸에 지방이 늘어나면 여분의 렙틴이 시상하부 뉴런의 활동을 변화시켜 식사 시에 배고픔이 더 빨리 없어지게 만든다. 렙틴은 지방세포가 "몸에 지방이 이미 충분히 있으니까 좀 덜 먹어."라고 알려주는 신호이다. 렙틴은 또한 사춘기가 시작되게끔 한다. 즉, 몸이 특정 체중에 도달하면 렙틴 농도 증가가 다른 힘들과 합쳐져서 사춘기의 호르몬 변화를 야기한다(Chehab, Mounzih, Lu, & Lim, 1997). 살이 빠지면 지방세포가 렙틴을 덜 만들어서 배고픔이 증가된다.

드물게도 렙틴을 생산하는 유전자가 결핍된 사람들이 있는데, 이들은 비만이 된다(Farooqi et al., 2001). 이들은 뇌가 비축된 지방으로부터 오는 신호를 받지 못하기 때문에 마치 몹시 허기진 것처럼 느낀다. 또한 그들은 사춘기로 들어가지 못한다(Clément et al., 1998). 이런 소수의 사람들에서는 렙틴 주사가 비만을 크게 감소시킨다(Williamson et al., 2005). 그러나 비만인 사람들 대부분은 렙틴을 충분히 만들어내지만 렙틴에 대한 민감성이 떨어진다(Tups, 2009).

개념 점검

14. 식욕에 영향을 미치는 호르몬은 어떤 것이고, 그 호르몬을 분비하는 기관은 어느 것인가?

15. 최근 몇십 년 동안 사춘기가 시작되는 평균 연령이 낮아졌다. 이 장에서 배운 것을 바탕으로 볼 때 그에 대한 한 가지 설명은 무엇인가?

← 체중 증가
← 고정점
← 체중 감소

그림 11.7 대다수의 사람들은 체중이 어떤 고정점 주위에서 변동한다. 마치 한가운데 위치에서 위아래로 탄력성 있게 오르락내리락하는 다이빙대와 비슷하다.

뇌 기제

어떤 순간에 식욕이 얼마나 좋은가는 음식의 맛과 모양, 위장과 창자의 내용물, 세포로 들어갈 수 있는 포도당, 그리고 몸의 지방 비축분에 따라 달라진다. 또한 건강, 체온, 하루 중 어느 때인가, 그리고 사회적 영향 요인들에 따라서도 달라진다. 이 모든 정보를 통합하고 그럼으로써 배고픔의 정도를 결정하는 핵심 영역으로는 시상하부의 여러 부분이 포함된다(그림 11.8).

시상하부의 활꼴핵(궁상핵, arcuate nucleus)이라는 영역에는 배고픔 신호(예, "저 음식이 맛있어 보여", "내 위장이 비었어")를 받는 일군의 뉴런과 배부름 신호(예, "인슐린 농도가 높아", "렙틴 신호가 높아")를 받는 또 다른 일군의 뉴런이 있다. 활꼴핵에서 나온 출력 신호가 시상하부의 다른 부분들로 하여금 침 분비 반응, 삼키기, 소화, 그리고 먹는 즐거움을 증진시키거나 약화시키게 만든다(Mendieta-Zéron, López, & Diéguez,

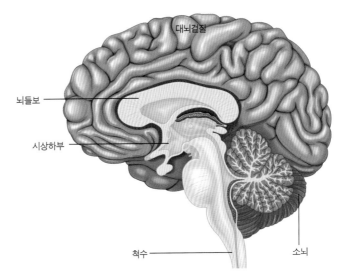

대뇌겉질

뇌들보

시상하부

척수

소뇌

그림 11.8 뇌의 아랫부분에 있는 작은 영역인 시상하부는 먹기, 마시기, 성 행동 및 다른 동기화된 활동을 조절하는 것을 돕는다.

Reeves & Plum, "Hyperphagia, rage, and dementia accompanying a ventromedial hypothalamic neoplasm," Archives of Neurology 1969, Vol. 20, no. 616-624.

그림 11.9 배쪽안쪽시상하부가 손상된 쥐(왼쪽)는 인슐린 수준이 계속 높은 상태여서 먹은 것 대부분을 지방으로 저장하게 된다. 영양물질이 혈액 속에 흐르지 않기 때문에 이런 쥐는 금세 다시 배가 고파진다. 지방이 과도하게 많아서 자기 털을 다듬기도 힘들다.

2008). 시상하부 손상은 섭식 조절에 문제를 일으킨다. 그림 11.9는 시상하부의 일부인 배쪽안쪽핵(복내측핵, ventromedial nucleus)이 손상된 쥐의 예를 보여주고 있다.

✓ **개념 점검**

16. 시상하부의 배쪽안쪽핵이 손상되면 동물의 체중이 결국에는 평소 수준보다 더 늘어나고 나서는 그 체중 주위에서 오르내린다. 고정점에 무슨 일이 일어난 것일까?

섭식에 미치는 사회와 문화의 영향

인슐린, 렙틴 및 배고픔에 대한 기타 생리적 기제에 관한 연구 중에는 식단이 변치 않는 실험동물을 대상으로 한 것이 많다. 그런 조건하에서는 생리적 기제가 동물을 거의 일정한 체중으로 유지시킨다. 그러나 대부분의 사람들은 다양한 음식을 사회적 영향하에서 먹는다. 섭식에 대한 사회의 영향력은 사람의 생리를 거스르거나 능가할 만큼 강할 수 있다.

예를 들어, 우리가 친구들과 함께 먹으면 혼자 먹을 때보다 평균 두세 배 오래 먹으며(Bell & Pliner, 2003), 거의 두 배나 먹는다(de Castro, 2000). 아마도 다른 사람의 영향을 자각하지 못한 채로, 배부르다고 생각하고는 몇 입 더 먹고, 그러고 나서도 또 몇 입 더 먹는다. 누군가 후식을 원하면 우리도 덩달아 먹게 된다(Vartanian, Herman, & Wansink, 2008). 물론, 예외적으로, 과식하는 것을 꾸짖는 사람과 식사를 한다면 그렇지 않다(Herman, Roth, & Polivy, 2003).

우리의 기대 또한 먹기에 영향을 미친다. 심지어 음식의 이름도 식욕에 영향을 미친다. 지금은 Chilean sea bass(칠레 농어)라고 불리는 생선이 과거에는 Patagonian toothfish(비막치어)라고 불렸는데, 이름을 바꾸자 판매가 크게 증가했다. Orange roughy(오렌지 러피)라는 또 다른 생선은 slimehead(부시돌치)라고 불렸었다. 당신이라면 레스토랑에 가서 맛있는 slimehead 한 접시를 주문하겠는가?[1]

한 식당에서 모든 손님에게 무료 와인을 한 잔씩 제공하는 실험을 했다. 손님 중 절반(임의로 선택됨)에게는 와인의 산지가 캘리포니아(좋은 와인이 나는 지방으로 유명함)라고 말해 주고, 다른 절반에게는 노스다코타(포도를 기르기에는 부적절한 기후임)라고 말해 주었다. 와인이 캘리포니아산이라고 생각한 사람들은 와인

---

1 toothfish나 slime이란 단어의 어감이 좋지 않다.

미국에서 비만이 증가한 이유 하나는 지난 몇 십 년 동안 식당 음식의 1인분 분량이 늘어난 것이다. 단순한 치즈버거 대신에 이제는 여러 개의 고기 패티 및 추가 요소가 들어 있는 거대한 버거를 주문할 수 있다.

도 좋아했고, 음식, 치즈 그리고 그 요리사도 좋아했다. 노스다코타산이라고 생각했던 사람들은 와인이나 다른 어떤 것도 좋아하지 않았으며, 대부분 그 식당에 다시 가지 않을 것이라고 생각했다(Wansink, Payne, & North, 2007).

먹는 데 영향을 미치는 또 다른 요인은 1인분의 양이다. 누군가 당신에게 많은 양의 식사를 대접한다면 거의 다 먹어야 할 것 같은 느낌이 드는가? 뷔페식당에서 식사를 하면 지불한 돈만큼 먹으려고 노력하는가? 한 연구에서는 영양 전문가(음식에 대해 아는 게 많으리라고 생각할 수도 있는) 학회에 참석한 사람들에게 아이스크림을 스스로 그릇에 담아 먹게 했다. 큰 그릇을 받은 사람들이 작은 그릇을 받은 사람들보다 아이스크림을 거의 3분의 1만큼 더 많이 담았다(Wansink, van Ittersum, & Painter, 2006). 또 다른 흥미로운 연구에서는 극장에서 손님들에게 팝콘을 작은 상자(120g) 또는 큰 상자(240g)로 하나씩 주었다. 나중에 연구자들이 사람들이 얼마나 먹었는가를 알아내기 위해 남은 팝콘의 무게를 쟀다. 더 큰 상자를 받은 사람들이 먹은 양이 유의미하게 더 많았는데, 심지어 팝콘이 14일이나 된 것으로 신선도가 크게 떨어졌을 경우에도 그랬다(Wansink & Kim 2005)!

세월이 지나면서 특히 미국에서는 1인분의 양이 서서히 많아졌다(Rozin, Kabnick, Pete, Fischler, & Shields, 2003). 1인분 양의 증가는 여러 방식으로 드러난다.『요리의 즐거움(Joy of Cooking)』이라는 요리책의 최근 판은 1인분의 양과 칼로리를 더 높인 조리법을 싣고 있다(Wansink & Payne, 2009). 예수의 최후의 만찬을 그린 그림들은 시간이 가면서 점점 더 큰 접시와 더 큰 빵을, 그리고 음식 전체가 더 많은 모습을 보여준다(Wansink & Wansink, 2010). 1인분의 양이 커졌다는 것은 오늘날 왜 그다지도 많은 사람이 과거보다 더 과체중인지를 설명하는 한 가설일 수 있다.

서구 문화에 의해, 어떤 이들이 표현한 대로, '코카콜라 식민지화' 또는 서구화되는 문화가 많아지면서 과식이 다른 문화에도 퍼지고 있다(J. M. Friedman, 2000). 아메리카 원주민인 애리조나 주의 피마족을 살펴보자(그림 11.10). 피마족 성인 대부분이 심각하게 과체중인데, 그 이유는 아마도 여러 유전자 때문이다. 또한 대부분이 고혈압과 제2유형 당뇨병이 있다. 그런데 같은 유전자를 지녔는데도 그들의 조상은 상대적으로 말랐었다. 그들은 소노라 사막에서 자라는 과일과 야채를 먹었는데, 그 과일과 야채를 얻을 수 있는 시간은 1년 중 잠깐밖에 되지 않았다. 생존을 위해 그들은 먹을 수 있을 때 최대한 많이 먹고 에너지를 가능한 한 많이 보존해야만 했다. 1940년대부터 그들의 식단은 다른 미국인들처럼 칼로리가 높고 1년 내내 먹을 수 있는 음식으로 바뀌었다. 피마족은 여전히 열심히 먹고 비교적 활동은 덜 하여 에너지를 보존하는데, 그 결과 체중이 늘어난다. 이는 유전과 환경의 영향이 조합된 것을 보여주는 최고의 예이다. 피마족의 체중 문제는 그들의 유전자와 식생활 변화 둘 모두에 좌우된다.

과식 혹은 지나친 소식

비만이 널리 퍼져 있지만 보편적인 일은 아니다. 왜 어떤 사람들은 비만이 되는 반면 어떤 사람들은 그렇지 않을까? 반대편 극단으로는 왜 어떤 사람들은 지나치게 적게 먹을까? 비정상적 섭식은 생리적 영향과 사회적 영향의 조합을 반영한다.

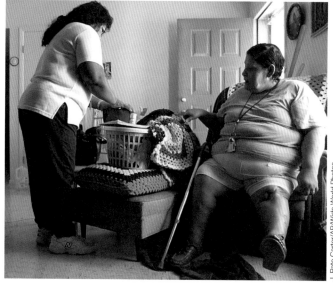

그림 11.10 1940년대까지 아메리카 원주민인 피마족은 사막 식물을 먹는 전통적 식생활을 했고 날씬함을 유지했다. 오늘날 그들은 전형적인 미국식 식생활을 하면서 비교적 비활동적인 삶을 유지하고 있는데, 그 결과 비만 출현율이 높다.

비만

비만(obesity)은 **체지방이 과다하게 축적된** 것이다. 의사들은 **체질량지수**(body mass index, BMI)를 계산하는데, 이것의 정의는 킬로그램 단위의 체중을 미터 단위의 키의 제곱으로 나눈 것이다($kg \div m^2$). 그 비율이 25가 넘으면 과체중이고, 30 이상이면 비만, 40 이상이면 고도 비만으로 간주된다(National Institute of Health, 2000). 미국 성인의 3분의 2가량이 비만이거나 과체중이다. 비만은 당뇨, 심장 질환, 암, 수면 무호흡 및 다른 질병의 위험을 증가시킨다(Kopelman, 2000). 비만에 관한 정보를 보려면 www.obesity.org를 방문해 보라. 사람들이 과체중이 되는 이유는 에너지로 쓰는 것보다 더 많은 칼로리를 섭취하기 때문이다. 그런데 왜 그럴까? 우리가 종종 맛있는 음식을 많이 먹기 때문이라는 것이 방금 언급한 한 가지 이유였다. 그래도 그런 음식을 먹더라도 어떤 사람은 살이 찌고 어떤 사람은 그렇지 않다. 그 차이의 원인은 무엇일까?

감정적 동요의 제한적인 역할

정서적 괴로움은 거의 모든 사람들에게서 섭식과 체중을 일시적으로 변동시킨다. 폭식을 하면 사람은 격정에서 벗어나 기분이 좋아진다(Heatherton & Baumeister, 1991). 폭식은 체중을 줄이기 위해 다이어트를 해 온 사람들에게서 특히 흔히 일어난다(Greeno & Wing, 1994). 다이어트를 하는 사람들은 먹고 싶은 욕망을 능동적으로 억제하다가 스트레스를 받으면 억제가 무너져서 평소 억눌렀던 먹는 것에 대한 욕구를 분출하는 것으로 보인다.

괴로움이 폭식을 유발한다면 비만의 원인이 되기도 할까? 15건의 연구를 개관한 한 논문은 우울하면 비만

비만인 사람 중에는 다른 사람들이 자신을 대하는 태도 때문에 속이 상하고 낮은 자존감으로 괴로워하는 이가 많다.

이 될 가능성이 높아지고, 비만하면 우울해질 가능성이 높아짐을 알아냈다(Luppino et al., 2010). 그러나 이 두 가지 효과는 모두 크기가 작았다. 예를 들어 한 연구에서는 심한 우울증 병력이 있는 사람들의 19%가 비만이 되었는데, 그에 비해 우울증이 없는 사람들은 15%가 비만이다(McIntyre, Konarski, Wilkins, Soczynska, & Kennedy, 2006).

유전과 에너지 소비량

최소한 20~30개의 유전자가 건강한 사람이 비만이 될 확률에 영향을 주지만, 개별 유전자가 미치는 영향은 그리 크지 않다(Thorleifsson et al., 2009). 그런데 이 유전자들이 행동을 어떻게 변화시키는 걸까?

과체중인 사람 중에는 남들에게 먹었다고 말하는 것보다 더 많이 먹고, 아마도 스스로 인정하는 것보다도 더 많이 먹는 이가 많다. 감탄할 만큼 단순한 한 연구에서는 연구자들이 마트 영수증을 모았는데, 과체중인 가족은 1인당 사는 음식의 양이 평균보다 더 많았고, 특히 고지방 음식을 많이 샀다(Ransley et al., 2003).

과체중인 사람들 대부분은 에너지 섭취량이 더 많을 뿐만 아니라 대사율 저하를 비롯하여 에너지 소비량이 더 낮다. 연구자들이 과체중 산모 12명과 정상 체중 산모 6명의 유아들을 생후 1년 동안 비교했다. 출생 시에는 아기들의 체중이 거의 같았지만 과체중 산모의 아기 중 6명은 다른 아기들에 비해 비활동적이었고 생후 1년 내에 과체중이 되었다. 생후 첫 3개월 동안 과체중 아기들은 매일 소모하는 에너지가 다른 아기들의 평균에 비해 20% 더 적었다(S. B. Roberts, Savage, Coward, Chew, & Lucas, 1988).

낮은 에너지 소모량은 성인에게서도 체중 증가를 잘 예측한다. 연구자들은 약간 비만인 사람들이 다른 사람들보다 덜 활동적이고 앉아서 보내는 시간이 더 많음을 알아냈는데, 이런 경향은 심지어 체중을 줄인 이후에도 지속되었다(J. A. Levine et al., 2005). 따라서 비활동성은 몸이 무거운 데 따른 반응이 아니라 장기적인 성향임이 분명하다.

운동량의 증가는 모든 체중 감량 프로그램에서 중요한 부분이다. 하지만 한 가지 문제점은 대부분의 사람이 한 번 운동을 했을 때 소모하는 칼로리를 과대평가한다는 것이다. 예를 들어 4.5km를 걸으면 감자칩 한 주먹에 해당하는 칼로리가 소비된다. 어떤 사람들은 운동을 했는데 다음번에 체중계에 올라갔을 때 체중의 변화가 없는 것을 보면 의욕을 잃는다. 또한 운동을 한 다음에는 더 많이 먹는 사람이 많다. 심지어 어떤 사람들은 운동하는 것에 대해 생각만 해도 더 많이 먹는다(Werle, Wansink, & Payne, 2011).

개념 점검 17. 먹기와 체중 증가에 미치는 비유전적 영향 요인의 중요성을 보여주는 증거는 무엇인가?

체중 감량

체중을 줄이려는 사람들은 지금 먹는 것을 즐기려는 동기와 나중에 체중 감소에 대해 기뻐하려는 동기 사이의 갈등을 겪는다. 체중을 줄이려고 몸부림치는 사람들에게 다이어트나 여타 대부분의 개입은 효과가 작거나 일시적일 뿐이다(Stice, Shaw, & Marti, 2006). 그럼에도 불구하고 다양한 다이어트 프로그램 광고는 많은 사람이 체중을 대단히 감량했다고 이야기한다. 그 광고들이 진실을 말하고 있다고 가정해 보자. X명의 사람들이 어떤 다이어트를 하고 체중이 감소했다는 이야기를 듣는다면 그 정보가 얼마나 유용한 것일까? 그 사람들이 감량한 체중을 얼마나 오래 유지했는지 그리고 그 다이어트를 했는데도 체중을 감량하지 못한 사람들이 몇 명인지를 알지 못한다면 그 정보는 거의 쓸모없는 것이다. 문헌을 개관한 연구는 특정 다이어트를 하고서 체중이 증가하는 사람들이 감소하는 사람들만큼이나 많음을 발견했다(Mann et al., 2007). 체중을 더 성공적으로 감소시키려면 먹는 양의 감소뿐 아니라 운동량의 증가를 포함한 생활방식의 변화가 필요하다. 그렇게 하는 게 도움이 되기는 하지만 그래도 감량한 체중을 2년 이상 유지하는 사람은 참가자 중 겨우 20~40%에 지나지 않는다(Powell, Calvin, & Calvin, 2007).

주요 문제 중 하나는 대부분의 사람들이 다이어트를 지속하지 않는다는 점이다. 많이 먹고 적게 활동하는 생활을 오래도록 하다가 조금 먹고 많이 활동하는 생활로 바꾸기란 어려운 일이다. 그보다는 사람들에게 작은 변화를 주도록 권고할 때 더 잘 따를 가능성이 더 높다. 예컨대 일일 활동량을 지속적으로 증가시킬 것, 탄산음료 대신 물을 마실 것, 건강에 좋은 간식을 먹을 것, 항상 그릇에 몇 숟가락은 남길 것 등등이다. 더 심각한 다이어트로 나아가지 않더라도 체중을 약간만 감량하고 계속 유지하는 것이 더 많이 감량하고 다시 찌는 것보다 낫다(Stroebele et al., 2008).

체중 감량에 관한 통계 대부분이 우리를 맥 빠지게 하는 소리이지만, 지인 중에 실제로 체중을 감량하고 계속 유지한 사람이 아마 있을 것이다. 다이어트 실패에 관한 이야기가 성공에 관한 이야기보다 더 많이 들리는 이유는 단순하다. 체중을 빼고 빠진 체중을 유지하는 사람들은 계속해서 도움을 찾지 않기 때문이다(Schachter, 1982). 체중 감량에 실패한 사람들이 비만클리닉 여기저기를 전전한다. 따라서 어려움을 겪는 환자들이 과도하게 더 흔해 보인다.

체중과 신체 치수에 대한 사회적 압력

당신은 자신의 체중에 만족하는가? 체중에 대한 불만은 흔한 일이며, 백인과 흑인 모두를 포함하여 여성에게서 특히 흔하다(Grabe & Hyde, 2006). 날씬하고 예뻐야 한다는 압력은 바비 인형(Barbie doll) 같은 것에서부터 시작된다. 바비 인형은 불가능한 키 대 허리 비율을 지녔다. 그렇게 허리가 가는 여성은 죽을 것이고, 거의 그 정도로 마른 여성은 가슴이 전혀 발달하지 않을 것이다. 연구자들은 5~7세 여자아이들에게 바비 인형을 거듭해서 보여주면 아이들이 자신의 몸에 대해 불만을 더 많이 표현하게 된다는 것을 발견했다(Dittmar, Halliwell, & Ive, 2006).

April Fallon과 Paul Rozin(1985)은 여성들에게 그림을 보여주고 남자들이 제일 매력적이라고 여길 만한 몸매를 표시하라고 했다. 연구자들은 남성들에게도 가장 매력적이라고 생각하는 여성의 몸매를 물어보았다. 그림 11.11이 보여주는 것처럼 여성은 대부분의 남성이 실제로 선호하는 것보다 더 마른 여성을 남성이 선호할 것이라고 생각했다. 같은 연구에서 남성은 여성이 실제로 선호하는 것보다 더 몸집이 큰 남성을 선호한다고 생각했음이 나타났다.

신경성 식욕 부진

윈저 공작부인[2]은 "아무리 부자라도 너무 부자일 수는 없고 아무리 말랐어도 너무 마를 수는 없다."고 말한 적이 있다. 너무 부자가 될 수 없다는 것은 맞을지

....
2 영국 국왕 에드워드 8세와 재혼한 심프슨 부인.

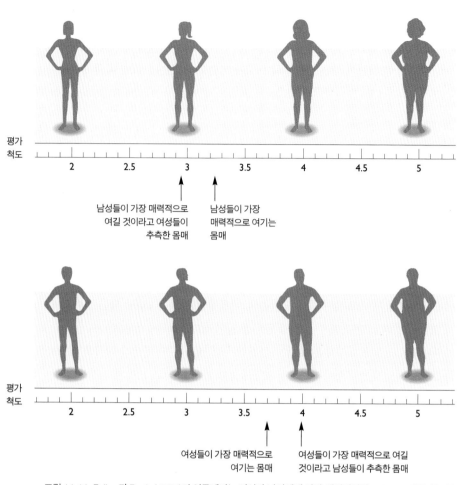

평가 척도

남성들이 가장 매력적으로 여길 것이라고 여성들이 추측한 몸매

남성들이 가장 매력적으로 여기는 몸매

평가 척도

여성들이 가장 매력적으로 여기는 몸매

여성들이 가장 매력적으로 여길 것이라고 남성들이 추측한 몸매

그림 11.11 Fallon과 Rozin(1985)의 연구에서는 여성과 남성에게 가장 매력적이라고 스스로 생각하는 몸매, 그리고 반대편 성이 가장 매력적으로 여길 것으로 생각하는 몸매를 물어보았다. 남성과 여성 모두 상대방의 선호를 잘못 예측했다.

모르겠으나 너무 마른 것에 관해서는 그녀가 틀렸다. 어떤 사람들은 마르고자 하는 동기가 너무도 강해서 건강이 위험해진다.

신경성 식욕 부진(anorexia nervosa, 또는 거식증)은 체중이 느는 것을 극도로 두려워하고 정상적인 양을 먹기를 거부하는 병이다. Anorexia는 '식욕 상실'이라는 뜻이지만 문제는 사실상 배고픔의 결핍이 아니다. 신경성 식욕 부진인 사람들은 대부분 음식의 맛을 즐기고 심지어 음식을 준비하는 것도 즐긴다. 그들의 문제는 먹기에 대한 공포와 체중 증가에 대한 공포이다. '신경으로 인한'을 뜻하는 nervosa라는 용어가 이 병을 소화기 장애와 구분 짓는다.

미국에서는 여성 중 거의 1%와 남성 중 약 0.3%가 생애 어느 한때 신경성 식욕 부진에 걸린다(Hudson, Hiripi, Pope, & Kessler, 2007). 이 병은 대부분 10대 때 시작된다. 다른 굶주리는 사람들과 달리 신경성 식욕 부진이 있는 사람은 장거리 달리기를 하고, 운동 경기에 참가하고, 학교 숙제도 부지런히 하고, 잠은 별로 자지 않는다. 대부분이 완벽주의자로, 먹기를 거부함으로써 극도의 자기 통제를 입증해 보이면서 자랑스러워한다(Halmi et al., 2000). 그들은 대체로 자신의 문제를 부인하거나 축소해서 말한다. 심지어 위험할 정도로 살이 빠졌을 때에도 자신에 대해 "뚱뚱해

놀이공원에 있는 거울은 보는 사람의 외모를 일시적으로 왜곡시킨다. 신경성 식욕 부진인 사람은 항상 이와 유사한 식의 왜곡된 신체 이미지를 보고한다. 즉 자신이 실제보다 훨씬 더 살이 찐 것으로 묘사한다.

어머니와 포즈를 취하고 있는 이 10대 소녀는 신경성 식욕 부진이 가장 심했던 시절에 '베스트 고3 몸매'로 뽑혔다. 사회가 여성에게 마른 몸매를 갖도록 부추겨서 때로는 위험 수준까지 도달하게 만든다.

보인다"거나 "살을 빼야 한다"고 이야기한다.

이 병의 원인은 알려져 있지 않다. 신경성 식욕 부진인 사람들의 뇌에 생화학적으로 이상이 많음이 밝혀졌지만, 그런 이상은 심각한 체중 감소의 원인이라기보다는 아마도 그 결과일 것이다(Ferguson & Pigott, 2000). 체중이 정상으로 돌아가면 대부분의 생화학적 측정치 역시 정상으로 돌아간다.

문화가 미치는 영향도 강하지만 그것이 전부는 아니다. 신경성 식욕 부진은 미국, 캐나다, 북유럽 같은 날씬함을 강조하는 문화에서 더 흔하기는 하다. 남유럽, 아프리카 혹은 아랍 국가에서 온 이민자들이 신경성 식욕 부진 발생률이 더 높은 문화에서 살게 된 뒤에는 그 병에 걸릴 위험이 더 높아진다(Lindberg & Hjern, 2003). 하지만 사회의 압력이 완전한 설명이 될 수는 없는데, 왜냐하면 심한 다이어트를 한 여성들 대부분이 신경성 식욕 부진에 걸리지는 않기 때문이다. 아프리카와 동남아시아 같은 서구화되지 않은 문화뿐만 아니라 유럽에서 마른 것이 강조되기 훨씬 전인 수백 년 전에도 가끔씩 신경성 식욕 부진 사례들이 보고된 바 있다(Keel & Klump, 2003). 이런 사례 중에는 사회가 종교적인 이유의 금식 같은 다른 압력을 행사한 경우도 있다. 따라서 신경성 식욕 부진에 문화가 미치는 영향은 다양한데, 왜 어떤 사람들은 다른 사람들보다 훨씬 더 강하게 반응하는지를 설명해야 할 필요가 있다.

가족의 영향 역시 중요하다. 신경성 식욕 부진은 요구사항이 많고 완벽주의를 장려하는 가족에게서 그리고 부정적 정서와 불화가 많은 가족에게서 더 흔하게 나타난다(Pike et al., 2007). 그런 가족들 중에는 불안이나 우울증이 있는 부모가 있는 경우가 많다(Lindberg & Hjern, 2003). 신경성 식욕 부진인 사람들은 발병하기 전에는 정신과 병력이 없는 경우가 대부분이지만 나중에 불안 장애와 우울증이 생기는 이가 많다(Berkman, Lohr, & Bulik, 2007).

가장 흔한 요법은 가족치료인데, 여기서는 부모가 환자가 먹는 것을 통제한다. 환자가 회복하기 시작하면서 부모가 서서히 통제를 줄인다. 이 절차는 나이가 어린 환자들에게서 최상의 효과가 있다. 전체적으로 모든 환자의 절반가량이 완전히 회복되고, 5~10%가 사망하며, 나머지는 장기간 어려움을 겪는다(Steinhausen, Grigoroiu-Serbanescu, Boyadjieva, Neumärker, & Metzke, 2009; Wilson, Grilo, & Vitousek, 2007).

18. 신경성 식욕 부진인 환자는 보통의 굶주리는 사람과 어떤 면에서 뚜렷하게 다른가?

신경성 식욕 항진

또 다른 섭식 장애는 신경성 식욕 항진(bulimia nervosa, 또는 대식증. 말 그대로 '신경성으로 소[3]같이 배가 고픈 것') 이다. 이 환자들 역시 대부분 여성인데 자진해서 금식과 과식 기간을 왔다 갔다 하면서 통제력을 잃었다는 느낌을 갖는다. 과식하고 나면 그것을 상쇄하기 위해 억지로 구토를 하거나 변비약이나 관장약을 사용하기도 하고, 다이어트와 운동을 장기간 하기도 한다. 다시 말해 그들은 "폭식을 하고는 씻어낸다." 극단적으로 폭식을 할 경우 사람들은 한 번에 20,000칼로리까지도 먹어치운다고 한다(Schlesier-Stropp, 1984). 치즈버거 하나, 감자튀김, 밀크셰이크 한 잔이 약 1,000칼로리이므로 그런 끼니를 한 번에 스무 개 먹는다고 상상해 보라. 폭식하는 음식에는 대부분 단것과 지방이 포함되므로(Latner, 2003) 20,000칼로리를 더 잘 보여주는 예는 초콜릿 시럽 6리터 또는 버터 25토막이 될 것이다.

미국의 경우, 성인 여성 약 1%와 성인 남성 약 0.1% 에게 신경성 식욕 항진이 있다(Hoek & van Hoeken, 2003). 몇 십 년간 발병률이 서서히 증가해 오다가 대략 1990년부터 같은 수준으로 유지되어 왔다(Crowther, Armey, Luce, Dalton, & Leahey, 2008). 대부분의 사람들이 신경성 식욕 항진에서 완전히 혹은 어느 정도 회복되지만, 우울증이라는 문제가 남아서 고생하는 이가 많다(Berkman et al., 2007).

주요 원인 하나는 문화이다. 신경성 식욕 항진은 1900년대 중반까지는 드물었고 서구화의 영향이 강하

---

3 황소를 뜻하는 'bull'이 어원이다.

지 않은 문화에서는 어디서도 기록된 바가 없다(Keel & Klump, 2003). 엄청난 양의 맛있는 음식이 존재하지 않는다면 당연히 폭식은 불가능하다.

문화가 미치는 영향을 가장 극적으로 보여주는 것은 피지섬의 사례이다. 피지섬에서 전통적으로 여성은 몸집이 컸으나 불만이 없었다. TV가 등장하기 전에는 살을 빼기 위해 다이어트를 한다는 개념이 없었다. TV의 등장 이후 많은 여성이 다이어트, 구토, 폭식을 하기 시작했다. 그들은 TV에 나오는 여성처럼 보이기 위해 체중을 줄이려 한다고 말했다(Becker, Burwell, Gilman, Herzog, & Hamburg, 2002; Becker, Burwell, Navara, & Gilman, 2003).

한 가지 가설은 신경성 식욕 항진인 사람은 한동안은 금식을 하고 계속해서 배고픔과 싸우다가 폭식을 하게 된다는 것이다(Polivy & Herman, 1985). 이런 생각이 올바른 방향일 수는 있으나 완전하지는 않다. 며칠 혹은 몇 주 동안 굶은 사람들 중에는 폭식을 하게 되는 이도 있지만 그렇지 않은 이도 있다(Stice, 2002). 금식 기간 이후 무엇을 먹는가에 따라 결과가 달라질 수 있다. 대부분의 사람들이 금식 이후 고기, 생선 혹은 계란을 먹는 반면에 신경성 식욕 항진인 사람은 후식 또는 간식을 먼저 먹는다(Latner, 2003). 어떤 면에서는 신경성 식욕 항진이 약물 중독을 닮아 있다(Hoebel, Rada, Mark, & Pothos, 1999). 과식은 약물이 주는 것과 유사한 '절정감'을 주는데, 약물을 끊은 약물 사용자 중에는 그 대체물로 과식을 하는 사람들이 있다. 게다가 중독자가 얼마간 약물을 절제했다가 다시 하면, 처음에는 강한 강화를 받을 수 있다. 이런 논리에 따르면, 절제와 과식의 순환이 중독성을 띨 수 있는데 왜냐하면 금식 기간 후 처음 많이 먹는 끼니가 극도로 강화적이기 때문이다.

이런 생각을 검증하기 위해 연구자들은 실험실 쥐에게 잠에서 깬 후 첫 4시간 동안은 먹이를 주지 않고, 그 다음에 달콤한 시럽과 사료를 주는 식이요법을 실시했다. 매일의 먹이 박탈 기간은 총 12시간이었다. 이러한 일정이 반복됨에 따라 쥐들은 그런 달콤한 한 끼를 점점 더 많이 먹었다. 뿐만 아니라 그런 다음 익숙한 이 끼니를 주지 않자 쥐들은 마치 모르핀 금단을 겪는 것과 유사한 패턴으로 머리를 흔들고 이를 맞부딪혔다(Colantuoni et al., 2001, 2002). 이 연구의 쥐들이 인간이 겪는 신경성 식욕 항진의 복잡함을 그대로 보여주지 않음은 명백하다. 하지만 이 연구는 결핍 다음에 과식이 이어지는 패턴이 다른 동기들을 압도하는 강력한 강화를 제공한다는 점을 시사한다.

19. 폭식이 중독성 약물을 복용하는 것과 유사한 경험을 낳는 상황은 어떤 것인가?

배고픔의 복잡성

이 단원의 연구들은 동기가 생리적, 사회적 및 인지적 힘들이 복잡하게 혼합된 것을 반영한다는 생각을 강조한다. 사람들이 음식을 먹는 데는 많은 이유(생리적, 인지적 및 사회적)가 있고, 또한 음식을 절제하는 데도 많은 이유가 있다. 사람들이 왜 비만이 되는지 혹은 왜 신경성 식욕 부진에 걸리는지를 이해하려면 여러 종류의 영향을 감안해야 한다. 전체적인 요점은 이것이다. 즉, 우리의 동기는 서로 상호작용하고 서로 조합된다. 우리가 오직 한 가지 이유로만 무엇을 하는 경우는 거의 없다.

요약

- 배고픔의 단기 조절. 식사를 마치게 하는 기제는 여러 가지가 있는데, 주된 것은 위와 창자의 팽창이다. 세포가 받아들이는 포도당과 기타 영양물질이 적어지기 시작하면 다시 배고픔이 찾아온다. 인슐린이라는 호르몬이 혈액에서 저장고로 가는 영양물질의 흐름을 조절한다. (431쪽)

- 배고픔의 장기 조절. 사람이 살이 찌면 지방세포가 렙틴 분비를 증가시키고 렙틴이 배고픔을 감소시킨다. 살이 빠지면 지방세포가 렙틴 분비를 감소시키고, 배고픔이 증가한다. (432쪽)

- 섭식에 미치는 인지적 및 사회적 영향. 사람은 혼자 먹을 때보다 집단 속에서 먹을 때 더 많이 먹는다. 식사에 대한 기대가 클수록 더 많이 먹고, 더 많이 마시고, 음식을 더 즐긴다. 1회 분량으로 더 많은 양이 제공되면 더 많이 먹는다. (434쪽)

- 과체중의 원인. 어떤 사람들은 유전적인 이유로 비만해지기 쉽다. 비만인 사람은 비활동적이며 체중을 줄인 이후에도 계속 비활동적인 경향이 있다. (437쪽)

- 체중 감량 기법. 장기적으로 보았을 때 다이어트로는 체중 감량에 실패하는 사람들이 대부분이다. 다이어트와 운동의 조합이 더 효과가 좋지만, 그 성공률도 여전히 실망스럽다. (437쪽)

- 신경성 식욕 부진과 신경성 식욕 항진. 신경성 식욕 부진인 사람들은 때로는 위험한 수준까지 음식을 먹지 않는다. 신경성 식욕 항진인 사람들은 엄격한 다이어트와 잠깐이지만 엄청난 폭식 사이를 왔다 갔다 한다. 날씬해야 한다는 문화적 압력이 두 질환의 공통 원인이다. (438쪽)

핵심 용어

고정점 (432쪽)

렙틴 (432쪽)

비만 (436쪽)

신경성 식욕 부진 (438쪽)

신경성 식욕 항진 (440쪽)

인슐린 (432쪽)

포도당 (431쪽)

성 동기

- 사람들이 어떤 성 행동을 할까?
- 사람들의 성 지향성이 왜 다를까?

성 동기는 배고픔과 마찬가지로 생리적 추동과 유인 두 가지 모두에 달려 있다. 역시나 배고픔과 유사하게, 성 추동은 결핍 시에는 적어도 어느 지점까지는 증가되고, 억제해야 할 필요가 있을 때에는 억제할 수가 있다. 그러나 성 추동은 여러 가지 중요한 면에서 배고픔과는 다르다.

궁극적으로 배고픔과 성 추동은 중요한 생리적 기능을 수행하는데, 우리가 그 행위 자체를 하는 동안에는 그런 생리적 기능에 대해 보통 생각조차 하지 않는다. 진화에 의해 우리에게 먹는 것을 즐기는 기제가 있는 것은 먹는 것이 우리의 삶을 유지시켜 주기 때문이다. 마찬가지로 진화에 의해 성이 즐겁게 느껴지는 기

제를 우리가 갖고 있는 이유는 성이 번식으로 이어지기 때문이다.

사람들은 무엇을 얼마나 자주 할까?

연구자들이 다양한 성 행동을 연구하는 데는 많은 이유가 있다. 예를 들어, 에이즈의 전파를 예측하기 원한다면 안전하지 않은 성행위를 하는 사람들이 얼마나 되는지 그리고 몇 명의 파트너와 하는지를 알아야만 한다. 성을 연구하는 과학적 이유와 의학적 이유 외에도, 우리에게는 궁금증이 있다. 그냥 인정하자! 궁금하지 않은가?

Kinsey 보고서

인간 성 행동에 관한 최초의 중요한 보고서는 Alfred C. Kinsey가 작성한 것이었다. Kinsey는 곤충생물학자였는데 인디애나 주립대학교의 결혼에 관한 강의 중 생물학 부분을 강의하기로 했다. 도서관에 인간의 성에 관한 정보가 별로 없음을 알게

Alfred C. Kinsey는 뛰어난 면접자여서 사람들이 자유롭게 이야기할 수 있도록 편안하게 해주었지만, 거짓일 수 있는 말에 대해서는 경계했다.

성 관습은 사회마다 다르다. 몽족 축제에서는 미혼 여성이 자신에게 구혼할 수도 있는 남자에게 테니스공을 던진다.

되자 그는 설문조사를 했다. 강의 목적으로 시작한 작은 규모의 프로젝트가 18,000명을 대상으로 한 설문조사로 커졌다.

Kinsey가 조사한 표본집단은 크기는 컸지만 면접에 응한 사람들이 대부분 협조적인 조직의 구성원이었는데, 그 조직의 범위는 남학생 기숙사에서 수녀원에까지 걸쳤고, 거의가 미국 중서부 사람들이었다. 이후의 연구자들은 모집단을 대표하는 표본을 얻기 위해 더 정성을 기울였고, 그 결과 Kinsey의 연구와 유의미하게 다른 결과를 얻었다.

그렇다고 하더라도 Kinsey가 인간 성 행동의 다양성을 문서로 입증한 것은 사실이다(Kinsey, Pomeroy, & Martin, 1948; Kinsey, Pomeroy, Martin, & Gebhard, 1953). 그는 오르가즘을 경험한 적이 한 번도 없거나 별로 없는 사람도 있음을 발견했다. 또한 (여러 명의 남성, 여성, 동물을 파트너로) 하루에 평균 네댓 번의 오르가즘을 경험했다고 보고한 중년 남성, 20분 이내에 50번 혹은 그 이상의 오르가즘을 경험한 여성도 여럿 발견했다.

Kinsey는 대부분의 사람이 성 행동이 얼마나 다양한지를 알고 있지 못함을 알아냈다. '과도한 자위'가 신체적 질환과 정신적 질환의 원인이 된다고 믿는지를 사람들에게 물었을 때 대부분이 '그렇다'고 대답했다. (사실은 그렇지 않다.) 그 다음에 얼마만큼이 '과도한' 것인지를 물어보았다. 사람마다 '과도한'은 자신이 하는 것보다

조금 많은 것을 의미했다. 한 달에 한 번 자위를 하는 젊은 남성은 한 달에 세 번의 자위가 정신 질환의 원인이 될 것이라고 말했다. 매일 세 번씩 자위를 하는 한 남성은 하루에 다섯 번을 과도하다고 생각한다고 말했다. (이에 대응하여 Kinsey는 색정광(nymphomaniac)을 "자신보다 성 행위를 더 많이 원하는 사람"이라고 정의했다.)

이후의 조사들

Kinsey가 모집단에서 무작위 표본을 얻어 면접을 하려고 시도하지 않은 이유는 사람들이 대부분 협조를 거부할 것이라고 생각했기 때문이다. 1940년대에는 그가 맞았을 수도 있겠으나, 그 이후 연구자들은 무작위 표본을 추출했고 사람들이 대부분 협조하도록 했다(Fay, Turner, Klasson, & Gagnon, 1989; Laumann, Gagnon, Michael, & Michaels, 1994).

(누군가가 성에 관한 조사에 참여해 달라고 요청하는 경우를 위한 조언을 해야겠다. 합법적인 연구자들은 자신이 어떤 연구기관과 연결되어 있음을 보여주는 증명서를 제시한다. 그들은 또한 답변의 비밀을 보장하기 위한 대책을 갖고 있다. 증명서를 보여주지 못하는 '연구자들'은 신뢰하지 말라. 전화로 하는 성 관련 조사는 특히 경계하라. 조사를 가장한 음란 전화와 합법적인 조사를 구별하는 것이 쉬운 일은 아니다.)

미국 성인 거의 3,500명으로 구성된 무작위 표본을 대상으로 한 조사(Laumann et al., 1994)에서는 사람들이 무엇을 즐기는지를 탐색했다. 그림 11.12는 다양한 성 활동에 대해 '매우 매력적'이라고 말하는 남성과 여성의 비율을 보여준다. 가장 대중적인 성 활동은 질 삽입 성교였고, 그 다음으로는 파트너가 옷을 벗는 것을 보는 것, 그 다음은 구강 성교였다.

여기에 나열된 활동 각각마다 그것을 즐긴다고 보고한 남성이 여성보다 더 많음을 주목하라. 27,500명으로 범위가 넓어진 조사에서는 29개의 국가 모두에서 자신의 성 생활에 만족하고 기쁨을 느낀다고 보고한 남성의 비율이 여성보다 높았다(Laumann et al., 2006). 그러나 그 결과는 여러 면에서 오해의 소지가 있다. 사랑하는 사람과 안정적인 관계를 맺고 있는 여성은 남성만큼이나 성 활동을 즐긴다고 보고한다

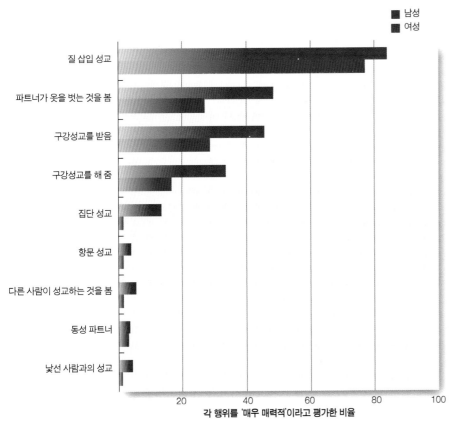

그림 11.12 여러 가지 성 활동을 '다소 매력적임', '별로 매력적이지 않음', 또는 '전혀 매력적이지 않음'과는 반대로 '매우 매력적임'이라고 평가한 미국 성인의 비율. (Laumann, Gagnon, Michael, & Michaels, 1994의 자료에 기초함)

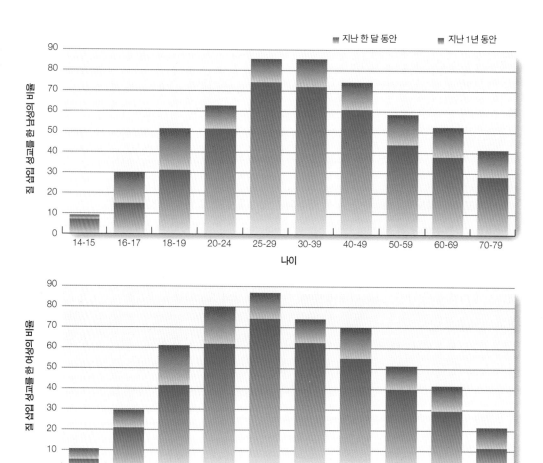

(Conley, Moors, Matsick, Ziegler, & Valentine, 2011). 또한 남성들 중에는 자신의 성 활동을 자랑하기를 좋아하는 이가 많고, 여성들 중 일부는 성에 대한 관심을 축소해서 말한다(Alexander & Fisher, 2003).

그림 11.13은 미국에서 거의 6,000명을 대상으로 한 설문조사의 결과를 제시한다. 그림이 보여주는 것처럼 성 활동은 초기 성인기에 정점에 달한 이후 줄어들지만 심지어 70세가 지나서도 남성의 거의 절반 그리고 여성의 거의 4분의 1이 성행위를 한다(Herbenick et al., 2010). 성 활동을 하지 못하는 주요 이유는 건강 문제와 파트너의 죽음이다(Kontula & Haavio-Mannila, 2009).

문화 간 그리고 동년배 간의 비교

성 관습은 문화 및 하위문화에 따라 상당히 다르다. 미국 대학 네 군데를 조사한 결과 성교를 한 경험이 있는 학부생의 비율이 한 대학에서는 54%이고 또 다른 대학에서는 90%로 크게 다름이 밝혀졌다(Davidson, Moore, Earle, & Davis, 2008). 터키에서는 한 대학은 그 비율이 남성 32%와 여성 9%, 또 다른 대학은 남성 84%와 여성 33%에 이르렀다(Askum & Ataca, 2007). 많은 아시아와 아프리카 국가의 여성들은 결혼 전 혹은 약혼 전에 성행위를 하지 않는다. 이 모든 나라에서 남성이 여성보다 결혼 전 성교를 더 많이 하는데, 그들 중 일부는 매춘부와 성교를 한다. 미국 및 많은 서유럽 국가에서는 남성과 여성이 평균적으로 결혼 10년 이전에 성교를 한다(Parish, Laumann, & Mojola, 2007).

역사적 시대에 따라서도 관습이 변한다. 인간의 역사에서 오랜 시간 동안 혼전 성교는 흔치 않은 일이었고 전 세계 많은 지역에서는 스캔들이었다. 1900년대 초부터 중반까지 많은 나라에서 규범이 변화했다. 이전에는 사람들이 15~16세에 사춘기에 도달했고 20세 이전에 결혼을 했다. 오늘날 미국에서는 건강과 영양이 좋아져서 사춘기가 시작되는 평균 연령이 대략 10~12세이고, 경제적인 이유로 대부분의 사람들이 결혼을 25~30세까지 미룬다. 믿을 만한 피임법이 원치 않는 임신을 방지한다. 또한 영화와 TV가 다른 사람들은 여러 명의 파트너와 가볍게 성행위를 한다고 우리에게 암시를 퍼붓는다. 이런 상황하에서는 결혼 전까지 절제하는 것이 보통이 아니라 예외가 되었다.

1990년대 미국에서 한 조사는 그림 11.14가 보여주는 결과를 내놓았다(Laumann

문화에 따라 공공장소에서 신체를 노출하는 것에 대한 기준이 다르다.

et al., 1994). 평균적으로, 당시 40대는 50대보다 일생 동안 성관계를 가졌던 파트너의 수가 더 많았다고 보고했다. 나이가 들면서 관계를 가진 파트너의 총 수가 줄어들 수 없음은 당연하다. 하지만 이 조사에 참여했던 40대는 50대와는 다른 사람들이었고, 그들의 젊은 시절은 성적 자유가 더 많이 허용된 시대였다. 이것이 제5장에 기술된 것과 같은 동시대 효과(cohort effect)이다. 핀란드, 브라질 및 인도에서 한 조사 역시 최근 세대로 올수록 성적 자유가 더 많이 허용되는 경향을 발견했다 (Kontula & Haavio-Mannila, 2009; Paiva, Aranha, & Bastos, 2008, Sandhya, 2009).

개념 점검 20. Kinsey의 결과가 이후에 이루어진 조사와 달랐던 이유는 무엇인가?

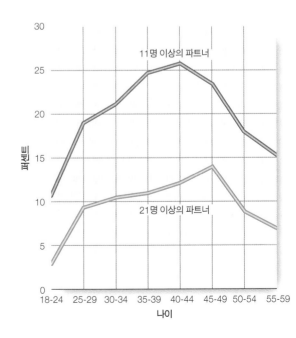

그림 11.14 일생을 살면서 11명 또는 21명 이상의 성 파트너가 있었던 미국인의 비율 (Laumann et al., 1994의 자료에 기초함)

에이즈 시대의 성 행동

1980년대에는 사람들의 성 동기에 새로운 요인이 등장했는데, 이는 후천성 면역결핍증(acquired immune deficiency syndrome; AIDS)에 대한 공포였다. 이 병은 인체의 면역 체계를 공격하는 질병으로서 성 접촉을 통해 전염된다. 에이즈를 일으키는 바이러스인 HIV(human immunodeficiency virus, 인간 면역결핍 바이러스)가 한 사람에게서 다른 사람에게 퍼지려면 그 사람의 혈액 속으로 들어가야만 한다. (이 바이러스는 체액 바깥에서는 오래 생존하지 못한다.) 흔한 전파 경로 세 가지는 오염된 혈액 수혈, 불법 약물을 정맥주사로 투여할 때 여럿이 함께 쓰는 주삿바늘, 그리고 성 접촉이다. 성 접촉 중 가장 위험한 종류는 항문 성교이지만 질 삽입 성교 역시 위험하다. 두 사람 모두에게 혈액을 주고받을 수 있는 열린 상처가 있지 않은 한 접촉과 키스는 바이러스를 전파하지 않는다.

여러 세대에 걸쳐서 사람들은 매독, 임질 및 다른 성병의 감염을 막는 방법을 알고 있었다. 즉, 감염 가능성이 있는 사람과 성관계를 피하거나 콘돔을 사용하는 것이다. 사람들이 이 조언을 일관되게 따랐다면 이 질병들은 오래 전에 박멸되었을 것이다. 에이즈와 싸우는 데도 같은 방법을 조언하는데, 얼마나 준수하는지는 일정하지 않다. 정보 캠페인이 명백히 도움이 되기는 했지만 에이즈를 근절할 만큼은 아니다.

미국에서는 에이즈가 처음에는 남성 동성애자들 사이에서 퍼지다가 이후에 이성애자들에게 전파되었다.

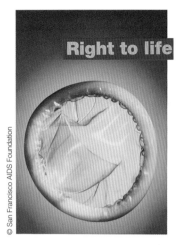

에이즈를 예방하려면 성행위 중에는 콘돔을 사용하고, 주삿바늘을 공유하지 말라. 위와 같은 광고가 많은 사람들에게 행동을 변화시키도록 촉진했다.

아프리카 일부 지역에서는 에이즈에 감염된 사람이 성인 인구의 5분의 1 이상이다. 한 가지 난점은 감염이 되더라도 수년간 계속 증상이 나타나지 않아서 자신의 바이러스 감염을 알게 되기 전까지, 그리고 파트너가 상대방의 감염을 의심할 이유가 생기기 전까지 한참 동안 바이러스를 전파시킬 수 있다는 점이다.

성적 각성

성 동기는 생리적인 영향과 인지적인 영향 모두에 따라 달라진다. 다시 말해 몸의 '배관 설비'뿐만 아니라 맞는 파트너가 있는지, 기꺼이 마음이 내키는지, 마음이 불안한지에도 영향을 받는다. 인간의 성 반응에 관한 연구를 개척한 William Masters와 Virginia Johnson(1966)은 남성과 여성의 생리적 흥분 사이의 유사성을 발견했다.

그들은 자위를 하거나 성관계를 갖고 있는 사람들 수백 명을 실험실에서 관찰했고 그들의 심박수, 호흡, 근 긴장도, 성기와 유방의 충혈, 유두의 발기 같은 생리적 반응을 기록했다. Masters와 Johnson은 성적 흥분의 네 가지 생리적 단계를 가려냈다(그림 11.15).

첫째 단계인 흥분기(excitement)에서 남성은 음경이 발기되고 여성은 질이 축축해진다. 호흡이 빨라지고 깊어진다. 심박수와 혈압이 증가한다. 많은 사람들이 홍역을 앓을 때 일어나는 발진과 비슷하게 피부가 붉어지는 것을 경험한다. 여성은 유두가 솟아오르고 수유를 하지 않은 여성들은 유방이 약간 부어오른다. 초조함이 성적 흥분을 방해하는데, 커피 및 기타 흥분성 약물도 마찬가지이다.

둘째 단계인 안정기(plateau) 동안 흥분이 계속 높게 유지되는데, 안정기는 사람의 연령과 받은 자극의 강도에 따라 지속 시간이 다르다. 셋째 단계에 이를 때까지 흥분은 점점 더 커진다. 셋째 단계는 긴장이 갑자기 풀리는 상태로 절정 또는 오르가즘(orgasm)이라고 불리는데, 몸 전체에 이것이 느껴진다. 넷째이자 마지막 단계는 이완 상태인 해소기(resolution)이다. 오르가즘 상태에서는 뇌하수체가 옥시토신(oxytocin)이라는 호르몬을 분비하는데 이것이 이완과 불안 감소를 야기하고 자신의 파트너에게 더 큰 애착을 느끼게 한다(Kosfeld, Heinrichs, Zak, Fischbacher, & Fehr, 2005; Murphy, Checkley, Seckl, & Lightman, 1990; Waldherr & Neumann, 2007).

그림 11.15가 보여주는 것처럼 흥분의 패턴은 사람마다 다르다. 한 번 관계를 가질 때 여성은 오르가즘을 전혀 경험하지 못하거나 한 번 혹은 여러 번 경험할 수 있다. 대부분의 남성은 한 번의 오르가즘을 경험하지만 휴식기(혹은 불응기) 다음에 다시 오르가즘을 느낄 수 있다. 남성과 여성 모두에게 오르가즘의 강도는 마치 한숨 같은 것에서부터 극도로 강렬한 경험에 이르기까지 다양하다.

남성의 경우 테스토스테론 호르몬 수준과 성 활동 빈도는 약한 관련이 있을 뿐이다. 하지만 한 가지 흥미로운 패턴이 보고되었다. 독신 남성의 테스토스테론 수준은 결혼처럼 안정적인 관계를 맺고 있는 사람에 비해 더 높다. 하지만 안정적인 관계를 맺고 있으면서도 여전히 다른 성 파트너를 찾는 남성들보다 높지는 않다(M. McIntyre et al., 2006). 이 결과를 어떻게 해석해야 할까? 한 가지 가능성은 남성이 한 파트너에게 온전히 충실하게 되면 테스토스테론 수준이 떨어진다는 것이다. 그러나 이와는 다른 해석을 지지하는 종단 연구가 있다. 테스토스테론 수준이 애초부터 낮은 남성이 안정적인 관계나 일부일처제 관계에 들어갈 가능성이 더 높은 반면에 테스토스테론 수준이 더 높은 사람들은 계속해서 여러 명의 파트너를 찾는다(van Anders & Watson, 2006). 테스토스테론 수준이 비교적 높은 여성들 역시 여러 명의 파트너를 찾는 경향이 있다(van Anders, Hamilton, & Watson, 2007).

개념 점검   21. 테스토스테론은 성 활동과 더 관련되는가 아니면 새로운 파트너를 찾는 것과 더 관련되는가? 그 결론을 지지하는 증거는 무엇인가?

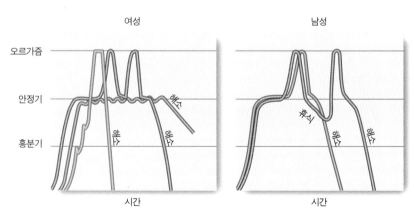

그림 11.15 성적 각성은 보통 흥분기, 안정기, 오르가즘, 해소기라는 네 단계를 거쳐 진행된다. 색깔 한 가지가 한 사람의 반응을 나타낸다. 사람들 사이의 편차에 주목하라. (Masters & Johnson, 1996을 따름)

성 발달과 성 정체성

발달의 가장 초기 단계에는 태아가 남녀 구별이 없는 외양을 지닌다(그림 11.16). 하나의 같은 구조물이 나중에 음경 혹은 클리토리스로 발달하게 된다. 또 다른 구조물이 음낭 혹은 음순으로 발달한다. 어느 쪽으로 발달하는가는 태내 발달 기간 동안 받는 호르몬의 영향에 달려 있다(McFadden, 2008). 수정 이후 7주 혹은 8주부터 시작하여 (두 성 모두 테스토스테론을 어느 정도 분비하지만) 남성 태아는 여성 태아보다 테스토스테론(testosterone)을 더 높은 수준으로 분비하는데, 그 이후 몇 달에 걸쳐서 이 테스토스테론이 태아의 미소한 구조물들을 음경과 음낭으로 자라게끔 한다. 여성 태아에서는 테스토스테론 수준이 더 낮아서 그 구조물들이 클리토리스와 대음순으로 발달하게 된다. 이 시기에 남성 태아보다 여성 태아에게 에스트로겐(estrogen) 호르몬 수준이 더 많이 증가한다. 에스트로겐은 몸 안에서 일어나는 여성의 발달에는 중요하지만 외부 생식기(음경 대 클리토리스, 그리고 음낭 대 대음순)의 발달에는 영향을 거의 미치지 않는다.

기억할 점은 인간과 기타 포유류에서는 테스토스테론 수준이 높으면 남성의 외부 생식기가 만들어지고 테스토스테론 수준이 낮으면 여성의 외부 생식기가 만들어진다는 것이다. 정상 한도 내에서 혈중 에스트로겐 양은 남성과 여성을 구분 짓는 외부 모양을 결정하지 않는다. 에스트로겐은 여성의 몸속에 있는 성 기관 발달에 중요하다.

남성이나 여성으로 분류할 수 없는 생식기를 지니고

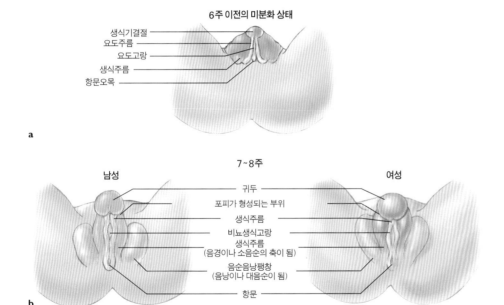

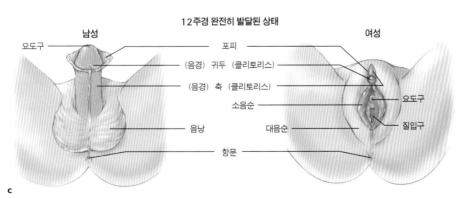

그림 11.16 남성과 여성의 생식기는 수정 이후 6~7주까지는 모양이 같다(a). 그 이후 몇 달 동안 차이가 생겨나고(b), 출생 시에는 그 차이가 뚜렷하다(c).

태어나는 아기가 약 2000명 중 1명이고, 약간 애매한 외부 생식기를 가지고 태어나는 아기가 100명 중 1~2명이다(Blackless et al., 2000). 가장 흔히 일어나는 애매한 경우는 유전적으로 여성인데도 콩팥위샘(부신선)이 테스토스테론을 평균 이상으로 만들어냈을 때이다(Money & Ehrhardt, 1972). 그보다 덜 흔한 경우는 유전적으로는 남성인데 테스토스테론 수용기를 통제하는 유전자에 변화가 생겨서 중간 외양으로 발달하게 되는 경우이다(Misrahi et al., 1997). 남성과 여성의 중간 모양의 생식기를 가진 사람을 간성(intersex)이라고 부른다. 북미 간성협회(The Intersex Society of North America. www.isna.org)는 애매한 생식기를 지닌 사람들에 대한 이해와 수용을 높이는 데 전념하고 있다.

부모 및 다른 사람들이 간성인 사람을 어떻게 대해야 할까? 수십 년간 의학계에서 표준으로 권고해 온 일은 의심스러울 때는 아이를 여성으로 부르고 외부 생식기가 여성으로 보이도록 외과수술을 하는 것이었다. 이 수술에는 질을 만들거나 질의 길이를 늘이고, 음경인지 클리토리스인지 모양이 애매한 구조를 평균적인 클리토리스 크기로 축소시키는 것이 포함된다. 만족스러운 모양을 얻기 위해서 여러 번의 수술이 필요한 경우가 많다.

이 권고사항은 여아처럼 보이고 여아 대우를 받은 아이는 여성이라는 성 정체성을 발달시킬 것이라는 가정에 바탕을 둔 것이었다. 성 정체성(gender identity)은 자신 스스로가 그러하다고 여기는 성이다. 양육이 성 정체성을 전적으로 결정한다고 가정할 만한 증거를 많이 가진 사람은 아무도 없었고, 이후의 경험은 그렇지 않음을 보여주었다. 태어났을 때 몸의 일부가 남성이었지만 여성으로 양육된 소녀들을 추적 연구한 결과 그 아이들은 전형적인 여자아이 장난감에 관심을 갖도록 부모들이 시도했음에도 불구하고 다른 소녀들보다 전형적인 남자아이 장난감(자동차, 총, 공구)을 선호할 가능성이 더 높았다(Berenbaum, Duck, & Bryk, 2000; Nordenström, Servin, Bohlin, Larsson, & Wedell, 2002; Pasterski et al., 2005). 이런 경향은 의학적으로 이상이 있는 소녀들에게만 국한된 것이 아니었다. 연구자들이 임신 중인 여성의 양수 내 테스토스테론 수준을 측정했더니 그 수준이 나중에 딸들이 6~10세일 때 전형적인 남자아이 장난감을 갖고 노는 정도를 예측함을 발견했다(Auyeung et al., 2009).

태내 호르몬의 효과는 아동기를 지나서도 발달에 계속 영향을 미친다. 몸이 부분적으로 남성화된 채로 태어난 소녀들은 청소년기에도 계속해서 소년들이 전형적으로 선호하는 관심사를 갖는다(Barenhaum, 1999). 태내 발달 도중 테스토스테론 수준이 가장 높았던 사람들은 청년기와 성인기에 남성과의 연애에 대한 관심이 가장 낮은 경향이 있다(Meyer-Bahlburg, Dolezal, Baker, & New, 2008). 일부는 동성애 혹은 양성애 성향이 있고, 일부는 남성이든 여성이든 어느 파트너와의 성관계에 대해서도 관심이 낮다(Zucker et al., 1966).

물론 여자아이가 남자아이가 주로 하는 놀이에 관심을 갖고 남성과의 성관계에 무관심한 것이 절대 잘못된 것은 아니다. 중요한 점은 우리가 양육 패턴에 의지하여 성 발달을 통제할 수는 없다는 점이다. 외부 생식기뿐 아니라 태내 호르몬도 관심사와 활동에 영향을 주는 것이 틀림없다.

더 나아가 생식기 수술(음경/클리토리스를 축소시키거나 제거하여 간성인 사람이 좀더 여성처럼 보이도록 하는 수술)은 성적 쾌락과 오르가즘을 경험하는 능력을 떨어

간성인 사람들이 서로를 지지해 주고 간성자에 대한 비자발적인 외과 수술적 개입에 항의하기 위해 모였다. 이들은 간성을 부끄러운 것으로 생각하지 않는다는 것을 강조하기 위해 자신의 진짜 이름을 사용해 달라고 요구했다. (왼쪽에서부터) Martha Coventry, Max Beck, David Vandertie, Kristi Bruse, Angela Moreno.

뜨린다(Minto, Liao, Woodhouse, Ransley, & Creighton, 2003). 인공 질이 남성 파트너에게는 만족스러울지 모르나 여성에게는 아무런 감각이나 쾌락도 줄 수 없다. 또한 흉터 조직이 생기는 것을 막기 위해 자주 검진을 해야 한다. 마지막으로, 간성인 사람들은 외과 의사가 수술과 그 이유에 대해 자신에게 거짓말을 한 경우가 많았다고 반발한다. 오늘날에는 부모에게 아이의 성기와 가장 유사한 성별로 아이를 기르고 아이가 요구하기 전까지는 수술을 시키지 말라고 권고하는 의사가 점점 더 늘고 있다. 간성인 사람 중에는 수술을 받지 않고 원래 자신의 모습 그대로 있기를 선호하는 이들이 많다(Dreger, 1998).

✓ **개념 점검**

22. 태아의 태내 발달 전체에 걸쳐 테스토스테론과 에스트로겐 수준이 모두 아주 낮으면 생식기가 어떤 모양이 되는가?

23. 태아의 태내 발달 전체에 걸쳐 테스토스테론과 에스트로겐 수준이 모두 높으면 생식기가 어떤 모양이 되는가?

성 지향성

성 지향성(sexual orientation)은 남성이나 여성 파트너에게 혹은 둘 모두에게 성적으로 반응하거나 둘 모두에게 반응하지 않는 경향성을 가리킨다. 음식에 대한 선호 및 여타 동기와 마찬가지로 사람들의 성 지향성도 다양하다. 자신과 성이 같은 파트너를 선호하는 사람은 동성애(게이 또는 레즈비언) 성향을 지닌 사람들이다.

동성애나 양성애 행동은 모든 종은 아니지만 수백 종의 동물에게서 관찰되었다. 이전에는 생물학자들이 동물의 경우 갇혀 있을 때만, 또는 호르몬 이상이 있을 때만, 또는 이성 파트너를 찾을 수 없을 때만 동성애가 일어난다고 가정했지만, 이를 반박하는 증거들이 나왔다(Bagemihl, 1999). '자연적'이라는 말이 자연에서 일어나는 일을 의미한다면 동성애는 자연적인 일이다.

성 지향성이 동성애인 사람은 얼마나 될까? '10%'라는 주장을 들어보았을지도 모르겠다. 이 숫자는 Kinsey의 조사에 근거하고 있는데, 1940년대와 1950

년대에 그가 면접한 사람들 중 남성의 13%와 여성의 7%가 뚜렷한 동성애 성향을 표명했다고 보고되었다. 그러나 Kinsey는 무선적이거나 대표적인 표본을 조사한 것이 아니었고, 나중의 조사는 그 비율이 더 낮다고 보고했다.

미국 성인 3,500명으로 구성된 무작위 표본 중 남성의 2.8%, 여성의 1.4%가 자신의 성 지향성을 동성애(게이 혹은 레즈비언)인 것으로 말했다(Laumann et al., 1994). 그림 11.17이 보여주는 것처럼 그 결과는 질문을 어떻게 표현하느냐에 달려 있다. 자신을 게이 혹은 레즈비언으로 간주하지 않는 사람 중 많은 이들이 성인이 된 이후 적어도 한 번은 동성애 경험이 있었고, 그보다 더 많은 이들이 사춘기 초에 동성애 경험이 있었다(Laumann et al., 1994). 훨씬 더 많은 사람이 동성에게 성적 매력을 느낀 적이 있다고 말한다(Dickson, Paul, & Herbison, 2003).

더 많은 사람을 대상으로 한 여러 개의 조사는 미국 남성의 1~6%가 게이 혹은 양성애 지향을 갖고 있다고 보고했다(Billy, Tanfer, Grady, & Klepinger, 1993; Cameron, Proctor, Coburn, & Forde, 1985; Fay et al., 1989). 다른 국가들에서 한 조사는 그림 11.18에 보이는 것처럼 비슷하거나 약간 더 낮은 비율을 보고했다(Izazola-Licea, Gortmaker, Tolbert, De Gruttola, & Mann, 2000; Sandfort, de Graaf, Bijl, & Schnabel, 2001; Spira & Bajos, 1993; Wellings, Field, Johnson, & Wadsworth, 1994).

남성과 여성의 차이

성 지향성은 평균적으로 여성과 남성 사이에 여러 면에서 차이가 있다. 대부분의 남성은 사춘기 초기 즈음에는 자신이 동성애 지향인지 이성애 지향인지 자각하게 되고, 이후에 변하는 경우는 드물다. 대부분(모두는 아니지만)의 동성애 남성은 어린 시절에 '성별과 일치하지 않는'(즉, 여성적인 유형의) 행동을 한 이력이 있는데(Rieger, Linsenmeier, Gygax, & Bailey, 2008), 관찰자들이 이들의 어린 시절 비디오를 보고 그러함을 확인했다. 이에 반해 상당수의 여성은 과거에 전혀 징조가 없다가 성인기 초에 동성애(레즈비언) 지향이 발달된다(Diamond, 2007). 여자아이들이 보이는 성별과 일치하지 않는(즉, 남성적 유형의) 행동은 성인이 된 후의

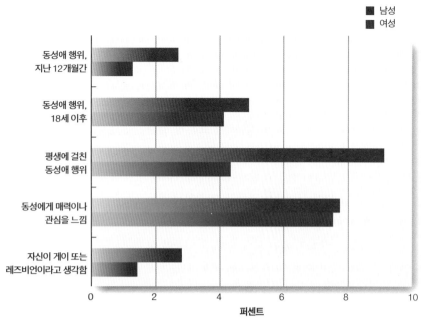

그림 11.17 미국 성인 중 동성의 사람과 성 활동을 했거나 그런 성적 관심이 있다고 보고한 사람의 비율 (Laumann et al., 1994의 자료에 기초함)

동성애 관계를 바라보는 태도는 문화에 따라 그리고 역사적 시기에 따라 다르다.

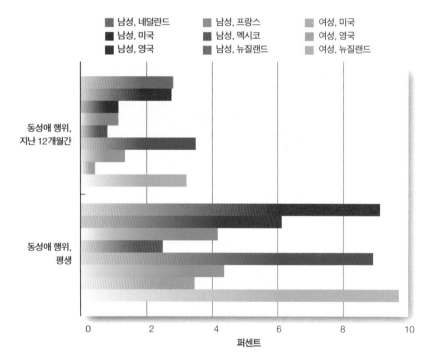

그림 11.18 사람들에게 동성애 경험에 대해 물어본, 여섯 나라에서 수행된 조사 결과의 비교 (Dickeon, Paul, & Herbison, 2003; Izazola-Lices, Gortmaker, Tolbert, De Gruttola, & Mann, 2000; Laumann, Gagnon, Michael, Michaels, 1994; Sandfort, de Graaf, Bijl, & Schnabel, 2001; Spira & Bajos, 1993; Wellings, Field, Johnson, & Wadsworth, 1994의 자료에 기초함)

성 지향성을 예측하기에는 비교적 좋지 않은 변수이다(Udry & Chantala, 2006).

또한 남성과 여성 두 성별 모두에 어느 정도 성적으로 끌리는 경험을 할 가능성이 남성보다는 여성에게

서 더 높다. 심리학자들은 양성애(bisexuality, 양성 모두에게 끌림)가 동성애와 이성애 사이를 오갈 때 겪는 일시적 과도기라고 생각하곤 했다. 그러나 여성의 양성애가 보통은 오랫동안 안정적으로 유지되고, 양성애로부터 바뀌는 여성보다 양성애로 바뀌는 여성이 더 많음을 발견한 종단 연구가 있다(Diamond, 2008). 남성의 양성애 행동은 상당히 흔하지만, 거의 모든 남성의 성적 환상과 흥분은 압도적으로 한쪽 성별만을 대상으로 한다(Rieger, Chivers, & Bailey, 2005).

여성의 성에 관한 연구를 시작하자 흥미로운 문제가 생겨났다. 남성을 연구하기는 쉽다. 왜냐하면 음경 발기가 곧 성적 각성을 의미하기 때문이다. 어떤 남성을 성적으로 흥분시키는 대상이 남성인지 여성인지를 알아내려면 그의 음경에 장치를 부착하고 벌거벗은 남성이나 여성의 사진 혹은 동영상을 보여주면서 음경의 발기를 측정하면 된다. 어린이 성추행자로 유죄를 선고받은 사람이 아동에 대한 성적 흥미를 잃었다고 주장한다면 다음과 같은 검사를 해보면 된다. 즉, 아이들 사진을 보여주고 그의 음경이 발기하는지를 측정한다. 그리하여 연구자들은 여성에게도 포르노 영화를 보여주고 그 반응으로 일어난 질 분비를 측정했다. 대부분의 여성은 벌거벗은 남성이나 여성의 모습에 대략 동등한 반응을 보였다. 이는 자신을 이성

애자라거나 레즈비언이라고 이야기한 것과 상관이 없었으며, 어떤 여성들은 포르노에 전혀 관심이 없다고 항의했음에도 불구하고 그런 반응을 보였다(Chivers, Rieger, Latty, & Bailey, 2004; Peterson, Janssen, & Laan, 2010). 처음에는 연구자들이 생리적 반응을 신뢰하는 쪽으로 기울어서 거의 모든 여성에게 양성애 성향이 적어도 잠재적으로는 있다고 시사했다. 그러나 나중의 연구는 잔인하고 폭력적인 강간을 묘사한 것에 대해서도 여성에게서 질 분비물이 나온다는 점이 밝혀졌다(Suschinsky & Laumière, 2011). 남성의 음경 발기는 성적 각성을 의미하지만 여성에게는 질 분비가 똑같이 성적 각성을 의미하지는 않는 것임이 분명하다. 연구자들은 질 분비가 성 접촉(자발적인 것이든 아니든 상관없이)에 대비하여 여성에게 일어나는 방어 반응일 수 있다고 추측했다.

개념 점검

24. 남성의 성이 여성의 성과 다른 점 몇 가지를 들자면?

성 지향성에 영향을 줄 수 있는 요인

왜 어떤 사람은 이성애자이고 어떤 사람은 동성애자일까? 유전적 요인이 남성과 여성 모두의 성 지향성에 기여한다고 시사하는 연구가 있다. 그림 11.19는 게이와 레즈비언 성인의 쌍둥이 및 다른 친척들의 동성애 지향과 관련된 연구 결과를 보여준다(Bailey & Pillard, 1991; Bailey, Pillard, Neale, & Agyei, 1993). 동성애자의 이란성 쌍둥이보다 일란성 쌍둥이에게서 동성애의 출현율이 더 높음을 주목하라. 더 작은 표본을 대상으로 한 또 다른 연구가 똑같은 경향을 보여주었다(Kendler, Thornton, Gilman, & Kessler, 2000). 그러나 성 지향성이 아니라 '무엇이든 간에 동성애적 행위'에 관해 물어본 스웨덴의 연구는 유전이 미치는 영향력이 더 적고 덜 인상적이라는 점을 발견했다(Långström, Rahman, Carlström, & Lichtenstein, 2010).

유전에 관한 자료는 진화론적 의문을 제기한다. 동성애를 증가시키는 유전자가 어떻게 널리 퍼져 있을 수가 있을까? 생식의 확률을 감소시키는 유전자는 어떤 것이든 희귀해지는데 말이다. 한 가지 가설은 자식이 없는 동성애자가 형제나 자매의 아이 양육을 돕고 그럼으로써 자신의 유전자 일부를 물려줄 수 있다는 것이다. 미국에서는 게이 남성 대부분이 친척들에게 특별히 도움이 되지 않지만 사모아에서는 평균보다 큰 도움이 된다(Bobrow & Bailey, 2001; Vasey & VanderLaan, 2010). 또 다른 가설은 게이 남성의 친척들이 평균 가정에 비해 식구 수가 더 많다는 것이다(Camperio-Ciani, Corna, & Capiluppi, 2004; Zietsch et al., 2008). 그러나 평균적으로 동성애 남성의 아이 수는 이성애 남성의 5분의 1이라는 것이 보통의 추정치인데, 동성애 남성의 형제자매가 이렇게 낮은 수준의 생식을 상쇄시킬 만큼 아이를 많이 낳을 리는 없다. 성 지향성이 유전적 돌연변이보다는 유전자의 활성화 또는 비활성화에 달려 있다는 것이 또 다른 가능성이다. 환경 사건이 어떤 유전자에 메틸기(CH_3)를 부착시켜서 그 유전자를 비활성화시킬 수 있고, 그런 유전자를 가진 사람이 어머니나 아버지가 되면 비활성화된 유전자를 다음 세대에 물려줄 수 있다(Bocklandt, Horvath, Vilain, & Hamer, 2006). 비활성화된 유전자를 가진 사람을 도태시키는 진화의 압력과는 상관없이, 그런 사건이 반복해서 일어날 수 있을 것이다.

성 지향성에서 또 다른 요인은 생물학적이지만 유전적인 것은 아니다. 남성의 경우 형이 있는 사람이 동성애 성향의 확률이 약간 더 올라갔다. 누나가 있는 것은 영향이 없었고 입양된 형이 있는 것도 영향을 미치지 않았다. 형이 동생과 같은 집에 사느냐 아니면 어딘가 다른 곳에 사느냐는 전혀 영향을 미치지 않았다. 즉, 중요한 것은 어머니가 이전에 다른 아들을 낳은 적이 있는가이다(Bogaert, 2006). 이를 설명할 한 가지 가설은 다음과 같다. 어떤 경우에는 첫째아들이 어머니의 면역계에 영향을 주어서 남성의 무언가에 대항하는 항체를 만들게 하고, 이것이 그 이후 태어나는 아들의 발달에 영향을 준다는 것이다(Bogaert, 2003).

원래 이유가 유전적이든 태내 환경이든 아니면 다른 무엇이든 간에 동성애자의 몸이 이성애자의 몸과 어떻게 다른가라는 의문이 제기된다. 성인의 경우 호르몬 수준은 유의미한 차이가 없다. 평균적으로 성인 동성애자는 테스토스테론과 에스트로겐 수준이 이성

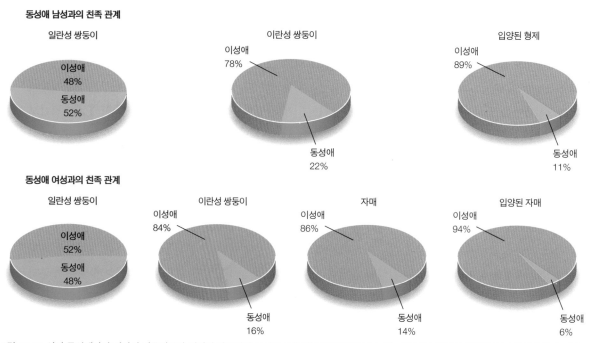

일란성 쌍둥이

이성애
48%

동성애
52%

이란성 쌍둥이

이성애
78%

동성애
22%

입양된 형제

이성애
89%

동성애
11%

동성애 여성과의 친족 관계

일란성 쌍둥이

이성애
52%

동성애
48%

이란성 쌍둥이

이성애
84%

동성애
16%

자매

이성애
86%

동성애
14%

입양된 자매

이성애
94%

동성애
6%

그림 11.19 성인 동성애자의 이란성 쌍둥이보다 일란성 쌍둥이가 동성애 지향을 가질 확률이 더 높다. 성인 동성애자의 입양된 남자형제나 함께 자란 여자형제보다는 이란성 쌍둥이가 동성애 지향을 가질 확률이 더 높다. 이런 자료는 성 지향성에서 유전이 담당하는 역할을 시사한다. (Bailey & Pillard, 1991; Bailey, Pillard, Neale, & Agyei, 1993의 결과에 기초함)

애자와 유사하다. 사람의 호르몬 수준은 성 충동의 강도를 조절하지만 성 지향성을 바꾸지는 않는다(Tuiten et al., 2000). 비유하자면, 인슐린이나 포도당 수준을 변화시키면 배가 고픈지 아닌지는 영향을 받지만 무엇을 맛있는 음식이라고 생각하는가는 거의 영향을 받지 않는 것과 같다.

그러나 태내 성 호르몬이 출생 후의 성 지향성에 영향을 미칠 가능성은 있다(McFadden, 2008). 만약 그렇다면 아마도 태내 성 호르몬은 뇌에 영향을 미치는 것일 것이다. 널리 인용되지만 흔히 오해를 사고 있는 연구가 있는데, 이 연구는 동성애 남성과 이성애 남성의 뇌에 작지만 측정 가능한 차이가 있음을 보고했다. 이 연구에서 나온 증거를 살펴보자.

> **핵심 점검** **증거는 뭘까?**

성 지향성과 뇌 해부구조

동물 연구는 여성에 비해 남성이 앞쪽 시상하부(전측 시상하부, anterior hypothalamus)의 한 구역이 일반적으로 더 크다는 점을 보여준다. 포유류 중에서는 수컷에게 전형적인 성

활동을 하는 데 뇌의 이 영역이 필요한 종이 많으며, 그 크기는 태내 호르몬에 달려 있다. 동성애 남성과 이성애 남성 간에도 앞쪽 시상하부의 일부가 차이가 있을까?

가설 앞쪽 시상하부에 있는 뉴런 집단인 INAH3이 동성애 남성이나 이성애 여성에 비해 이성애 남성에게서 평균적으로 더 클 것이다.

방법 Simon LeVay(1991)는 26~59세에 사망한 41명의 성인들 뇌를 조사했다. 연구 대상이었던 사람들 중 에이즈로 죽은 사람은 동성애 남성이었던 19명 전부, 16명의 이성애 남성 중 6명, 그리고 6명의 이성애 여성 중 1명이었다. 동성애 여성의 뇌는 당시 구할 수가 없었다. LeVay는 앞쪽 시상하부에 있는 뉴런 집단 네 개를 측정했는데, 그중 두 뉴런 집단은 성 차이(sex difference)가 흔히 나타나고 다른 두 뉴런 집단은 성차이가 나타나지 않는 부위였다.

결과 뉴런 집단 네 개 중 세 개는 LeVay가 연구한 사람들 간에 일관된 크기 차이가 나타나지 않았다. 그러나 INAH3 영역은 평균적으로 동성애 남성에 비해 이성애 남성이 두 배로 컸고, 동성애 남성과 이성애 여성은 대략 같은 크기였다. 그림 11.20은 대표적인 두 사람에게서 얻은 결과를 보여준다. 이 영역의 크기가 에이즈로 사망한 이성애 남성과 다른 원인으로 사망한 이성애 남성에게서 대략 같았으므로 아마도 에이즈가

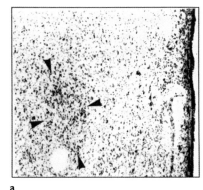
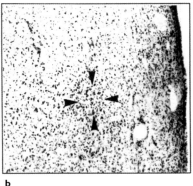

그림 11.20 이성애 남성의 뇌에서 앞쪽 시상하부에 있는 한 구역(화살표로 표시된)이 평균적으로 (a) 동성애 남성의 뇌에 비해 또는 (b) 이성애 여성의 뇌에 비해 더 크다(LeVay, 1991). 시상하부의 위치를 보려면 그림 11.8을 다시 보라.

a   b

이 영역의 크기를 변화시키지는 않았을 것이다.

해석 이 결과는 평균적으로 INAH3 영역의 크기가 이성애 지향 대 동성애 지향과 연관이 있을 수 있음을 시사한다. 그러나 각 집단 내 개인 간에는 편차가 컸다. 이 해부구조가 행동과 완벽하게 상관되지는 않는 것이다.

대부분의 연구와 마찬가지로 이 연구도 한계가 있다. 즉, LeVay가 연구한 대상이 다른 일반적인 사람들과 같은지 알 수가 없다. 이후의 한 연구는 동성애 남성의 INAH3이 이성애 남성과 이성애 여성의 중간 크기임을 발견했다(Byne et al., 2001). 이 연구는 사람들의 INAH3 크기가 다른 이유가 뉴런의 수가 아니라 뉴런의 크기 차이 때문임을 발견함으로써 우리는 더 많은 것을 알게 되었다.

LeVay의 연구의 주된 제한점 하나는 뇌 해부구조가 사람들의 성 지향성에 영향을 주는지 아니면 성 활동이 뇌 해부구조를 변화시키는지를 알려주지 못한다는 점이다. 어떤 분야의 집중적인 경험은 심지어 성인에게서도 뇌 해부구조를 변화시킨다.

그래서 이런 연구 결과 우리는 무엇을 알게 되었을까? 그런 증거는 유전과 환경 모두가 중요함을 지적하는데, 이 둘은 아마도 뇌 해부구조의 특정 측면을 약간씩 수정할 것이다. 그러나 생물학적 요인들이 경험과 어떻게 상호작용하는지 훨씬 더 많이 알아내야 한다. 현시점에서는 어떤 종류의 경험이 가장 관련성이 깊은지조차 우리는 알지 못하고 있다.

불확실성과 잠정적인 결론은 심리학에서 드문 일이 아니다. 심리학자가 되기로 결심한다면 '어쩌면'과 '아마도'라는 단어에 익숙해져야 할 것이다. 제2장에서 언급했듯이 대부분의 심리학자들은 '증명한다'라는 단어를 피한다. 연구 결과는 어떤 결론에 대한 확신을 증가시키거나 감소시킬 뿐이다.

개념 점검

25. 대부분의 연구에 따르면 동성애 남성은 같은 나이의 이성애 남성과 혈중 테스토스테론 수준이 대략 같다고 한다. 그런 결과는 태내 호르몬 상태가 특정 남성들에게 동성애 지향을 유발할 수 있다는 생각과 충돌하는가?

성의 생물학과 사회학

성 동기에 관한 연구가 우리에게 상기시켜 주는 것이 있다. 바로 중요한 추동에는 다양한 결정 요인들(생물학적이며 사회적인)이 있다는 점이다. 우리가 성 활동을 하는 이유는 성 활동을 하면 기분이 좋아지기 때문이며, 성을 기분 좋게 만드는 기제들을 우리가 진화시켜 온 이유는 성이 곧 번식으로 이어지기 때문이다. 반면에, 번식을 좀더 안전한 시기로 연기하는 것은 생물학적으로 합리적인 경우가 많으므로 긴장이 성적 각성을 감소시키는 것은 놀라운 일이 아니다. 우리가 성 활동을 하는 또 다른 이유는 다른 사람과의 관계를 공고히 하기 위해서이다. 성은 사람들을 서로 끌어당기거나 관계를 갈라놓는 가장 강력한 방법 중 하나이다.

사회는 성 행동을 엄격하게 규제한다. 그 규칙은 문화에 따라 다르지만 모든 문화에는 사람들이 어떤 성 활동을, 어디서, 누구와 해야 할지에 대해 분명한 관습이 있다. 간단히 말해서, 생물학적인 영향과 사회적인 영향을 광범위하게 고려하지 않고서는 복잡한 인간 행동을 제대로 이해할 수 없다.

요약

- 인간 성 행동의 다양성. 인간 성 행동에 관해 최초로 광범위한 조사를 수행한 사람은 Alfred Kinsey였는데, 그는 인간의 성 활동이 사람들이 아는 것보다 훨씬 더 다양하다는 점을 발견했다. (442쪽)

- 좀더 최근의 조사들. 대부분의 남성과 여성은 질 삽입 성교를 가장 선호하는 성 활동으로 꼽는다. 건강이 받쳐주는 동시에 성 활동을 기꺼이 같이 할 건강한 파트너가 있는 사람들은 대부분 70대까지도 활발한 성 활동을 지속한다. (443쪽)

- 성적 각성. 성적 각성은 흥분기, 안정기, 오르가즘, 그리고 해소기라는 네 단계를 거쳐 진행된다. (446쪽)

- 생식기의 발달. 발달 초기 단계에는 태아가 (테스토스테론 수준이 충분히 높으면) 남성 생식기를 발달시킬 수도 있고 (테스토스테론 수준이 낮으면) 여성 생식기를 발달시킬 수도 있는 해부구조를 가지고 있다. (447쪽)

- 동성애의 출현율. 여러 국가에서 조사한 바에 따르면 성인 남성의 1~6%가, 그리고 그보다 좀더 낮은 비율의 여성이 자신을 주로 혹은 전적으로 동성애자라고 여긴다. 성 지향성은 전적인 동성애에서부터 전적인 이성애에 이르기까지 다양하게 달라진다. (449쪽)

- 남성과 여성의 차이. 평균적으로, 남성은 자신의 성 지향성이 무엇인지 여성보다 더 어린 나이에 깨닫는다. 양성애 성향은 남성보다 여성에게 더 흔하다. 음경 발기는 남성의 성적 흥미를 정확하게 측정하지만 질 분비는 여성의 성적 흥미를 측정하는 데 신뢰할 만한 지표가 아니다. (449쪽)

- 성 지향성의 기원. 유전적 요인과 태내 환경이 성 지향성에 영향을 미친다. 평균적으로 볼 때 이성애 남성과 동성애 남성은 시상하부의 어떤 구조의 크기가 다른데, 이 구조가 성 행동의 특정 측면에 기여한다. 성 지향성이 발달하는 과정에서 경험이 미치는 영향에 대해서는 그보다 알려진 바가 적다. (451쪽)

핵심 용어

간성 (448쪽)

성 정체성 (448쪽)

성 지향성 (449쪽)

양성애 (450쪽)

에스트로겐 (447쪽)

테스토스테론 (447쪽)

후천성 면역결핍증(AIDS) (445쪽)

개념 점검 문제에 대한 답

1 그 행위는 이상한 경험을 할 기회라는 유인에 대한 반응이다. 추동 감소 혹은 항상성 관점에서 그것을 설명하기는 더 어려울 것이다.

2 아래 단계의 욕구가 위 단계의 욕구보다 항상 우위에 있지는 않다. Maslow의 위계는 양육을 무시하고 자아실현을 지나치게 강조한다. 또한 문화에 따라 목표가 다르다.

3 새해 결심도 다른 목표와 똑같다. 결심이 현실적이고, 결심을 공개적으로 말하고, 얼마나 잘하고 있는지에 대해 피드백을 받으면 사람들이 결심을 지킬 가능성이 더 높다.

4 직원은 아마도 그 과제를 끝내기까지 걸리는 시간을 너무 적게 추산할 것이며, 6주 만에 끝낸다는 목표는 비현실적일 수도 있다. 당신이 과제를 6주 이내에 끝내면 보너스를 준다는 제의를 한다면 7주나 8주 만에 끝내는 것에 대해서도 적당한 인센티브를 제의해야 할 것이다.

5 두 반의 학생들이 전체적으로 성적이 동등하다면 마감 시한이 도움이 된다는 결론을 내릴 수 없을 것이다. 대신에 똑똑한 학생들은 더 이른 마감 시한을 설정한다는 결론을 내리게 될 것이다.

6 모임이 열리기 훨씬 전에 초청을 하라. 강연자는 이 초청을 받고는 '해야 하지만' 하고 싶지는 않은 일이라고 생각할지도 모른다. 일이 있기 훨씬 전에 수락을 하면 그런 과제를 하겠다고 동의하기가 더 쉽다.

7 가장 좋은 조언은 유혹을 받는 상황 자체를 회피하라는 것이다. 둘째로는 한 가지 유혹에 저항하는 데 성공한 직후에 다른 종류의 유혹을 받는 상황에 놓이지 말라는 것이다. 아주 미리 약속을 할 수 있다면 그렇게 하라. 유혹에 넘어가는 사람은 당신과는 다르다고 생각하라. 또한 윤리 규범을 상기하라.

8 먼저, 당신의 자신감을 끌어올릴 수 있는 방법을 찾아라. 그런 다음 "월요일 저녁에는 자료를 찾기 위해 도서관에 갈 거야." 같은 구체적인 계획을 세워라.

9 예를 들어 누군가 당신에게 어떤 후보에게 투표할 가능성, 기부를 할 가능성, 아니면 새 차를 살 가능성을 묻는다면 그 질문에 답하는 것이 그렇게 할 가능성을 증가시킨다.

10 인간관계 접근법을 반영한다.

11 높은 직업 만족도와 연관된 요인에는 직무 수행을 위한 좋은 능력, 명랑한 성격, 급여 체계가 공정하다는 지각, 나이가 많은 것이 포함된다.

12 간호사나 치료사같이 남을 돕는 직종에서 직무 탈진이 특히 자주 일어난다. 또한 고용주와 동료들의 지지와 북돋움이 적을 때 더 많이 일어난다.

13 인슐린 농도는 한낮에 더 높다(LeMagnen, 1981). 그 결과 우리가 먹은 끼니의 대부분이 지방으로 저장되고 다시 배가 고파진다. 밤에는 인슐린 농도가 더 낮아서 포도당을 더 많이 만들기 위해 비축된 지방에서 꺼내어 쓴다.

14 췌장이 분비하는 인슐린, 위장이 분비하는 게릴린, 지방세포가 분비하는 렙틴이 있다.

15 사람들의 체중이 더 늘어났는데, 이에 따라 더 많은 렙틴을 만들어내게 되었다. 렙틴은 사춘기의 시작을 촉진한다.

16 고정점이 올라갔다.

17 사람은 혼자 먹을 때보다 사회적 집단 속에서 먹을 때 더 많이 먹는다. 음식에 대해 사람이 갖는 기대가 음식 섭취에 영향을 미친다. 한 끼 분량이 더 많으면 사람들이 더 많이 먹는다. 또한 피마족에게는 식생활 변화가 체중을 크게 증가시키는 원인이 되었다.

18 보통의 굶주리는 사람과 달리 신경성 식욕 부진이 있는 사람은 활동 수준이 높다.

19 결핍 기간 바로 다음에 당분과 지방이 높은 식사를 하는 것이 중독성 약물을 할 때와 비슷한 경험을 만들어낸다.

20 Kinsey가 면접한 사람들은 무작위 표본도 아니고 대표 표본도 아니었다.

21 테스토스테론은 새로운 파트너를 찾는 것과 더 관련이 있다. 테스토스테론 수준이 더 높은 남성은 일부일처 관계에 헌신할 가능성이 더 낮다.

22 태내 발달 전체 기간에 걸쳐 낮은 수준의 테스토스테론과 낮은 수준의 에스트로겐에 노출된 태아에게는 여성의 생식기가 발달된다.

23 높은 수준의 테스토스테론과 높은 수준의 에스트로겐에 노출된 태아에게는 남성 생식기가 발달된다. 높은 수준의 테스토스테론은 남성의 생식기 구조를 발달시키고, 낮은 수준은 여성의 생식기 구조를 발달시킨다. 에스트로겐 수준은 외부 생식기 구조에 결정적이지 않다.

24 대부분의 남성이 자신의 성 지향성을 일찍 깨닫고 그것을 바꾸는 것은 상상하지 못한다. 일부 여성들은 자신의 성 지향성을 나중에 발견하고 상당수가 일관되게 양성애 반응을

보인다. 음경 발기는 남성의 성적 관심을 정확하게 나타내지만 질 분비는 여성의 성적 관심을 측정하기 위한 믿을 만한 방법이 아니다.

25 반드시 그렇지는 않다. 위의 생각은 태내 호르몬이 초기의 뇌 발달을 변화시킬 수 있다는 것이다. 성인기에는 이미 뇌 발달의 특정 측면은 결정된 이후이므로 동성애 남성과 이성애 남성에게서 호르몬 수준이 거의 같더라도 그 생각과 충돌하는 것이 아니다.

12 정서, 스트레스 및 건강

© Ron Kimball

마치 〈스타 트렉〉에 나오는 외계인 스포크(Spock)처럼, 만약 당신이 정서를 억누를 수 있다면 보다 영리한 결정을 할 것인가? 뇌 손상으로 정서가 손상된 후, 사람들은 평균보다 못한 더 나쁜 결정을 한다.

당신의 애인이 "당신은 나를 얼마나 사랑해요?"라고 묻고, 당신은 "음… 다른 사랑하는 커플들과 비교하여, 대략 평균 정도로."라고 대답했다고 상상해 보라. 당신의 애인은 "뭐라고?"라고 소리 지른다. "평균? 평균이라구!" 비록 당신의 대답이 진실이었더라도 당신은 큰 어려움에 빠진다 (대부분 사람에게는 그렇다. 그것이 "평균"이 의미하는 바이다!)

만약 그것이 틀린 대답이었다면, 더 좋은 대답은 무엇일까? "초당 $42m^3$?" 아니다. 우리는 사랑을 물리적 단위로 측정하지 않는다. 대신에 당신은 "나는 당신이 상상할 수 있는 것보다 더, 어느 누가 사랑했던 것보다 더 당신을 사랑해."라고 말한다. 그것이 좋은 대답이고, 비록 그 대답이 사실이 아닐지라도 당신의 애인은 행복해 할 것이다. 그 대답이 사실인지를 확인할 방법이 없기 때문에, 당신은 그 대답으로 모면할 수 있다.

우리가 정서를 논할 때, 측정의 문제가 심각하다. 심리학자들은 감각, 지각, 학습, 기억 및 인지를 타당하고 훌륭하게 측정한다. 심리학자들의 관심사가 정서, 사회적 행동 및 성격으로 이동할수록 측정의 문제는 더 커지고, 결과적으로 이 분야의 연구는 진척이 한층 느려졌다. 이 장에서는 그런 어려움에도 불구하고 심리학자들이 정서에 대해 무엇을 알아냈는지 살펴볼 것이다.

정서의 본질

- 어떻게 각성이 정서와 관련될까?
- 사람들은 몇 가지 "기본" 정서를 갖고 있을까?
- 어떻게 정서가 우리의 사고에 영향을 줄까?

당신이 하루 동안 느낀 모든 정서를 적는다고 생각해 보자. 당신은 아마도 겁나고, 화나고, 슬프고, 즐겁고, 언짢고, 걱정하고, 지루하고, 창피하고, 좌절하고, 경멸하고, 당황하고, 놀라고, 자랑스럽고, 혼란스러운 정서들을 느꼈을지 모른다. 그러나 이런 상태들 중 어느 것이 진짜 정서일까? 그리고 중첩되거나 유사한 상태들이 아닌, 서로 다른 정서는 몇 가지가 존재할까?

정서는 정의하기가 어렵다. 심리학자들은 통상 정서를 인지, 생리, 감정 및 행위의 조합으로 정의한다(Keltner & Shiota, 2003; Plutchik, 1982). 예를 들어 당신이 "그 사람은 나한테 공평하지 않다."라는 인지를 갖고 있으면, 심장박동의 증가를 포함한 생리적 변화, 분노라는 느낌, 주먹을 불끈 쥐는 것과 같은 **행동**이 있을 것이다. 그러나 그 정의는 이 4가지 요소가 항상 함께 일어남을 내포하고 있다. 실제 그런가? 당신은 때로 이유도 모른 채 공포, 분노 혹은 또 다른 정서를 느끼지는 않는가?

대부분의 사람들이 사용하는 정서라는 용어의 핵심 요소는 느낌이다. 만약 당신이 이유도 모른 채 겁이 난다고 말하면, 대부분의 사람들은 당신이 하나의 정서를 경험하고 있다는 사실에 동의한다. 만약 당신이 "나는 이것이 위험한 상황임을 알고 있다."라고 말하지만 아무것도 느끼지 못한다면, 그 경험은 정서는 아니다.

정서 측정

연구의 발전은 좋은 측정에 달려 있다. 심리학자들은 정서를 자기보고, 행동관찰 및 생리적 측정치로 측정한다. 이 방법은 각자 장단점을 갖고 있다.

자기보고

심리학자들은 주로 사람들에게 얼마나 행복한지, 얼마나 초조한지 등등을 물어보는 방법으로 정서를 측정한다. 자기보고 방법은 빠르고 쉽지만, 정확성에는 한계가 있다. 만약 당신이 자신의 행복을 어제는 4점, 오늘은 7점으로 평정했다면, 당신은 더 행복해진 것으로 보인다. 그러나 당신의 친구가 자신의 행복을 6점으로 평정했다면, 오늘 당신이 그 친구보다 더 행복한가? 그럴 수도 아닐 수도 있다.

행동관찰

우리는 사람들의 행동과 맥락으로부터 그의 정서를 추론한다. 만약 누군가가 비명을 지르며 도망치는 것을 보면, 우리는 공포를 유추한다. 당신이 유아였을 때, 당신의 부모는 당신이 말하기 전부터 당신의 정서를 유추했었을 것이다. 부모는 당신에게 정서에 해당하는 단어를 가르치기 위해 언어로 말을 해야 했다. 당신이 비명을 질렀을 때, 누군가가 당신에게 "무섭구나."라고 말했다. 당신이 웃을 때, 누군가가 당신에게 "행복하구나."라고 말했다.

우리는 특히 사람들의 얼굴 표정을 본다. 사람들은 때로 자신의 표정을 의도적으로 통제한다. 그러나 미세표현(microexpression)이라 불리는, 매우 짧은 시간 동안 나타나는 갑작스런 정서 표현은 통제하기 힘들다. 예를

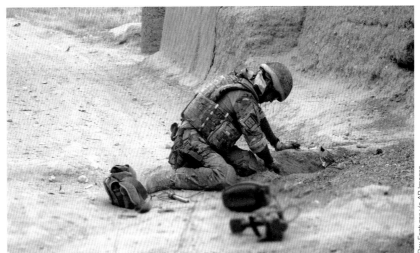

원래 정서 상태는 우리가 억누르기는 하지만, 격렬한 행위를 이끌어내는 경향이 있다. 사진 속의 한 군인이 지뢰를 해체하고 있다.

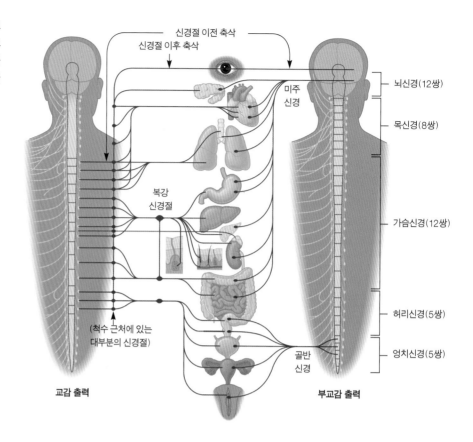

그림 12.1 자율신경계는 교감신경계와 부교감신경계로 구성되어 있다. 둘은 때로 반대 방식으로 작용하고 때로는 협동한다. 교감신경계는 비상행동을 할 수 있도록 몸을 준비시킨다. 부교감신경계는 소화와 기타 비상상태가 아닌 시간 동안 작동하는 기능들을 지원한다.

들어 침착하거나 행복하게 보이려는 사람도 순간적으로 분노, 공포 또는 슬픔의 표시를 내보일 수도 있다 (Ekman, 2001). 훈련(혹은 슬로비디오 재생이 가능한 비디오테이프)을 통해, 심리학자들은 사람들이 숨기고 싶어 하는 정서들을 관찰한다. 그러나 미세한 표현이 나오는 경우는 드물기 때문에 그것으로는 많은 정보를 얻지 못한다(Porter & ten Brinke, 2008).

생리적 측정치

정서라는 용어는 원래 격동적 움직임을 뜻하는 것이었다. 수세기 전 사람들은 천둥을 "대기의 정서"로 표현했다. 궁극적으로 사람들은 정서를 신체 움직임과 그 것과 관련된 느낌으로 한정하여 사용했지만, 그 생각은 여전히 격동적 각성을 포함하고 있다.

정서를 유발하는 어떤 자극은 자율신경계(autonomic nervous system, 심장과 내장 같은 기관을 통제하는 신경계의 일부)의 활동을 일으킨다. 자율이란 단어는 '독립적'이란 의미이다. 생물학자들은 한때 자율신경계가 뇌와 척수와는 독립적이라고 믿었다. 지금은 뇌와 척수가 자율신경계를 조절하고 있다는 사실이 밝혀졌지만, '자

율'이란 용어는 여전히 남아 있다.

자율신경계는 교감신경계와 부교감신경계로 구성되어 있다(그림 12.1). 척수 좌우에 있는 신경 뭉치의 연결들이 격렬한 행동을 위해 몸을 각성시키는 교감신경계(sympathetic nervous system)이다. 그것은 때로 심장박동, 호흡, 땀 및 에피네프린(아드레날린으로 알려짐)을 증가시켜 격렬한 행위를 할 수 있도록 준비시키기 때문에 "싸움 또는 도주" 시스템이라고 부른다. 각기 다른 상황이 교감신경계의 다른 부분을 활성화시켜, 다른 종류의 행동을 하기 쉽게 한다.

부교감신경계(parasympathetic nervous system)는 숨뇌(연수)와 척수의 아랫부분에서부터 기관 근처의 뉴런 뭉치들까지 뻗어 나온 축색의 뉴런들로 구성되어 있다(그림 12.1). 부교감신경계는 심장박동을 감소시키고 소화와 비상상태가 아닐 때 작동하는 다른 기능들을 촉진시킨다. 교감신경계와 부교감신경계 모두 심장, 소화계 및 대부분의 기관들에까지 축색이 닿아 있다. 신장과 같은 일부 소수의 기관들은 교감신경계에서 유입되는 정보만을 받는다.

비록 하나의 신경계가 일시적으로 우세할 수 있지만, 두 신경계는 항상 활동하고 있다. 만약 당신이 약간 떨어진 곳(시간적으로나 공간적으로)에서 위험을 발견하면, 주로 부교감신경계의 활성화로 그것에 주의를 기울인다. 만약 행동을 취해야 할 만큼 위험이 가까우면, 당신은 활발한 교감신경계 활동으로 바꾼다(Löw, Lang, Smith, & Bradley, 2008). 많은 상황이 두 신경계 모두의 일부를 활성화시킨다(Berntson, Cacioppo, & Quigley, 1993). 어떤 위급상황은 심장박동과 땀의 분비를 증가시키고 (교감신경계 반응), 또한 장과 방광을 비우는 일을 촉진시킨다(부교감신경계 반응). 당

교감신경계는 활발한 행동을 할 수 있도록 몸을 준비시킨다.

신은 방광에 대한 통제가 안 된다고 생각할 만큼 놀라 본 적이 있는가?

연구자들은 강한 정서의 지표로서 교감신경계의 각성을 측정한다. 예를 들어 피부의 전기 전도율에서 순간순간 일어나는 변화는 교감신경계의 반응 중 하나인 땀 분비량의 일시적 변화를 나타내는 것이다. 또한 강한 정서는 사람들의 호흡을 더 빠르게 만든다(Gomez, Zimmermann, Guttormsen, Schär, & Danuser, 2005). 그러나 교감신경계는 싸우거나 도망치는 신경계이고, 그것의 반응은 분노 혹은 공포(생리적으로 비슷), 혹은 또 다른 강한 정서임을 기억하라. 생리적 측정은 그 사람이 느끼고 있는 정서가 무엇인지를 알려 주지는 않는다.

뇌 측정으로도 그 사람이 느끼는 정서가 무엇인지를 확인해 주지 못한다. 그림 12.2는 여러 방식으로 각기 다른 정서를 유발시켰을 때의 뇌 활동을 측정하기 위해 PET와 fMRI 뇌 스캔사진(제3장 참조)을 이용한 많은 연구들의 결과를 요약한 것이다(Phan, Wager, Taylor, & Liberzon, 2002). 그림에서 볼 수 있듯, 어떤 정서에 의해 각성된 영역들이 다른 정서로 각성된 영역들과 상당히 중첩된다.

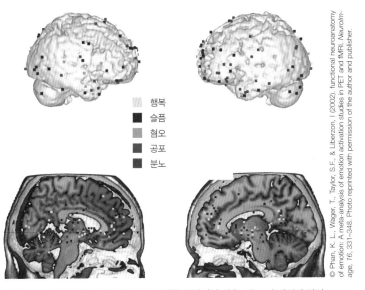

행복
슬픔
혐오
공포
분노

그림 12.2 연구자들은 여러 방식으로 정서를 유발시킨 다음, 어느 뇌 영역이 각성되는지를 확인하기 위해 PET 혹은 fMRI 스캔사진을 사용했다. 뇌 영역 중 한 종류의 정서에만 특별히 반응하는 곳은 없었다. (출처: Phan, Wager, Taylor, & Liberzon, 2002.)

개념 점검

1. 우리가 정서를 유추하거나 측정하기 위해 언어적 보고를 고집해서는 안 되는 이유는?

2. 생리적 측정이 현재 어떤 정서가 있는지를 확인하는 것보다는 정서의 강도를 판단하는 데 더 도움이 되는 이유는 무엇인가?

정서, 각성 및 행동

정서적 인지, 감정, 행동 및 각성이 어떻게 서로 관련되어 있을까? 미국 심리학의 창시자인 William James는 심리학의 첫 번째 이론들 중 하나를 제안했다.

James-Lange의 정서이론

상식에 따르면, 우리는 슬픔을 느끼기 때문에 운다. 겁이 나니까 떨린다. 화가 나서 얼굴이 빨개진다. 1884년 James와 Lange는 독자적으로 이와는 반대인 이론을 제안했다. James-Lange 이론에 따르면, 어떤 자극에 대한 우리의 해석이 자율신경계의 변화와 때로는 근육 운동을 일으킨다는 것이다. 그런 변화에 대한 우리의 지각이 정서의 감정적인 측면이다. James의 원 논문에서 그는 상황(예: 곰을 봄)이 어떤 행동(예: 도망감)을 일으키고, 그 행동에 대한 지각이 정서라고 간단히 말했다. 즉 우리가 두렵기 때문에 도망치는 것이 아니라, 자신이 도망치고 있음을 알았기 때문에 두려움을 느끼는 것이다. 자신의 주장에 대한 비판에 대해 그는 자기 입장을 명확히 했다(James, 1894). 즉 분명히 곰을 본 것이 자동적으로 우리를 도망치게 이끄는 것은 아니다. 우리는 먼저 그 상황을 해석한다. 만약 그 곰이 울타리 안에 있거나 서커스단의 곰이라면, 우리는 도망가지 않는다. 만약 그 곰이 위험해 보이면, 우리는 도망간다. 상황의 해석은 정서의 인지적 측면이다. 심장박동과 호흡의 급상승과 더불어 자신이 도망가는 모습의 지각이 어떤 정서를 느끼게 되는지를 결정한다. 즉,

상황 → **해석**(=정서의 인지적 측면) → **행동**(=생리적 및 행동적 측면) → **행동의 지각**(=정서의 느낌 측면)

이런 해석이라면, James-Lange 이론은 타당해 보인다. 실제로 만약 신체가 어떤 방식으로든 반응하지 않는다면, 느낌 측면은 다른 어디서 올 수 있겠는가? 많은 증거들이 이 이론을 지지하고 있다. 주요 증거는 신체반응이 감소하면 정서적 느낌도 감소하고, 신체반응이 증가하면 정서적 느낌도 증가한다는 것이다.

신체반응의 감소

James-Lange 이론에 따르면, 생리적 반응이 약한 사람은 정서적 상황을 인지적으로는 알지만, 정서적 느낌을 별로 갖지 못해야 한다. 척수 손상으로 근육이 마비된 사람들도 정상적이거나 거의 정상적인 정서를 보고하고 있다(Cobos, Sánchez, García, Vera, & Víla, 2002). 그러나 자율신경계 반응이 약한 사람은 더 약한 정서적 느낌을 보고한다. 순수 자율신경 기능 상실(pure automatic failure)인 사람은 자율신경계가 신체 장기들을 조정하지 못한다. 즉 신경계의 무엇도 심장박동률, 호흡률 등등에 영향을 주지 않는다. 그래서 통상적인 어떤 반사운동으로도 피를 머리로부터 끌어내리는 중력을 막을 수는 없기 때문에, 빨리 일어서면 실신하게 된다. 정서와 관련하여, 그 병에 걸린 사람들도 어떤 상황이 분노, 공포, 혹은 슬픔을 불러온다는 것을 알고는 있지만, 전에 비해 정서가 덜 강하게 느껴진다고 보고한다(Critchley, Mathias, & Dolan, 2001). James-Lange 이론이 정확히 예언하듯, 그들에게 정서의 인지적 측면은 남아 있지만, 느낌은 약하다.

신체반응의 증가

만약 연구자들이 당신의 자세와 호흡 패턴을 어떤 정서의 전형적인 패턴을 본떠서 만들어 주었다고 상상해 보라. 그러면 당신은 그 정서를 느낄까? 누군가가 아래와 같은 지시문을 당신에게 읽어주거나 누군가에게 읽어주고 무슨 일이 일어나는지 체크해 보라.

▶ 직접 해 보세요!

눈썹을 뺨 쪽으로 내려라. 한숨을 쉬어라. 입을 다물고 아랫입술을 약간 위로 하라. 다시 한숨을 쉬어라. 의자에 기대고 앉아 다리를 의자 아래로 당겨라. 다리에 긴장을 느끼지 않도록 하라. 다시 한숨을 쉬어라. 손을 동그랗게 서로 모아 다리 위에 놓으라. 머리를 떨구고 가슴을 처지게 하고, 목 뒤쪽과 어깨 날개 쪽에 약간 긴장을 주는 것을 제외한 나머지 배 부분을 축 처지게 하라. 다시 한숨을 쉬어라.

이런 지시를 따른 대부분의 사람들은 슬픔을 느끼기 시작했다고 보고한다(Flack, Laird, & Cavallaro, 1999; Philippôt, Chapelle, & Blairy, 2002). 비록 때로는 공포를 위한 지시가 분노를 유도하고, 때로는 분노를 위한 지시가 공포를 유도하기는 하지만 행복, 분노, 혹은 공포의 특징적인 자세와 호흡 패턴을 취하라는 지시는 그 정서를 유도한다. 공포와 분노는 생리적으로는 비슷하다.

이 같은 연구에서 한 가지 염려스러운 점은 연구참여자들이 실험자가 알아보고자 하는 것이 무엇인지를 짐작한다는 것이다(제2장의 요구 특성을 상기하라). 연구의 목적을 숨기기 위해, 연구자들은 연구참여자들에게 팔이 마비된 사람이 어떻게 쓰기를 배우는지를 연구하고 있다고 말해 주었다. 그들은 연구참여자들에게 그림 12.3과 같이 펜 하나를 이로 물고 있도록 혹은 입술로만 물고 있도록 한 다음, 만화가 얼마나 재미있었는지를 평정하도록 했다.

a

b

그림 12.3 얼굴 표정이 기분에 영향을 줄 수 있다. 사람들이 펜을 이로 물고 있을 때(a), 입술로 물고 있을 때(b)보다 만화를 더 재미있다고 평정했다.

▶ 직접 해 보세요!

그들이 펜을 이로 물면, 얼굴이 거의 웃음을 띠게 되어, 만화를 매우 재미있다고 평정했다. 그들이 펜을 입술로 물고 있을 때는 웃음을 지을 수 없어 만화를 덜 재미있다고 평정했다(Strack, Martin, & Stepper, 1988). 한 가지 방법으로 펜을 물고 신문의 만화를 보고, 다른 방법으로 펜을 물고 만화를 보라. 차이가 느껴지는가? 그러나 비록 웃음이 행복이나 재미를 약간 촉진시키지만, 당신이 행복을 느끼기 위해 웃음이 필요한 것은 아니다. 안면 마비로 인해 웃음을 짓지 못하는 어린이들도 여전히 즐거움과 유머를 경험할 수 있다(G. Miller, 2007b).

개념 점검

3. James-Lange 이론에 따르면, 우리는 무언가가 무섭기 때문에 그것으로부터 도망치는가?

4. 자율신경계의 반응을 약화시키는 질병을 지닌 사람들은 정서에 어떤 일이 생기나? 특정 정서의 특징적인 자세와 호흡 패턴을 취하면, 어떤 일이 생기나? 이런 결과들이 James-Lange 이론과 어떻게 관련되나?

Schachter와 Singer의 정서이론

좋다. 일단 당신이 긴장감으로 목을 많이 구부리고 계속해서 한숨을 쉬면, 당신은 슬픔을 느낀다. 그런데 당신은 어떻게 처음부터 그런 자세를 취했는가? 보통 당신은 그 상황을 평가한 후에 그 과정을 밟는다.

더욱이 당신은 어떻게 자신이 화가 난 건지 아니면 무서운 건지를 알게 될까? 분노와 공포는 매우 비슷한 생리적 반응을 일으킨다. 당신에게 일어나는 자율신경계의 변화가 당신이 어떤 정서를 경험하고 있는지를 말해 주지는 않는다(Lang, 1994).

이런 점들을 고려하여 Schachter와 Singer(1962)는 우리가 어떻게 하나의 정서를 다른 정서와 구분하는지에 대한 이론을 제안했다. Schachter와 Singer의 정서이론(Schachter and Singer's theory of emotions)에 따르면, 생리상태의 강도(즉 자율신경계의 각성 정도)는 정서의 강도를 결정해 주지만, 상황의 인지적 해석이 정서의 유형을 알려준다(그림 12.4). 어떤 각성 유형은 상황에 따라 공포, 분노, 즐거움이라는 경험을 야기하거나 또는 아무 것도 만들어내지 않는다. Schachter와 Singer는 자신들의 이론이 James-Lange 이론의 대안이라고 보았지만, 그것은 실제로 다른 문제에 관해 이야기하고 있다.

Schachter와 Singer 이론의 이상적인 검증은 당신을 다른 사람과 전선으로 연결하여 다른 사람의 심장박동, 호흡률 등이 변할 때, 동시에 같은 정도로 당신

상황에 대한 인지적 평가: 이것이 공포구나.

자율신경 반응의 지각: 심장이 빨리 뛰고, 호흡이 거칠다. 내 공포가 큰 것이 분명하다.

그림 12.4 Schachter와 Singer의 이론에 따르면, 생리적 각성은 정서의 강도를 결정하고, 인지적 평가가 어떤 정서를 느끼는지를 결정한다.

의 것들도 변하도록 하는 것이다. 그런 다음 다른 사람이 어떤 정서를 느낄 때, 연구자들이 당신도 그것을 느끼는지 묻는 것이다. 그런 절차는 현재의 기술로는 불가능하기 때문에 Schachter와 Singer(1962)는 보다 단순한 절차를 사용했다.

핵심 점검 **증거는 뭘까?**

정서의 인지적 측면

흥분성 약물은 정서를 경험할 때 생기는 신체 변화와 비슷한 신체 변화를 일으킨다. 당신은 그러한 각성을 상황에 따라 각기 다른 정서로 해석할까?

가설 각성을 높이는 약물은 그 상황이 일으키는 정서가 무엇이든 그것을 높일 것이지만, 정서 유형은 상황에 달려 있을 것이다.

방법 실험자들은 대학생들을 다른 상황에 있도록 했지만, 이들 중 어떤 사람에게는 상황과 관계없이 같은 생리적 상태를 유도하는 에피네프린 주사를 놓았다(에피네프린은 교감신경계의 효과와 비슷하다). 그들은 어떤 실험참여자들에게는 그들의 각성 증가를 상황에 귀인하도록 유도했고, 다른 실험참여자에게는 그것을 주사에 귀인시키도록 유도했다.

구체적으로 실험자들은 어떤 실험참여자들에게 주사가 중

요한 부작용을 주지는 않는다고 말했다. 이 실험참여자들은 아마도 자신의 각성을 주목하고 강한 정서를 느끼면서 그것을 상황에 귀인했을 것이다. 다른 실험참여자들에게는 심장 박동의 증가와 위의 활동과 같은 부작용이 예상된다고 말해 주었다. 그들이 이런 변화를 느꼈을 때, 아마도 그들은 그것을 주사로 귀인하고 그것을 정서경험으로 생각하지 않을 것이다. 또 다른 실험참여자들에게는 두 지시 중 하나가 주어졌지만, 에피네프린 대신에 가짜약(약효가 없음)을 주사했다.

그런 다음 실험참여자들을 행복감 아니면 분노를 유발하는 상황에 두었다. 행복감 상황의 학생들은, 종이뭉치를 쓰레기통에 던져 넣고 종이 비행기를 날리고 갈색 폴더로 탑을 쌓고 고무줄을 이용하여 종이뭉치를 그 탑에 쏘고 훌라후프를 돌리고 다른 학생들을 자신의 놀이에 끌어들이려고 노력하는 재미있는 젊은 남자가 있는 방에서 대기했다.

분노상황의 실험참여자들에게는 아래와 같은 질문지에 응답하도록 했다.

당신의 가족 중 규칙적으로 목욕하지 않는 사람은 누구인가?

당신의 어머니는 (아버지를 제외한) 얼마나 많은 남자와 혼외 관계를 맺었는가?

4명 이하, 5~9명, 10명 이상

결과 행복감 상황에 있던 많은 학생들은 그 재미있는 파트너와 함께 놀았다(그림 12.5). 한 사람은 책상 위로 아래로 오르락내리락했고, 다른 한 사람은 창문을 열고 지나가는 사람에게 종이

행복감 상황

음… 심장이 뛰고, 손이 떨리네. 주사약이 효력을 내는 모양이네.

야호!

a

분노 상황

음… 심장이 뛰고, 손이 떨리네. 주사약이 효력을 내는 모양이네.

으!

b

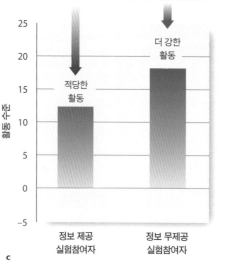

c

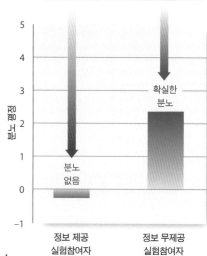

d

그림 12.5 (a와 b) Schachter와 Singer의 실험에서, 에피네프린의 효과에 대한 정보를 받지 못한 사람들은 그 상황에 적절한 강한 정서를 보고했다. (c와 d) Schachter와 Singer에 따르면, 자율신경계의 각성은 정서의 강도를 통제하지만, 인지적 요인들이 우리가 어떤 정서를 경험하고 있는지를 말해 준다.

뭉치를 던졌다. 분노 상황은 비록 몇몇 학생들이 화난 말들을 중얼거리거나 질문지 응답을 거부하기는 했지만, 기대했던 것만큼 효과적이지는 않았다.

실험참여자들의 일부에게는 사전에 그 주사가 어떤 자율신경계 효과를 줄 것이란 정보를 주었다는 것을 기억하라. 그들은 어떤 상황에 있어도 단지 약한 정서 반응을 보였을 뿐이다. 그들은 자신이 땀이 나고 손이 떨린다는 것을 느낄 때, 혼잣말로 "아! 그들이 말해 주었던 부작용이 내게 일어나고 있구나." 라고 말했다.

해석 불행하게도 이 실험은 결론을 제한하는 문제를 지니고 있다. 일부 실험참여자들은 에피네프린 대신 가짜약이 담긴 주사를 받았음을 기억하라. 이들은 에피네프린 주사를 맞은 사람들만큼이나 행복감 상황에서 행복해 했으며, 분노 상황에서는 그들만큼 분노했다. 그러므로 에피네프린 주사는 분명히 그 결과와 아무 상관이 없었다. 만약 그렇다면, 이 결과는 흥분할 것도 못되는 간단한 것이다. 즉 행복감을 유도하는 상황에 있는 사람은 행복하게 행동하고, 분노 상황에 있는 사람은 화난 행동을 한다는 것이다(Plutchik & Ax, 1967). 그러나 만약 그들이 자신의 각성을 주사에 귀인한다면, 그런 반응은 훨씬 억제된다.

Schachter와 Singer의 실험이 지닌 문제점에도 불구하고 그 배후에 있는 생각은 타당하고, 그 이후의 다른 연구들은, 전부는 아니어도, 그 아이디어를 지지하는 경우가 많았다(Reisenzein, 1983). 거듭 말하지만, 그 아이디어는 각성된 느낌이 크면 정서의 강도를 증가시키지만, 당신의 상황에 대한 평가가 당신이 무슨 정서를 느끼는지를 결정한다는 것이다. 다음의 예를 생각해 보자. 한 젊은 여성이 젊은 남성들을 넓고 튼튼한 다리 위에서 혹은 캐필라노 협곡(캐나다 관광지)의 흔들리는 현수교 위에서 인터뷰를 했다(그림 12.6). 인터뷰 후 그녀는 그 연구에 대해 또 다른 질문을 하고 싶을 때 전화할 수 있도록 각 남성에게 자신의 전화번호가 적힌 명함을 주었다. 현수교 위에서 인터뷰한 사람 중 39%가 그녀에게 전화를 했고, 반면 튼튼한 낮은 다리의 경우는 9%만이 전화를 했다(Dutton & Aron, 1974). 이 결과는 현수교 위의 남성들은 상황 자체로 인해 유발된 높은 각성을 그 여성에게 귀인했음을 보여준다("와우, 멋진 여자군! 내 심장이 뛰고 있네!"). 그러나 이 연구에 하나의 문제가 있다. 그 여성 자체가 낮

그림 12.6 캐필라노 협곡의 현수교를 건너는 동안, 당신은 얼마나 각성을 느낄까? 만약 당신이 이 다리 위에서 매력적인 사람을 만난다면, 당신은 그 사람에게 관심이 갈까?

은 다리보다는 현수교에서 더 흥분되어 있을 수도 있지 않을까? 아마도 남성들은 단지 자신의 흥분뿐만 아니라 그녀의 흥분에 반응한 것일 수도 있다. 당신은 정서 연구의 어려움을 감지하기 시작했을 것이다.

 개념 점검

5. 당신은 처음 데이트하는 상대방이 당신에게 흥분하길 바라고 있다. Schachter와 Singer의 이론에 따르면, 당신은 그 상대방과 아트갤러리 둘러보기와 롤러코스터 타기 중 어떤 데이트를 계획해야 하나?

몇 가지 "기본" 정서라는 것이 있는가?

인간은 몇 가지 정서를 경험할까? 우리가 마치 화학원소처럼 결합하여 다른 경험을 만드는 몇 가지 "기본" 정서를 갖고 있을까? 이런 질문들은 긴 역사를 갖고 있다. Darwin(1872/1965)은 몇 가지 정서의 얼굴 표현이 전 세계에 걸쳐 나타난다는 사실을 주목하면서, 몇 가지 기본 정서가 있다는 아이디어에 동의했다. 최초로 심리학 실험실을 시작한 Wundt와 미국 심리학의

설립자인 James는 서로 다른 범주의 정서들이 있다는 생각에 반대했고, 그 대신 모든 정서가 한 연속선상에 있다는 생각에는 동의했다.

일부 심리학자들은 행복감, 슬픔, 분노, 공포, 혐오 및 놀람과 같은 소수의 정서를 제안해 왔다. 다른 심리학자들은 경멸, 수치심, 죄책감, 관심, 희망, 자부심, 안도감, 좌절감, 사랑, 경외심, 지루함, 질투심, 후회 및 당황과 같은 더 많은 후보를 추가했다(Keltner & Buswell, 1997). 일본인은 "누군가에게 의지하는 즐거운 감정" 혹은 "또 다른 사람의 인정을 받아 생기는 편안한 느낌"으로 번역되는 **아마에(amae)**를 포함시킨다(Doi, 1981; Niiya, Ellsworth, & Yamaguchi, 2006). 또한 일본인은 미국인보다 고독감을 하나의 정서로 포함하려 한다(Kobayashi, Schallert, & Ogren, 2003). 힌두교 사람들은 영웅심, 재미, 평화 및 궁금증을 포함시킨다(Hejmadi, Davidson, & Rozin, 2000).

기본 정서는 어떻게 결정될까? 대체로 심리학자들은 다음의 기준을 고려한다.

- 기본 정서는 많은 경험을 요구하지 않는 생의 초기에 나타나야 한다. 예를 들어 향수와 자부심은 공포, 분노 혹은 즐거움보다는 더 천천히 나타나고 덜 기본적인 것으로 보인다(M. Lewis, 1995). 이런 기준의 문제는 모든 정서 표현이 점진적으로 발달한다는 점이다. 처음에 유아의 표현은 고통, 분노 및 공포가 구분되지 않는다(Messinger, 2002).
- 기본 정서는 문화에 걸쳐 유사해야 한다. 모든 문화에서 대부분의 정서가 비슷하기 때문에 이 기준에 의하면 제외되는 정서가 많지 않다.
- 각 기본 정서는 고유한 얼굴 표정과 특징적인 생리적 반응을 갖고 있어야 한다. 대부분의 연구는 이 마지막 기준에 초점을 맞춰 왔다.

얼굴 표정을 짓기

각 정서마다 고유의 표정이 있을까? 도대체 왜 우리는 정서를 얼굴 표정으로 나타내는 것일까?

그림 12.7에서 보듯, 정서 표현은 절대로 그냥 나오는 것은 아니다. 우리는 겁먹었을 때, 위험 대상을 보는 능력을 높이기 위해 눈을 크게 뜨고 가능한 행동을

그림 12.7 혐오 표정(왼쪽)은 더러운 것에 대한 노출을 줄여준다. 공포 표현(오른쪽)은 위험 대상을 보고 필요한 행동을 취할 준비성을 높여준다.

준비하기 위해 숨을 크게 쉰다. 만약 혐오스런 무언가를 보면, 우리는 그 대상에 노출되는 것을 줄이기 위해, 부분적으로 눈을 감고 그 대상으로부터 코를 멀리한다(Susskind et al., 2008).

더욱이 정서 표현은 사회적 맥락에서는 의사소통을 위해 더 세분화되어 있다. 예를 들어 올림픽 메달리스트는 다른 사람들과 함께 시상식을 기다리고 있을 때는 대개 웃지만, 홀로 기다리고 있을 때는 웃지 않는다(Fernández-Dols & Ruiz-Belda, 1997). 심지어 10개월 된 유아도 엄마가 쳐다보고 있을 때 더 많이 웃는다(S. S. Jones, Collins, & Hong, 1991). Provine(2000)은 많은 시간을 쇼핑몰 및 여러 장소에서 보내면서, 웃는 사람들을 기록하고 관찰했다. 그는 거의 대부분 사람들은 친구와 있을 때 웃으며, 듣는 사람보다는 말하는 사람이 더 많이 웃는다는 사실을 발견했다. 사람들은 대부분 "우리 만날까?", "널 만나서 즐거웠어."와 같이 웃기는 내용이 아닌 말을 하는 동안에 웃었다. 즉 웃음은 다정함을 표현한다.

의도적인 정서 표현이 자발적인 정서 표현과 정확히 일치하는 경우는 거의 없다. 예를 들어 진짜 행복한 사람의 웃음은 입근육과 눈 주변 근육의 움직임이 포함되어 있다(그림 12.8a). 의도적인 웃음(그림 12.8b)은 일반적으로 눈 주변의 근육을 포함하지 않는다(Ekman & Davidson, 1993). 눈 주변의 근육까지 포함된 함박웃음은 이를 처음 기술한 Duchennen de Boulogne의 이름을 따서 **듀센 웃음**(Duchenne smile)이라 부른다.

듀센 웃음은 자의적으로 만들기 힘든 만큼 어떤 사람의 진짜 감정을 알려주는 좋은 지표이다. 연구자들은 대학 앨범에서 듀센 웃음을 지닌 여성이 다른 여성에 비해 더 행복하고, 더 오랜 기간 결혼을 지속하며, 대학을 졸업하고 오랜 후에도 행복감과 유능감을 느낀다고 보고한다는 사실을 발견했다(Harker & Keltner, 2001). 사

그림 12.8 자발적인 행복한 미소(a)는 입근육과 눈가의 근육 모두를 사용한다. 이런 표정을 때로 듀센 웃음이라 부른다. 의도적인 미소(b)는 원래 입근육만 사용한다. 대부분의 사람들은 의도적으로 듀센 웃음과 관련되는 눈근육을 작동시키지는 못한다.

그림 12.9 심지어 농아와 맹아로 태어난 어린이들도 웃음과 같은 정서의 전형적인 얼굴 표정을 보여준다.

그림 12.10 전 세계를 통해 "만나서 반갑습니다."를 나타내는 다정한 인사로 사람들은 눈썹을 올린다. 모든 문화에서 이 표현의 통상적인 지속시간은 1/3초이다.

얼굴 표정을 이해하기

문화에 걸쳐 얼굴 표정이 유사하다는 것은 그것이 학습된 것이 아님을 시사해 주지만, 얼굴 표정들이 항상 같은 의미를 갖고 있을까? 연구자들은 각기 다른 문화권의 사람들에게 그림 12.11과 같은 여섯 개의 얼굴 표정을 해석해 보도록 요청했다. 각 얼굴을 보고 그 표정의 이름을 대 보라. 직접 해 보라.

▶ **직접 해 보세요!**

진에서 듀센 웃음을 지닌 메이저리그 야구선수가 덜 웃거나 웃음이 없는 선수보다 선수 생명이 더 길었다(Abel & Kruger, 2010).

우리가 적절한 얼굴 표정을 짓도록 학습하는 것일까 아니면 그것은 생물학적 유산의 일부일까? Irenäus Eibl-Eibesfeldt(1973, 1974)는 세계 여러 문화권 사람들(그림 12.9와 같이 선천적인 농아와 맹아까지)의 미소 짓는, 찡그린, 웃고 있는, 울고 있는 모습을 사진에 담았다. 그는 또한 전 세계 사람들이 짧은 시간 동안 눈썹을 올리면서 다정한 인사를 전한다는 사실을 발견했다(그림 12.10). 그런 표현은 모든 문화에서 같은 의미를 지니고 있었고 지속시간(1/3초)도 같았다.

연구자들이 정서 명칭을 다른 언어로 번역한 후에도, 다소 덜 정확하기는 했지만 다른 문화권의 사람들도 그 정서를 알아냈다(Ekman, 1992; Ekman & Friesen, 1984; Russell, 1994). 이런 증거로 볼 때, 얼굴 표정은 지역적인 특성이 있긴 하지만, 세계적으로 비슷한 의미를 지니고 있다. 마치 당신이 다른 지역보다는 자기

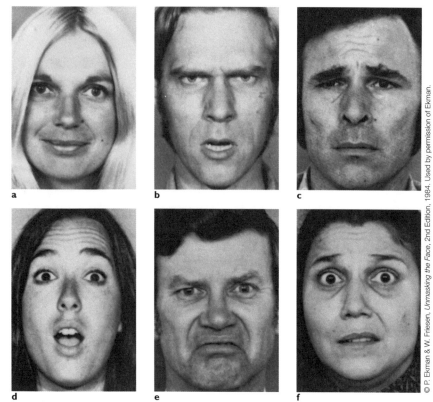

그림 12.11 Ekman은 이 얼굴들을 정서 표현을 인식하는 사람들의 능력을 검사하는 실험에 사용했다. 당신은 각 얼굴의 정서 명칭을 댈 수 있나? 475쪽에 정답이 있다. (Ekman & Friesen, 1984.)

© P. Ekman & W. Friesen, *Unmasking the Face*, 2nd Edition, 1984. Used by permission of Ekman.

지역의 말을 더 잘 이해하듯, 당신은 자기 문화권 사람들의 얼굴 표정을 좀 더 정확하게 알아본다(Elfenbein, Beaupré, Lévesque, & Hess, 2007). 사람들에게 분노와 혐오를 표현하고 있는 일본인의 사진들을 보여주었다. 일본인 중에서 분노는 82%, 혐오는 66%의 사람들이 정확히 알아냈다. 미국인들은 분노는 34%, 혐오는 18%의 사람들만이 정확히 알아냈다(Dailey et al., 2010).

그러나 전 세계 사람들이 이런 얼굴 표정을 구별해내는 능력이 있다는 것이 여섯 가지 "기본" 정서에 대한 생각을 지지해 주는 강력한 증거는 아니다(Barrett, Mesquita, & Gendron, 2011). 첫째, 연구자들은 전형적으로 여섯 가지 정서 명칭을 주고 어떤 얼굴이 각 정서 명칭과 어울리는지를 묻는다. 이런 암시가 없으면 사람들의 각 표정에 대한 정서 명칭이 덜 정확하다. 둘째, 우리는 단지 얼굴 표정만이 아니라 맥락, 자세, 목소리 톤, 제스처, 혹은 냄새로써 그 사람의 정서를 알아낸다(K. Edward, 1998; Leppänen & Hietanen, 2003; Zhou & Chen, 2009). 그림 12.12를 보자. 맥락이 없으면 대부분의 사람들은 그 표정을 슬픔으로 판단한다. 왼쪽 자세는 그 판단을 확증해 준다. 그러나 오른쪽 자세가 주어지면, 대부분의 사람들은 그 표정을 공포라고 판단한다(Aviezer et al., 2008).

또 다른 문제를 보자. 그림 12.11의 얼굴들은 모두 보는 사람의 입장에서 본 것들이다. 실험설계의 관점으로 보면, 모든 얼굴을 같은 위치에 두는 것이 옳다. 그러나 슬픈 사람들은 거의 항상 아래를 보고 당신과

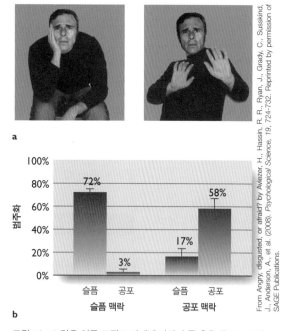

그림 12.12 같은 얼굴 표정도 자세에 따라 슬픔 혹은 공포로 보일 수 있다. (출처: Aviezer, H. et al., "Angry, disgusted, or afraid?" *Psychological Science*, 19, 724-732. © 2008 Sage Publication, Inc. 허가하에 실음)

From Angry, disgusted, or afraid? by Aviezer, H., Hassin, R. R., Ryan, J., Grady, C., Susskind, J., Anderson, A., et al. (2008). *Psychological Science, 19,* 724-732. Reprinted by permission of SAGE Publications.

공포

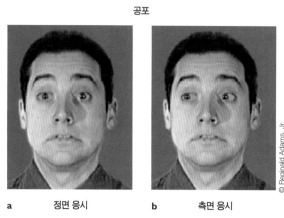

a 정면 응시   b 측면 응시

© Reginald Adams, Jr.

그림 12.13 대부분의 사람들은 그 사람이 정면이 아니라 옆을 보고 있을 때 무서운 표정을 더 쉽게 알아본다.

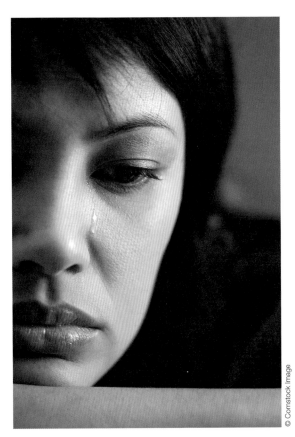
그림 12.14 눈물이 있는 얼굴은 **훨씬** 더 슬프게 보인다.

눈맞춤을 하더라도 짧게 한다. 겁먹은 사람들은 겁주는 대상을 쳐다본다. 그들은 당신이 두려울 때만 당신과 시선을 맞춘다. 그림 12.13의 사진들을 살펴보라. 어떤 표정을 알아맞히기가 더 쉬운가? 대부분의 관찰자들은 대상자가 옆을 보고 있을 때, 슬픈 혹은 두려워하는 표정을 더 빨리 알아차렸다(Adams & Kleck, 2003). 대조적으로 행복과 화난 표정은 그 사람이 앞을 똑바로 보고 있을 때 더 쉽게 알아냈다(Adams & Kleck, 2005). 심지어 7개월 된 유아들도 옆을 바라보는 것보다 자신을 쳐다보는 화난 얼굴에 더 강하게 반응한다(Hoehl & Striano, 2008).

▶ **직접 해 보세요!**

슬픈 사람은 아래를 내려다볼 뿐만 아니라 운다. 만약 그림 12.14에서처럼 우리는 슬픈 얼굴과 눈물을 보이는 사람을 보면, 즉시 그 표정이 슬픔임을 알아본다. 눈물이 없으면, 종종 그 표정이 무엇을 의미하는지 덜

확신하게 된다. 우리는 그 표정을 경외, 어리둥절, 혹은 관심 등으로 볼 수도 있다(Provine, Krosnowski, & Brocato, 2009). 만약 누군가의 눈이 붉으면, 슬픈 표정이 더해진다(Provine, Cabrera, Brocato, & Krosnowski, 2011).

개념 점검   6. 연구자들은 종종 사진 한 세트를 관찰자들에게 보여주고, 각 사진의 정서를 알아 맞히도록 요구한다. 이 절차가 어떤 방식으로 정서 인식의 정확도를 떨어뜨리는가?

얼굴 표정이 기본 정서를 보여줄까?

문제는 우리에게 기본 정서라고 할 만한 게 있는가 하는 것이다. 연구는 전 세계 사람들이 즐거움, 슬픔, 공포, 분노, 혐오, 놀람의 얼굴 표정을 인식한다는 사실을 보여준다. 그러나 그림 12.11에 있는 사진들은 사람들이 그 정서를 정확하게 인식할 수 있는 최상의 예가 되도록 주의 깊게 만든 것이다. 일상 속에서 대부분의 표정에는 여러 정서가 혼합되어 있다. 만약 자발적인 일상의 표정을 담은 사진을 우리에게 보여주고, 각 얼굴에 하나의 정서 명칭을 붙이도록 하면, 일치도는 떨어진다(Naab & Russell, 2007).

더욱이 우리에게 여섯 가지 정서 표정을 인식하는 능력이 있다고 해서 우리가 정확히 여섯 가지 기본 정서를 지니고 있다고 말할 수는 없다. 약간 덜 정확하기는 하지만, 우리는 혐오와는 약간 다른 경멸을 나타내는 표정도 알아차린다. 또한 우리는 얼굴 표정과 자세를 보고 자부심의 표정도 쉽게 알아차린다(Tracy & Robins, 2004; Tracy, Robins, & Lagattuta, 2005). 우리는 정지된 사진이 아닌 비디오테이프를 보고 힌두교도들이 일반적으로 정서로 간주하는 평화와 영웅심을 나타내는 표정도 알아낼 수 있다(Hejmadi et al., 2000). 그러므로 어떤 표정을 알아채는 능력을 기본 정서의 증거라고 한다면, 기본 정서의 수는 그보다 더 많아야 한다.

또한 우리가 정서로 분류하지는 않지만, 졸린 것과 혼란스러워하는 얼굴 표정도 쉽게 알아차린다(Keltner & Shiota, 2003; Rozin & Cohen, 2003). 그러므로 우리

가 놀람과 혐오의 얼굴 표정을 인식한다는 사실이 그
것들을 정서로 간주해야 하는 확고한 증거가 되지는
못한다.

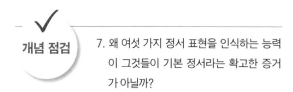

개념 점검   7. 왜 여섯 가지 정서 표현을 인식하는 능력
이 그것들이 기본 정서라는 확고한 증거
가 아닐까?

기본 정서에 대한 대안

많은 심리학자들은 기본 정서에 대해 언급하는 것에
의문을 지니고 있다(Barrett, 2006). 만약 공포, 분노 혹
은 그 어떤 것이 기본 정서라면, 사람들이 그 표정을
지었을 때는 자세, 제스처, 목소리 억양 등이 다 일치
해야 할 것이다. 그러나 사람들은 하나의 정서 표현 중
일부와 다른 정서 표현의 일부, 그리고 서로 일치하지
않는 자세나 제스처를 보여주는 경우가 많다(Scherer
& Ellgring, 2007).

하나의 정서 표현을 한 단위로 간주하기보다는 그
것을 따로 발생할 수 있는 부분들의 조합으로 생각해
볼 수도 있다. 그림 12.15에서 보듯, 우리는 특이한 놀
랄 만한 사건을 목격하면 눈을 크게 뜬다. 우리는 불쾌
감을 나타내기 위해 입 끝을 아래로 내리고, 어떤 변
화를 바란다는 것을 나타내기 위해 미간을 찌푸린다.
우리가 상황을 장악하고 있다고 느낄 때는 입술을 꼭
다문다. 화를 나타내는 표현은 이 성분들의 합이지만,
이 성분들은 각자 따로 발생할 수도 있다(Ortony &
Turner, 1990; Scherer, 1992).

기본 정서 대신에 정서를 일련의 차원들로 볼 수도
있다. "원형(circumplex)" 모형에 따르면, 정서는 쾌
로부터 고통까지의 연속선과 각성으로부터 졸음까지
의 연속선상에 있는 것이다(Russell, 1980). 그림 12.16
은 이 생각을 보여주고 있다. 이 모형은 정서의 인지적
측면이 아닌 느낌 측면을 다루고 있음을 주목하라. 예
를 들어 우리가 분노와 공포는 각기 다른 인지와 연합
시키고 있을지라도, 분노와 공포는 모두 이 도표에서
"고통" 근처에 있는 것이다. 다른 심리학자들도 표현
은 다르지만, 정서가 연속적 차원에 따라 배열될 수 있

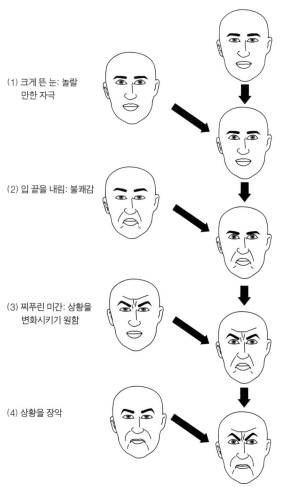

(1) 크게 뜬 눈: 놀랄
만한 자극

(2) 입 끝을 내림: 불쾌감

(3) 찌푸린 미간: 상황을
변화시키기 원함

(4) 상황을 장악

그림 12.15 우리가 통상 하나의 단일 정서로 간주하는 것(이 경우는
분노)도 여러 독립적인 부분들로 분해될 수 있다. (출처: Scherer, K. R.
"What does facial expression express?" In K. T. Strongman (Ed.),
International Review of Studies of Emotion Vol. 2(pp. 139-165).
©1992 John Wiley & Sons, Inc. 허가하에 실음)

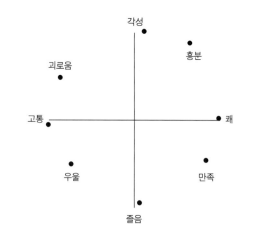

그림 12.16 정서에 관한 원형 모형에 따르면, 정서적 느낌은 각성과
쾌라는 두 차원의 연속선상에 따라 발생하는 것이다.(출처: Russell,
J. A., "A circumplex model of affect", *Journal of Personality and
Social Psychology*, 39 (pp. 1161-1178). ©1980 American Psy-
chological Association. 허가하에 실음)

다는 생각에서는 일치한다(D. Watson, Wiese, Vaidya, & Tellegen, 1999; Yik, Russell, & Steiger, 2011).

개념 점검

8. 얼굴 표정에 관한 연구는 어떤 방법으로 기본 정서가 존재한다는 사실을 지지하고 있나?

9. 기본 정서라는 개념을 사용하지 않고, 어떻게 얼굴 표정을 설명할 수 있나?

정서의 유용성

아마도 정서는 어떤 용도가 있을 것이다. 그렇지 않다면 우리가 정서를 느낄 수 있는 능력을 진화시켜 오지 않았을 것이다. 하나의 기능은 정서가 우리를 중요한 정보에 주목하도록 한다는 것이다. 설사 당신이 다른 것에 주목하려 하더라도, 당신의 눈과 주의는 강한 쾌 혹은 불쾌 이미지 쪽으로 향하게 된다(Schupp et al., 2007; Yoon, Hong, Joormann, & Kang, 2009).

정서나 기분은 우리의 우선순위를 조절하기도 한다. 만약 우리가 무서운 것을 보면, 다른 것은 거의 보지 않고 위험에만 초점을 두게 된다(Adolphs, Denburg, & Tranel, 2001; Mathews & Mackintosh, 2004). 만약 우리가 전기톱을 들고 있는 미친놈에게 쫓기고 있으면, 장미꽃 향기를 맡을 수 없다. 우리가 행복한 기분일 때는 초점을 확대할 수 있다. Fredrickson(2001)의 긍정 정서의 확장 및 축적 이론(broaden-and-build hypothesis)에 따르면, 행복한 기분은 새로운 아이디어와 기회를 탐색하는 준비성을 증가시킨다. 당신은 창의적으로 생각하고, 평소 같으면 간과하는 배경 속의 세부 내용을 찾아내고, 당신의 행복한 기분을 유지하는 데 도움이 될 새로운 경험 추구를 증가시킨다(Fredrickson & Lasada, 2005). 그런 경향성은 행복이 통상 강도가 낮은 정서라는 사실과 관련된다. 어떤 유형의 강한 정서는 사람들의 주의 초점을 좁혀주는 경향이 있다(Gable & Harmon-Jones, 2010).

비록 심한 우울은 논리를 손상시키지만, 약한 슬픈 기분은 어떤 조건하에서는 논리에 도움이 된다. 제11장에서 논의한 것처럼, 대부분의 사람들은 자신의 능력을 과대 평가하고 어떤 일을 완수할 때까지 걸리는 시간을 과소 추정한다. 특히 행복한 기분 속에 있는 사람들이 그런 오류를 범하는 경향이 있다. 슬픈 사람들은 어떤 결정을 하기 전에 증거를 철저히 검토한다. 한 연구에서 대학생들은 자기 대학의 등록금 인상의 필요성에 대한 약한 혹은 강한 주장을 들었다. 슬픈 기분이었던 학생들은 강한 주장에 더 설득된 반면, 행복한 기분이었던 학생들에게는 두 주장 모두가 똑같이 설득적이었다(Bless, Bohner, Schwarz, & Strack, 1990).

개념 점검

10. 슬픔이 지닌 분명한 장점 하나는 무엇인가?

정서와 도덕추론

종종 사람들은 결정을 내려야 할 때 정서에 휘둘리지 말라고 충고한다. 때로 정서는 결정에 방해가 되지만, 우리가 옳고 그름을 빨리 결정해야 할 때는 종종 안내자가 되기도 한다(Beer, Knight, & D'Esposito, 2006). 착한 사람들도 의견이 나뉘는 다음의 두 도덕적 딜레마로 시작해 보자.

전차 딜레마

브레이크가 고장 난 전차가 선로에 서 있는 5명의 사람을 향해 내리막길을 달려가고 있다. 당신은 한 사람이 서 있는 다른 선로로 이 전차의 진로를 바꿀 수도 있다. 만약 당신이 스위치를 젖히면, 전차는 5명 대신 한 명을 죽일 것이다. 그리할 것인가?

육교 딜레마

브레이크가 고장 난 또 다른 전차가 내리막길을 달려가고 있으며 곧 5명의 사람을 죽일 것이다. 이때 당신은 선로 위에 있는 육교에 서 있다. 당신은 이들 5명을 구할 수 있는 방법을 찾았다. 즉 누군가가 상체를 기울인 채 당신 옆에 있다. 만약 당신이 그를 육교 밑으로 밀면, 그는 선로 위에 떨어져 전차를 막게 될 것이다(당신이 시간 내에 스스로 뛰어내릴 수 없는 방해물이 길에 놓여 있다고 가정하자. 혹은 당신은 전차를 막을 만큼 체중이 나가지 않는다고 가정하자). 이 행동도 5명을 살리기 위해 한 명을 죽이는 것이다. 그리할 것인가?(그림 12.17)

대부분의 사람들은 어렵지만 첫 번째 딜레마에서는 스위치를 젖히겠다고 말한다. 우리는 비록 더 많은 사람들에게 해를 주지 않기 위함이라도, 누군가에게 해가 되는 일은 주저하게 된다(DeScioli, Christner, & Kurzban, 2011). 두 번째 딜레마에서 누군가를 육교 밑으로 밀친다는 사람은 훨씬 적다(Greene, Sommerville, Nystrom, Darley, & Cohen, 2001). 논리적으로 그 행위가 5명을 살리기 위해 한 명을 죽이는 것이기 때문에 대답은 같아야 한다. 물론 두 상황이 정확히 비슷한 것은 아니다. 만약 당신이 누군가를 죽도록 밀쳤는데도 전차가 다른 사람을 죽게 한다면? 혹은 그들이 선로에서 뛰쳐나가서 그를 죽일 필요가 없었다면? 그러나 당

a

b

그림 12.17 당신은 **(a)** 전차가 5명 대신 한 명이 있는 쪽으로 가도록 스위치를 돌릴 것인가? **(b)** 5명을 살리기 위해 누군가를 육교 밑으로 밀쳐 떨어뜨릴 것인가?

은 그의 두개골(지금도 보스턴에 있는 한 박물관에 있음)을 조사하여 쇠막대가 그의 뇌를 관통한 경로를 재구성했다(H. Damasio, Grabowski, Frank, Galaburda, & Damasio, 1994). 그림 12.18에서 보듯, 사고는 이마앞겉질(전전두피질) 부분을 손상시켰다. 사고 후 몇 달 동안 Gage는 정서를 거의 보이지 않았으며, 서툴고 충동적인 행동을 했다. 그러나 당시의 자세한 보고는 없다. 몇 년 후, 사람들은 이 사건 이야기를 다시 꺼내게 되었고 보다 상세히 다루었다. 만약 당신이 이 사례에 대해 이전에 들었다면, 그것은 약간 과장된 것이었을 것이다(Kotowicz, 2007).

Elliot라고 알려진 환자의 사례는 보다 최근의 것이다(Damasio, 1994). Elliot은 뇌종양 제거수술 도중 이마앞겉질에 손상을 입었다. 수술 후 그는 정서 표현, 초조함, 좌절, 음악이나 그림으로 인한 즐거움, 분노 등을 거의 보여주지 않았다.

신이 누군가를 육교 밑으로 밀어 떨어뜨리면 5명을 살린다고 확신하더라도, 그것은 여전히 정서적으로 역겨운 일이다.

사람들은 이런 사례에서 도덕적 결정을 한 후에 종종 자신의 결정에 대한 이유를 찾는 데 어려움을 겪는다(Haidt, 2012). 그들은 빠르게 정서적으로 결정을 내리고 난 후에 설명을 찾는다. 통상 정서가 이끄는 대로 행동하는 것은 효과가 있다. 대체로 누군가를 육교 밑으로 밀어뜨리는 것은 끔찍하게 나쁜 생각이다. 당신의 정서적 반응이 대개는 옳은 결정을 내리도록 빠르게 안내한다.

정서가 손상된 사람들의 결정

Damasio(1994)는 뇌손상으로 인해 정서가 빈약하거나 부적절한 환자들에 대한 이야기를 썼다. 유명한 환자 중 한 명인 Gage는 1848년 쇠막대가 머리를 관통하는 사고에도 살아남았다. 약 150년 후에 연구자들

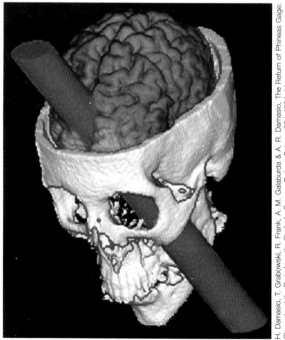

H. Damasio, T. Grabowski, R. Frank, A. M. Galaburda & A. R. Damasio, The Return of Phineas Gage: Clues about the Brain from the Skull of a Famous Patient, *Science* 264, 1994. 11.

그림 12.18 연구자들은 1848년 사고에서 살아남은 Gage의 뇌를 관통했을 것으로 보이는 쇠막대의 경로를 재구성했다. 이 부분의 뇌손상은 Gage의 판단과 의사결정 능력에 손상을 주었다.

그는 마치 다른 사람에게 일어난 사건을 기술하듯 무심하게 자신의 뇌수술과 그로 인해 망가진 인생에 대해 이야기했다. 정서의 손상 이외에도 그는 이성적인 계획을 수립하고 수행하는 데 문제가 있었다. 그는 선택 가능한 것들의 결과에 대해 논의할 수는 있지만 결정을 내리는 데는 어려움을 겪었다. 결과적으로 그는 직업을 유지하지도, 영리하게 투자하지도, 정상적인 인간관계를 유지하지도 못했다.

이마엽과 관자엽 겉질을 손상당한 다른 사람들도 충동적인 결정을 내리고 정서 정보를 느리게 처리한다(Levenson & Miller, 2007). 특히 도덕적 결정에서 이런 결과가 목격된다. 예를 들어 5명을 살리기 위해 육교에서 누군가를 밀어 떨어뜨리는 것과 같이 자신은 5명을 살리기 위해 한 명을 죽이겠다고 빠르고 주저 없이 결정을 내린다. 또한 그들은 누군가를 불공평하게 한 경우에도 죄책감을 느끼지 않으며, 어리석은 행동을 한 후에도 쑥스러워하지 않는다. 그들은 마치 다른 사람의 의견이나 결과에 대해서는 관심이 없는 듯하다(Krajbich, Adolphs, Tranel, Denburg, & Camerer, 2009; Sturm, Ascher, Miller, & Lavenson, 2008).

Damasio(1994)에 따르면, 의사결정의 손상은 취약한 정서 때문에 생기는 것이다. 우리는 원래 어떤 결정을 내려야 할 때, 각 결정을 내렸을 때 생길 수 있는 결과를 생각해 보고 각 결과가 어떻게 느껴지는지를 상상한다. 만약 우리의 친한 친구가 나를 해고한 회사로부터 취업 요청을 받았다면, 우리는 그 친구를 만나게 되는 유쾌하지 않은 장면을 상상한다. 관자엽이나 이마엽 손상이 있는 사람들은 그런 정서적 결과를 쉽게 떠올리지 못한다. Damasio(1999, p. 55)가 말했듯이, "정서는 선과 악에 대한 생각과 불가분의 관계에 있다." 만약 우리가 좋은 감정 혹은 나쁜 감정, 뿌듯함 혹은 죄책감을 느끼는 것을 상상하지 못한다면, 나쁜 결정을 내리게 된다.

개념 점검   11. 이마엽과 관자엽의 손상이 어떻게 의사결정에 피해를 주는가?

정서지능

정서적 사안에 관한 추리가 다른 추리와는 다를까? 환자 Elliot를 관찰하면 차이가 있는 것 같다. 왜냐하면 그는 정서적 결과와 무관한 질문에는 정상적으로 대답했다. 또한 일상생활을 관찰해 보면 정서를 추리하는 것은 조금 특별하다는 사실을 시사하고 있다. 어떤 사람들은 다른 사람을 기분 좋게 만들려면 어떤 말을 해야 하는지를 알고 있다. 그들은 사람들의 얼굴 표정에서 위로가 필요한지 혹은 등을 토닥거려야 하는지를 나타내는 미묘한 신호에 주목한다. 어떤 웃음이 진짜 웃음인지 가짜인지를 안다. 자신의 연애가 잘 진행될지 혹은 파국을 맞을지를 예측한다. 한편 자기 나름대로 똑똑한 어떤 사람들은 이런 모든 정서적 상황에서 아무것도 모른다. 그래서 심리학자들은 정서지능(emotional intelligence), 즉 정서를 지각하고, 상상하고, 이해하고 그 정보를 의사결정에 사용하는 능력을 언급하고 있다(Mayer & Salovey, 1995,

1997).

정서지능이라는 개념은 빠르게 유행되었지만, 그 개념에 대한 강력한 증거는 아직도 없다. 만약 그 개념이 유용하려면, 정서지능은 지능이라 부를 자격이 있는 다른 종류의 지능과 충분한 공통점이 있어야 한다. 그러면서 그것은 학업지능과 너무 중첩되지 않아야 한다. 그렇지 않으면 그것을 기존의 지능과 구별해서 말할 이유가 없을 것이다. 더 중요한 것은 그것으로 이전의 다른 측정도구를 이용해서는 예상할 수 없었던 어떤 결과를 예상할 수 있어야 한다.

먼저 정서지능을 측정할 수 있는 방법이 필요하다. 몇몇 심리학자들이 지필 검사를 고안했다. 다음은 표현만 약간 수정한 두 가지 질문의 예이다(Mayer, Caruso, & Salovey, 2000).

1. 한 남자가 직장 일이 너무 바빠서 부인 및 딸과 함께 보낼 시간이 없었다. 그는 가족과 보낼 시간이 없는 것에 대해 죄책감을 느끼고 있으며 가족들은 마음의 상처를 느끼고 있다. 최근 직업을 잃은 한 친척 여성이 같은 집에 전입을 왔다. 몇 주 후, 그들은 사생활 보호를 위해 그녀에게 이사를 가달라고 말했다.

1~5 사이에서 이 남자가 다음의 정서를 얼마나 느꼈는지를 평정하라.

우울했다.   _____

좌절했다.   _____

죄책감을 느꼈다.   _____

활기찼다.   _____

행복했다.   _____

2. 한 운전자가 길을 건너가던 개를 치었다. 운전자와 개 주인은 황급히 그 개를 살폈다.

1~5(1은 전혀 아닐 것, 5 전적으로 그럴 것) 사이에서 그 사람이 어떻게 느꼈을지 평정하라.

개 주인은 운전자에게 화가 났을 것이다.   _____

개 주인은 그 개를 더 잘 훈련시키지 않은 것에 대해 당황했을 것이다.   _____

운전자는 보다 조심해서 운전하지 않은 것에 대해 죄책감을 느낄 것이다.   _____

운전자는 그것이 아이가 아니고 개라는 사실에 안도감을 느낄 것이다.   _____

이런 질문 각각에 대해 당신은 "상황에 따라서!"라고 대답할지도 모르겠다. 당신은 그 사람들과 상황에 대한 정보가 더 많이 필요하다. 실제로 정서지능의 핵심 측면 중 하나가 어떤 추가적 정보가 필요하다는 것을 아는 것이다. 그러나 당신은 최선을 다해 제시된 질문에 답해야 한다. 문제는 무엇이 정답이냐는 것이다. 사실 정답이라는 것이 있을까 아니면 정답은 문화와 상황에 따라 달라질까?

"정답"을 정하는 통상적인 방법은 합의 채점을 사용하는 것이다. 즉 연구자들이 많은 사람들에게 각 질문을 묻는 것이다. 만약 문항 2에서 운전자가 죄책감을 느낄 것인지에 대해, 70%가 "5"(전적으로 운전자는 죄책감을 느꼈을 것)라고 답변했다고 가정해 보자. 이것이 최선의 대답이 된다. 그러나 "4"가 순전히 틀린 것은 아니다. 20%의 사람들이 "4"를, 5%의 사람들이 "3", 4%의 사람들이 "2", 1%의 사람들이 "1"이라고 답변했다고 가정해 보자. 검사는 어떤 대답이 옳고 그른지를 세는 것 대신, 5라고 대답한 사람에게 0.7점, 4라고 대답한 사람에게 0.2점 등으로 점수를 주는 것이다. 다시 말해 당신은 어떤 질문에도 항상 어느 정도의 점수를 받고, 당신의 대답에 얼마나 많은 사람들이 동의했느냐에 따라 더 많은 점수를 받는다.

이에 반대하는 사람들의 요점은 대부분의 사람들이 틀리는 문항이 있을 수 있다는 것이다. 정답이 흔히 나오지 않기 때문에 그것은 오답으로 간주된다.

간단히 말해, 현재 구성된 정서지능의 물음들은 정서적 "천재"를 찾는 기능을 제대로 하고 있지 못한다. 그러나 그것은 쉬운 질문에 답하지 못하는 사람들은 찾아낸다. 그 자체는 가치가 있다. 어떤 종류의 뇌 손상이나 정신장애가 있는 사람들은 정서 상황에 관한 쉬운 질문조차도 제대로 옳은 대답을 잘 못한다(Adolphs, Baron-Cohen, & Tranel, 2002; Townshend & Duka, 2003). 그래서 비록 그 검사가 정서지능이 뛰어난 사람을 찾아내지는 못하지만, "정서 멍청이"는 찾아낸다.

이미 제9장에서 논의한 것과 같이 어떤 검사의 핵심 준거는 신뢰도와 타당도이다. 현 정서지능 검사의 저자들은 그 검사가 신뢰도가 높다고 주장하지만(Mayer, Salovey, Caruso, & Sitarenios, 2001), 다른 연구자들은 많은 검사 문항에 문제가 있으며 신뢰도가 훨씬 더 낮다고 보고한다(Fllesdal & Hagtvet, 2009). 타당도 면에서는 높은 정서지능을 지닌 사람은 우정의 질이 높고(Lopes et al., 2004), 타인의 목소리에 담긴 정서를 탐지하는 능력이 높고(Trimmer & Cuddy, 2008), 불법적인 마약을 피하는 것으로 나타났다(Brackett, Mayer, & Warner, 2004).

그러나 정서지능이 우리가 이미 갖고 있는 검사들보다 이런 결과들을 더 잘 예측해야만 유용한 개념이다. 우리는 사람들의 우정, 행복, 삶의 만족도를 학업지능 검사와 성격 검사로 어느 정도 잘 예측할 수 있다. 정서지능 점수가 이런 예측을 높여주는가? 몇몇 연구들은 "별로 그렇지 못하다."고 결론 내렸다(Amelang & Steinmayr, 2006; Gannon & Ranzijn, 2005; Karim & Weisz, 2010). 정서지능은 유용한 개념이 아니거나 그것의 측정을 개선할 필요가 있는 개념이다.

개념 점검 12. "합의" 채점에 반대하는 주 이유는 무엇인가?

맺음말 단원 12.1

정서연구

정서연구는 매력적이지만 어렵다. 정서의 여러 요소 중 인지적 측면과 느낌 측면은 측정하기가 가장 어렵다. 행동적 지표와 생리적 지표가 더 객관적이지만, 그것들도 문제는 있다. 어떤 질문에 접근하는 가장 좋은 방법은 여러 방법을 사용하는 것이다. 어떤 연구도 한계점이 있지만, 여러 다른 종류의 연구들이 같은 결론을 제시한다면, 전반적인 아이디어에 확신을 얻게 된다. 실제로 그 원리는 모든 심리학에서 중요하다. 즉 완벽하게 결정을 내리는 연구는 거의 없기 때문에 독립적인 선상의 연구들이 같은 결론으로 수렴되기를 바라는 것이다.

요약

- **정서 측정.** 정서는 직접 관찰되지 않고 추론되는 것이다. 연구자들은 자기보고, 행동관찰 및 생리적 변화의 측정에 의존하고 있다. (459쪽)
- **정서와 자율신경계의 각성.** 많은 정서 상태가 몸이 위급 행동을 할 수 있도록 준비시키는 교감신경계의 각성 증가와 연관되어 있다. (460쪽)
- **James–Lange 이론.** James-Lange 이론에 따르면, 정서의 느낌 측면은 신체의 생리 상태의 변화에 대한 지각이다. (462쪽)
- **James–Lange 이론의 지지 증거.** 자율신경계 반응의 통제를 상실한 사람들은 정서적 느낌이 취약하다. 어떤 사람의 자세를 취하고 어떤 정서의 전형적인 호흡 패턴을 하도록 하면 그 정서가 촉진된다. (462쪽)
- **Schachter와 Singer 이론.** Schachter와 Singer 이론에 따르면, 자율신경계의 각성이 어떤 정서의 강도를 결정해 주지만, 어떤 정서가 발생할지를 결정하는 것은 아니다. 우리는 우리가 그 상황을 어떻게 지각하느냐에 근거하여 정서를 판단한다. (463쪽)
- **기본 정서가 있는가?** 어떤 심리학자들은 우리에게 몇 가지 기본 정서가 있다고 제안한다. 주요 증거는 전 세계 사람들이 같은 정서 표정을 인지할 수 있다는 것이다. 그러나 때로 맥락 없이는 얼굴 표정의 해석이 어렵고, 대부분의 일상의 얼굴 표정은 몇몇 범주에 딱 들어맞지 않는다. 우리가 혐오와 놀람의 표정을 인지할 수 있다는 사실이 그것을 정서라고 부르는 결정적 증거는 아니다. 왜냐하면 우리는 졸림과 혼란의 표정도 인지하지만 대부분의 사람들은 그것을 정서로 간주하지 않기 때문이다. (465쪽)
- **얼굴 표정.** 사람들은 사회적 행동의 의미를 전달하는 수단으로 정서의 얼굴 표정을 만든다. 인간의 많은 얼굴 표정은 전 세계 문화에서 비슷한 의미가 있다. 그러나 우리는 어떤 정서를 추론하기 위해 자세, 맥락, 목소리 톤 및 여러 다른 신호들에 의존한다. (466쪽)
- **대안적 관점.** 기본 정서를 목록으로 언급하는 것 대신, 하나의 대안은 정서를 연속 차원상에서 서로 다른 것으로 간주할 수 있다는 것이다. (470쪽)
- **정서의 유용성.** 정서는 중요한 정보에 주의를 기울이게 하고, 생활 속의 상황 중 우선순위를 조절해 준다. (471쪽)
- **정서와 도덕적 결정.** 우리가 도덕적 결정을 해야 할 때, 종종 정서적으로 반응한다. 이처럼 빠르게 나타나는 정서적 느낌은 우리의 행동을 통상 옳은 선택 쪽으로 기울게 만드는 기제로서 진화되어 왔을 수도 있다. (471쪽)
- **뇌 손상의 영향.** 뇌 손상으로 정서에 문제가 있는 사람들은 좋은 결정을 내리는 데 어려움이 있다. (472쪽)
- **정서지능.** 사람들은 다른 사람들의 정서와 자신의 행동에 대한 정서적 결과를 판단하는 기술이 필요하다. 이런 주제를 다루는 능력이 "정서지능"일 것이다. 그러나 현재의 정서지능 측정으로서 우리가 학업지능과 성격으로는 예측할 수 없는 더 많은 것을 예측할 수 있는지 분명치 않다. (473쪽)

핵심 용어

교감신경계 (460쪽)

긍정 정서의 확장 및 축적 이론 (471쪽)

듀센 웃음 (466쪽)

미세 표현 (459쪽)

부교감신경계 (460쪽)

순수 자율신경 기능 상실 (462쪽)

자율신경계 (460쪽)

정서지능 (473쪽)

James-Lange 이론 (462쪽)

Schachter와 Singer의 정서이론 (463쪽)

단원 내 기타 문제의 답

얼굴 표정은 **(a)** 행복, **(b)** 분노, **(c)** 슬픔, **(d)** 놀람, **(e)** 혐오, **(f)** 공포를 나타낸다.

정서의 개관

• 무엇이 사람들을 겁나게, 화나게, 행복하게, 혹은 슬프게 만들까?

이제 공포를 통제하고 행복을 증가시키는 것과 같이 모든 사람(특히 임상심리학자)에게 실용적으로 중요한 주제를 다루어 보자. 제13장에서 분노와 공격행동을 자세히 다루고, 제15장에 슬픔과 우울이 포함되어 있기 때문에 여기서는 공포와 행복에 중점을 둘 것이다.

공포와 불안

공포는 즉각적인 위험에 대한 반응인 반면, 불안은 "나쁜 일이 생길 것 같은" 애매한 의미이다. 불안의 "올바른" 수준은 상황에 달려 있다. 우리는 경험에 근거하여 우리의 불안 수준을 조절한다.

불안의 측정

대부분의 정서 연구는 자기보고에 의존하고 있지만, 불안 연구자들은 행동에 근거한 조작적 정의를 사용하기도 한다. 즉 불안(anxiety)은 놀람반사의 증가이다. 놀람반사는 갑작스런 큰 소리 뒤에 오는 빠르고 자동적인 반응이다. 그 소음 뒤 1/5초 이내에 당신은 근육이 긴장되고(특히 목 근육), 눈을 감으며, 필요하다면 도망칠 준비를 하기 위해 교감신경계를 동원한다. 놀람반사 자체는 자동적이지만, 경험과 맥락이 그 강도를 조정한다.

만약 당신이 날씨가 좋은 날 친구들과 함께 익숙한 장소에 앉아 있는데 갑작스런 큰 소리를 듣게 되었다고 상상해 보라. 당신은 놀라겠지만, 약간만 그럴 것이다. 이번엔 당신이

밤에 무덤가를 혼자 지나는데 누군가 당신을 따라오고 있음을 느낄 때… 같은 큰 소리를 들었다고 상상해 보라. 당신의 놀람반사는 더 클 것이다. 놀람반사의 증가는 불안의 객관적 측정이 된다. 당신이 예상하듯, 놀람반사는 외상 후 스트레스 장애와 같은 불안장애가 있는 사람들이 높다(Bakker, Tijssen, vander Meer, Koelman, & Boer, 2009; Pole, Neylan, Best, Orr, & Marmar, 2003). 행복과 분노는 놀람반사를 감소시킨다(Amodio & Harmon-Jones, 2011).

연합학습으로 실험동물의 놀람반사를 변화시킬 수 있다. 만약 쥐가 전기충격을 받기 전에 "위험"자극(즉 불빛)을 자주 보게 된다고 가정해 보자. 이제 그 위험자극은 큰 소음에 대한 놀람반사도 증가시킬 것이다. 불안을 나타내는 놀람반사의 증가는 그림 12.19에 나와 있는 편도체의 활동에 달려 있다(Antoniadis, Winslow, Davis, & Amaral, 2007; Wilensky, Schafe, Kristensen, & LeDoux, 2006). 비록 많은 연구들이

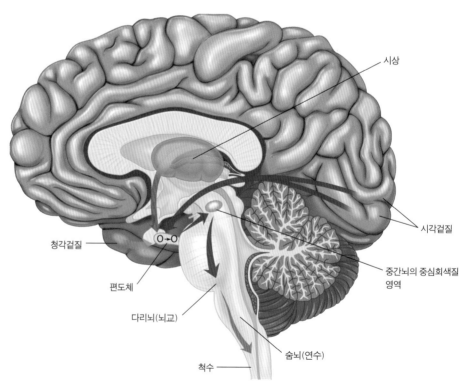

그림 12.19 놀람반사를 통제하는 다리뇌(뇌교)와 숨뇌(연수). 편도체가 다리뇌와 숨뇌의 활동을 조절하도록 하는 정보를 보낸다. 비록 많은 연구가 쥐를 사용했지만, 이 그림은 인간의 뇌이다.

실험동물을 이용해 이루어졌지만, 그림 12.19는 인간의 뇌를 보여준다.

인간에 대한 이야기로 돌아오자. 누군가가 무서운 장면을 보면, 편도체의 활동이 증가하고, 이 활동의 양은 여러 행동과 관련되어 있다. 편도체의 반응이 높은 사람은 그렇지 않은 사람에 비해 정서적으로 불쾌한 경험을 더 많이 보고한다(Barrett, Bliss-Mareau, Duncan, Rauch & Wright, 2007). 복무 중 편도체 반응이 강한 군인들은 다른 사람보다 더 심한 전쟁 스트레스를 보고한다(Admon et al., 2009). 비록 머리부상으로 뇌가 손상된 군인들이 외상 후 스트레스 장애(PTSD)의 확률이 높지만, 그런 사람들 중 편도체가 손상된 이들은 절대로 PTSD를 겪지 않는 것으로 보인다(Koenigs et al., 2008). 이 모든 연구들은 편도체의 활동이 심한 공포반응과 연결되어 있고 아마도 그것의 필요조건임을 보여주는 것이다.

편도체가 손상된 사람들은 다른 사람들만큼 복잡한 정서 신호에 빠르게 반응하지 못한다(Baxter & Murray, 2002; Whalen, 1998). 예를 들어 그들은 얼굴 표정(A. Anderson & Phelps, 2000)이나 목소리 톤(Scott et al., 1997)으로 정서를 인식하는 데 문제가 있다. 대부분의 사람들은 정서적으로 중립적인 그림보다는 정서적으로 충격적인 그림을 더 잘 기억하지만, 편도체가 손상된 사람들은 두 종류의 사진을 대략 비슷하게 기억한다(LaBer & Phelps, 1998). 양쪽 뇌반구 모두에서 편도체가 손상된 여자는 자신을 겁이 없는 사람으로 기술했다. 그녀는 무서운 영화를 볼 때, 공포보다는 흥분을 경험한다. 이국적인 애완동물 가게에서, 사람들은 그녀가 독사나 독거미를 만지려는 것을 말려야 했다. 일상생활에서 그녀는 다른 사람들이 보이는 조심스러움 없이 위험한 상황으로 들어간다. 결과적으로 그녀는 여러 번 강도를 당하고 피습을 당했다. 이런 사건들을 기술하면서도 그녀는 무서움이 아닌 분노를 느꼈다고 기억한다(Feinstein, Adolphs, Damasio, & Tranel, 2011).

✓ **개념 점검**

13. 어떻게 우리는 동물들, 아직 말을 못하는 어린이들, 말로 대답하지 못하는 다른 사람들의 불안 수준을 측정할 수 있나?

14. 공포와 불안의 경험에 특별히 중요한 뇌 영역은 무엇인가?

불안, 각성 및 거짓말 탐지

실용적 목적으로 볼 때 불안의 생리적 측정을 거짓말 탐지에 활용하는 방안을 생각해 보자. 많은 사람들은 자신이 알 수 있다고 생각하겠지만, 사실 누군가가 거짓말을 하고 있는지를 알아내는 것은 어려운 일이다. 사람들은 눈을 피하고, 손을 비비 꼬는지 등을 보지만, 이런 신호들의 대부분은 쓸모가 없다. 기계는 우리가 하는 것보다 더 나을까?

거짓말 탐지기(polygraph 혹은 lie-detector test)는 혈압, 심장박동, 호흡 및 피부의 전기전도율(약간 땀이 나면 피부의 전기전도율이 증가한다.)을 측정함으로써 교감신경계의 각성 상태를 기록한다(그림 12.20). 가정은 사람들이 거짓말을 할 때, 그들은 신경이 쓰이고 결국이는 교감신경계의 각성을 증가시킨다는 것이다.

(사족: 거짓말 탐지기를 발명한 William Marston은 원더우먼 만화의 창시자였다. 원더우먼은 사람들이 거짓말을 못하게 하기 위해 "진실의 올가미"를 사용했다.)

가끔 거짓말 탐지기는 단지 거짓말 탐지기를 연결만 해도 피의자가 "아, 내가 헛수고했군. 당신은 지금 어떻게 해서든지 알아낼 것이군요. 그러면 내가 말하는 것이 낫겠어요…."라고 자백하기 때문에 목적을 달성한다. 그러나 많은 사람들이 자백하지 않는다면, 거짓말 탐지기가 거짓말을 탐지하는 데 어느 정도나 효과적일까?

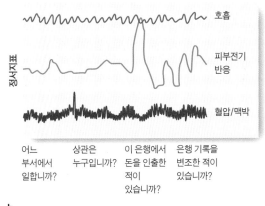

© Robert E. Daemmrich/Getty Images

a 어느 부서에서 일합니까? | 상관은 누구입니까? | 이 은행에서 돈을 인출한 적이 있습니까? | 은행 기록을 변조한 적이 있습니까?

호흡 / 피부전기반응 / 혈압/맥박

정서지표

그림 12.20 거짓말 탐지기 조작원이 (a) 피험자의 자율신경계 반응의 기저선을 알아보기 위해 위협적이지 않은 일련의 질문들을 먼저 한 다음, (b) 조사와 관련된 질문을 한다.

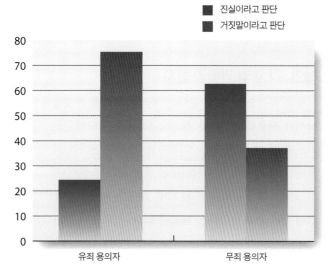

그림 12.21 거짓말 탐지기 조사관들은 유죄인 용의자 중 76%를 거짓말하고 있다고 정확히 찾아냈다. 그러나 그들은 무고한 용의자 중 37%를 거짓말하고 있는 사람이라고 분류했다. (Kleinmuntz & Szucko, 1984의 자료를 근거로 함)

거짓말을 탐지하는 대안적 방법들

죄의식 검사(guilty-knowledge test)는 거짓말 탐지기의 개정판으로서 어떤 범죄 사실을 알고 있는 사람에게만 위협이 되는 질문들을 함으로써, 보다 정확한 결과를 얻을 수 있다(Lykken, 1979). 조사관은 "당신이 주유소를 털었나?"라고 묻는 대신, "주유소에 강도가 든 시간이 오후 8시? 오전 10:30? 한밤중? 강도가 총을 갖고 있었나? 칼인가? 몽둥이인가? 도망칠 때의 차량 색이 녹색? 빨강? 파랑?" 식으로 묻는다. 정답에서만 각성을 보이는 사람이 오직 죄인이나 죄인과 이야기를 나눈 사람만이 소유하고 있는 "죄의식"을 갖고 있는 것으로 간주한다. 죄의식 검사는 잘 사용하면, 무고한 사람을 죄인으로 분류하는 경우는 거의 없다(Iacono & Patrick, 1999).

거짓말 탐지를 위한 또 하나의 접근방법은 더 나은 질문을 하는 것이다. 예를 들어 "그 범죄가 일어난 시간에 당신은 무엇을 하고 있었나?"라고 물으면, 어떤 사람은 여러 번 반복해서 연습한 대답을 할 수 있다. 그러나 만약 그에게 그 사건을 반대 순서로 말해 보라고 하면, 거짓말하는 사람은 종종 흔들린다. 왜냐하면 꾸며낸 이야기를 기억하는 것보다 사실을 기억하는 것이 쉽기 때문이다. 또한 당신이 누군가에게 세세한, 예상치 못한 질문을 하거나 자신이 있었던 곳을 그려 보도록 하면, 대개 무고한 사람은 거짓말하는 사람보다 더 잘 해낸다(Vrij, Granhag, & Porter, 2010). 또한 연구자들은 사람이 거짓말을 할 때 잘못이 드러날 수 있는 무언가를 말하지 않기 위해서 자세히 말하지 않는 경향이 있다고 보고했다(DePaolo et al., 2003). 이런 기법들이 거짓말을 탐지하는 데 도움은 되겠지만, 요점은 우리가 거짓말하는 것을 확실히 알아낼 방법은 없다는 점이다.

한 연구에서 연구자들은 50개의 범죄 사례에서 후에 죄를 자백한 한 명의 용의자를 포함한 두 용의자의 거짓말 탐지기 검사를 선정했다(Kleinmuntz & Szucko, 1984). 즉 100명의 용의자 자료 중 50명의 자료는 유죄인 사람의 것이고, 50명의 자료는 무고한 사람의 것이다. 6명의 거짓말 탐지기 전문가가 거짓말 탐지기 결과를 조사하여 어떤 용의자가 거짓말을 하고 있는지를 판단했다. 그림 12.21에서 보듯, 거짓말 탐지기 전문가들은 거짓말을 하는 용의자의 76%는 맞추었으나, 37%는 무고한 용의자를 거짓말하는 사람으로 분류했다.

몇몇 잘 설계된 연구들도 역시 인상적인 결과를 보여주지 못했다. 비록 많은 경찰관들이 아직도 거짓말 탐지기 검사 결과를 믿고 있지만, 대부분의 연구자들은 중요한 결정을 내리기에는 너무 불확실한 것으로 간주하고 있다(Fiedler, Schmid, & Stahl, 2002). 거짓말 탐지기 결과는 미국이나 유럽 법정에서 증거로 채택되는 경우가 거의 없다. 미국 의회는 1988년 특별한 상황을 제외하고는 회사 고용주가 직원이나 지원자를 상대로 거짓말 탐지기 검사를 금지하는 법률을 통과시켰고, 2002년 미국 국립과학원의 위원회는 국가 안보를 위해서 거짓말 탐지기를 사용해서는 안 된다고 결론 내렸다.

개념 점검

15. 거짓말 탐지기는 무엇을 측정하나?
16. 거짓말 탐지기 검사를 반대하는 주요 이유는 무엇인가?

분노와 관련 정서들

분노는 통상 이유도 없이 해를 끼친 사람에게 느끼는 감정에 대한 반응으로 사람들에게 해를 가하거나 그들을 몰아내려는 바람과 연관되어 있다. 한 연구에서 참가자들은 일주일 동안 "분노 일기"를 썼다(Averill, 1983). 전형적인 예는 "내가 샤워하러 나간 사이에 내 룸메이트가 문을 잠가버렸다."이다. 또한 그들은 그때 어떻게 반응했는지도 기술했다. 예를 들어 "나는 룸메이트에게 그것에 대해 따졌다." 혹은 "나는 아무런 행동도 하지 않았다."와 같이.

여러 문화권에서 이루어진 연구들에서 사람들은 분노를 경험하지만 폭력 행사까지 고려하는 경우는 거의 없었다(Ramirez, Santisteban, Fujihara, & Van Goozen, 2002). 공격행동에 관해서는 제13장에서 더 자세히 다룰 것이다.

분노, 혐오 및 경멸은 각기 다른 종류의 공격에 대한 반응이다. 분노는 누군가가 당신의 권리나 기대를 침해했을 때 생긴다. 혐오(disgust)는 나쁜(dis)+맛(gust)이다. 영어에서 혐오는 거의 모든 불쾌감을 의미하는 것으로 느슨하게 사용되지만(Royzman & Sabini, 2001), 좁은 뜻으로 혐오는 만약 당신이 입에 넣었을 때 기분을 상하게 만드는 것에 대한 반응을 의미한다(Rozin, Lowery, et al., 1999). 대부분의 사람들은 똥이나 벌레를 먹는다고 생각하면 매우 혐오스러워한다. 우리는 어떤 사람이 다른 사람을 속이는 것과 같은 도덕적 위반에 대해서도 혐오스러워한다(Chapman, Kim, Susskind, & Anderson, 2009; Danovitch & Bloom, 2009). 일반적으로 혐오는 깨끗하지 못한 물건이나 사람에 대한 감정이다(S. Schnall, Benton, & Harvey, 2008). 경멸(contempt)은 누군가가 공평하게 일을 나누지 않거나 다른 사람이 한 일을 가로채어 자신이 한 것으로 주장하는 것과 같이, 우리 사회의 기준을 위반하는 것에 대한 반응이다(Rozin, Lowery et al., 1999).

행복, 즐거움 및 긍정심리학

"무엇이 사람들을 행복하게 만들까?"라는 질문은 보기보다 훨씬 복잡한 질문이다. 만약 우리가 "무엇이 당신을 행복하게 만들 것 같습니까?"라고 묻는다면, 사람들은 돈, 좋은 직업, 또 다른 구체적인 것들을 요구할 것이다. 만약 우리가 "무엇이 당신을 행복하게 만듭니까?"라고 묻는다면, 사람들은 가족, 친구, 자연, 성취감, 음악 혹은 종교적 신념을 언급할 가능성이 더 많다.

행복을 측정하는 또 다른 방법은 사람들에게 (예상치 못한 신호음을 듣고) 특정 순간에 무엇을 하고 있는지 그리고 그 활동이 얼마나 즐거운지를 기록하도록 하는 것이다. 비록 그 방법이 타당해 보이지만, 그것은 부모 역할의 기쁨에 관해서는 그렇지 못하다(Lybomirsky & Boehm, 2010). 부모의 양육 행동은 기저귀 갈아주는 것, 우는 아이 달래기, 아픈 아이 간호, 다른 불쾌한 힘든 일들이다. 그럼에도 불구하고 부모 역할은 대부분의 사람은 아닐지라도 많은 사람에게는 가장 커다란 생활의 즐거움 중 하나이다. "이 순간의 행복"을 측정하는 방법은 인생의 의미를 잡아내지 못한다(White & Dolan, 2009). 또한 아이가 가끔씩 웃으면서 부모를 껴안는 것은 오랜

힘든 일을 압도하는 순간이다.

긍정심리학(positive psychology)은 행복, 희망, 창의성, 용기, 영성 및 책임과 같이 인생을 풍요롭게 하는 특성들을 연구한다(Seligman & Csikszentmihalyi, 2000). 그것은 순간적인 행복뿐만 아니라 자신의 삶이 유쾌하고, 재미있고, 만족스럽고, 의미 있다고 스스로 평가하는 주관적 안녕감(subjective well-being)도 포함한다(Diener, 2000).

돈의 영향

돈이 행복에 얼마나 중요할까? 당신이 짐작하듯, 복권에 막 당첨된 사람들은 매우 행복하다고 외친다. 당신이 짐작하지 못하는 것은 복권에 당첨된 사람들이 몇 달 후에는 더 이상 자신을 보통 사람들보다 더 행복하다고 평가하지 않는다는 것이다(Diener, Suh, Lucas, & Smith, 1999; Myers, 2000). 이에 대한 하나의 설명은 복권 당첨자가 새로운 수준의 행복에 익숙해져서, 통상적인 의미로 평정한 것이 아니다. 부자들도 돈으로 살 수 있는 좋은 것들에 익숙해져서 원래 인생의 즐거움을 주는 것들로부터는 즐거움을 얻지 못한다(Quoidbach, Dunn, Petrides, & Mikolajczak, 2010). 더구나 많은 사람들은 결코 만족해 하지 않는다. 한 신문조사에 따르면, 연봉 2만 5천달러를 버는 사람은 연봉 5만 달러면 행복하겠다고 말하고, 연봉 5만 달러를 버는 사람은 자기는 10만 달러를 원한다고 말하고, 10만 달러를 버는 연봉자는 20만 달러를 원한다(Csikszentmihalyi, 1999).

부자가 가난한 사람보다 행복할까? 그것은 얼마나 가난하느냐에 달려 있다. 어느 정도 이상이면, 그 이상 돈이 더 많다고 해서 행복이 커지는 것은 아니지만, 평균적으로는 가난한 사람들이 덜 행복하다(Lucas & Schimmack, 2009). 친구들이나 친척들은 훨씬 나은데 자신만 가난한 사람들은 특히 행복하지 못하다(Fliessbach et al., 2007). 즉 사람들은 주변 사람들에 근거하여 볼 때 자신이 어느 정도 잘살아야 한다고 기대하는 것과 비교하여 자신의 부를 평가한다(Boyce, Brown, & Moore, 2010). 이때 건강도 고려된다. 가난하면서 행복하거나 아프면서 행복할 수는 있겠지만, 가난하고 아프면서 행복하기는 힘들다(D. M. Smith, Langa, Kabeto, & Ubel, 2005).

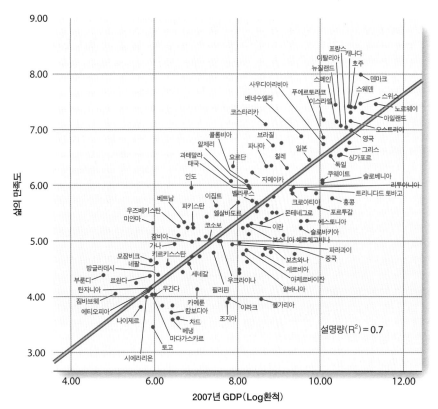

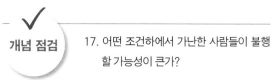

그림 12.22 각 나라별 부의 측정치인 국내 총생산량(GDP)은 X축에 있고, 삶의 만족도는 Y축에 나와 있다. (출처: Oishi, S., & Schimmack, U., "Culture and well-being: A new inquiry into the psychological wealth of nation," *Perspective on Psychological Science* Vol. 5 (pp. 463-471). ©2010 Sage publication, Inc. 허가하에 실음)

sabe et al., 2002; Oishi & Schimmack, 2010). 또한 행복은 소수 집단에 대한 관용과도 관련된다(Inglehart et al., 2008). 관대한 태도가 행복을 가져오기도 하지만, 행복을 느끼면 사람들이 더 관대해진다(Ashton-James, Maddux, Galinsky, & Chartrand, 2009).

✓ 개념 점검

17. 어떤 조건하에서 가난한 사람들이 불행할 가능성이 큰가?

행복에 영향을 주는 또 다른 요인들

행복에 가장 큰 영향을 주는 요인 중 하나는 그 사람의 기질 혹은 성격이다. 일란성 쌍둥이로 이루어진 한 연구에서, 그들이 재산, 교육, 직업에서의 지위 등에서 다를지라도, 거의 같은 수준의 행복을 보고했다(Lykken & Tellegen, 1996). 대부분의 사람들은 그들의 삶 중 대부분을 특정 수준의 행복 주변을 오르락내리락한다(Diener, Lucas, & Scollon, 2006). (링컨은 "대부분의 사람들은 자신이 마음먹은 만큼 행복하다."고 말했다.)

몇몇 요인들은 생각만큼 행복에 영향을 주지 못한다. 잘생긴 사람이 평균적인 사람보다 더 행복할 것으로 짐작되지 않는가? 당신이 잘생겼으면, 더 많은 사람들이 당신에게 미소를 보내고, 당신과 친구가 되고싶어 하지 않을까. 그러나 연구자들은 대학생을 대상으로 아주 잘생긴 사람들이 일반적으로 연애생활로 더 행복해 하는 것을 제외하고는, 외모의 매력도와 행복 간에는 작은 상관관계가 있을 뿐이란 사실을 발견했다(Diener, Wolsic, & Fujita, 1995).

날씨도 예상보다 큰 차이를 만들지 못한다. 사람들은 흐린 날보다 맑은 날에 약간 더 행복하다고 평정하지만(Denissen, Butalid, Penke, & van Aken, 2008), 행복한 사람들이 불행한 사람들보다 그날의 날씨를 더 상쾌한 것으로 평정하기도 한다(Messner & Wänke, 2011). 즉 대부분의 행복은 밖으로부터가 아니라 안으로부터 온다. 평균적으로 미시간 주와 같이 추운 주에 사는 사람들도 화창한 남부캘리포니아 주에 사는 사람들만큼 자신을 행복하다고 평정한다(Schkade & Kahneman, 1998). 추운 기후에 사는 사람들이 그것에

행복에 관한 문화 차이의 연구는 어렵다. 왜냐하면 연구가 전적으로 자기보고에 의존하기 때문이다. "평균 이상의 행복"이 불가리아 사람과 베네수엘라 사람에게서 같은 의미일까? 아마도 아닐 것이다. 그러나 얼마나 도움이 될지는 모르겠으나 다음과 같은 연구 결과가 있다. 즉 그림 12.22에서 보듯, 일반적으로 부유한 나라의 사람들이 가난한 나라의 사람들보다 자신을 더 행복하다고 평정한다(Oishi & Schimmack, 2010). 또 다른 요인은 부의 불평등이다. 사람들의 행복은 그들이 다른 사람들과 비교하여 자신이 얼마나 부자인가 하는 판단과 관련된다는 사실을 기억하라. 1960년대 말 이후부터의 미국과 같이 가장 부유한 사람들과 나머지 사람들과의 격차가 증가하면, 대부분의 사람들은 행복이 줄어듦을 보고한다(Oishi, Kesebir, & Diener, 2011).

부 이외에도 여러 나라의 평균적인 행복 수준은 개인의 자유, 사회적 평등, 교육, 여성에게 주어지는 기회, 부패 없는 정부 등과 정적으로 관련되어 있다(Ba-

익숙해진 것일 수도 있고 그들이 자신을 "행복하다"고 평가할 때 의미가 다른 것일 수도 있다.

어떤 생활 사건은 오랜 시간 동안 삶의 만족도를 떨어뜨린다. 이혼을 하는 사람들은 이혼에 이르기까지 여러 해 전부터 점차 행복이 낮아진다. 그 이후 몇 년이 지나서야 완전하지는 않지만 서서히 회복한다(Diener & Seligmann, 2004; Lucas, 2005; 그림 12.23). 배우자와 사별하는 사람도 그런 일을 당하게 될 때까지 행복이 낮아지고(배우자의 건강이 나쁘기 때문에) 완전하지는 않지만 서서히 회복한다. 당연히 사람마다 결과는 다르다. 실직도 삶의 만족도에 비슷한 영향을 주고, 많은 사람들이 완전히 회복하지는 못한다(Lucas, Clark, Georgellis, & Diener, 2004).

삶의 많은 것들이 행복이나 주관적 안녕감과 관련이 있다. 다음 목록에서 상관이 있다는 것이 인과를 의미하는 것이 아니기 때문에 대안적 설명이 가능함을 기억하라.

- 기혼자가 미혼자보다 행복하고(DeNeve, 1999; Myers, 2000), 절친과 애인이 있는 대학생이 그렇지 않은 대학생보다 통상 더 행복하다(Diener & Seligmann, 2002). 하나의 설명은 친밀한 사회적 접촉이 여러모로 도움이 되기 때문이다(Cacioppo, Hawkley, & Bernton, 2003). 또 다른 설명은 행복한 사람들이 슬픈 사람들보다 결혼을 하거나 우정을 발전시키기 때문이다(Lyubomirsky, King, & Diener, 2005). (당신은 거의 늘 슬픈 사람과 결혼하거나 친한 친구가 되길 원하겠는가?)
- 행복한 사람들은 평균적인 사람들보다 돈 버는 것이 아닌 다른 인생 목표를 지니고 있다(Csikszenmihaly, 1999; Diener et al., 1999). 돈 버는 목표가 행복을 가져오지 않는 이유 중 하나는 부자가 되고 싶어 하는 대부분의 사람들이 실제로 부자가 되지 못하기 때문이다(Nickerson, Schwarz, Diener, & Kahneman, 2003). 또한 이미 언급한 바와 같이, 부를 얻은 사람은 다시 더 많은 부를 쳐다보기 때문이다.
- 건강과 행복이 함께 간다는 사실은 놀랄 일이 아니다(Deneve, 1999; Myers, 2000). 건강은 행복을 증진시키고, 행복은 건강을 이끄는 습관을 증진시킨다.
- 중요한 내용의 대화가 많은 사람들이 그저 수다만 떠는 사람들보다 더 행복한 경향이 있다(Mehl, Vazie, Holleran, & Clark, 2010).
- 종교를 지닌 사람들이 무교인 사람들보다 더 행복하다(Myers, 2000). 신앙은 희망적인 태도를 지지해 준다. 또한 불행한 사람들이 종교적 가르침에 대해 더 비판적인 경향이 있다.
- 행복한 친구가 있는 사람이 자신도 행복한 경향이 있다. 방대한 종단 연구는 인과관계를 시사해 주었다. 즉 만약 당신의 친구나 자주 만나는 사람들이 더 행복해지면, 몇 달 이내에 당신도 더 행복해지고, 몇 달 후 당신의 또 다른 친구들이 더 행복해지기 시작한다(Fowler & Christakis, 2008). 결국 행복은 전염된다!

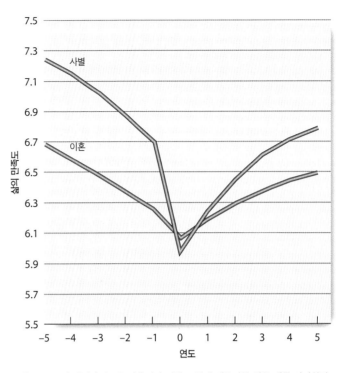

그림 12.23 각 사람마다 0은 이혼이나 사별로 인해 배우자를 잃은 해를 의미한다. 평균적으로 삶의 만족도는 배우자를 잃을 때까지는 계속 감소하고, 그 이후에도 완전히 회복되지는 않는다. (출처: E. Diener and M. E. P. Seligmann. "Beyond money: Toward an economy of well-being", *Psychological Science in the Public Interest* Vol. 5(pp. 1-31). ©Sage Publication, Inc. 허가하에 실음)

행복증진법

만약 당신이 행복을 증진시키고 싶다면, 가장 좋은 방법은 당신의 활동을 바꾸는 것이다. 자연을 걷는 것은 대부분의 사람들이 생각하는 것보다 훨씬 더 기분을 향상시킨다(Nisbet & Zelenski, 2011). 학생들의 경우 동아리에 가입하거나 좋은 공부습관을 시작하는 것은 장기적으로 기분과 만족을 향상시켜 줄 것이다(Shelden & Lyubomirsky, 2006).

여러 충고들이 있다. 즉 일주일에 한 번씩(더 이상은 말고, 왜냐하면 그러지 않으면 진지하게 하지 않을 것이기 때문에)은 당신이 감사하다고 느끼는 것들을 정리해 보는 시간을 가져라. 감사한 느낌을 기록하는 사람들은 자기 삶의 만족을 향상시킨다(Emmons & Mc-Cullough, 2003; Lyubomirsky, Dickerhoof, Boehm, & Sheldon, 2011). 또한 당신이 알지 못하는 누군가를 위해 가끔씩 선의를 베풀어라(Sheldon & Lyubomirsky, 2004). 한 연구에서 실험자가 사람들에게 아침에 각자의 행복을 평정하도록 한 다음, 저녁때까지 사용하라는 지시와 함께 그들에게 돈을 주었다. 무선적으로 선정된 어떤 사람들에게는 그 돈을 자신에게 사용하라고 지시했다. 다른 사람들에게는 누군가의 선물을 사도록 지시했다. 그들에게 그날 밤 질문을 했을 때, 평균적으로 자신에게 돈을 쓴 사람보다는 선물을 준 사람들이 더 행복했다(Dunn, Aknin, & Norton, 2008). 중국 격언에 다음과 같은 말이 있다. 한 시간 동안 행복하려면 낮잠을 자라. 하루 동안 행복하려면 낚시를 하라. 일 년을 행복하려면 재산을 상속 받아라. 평생을 행복하려면 남을 도우라.

나이

다른 조건이 같다면, 나이 든 사람이 젊은 사람보다 더 행복할까? 덜 행복할까? 아니면 비슷할까? 그림 12.24는 미국에서 34만 명 이상을 상대로 나이에 따른 추세를 보여주고 있다(Stone, Schwartz, Broderick, & Deaton, 2010). 전반적으로 안녕감은 성인 초기에서 대략 50대까지는 낮아지다가, 그 사람이 건강하다면 그 이후는 꾸준히 증가한다.

나이 든 사람들이 보고한 행복은 어떻게 설명할 수 있을까? 하나의 설명은 스트레스가 줄어들기 때문이다(Stone et al., 2010). 어떤 나이가 지나면 사람들은 성공하는 것, 공과금 납부, 가족 부양 등에 대한 걱정

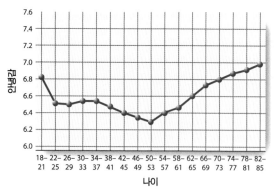

그림 12.24 사람들은 대략 50세에 안녕감이 최하이고, 건강하기만 하다면 그 이후로는 증가한다. 이는 2008년 34만 명 이상을 대상으로 실시된 조사 결과이다.(Stone, A. A., Schwartz, J. E., Broderick, J. E., & Deaton, A., "A snapshot of the age distribution of psychological well-being in the United States," *Proceedings of the National Academy of Sciences, USA* Vol. 107 (pp. 9985-9990). ©2010 National Academy of Sciences. 허가하에 실음)

을 안 해도 된다. 그들은 이미 자신이 어느 정도 성공했는지 아닌지를 알기 때문에 그것에 대해 계속해서 걱정할 필요가 없다. 또한 나이 든 사람들은 의도적으로 자신의 기분을 조정한다. 그들은 행복한 일에는 참여하고 불쾌한 일에서는 빠져나온다. 특히 그들이 이미 불행한 기분일 때는 더 그러하다(Isaacowitz, Toner, Goren, & Wilson, 2008). 이런 관점을 지지하는 증거는 다음과 같다. 나이 든 사람들은 통상 정서적으로 부정적인 사진들을 잘 응시하지 않지만 그들의 주의를 산만하게 만들면(이는 의도적 통제를 약화시킨다.) 그런 경향이 역전되어 부정적인 사진들을 응시하게 된다(Knight et al., 2007).

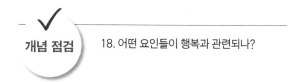

개념 점검 18. 어떤 요인들이 행복과 관련되나?

슬픔

만약 당신이 사람들에게 무엇이 그들을 행복하게 만드는지를 묻는다면, 많은 대답을 얻을 것이지만, 무엇이 그들을 슬프게 만드는지를 묻는다면, 대부분의 대답은 한 가지이다. 즉 사람들은 상실감으로 인해 슬픔을 느낀다. 사랑하는 사람의 죽음, 연애의 종결, 건강을 잃는 것, 혹은 재정적인 손실과 같이 잃어버린 것을 회복할 희망이 거의 없을 때 슬픔을 느낀다.

울음

슬픈 사람은 종종 운다. 공공장소에서 크게 웃는 것에 대한 태도가 문화에 따라 다르듯, 어른이 우는 것에 대한 태도도 다르다. 미국의 어른이 중국의 어른보다 훨씬 더 자주 운다. 한 조사에서 30개의 문화권에서 여자들이 남자들보다 더 많이 운다고 보고했다(Becht & Vingerhoets, 2002).

많은 사람들은 울음이 긴장을 완화시키고 기분이 더 나아지게 한다고 말하지만, 증거는 그렇지 않다. 사람이 우는 동안 교감신경계의 각성과 여타 긴장의 신호들은 현저히 증가한다. 사람이 울음을 멈추었을 때 긴

장 완화가 일어난다(Gross, Fredickson, & Levenson, 1994). 그 경우도 만약 그들이 전혀 울지 않은 경우보다 더 긴장 완화가 일어나는 것은 아니다. 한 실험에서 슬픈 영화를 보는 동안 한 집단에게는 우는 것을 권장했고, 다른 집단에게는 눈물을 억제하라고 지시했다. 울음이 긴장을 완화시켜 줄 것이란 생각과는 반대로, 두 집단은 끝의 긴장 수준이 동일했으며, 울었던 사람들이 더 우울하다고 보고했다(Kraemer & Hastrup, 1988). 울음의 기능은 동정심과 사회적 지지를 이끌어 내는 것일지도 모른다(Provine et al., 2009). 울음이 건강에 유익함을 보여주는 증거는 없다(Rottenberg, Bylsma, & Vingerhoets, 2008).

개념 점검   19. 울음이 긴장을 완화시킨다는 생각과 상충되는 증거는 무엇인가?

기타 정서들

많은 심리학자들은 놀람을 하나의 정서로 간주한다. 놀람은 예상하지 못한 사건이 발생할 때 일어난다. 사람들이 놀라면, 위험에 더 예민해지고 위협을 암시하는 것으로 주의가 쏠린다(Schützwohl & Borgstedt, 2005). 또한 사람들은 놀랐던 과거의 사건들을 떠올리는 경향이 있다(Parzuchowski & Szymkow-Sudziarska, 2008).

당황, 수치심, 죄책감 및 자부심은 모두 "자의식적" 정서들이다. 그것들은 다른 사람들이 당신을 어떻게 간주하나 혹은 그들이 당신이 한 일을 안다면 당신을 어떻게 볼까라고 생각할 때 생기는 정서들이다. 죄책감을 느끼는 사람들은 그들이 잘못한 사람들에게 배상하기를 원한다. 만약 그 상황을 바로잡을 수 없다면 마치 자신이 벌을 받아야 한다고 느낀다(Nelissen & Zeelenberg, 2009). 당황, 수치심 및 죄책감은 구분이 분명하지 않고, 문화마다 다른 방식으로 구분하고 있다. 예를 들어 일본인은 영어로 "당황(embarrassment)"으로 번역되는 단어보다 "수치심(shame)"으로 번역되는 단어를 훨씬 자주 사용한다(Imahori & Cupach, 1994). 영어 사용자는 '당황'의 원인을 다음의 세 범주로 분류한다(Sabini, Siepmann, Stein, & Meyerowitz, 2000).

- 실수. 사실은 누군가가 당신의 뒷사람에게 추파를 던졌는데 당신은 자신에게 추파를 던졌다고 생각하는 것과 같은.
- 관심의 중심에 있는 것. 사람들이 당신에게 〈생일 축하합니다〉 노래를 불러주는 것과 같은.
- 힘든 상황. 누군가에게 중요한 부탁을 해야 하는 것과 같은.

때로 사람들은 당황스런 상황에 있는 누군가에게 공감하여 당황을 느낄 수도 있다(Shearn, Spellman, Straley, Meirick, & Stryker, 1999). 다른 사람이 어떻게 느끼는지를 상상하는 것이 당신까지도 당황스럽게 만든다.

정서와 삶의 풍요로움

우리는 가능한 한 행복을 느끼려 하고 슬픈, 화난 혹은 겁나는 느낌을 피하려 한다. 그렇지 않은가? 통상 그렇지만, 항상 그런 것은 아니다. 사람들은 슬픈 혹은 무서운 영화인 줄 알고도 자발적으로 보러 간다. 사람들은 무섭다고 광고하는 롤러코스터를 탄다. 어떤 사람은 화나는 것을 즐기는 것으로 보인다. 알코올 중독자와 마약 상습 복용자는 정서가 심하게 요동쳤던 것을 경험하고, 술이나 마약을 끊은 많은 사람들은 비록 그것을 끊은 후 삶이 더 나아졌지만, 정서적 요동이 그립기도 하다고 말한다. 모든 정서들이, 어떤 범위 내에서는 우리의 경험을 풍요롭게 해 준다.

요약

- **공포와 불안.** 불안은 큰 소음으로 인한 놀람반사의 변화를 사용하여 객관적으로 측정할 수 있다. (476쪽)
- **불안과 편도체.** 불안의 변화는 편도체의 활동과 관련이 있다. 편도체가 손상된 사람은 불안을 느끼는 정도가 약하다. (477쪽)
- **거짓말 탐지기.** 거짓말 탐지기는 교감신경계의 활동을 측정한다. 그러나 정직한 사람의 반응과 거짓말하는 사람의 반응이 중첩되기 때문에, 거짓말 탐지기는 오류가 많다. (477쪽)
- **분노.** 분노는 우리가 하려는 행동을 누군가가 의도적으로 방해한다고 지각될 때 일어난다. (479쪽)
- **긍정심리학.** 긍정심리학은 생활을 풍요롭게 만드는 특성들을 연구한다. (479쪽)
- **행복과 즐거움.** 행복 수준은 대개 시간에 걸쳐 상당히 안정적이다. 그러나 사랑하는 사람의 죽음, 이혼, 실직 이후에는 수년간, 때로는 영원히, 행복 수준이 낮아진다. (479쪽)
- **행복의 증진.** 행복은 감사한 것들을 기록하고 남을 돕는 것과 같은 행동의 변화를 통해 증진된다. (481쪽)
- **슬픔.** 슬픔은 상실에 대한 반응이다. 울음은 슬픔이나 고통을 타인들에게 전달하는 하나의 방법이다. (482쪽)
- **기타 정서들.** 당황, 수치심, 죄책감 및 자부심은 남들이 우리의 행동에 대해 어떤 반응을 하리라고 보느냐에 달려 있다. (483쪽)

핵심 용어

거짓말 탐지기 (477쪽)

경멸 (479쪽)

긍정심리학 (479쪽)

당황 (483쪽)

불안 (476쪽)

죄의식 검사 (478쪽)

주관적 안녕감 (479쪽)

혐오 (479쪽)

스트레스, 건강 및 대처

- 스트레스란 무엇이며, 어떻게 건강에 영향을 줄까?
- 어떻게 스트레스를 효과적으로 다룰 수 있을까?

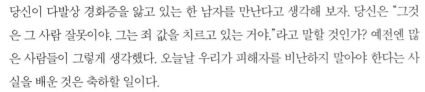

당신이 다발상 경화증을 앓고 있는 한 남자를 만난다고 생각해 보자. 당신은 "그것은 그 사람 잘못이야. 그는 죄 값을 치르고 있는 거야."라고 말할 것인가? 예전엔 많은 사람들이 그렇게 생각했다. 오늘날 우리가 피해자를 비난하지 말아야 한다는 사실을 배운 것은 축하할 일이다.

아니, 우리는 정말 배웠을까? 우리는 흡연자가 폐암에 걸린다면, 적어도 부분적으로는 그 사람의 잘못이라고 생각한다. 우리는 혈관마약 주사를 사용했거나 안전하지 못한 섹스를 한 사람들이 주로 AIDS에 걸린다는 사실을 주목하고 있다. 만약 임신 중인 여자가 술을 마신다면, 그 아이가 기형아이거나 정신지체라면 부분적으로는 그 여자를 비난하게 된다. 여러 질병의 원인에 대해서 더 많이 알게 될수록, 우리는 사람들이 자기 건강에 대해 책임을 져야 한다고 생각하게 된다. 비록 행동이 건강에 미치는 효과가 쉽게 과장되어 이야기되는데도 말이다. 다이어트에 신경을 쓰고, 규칙적으로 운동하고, 알려진 위험한 것들을 피해도, 병에 걸릴 수 있다.

건강심리학(Health psychology)은 왜 사람들이 흡연하는가, 왜 때로 그들은 의사의 말을 무시하는가, 어떻게 하면 고통을 줄일 수 있는지와 같은 주제를 포함하여 사람들의 행동이 어떻게 건강에 영향을 주는지를 다룬다. 이 단원에서 우리는 스트레스, 스트레스가 건강에 미치는 영향 및 스트레스에 대처하는 방법에 초점을 둘 것이다.

스트레스

당신은 과제 마감일을 맞추기 위해 며칠 밤을 연속해서 꼬박 샌 적이 있는가? 혹은 택시를 잡기 위해 위험 지역에 서 있은 적이 있나? 혹은 친한 친구가 갑자기 당신을 더 이상 만나지 않으려 한 적이 있나? 혹은 당신이 누군가와 더 이상 데이트하지 않겠다고 설명해야 하는 경우는? 이런 경험들과 수많은 다른 요인들이 스트레스를 일으킨다.

Selye의 스트레스 개념

몬트리올에 있는 맥길대학교의 오스트리아 태생 의사인 Selye는 다양한 질병이 같은 증상(열, 무기력, 졸림, 식욕 감퇴)을 일으킨다는 사실에 주목했다. 그는 스트레스 경험도 때로 이런 증상을 일으킨다는 점을 주목했다. 그는 이런 증상들이 질병이나 도전에 대한 신체의 반응이고, 신체가 그 같은 어려움과 싸우는 방법이라고 생각했다. Selye(1979)에 따르면, 스트레스(stress)는 신체에 부과된 요구에 대한 신체의 불특정 반응이다. 신체에 부과된 요구는 그 위협과의 싸움을 준비하는 반응을 일으킨다.

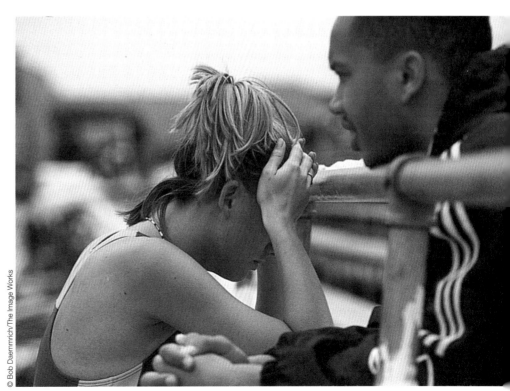

우리의 정서는 생리적 과정에 영향을 주어 결국은 건강에 영향을 미친다.

Selye의 스트레스 개념은 한 사람의 생활에 변화를 일으키는 어떤 경험을 포함하고 있다. 결혼과 승진은 아마도 유쾌한 경험이지만, 그 경험도 당신의 삶에 변화를 요구하는 것들이다. 그래서 Selye의 입장에서 보면 그것들도 스트레스를 준다. 그러나 Selye의 정의에는 가난, 인종차별, 평생의 불구와 같이 변화가 없는 어떤 것의 영향은 포함되어 있지 않다. 스트레스에 대한 또 다른 정의는 "한 개인에게 위협을 주는 생리적 및 행동적 반응을 이끌어내는 사건(들)"이다(McEwen, 2000, p. 173). 이 정의는 개인이 위협적이라고 해석하는 것을 강조하기 때문에 같은 사건이라도 당신에게는 스트레스가 될 수 있지만 다른 사람에게는 그렇지 않을 수도 있으며, 당신에게도 어떤 때에는 스트레스이지만 다른 때에는 아닐 수도 있음을 인정한다. 예를 들어 당신의 뒤뜰에서 뱀을 보면 당신에게는 그것이 공포일 수 있지만 그것이 무해하다는 것을 알고 있는 사람에게는 그렇지 않다. 당신이 상사로부터 야단을 맞으면 원래는 짜증 나야 하지만, 그 상사가 기분 나쁜 이유를 안다면 그 정도로 짜증 나지는 않는다.

스트레스의 측정

스트레스를 연구하려면 스트레스를 측정해야 한다. 하나의 방법은 사람들에게 스트레스를 주는 경험들이 있는 체크리스트를 주는 것이다. 예를 들어 사회 재적응 평정척도(Social Readjustment Rating Scale)에는 삶의 변화를 일으키는 43개의 사건들이 있다(Holmes & Rahe, 1967). 이 검사의 저자들은 사람들에게 각 사건이 얼마나 스트레스가 되는지를 물었고, 이를 근거로 배우자의 죽음은 100점, 교통 스티커 발부는 11점과 같이 각 사건마다 특정 점수를 부여했다. 이 설문지에 당신이 최근에 경험한 사건들을 체크하면, 심리학자가 당신의 스트레스 총점을 산출한다.

이런 체크리스트는 심각한 문제가 있다. 그 중 하나는 작은 스트레스원들이 여럿 모이면 큰 스트레스 하나와 같아진다는 가정이다. 예를 들어 대학 졸업, 예상치 못한 돈을 얻게 되는 것, 새집으로 이사 가는 것 및 새로운 직업을 시작하는 것은 모두 스트레스원들이다. 체크리스트에 따르면 이것들의 합은 당신이 이

어떤 사건의 스트레스 정도는 우리가 그것을 어떻게 해석하느냐에 달려 있다. 대부분의 사람들은 올림픽 경기에서 2위 입상을 기쁜 일로 보지만, 1위를 희망했던 사람에게는 2위가 패배일 수도 있다.

혼으로 겪는 스트레스 점수의 두 배가 된다. 또 다른 문제는 많은 항목들이 애매하다는 점이다. "가족 구성원의 건강상 변화" 항목은 44점짜리이다. 만약 당신이 5세 자녀의 당뇨병을 발견했다면, 분명히 그 문항에 체크할 것이다. 만약 당신의 먼 친척이 한 차례의 독감으로부터 깨끗이 나았다면 당신은 그 문항에 체크할 것인가? 분명히 어떤 것이 중요하고 어떤 것이 중요하지 않은지를 결정하는 사람은 당신이 된다.

더욱이 하나의 사건은 사람들이 그것을 어떻게 해석하느냐와 그들이 그 사건에 대해 무엇을 할 수 있느냐에 따라 의미가 다르다(Lazarus, 1977). 27세 기혼 여성과 16세 미혼 여성의 임신은 같은 것이 아니다. 실직은 50세에게는 파국이고, 17세에게는 실망스러운 일이고, 매년 여러 연극에서 배역을 맡으면서 어느 것도 오래 지속될 것으로 절대 기대하지 않는 배우에게는 사소한 일이다. 당신은 올림픽에서 은메달을 수상하는 것을 어떻게 느끼는가? 우리는 대부분 대단하다고 느끼겠지만, 많은 은메달 수상자들은 자신이 금메달을 따지 못한 것에 대해 실망을 한다(Medver, Madey, & Gilovich, 1995). 일반적으로 동메달 수상자는 어쨌든 수상한 것에 행복해한다. 문제는 사건 자체가 아니라 그것이 당신에게 주는 의미이다.

스트레스의 효과는 우리가 처리해야 할 불쾌한 사건("성가신 사건")뿐만 아니라 기쁨을 주는 유쾌한 사건("기분 좋은 사건")에도 달려 있다(Kanner, Coyne, Schaefer, & Lazarus, 1981). 표 12.1은 이런 접근 방법의 한 예이다. 만약 어떤 사건이 얼마나 스트레스를 주는지가 그 사건에 대한 해석에 달려 있다면, 어떤 사람의 스트레스를 측정하는 가장 좋은 방법은 그 사람의 인생에 플러스와 마이너스를 모두 평가해 주는 잘 구조화된 면접을 하는 것이다(G. W. Brown, 1989).

표 12.1 10가지 성가신 사건과 기분 좋은 사건

성가신 사건	기분 좋은 사건
1. 체중 고민	1. 배우자 혹은 애인과 좋은 관계
2. 가족의 건강	2. 친구와 좋은 관계
3. 공공 물가 인상	3. 과제 완수
4. 가정 유지	4. 건강한 기분
5. 과다한 업무	5. 충분한 수면
6. 물건 분실	6. 잘 먹는 것
7. 밭일이나 집안일	7. 책임을 완수하는 것
8. 재산, 투자 혹은 세금	8. 누군가를 방문, 통화 혹은 편지 쓰는 것
9. 범죄	9. 가족과 시간 보내기
10. 외모	10. 즐거운 가정

출처: A. D. Kanner, J. C. Coyne, C. Schaefer, and R. S. Lazarus, "Comparison of two modes of stress measurement: Daily hassles and uplifts versus major life events," *Journal of Behavioral Medicine* Vol 4(p. 14). ©1981 Springer. 허가하에 실음.

개념 점검

20. Selye의 스트레스 정의에 따르면, 결혼하는 것은 스트레스인가? 가족과 지속적으로 말다툼하는 것이 스트레스인가?

21. 체크리스트가 스트레스를 측정하는 만족스러운 방법이 아닌 이유는?

어떻게 스트레스가 건강에 영향을 줄까?

배우자의 죽음과 같은 심한 스트레스를 최근에 받은 사람은 생명을 위협하는 질병에서부터 치아 손상까지 의학적 문제의 위험성이 증가한다(Hugoson, Ljungquist, & Breivik, 2002; Lillberg et al., 2003; Manor & Eosenbach, 2003). 어떻게 스트레스가 건강상의 문제를 일으킬까?

간접적 영향

스트레스는 사람의 행동을 변화시킴으로써 건강에 영향을 줄 수 있다. 예를 들어 막 배우자를 잃은 사람은 식욕을 잃어버린다(Shahar, Schultz, Shahar, & Wing, 2001). 그들은 잠을 잘 이루지 못하고, 복용하는 약을 잊어버리고, (특히 남자의 경우) 음주가 증가한다(Byrne, Raphael, & Arnold, 1999). 한 연구에서 어린 시절에 신체적 혹은 성적 학대와 같은 심각한 스트레스를 겪은 사람들은 다른 사람들보다 성인기에 흡연, 과도한 음주, 불법 마약 사용, 과식, 안전하지 못한 섹스와 같은 건강을 위협하는 행동을 더 많이 하는 것으로 밝혀졌다(Felitti et al., 1998).

또한 스트레스는 우회적인 방식으로 건강에 손상을 준다. 1940년대에 세 명의 여자아이가 13일의 금요일에 태어나는 것을 옆에서 도왔던 산파는 이들 세 명 모두가 마법에 걸려 23번째 생일날 이전에 죽을 것이라고 공표했다. 첫 두 명은 실제로 어려서 죽었다. 세 번째 여자는 23번째 생일이 가까워지자, 병원에 입원하여 의사들에게 자신의 공포를 알려주었다. 의료진은 그녀가 극단적으로 과호흡(빠른 호흡)을 함으로써 자신의 불안을 다스리고 있음에 주목했다. 그녀는 생일 바로 직전에 과호흡으로 사망했다.

어떻게 이런 일이 생길 수 있을까? 원래 사람들이 일부러 숨을 쉬지 않으면, 혈액 내의 이산화탄소가 반사적으로 숨을 쉬게 만든다. 이 여자는 극심한 과호흡 증후로 인해 너무 많은 이산화탄소를 내보냄으로써 반사적인 호흡이 나올 만큼의 충분한 이산화탄소가 체내에 남아 있지 않았다. 그녀가 의도적 호흡을 멈추자 호흡 자체가 아예 멈추어 버렸던 것이다(Clinico-pathological Conference, 1967). 이는 정서가 건강에 간접적인 영향을 주는 분명한 예이다. 즉 그녀가 저주를 믿었다는 사실이 그것이 실현되도록 이끈 것이다.

직접적 영향

스트레스는 건강에 직접적으로도 영향을 준다. 교감신경계는 긴급 활동을 위해 신체를 준비시키지만, 신체는 장기간 지속된 스트레스원에 대해서는 다르게 반응한다. 아마도 당신이 끔찍한 직업을 갖고 있거나, 전쟁 지역에 살고 있거나, 혹은 자주 당신을 학대하는 사람과 함께 살고 있을 수도 있다. 만약 당신이 지속적인 위협에 직면해 있다면, 당신은 코티솔(cortisol) 호르몬을 분비하도록 콩팥위샘(부신선)을 활성화시킬 것이다. 이 호르몬은 신진대사를 향상시키고 세포에 당과 기타 에너지원의 공급을 증가시킨다. 증가된 에너지원으로 인해 세포들은 스트레스와 싸울 수 있는 높고 지속적인 활동 수준을 유지할 수 있게 된다. 적당하고 일시적인 코티솔 증가는 주의집중과 기억을 향상시킨다(Kruger, Hoogenraad, & Groc, 2010). 그러나 심한 혹은 장기적인 코티솔은 문제를 일으킨다. 스트레스는 감염이나 종양을 만드는 것들과 싸울 준비를 하는 면역체계를 활성화시킨다(Benschop et al., 1995; Cannor & Leonard, 1998). 아마도 진화의 역사를 거치면서 스트레스 상황이 자주 질병을 초래했기 때문에 면역체계가 감염과 싸울 준비를 하는 것이 그 이유일 것이다. 그런 효과는 스트레스의 주요 원천이 질병이었던 과거에 는 더 일리가 있는 것이었다. 오늘날 면역체계는 사회 적으로 배척받는 느낌(Moor, Crone, & van der Molen, 2010)이나 대중 앞에서 강연하는 것(Dickerson, Gable, Irwin, Aziz, & Kemeny, 2009)과 같은 스트레스에도 반 응한다. 당신의 면역체계는 대부분의 박테리아가 높은 열에서는 잘 증식하지 못하기 때문에 몸에 열이 나도 록 함으로써 감염과 싸운다(Kluger, 1991). 또한 면역 체계는 수면을 늘리고 전반적인 활동수준을 낮춤으로 써 우리 몸의 에너지를 아낀다. 결과적으로 장기간의 스트레스는 저절로 면역체계를 활성화시킴으로써, 열, 피로 및 졸음을 가져온다(Maier & Watkins, 1998). 설 령 아프지 않음에도, 당신은 아프다고 느끼고 실제 아 픈 것으로 보인다.

계속되는 스트레스는 탈진을 가져온다. 당신은 위 축감을 느끼고, 수행은 떨어지고, 질 낮은 생활을 불평 하게 된다(Evans, Bullinger, & Hygge, 1998). 오랫동안 많이 분비된 코티솔은 기억에 중추적인 역할을 하는 해마를 손상시킨다(deQuervain, Roozendaal, Nitsch, McGaugh, & Hock, 2000; Kleen, Sitomer, Killeen, & Conrad, 2006; Kuhlmann, Piel, & Wolf, 2005). 결국 면 역체계가 약해지고, 질병에 더 취약해진다.

© Bob Krist/CORBIS

a

© Bill Horsman/Stock Boston

b

어떤 문화권(a) 사람들은 분주하게 산다. 다른 문화권(b)에서는 누구도 시간에 신경 쓰지 않는다. 심장병 은 바삐 사는 문화권에서 흔하다.

개념 점검

22. 코티솔의 단기적 효과와 장기간 분비된 효과는 어떻게 다른가?

심장병

어느 날 한 내과의 대기실에 있는 의자의 천을 수선 하는 사람이 의자의 등받이보다 앞쪽이 먼저 닳아 헤 어져 있다는 사실에 주목했다. 그 이유를 알아보기 위 해 의사는 대기실의 환자들을 관찰하기 시작했다. 그 는 심장병 환자들이 습관적으로 의자의 앞쪽 끝에 앉 아서, 자신을 부를 때까지 조바심을 내며 기다리고 있 다는 점을 주목했다. 이 관찰로 심장병과 지금은 A 형 성격이라고 알려진, 성급하고 성공을 좇는 성격과 의 관련성에 대한 가설이 만들어졌다(M. Friedman & Rosenman, 1974).

A형 성격(type A personality)을 지닌 사람은 매우 경쟁적이고, 항상 이기려 한다. 그 들은 성급하고 때로는 호전적이다. 반대로 B형 성격(type B personality)은 좀 더 느긋하 고, 서두르지 않고, 덜 호전적이다. 심장병은 비록 약하기는 하지만, A형 성격, 특히 호 전성과 관련이 있다(Eaker, Sullivan, Kelly-Hayes, D'Agostino, & Benjamin, 2004). 이 를 연구하는 가장 좋은 방법은 지금 호전성을 측정하고 나중에 심장 문제를 살펴보 는 것이다(우리는 심장의 문제가 어떻게 호전성에 영향을 주는지가 아니라, 호전성이 어떻 게 심장 문제에 영향을 주는지 알고 싶다). 그런 종류의 한 연구에서 상관이 단지 .08이 었다(Rutledge & Hogan, 2002). 그 정도의 약한 영향력으로는 정서의 영향을 보여 주는 것이 아닐 수도 있다. 호전성이 높은 사람들은 흡연을 하고, 과도한 음주를 하 고, 기름진 음식을 좋아한다. 이런 행동들이 모두 심장 문제의 위험성을 증가시킨다 (Krantz, Sheps, Carney, & Natelson, 2000).

심장병에 대한 가장 강력한 심리적 영향은 사회적 지지이다. 끈끈한 우정과 가족 유대를 지닌 사람들은 통상 자신을 잘 보살피고, 심장박동률과 혈압을 잘 다스린다 (Uchino, Cacioppo, & Kiecolt-Glaser, 1996). 또한 스트레스를 관리하는 방법을 배운 사람들은 자신의 혈압을 낮추고 심장병의 위험을 감소시킨다(Linden, Lenz, & Con, 2001).

문화권마다 차이가 나는 심장병 발병률은 행동에 달려 있을 수도 있다(R. V. Lev-ine, 1990). 어떤 문화권 사람들은 빨리 걷고, 빠르게 말하며, 시계를 차고, 모든 일을 서두르는 경향이 있다. 보다 느긋한 문화권에서는 사람들이 서두르는 일이 거의 없다. 일정상 문제가 없으면, 어느 누구도 신경 쓰지 않는다. 짐작할 수 있듯이 심장병은 서두르는 나라에서 흔하다.

개념 점검 23. A형 성격인 사람들은 심장병의 위험이 높다. 그러나 사회 재적응 평정척도 상에서 그들의 점수는 종종 낮게 나온다. 왜 그 척도는 A형 성격인 사람들의 스트레스 수준을 과소 평정하는가?

외상 후 스트레스 장애

심한 스트레스로 인한 심각한 결과는 지속되는 불안과 우울이 특징인 외상 후 스트레스 장애(post-traumatic stress disorder; PTSD)이다. 이는 역사적으로 전후 시기에 "전쟁 피로", "전쟁 신경증"이란 용어로 알려져 왔다. 또한 이것은 강간이나 폭행 피해자, 고문 피해자, 죽을 고비를 넘긴 사고의 생존자, 살인 목격자 등에서 나타난다. PTSD를 지닌 사람들은 빈번히 악몽, 분노 폭발, 불행 및 죄책감을 겪는다. 그 처참한 경험에 대한 짧은 기억이 공황을 키우는 회상을 유발시킨다. 그 사건이 몇 년이나 지났어도, 가벼운 문제들이 지나치게 스트레스를 주는 것 같다(Solomon, Mikuliner, & Flum, 1988).

그러나 외상적 사건을 경험한 사람들이라도 대부분은 PTSD가 되지 않는다. 대부분 몇 주간 스트레스를 겪다가 회복되기 시작한다(McFarlane, 1997). 많은 심리학자들은 스트레스 사건에 강한 초기 반응을 보이는 사람이 PTSD가 될 가능성이 크다고 가정하고 있다. 만약 그렇다면, 치료자에게 이야기하는 것과 같은 즉각적인 개입이 도움이 될지도 모른다. 이런 생각이 타당해 보이지만, 증거를 보면 그렇지 못하다. 트라우마에 대한 그 사람의 초기 반응 강도는 PTSD의 좋은 예측 지표가 못 되고(Harvey & Bryant, 2002), 대부분의 연구에서 트라우마 사건 직후에 치료자와 이야기를 나누는 것이 별 이득이 없음이 밝혀졌고(McNally, Bryant, & Ehlers, 2003), 때로는 사람들을 악화시켰다(Bootzin & Bailey, 2005; Lilienfeld, 2007).

아마도 어떤 사람들은 다른 사람들보다 더 취약한 듯하다. 대부분의 PTSD 환자들은 해마가 더 작으며, 뇌가 여러 면에서 보통 사람과 다르다(Stein, Hanna, Ko-verola, Torchia, & McClarty, 1997; Yehuda, 1997). 만약 스트레스가 코티솔을 분비하고 너무 많은 양의 코티솔이 해마를 손상시킨다면, 큰 스트레스는 해마를 작게 만들 수도 있다. 그러나 쌍둥이 중 전쟁을 겪은 후 PTSD가 생긴 한 명과 전쟁을 겪지 않아서 PTSD가 생기지 않은 다른 한 명을 비교했다. 그 결과 두 명 모두 평균보다 해마 크기가 작았다(Gilbertson et al., 2002). 이런 결과들은 아마도 유전적인 이유로 인해 해마가 트라우마 이전부터 작았고, 작은 해마가 PTSD의 위험성을 증가시켰음을 시사하는 것이다.

개념 점검 24. 연구자들이 PTSD가 없는 쌍둥이가 정상적인 크기의 해마를 갖고 있음을 발견했다면, 결론은 무엇인가?

스트레스 대처

당신이 어떤 사건에 어떻게 반응할 것인지는 사건 자체뿐만 아니라, 그것을 어떻게 해석하느냐에 달려 있다(Frijda, 1988; Lazarusm, Averill, & Opton, 1970). 그것이 당신이 예상했던 것보다 더 좋은지 나쁜지? 그것이 한 번뿐인 것인지 혹은 이제 시작일 뿐인지? 또한 당신의 반응은 성격에도 달려 있다. 어떤 사람은 비극을 만나면 정신을 바짝 차리는 반면, 어떤 사람은 사소한 일에도 충격을 받는다. 스트레스 대처는 어려운 시간을 이겨내는 방법을 발전시키는 과정이다.

사람들은 여러 방법으로 스트레스에 대처하고, 이 방법들은 세 개의 범주로 묶을 수 있다. 하나는 문제중심 대처(problem-focused coping)로서, 상황을 개선할 무언가를 하는 것이다. 문제중심 방법들은 통상 가능만 하다면 가장 효과적이다(Gross, 2001). 또 다른 범주는 재평가(reappraisal)로서, 상황을 덜 위협적으로 보이도록 재해석하는 것이다. 세 번째 범주는 정서중심 대처(emotion-focused coping)로서, 자신의 정서 반응을 조정하는 것이다. 가령 당신이 곧 있을 시험에 대해 초조해하고 있다고 해 보자. 공부를 열심히 하는 것은 문제중심 대처이다. 당신이 학점에 신경을 쓰지 않기로 마음 먹었다면, 이는 재평가이다. 힘든 운동을 하는 것은 정서중심 대처 방법이다. 문제중심 대처가 가용하지 않을 때, 사람들은 통상 상황을 재평가함으로써 스트레스를 낮춘다. 강한 스트레스에는 재평가가 별로 효과적이지 못하기 때문에, 사람들은 통상 다른 곳으로 신경을 돌리거나 다른 유형인 정서중심적 대처 방법을 사용한다(Sheppes, Scheibe, Suri, & Gross, 2011).

그러나 여러 스트레스 대처 전략들 사이의 구분은 분명치 않다(E. A. Skinner, Edge, Altman, & Sherwood, 2003). 예를 들어 대처의 한 방법이 친구에게 도움을 요청하여 지지를 받는 것이다. 친구의 지지는 마음의

매일 잠깐씩 휴식을 취하는 사람들은 스트레스가 줄어든다고 보고한다. 에너지가 많이 소모되는 운동 후에는 오랜 휴식을 취하게 된다.

평정에 도움이 되고(정서중심), 또한 문제 자체를 해결하는 데 도움이 될 수도 있다(문제중심).

문제중심 대처

스트레스를 다루는 최선의 방법은 그 문제와 관련된 무언가를 하는 것이다. 한 실험에서, 한 집단의 대학생들은 3~5일 동안 하루 30분씩 크게 속상했던 경험에 관해 쓰도록 했고, 다른 통제집단에서는 정서와 무관한 주제에 대해 글을 쓰도록 했다. 모든 글은 비밀글이기 때문에 누구도 어떤 피드백이나 조언을 받지는 않았다. 몇 달간 계속된 추적 연구에서 속상했던 경험을 쓴 사람들이 통제집단의 사람들보다 더 건강했고, 학점도 우수했고, 음주가 적었다. 왜냐하면 문제에 대해 쓴다는 것은 그가 다음에 비슷한 문제를 만나면 무엇을 해야 하는지를 계획하는 데 도움이 되었기 때문이다(Pennebaker, 1997; Pennebaker & Graybeal, 2001).

상황을 통제할 수 있는 감을 잡는 것은 그 상황의 스트레스를 줄여준다. 만약 눈 폭풍이 작은 움막에 있는 당신을 덮친다고 상상해 보라. 당신은 음식과 연료는 있지만, 얼마나 오랫동안 갇혀 있을지를 알지 못한다. 5일 후 눈이 녹고 당신은 빠져나올 수 있다. 대조적으로 당신이 스스로 5일 동안 움막에 들어가서 어떤 그

림을 완성할 수 있었다고 상상해 보라. 두 경우 모두 움막에 5일간 있었지만, 당신이 자발적으로 그렇게 한 경우는 무슨 일이 생길지를 예상할 수 있고, 통제감을 느끼고, 스트레스가 적을 것이다. 향후 어떤 일이 있을지를 정확히 전달 받은 입원환자들은 평균보다 불안도 적었고, 더 빨리 회복했다(Van Der Zee, Huet, Cazemier, & Evers, 2002).

예상과 통제감이 어떻게 스트레스를 줄여줄까? 첫째, 우리는 예상할 수 없는 사건에 두려움을 느끼고 그것이 너무 강하면 참을 수 없을 정도가 될 수도 있다. 둘째, 어떤 사건이 예상 가능한 것이면, 우리는 적절한 시간에 그것을 대비하고 나머지 시간에는 휴식을 취한다.

사람들은 자신이 통제력을 상실했다고 느낄 때, 통제할 수 있는 방법을 찾는다(Whitson & Galinsky, 2008). 설령 당신이 실제로는 통제할 수 없더라도, 통제할 수 있다고 생각하면 차분해진다. 한 연구에서 사람들은 비디오 게임을 하는 동안 팔에 고통스러운 뜨거운 자극을 받았다. 한 집단의 참가자들에게는 그 고통에 대한 통제권이 없다고 알려주었다. 다른 집단의 참가자들에게는 (거짓으로) 만약 그들이 정확하게 빨리 조이스틱 반응을 한다면 고통스런 자극을 줄일 수 있다고 말해 주었다. 실제로 고통스런 자극들은 무선적으로 달리 주어졌지만, 그것이 줄어들 때마다, 이들은 자신이 "빨리" 반응하고 있다고 생각했다. 자신에게 통제권이 있다고 생각하는 사람들은 덜 고통스러웠다고 보고했으며, 뇌 영상에서도 고통에 민감하게 반응하는 뇌영역의 활동반응이 덜 나타났다(Salomons, Johnstone, Backonja, & Davidson, 2004).

때로 스트레스를 줄이는 좋은 방법은 닥쳐올 경험을 약간 미리 맛보는 것이다. 당신은 자신을 그 사건에 조금만 노출시킴으로써 스트레스 사건에 대해 면역(inoculate)시키는 것이다(Janis, 1983; Meichenbaum, 1985; Meichenbaum & Cameron, 1983). 군대는 군

자기 방어 훈련은 공포에 대한 면역을 제공한다. 만약 당신이 공격받는 상황을 다룰 줄 안다면, 공격받는다는 생각이 덜 무서워진다.

인들에게 실제 조건에서 전투기술을 훈련시킨다. 경찰 훈련생에게는 두 사람이 싸우는 연기 장면에 개입하도록 한다. 만약 당신이 집주인에게 불만을 이야기하러 갈 일이 걱정된다면, 당신 친구에게 집주인 역할을 하도록 하여 그에게 무슨 말을 할지 연습해 볼 수도 있을 것이다. 면역은 "데이트 불안"을 겪는 젊은이들에게 도움이 된다. 어떤 사람들은 상대방에게 잘못된 말을 하거나 잘못된 행동을 할까봐 너무 걱정되어 데이트 기회를 피한다. 역할 시연을 통해 그들은 배정된 파트너와 데이트 행동을 연습함으로써 그런 염려를 줄일 수 있다(Jaremko, 1983).

개념 점검

25. 당신의 라디오와 룸메이트의 라디오 중 어느 것이 당신의 공부를 방해하는가? 그 이유는?
26. 만약 당신이 200명의 낯선 사람들 앞에서 연설하는 것을 걱정하고 있다고 하자. 당신은 이 스트레스를 줄이기 위해 어떻게 스스로를 면역시킬 수 있나?

재평가 대처

만약 당신이 통제할 수 없는 상황에 있다고 해 보자. 당신은 대학원 입학을 지원하여 지금 결과를 기다리고 있다. 당신은 건강검진을 받았고 초조하게 그 결과를 기다리고 있다. 기다리는 동안 당신은 무엇을 할 수 있을까?

당신은 그 상황을 재평가할 수 있을 것이다. 즉 "나쁜 소식이 있을지라도 난 끄떡

없어. 그것은 오히려 내가 위기에 처했을 때 얼마나 강한지를 보여줄 수 있는 기회야."라고. 비극과 패배를 잘 극복하는 사람들은 어떤 사건의 긍정적 측면을 보려고 노력한다고 말한다(Tugade & Fredrickson, 2004). 대부분의 사람들은 정확하지 않을지라도 적당히 긍정적인 관점을 유지하고 싶어 한다(Armor, Massey, & Sackett, 2008).

다음에 재평가의 한 사례가 나와 있다. 즉 학생들에게 부상자와 울고 있는 어린이가 있는 심란한 이미지의 그림들을 보면서 생기는 자신의 감정을 어떤 방법으로든 억제하라고 요청했다. 감정을 가장 성공적으로 억제한 사람들은 그 그림들을 재해석하는 기법에 의존했다. 예를 들어 부상자가 있는 그림을 "곧 좋은 치료를 받을 사람"으로 생각했다(Jackson, Malmstadt, Larson, & Davidson, 2000).

정서중심 대처

정서중심 대처 전략은 문제를 해결하는 것이 아니라, 그것에 대한 당신의 반응을 관리하도록 돕는 것이다. 만약 당신이 공포, 분노, 슬픔 혹은 혐오와 같은 불쾌한 정서를 느낀다면, 단지 그 정서를 억압하여 문제가 없는 것처럼 행동하는 것이 도움이 될 수도 있다. 하지만 당신이 정서 표현을 억압하는 데 많은 노력을 기울일수록, 당신의 에너지는 줄어든다(Segerstrom & Nes, 2007). 대부분의 유럽인과 북미인은 자신의 정서를 억압하는 것을 어려워하고 불쾌하게 생각한다. 그러나 동양인은 보통 정서억압을 실천하고 있으며, 그리 힘든 일로 생각하지 않는다(Butler, Lee, & Gross, 2007). 적극적으로 정서를 억압하는 것 이외에도, 정서를 다루는 또 다른 방법들은 사회적 지지, 휴식, 운동, 주의분산(다른 데 신경을 돌리는 것) 등이 있다.

사회적 지지

당신은 기분이 좋지 않을 때, 다른 사람의 지지를 찾는가? 이런 경향은 문화마다 다르다. 미국인은 친구가 꼭 도움을 줄 것이라는 기대 없이도 친구와 자신의 문제를 논의한다. 동양인은 타인의 문제를 알게 되면 도움을 주어야 한다는 의무감을 느낀다. 그래서 많은 동양인은 다른 사람에게 부담을 줄까봐 자신의 어려움

을 다른 사람들에게 말하는 것을 꺼린다(Kim, Sherman & Taylor, 2008).

사회적 지지는 많은 상황에서 도움이 된다. 한 연구에서 최근에 사랑에 빠진 사람들은, 설령 현재는 사랑하는 사람이 옆에 없더라도, 불쾌한 영화를 볼 때 받는 스트레스에 영향을 덜 받는다는 사실이 밝혀졌다(Schneiderman, Zilberstein-Kra, Leckman, & Feldman, 2011). 사랑하는 사람과의 친밀한 접촉은 한층 도움이 된다. 연구자들은 여성들이 곧 전기충격이 주어질 수도 있음을 알려주는 신호를 볼 때의 반응을 기록했다. 여러 시행 동안, 각 여성은 자기 남편의 손을 잡고 있었거나, 잘 모르는 남자의 손을 잡고 있었거나, 혹은 누구의 손도 잡고 있지 않았다. 그림 12.25에서 보듯, 여성들은 평균적으로 자기 남편의 손을 잡고 있는 동안 그 신호가 덜 불쾌했고, 긴장도 낮았다고 보고했다. 잘 모르는 남자의 손을 잡는 것은 덜 도움이 되었다. 결혼생활이 매우 만족스러운 여성은 결혼생활이 덜 만족스럽다고 보고한 여성에 비해 남편의 손을 잡

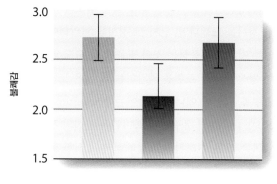

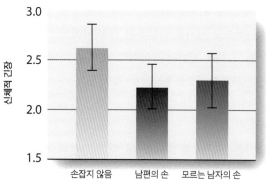

그림 12.25 닥쳐올 전기충격의 위협에 처한 여성들은 남편의 손을 잡고 있을 때 평균적으로 고통이 덜하다고 보고했다. (출처: Coan, J. A., Schaefer, H. S., Davidson, R. J., "Lending a hand: Social regulation of the neural response to a threat," *Psychological Science* Vol. 17 (pp. 1032-1039). ©2006 Sage Publication, Inc. 허가하에 실음)

는 것이 더 큰 도움이 되었다(Coan, Schaefer, & Davidson, 2006).

휴식

휴식은 불필요한 불안을 줄이는 훌륭한 방법이다. 다음의 몇 가지를 추천한다(Benson, 1985).

• 조용하거나 적어도 소음이 없는 장소를 찾아라.
• 근육을 이완시켜 주는 편안한 자세를 취하라. 만약 어떻게 하는지 잘 모르면, 반대로 시작하라. 즉 당신이 느낄 수 있도록 모든 근육을 긴장시켜라. 그런 다음 발끝부터 시작하여 머리까지 하나씩 근육을 이완시켜라.
• 생각을 포함하여 자극의 원천들을 줄여라. 단순하고 관심을 끌지 않는 사물에 눈을 맞추라. 혹은 당신이 편안하게 느끼는 것은 무엇이든 상관없으니 단어, 문구, 기도(힌두어로 "옴") 같은 것을 반복하라.
• 아무것도, 심지어 휴식하는 것도 걱정하지 마라. 만약 걱정스런 생각이 떠오르면, "다 잘될 거야."라며 묵살하라.

일종의 명상인 이 기법을 실천하는 사람들은 스트레스를 덜 느낀다고 보고한다. 많은 사람들이 전반적인 건강의 증진을 보여주었다(Benson, 1977, 1985). 한 연구에서 12주간 명상 프로그램에 참가한 사람들은 같은 시간 동안 스트레스를 줄이는 방법에 대한 강의를 들은 통제집단에 비해 불안과 우울에서 지속적인 감소가 있음이 밝혀졌다(Sheppard, Staggers, & John, 1997).

운동

운동도 스트레스를 줄여준다. 휴식과 운동 둘 다 스트레스를 줄여준다는 말이 모순처럼 들릴지도 모르지만, 운동은 휴식에 도움이 된다. 만약 당신이 내일 해야 할 일 때문에 긴장되어 있다면 가장 좋은 방법은 미리 에너지를 사용하는 것이다. 즉 운동을 하면 그다음에 휴식이 뒤따른다.

신체적 상태가 좋은 사람들이 보통 사람들보다 스트레스를 주는 사건에 덜 강하게 반응한다(Crews & Landers, 1987). 다른 사람들에게는 심장박동을 크게 높일 사건도 규칙적으로 운동을 해온 사람에게는 적당할 정도로 심장박동을 높인다. 운동은 꾸준하고, 거의 매일 해야 하지만, 격렬한 운동일 필요는 없다. 사실 격렬한 활동은 종종 기분을 상하게 한다(Salmon, 2001).

운동 효과의 일부는 기대에 달려 있다. 연구자들은 7개의 호텔에서 객실 청소직 여성들을 연구했다. 그들은 무선적으로 어떤 호텔을 선정하여 이 여성들에게 그들이 매일 하는 작업이 건강하고 활동적인 라이프스타일의 기준에 적합한 좋은 운동이라고(이는 사실이다.) 알려주었다. 4주 후에 이루어진 추적 연구를 통해 연구자들은 자신이 좋은 운동을 하고 있다는 이야기를 들은 여성들이 비록 자신의 활동에는 실질적인 변화가 없다고 보고했지만, 실제로 체중이 빠졌고, 혈압이 낮아졌음을 발견했다(Crum & Langer, 2007). 일상 활동은 그것을 지루한 일이라고 생각할 때보다는 건강에 좋은 운동이라고 생각했을 때 더 도움이 된다.

주의분산

또 다른 정서중심 전략은 주의를 분산시키는 것이다. 많은 사람들은 치과 치료나 수술 후 고통을 비디오 게임을 함으로써 혹은 TV 코미디 프로그램을 시청함으로써 줄인다. 라마즈법(무통 분만법의 일종)은 임산부에게 호흡 훈련에 집중하도록 함으로써 출산의 고통을 줄이도록 가르친다. 입원 환자들은 경치나 즐거운 음악에 주의를 돌린다면, 고통을 더 잘 다스리게 된다(Fauerbach, Lawrence, Haythornthwaite, & Richter, 2002). 많은 사람들이 쇼핑을 가서 자신의 선물을 구입함으로써 스트레스 혹은 슬픈 사건으로부터 주의를 돌린다(Cryder, Lerner, Gross, & Dahl, 2008; Hama, 2001). 만약 당신이 어떤 실망스러운 일로 괴롭다면, 과거의 즐거웠거나 성공적인 경험들을 기억해 보면 기분이 나아질 것이다(DeWall et al., 2011).

주의분산 효과의 일부는 사람들의 기대에 달려 있다. 한 연구에서 대학생들에게 감각이 너무 고통스러워 참을 수 없을 때까지 손가락을 얼음물 속에 담그고 있으라고 지시했다(Melzack, Weisz, & Sprague, 1963). 그들 중 일부에게는 자신이 선택한 음악을 듣도록 했으며, 음악을 들으면 고통이 감소된다고 말해 주었다. 다른 학생들에게는 음악을 듣도록 했지만, 음악이 고통을 완화시킬 것이라는 이야기를 해주지 않았다. 또 다른 학생들은 아무것도 듣게 하지 않았지만, 특수한 "초음파"가 전파되어 고통을 줄여줄 것이라고 말해 주었다. 음악을 듣고, 그것이 고통을 줄여줄 것이라고 기대했던 집단이 다른 두 집단에 비해 고통을 잘 참아냈다. 이는 음악과 고통 감소에 대한 이야기가 모두 있는 경우가 둘 중 하나만 있을 때보다 효과적이라는 증거이다.

개념 점검

27. 어떤 사람은 신경안정제로 불안을 통제한다. 이런 약은 세 가지 스트레스 대처 전략 중 어디에 속하는가?

개인차

우리 모두는 앞서 기술한 기법들 중 어떤 것을 사용하여 스트레스를 보다 잘 다스리는 방법을 배울 수 있다. 더구나 어떤 사람은 원래부터 스트레스를 잘 다룬다(Haas, Omura, Constable, & Canli, 2007). 그런 사람들은 대부분의 시간 동안에 행복하고 생산적이다. 심리학자들은 1990년대까지 이런 현상에 관심이 별로 없었지만, 지금은 이것이 하나의 중요한 연구 주제가 되었다.

행복하고 낙천적인 사람들은 많은 장점이 있다. 그 중 하나가 그들은 고통스런 경험으로부터 빨리 회복된다는 것이다. 그러나 만약 어떤 연구자가 낙천주의와 건강 상태를 동시에 측정한다면, 어느 하나가 다른 하나에 영향을 주었는지를 알 길이 없다(건강이 그 사람을 낙천적으로 만들 수도 있고, 낙천적인 성격이 건강을 증진시킬 수도 있다). 더 좋은 연구 설계는 낙천주의를 먼저 측정하고 몇 년 뒤 건강을 측정하는 것이다. 한 연구에서 연구자들은 5,000명 이상의 도시근로자로부터 그들의 낙천주의 정도를 측정했다. 3년 후, 연구자들은 각 근로자가 사랑하는 사람의 죽음과 같은 스트레스 혹은 외상 사건 직후에 병으로 인한 결근을 얼마나 오랫동안 했는지를 알아보기 위해 그들의 작업 기록을 살펴보았다. 연구자들은 보다 낙천적인 사람들이 아픈 날이 더 적었으며, 더 빨리 정상적인 활동으로 회복했다는 사실을 발견했다(Kivimäki et al., 2005). 그들은 스트레스의 충격을 덜 받았다.

건강은 의학적뿐만 아니라 정신적 사안이다

우리는 사람들이 스트레스 상황을 다루는 방법들을 논의했다. 이런 전략들이 얼마나 잘 작동할까? 그 전략들은 많은 사람들에게서 잘 작동하지만, 비용이 든다. 비용이란 심각한 스트레스에 대처하려면 에너지가 필요하다는 것이다. 지속적인 스트레스에 대처해야 하는 사람은 식습관이 달라지고, 오래전 끊은 담배와 술을 다시 하고, 인지적 과제에 정신을 집중하기 어렵다(Muraven & Baumeister, 2000).

그러나 이런 비용에도 불구하고 놀랄 만큼 많은 사람들이 만성 질병과 싸운 경험, 심각한 병을 앓는 사랑하는 사람을 돌보는 것, 또 다른 고통스러운 경험이 자신에게 개인적인 힘이 되었고 삶의 의미를 높여주었다고 말한다(Folkman & Moskowitz, 2000). 그들은 공포와 상실의 한가운데에서도 긍정적인 순간을 찾았다. 모든 사람은 아니지만, 많은 사람들이 그랬다.

요약

- **Selye의 스트레스 개념.** Selye에 따르면, 스트레스는 "신체에 가해지는 모든 요구에 대한 신체의 불특정 반응"이다. 유쾌하든 불쾌하든 한 개인의 삶에 변화를 일으키는 사건은 스트레스가 된다. 그러나 이 정의에는 인종차별에 대처하는 것과 같은 평생 지속되는 문제들은 빠져 있다. 대안적 정의에 따르면, 스트레스는 누군가가 자신에게 위협이 된다고 해석하는 사건을 말한다. (485쪽)

- **스트레스 측정의 어려움.** 스트레스 체크리스트는 많은 문항이 애매하기 때문에 문제가 있다. 또한 어떤 사건이 얼마나 스트레스가 되는지는 그 사건에 대한 개인의 해석과 그것에 대처하는 능력에 달려 있다. (486쪽)

- **건강에 미치는 간접적 영향.** 스트레스가 되는 사건을 접한 사람들은 종종 식사, 수면 및 음주 습관을 변경하기 때문에 스트레스는 건강에 간접적으로 영향을 준다. (487쪽)

- **건강에 미치는 직접적 영향.** 스트레스는 코티솔 호르몬의 분비를 증가시킨다. 일시적이고 적당한 코티솔의 증가는 기억과 면역 반응을 향상시킨다. 그러나 지속적인 코티솔은 해마를 손상시키고 면역체계를 지치게 함으로써 건강을 해친다. (487쪽)

- **심장병.** 연구에 따르면 정서반응과 심장병 발병 간에는 관련성이 작다. (488쪽)

- **외상 후 스트레스 장애.** 심한 외상 경험 후, (전부는 아니지만) 어떤 사람들은 정서반응에서의 변화가 지속된다. (489쪽)

- **대처 스타일.** 스트레스를 다루는 대부분의 전략들은 세 개의 주요 범주로 나눌 수 있다. 즉 문제를 해결하려는 것, 재평가, 정서를 통제하려는 것이다. (489쪽)

- **예상과 통제.** 사람들이 예상할 수 있거나 통제할 수 있어 보이는 사건은 스트레스가 덜하다. (490쪽)

- **재평가.** 상황을 덜 위협적인 방식으로 새롭게 해석하면 긴장이 감소된다. (491쪽)

- **정서중심 대처.** 휴식, 운동 및 주의분산은 과도한 불안을 줄여준다. (491쪽)

- **개인차.** 낙천적인 사람들은 다른 사람들보다 스트레스를 더 효과적으로 다루는 경향이 있다. (493쪽)

핵심 용어

건강심리학 (485쪽)

면역 (490쪽)

문제중심 대처 (489쪽)

스트레스 (485쪽)

외상 후 스트레스 장애(PTSD) (489쪽)

재평가 (489쪽)

정서중심 대처 (489쪽)

코티솔 (487쪽)

A형 성격 (488쪽)

B형 성격 (488쪽)

개념 점검 문제의 답

1 우리가 아이(또는 그 누구라도)의 행동으로부터 정서를 이미 추리해 내지 않은 한 그 아이에게 정서를 나타내는 단어를 가르치는 것이 불가능하기 때문이다.

2 교감신경계는 분노 혹은 공포(싸움 또는 도주)에 의해 각성되기 때문에, 그 각성은 둘 중 어느 하나의 반응 강도를 나타내지만, 어느 것인지는 확인되지 않는다. 또한 각기 다른 정서들이 중첩되는 뇌 영역을 활성화시킨다.

3 아니다. James-Lange 이론에 따르면, 우리가 도망치기 때문에 공포를 느끼는 것이다.

4 순수 자율신경 기능을 상실한 사람은 체계적인 자율신경계의 변화가 없어, 그들의 정서는 약하다. 특정 정서의 특징적인 자세와 호흡 패턴을 취하는 사람은 그 정서를 느낄 가능성이 크다. 이런 결과들은 James-Lange 이론의 예언을 확증시켜 주는 것들이다.

5 Schachter와 Singer의 이론에 따르면, 당신은 롤러코스터를 타는 데이트를 계획해야 한다. 당신의 데이트 상대는 정서적으로 흥분되면, 그 각성을 당신에게 귀인할 수도 있다. (그러나 만약 데이트 상대가 롤러코스터를 타면 속이 메스꺼워지는 사람이라면, 당신은 전략을 수정해야 한다!)

6 우리는 원래 제스처, 자세, 목소리 톤 및 맥락을 포함한 많은 다른 단서들을 갖고 있다. 또한 누군가가 아래를 보거나 옆을 쳐다볼 때, 슬픔과 공포 표정을 더 쉽게 인식한다.

7 대부분의 일상 얼굴 표정은 이 같은 여섯 가지 범주에 딱 들어맞지 않는다. 또한 우리는 정서일 수도 있고 아닐 수도 있는 다른 상태들에서 나오는 얼굴 표정을 알아차릴 수 있다.

8 전 세계 사람들이 똑같이 몇몇 얼굴 표정의 의미를 인식할 수 있기 때문에, 그 정서들은 인간에게 보편적인 것으로 보인다.

9 분노와 같은 얼굴 표정도 독립적인 성분들의 조합으로 설명될 수 있다.

10 어떤 면에서는 슬픈 사람은 보다 현실적이어서 결정을 내리기 전에 증거를 천천히 그리고 조심스럽게 검토한다.

11 이마엽과 관자엽을 손상당한 사람들은 여러 결과들에 따르는 좋은 혹은 나쁜 감정을 상상하지 못한다. 따라서 그들은 어떤 결과를 다른 결과보다 선호할 이유가 거의 없다.

12 합의 채점을 근거로 하는 검사는 어려운 문항에 더 많은 점수를 부여하지 않기 때문에 진짜 뛰어난 사람을 쉽게 찾아내지 못한다.

13 놀람반사의 강도를 측정한다.

14 편도체

15 거짓말 탐지기는 심장박동, 호흡률, 피부 전기전도율(땀이 나는지의 지표)과 같은 교감신경계 활동의 여러 측면을 측정한다.

16 거짓말 탐지기는 무고한 사람을 거짓말하고 있는 것으로 보는 경우가 너무 많다.

17 가난한 사람들은 자기 친구와 친척들은 모두 부자일 때와 자신이 가난할 뿐만 아니라 아프기도 할 때 가장 불행하다.

18 행복은 부, 건강, 소수집단에 대해 관용적이고 여성의 지위가 높은 나라에 사는 것, 친밀한 인간관계를 지니고 있는 것, 인생의 목표가 있는 것, 실질적인 대화가 있는 것, 행복한 친구가 있는 것, 감사를 표현하는 것 및 남을 돕는 것 등과 정적으로 관련이 있다(비록 모든 경우가 강한 관계는 아니지만). 또한 행복은 노년기에 증가한다.

19 슬픈 영화를 보는 동안 운 사람들이 울음을 억제한 사람들보다 긴장이 더 적지 않았고, 더 우울하다고 보고했다.

20 Selye의 정의에 의하면, 결혼은 그 사람의 생활에 변화를 요구하기 때문에 스트레스를 일으킨다. 그러나 이 정의에 따르면, 지속적인 말다툼은 그것이 변화가 아니기 때문에 스트레스가 아니다.

21 스트레스 체크리스트에 있는 문항들이 애매한 경우가 많다. 또한 한 사건이 다른 사람보다는 어떤 사람에게 더 스트레스가 될 수도 있다.

22 단기간 적당한 코티솔의 증가는 기억을 향상시키고 반응을 증가시킨다(예를 들어 많은 대학생들이 졸업시험이라는 스트레스가 큰 시간대에 면역체계의 활동이 증가했다). 장기간의 코티솔은 해마를 손상시켜 기억을 손상시키며, 면역체계를 고갈시킨다.

23 사회 재적응 평정척도는 생활 변화는 측정하지만, 업무 압박과 같은 지속적인 스트레스 원천을 측정하지는 않기 때문이다.

24 만약 PTSD가 없는 쌍둥이가 정상적인 해마를 지니고 있다면, 심한 스트레스가 PTSD가 있는 쌍둥이의 해마에 손상을 주었을 것이라고 결론 내릴 수 있다.

25 룸메이트의 라디오가 더 방해가 된다. 당신은 당신의 라디오를 켜고 *끄고*, 방송국을 변경하고, 소리를 줄이고 할 수 있다. 하지만 룸메이트의 라디오에 대한 통제권은 없다.

26 당신이 사용하기 편한 방에 소규모의 친구들을 모아놓고 연설하는 연습을 한다.

27 신경안정제를 사용하는 것은 정서중심 대처의 한 예이다.

13 사회심리학

© Juan Ocampo/Getty Images

카를 마르크스(Karl Marx)와 프리드리히 엥겔스(Friedrich Engels)는 공산당 선언문에서 "인류는 익숙한 형식을 버리고 스스로를 바로잡기보다는 고통의 길로 가고 있다. 절대적 폭정하에서, 한결같이 이 약탈과 강탈을 목적으로 하는 긴 기차가 끝을 보일 때, 이런 정부를 뒤집어엎는 것은 우리의 권리이고 의무이다."라고 했다. 피델 카스트로(Fidel Castro)는 "언제든 작은 반란은 좋은 것"이라고 적었다.

당신은 이런 말들에 동의하는가? 그 이유는? 당신의 마음을 바꿀 수 있는 방법이 생각나는가?

사회적 영향은 말의 내용뿐만 아니라 듣는 사람이 말하는 사람을 어떻게 생각하느냐에도 달려 있다.

만약 첫 번째 진술문이 공산당 선언문에서 나온 것이 아니라 미국의 독립선언문에서 나온 것이라면 어떻게 생각하는가? 또한 두 번째 인용문도 (쿠바의) 카스트로가 아니라 (미국 대통령) 제퍼슨(Jefferson)의 말이라면? 이 말들이 공산주의 혁명이 아니라 민주주의 혁명에서 나온 것이라면 당신은 더 강력히 동의할까?

실제로 위의 인용들은 독립선언문과 제퍼슨으로부터 나온 것들이다. 지금부터 사회심리학의 기본적 물음 중 하나(무엇이 당신의 의견에 영향을 주나?)를 다루기 시작할 것이다.

사회심리학은 태도, 설득, 자기이해, 비교적 정상적인 사람들이 타인과의 관계 속에서 행하는 모든 일상의 행동들을 연구한다. 사회심리학자들은 사회적 행동과 사람들이 어떻게 서로 영향을 주는지를 연구한다.

친사회적 행동과 반사회적 행동

- 무엇이 우리를 타인과 협동 혹은 경쟁하게 만들까?
- 폭력 행위는 어떻게 설명할 수 있을까?

젊은이들(특히 미국 젊은이들)은 어른이 되어 "독립적인" 사람이 되는 것을 고대한다. 미국인은 "극단적인 개인주의"를 높게 평가하는 오랜 역사를 지니고 있다. 그러나 실제로 우리 중 누가 얼마나 독립적일까? 당신은 당신의 옷을 만드는가? 당신은 자신의 집을 짓는가? 당신의 음식은 직접 키우거나 잡은 것인가? 당신은 자신을 스스로 치료하는가? 당신은 차를 만들고 길을 포장할 것인가? 생존에 필요한 이 모든 것들 중 숨 쉬는 것 이외에 당신이 스스로 할 수 있는 것이 무엇일까? (그것조차 당신은 정부가 하는 대기오염 방지에 의존하고 있다.) 인간은 극히 상호의존적이다. 우리의 생존은 협동에 달려 있다.

더욱이 우리 대부분은 때로 자선단체에 기부금을 내고, 가치 있는 프로젝트에 자원봉사를 하고, 길을 모르는 사람에게 가르쳐주고, 결코 되갚지 못할 사람을 돕는다. 왜 사람들은 협동적이고, 도덕적인 행동을 할까?

도덕성: 논리일까 아니면 정서일까?

심리학자들은 한때는 도덕성을 빨간 불에서는 멈춰 서고, 녹색 불에서는 가는 것과 같은 일종의 임의적 규칙으로 간주했었다. Kohlberg(1969; Kohlberg & Hersh, 1977)는 도덕추론을 Piaget의 인지발달 단계와 유사한 일련의 단계를 통해 성숙해 가는 과정이라고 제안했다. 예를 들어 6세 이전의 어린아이들은 값어치가 덜 나가는 물건을 고의적으로 깨뜨린 것보다 값어치가 큰 물건을 실수로 깨뜨린 것이 더 나쁘다고 말한다. 보다 나이 든 어린이와 어른은 결과가 아닌 의도를 중시한다. Kohlberg에 따르면 이런 변화는 규칙의 기억 문제가 아니라 자연스러운 발달이다. 추리 능력이 성숙함에 따라 사람들은 정의와 타인에게 피해를 주지 않는 것에 기초하여 도덕성을 판단하게 된다.

Kohlberg에 따르면 사람들의 도덕추론을 평가하려면, 그들이 내리는 결정 자체가 아닌 결정의 이유를 물어야 한다. 조지 버나드 쇼(1911)의 희곡 〈닥터의 딜레마〉에서 두 남자가 죽어가고 있다. 그 도시에서 단 한 명뿐인 의사는 둘 중 한 명만을 살릴 수 있는 의약품밖에 없다. 한 사람은 예술 천재이지만, 정직하지 못하고 무례하고 무뚝뚝하다. 다른 사람은 훌륭한 성과를 내지 못할 사람이지만, 정직하고 겸손하다. 의사는 선택을 해야만 했고, 정직하지만 재주가 없는 사람을 구했다. 그가 옳은 선택을 한 것인가? Kohlberg에 따르면, 이런 질문은 잘못된 질문이다. 올바른 질문은 왜 그가 그런 선택을 했느냐이다. 희곡에서 의사는 예술천재가 죽은 다음, 그의 아내와 결혼하기를 희망했기 때문에 그 선택을 했다. (당신은 의사의 도덕추론에 대해 어떻게 생각하나?)

Kohlberg는 심리학자들에게 도덕적 결정 뒤에 숨어 있는 추론 과정에 주목하도록 했지만, 사람들이 늘 행동하기 전에 옳고 그름의 문제를 논리적으로 생각하는 것은 아니다. 사람들은 결정을 빨리 하고, 나중에 그 이유를 찾는 경우가 더 많다. 인지심리학의 용어로 말하면(제8장), 우리는 최초의 결정을 위해 체계 1을 사용하고, 이미 결정한 체계 1을 논리적으로 그럴듯하게 설명하기 위해 체계 2를 사용한다. 다음의 예를 보자. Mark와 여동생 Julie는 대학생이다. 방학 동안 그들은 함께 여행을 떠났고, 하루는 통나무집에 머물게 되었다. 그들은 재미를 위해 서로 섹스를 했다. Julie는 피임약을 먹었지만, Mark는 확실히 하기 위해 항상 콘돔을 사용했다. 둘은 그 경험을 즐겼고, 누구도 어떤 식으로든 상처주지 않았다. 그들은 다시는 섹스하지 않기로 했지만, 그것을 작은 비밀로 지녔다. 그들은 섹스 이전의 형제자매 관계보다 더 가깝게 느끼고 있다. 그들의 행동에 문제가 없나?

대부분의 사람들은 즉각 "노! 노! 노!"라고 반응한다. 왜? Mark와 Julie는 두 가지 믿을 만한 피임법을 사용했고, 둘 다 즐거웠다고 말했으며, 상처받았다고 느끼지 않았다. 그들의 행위가 옳지 못한 것이라면, 왜 옳지 못한 것인가? 당신도 그들이 옳지 못하다고 생각한다면, 그 이유를 곰곰이 생각해 보았는가? 당신은 아마도 즉시, 직관적으로 정서적으로 결정했을 것이고, 나중에 그 결정을 정당화하려 했을 것이다(Haidt, 2001, 2007).

대부분의 도덕적 결정이 인지적보다는 직관적이고 정서적이라는 사실 이외에도, Kohlberg의 분석은 또 다른 면에서도 부족한 점이 있다. Kohlberg에 따르면, 도덕성에 대한 우리의 유일한 근거는 정의를 추구하고 타인에게 해를 끼치지 않는 것이다. 이런 표현은 교육을 받은 미국인과 유럽인, 특히 진보정치인들에게 잘 맞지만, 전 세계 나머지 대부분의 사람들에게는 상당한 거리가 있는 표현이다. 대부분의 사람들은 집단에 대한 충성, 권위자에 대한 존경, 그리고 정신적 순결함에 근거하여 결정을 내린다. 예를 들어 그들은 Mark와 Julie의 근친상간은 그들이 그것을 얼마나 즐거웠다고 말하느냐와 상관없이 정신을 더럽힌 불순한 행위였다고 주장할 수도 있다(Haidt, 2012). 만약 우리가 특정 유형의 사람만이 아닌 모든 사람들의 도덕적 사고에 관심을 기울인다면, Kohlberg가 고려한 것 그 이상으로 생각해 볼 필요가 있다.

개념 점검
1. Kohlberg는 어떻게 도덕추론을 평가했는가?
2. Kohlberg의 접근방법이 지닌 한계점은 무엇일까?

이타행동

왜 우리는 때로 우리 자신의 손해를 감수하면서 타인을 돕는 이타행동(altruistic behavior)을 할까? 우리는 그것을 당연한 것으로 받아들이지만, 이타주의는 다른 동물에게서는 흔한 일이 아니다. 그것을 좀 더 자세히 살펴보자. 즉 대부분의 모든 종에서 동물은 자기 새끼나 친족을 돕기 위해 상당한 에너지를 쓰고 목숨의 위험을 감수한다. 그러나 자신과 관련이 없는 동물을 돕기 위해 그러는 경우는 매우 드물다.

한 연구에서 침팬지들은 각각 두 개의 줄 중 하나를 당길 수 있었다. 때로 한 줄은 음식이 달려 오지만, 다른 줄은 아무것도 달려 나오지 않았다. 침팬지들은 항상 음식이 따라오는 줄을 선택했다. 또 다른 때는 한 줄은 음식을 가져오고, 다른 줄은 자신을 위한 음식과 다른 우리 안에 있는 침팬지를 위한 음식 모두를 가져

왔다. 통제권을 쥐고 있는 침팬지는 다른 침팬지가 구걸하는 제스처를 취하더라도 다른 침팬지에게 무관심해 보였다. 대개 침팬지는 어떤 줄이 다른 침팬지의 음식을 가져다주는지의 여부와 상관없이 오른쪽 줄을 당겼다(Silk et al., 2005).

만약 이타주의가 나머지 동물 세계에서 흔한 일이 아니라면, 왜 인간은 서로를 도울까? 당신은 우리가 남을 돕는 것은 기분이 좋아지기 때문이라고 대답할지도 모른다. 그렇다. 하지만 왜 기분이 좋을까? 이타행동이 좋은 기분을 느끼게끔 유전자가 진화되었나? 만약 그렇다면, 왜? 누구도 그런 유전자를 찾지 못했고, 만약 누군가가 그것을 발견한다 해도 어떻게 자연선택이 이런 유전자를 선호하게 되었는지에 대한 이론적 미스터리가 남아 있다. 당신은 이타적 유전자가 그 종에게 도움이 된다고 대답할지도 모른다. 그렇다. 하지만 만약 한 유전자가 그 유전자를 지니고 있는 사람에 비해 지니고 있지 않은 사람에게도 똑같이 또는 더 많이 도움이 된다면, 그 유전자는 개체군에 퍼지지 않을 것이다. 만약 우리가 이 주제를 유전과 무관한 용어로 설명한다고 해도 같은 문제가 발생한다. 즉 만약 당신이 타인(이타적이 아닌 사람도 포함하여)을 돕는 습관을 학습한다면, 그들은 이익이지만 당신은 그렇지 않다. 그렇다면 왜 당신은 그런 방식으로 행동하도록 학습하겠는가? 연구자들은 이런 문제를 살펴보기 위해 게임 상황을 이용해 왔다.

죄수딜레마

많은 연구자들은 협동과 경쟁을 연구하기 위해 사람들이 **협동행동과 자신에게는 이익이지만 타인에게는 손해가 되는 경쟁행동** 중 선택해야 하는 죄수딜레마(prisoner's dilemma)를 이용해 왔다. 당신과 당신의 파트너가 무장 강도 공범으로 기소되었다고 가정해 보라. 경찰이 당신들을 각각 독방에서 심문하고 각자에게 자백을 재촉한다. 만약 누구도 자백하지 않으면 경찰은 당신들을 무장 강도 혐의로 기소할 충분한 증거를 갖고 있지 않지만, 그들은 당신에게 1년 징역의 덜 위중한 범죄로 기소할 수는 있다. 만약 한 사람이 자백하고 다른 공범에게 불리한 증언을 하면, 자백한 사람은 풀려나고 다른 공범은 20년의 징역형을 구형 받는다. 만약 둘 다 자백하면, 각자는 5년의 징역형이다. 당신들 각자는 상대방도 같은 선택권이 있음을 알고 있다. 그림 13.1은 이러한 선택권을 보여주고 있다.

만약 당신의 파트너가 자백하지 않고, 당신이 자백하면 풀려날 수 있다. (당신은 자신만 생각하고 파트너에 대해서는 생각하지 않는다고 가정해 보자.) 만약 당신의 파트너가 자백한다면, 당신도 자백하는 게 이득이다. 왜냐하면 그리하면 20년 대신 5년 징역형을 받기 때문이다. 당신의 파트너도 같은 생각으로 자백하면, 모두 5년 징역형을 받게 된다. 만약 두 사람 모두 자백하지 않으면, 당신은 단지 1년 징역형이다. 이런 상황은 사람들로 하여금 비협동적인 행동을 하도록 유혹한다.

만약 두 사람이 지속적으로 의사소통한다면, 두 사람이 협동할 가능성이 훨씬 크다(Nemeth, 1972). 만약 당신들이 서로 엿들어서 한 사람이 자백했다는 것을 알게 된다면, 다른 한 사람은 복수할 것이다. 이런 상황은 실제로 개인 간뿐만 아니라 국가 간에도 일어난다. 미국과 소련의 군비경쟁 시절에 양측은 핵무기 제조 중단을 위한 조약 체결을 원했다. 만약 한 나라가 협정을 준수하는 동안 다른 나라가 추가

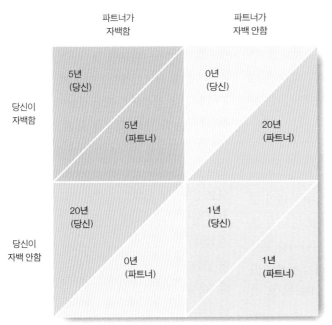

파트너가 자백함 | 파트너가 자백 안함

	파트너가 자백함	파트너가 자백 안함
당신이 자백함	5년 (당신) / 5년 (파트너)	0년 (당신) / 20년 (파트너)
당신이 자백 안함	20년 (당신) / 0년 (파트너)	1년 (당신) / 1년 (파트너)

그림 13.1 죄수딜레마에서 각자는 자백하면 이득을 얻는다. 그러나 둘 다 자백하면, 둘 다 자백을 거부했을 때보다 더 큰 벌을 받는다.

로 무기를 만들면, 그쪽은 군사적으로 유리해질 수 있다. 협정을 지키는 유일한 방법은 서로 상대방을 감시할 수 있도록 허용하는 것이었다. 궁극적으로 스파이 위성으로 협정이 지켜지는지를 감시할 수 있었다.

죄수딜레마를 이득과 손실 상황으로 바꿀 수도 있다. 당신과 또 다른 사람이 각자 두 가지 선택권(협동/경쟁)을 갖고 있다고 생각해 보자. 당신의 선택에 따라 아래와 같이 성과가 달라진다.

아래에 이득/손실의 한 경우가 나와 있다.

	상대방이 협동적 선택	상대방이 경쟁적 선택
당신이 협동적 선택	양쪽 모두 1달러 이익	상대방은 2달러 이익; 당신은 2달러 손실
당신이 경쟁적 선택	당신은 2달러 이익; 상대방은 2달러 손실	양쪽 모두 1달러 손실

만약 당신이 다시는 만나지 않을 누군가와 딱 한 번 이 게임을 한다고 생각해 보자. 당신 각자는 제3자에게 전화로 당신의 선택을 밝힐 것이다. 당신은 어떤 선택을 하겠는가? 만약 상대가 협동을 선택하면, 당신은 경쟁을 선택해야 1달러 대신 2달러를 얻게 되니 이기는 선택이 된다. 만약 상대가 경쟁을 선택하면, 당신은 2달러 대신 1달러를 잃게 되는 경쟁을 선택해야 한다. 논리적으로는 상대가 그렇게 해야 하듯이 당신도 경쟁을 선택해야 하고, 둘 모두는 1달러를 잃게 된다. 이런 상황에서 모든 사람들이 경쟁을 선택하지는 않는다. 어떤 사람과 어떤 문화에서는 타인을 더 신뢰한다(Henrich et al., 2010). 그렇기는 해도 이런 상황은 경쟁적 선택을 이

*끄*는 경향이 있다. 컴퓨터 상대와 경쟁하는 웹사이트 (http://serendip.brynmawr.edu/bb/pd.html)에서 죄수딜레마를 경험해 볼 수 있다.

실제 생활 속에서 사람들은 대부분의 시간에 협동을 한다. 실제 생활과 죄수딜레마 간의 차이는 무엇일까? 큰 차이는 우리는 사람들과 단 한 번이 아닌 지속적으로 만난다는 점이다. 만약 당신이 같은 사람과 여러 번 죄수딜레마 게임을 하면, 특히 실제 보상이 달려 있는 경우, 두 사람은 협동하는 것을 배우게 될 것이다. 더욱이 당신이 지속적으로 사업을 함께 하길 원하는 상대방이라면, 실생활에서 당신이 협동하는 사람이라는 평판을 듣는 일은 중요하다(Nowak & Sigmund, 2005; D. S. Wilson, Near, & Miller, 1996). 그래서 이타행동에 대한 하나의 설명은 '사람들은 자신이 공평하고 남을 돕는 사람이라는 평판을 받길 원하기 때문'이다(Mc-Namara, Barta, Fromhage, & Houston, 2008).

사람들이 협동하는 두 번째 이유는 '협동하는 사람들이 그렇지 않은 사람을 벌하기 때문'이다. 어떤 경우 사람들은 협동하지 않는 사람을 처벌할 수 있는 기회를 얻기 위해 대가를 치르기도 한다(Gächter, Renner, & Softon, 2008). 그러나 처벌은 대부분의 사람들이 다같이 협동하지 않는 사람을 처벌하려고 노력할 때만 효과적이다. 만약 비협동적인 사람이 너무 많으면, 그들 모두를 처벌하는 것이 어렵거나 비효과적이다(Dreber, Rand, Fudenberg, & Nowak, 2008; Herrmann, Thöni, & Gächter, 2008).

개념 점검 3. 당신은 왜 사람들이 때로는 만난 적도 없는 사람에게 이타적으로 행동하게 되는지를 이론적으로 설명할 수 있나? 왜 사람들은 오랫동안 알고 지낸 사람들에겐 훨씬 더 협동적인가?

4. 당신은 인간의 이타행동에 대한 두 가지 설명에 대해 읽었다. 왜 두 설명은 모두 개인의 인지를 필요로 할까?

타인에 대한 책임을 수용하기/거부하기

다른 사람들은 우리가 혼자서 스스로는 하지 않았을

일을 하도록 격려할 수 있다. 또한 우리가 혼자서는 했을 일을 하지 못하도록 금지할 수도 있다. 우리는 다른 사람들이 어떤 일을 하고, 하지 않는지를 둘러보고 "좋아, 나도 그렇게 하겠어."라고 말한다. 왜 사람들은 때로는 함께하기도 하고, 때로는 다른 사람의 요구를 묵살하기도 할까?

주변인의 도움과 무관심

당신이 버스 정류장에서 기다리고 있는 동안, 내가 길에서 넘어지는 모습을 보았다고 생각해 보자. 나는 고통스럽게 소리를 지르지는 않았지만, 일어서질 못했고, 당신은 내가 도움이 필요한지 확신하지 못하고 있다. 당신은 와서 도와줄 것인가? 혹은 나를 못 본 척할 것인가? 대답하기 전에 두 가지 방향으로 이 상황을 상상해 보라. 즉 첫째, 당신과 나밖에 없는 상황이다. 둘째, 주변에 많은 사람이 있고, 누구도 나를 도우려 나서지 않는 상황이다. 타인의 존재는 당신의 행동에 어떤 차이를 가져오는가? (그것은 나와는 상관없다. 즉 나는 주변에 얼마나 많은 사람이 나를 못 본 척하느냐와 상관없이 똑같은 정도로 아프다.)

다음의 실제로 있었던 비극적 사건이 도움이 될 것이다. 1964년 3월의 어느 날 밤, 키티 제노비스(Kitty Genovese)는 뉴욕의 퀸스에 있는 자신의 아파트 근처에서 칼에 찔려 죽었다. 그 당시 신문 기사는 38명의 이웃 사람이 30분 이상 그녀의 비명소리를 들었지만, 누구도 경찰에 신고하지 않았고, 후에 그들은 이 일에 끼어들기를 꺼렸거나 누군가가 이미 경찰에 신고했을 것으로 생각했다고 보도했다. 그 범죄 사건을 조사한 결과, 이 보도는 매우 과장되었던 것으로 밝혀졌다(Manning, Levine, & Collins, 2007). 대략 6명이 그 범행을 목격했고, 적어도 한두 명은 경찰에 신고했다. 제노비스는 자신의 아파트 쪽으로 갔었고, 범인은 30분 후 다시 돌아와 목격자의 시야를 벗어나서 공격을 했고, 그녀는 약해서 소리를 칠 수도 없었다.

비록 당시의 신문 기사에 오류가 있었지만, 이 사건은 왜 자주 사람들은 곤경에 처한 누군가를 돕지 않는가에 대한 관심을 촉발시켰다. 왜 우리는 누군가를 도울 수 있을 때에도 잘 돕지 않을까? Latané와 Dar-ley(1969)는 군중 속에 있으면 책임분산(diffusion of responsibility, 주변에 도울 수 있는 타인이 있을 때, 우리는 남을 도와야 하는 책임감을 덜 느끼게 된다.)으로 인해 도움행동을 할 확률이 줄어든다고 제안했다.

이 가설을 검증하기 위한 실험에서, 한 젊은 여자가 한 명 또는 두 명의 학생을 방 안으로 안내하고 나서 시장조사 연구를 시작하기 전에 잠시 기다려 달라고 요청했다(Latané & Darley, 1968, 1969). 그녀는 문을 닫고 옆방으로 갔다. 그런 다음 그녀는 의자 위에 올라가서 떨어지는 소리와 함께 "아~ 내 발… 움직일 수가 없네. 아~ 발목이야."라고 신음하는 소리가 녹음되어 있는 테이프를 틀었다. 홀로 기다리던 실험참여자의 70%가 옆방으로 와서 도움을 주었다. 누군가와 함께 기다리던 실험참여자는 13%만이 도움을 주었다.

또 다른 한 연구에서 연구자들은 가입자의 규모가 다른 400개의 인터넷 채팅 집단에 들어가서 "내가 누군가의 프로필을 볼 수 있는 방법을 알려줄 사람 없나요?"라고 물었다. 연구자들은 그때 채팅방에 들어와 있는 사람의 수가 많을수록, 요청에 응답하는 사람이 나올 때까지 더 오랜 시간이 걸린다는 사실을 발견했다. 큰 집단에서는 연구자들이 도움을 받기 위해서는 그 요청을 반복적으로 올려야만 했다(Markey, 2000).

책임분산은 하나의 설명이다. 각자는 "남들보다 더 누군가를 돕는 것이 내 책임은 아니다."라고 생각한다. 두 번째 설명은 아무것도 하지 않는 다른 사람들의 존재는 정보(혹은 오정보)를 제공한다는 것이다. "내가 도울 필요가 있는지 아닌지?" 상황은 애매하다. 다른 사람들이 행동을 취하지 않는 것은 그 상황이 도움을 필요로 하지 않는 상황임을 의미한다. 사실 당신처럼 불확실하게 생각하는 다른 사람도 당신이 행동을 취하지 않는 것을 보고 그리 결정한 것이다. 사회심리학자들은 사람들 각자가 다른 사람들이 나보다 더 좋은 의견을 갖고 있을 것으로 잘못 가정하기 때문에 누구도 아무 말도 하지 않는 상황을 표현하는 '다수의 무시(pluralistic igno-rance)'라는 용어를 사용한다. 다른 사람이 행동을 취하지 않는 것은 아무것도 하지 않는 것이 받아들여지는 것(규범)이고, 그 상황은 위급상황이 아님(정보)을 의미한다.

사회적 태만

당신이 시험을 위해 혼자 공부할 때, 성공 여부는 당신의 노력에 달려 있다. 그러나 종종 당신은 한 팀의 구성원이다. 만약 당신이 이익을 사원들이 공유하는 회사에서 일한다면, 당신의 보상은 당신 자신뿐만 아니라 다른 사원들의 생산성에 달려 있다. 보상이 집단의 생산성에 달려 있을 때에도 당신은 최선을 다해 열심히 일할까?

많은 경우 그렇지 않을 것이다. 한 실험에서 학생들에게 스포츠 이벤트의 치어리더처럼 최대한 소리 지르고, 박수 치고, 시끄럽게 하라고 지시했다. 어떤 경우는 학생들이 홀로 소리 지르고 박수를 쳤으며, 어떤 경우는 학생들이 집단적으로 그렇게 했고, 어떤 경우는 혼자서 하지만 다른 사람들도 똑같이 소리 지르고 박수 치는 것으로 생각하도록 했다. (그들은 헤드폰을 착용하고 있어서 다른 사람의 소리를 들을 수는 없었다.) 홀로 소리 지르고 박수 친 학생들의 대부분이 집단의 일부분이거나 그렇게 생각하고 있는 학생들보다 더 큰 소음을 냈다(Latané, Williams, & Harkins, 1979). 사회심리학자들은 이런 현상을 사회적 태만(social loafing, 다른 사람과 같이 일할 때 "태만해지는" 경향)이라 부른다.

사회적 태만은 많은 상황에서 볼 수 있다. 만약 당신이 "벽돌의 용도를 생각할 수 있는 만큼 많이" 카드에 하나씩 쓰도록 요청받았다고 생각해 보자. 당신 스스로 많은 카드를 채우겠지만 다른 사람들과 함께 카드를 채울 때는 그보다 적을 것이다(Harkins & Jackson, 1985). 당신은 다른 사람이 이미 제안했을 것 같은 아이디어는 제출하려 하지 않을 것이다.

이 시점에서 당신은 "잠깐! 나는 농구나 축구를 할 때, 최선을 다해 열심히 한다. 나는 태만하지 않다."라고 생각할지도 모른다. 옳다. 단체경기에서는 사회적 태만이 드물다. 왜냐하면 팀 동료를 포함한 관찰자들이 당신의 수행을 보고 있기 때문이다. 사람들은 다른 사람들이 자신의 노력에 주목하고 있다고 예상하거나 혹은 자신이 다른 집단성원들이 할 수 없는 무언가를 기여할 수 있다고 생각하는 경우는 집단 속에서도 열심히 일한다(Shepperd, 1993; K. D. Williams & Karau, 1991).

사람들은 어떻게 반응할지를 결정하기 위해 다른 사람들의 반응을 본다. 등 마사지 사업 판촉을 위해 맨해튼의 인도에 모인 산타들이 자전거 타다가 부상당한 사람을 돕고 있다. 몇 산타가 먼저 움직였고, 다른 사람이 뒤따랐다.

개념 점검

5. 사회적 태만에 대해 배웠다면, 왜 대부분의 사람들은 환경을 정화하는 일에 열심히 노력하지 않는가?

6. 전형적인 가정에서는 한두 사람이 직업을 갖고 있지만, 그 수입은 가족 모두에게 돌아간다. 왜 돈을 버는 사람은 사회적 태만에 빠지지 않는가?

폭력과 공격행동

제2차 세계대전 중, 거의 모든 산업국가들이 참전 중이었고, 나치는 유대인을 말살시키고 있었고, 미국은 나중에 일본에 투하했던 핵무기를 준비하고 있었다. 그 사이 인도에서 영국의 통치에 대해 비폭력적 저항운동을 이끌던 간디는 감옥에 투옥되었다. 간디는 아이러니컬하게도 "평화를 파괴한 죄"로 기소되었다. 누군가가 간디에게 서방 문명에 대한 그의 생각을 물었더니, 그는 좋은 아이디어일 수도 있겠다고 생각한다고 대답했다.

마치 친절과 이타주의가 그렇듯, 잔인성과 폭력도 항상 존재하는 인간사의 한 부분이다. 그러나 그렇다고 해서 친절과 잔인성 간의 균형이 항상 유지되어야 한다는 말은 아니다. Pinker(2011)가 주장했듯이, 제2차 세계대전 이래로 전쟁과 살인으로 인한 사망률은 전 세계적으로 최하 수준으로 낮아지고 있다. 여행과 커뮤니케이션처럼, 아마도 교육이 사망률의 하락에 대한 주요 기여자일 것이다. 당신이 어떤 나라를 방문한 후에 혹은 그 나라 사람들과 인터넷 게임을 한 후에 그 사람들을 증오하기는 더 어렵다. 간단히 말해 폭력은 여전히 문제이지만, 이를 해결하기 위해 우리가 할 수 있는 일이 많다.

분노와 공격의 원인

좌절–공격성 가설(frustration-aggression hypothesis)에 따르면, 분노와 공격의 주원인은 좌절(어떤 일을 하거나 혹은 어떤 것을 얻는 것에 있는 방해물)이다(Dollard, Miller, Doob, Mowrer, & Sears, 1939). 그러나 당신이 누군가가 의도적으로 그런 행동을 했다고 생각할 때에만 좌절이 당신을 분노하게 만든다. 누군가가 넓은 홀에서 당신에게 부딪혔다면 당신은 화가 날지도 모르지만, 그가 젖은 바닥에 미끄러져서 부딪힌 것이라면 화가 나지는 않을 것이다.

Berkowitz(1983, 1989)는 보다 포괄적인 이론(좌절, 고통, 더위, 악취, 나쁜 소식과 같은 불쾌한 사건은 싸우고 싶은 충동과 도망치고 싶은 충동을 모두 일으킨다.)을 제시했다. 즉 불쾌한 사건이 교감신경계를 자극하여 싸움 또는 도주(fight-or-flight) 반응을 일으킨다는 것이다. 싸울 것인지 도망칠 것인지의 선택은 상황에 달려 있다. 만약 당신을 괴롭히는 어떤 사람이 약해 보이면, 당신은 그에게 분노를 표한다. 만약 그 사람이 위협적으로 보이면, 당신은 분노를 억누른다. 만약 당신에게 부딪힌 사람이 당신 대학의 대출 및 장학금 담당 부서의 직원이면, 당신은 미소를 지으며, 오히려 본인이 그에게 방해가 된 것을 사과할 것이다.

공격성의 개인차

왜 어떤 사람은 다른 사람보다 더 공격적일까? 하나의

대참사 동안은 사람들이 평소 행하는 방관자 무관심과 사회적 태만이 나타나지 않는다.

이런 게임을 하면 사람들이 더 폭력적으로 될까?

가설은 낮은 자존감이 폭력을 이끈다는 것이다. 이 주장에 따르면, 자신을 하찮게 생각하는 사람은 남을 무너뜨림으로써 자신을 높게 세우려 한다. 이런 주장에 관한 자료는 상충된다. 어떤 연구들은 공격성과 낮은 자존감 간에는 작은 관련성이 있음을 발견했지만, 다른 연구들에서는 둘 간의 실질적 관계가 없음을 발견했다(Baumeister, Campbell, Krueger, & Vohs, 2003; Donnellan, Trzesniewski, Robins, Moffitt, & Caspi, 2005). 더 그럴듯한 가능성은 자신이 강하고 성공적인 사람이라고 느끼고 있는 사람들이 자기확신을 위협받는다는 것을 알게 되면, 분노하고 공격적으로 된다는 것이다(Fast & Chen, 2009).

일관된 지지를 받지 못하고 있는 또 하나의 가설은 폭력이 정신병과 관련된다는 것이다. 약물과 알코올 남용이 폭력과 깊이 관련되어 있으며, 많은 정신질환자들이 알코올과 약물을 남용한다. 그러나 약물이나 알코올 남용을 하지 않는 정신질환자들은 다른 사람들보다 더 폭력적이지는 않다(Hodgins, Mcdnick, Brennan, Schusinger, & Engberg, 1996).

낮은 자존감과 정신병이 폭력을 예언해 주지 않는다면, 무엇이 폭력을 예언해 주는가? 연구는 폭력을 하게 만드는 유전적 요인들을 지적하고 있지만, 그런 유전자의 효과도 환경에 달려 있다. 유전적 성향을 지니고 있고 어린 시절 학대를 받은 사람들이 단순히 유전적 성향만 지녔거나 혹은 단지 잘못된 양육만을 받은 사람보다 폭력을 저지를 가능성이 크다(Caspi et al., 2002; Enoch, Steer, Newman, Gibson, & Goldman, 2010).

아래와 같은 몇몇 다른 요인들이 폭력행동 경향성과 관련되어 있다(Bushman & Anderson, 2009; Davidson, Putnam, & Larson, 2000; Hay et al., 2011; Lewis et al., 1985; Lynam, 1996; Osofsky, 1995; Raine, Lencz, Bihrle, LaCasse, & Colletti, 2000).

• 폭력적인 이웃 속에서 성장한 경우
• 반사회적 행동의 전력이 있는 부모를 가진 경우
• 남에게 피해를 끼치고도 죄책감이 없는 경우
• 각성에 대한 생리적 반응이 정상보다 약한 경우
• 자살 시도 전력이 있는 경우
• 자주 폭력적 텔레비전 프로그램을 보거나 폭력적 비디오 게임을 하는 경우

이런 상관연구로부터 인과적 결론을 도출할 때는 항상 조심해야 한다. 예를 들어 폭력적 텔레비전과 비디오 게임을 좋아하는 것은 공격적 경향성의 원인일 수도 있고, 그것의 결과일 수도 있다.

문화도 강력한 영향력을 갖고 있다. 인간 이외의 영장류에서도 문화가 공격행동에 영향을 준다는 사실을 보여주는 재미있는 연구가 있다. 연구자들은 한 무리의 개코원숭이들을 25년 동안 관찰했다. 한번은 그 무리 중 가장 공격적인 수컷들이 다른 원숭이들의 먹이를 뺏어 먹었다. 먹이는 오염되어 있었고, 공격적인 수컷들은 모두 죽었다. 그 무리에는 암컷들, 어린 것들, 그리고 공격성이 매우 낮은 수컷들만 남았다. 그들은 잘 지냈으며, 스트레스 수준이 낮아졌고, 더 건강해졌다. 몇 년 후 새로운 수컷이 그 무리에 합류했고, 그 수컷은 이 무리의 관습을 받아들였다. 수년 후 원래부터 있던 수컷들이 모두 사라졌지만, 그 무리는 공격적이지 않은 전통을 계속 유지했다(Sapoilsky & Share, 2004).

개념 점검   7. 유전적 성향이 공격행동의 강력한 요인인가?

폭력에 미치는 인지의 영향

대부분의 사람들은 자신을 좋은 사람이라 생각한다. 대부분의 경우에 우리는 남들을 공평하게 대한다. 정말 그런가? 당신은 타인에게 피해를 주거나 속이는 것은 나쁘다는 것을 알고 있다. 그러나 때로 당신은 그런 행동을 할 수도 있다. 당신이 군이나 경찰에 복무 중이라면, 어떤 상황에서는 누군가에게 총을 쏘아야 할지도 모른다.

사업상 당신은 경쟁사에게는 공평하지 못하거나 당신의 고객을 위험스럽게 만들면서까지도 자신의 이익을 높이려는 유혹에 빠지기도 한다. 만약 그런 경우라면, 당신은 그 행동을 정당화하려 할 것이다.

사람들은 종종 자신으로 인해 피해를 입는 다른 이들보다 자신이 더 나은 사람이라고 생각함으로써 자신의 행위를 정당화한다. 전쟁에서 군인들은 적군에게 경멸적인 이름을 붙이고 그들을 인간 이하의 존재라고 생각한다. 똑같은 현상이 소수 인종이나 또 다른 집단들에 대한 폭력에서도 일어난다. 심리학자들은 이런 과정을 **몰개인화**(deindividuation; 타인들을 익명으로, 실제 인격이 없는 사람들로 지각하기)와 **비인간화**(dehumanization; 타인들을 인간 이하의 존재로 지각하기)라고 부른다. 그 결과 폭력과 부당함이 훨씬 쉽게 받아들여진다(Reimann & Zimbardo, 2011). 뇌의 어떤 영역은 당신이 누군가와 사교하고 있을 때, 심지어 당신이 사귀고 싶어 하는 그 사람을 보기만 하여도 강하게 반응한다고 알려져 있다. 이 뇌 영역은 노숙자, 약물중독자, 존중하지 않는 사람들을 볼 때는 거의 반응하지 않는다(Harris & Fiske, 2006). 사실상 당신은 그런 사람들을 인간으로 보지 않는다는 의미이다. [그 연구는 사회적 행동을 이해하기 위해 뇌 측정을 이용하는 사회 신경과학(social neuroscience)의 한 예이다.]

사람들은 자신의 정체감을 떨어뜨림으로써 자신의 폭력을 정당화하기도 한다. 근무 중인 군인은 더 이상 스스로 의사 결정을 하는 사람으로서 행동하고 있는 게 아니다. 복면을 쓰고 있는 KKK 단원은 개인적인 정체감을 억압한다. 범인들이 쓴 마스크는 얼굴이 발각될 확률을 낮추는 것뿐만 아니라, "실제 자기"와 범죄자 간의 거리를 만들어 준다. 심지어 선글라스만 써도 사람들은 개인적인 정체감이 낮아지고, 정직하지 못한 행동을 할 확률이 높아진다(Zhong, Bohns, & Gino, 2010).

개념 점검   8. 어떻게 몰개인화와 비인간화가 공격행동을 증가시키는가?

성폭력

대부분의 폭력은 연인같이 서로를 잘 아는 사람들 사이에서 발생한다. 이성 커플에 대한 방대한 연구를 개관한 결과, 남성이 여성에게 저지른 것보다 여성이 남성에게 폭력 행위를 더 많이 했다(Archer, 2000). 거의 모든 사람들은 이 결과에 놀랄 것이다. 아직도 우리는 구타당한 여성의 클리닉을 들어봤지만, 구타당한 남성의 클리닉을 들어보지는 못했다. 그 이유는 대부분의 연구자들이 손바닥으로 때리는 것, 밀치는 것, 그리고 사소한 행위까지 폭력으로 포함시켰기 때문이다. 남성은 상대에게 심한 부상을 일으키지만, 여성은 사소한 폭력을 가한다.

강간(rape)은 상대방의 동의 없이 하는 성행위이다. 한 조사에서, 성인 여성의 약 10%가 억지로 강간을 당한 적이 있다고 보고했고, 약 10%는 술이나 약물에 취한 상태에서 섹스를 했었다고 응답했다(Testa, Liviston, Vanzile-Tamsen, & Frone, 2003). 그러나 통계치는 연구마다 서로 다르다. 설문지의 단어만 약간 바꾸어도 사람들의 응답에 큰 영향을 줄 수 있다고 지적한 제2장을 기억하라.

"원치 않는" 섹스에 대해 물은 조사에서 가장 높은 수치가 나온다. 왜냐하면 많은 사람들이 "원치 않는"을 자신은 그럴 기분은 아니지만, 상대방을 즐겁게 하기 위해 섹스에 응한 것도 포함되는 것으로 해석하기 때문이다(Hamby & Koss, 2003). 대부분의 여성뿐만 아니라 대부분의 남성들도 때로는 원치 않을 때도 섹스를 해왔다고 응답했다(Struckman-Johnson & Anderson, 2003).

법률적으로 강간에 해당하는 성폭행 중에서도 피해자의 절반 정도만 자신이 강간을 당했다고 생각하고 있으며, 아주 극소수만이 이를 경찰에 신고한다(Fisher, Daigle, Cullen, & Turner, 2003). 남자친구나 알고 지내는 사람과 비자발적인 섹스를 한 대부분의 여성들은 이 일을 강간으로 신고하지 않는다. 특히 술을 마신 상태라면 더욱 그렇다(Kahn, Jackson, Kully, Badger, & Halvorsen, 2003). 어떤 경우 남자는 자신의 행위에 대해 여자가 학대로 생각하고 있다는 사실도 모른다.

강간한 사람이 모두 똑같지는 않다. 그 중 많은 사람들이 다른 폭력이나 범죄 경력을 갖고 있는 믿을 수 없는 남자들이다(Hanson, 2000). 성적으로 공격적인 남성은 음란물 애용자일 경향이 있고(Vega & Malamuth, 2007), 강간범들은 다른 남성에 비해 폭력적 음란물을 즐기고 있을 가능성이 훨씬 더 크다(Donnerstein & Malamuth, 1997). 강간의 또 다른 요소는 극단적인 자기중심성, 즉 타인에 대한 관심 부족이다(Dean & Malamuth, 1997).

맺음말   단원 13.1

협동행동은 논리에서 나오는 것일까?

우리가 남을 돕는 경향성은 진화된 것이거나 학습된 것이다. 죄수딜레마와 유사한 게임을 사용한 연구들은 협동과 상호협력이 어떤 조건하에서는 논리에서 나온 것임을 보여주었다. 당신은 남들이 당신과 협동하고, 당신을 벌하지 않도록 좋은 평판을 만들기 위해 협동한다.

당신은 이런 설명에 전적으로 만족하는가? 때로 당신은 평판이 올라가지도 않고, 개인적 이득도 기대할 수 없음에도 불구하고 남을 돕는 일이 가치 있는 일이기 때문에 익명으로 돕기도 한다. 단순히 그 이유 때문에 남을 도우려 하는 것이다. 당신은 때로 아무도 보지 않는 상태에서 다시 보지도 않을 사람을 돕기도 한다. 아마 이런 행동에는 특별한 설명이 필요 없다. 우리는 연구자들이 밝힌 모든 이유들 때문에 돕는 습관을 발달시켜 왔다. 일단 우리가 이런 습관을 발달시켰다면, 우리는 그 습관을 다른 상황, 심지어 우리에게 보답하지 않을 사람에게도 일반화한다. 아마도 그럴 것이다. 아니면 연구자들이 아직도 무언가를 간과하고 있을 수도 있다. 심리학의 결론은 대부분 최종 결론은 아니다. 이런 주제를 스스로 생각해 보고, 자신의 가설을 만들어 보라.

요약

- 도덕추론에 대한 Kohlberg의 입장. 그는 도덕 결정 자체보다는 그 결정의 이유를 근거로 도덕추론을 평가해야 한다고 주장했다. (499쪽)

- Kohlberg의 입장에 대한 한계. Kohlberg는 논리적 추론에 초점을 두었다. 사실 사람들은 종종 정서적 충동을 근거로 먼저 행동하고 나중에 이를 정당화한다. 또한 많은 사람들은, 특히 비서구권 문화에서, 충성심, 권위, 순수성과 같은 Kohlberg가 간과한 요인들에 근거하여 도덕적 결정을 내린다. (499쪽)

- 죄수딜레마. 죄수딜레마에서 두 사람은 각각 협동과 경쟁 중 하나를 선택할 수 있다. 경쟁 쪽으로 가는 것은 개인적으로는 이득이지만, 집단에게는 손해가 된다. (500쪽)

- 협동의 이유. 죄수딜레마에 대한 연구들은 협동에는 두 가지 합리적인 이유가 있음을 보여주었다. 즉 협동적인 사람은 올라간 자신의 평판으로 인해 다른 사람들로부터 협동을 받게 된다. 또한

협동하는 사람이 협동하지 않는 사람을 벌하기 때문이다. (501쪽)

- 주변인의 무관심. 사람들은 주변에 자신과 같이 도울 수 있는 다른 사람들이 있으면, 남을 덜 돕게 된다. (502쪽)

- 사회적 태만. 대부분의 사람들은 자신이 특별한 기여를 할 수 있다고 생각하거나 다른 사람들이 자신의 기여를 높게 평가하고 있다고 생각할 때를 제외하고는, 홀로 일할 때보다 집단의 일원으로 일할 때 열심히 일하지 않는다. (503쪽)

- 공격행동. 좌절이나 어떤 불편감이 분노와 공격성의 확률을 증가시킨다. 특히 사람들은 누군가가 의도적으로 자신에게 좌절을 가져다주었다고 생각할 때 그렇다. (504쪽)

- 공격성에서의 인지적 요인들. 사람들은 종종 희생자를 낮게 평가함으로써 자신의 잔인하거나 비협동적인 행동을 정당화한다. 또한 그렇게 함으로써 사람들은 개인적 책임감을 줄인다. (505쪽)

핵심 용어

강간 (506쪽)	사회적 태만 (503쪽)	죄수딜레마 (500쪽)
다수의 무시 (502쪽)	이타행동 (500쪽)	책임분산 (502쪽)
사회심리학자 (498쪽)	좌절-공격성 가설 (504쪽)	

사회지각과 사회인지

- 타인에 대한 판단에 영향을 주는 요인들은 무엇일까?
- 사람들이 인정하지 않으려 하는 고정관념을 어떻게 측정할 수 있을까?
- 어떻게 편견을 극복할 수 있을까?
- 우리 자신의 행동과 타인의 행동 원인을 어떻게 설명할까?

일반적으로 사람들은 자신의 성공 정도를 타인과 비교함으로써 측정한다. 당신은 자신이 알고 있는 사람들보다 자신이 더 잘한 경우에는 기분이 상승한다. 당신은 더 성공한 사람과 자신을 비교함으로써 더 노력하려는 동기가 생긴다(Suls, Martin, & Wheeler, 2002).

이런 비교를 위해서는 타인에 대한 정확한 정보가 필요하다. 또한 우리는 그 사람들이 어떻게 행동할지를 예상하고, 어떤 사람이 믿을 수 있는 사람인지 알기 위해서는 정보가 필요하다. 사회지각과 사회인지는 그런 정보로서 타인을 알아내고 추론하는 과정들이다. 사회지각과 사회인지는 우리의 관찰, 기억 및 사고에 영향을 준다.

첫인상

다른 것이 동일하다면, 우리가 어떤 사람에 대해 알고 있는 첫 정보가 나중의 정보보다 더 큰 영향을 준다(E. E. Jones & Goethals, 1972). 이런 경향성은 초두 효과(primacy effect)라고 알려져 있다(이 용어는 제7장 기억에서도 나왔다. 그곳에서 초두 효과는 목록의 처음 항목들이 더 잘 기억되는 경향성을 말한다). 예를 들어 당신이 어떤 식당에 대해 호의적인 내용과 비호의적인 내용을 모두 듣는다면, 처음에 들은 내용이 당신에게 가장 큰 영향을 준다(Russo, Carlson, & Meloy, 2006).

우리는 첫인상을 빠르게 형성하고, 생각보다 첫인상은 정확한 편이다. 한 연구에서 대학생들에게 몇몇 교수가 강의하는 2초짜리 비디오 세 개를 음성 없이 보여주고, 그들이 세 교수 각각을 얼마나 좋게 평가하는지를 알아보았다. 대학생들의 평균 평정은 실제로 이 강의를 수강한 학생들이 학기말에 한 평정과 .6의 상관을 보여주었다(Ambady & Rosenthal, 1993). 10초짜리 커플의 비디오를 본 사람들은 대부분의 경우 커플들이 서로 얼마나 애정을 느끼는지를 정확히 추측할 수 있었다(Place, Todd, Penke, & Asendorpf, 2009). 최근 이혼한 사람들의 30초 발언을 들은 사람들은 어떤 사람들이 이혼 세 달 이후 적응에 성공했는지를 대략 예상할 수 있었다(Mason, Sbarra, & Mehl, 2010). 여성들의 얼굴을 잠깐 보는 것만으로, 심지어 눈만 잠깐 보는 것만으로, 사람들은 어떤 여성이 동성애자이고 이성애자인지를 우연수준 이상으로 정확히 구별할 수 있었다(Rule, Ambady, & Hallett, 2009). 단지 39밀리초(39/1000초) 동안 얼굴을 본 사람들이 그 사람이 얼마나 공격적인 사람인지를 상당히 정확하게 추정했다(Carré, McCormick, & Mondloch, 2009). 당신은 "첫인상을 만들 기회는 단 한 번뿐이다."라는 말을 들어본 적이 있을 것이다. 연구는 당신이 첫인상을 만들 시간이 매우 빠듯하다는 사실을 시사한다!

이 사람의 첫인상은 부자일까 가난한 사람일까? 사업가, 프로선수, 혹은 육체노동자?

© Jupiterimages/Getty Images

첫인상은 자기충족 예언(self-fulfilling prophecy, 예상된 사건의 발생 확률을 증가시키는 기대)이 될 수 있다. 한 심리학자가 당신에게 핸드폰을 주고 상대방으로 추정되는 사람의 사진을 보여주면서 그 사람과 통화하도록 요청했다고 가정해 보자. 심리학자는 당신에게 당신과 통화할 사람을 매우 매력적인 사람의 사진으로 혹은 매우 비매력적인 사람의 사진으로 줄 수도 있었다. 예상대로 당신은 매력적인 상대방에게 더 친절하게 행동한다. 더구나 만약 당신이 매력적인 상대방과 통화하고 있다고 생각하면, 상대방도 점점 유쾌하고 말이 많아지게 된다. 간단히 말해, 당신이 지닌 첫인상은 당신의 행동을 변화시키고, 다른 사람도 당신의 기대에 부응하는 쪽으로 반응하도록 영향을 준다(M. Snyder, Tanke, & Berscheid, 1977).

개념 점검

9. 왜 어떤 교수는 학생들의 시험을 채점할 때, 학생들의 이름을 보지 않으려 하는가?

고정관념과 편견

고정관념(stereotype)은 한 집단에 대한 신념 혹은 기대이다. 편견(prejudice)은 한 집단에 대한 비호의적 태도이다. 편견은 통상 소수 집단, 신체장애인, 비만인, 동성애자와 같이 서로 다른 집단을 동등하지 않게 취급하는 차별(discrimination)과 연관되어 있다.

고정관념은 미묘하고 무의식적인 방식으로 우리에게 영향을 준다. 당신이 다음의 실험에 참여했다고 상상해 보라. 즉 당신에게 5개의 단어로 된 세트를 주고 문장을 만들라고 했다. 다음에 세 개의 예가 있다.

CAR REPAIR OLD THIS NEEDS

CLOUDY GRAY SKY THE WAS

OFFER GAMES SMALL BINGO PRIZES

쉬운가? 당신은 실험이 끝났다고 생각하고 실험실을 나갈 것이다. 이 실험의 실제 포인트는 당신이 나가는 것을 지켜보는 것이다! 당신이 포함된 한 조건의 사람들은 늙은, 회색, 빙고 게임과 같이 노인들의 고정관념과 연관 있는 단어들을 문장으로 정리했다. 평균적으로 노인들을 생각했던 사람들은 마치 노인 고정관념처럼 평소보다 더 천천히 걸어 나가는 경향이 있었다(Bargh, Chen, & Burrows, 1996).

사람들은 너무 빨리 일반화하는 경향이 있으며, 때때로 그것이 잘못된 고정관념을 초래한다. 만약 당신이 니피안(Niffians)이라는 가상 집단의 성원인 한 사람에 대한 대체로 좋은(혹은 대체로 나쁜) 몇 가지 사실을 알게 되었다고 가정해 보자. 이 단 하나의 사례를 근거로 당신은 다른 니피안 사람들에 대한 태도를 형성할 가능성이 크다(Ranganath & Nosek, 2008).

그러나 고정관념이 항상 틀린 것은 아니다. 당신은 남자와 여자 중 평균적으로 누가 더 주먹다짐을 많이 할 것으로 생각하는가? 만약 당신이 "남자"라고 대답했다면, 당신은 고정관념을 갖고 있는 것이지만, 맞다. 유사하게도, 대화 속에서 미묘한 사회적 의미를 느낄 수 있는 사람은 인문학 전공자 혹은 공학 전공자 중 어느 쪽일 것으로 생각하는가? 만약 당신이 "인문학 전공자"라고 말하면, 당신은 고정관념을 따르고 있지만 연구는 당신의 대답이 옳다는 것을 지지하고 있다(Ottati & Lee, 1995). 실제로 문화가 행동에 영향을 준다고 말하는 것은 그 문화 사람들이 평균적으로 그렇게 행동하며, 따라서 그들에 대한 고정관념은 정확한 부분이 있다는 의미이다. 하지만 거의 정확한 고정관념의 경우조차도 예외가 있음을 인식할 필요가 있다.

고정관념과 편견의 암묵적 측정치

수십 년 전, 미국인들은 편견을 공개적으로 드러냈다. 오늘날 거의 모든 사람들은 모든 사람이 공평한 대우를 받아야 한다고 생각하고 그리 말한다. 그러나 사람들이 주장하듯이 그들에게는 편견이 없을까? 연구자들은 사람들이 자신도 인정하길 원하지 않는 미묘한 편견을 측정할 수 있는 방법들을 찾아왔다.

활동적이지 못하다는 노인에 대한 고정관념은 많은 예외가 있다.

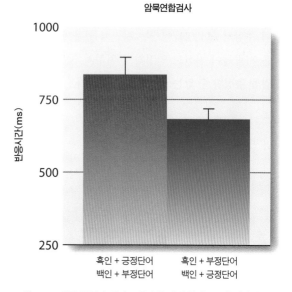

세트 1: 다음의 경우에는 왼쪽 키를 누르세요.   다음의 경우에는 오른쪽 키를 누르세요.

흑인사진   혹은   긍정단어   백인사진   혹은   부정단어

평화   암

세트 2: 다음의 경우에는 왼쪽 키를 누르세요.   다음의 경우에는 오른쪽 키를 누르세요.

흑인사진   혹은   부정단어   백인사진   혹은   긍정단어

폭탄   기쁨

그림 13.2 편견을 측정하기 위한 암묵연합검사(IAT) 절차

암묵연합검사

그림 13.3 인종 편견이 없다고 주장한 백인 학생들은 흑인사진/부정단어와 백인사진/긍정단어보다 "흑인사진/긍정단어"와 "백인사진/부정단어"일 때 평균적으로 더 늦게 반응했다. (출처: "Performance on Indirect Measures of Race Evaluation Predicts Amygdala Activation" by E. A. Phelps, K. J. O'Connor, W. A. Cunningham, E. S. Funayama, J. C. Gatenby, J. C. Gore, & M. R. Banaji, *Journal of Cognitive Neuroscience* vol. 12 (pp. 729-738). ⓒ 2000 MIT Press. 허가하에 실음)

한 가지 방법이 암묵연합검사(Implicit Association Test; IAT)이다. 이는 꽃과 즐거움 같은 범주들의 조합에 대

한 반응을 측정하는 방법이다. 다음의 예를 상상해 보라. 즉 당신의 검지를 컴퓨터 키보드에 올려놓는다. 단어를 들려줄 때, 만약 '죽음' 같은 부정단어를 듣게 되면 왼쪽 손가락으로 눌러야 하고, '기쁨'과 같은 긍정단어이면 오른쪽 손가락으로 눌러야 한다. 잠시 후, 지시가 변경된다. 이제 벌레 이름을 듣게 되면 왼쪽 손가락으로, 꽃 이름을 듣게 되면 오른쪽 손가락으로 눌러야 한다. 그런 후에 두 개의 범주를 결합시킨다. 즉 부정단어이거나 벌레는 왼쪽 키이고, 긍정단어이거나 꽃은 오른쪽을 누른다. 그런 다음 쌍을 변경한다. 즉 부정단어나 꽃은 왼쪽 키를 누르고, 긍정단어이거나 벌레는 오른쪽 키를 눌러야 한다. 두 지시를 번갈아가며 그 절차를 반복한다.

대부분의 사람들은 "긍정단어와 꽃" 조합에 "긍정단어와 벌레" 조합보다 더 빠르게 반응한다. 결론은 사람들이 벌레보다는 꽃을 좋아한다는 것이다. 사람들이 벌레보다는 꽃을 좋아한다는 사실이 뻔하기 때문에 이 절차는 고생해서 실시할 가치가 없어 보인다. 그러나 연구에서 이 방법의 타당도가 입증되었고, 연구자들은 다른 선호를 측정할 때도 이 방법을 사용했다(Greenwald, Nosek, & Babaji, 2003).

당신이 다음의 실험에 참석했다고 상상해 보라. 즉 당신은 컴퓨터 화면에서 때로 한 장의 사진을, 때로는 한 단어를 보게 된다. 만약 흑인의 사진이거나 긍정단어이면, 왼쪽 키를 누른다. 만약 백인의 사진이거나 부정단어이면, 오른쪽 키를 누른다. 한 동안 그 방식으로 하다가, 반대 쌍으로 규칙이 변경된다. 그림 13.2는 그 절차를 예시하고 있으며, 그림 13.3은 백인 대학생 집단의 결과를 요약한 것이다. 비록 자신들은 인종편견이 없다고 주장했지만, 대부분의 백인 학생들은 흑인/부정단어와 백인/긍정단어 조합에서 더 빠르게 반응했다(Phelps et al., 2000). 그러나 흑인 피험자들은 흑인과 백인에 대한 반응이 평균적으로 거의 동일했다. 즉, 편견이 거의 없었다(Stewart, von Hippel, & Radvansky, 2009).

연구자들은 남성과 여성(Nosek & Banaji, 2001; Rudman & Goodwin, 2004), 비만인(Agerström & Rooth, 2011) 및 많은 또 다른 집단에 대한 태도를 측정하는 데 IAT를 사용해 왔다. 연구자들은 당신도 혼자 해볼 수 있도록 웹사이트(https://implicit.harvard.edu/implicit/demo)에 간단한 IAT 버전을 제공하고 있다.

암묵연합검사의 결과는 선의의 사람들조차도 자신이 인식하지 못하는 편견을 갖고 있음을 시사하고 있다(Greenwald, Poehlman, Uhlmann, & Banaji, 2009). 이런 알지 못하는 편견이 신입사원 채용과 같은 사람들의 결정에 영향을 줄지도 모른다. 만약 그렇다면, 자동적이고 무의식적인 사람들의 차별을 상쇄시킬 수 있는 절차를 밟도록 충고해야 할 것이다. 그러나 우리는 이런 연구의 정책적 함의를 과장하는 것에는 주의해야 한다. 첫째, 암묵연합검사가 사람들이 평소에는 상관하지 않던 인

종에 대해 주목하도록 요구했기 때문에, 결과가 사람들의 편견을 아마도 과장했을 것이다(M. A. Olson & Fazio, 2003). 둘째, IAT 결과와 신입사원 채용 결정과 같은 중요한 의사 결정 간의 관계를 다룬 연구는 매우 극소수이기 때문이다. 이런 연구들은 약한 효과를 보여주었다. 분명히 IAT의 결과는 어떤 사람이 주어진 상황에서 어떻게 행동할 것인지를 예상할 만큼 강력한 것은 못된다(Blanton, et al., 2009).

개념 점검

10. 사람들에게 인종편견을 묻는 것보다 암묵연합검사가 지닌 장점은 무엇인가?

편견 극복하기

사람들이 편견을 형성한 후, 무엇으로 이를 극복할 수 있을까? 집단 간의 접촉을 증가시키는 것이 도움이 된다. 룸메이트로 배정된 흑인과 백인 대학생으로 이루어진 연구에서 그들은 처음에는 같이 보내는 시간이 적었으나 한 학기가 끝났을 때는 서로에게 보다 호의적인 태도를 형성했으며, 인종 간 교류에 대해서도 불편함을 덜 느꼈다(Shook & Fazio, 2008). 또 다른 연구는 대부분이 백인 학생들인 대학교의 소수 인종 학생들은 한 명 이상의 백인 학생과 친구가 된 후, 그 대학을 더 좋아하게 되었다는 사실을 발견했다(Mendoza-Denton & Page-Gould, 2008). 심지어 좋은 경험을 상상만 해도, 다른 집단 사람들에 대해 호의적 태도를 갖게 만드는 데 도움이 된다(Crisp & Turner, 2009).

특별히 효과적인 기법은 집단들로 하여금 공동의 목표를 위해 일하도록 하는 것이다(Dovidio & Gaertner, 1999). 오래 전, 심리학자들은 임의적으로 선정된 집단들을 이용하여 이 기법의 힘을 보여주었다(Sherif, 1966). 오클라호마의 라버스 동굴(Robber's Cave)에서 있었던 여름 캠프에서, 11~12세 소년들은 두 집단으로 나뉘어 각각 생활했다. 두 집단은 운동시합, 보물찾기, 또 다른 활동 등을 통해 상을 놓고 경쟁했다. 경쟁을 통해 집단 간에는 반감이 점차 고조되었다. 소년들은 상대를 위협하는 포스터를 만들고, 모욕적인 소리를 지르고, 음식을 놓고 싸우기도 했다.

어느 시점까지는 "카운슬러(실험자들)"가 적대감을 용인했다. 그런 다음, 그들은 반전을 위해 노력했다. 먼저 두 집단에게 캠프에 공급되는 물이 새는 파이프를 함께 찾아 수리하도록 요청했다. 그런 다음 두 집단이 보고 싶어 하는 영화를 빌려 보기 위해 서로 돈을 모으도록 했다. 나중에 그들은 소년들에게 바퀴가 진창에 빠진 트럭을 함께 끌어내도록 했다. 점차 적대감이 우정으로 바뀌었다—자신의 증오심을 마지막까지 갖고 간 소수를 제외하곤! 요점은 경쟁은 적대감을 낳고, 협동은 우정으로 이끈다는 점이다.

매스컴도 편견을 강화시키거나 약화시키는 역할을 한다. 1994년 르완다(중앙아프리카 남부)에서 중앙정부와 르완다 주요 라디오 방송국의 부추김에 의해 다수 인종인 후투 족이 소수 인종인 투트시 족의 3/4을 죽이는 끔찍한 내전이 있었다(르완다에는 TV와 신문이 귀하기 때문에 라디오가 통신과 오락의 주요 수단이다). 오늘날 후투 족과 살아남은 투트시 족은 불편한 휴전 속에서 살고 있다. 연구에서 한 라디오 연속극을 어떤 마을에서는 들을 수 있고, 어떤 마을에서는 들을 수 없도록 실험적으로 사용했다. 이 라디오 연속극은 한 집단이 다른 집단을 공격하는 내용이었고, 마을의 지도자들

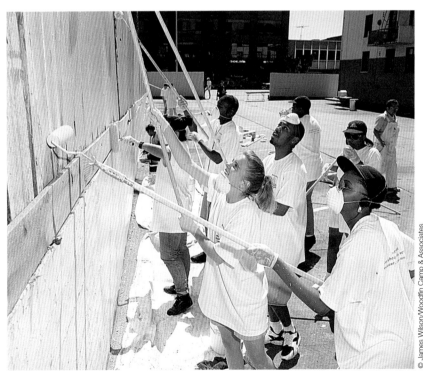

공동목표를 위해 함께 일하는 사람들은 이전에 그들 사이에 존재했던 편견을 극복할 수 있다.

이 폭력을 반대했다. 궁극적으로 연속극에서 두 집단은 친선관계를 형성했다. 이 연속극을 청취한 마을의 사람들은 동정심, 신뢰, 협동심이 증가했고, 후투 족과 투트시 족 간의 장벽을 허물었다(Paluck, 2009).

수용을 높임으로써 편견을 줄이기

오늘날 대부분의 사람들은 편견 없이 공평하게 대하자는 목표에 동의한다. 그러나 이 목표를 표현하는 방식이 결과에 큰 영향을 미친다. "우리는 모든 사람을 똑같이 대한다."라는 표현을 생각해 보자. 비록 그 목표가 좋아 보이지만, "우리는 모든 사람이 똑같이 행동하길 기대한다."를 의미하는 것으로 보일 수도 있다. 당신은 모든 사람이 똑같이 되길 바라지 않을 것이다. 당신은 인종, 성적 취향, 교육 수준, 관심사 등에서 다른 사람과 다를 수 있다. 당신은 대부분의 사람보다 더 나이가 들었거나 더 어린 사람일 수도, 조직에서 유일한 남성이거나 유일한 여성일 수도 있을 것이다. 당신의 경력 목표는 모든 사람들과는 다를 수도 있다. 모든 사람을 똑같이 취급하는 정책은 당신에게 좋아하지 않는 일을 하도록, 다른 사람들로 하여금 당신이 다르다는 사실을 무시하도록 하는 압력이 될 것이다. 사람들이 피부색, 성적 취향, 기타 등에 주목하지 않으려고, 혹은 편견을 보이지 않으려고 노력할 때, 이런 노력이 불쾌하고 피곤한 일이란 사실을 알게 된다. 종종 그 결과로 편견이 더 커진다(Legault, Gutsell, & Inzlicht, 2011; Trawalter, & Richeson, 2006; Wegner, 2009). 어떤 경우는 "우리는 똑같다."라는 접근 방식은 학교에서 마틴 루서 킹을 "그가 흑인이고, 혹은 인종편견에 대항하여 싸웠다."라는 언급도 없이 그를 가르치려는 일까지 초래했다(Apfelbaum, Paulker, Sommers, & Ambady, 2010).

하나의 대안은 사람들과 집단들 간의 차이를 수용하고, 인정하고, 즐기는 다문화주의(multiculturalism)이다. 다문화주의 접근 방식은 다른 사람을 있는 그대로 받아들이고 함께 즐기는 긍정적 측면을 강조한다. 연구는 다문화주의 접근 방식의 장점들을 보여주고 있다. 회사나 조직에서 다문화주의적 입장을 채택하면, 편견이 줄고, 소수 민족들은 더 편안함을 느낀다(Plaut, Tho-

mas, & Goren, 2009; Richeson & Nussbaum, 2004; Vorauer, Gagnon, & Sasaki, 2009).

개념 점검 11. "편견을 가진 사람으로 보이지 않도록 노력하라."라는 충고를 더 좋은 충고로 고치려면 어떻게 해야 할까?

귀인

어제 당신이 복권에 당첨되고 났더니 오늘은 당신을 무시하던 학교 친구들이 갑자기 당신에게 친구가 되길 원한다. 당신은 그들이 그렇게 하는 이유를 추론한다. 귀인(attribution)은 우리가 우리의 행동과 타인의 행동의 원인을 찾는 사고과정이다.

내부 원인 대 외부 원인

귀인이론의 창시자인 Heider는 행동의 내부 원인과 외부 원인의 구분을 강조했다(Heider, 1958). 내부 귀인(internal attribution)은 행동을 어떤 사람의 태도, 성격 특질, 능력, 또 다른 특성으로 설명하는 것이다. 외부 귀인(external attribution)은 행동을 대부분의 사람들에게 영향을 줄 수 있는 사건을 포함하여 상황으로 설명하는 것이다. 내부 귀인의 한 예로는 당신의 형이 걸어서 직장에 갔다. "왜냐하면 그는 운동을 좋아하기 때문이다." 외부 귀인의 경우는 "왜냐하면 그의 차가 시동이 걸리지 않았기 때문이다." 내부 귀인은 성향(dispositional) 귀인(즉, 그 사람의 성향과 관련되어 있다.), 외부 귀인은 상황(situational) 귀인(즉, 상황과 관련되어 있다.)으로도 알려져 있다.

누군가의 행동이 당신을 놀라게 했다면, 당신은 내부 귀인을 한다. 예를 들어 당신은 하와이 여행을 좋아하는 사람에 대해서는 어떤 판단도 내리지 않는다(그것을 좋아하지 않는 사람이 어디 있을까?). 그러나 어떤 사람이 겨울에 북 노르웨이 여행을 원한다면, 당신은 그 사람의 특별한 면에서 원인을 찾으려 할 것이다. 어떤 남자가 대중 앞에서 화를 냈다면, 대부분의 사람들은 그에게 그럴 만한 이유가 있을 것으로 가정한다. 어떤 여자가 똑같이 대중 앞에서 화를 냈다면, 그녀의 행동은 더 놀라운 것이기 때문에 사람들은 그 행동을 그녀의 성격 때문으로 귀인한다(Brescoll & Uhlmann, 2008).

이런 경향성은 때로 다른 문화를 지닌 사람들 사이에 오해를 일으킨다. 각각의 사람은 다른 사람의 행동을 "나는 하지 않는 행동"으로 보고, 그 이유를 상대방의 성격에 귀인한다. 예를 들어 어떤 문화는 장례에서 사람들이 큰 소리로 울 것으로 예상하는 반면, 또 다른 문화는 보다 절제적일 것으로 예상한다. 사실상 그것은 문화를 따른 것뿐임에도 다른 문화에 친숙하지 않은 사람들은 그런 행동을 그 사람의 성격으로 귀인할 수도 있다.

Kelley(1967)는 우리가 내부 혹은 외부 귀인을 하는 데는 다음의 세 가지 유형의 정보가 영향을 준다고 제안했다.

미국의 장례식은 통상 절제된 행동을 요구한다. 많은 다른 곳에서는 장례식에서 큰 소리로 운다.

- 합의성 정보(그 사람의 행동을 다른 사람들의 행동과 비교한 정보). 만약 어떤 사람의 행동이 당신이 생각하기에 같은 상황에서 다른 사람들과 같은 방식으로 행동한 것이라면, 당신은 상황이 그 행동을 초래했다고 생각하고, 외부 귀인을 하게 된다. 그 행동이 통상적인 것이 아니라면, 당신은 내부 귀인을 찾을 것이다(만약 당신이 상황을 오해했다면, 틀릴 수 있다.).
- 일관성 정보(그 사람의 행동이 시간에 따라 얼마나 다른지의 정보). 만약 누군가가 항상 친절하게 굴면, 당신은 내부 귀인("친절한 사람")한다. 만약 어떤 사람의 친절도가 시간에 따라 변한다면, 좋은 기분 혹은 나쁜 기분을 일으키는 사건과 같은 것으로 외부 귀인한다.
- 특이성 정보(그 사람의 행동이 상황에 따라 얼마나 다른지의 정보). 만약 당신의 친구가 한 사람만 빼고 모든 사람과 즐겁게 지낸다면, 당신은 그 한 사람이 당신의 친구가 싫어하는 짓을 했을 것으로 가정한다(외부 귀인).

개념 점검

12. 아래의 사례를 내부 귀인 혹은 외부 귀인으로 분류하라.

    a. 그녀는 관대하기 때문에 자선 단체에 돈을 기부했다.

    b. 그녀는 자신을 보고 있는 상사에게 좋은 인상을 주길 원했기 때문에 자선 단체에 돈을 기부했다.

    c. 그녀는 기부를 요청하는 남자에게 신세를 졌기 때문에 자선 단체에 돈을 기부했다.

13. Juanita는 어떤 영화를 보고 와서 그 영화가 훌륭했다고 말했다. 다른 대부분의 사람은 그 영화를 좋아하지 않았다. Juanita의 의견에 대해 당신은 내부 귀인을 할 것인가 외부 귀인을 할 것인가? 당신은 어떤 정보(특이성, 합의성, 일관성)에 기초하여 귀인을 할 것인가?

행위자-관찰자 효과

만약 어떤 사람이 상점 점원에게 큰 소리로 불평하는 것을 본다면, 당신은 어떤 반응을 보일 것인가? 당신은 "되게 시끄러운 사람이네!"라고 말한다. 똑같이 당신이 큰 소리로 불평하면, 당신은 어떻게 설명하겠는가? 당신은 "나는 공정한 대우를 받지 못했다!"라고 말한다. 사람들은 다른 사람의 행동에 대해서는 내부 귀인을 하고, 자신의 행동에 대해서는 외부 귀인을 많이 한다(E. E. Jones & Nisbett, 1972). 이런 경향성을 행위자-관찰자 효과(actor-observer effect)라 부른다. 당신은 자신의 행동 원인을 설명하려 할 때는 "행위자"이고 누군가의 행동을 설명하려 할 때는 "관찰자"이다.

우리는 이런 경향성도 앞서 언급한 세 가지 정보의 영향으로 설명할 수 있다. 먼저 합의성 정보이다. 당신이 점원에게 화를 내고 있는 어떤 사람을 볼 때, 당신도 그 상황에서는 불평하고 있는 그 사람처럼 화가 날까? 당신은 그 상황을 모르기 때문에 알 수 없다. 그러나 평소 당신은 점원에게 예의를 지키는데, 그렇다면 화를 내고 있는 그 사람에게 특별한 원인이 있을 수 있다. 둘째, 일관성 정보이다. 그 사람이 다른 때에도 항상 화를 내는가? 당신이 아는 한 그럴 수도 있다. 그러나 당신은 자신이 화를 내는 경우가 매우 드물다는 사실을 알고 있다. 셋째, 특이성 정보이다. 그 사람이 다른 상황에서도 공격적인가? 당신이 아는 한 그럴 수도 있다. 당신은 많은 상황에서 공격적인가? 그렇지는 않다는 것을 당신은 알고 있다.

행위자-관찰자 효과에 대한 또 다른 설명은 지각적 설명이다. 우리는 다른 사람들을 우리의 시야 안에 있는 사물로 보는데, 우리가 보고 있는 것을 그 행동의 원인으로 생각하는 경향이 있다. 만약 당신이 자신의 행동을 비디오테이프로 본다면, 당신은 마치 다른 사람을 볼 때와 마찬가지로, 당신의 행동을 상황적 요인보다는 성격으로 설명하려는 경향이 있다(Storms, 1973).

이 개념을 적용한 예가 있다. 즉 당신이 두 사람이 똑같은 정도로 대화하고 있는 비디오테이프를 본다고 가정해 보자. 당신은 두 사람 중 어느 한 사람에게 초점을 맞춘 비디오테이프를 보도록 무선적으로 배정되었다. 당신은 자신이 보고 있는 사람이 그 대화를 주도한다고 지각하는 경향이 있다. 비슷하게도 만약 당신이 형사와 피의자 간의 심문이 담긴 비디오테이프를 본다면, 카메라가 피의자에게 초점을 두고 있으면 피의자의 자백이 보다 자발적인 것으로 판단되고, 형사에게 초점을 두고 있으면 자백이 보다 강요에 의한 것으로 판단된다(Lassiter, Geers, Munhall, Ploutz-Snyder, & Breiten-Becher, 2002).

기본적 귀인오류

흔한 오류 중 하나가 행동에 외부적 영향력이 있음을 알고 있을 때조차, 사람의 행동을 내부 귀인하는 것이다. 이런 경향성은 **기본적 귀인오류**(fundamental attribution error)로 알려져 있다(Ross, 1977). 이는 우리가 어떤 사람의 현재 행위와 그의 성향 간의 강한 유사성을 가정하는 경향성이 있음을 의미하는 **부합추론편향**(correspondence bias)으로도 알려져 있다.

이 현상을 보여준 고전적 연구에 당신이 참여했다고 상상해 보라. 당신은 미국 대학생들이 쿠바의 공산주의 지도자인 카스트로를 칭송하는 혹은 비난하는 에세이를 쓰도록 무선적으로 배정받았다고 들었다. 당신은 카스트로를 칭송하는 에세이를 읽었다. 당신은 이 에세이를 쓴 학생의 실제 태도는 어떨 것으로 생각하는가?

|—|—|—|—|—|—|—|—|—|—|—|—|
매우 반카스트로   중립   매우 친카스트로

이 연구에 참여한 대부분의 미국 대학생은 글쓴이가 카스트로를 칭송하도록 요구받았다는 사실을 알려주었음에도 불구하고, 그 학생이 적어도 약간의 친카스트로 태도를 지녔을 것으로 추측했다(E. E. Jones & Harris, 1967). 이후의 연구에서 실험자들은 창작반에 속한 한 학생을 각기 다른 시간에 친카스트로 에세이와 반카스트로 에세이를 쓰도록 배정했다고 설명했다. 실험참여자들은 두 가지 에세이를 모두 읽었고, 대부분은 글 쓴 학생이 두 에세이 사이에서 태도가 변했다고 생각했다(Allison, Mackie, Muller, & Worth, 1993). 즉 사람들에게 어떤 사람의 행동에 대한 강력한 외부 원인을 말해 주어도, 사람들은 그 사람의 내부 원인도 있을 것으로 생각한다(McClure, 1998).

기본적 귀인오류를 보여주는 또 다른 예가 있다. 즉 대학 1과 대학 2의 입학 성적은 비슷하지만, 대학 1이 학점 인플레이션이 훨씬 크다. 대학 1에서 평균학점 3.6은 대학 2에서의 2.7에 해당한다. 만약 당신이 대학원 입학 전형위원이라면, 평점 3.6인 대학 1의 학생과 평점 2.7인 대학 2의 학생 중 누구를 선호할까? 대부분의 사람들은 상황의 강력한 영향력을 간과하고, 전자의 학생을 선발한다(Moore, Swift, Sharek, & Gino, 2010).

개념 점검   14. 기본적 귀인오류가 좋은 역할과 악역을 맡는 배우들에 대한 태도에 어떻게 영향을 주는가?

귀인 및 귀인 관련된 주제에서의 문화차

기본적 귀인오류는 문화와 관련이 있다. 대체로 서양 문화 사람들은 내부(성격) 귀인을 더 자주하는 반면, 중국이나 다른 아시아 국가 사람들은 외부(상황) 귀인을 더 많이 하는 경향이 있다. 당신은 다음 그림에서 화살표가 가리키는 물고기의 행동을 어떻게 설명할 것인가? 대부분의 미국인들은 그것이 다른 물고기들을 이끌고 있다고 말하는 반면, 많은 중국인들은 다른 물고기들에게 쫓기고 있다고 말한다(Hong, Morris, Chiu, & Benet-Martinez, 2000). 즉 문화에 따라 그 물고기가 자신의 행동을 통제한다고 생각하는지 혹은 다른 물고기의 영향력에 따르고 있다고 생각하는지가 다르다.

▶ 직접 해 보세요!

Nisbett과 그의 동료들은 아시아인은 서양인에 비해 성격에는 덜 초점을 두고 상황에 더 많은 초점을 둔다는 또 다른 사례를 보여주었다(Nisbett, Peng, Choi, & Noren-zayan, 2001). 결과적으로 아시아인은 사람들의 행동이 상황에 따라 더 많이 변하고

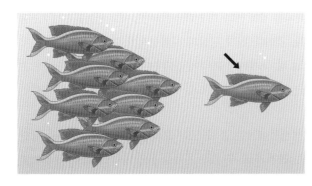

일관성이 적을 것으로 기대한다. 그들은 모순을 더 잘 받아들이며 한쪽은 옳고 다른 쪽은 그르다는 입장 대신 타협점을 더 잘 찾는다. 여기 몇 가지 예가 있다.

- 모녀간 갈등과 같은 갈등을 묘사한 내용이 주어지면, 미국인에 비해 중국 학생들은 양측 주장에서 장점을 더 많이 찾는다(Peng & Nisbett, 1999).
- 영어에 비해 중국어에서 "적이 아니라 친구를 조심하라.", "겸손도 지나치면 자랑이다."와 같은 모순으로 보이는 속담이 많다(Peng & Nisbett, 1999).
- 미국인에 비해 중국인이 더 쉽게 현재의 추세(그것이 무엇이든 간에)가 역전될 것으로 예상한다. 생활이 최근에 나아지고 있었다면 미국인들은 그것이 계속해서 좋아질 것으로 예상하는 반면, 중국인들은

사정이 나빠질 것으로 예상한다(Ji, Nisbett, & Su, 2001).

연구에서 보고된 문화 차이들을 보면 재미있다. 그러나 여전히 중요한 물음이 남아 있다. 즉 아시아인들이 서양 문화 사람들과 다르게 반응한다고 할 때, 그 차이는 오래된 전통에 기인한 것일까 혹은 현재의 조건에 기인한 것일까? 아마도 아시아인들은 그들의 환경이 서구의 환경과 달라 보이기 때문에 환경의 영향에 주목할 것이다. 대부분의 아시아 도시들은 미국이나 유럽 도시보다 북적거린다(그림 13.4). 연구자들은 전경에 있는 물체에 주로 초점을 맞추는 미국인에 비해 일본 학생들은 사진의 배경에 주목하는 경향이 있음을 발견했다. 그러나 미국인들에게 일련의 일본 도시 사진들을 보여준 후에는 미국인들도 배경에 더 주의를 기울이기 시작했다(Miyamoto, Nisbett, & Masuda, 2006). 아시아인들이 배경에 더 주의를 집중하는 이유가 그들의 도시가 그런 식으로 지어졌기 때문인지 혹은 그들의 지각과 사고에 존재하는 문화적 경향성 때문에 그렇게 도시가 지어진 것인지는 아직도 물음으로 남아 있다.

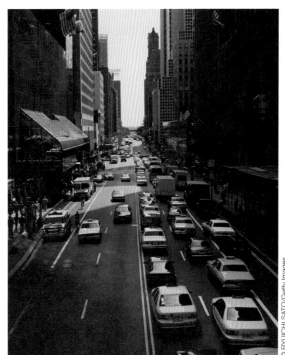

그림 13.4 평균적으로 아시아 도시들이 미국이나 유럽 도시보다 사람이 많고 북적거린다.

귀인을 이용하여 우리 자신에 대한 지각을 관리하기

비록 우리는 자신의 행동을 주로 외부 원인으로 귀인하지만, 자신을 잘 보이게 하기 위해 귀인을 다르게 하기도 한다. 예를 들어 우리는 자신이 받은 좋은 학점을 자신의 지능이나 열심히 공부한 결과(내부 귀인)로 돌리지만, 나쁜 학점은 시험이 공정하지 못했다(외부 귀인)고 비난한다. 성공에 대한 칭찬은 최대화하고 실패에 대한 비난은 최소화하는 귀인을 자기보호편향(self-serving bias)이라 부른다(D. T. Miller & Ross, 1975; van der Plight & Eiser, 1983). 자기보호편향은 확고하다. 그것에 대해 이미 배운 학생들조차도 이 편향이 자신보다는 다른 사람들에게 적용된다고 생각한다(Pronin, Gilorich, & Ross, 2004). 대부분의 미국인들은 거의 모든 면에서 자신을 평균 그 이상이라고 평가한다. 그러나 자기보호편향은 아시아인들에게 덜 나타난다. 이유 중 하나는 아시아인의 문화가 다른 사람들과의 비교 우위보다는 집단에 어울리는 것에 가치를 두기 때문이다(Balcetis, Dunning, & Miller, 2008; Heine & Hamamura, 2007). 또 다른 이유는 오늘날 미국은 아시아와 달리 빈부 격차가 크고, 그런 수입의 차이가 생활의 많은 측면에서 경쟁을 부추기는 경향이 있기 때문이다(Loughnan, et al., 2011).

또한 사람들은 구실 만들기 전략(self-handicapping strategies)으로 자신의 이미지를 보호한다. 이 전략은 실패했을 때의 변명을 위해 자신을 의도적으로 불리한 위치에 두는 것이다. 만약 당신의 시험성적이 형편없을 것 같아 걱정된다고 하자. 당신은 전날 밤 늦게까지 파티에 참가한다. 이제 당신은 자신이 준비를 제대로 하지 못했다는 점을 인정하지 않고, 성적이 나쁜 것을 잠이 부족했던 탓으로 돌릴 수 있다.

한 연구에서 한 집단의 학생들에게는 풀 수 있는 문제를 풀도록 했고, 다른 집단의 학생들에게는 풀 수 있는 문제와 풀 수 없는 문제를 섞어서 주었다(학생들은 어떤 문제가 해결이 불가능한 문제인지 모른다). 실험자는 모든 학생들에게 잘했다고 말해 주었다. 풀 수 있는 문제를 받은(그래서 그것들을 해결한) 학생들은 기분이 좋았다. 풀 수 없는 문제를 받은 학생들은 무엇을 "잘했다"는 것인지 확신하지 못했다. 그들은 자신들이 다음에도 계속해서 잘할 수 있을 것이란 자신이 없었다.

그런 다음 실험자는 실험참여자들에게 실험의 목적은 약물이 문제풀이에 미치는 효과를 알아보는 것이라고 말했다. 다음의 문제들을 풀기 전에 각 학생들은 문제풀이 능력을 손상시키는 약물과 문제풀이 능력을 향상시키는 것으로 소개된 약물 중 하나를 선택할 수 있었다. 앞서 풀 수 없는 문제를 받았던 학생들은 그렇지 않았던 학생들에 비해 문제풀이 수행을 손상시킨다고 소개된 약물을 더 선택했다. 왜냐하면 그들은 이번에는 잘할 자신이 없기 때문에 스스로에게 변명할 이유를 제공한 것이다(Berglas & Jones, 1978).

개념 점검

15. 미국인과 중국인 중 어느 쪽이 기본적 귀인오류를 더 많이 범할 것 같은가?

16. 만약 누군가를 관찰하는 게 아니라 당신이 눈을 감고서 그 사람의 입장에 있다고 상상한다면, 당신은 그 행동을 내부로 귀인할 가능성이 큰가 혹은 외부로 귀인할 가능성이 큰가? 왜 그런가?

17. 왜 때로는 사람들이 자신의 수행에 피해가 될 수 있는 어떤 일을 의도적으로 하는가?

어떻게 사회지각이 행동에 영향을 줄까?

우리는 누군가의 행동의 이유는 물론이고, 우리 자신의 행동 원인도 완벽하게 아는 경우가 드물지만, 우리는 최선을 다해 추측한다. 우리와 안면이 있는 누군가가 인사도 없이 당신을 지나치면, 우리는 그 사람의 행동을 정신없음, 무관심, 혹은 적대감 때문으로 귀인할지도 모른다. 누군가가 우리의 개인적 매력에 대해 호의적 반응을 해주면, 그것을 그의 외향적 성격, 혹은 그의 가식적 성격으로 귀인할지도 모른다. 우리가 하는 귀인은 분명 우리 자신의 사회적 행동에 영향을 준다. 때로 누군가에 대한 우리의 귀인은 타인에 관한 것보다는 우리에 대해 더 많은 것을 알려준다.

요약

- 첫인상. 다른 면이 동일하다면, 우리는 어떤 사람에 대해 알게 된 첫 정보를 나중의 정보에 비해 더 주의를 기울인다. (508쪽)
- 고정관념과 편견. 고정관념은 사람 집단에 관한 일반적인 신념(생각)들이다. 편견은 비호의적 고정관념이다. (509쪽)
- 무의식적인 편견의 측정. 암묵연합검사는 편견을 갖고 있음을 부정하는 많은 사람들 중에도 미묘한 편견이 있다는 증거를 발견했다. 무의식적 편견은 행동에도 영향을 주지만, 그 영향력의 크기는 분명하지 않다. (510쪽)
- 편견 극복. 함께 시간을 보내는 것과 공동의 목표를 위해 함께 일하는 것은 집단 간의 편견을 약화시킨다. (511쪽)
- 다양성을 즐기기. 모든 사람을 똑같이 취급하려는 목표는 모든 사람이 똑같은 행동을 해야 하는 것을 의미하기 때문에 때로 역효과를 초래한다. 사람들 간의 차이를 인정하고 즐기는 목표가 편견을 줄이는 더 좋은 목표이다. (512쪽)
- 귀인. 귀인은 행동에 대해 내부 혹은 외부 원인을 할당하는 일련의 사고과정이다. Kelley에 따르면, 만약 어떤 행동이 시간에 걸쳐 일관성 있고, 다른 사람들의 행동과는 다르고, 여러 다른 사람이나 대상에 대해서도 나타나는 행동이면, 우리는 그 행동을 내부 원인으로 귀속시킬 가능성이 크다. (512쪽)
- 행위자-관찰자 효과. 우리는 자신의 행동보다는 다른 사람의 행동에 대해서는 내부 원인을 귀속시키는 경향성이 크다. (513쪽)
- 기본적 귀인오류. 사람들은 외부 영향의 증거를 보았을 때조차, 사람들의 행동을 내부 원인으로 귀속시키는 경우가 많다. (514쪽)
- 문화차. 아시아인은 서양인에 비해 행동을 성격 특질에는 덜 귀인하고, 상황에 더 많이 귀인하는 경향이 있다. (514쪽)
- 자기보호편향과 구실 만들기. 사람들은 때로 자신의 성공은 실력으로 귀인하고, 자신의 실패는 외부의 영향으로 귀인함으로써 자존감을 보호하려 한다. 때로 사람들은 실패에 대한 변명을 위해 일부러 자신을 불리한 처지에 놓기도 한다. (516쪽)

핵심 용어

고정관념 (509쪽)

구실 만들기 전략 (516쪽)

귀인 (512쪽)

기본적 귀인오류 (514쪽)

내부 귀인 (512쪽)

다문화주의 (512쪽)

사회지각과 사회인지 (508쪽)

암묵연합검사(IAT) (510쪽)

외부 귀인 (512쪽)

일관성 정보 (513쪽)

자기보호편향 (516쪽)

자기충족 예언 (509쪽)

차별 (509쪽)

초두 효과 (508쪽)

특이성 정보 (513쪽)

편견 (509쪽)

합의성 정보 (512쪽)

행위자-관찰자 효과 (513쪽)

태도와 설득

• 태도에 영향을 주는 효과적인 방법은 무엇일까?

당신은 "사람들의 행동을 변화시키려면, 먼저 그 사람의 태도를 변화시켜야 한다."라는 말을 들어보았을 것이다. 이 말은 그럴듯해 보이지만 (a) "세금을 많이 내는 것에 대한 당신의 태도는?" (b) "만약 정부가 세금을 올리면 당신은 낼 것인가?"라는 물음을 통해 이 말을 검증해 보자.

대부분의 사람들은 세금을 낸다. 이 경우 태도를 바꾸는 것보다는 행동을 바꾸는 것이 더 쉽다. 또한 앞으로 보게 되겠지만 때로는 행동의 변화가 태도변화를 가져온다. 태도가 행동에 미치는 효과와 사람들의 태도를 변화시키는 요인들을 살펴보자.

태도와 행동

태도(attitude)는 행동에 영향을 주는 호/불호이다(Allport, 1935; Petty & Caccioppo, 1981). 당신의 태도는 평가적 혹은 정서적 요소(당신이 어떤 것에 대해 어떻게 느끼는지), 인지적 요소(당신이 그것에 대해 알고 있는 것) 및 행동적 요소(당신이 그것과 관련한 어떤 행동을 하는지)를 포함하고 있다. 설득은 당신의 태도나 행동을 변화시키려는 시도이다.

태도 측정

심리학자들은 흔히 태도척도를 이용하여 태도를 측정한다. 리커트 척도(심리학자 Likert의 이름을 따른 것)상에서, 당신은 1(매우 비동의)에서 7(매우 동의)까지의 연속선상의 한 지점에 체크할 수 있다. 그림 13.5에 예가 나와 있다.

사람들이 말하는 태도가 그 사람의 행동과 항상 일치하는 것은 아니다. 사람들은 담배, 술, 안전한 섹스, 차량 안전벨트 착용, 열심히 공부하기 등에서 말하는 것과 행동이 다르다. 만약 당신이 그 주제에 대해 개인적 경험이 많다면, 당신의 태도는 행동과 일치할 가능성이 크다(Glasman & Albarracin, 2006). 예를 들어 당신이 정신병 환자를 다뤄본 경험이 풍부하여 그들에게 어떻게 해야 하는지를 안다면, 당신은 그와 일치하도록 태도를 진술한다. 경험이 적은 사람들은 가설적인 태도, 즉 덜 확실한 태도를 진술한다.

아래의 척도를 이용하여 각 문항에 당신이 동의하는 정도를 표시하시오.

	매우 비동의			중립			매우 동의
1. 노동자의 권리를 보호하기 위해 노동조합은 필수적이다.	1	2	3	4	5	6	7
2. 노동조합장의 권력이 너무 크다.	1	2	3	4	5	6	7
3. 만약 내가 노동조합이 있는 회사에 근무하게 된다면, 나는 노동조합에 가입할 것이다	1	2	3	4	5	6	7
4. 나는 파업노동자의 피켓라인을 절대로 넘지 않을 것이다.	1	2	3	4	5	6	7
5. 파업노동자들은 회사에 해가 되고 불공평하게 소비자 가격을 올린다.	1	2	3	4	5	6	7
6. 노동조합을 정책 결정에 참여시켜서는 안 된다.	1	2	3	4	5	6	7
7. 과거 노동조합의 노력으로 인해 오늘날 미국은 노동자가 일하기 좋은 곳이 되었다.	1	2	3	4	5	6	7

주. 문항 2, 5 및 6번은 1, 3, 4 및 7번과 반대로 채점

그림 13.5 이 리커트 척도는 노동조합에 대한 태도를 측정하는 것이다.

개념 점검 18. 어떤 사람이 리커트 척도상에서는 긍정적 태도를 표현했지만, 당신은 그 사람이 실제로는 부정적 태도를 지닌 것으로 의심하고 있다고 가정해 보자. 이전 단원에서 볼 때 어떤 방법으로 당신이 의심하는 것을 확인해 볼 수 있을까?

인지부조화와 태도변화

많은 연구는 사람들의 태도가 그들의 행동을 변화시키는지의 여부를 묻고 있다. 인지부조화 이론은 방향이 반대이다. 즉 사람들의 행동을 변화시키면, 태도가 변한다는 것이다(Festinger, 1957). 인지부조화(cognitive dissonance)는 사람들이 상충되는 태도들을 갖고 있거나 그들의 행동이 자신이 말한 태도와 상충될 때 경험하게 되는 불쾌한 긴장상태이다. 특히 그 불일치가 사람들에게 고통스러울 때 느껴지는 긴장상태이다.

당신은 자신이 정직하다고 자부하고 있지만, 자신의 생각과는 다른 말을 하고 있음을 깨달았다고 상상해 보라. 당신은 긴장감을 느끼고, 이를 다음의 세 가지 방법으로 줄일 수 있을 것이다. 즉 당신은 태도와 일치하도록 말을 바꿀 수 있고, 태도를 말하고 있는 쪽으로 변화시킬 수 있고, 혹은 그 상황에서의 당신의 행동을 정당화하는 설명을 할 수 있다(Wicklund & Brehm, 1976). 많은 연구는 어떻게 인지부조화가 사람들의 태도를 변화시키는지에 초점을 두고 있다.

당신이 고전적인 인지부조화 실험(Festinger & Carlsmith, 1959)에 참여했다고 상상해 보라. 실험자들은 운동 행동을 연구하고 있다고 말한다. 그들은 당신에게 쐐기가 가득 꽂혀 있는 판을 보여준다. 당신의 과제는 판에서 쐐기를 하나씩 뺀 다음, 판을 1/4 바퀴 돌려서, 다시 판에 쐐기를 꽂는 것이다. 당신이 모든 쐐기를 다 꽂으면, 다시 판을 돌려서 다시 모든 쐐기를 하나씩 꽂는 일을 가능한 한 빨리 그리고 정확하게 한 시간 동안 한다. 실험자는 당신이 하는 것을 조용히 지켜본다. 당신은 그 과제가 엄청 지루하다는 것을 알게 된다. 사실 연구자들은 이 과제가 매우 지루하기 때문에 선택한 것이다.

한 시간 끝 무렵에 실험자는 당신에게 실험참여에 대해 감사를 표하고, 이 연구의 목적은 사람들의 수행이 그 과제에 대한 태도에 달려 있는지의 여부를 알아보기 위한 것이라고 (거짓으로) 설명한다. 당신은 중립태도 집단에 있었지만, 긍정태도 집단에 있는 사람들에게는 시작 전에 이 과제가 즐거울 거라고 말해 준다는 것이다.

실험자는 계속 이야기하기를, 사실 바로 지금 실험 조교가 옆방에서 기다리고 있는 다른 실험참여자들에게 지시를 해주어야 할 때라고 한다. 실험자는 양해를 구하고 실험 조교를 찾으러 갔고, 심란한 상태로 돌아왔다. 그는 실험 조교가 보이지 않는다고 말한다. 그가 당신에게 "다음 실험참여자에게 이 실험이 재미있고 즐거운 실험이었다고 기꺼이 말해 줄 수 있을까요? 만약 그렇게 해주면 사례를 하겠어요."

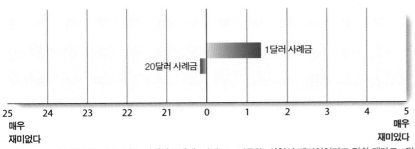

그림 13.6 실험참여자들은 또 다른 피험자들에게 (실제로는 지루한) 실험이 재미있었다고 말한 대가로 1달러 혹은 20달러를 받았다. 후에 그들에게 자신의 진짜 의견을 물었다. 적은 대가를 받은 실험참여자들은 그 연구가 재미있었다고 말했다. (Festinger & Carlsmith, 1959의 자료를 근거로 함)

라고 요청한다. 당신이 동의한다고 가정해 보자. 당신이 누군가에게 실험이 재미있었다고 말한 후, 실험자가 당신에게 1달러를 주었다고 하자. 당신은 그 실험에 대해 정말로 어떻게 생각하겠는가? 만약 실험자가 당신에게 20달러를 주었다면? (이 연구는 1950년대에 수행된 것이다. 오늘날의 화폐 가치로 보면, 그때의 20달러는 150달러 이상일 것이다).

당신은 그 실험이 재미있었다고 진술한 다음, 실험실을 떠나 복도를 걸어간다. 이때 심리학과 관계자가 다가와서 당신에게 인사를 하고 심리학과에서는 그 실험과 실험의 교육적 가치에 대해 모든 것을 알기를 원한다고 설명한다(이 질문들에 대한 응답이 그 실험의 실제 포인트이다). 두 개의 질문은 당신은 그 실험이 실제로 얼마나 재미있었는지와 그것과 유사한 이후의 실험에 기꺼이 참여할 것인지의 여부였다.

20달러를 받은 학생들은 실제로 그 실험이 지루했으며, 이 같은 또 다른 실험에 연관되고 싶지 않다고 말했다. 그러나 당신의 예상과 달리, 1달러를 받은 사람들은 그 실험이 재미있었고 기꺼이 다시 참여할 것이라고 말했다(그림 13.6).

왜 적은 대가를 받은 사람들이 그 실험을 재미있었다고 말할까? 인지부조화 이론에 따르면, 만약 당신이 거짓말하는 대가로 20달러를 받는다면, 당신은 갈등을 거의 느끼지 않는다. 거짓말을 하고 있지만, 20달러라는 대가가 있기 때문이다. 그러나 당신이 거짓말하는 대가로 1달러를 받는다면, 당신은 '내가 그리 싼 값에 매수당할 수 있나?'라고 생각한다. 당신은 실제 태도와 자신이 그 실험에 대해 말한 것 사이에서 생기는 갈등으로 인한 불쾌한 긴장감인 인지부조화를 느낀다. 당신은 그 실험이 결국 진짜 재미있었다고 결정하고 당신의 태도를 바꿈으로써 이 긴장감을 감소시킨다 ("나는 나 자신에 대해 재미있는 많은 것을 배웠어… 음… 내가 쐐기 회전시키는 것을 참 잘하더군…).

인지부조화 개념은 많은 사람들의 주목을 받았고, 수많은 연구들에 영감을 주었다(Aronson, 1997). 다음에 두 개의 예가 있다.

- 한 실험자가 아이를 장난감들이 있는 방에 놓고, 아이에게 장난감 중 한 가지는 갖고 놀지 못하도록 금했

다. 만약 실험자가 그 장난감을 갖고 노는 것에 대해 심한 처벌을 주겠다고 아이를 위협하면, 아이는 그것을 갖고 놀지는 않았지만 여전히 그것을 좋아했다. 그러나 실험자가 아이에게 단지 그것을 갖고 놀면 실험자가 실망할 것이라고 말하면, 아이는 그것을 갖고 놀지 않았고(심지어 몇 주 후에도) 그 장난감을 좋은 장난감이 아니라고 말했다(Aronson & Carlsmith, 1963).

• 한 실험자가 대학생들에게 실험자가 사전 정보를 통해 알고 있는 그 학생들의 태도와 상반되는 입장을 옹호하는 에세이를 쓰도록 요청했다. 예를 들어 주류(술)를 용이하게 구입하는 것에 대해 호의적인 태도인 대학생들에게 왜 대학 당국이 주류에 대한 제한을 더 강화해야 하는지에 대한 에세이를 쓰도록 요청했다. 의무적으로 그 에세이를 써야 했던 학생들의 태도는 유의하게 변화되지 않았지만, 그 에세이를 자발적으로 써 달라고 부탁 받은 학생들은 대체로 자신이 글을 쓴 쪽의 입장에 동의하게 되었다(Croyle & Cooper, 1983).

일반적인 원리는 만약 당신이 사람들에게 최소한의 보상으로 혹은 작은 위협으로 어떤 일을 하게 만들면, 그들은 거의 자발적으로 하기 때문에 자신이 행한 쪽으로 태도를 바꾼다는 것이다. 사람들은 일관되려고 노력한다. 이 원리를 이용하면 이점이 많을 것이다. 즉 취업을 위한 면접을 시작할 때, 고용주에게 왜 자신을 면접하게 되었는지를 물어보라. 그 질문은 면접관에게 당신의 좋은 점을 언급하게끔 만들 것이다. 일단 누군가가 당신을 칭찬하게 만들면, 그는 그 칭찬을 지지할 증거를 찾게 된다.

이 질문으로 돌아가 보자. 즉 만약 당신이 사람들의 행동을 변화시키길 원한다면, 그들의 태도부터 변화시켜야 할까? 인지부조화 실험들의 결과는 그 반대로 말해 주고 있다. 즉 당신이 사람들의 행동을 먼저 변화시키면, 그들의 태도는 따라서 변화할 것이다.

100달러를 지불한 경우 중에서 어떤 경우에 당신이 그 과목에 대해 호의적인 태도가 형성될 가능성이 더 큰가?

태도변화와 설득의 중심경로와 주변경로

우리가 지닌 태도 중 어떤 것은 증거를 신중히 검토하여 형성된 것이지만, 어떤 태도는 피상적인 기반 위에 형성된 것이다. Petty와 Cacioppo(1981, 1986)는 다음과 같이 구분했다. 즉 사람들이 신중한 의사 결정을 할 때는 메시지에 담겨 있는 증거와 논리를 평가하기 위해서 시간과 노력을 투사한다. 이런 논리적 접근, 즉 중심경로를 통한 설득(central route to persuasion)은 일반적으로 지적 수준이 높고 증거를 평가하려는 동기가 충분히 있는 사람들에게는 성공적이다. 반대로 사람들이 자신에게 중요하지 않다고 생각하는 주제에 관한 메시지를 들을 때는 전달자의 외모와 평판, 혹은 연설의 길이와 같은 보다 피상적인 요인들을 주목한다. 이 같은 주변경로를 통한 설득(peripheral route to persuasion)은 피곤하거나 산만하여 설득 주장에 주의를 기울이지 못하는 사람들에게 영향을 준다(Petty & Briñol, 2008). 제8장의 구분과 유사한 점에 주목하라. 즉 체계 1처럼 주변경로는 빠르고, 자동적 반응이다. 체계 2처럼 중심경로는 어떤 반응을 주의 깊게 고려하기 위해 많은 에너지를 투입한다.

어떤 사람이 당신에게 어떤 대학의 모든 졸업 예정자들에게 특별 졸업시험제도를 시행하는 것이 좋겠다는 주장을 납득시키려고 노력하고 있다고 가정해 보자. 그 사람은 여러 차례 똑같은 약한 주장을 반복하며 당신을 설득하려 한다. 그러나 만약 당신이 다니는 대학에 그가 제안하는 졸업 요건이 적용된다고 생각한다면, 당신은 그의 주장을 주의 깊게 듣고, 그 논리를 보다 정확하게 평가하려 할 것이다(Moons, Mackie, & Garcia-Marques, 2009).

개념 점검 | 19. 만약 당신의 부모가 당신이 싫어하는 과목에서 좋은 성적을 받게 하기 위해 비용을 지불했다고 상상해 보라. 인지부조화 이론에 따르면, 당신의 부모가 10달러를 지불한 경우와

개념 점검 | 20. 당신은 사람들에게 가장 좋은 해산물에 관한 토론을 들었다. 후에 당신은 고양이에게 가장 좋은 음식에 대한 토론을 들었다. 당신은 고양이가 없다. 당신은 어떤 경우에 중심경로

특수 설득기법들

많은 사람들이 당신에게 물건을 팔기 위해, 기부를 받기 위해, 혹은 당신이 관심이 있는 것이든 없는 것이든 간에 어떤 일을 하도록 설득하려 할 것이다. Cialdini(1993)는 주변경로를 통한 설득에 해당하는 많은 기법들을 기술했다. 이 중 몇 가지를 살펴보자. 여기서의 목적은 당신에게 남을 설득하는 방법을 가르치려는 것이 아니라, 몇 가지 조작들을 알려주고 당하지 않도록 도우려는 것이다.

호감과 유사성

사람들은 자신이 좋아하거나 자신과 유사한 사람에게는 더 쉽게 설득된다. 만약 당신이 모르는 누군가가 전화로 "안녕하시죠?"라고 물으면 당신은 "네."라고 대답할 것이다. 돌아오는 대답은 "네, 좋습니다."이다. 당신이 모르는 이 사람이 정말로 당신의 안부가 궁금했을까? 아니면 이것은 당신에게 무언가를 팔기 위해 친절하게 보이기 위함일까? 판매원, 정치인 및 또 다른 사람들은 그들이 당신과 유사한 점이 있음을 강조하려고 노력한다. 예를 들어 "나도 이곳과 비슷한 작은 시골에서 자랐죠."라고 말한다.

유사성의 영향력을 보여주기 위해, 대학생들에게 러시아의 미친 수도승 그레고리 라스푸틴에 대한 전혀 호의적이지 않은 기술문을 읽게 하고, 라스푸틴을 몇 개의 척도상에 평가하도록 했다. 모든 학생들은 라스푸틴의 생일을 빼곤 똑같은 기술문을 읽었다. 즉 어떤 경우는 라스푸틴의 생일을 학생 자신의 생일과 일치하도록 바꿔놓았다. 라스푸틴이 자신과 생일이 똑같다고 생각하는 학생들이 그를 더 "강하고" "영향력 있다"고 평정했다(Finch & Cialdini, 1989).

사회적 규범

이 장의 뒷부분에서 동조에 대해 좀 더 자세히 살펴볼 것이지만, 당신은 동조에 대해 이미 알고 있다. 즉 사람들은 남들과 같이 하려는 경향이 있다. 강력한 영향력을 주는 기법 중 하나는 많은 다른 사람들이 무엇을 하고 있는지를 보여주는 것이다. 팁 주머니를 들고 팁

그레고리 라스푸틴이 러시아 황제에게 끼친 나쁜 영향은 공산주의 혁명을 유발시켰다는 사실이다. 그러나 라스푸틴이 자신과 닮았다는 정보를 받은 사람들은, 비록 사소한 방식이었지만, 그에 대한 비판의 강도가 강하지 않았다.

을 받는 바텐더나 가수는 다른 손님들이 이미 팁을 넣은 것처럼 보이기 위해 원래 처음부터 몇 달러를 팁 주머니에 넣어둔다. 정치인들은 열렬한 지지자들이 보이는 사진들을 인쇄한다. 그러나 만약 대부분의 사람들이 어떤 행동을 하지 않는다는 사실을 안다면, (예를 들어 대부분의 사람들은 암 검사를 받지 않는다.) 당신도 그렇게 하지 않을 가능성이 크다(Sieverding, Decker, & Zimmermann, 2010).

많은 호텔은 투숙객들이 수건을 매일 교체 받기보다는 여러 번 사용하는 데 동의해 주길 원한다. 객실에 적혀 있는 전형적인 메시지는 수건의 재사용이 에너지를 절약하고, 수질을 오염시키는 세제 사용을 줄여주고, 환경보호에 도움이 된다는 점을 지적하는 것이다. 만약 메시지에 대부분의 다른 투숙객들이 수건의 재사용에 이미 동의했다는 내용을 추가한다면, 더 많은 투숙객들이 수건의 재사용에 동의할 것이다. "이 객실"을 이용하는 대부분의 다른 투숙객들이 이미 동의했다고 말하면 한층 더 좋을 것이다(N. J. Goldstein,

Cialdini, & Griskevicius, 2008). 당신은 당신과 유사한 사람들에게 동조한다. 환경보호를 바라는 마음에 호소하는 것은 중심경로를 통한 설득의 예이고, 다른 사람들에게 동조하길 요청하는 것은 주변경로를 통한 설득의 예이다.

개념 점검

21. 한 판매원이 당신의 문 앞에서 당신의 이웃 중 몇 사람(판매원이 이름을 대며)이 이미 그 물건을 구입했고, 당신도 구매할 가능성이 있는 사람으로 추천해 주었다고 말한다. 이 판매원이 사용하고 있는 설득기법은 무엇인가?

보답

문명은 보답을 기반으로 하고 있다. 즉 만약 당신이 나에게 호의를 베풀면, 나는 당신에게 빚을 진 것이다. 그러나 이 원리를 남용할 가능성이 있다. 많은 회사들은 공짜 샘플(판촉물)을 받은 사람들은 보답으로 무엇인가를 사야 할 의무감을 느끼게 될 것이란 생각으로 우리에게 공짜 샘플을 나눠준다.

또 하나의 보답 예가 있다. 즉 동문회에서 나에게 기부를 요청하기 위해 전화를 걸어왔다. 동문회장이 많은 다른 동문들이 1,000달러씩 기부했다고 말하고, 나도 똑같이 해주기를 희망했다. 나는 "안 됩니다. 나는 그런 많은 돈을 준비하지 못했어요."라고 설명했다. 그는 "당신이 다른 동문처럼 좋은 직장을 갖지 못한 것이 매우 안타까운 일"임을 함축하는 톤으로 대답했다. 그런 다음 그는 1,000달러의 여유가 안 되면, 500달러는 어떤지를 물었다. 그가 암시하는 바는 우리가 타협을 해야 한다는 것이었다. 그가 원래 목표였던 1000달러에서 500달러를 양보했으니 내 쪽에서도 500달러를 양보해야 한다는 것이었다.

대비효과

어떤 제안은 그것을 무엇과 비교하느냐에 따라 좋은 것일 수도 있고 나쁜 것일 수도 있다. 식당 메뉴에는 사람들이 거의 주문하지 않는 비싼 품목 하나가 메인 요리로 올라와 있다. 그러나 그것과 대비하여 그리 비싸 보이지 않는 두 번째로 비싼 품목의 판매가 증가한다. 부동산 중개인은 보다 적절한 가격의 좋은 집을 보

여주기 전에 상태가 좋지 않은 몇몇 비싼 집을 보여주는 것부터 시작할지도 모른다. 만약 당신이 전자의 집을 먼저 본다면, 마음에 들지 않을 수도 있으나, 이젠 처음에 본 집들과 대비가 되어 매우 좋아 보인다. 어떤 것이라도 더 나쁜 것과 대비시키면 좋게 보일 수 있다(정치인들은 이 방법을 어떻게 사용할까?).

문 안에 발넣기

때로 누군가가 작은 요구로 시작하고, 당신이 그것을 받아주면, 그 다음 더 큰 요구를 한다. 이런 절차를 문 안에 발넣기 기법(foot-in-the-door technique)이라고 부른다. Freedman과 Fraser(1966)는 캘리포니아의 근교에 사는 사람들에게 "안전운전하세요"라는 작은 표지를 창문에 붙일 것을 요청했고, 대부분은 승낙했다. 몇 주 후, 다른 연구자들이 같은 거주자들에게 커다란 "안전운전하세요" 표지판을 그들의 앞마당에 10일 동안 설치하도록 요구했다. 첫 번째 연구자들과 접촉이 없었던 거주자들에게도 이 요구를 했다. 이미 앞서 작은 표지를 붙이는 것에 동의했던 사람 중 76%가 표지판 설치에도 동의했다. 그렇지 않은 사람들 중에서는 17%만이 동의했다. 첫 번째 요구에 동의한 사람들은 자신이 이미 협력자가 되었고, 계속 응해야 한다고 느끼고, 이후의 참여에도 동의했다. 또 하나의 연구는 20분이 소요되는 조사에 응한 사람들은 한 달 후 같은 주제를 알아보는 40분짜리 조사에도 기꺼이 응하게 된다는 사실을 발견했다. 그러나 비록 이런 경향성이 미국인들에게는 강했지만, 중국 학생들에게는 약했다. 이에 대한 하나의 해석은 중국 문화가 시간에 걸쳐 개인적 일관성을 덜 강조하는 것을 포함하여 개인에 대한 강조를 덜 하기 때문이라는 것이다(Petrova, Cialdini, & Sills, 2006).

유인상술

유인상술 기법(bait-and-switch technique)은 처음에는 매우 좋은 조건의 거래를 제안하여, 다른 사람이 그 거래에 응하면, 추가적인 요구를 하는 것이다. 마찬가지로 어떤 사람은 소비자를 상점으로 유인하기 위해 어떤 제품을 낮은 가격으로 판다고 했다가, 그 제품이 매진되었다고 하고 다른 제품을 팔려고 할 수도 있다. 자동차 판매원은 당신에게 아주 좋은 가격으로 새 차를 제공하고 기존의 중고차를 시가보다 좋은 가격으로 매입하겠다고 할 수도 있다. 그런 제안은 거부하기가 쉽지 않다. 당신이 구매하기로 결정한 후에, 자동차 판매원은 상사에게 문의한 후, "미안합니다. 제가 그 차에 추가 부속장치가 부착되어 있어 가격이 더 올라간 것을 깜빡 잊었습니다. 만약 제가 말한 가격으로 그 차를 팔면, 저희가 손해를 보게 됩니다."라고 말한다. 그래서 당신은 처음보다 더 비싼 가격에 사겠다고 동의한다. 그런 다음 그 회사의 중고차 전문가가 당신의 중고차를 검사하고 시가보다 낮은 가격으로 "수정"한다. 아직도 당신은 스스로 내린 결정에 얽매어 있다. 당신은 처음에는 받아들이지 않았을지도 모르는 거래를 하고 있는 것이다.

그게 전부가 아니야!

그게 전부가 아니야 기법(that's-not-all technique)에서는 누군가가 제안을 하고 당신이 응

답하기 전에 그 제안을 더 좋은 쪽으로 바꾼다. TV 홈쇼핑 아나운서는 "여기 단돈 39.95 달러에 서류 파쇄기와 커피 메이커 모두를 살 수 있는 기회가 있습니다. 하지만 잠깐만요, 더 있습니다! 애완견 탈취제도 한 통 드립니다! 또한 자동차 와이퍼와 태양전지 손전등과 〈주간 서울〉 구독권을 드립니다. 지금 전화주시면 39.95달러를 19.95달러라는 놀라운 가격으로 해 드립니다. 지금 전화주세요!"라고 말한다. 처음의 제안을 듣고 나서 더 좋은 제안을 들은 사람들은 처음부터 더 좋은 제안을 들은 사람들보다 제안에 응할 가능성이 더 크다(Burger, 1986).

당신은 문 안에 발넣기, 유인상술과 그게 전부가 아니야 기법들 간의 유사점에 주목했을 수도 있다. 즉 공통적으로 설득자는 하나의 제안으로 시작하여 다른 제안으로 변경한다. 처음의 제안이 듣는 사람의 마음 상태를 변화시켜, 두 번째 제안으로 그 사람의 마음을 열게 만든다.

개념 점검

22. 아래의 예들이 각각 보답, 대비효과, 문 안에 발넣기 기법, 유인상술 기법, 그게 전부가 아니야 기법 중 어느 것에 해당하는지를 알아맞혀 보라.
   a. 한 신용카드 회사가 당신에게 낮은 이율로 카드를 발급하겠다고 제안했다. 몇 개월 후, 이율을 두 배로 올린다.
   b. 한 상점에서 "25% 할인"이라는 가격표를 지우고, "50% 할인"을 표시한다.
   c. 한 친구가 당신에게 초등학교의 방과 후 프로그램에 물품을 나르는 것을 도와 달라고 요청한다. 당신이 이 요청에 응하면, 교장 선생님은 방과 후 교사 중 한 명이 늦어서 당신이 그녀가 올 때까지 대신해 줄 것을 요청한다. 당신은 동의한 후, 오후 내내 방과 후 학습을 해준다. 교장 선생님은 당신에게 매주 방과 후 교사로 나와 달라고 말한다.

공포 메시지

어떤 사람은 설득할 때, "만약 당신이 우리 쪽에 후원금을 보내지 않아 상대가 권력을 잡게 되면, 끔찍한 짓을 할 것입니다."와 같은 위협을 사용한다. 한 단체는 기부금 봉투에 "당신이 행동하지 않으면 매일 약 800마리의 돌고래와 고래가 죽어갈 것입니다!"라는 메시지를 적어 기부를 호소했다. 이 같은 공포 메시지가 설득에 얼마나 효과적일까?

공포 메시지가 효과적일 수는 있으나, 그것이 믿을 만한 것일 때만 그렇다. 당신은 한 사람의 기부가 정말로 매일 800마리의 돌고래와 고래를 살린다는 말을 믿는가? 극단적으로 겁을 주는 메시지는 두 가지 이유 때문에 비효과적이다. 첫째, 사람들에게 극단적인 어떤 것을 믿도록 만들기 어렵다(Wood, Perunovic, & Lee, 2009). 둘째, 사람들은 너무 겁을 주는 메시지에 저항한다. 만약 사람들이 기후변화에 대한 적당한 위험에 대해 듣는다면, 그것을 경청할 것이다. 그러나 만약 대재앙 경고를 듣는다면, 오히려 기후변화가 큰 문제라는 사실을 믿으려 하지 않는다(Feinberg & Willer, 2011).

또한 공포 메시지는 사람들이 쉽게 효과적인 행동을 취할 수 있는 경우에만 효과적이다. 극단적인 공포 메시지는 의도치 않게 "그 문제는 희망이 없음"을 내포하고 있다(Cialdini, 2003). 지구온난화 경고를 담은 메시지는 많은 사람들이 에너지를 절약하도록 동기화시키지 못한다. 왜냐하면 대부분의 사람들은 자신의 행동이 무슨 효과가 있을지 의심하기 때문이다.

지연된 영향

어떤 메시지는 처음에는 거의 영향을 주지 않지만, 나중에 더 큰 영향을 준다. 두 가지 예를 살펴보자.

잠복 효과

당신이 자격이 없어 보이는 누군가로부터 어떤 생각에 대해 들었다고 상상해 보자. 당신은 그 사람에 대한 생각 때문에, 그의 생각을 받아들이지 않는다. 몇 주 후, 당신은 그 생각을 누구한테 들었는지를 잊고(원천 기억상실증), 단지 그 생각만 기억이 난다. 그 시점에 그 생각의 설득력이 증가할 수 있다(Kumkale & Abarracin, 2004). 만약 당신이 출처를 까맣게 잊어버리면, 심지어 그 생각을 자신의 생각이라고 주장할 수도 있다! 심리학자들은 처음에는 거부된 메시지가 나중에 설득력을 갖게 되는 것을 잠복 효과(sleeper effect)라 부른다.

소수의 영향

지연된 영향은 소수집단이 가치 있는 아이디어를 제안했을 때도 일어난다. 소수집단이란 인종적으로, 종교적으로, 정치적으로, 또 다른 면에서 소수집단일 수도 있다. 다수집단이 처음에는 소수집단의 아이디어를 거부하지만, 나중에 그것을 검토하게 된다. 만약 소수집단이 지속적으로 한 가지 아이디어를 반복하여 주장하고, 구성원들이 하나로 뭉쳐 있다면, 궁극적으로 결정에 영향을 줄 수 있는 좋은 기회를 갖게 된다. 심지어 소수집단이 자신들을 움직였음을 다수집단이 인정하기를 주저하는 경우에도, 소수의 영향이 점차 증가하는 경우가 종종 있다(Wood, Lundger, Ouellette, Busceme, & Blackstone, 1994). 소수집단은 자신들의 의견을 표현하고 다수집단이 동의하지 않을 수 있음을 보여줌으로써, 다른 사람들에게도 새로운 아이디어를 제시할 수 있도록 촉진한다(Nemeth, 1986). 당신이 다른 모든 사람의 주장에 동의하지는 않지만, 그렇게 말하는 것은 주저하고 있다고 상상해 보라. 그때 누군가 당신이 말하려는 것과는 다르지만 반대의 목소리

표 13.1 1900년경 미국 사회당의 정책 제안들

제안	제안의 최종 결과
여성의 투표권	9차 미국 헌법 개정으로 설정(1920년 인준)
노인연금	1935년 사회보장법에 포함됨
실업 보험	1935년 사회보장법에 포함됨. 또한 주정부 및 연방정부의 다른 입법으로도 보장됨
건강 및 사고 보험	1935년 사회보장법과 1965년 건강보험법에 일부 포함됨
최저 임금을 포함한 임금 인상	1938년 처음으로 최저임금법이 통과됨. 그 이후 주기적으로 개정됨
근로 시간 단축	1938년 근로기준법에 의해 주당 최대 40시간(예외 있음)으로 설정됨
전기, 가스, 기타 시설 및 통신과 운송 수단의 공공 소유권	정부가 그 시설을 소유하지는 않지만, 1930년대 이래로 연방정부와 주정부가 깊이 관여하고 있음
발의, 투표, 소환(시민이 법률의 변경을 촉구하고 선출된 기관장을 면직시키는 제도)	대부분의 주정부에서 채택

출처: Foster, 1968; Leuchtenburg, 1963.

를 낸다면, 당신은 자신의 생각을 표현하는 데 더 편안함을 느끼게 될 것이다.

소수의 영향에 대한 하나의 대표적인 예가 1900년에서 1950년대까지 꾸준히 선거에서 후보를 낸 미국의 사회당이다. 사회당은 대통령 선거에서 6% 이상의 지지를 받아본 적이 없다. 사회당 후보는 단 한 명도 상원의원이나 주지사로 당선된 적이 없고, 소수만이 하원의원으로 선출되었다(Shannon, 1955). 1930년대 초부터, 사회당에 대한 지지가 줄어들어, 결국 후보지명을 중단했다. 그들은 실패한 것인가? 아니다! 그들의 주요 제안들 중 대부분이 법률로 제정되었다(표 13.1). 물론 그 아이디어에 대한 공로는 이 제안들에 찬성한 민주당과 공화당에게 돌아갔다.

개념 점검　23. 학생회 회의에서 당신이 졸업시험에 대한 새로운 방법을 제안했다. 다른 사람들이 당신의 계획에 대해 즉각 반대했다. 당신은 포기해야 하나?

설득에 대한 저항에서의 차이

당신은 어떤 경우는 다른 경우보다 더 쉽게 사회적 영향을 받을 수도 있다. 단지 당신에게 누군가의 설득 연설을 듣게 될 것이라는 사실만 알려주어도, 이는 당신을 설득에 저항하도록 활성화시켜 설득력을 약화시킨다(Petty &

Cacioppo, 1977). 이런 경향성을 사전경고 효과(forewarning effect)라 부른다. 실제로 연구결과는 약간 복잡하다. 당신이 어떤 것(예를 들어 대학등록금 인상)에 대해 강한 반대 태도를 지니고 있다고 가정해 보자. 이제 누군가가 당신에게 그 문제에 정통한 사람이 당신에게 등록금 인상에 대해 설득하려고 할 것이라고 말해 준다. 일단 그 연설이 시작되기도 전에 당신의 태도는 등록금 인상에 대해 찬성 쪽으로 약간 이동한다! 이유는 불분명하지만, 아마도 당신은 자신에게 "나는 그런 주장에는 그럴 만한 충분한 이유가 있을 것으로 짐작한다."고 말하고 있다. 그런 다음 연설을 들으면, 연설은 어느 정도 영향을 주고, 당신의 태도는 한층 더 변화하겠지만, 사전경고를 받지 않은 사람만큼 태도가 많이 변하는 것은 아니다. 경고는 당신을 설득에 저항하도록, 약한 주장을 비판하도록, 약한 증거를 기각하도록 경계하게 만든다(Wood & Quinn, 2003).

이와 밀접히 관련된 효과는 사람들이 처음에 약한 주장을 듣고 난 다음, 같은 결론을 지지하는 강한 주장을 들을 때 생기는 면역 효과(inoculation effect)이다. 사람들이 처음의 주장을 물리치고 난 후에는, 통상 두 번째 주장도 물리친다. 그러므로 만약 당신이 누군가를 확신시키고 싶다면, 강력한 증거를 갖고 시작하라.

개념 점검　24. 만약 당신이 아이들에게 가르치려는 신념과 태도를 아이들이 변하지 않고 고수하길 원한다면, 이 태도를 지지하는 주장만을 제공해 주어야 하나 혹은 이 태도에 대한 공격에도 노출시켜야 하나? 왜 그런가?

강압적 설득

마지막으로 가장 좋지 않은 종류의 설득에 대해 알아보자. 어떤 곳에서는 군대 혹은 경찰 심문관들이 피의자가 자백하거나 전복 음모에 대한 정보를 발설할 때까지 고문을 사용해 왔다. 만약 당신이 결백하다면, 그럼에도 불구하고 단순히 고문을 끝내기 위해 자백하고 그 음모에 대해 그럴듯한 이야기를 꾸며낼 것인가? 대부분의 사람들은 고문의 고통에 대해 과소평가한다(Nordgren, McDonnel, & Loewenstein, 2011). 유죄인 사람을 자백하도록 만들 수 있는 독한 기법이라면, 무죄인 사람도 자백하도록 만든다.

우리가 "심리적 고문"이라고 부를 수도 있는 것에서도 유사한 문제가 발생한다. 경찰은 당신이 어떤 범죄를 자백하길 바라고 있다고 상상해 보라. 당신은 그들과의 대화에 동의한다. 그렇다고 당신이 잃을 것이 무엇일까? 당신은 결백하기에 숨길 것이 없다. 먼저 경찰은 당신의 범죄가 끔찍하여 큰 처벌을 받게 될 입장이라고 주장한다. 그런 다음 그들은 만약 당신이 자백하면 훨씬 가벼운 형량을 받게 될 수 있다는 점을 암시하면서 동정과 배려를 해준다. 그들은 어쨌든 당신이 유죄라는 확고한 증거를 갖고 있고, 설령 당신이 자백하지 않아도 당신을 기소할 수 있기 때문에 자백하는 것이 좋을 것이라고 주장한다. 그들은 당신이 거짓말 탐지기를 통과하지 못했다고 이야기한다. 당신은 오랫동안 음식도 못 먹고 잠도 못 자고, 언제 이 시련이 끝날지에 대한 기약도 없이 홀로 남겨져 있다. 분명히 자백만이 그들이 당신을 괴롭히지 못하도록 하는 유일한 길이다. 비록 당신은 결백하지만, 자백할 것인가? 당신은 "아, 결국 그들은 자신들의 실수를 알게 될 것이다. 그들은 그 어떤 다른 증거도 갖고 있지 않기 때문에, 실제로는 나를 기소할 수 없다."고 생각한다.

많은 무고한 사람들이 이런 상황에서 자백한다. 불행하게도 배심원들은 그 자백이 강압에 의한 것인 줄 알고 있는 경우에서도, 자백을 매우 강력한 증거로 간주한다(Kassin & Gudjonsson, 2004). 연구자들은 강압적 설득의 효과를 검증하기 위해 다음의 실험을 했다. 즉 그들은 쌍으로 구성된 학생들에게 각자 논리 문제를 풀도록 했다. 쌍들의 절반에서는 둘 중 한 명(실험협조자)이 자기 짝에게 도움을 요청했고, 그러자 그 짝은 대개 도움을 주었다. 나중에 실험자는 도움을 주는 것은 부정행위로 간주된다고 알려주었다. 다른 쌍들에게는 실험협조자가 도움을 요청하지 않

았고, 그래서 부정행위도 일어나지 않았다. 둘 모두 문제를 푼 후, 실험자가 방으로 들어오고, 실험참여자의 부정행위에 대한 혐의를 제시하며, 이것이 시험에서의 부정행위만큼 엄하게 다루어질 것이라고 위협했다. 그러나 실험자는 만약 학생이 자백하면 그 문제를 속히 해결할 수 있다고 제안했다. 그림 13.7에서 보듯, 이런 상황에서 유죄인 학생의 87%, 무고한 학생의 43%가 자백에 동의했다(Russano, Meissner, Narchet, & Kassin, 2005). 이 실험이 주는 메시지는 강압적 기법이 유죄인 사람과 무고한 사람 모두의 자백을 증가시키기 때문에 자백은 믿을 수 없는 증거라는 점이다.

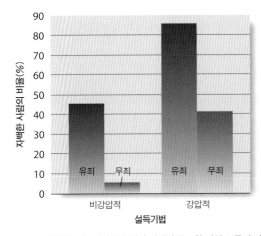

그림 13.7 강압적 설득기법은 유죄인 사람과 무고한 사람 모두의 자백을 증가시켰다. (출처: Russano, Meissner, Narchet, & Kassin, 2005.)

설득과 조종

넓은 의미의 태도는 우리가 하는 모든 것에 영향을 준다. 우리는 결과가 중요하지 않은 어떤 것에 대한 태도를 형성할 때는 증거를 꼼꼼히 따지지 않는 주변경로를 따른다. 그러나 중요한 사안을 다룰 때는 통상 우리가 할 수 있는 한 꼼꼼히 사실들을 조사해 보는 중심경로를 따른다. 몇 가지 영향력 기법들이 우리를 현혹할 수도 있기 때문에, 이를 경계하는 것이 중요하다. 광고인, 정치인 등은 설득기법을 연마하기 위해 노력하고 있으며, 모든 사람이 우리에게 진정으로 최대의 이익을 주려는 사람들은 아니다.

요약

- 태도. 태도는 행동에 영향을 주는 호감 또는 비호감이다. (518쪽)
- 인지부조화. 인지부조화는 상충되는 태도들 혹은 태도와 충돌하는 행동으로부터 야기되는 불쾌한 긴장상태이다. 사람들은 자신의 행동이 자신의 태도와 일치하지 않을 때, 행동을 바꾸거나 태도를 변화함으로써 그 불일치를 없애려 한다. (519쪽)
- 설득의 두 경로. 사람들은 자신에게 중요하지 않은 주제를 다룰 때 설득자의 외모와 또 다른 피상적인 요인들에 의해 쉽게 설득된다. 사람들이 신경 쓰는 주제를 다룰 때는 논리와 증거의 질에 더 많은 주의를 기울인다. (520쪽)
- 영향력 행사 방법들. 당신이 좋아하거나 자신과 유사하다고 여기는 사람은 다른 사람에 비해 더 설득적이다. 어떤 아이디어 혹은 행위를 대부분의 사람들이 찬성한다고 말하는 것은 그것을 호소력 있게 만든다. 당신은 당신에게 호의를 베푼 혹은 당신에게 무언가를 준 사람에게 호의적으로 보답해야 할 의무감을 느낄지도 모른다. 어떤 품목은 다른 것과 대비되기 때문에 더 좋아 보일 수도 있다. 문 안에 발넣기, 유인상술, 그게 전부가 아니야 기법들에서는 처음의 요구가 사람들로 하여금 두 번째 요구를 더 쉽게 수용하게 만든다. (521쪽)
- 공포의 영향력. 만약 사람들이 실제로 위험을 지각하며 그들이 그것에 대해 무언가를 할 수 있다고 생각하면 공포에 호소하는 메시지는 효과적이다. (523쪽)
- 잠복 효과. 사람들이 전달자에 대한 평가가 낮기 때문에 그의 메시지를 수용하지 않은 경우, 사람들은 때로 그 메시지를 어디서 들었는지 망각하고서 나중에는 그것을 수용하게 된다. (523쪽)
- 소수의 영향. 비록 소수는 처음에는 영향력이 거의 없지만, 지속적인 반복을 통해 궁극적으로는 다수가 그 입장을 채택하거나 혹은 다른 아이디어들을 고려해 보도록 설득시킨다. (523쪽)
- 사전경고와 면역 효과. 만약 사람들이 누군가가 어떤 것에 대해 자신을 설득하려 할 것이라고 사전에 경고하거나 혹은 그들이 설득 주장 중 약한 주장들을 미리 듣게 된다면, 그들은 설득 주장에 저항하는 경향이 있다. (524쪽)
- 강압적 설득. 피의자를 자백하도록 압력을 가하는 기법들은 자백의 신뢰도를 떨어뜨린다. 왜냐하면 이런 상황에서는 무고한 많은 사람들도 자백하기 때문이다. (525쪽)

핵심 용어

그게 전부가 아니야 기법 (523쪽)

면역효과 (524쪽)

문 안에 발넣기 기법 (522쪽)

사전경고 효과 (524쪽)

설득의 주변경로 (520쪽)

설득의 중심경로 (520쪽)

유인상술 기법 (522쪽)

인지부조화 (519쪽)

잠복 효과 (523쪽)

태도 (518쪽)

대인매력

- 우리는 어떻게 짝을 선택할까?
- 왜 어떤 결혼은 성공하고 어떤 결혼은 실패할까?

전 미국 상원의원 William Proxmire는 자신이 생각하기에 가장 형편없이 납세자의 돈을 낭비한 사람들에게 황금양모상(Golden Fleece Awards)을 수여하곤 했다. 한번은 그가 어떻게 사람들이 사랑에 실패하는가를 연구하기 위해 국가 연구비를 받은 심리학자에게 이 상을 수여했다. Proxmire에 따르면, 사람들은 사랑에 대해 상세히 알고 싶어 하지 않기 때문에 그 연구는 가치가 없다는 것이다. 그는 사람들이 이런 주제는 미스터리로 남겨두길 바란다고 말했다.

이 단원은 상원의원 Proxmire가 사람들이 알고 싶어 하지 않는다고 생각했던 내용에 관한 것이다.

관계 맺기

당신은 만나는 사람들 중에서 친구나 연애 상대가 될 사람을 어떻게 선택하나? 그들은 어떻게 당신을 선택할까?

근접성과 친숙성

근접성(proximity)은 가까움을 의미한다. 놀라울 것도 없이, 우리는 가까운 곳에서 살거나 일하는 사람들과 친구가 될 가능성이 가장 크다. 한 교수가 강의실에서 학생들이 앉는 자리를 무선적으로 배정했고, 1년 후에 추적하여 그들을 살펴보았다. 학생들은 자신과 인접한 자리에 앉았던 사람과 서로 친구가 되는 경우가 가장 많았다(Back, Schmulkle, & Egloff, 2008). 근접성이 중요한 이유 중 하나는 근처에 사는 사람들은 자신들이 공통점이 있다는 사실을 알게 된다는 것이다. 또 다른 이유는 단순노출 효과(mere exposure effect)로서, 이는 우리가 누군가 혹은 무엇인가를 자주 접촉할수록 그 사람 혹은 그 대상을 더 좋아하게 되는 경향이 있다는 것이다(Saegert, Swap, & Zajonc, 1973; Zajonc, 1968).

그러나 친숙성이 항상 호감을 증가시키는 것은 아니다. 연구자들은 온라인 데이트 서비스에서 배정한 사람과 데이트를 나가려는 사람들을 살펴보았다. 데이트 전에 대부분의 사람들은 자신이 데이트하게 될 사람을 얼마나 좋아하게 될 것 같은지에 대해 약간 높은 기대치를 보여주었다. 데이트 후에는 많은 사람들의 평가가 더

올라가기보다는 더 낮아졌다(Norton, Frost, & Ariely, 2007). 누군가와 친숙해지는 것은 당신이 지닌 공통점을 찾는 기회를 제공해 주지만, 그 사람의 결점을 보게 만들기도 한다.

신체적 매력

당신이 미래의 연인에게 기대하는 것은 무엇인가? 대부분의 사람들은 남자이든 여자이든 동성애자이든 이성애자이든 상관없이 선호가 같은 면이 많다(Holmberg & Blair, 2009). 사람들은 지성, 정직성, 유머 감각, 그리고 당연히 신체적 매력을 기대한다.

오래전의 한 연구에서, 심리학자들은 학기 시작 전에 332쌍의 신입생들에게 댄스파티를 위해 서로 모르는 상대방과 데이트를 하도록 배정했다. 그들은 참여자들에게 설문지를 작성하도록 한 다음, 설문지는 무시하고 무선적으로 학생들을 짝지어 주었다. 댄스파티 중간에 실험자들은 남자와 여자를 분리한 다음, 그들이 얼마나 데이트를 즐겼는지를 평정하도록 했다. 그 평정에 영향을 미친 유일한 요인은 상대방의 신체적 매력이었다(Walster, Aronson, Abraham, & Rottman, 1966). 태도유사성, 성격, 지성은 거의 영향을 주지 않았다. 놀라운가? 아니다. 그들은 아주 짧은 시간을 같이 보냈고, 서로를 잘 알 수 있는 기회가 거의 없었다. 지성, 정직성, 또 다른 특성은 지속적인 관계를 위해서는 매우 중요한 요인이지만, 첫 데이트의 초반에는 그렇지 못하다(Keller, Thiessen, & Young, 1996).

이후의 연구들은 사람들이 10~25명의 사람을 짧은 시간 동안 만난 다음, 어떤 사람과 더 오래 만나고 싶은지를 보고하는 스피드 데이트 상황을 살펴보았다. 남녀 모두 상대의 신체적 매력이 선택에 가장 주요 영향을 주는 요인이었다(Finkel & Eastwick, 2008).

매력의 생물학적 가치: 새

왜 우리는 외모에 신경 쓸까? 외모의 중요성은 생각보다 크다. 인간만이 외모에 신경 쓰는 동물은 아니다. 다음의 다른 종들을 살펴보자.

많은 새들의 경우, 짝짓기 계절의 초반에 암컷들은 둘러보다가 나무에서 정열적으로 노래하고 있는 색이 화려한 수컷을 선택한다. 몇몇 종들은 암컷이 특별히 긴 꼬리를 갖고 있는 수컷을 선택한다(그림 13.8). 진화론적 관점에서 보면, 이것은 어리석은 선택이 아닌가? 매나 독수리 같은 포식자들의 주의를 끌 수도 있는 나무 꼭대기에서 큰 소리로 노래 부름으로써 목숨의 위험을 감수하는 수컷이 인기가 있다. 그들은 화려한 깃털을 키우는 데 에너지를 쓴다(어두운 색보다는 밝은 색을 만드는 데 더 많은 에너지가 든다). 긴 꼬리는 멋지지만, 날아가는 데 방해가 된다. 왜 암컷은 에너지를 낭비하고 생명을 위태롭게 하는 수컷을 선호할까?

생물학자들은 에너지를 낭비하고 생명을 위태롭게 하는 것이 핵심 포인트라고 최종 결론을 내렸다(Zahavi & Zahavi, 1997). 오직 건강하고 정열적인 수컷만이 밝고 화려한 깃털을 만들 에너지를 갖고 있다(Blount, Metcalfe, Birkhead, & Surai, 2003; Faivre, Gré-goire, Préault, Cézilly, & Sorci, 2003). 오직 강한 수컷만이 긴 꼬리에도 불구하고 날 수 있으며, 강한 수컷만이 노출된 나뭇가지에서 노래함으로써 포식자의 위험을 감수할 수 있을 것이다. 화려하고 노래하는 수컷은 자신의 건강과 (아마도) 좋은 유전자를 지녔음을 자랑하고 있다. 암컷은 자신이 왜 화려하고 큰 목소리를 지닌 수컷에 매력을 느끼는지 모를 것이다. 진화의 역사를 통해 이런 짝을 선택했던 대부분의 암컷들이 어두

그림 13.8 새들 중에는 긴 꼬리를 가진 수컷이 암컷에게 더 매력적이다. 건강한 수컷만이 날아가는 데 문제없이 이런 특징을 지닐 수 있다.

운 색의, 조용한, 활발하지 않은 수컷을 선택한 암컷들보다 후손을 남기는 데 더 성공적이었기 때문에 그렇게 하는 것뿐이다.

매력의 생물학적 가치: 인간

매력적인 사람이 다른 사람보다 더 건강하고 임신을 잘할까? 이론적으로는 그렇다. 분명 많은 질병이 사람들의 매력도를 떨어뜨린다. 또한 외모가 좋다는 것은 정상적인 것을 의미하고, 정상적인 외모는 아마도 좋은 유전자를 나타낸다. 컴퓨터를 이용하여 많은 사람들의 얼굴사진을 합쳐서 평균화했다고 상상해 보자. 이렇게 합성한 얼굴은 평균적인 코, 평균적인 미간 거리 등을 지녔으며, 대부분의 사람들은 이런 얼굴을 "매우 매력적"이라 평정한다(Langlois & Roggman, 1990; Langlois, Roggman, & Musselman, 1994; Rhodes, Sumich, & Byatt, 1999; 그림 13.9). 즉 매우 매력적인 사람은 평균적인 특징들을 지녔으며 불규칙적인 면이 거의 없다(비틀어진 치아, 피부의 점들, 비대칭, 여성의 경우 수염 등이 없다)(Fink & Penyon-Voak, 2002). 남자의 경우는 덜하지만, 밝은 미소는 여성의 매력을 증가시킨다(Tracy & Beall, 2011).

왜 정상적인 것이 매력적일까? 첫째, 정상은 건강함을 의미한다. 아마도 평균적인 얼굴 유전자가 성공과 관련되기 때문에 전체 모집단 중에 퍼져 있을 것이다. 평균과 상당히 다른 얼굴은 바람직하지 못한 돌연변이를 나타낼 수도 있다. 둘째, 우리는 친숙한 것을 좋아한다. 만약 당신이 최근에 보통보다 갸름한, 혹은 보통보다 뚱뚱한, 혹은 어떤 형태로든 왜곡된 많은 얼굴들을 보았다면, "매력적 얼굴"에 대한 당신의 판단은 당신이 많이 본 얼굴 쪽으로 약간 이동한다(Rhodes, Jeffery, Watson, Clifford, & Nakayama, 2003).

매력적인 사람이 더 건강할까? 연구자들은 오래 전에 찍은 수백 장의 청소년 사진을 수집했다. 그들은 사람들에게 각 얼굴의 매력도를 평정하도록 요청했고, 그 결과가 건강, 생존과 상관이 있는지를 알아보았다. 결과는 연구에 따라 달랐지만, 전반적으로 건강 면에서 매력적인 사람이 약간 장점을 지니고 있었다(Henderson & Anglin, 2003; Jokela, 2009; Kalick, Ze-browitz, Langlois, & Johnson, 1998; Weeden & Sabini,

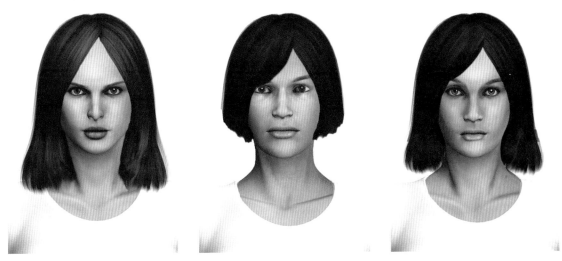

그림 13.9 여러 얼굴들을 평균 혹은 합성하면 대부분의 사람이 매력적으로 보는 일반화된 얼굴이 만들어진다. 이 예에서 처음의 두 얼굴을 합성하면 오른쪽 얼굴이 만들어진다.

2005). 그 장점은 의료기술이 덜 효과적이고 쉽게 가용하지도 않았던 과거에 더 컸을 수 있다. 비록 외모가 건강과 좋은 유전자에 대한 약한 지표에 불과하지만, 정보가 전혀 없는 것보다는 낫다. 우리는 좋은 외모를 선호하는 경향성이 어떻게 진화되어 왔을 수 있는지를 알고 있다.

당신은 자신을 닮은 얼굴에 특별히 호감이 갈까? 그럴 수도 있고 아닐 수도 있다. 우리가 어떤 한 사람의 얼굴을 가지고 컴퓨터로 변형시켜 당신의 얼굴과 좀 비슷해 보이게 만든다고 하자. 만약 합성한 얼굴이 당신과 동성의 얼굴이라면, 아마도 당신은 이 얼굴을 원래의 얼굴보다 더 잘난 것으로 생각할 것이다. 만약 합성한 얼굴이 이성의 얼굴이라면(그리고 당신도 이성애자라면), 당신은 그 얼굴이 신뢰롭고 호감이 가지만, 성적으로 매력적이지는 않은 얼굴로 생각한다(DeBruine, 2004, 2005). 즉 당신은 자신과 비슷한 얼굴을 좋아하지만, 그런 사람과 짝이 되기를 원하지는 않는다. 아마도 이것의 장점은 근친교배의 가능성을 줄여준다는 것이다.

개념 점검

25. 진화론적 이론에 따르면, 매력은 건강함의 신호이다. 왜 건강하지 못한 사람이 "위장" 매력을 만들기가 어려운가?

26. 진화론적 이론에 따르면, 평균적인 특징을 지닌 얼굴이 매력적이다. 왜 그럴까?

유사성

"반대쪽이 끌린다."는 말은 자석의 경우는 맞는 말이다. 그것은 사람에게는 적용되지 않는다. 대부분의 연인들과 가까운 친구들은 나이, 신체적 매력, 정치와 종교적 신념, 지성, 교육 및 태도에서 서로 닮았다(Eastwick, Finkel, Mochon, & Ariely, 2007; Laumann, 1969; L. Lee, Loewenstein, Ariely, Hony, & Young, 2008; Rushton & Bons, 2005). 관계가 진척됨에 따라, 사람들의 관심사가 점점 비슷해진다(Anderson, Keltner, & John, 2003). 공통점이 많은 커플은 많은 활동을 공유하고 의견 불일치보다는 의견 일치가 더 많기 때문에 관계를 더 즐긴다. 유사성이 도움이 되지 않는 유일한 것은 냄새이다. 즉 많은 여성들은 (무의식적으로) 자신, 남동생, 가족 구성들과 너무 비슷한 냄새가 나지 않는 연인을 선호한다. 그 경향성은 아마도 가까운 친척과 짝이 되는 기회를 줄여주는 방법일 것이다. 흥미롭게도 피임약을 복용 중인 여성에게는 이런 경향성이 나타나지 않는다(Roberts, Gosling, Carter, & Petrie, 2008).

소수집단의 사람들은 특별한 어려움에 직면한다. 만약 당신의 인종 혹은 종교 집단이 당신이 살고 있는 곳에서 숫자가 너무 적으면, 당신의 친구나 연인의 선택은 당신과 관심사를 공유하고 있지 않은 당신 집단의 구성원이거나 당신과 관심사를 공유한 다른 집단성원으로 제한될 수도 있다(Hamm, 2000).

비록 친구들이 어떤 면에서는 서로 다를지라도, 그들은 일반적으로 관심사, 태도 및 교육 수준과 같은 많은 공통점을 지니고 있다.

형평원리

교환이론(exchange theory) 혹은 형평이론(equity theory)에 따르면, 사회적 관계는 파트너들이 서로 재화와 서비스를 교환하는 거래이다. 사업에서 두 파트너가 공정한 거래라고 생각할 때 관계가 가장 안정적이다. 파트너들이 동등한 정도의 매력과 지성을 지녔고, 재정과 할 일 등에 동등하게 기여한다면, 공정한 거래는 매우 쉽게 이뤄진다. 대부분의 커플에서 한 사람이 어느 면에서 더 많은 기여를 하고, 다른 한 사람은 또 다른 면에서 더 많이 기여한다.

형평원리는 우정이나 연애의 초기 단계에서는 잘 적용되지만, 나중에는 덜하다. 당신은 공평한 거래를 여전히 하고 있는지를 따지지 않은 채, 오래 병상의 배우자나 평생 친구를 돌볼지도 모른다.

개념 점검

27. 당신 나이 또래의 어떤 사람이 다른 나라에서 옆집으로 이사 왔다. 당신과 그 사람은 서로 상대국 언어를 말하지 못한다.

어떤 요인이 당신들을 친구로 만들 가능성을 높여주는가? 어떤 요인이 그 가능성을 줄여주는가?

데이트와 현대 기술

인터넷은 데이트에 새로운 한 차원을 추가했다. 인터넷 데이트 서비스는 그것이 없었더라면 결코 만나지 못했을 커플들을 탄생시킨다. 잠재적 커플은 실제로 만나볼 것인지를 결정하기 전에 서로의 배경을 알아보고 그들이 지닌 공통점을 평가해 볼 수 있다. 그 시스템이 완벽한 것은 아니다. 데이트 웹사이트를 통해 모든 정보를 얻을 수 있음에도 불구하고, 대부분의 남녀 모두 다른 무엇보다도 상대방 외모사진의 매력도에 따라 강하게 반응한다(Sritharan, Heilpern, Wilbur, & Gawronski, 2010). 그럼에도 불구하고 이런 데이트 서비스는 많은 사람이 좋은 짝을 찾도록 돕고 있다(Mahfouz, Philaretou, & Theocharous, 2008).

온라인에 올라와 있는 것들을 분석하면 남성과 여성의 희망사항을 많이 알 수 있다. 14개국이 포함된 연구에서 남성은 항상 더 젊은 여성을 선호하는 반면, 여성은 자신보다 더 나이 든 남성을 선호했다(Dunn, Briton, & Clark, 2010). 그 이유 중 하나는 일반적으로 나이 든 남성이 더 많은 재산과 자원을 갖고 있기 때문이다. 여성이 자신의 직업과 자원을 지니고 있는 나라에서는 남성의 재산이 덜 중요하게 되어, 여성은 자신과 비슷한 나이의 상대방을 선호한다(Moore, Cassidy, & Perret, 2010).

어떤 사람들은 대면 만남의 의도가 전혀 없이 인터넷 접촉을 한다. 그들은 온라인 인물과 상호작용할 온라인 인물(실제 인물처럼 보일 수도 있고 아닐 수도 있고)을 설정하고, 심지어 때로는 영상 섹스를 하기도 한다. 이런 관계를 갖고 있는 대부분의 사람들은 자신의 실생활 관계들이 그리 원만하지 않다고 평정했다(Scott, Mottarella, & Lavvoy, 2006). 아마도 대면 관계에 문제가 있는 사람들이 대용으로 온라인 관계로 전환하는 것 같다. 또 다른 가능성은 온라인 관계가 실생활에서의 대인관계를 해치는 원인이 되기 때문이다.

성숙하고 지속적인 관계에서 커플은 눈이 오나 비가 오나 보살핌과 애정 면에서 서로가 서로에게 의지할 수 있다.

결혼과 장기적 헌신

대부분의 사람들이 오랫동안 사랑하는 관계를 갖길 희망한다. 비록 가용한 연구들은 주로 이성애 결혼을 다루고 있지만, 그 결론은 아마도 다른 유형의 장기적 관계에서도 같을 것이다.

어떤 결혼이 성공할 것인지, 어떤 결혼이 그렇지 못할 것인지 예측이 가능할까? 어느 정도는 가능하다. 심리학자들은 신혼 커플들을 연구하여 결혼이 어떻게 발전되어 가는지를 비교했다. 말다툼이 점점 많아지는 커플은 후에 이혼을 고려할 가능성이 크다. 많은 사람들은 자신의 감정을 모두 표현하는 것이 좋다고 말한다. 그러나 당신이 파트너에게 쏟는 분노는 둘 모두를 기분 나쁘게 만든다. 만약 당신의 파트너가 당신에게 고함을 지름으로써 보복한다면, 잘될 것이 하나도 없다(Fincham, 2003). 만약 당신이 파트너에게 불평거리(예: 성가신 습관)가 있다면, 화낼 것이 아니라 예의 있게 말하는 것이 최선이다. 커플에게 또 하나의 나쁜 신호는 눈알을 부라리며 상대방을 멸시하는 것이다(Gottman, Coan, Carrere, & Swanson, 1998; Gottman & Levenson, 2000; Niehuis & Smith, 2001).

그러나 목표는 단지 이혼을 피하는 것이 아니라, 결혼생활에서 만족을 경험하는 것이다. 장기적 만족의 가장 좋은 예측 요인은 신혼부부가 서로 진실한 애정을 얼마나 많이 보여주느냐이다(Graber, Laurenceau, Miga, Chango, & Coan, 2011). 즉 긍정적 표현이 중요하다. 만약 일이 제대로 풀리지 않을 때 당신의 파트너가 당신을 기분 좋게 만든다면, 그것은 좋은 일이지만, 더 좋은 신호는 당신의 파트너가 당신

의 성공을 진정으로 기뻐하느냐의 여부이다.

분명히 수량화하기 힘든 다른 미묘한 단서에 따라서도 성공적 결혼과 성공적이지 못한 결혼이 구분될 것이다. 한 흥미로운 연구에서 사람들에게 결혼한 커플들의 대화를 담은 3분짜리 비디오를 시청하고 각 커플이 어느 정도 만족하고 있는지를 추정하도록 했다. 그들의 추정치를 커플 본인들의 측정치와 비교했다. 자신의 결혼이 매우 만족스럽다고 보고하거나 매우 불만족스럽다고 보고한 사람들이 다른 커플들의 결혼의 질을 가장 정확하게 평가했다. 결혼상담가와 결혼 연구자들은 결혼하지 않은 사람들만큼이나 평가의 정확도가 뒤떨어져 있었다(Ebling & Levenson, 2003).

얼마나 많은 결혼이 이혼으로 막을 내리는지를 들어보면 절망하기 쉽지만, 많은 결혼한 부부가 평생 굳건히 남아 있다. 마치 개인의 삶이 그렇듯이 연애 관계도 해마다 변한다. 데이트 커플과 신혼부부는 서로를 알아가고 새로운 일을 하는 동안 강한 흥분을 느낀다. 상대를 보기만 해도 흥분이 밀려온다(Bartels & Zeki, 2000; Kim & Hatfield, 2004). 소위 열정적 사랑(passionate love)이라 불리는 단계에서는 성적 욕망, 로맨스, 우정이 다 같이 증가한다(Diamond, 2004; Hatfield & Rapson, 1993). 시간이 지남에 따라 관계는 공유, 돌봄 및 보호가 특징인 동반자적 사랑(companionate love)으로 발전한다(Gonzaga, Turner, Keltner, Campos, & Altemus, 2006; Hatfield & Rapson, 1993). 커플은 그들의 관계를 더 신뢰롭고 안전하다고 느낀다. 열정이 남아 있지만, 그것이 더 이상 커플을 서로 묶어주는 주요 끈은 아니다. 일반적으로 강한 동반자적 사랑을 하는 사람들은 생활 만족도가 높다(Kim & Hatfield, 2004).

개념 점검 28. 만약 당신이 이성 친구와의 관계에서 문제가 있을 때, 결혼 후 그 문제를 해결할 수 있는 가능성이 높을까?

신중하게 파트너 선택하기

인생은 어둠 속에서 롤러코스터를 타는 것과 같다. 즉 많은 오르막과 내리막이 있고 앞날에 일어날 일을 알 수 없다. 당신은 당신이 좋아하고 신뢰하는 사람과 함께 타길 원한다. 많은 사람들이 자신의 파트너를 잘못 선택한다. 어떤 점에서 연인의 인상 형성은 매우 어려운 일이다. 당신과 데이트하는 사람은 좋은 인상을 주려고 노력하고, 당신도 그 사람을 좋아하게 되기를 바란다. 관계가 진전됨에 따라 또 다른 요인들이 끼어든다. 즉 설득을 다룬 부분에서 당신이 좋아하는 사람이 훨씬 더 설득적이란 사실을 기억하라. 간단히 말해 애착을 형성하고 나서 나중에 후회하게 되는 일이 일어나기 쉽다.

요약

- **관계형성.** 사람들은 대개 가까운 곳에 사는 친구와 연인을 선택한다. 연애 초기 단계에서는 신체적 외모가 핵심 요인이지만, 나중에는 관심사와 목표의 유사성이 더 중요해진다. 만약 관계를 통해 각자가 상대방이 얻는 만큼 자신도 얻는다고 생각되면 관계는 잘 진척될 가능성이 크다. (527쪽)
- **신체적 매력.** 이론적으로 볼 때 신체적 매력은 그 사람의 건강을 나타내는 단서이다. 대략 평균적인 특징들을 지닌 사람이 매력적이다. 아마도 과거에 평균적인 특징들은 성공적으로 후세를 남겼다는 사실과 연결되기 때문이다. (527쪽)
- **결혼.** 결혼과 이와 유사한 관계들은 종종 시작 때부터 있었던 문제 때문에 붕괴된다. (531쪽)
- **연애.** 연애 관계의 초기 단계는 열정적 사랑이 특징이다. 후에 그 관계는 동반자적 사랑으로 발전한다. (531쪽)

핵심 용어

교환(혹은 형평)이론 (530쪽)

근접성 (527쪽)

단순노출 효과 (527쪽)

동반자적 사랑 (531쪽)

열정적 사랑 (531쪽)

대인영향

- 어떻게 우리는 다른 사람들이 하는 행동이나 행동하지 않는 것에 의해 영향을 받을까?

사람들은 항시 우리에게 영향을 준다. 첫째, 사람들은 우리에게 **정보**(혹은 오정보)를 준다. 예를 들어 만약 당신이 어느 빌딩에 가까이 가는 도중 빠르게 그곳으로부터 도망치는 군중들을 본다면, 그들은 당신이 모르는 무엇인가를 알고 있다는 뜻이다. 둘째, 사람들은 어떤 상황에 대한 기대를 규정하는 규범을 설정한다. 만약 당신이 깨끗하고 잘 꾸며진 동네에 있으면, 당신도 깨끗하게 유지해야 한다. 벽에 낙서가 뒤덮인 동네에서는, 쓰레기 무단투기를 억제해야 한다는 느낌을 덜 받게 된다(Keizer, Lindenberg, & Steg, 2008). 셋째, 사람들은 어떤 행동을 암시하는 것만으로도 우리에게 영향을 준다. 사람들이 하품하는 것을 보면 당신도 하품하고 싶어진다. 왜 그럴까? 그들은 당신에게 어떤 새로운 정보도 주지 않았고, 당신이 꼭 그들을 따라 해야겠다는 생각도 없다. 당신은 단지 다른 사람의 하품을 보는 것이 그 가능성을 암시했기 때문에 그것을 따라 한다. 실제로 당신은 곧장 하품하는 자신을 보게 될지도 모른다.

한다고 생각하는가? 대부분의 미국 학생들은 자신은 평균보다는 덜 동조하는 편이라고 주장한다. 한 집단의 학생들에게 "여기 이 대학의 대부분의 학생들이 이 주제에 대해 어떻게 생각하는지가 나와 있다. 당신은 어떻게 생각하나?"라고 물었다. 무슨 주제이든 상관없이, 대부분의 학생들은 그 대학 다른 사람들의 입장에 동의했다. 그럼에도 그것이 실제 자신의 의견이지, 군중을 따라 한 것이 아니라고 주장한다(Pronin, Berger, & Molouki, 2007).

동조는 심지어 글쓰기에서도 일어난다. 대학생들은 과학 스타일로 쓰인 무언가를 읽은 후, 그들도 한층 더 과학 스타일로 글을 쓴다. 비형식적이고 잡담 스타일의 무언가를 읽은 후에는 그들도 비형식적이고 잡담 스타일로 글을 쓴다. 평소보다 많은 대명사나 전치사가 있는 글을 읽은 후에는 자신도 모른 채 그렇게 글을 쓴다(Ireland & Pennebaker, 2010). 그러므로 앞으로 보고서를 쓰기 전에는 잘 쓴 글을 읽어라.

동조

동조(conformity)는 다른 사람들의 행동 혹은 기대에 맞도록 한 사람의 행동을 바꾸는 것이다. 많은 상황에서 동조는 좋은 것이다. 당신이 운전을 할 때, 같은 방향으로 가고 있는 모든 사람이 도로의 같은 쪽으로 운행하는 것은 도움이 된다. 만약 당신이 토론을 할 때, 모든 사람이 같은 언어로 발언하는 것은 도움이 된다. 만약 당신이 모임에 갈 때, 모든 사람이 대략 같은 시간에 도착하는 것은 도움이 된다.

동조의 힘을 과소평가하지 마라. 크로아티아의 코베르사다는 공식적 누드촌으로 잘 알려져 있다. 만약 처음 방문한 사람이 그 도시를 옷을 입은 채 돌아다닌다면, 다른 사람들이 용인할 수 없다는 듯 머리를 흔들면서 서서 쳐다본다. 방문객은 옷 입은 사람들의 도시에 서 있는 옷 벗은 사람처럼, 어색하고 자신을 의식하게 됨을 느꼈다. 대부분의 방문객들은 서둘러 옷을 벗었다(Newman, 1988).

만약 당신이 "나는 동조하지 않을 거야."라고 외친다면, 지금 당장 당신이 입고 있는 옷을 주변 사람들의 옷과 비교해 보라. 교수들은 가끔 자신은 다른 사람들의 복장 스타일에 동조하지 않는다고 주장하는 학생들이 모두 똑같이 청바지를 입고 있는 아이러니한 모습을 본다(C. R. Snyder, 2003). 당신은 남들에 비해 얼마나 동조

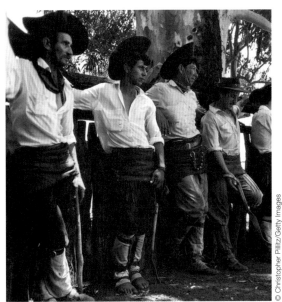

사람들은 옷차림과 여러 관습에서 서로서로 동조한다.

명백히 틀린 다수에의 동조

초기의 연구는 우리가 자신의 판단을 확신하지 못할 때 주로 동조한다는 사실을 시사했다(Sherif, 1935). 만약 우리가 다른 모든 사람들이 틀렸다는 것을 알고 있으면서도 동조할까? 이 물음에 대한 해답을 얻기 위해, Asch(1951, 1956)는 지금은 유명해진 일련의 실험을 수행했다. 그는 학생들로 된 집단들에게 그가 기준선분이라고 정의한 그림 13.10에서 보는 것과 같은 하나의 수직선을 보도록 했다. 그는 학생들에게 다른 세 개의 수직선(그림 13.10의 오른쪽)을 보여주고 이 중 어느 선이 기준선분과 같은 길이인지를 물었다. 당신이 볼 수 있듯, 과제는 단순하다. Asch는 학생들에게 답을 큰 소리로 말하도록 요청했다. 그는 18개의 선분 세트로 그 절차를 반복했다.

그림 13.10 Asch의 동조 연구에서, 실험참여자에게 세 선분 중 어느 것이 또 하나의 선분과 일치하는지를 물었다. 실험참여자들은 대답하기 전에 먼저 다른 사람들이 틀린 답을 말하는 것을 들었다.

각 집단에서 한 명만이 진짜 실험참여자였다. 다른 사람들은 18번의 시행 중 12번을 오답을 하도록 지시받은 실험협조자들이었다. Asch는 그 진짜 실험참여자를 집단의 마지막에서 두 번째에 대답하도록 배치

하여 그가 자신의 답을 말하기 전에 대부분의 실험협조자들이 말하는 오답을 듣도록 했다(그림 13.11). 그는 다수 군중을 따라 갔을까?

놀랍게도 50명의 실험참여자 중 37명이 최소한 한 번 이상 다수에 동조했고 14명은 대부분의 시행에서 다수에 동조했다. Asch(1955)는 이런 결과들에 대해 혼란스러워 했다. 즉 "우리가 발견한 사실은 우리 사회에 동조 경향성이 매우 강하다는 사실이다. 그것은 우리의 교육방식에 대해, 우리의 행위를 이끄는 가치들에 대해 의문을 제기하는 것이다"(p. 34).

왜 사람들이 그리 쉽게 동조했을까? 실험 후의 면담에서 일부는 집단의 다른 사람들이 맞다고 생각했거나 착시가 선분의 모양에 영향을 주었다고 말했다. 다른 사람들은 자신이 틀린 답에 동조하고 있다는 것을 알고 있었지만, 조롱이 두려워서 집단에 따라 갔다고 말했다. 동조하지 않은 사람들도 흥미롭다. 어떤 사람들은 신경 쓰였지만 자신이 본 대로 말하는 것을 의무라고 느꼈다. 소수의 사람들은 사회적으로 움츠러들어 있었다. 그럼에도 불구하고 어떤 사람들은 마치 "내가 옳고 다른 사람들 모두 틀렸다. 늘 그래."라고 말하듯 매우 자신감 있었다. Asch(1951, 1955)가 오답을 말한 실험협조자의 수에 변화를 주었을 때, 사람들은 3~4명만 있어도 큰 집단만큼 쉽게 동조한다는 사실을 발견했다(그림 13.12). 그러나 정답을 말하는 한 명의 자기편이 있을 때 실험참여자들은 훨씬 덜 동조했다. 한

그림 13.11 Asch의 동조 실험에 있는 세 명의 실험참여자들. 가운데 불편해 보이는 사람이 진짜 실험참여자이다. 다른 사람들은 실험자의 협조자들이다. (출처: Asch, 1951.)

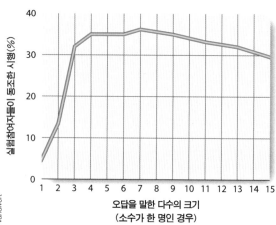

그림 13.12 Asch는 집단 크기가 대략 3명일 때까지 동조가 증가하다가 그 이후 안정된다는 사실을 발견했다. (출처: "Opinion and social pressure" by Solomon Asch, *Scientific American*, November 1955. ⓒ 1955 by Scientific American, Inc. 허가하에 실음)

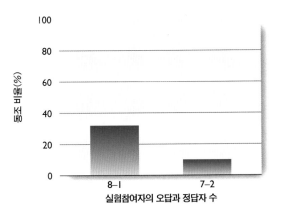

그림 13.13 Asch의 실험에서 만장일치로 오답을 말하는 다수를 만난 실험참여자는 시행 중 32%를 동조했다. 정답을 말하는 한 명의 자기편을 만난 실험참여자들은 그보다 훨씬 적게 동조했다.

명의 소수가 되는 것은 고통스럽지만, 두 명의 소수가 되는 것은 나쁘지 않다(그림 13.13).

개념 점검

29. 당신은 5:1, 10:1, 혹은 10:2로 열세인 경우 중, 어떤 경우에 집단에 더 동조할 가능성이 큰가?

동조의 편차

Asch의 실험 이래로 여러 해 동안 많은 유사한 연구들이 수행되었다. 미국에서 이뤄진 대부분의 연구는 1950년대 이래 동조의 크기가 줄어들고 있다는 사실을 보여준다. 대부분의 아시아 국가들의 동조 비율은 미국보다 더 높다. 왜냐하면 부분적으로는 아시아 사람들이 공손하려 애쓰고 남의 잘못을 지적하여 그를 당황스럽게 하지 않으려고 하기 때문이다(R. Bond & Smith, 1996). 즉 연구자들이 여러 문화에서 같은 절차를 사용한다고 하여도, 이것이 같은 심리 과정들을 검증하는 것은 아닐 수도 있다.

어떤 문화권의 사람들이 동조하는 경향성이 더 클까? 종종 중국과 일본을 포함한 남아시아 문화는 미국, 캐나다, 호주와 대부분의 유럽의 "개인주의" 문화와 대비되는 "집합주의" 문화로 묘사된다. 이런 입장에 따르면, 서양 문화는 독창성, 경쟁, 개인의 자유를 장려하는 반면, 동양 문화는 가족이나 사회의 복리를 위해 개인이 순종하는 것을 선호한다. 원래 이런 대비

는 제2차 세계대전 중간과 직후 동안 행해진 일본인들에 대한 관찰에 근거하고 있었다. 그러나 오늘날의 일본은 당시와는 상당히 다른 나라가 되었다. 집합적으로 움직이는 것은 전쟁 중이거나 전후 복구하고 있는 나라의 공통적인 반응이다(Takano & Osaka, 1999).

주로 대학생을 대상으로 한 많은 연구들은 표 13.2에 있는 것과 같은 질문들에 기초하여 일본인과 미국인의 태도를 대비시켜 왔다. 소수의 연구자들은 직접 여러 나라에서 동조, 협동 및 경쟁 행동들을 관찰했다. 그 연구에서는 현재의 일본 문화가 어떤 면에서는 미국 문화보다 집합주의적이지만, 어떤 면에서는 미국과 비슷하게 개인주의적이란 사실이 발견되었다(Hamamura, 2012; Oyserman, Coon, & Kemmelmeier, 2002).

표 13.2 집합주의 대 개인주의적 태도를 측정하는 질문의 예

예	아니오	나는 누구도 하지 못한 일을 했다는 자부심을 갖고 있다.
예	아니오	어떤 일에서 남들보다 잘하는 것은 나에게 중요하다.
예	아니오	나는 여러 면에서 남들과는 다른 유별난 사람이다.
예	아니오	나는 나의 프라이버시를 지키고 싶다.
예	아니오	당신이 내가 누군지를 알고 싶으면, 우리 집단의 성원들과 함께 있는 나를 보아야 한다.
예	아니오	만약 친척이 경제적 어려움을 겪는다면, 나는 할 수 있는 만큼 도울 것이다.
예	아니오	나는 결정을 내리기 전에 항상 다른 사람들과 상의한다.
예	아니오	나는 나와 상호작용하는 권위자를 존경한다.

주. 처음의 4문항은 개인주의를 측정하는 것이고 다음 4문항은 집합주의적 태도를 측정한다. (출처: Oyserman, Coon, & Kemmelmeier, 2002.)

어떤 연구자들은 적어도 오늘날의 일본을 "집합주의적"으로 보는 생각은 잘못된 것임을 시사하고 있다(Takano & Osaka, 1999). 다른 연구자들은 모든 나라가 여러 하위문화를 지니고 있음을 지적한다(A. P. Fiske, 2002). 마치 미국의 시골에 사는 사람과 뉴욕 사람이 다르듯이 일본의 시골에 사는 사람들은 도쿄에 사는 사람들과는 다르다. 또한 우리가 집합주의 또는 개인주의를 보다 신중히 측정할 필요가 있다(M. H.

Bond, 2002). 어떤 경우든 모든 아시아 문화를 집합주의적 혹은 동조적인 문화로 일반화하는 것은 조심해야 한다.

개념 점검

30. 오늘날보다는 과거 일본인들이 집합주의적 사고를 지니고 있었던 하나의 설명은 무엇인가?

권위에 대한 복종

만약 누군가가 당신에게 다른 한 사람을 해치라고 명령한다면, 당신은 거부할 것이다. 그러나 어떤 상황은 강력한 압력을 발휘한다.

수십 년 전 심리학자 Zimbardo와 그의 동료들은 방학을 이용하여 대학생들에게 실험참가비를 지불해주고 2주 동안 간수(교도관)와 죄수 역할을 하도록 했다. 연구자들은 대학 건물의 지하에 감옥을 설치했고, 학생들에게는 그들이 어떻게 행동할지에 대해서 최소한의 지시만을 했다. 연구자들은 6일 만에 그 연구를 취소해야만 했다. 왜냐하면 많은 "간수들"이 "죄수들"을 신체적·정서적으로 괴롭혔기 때문이다(Haney, Banks, & Zimbardo, 1973). 왜 그랬을까? 학생 중 어느 누구도 평소에 습관적으로 잔인한 사람은 없었다. 그러나 이 상황에서 그들은 어떤 처벌이나 보복의 두려움 없이 잔인성을 즐길 수 있었다. 또한 아마도 그들은 연구자들이 자신들이 잔인하게 행동하기를 바란다고 짐작했다. 그들이 2주간 공손하게 행동했다면, 궁극적으로 "감옥놀이"를 하는 이유가 어디 있을까?

지시와 절차의 차이에 따라 결과가 다르기 때문에, 이 연구로부터 너무 광범위한 결론을 내리는 것에는 조심해야 하지만, 우리는 실생활에서도 이런 현상을 볼 수 있다. 2003년 미국이 아부그라이브 감옥에서 이라크 죄수들을 잔인하게 모욕했다. 초기 조사에서는 미군들의 그 행위를 미군 중 "몇몇 소수의 썩은 사과들(나쁜 인간들)" 때문으로 보았다. 그러나 후에 그들 중 누구도 평소에도 잔인한 사람은 없다는 사실이 밝혀졌다. 그들은 간수로 잘못된 훈련을 받았고, 감독이 소홀했고, 지속적인 스트레스와 고통 아래 있었고, 거

의 지속적인 위험 속에 있었다. 더구나 그들은 권위에 복종하고 동료들에게 동조하는 통상적인 군대 관습을 갖고 있었다. 누구도 이 끔찍한 행위를 변명할 수는 없지만, 그 행위는 아마도 선천적인 악인들로부터 나왔다기보다는 악마 같은 상황으로부터 나왔을 것이다(S. T. Fiske, Harris, & Cuddy, 2004). 당신도 접해 보지 않은 상황에서는 어떤 행동을 할지 알 수 없다. 심리학의 가장 유명한 연구 중 하나가 정상적인 사람이 전에는 접해 본 적이 없는 상황에서 어떻게 행동하는지를 연구했다.

핵심 점검 증거는 뭘까?

Milgram 실험

만약 실험자가 당신에게 다른 사람을 처음에는 약한 전기충격으로 시작하여 점차 강도가 높아지는 전기충격을 주도록 요청한다면, 당신은 어느 지점에서 그 지시를 거부할까? Mil-

© KATARINA STOLTZ/Reuters/Landov

이레나 센들러는 폴란드의 사회사업가로서 나치로부터 2,500명 이상의 유대인 어린이의 목숨을 구했다. 고문에도 그들의 행방에 대해 누설하지 않았다. 후에 그녀가 어린이들의 신분과 정보를 담아 묻어둔 수천 개의 항아리를 파내어 많은 어린이들이 가족과 재결합할 수 있게 되었다.

그림 13.14 Milgram 실험에서 실험협조자는 "학생"이 되도록 되어 있었다. 학생이 전기충격이 주어질 것으로 보이는 장치에 묶이고 있는 장면이다.

그림 13.15 Milgram 실험에서 "선생"은 "학생"이 실수를 할 때마다 이 장치에서 점점 강한 전기충격이 주어지는 스위치를 누른다. 비록 이 장치가 진짜처럼 보이지만, 실제로는 학생에게 전기충격이 주어지지 않았다.

gram(1974)의 연구는 제2차 세계대전 기간 중 나치 강제수용소에 관한 끔찍한 보고서로부터 영감을 받은 것이다. 그런 잔혹한 짓을 한 사람들은 자신이 명령에 따른 것이라고 말함으로써 자신을 방어했다. 국제재판소는 그 방어를 기각했고, 전 세계에 걸쳐 그들의 말에 분노한 사람들은 "만약 나 같으면, 그런 명령의 수행을 거부했을 것이다." 혹은 "나는 목숨을 걸고 나치 대학살로부터 유대인을 구한 이레나 센들러 같았을 것이다."라고 말했다.

글쎄, 당신은 그럴 수도 있고, 아닐 수도 있다. Milgram은 사람들이 압력에 굴복할 수 있지 않을까라고 생각했다.

가설 권위자가 평범한 사람에게 다른 사람에게 해가 되는 어떤 일을 하도록 지시하면, 그들 중 일부는 그 지시에 복종할 것이다.

방법 두 성인 남성이 같은 시간에 실험실에 도착했다. 한 명은 실제 실험참여자이고 다른 한 명은 실험참여자인 척하고 있는 실험협조자이다. 실험자는 이들에게 이 연구는 학습에 관한 것으로 한 명은 "선생" 다른 한 명은 "학생"이 될 것이라고 말했다. 선생은 옆방에 앉아 있는 학생에게 마이크 폰을 통해 단어 목록을 읽어주었다. 그런 다음 선생은 학생의 단어 기억을 테스트한다. 학생이 틀릴 때마다, 선생은 벌로 학생에게 전기충격을 주도록 되어 있었다.

실험은 실제 실험참여자가 항상 선생이 되고, 실험협조자가 항상 학생이 되도록 조작되어 있었다. 선생은 학생이 피할 수 없는 전기충격 장치에 묶이는 것을 보고 있었다(그림 13.14). 실제로 학생은 전기충격을 받지 않지만, 선생은 학생이 진짜 전기충격을 받는 것으로 믿게 되었다. 연구가 시작되기 전, 실험자는 선생이 기계에서 주어지는 전기충격을 한 번 느껴보도록 했었다.

실험 도중 학생은 많은 실수를 했다. 실험자는 선생에게 첫 번째 실수에 대해 15볼트 스위치로 학생을 벌하기 시작하여 계속되는 실수에 대해 15볼트씩, 최대 450볼트까지 전압을 높이도록 지시했다(그림 13.15).

전기충격 전압이 높아짐에 따라, 옆방의 학생은 고통스러운 비명을 지른다. 만약 선생이 학생에게 해가 가면 누가 책임을 질 것인지를 묻는다면, 실험자는 자신이 책임을 질 것이며, "전기충격이 아프겠지만, 위험한 것은 아니다."라고 대답했다. 전기충격이 150볼트에 이르렀을 때, 학생은 자신의 심장이 불편하다고 호소하면서 실험을 그만두게 해달라고 부탁한다. 270볼트가 시작되자, 그는 고통스러운 비명을 지른다. 300볼트에서 그는 더 이상 어떤 질문에도 대답하지 않겠다고 소리친다. 330볼트 이후 그는 전혀 반응이 없었다. 여전히 실험자는 선생에게 계속해서 질문을 하고, 전기충격을 주도록 명령했다. 학생은 실제로는 전기충격을 받지 않았다는 사실을 기억하라. 비명소리도 녹음한 것이었다.

결과 40명의 실험참가자 중 26명이 450볼트까지 모든 전기충격을 다 주었다. 중단한 사람은 대부분 초반에 그만두었다. 150볼트 이상까지 간 사람의 대부분과 330볼트 이상으로 계속한 사람 모두가 450볼트까지 계속했다. 최대 전기충격을 준 사람들은 가학증(사디스트) 환자가 아닌, 신문 광고를 통해 이 지역에서 모집한 정상적인 성인들이었다.

그들에게는 약간의 돈이 실험참여의 대가로 지불되었고, 그들이 질문한 경우 실험을 도중에 중단하더라도 돈을 받을 수 있다고 말해 주었다(많은 사람들이 물은 건 아니다). 노동자, 화이트칼라, 전문가 등을 포함한 모든 직종의 사람들이 실험자의 명령에 복종했다. 그들은 비명을 지르는 학생에게 전기충격을 주면서 대부분은 불안하고 불편했다.

해석 왜 그렇게 많은 사람들이 명령에 복종했을까? 한 가지 이

From the film "Obedience" © 1968 by Stanley Milgram © renewed 1993 by Alexandra Milgram distributed by Alexander Street Press

그림 13.16 변형된 절차에서, 실험자는 선생에게 학생의 손을 전기충격 판 위에 누르고 있도록 요청했다. 이런 학생과의 근접 접촉은 복종을 일반적 수준의 절반 이하로 떨어뜨렸다. (출처: Milgram의 1965년 필름 〈복종〉)

다는 것을 의미하기 때문에 중단하기가 어렵다는 것을 알게 된다. 즉 만약 당신이 300볼트 이후에 중단한다면, 당신은 왜 더 일찍 중단하지 않았을까? 당신은 더 이상 "나는 단지 명령에 따른 것이었다."라고 말할 수 없게 된다.

그림 13.16과 그림 13.17은 절차를 약간 변형한 연구의 결과들이다. 실험자가 자리를 비운 경우보다 같은 방에 있는 경우에 실험참여자들은 실험자에게 더 복종적이었다. 만약 실험참여자들이 학생의 손등을 전기충격판 위에 강제로 누르고 진행해야 하는 경우, 그들은 덜 복종적이었다. 만약 추가된 "선생들"이 과제를 나눠서 하는 경우(다른 "선생들"은 실험자의 실험협조자들임), 다른 사람들이 복종하면 실험참여자도 더 복종했지만, 다른 사람들이 복종하지 않으면, 실험참여자도 덜 복종했다.

그럼에도 불구하고 분명한 사실은 많은 정상적인 사람들이 누군가에게 해를 주거나 심지어 그를 죽일지라도 권위자의 명령에 따른다는 것이다. 만약 이 실험에서 사람들이 복종할 수밖에 없다고 느꼈다면, 정부나 군 지휘자의 명령에 대한 복종 압력은 얼마나 클지를 상상해 보라.

윤리적 문제 Milgram의 실험은 우리가 듣기 싫어하는 것을 말해 준다. 더 이상 "나치 독일에서 일어난 일이 지금 여기서는 일어날 수 없다."고 말할 수 없다. 우리는 대부분의 사람들이 비록 불쾌한 명령일지라도 명령에 따른다는 사실을 알았다. 기분이 불쾌하더라도 Milgram 연구에서 이런 중요한 정보를 얻었다.

그러나 Milgram의 결과를 알게 된 것은 좋은 일이지만, 당신이 그의 실험에 참여한다면 즐겁지 않을 것이다. 대부분의 사람들이 그 경험을 매우 기분 나쁘게 생각했다.

Milgram 연구가 있은 몇 년 후, 미국 정부는 연구에 참여하는 사람들을 보호하는 규정을 만들었다. Milgram 연구들은 이 규정에 별로 영향을 주지 않았다. 즉 이 규정은 의학 분야에서 오

유는 실험자가 모든 책임을 지겠다고 말했기 때문이다(책임분산 원리를 기억하라). 추가로 실험자는 작은 요구(15볼트 전기충격)로부터 시작하여 점차 강한 전기충격으로 진행했기 때문이다. 작은 요구에 동의하는 것은 쉽고, 그것에 동의한 후에는 다음 요구에 동의하기가 쉬워진다. 이미 많은 전기충격을 준 사람은 중단하는 것은 자신의 행동에 대해 자신이 책임진

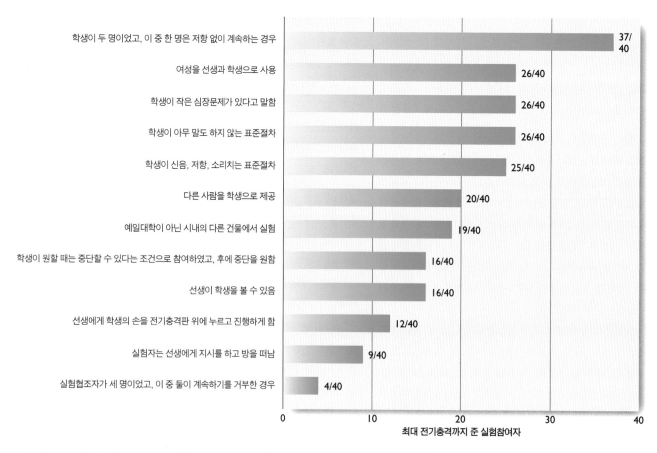

학생이 두 명이었고, 이 중 한 명은 저항 없이 계속하는 경우	37/40
여성을 선생과 학생으로 사용	26/40
학생이 작은 심장문제가 있다고 말함	26/40
학생이 아무 말도 하지 않는 표준절차	26/40
학생이 신음, 저항, 소리치는 표준절차	25/40
다른 사람을 학생으로 제공	20/40
예일대학이 아닌 시내의 다른 건물에서 실험	19/40
학생이 원할 때는 중단할 수 있다는 조건으로 참여하였고, 후에 중단을 원함	16/40
선생이 학생을 볼 수 있음	16/40
선생에게 학생의 손을 전기충격판 위에 누르고 진행하게 함	12/40
실험자는 선생에게 지시를 하고 방을 떠남	9/40
실험협조자가 세 명이었고, 이 중 둘이 계속하기를 거부한 경우	4/40

최대 전기충격까지 준 실험참여자

그림 13.17 Milgram은 자신의 실험 절차를 여러 가지로 변형했다. 책임의 분산이 복종을 증가시켰다. 피해 결과가 선생 본인 책임임을 시사하면 복종이 감소했다.

용되는 실험에 대한 반응으로 제정되었다(Benjamin & Simpson, 2009). 그럼에도 불구하고 그 규정에 심리학 연구가 포함되었다. 더욱이 심리학자들은 연구윤리에 더 민감해졌다. 오늘날 어떤 연구의 시작 전에(가장 단순하고 무해한 연구라도) 연구자들은 윤리를 고려하여 그 연구를 허용 혹은 기각하는 위원회에 자신의 연구계획을 제출해야 한다. 주요 규칙 중 하나가 사전 동의이다. 당신은 연구에 참여하기 전에 무슨 일이 일어날지 이해하고 동의해야 한다.

오늘날 누군가가 Milgram 연구를 반복할 수 있을까? 심리학자들은 오랫동안 윤리적 제약 때문에 Milgram 연구를 반복하는 연구가 불가능하다고 가정했다. 그러나 한 연구자가 그 연구의 핵심적인 측면을 반복 연구할 수 있는 방안을 찾았다. Milgram은 150볼트 이상으로 간 대부분의 사람들이 450볼트인 끝까지 실험을 계속했다고 보고했다. 150볼트 이상의 전압에서는 학생이 비명을 지르고 저항함에 따라 선생의 긴장과 스트레스가 쌓여갔다. 그래서 Burger(2009)는 그 절차를 150볼트까지 제한하여 반복 연구했다. 결과는 40여 년 전의 Milgram 연구와 같이 남성이든 여성이든 대부분의 사람들은 150볼트까지 전기충격을 계속했다(Burger, 2009). 복종 수준은 Milgram 시절보다는 약간 낮았다. 이는 아마도 개인주의와 자기주장이 커진 사회적 추세이기 때문일 것이다(Twenge, 2009). 그러나 대부분의 정상적인 사람들이 누군가를 해치는 명령에도 기꺼이 따른다는 사실은 여전하다.

Milgram이 하지 않은 다른 조건하에서 어떤 일이 벌어지는지를 탐색하는 것은 흥미 있는 일이다. 만약 사람들이 어린이에게 전기충격을 주고 있다고 생각하면, 그들은 더 일찍 중단할까? 만약 그들에게 나중에는 입장이 바뀌어 앞서 학생이었던 사람이 선생에게 전기충격을 주게 될 것이라고 말해 주면 어떻게 될까? 그런 다음 선생이 어떻게 행동할까? 복종률에 영향을 줄 수 있는 절차상의 또 다른 변화는 무엇이 있을까?

개념 점검
31. Milgram 실험에서의 복종이 문 안에 발넣기 절차와 어떤 점에서 유사한가? 그것은 Skinner의 조성 절차와는 어떤 점이 유사한가?

집단 의사 결정

의사 결정이 필요한 조직은 종종 그 문제를 다루고 해결책을 추천해 줄 위원회를 설치한다. 위원회는 개인보다는 많은 시간과 정보를 갖고 있고, 개인의 독특한 특징은 적게 지니고 있다. 집단 의사 결정은 일반적으로 개인의 결정보다는 우수하지만, 그 결과는 상황에 달려 있다. 만약 당신과 누군가가 동등하게 정보를 지녔다면 아마도 당신은 각자 혼자보다는 그와 함께 결정하는 것이 나을 것이다. 그러나 만약 당신이 다른 사람에 비해 정보가 많다면, 당신 혼자 결정하는 것이 나을 것이다(Bahrami et al., 2010). 또한 어떤 집단은 다른 집단들에 비해 일을 더 잘 처리한다. 한 연구에서 여러 집단에게 도덕 판단, 시각문제, 제한된 자원을 분배하는 방식 등에 대한 의사결정을 요구한 다음, 이를 비교했다. 어떤 집단은 일관되게 다른 집단에 비해 결정이 우수했다. 이 연구에서는 한 사람이 지배하도록 되어 있는 집단보다는, 협동적이고 모든 사람이 동등하게 참여하도록 되어 있는 집단에서 의사 결정이 가장 우수했다. 여성의 비율이 높은 집단이 싸우고 경쟁하는 경향이 있는, 남성

이 대부분인 집단에 비해 대개는 성과가 좋았다(Wooley, Chabris, Pentland, Hashmi, & Malone, 2010). 그러나 보다 기술적인 주제에 관련된 의사 결정을 내리는 집단에서는 결과가 다를 것이다. 예를 들어 핵 엔지니어링에 관한 의사 결정에서는 모든 사람이 동등하게 참여하는 우호적인 집단보다는 오히려 핵기술 전문가 한 명의 결정이 더 나을 것이다.

더욱이 집단은 때로 반대를 억누르거나 판단을 서두르는 것과 같은 좋지 못한 방식으로 상호작용한다. 지금부터 어떻게 이런 일이 일어나는지를 살펴보자.

집단극화

만약 한 집단을 구성하고 있는 거의 모든 사람들이 특정 주제에서 한쪽 방향으로 기울어져 있으면, 집단토의는 그 집단 전체를 그쪽 방향으로 한층 더 이동시킨다. 이런 현상은 집단극화(group polarization)라고 알려져 있다. 집단극화는 상당히 동질적인 집단에서 발생한다는 사실에 주목하라. 만약 집단의 의견이 여러 조각으로 나뉘어 있다면, 추세는 예측하기가 어렵다(Rodrigo & Ato, 2002).

극화(polarization)란 용어가 각자 선호하는 입장에 따라 집단이 나뉜다는 것을 의미하지는 않는다. 그보다는 집단성원들이 함께 한쪽 끝(극단적 입장) 혹은 다른 쪽 끝으로 이동하는 것을 의미한다. 예를 들어 낙태에 반대하거나 동물의 권리를 주장하거나 총기 소지를 반대하는 집단이 자기들끼리 논의를 거친 후에는 대개 그들이 처음부터 지닌 견해보다 더 극단적이 된다(Lamn & Myers, 1978). 만약 구성원의 대부분이 이미 같은 방향으로 기울었다면, 논의 도중에는 그들은 그쪽 방향을 선호하는 새로운 주장들을 듣고, 반대쪽 주장들은 소수이거나 들을 수가 없다(Kuhn & Lao, 1996). 또한 집단성원들이 논의 도중에 반대 주장을 하게 되면 받게 될 항의를 의식하기 때문에, 특히 집단으로부터 충분히 인정받고 있다고 느끼지 못하는 사람들에게는 동조압력이 강해진다(Noel, Wann, & Branscombe, 1995).

32. 배심원단은 각 개인보다 편향된 혹은 극단적인 결정을 내릴 가능성이 더 큰가?

많은 조직은 반대 의견을 억누르는 집단사고의 경향성을 막으려 노력한다. 르네상스 동안, 유럽의 왕들은 어떤 제안을 신선하고 재미있는 관점에서 알아보기 위해, 가끔은 "바보(즉 궁정 광대)"를 불러들였다. 주로 예스맨으로 구성되어 있는 궁정에서 그 바보는 보복의 두려움 없이, 제안된 법령의 허점들을 맘대로 지적할 수 있는 유일한 사람이었다.

집단사고

집단사고(groupthink)라고 알려진, 집단극화의 극단적 형태는 집단성원들이 나쁜 인상을 주는 것 혹은 집단의 조화를 깨뜨릴 것을 두려워하여 집단의 의사 결정에 대한 의심을 억압할 때 발생한다(Janis, 1972, 1985). 집단사고를 이끄는 주요 요소들은 리더십의 과신, 문제의 심각성에 대한 평가절하, 동조압력이다. 때로 반대자들은 스스로 동조하고, 때로는 리더십이 적극적으로 그들에게 동조를 촉구한다.

집단사고의 고전적 예는 1962년에 있었던 미국의 피그스 만 참패이다. 케네디 대통령과 그의 조언자들은 쿠바의 피그스 만에 대한 소규모 침공 계획을 세우고 있었다. 그들은 쿠바에서 망명한 사람들로 구성된 소규모 군대를 침공시켜 쿠바군을 제압하면, 쿠바인들이 자발적으로 쿠바 정부에 대해 반란을 일으킬 것이라고 가정했다. 이런 가정에 의구심을 지녔던 대부분의 조언자들은 침묵했다. 의구심을 표현했던 유일한 사람도 다른 사람들로부터 충성으로 대통령을 지지해야 한다는 소리를 들었다. 침공이 시작된 몇 시간 만에 모든 침공자들은 사살되거나 체포되었다. 이후 이런 결정을 내린 사람들은 어떻게 자신들이 이 같은 멍청한 결정을 할 수 있었는지 의아해 했다.

집단사고를 피하기는 쉽지 않다. 일반적으로 우리는 단호하고 자신감 있는 정부나 사업체 리더를 존경한다. 집단사고는 리더가 너무 단호하고 자신감 있으며, 다른 집단성원들은 리더에 반대하면 자신의 지위가 위협받을 수 있다고 생각하여 반대를 주저할 때 일어난다. 때로 어떤 사람은 발언을 한다. 특히 논의되고 있는 그 문제에 깊은 관심이 있는 사람이 발언한다(Packer, 2009). 집단사고를 줄이기 위한 하나의 전략은 리더가 조언자들에게 개별적으로 자문을 구하여, 그들이 다른 사람들의 말에 영향을 받지 않도록 하는 것이다.

인간의 본성이 아니라 상황을 고쳐라

좋은 의도를 지니고 있는 교양인들조차도 어떤 상황에서는 최악의 행동을 한다. 만약 우리가 만원인 극장에서 불이 났을 때 사람들을 공황상태에 빠지지 않게 하려 한다면, 가장 좋은 방법은 사람들에게 그런 상황에서 어떻게 행동해야 하는지를 상기시키는 것이 아니다. 해결책은 출구를 더 많이 만드는 것이다. 마찬가지로 동조압력이

강하거나 명령에 복종해야 하는 상황에서도 사람들을 윤리적이고 현명하게 행동하도록 가르치는 것은 힘든 일이다. 우리가 나쁜 결정을 내리는 유혹을 피하기 위해서는 상황을 주의 깊게 선택할 필요가 있다.

요약

- **사회적 영향.** 사람들은 정보를 제공함으로써, 기대되는 행위의 규범을 설정함으로써 우리의 행동에 영향을 준다. 또한 우리는 다른 사람들이 가능한 행위를 시사해 주기 때문에 그들을 견본으로 삼는다. (533쪽)
- **동조.** 많은 사람들은 다수가 틀렸다고 확신하는 경우에서도 다수의 견해에 동조한다. 한 개인은 3명 이상의 집단에 동조할 가능성이 크지만, 집단 중에 자기편이 있을 때는 동조를 덜 한다. (533쪽)
- **문화차.** 비록 어떤 문화는 다른 문화보다 더 집합주의적이거나 동조를 더 많이 하는 경향이 있지만, 모든 아시아 문화를 집합주의 문화로 간주하거나 한 사회의 모든 구성원들이 똑같이

집합주의적이라고 가정하는 것은 과잉일반화이다. (535쪽)
- **복종.** Milgram의 복종 연구에서, 많은 사람들은 또 다른 사람에게 고통스런 전기충격을 주도록 한 지시에 따랐다. (536쪽)
- **집단극화.** 어떤 주제에서 대부분 한쪽 방향으로 의견이 기울어진 집단은 대부분의 사람들이 각자의 의견을 지닌 집단보다 종종 더 극단적인 결정을 내린다. (539쪽)
- **집단사고.** 집단사고는 응집성이 큰 집단의 구성원들이 서로에게 나쁜 인상을 줄지 모른다는 걱정이나 자신이 집단의 응집력을 해친다는 걱정 때문에 집단의 결정에 대해 반대의사를 밝히지 못할 때 발생한다. (540쪽)

핵심 용어

동조 (533쪽)　　　　　　　　집단극화 (539쪽)　　　　　　　　집단사고 (540쪽)

개념 점검 문제의 답

1　Kohlberg는 사람들이 내리는 도덕적 결정 자체가 아닌 그 결정을 내린 것에 대한 설명에 의해 도덕추론을 평가했다.

2　일반적으로 사람들은 도덕적 결정을 논리적으로 추리하기보다는 직관적으로 정서적으로 빠르게 결정한다. 또한 Kohlberg는 모든 도덕적 결정이 정의를 추구하고 타인에게 해를 주지 않는 것에 근거하여 이뤄진다고 가정했다. 전 세계 대부분의 사람들은 집단충성심, 권위자에 대한 존경, 정신적 순결함도 고려하여 도덕적 결정을 한다.

3　낯선 사람이라도 당신은 자신이 협동적인 사람이라는 평판을 높이려고 이타적으로 행동한다. 과거에 협동해 오던 친숙한

사람이면, 당신은 그 사람에게 호의를 되돌려받길 기대한다.

4　이타행동에 대한 하나의 설명은 협동이 좋은 평판을 만들어 주기 때문이라는 것이고, 평판은 개인들이 서로서로를 인식해야 하는 것이다. 또 다른 설명은 협동하는 사람들이 협동하지 않는 사람을 처벌하기 때문이라는 것이다. 보복하려면 사람들은 누가 협동하지 않았는지를 알아야 한다.

5　쓰레기를 줍는 것과 같은 한 사람의 많은 기여가 개인적 공로나 인정을 가져다주지 않기 때문에 사회적 태만이 생길 가능성이 크다. 또한 각자는 "이런 큰 문제를 한 사람이 한다고 해서 무엇이 좋아질까?"라고 생각한다.

6 주된 이유는 돈을 버는 사람은 자신이 다른 사람(아이들, 아픈 사람, 은퇴한 사람)이 할 수 없는 특별한 기여를 할 수 있다고 보기 때문이다. 또한 다른 사람들이 돈 버는 사람의 기여를 쉽게 관찰할 수 있기 때문이다.

7 조건에 따라 다르다. 유전적 성향과 어린 시절에 학대받은 전력을 모두 지닌 사람이 공격행동을 할 확률이 가장 높다.

8 몰개인화와 비인간화는 폭력을 저지른 사람으로 하여금 그 희생자들이 좋은 대우를 받을 가치가 없는 사람이라고 생각하게 만들 수 있기 때문이다.

9 학생들에 대한 첫인상에 의해 채점 결과가 편파적으로 되는 것을 피하기 위함이다.

10 암묵연합검사는 사람들이 심지어 스스로도 인정하지 않는 편견을 드러낼 수 있다.

11 문화 차이의 긍정적 경험을 하고 그것을 즐기려고 하는 것이 더 낫다. 특히 사람들이 공동의 목표를 위해 함께 일할 때, 접촉을 증가시키는 것이 집단 간 긴장감을 극복하는 데 도움이 된다.

12 **a**. 내부 귀인 **b**. 외부 귀인 **c**. 외부 귀인. 내부 귀인은 성격이나 태도와 같은 안정적 측면과 관련된다.

13 당신은 아마도 합의성 정보 때문에 내부 귀인을 할 것이다. 한 사람의 행동이 다른 사람들과 다를 때, 우리는 내부 귀인을 한다.

14 기본적 귀인오류 때문에 사람들은 좋은 역을 맡은 연기자는 그 사람 자체가 좋은 사람이고, 악역을 맡은 사람은 아마도 그가 맡은 배역과 닮았을 것으로 생각하는 경향이 있다.

15 미국인과 서양 문화권 사람들이 기본적 귀인오류를 더 많이 범할 것이다. 왜냐하면 중국인들은 서양인에 비해 행동을 상황에 귀인하는 경향성이 크기 때문이다.

16 당신은 관찰자보다는 행위자가 되기 때문에 외부 귀인을 할 가능성이 높다.

17 사람들은 때로 제대로 하지 못한 수행에 대해(특히 어떻게 해도 잘하지 못할 것 같을 때), 스스로에게 변명하기 위해, 수행에 피해가 될 수 있는 일을 하기도 한다.

18 암묵연합검사는 사람들이 말하는 것과 일치하지 않는 태도를 측정해 준다.

19 당신은 10달러를 지불한 경우에 그 과목을 더 좋아하게 될 것이다. 단지 10달러만 지불했다면, 당신은 스스로에게 그 과목을 더 열심히 공부하고 있는 것이 지불한 돈 때문이라고 말할 수 없을 것이다. 그 대신 당신은 실제로 그 공부가 재미있었기 때문이라고 말하게 될 것이다.

20 당신은 어떤 해산물이 인간에게 가장 좋은지에 대한 토론에서 증거와 논리에 대해 더 주의집중을 할 것이다. 즉 이 경우에 중심경로를 통한 설득이 이루어질 것이다.

21 판매원은 당신이 좋아하고 신뢰하는 집단의 지지에 의존하고 있다. 또한 당신은 자신과 유사한 사람들에게 설득될 가능성이 크다.

22 **a**. 유인상술 기법 **b**. 대비효과 혹은 그게 전부가 아니야 기법 **c**. 문 안에 발넣기 기법

23 당신의 아이디어가 거부되었다는 사실이 그것을 포기해야 한다는 뜻은 아니다. 만약 당신과 몇몇 동료가 일치단결된 모습을 보여주면서, 이 계획을 계속해서 제시한다면, 다수 집단은 궁극적으로 이와 비슷한 계획(아마도 당신에게 그 공로를 주지는 않을 것)을 채택할 수도 있다.

24 아이들이 공격에 어떻게 저항하는지를 배울 수 있도록 하기 위해 아이들의 태도를 약한 공격에 노출시켜야 한다.

25 새의 밝은 깃털이나 남자의 우람한 근육과 같은 매력적인 특징들은 많은 에너지를 필요로 한다. 건강하지 못한 개체가 이런 특징들을 만들 수 있는 충분한 에너지를 투여하기 어렵기 때문이다.

26 평균적인 특징은 우리의 조상이 유전자를 인류에 퍼뜨리는 데 성공한 특징이었을 것이다. 그러므로 평균적인 특징은 아마도 건강의 표시이다.

27 근접성과 친숙성은 친구가 될 가능성을 높여줄 것이다. 유사성 원리는 그 가능성을 약화시킬 것이다. 언어의 차이 때문에 당신들은 관심사나 태도의 유사성을 발견할 기회가 적을 것이다. 사실상 근접성도 보통의 경우처럼 힘을 발휘하지는 못할 것이다. 왜냐하면 그것은 주로 사람들이 지닌 공통점을 찾는 수단의 역할을 하기 때문이다.

28 없다. 심한 말다툼이나 모욕감을 주는 것은 결혼 실패의 강력한 예측 요인이다.

29 당신은 5:1이나 10:1로 열세일 때는 비슷한 정도로 동조할 것이다. 왜냐하면 3명 이상의 집단은 대략 같은 정도로 동조압력을 주기 때문이다. 그러나 단 1명이라도 자기편이 있으면 동조압력이 줄어들어, 10:2의 열세일 때도 동조를 덜 하게 될 것이다.

30 제2차 세계대전 도중과 직후, 일본인들은 전쟁 중 혹은 전후 복구 중이었다. 그런 상황에서는 어느 나라 사람이라도 집합적으로 일하도록 동기화된다.

31 문 안에 발넣기 절차와 같이, Milgram은 작은 요구(약한 전기충격

주기)로 시작한 후 점차 요구수준을 올렸다. Skinner의 조성 절차도 매우 쉬운 과제로 시작한 후에 더 어려운 과제로 수준을 높였다.

32 경우에 따라 다르다. 집단극화는 아마도 거의 배심원단을 만장일치 평결 쪽으로 이동시킬 것이다. 그러나 처음부터 의견이 달랐던 배심원은 집단극화를 경험하지 않을 것이다. 대부분의 연구는 배심원들과 그와 유사한 집단들이 평균적인 개인보다 더 극단적인 것은 아니라는 결과를 발견했다(Kerr, MacCoun, & Kramer, 1996).

14 성격

© Koji Aoki / AFLO Sport

이 원양 여객선 타이타닉의 3차원 직소 퍼즐은 26,000조각으로 이루어져 있다. 성격을 이해하는 것은 심지어 이 퍼즐보다도 복잡하다.

AP Photo/Roland Weihrauch

수천 명의 사람들이 세계에서 가장 큰 직소(jigsaw) 퍼즐을 맞추는 일을 맡았다. 퍼즐 조각은 1조 개도 넘는다. 서두르기 선수인 코디(Cody Conclusionjumper)가 조각 20개를 세심히 살펴보고, 잠시 허공을 바라보다가 말한다. "퍼즐을 다 맞추면, 시드니 오페라 하우스의 그림이 될 거야!" 이때 끈기 있는 프루던스(Prudence Plodder)가 말한다. "글쎄, 전체 퍼즐이 어떤 모양이 될지는 모르겠지만, 서로 맞는 두 조각은 찾아낸 것 같은 걸."

퍼즐을 완성하는 데서 두 사람 중 누가 더 큰 도움을 줄까? 답이 무엇이든지 간에 각각의 이유는 있을 것이다. 명백하게도 이 일은 프루던스가 한 것과 같은 작은 성취가 어마어마하게 모여야 가능하다. 하지만 만약 코디가 옳다면, 그녀의 번뜩이는 통찰은 모든 조각을 맞추는 데 매우 큰 도움이 될 것이다. 물론 그 퍼즐이 노을을 배경으로 한 범선의 그림으로 밝혀진다면, 코디는 우리를 잘못 인도하여 시간을 낭비하게 만든 셈이 될 것이다.

어떤 심리학자들은 성격의 본질에 대해 거대한 이론들을 제시해 왔다. 반면 다른 심리학자들은 성격 유형을 분류하고 왜 사람들이 특정한 상황에서 다르게 행동하는지에 대해 이해하려고 시도해 왔다. 이 장에서, 우리는 성격에 대해 접근하는 각각의 방법에 대해 알아볼 것이다. 첫 번째 단원에서 우리는 지그문트 프로이트를 포함한 몇몇 유명한 성격 이론가에 대해 알아볼 것이다. 두 번째 단원에서는 성격의 정의에 대해 다룰 것이다. 물론 성격에 대한 어떠한 정의라도 모두 하나의 학설이지만, 첫 번째 단원에 나온 이론들에 따라 정의가 달라진다. 마지막 단원은 성격 측정에 대해 살펴볼 것이다.

성격 이론

• 성격의 전반적인 구조에 대해 가장 잘 묘사하려면 어떻게 해야 할까?

모든 개인은 사실상 문명의 적이다… 따라서 문명은 개인으로부터 해를 입지 않도록 보호받아야 한다… 왜냐하면 대다수 군중은 게으르고 우둔하며… 군중을 이루는 개인들은 자신의 무분별함에 고삐가 채워지지 않도록 서로를 지지하기 때문이다.

— 지그문트 프로이트(Sigmund Freud) (1927/1961, pp. 6-8)

내 경험에 따르면 사람들은 근본적으로 긍정적인 방향성을 갖고 있다. 내가 치료 과정에서 개인들과 가장 깊이 접촉한 바에 따르면, 심지어 그들의 문제가 가장 충격적인 것이고, 행동은 가장 반사회적이며, 감정은 가장 비정상적일지라도, 나는 사람들에게 근본적으로 긍정적인 방향성이 있다는 것이 사실임을 깨달았다.

— Carl Rogers (1961, p. 26)

인간의 본성이란 무엇일까? 17세기 철학자 토머스 홉스(Thomas Hobbes)는 인간의 본능은 이기적이라고 주장했다. 그는 본성 그대로의 삶이란 "끔찍하고, 야만적이고, 짧다."고 말했다. 우리는 다른 사람으로부터 자신을 보호하기 위해 정부를 필요로 한다. 18세기 정치철학자 장 자크 루소(Jean-Jacques Rousseau)는 이에 동의하지 않았고, 인간은 근본적으로 선하며 정부란 문젯거리지 해결책이 아니라고 주장했다. 그는 합리적 인간이 자유롭게 행동함으로써 전체의 안녕을 증진시킬 것이라고 주장했다.

이 두 가지 관점 사이의 논쟁은 성격 이론들 사이에서도 나타난다(그림 14.1). 지그문트 프로이트는 인간은 충동을 가지고 태어나며 문명이 살아남기 위해서는 그 충동을 억제해야 한다고 생각했다. Carl Rogers는 인간이 선을 추구하며 고귀한 목표를 추구하고 불필요한 구속으로부터 벗어나면 그러한 목표를 달성할 수 있을 거라고 믿었다.

어떤 관점이 옳은 것일까? 깊이 들어가 보면, 우리는 선할까, 악할까, 둘 다일까, 둘 다 아닐까? 인간 성격의 근본적 특성이란 무엇일까?

성격(personality)이라는 용어는 '가면'이라는 뜻의 라틴어 페르소나(persona)로부터 온 단어다. 고대 그리스와 로마의 연극에서 배우들은 자신의 캐릭터를 나타내는 가면을 썼다. 그러나 쓰고 벗는 가면과는 달리 성격은 무언가 고정적인 특성을 포함한다. 성격은 한 개인이 타인과 다르게, 일관적으로 행동하는 모든 방식으로 구성되어 있으며 특히 사회적 상황에서의 행동 방식을 뜻한다. (학습, 기억, 지각, 근육 조절에서의 차이는

홉스	루소
인간은 이기적이다.	인간은 선하다.
보호를 위해 정부는 반드시 필요하다.	정부는 부패한 영향을 끼친다.
프로이트	**Rogers**
자연적 충동은 사회에 해롭다.	자연적 충동은 숭고하며 선하다.

그림 14.1 지그문트 프로이트는 철학자 토머스 홉스처럼 인간 본성의 파괴적 부분을 더 강조했다. 반면에 Carl Rogers는 장 자크 루소처럼 인간 본성의 긍정적 부분을 더 강조했다.

일반적으로 성격이라고 간주되지 않는다.)

지그문트 프로이트와 정신역동적 접근

지그문트 프로이트(1856~1939)는 오스트리아의 의사로 최초의 정신역동 이론(psychodynamic theory)을 발전시켰다. 정신역동 이론은 성격을 개인 내에서 갈등을 일으키는 힘들 간의 상호작용과 연관시켰고, 여기에는 무의식도 포함된다. 즉, 우리가 이해하지 못하는 내부의 힘들이 우리를 밀어붙이고 끌어당긴다는 것이다.

프로이트는 무의식적인 생각과 동기를 추론하기 위해 꿈, 말실수 등을 해석했다.

프로이트의 영향은 사회학, 문학, 미술, 종교, 정치까지 확장되었다. 그런데 여기, 이 심리학 책의 4분의 3만큼 읽어내려 왔음에도, 아직까지 프로이트는 거의 언급되지 않았다. 어째서일까?

그 이유는 심리학 분야에서 프로이트의 영향은 상당히 감소되었기 때문이다. 심리학자인 Frederick Crews(1996, p. 63)에 따르면 "한때 극단주의나 신경증의 징후라고 간주되었던 판결, 즉 프로이트식의 체계 전체 및 체계를 구성하는 도그마 어떤 것에 대해서도 과학적으로, 치료적으로 유리하게 언급할 만한 것이 전혀 없다는 결론으로 각각의 개별 연구들이 수렴되어 왔다." 프로이트의 이론 중 어떤 것도 긍정적으로 말할 만한 것이 없다니, 어떻게 생각하는가? 이 말에 모두가 동의하는 것은 아니다. 하지만 프로이트의 영향은 현저하게 감소하고 있다.

프로이트의 무의식에 대한 탐색

비록 프로이트는 의사였지만, 그는 친구들에게 보낸 편지에서 자신이 의학에 대해 관심을 가졌던 적은 그다지 없었다고 시인했다. 그의 목표는 인간 정신을 이론적으로 이해하는 것이었다. 경력 초기에 프로이트는 정신과 의사 Josef Breuer와 함께 일했는데, Breuer는 갖가지 신체적 불평을 늘어놓는 한 젊은 여성을 치료하고 있었다. 그 환자는 Breuer에게 다양한 정서적 외상 경험이 있었던 자신의 과거에 대해 이야기했다. Breuer와 훗날의 프로이트는 이러한 경험들을 기억해 내는 것은 카타르시스(catharsis), 즉 억눌린 정서적 긴장을 해방하는 것으로, 그렇게 함으로써 그녀의 병은 완화되었다고 말했다. 그러나 이후의 학자들이 의료 기록을 재검토한 바에 따르면, 정신분석의 역사에서 너무나 중심이 되는 이 여성은 그러한 치료로부터 얻은 혜택이 거의 없거나 전혀 없음이 드러났다(Ellenberger, 1972). 나아가 우리는 카타르시스가 좋은 것이라고 당연히 믿어서는 안 된다. 고통스러운 경험을 되새기는 것은 고통스럽다. 슬픈 영화를 보면서 울도록 권장 받은 사람들은 감정을 통제한 사람들보다 기분이 더 나아지는 것이 아니라 더 나빠지는 결과를 맞았다(Kraemer & Hastrup, 1988). 우리가 분노를 표현하면 일반적으로 그 후 우리는 더 긴장하게 될 뿐, 긴장이 감소되지 않는다(Verona & Sullivan, 2008). 폭력적인 비디오 게임을 하는 것은 '쌓인 것을 털어놓는' 것이 아니며, 이후 공격적인 행동의 경향성을 증가시킨다(Anderson et al., 2010).

이 여성의 사례에서 카타르시스가 성공적이었는지 아니었는지에 상관없이, 프로이트는 '대화 치료(talking cure)'를 다른 환자들에게 시도해 보기 시작했다. 그는 의식과 무의식의 상호작용에 기초하여 성격을 설명하고 성격을 다루는 자신의 방법을 정신분석(psychoanalysis)이라고 불렀다. 지금까지도 정신분석가들은 비록 정신분석적 관점이 수십 년을 거쳐 발전되어 왔음에도 불구하고, 어떤 프로이트의 방법과 이론은 그대로 고수한다.

프로이트의 이론에서 중심이 되는 개념은 무의식(the unconscious)으로, 무의식은 기억, 감정, 사고의 저장소이며, 그것들 중 다수가 비논리적이며, 심지어 우리가 말할 수 없는 방법으로 우리의 행동에 영향을 미친다는 개념이다. 이 이론에 따르면, 외상 경험과 해결되지 못한 유년기의 갈등은 사고와 감정을 무의식에 밀어 넣는다. 정신분석가의 목표는 이러한 기억들을 의식으로 끌어올리고, 카타르시스를 이끌어내어 그 사람이 비합리적인 충동을 극복할 수 있게끔 하는 것이다. 정신분석가는 환자가 말하는 모든 것을 집중해서 듣고 환자가 각각의 사고와 기억에 대한 모든 가능한 해석들을 탐색하도록 도와야 한다. 무의식의 내용을 의식으로 끌어내고 단순히 그것을 이해하는 것만으로도 심리적 개선의 열쇠가 된다고 가정한다.

어쨌든 프로이트는 그렇게 말했다. 생존해 있는 프로이트의 환자들이 후에 인터뷰한 바에 따르면, 프로이트는 스스로가 추천한 절차에서 자주 벗어났다. 때때로 그는 모르핀 또는 다른 약물을 환자에게 투여했다. 많은 경우에 그는 노골적이면서 자주 해로운 권고를 했다. 한 사례에서 그는 유부녀와 바람을 피우고 있던 내담자에게 아내와 이혼하고 그 유부녀와 결혼하라고 종용했다. 또한 프로이트는 그 유부녀에게는 반드시 남편과 이혼하고 자신의 내담자인 이 남자와 결혼해야 한다고 했는데, 그것은 프로이트가 주장한 그 남자의 '잠재적 동성애 경향'으로부터 그 내담자를 보호하기 위해서였다. 그들은 이 충고를 따랐고, 양쪽의 결혼은 깨지게 되었으나, 새로운 결혼 또한 2년 뒤에 이혼으로 끝나고 말았다. 비록 프로이트는 공공연하게 그의 치료를 통해 언제나 환자가 치유되었다고 주장했으나, 친구에게 보낸 사적인 편지에서 그는 사례 중 다수가 좋지 않은 결과를 얻었으며 완치된 환자는 별로 없다고 인정했다(Kramer, 2006).

프로이트 이론의 변화

초기에 프로이트는 신경증적 행동(neurotic behavior)은 최근에 환자가 경험한 외상의 결과로 보았다. 그러나 그런 최근 사건들은 흔히 이러한 행동을 설명하기에 불충분하곤 했다. 1890년도 초반에 잠시 프로이트는 환자의 문제에 대한 원인이 성적인 어려움 때문인 것으로 보았고, 그에 따라 치료법으로 성적 활동을 증가시키도록 충고했다(Macmillan, 1997). 이후 그는 이 아이디어를 버렸고 대신 유년기의 외상적인 성적 경험, 이를테면 성적 학대 같은 것이 궁극적인 문제라고 제안했다. 프로이트의 환자들은 그러한 기억이 없다고 부인했으나 프로이트는 환자의 꿈에 대한 보고 중 일부, 말실수, 기타 등등을 모아 이것이 유년기의 성적 학대를 나타낸다고 주장했다. 더불어 그는 이러한 해석을 환자들에게 납득시키려 노력했다. 제7장에서 논의된 심어진 기억 또는 오기억과의 유사성에 주목하자.

몇 년 뒤, 그는 유년기의 성적 학대에 중점을 둔 자신의 생각을 폐기했다. 프로이트에 따르면, 이른 유년기에 성적으로 학대당했다고 자신이 믿게끔 환자들이 자신을 '잘못 유도'했다고 결론 내렸다(Freud, 1925). 왜 프로이트는 그의 초기 이론을 폐기했을까? 한 관점에 따르면(Masson, 1984), 프로이트는 단순히 그의 이론을 방어할 용기를 잃었다. 다른 학자들이 주장했던 대로, 프로이트에게는 그의 이론에 대한 어떤 증거도 없었다(Esterson, 2001; Powell & Boer, 1994; Schatzman, 1992). 프로이트는 환자들이 그러한 성적 학대 경험을 부인했음에도 그들이 유년기에 그러한 학대를 경험했다고 추론했다. 그러므로 유년기에 성적 학대를 당했다고 믿게끔 환자들이 프로이트를 잘못 유도했다는 것은 공정한 표현이 아닐 것이다.

프로이트는 유년기의 성적 학대에 대한 아이디어를 아동의 성적 환상에 초점을 맞추는 이론으로 대체했다. 비록 그는 여자아이들의 생애 초기 성적 발달에 대한 관점은 완전히 발전시키지 못했지만, 남자아이들에 대해서는 명쾌한 입장을 취했다. 모든 소년은 유년기에 어머니에게 성적으로 관심을 느끼고 아버지를 향해 경쟁적인 공격성을 발달시키는 오이디푸스 콤플렉스(Oedipus complex)를 경험한다. (오이디푸스는 소포클레스가 쓴 고대 그리스 희곡의 등장인물로 알지 못하는 사이에 아버지를 죽이고 어머니와 결혼했다.) 대다수의 소년들은 이 단계에서 협상을 거치며 건강한 성격을 형성하지만, 이러한 성적 환상을 해결하는 데 실패한 소년들은 장기적인 성격 문제를 발달시키게 된다는 것이다.

이 관점에 대해 프로이트가 가졌던 증거는 무엇이었을까? 마찬가지로, 아무것도 없었다. 그는 환자들이 예전에 그에게 말했던 똑같은 진술들을 다시 살펴보고, 다시 해석했다. 환자들은 유년기에 성적으로 학대당했다는 것을 부인했던 것처럼 유년기의 성적 환상에 대해 프로이트가 추론한 내용에 대해서도 부정했다. 프로이트의 이러한 해석에 대한 주된 증거는 단순히 그가 환자의 증상, 꿈, 기타 등등을 가지고 그가 추론한 성적 환상에 맞추어 일관성 있는 이야기를 만들어낼 수 있다는 것이었다(Esterson, 1993). 발달심리학자들은 사실상 아동의 오이디푸스 콤플렉스에 대해 어떤 증거도 발견하지 못했다고 보고한다. 비록 몇몇 정신분석가들이 이 아이디어가 여전히 가치 있다고 보지만(Luborsky & Barrett, 2006), 대다수는 이에 별로 중점을 두지 않는다.

개념 점검   1. 프로이트가 원래 성격 문제의 원인으로 바라보았던 것은 무엇이었으며, 후에 그가 대체한 관점은 무엇인가? 두 관점에 대해 그가 가졌던 증거는 무엇이었는가?

프로이트의 성격 이론에서 심리성적 발달 단계

맞든 틀리든, 프로이트의 이론은 매우 널리 알려졌기 때문에 독자도 그것에 대해 이해해야 한다. 그의 주된 요점 중 하나는 심리성적 관심과 만족이 유아기부터 시작된다는 것이었다. 그는 신체의 자극으로부터 일어나는 모든 강력하고 만족스러운 흥분을 가리키는 용어로 심리성적 쾌락(psychosexual pleasure)이라는 용어를 널리 사용했다. 그는 우리가 심리성적 발달을 어떻게 겪어 가는지가 우리의 성격 거의 모든 측면에 영향을 미친다고 주장했다.

프로이트에 따르면(1905/1925), 사람은 심리성적 에너지(psychosexual energy)를 가지고 있으며 그는 이것을 '욕망'을 의미하는 라틴어 단어를 따와 리비도(libido)라고 불렀다. 유아기 동안 리비도는 입에 집중되어 있다. 아동이 자라면서 리비도는 다른 신체 부위로 흘러간다. 아이는 심리성적 발달의 5단계를 거치며, 각각의 단계는 성인이 되었을 때의 성격에 흔적을 남긴다. 만약 어떤 단계에서든 정상적인 성적 발달이 차단되거나 좌절된다면, 프로이트는 이것을 리비도의 일부가 그 단계에 고착(fixated)된다고 했다. 그리고 그 사람은 그 단계와 관련된 쾌락 부위에 계속 집착하게 된다. 표 14.1에 이 단계들이 요약되어 있다.

구강기

출생으로부터 1년 하고 반년까지의 기간인 구강기(oral stage)에 유아는 입을 자극하는 것으로부터 강력한 심리성적 만족을 얻으며 특히 어머니의 젖을 빨면서 쾌락을 느낀다. 프로이트에 따르면, 이 단계에 고착된 사람은 먹는 것, 마시는 것, 흡연으로부터 큰 만족감을 느끼는 것이 지속되며, 또한 의존성과 독립성의 문제가 관심사로 오래도록 남을 수도 있다.

항문기

1년 6개월이 지나면 아동은 항문기(anal stage)에 들어서고 내장의 움직임으로부터 심리성적 쾌락을 얻는다. 만약 배변 훈련이 지나치게 엄격하거나 지나치게 관대할 경우 아동은 이 단계에 고착된다. 항문기에 고착된 사람은 생애에 걸쳐 '모든 것을 자제하는' 경향이 있으며, 질서정연하고 인색하고 완고해지거나, 흔하지는 않지만 정반대로 극단적으로 지저분하고 낭비하게 된다. [제2장의 '반증 가능하다(falsifiable)'는 개념을 기억하자. 당신은 프로이트의 이론 중 이 측면에 대해 반박할 수 있

표 14.1 프로이트의 심리성적 발달 단계

단계(대략적 연령)	성적 관심	이 단계에 고착될 시의 영향
구강기 (출생일로부터 1년 반까지)	빨기, 삼키기, 물기	의존과 독립에 관한 지속적 관심 먹는 것, 마시는 것, 그 외 구강으로 하는 활동으로부터 만족을 얻음
항문기 (1년 6개월에서 3살까지)	배변하기, 배변을 참기	질서정연함 또는 너저분함, 인색함 또는 낭비, 완고함
남근기 (3살에서 5~6살까지)	남자(혹은 여자)의 성기를 만지기 오이디푸스 콤플렉스	친밀함을 느끼기 어려움 남성: 거세 공포 여성: 남근 선망
잠복기 (5살~6살에서 사춘기까지)	성적 관심이 억압됨	–
생식기 (사춘기 이후)	타인과 성적으로 접촉하기	–

는 증거가 머릿속에 떠오르는가?]

남근기

3살이 되면 남근기(phallic stage)로 접어들며, 아동은 성기를 가지고 놀기 시작하는데 프로이트에 따르면 반대 성의 부모에게 성적으로 끌리기 시작한다. 프로이트는 모든 소년은 자신의 성기가 잘려 나갈 것에 대한 공포를 느끼며, 대조적으로 소녀는 '남근 선망'(penis envy)을 발달시킨다고 주장했다. 이 아이디어는 항상 회의적으로 간주되었으며 오늘날에는 옹호하는 사람이 많지 않다.

잠복기

프로이트는 대다수의 아이들은 5살 또는 6살에서 사춘기까지 잠복기(latent period)에 들어가며 이 시기에는 심리성적 관심을 억압한다고 주장했다. 이 시기에 아이들은 주로 같은 성별의 또래들과 논다. 잠복기는 명백하게 유럽 문화의 산물이며 모든 사회에서 나타나지는 않는다.

생식기

사춘기가 시작되면서 젊은이는 타인에 대해 강한 성적 관심을 갖게 된다. 이 단계는 생식기(genital stage)로 알려져 있다. 프로이트에 따르면 그 전 단계에서 상당량의 리비도가 고착된 사람은 생식기에는 리비도가 조금밖에 남아 있지 않다. 하지만 그 전 단계들에서 성공적으로 타협을 거친 사람은 이제 성교로부터 주된 만족감을 얻는다.

프로이트에 따르면, 만약 구강기에 정상적인 성적 발달이 차단된다면 그 아이는 마시고 먹는 것에서 만족을 찾기 시작하고 후에는 입맞춤이나 흡연으로부터 만족을 찾는다. 아마도 이 흡연자의 어머니는 젖을 너무 일찍 떼었을지 모른다. 혹은 너무 오랫동안 젖을 먹였을지도 모른다. 프로이트의 아이디어 중 다수가 그렇듯이, 이를 검증하기는 어렵다.

프로이트의 단계들에 대한 평가

유아가 빠는 것에서 만족감을 얻는 것, 걸음마 시기의 아이가 배변을 가리기 시작하는 것, 더 성장한 아이가 성기를 의식하기 시작하는 것, 청소년이 다른 사람과의 성적 접촉에 관심을 갖기 시작하는 것은 부정할 수 없는 사실이다. 하지만 프로이트의 생각에서 중심이 되는, 다양한 단계에 고착된다는 아이디어는 검증하기 어렵다(Grünbaum, 1986; Popper, 1986).

개념 점검　2. 만약 어떤 사람이 독립성과 의존성 측면에서 끊임없는 문제를 가지고 있다면, 프로이트는 이 사람이 심리성적 단계 중 어떤 단계에 고착되었다고 말할까?

성격의 구조

프로이트는 성격이란 원초아(id), 자아(ego), 초자아(superego)의 세 가지 측면으로 이루어졌다고 주장했다. [사실, 그는 독일어로 그것(it), 나(I), 나-위에(over-I)라는 단어를 사용했다. 번역가가 영어 단어 대신 라틴어로 대응하는 단어를 사용한 것이다.] 원초아는 성적인 그리고 다른 생리적 추동으로 이루어져 있으며 즉각적인 만족을 요구한다. 자아는 결정을 내리는 합리적 성격의 측면을 뜻한다. 초자아는 우리가 부모 및 다른 사람으로부터 배운 규칙과 금지에 대한 기억, 이를테면 '착한 남자아이나 여자아이는 그런 행동을 하지 않아.'와 같은 것을 포함한다. 만약 원초아가 만드는 성적 욕망을 초자아가 불쾌한 것으로 간주한다면, 결과는 죄책감이다. 오늘날 대다수의 심리학자들은 마음을, 전쟁을 벌이는 세 파벌의 개념으로 상상하기 힘들다는 것을 깨닫게 되었고, 그에 따라 프로이트의 서술은 그저 은유로만 간주한다.

개념 점검　3. 어떤 사람이 강력한 원초아와 약한 초자아를 지녔다면 프로이트가 이 사람에게서 기대할 행동은 무엇인가? 유난히 강한 초자아를 지닌 사람에게서 프로이트는 어떠한 행동을 기대할까?

불안에 대한 방어기제

프로이트에 따르면, 자아는 불안으로부터 스스로를 보호하기 위해 불쾌한 사고와 충동은 무의식으로 밀어 넣는다. 자아가 이용하는 방어기제(defense mechanisms)에는 억압, 부인, 합리화, 전위, 퇴행, 투사, 반동형성, 승화가 있다. 프로이트는 이러한 방어기제를 정상적인 과정으로 보았으나 때때로 극단으로 치우기기도 한다고 보았다. 그의 딸 Anna는 이러한 방어기제에 대한 설명을 보다 발달시키고 정교화했다.

억압

억압(repression)은 받아들일 수 없는 생각, 욕망, 기억을 거부하면서 무언가를 무의식으로 집어 넣음으로써 제거하는 것이다. 받아들일 수 없는 성적 충동을 느끼는 사람이 그 충동을 의식하지 못하게 되는 것을 예로 들 수 있다. 억압된 것들은 숨겨져 있을 뿐 잊혀진 것은 아니다. 프로이트는 억압된 사고를 소란스러운 사람이 정숙을 요하는 방에서 쫓겨나자 다시 들어가기 위해 문을 마구 두드리는 상황에 비교했다.

억압은 실재할까? 억압에 대한 증거는 불확실하다. 제7장에서 논의되었듯이, 대다수의 사람들은 가장 비참했던 경험에 대해서는 아주 어렸을 때 경험한 것일지라도 잘 기억한다. 억압을 입증하기 위한 최선의 실험들이 실시되었음에도, 증거는 약하고 애매모호하다(Holmes, 1990). 사람들은 원치 않는 사고와 기억을 의도적으로 억제할 수 있으며 흔히 그렇게 한다(Erdelyi, 2006). 즉, 단순히 그것에 대해 생각하기를 거부한다. 그러나 의도적인 억제(supression)는 억압과는 다르다. 대다수의 연구에 따르면, 불쾌한 기억들을 의도적으로 억제한 사람들은 심리적 적응이 향상되었다. 그들은 프로이트가 억압과 연결된다고 보았던 왜곡된 지각과 병리적인 행동을 경험하지 않았다(Rofé, 2008). 이러한 증거는 억압에 대해 회의적일 수밖에 없는 많은 이유를 제시해 준다.

부인

부인(denial)은 **불쾌한 정보를 믿기 거부하는 것**("이게 사실일 리가 없어.")이다. 억압이 정보를 의식에서 밀어내는 것이라면, 부인은 그 정보가 틀렸다고 주장하는 것이다. 예를 들어, 알코올 문제가 있는 사람이 "난 알코올 중독자가 아니야. 난 이걸 감당할 수 있고 원하면 그만둘 수 있어."라고 주장할 수 있다.

합리화

사람들은 자신의 행동이 정당하다고 증명하고 싶을 때 합리화(rationalization)를 이용한다. 예를 들어, 영화를 보러 가고 싶은 학생이 "더 공부한다고 해서 나한테 나아지는 것은 없을 거야."라고 말하고, 직장에 지원할 마감일을 놓친 사람이 "난 진짜로 그 직업을 원하지는 않았어."라고 말하는 것이다.

전위

원래 목표했던 대상이 아닌 덜 위협적인 대상에게로 행동이나 사고의 방향을 옮김으로써, 전위(displacement)는 사람들로 하여금 덜 불안한 행동을 하게끔 한다. 예를 들어, 당신이 상사나 교수에게 화가 날 때, 다른 사람에게 소리를 지를 수 있다.

퇴행

퇴행(regression)은 덜 성숙했던 상태로 되돌아감으로써 현재 상황에서의 불안을 피하려는 노력이다. 유아적인 역할을 받아들임으로써, 그 사람은 삶에서 보다 안전했던 어린 시절로 돌아간다. 예를 들어, 동생이 태어나면 큰 아이는 울거나 뿌루퉁해 있을 수도 있다. 막 이혼을 하거나 직장을 잃은 성인은 부모님과 함께 살려고 이사할 수도 있다.

투사

자신의 원치 않는 특성을 다른 사람의 탓으로 돌리는 것이 투사(projection)로 알려져 있다. 만약 어떤 사람이 당신에게 화를 내지 말라고 한다면, 당신은 아마 "난 화나지 않았어! 화를 내는 건 너야!"라고 대꾸할 수 있다. 당신의 잘못을 다른 사람이 지니고 있다고 보는 것은 그 잘못을 덜 위협적인 것으로 받아들여지게끔 한다. 예를 들어 은밀하게 포르노를 즐기는 사람이 포르노를 즐긴다는 이유로 다른 사람을 비난할 수도 있다. 그러나 연구결과에 따르면 투사를 사용하는 사람들은 대개 스스로의 잘못에 대한 불안이나 자각이 감소되지 않는다(Holmes, 1978; Sherwood, 1981).

반동형성

어떤 약점에 대해 의식하는 것을 피하기 위해 사람들은 때때로 반동형성(reaction formation)을 이용해 실제의 자신과는 반대의 모습으로 자기를 보여주고자 한다. 다시 말해, 사람들은 완전히 반대의 행동을 한다. 스스로의 종교적 믿음에 대해 의심이 자꾸 드는 사람은 다른 사람을 종교인으로 개종시키고자 할 수도 있다. 수용할 수 없는 공격적 성향을 지닌 사람은 폭력을 방지하는 집단에 들어갈 수도 있다.

승화

성적인 또는 공격적인 에너지를 문화적으로 받아들여질 수 있는 것으로 전환시키는 것, 심지어는 감탄스러운 것으로 전환시키는 것을 승화(sublimation)라고 부른다. 프로이트에 따르면 승화는 그 사람이 충동의 존재를 인정하지 않고도 충동을 표출할 수 있게끔 만든다. 예를 들어, 회화와 조각은 아마 성적 충동의 승화를 대표하는 매체일 수도 있다. 어떤 사람은 공격적 충동을 승화시켜 외과의사가 될 수도 있다. 승화는 사회적으로 건설적인 행동과 연관되어 제시되는 방어기제 중 하나이다. 그러나 화가의 진정한 동기가 성적인 것이고 외과의사의 진정한 동기가 폭력성이라면, 그러한 동기들은 확실히 잘 숨겨져 있는 것이다.

내담자는 정신분석 의자에 누워 긴장을 풀고 마음에 떠오르는 모든 것을 이야기한다. 이것은 프로이트가 사용했던 소파이다.

개념 점검

4. 다음 문항들을 알맞은 프로이트의 방어기제, 즉 억압, 퇴행, 부인, 투사, 합리화, 반동형성, 전위, 승화와 연결하라.

a. 이웃에게 화가 난 남자가 사슴 사냥을 나간다.

b. 흡연자가 흡연이 건강을 손상시킨다는 것에 대해 납득할 만한 증거가 없다고 주장한다.

c. 은밀하게 포르노를 즐기는 사람이 포르노를 불법화하기 위한 캠페인에 참여한다.

d. 아내에게 폭력을 행사하는 남자가 사람들은 본능적으로 공격적 행동을 필요로 한다고 주장하는 책을 쓴다.

e. 범죄자였던 남자가 자신의 과거에 대해 의식하지 않는 것처럼 보인다.

f. 대인관계에 어려움을 겪고 있는 사람이 삐지거나 우는 행동으로 해결하려 한다.

g. 상사가 '만약 내가 칭찬을 받으면 우리 부서가 좋게 보일 것이고, 그 결과 모든 직원들에게 이익이 돌아가겠지.'라며 부하직원의 아이디어를 빼앗아 대신 칭찬을 받는다.

h. 외설적인 말을 소리치고 싶은 충동을 지닌 사람이 소설을 쓴다.

프로이트에 대한 평가

프로이트의 공을 얼마나 인정할 수 있을까? 사람은 서로 갈등을 일으키는 충동들을 지니고 있다는 점에서는 프로이트가 옳았으나, 그 아이디어가 순전히 그만의 것은 아니다. 사람이 무의식적 사고와 감정을 가지고 있다는 것도 맞으나, 이 또한 프로이트 이전부터 제시되어 왔던 아이디어다(Kramer, 2006). 이 아이디어를 바탕으로 프로이트는 무의식이란 주로 억압된 성적 사고, 이를테면 거세당할 것에 대한 소년의 공포나 남근을 가지고 싶어 하는 소녀의 바람과 같은 것으로 이루어져 있다고 정교화시켰다. 프로이트가 독자적으로 제시한 부분이 가장 의심스러운 부분이다. 심지어 정신적으로

문제가 있는 사람을 돕기 위해 대화를 이용한다는 아이디어 또한 새로운 것이 아니었다.

프로이트가 제시한 새로운 아이디어 중 몇몇은 오랜 세월에 걸친 검증에서도 살아남았다. 이를테면 그는 전이(transference)의 개념을 알아차렸다. 즉, 당신은 당신의 치료사, 또는 남편이나 아내, 또는 다른 사람에게 특정한 방식으로 반응할 수 있는데 그들이 당신에게 다른 누군가, 특히 부모님을 연상시키기 때문이다. 프로이트의 주된 공헌이자 아직도 여전히 남아 있는 공헌은 그가 심리치료를 유명하게 만들었다는 것이다. 다른 사람들도 프로이트 이전에 심리치료를 행했으나, 프로이트는 이를 **흥미롭게** 보이도록 만들었다. 프로이트 이론의 추종자가 아니라고 주장하는 심리치료사들을 포함한 오늘날 많은 심리치료사들이 내담자의 갈등과 정서적 반응이 어디서 비롯되었는지 이해시키려 내담자를 돕는다. 그들은 내담자로 하여금 자신의 발달적 배경에 대해 생각하고, 그것이 무엇을 의미하는지 생각하도록 돕는다. 이러한 측면에서 프로이트는 공로를 인정받을 자격이 있다. 비록 그의 세부적인 이론 중 대다수는 깊은 인상을 심지 못했더라도 말이다.

Karen Horney, 신프로이트 학파의 일원

신프로이트학파로 알려진 심리학자들은 프로이트의 이론에

서 일부분은 유지하고 다른 측면들은 수정해 나갔다. 가장 많은 영향을 미쳤던 사람은 독일 출생의 의사 Karen Horney(1885-1952)로, Horney는 억압의 개념은 유지했지만 여성이 남근을 선망한다는 것에 대해서는 비판했으며, 이는 남성에게 자궁 선망(womb envy)이 있다는 것과 다를 바가 없다고 주장했다. 또한 여성도 남성이 지닌 것과 같은 성취에 대한 추동을 지니고 있어서, 여성이 종속적인 역할을 강제로 맡게 되면 좌절감을 느낀다고 주장했다. 이런 식으로 Horney는 훗날 페미니스트 사상가들의 선구자이기도 했다. 오이디푸스 콤플렉스에 대한 프로이트의 개념과는 대조적으로, Horney는 아동이 부모의 무시나 무관심으로부터 느낄 수 있는 해로운 영향들을 강조했다.

Horney는 어떤 사람이 지닌 이상적 자기(ideal self)에 대한 비현실적인 관점이 실제 자기(real self)에 대한 낮은 평가와 대조될 때 무슨 일이 일어나는지에 초점을 맞추었다. '난 여러 많은 점에서 이보다는 나아야 해.'라는 지속적인 느낌이 그 사람을 압도하게 되고, 그 결과 심리적 고통에 빠지게 한다. 이 결과로 나타나는 두드러진 사례가 우리가 신경증(neurosis)이라고 부르는 감정적 격동상태이다.

칼 융과 Alfred Adler를 포함한 다른 이론가들은 보다 더 격렬하게 프로이트에 동의하지 않았다. 비록 융과 Adler는 한때 프로이트의 동료들이었으나, 둘 다 프로이트의 이론에서 상당히 다른 길로 나가게 되었기 때문에 신프로이트학파로 분류되지 않아야 한다.

칼 융과 집단 무의식

프로이트는 성격의 발달과 이상행동에 대해 논의하기 위해 몇몇 사람들을 모았다. 그들 중 두 명이 칼 융과 Alfred Adler였고, 이들은 주요한 측면에서 프로이트와 단절했으며 자신의 이론을 제안했다. 칼 융(Carl G. Jung, 1875~1961)은 스위스의 의사로 프로이트와 부자 지간과 같은 깊은 관계를 형성했고, 나중에 그 관계가 악화되기 이전까지는 프로이트가 정신분석 운동을 이어갈 '법적 후계자' 또는 '왕세자'로 여긴 사람이었다 (Alexander, 1982).

융의 성격 이론은 인간이 삶에서 영적인 의미를 찾는다는 것을 강조했다. 성인의 많은 성격 특성을 어린 시절의 경험에서 찾았던 프로이트와는 대조적으로, 융은 성인기의 성격 변화 가능성을 강조했다. 융은 많은 환자들이 그들의 삶과는 명백히 아무런 관련이 없는 꿈에 대해 묘사하는 것에 깊은 인상을 받았다. 그 꿈들은 오히려 전 세계 문화권의 신화, 종교, 미술에서 보편적으로 나타난 이미지들과 유사했다. 융은 이러한 이미지들이 선천적으로 타고난 인간 본성의 측면에서부터 나타난다고 주장했다. 만약 당신이 딱정벌레에 대한 꿈을 꾼다면, 융은 고대 그리스 이래로 딱정벌레가 인간의 신화 속에서 중요한 역할을 맡았던 점과 당신의 꿈을 연관시킬 것이다. 만약 당신이 아기에 대한 꿈을 꾼다면, 융은 심리적 재탄생의 가능성에 대한 상징과 꿈을 연관시킬 것이다(Lawson, 2008).

신프로이트학파의 한 명인 Karen Horney는 프로이트의 이론 중 일부를 수정했고, 문화적인 영향에 보다 큰 주의를 기울였다. 그녀는 여성주의 심리학(feminine psychology) 연구를 개척했다.

칼 융은 의식적 마음이 알아차리지 못하는 의미를 꿈이 담고 있다는 프로이트의 개념을 거부했다. "나에게 있어 꿈이란 자연스러운 것이고, 숨기려는 의도 없이 할 수 있는 한 최대로 무언가를 표현하고 있는 것이다." (Jung, 1965, p. 161.)

a

b

c

그림 14. 2 융은 다른 문화권의 미술에서 나타나는 유사한 이미지들에 매료되었다. 반복되는 이미지 중 하나는 통합과 전체를 나타내는 원형의 만다라(mandala)이다. 이 만다라들은 (a) 부탄의 힌두교 그림, (b) 캘리포니아에서 만들어진 홀치기 염색을 한 걸개용 장식, 그리고 (c) 미국 서남부 나바호 족의 모래 그림이다.

융에 따르면, 우리는 단지 하나의 무의식이나 '개인 무의식'(프로이트의 무의식 개념과 동일하다.)만을 지니고 있는 것이 아니며, 집단 무의식 또한 함께 지니고 있다. 집단 무의식(collective unconscious)이란, 출생 이전부터의 것, 세대가 지나며 누적된 경험과 관련이 있는 것이다. 의식과 개인적 무의식은 사람마다 다양하지만, 집단 무의식은 모든 사람에게 보편적이다. 여기에는 원형(archetype)이란 것이 포함되는데, 원형이란 모호한 이미지거나 또는 최소한 과거에서부터 지금까지 언제나 인간 경험의 일부분인 이미지를 형성할 선천적 경향성을 포함한다. 이러한 관점의 증거로서 융은 전 세계 문화권의 미술에서 발견되는 유사함(그림 14.2)과 각 문화권의 신화, 민속의 유사함을 들었다.

우리 조상들의 집단적인 경험이 정확히 어떻게 우리의 무의식의 일부가 된다는 것일까? 융은 이에 대한 설명을 거의 제시하지 않았으며, 우리의 현재 생물학적 지식으로는 그러한 경험이 유전자에 각인될 방식에 대해서는 알지 못한다. 보다 현실적인 가설은, 고대 인간들 중 특정한 방법으로 사고했던 인간들이 이득을 얻었고 그럼으로써 우리의 조상이 될 만큼 오래 살아남았다는 것이다. 그 결과로서, 우리는 그들과 같은 방식으로 사고하는 경향성을 발달시켰다.

융의 다른 공헌은 심리유형(psychological types)이라는 개념에 관한 것이다. 그는 사람들의 성격은 몇 가지의 구분되는 범주, 이를테면 외향성과 내향성으로 나뉜다고 믿었다. 비록 여러 성격 검사 결과는 이 아이디어를 지지하지 않았지만, Myers-Briggs 성격 검사의 개발자는 이 아이디어를 부활시켰다. 이것에 대해서는 이 장의 세 번째 단원에서 자세히 살펴볼 수 있다.

개념 점검　5. 융의 집단 무의식은 프로이트의 무의식에 대한 개념과 어떻게 다른가?

Alfred Adler와 개인심리학

Alfred Adler(1870~1937)는 오스트리아 출신의 의사로 융과 함께 프로이트의 초기 동료였으며, 프로이트가 성적 추동(sex drive)을 지나치게 강조하고 다른 영향력은 무시한다고 생각하여 프로이트로부터 분리되어 나왔다. 프로이트는 여성이 '남근 선망'을 경험한다고 주장한 반면, Adler는 여성은 남성의 지위와 힘을 선망하는 경향이 더 크다고 대응하면서 둘은 1911년에 갈라섰다.

Adler는 경쟁학파를 설립했고 이를 개인심리학(individual psychology)이라고 불렀다. Adler는 '개인에 대한 심리학'을 의미한 게 아니라, '불가분의 심리학(indivisible psychology)', 즉 원초아, 자아, 초자아처럼 나뉘

Alfred Adler는 성격이 사람의 목적에 의존하는 방식, 특히 우월성을 추구하는 방식에 대해 강조했다.

어진 부분으로서가 아닌 전체로서의 인간에 대한 심리학을 의미했다. Adler는 의식적이고, 목적 지향적인 행동의 중요성을 강조했다.

성격에 대한 Adler의 기술

Adler의 초기 환자들 중 몇몇은 어린 시절에 팔이나 다리에 부상을 입고 고통을 겪어 온 곡예사들이었다. 스스로의 장애를 극복한 뒤에도, 그들은 남다른 힘과 신체 협응능력을 가질 때까지 계속 노력했다. Adler는 사람들이 아마도 보편적으로 약점을 극복하고 그것을 강점으로 바꾸고자 한다고 추측했다(Adler, 1932/1964).

Adler는 우리가 유아일 때는 작고 의존적이며, 매우 우월하게 보이는 타인들에게 둘러싸여 있다는 점에 주목했다. 우리는 열등하다는 느낌을 극복하려고 시도한다. 가끔 겪는 실패의 경험이 우리로 하여금 더 열심히 하도록 자극한다. 그러나 지속적인 실패와 지나친 비판은 우리로 하여금 열등감 콤플렉스(inferiority complex)를 발달시키도록 만든다. 열등감 콤플렉스는 자신이 약하고, 부적절하고, 무력하다는 과장된 느낌이다.

Adler에 따르면 모든 사람은 자연적으로 우월성을 추구하게 된다. 우월성 추구란 개인적으로 뛰어나고자 하며 성취하고자 하는 욕망이다. 각각의 사람은 우월감을 얻기 위해 종합 계획을 만들어낸다. 전형적인 전략은 직업, 스포츠, 또는 다른 경쟁적인 활동에서 성공하려는 것이다. 사람들은 또한 다른 방법으로 성공하려고 노력한다. 어떤 사람은 성취감을 얻기 위해 인생에서 물러나 침잠하거나 흔치 않은 자기희생을 함으로써 우월감을 느끼기도 한다. 자신의 병 또는 장애에 대해 지속적으로 불평하는 사람은 친구나 가족에 대한 통제감을 느낄 수 있다. 어떤 사람은 범죄로 인해 얻어지는 관심 때문에 범죄를 저지를 수도 있다. 또한 사람은 변명거리를 만들어냄으로써 우월감을 얻기도 한다. 만약 당신의 야망을 좌절시키는 경향이 있는 사람과 결혼한다면, 아마도 당신의 근본적인 동기는 환상을 유지하고자 하는 욕망일 수도 있다("만약 내 배우자가 나를 막지 않았더라면 나는 굉장히 성공했을 거야."). 공부를 잘하지 못하는 것에도 비슷한 동기가 있을 수 있다("나는 이 시험을 잘 볼 수 있었지만, 친구들이 전날에 나더러 파티에 오라고 했거든."). Adler에 따르면, 사람은 스스로의 목표와 전략에 대해 완전히 알고 있지 못하기 때문에 자멸적인 행동을 한다.

Adler는 사람들의 진정한 동기를 알아내려고 시도했다. 예를 들어, 그는 요통을 호소하는 사람에게 이러한 질문을 던질 것이다. "만약 그 통증이 없어진다면 당신의 삶은 어떻게 달라질 것 같습니까?" 보다 활동적으로 될 것이라고 열정적으로 말하는 사람은 아마도 스스로의 질병을 극복하기 위해 노력할 것이라고 Adler는 가정할 것이다. 자신의 삶이 어떻게 바뀔 것인지 상상하지 못하겠다고 말하거나, 다른 사람들이 자신을 덜 불쌍하게 여길 것이라고만 말하는 사람은, 없는 불편함을 상상하고 있는 것이 아니라면, 아마도 신체적 불편함을 과장하고 있을지도 모른다.

개념 점검　6. Adler에 따르면, 인간의 기본적 동기는 무엇인가?
7. (제13장의) 구실 만들기 전략을 Adler 이론으로 어떻게 설명할 수 있을까?

심리 장애에 대한 Adler의 관점

Adler에 따르면, 혼자만의 성공을 추구하거나 우월성을 느끼는 것은 건강하지 않은 것이다(Adler, 1928/1964). 가장 건강한 목표는 더 큰 집단의 성공을 추구하는 것이다. 이를테면 가족, 지역사회, 국가, 더 나은 목표로는, 인류의 성공을 추구하는 것이다. Adler는 자신의 시대에서 앞서 나간 사람이었고, 그 이래로 많은 심리학자들이 이 아이디어를 재발견해 왔다(Crocker & Park, 2004).

Adler에 따르면 인간이 다른 누군가를 필요로 하는 것에는 사회적 관심(social interest)이 요구되는데, 사회적 관심이란 결속에 대한 느낌과 타인에 대한 동일시이다. 사회적 관심은 사람들과 사귀고 싶은 욕망을 의미하지 않는다는 것에 주목하자. 사회적 관심은 사회의 복지에 대한 관심을 뜻한다. 사회적 관심을 지닌 사람들은 협동하고자 한다. Adler는 정신건강을 사회적 관심과 동일시했고, 정신적으로 건강하다는 것은 단순히 장애가 없는 상태를 뜻하는 것이 아니라 긍정적인 상태인 것으로 보았다. Adler의 관점에 따르면, 과도한 불안에 시달리는 사람들은 병을 앓고 있는 것이 아니다. 그들은 미숙한 목표를 세우고, 잘못된 삶의 방식을 따르고, 사회적 관심이 적다. 새로운 기회에 대한 그들의 반응은 "알았어요. 하지만…"이다(Adler, 1932/1964). 즉, 그들은 심지어 시도조차 하지 않는 것에 대해 변명거리를 찾아낸다.

Adler가 남긴 것

Adler가 끼친 영향은 그의 명성보다 더 큰데, 아마 그는 그 점에 기뻐할 것이다. 열등감 콤플렉스라는 그의 개념은 보편적인 문화의 일부가 되었다. 그는 정신적으로 건강하다는 것은 단순히 장애가 없는 상태라기보다는 활동과 성취를 도모하는 긍정적인 상태라고 말한 첫 번째 사람이었다. 그 뒤로 많은 심리학자들이 이 아이디어를 지지한 바 있다(Keyes, 2007). Adler가 강조한 인간에 대한 가정과 그러한 가정이 인간의 행동에 끼치는 방식에 근거하여 이후로 다양한 치료법이 만들어졌다. 또한 많은 심리학자들은 사람에게 자신의 행동에 책임감을 느끼도록 격려하는 Adler의 방법을 따랐다. Adler에 따르면, 건강한 성격의 열쇠는 단지 장애가 없는 것만이 아니라 타인의 복지를 위한 열망이다.

학습이론 접근

우리의 성격은 어떻게 발달했을까? 제13장에서 논의되었듯이, 많은 사회적 상황이 우리의 행동에 영향을 미치고 제약을 가한다. 우리는 사람이 상황에 따라 어떤 행동을 하는가를 보고서 우리가 성격이라 부르는 것의 많은 부분을 알게 된다(Mischel, 1973, 1981). 다양한 상황만큼, 당신의 행동 또한 다양하다. 당신은 지갑을 주인에게 돌려주는 것에는 정직할 수 있지만, 보고서가 늦은 이유에 대해서는 교수에게 거짓말을 할 수도 있다. 성격에 대한 학습이론적 관점은 특정 상황과 특정 시점에서 우리가 사회적 행동을 학습하는 방식을 강조한다. 제6장의 사회 학습 부분에서 서술된 바와 같이, 우리는 대리 강화와 처벌을 통해 사회적 행동을 학습한다. 즉, 우리는 다른 사람의 성공적인 행동은 따라 하고 다른 사람의 실패한 행동은 피한다. 또한 우리는 우리가 존경하고 닮고 싶어 하는 사람의 행동을 모방한다.

이 아이디어가 남성적 성향과 여성적 성향에 어떻게 적용되는지 생각해 보자. 생애 초기부터 대다수의 소년들은 다른 소년들과 함께 시간을 보내는 것을 선호하며, 대다수의 소녀들은 다른 소녀들과 시간을 보내는 것을 선호한다. 그 결과 소년과 소녀 사이의 차이는 커지게 된다. 연구자들이 발견한 바에 따르면, 심지어 1세 이전에 여아들은 인형을 선호하고 남아들은 장난감 자동차와 트럭을 선호하는 경미한 경향성이 나타나는데(Alexander, Wilcox, & Woods, 2009), 그러한 경향성은 동성의 친구들에게 영향을 받아 해가 지날수록 커진다(Golombok et al., 2008). 아이들은 또한 같은 성별의 성인들을 보고 정체성을 형성하는 경향이 있다. 한 실험에서는, 성인들이 사과와 바나나 중 어느 하나를 고르는 비디오를 아이들에게 보여주었다. 모든 남자들이 한 가지 과일을 고르고 여자들은 모두 다른 과일을 고르게 했을 경우, 소년들은 남자들이 고른 과

아이들은 부분적으로는 어른을 모방함으로써 성역할을 학습하지만, 그보다는 또래의 다른 아이들로부터 더 많은 것을 학습한다.

일을 원하고 소녀들은 여자들이 고른 과일을 원했다(Perry & Bussey, 1979).

사람들이 우리에게 기대하는 바를 학습하게 되면, 우리는 성역할(gender role)을 발달시킨다. 성역할이란 남성이나 여성으로서 그 사람이 따를 것이라 기대되는 행동 패턴을 뜻한다. 성역할은 생물학적인 측면을 뜻하는 성(sex)과는 대조적인 개념으로, 남성 또는 여성으로서 존재하는 것에 대한 심리학적 측면을 의미한다. 성역할이 문화마다 다양하게 나타나는 것으로 보아 우리는 이것이 최소한 부분적으로는 학습되는 것임을 안다(그림 14.3). 예를 들어, 어떤 문화에서는 요리를 여성의 일로 간주하고 다른 문화에서는 남성의 일로 여긴다. 어떤 문화에서는 남자가 머리를 짧게 자르고 다른 문화에서는 길게 기른다. 우리는 또한 시간의 흐름에 따른 성역할의 변화를 볼 수 있다. 예를 들어 미국 내 여성들 사이에서는 심장질환 유병률이 증가해 왔고 남성들 사이에서는 우울증 유병률이 증가했다. 이러한 변화들은 문화에 따른 성역할이 변화해 왔음을 암시한다(Dedovic, Wadiwalla, Engert, & Prussner, 2009). 성역할은 구체적인 방식으로 성격에 영향을 미친다. 예를 들어, 여자는 남자보다 타인의 감정에 더 민감한 경향을 보인다(Bekker & van Assen, 2008). 반면 남자는 다른 남자들의 별난 습관에 보다 관대한 경향을 보인다. 예를 들어, 남자들은 대학 기숙사에서 배

정한 룸메이트를 바꾸는 대신 계속 함께 있으려 한다(Benenson et al., 2009).

개념 점검

8. 누군가가 당신의 행동을 오랜 기간 관찰한 후 당신의 성격은 "비일관적이다."고 보고한다고 가정해 보자. 그러한 비일관성을 성격에 대한 학습적 관점으로 어떻게 설명할 수 있을까?

인본주의 심리학

성격에 관한 또 다른 관점은 인본주의 심리학(humanistic psychology)으로, 의식, 가치, 영적인 경험과 인간의 삶과 죽음에 대한 신념이 포함되는 추상적 신념에 관심을 갖는 관점이다. 인본주의 심리학자들에 따르면, 성격은 인간의 신념과 세계에 대한 지각에 달려 있다. 만약 당신이 어떤 특정 경험이 몹시 의미 있다고 믿는다면, 그것은 실제로 매우 의미 있는 것이다. 심리학자는 당신에게 당신의 삶에서 일어난 경험을 해석하고 평가해 달라고 물어봄으로써만 당신을 이해할 수 있다. [신학에서 인본주의자(humanist)는 인간의 잠재력을 찬미하면서, 일반적으로 지고의 존재를 부인하거나 중요시하지 않는 사람을 뜻한다. 인본주의 심리학자라는 용어에는 종교적 신념이 함축되어 있지 않다.]

인본주의 심리학은 1950년대와 1960년대 당시 지배적인 심리학적 관점이었던 행동주의와 정신분석에 대한 반박으로 출현했다(Berlyne, 1981). 행동주의자와 정신분석학자는 흔히 인간의 사고와 행동의 덜 숭고한 측면에 대해서 강조한 반면, 인본주의 심리학자는 인간이 근본적으로 선하며 스스로의 잠재력을 성취하기 위해 분투한다고 보았다. 또한 행동주의와 정신분석은, 비록 관점의 차이에도 불구하고, 둘 다 **결정론**(모든 행동에는 원인이 있다는 믿음)과 **환원주의**(행동을 그 구성요소의 측면에서 설명하려는 것)적인 가정에 바탕을 두었다.

인본주의 심리학자들은 행동을 설명할 때 더 작은 부분들로 나누거나 혹은 행동을 보이지 않는 원인의 관점에서 설명하려고 하지 않았다. 그들은 인간은 의도적이며 의식적인 결정을 내린다고 주장했다. 예를 들어, 사람은 대의명분을 위해 스스로를 헌신하고, 자신의 안녕을 희생하거나 목숨을 걸 수도 있다. 인본주의 심리학자들에게는 인간 행동의 원인을 과거에 받은 강화나 무의식적 사고에 돌리는 것은 요점을 놓치는 것과 마찬가지다.

인본주의 심리학자들은 일반적으로 한 개인이 지닌 특별한 자질에 대해 질적 연구를 한다. 이는 집단을 연구하는 것과는 대조적인 방식이다. 그들의 연구 대다수는 내러티브를 기록한 것으로, 과학자라기보다는 전기 작가에 가깝다. 그들의 자료는 양적인 것이 아니라 질적인 것이며 흔히 평가하기 어렵다.

Carl Rogers와 무조건적 긍정적 존중

Carl Rogers는 인본주의 심리학자 중에 가장 영향력 있는 학자로, 신학을 공부하다

가 심리학으로 돌아섰고, 그의 인간 본성에 대한 관점은 인본주의에 관한 초기 연구들에 명백한 영향을 끼쳤다. Rogers(1980)는 인간의 본성이 근본적으로 선하다고 보았다. Rogers에 따르면, 인간이 탁월함(excellence)을 위해 분투하는 것은 식물이 자라는 것만큼이나 자연스러운 일이다.

아이들은 생애 초기부터 자기 자신과 자신의 행동을 평가하기 시작한다. 아이들은 자신의 행동이 좋거나 나쁠 수 있다는 것을 배운다. 아이들은 자신이 실제로 어떠한지에 대한 이미지인 자아개념(self-concept)을 발달시키고, 자신이 되고 싶은 이미지인 이상적 자아(ideal self)를 발달시킨다. Rogers는 자아개념과 이상적 자아를 측정하기 위해 한 개인에게 카드 한 무더기를 쥐어 주었다. 이 카드들 속에는 '나는 정직하다.'와 '나는

그림 14. 3 성역할은 문화에 따라 매우 다양하며 심지어는 하나의 문화 내에서도 시대에 따라 다르게 나타난다. 이 사진들은 (a) 팔레스타인 남성과 (b) 베트남 여성이 논밭을 가는 모습, 그리고 (c) 방글라데시 남성들과 (d) 태국 여성이 빨래를 하고 있는 모습이다.

Carl Rogers는 인간이란 외부의 특별한 재촉 없이도 자연스럽게 긍정적인 목적을 향해 나아간다고 주장했다. 그는 사람들이 무조건적 긍정적 존중을 가지고 타인과 관계를 맺도록 권고했다.

다른 사람을 의심한다.'는 진술이 섞여 있다. 그러고 나서 이 사람은 카드를 자신에게 해당되는 것과 해당되지 않는 것을 나타내는 진술로 구분하거나, 또는 나를 가장 잘 표현하는 것에서 나와 가장 맞지 않는 것으로 연속되게끔 배치한다. [이 방법은 Q 분류법(Q-sort)으로 알려져 있다.] 그러고 나서 Rogers는 동일한 카드 한 무더기를 주고, 그 사람더러 내가 되고 싶은 것과 내가 되고 싶지 않은 것으로 나누어 보라고 요청했다. 이런 식으로 Rogers는 누군가의 자아개념과 이상적 자아를 비교할 수 있었다. 둘 사이에 불일치를 많이 느끼는 사람은 일반적으로 정신적 괴로움을 많이 느낀다. 인본주의 심리학자들은 사람들이 그들의 자아개념을 향상시키거나 이상적 자아를 변경함으로써 괴로움을 극복하도록 도우려고 한다.

인류의 안녕을 촉진하기 위해, Rogers는 사람들이 무조건적 긍정적 존중(unconditional positive regard)을 가지고 타인과 관계를 맺어야 한다고 주장했다. Thomas Harris(1967)는 이것을 "나도 괜찮다 – 당신도 괜찮다(I'm OK – You're OK)"로 묘사했다. 무조건적 긍정적 존중은 다른 사람이 존재하는 방식에 대한 완전하고 전폭적인 수용을 뜻하며, 마치 부모의 아이에 대한 사랑과 같은 것이다. 만약 당신이 무조건적 긍정적 존중을 느낀다면, 그 사람의 행동이나 의도는 탐탁잖게 여길 수 있지만, 여전히 그 사람을 수용하고 사랑할 것이다. (이 관점은 기독교의 격언 '죄는 미워하되 사람은 미워하지 말라.'와 닮아 있다.) 다른 관점은 조건적 긍정적 존중

(conditional positive regard)으로 '네가 만약 …한다면 나는 너를 좋아할 거야.'라는 태도이다. 조건적 긍정적 존중을 받는 사람들은 타인의 지지를 잃어버릴 것에 대한 두려움 때문에 새로운 아이디어나 활동에 참여하지 못하고 스스로를 제한시킨다.

Abraham Maslow와 자아실현된 성격

또 한 명의 인본주의 심리학자인 Abraham Maslow는 대다수의 심리학자들이 성격장애에 집중하는 것, 즉 성격을 정상과 정상보다 더 안 좋은 것 둘 중의 하나로 가정하는 것에 대해 불만스러워했다. Maslow는 Alfred Adler가 그랬듯이, 성격은 정상보다 더 나은 것일 수 있다고 주장했다. 그는 인간이 스스로의 잠재력을 최대한으로 성취하는 것을 뜻하는 자아실현(self-actualization)을 강조했다. 자아실현의 개념은 Adler의 우월성 추구 개념과 유사하다.

자아실현된 성격을 묘사하는 데에 한 걸음 내딛기 위해, Maslow(1962, 1971)는 잠재력의 최대치에 접근하고 있다고 보이는 사람들의 목록을 만들었다. 그의 목록에는 그가 개인적으로 알고 있는 사람들과 역사 속의 인물들 몇몇이 포함되었다. 그는 이 사람들이 공통적으로 지니고 있는 것에 대해 알아보았다.

Maslow(1962, 1971)에 따르면, 자아실현을 이룬 사람들(또는 자아실현을 이루고 있는 중인 사람들)의 성격은 다음과 같은 특징을 보인다.

인본주의 심리학을 설립한 사람들 중 한 명인 Maslow는 매우 생산적이며 인생에 대한 즐거움과 관련된 성격인 '자아실현을 이룬 성격'의 개념을 소개했다.

Harriet Tubman은 남북전쟁 이전에 남부에서 노예가 도망치는 것을 도운 The Underground Railroad[1]의 지도자였으며, Maslow에 의해 자아실현을 이룬 성격을 지닌 사람으로 정의되었다. Maslow는 자아실현을 이룬 성격을 Tubman과 같이 존경받을 만한 사람들로 처음 정의한 뒤 그 사람들이 공통적으로 지니고 있는 것으로 결론지었다.

- 현실에 대한 정확한 인식: 그들은 세상을 있는 그대로 인식하며, 세상을 스스로가 바라는 대로 인식하지 않는다. 그들은 불확실성과 모호함을 받아들인다.
- 독립성, 창조성, 자발성: 그들은 다른 사람들이 동의하지 않을지라도 스스로 자신만의 결정을 내린다.
- 자기 자신과 타인에 대한 수용: 그들은 무조건적 긍정적 존중을 지니고 사람들을 대한다.
- 자기 중심적 관점보다는 문제 중심적 관점: 그들은 자기 자신을 좋게 보이는 것

에 집중하는 것이 아니라 어떻게 문제를 해결할지에 집중한다. 그들은 단지 하루하루를 지내는 것에 관심을 두기보다 중요한 철학적 문제나 정치적 문제에 집중한다.

- 삶에 대한 즐거움: 그들은 긍정적인 경험에 개방되어 있으며, 여기에는 진정으로 충족감을 느끼고 만족감을 느끼는 '절정 경험(peak experiences)'들이 포함된다.
- 좋은 유머 감각

Maslow의 이론에 대해 비판하는 사람들은 매슬로우가 주장한 내용은 그가 골라낸 예시들에 기반을 두고 있기 때문에 Maslow 자신이 존경한 특성들을 단순 반영한 것일 수도 있다는 점에 주목했다. 즉, 그의 추론은 순환적이라는 것이다. Maslow는 특정한 사람들을 자아실현을 이룬 사람들로 정의 내린 뒤, '자아실현'이 무엇을 의미하는지 알아내기 위해 그 사람들이 공통적으로 지니고 있는 것이 무엇인지 물었다(Neher, 1991). 어쨌든, Maslow는 건강한 성격이란 단순히 장애가 없는 성격 그 이상의 무언가로 정의하려는 여타 시도들의 길잡이가 되었다.

개념 점검   9. 인본주의 심리학과 Alfred Adler의 공통적인 사상은 무엇인가?

----

1 미국의 노예 제도 폐지 전 탈출 노예를 도운 비밀 지원 조직.

인간 본성에 대한 탐색

가장 포괄적인 성격 이론가 3명, 즉 프로이트, 융, Adler는 1900년대 초기에 오스트리아에 살았다. 1세기 뒤의 우리는, 그리고 성격 연구의 대다수 전문가들은 이 이론들을 수용하지도 않으며 더 나은 이론으로 대체하려고도 하지 않는다. 좋은 연구 질문은 흥미롭고 답할 수 있는 것이어야 한다는 제1장의 내용을 돌이켜보자. 인간의 본성에 대한 근본적인 질문들은 대단히 흥미롭지만 쉽게 답할 수 없는 것이다. 오늘날 대다수의 연구자들은 구체적인 것, 행동의 측정할 수 있는 측면들에 대해 보다 작은 질문을 던지고 그러한 질문에 답하려고 한다. 이것에 대해서는 다음 두 단원에서 서술할 것이다. 연구자들이 여러 세부적인 질문들에 대한 답을 구하고 나면, 아마도 "무엇이 사람들을 움직이는 원동력인가?"라는 더욱 원대한 질문으로 회귀할지도 모른다.

요약

- 인간 본성에 대한 관점으로서 성격 이론. 성격은 각각의 사람이 타인과 구별되게 행동하는 방식 중 안정적이고 지속적인 방식으로 구성되어 있다. 성격 이론들은 인간이 선천적으로 선한가 악한가에 대한 신념과 관련되어 있다. (547쪽)

- 정신역동적 이론. 역사적으로 영향력 있었던 몇몇 이론들은 성격을 무의식적이고 내적인 힘의 결과로 기술했다. (547쪽)

- 프로이트. 지그문트 프로이트는 정신분석의 창립자로, 우리가 하는 많은 행동과 말에는 숨겨진 의미가 있다고 제안했다. 그러나 오늘날 대다수의 심리학자들은 이러한 숨겨진 의미에 대한 그의 해석에 의문을 제기한다. (547쪽)

- 프로이트의 심리성적 단계. 프로이트는 많은 무의식적 사고와 동기는 기본적으로 성적인 것이라고 믿었다. 그는 인간이 구강기, 항문기, 남근기, 잠복기, 생식기로 구성된 심리성적 발달 단계 또는 기간을 거쳐 나아간다고 제안했다. 그리고 어느 단계에서든 좌절을 경험한다면 리비도가 그 단계에 고착된다고 주장했다. (549쪽)

- 방어기제. 프로이트와 그 추종자들은 인간이 부인, 억압, 투사, 반동형성과 같은 기제를 통해 스스로를 불안으로부터 방어한다고 주장했다. (551쪽)

- 융. 칼 융은 모든 사람들이 집단 무의식을 공유한다고 믿었고, 집단 무의식은 인류 전체의 경험을 대표한다고 믿었다. (554쪽)

- Adler. Alfred Adler는 인간의 기본적 동기는 우월성 추구라고 제안했다. 각각의 사람은 우월성을 추구하기 위한 개별적인 방법을 발달시키며, 사람들을 이해하기 위해서는 우리는 그들의 목적과 신념에 대해 이해할 필요가 있다. (556쪽)

- 건강한 성격에 대한 Adler의 관점. Adler에 따르면, 삶의 가장 건강한 방식은 사회적 관심을 중요시 여기는 것이다. 즉, 다른 사람의 안녕에 신경을 쓰는 것이다. (557쪽)

- 학습적 관점. 우리가 성격이라고 부르는 것의 대부분은 개인적 경험, 모방, 또는 대리적 강화와 처벌을 통해 학습된다. (557쪽)

- 인본주의 심리학. 인본주의 심리학자들은 의식적이고 의도적인 의사결정을 강조했다. (558쪽)

핵심 용어

개인심리학 (556쪽)	무조건적 긍정적 존중 (560쪽)	성격 (547쪽)
고착 (550쪽)	반동형성 (552쪽)	성역할 (558쪽)
구강기 (550쪽)	방어기제 (551쪽)	승화 (552쪽)
남근기 (550쪽)	부인 (552쪽)	신프로이트학파 (553쪽)
리비도 (550쪽)	사회적 관심 (557쪽)	심리성적 쾌락 (550쪽)
무의식 (548쪽)	생식기 (550쪽)	억압 (552쪽)

성격 특질

- 어떤 특질이 성격을 가장 잘 묘사하는가?
- 왜 사람들은 모두 성격이 다른 것일까?

왜 사람들의 성격이 모두 다른지에 대해 궁금했던 적이 있는가? 왜 우리는 그것이 무엇이든지 간에, '최고의' 성격을 지니고 있지 않은 것일까? 만약 최고의 성격이란 것이 있다면, 짐작건대 자연선택 과정을 통해 우리 모두가 그러한 성격을 갖게 되었을 것이므로, 모든 사람이 최고의 성격을 갖는다는 것은 있을 수 없다는 결론을 내릴 수 있을 것이다(Nettle, 2006). 매우 공격적인 행동은 때때로 성공적이지만, 동시에 부상을 입을 위험을 수반한다. 두려움은 도움이 되는 것일까 아니면 해로운 것일까? 상황에 따라 다르다. 다른 사람들을 신뢰하는 것은 좋은 일일까? 어느 정도는 그렇다. 하지만 부정직한 사람은 타인을 지나치게 신뢰하

일본의 가부키에서 여자 역할을 연기하는 이 남자와 같이, 배우들은 그들의 개인적인 성격과는 아주 다른 성격을 내보일 수 있다. 우리 모두는 때때로 평상시의 성격과는 다른 일시적인 성격을 드러낸다.

는 사람을 이용한다. 사람들이 서로 다른 다양한 성격을 지니고 있을 때 사회가 가장 잘 굴러간다.

심리학자들은 성격을 연구하는 두 가지 방법을 사용한다. 하나는 법칙 정립적(nomothetic) 접근이고 다른 하나는 개별 사례적(idiographic) 접근이다. 법칙 정립적은 '입법자'를 뜻하는 그리스어 *nomothetes*에서 온 단어다. 법칙 정립적 접근이란 일련의 집단에 대한 연구를 통해 성격에 대한 폭넓고 일반적인 원리를 찾는 것이다. 예를 들어, 우리는 외향적인 사람들은 낯선 사람에게 자신을 소개하는 경향이 더 높다고 법칙 정립적 진술을 할 수 있을 것이다.

대조적으로, 개별 사례적이란 단어는 '개인'을 뜻하는 *idio-*에 어원을 두고 있다. [몇몇 개인에게 있어 특별하다는 뜻을 지닌 고유한(idiosyncratic)이라는 단어에서도 동일한 어원이 보인다.] 개별 사례적 접근은 각 개인에 많은 주의를 기울이는 것에 관심을 두며, 무엇이 그 사람을 특별하게 하는가를 찾는다(Allport, 1961). 예를 들어, 심리학자가 한 개인의 목표, 기분, 행동 반응에 대해 연구할 수 있다. 이 연구의 결론은 그 사람에게만 적용될 것이며 아마도 다른 사람들에 대해서는 적용되지 않을 것이다.

성격 특질과 상태

기상학자들은 기후(평상시 상태)와 날씨(현재 상태)를 구분한다. 예를 들어, 스코틀랜드의 기후는 텍사스의 기후보다 습하고 쌀쌀하지만, 특정한 날에는 스코틀랜드가 따뜻하고 텍사스가 쌀쌀할 수도 있다. 비슷하게, 심리학자들도 장기간 지속되는 성격 조건들과 일시적인 극적 변화를 구분한다.

지속적인 행동 경향, 이를테면 수줍음, 적대감, 말이 많음 등등은 특질(trait)이다. 대조적으로, 상태(state)는 특정한 행동의 일시적인 활성화를 뜻한다. 예를 들어, 대부분의 시간 동안 불안해 하는 것은 특질이지만, 지금 당장 겁에 질리는 것은 상태이다. 습관적으로 조용히 있는 것은 특질이지만, 도서관에서 조용히 있는 것은 상태이다. 특질은 기후 조건과 같이 시간의 흐름 속에서 평균적인 것이다. 특질과 상태는 둘 다 행동에 대한 묘사일 뿐, 행동에 대한 설명이 아니다. 누군가가 불안해 하고 조용하다고 말하는 것은 아무것도 설명해 주지 않는다. 그것은 단지 우리가 설명하고자

하는 것을 묘사할 뿐이다.

개념 점검 10. 어떤 사람이 치과에서 진찰용 의자에 앉자마자 점점 불안해지고 있다고 가정해 보자. 이것은 '특질 불안'인가, 아니면 '상태 불안'인가?

광범위한 성격 특질에 대한 탐색

성격에 대한 특질 접근에 따르면, 사람들은 행동에 있어서 지속적인 특징을 지닌다. 심리학자들은 많은 성격 특질을 기술하고, 연구하고, 측정해 왔다. 한 예, 즉 공정한 세상에 대한 신념(belief in a just world)을 생각해 보자. 공정한 세상에 대한 신념을 강하게 지니고 있는 사람들은 인생은 공정하고 사람들은 주로 그들이 받을 만하기 때문에 받는다고 주장한다(Lerner, 1980). 여기에 이러한 신념을 측정하는 질문들이 있다. 표준적 질문들에서 새롭게 어구를 바꾸었다(Lipkus, 1991). 당신이 질문에 얼마나 동의하는지를 1(전혀 동의하지 않음)부터 6(완전히 동의함)까지의 척도로 표기하라. 점수가 높을수록(점수는 6점부터 36점까지 분포한다), 공정한 세상에 대한 당신의 신념이 강한 것을 의미한다.

사람들은 주로 그들이 받을 만한 보상과 처벌을 받는다.
불운을 겪는 사람들 중 대부분은 무언가 불운을 초래할 만한 일을 한 것이다.
내가 운 좋게 얻은 휴식 시간의 대부분은 내가 번 것이다.
가장 열심히 일하는 사람들이 승진한다.
직업이 없거나 돈이 없는 사람들이 비난할 것은 그들 자신뿐이다.
무고한 사람이 감옥에 가는 경우는 드물다.

삶은 근본적으로 공정하며 좋은 일은 보상을 받고 나쁜 일은 처벌을 받는다고 믿는 것은 편하다. 공정한 세상에 대한 믿음을 강하게 지니고 있는 사람들은 스트레스가 있는 상황을 잘 다루며, 스트레스를 주는 일들이 결국에는 좋게 끝날 것이라고 확신한다(Bègue & Muller, 2006; Otto, Boos, Dalbert, Schöps, & Hoyer, 2006). 그들은 고통받는 사람을 돕거나 해를 끼친 사람에게 복수하려는 경향이 평균보다 높으며, 이는 정의에 대한 믿음을 회복하기 위해서라고 추정할 수 있다(Furnham, 2003; Kaiser, Vick, & Major, 2004). 반면 그들은 또한 질병이나 다른 손해에 대해 '피해자를 비난하는' 경향을 평균보다 높게 보인다(Ebneter, Latner, & O'Brien, 2011). (결국에는, 세상이 공정하다면, 사람들은 자신이 받을 만한 것을 받는다.) 이 예시에서 성격 특질이기도 한 공정한 세상에 대한 신념은 많은 방식으로 드러난다.

개념 점검 11. 사고 피해자들은 흔히 '상황이 더 나쁠 수도 있었어.'라고 반응한다. 공정한 세상에 대한 믿음과 이러한 반응은 어떤 관계가 있을까?

성격을 측정하는 것에 대한 문제

다른 심리학 분야에서처럼, 성격에 대한 연구가 진보하는 것은 측정 방법이 얼마나 좋은지에 달려 있다. 성격을 측정할 때 문제는 행동의 변화 폭이 크다는 점이다. 당신은 어떤 사람들에게는 친절하지만 다른 사람들에게는 친절하지 않을 수 있다. 당신은 어쩔 때는 활기차지만 다른 때에는 그렇지 않을 수 있다. 어떤 상황에서는 위험을 감수하고, 다른 상황에서는 그렇지 않을 수 있다(Hanoch, Johnson, & Wilke, 2006). 성격의 일반적인 경향을 관찰하기 위해서는 수많은 다양한 상황 속에서 사람들을 관찰해야 할 것이다. 하지만 이에 대한 대안으로 연구자들은 사람들에게 그들이 주로 어떻게 행동하는지에 대해 묻는 검사지를 사용한다.

사람들이 그들 자신의 성격에 점수를 매길 때, 그것이 정확할 것이라고 믿을 수 있을까? 대다수의 미국인은 평균 이상으로 자기 자신에 대해 자존감이 있고, 정직하고, 친절하고, 지적이고, 소수자 집단에 대해 수용적이며, 창조적이고, 유머 감각이 있고, 그리고 그 외의 거의 모든 자질이 있다고 평가한다. 영국인은 보다 겸손한 경향을 보이고, 아시아 사람은 훨씬 더 겸손한 경향을 보인다(Furnham, Hosoe, & Tang, 2002). 스스로를 평균이라고 칭하는 미국인들은(아마도 정직한 대답일 것이다.) 단지 다른 미국인들 대다수가 자기 자신을 모든 면에서 최고라고 평가했기 때문에, 자기 자신에 대해 낮은 평가를 내리는 셈이다(Baumeister, Campbell, Krueger, & Vohs, 2003).

성격 검사지의 타당도를 확인하는 한 가지 방법은 일기장 형태로 기록한 행동들과 검사지의 결과를 비교하는 것이다. 몇몇 연구에서는, 사람들이 질문지에 제시된 다양한 성격 차원에 대해 응답한 뒤, 스스로의 행동에 대해 날마다 기록하도록 했다. 두 자료 모두 자기보고에 의존했지만, 매일의 행동을 기록한 것이 더욱 상세하여 실제 일어난 사건과 근접했으며, 따라서 더욱 정확하다고 추측할 수 있었다. 질문지의 결과는 매일의 기록과 어느 정도 상관관계를 보였고, 이는 대다수의 연구에서 질문지가 충분히 정확하다는 것을 시사했다(Fleeson & Gallagher, 2009).

측정의 문제에 대한 예시: 자존감

자존감(self-esteem)이라는 성격 차원에 대해 생각해 보자. 자존감은 자신의 능력, 수행, 가치에 대한 평가이다. 사람들은 일반적으로, 그리고 특히 미국인은 높은 자존감을 갖는 경향이 있다. 그들은 자존감을 유지하기 위해 자신이 할 수 있는 행동을 하는데, 자신의 기술을 향상시키는 행동을 하거나, 다른 사람들보다 어떤 면에서는 성공적이었던 것을 기억하는 것 등의 행동이 포함된다(Nussbaum & Dweck, 2008). 심리학자들은 일반적으로 높은 자존감이 생산성을 증가시키고, 그 외에도 좋은 결과를 낼 것이라고 기대한다. 그러나 자존감을 높이기 위한 프로그램들은 흔히 실망스러운 결과를 내곤 했다. 좋은 면에서는, 자존감이 높아진 사람들은 스트레스에 보다 잘 대처할 수 있다(Creswell et al., 2005; Marsh & Craven, 2006). 그러나 일반적으로 사람들의 자존감을 높이는 것은 공격적 행동에는 거의 영향이 없었고, 오히려 어떤 경우에는 학교와 직장에서의 수행을 감소시키기도 했다(Baumeister et al., 2003). (아마도 자기 자신이 멋지다고 이미 생각하는 사람들은 그것을 증명할 필요를 별로 안 느끼는 것일지도 모른다.) 또한 심리학자들은 성공을 이룬 사람들 모두 높은 자존감을 지니고 있을 거라고 기대했지만, 여러 연구결과에 따르면 총명하고 성공한 젊은 여성들 중 다수가 같은 조건의 남성들에 비해 더 낮은 자존감을 갖고 있었다.

이러한 기대와 자료 간의 불일치 중 다수는 우리가 자존감을 어떻게 측정했는가에 달려 있다(Blascovich & Tomaka, 1991). 다음은 자존감 검사지에서 발췌한 문장들이다.

- 나는 좋은 자질을 많이 갖고 있다고 느낀다.
- 나는 다른 사람들만큼 잘할 수 있다.
- 가끔 나는 내가 쓸모없는 사람이라고 느낀다.
- 나는 실패작이다.

처음 두 가지 진술문에 '그렇다'고 응답하고 그 다음 두 가지 진술문에 '아니다'고 응답한 사람은 높은 자존감을 보이는 것으로 측정될 것이다. 위와는 대조적인 다른 자존감 검사지에서 발췌한 아래 문장들을 보고

1(거의 아니거나 전혀 아님)부터 5(주로 그렇거나 또는 항상 그러함)까지의 점수 범위에서 응답해 보자.

- 나는 내가 아름다운 사람이라고 느낀다.
- 나는 다른 사람들에게 좋은 인상을 준다고 생각한다.
- 나는 유머 감각이 좋다고 생각한다.
- 나는 사람들이 나를 정말로 많이 좋아한다고 느낀다.

이 문장들은 자존감을 측정하는 것일까, 자기 자랑을 측정하는 것일까? 다음은 예/아니오로 응답하는 세 번째 자존감 검사이다.

- 할 수 있다면 변화시키고 싶은 것이 내게는 많이 있다.
- 나는 내가 하는 행동에 대해 자주 유감스럽게 느낀다.
- 나는 학교에서 내가 바라는 것만큼 잘하고 있지 못하다.
- 나는 내 외모를 바꿀 수 있었으면 하고 바란다.

이 진술들에 '그렇다'고 응답한 것은 낮은 자존감을 나타내는 것일까, 아니면 높은 목표를 나타내는 것일까? '그렇다'고 응답한 사람은 아마도 자기 자신을 향상시키기 위해 분투하고 있을 것이다. '아니다'고 응답한 사람들은 자기 자신이 이미 완벽하다고 느끼고 있을 것이다.

젊은 여성들 중 많은 수가 자존감이 낮다고 보고한 것을 어떻게 해석할 수 있을까? 이것은 누가 어떻게 자존감을 측정했느냐에 달려 있다. 각 문항에 대한 답변을 주의 깊게 분석한 바에 따르면, 여성의 자존감은 학력, 정서, 사회적 수용, 도덕적 행동, 그 밖의 다른 부분에서도 남성과 동등하거나 높았다. 여성들은 단지 운동 실력(사실, 많은 남성들은 자신의 노력 자체에 관심이 높았다.)과 외모에 있어서만 낮은 자존감을 갖는 경향을 보였다. 아마도 여성은 남성보다 더 높은 외모 기준에 맞추기 위해 많은 노력을 기울이기 때문인 것으로 추측된다(Gentile, Grabe, Dolan-Pascoe, Twenge, & Wells, 2009).

요약하자면 결론은 이렇다. 성격은 측정하기 어려우므로 결론을 내리기 전에 성격이 어떻게 측정되었는지를 세심하게 살펴보아야 한다.

개념 점검   12. 만약 누군가의 검사지 결과가 '낮은 자존감'을 가리키고 있다면, 낮은 자존감 이외에 그 검사 결과가 실제로 의미할 수 있는 것은 무엇일까?

5요인 모델

심리학자들은 공정한 세상에 대한 믿음, 자존감, 그 밖에 수백 가지의 특질을 측정하는 질문지를 고안해 왔다. 이 특질 중 몇몇은 다른 특질들보다 중요할까? 제2장에 나왔던 절약성 원리를 기억하자. 만약 우리가 소수의 특질만 가지고 성격을 적

절하게 기술할 수 있다면, 그 이상의 특질을 측정해서는 안 될 것이다.

우선적으로 실시되어야 할 작업은 우리의 언어를 조사하는 것이다. 아마도 영어에는 중요한 성격 특질에 대한 단어가 모두 존재할 것이다. 비록 이 가정이 필수조건은 아닐지라도, 사람들이 다른 사람들의 성격에 얼마나 많은 관심을 기울이는지를 고려할 때 그럼직하다. Gordon Allport와 H. S. Odbert(1936)는 영어 사전을 조사해서 성격을 묘사하는 데 쓰일 수 있는 거의 18,000개에 달하는 단어들을 찾아냈다. 그들은 이 단어 목록 중에서 못된(nasty)과 같이 단순히 평가만을 의미하는 단어는 제외했고, 또 혼란스러운(confused)처럼 일시적인 상태를 뜻하는 표현도 제외했다. (적어도 우리는 혼란스럽다는 것이 일시적인 상태이기를 바란다.) 그들은 남은 단어 목록 중에서 동의어들을 한데 묶었다. 이를테면 다정한(affectionate), 따뜻한(warm), 애정 어린(loving)을 한 묶음으로 묶으면서 그 중 단 한 단어만 남겼다. 정직한(honest)과 부정직한(dishonest)처럼 반의어를 찾았을 때도 하나의 표현만 남겼다. 동의어와 반의어를 삭제한 후, Raymond Cattell(1965)은 원래의 목록을 35가지의 특질로 좁혔다.

5요인 성격 특질의 도출

비록 Cattell이 정의한 35가지의 성격 특질 중 몇몇은 다른 단어와 정확하게 동의어거나 반의어인 것은 아니지만, 그들 중 다수가 서로 겹친다. 심리학자들은 서로 강한 상관관계를 보이면서 다른 특질들과는 상관되지 않는 특질들의 묶음을 찾아보았다. 이러한 접근 방법을 이용해서 연구자들은 5요인 성격 특질(Big Five personality traits)을 찾아냈다. 5요인이란 신경증, 외향성, 우호성, 성실성, 그리고 경험에 대한 개방성이다(McCrae & Costa, 1987). 이 다섯 가지 특질은 (a) 우리의 언어에 존재하는 단어와 관련된 다양한 성격 차원과 제각기 상관관계가 있고 (b) 하나의 특질이 다른 네 가지 특질과 높은 상관관계를 보이지 않는다. 따라서 동일한 것을 측정하고 있는 것이 아님을 알 수 있다. 이 다섯 가지 차원은 아래와 같이 기술된다(Costa, McCrae, & Dye, 1991).

신경증(neuroticism)은 불쾌한 감정을 빈번하게 경험하는 경향성이다. 몇몇 성격 연구자들은 신경증이라는 용어의 반대로 정서적 안정성(emotional stability)이라는 용어를 선호한다. 신경증은 불안, 적개심, 자의식(self-consciousness), 다른 사람들과의 지속적인 갈등, 여러 신체적 및 정신적 질병과 상관관계를 보인다(Lahey, 2009). 신경증이 높은 사람은 직업과 결혼 생활에서 어려움을 겪는 경향이 있다(Roberts, Kuncel, Shiner, Caspi, & Goldberg, 2007).

외향성(extraversion)은 자극을 추구하고 다른 사람들과 함께 있는 것을 즐기는 경향성이다. 외향성의 반대는 내향성(introversion)이다. 외향성은 친절함, 사교성, 자기주장, 충동성, 그리고 흥분(excitement)을 필요로 함과 연관된다. 외향성의 유쾌하지 않은 측면은 알코올을 남용할 기회와 여타 위험한 행동들의 증가와 관련된다는 것이다(Martsh & Miller, 1997). 외향적인 사람의 유쾌한 측면은 행복한 경향이 있다는 것이다(Francis, Brown, Lester, & Philipchalk, 1998). 이 관계는 양방향적이다. 즉, 행복

하게 느끼기 때문에 사람들은 보다 사교적이 되며, 사교적인 행동이 사람들로 하여금 행복을 느끼게 만든다(Lucas, Le, & Dyrenforth, 2008). 한 연구에서는 사람들이 외향적인 것처럼 가장한 뒤에 더 행복하게 느낀다고 보고했다(Fleeson, Malanos, & Achille, 2002).

활동적, 사교적 행동　　행복한 느낌

우호성(agreeableness)은 다른 사람들에게 온정적으로 대하는 경향성이다. 우호성에는 다른 사람들의 복지에 대한 관심이 포함되며 이것은 Adler의 사회적 관심의 개념과 밀접한 관계가 있다. 우호성이 높은 사람들은 타인을 신뢰하며 다른 사람들도 자신을 신뢰할 것이라고 기대한다. 이들은 평균보다 안정적인 결혼 생활과 안정적인 직장 생활을 하는 경향이 있다 (Roberts et al., 2007). 이들은 평균적으로 편견을 덜 갖는 경향을 보인다(Akrami, Ekehammar, & Bergh, 2011). 이들은 신체적 손상을 입고도 평균보다 더 잘 회복하는데, 이는 부분적으로 우호성이 높은 사람들이 좋은 사회적 지지를 받기 때문이다(Boyce & Wood, 2011).

성실성(conscientiousness)은 자기 절제(self-discipline)와 본분을 지키는 태도를 보이고, 성취와 능숙함을 향해 노력하는 경향성이다. 성실성이 높은 사람들은 열심히 일하며 제 시간에 자신의 업무를 마친다(Judge & Ilies, 2002). 이들은 운동을 하고 건강한 식단을 섭취한다. 또한 담배, 지나친 음주, 위험한 섹스를 피한다(Bogg & Roberts, 2004). 이들의 기대수명은 평균보다 훨씬 높으며(Roberts et al., 2007), 이들의 배우자들 또한 그렇다(Roberts, Smith, Jackson, & Edmonds, 2009). 즉, 성실한 사람은 장수를 위한 규칙들을 준수하며 배우자들도 같은 규칙들을 준수하도록 만든다.

경험에 대한 개방성(openness to experience)은 새로운 지적 경험과 아이디어를 즐기는 경향성이다. 이 특질이 높은 사람들은 현대 미술, 평범하지 않은 음악, 생각할 거리를 던져 주는 영화와 책을 즐긴다. 이들은 다른 종

류의 사람을 만나는 것과 새로운 아이디어를 탐구하는 것을 즐긴다(McCrae, 1996). 한 연구에서는 젊은 성인들이 자신이 좋아하는 노래의 목록을 만들었다. 그 뒤 다른 사람이 그 노래들을 듣고 이 노래를 고른 사람의 성격이 어떠할지 추측해 보게끔 했다. 음악만 가지고도, 그들은 노래를 고른 사람의 경험에 대한 개방성을 추측해 내는 데에 .6 이상의 상관관계를 보였다(Rentfrow & Gosling, 2006).

표 14.2는 5요인 모델에 대한 요약이다.

표 14.2 성격의 5요인 모델

특질	특징	이 특질을 측정하기 위해 사용하는 전형적인 예-아니오 질문
신경증	불쾌한 감정을 느끼기 쉬움	나는 걱정거리가 많다.
외향성	흥분과 사회적 접촉을 추구함	나는 쉽게 친구를 만든다.
우호성	온정적이고 신뢰할 만함	나는 다른 사람들이 좋은 의도를 가지고 있다고 믿는다.
성실성	자기를 절제하고 본분을 지킴	나는 대부분의 작업을 제 시간에 끝내거나 더 일찍 끝낸다.
개방성	새로운 아이디어에 자극을 받음	나는 예술이 그 자체로 중요하다고 생각한다.

개념 점검

13. 어떤 심리학자들은 외향성을 야망(ambition)과 사교성(sociability)의 두 특질로 나누어서 5요인을 6요인으로 바꾸어야 한다고 주장한다. 이것에 대해서 심리학자들은 어떻게 결정을 내려야 할까?

14. 만약 우리가 누군가의 행복을 예측하고 싶다면, 어떤 성격 특질을 측정해야 할까? 만약 우리가 누군가가 얼마나 오래 살지 예측하고 싶다면 어떤 특질을 측정해야 할 것인가?

비교문화 연구 결과는 5요인 접근을 부분적으로 지지한다. 몇몇 연구들은 5요인 모델이 다른 언어를 사용하는 다른 문화권의 사람들에게도 일관적으로 적용된다고 결론을 내렸다(McCrae & Costa, 1997; Yamagata et al., 2006). 그러나 어떤 연구들은 문화 간에 차이가 있다는 결과를 내놓았다(Panayiotou, Kokkinos, & Spanoudis, 2004). 중국에서의 연구는 외향성, 신경증, 성실성, 그리고 중국 문화에 대한 충성심(loyalty)의 특질을 보고했다(Cheung et al., 1996).

한계

만약 누가 제때에 공과금을 납부할 것인지 예측하고 싶다면, 성실성을 측정하는 것이 유용할 것이다. 누가 새롭고 이국적인 레스토랑에 가는 것을 시도할지 예측하기 위해서는 경험에 대한 개방성을 측정할 수 있을 것이다. 유사하게, 5요인 성격 특질들은 행동의 여러 측면과 잘 연관된다. 하지만 5요인이 인간의 행동에 대한 모든 면을 파악할 수 있을까? 많은 심리학자들은 불확실하다는 태도를 취한다. 예를 들어, 어떤 피고용인은 회사로부터 무언가를 훔치고, 동료를 모욕적으로 대하고, 지속적으로 늦게 출근하거나 일찍 퇴근한다. 이들의 행동은 단순히 성실성이 결여된 것만을 의미하지 않으며 그 이상의 것이 있다. 진실성(정직함과 미덕)의 결여를 측정하는 다른 종류의 검사지가 더 나은 측정치를 제공한다(O'Neill & Hastings, 2011). 다른 연구자들은 5요인 접근이 유머 감각, 종교적 독실함, 요염함, 근검절약, 보수성, 남성성-여성성, 속물근성을 간과했다고 비판한다(Paunonen & Jackson, 2000). 요약하면, 5요인 기술은 인간의 다양한 행동에 대해 충분히 기술할 수 있지만, 기타 목적을 위해서라면 우리는 성격의 또 다른 측면들에 대해 탐구할 필요가 있다.

성격의 근원

성격 차이에 대한 기술은 설명이 아니다. 어떤 것이 사람들로 하여금 다른 사람들보다 외향적이고, 신경증적이고, 우호적이고, 성실하고, 또는 경험에 대해 개방적이도록 만드는 것일까?

일본인 화가 Morimura Yasumasa는 유명한 그림들의 원본에 자신의 얼굴을 대신 그려서 재창조해 냈다. '경험에 대한 개방성'이 높은 사람들은 이처럼 새롭고 특이한 예술 형식에 즐거움을 느낀다.

유전과 환경

만약 유전이 성격에 영향을 미친다는 증거를 찾고 싶다면, 가장 가까이 있는 애완견 한 마리만 보면 된다. 몇 세기 동안 사람들은 개의 성격에 따라 선별해서 수줍음이 많은 애완견에서부터 침입자를 공격하는 감시견에 이르기까지 품종을 개량시켜 왔다.

인간의 성격에 대한 유전과 환경의 영향을 측정하기 위해서 쌍둥이와 입양아에 대한 많은 연구가 진행되었다(Bouchard & McGue, 2003). 그림 14.4가 보여주듯이, 다섯 개 지역에서 진행한 연구에서 일란성 쌍둥이가 이란성 쌍둥이보다 외향성에 있어서 더 유사하다는 결과가 나타났다(Loehlin, 1992). 비슷한 연구들에서도 신경증(Lake, Eaves, Maes, Heath, & Martin, 2000), 성실성(Luciano, Wainwright, Wright, & Martin, 2006), 그 밖의 다른 성격 특질에 유전적 요소가 있다는 결과를 제시했다. 그러나 유전체(genome, 모든 염색체)에 대한 세밀한 연구에 따르면 이러한 성격 특질 어느 것에 대해서도 주요한 영향을 미치는 유전자는 발견할 수 없었다(Calboli et al., 2010; Terracciano et al., 2010). 분명히 대단히 많은 유전자가 각각 미세한 방식으로 성격에 영향을 미친다.

또한, 연구자들은 부모와 그 생물학적 자녀들, 그리고 입양한 자녀들의 성격을 비교했다. 그림 14.5가 보여주듯이 부모의 외향성 수준은 생물학적 자녀들과는 상당한 상관관계를 보였지만, 입양된 자녀들과는 상관관계를 거의 보이지 않았다. 유사하게, 함께 자란 생물학적 남자 형제나 여자 형제는 성격이 어느 정도 서로를 닮았으나, 생물학적으로 연결되지 않았지만 같은 가정에 입양된 아이들은 그렇지 않았다(Loehlin, 1992). 그림 14.4와 14.5에 나타난 결과는 외향성에 관한 것이지만, 여타 성격 특질들에서도 전반적으로 유사한 패턴이 나타나는 것을 다른 연구들이 발견했다(Heath, Neale, Kessler, Eaves, & Kendler, 1992; Loehlin, 1992; Viken, Rose, Kaprio, & Koskenvuo, 1994).

입양된 자녀들과 양부모의 성격 사이에 상관관계가 낮은 것은 아이들이 부모를 모방함으로써 성격을 형성하는 경향이 적다는 것을 시사한다. (제5장에서 언급된 바와 같이, Judith Harris가 똑같은 점을 짚었다.) 많은

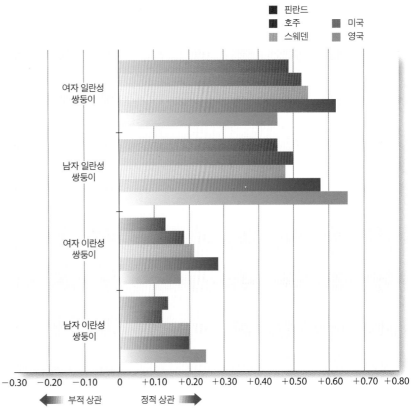

그림 14.4 각 막대의 길이는 쌍둥이 간의 외향성에 대한 상관관계의 강도를 나타낸다. 상관(유사성)은 일란성 쌍둥이(모든 유전자를 공유하는 쌍둥이)가 이란성 쌍둥이(유전자의 반을 공유하는 쌍둥이)보다 높다. (1992년 Loehlin이 요약한 자료에 기반함)

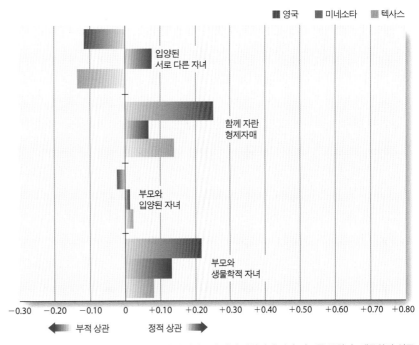

그림 14.5 각 막대의 길이와 방향은 한 쌍의 사람들이 지닌 외향성의 상관 정도를 뜻한다. 생물학적 친족(형제자매 또는 부모와 자녀)은 낮은 정적 상관관계를 보였다. 입양으로 맺어진 사람들은 상관관계가 0에 가까웠다. (1992년 Loehlin이 요약한 자료에 기반함)

연구자들은 인간 성격 간의 다양성은 서로 공유하지 않는 환경(unshared environment)과 관련이 있다고 믿는다. 서로 공유하지 않는 환경은 개인마다 다른 환경의 측면을 뜻하며, 이것은 심지어 같은 가족 내에서도 다르다. 공유하지 않는 환경은 놀이친구, 교사, 부상과 질병 또는 그 외에 고립된 경험 등의 영향이 포함된다. 서로 공유하지 않는 환경은 개인마다 고유한 것이기 때문에 조사하기가 어렵다.

개념 점검

15. 공유된 환경, 즉 한 가족 내의 아이들에게 끼치는 동일한 영향이 갖는 중요한 역할을 보여주는 증거는 무엇인가?

나이, 문화, 또래 집단의 영향

현재 당신의 성격 중 어느 정도가 어린 시절의 성격과 닮아 있을까? 한 연구에서는 연구자들이 사람의 행동을 3세부터 26세까지 조사했다. 3세 때 두려움이 많고 쉽게 마음이 상했던 아이들은 26세에도 다른 사람들에 비해 보다 불안해 하고 억제되어 있었다. 3세 때 충동적이고 가만히 못 있었던 아이들은 다른 사람과 갈등을 빚고 사회로부터 소외감을 느끼는 경향이 있었다. 3세 때 자신만만하고 친절하고 환경에 대해 열성적으로 탐구하고자 하는 경향이 있었던 아이들은 성인이 되어서도 자신감이 있고 사건에 대해 주도권을 쥐려고 열성적이었다(Caspi et al., 2003).

당신의 성격이 미래에는 어떻게 변할까? 연구결과에 따르면, 사람들은 나이가 들수록 변화의 속도가 느려진다. 아동기에는 성격 검사지의 응답과 6년이나 7년 후 재검사 결과의 상관관계가 .34로서 그다지 높지 않았다. 대학교 나이 때는 상관이 .54였다. 30세에는 .64로 올라갔고 60세에는 .74가 되었다(Roberts & DelVecchio, 2000). 나이 든 사람들의 성격이 보다 고정적인 이유 중 하나는 나이 든 사람들은 주로 동일한 환경에 머무르며 똑같은 일들을 매년 반복해서 하기 때문이다. 아마도 당신이 다른 가능한 설명을 제시할 수도 있을 것이다.

비록 나이의 변화에 따라 생겨나는 차이는 그리 크지 않지만, 어떤 경향성은 일관적이다. 전 세계를 통틀어 모든 문화권에서 발견되는 하나의 경향은 중년기의 사람들이 십대들보다 성실한 경향을 보인다는 것이다(Donnellan & Lucas, 2008; McCrae et al, 2000). 이에 대한 단순 가설(반드시 모든 부분을 설명할 수 있는 것은 아니다.)은 성인은 원하든 원하지 않든 직업을 유지하고, 돈을 지불하고, 집을 수리하고, 아이들을 돌보고, 그 밖에 여러 다른 방식으로 책임을 지도록 강요를 받는다는 것이다.

대다수 사람들은 사춘기 또는 성인 초기에 사회적 활력(social vitality)과 자극 추구가 정점에 달하고 나이를 먹을수록 점진적으로 감소한다(Roberts, Walton, & Viechtbauer, 2006). 마찬가지로 이 현상도 전 세계를 통틀어 여러 문화권에서 나타난다(Donnellan & Lucas, 2008; Labouvie-Vief, Diehl, Tarnowski, & Shen, 2000). 나이 든 사람들은 또한 덜 신경증적인 경향이 있다. 즉, 정서적으로 보다 안정되고 우호적이다(Cramer, 2003; McCrae et al., 2000). 대다수의 문화권에서 젊은 성인들이 나이 든 사람들보다 경험에 대한 개방성이 높게 나타났다(Donnellan & Lucas, 2008; Roberts et al., 2006). 젊은이들이 새로운 종류의 음악, 새로운 종류의 음식, 새로운 종류의 옷차림, 그 외의 것들을 즐기는 것을 볼 때 이러한 경향은 놀라운 것이 아니다(Sapolsky, 1998). 반면 나이 든 사람들은 오래된 습관을 버리지 않는다. 그림 14.6은 나이에 따라 성격의 6가지 측면이 어떻게 변화하는지를 보여준다(Roberts et al., 2006). 이 연구에서는 외향성을 사회적 활력과 사회적 지배(social dominance), 두 측면으로 구분했음을 알아두자.

성격이 문화나 국가에 따라 다를까? 여기서 우리는 연구의 어려움에 맞닥뜨린다. 대다수의 성격 연구는 자기보고에 의존한다. 자기보고식으로 진행한 어떤 연구에서는 멕시코인의 사교성 평균이 미국인보다 낮게 나타났다. 하지만 관찰연구에 따르면 멕시코인이 미국인보다 다른 사람들과 얼굴을 맞대고 대화하면서 시간을 보내는 일이 더 많았다(Ramírez-Esparza, Mehl, Álvarez-Bermúdez, & Pennebaker, 2009). 유사하게, 푸에르토리코인은 자신의 외향성이 그저 평균이라고 보고했지만(Terracciano et al., 2005), 이 나라를 방문한 사람들 대다수는 푸에르토리코 사람들이 매우 외향적이라고 간주한다. 문제는 당신이 스스로의 성격에 대해 평가할 때 당신이 아는 사람들과 비교해서 점수를 매긴다는 것이다. 만약 당신이 (어떤 세계적 표준에 비추어 보았을 때) 매우 사교적이거나 매우 외향적인데, 당신이 속한 집단의 사람들 모두가 또한 그렇다면, 당신은 스스로를 평균이라고 평가하게 될 것이다. 한 국가와 다른 국가를 비교하는 데에 자기보고식 연구는 도움이 되지 않는다.

더 나은 접근법은 실제 행동을 측정하는 것이다. 연구자들은 공공장소에 있는 시계의 정확도와 우체국 직원이 우표를 판매하고 거스름돈을 주는 속도와 정확성 등을 관찰함으로써 성실성을 측정했다. 이렇게 성실성에 대해 관찰한 바는 다양한 국가들 사이에 퍼져 있는 일반적인 평판과 유의미한 상관관계를 보였는데, 이를테면 스위스 사람은 매우 능률적이고 성실하다는 것 등이다(Heine, Buchtel, & Noren-zayan, 2008). 즉, 결국 우리가 적절하게 측정한다면 성격은 실제로 문화에 따라 다르게 나타난다.

미국 내 지리적 영역에 따라 평균적으로 성격이 약간씩 다르다. '창의적 생산성'은 북동부, 중서부, 서부 해안 지역에서 가장 높았다. 남동부에 사는 사람들은 자신

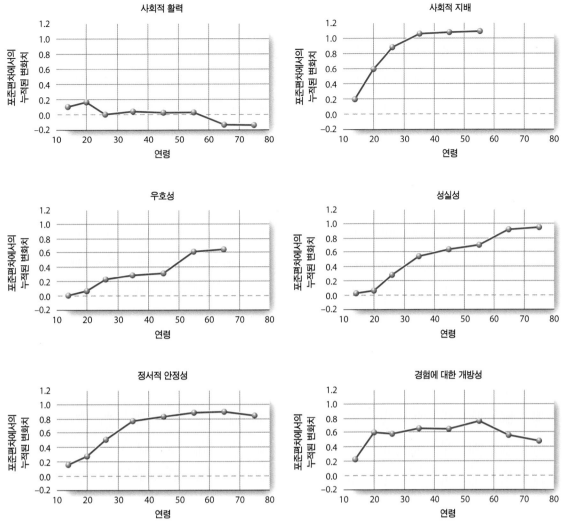

사회적 활력

사회적 지배

우호성

성실성

정서적 안정성

경험에 대한 개방성

그림 14.6 종단연구 결과에 따르면 성격의 여섯 가지 측면의 평균치가 나이에 따라 다르게 나타나는 것을 볼 수 있다. 세로축의 숫자는 가장 초기에 측정했던 것에서 변화한 표준편차 수치를 나타낸다. (Roberts, Walton, & Viechtbauer, 2006에서 발췌)

의 평판을 폭력적인 방식으로 지키려는 경향이 보다 높았다. 도시에 사는 사람들은 지방에 사는 사람들보다 외향적인 경향을 보였다. 이것들은 단지 차이의 일부분일 뿐이다. 이러한 차이가 생기는 이유 중 하나는 그 장소에 대한 평판이 그 평판과 비슷한 성격을 지닌 사람들을 끌어 모으는 경향이 있다는 것이다. 만약 당신이 오리건 주 포틀랜드 시에 사는 사람들에 대해 읽고 '이 사람들은 나와 비슷한 사람들 같은데.'라고 생각한다면, 당신 또한 그곳으로 이사하고 싶어질지도 모른다. 또 다른 예시로는, 외향적인 사람은 사교활동을 할 기회가 많은 흥미로운 장소를 찾아다니는 경향이 있는 반면에, 신경증이 높은 사람은 덜 위협적인 환경을 찾는 경향이 있다는 것이다(Rentfrow, Gosling, &

Potter, 2008).

마지막으로, 한 세대에서 다음 세대로 넘어갈 때에도 성격에 변화가 일어날까? 제9장에 나왔던 플린 효과를 기억하자. 시간이 지날수록 사람들이 IQ 검사에서 보이는 수행이 점진적으로 증가했으며 따라서 각각의 세대는 그 이전 세대보다 검사에서 더 좋은 점수를 얻는다. 연구자들은 또한 성격에서의 세대 간 차이를 발견했다. 예를 들어, 1950년대 이후 시간이 흐를수록 불안 점수가 지속적으로 증가했다(Twenge, 2000). 아동용 현존 불안 척도(Child Manifest Anxiety Scale)의 1950년대 평균은 15.1이었고, 정신병원에 있는 아동들의 평균은 20.1이었다. 1980년대가 되자, 모든 아동들의 평균이 23.3이 되었다! 실제로 우리는 지난 세대보다 그렇게나 많은 불안을 갖고 있는 걸까? 아마도 사람들의 응답이 예전에 의미하던 바와는 달라졌을 것이다. 더 불편한 가능성은 우리가 실제로 불안의 시대에 살고 있다는 것이다. 이전 세대와 비교하면 오늘날 더 많은 아동이 부모의 이혼을 겪으며, 근거리에 여러 친구와 친척들과 더불어 사는 경우는 줄어들었다. 이러한 사회적 변화가 평균 불안 수준을 증가시켰을까? 답은 불분명하지만 오늘날 연구자들은 왜 사람들이 그리 많이 걱정하는지에 대해 걱정하고 있다.

성격의 다른 측면에서도 세대 간 차이가 존재한다.

1980년대부터 2006년까지 미국 대학생들은 자기애(narcissism), 자기중심성(self-centeredness)의 측정치가 점점 증가하는 현상을 보였다(Twenge, Konrath, Foster, Campbell, & Bushman, 2008). 자기애는 자신감(self-confidence)과 관련이 있고 이는 일반적으로 좋은 것으로 여겨지지만, 더불어 자기애는 모험적 행동, 이기적임, 순탄치 않은 연애 관계와도 관련이 있다. 요점은 우리가 살고 있는 시대가 성격 발달에 중대한 영향을 끼친다는 것이다.

개념 점검

16. 왜 국가별 성격의 경향을 비교하기 위해 자기보고 방식을 사용하는 것이 어려운가?

맺음말 단원 14.2

성격 분류의 어려움

성격에 대한 기술은 시간에 따라 달라진다. 우리는 누구나 언제든 똑같이 외향적이고, 똑같이 신경증적일 거라고 생각하지 않는다. 우리가 어떤 순간에 하는 행동은 대체로 그 상황에 달려 있다. 이전에 경험해 보지 않은 새로운 상황에서 우리는 아마 우리가 잘 알고 있는 사람들의 행동에 놀라게 될 것이며, 심지어는 우리

자신의 행동에 스스로 놀랄지도 모른다. 상황에 따라 사람들의 행동이 다양하기 때문에 일반적인 경향에 대해 측정하는 것이 어렵다. 연구의 진보는 언제나 좋은 측정에 달려 있으므로 왜 성격을 이해하는 것이 어려운지 알 수 있을 것이다.

요약

- 법칙 정립적 그리고 개별 사례적 연구. 법칙 정립적 연구는 다수의 사람들을 단시간에 측정하는 반면, 개별 사례적 연구는 한 명이나 적은 수의 개인들을 밀도 있게 측정한다. (564쪽)

- 특질과 상태. 특질은 시간이 흘러도 일관적인 성격 특성을 뜻하고, 상태는 특정한 상황에 대해 일시적으로 반응하는 경향성을 뜻한다. (564쪽)

- 측정에 대한 문제. 성격 연구자들은 대다수의 경우 자기보고에 의존하며 이는 완전히 정확하다고는 볼 수 없는 측정 방식이다. (565쪽)

- 다섯 가지 주요 특질. 성격의 많은 부분이 이 다섯 가지 특질로 설명될 수 있다. 신경증, 외향성, 우호성, 성실성, 그리고 경험에 대한 개방성이다. (566쪽)

- 성격을 결정하는 요인. 쌍둥이와 입양아에 대한 연구는 성격에서 관찰되는 차이에 유전이 기여한다는 것을 보여준다. 그러나 그 변인의 많은 부분을 조절하는 하나의 유전자가 있는 것은 아니다. 가족 환경이 성격에 미미한 영향을 미친다는 것은 분명하다. 성격의 많은 부분은 서로 공유하지 않는 환경, 즉 가족 내에서도 사람에 따라 다양한 특수한 경험들과 연관이 있다. (569쪽)

- 나이에 따른 변화. 젊은 사람들에 비교하면 나이 든 사람들은 성실성과 우호성이 높은 경향을 보인다. 나이 든 사람들에게서 외향성과 신경증은 다소 낮게 나타난다. 경험에 대한 개방성은 대다수의 나라에서 나이가 들수록 감소하는 경향을 보인다. (570쪽)

- 세대에 따른 변화. 측정에서 드러난 불안 수준은 몇 십 년간

점진적으로 증가해 왔으며 현재의 평범한 사람들도 과거에는 정신병원에 있는 사람들만큼의 불안을 보고한다. (571쪽)

핵심 용어

개별 사례적 접근 (564쪽)

경험에 대한 개방성 (567쪽)

공정한 세상에 대한 신념 (565쪽)

법칙 정립적 접근 (564쪽)

상태 (564쪽)

서로 공유하지 않는 환경 (570쪽)

성격에 대한 특질적 접근 (565쪽)

성실성 (567쪽)

신경증 (567쪽)

외향성 (567쪽)

우호성 (567쪽)

자존감 (566쪽)

특질 (564쪽)

5요인 성격 특질 (567쪽)

성격 측정

- 성격 검사의 결과는 무엇을 의미할까?
- 그러한 검사를 사용하는 데 있어 어떤 것이 적절하며 어떤 것이 부적절할까?

당신이 사는 지역의 쇼핑몰에 P. T. Barnum 심리 클리닉이 새롭게 문을 열어서 개장 기념으로 성격 검사를 특별 할인가에 실시해 준다고 한다. 당신은 자기 자신에 대해 더 알고 싶어 그 검사를 신청했다. 다음은 Barnum의 예-아니오 검사이다.

열성적 젊음에 대한 보편적 평가를 위한 질문지(Questionnaire for Universal Assessment of Zealous Youth: QUAZY[2])

1. 나는 내가 좋아하지 않는 식인종을 만난 적이 없다. 예 아니오
2. 내가 저지른 유일한 흉악범죄는 강도질이다. 예 아니오
3. 나는 '먹으면 웃음이 나오는 버섯'을 과거보다 덜 먹는다. 예 아니오
4. 나는 코를 후비는 습관에 대해 남이 뭐라 하든 상관하지 않는다. 예 아니오
5. 채소와 섹스하는 것은 더 이상 나를 역겹게 하지 않는다. 예 아니오
6. 이번에야말로 본드 흡입에서 영영 손을 뗄 것이다. 예 아니오
7. 나는 지금 이 질문 같은 질문들에는 흔히 거짓말을 한다. 예 아니오
8. 나는 어린 시절에 컴퓨터 케이블을 빨면서 대부분의 시간을 보냈다. 예 아니오
9. 나는 침대가 깨끗하다고 생각되지 않으면 잠을 잘 수가 없다. 예 아니오
10. 벌거벗은 버스 운전자는 나를 불안하게 만든다. 예 아니오
11. 나는 혼자 하는 옷 벗기기 게임을 하면서 시간을 보낸다. 예 아니오

당신은 이 질문들에 답을 표시해서 제출했다. 몇 분 뒤, 컴퓨터가 당신의 성격에 대해 다음과 같은 내용을 출력했다.

당신은 다른 사람들이 당신을 좋아하고 존경해 주기를 원하지만, 스스로에게는 비판적인 경향이 있습니다. 당신은 성격에 몇몇 약점들이 있지만 대체로 그러한 약점들을 보상할 수 있습니다. 당신에게는 사용하지 않은 능력들이 상당히 많이 있습니다. 겉으로 보기에 당신은 규율을 잘 지키고 자제력이 있지만, 속으로는 걱정을 하고 자신감이 없을 수도 있습니다. 가끔 당신은 자신이 옳은 결정을 내렸는지 또는 옳은 일을 했는지에 대해 심각하게 의심하기도 합니다. 당신은 어느 정도의 변화와 다양함을 좋아하며 규제나 한계에 구속될 때는 불만스러워 합니다. 당신은 또한 자신이 독립적인 생각을 가지고 있으며, 충분한 증거가 없으면 다른 사람의 말을 받아들이지 않는다는

것에 자부심을 느낍니다. 과거에 당신은 다른 사람에게 자신을 너무 솔직히 드러내는 것은 지혜롭지 않다는 것을 알았습니다. 때때로 당신은 외향적이고 친절하며 사교적입니다. 반면 다른 때에는 내향적이고 조심스러우며 과묵합니다. 당신의 소망 중에 몇 가지는 다소 비현실적인 것입니다. (Forer, 1949, p. 120)

이러한 평가 결과에 대해 동의하는가? 이 평가가 당신의 성격에 대해 잘 묘사하고 있는가? 심리학 강의를 듣는 학생들에게 위와 같은 절차를 따른 몇몇 실험이 실시되었다(Forer, 1949; Marks & Kammann, 1980; Ulrich, Stachnik, & Stainton, 1963). 학생들은 위에 적힌 것처럼 우스운 질문들(단지 재미를 위해 포함한)이 아니라 언뜻 보기에도 합리적인 질문지에 답을 했다. 며칠 뒤, 학생들은 각각 봉인된 봉투를 받았고 이 안에는 자신이 응답한 질문지에 기반한 것으로 보이는 성격 프로파일이 쓰여 있었다. 그리고 학생들은 "이 프로파일이 당신에 대해 얼마나 정확하게 설명하고 있습니까?"라는 질문을 받았다. 90%의 학생들이 상당히 또는 매우 정확하다고 점수를 매겼고 그 중 몇몇 학생은 정확함에 실제로 놀라움을 표했다. 그들은 모든 사람들이 똑같은 성격 프로파일을 배달 받았다는 사실을 알지 못했다. 그 프로파일은 방금 당신이 읽은 것과 똑같았다.

학생들이 성격 프로파일을 받아들인 이유는 이 프로파일이 모든 사람들에 해당하는 사항을 애매하게 서술했고, 심리학자가 말하는 어떤 진술이라도 사람들은 받아들이기 때문이다(Marks & Kammann, 1980). 이렇게 애매한 진술을 자신의 성격으로 받아들이는 경향을 바넘 효

---

2 Quazy라는 뜻은 crazy의 속어식 표현으로서 이 척도가 엉터리임을 저자가 간접적으로 표현한다고 볼 수 있다.

사람들은 대다수의 성격 평가를 수용하는 경향이 있으며, 특히 그 결과가 애매모호한 표현을 사용했을 경우 자신에게 맞춰서 해석할 가능성이 크다.

과(Barnum effect)라고 부른다. 사람들을 속여서 돈을 앗아가는 전문가였던 서커스단 주인 P. T. Barnum의 이름을 딴 것이다.

결론은, 심리학적 검사는 반드시 조심스럽게 행해져야 한다. 만약 어떤 검사가 성격에 대해 측정하는지를 알고 싶다면, 단지 사람들의 의견에 대해 묻기만 해서는 안 된다. 심리학자들은 검사를 세심하게 설계하고 그 신뢰도와 타당도에 대해 검증할 필요가 있다.

표준화된 성격 검사

표준화 검사(standardized test)는 그 결과를 어떻게 해석해야 할지 구체적으로 명시된 규칙에 따라 시행되는 검사를 뜻한다. 검사를 표준화하는 데서 중요한 것은 점수의 분포를 알아내는 것이다. 모집단의 대표 표본에서 평균 점수와 점수의 범위를 알아낼 필요가 있고, 이러한 점수들이 특정 모집단, 이를테면 심한 우울증을 겪고 있는 사람들 같은 집단과는 어떻게 다른지 알아야 한다. 주어진 정보를 통해 우리는 성격 검사의 특정 점수가 정상의 범주에 들어가는지 또는 장애가 있는 사람들의 전형적 범위에 들어가는지를 결정할 수 있다.

유명한 잡지에 실려 있는 대다수의 검사는 표준화되지 않았다. 잡지에 다음과 같은 기사가 실려 있을 수 있다. "검사해 보세요: 당신의 결혼생활은 얼마나 좋은가요?" 혹은 "검사해 보세요: 당신은 스트레스를 얼마나 잘 조절하나요?" 당신이 응답한 바를 점수표와 비

교해 보면 그 기사는 다음과 같이 말할 것이다. "만약 당신의 점수가 80 이상이라면, 당신은 아주 잘하고 있는 중입니다. [중략] 만약 20점 미만이라면 개선의 노력을 해야 합니다!" 그 잡지에 기타 다른 설명이 없다면, 당신은 이 기사를 쓴 사람이 점수 기준을 뒷받침하는 연구결과도 없이 그냥 난데없이 뽑아낸 것이라고 짐작할 수 있다.

오랜 기간 동안 심리학자들은 정상 성격과 이상 성격을 측정하는 수없이 다양한 검사들을 개발해 오고 있다. 몇 가지 유명한 검사들을 살펴보자.

객관적 성격 검사: MMPI 검사

널리 사용되는 성격 검사는 미네소타 다면적 인성 검사(Minnesota Multiphasic Personality Inventory)로 (다행히도 단축해서 MMPI라고 부른다.) 특정한 성격 차원과 임상적 상태에 대해 측정하는 예-아니오 문항들로 이루어져 있다. 처음 MMPI는 1940년에 개발되었고 여전히 사용되고 있으며 550가지 문항으로 이루어져 있다. 두 번째 판은 MMPI-2로 1990년에 출판되었고 567개 문항으로 이루어져 있다. 수록된 문항의 예를 들자면 "어머니는 한 번도 나를 사랑한 적 없다."와 "나는 약국에서 일하는 것을 좋아할 것 같다."이다. (여기 서술된 문항들은 실제 문항을 조금 바꾸어 제시된 것이다.)

MMPI는 경험적으로 창안되었다. 즉, 이론보다는 증거에 기반한 것이다(Hathaway & McKinley, 1940). 제작자들은 자기가 보기에 성격과 관계가 있다고 생각한 수백 가지의 질문들을 써냈다. 그들은 이 질문들을 다양한 심리 장애가 있는 사람들과 병원을 방문한 사람들 중 심리적으로 정상이라고 여겨지는 사람들에게 제시하여 응답하게 했다. 그러고는 임상 집단이 정상인 사람들 대다수와 다르게 응답한 문항들을 골라냈다. 연구자들이 가정한 것은, 예를 들어 당신이 응답한 내용이 우울증에 걸린 사람들의 응답 내용과 비슷하다면 당신도 아마 우울을 느끼고 있을 것이다라는 점이다. MMPI에는 우울증, 편집증, 조현병 척도와 그 외의 여러 척도가 포함된다.

MMPI의 어떤 문항들은 이론적으로 말이 되지만 다

른 문항들은 그렇지 않다. 예를 들어 우울증 척도의 어떤 문항들은 무력감이나 무가치감에 대한 문항들이며, 이 감정들은 우울에서 중요한 부분이다. 하지만 초기 MMPI 문항 중 어떤 문항들에는 "나는 종교적 예식에 자주 참여한다."와 "가끔 나는 동물을 괴롭힌다."가 포함되었다. 만약 당신이 이 두 가지 문항에 아니오라고 응답한다면, 우울증 척도에서 점수를 얻게 된다! 이 문항들은 단순히 아니오라고 응답한 사람들 중 우울한 사람의 수가 정상인 사람의 수보다 많았기 때문에 포함된 것이었다. 우울한 사람들은 필요 없는 일이라면 거의 하지 않는다는 것을 제외하고는 이를 설명할 수 있는 이유가 명확하지 않다.

검사의 개정

MMPI는 1940년대에 표준화되었다. 시간이 흐르면서 특정한 문항들이나 그 응답의 의미가 변화되었다. 예를 들어, 다음 문항에 대해 당신은 어떻게 반응하겠는가?

나는 나 자신이 중요하다고 생각한다. 그렇다 아니다

1940년대에서는 10%보다 적은 사람들이 그렇다고 응답했다. 그 당시에는 중요하다는 단어는 유명하다와 비슷한 의미를 가지며, 자신이 중요하다고 말하는 사람들은 그들 자신에 대해 과장된 관점을 가지고 있는 것으로 여겨졌다. 오늘날, 우리는 모든 사람이 중요하다고 강조한다.

다음 문항은 어떤가?

나는 수건돌리기 놀이를 좋아한다. 그렇다 아니다

수건돌리기 놀이는 잡기 놀이와 비슷한 놀이로 1950년대에는 대중에게 인기 있었던 놀이였다. 오늘날 대다수의 사람은 이 놀이에 대해 들어본 적이 없으며 이 놀이를 하는 사람의 수는 훨씬 적다.

MMPI를 최신형으로 개선하기 위해 심리학자들은 더 이상 유효하지 않은 문항들은 삭제하고, 약물 남용, 자살 사고, 그 외의 문제에 관한 문항들을 추가했다 (Butcher, Graham, Williams, & Ben-Porath, 1990). 그들은 또한 이론적으로 거의 말이 되지 않는 문항들, 이를테면 동물을 괴롭히는 것에 관한 문항을 포함하여 대다수를 제거했다. 그 뒤 미국 인구의 거대한 표본 집단을 통해 새로운 MMPI-2를 표준화했다. MMPI-2에는 표 14.3에서 볼 수 있듯이 10개의 임상 척도가 있다. 각 척도의 문항들은 검사 전체에 흩어져 있기 때문에 사람들이 "아, 이건 우울증에 관련된 문항들 같은데."라고 짐작할 수 없게 되어 있다. 사람들 대부분은 각각의 척도에서 최소한 어느 정도의 점수를 얻는다. 점수가 특정 수준을 넘어가면 잠재적인 어려움을 가리킨다.

표 14.3 MMPI-2의 10가지 임상 척도

척도	전형적인 문항
건강염려증(Hypochondria, Hs)	며칠마다 한 번씩 명치가 거북해서 고생한다. (T)
우울증(Depression, D)	나는 내가 살아 있어서 다행이다. (F)
히스테리(Hysteria, Hy)	심장이 자주 심하게 쿵쾅거려서 심장 소리가 귀에 들린다. (T)
반사회성(Psychopathic Deviation, Pd)	나는 남들로부터 이해와 관심을 받을 만큼 받는다. (F)
남성성–여성성(Masculinity-Feminity, Mf)	꽃이나 화초 가꾸는 것을 좋아한다. (T=여성)
편집증(Paranoia, Pa)	누군가 내 마음을 움직이려고 한다. (T)
강박증(Psychasthenia, Pt) (강박 장애 Obsessive-Compulsive)	나는 앞으로 다시는 쓰지 않을 것 같은 물건을 종종 보관해 둔다. (T)
조현증(Schizophrenia, Sc)	어디서 들려오는지 알 수 없는 목소리를 들을 때가 종종 있다. (T)
경조증(Hypomania, Ma)	지루할 때면 뭔가 신나는 일을 벌이고 싶다. (T)
내향성(Social Introversion, Si)	파티와 사교모임을 좋아한다. (F)

문화와 MMPI

다른 민족적 배경과 문화적 배경을 지닌 사람들에게도 MMPI가 공정한 측정 도구가 될까? 각각의 척도에 대한 평균과 범위는 다른 언어로 번역된 뒤에도 대부분의 국가와 민족 집단에서 동일하진 않지만 서로 근접하게 나타난다(Negy, Leal-Puente, Trainor, & Carlson, 1997; Scott & Mamani-Pampa, 2008). 하지만 차이는 분명 있다. 예를 들어, 멕시코인은 "인생은 나에게 끊임없는 스트레스를 준다."에 미국인보다 그렇다고 응답하는 경향이 더 많았다. 짐작건대 멕시코의 많은 사람들에게 실제로 삶은 더 어렵다(Lucio, Ampudia, Durán, León, & Butcher, 2001). 결과적으로, 다른 문화의 사람에게 이 검사를 사용하는 사람이라면 누구든 점수에 또 다른 가능한 의미가 있는지 세심하게 살펴보아야 한다.

거짓을 탐지하기

당신이 MMPI 검사를 받는다면, 실제보다 더 정신적으로 건강하게 보이게끔 거짓말로 응답할 수도 있을까? 그렇다. 누군가 당신의 거짓말을 알아챌 수 있을까? 아마도 그렇다.

MMPI와 MMPI-2의 개발자들은 거짓말을 알아내도록 고안된 문항들을 포함시켰다(Woychyshyn, McElheran, & Romney, 1992). 예를 들어 "나는 내가 만난 모든 사람들을 좋아한다."와 "나는 가끔 다른 사람들에게 화가 난다."는 문항을 생각해 보자. 만약 당신이 첫 번째 문항에 그렇다고 응답하고 두 번째 문항에 아니오라고 응답했다면, 당신은 성인(聖人)이거나 거짓말쟁이일 것이다. 검사 제작자들은 성인보다는 거짓말쟁이가 수적으로 우세하다는 확신을 가지고, 그러한 응답을 '거짓말' 척도에 포함시켰다. 만약 이 척도에서 당신이 너무 높은 점수를 얻는다면, 심리학자들은 다른 문항에 대한 당신의 응답을 믿지 않을 것이다. 한편 이상한 일이지만, 어떤 사람들은 자신이 나쁘게 보이도록 거짓말을 한다. 예를 들어 형사피고인은 정신이상으로 판정 받고 싶을지도 모른다. MMPI는 이러한 종류의 거짓말을 탐지하는 문항들 또한 포함하고 있다(Bagby, Nicholson, Bacchiochi, Ryder, & Bury, 2002).

몇몇 다른 질문지도 기만을 감지하고자 한다. 당신이 다양한 기술을 얼마나 많은 경험을 통해 향상시켰는지에 대해 묻는 고용주의 설문지를 생각해 보자. 그 설문지에 '근시안적 무게를 주기율표에 따라 결정하기'라는 문항이 있다고 생각해 보자. 당신은 이게 무슨 뜻인지 확실하지 않지만 그 직장을 원한다. 당신은 그 문항에 많은 경험이 있다고 주장할 것인가? 만약 그렇게 한다면, 당신이 주장한 그 전문 지식은 당신에게 불리하게 작용할 것이다. '근시안적 무게를 주기율표에 따라 결정하기'는 말이 안 되는 문장이기 때문이다. 고용주는 다른 항목에 대해서도 자격조건을 당신이 과장하는지를 알아보기 위해 단지 그것을 물어봤을 뿐이다.

✓
개념 점검　17. 어떤 사람이 '내가 좋아하는 색은 검은색이다.'가 MMPI의 우울증 척도에 쓸 만한 예-아니오 문항이라고 생각한다고 가정하자. 연구자가 이 문항을 포함시킬지 말지 결정하려면 어떻게 해야 할까?

18. 왜 MMPI에는 '가끔 나는 다른 사람의 안녕보다 나 자신의 안녕에 대해 더 많이 생각한다.'와 같이, 인간의 일반적인 결함에 대해 묻는 몇몇 문항이 포함되어 있을까?

NEO-PI-R 검사

가장 최근의 성격 검사들은 성격의 5요인 모델에 기초하고 있다. 이 검사들의 초기 버전에서는 신경증, 외향성, 경험에 대한 개방성을 측정했고, 이를 약자로 줄여서 NEO라고 불렀다. 개정된 검사에는 성실성과 우호성 척도가 추가되었지만 여전히 NEO라는 명칭을 유지했으며, 현재 이 명칭은 어떠한 약자가 아니라 단순히 그 검사의 이름으로 여겨지고 있다. [마치 AT&T 회사가 더 이상 미국 전화와 전보(American Telephone and Telegraph)로 여겨지지 않는 것처럼 말이다. 요즘 누가 전보를 이용하겠는가?] NEO-PI-R(NEO personality inventory-revised)은 신경증, 외향성, 개방성, 우호성, 성실성을 측정하는 240개의 문항으로 이루어져 있다. 전형적인 성실성 문항은 다음과 비슷하다.

아주 그렇지 않다	대체로 그렇지 않다	보통이다	대체로 그렇다	매우 그렇다

나는 내가 한 약속을 지킨다.

이 검사의 결과는 약 .9의 좋은 신뢰도를 지니고 있다. 관찰 가능한 행동과도 상관관계를 보인다. 예를 들어 성실성에서 높은 점수를 얻은 학생들은 공부에 더 많은 시간을 보내는 경향이 있다(Chamorro-Premuzic, & Furnham, 2008). 외향성 점수가 높았던 사람들은 새로운 사람을 만나는 데에 노력을 기울였고, 개방성이 높게 나타난 사람들은 다른 사람들에 비해 미술관에 가는 경향이 높았다(Church et al., 2008). 이 검사는 몇몇 다른 언어로 번역되었고 다른 문화에서도 유의미하게 사용되는 것으로 보인다(Wu, Lindsted, Tsai, & Lee, 2007). 이 검사는 흔히 임상적 문제를 알아내기 위해 사용하는 MMPI와는 대조적으로 정상적인 성격을 측정하는 데 주로 사용된다.

개념 점검

19. NEO-PI-R과 MMPI는 각각 어떤 적합한 목적으로 실시될 수 있는가?

MBTI 검사

마이어스-브릭스 성격 유형 지표(Myers-Briggs Type Indicator: MBTI)는 정상 성격에 대한 검사로 대략적으로 칼 융의 이론에 기초하고 있다. 융은 외향성과 내향성의 구분을 강조했는데, 외향성은 외부 세계로 주의를 기울이는 것, 내향성은 개인의 내면 세계에 집중하는 것으로 정의했다. 융은 각각의 사람이 일생 동안 외향적 또는 내향적이라고 생각했다. MMPI는 각각의 척도마다 0부터 그 이상의 점수가 연속적으로 분포하며 각 척도의 점수를 매기는 형태이지만, MBTI는 사람들을 유형별로 분류한다. 외향적 및 내향적인 특성뿐 아니라, 각각의 사람들은 감각(sensing) 또는 직관(intuitive), 사고(thinking) 또는 감정(feeling), 판단(judging) 또는 인식(perceiving)으로 분류된다. 예를 들어 당신은 내향적-직관-사고-판단형으로 분류될지도 모른다. 이 검사는 총 16가지의 성격 유형을 알아본다(McCaulley, 2000). MBTI는 대다수 심리학자들이 사용하기보다는 비즈니스 분야에서 피고용인의 성격을 기술하는 데 보다 많이 활용된다. 심리학자들은 상대적으로 MBTI를 덜 사용하는데, 왜냐하면 사람을 뚜렷하게 구분되는 유형들로 분류하는 것에 회의적이기 때문이다. 어떤 상담자들은 학생이 진로를 선택하는 것을 돕기 위해 MBTI를 사용한다. 비록 그러한 목적에는 다른 검사들이 더 적합할지라도 말이다(Pulver & Kelly, 2008). www.humanmetrics.com/cgi-win/JTypes2.asp에서 간략한 버전의 MBTI를 실시하여 당신이 어떤 유형인지 알아볼 수 있다. 하지만 바넘 효과를 기억하자. 성격에 대한 기술은 상당히 정확할 수 있지만, 대다수의 사람들은 자신이 받는 거의 모든 성격 보고를 받아들이고 싶어 한다.

어떤 사람이 인간은 두 가지 종류, 즉 인간은 두 가지 종류로 구분된다고 믿는 사람과 그렇게 믿지 않는 사람으로 구분된다고 말했다. 사람들을 성격 유형으로 구분하는 것은 혹할 만한 아이디어지만, 사람들이 독립된 별개의 집단으로 구분된다는 것이 사실일까? 대다수 사람들의 점수가 양극단으로 나타난다면 사람들을 외향성과 내향성으로 구분하는 것이 사리에 맞을 것이다. 실제로는, 대부분의 사람들은 중간에 근접한 점수를 얻는다. 이 검사에서는 질문 하나에 대한 답을 바꾸면 당신의 유형이 바뀔 수도 있다(Pittenger, 2005). 비록 MBTI는 여러 면에서 합리적이지만, 사람들을 배타적인 범주들로 분류하는 것은 옹호하기 어렵다.

투사 기법

많은 사람들은 성격 검사에서든 상담에서든 부끄러운 정보를 털어놓는 것을 꺼린다. 당황스러움을 피하기 위해서 사람들은 간혹 "제 친구한테 어떤 문제가 있는데, 친구가 이 문제를 해결하려면 어떻게 해야 할지 여쭤보고 싶어요."라는 식으로 도움을 구한다. 그런 후에 자신의 문제를 이야기하는 것이다. 그들은 프로이트식으로 표현하자면 자신의 문제를 다른 누군가에게 '투사'하고 있다. 즉, 다른 사람의 문제로 돌리는 것이다.

심리학자들은 투사를 못하게 하기보다는, 사람들의 투사를 이용하는 투사 기법(projective techniques)을 흔히 사용한다. 투사 기법이란 사람이 스스로의 성격 특성을 애매한 자극에 투사하도록 고안된 것이다. 널리 알려진 투사 기법 두 가지, 로르샤하 잉크 반점과 주제 통각 검사를 살펴보자.

개념 점검

20. 다음 중 투사 기법에 해당하는 것은 무엇인가?

a. 심리학자가 아이에게 인형 여러 개를 준 뒤 그 인형으로 가족에 관한 이야기를 만들어 보라고 지시한다.

b. 심리학자가 당신에게 카드당 단어 하나가 적혀 있는 카드 한 뭉치를 주고, 당신에게 적용되는 단어가 적힌 카드와 적용되지 않는 단어가 적힌 카드로 구분하라고 지시한다.

로르샤하 잉크 반점 검사

로르샤하 잉크 반점(Rorschach Inkblots)은 애매모호한 잉크 반점에 대한 사람들의 해석을 가지고 하는 투사 기법으로, 투사 기법 중에 가장 유명하며 가장 널리 사용되고 있다. 이것은 스위스의 정신과 의사 Hermann Rorschach가 만들어낸 검사로, 로르샤하는 사람들에게 잉크 반점들을 보여주고 연상되는 것이 무엇인지 물었다(Pichot, 1984). 다른 정신과 의사들과 심리학자들은 로르샤하의 방법을 점차 발달시켜 오늘날 우리가 알고 있는 투사 기법으로 발전시켰다.

로르샤하 검사를 실시하기

로르샤하 잉크반점 검사는 그림 14.7과 유사한 열 장의 카드로 이루어져 있고, 그 중 다섯 개의 그림은 채색되어 있다. 심리학자는 당신에게 카드 하나를 보여주며

"이게 무엇일까요?"라고 묻는다. 심리학자의 지시는 의도적으로 모호한데, 당신이 불분명한 상황 속에서 당신의 성격에 대해 더 많이 드러내게 될 것이라는 가정에서 비롯한다.

때때로 사람들의 응답은 즉시 드러나거나, 심리학자의 탐색에 대해 반응을 보이는 와중에 드러난다. 다음은 그 예시이다(Aronow, Reznikoff, & Moreland, 1995).

내담자: 무슨 벌레 종류 같아요. 나비라고 보기에는 충분히 예쁘지 않네요.

심리학자: 달리 연상되는 것은 없나요?

내담자: 못생긴 검은색 나비 같아요. 색깔 없는.

심리학자: 그것이 당신의 삶에 대해서 어떤 생각을 들게 하나요?

내담자: 당신은 아마 내가 '내 자신이에요.'라고 말하기를 바라겠죠. 글쎄요, 그것은 아마 내가 어렸을 때 나 자신에 대해 생각했던 것과 같아요. 나는 한 번도 내 자신이 매력적이라고 생각해 본 적이 없어요. 언니가 매력적인 쪽이었지요. 나는 미운 오리 새끼였어요. 그나마 나이를 먹으면서 좀 더 매력적으로 된 거예요.

로르샤하 검사를 평가하기

당신이 그림에서 본 바에 대해 묘사하는 것은 의심할 나위 없이 어떤 식으로든 당신의 경험, 관심사, 성격과 관련이 있다. 하지만 그 관계성에 대해 심리학자들은 어떻게 정확하게 인식할 수 있을까? 그리고 관계성에 대해 인식한다면, 심리학자들은 로르샤하로부터 정말로 특정 정보를 얻는 것일까, 아니면 당신에 대해 이미 알고 있는 바를 그저 발견하는 것뿐일까?

한 남자가 어떤 잉크 반점을 "거인의 부츠 발굽에 밟혀서 도로에 으스러진 박쥐 같다."고 묘사했다(Dawes, 1994, p. 149). 초반에 심리학자 Robyn Dawes는 이 내담자가 느끼는 압박감과 자신이 통제할 수 없는 힘에 의해 으스러지는 감각을 로르샤하 검사가 드러냈다고 생각하며 감명을 받았다. 하지만 그 뒤, Robyn은 이미 그 남자가 우울하다는 사실을 자신이 알고 있었음을 깨달았다. 만약 이 내담자가 폭력 전과가 있는데 똑같은 반응을 보였다면, Robyn은 아마도 거인의 짓밟음을 통해 드러난 공격성에 대해 주목했을 것이었다. 로르샤하 검사가 실제로는 그저 심리학자들이 이미 가지고 있는 의견을 확인시켜 줌에도 불구하고, 심리학자들은 흔히 로르샤하 검사가 통찰을 제공한다고 믿는다(Wood, Nezworski, Lilienfeld, & Garb, 2003).

James Exner(1986)는 로르샤하 반응에 대한 표준화된 해석 방법을 개발했다. 이를테면 내담자가 공격적인 표현을 몇 번 사용하는지 수를 세는 것이다. 이 해석 체계를 이용한 심리치료자들은 그들의 해석 간 유의미하게 높은 일치도를 얻었다(Viglione & Taylor, 2003). 그러나 심각한 문제들이 여전히 남아 있다(Garb, Wood, Lilienfeld, & Nezworski, 2005; Lilienfeld, Wood, & Garb, 2000; Wood et al., 2003).

- 이 검사는 대다수의 사람들을 심리적으로 장애가 있다고 나타낼 가능성이 높다.
- 평가는 당신이 병리학적 응답을 한 총 개수에 달려 있지, 당신의 응답 중 비정상적인 응답의 비율이 어떻게 되는가에 달려 있지 않다. 매우 지적이거나 말이 많은 사람들은 다른 사람들보다 더 말을 많이 하며, 따라서 '뭔가 잘못되어' 보이는

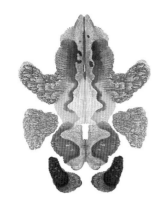

그림 14.7 로르샤하 잉크 반점 기법에서 사람들은 추상적인 패턴을 보고 그것이 무엇으로 보이는지 말한다.

응답도 더 많이 말할 가능성이 있다.

- 가장 중요한 것은, 로르샤하 검사가 다른 방법으로는 더 쉽게 얻지 못하는 정보를 주는 경우가 드물다는 것이다. 대부분의 경우, 주어진 개인 이력과 MMPI로 얻은 정보에 로르샤하 결과를 더해 평가를 내린 심리학자들은 개인 이력과 MMPI 정보만 이용한 심리학자들보다 성격 판단을 내리는 데 있어서 딱히 유의미한 차이가 없었다.

로르샤하 비판가들은 로르샤하가 완전히 근거 없다고 주장한다. 그들의 요점은 개인에 대해 중요한 결정을 내리는 데 로르샤하 검사가 충분히 타당하지 않다는 것이다. 이를테면 부모가 아이의 양육권을 얻어야 하는 때라든가, 또는 감옥에 있는 사람이 가석방을 얻어야 하는 때 등이다(Wood et al., 2003). 이러한 로르샤하에 대한 비판에도 불구하고, 로르샤하는 널리 사용되고 있다(Musewicz, Marczyk, Knauss, & York, 2009). 로르샤하의 옹호자들은 로르샤하가 적절히 사용된다면 로르샤하의 신뢰도와 타당도가 다른 심리 검사들과도 견줄 수 있다고 주장한다(Society for Personality Assessment, 2005). 문제는 다른 검사들도 마찬가지로 중요한 결정을 내리기에는 타당도가 너무 낮다는 것이다. 솔직히 말하자면, 성격 측정은 어렵다.

개념 점검

21. 로르샤하를 사용하는 연구에서 지나치게 말이 많은 사람들을 평균보다 정신적

으로 장애가 있다는 결과를 제시했다고 가정해 보자. 가능한 설명으로는 무엇이 있을까?

주제 통각 검사

주제 통각 검사(Thematic Apperception Test: TAT)는 그림 14.8과 비슷한 그림들로 이루어져 있다. 사람들은 각각의 그림을 보고 그 그림 속 장면에서 어떠한 사건이 일어났었는지, 일어나고 있는지, 그리고 미래에는 어떤 일이 일어날 것인지에 대한 이야기를 만들어 본다. Christiana Morgan과 Henry Murray는 사람들의 욕구에 대해 측정하기 위해 이 검사를 고안했다(Murray, 1943). TAT에는 31개의 그림이 있으며, 어떤 그림에는 여성이 등장하고 어떤 그림에는 남성이 등장하며, 어떤 그림에는 사람이 등장하지 않고, 한 그림은 완전히 비어 있다. 심리학자들은 특정 내담자에게 사용할 그림을 전체 그림 가운데에서 선택한다(Lilienfeld et al., 2000).

이 검사의 기본 가정은, 당신이 그림에 있는 누군가에 대해 이야기를 만들 때 당신이 그림 속 인물의 정체성을 만들어내기 때문에 만들어낸 이야기는 실제로 당신에 관한 이야기라는 것이다. 당신은 공개적으로 이야기하고 싶지 않은 사건이나 관심사에 대한 이야기를 할지도 모른다. 예를 들어, 한 젊은 남자가 그림 속의 줄에 매달려 있는 남자를 보고 다음과 같은 이야기를 들려주었다.

> 이 남자는 탈출하고 있어요. 몇 달 전에 이 남자는 구타당하고 유괴당해서 배에 실렸어요. 그 후 줄곧 그는 학대를 당했고 불행해서 탈출할 방법을 찾았어요. 지금 그 배는 어떤 열대지방 섬 근처에 닻을 내렸고 이 남자는 줄을 타고 물속으로 내려가고 있어요. 성공적으로 탈출해서 해변으로 헤엄쳐 갈 거예요. 그가 해변가에 도달하면, 아름다운 원주민 여자들을 만나서 여생을 호화롭게 살게 될 것이며 누구에게도 무슨 일이 있었는지 이야기하지 않을 거예요. 때때로 그는 과거의 삶으로 돌아가야 한다고 느끼겠지만, 절대 그렇게 하지는 않을 거예요. (Kimble & Garmezy, 1968, pp. 582-583)

이 젊은 남자는 부모님을 만족시켜 드리기 위해 신학교에 들어갔지만 거기서 불행함을 느꼈다. 그는 세

그림 14.8 주제 통각 검사에서는 사람들이 그림에서 무슨 일이 일어나고 있는지 이야기를 만든다. 그 이야기에는 그림에 보이는 사건 바로 전에 무슨 일이 있었는지, 현재 무슨 일이 일어나고 있는지, 미래에는 무슨 일이 일어날 것인지가 포함된다.

속적인 만족으로 가득한 새로운 삶으로 탈출하고 싶은 비밀스러운 욕망과 씨름하고 있었다. 그의 이야기에서, 그는 실제로 그가 하고 싶은 일을 하는 누군가를 묘사한 것이다.

심리학자들은 TAT를 비일관적인 방식으로 사용한다. 많은 치료자들은 어떤 명백한 규칙도 없이 그들이 내린 임상적 판단에 따라 결과를 해석한다. 만약 당신이 심리학자 두 사람에게 TAT를 받았고 두 번 다 똑같은 대답을 했다 하더라도, 그 두 심리학자들은 당신에 대해 각기 다른 결론을 내릴 수도 있다(Cramer, 1996).

TAT는 사람들이 성취에 대해 얼마나 많이 언급했느냐를 세어서 성취 욕구를 측정하는 방법으로 사용되기도 한다. 권력에 대한 욕구나 소속에 대한 욕구를 측정할 때도 사용된다. 이 결과들은 연구 목적으로 사용하기에는 유용하지만, 개인에 대한 결정을 내리는 데는 반드시 유용한 것만은 아니다(Lilienfeld et al., 2000).

투사 기법으로서의 필체

성격이 우리가 하는 모든 일에 영향을 미친다는 이론에 기초해서, 몇몇 심리학자들(과 다른 심리학자들도)은 사람들의 필체(handwriting)를 분석하려고 한다. 예를 들어 i 를 쓸 때 점을 선처럼 긋는 사람은 특히 활동적일 수 있고, *allow* 에서처럼 글자 크기보다 더 위로 커다란 고리를 그리듯 글자를 쓰는 사람은 매우 이상주의적인 사람일 수 있다. 그러나 상세하게 자료를 모아 보았을 때 필체와 성격 사이에 신뢰할 수 있는 관계는 나타나지 않았다(Tett & Palmer, 1997).

암묵적 성격 검사

투사 검사의 유용함에 대해서는 이견의 여지가 있지만, 투사 검사가 나오게 된 동기는 여전히 남아 있다. 심리학자들은 사람들이 개방적으로 이야기할 수 없거나 이야기하지 않을 성격 측면을 측정하고 싶어 한다. 따라서 다른 종류의 성격 검사를 찾는 노력은 여전히 진행중이다.

제7장에서는 명시기억과 암묵기억을 구분하여 살펴보았다. 만약 우리가 단어 목록을 듣고 그것을 반복해 말하려고 한다면, 우리의 회상은 명시기억에 의존한다. 만약 우리가 그 목록에 있는 단어를 나중에 다른 사람과 대화할 때 사용한다면, 우리가 그 단어들을 사용하는 것은 암묵기억에 의존하게 된다. 암묵기억은 우리가 의식하지 못한 채 우리에게 영향을 미칠 수 있다.

이와 유사하게, 암묵적 성격 검사(implicit personality test)는 우리가 의식하지 않는 성격 측면을 측정한다. 한 가지 예시로 암묵적 연합 검사(Implicit Association Test)를 들 수 있다. 제13장에서는 이 검사가 사람들이 인정하고 싶지 않아 하는 편견을 측정하는 데 사용될 수 있다고 서술했다. 또한 이 검사를 통해 다른 정서적 반응도 탐지할 수 있다. 예를 들어, 다른 사람들과 함께 있으면 불안을 느끼는 사람은 사교 행동과 관련된 단어들(파티, 친구, 동반자)을 기분 좋은 단어들보다는 불쾌한 단어들과 연합시키는 경향이 더 높을 것이다. 약물 사용자를 매우 싫어하는 사람은 약물과 관련된 단어들을 불쾌한 단어와 강하게 연결시키는 경향이 다른 사람들 대다수보다 높을 것이다. 어떤 경우에 이러한 종류의 검사는 유용한 정보를 제공한다. 이를테면 약물 사용자를 상대하는 간호사 중 어떤 간호사가 직장을 빨리 그만둘 것인지 예측하는 경우다(von Hippel, Brener, & von Hippel, 2008).

다른 암묵적 성격 검사는 정서 점화 패러다임(Affective Priming Paradigm)에 기반을 둔다. 참여자들은 처음에는 그림(나비나 거미 같은)을 보고, 그 다음에는 단어(행복한 또는 끔찍한)를 본다. 이런 과제의 한 버전에서는 실험참여자가 해야 할 일이 그 단어를 소리 내어 읽는 것뿐이다. 이 검사의 기본적인 아이디어는 다음과 같다. 즉, 거미를 무서워하는 사람은 거미를 본 다음에 끔찍한이라는 단어는 빠르게 말하지만 행복한이라는 단어는 느리게 말할 것이라는 것이다. 반응의 지연을 통해 그 사람이 거미, 불결함, 외로움 등을 좋아하지 않는 강도를 측정할 수 있다.

암묵적 연합 검사와 정서 점화 패러다임 모두 집단을 구별하기 위한 목적으로는 적절히 사용될 수 있다. 이를테면 거미에 대해 심한 공포를 느끼는 사람과 그렇지 않은 사람을 구분할 수 있다. 중요한 질문은 이러한 검사들이 특정 개인의 관심사 또는 문제를 확인할 수 있을 만큼 충분히 정확한가이다. 현재로서는 불확실하다(DeHouwer, Teige-Mocigemba, Spruyt, & Moors, 2009; Roefs et al., 2011).

개념 점검   22. 암묵적 연합 검사와 정서 점화 패러다임이 측정하는 행동은 무엇인가?

성격 검사의 사용과 오용

성격 검사에는 몇 가지 기능이 있다. 연구자들은 성격이 어떻게 발달하는지를 조사하기 위해 성격 검사를 사용한다. 심리치료자들은 장애를 확인하고 치료 도중에 얼마나 호전되었는지를 측정하기 위해 성격 검사를 사용한다. 어떤 기업에서는 지원자들 중 누구를 고용할지 선발하기 위해 성격 검사를 사용하기도 한다. 성격 검사를 직장에서 사용하는 것은 긍정적이지만 타당도는 낮다. 예를 들어, NEO-PI-R은 성실성(과 기타 요인들)을 측정하는데, 성실성은 직무 수행 및 협동심과 .15의 상관관계를 보인다(Hough & Oswald, 2008; Morgeson et al., 2007). 낮은 신경증은 성실성보다는 덜 일관적이지만 그래도 높은 수준의 직무 수행과 상관관계가 있다(Barrick, Moung, & Judge, 2001). 직장 또는 개인이 이렇게 탐탁치 않은 타당도를 지닌 검사에 기초해서 중요한 결정을 내려야 할까? 이것은 분명히 합리적인 질문이다. 비록 누군가는 순전히 지레짐작하는 것보다야 타당도가 낮은 것이 더 낫다고 주장할 수도 있겠지만 말이다.

더 큰 문제는 사람들이 점수를 위조할 수 있다는 것이다. 만약 당신이 성격 검사를 받고 있는데 좋은 인상을 주고 싶다면, 실제보다 성실하고 우호적이고 덜 신경증적이게끔 가장할지도 모른다. (인지 검사에서는 실제보다 영리하게 가장할 수는 없다.)

심리 장애를 진단하는 데 성격 검사는 얼마나 유용할까? 어느 정도 유용하지만, 우리는 성격 검사의 한계에 대해 인지하고 있을 필요가 있다. 어떤 사람의 MMPI 성격 프로파일이 조현병의 전형적인 프로파일과 유사하다고 가정해 보자. 조현병 또는 그 밖의 특이한 질환을 확인하는 것은 제4장에서 보았듯이 신호탐지 문제이다. 즉 우리는 자극이 존재할 때는 보고하고 존재하지 않을 때는 보고하지 않기를 원한다. 조현병이 없는 사람들은 조현병이 있는 사람들보다 100 대 1 비율로 그 수가 많다. 어떤 성격 검사에서 나온 특정한 점수가 조현병이 있는 사람들 중 95%와 없는 사람 전체의 5%에 해당한다고 가정해 보자. 그림 14.9가 보여주듯이, 전체 모집단의 5%가 조현병 집단의 95%보다 크다. 즉, 우리가 높은 점수를 기록한 모든 사람들

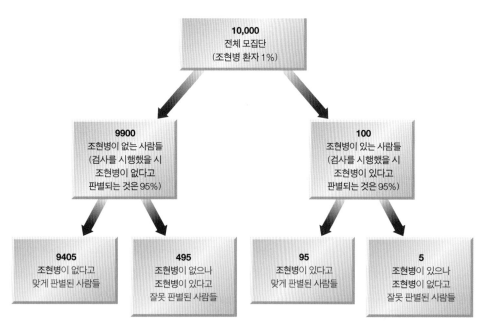

그림 14.9 특정한 프로파일이 조현병이 있는 사람의 95%와 없는 사람의 5%에서 나타난다고 가정하자. 만약 우리가 오로지 이 검사에만 의존한다면, 우리는 95명의 조현병이 있는 사람들을 맞힐 것이고 495명의 정상 범주에 있는 사람들을 잘못 판별할 것이다.

을 '조현병적'이라고 딱지 붙인다면, 옳을 가능성보다 틀릴 가능성이 더 높을 것이다. (제8장에서 다룬 대표성 어림법과 기저율 정보에 관한 문제를 되짚어 보라. 흔하지 않은 범주를 대표하는 듯이 보이는 사람이 반드시 그 범주에 속하는 것은 아니다.) 그러므로, 비록 성격 검사가 유용한 단서를 제공하지만, 심리학자는 결론을 내리기 전에 검사 결과 너머의 또 다른 증거를 탐색한다.

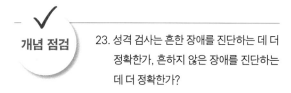

개념 점검

23. 성격 검사는 흔한 장애를 진단하는 데 더 정확한가, 흔하지 않은 장애를 진단하는 데 더 정확한가?

성격 검사의 응용: 범죄 프로파일링

성격 특질은 특정 상황에서 한 개인의 행동을 어느 정도 정확하게 예측할 수 있는 요인이다. 반대 방향으로 생각해 볼 수는 없을까? 어떤 사람의 행동을 관찰하고 그 사람의 성격에 대해 추측할 수 있을까? 범죄에 대해 생각해 보자. 비록 당신은 이런 식으로 생각해 본 적이 없을지도 모르지만, 범죄자에 대한 심리학

적 프로파일링은 성격 검사를 응용한 것이다. 여기에는 비슷한 범죄를 저지르는 사람들은 비슷한 성격 또는 배경을 지녔다는 가정이 존재한다. 이 가정을 바탕으로 조사관은 범죄를 관찰하고 해당 범죄자에 대한 무언가를 추측할 수 있다. 1956년 뉴욕 시 경찰은 16년간 30개 이상의 폭발물을 설치한 '미친 폭탄살인마(mad bomber)'를 찾기 위해 정신과 의사 James Brussel에게 도움을 요청했다. Brussel은 증거를 분석하고 경찰에게 이 범죄자는 전력회사 Con Ed를 싫어한다고 말했다. 또한 아마도 결혼을 하지 않았고, 외국 태생이고, 아마도 슬라브계이며 50세에서 60세 사이이고, 코네티컷 주 브리지포트에 산다고 했다. Brussel은 말쑥하게 차려입고 이중 단추를 채운 정장을 입은 사람을 찾아보라고 말했다. 경찰은 이 증거를 가지고 곧바로 이중 단추를 채운 정장을 입고 있던 George Metesky를 용의자로 지목했다! Metesky는 자백했고, 범죄 프로파일링은 강력한 도구로 확실히 자리를 잡았다.

글쎄, 어쨌든 이것은 James Brussel이 이야기한 바다. 사람들에게는 때때로 기억이 왜곡되고 사후판단 편향(hindsight bias)이 생기기도 한다(제7장). 명백하게 Brussel은 경찰에게 자신이 말한 내용에 대한 기억을 왜곡했다. 경찰 기록에 따르면, Brussel은 그 범죄자가 슬라브계라고 말하지 않았다. 그는 독일계라고 했다. 실제로 Metesky는 리투아니아 사람이었다. Brussel은 범죄자가 코네티컷 주 브리지포트에 산다고 하지 않았고, 뉴욕 주의 화이트 플레인스에 산다고 말했다. 그리고 경찰은 화이트 플레인스에서 용의자를 찾느라 소득 없이 많은 시간을 보냈다. 실제로 Metesky는 코네티컷 주 워터베리에 살고 있었다. Brussel은 폭탄살인마가 40~50세라고 말했고 Metesky가 그보다 나이가 많은 것으로 밝혀졌을 때 그의 기억이 변경되었다. Brussel은 또한 그 범죄자가 얼굴에 상처가 있고, 밤에 일하는 직업을 가졌으며, 민간 혹은 군대의 병기 전문가라고 말하기도 했다(이들 중 어느 것도 사실이 아니었다). 그리고 경찰이 Metesky

© Cliff Lipson/Getty Images

많은 텔레비전 쇼와 영화에서 범죄 프로파일러가 범죄 현장을 검토하고 가해자의 성격에 대해 추측한다. 이 아이디어는 좋은 이야깃거리가 되지만, 현실의 범죄 프로파일링은 이보다 훨씬 덜 정확하다.

를 체포했을 때 Metesky는 이중 단추를 채운 정장을 입고 있지 않았다. 그는 파자마 차림이었다. Brussel이 말한 것 중 어느 것도 경찰을 미친 폭탄살인마에게로 인도하지 않았다. 실제로는 Con Ed의 직원이 몇 년간 회사에 온 편지들을 참을성 있게 살펴보고 그 중 미친 폭탄살인마의 메시지와 닮은 협박 편지를 찾아냈기 때문에 경찰이 Metesky를 발견한 것이었다(Foster, 2000).

Brussel이 경찰을 돕는 데 성공했다고 보고한 것은 (실제로는 전혀 성공이 아니었지만) 범죄 프로파일링에 대한 관심을 불러일으켰다. 오늘날 FBI 프로파일러들은 연간 천여 건의 사례에 관한 경찰 자문을 실시한다. 이들의 프로파일링은 얼마나 정확할까? 연구자들은 다양한 경찰서에서 얻은 21개의 범죄 프로파일을 분석했다. 이들 프로파일의 진술 대다수가 '가해자는 후회를 전혀 느끼지 않았다.'와 같이 수사관에게는 쓸모가 없는 진술이었다(Alison, Smith, Eastman, & Rainbow, 2003). 프로파일링을 지지하는 '증거'의 대다수는 프로파일러가 한 옳은 진술의 목록이다(Snook, Cullen, Bennell, Taypor, & Gendreau, 2008). 그러나 옳은 진술의 개수는 우리가 틀린 진술의 개수 또한 알고 있지 않으면 무의미하다. 우리는 또한 전문 프로파일러의 추정이 다른 사람들의 추측보다 더 정확한지에 대해서도 알 필요가 있다. 이러한 질문에 대해 답하기 위해 진행된 연구는 많지 않다. 이러한 연구 중 가장 좋은 연구 하나를 살펴보자.

범죄 프로파일링

Richard Kocsis와 그의 동료들은 살인사건의 프로파일링에 대한 최초의 연구를 진행했다. 그들은 다섯 명의 전문 프로파일러와 수많은 경찰관, 심리학자, 대학생, 자칭 심령술사들에게 살

인사건에 대한 광범위한 세부사항을 제공했다. 그리고 각 개인들로 하여금 살인자의 성별, 키, 나이, 종교, 그 밖의 여러 가지에 대해서 30가지의 선다형 질문에 응답하도록 했다. 연구자들은 실제 살인자의 정보에 기초해서 이 응답들의 정확도를 측정했다. 무작위 추측을 하더라도 30개 문항 중에서 8.1개의 답을 맞힐 확률이 있지만, 아무도 무작위로 추측을 하지는 않는다. 당신이라도 아무 세부사항을 모른한들 살인자를 80세 할머니보다는 젊은 남자로 추측하지 않겠는가? 만약 그 범죄가 미국에서 일어난 것이라면, 당신은 아마도 범죄자가 불교 신자일 것이라고는 추측하지 않을 것이다. 모든 집단이 무작위 추측 정답 8.1개보다는 나은 성적을 보였지만 누구도 탁월하게 잘하지는 못했다. 전문 프로파일러들이 30개 중 13.8개로 가장 좋은 성적을 보였고, 심령술사들은 11.3개로 가장 낮은 성적을 보였다(Kocsis, Irwin, Hayes, & Nunn, 2000).

그러나 한 건의 범죄를 가지고 범죄자를 프로파일링하기는 어려울 수 있다. 따라서 Kocsis(2004)는 연속 방화사건 13건을 저지른 어떤 범죄자에 대해 유사한 연구를 진행했다.

가설 전문 프로파일러들은 다른 사람들보다 방화범에 대해 더 옳은 추측을 할 것이다.

방법 Kocsis의 첫 번째 연구에서와 마찬가지로 대다수의 프로파일러들이 참여를 거부했지만 세 명의 프로파일러가 참여할 의지를 밝혔다. 다른 집단은 방화사건에 대해 수사한 경험이 많은 경찰관들, 전문 소방관들, 화학을 전공한 대학 2학년생들이었다. 이 사람들은 각각 범죄현장의 사진과 기술문, 목격자의 진술, 지문, 발자국, 경찰이 수집한 모든 증거들, 방화범이 어떻게 불을 질렀는지에 대한 정보, 그리고 그 밖의 정보들을 검토했다. 이 연구에서는 또한 범죄에 대해 어떤 정보도 받지 않은 (방화사건이라는 것만 빼고) 2년제 전문대학생 집단도 포함시켜서 방화범에 대해 추측하도록 했다. 그 뒤 참여자들은 방화범에 대한 33가지의 질문에 응답을 했다. 모든 질문에는 연구자만 알고 있는 옳은 답이 포함되어 있었다. 예시는 다음과 같다. (약간 간결한 어구로 바꾸었다.)

• 가해자는 (1) 남성이다 (2) 여성이다
• 가해자는 (1) 날씬하다 (2) 보통이다 (3) 튼튼하다/근육질이다 (4) 뚱뚱하다
• 가해자는 (1) 그 범죄 현장을 익숙하게 알고 있는 사람이다 (2) 그 범죄 현장을 어느 정도 알고 있는 사람이다 (3) 그 범죄 현장이 낯선 사람이다
• 가해자는 (1) 미혼이다 (2) 기혼이다 (3) 동거 중이다 (3) 이혼했다
• 가해자는 (1) 학생 (2) 무직자 (3) 파트타임으로 일하는 사

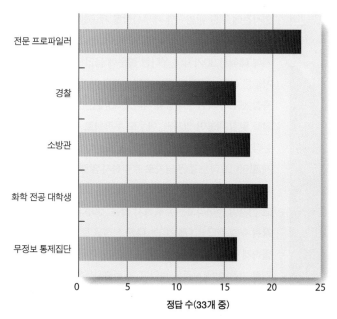

그림 14.10 이 연구는 33개의 선다형 문항들로 이루어졌으며 2개에서 3개 정도의 선택 항목이 있는 문항이 대다수였다. 프로파일러들은 평균 23문항을 맞혔다. 무작위 추측으로는 10개를 맞혔다. 범죄에 대한 정보가 없는 사람들은 16개 이상을 맞혔다. (Kocsis의 2004년도 연구 자료에서 발췌)

방관들은 그들의 경험에도 불구하고 전문대학생들보다 점수가 별로 높지 않았다.

해석 이 연구는 분명한 한계점이 있다. 특히 프로파일러는 단 3명밖에 참여하지 않았다는 점, 한 명의 범죄자에 대해서만 다뤘다는 점, 질문들이 이상적으로 구성되지 않았다는 점 등이다. 여전히 프로파일러들이 다른 집단보다 잘하기 때문에, 이 분야가 완전히 신빙성이 없는 것은 아닐 것이다. 몇 개의 비슷한 연구들도 비슷한 결과를 냈다. 전문 프로파일러들이 다른 사람보다 약간 더 잘했지만 아주 많이 잘한 것은 아니었고, 경찰 수사관들도 경험이 없는 사람과 비슷한 수준이었다. 탁월하게 높은 점수를 낸 사람은 어느 집단에서도 한 명도 없었다(Snook, Eastwood, Gendreau, Goggin, & Cullen, 2007).

매우 중요한 질문이 남아 있다. 프로파일러들은 충분히 잘하는가? 평균적으로 그들은 23개를 맞혔는데, 이 점수는 완벽한 점수(33)보다 아무것도 모르는 사람의 점수(16+) 쪽에 더 가깝다. 만약 프로파일러들이 경찰에게 옳은 정보와 틀린 정보를 섞어서 제공한다면, 이것은 수사를 증진시킬까, 아니면 경찰이 헤매는 결과를 초래할까?

개념 점검 24. 범죄에 대해 아무것도 모르는 통제집단을 이용했다는 점에 주목하자. 왜 이 집단이 필요했을까? 우리는 이미 무작위로 추측했을 때 어느 정도의 점수가 나오는지 알고 있는데 말이다.

람 (4) 육체노동자 (5) 반숙련 노동자 (6) 전문직 또는 사무직 종사자

• 가해자는 술을 (1) 마시지 않는다 (2) 적게 마신다 (3) 중간 정도로 마신다 (4) 많이 마신다 (5) 매우 많이 마신다

• 가해자는 (1) 범죄 전과가 있다 (2) 범죄 전과가 없다

결과 질문들에는 2개에서 9개까지의 선택 항목이 있었고, 무작위 추측을 하면 33개 중 10개 남짓을 맞힐 것이다. 그림 14.10이 그 결과를 보여주고 있다. 세 명의 전문 프로파일러들이 가장 높은 점수를 보였지만, 화학 전공자들보다 3개나 4개 정도 더 맞힌 정도에 불과했다. (화학 전공자들은 원래 범죄와 관련된 경험이 없는 사람들을 대표하는 집단이었지만 높은 지성을 보여주었다. 화학 전공자들에게 경의를!) 경찰과 소

우리는 범죄 프로파일링이 불가능하다고 결론 내릴 수는 없다. 하지만 경찰은 프로파일이 갖는 장점에 비해 훨씬 더 강한 확신을 프로파일에 갖는 것을 경계해야 한다. 최상의 경우에서라도 프로파일링은 가능성에 관한 것이지 확실성에 관한 것은 아니다. 범죄 프로파일링의 질을 향상시키는 방법에 관한 연구들은 방화, 강간, 연쇄살인처럼 특정한 범죄 유형에서 가장 일반적인 형태가 무엇인지 알아내는 것에서부터 시작한다. 거의 모든 방화사건에서 비슷하게 발견되는 특정 형태는 특정 사건의 가해자 개인에 대해서 알려주는 바가 거의 없다. 한 개별 사건의 일반적이지 않은 측면에 주목하면 유용한 결론을 얻을 경향성은 더욱 높아진다(Canter, 2011). 범죄 프로파일링뿐 아니라 그 밖의 모든 성격 연구에서, 우리는 확신에 찬 결론을 내리기 전에 더 많은 연구를 실시할 필요가 있다.

성격 검사의 가능성과 한계

대다수 사람들의 주된 대화 주제 중 하나는, 가혹하게 표현하자면 '뒷담화'가 될 것이고 보다 친절하게 표현하자면 '다른 사람들을 이해하기'가 될 것이다. 다른 사람들에 대해 아는 것은 중요하다. 우리는 누구를 믿어야 하고 누구를 믿지 말아야 할지 알 필요가 있다.

성격에 초점을 맞췄을 때, 우리 중 대다수는 성격이 매우 안정적이며 행동의 많은 부분을 좌지우지한다고 믿는 경향이 있다. 만약 그렇다면, 누군가는 범죄 현장을 보고 가해자의 성격에 대해 추론할 수 있어야 한다. 심리학자들은 로르샤하 잉크 반점 검사에 대한 사람들의 응답을 듣고 그들의 가장 은밀한 비밀에 대해 알아차릴 수 있어야 한다. 그렇게 할 수 있다손 치더라도 연구 결과는 우리가 성격에 관해 생각할 때 조심해야 함을 시사한다. 성격은 시간과 상황에 걸쳐 일관된 것이지만, 기후와 비슷하다. 즉, 장기간에 걸친 경향성일 뿐이며 특정 순간에 무엇이 일어날지를 알려주는 항상 좋은 지표는 아니다. 우리의 행동은 성격에 따라 달라지는 만큼 상황에 따라서도 달라진다.

요약

• 사람들은 성격 검사 결과를 그대로 받아들이는 경향이 있다. 대부분의 사람들은 성격 검사에 기초한 성격 해석을 그대로 받아들이기 때문에, 해당 검사가 측정한다고 주장하는 것을 확실히 측정하고 있는지 면밀히 살펴보아야 한다. (574쪽)

• 표준화된 성격 검사. 표준화된 검사는 분명한 규칙에 따라 실시되어야 하며, 그 결과는 모집단의 규준에 기초해서 미리 정해진 방식으로 해석되어야 한다. (575쪽)

• MMPI. MMPI는 널리 사용되는 성격 검사로, 다양한 성격 유형을 구분하기 위해 선별된 예-아니오 질문들로 이루어져 있다. MMPI-2는 현대적인 버전이다. (575쪽)

• 거짓을 탐지하기. MMPI 및 기타 검사들은 보편적인 결점 및 일반적으로는 갖기 힘든 덕목에 대해 묻는 문항들을 포함시킴으로써 거짓을 탐지한다. 보편적인 결점을 부정하거나 드문 덕목을 갖고 있다고 주장하는 사람은 거짓말을 하고 있을 가능성이 있다. (577쪽)

• 투사 기법. 투사 기법은 로르샤하 잉크 반점이나 주제 통각 검사 같은 것으로, 사람들이 애매한 자극에 대해 이야기하면서 그 와중에 그들의 관심사에 대해 드러내게끔 하는 것이다. 투사 기법의 결과는 개인에게 있어 중요한 결정을 내리는 데에는 타당도가 그리 높지 않다. (578쪽)

• 암묵적 성격 검사. 암묵적 성격 검사와 정서 점화 패러다임은 사람들이 스스로 드러내고 싶지 않거나 드러낼 수 없는 성격 특질을 측정하려고 시도한다. 이 검사들은 연구를 위해서는 어느 정도 유용하게 사용되지만 개인에 대한 결정을 내릴 때는 유용하지 않다. (581쪽)

• 성격 검사의 사용과 오용. 성격 검사는 성격에 대해 접근할 수 있도록 도움을 주지만, 그 결과는 다른 증거들과 함께 해석해야 한다. (581쪽)

• 범죄 프로파일링. 어떤 심리학자들은 특정 범죄를 저지를 만한 사람의 유형에 대해 성격 프로파일을 수립하여 경찰 수사를 도우려고 했다. 이에 관한 연구가 많지 않았지만, 지금까지의 연구 결과로는 성격 프로파일의 정확성은 낮다는 것이다. (582쪽)

핵심 용어

로르샤하 잉크 반점 검사 (578쪽)

마이어스-브릭스 성격 유형 지표(MBTI) (578쪽)

미네소타 다면적 인성 검사(MMPI) (575쪽)

바넘 효과 (574쪽)

암묵적 성격 검사 (581쪽)

주제 통각 검사(TAT) (580쪽)

투사 기법 (578쪽)

표준화 검사 (575쪽)

NEO-PI-R (577쪽)

개념 점검 문제에 대한 답

1 초기에 프로이트는 유년기의 성적 학대에 초점을 두었다. 후에 그는 오이디푸스 콤플렉스와 같은 유년기의 성적 환상이 문제라고 말했다. 그의 유일한 증거는 그가 환자의 꿈과 증상으로부터 그러한 유년기 경험을 추론할 수 있다는 것뿐이었다.

2 프로이트는 그러한 행동은 구강기에 고착된 것이라고 해석할 것이다.

3 강한 원초아와 약한 초자아를 지닌 사람은 다른 사람들이 금기시하는 다양한 성적 충동과 그 외의 충동에 굴복할 것으로 기대될 것이다. 매우 강한 초자아를 지닌 사람은 지나치게 억제되어 있어 죄책감의 지배를 받을 것이다.

4 **a.** 전위, **b.** 부인, **c.** 반동형성, **d.** 투사, **e.** 억압, **f.** 퇴행, **g.** 합리화, **h.** 승화

5 융의 집단 무의식은 모든 사람에게 동일하며 출생 이전부터 지니고 태어나는 것이다. 프로이트는 무의식이란 억압된 경험들로부터 발전된다고 믿었다.

6 Adler는 사람의 기본적 동기는 우월성 추구라고 말했다.

7 Adler의 이론에서 인간은 때때로 실패에 대한 변명거리를 만들어내기 위해 스스로를 불리한 상황에 몰아넣고, 그렇게 함으로써 우월감에 대한 환상을 유지한다.

8 당신은 특정한 시간에 하나의 상황에서 당신의 행동을 학습한다. 당신은 아마도 어떤 상황에서는 친절하게 행동하도록 학습했을 것이지만 다른 상황에서는 그렇지 않았을 것이다. 또한 어떤 상황에서는 정직하게 행동하도록 학습했지만 다른 상황에서는 그렇지 않았을 것이다.

9 Adler는 인간이 지닌 신념의 중요성과 정상보다 나은 성격(better-than-normal)의 가능성을 강조했다. 인본주의 심리학은 Adler의 접근 방식에 기초하고 있다.

10 상태 불안이다. 상황이 그 불안을 일으켰기 때문이다. 특질 불안은 여러 상황에서 불안해 하는 경향을 뜻한다.

11 무고한 사람이 상해를 입는 것은 부당한 일로 보인다. 피해를 축소하면 부당함이 덜해지는 것처럼 느껴진다.

12 검사지의 내용에 따라 다르다. 낮은 자존감으로 보이는 것은 실제로는 높은 목표를 가리키는 것일 수 있어서, 높은 목표를 지녔기 때문에 현재의 수행에 대해 불만족스러워하는 것을 나타낼 수 있다.

13 야망에 대한 측정이 사교성에 대한 측정과 높은 상관관계를 보이는지 아닌지를 파악해야 한다. 만약 높은 상관관계를 보인다면, 야망과 사교성은 하나의 특질에 대한 두 가지 측면이므로, 외향성으로 포함시킨다. 만약 높은 상관관계를 보이지 않는다면, 두 특질은 확실히 독립된 특질일 것이다.

14 외향성은 행복과 유의미한 상관관계를 보인다. 누군가의 장수를 예측하기 위해서는 그 사람의 성실성을 측정해야 할 것이다. 성실한 사람들은 좋은 식이요법, 운동에 대한 권장사항을 따르며 위험한 행동은 피한다.

15 만약 같은 가정에 입양된 아동들의 성격이 서로 높은 상관을 보인다면 그러한 유사성은 공유된 환경이 반영된 것이라고 결론내릴 수 있을 것이다. 만약 상관이 낮다면 서로 공유하지 않는 환경의 중요성을 보여주는 주요한 증거라고 할 수 있다.

16 사람들이 자기 자신에 대해 점수를 매길 때는 그 나라 내의 다른 사람들과 비교해서 점수를 매기기 때문에 그 점수는 그 나라 자체에 대한 지표로 해석하기 어렵다.

17 연구자들은 우울한 사람들이 다른 사람들보다 그 문항에 그렇다고 응답하는 경향이 높은지 파악해야 한다. 만약 그렇다면 그 문항은 포함될 수 있을 것이다.

18 그러한 문항들은 거짓말을 탐지하기 위해서 포함되었다. 만약 당신이 아니라고 응답했다면, 당신은 거짓말 척도에서 1점을 얻는다.

19 NEO-PI-R은 정상적 성격을 측정하도록 고안되었다. MMPI는 정상에서 벗어난 성격들을 탐지하도록 만들어졌다.

20 만약 아이가 인형에 자기 자신의 관심사를 투사했다면 인형 활동이 투사 기법에 해당한다. 카드를 분류하는 것은 투사 기법이 아니라 객관적 측정 방법이다.

21 심리학자들은 정상 또는 장애가 있음으로 간주되는 응답의 총 개수를 센다. 누군가가 답변을 많이 할수록 거기에 비정상으로 보이는 응답이 섞일 가능성이 높아진다.

22 어떤 자극에 대한 한 개인의 반응 지연을 측정한다.

23 예를 들어 우울증 같은 흔한 장애에서 더 정확하다. 만약 그 장애가 드문 것이라면, 이를 테면 사람들 중 1% 또는 0.1%에게만 나타나는 것으로 가정할 때, 오탐지율(정상적인 사람을 장애가 있다고 말하는 것)이 실제로 장애가 있는 사람들을 맞게 확인할 가능성보다 쉽게 높아진다.

24 누구도 무작위로 추측할 수는 없다. 범죄의 세부사항과 상관없이 어떤 추측들은 다른 추측들에 비해 더 그럴싸하기 때문이다.

15 이상심리: 장애와 치료

Manchan/Gettyimages.com

프로 미식축구팀인 Pittsburgh Steelers의 최고 라인배커(line-backer)[1]인 James Harrison은 상대 선수의 헬멧에 자신의 헬멧을 부딪치는 행동을 해서 출장정지를 받고 여러 번 벌금을 물었다. 그가 그런 식으로 태클을 걸 때마다 상대 선수는 물론 그 자신도 부상을 입을 위험이 있었다. 우리가 이러한 행동을 바라보는 방식에 스포츠라는 맥락이 어떻게 영향을 미칠까? 스포츠 경기장 바깥에 서라면 우리는 이러한 행동을 어떻게 바라볼까?

지난 넉 달 동안, George는 일면식도 없는 몇 십 명을 다치게 했다. 그 사람들 중 두 명은 병원 치료를 받아야 했다. George는 아무런 죄책감도 후회감도 보이지 않았다. 그는 기회가 있다면 그 사람들 모두를 다시 때릴 것이라고 말했다. 사회는 George를 어떻게 해야 할까?

1. 감옥으로 보낸다.
2. 정신병원으로 보낸다.
3. 북미 프로 미식축구 리그에서 최고의 수비수 상을 준다.

당신은 George의 행동에 대한 맥락을 알기 전까지는 이 질문에 대답할 수 없다. 파티에서의 정상적인 행동이 업무 회의에서는 기이한 행동일 수 있다. 록 스타가 할 행동으로 기대되는 행동을 대학 교수가 하면 정신병원으로 가는 행동이 될 수도 있다.

누군가의 행동에 대한 맥락을 알더라도 그 행동이 정상의 범주에 드는지 알 수 없을 수도 있다. 당신의 돈 많은 Tillie 이모가 골목길에서 낯선 사람들에게 돈을 건네주고 다니면서 자신의 돈이 다 떨어질 때까지 이 일을 계속하기로 한다고 가정해 보라. 이모의 생각이 미친 것 같은가? 이모에게 치료를 권해야 할까? 만약 그렇게 생각한다면, 이모가 하는 일은 워렌 버핏(Warren Buffett)이 하는 일과 무엇이 다른가? 세계에서 가장 부유한 사람 중 한 명인 워렌 버핏은 그의 자산 중 절반에 해당하는 약 560억 달러에 가까운 재산을 자선사업에 기부하기로 했다.

비정상적인 행동을 평가하는 것은 어렵다. 어떤 사람이나 어떤 맥락에서는 비정상으로 보이는 행동이 다른 사람에게는 정상적인 행동일 수도 있다. 비정상적인 행동에 대해 어떻게 대응해야 하는지를 결정하는 것은 종종 더 어려운 일이다.

---

1 미식축구에서 라인맨이라는 제1수비열 뒤에서 제2수비열을 구성하는 선수로서 흔히 수비의 중심이라고 여겨진다.

단원 15.1

이상행동의 개관

- '이상(abnormal)' 행동이란 무엇을 의미할까?
- 심리 장애를 어떻게 분류해야 할까?

의과대학에 다니는 많은 학생들이 '의대생 증후군(medical students' disease)'이라고 불리는 증상을 보인다. 다음과 같이 적혀 있는 의학 책을 읽는다고 해보자. Cryptic Ruminating Umbilicus Disorder(CRUD)[2]: "완전히 가망이 없어질 때까지는 증상이 거의 드러나지 않는다. 첫 번째 증상은 혀가 창백해지는 것이다." (당신은 거울로 향한다. 당신은 원래 자신의 혀가 어떻게 생겼었는지 기억나지 않지만, 거울에 혀를 비춰 보니 실제로 조금 창백해 보인다.) "그 뒤, 목에 단단한 부분이 나타난다." (당신은 목을 만져 본다. "잠깐만! 이런 거 예전에는 없었는데! 뭔가 단단한 것 같아!") "팔다리가 떨어져 나가기 전에, 호흡이 짧아지고 심장박동이 증가하며 땀이 나는 증상이 나타난다." (이미 공포에 휩싸여서, 당신은 실제로 호흡이 짧아지고 심장박동이 빨라지며 땀이 정말로 흠뻑 나고 있다.)

대부분의 의대생이 언젠가는 어떤 장애에 관한 기술을 잘못 이해해서 자신의 정상적인 상태를 혼동하게 된다. 내 동생은 의대에 다닐 때 자신이 치명적인 희귀 질환에 걸렸다고 스스로 진단하고, 병원에 입원한 후 유언장도 작성했다. (동생은 의대를 졸업했고, 몇 십년이 지난 지금까지 잘 지내고 있다.)

심리 장애에 대해 배우는 학생들도 의대생 증후군에 특히 취약하다. 이 장을 읽으면서 당신은 자신이 이 장에서 읽은 장애들 중 하나를 겪고 있다고 결론지을지도 모른다. 하지만 장애에 대한 기술 내용에 일부분이 들어맞는다고 해서 당신이 그런 장애를 지니고 있다는 것은 아니다. 대다수의 사람들은 가끔 불안을 느끼며, 대다수는 기분이 오락가락하고 이상한 행동 한두 개는 보인다. 심리 장애에 대한 진단은 그러한 문제로 인해 삶에 심각하게 지장을 받는 사람들에게 해당하는 것이다.

이상행동을 정의하기

이상행동을 어떻게 정의해야 할까? 객관적이기 위해서는, 평균에서 유의미하게 벗어난 행동이라고 정의 내려야 할 것이다. 그러나 이러한 정의하에서는 일반적이지 않게 행복하거나 성공적인 사람들도 비정상의 범주에 들어가며, 만약 심한 우울도 사람들에게 흔히 나타나는 것이라면 정상의 범주에 속할 것이다.

미국 정신의학회(American Psychiatric Association, 1994)에서는 이상행동을, 고통

Edvard Munch(1864~1944) 〈자화상, 밤의 방랑자〉, 1923~1924년도 작품, 노르웨이 오슬로의 뭉크 박물관 소장. 커튼이 없는 창문과 텅 빈 방이 외로움과 고립의 느낌을 강조한다.

을 불러일으키는 모든 행동(다른 사람에게 고통을 불러일으키는 것도 포함한다.), 장애(disability) 또는 죽음과 고통, 자유의 상실에 대한 위험을 증가시키는 모든 행동이라고 정의했다. 하지만 이 정의도 너무 포괄적이다. 마틴 루서 킹 주니어 목사는 아프리카계 미국인의 권리를 위해 투쟁했고, 죽음, 고통, 자유의 상실에 대한 위험을 무릅썼다. 하지만 우리는 그의 행동을 비정

---

2 Cryptic이라는 말은 '비밀스러운'이라는 뜻이며, Ruminating은 '이리저리 생각하는'의 뜻이며, Umbilicus는 '배꼽'이라는 뜻으로 단어들을 모아 보면 '비밀스럽게 이리저리 생각하는 배꼽 장애'라는 뜻이다. 말만 그럴듯할 뿐 별 의미 없는 장애라는 뜻으로 저자가 임의적으로 지은 단어이다. 더불어 'CRUD'라는 말은 '원인 모를 병'이라는 뜻이 있다.

상적인 것이 아니라 영웅적인 것으로 간주한다.

그렇다면 이상행동을 바람직하지 않은 행동으로 정의할 수 있을까? 만약 그렇게 한다면, 어떤 것이 바람직하지 않은 것인지에 대해서 누가 결정을 내릴 것인가? 전체주의 체제하의 정치지도자들은 반체제 인사들을 정신병원에 집어넣었다. 반체제 인사들의 행동은 정부의 관점에서는 바람직하지 않은 행동이었기 때문이다.

요약하면, 이상행동에 대한 모든 정의에는 문제가 있다. 가끔 어떤 사람이 심리적 장애가 있다는 데에 동의하기는 쉽다. 하지만 다른 경우들에서는 동의하지 않을 여지가 있다.

이상성(abnormality)에 대한 전통적인 관점

수년간 사람들은 이상행동과 그 원인에 대해 수많은 관점들을 가져 왔다. 되풀이되는 아이디어 중 하나는 악령이 들렸다는 것으로, 중세 유럽에서는 일반적인 생각이었고 오늘날까지 널리 퍼져 있다(Cohen & Barrett, 2008). 비록 이 아이디어는 과학적 세계관과 갈등을 일으키지만, 이 아이디어가 나름 호소력이 있다는 것을 이해할 수 있다. 어떤 사람의 행동이 급격하게 변한다면, 우리는 "내가 알던 그 사람이 아니야."라고 말하고 싶어진다.

고대 그리스인들은 인간의 행동을 4가지 액체의 측면으로 표현했다. 피가 과도하면 자신감이 넘치는(sanguine, 용감하고 다정한) 성격이 된다. 담(phlegm)이 과도하면 침착한(phlegmatic, 차분한) 성격이 된다. 황담즙(yellow bile)이 너무 많으면 화를 잘 내는(choleric) 성격이 된다. 흑담즙(black bile)이 너무 많으면 우울한(melancholic, 슬픈) 성격이 된다. 비록 이러한 4가지 액체를 바탕으로 한 4기질 이론은 더 이상 유효하지 않지만, sanguine, phlegmatic, choleric, melancholic이라는 단어들은 남아 있다. 이 이론은 성격에 대해 생물학적으로 설명하려고 했던 초창기 시도였다.

중국 전통 철학에서는 성격이 다섯 가지 상태를 통해 변화하고 발달한다고 주장했다. 이 다섯 가지 상태는 계절과 유사하다. 겨울에 내리는 비는 봄에 나무가 자랄 수 있도록 돕는다. 나무는 여름에 불이 붙어 타

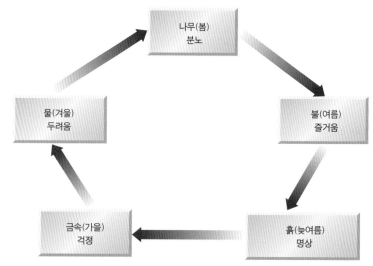

그림 15.1 중국 전통 철학에서는 성격이 마치 계절처럼 다섯 가지 상태나 원소를 통해 순환한다고 보았다. 과도한 반응은 이상행동으로 향하는 길일 수도 있다.

고, 그 재가 늦여름에 흙으로 변한다. 가을에는 흙에서 금속을 캘 수 있다. 그리고 녹인 금속은 물과 같은 액체가 될 수 있으며, 이렇게 계속 순환된다. 이 관점에 따르면 성격 또한 계절과 함께 순환하며, 과도한 반응은 너무 많은 두려움, 분노와 그 외의 것들을 초래할 수도 있다. 이 개념을 그림 15.1에서 제시하고 있다.

생물심리사회 모델

오늘날의 서양 문화권에서 지배적인 관점은 생물심리사회 모델(biopsychosocial model)이다. 이 관점은 이상행동의 세 가지 측면을 강조한다. 생물학적, 심리적, 사회적 측면이다. 생물학적 측면은 유전적 요인, 전염성 질환, 영양 부족, 적당하지 않은 수면, 약물, 그리고 그 밖에 뇌 기능에 영향을 미치는 것들을 이상행동의 근원으로 본다.

심리적 측면은 스트레스 경험에 대한 반응을 포함한다. 예를 들어, 어린 시절에 신체적으로 또는 성적으로 학대당한 사람은 성인기에 다른 사람보다 심리적 문제가 발생할 경향이 크다(J. G. Johnson, Cohen, Brown, Smailes, & Bernstein, 1999). 가난한 환경 속에서 사는 것은 품행장애(conduct disorder, 타인에게 지장을 주거나 법을 어기는 행동으로 정의된다.)의 위험을 증가시킨다. 아메리카 인디언 보호구역에 카지노가 생기기 전과 생긴 후의 체로키족에 대한 연구에 따르면 빈곤한 환경에서 벗어난 아이들의 품행장애 비율이 감소했다(Costello, Compton, Keeler, & Angold, 2003). 지지적인 경험은 정신질환의 위험을 감소시킬 수 있다. 예를 들어, 미국 내의 흑인들과 히스패닉계 사람들은 다른 그 어떤 신체적 질병보다 심장병의 위험이 증가해 왔지만, 우울증과 불안장애는 평균보다 낮게 나타났다(Breslau et al., 2006). 비록 이러한 현상에 대한 이유가 분명히 알려진 바는 없지만, 그럴 법한 가설 한 가지는 그들의 집단 내에서 사회적 지지를 많이 받기 때문일 수 있다.

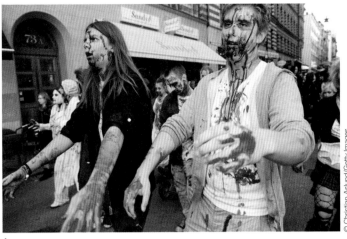

우리가 비정상이라고 간주하는 것은 맥락에 달려 있다. (a) 스위스의 Belalp[3]의 연례 축제에서 사람들이 마녀처럼 옷을 입고 산에서 스키를 타고 있다. 스위스에서는 마녀처럼 옷을 입는 것이 악령을 내쫓는 행동이다. (b) 사람들이 좀비처럼 분장하고 퍼레이드를 하고 있다. 일반적이지 않은 행동이 반드시 심리 장애의 징후인 것은 아니다.

또한 행동은 *사회적이고 문화적인* 맥락 내에서 이해되어야 한다. 어떤 사회에서는 받아들여지는 행동이 다른 사회에서는 비정상으로 낙인 찍힐 수도 있다. 예를 들어, 어떤 사회에서는 장례식에서 크게 우는 행동을 기대하지만, 어떤 사회에서는 그렇지 않다. 공공장소에서 술을 마시는 것은 어떤 문화에서는 받아들여지는 행동이지만 다른 문화에서는 엄격하게 금지되어 있다.

이상성에 대한 문화적 영향

우리는 우리가 속한 문화로부터 어떻게 정상적으로 행동하는지를 학습한다. 또한 비정상적으로 행동하는 것에 대해서도 어느 정도 배운다. 몇 년 전까지 수단의 일부 지역에서 여성은 사회적 지위가 낮았고 권리 또한 매우 제한되어 있었다. 남편

이 학대해도 여성은 방어할 수가 없었다. 그러나 사람들은 남자와는 달리 여자는 악령이 들려서 통제력을 잃고 여성 스스로도 '차마 믿지 않는', '미친' 말들을 소리 내어 말할 수 있다고 믿었다. 그중에는 남편에 대한 언어적 모욕이 포함된다고 믿었다(!). 하지만 남편은 아내를 꾸짖거나 처벌을 내릴 수 없었는데, 그 말을 한 것은 결국 아내가 아니라 악령이기 때문이다. 악령을 내쫓는 표준적인 방법은 그 여성에게 가장 좋은 음식과 새 옷, 다른 여성들과 많은 시간을 보낼 수 있는 기회, 일에 대한 책임으로부터의 자유를 주는 것이며, 악령이 나가기까지 여성이 요구하는 거의 모든 것을 제공해 주는 것이다. 빙의(demon possession)가 얼마나 흔해지게 되었을지 아마 상상할 수 있을 것이다 (Constantinides, 1977).

더 많은 예시는 다음과 같다. **코로(Koro)**는 중국에서 흔한 일이라고 하는데, 남자의 성기가 몸속으로 움츠러 들어가서 죽음에 이를 것이라는 공포를 뜻한다. 어떤 남자들은 성기가 몸속으로 사라지는 것을 막기 위해 끊임없이 성기를 붙잡고 있기도 하는 것으로 알려져 있다(Bracha, 2006). 당신은 아마도 '미친 듯이 날뛰는'이라는 표현을 들어 본 적이 있을 것이다. 미친 듯이

스포츠 팬들은 때때로 스포츠에서의 중요한 승리를 축하하기 위해 파괴적인 광란을 벌인다. 어떤 점에서 이것은 미친 듯이 날뛰는 행위와 같다. 사람들은 비정상적인 행동을 다른 사람들의 사례로부터 모방한다.

---

3 스위스 남부 발레(Valais) 주 블라텐(Blatten) 마을 인근에 있는 봉우리.

날뛰는 것(running amok)은 동남아시아의 몇몇 지역에서 일어나며, 어떤 사람이 (주로 젊은 남자가) 무분별한 폭력 행위를 저지르며 뛰어다니는 것을 뜻한다(Berry, Poortinga, Segal, & Dasen, 1992). 그러한 행동은 심리적 스트레스에 대한 반응으로서 이해할 수 있는 행동으로 간주된다.

호주의 한 정신과 의사는 정신병원의 환자 세 명이 한 쪽 귀를 잘라낸 것을 발견했다. 그는 이러한 행동이 정신병에 대한 일반적인 증상인 게 틀림없다고 짐작하고, 다른 정신과 의사에게 이런 일을 얼마나 자주 봤는지 물었다. 하지만 그는 귀를 자르는 행동은 오직 그의 정신병원에서만 일어난 일이라는 것을 발견했다. 알아보니, 환자 한 명이 귀를 잘라내자, 다른 두 명은 그것을 모방한 것이었다(Alroe & Gunda, 1995).

문화는 또한 보편적인 장애의 표현에도 영향을 미친다. 유럽과 북미 지역의 우울한 사람들은 자신이 어떤 감정을 느끼느냐에 대해 보다 많이 불평하는 반면, 중국 및 그와 비슷한 문화권의 우울한 사람들은 피로, 고통, 졸음과 같은 신체적 증상에 대해 보다 많이 불평한다(Ryder et al., 2008). 행동장애와 반사회적 행동으로 여겨지는 다른 행동들은 전 세계를 통틀어 나타나지만, 그러한 행동이 널리 퍼지는가는 문화적 영향에 달려 있다. 행동장애는 푸에르토리코 현지에 살고 있는 푸에르토리코 젊은이들 사이에서보다 뉴욕의 푸에르토리코인 젊은이들 사이에서 더 널리 퍼져 있다. 뉴욕의 푸에르토리코 젊은이들은 뉴욕의 문화에 상대적으로 더 안락감을 느끼지 못하기 때문이다(Bird et al., 2001; Canino & Alegria, 2008).

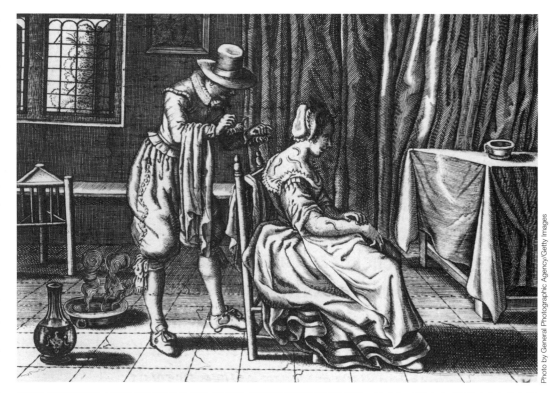

의학이 발달되지 않은 시절에 의사들은 모든 질병에 동일한 치료법을 적용했다(예를 들면, 그림에서 보여주듯이 피를 뽑기 위해 거머리를 붙이는 것). 의학의 진보는 특정한 장애를 다른 장애와 구별하고 각각의 장애에 대해 개별적인 치료법을 개발시키는 것에 달려 있다. 심리적 장애에 대해서도 구체적인 특정 치료법을 발견할 수 있을까?

심리 장애를 분류하기

다른 의학 분야에서 진보란 하나의 장애를 다른 것과 분리함으로써 연구자들이 각각의 장애에 대한 원인을 찾고 가장 좋은 치료법을 찾는 것에 달려 있다. 아마도 심리 장애의 측면에서도 이러한 방법이 통용될 것이다. 예를 들어 만약 우리가 우울증의 원인을 찾고 싶다면, 심리학자들은 우울증이 무엇인지에 대해서 그리고 다른 장애와 우울증이 어떻게 다른지에 대한 합의를 도출할 필요가 있을 것이다.

장애들의 정의와 진단을 표준화하기 위해, 정신과 의사들과 심리학자들은 정신질환의 진단 및 통계 편람(Diagnostic and Statistical Manual of Mental Disorders, DSM)이라고 불리는 참고 도서를 만들었다. DSM은 각각의 심리 장애에 대한 구체적인 기준을 제시한다. 이 책의 네 번째 판은 DSM-IV라고 알려져 있으며 1994년에 출판되었고 2000년에 개정판으로 DSM-IV-TR이 출판되었다(American Psychiatric Asoociation, 2000). 새 판인 DSM-5는 2013년에, 이 책이 출간되고 나서 몇 달 뒤에 출판되었다. 표 15.1은 DSM-5에 수록된 장애의 범주를 보여주고 있다. 이전 장들에서는 주의력결핍장애(attention-deficit disorder), 섭식장애(eating disorders), 수면장애(sleep disorders)에 대해 논의했다. 이 장의 나머지에서 더 많은 장애들에 대해 살펴볼 것이다.

표 15.1. DSM-5에 수록된 심리 장애의 범주

신경발달장애(Neurodevelopmental Disorders)

조현병 스펙트럼(Schizophrenia Spectrum)

양극성 및 관련 장애(Bipolar and Related Disorders)

우울장애(Depressive Disorders)

불안장애(Anxiety Disorders)

강박장애(Obsessive-Compulsive Disorders)

외상 관련 장애(Trauma-Related Disorders)

해리장애(Dissociative Disorders)

신체증상장애(Somatic Symptom Disorders)

섭식장애(Eating Disorders)

배설장애(Elimination Disorders)

수면-각성장애(Sleep-Wake Disorders)

성기능부전(Sexual Dysfunctions)

성별 불쾌감(Gender Dysphoria)

충동조절장애(Impulse Control Disorders)

물질 남용 및 중독(Substance Abuse and Addictions)

신경인지장애(Neurocognitive Disorders)

성격장애(Personality Disorders)

변태성욕장애(Paraphilias)

기타

DSM은 각각의 장애에 대한 진단을 내리기 위한 기준을 열거한다. 예를 들어, 특정 공포증(phobia)에 대한 진단을 확실히 하기 위해서는, 어떤 사람이 특정한 물체나 자극에 관련된 극도의 불안을 반드시 보여야 한다. 주의력결핍과잉행동장애(attention-deficit hyperactivity disorder)라는 진단을 내리기 위해서는 그 사람이 다음 목록 중에서 적어도 6가지의 증상을 지속적으로 보여야 한다(17세 이상의 경우 4가지 증상).

주의력 결핍(Inattention)

세부사항을 챙기지 못함

주의집중을 유지하는 것이 어려움

듣고 있지 않는 것처럼 보임

과제를 하다가 딴 짓을 잘함

활동을 조직화하는 데 어려움을 겪음

지속적인 노력을 요하는 일들을 피함

물건을 흔히 잃어버림

쉽게 주의가 산만해짐

일상적으로 하는 일을 잊어버리는 경향

과잉행동(Hyperactivity)/충동성(Impulsivity)

흔히 가만히 못 있음

다른 사람들은 조용히 앉아 있는 도중에 부산하게 움직임

이리저리 부적절하게 뛰어다님

놀이를 하면서 과도하게 시끄러움

모터가 달린 것처럼 지치지 않고 행동함

과도하게 말이 많음

질문이 끝나기 전에 대답함

자신의 차례가 돌아오기를 기다리지 못함

다른 사람들을 방해함

생각하지 않고 행동함

조급함

활동을 하면서 서두름

유혹에 저항하는 데 어려움을 겪음

개념 점검

1. 심리학자들이 연구를 하는 데 DSM은 어떠한 방식으로 도움이 되는가?

2. 두 사람의 증상이 일반적으로 많이 유사하지 않을 때에도 두 사람이 같은 진단을 받는 것이 가능할까?

DSM의 약점과 비판

DSM은 정신의학적 진단을 표준화하는 데 도움이 되었고, 그 결과 심리학자들은 우울증(depression), 조현병(schizophrenia), 그 밖에 여러 용어들을 일관성 있는 방향으로 사용하게 되었다. 그러나 이 분류 체계에는 많은 한계점이 존재한다.

DSM에 대한 비판 중에 하나는 DSM이 너무 많은 상태들을 '정신질환'으로 명명한다는 것이다. 만약 당신이 성관계의 즐거움을 늘리기 위한 방법을 찾아다닌다면, 당신은 성욕감퇴장애(hypoactive sexual desire disorder)를 갖고 있는 것이다. 생리 전에 스트레스를

받는 여자는 **월경전불쾌감장애**(premenstrual dysphoric disorder)로 진단을 받을 것이다. 괴롭힘을 당하는 것 때문에 학교를 싫어하는 아이는 학교 공포증(school phobia)으로 진단받을 것이다. 상황이 아니라 아이에게 문제에 대한 귀인을 하는 것이다. 조사 결과에 따르면 미국의 거의 절반 정도 되는 사람들이 그들의 삶에서 어떤 특정 시기에는 DSM의 어떤 한 가지 진단에 들어맞는다(Kessler, Chiu, Demler, & Walters, 2005). 가장 흔한 장애는 그림 15.2에서 볼 수 있듯이, 불안장애와 기분장애(예를 들면, 우울증), 충동조절문제(주의력결핍 장애를 포함한다), 물질 남용이다.

다른 문제는 진단이 불확실하다는 것이다. 의학 분야에서 의사들은 실험실 검사에 의존한다. 만약 환자가 기침을 하면, 의사들은 폐렴, 기관지염, 결핵, 폐암, 그 밖의 질병에 대한 검사를 실시한다. 정신병의 경우, 실험실 검증은 불가능하다. 신체적 질병들은 각각 구체적인 원인이 있으며 많은 경우에 구체적인 치료법이 존재한다. 그러나 정신병의 경우는 다르다. 불안, 우울, 조현병과 같은 다양한 장애들은 많은 경우에 동일한 원인에서 기인한다. 스트레스가 그 한 예이다(Nolen-Hoeksema & Watkins, 2011). 그리고 때때로, 다양한 장애들이 동일한 약물 처방에 의해 호전되거나 다른 치료법에 의해 호전된다(Dean, 2011).

더군다나 문제를 겪는 사람들 중 다수는 몇몇 진단에는 부분적으로 들어맞지만, 그 중 어떤 진단에도 완벽하게는 들어맞지 않는다(Ahn, Flanagan, Marsh, & Sanislow, 2006; Kupfer, First, & Regier, 2002). 특정 정신의학적 진단을 받은 사람 가운데 거의 절반에 해당

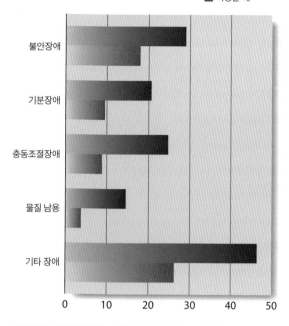

그림 15.2 이 연구에서는 미국 성인의 4분의 1 이상이 특정한 해에 심리 장애를 겪으며, 인생의 어떤 시기에는 거의 절반이 심리 장애를 겪는 것으로 나타났다. (Kessler, Berglund, et al., 2005; Kessler, Chiu, et al., 2005의 자료에 기초함)

하는 사람들은 거의 최소한 하나의 진단을 추가적으로 받기도 하며, 심각한 장애를 지닌 사람은 특히 부가적인 장애를 지닐 가능성이 높다(Kessler, Chiu, et al., 2005). 특히 우울증을 겪는 사람들 중 대다수는 불안 관련 문제도 함께 갖고 있다.

DSM의 접근 방식에 불만족스러워하는 많은 심리학자들은 각각의 내담자의 문제를 몇몇 차원에 따라 점수를 매기는 것을 선호한다. 각각의 사람에게 꼬리표를 붙이는 대신, 기분장애, 불안, 물질 남용, 사고장애(thought disorder)와 같은 차원들로 접근하는 것이다(Watson & Clark, 2006). DSM-5의 개발자들은 오직 성격장애에 한해서만 부분적으로 차츰 그러한 방향으로 이동하기로 계획하고 있다. 성격장애(personality disorder)는 환경과 타인에게 대처하는 부적응적이고 융통성 없는 방식을 뜻한다. 이를테면 대단히 자기중심적으로 행동하는 것이다. DSM-5는 심리치료자가 두 가지 선택을 할 수 있게 해준다. 첫째, 표 15.2에 간략하게 서술된 대로, 심리치료자는 누군가를 여섯 가지 유형의 성격장애 중 하나로 구분할 수 있다. 둘째, 그들은 진단

표 15.2 여섯 가지 성격장애

성격장애	설명
반사회성 성격장애	타인에 대한 애정의 결여, 죄책감의 결여
회피성 성격장애	사회적 접촉을 회피함, 친구가 없음
경계성 성격장애	불안정한 자아상, 관계가 지속되지 않거나 단호한 결정을 못함, 자기를 위태롭게 만드는 행동이 반복됨
자기애성 성격장애	과장된 자존감, 타인을 무시함
강박성 성격장애	세부사항에 과도하게 몰두함
조현형 성격장애	인지적 장애와 대인관계에서의 결함

명 대신에 성격의 여러 차원에 따라 점수를 매길 수 있다. 이를테면 충동성, 의심, 철회, 적대감 등이다. 우리는 성격장애를 완전하게 이해했다기보다는 여전히 잠정적으로 이해하고 있다고 말하는 것이 공정할 것이며, 이는 정신질환이라는 전반적인 개념에 있어서도 마찬가지라고 할 수 있다.

개념 점검   3. DSM에 대한 비판은 무엇인가?

맺음말 · 단원 15.1

정상적인 사람이 있을까?

이 단원에 서술된 연구들에 따르면 미국 전체 인구의 거의 절반이 인생의 어떤 시기에 DSM 장애를 지닐 수 있다. 만약 이 통계들이 거의 정확하다면, 한 가지 함의는 분명하다. 심리적 진단을 받을 만한 사람들 중 대다수는 희귀한 집단의 사람도 아닐 뿐더러 다른 사람들과 두드러지게 다른 사람들이 아니라는 것이다. 당신도 삶에서 어떤 순간에는 특정한 심리적 고통을 한바탕 겪을 수도 있다. 만약 그렇다면, 당신과 같은 사람이 많다는 것을 기억하자.

요약

- 이상행동을 정의하기. 미국 정신의학회에서는 이상행동을 고통, 장애, 또는 위험을 증가시키는 행동으로 정의한다. 그러나 이상행동에 대한 모든 정의에는 난점이 존재한다. (589쪽)
- 이상성에 대한 관점. 과거에 사람들은 이상행동을 여러 가지 방식으로 묘사했으며, 그 중에는 신들림이 포함된다. 오늘날 표준적인 관점은 이상행동이란 생물학적, 심리적, 사회적 영향이 조합된 결과라는 것이다. (590쪽)
- 문화적 영향. 문화는 어떻게 행동해야 정상적인 것인지에 대한 사례뿐만 아니라 또한 어떻게 행동하면 비정상적인 것인지에 대해서도 사례를 제시한다. (591쪽)
- 진단과 통계 편람. 정신질환의 진단 및 통계 편람은 가능한 진단과 각각의 진단에 대한 기준을 제공한다. (592쪽)
- DSM의 한계. DSM은 가벼운 어려움을 겪는 사람들이나 스트레스 상황에 대한 타당한 반응을 보이는 사람들에게도 정신의학적 꼬리표를 붙인다는 비판을 받아 왔다. 또 다른 문제로는 많은 진단이 불확실하며, 진단을 확인할 실험실 검사가 불가능하다는 것이다. 많은 내담자들의 문제는 단 하나의 진단에 깔끔하게 들어맞지 않는다. (593쪽)

핵심 용어

생물심리사회 모델 (590쪽)   성격장애 (594쪽)   정신질환의 진단 및 통계 편람(DSM) (592쪽)

불안장애

- 어떤 사람에게는 왜 과도한 공포가 생겨날까?
- 어떤 사람에게는 사고와 행동에서 왜 특이한 습관이 생겨날까?

당신은 바닷가에 가서 수영을 하고 서핑을 하며 오후를 보내려고 한다. 만약 누군가가 당신에게 어제 상어가 나타나서 수영하는 사람을 공격했다고 말해 준다면, 당신은 물에 들어가지 않을 것인가? 상어의 공격이 한 달 전에 일어난 일이라면 어떨까? 누군가가 작은 상어를 보았지만 그 상어가 아무도 공격하지 않았다면 어떨까?

당신이 커다란 상어를 보았기 때문에 물 바깥에 있는 것은 합리적인 행동이다. 며칠 전에 작은 상어를 보았다는 이유로 물 바깥에 있는 것은 덜 합리적이다. 만약 당신이 바다를 찍은 사진을 보면 상어가 연상되기 때문에 바다 사진을 보지 않으려 한다면 그것은 심각한 문제다. 과도한 공포와 불안은 몇몇 심리 장애와 관련되어 있다.

과잉불안을 동반한 장애

심리 장애 중 다수가 불안 및 불안을 피하려는 시도와 관련되어 있다. 불안은 공포와 유사하지만 공포는 구체적인 상황과 관련이 있다는 점에서 구별된다. 당신은 으르렁거리는 개 앞에서는 공포를 느낄 수 있지만, 그 자리를 벗어나면 공포가 가라앉는다. 불안은 당신이 쉽사리 떨쳐버릴 수 없는 장기적인 걱정이다. 그림 15.3은 6개 국가의 불안장애 유병률을 보여주고 있다(Bijl et al., 2003; Murali, 2001). 제12장에서는 외상 후 스트레스장애에 대해 다루었다. 여기서는 그 이외의 불안장애에 대해 다룰 것이다.

범불안장애

범불안장애(generalized anxiety disorder, GAD)를 지닌 사람들은 빈번하고 과도한 걱정을 느낀다. 그들은 '내가 병에 걸릴지도 몰라.' '내 딸이 병에 걸릴지도 몰라.' '직장을 잃게 될지도 몰라.' 또는 '공과금을 못 낼지도 몰라.' 같은 식의 걱정을 한다. 다른 사람들보다 더 많은 걱정을 할 이유가 없는데도 불구하고 그들은 지나치게 긴장하고 짜증을 내며 피로감을 느끼기 때문에, 직장에서 문제를 빚기도 하며, 사회적 관계를 유지하는 데 어려움을 겪거나 삶을 즐기기가 어렵다(Henning, Turk, Mennin, Fresco, & Heimberg, 2007). 우울증을 겪고 있는 사람 중 다수가 GAD를 동반해서 겪고 있다(Bruce, Machan, Dyck, & Keller, 2001).

공황장애

갑자기 당신은 온몸에서 열이 나는 것을 느낀다. 호흡이 점점 더 가빠지며, 아무런

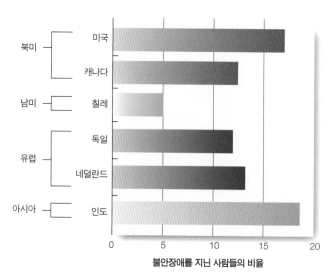

그림 15.3 특정한 연도에 여섯 개 국가 내에서 불안장애를 지닌 사람들의 비율을 측정했다. (출처: Bijl, R. V., de Graaf, R., Hiripi, E., Kessler, R. C., Kohn R., Offord, D., R., et al., 2003. The Prevalence of treated and untreated mental disorders in five countries. *Health Affairs*, 22, 122-133; and Murali, M. S., 2001. Epidemiological study of prevalence of mental disorders in India. *Indian Journal of Community Medicine*, 26, 198.)

뚜렷한 이유도 없이 심장이 격하게 뛰기 시작한다. 어지럽고 메스꺼움을 느끼며 심하게 땀을 흘리고 손은 덜덜 떨린다. 하지만 몇 분 내로 이 사건은 끝이 나고 당신은 다시 정상적인 상태로 돌아온다. 어떤 심장마비도 이렇게 빨리 끝나지는 않는다. 무슨 일이 일어난 것일까?

위 묘사는 공황장애에 들어맞는다. 공황장애(panic disorder, PD)를 지닌 사람들은 불안을 느끼는 기간이 흔히 있으며 가끔씩 공황발작을 일으킨다. 호흡이 가빠짐, 심장박동의 증가, 흉부 통증, 땀 흘리기, 기절, 그리고 몸을 떠는 것 등의 증상이 공황발작에 해당한다. 성인의 1%에서 3% 가량이 인생의 어느 시기에 공황장애를 경험한다. 이유는 알 수 없지만, 공황장애는 흑인보다 백인에게 더 일반적이다(Himle, Baser, Taylor, Campbell, & Jackson, 2009). 그리고 남자보다는 여자에게 더 일반적이다(Weissman, Warner, Wickramaratne, Moreau, & Olfson, 1997). 공황장애는 사춘기 십대와 젊은 성인 두 집단 모두에게 비슷하게 나타나며, 유병률은 연령대가 높아질수록 감소한다(Swoboda, Amering, Windhaber, & Katschnig, 2003).

몇몇 연구결과는 유전적 소인이 공황장애에 기여한다는 것을 나타냈지만, 공황장애에 강력한 영향을 미치는 특별한 유전자는 발견되지 않았다(Hettema, Neale, & Kendler, 2001; Kim, Lee, Yang, Hwang, & Yoon, 2009). 몇몇 연구에서 관절 이완[joint laxity, 손가락을 보통보다 더 많이 구부릴 수 있는 능력. 흔히 '이중관절(double-jointed-ness)'[4]이라고 불림]이 나타나는 사람들에게서 평균보다 공황장애나 기타 불안장애가 생기는 경향이 높다는 것을 발견했다(Bulbena et al., 2011; Gratacòs et al., 2001).

공황장애는 빠른 심장박동과 과호흡(hyperventilation), 즉 빠르고 깊게 호흡하는 것과 같은 강한 자율신경계 반응을 보이는 것과 관련되어 있다. 과호흡을 유발하는 거의 모든 자극은 우리의 몸이 마치 질식하는 것처럼 반응하게끔 만들며, 따라서 다른 교감신경계를 자극해서 땀을 흘리거나 심장박동이 증가하는 것과 같은 반응을 이끌어낸다(Coplan et al., 1998; Klein, 1993). 심지어 공황발작이 갑작스럽게 저절로 일어나는 것 같더라도, 대개의 경우 공황발작이 일어나기 전에 심장박동이나 호흡이 요동치기도 하며, 때로는 공황발작이 일어나기 30분 전이나 그보다 더 이전에 이런 심장박동이나 호흡이 일어나기도 한다(Meuret et al., 2011). 공황장애는 비흡연자보다 흡연자에게 더 많이 일어나는데 아마도 흡연이 폐 기능을 저해하는 것이 이유가 될 것이다(Knuts et al., 2010).

공황장애를 겪는 많은 사람들이 광장공포증(agoraphobia)[그리스어로 '장터(market-place)'를 뜻하는 agora로부터 온 단어] 또는 사회공포증(social phobia)을 함께 발달시킨다. 광장공포증은 개방된 장소나 공공장소에 대한 과도한 공포를, 사회공포증은 다른 사람들을 심하게 피하는 것과 어떤 행동을 사람들의 앞에서 하는 것에 대한 공포를 뜻한다. 이들은 공공장소에서 공황발작이 일어나서 정상적인 생활을 하지 못하게 되거나 창피를 당할 것이 두렵기 때문에 이러한 공포를 발달시킨다. 어떤 의미에서 이들은 자기 자신의 불안을 두려워하는 것이다(McNally, 1990).

주로 사용되는 치료법은 환자에게 호흡을 조절하는 방법과 이완하는 방법을 가르치는 것에 초점을 맞추고 있다(Marchand et al., 2008). 스트레스를 통제하는 것 또한 도움이 된다. 스트레스 경험은 그 즉시 공황발작을 초래하는 것은 아니지만, 향후 3개월간 발작이 일어나는 빈도를 증가시킨다(Moitra et al., 2011). 치료자들은 통제된 상황 속에서 환자가 땀이 나는 것과 심장박동이 증가하는 것을 경험하게끔 돕고, 그러한 증상들이 완전한 공황발작으로 반드시 이어지는 것은 아니라는 것을 알게 한다. 몇 달 뒤 대다수 환자들은 공황발작을 감소시키거나 멈출 수 있게 된다(Butler, Chapman, Forman, & Beck, 2006).

개념 점검　4. 왜 공황장애가 있는 사람들에게서 광장공포증도 흔히 나타나는가?

과도한 회피를 동반한 장애

때때로 위험을 피하기 위한 극도의 노력이 정상적인 삶을 방해하기도 한다. 회피에 대해 먼저 배워보자. 회피는 공포증 및 강박행동(compulsions)과 관련이 있다. 당신이 레버를 누르면 전기충격을 피할 수 있다는 것을 학습했다고 가정하자. 따라서 당신이 레버를 지속적으로 누르고 있는데, 실험자가 당신에게는 말하지 않은 채로 전기충격 생성기의 연결을 끊었다. 당신은 어떻게 행동할 것인가? 물론 당신은 계속 레버를 누를 것이다. 당신이 보기에는 아무것도 변한 것이 없기 때문에, 레버를 누르는 당신의 행동은 여전히 전기충격을 피하는 데 효과적이라고 여겨진다. 회피행동은 소거가 잘 이루어지지 않는다.

이러한 경향성이 어떻게 미신을 뒷받침하는지 알 수 있다. 만약 당신이 13일의 금요일은 위험하다고 믿는다면, 당일에는 조심스럽게 행동할 것이다. 아무것도 잘못되지 않는다면, 당신은 조심스럽게 행동한 것이 성공적이었다고 결론 내릴 것이다. 어쨌든지 간에 불운한 일이 일어났다면, 그것은 13일의 금요일이 위험하다는 당신의 믿음을 확증시켜 줄 것이다. 당신이 회피행동을 계속하는 한에는, 당신은 그 행동이 유용한 행동인지 아닌지 절대로 알 수 없다!

....

4 관절이 전후좌우로 움직임.

5. 당신이 실험자라고 가정하고, 어떤 사람에게 충격을 피하기 위해 레버를 누르는 행동을 훈련시켰다고 가정하자. 이제 당신은 전기충격 생성기의 연결을 끊었다. 그 사람에게 당신이 한 행동에 대해 말하는 것 이외에, 당신이 그 사람의 레버를 누르는 행동을 소거하려면 어떻게 해야 할까?

공포증

공포증(Phobia)은 정상적인 생활을 방해하는 공포를 뜻한다. 꼭 비합리적인 것만은 아니다. 많은 사람들이 뱀, 거미, 번개, 그 밖의 실제로 위험한 것들에 대해 공포증을 갖는다. 비합리적인 것은 그 공포의 강도이다. 공포증을 느끼는 사람은 공포를 느끼는 대상이 존재할 때 공황 상태에 빠진다. 공포증이 있는 사람들 중 대다수는 대상 자체를 많이 두려워한다기보다는 오히려 그들 스스로의 반응을 두려워한다(Beck & Emery, 1985). 그들은 심장마비가 오거나, 덜덜 떨거나 기절해서 스스로를 창피하게 만들까봐 두려워한다. 결과적으로, 그들은 그 대상이나 그 대상을 연상시키는 것들을 필사적으로 회피한다.

유병률

연구결과에 따르면 미국 성인의 11%가 인생의 특정 시기에 공포증을 겪으며, 5~6%는 언제든지 공포증을 겪는다(Magee, Eaton, Wittchen, McGonagle, & Kessler, 1996). 그러나 공포증은 강도가 약한 것에서부터 극심한 것까지 다양하며, 따라서 외견상의 유병률은 우리가 미미한 사례들을 얼마나 많이 포함시켰느냐에 달려 있다. 다른 불안장애도 그렇듯이 공포증은 남성보다 여성에게 많이 나타나며, 나이 든 사람보다 젊은 성인에게 많이 나타난다(Burke, Burke, Regier, & Rae, 1990). 일반적으로 공포증의 대상이 되는 것으로는 공공장소, 공공장소에서 말하기, 엘리베이터를 포함한 높은 곳, 비행기 여행이나 배를 이용한 여행, 다른 사람들이 자신을 관찰하는 것, 뱀 또는 그 밖에 위험한 동물들, 피, 천둥번개 등이다(Cox, McWilliams, Clara, & Stein, 2003).

공포증의 습득

어떤 공포증은 구체적인 사건으로부터 원인을 찾을 수 있다. 예를 들어, 트렁크에 갇힌 적이 있는 아이에게는 폐쇄된 공간에 대한 공포증이 생겼다. 호수에서 시체를 발견한 사람은 그 뒤로 물 공포증이 생겼다(Kendler et al., 1995). 그러나 공포증이 있는 사람들 중 다수는 공포증을 유발시킨 개인적인 사건에 대해 기억하지 못하며, 외상 경험이 있는 사람들 중 다수는 공포증이 생기지 않는다(Field, 2006).

행동주의 창시자 중 한 명인 John B. Watson은 공포를 학습할 수 있다는 가능성을 처음으로 입증한 사람이다(Watson & Rayner, 1920). 아동에게 극심한 공포를 심어주려는 시도는 윤리적으로 문제가 있었지만, Watson은 기관의 심의위원회가 윤리적 문제를 감독하기 이전 시대에 실험을 한 사람이었다. Watson과 Rosalie Rayner는 동물에 대한 공포를 전혀 보이지 않은 11개월 된 아이 'Albert B.'를 데리고 연구를 진행했다(그림 15.4). 그들은 Albert의 앞에 흰 쥐를 놔두고 아이의 뒤에서 커다란 쇠막대를 망치로 때렸다. 이 소리를 들은 Albert는 훌쩍이면서 얼굴을 가렸다. 이것을 몇 번 반복하자 흰 쥐만 있어도 Albert는 울면서 기어 달아나기 시작했다. Watson과 Rayner는 Albert에게 심한 공포를 심었다고 선언했다. 안타깝게도, 이들은 발생시킨 공포를 소거하려는 시도는 하지 않았다. 훗날 학자들은 'Albert'의 실제 정체와 운명을 알게 되었다. Albert는 대학에서 일하던 비혼 여성의 아들이었는데, 6세에 세상을 떠났다(Beck, Levinson, & Irons, 2009). 아이가 건강하고 정상이라고 Watson이 주장한 바와는 대조적으로, Albert의 의학적 기록과 가족들의 회상에 따르면 아이는 수두증, 뇌수막염, 그리고 심하게 손상된 시력을 지니고 있었다(Fridlund, Beck, Goldie, & Irons, 2012). 그러므로 Watson의 연구는 우리가 생각했던 것보다 더 과학적으로도 윤리적으로도 문제가 많았다.

공포증에 대한 Watson과 Rayner의 설명은 중요한 질문을 무시하고 있다. 왜 많은 사람들이 그들을 다치게 한 적이 없는 대상에 대한 공포증을 발달시킬까? 왜 어떤 공포증은 다른 공포증에 비해 보다 흔하게 나타날까? 그리고 공포증은 왜 그렇게 끈덕지게 없어지지 않는 것일까?

많은 사람들이 영화 〈사이코(Psycho)〉에 나온 유명한 샤워 장면을 보고 샤워하는 것에 대해 두려움을 갖게 되었다. 그 장면에서 살해당하는 여자를 연기한 배우 Janet Leigh 본인도 촬영 이후 샤워를 회피하게 되었다.

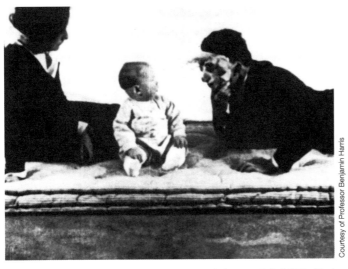

그림 15.4 John B. Watson은 처음에는 Albert B.가 작은 동물들에 대해 공포를 거의 보이지 않는 것을 확인했다. 그 뒤 Watson은 크고 공포스러운 소리와 흰 쥐를 연합시켰다. Albert는 흰 쥐를 두려워하게 되었고, 다른 작은 동물들과 이상하게 생긴 가면에도 두려움을 보였다.

개념 점검 6. 고전적 조건형성의 측면에서, Watson과 Rayner의 실험에서 조건자극(CS), 무조건 자극(UCS), 조건반응(CR), 무조건 반응(UCR)은 각각 무엇인가?

핵심 점검 **증거는 뭘까?**

관찰을 통해 공포를 학습하기

많은 사람들이 외상 경험 없이도 공포증을 발달시키는데, 아마도 이들은 다른 사람을 지켜보면서 공포증을 학습한 것일지도 모른다. Susan Mineka와 그녀의 동료들은 원숭이들이 다른 원숭이를 관찰함으로써 공포를 학습한다는 것을 입증했다 (Mineka, 1987; Mineka, Davidson, Cook, & Keir, 1984). 이 동물 연구는 인간과 관련된 주요한 주제들에도 새로운 전기를 마련하게 되었다.

첫 번째 연구

가설 다른 원숭이가 뱀을 피하는 것을 본 원숭이들은 비슷한 공포를 발달시킬 것이다.

방법 거의 모든 야생 원숭이가 뱀에 대한 공포를 보이지만, 실험실에서 태어난 원숭이는 그렇지 않다. Mineka는 실험실에서 자란 원숭이와 야생 원숭이를 함께 집어넣고 뱀을 보게 했다(그림 15.5). 실험실 원숭이는 야생 원숭이가 소리를 지르며 도망치는 것을 지켜보았다. 이후, Mineka는 실험실 원숭이가 뱀에 어떻게 반응하는지 시험했다.

결과 다른 원숭이가 소리를 지르며 뱀에게서 도망치는 것을 볼 때, 실험실 원숭이 또한 같이 겁을 먹었다(그림 15.5b). 심지어는 몇 달 뒤까지 뱀에 대한 공포가 지속되었다.

해석 실험실 원숭이는 다른 원숭이가 뱀을 두려워하는 것을 보고 뱀에 대한 공포를 학습했을지도 모른다. 하지만 Mineka는 더 깊은 질문을 던졌다. 보다 결정적인 경험은 무엇이었을까? 다른 원숭이가 뱀에 대한 공포를 보이는 것을 본 경험이었을까, 아니면 다른 원숭이가 무언가에 대해 공포를 보이는 것을 본 경험이었을까? 이것을 알아내기 위해 Mineka는 두 번째 실험을 진행했다.

두 번째 실험

가설 원숭이가 다른 원숭이로부터 공포를 학습하는 것은 오로지 다른 원숭이가 무엇을 두려워하는지를 보았을 때에만 일어날 것이다.

방법 실험실에서 자란 원숭이가 창문을 통해서 야생에서 자란 원숭이를 지켜보았다. 야생 원숭이는 뱀을 보고 공포 반응을 보였다. 실험실 원숭이는 뱀은 보지 못한 상태로 야생 원숭이가 공포 반응을 보이는 것만 보았다. 이후, 실험실 원숭이와 뱀을 함께 놔두었다.

결과 실험실 원숭이는 뱀에 대해 아무 공포도 보이지 않았다.

해석 뱀에 대한 공포를 발달시키기 위해서는, 관찰자 원숭이는 단지 다른 원숭이가 공포를 느끼는 것을 보는 것만이

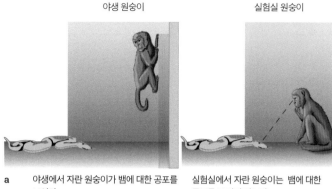

야생 원숭이　　　　　**실험실 원숭이**

a 야생에서 자란 원숭이가 뱀에 대한 공포를 보인다. 실험실에서 자란 원숭이는 뱀에 대한 공포를 보이지 않는다.

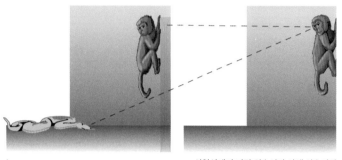

b 실험실에서 자란 원숭이가 야생 원숭이와 뱀을 관찰한 이후에 뱀에 대한 공포를 형성한다.

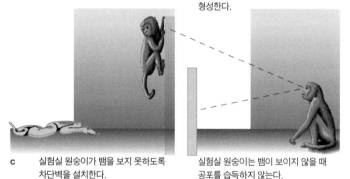

c 실험실 원숭이가 뱀을 보지 못하도록 차단벽을 설치한다. 실험실 원숭이는 뱀이 보이지 않을 때 공포를 습득하지 않는다.

그림 15.5 실험실에서 자란 원숭이는 야생 원숭이의 뱀에 대한 반응을 보고 뱀에 대한 공포를 학습한다. 하지만 만약 뱀이 보이지 않는다면, 실험실 원숭이는 공포를 학습하지 않는다.

아니라 뱀에 대해 공포를 느끼는 것을 볼 필요가 있다(그림 15.5c).

다른 공포증에 비해 흔히 나타나는 공포증

당신이 친구들에게 설문을 돌린다고 상상해 보자. 당신은 원한다면 실제로 친구들을 대상으로 조사할 수 있지만, 조사 결과를 미리 상상하는 것도 어렵지 않을 것이다. 다음과 같은 질문을 던진다.

- 당신은 뱀이 무섭습니까?
- 당신은 자동차가 무섭습니까?
- 당신은 뱀에게 물린 적이 있거나 다른 사람이 뱀에 물리는 걸 본 적이 있습니까?
- 당신은 교통사고로 다친 적이 있거나 다른 사람이 교통사고로 다치는 것을 본 적이 있습니까?

대답이 무엇일지 뻔하다. 교통사고를 당했거나 다른 사람이 교통사고로 다친 것을 본 적이 있는 사람이 뱀 관련 사건을 겪은 사람보다 훨씬 많지만, 뱀을 무서워하는 사람이 자동차를 무서워하는 사람보다 훨씬 많다. 사람들은 자동차, 총, 연장, 전기 등에 의해 많이 다치지만, 이것들에 대한 공포증을 지닌 사람은 적다. 내 아들 Sam이 걸음마를 배우던 시절, 전기 콘센트에 손가락을 집어넣은 적이 세 번 있었다. Sam은 심지어 콘센트에 Smoky라는 이름까지 붙여서 "Smoky가 날 아프게 했어."라고 말했다. 하지만 아들은 전기나 전기 물품에 전혀 공포를 갖지 않았다.

왜 사람들은 특정 대상에 대해 더 쉽게 공포증을 발달시키는 걸까? 하나의 설명은 진화의 측면에서 특정한 공포를 더 쉽게 학습하도록 준비되었다는 것이다(Öhman & Mineka, 2003; Seligman, 1971). 거의 모든 유아가 높은 곳과 낯선 사람, 특히 낯선 남자에 대한 공포를 발달시킨다. 포유류의 진화 과정에서 높은 곳과 낯선 성인은 위험한 대상이었다. 이보다는 덜 보편적이지만 뱀, 어둠, 좁고 사방이 막힌 공간에 대한 공포도 널리 퍼져 있으며, 이것들은 영장류(원숭이와 유인원)의 진화 과정에서 위험스런 대상들이다. 자동차, 총, 전기가 위험한 대상이 된 것은 최근 몇 세기 내에서만 일어난 일이다. 공포와 공포증을 발달시키는 우리의 성향은 우리가 진화를 해 온 역사 속에서 다양한 대상이 얼마나 오랫동안 위험한 대상으로 존재했는지와 부합한다(Bracha, 2006). 이를 지지하는 사례로는 뱀 사진과 전기충격을 연합시켰을 때 사람들이 빠르고 강력한 조건반응을 보이는 것이다. 하지만 집 그림과 전기충격을 연합시켰을 때에는 훨씬 약한 반응을 보였다(Öhman, Eriksson, & Olofsson, 1975).

진화에 관한 설명만이 왜 뱀과 거미 공포증이 자동차나 연장 공포증보다 더 흔하게 나타나는지를 설명

많은 사람들이 매우 높은 곳을 두려워한다. 아마 높은 곳에 있음으로써 초래될 위험을 통제하기가 힘들기 때문일 것이다.

할 수 있는 것은 아니다(Mineka & Zinbarg, 2006). 안전한 경험에 대해 생각해보자. 당신은 연장 때문에 다친 적이 있고 자동차 사고를 당했거나 다른 누군가가 자동차 사고로 다치는 것을 본 적이 있다. 하지만 우리가 연장과 자동차를 이용하면서도 안전했던 경험은 얼마나 많은가? 대조적으로 뱀, 거미, 또는 높은 곳에서 떨어지는 것에서 안전했던 경험은 얼마나 자주 겪었는가? 중요한 것은 부정적인 경험의 횟수가 아니라 부정적인 경험과 안전했던 경험의 비율이다.

또한, 사람들은 예측할 수 없거나 통제할 수 없는 대상에 대한 공포증을 가장 흔히 발달시킨다. 만약 우리가 거미를 무서워한다면, 우리는 지속적으로 경계 태세를 취할 것인데 왜냐하면 거미는 어느 곳에나 있기 때문이다. 번개 또한 예측 불가능하고 통제 불가능하다. 대조적으로, 당신은 망치, 톱, 또는 전기 콘센트에 놀랄 걱정은 할 필요가 없다.

개념 점검　7. 왜 자동차와 총보다 뱀과 거미에 대한 공포증을 지닌 사람이 더 많은지에 대해 세 가지 설명을 제시하시오.

공포증의 치료

확고하게 정착된 공포증은 오래도록 지속된다. 회피 학습에 대한 논의를 떠올려 보면 왜 공포증을 소거시키기 어려운지 알 수 있을 것이다. 만약 당신이 전기충격을 회피하기 위해 레버를 누르는 행동을 학습한다면, 그러한 반응을 하지 않아도 된다는 사실을 깨닫기까지는 레버를 누를 것이다. 유사하게, 만약 당신이 계속 뱀을 피한다면, 당신은 회피가 꼭 필요하지는 않다는 것을 학습하지 못할 것이다.

공포증에 대한 행동치료 중 일반적이지만 주로 성공적인 방법은 체계적 둔감화

(systematic desensitization)로, 공포를 느끼는 대상에 점진적으로 노출시킴으로써 공포를 감소시키는 방법이다(Wolpe, 1961). 예를 들어, 뱀에 대한 공포증이 있는 사람을 치료자의 사무실이라는 안심할 수 있는 환경 내에서 뱀 사진에 노출시키는 것이다. 치료자는 뱀을 그린 만화 그림으로 시작해서 점차 흑백 사진으로, 그 다음에는 컬러 사진, 그 뒤에는 진짜 뱀에 노출시킬 것이다(그림 15.6). 또는 뱀 자체부터 시작할 수도 있다(내담자의 동의를 받고). 내담자는 처음에 몹시 무서워하겠지만, 자율신경계는 영구적인 공황 상태를 유지할 수는 없다. 그 사람은 점진적으로 침착해지고, "결국 그렇게 나쁜 일은 일어나지 않는구나. 저 무서운 뱀으로부터 별로 떨어지지 않은 곳에 있는데도 심장마비가 일어나지 않고 있어."를 배우게 된다.

이 과정은 스키너의 조성 절차와 비슷하다(제6장). 내담자는 한 단계를 완전히 익힌 후에야 그 다음 단계로 진행한다. 만약 스트레스가 너무 심해지면, 치료자는 몇 단계 뒤로 되돌아간다. 체계적 둔감화는 흔히 사회학습과 함께 사용된다. 공포증이 있는 사람은 치료자나 다른 사람들이 그 대상에 대해 공포스러워하지 않는 반응을 지켜본다.

대다수의 치료자는 뱀이나 거미 등을 항상 곁에 준비해 두고 있지는 않다. 때문에 가상현실(virtual reality)을 이용하는 추세가 증가하고 있다(Coelho, Waters, Hine, & Wallis, 2009). 그림 15.7에서 볼 수 있듯이 내담자는 헬멧을 쓰고 가상현실 장면을 본다. 예를 들어, 고소공포증이 있는 내담자가 유리 엘리베이터를 타고 올라가거나 골짜기 위의 좁은 다리를 건너는 장면을 볼 수 있다. 이렇게 함으로써 내담자는 상황을 통제할 수 있으므로 손쉽게 가상현실로부터 빠져나올 수도 있다.

개념 점검　8. 체계적 둔감화는 학습된 전기충격 회피 반응의 소거와 어떻게 유사한가?

강박장애

강박장애(obsessive-compulsive disorder)가 있는 사람

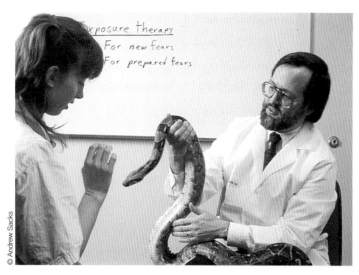

그림 15.6 공포증에 대한 체계적 둔감화 기법에서는 치료자가 공포증을 유발하는 대상에 내담자를 점진적으로 노출시킨다. 치료자는 그 대상을 두려워하지 않는 모습을 내담자 앞에서 보여주고, 내담자 또한 똑같이 하도록 격려한다.

그림 15.7 가상현실은 고소공포증이 있는 환자들에게 치료자의 사무실을 떠나지 않은 채로 높은 곳을 체험할 수 있게 해준다.

은 두 가지 종류의 문제를 갖고 있다. 강박적 사고(obsession)는 반복적이고 원하지 않는 사고의 흐름을 뜻한다. 예를 들면 무언가 수치스러운 행동을 할까봐 걱정하는 것이다. 강박적 행동(compulsion)은 반복적이고 거의 저항할 수 없는 행동을 뜻한다. 가려운 느낌이 긁는 행동을 불러일으키듯이, 일반적으로 강박적 사고는 강박적 행동으로 이어진다. 예를 들어, 불결함과 질병에 대해 강박적 사고가 있는 사람은 지속적으로 청소를 하고 씻는 것과 같은 강박적 행동을 발달시킨다. 무언가 수치스러운 일을 할까봐 강박적으로 걱정하는 사람은 혹독하게 자기통제를 유지하기 위한 강박적인 의례를 만들게 된다.

전체 미국인의 2~3%로 추정되는 사람들이 살면서 어느 땐가는 강박장애를 겪으며, 대부분은 약한 수준의 강박장애를 경험한다(Karno, Golding, Sorenson, & Burnam, 1998). 이 장애는 평균 혹은 평균 이상의 지능을 지닌 완벽주의자인 사람들에게서 가장 흔하게 나타나며, 주로 10세와 25세 사이에 나타난다. 이 장애는 가족력이 있는 경향이 있지만 이 장애를 일으키는 것으로 확인된 유전자는 없다.

강박장애가 있는 사람들은 없어지지 않는 충동 때문에 죄책감과 불안을 느낀다고 말한다. 아마도 그들이 부끄러운 것으로 간주하는 성적인 행동을 하고 싶

은 충동이나, 누군가를 다치게 하고 싶은 충동, 또는 자살하고 싶은 충동 등이다. 이들은 "아, 얼마나 끔찍한 생각인가. 나는 이런 생각을 다시 하고 싶지 않아."라고 결심한다. 그래서 이들은 그러한 사고나 충동을 피하려고 굳게 다짐한다.

그러나 생각을 차단하려고 시도하는 것은 오히려 그 생각을 더욱 침투적으로 만들 뿐이다. 러시아의 소설가 레프 톨스토이는 어릴 적에 특이한 자격이 있어야만 가입할 수 있는 클럽을 만들었다. 그 클럽에 들어가려는 사람은 흰 곰에 대해 생각하지 않으면서 길모퉁이에 혼자 서 있어야 했다(Simmons, 1949). 만약 이게 쉬워 보이면, 한번 해 보라. 보통 때라면 당신이 흰 곰에 대해 생각하는 것은 몇 달에 한 번 있는 일 정도겠지만, 만약 당신이 흰 곰에 대해 생각하지 않으려고 한다면, 그것에 대해서 생각하지 않을 수 없게 된다.

▶ 직접 해 보세요!

강박적 행동의 종류는 여러 가지다. 가장 흔한 강박적 행동은 청소하기와 확인하기다. 누군가의 발걸음을 세는 것, 대상의 개수를 세는 것, 또는 거의 모든 것의 수를 세는 것 등도 흔히 나타나는 강박적 행동에 포함된다. 강박장애가 있는 어떤 남성은 방 안에 있는 모든 물체의 모서리 개수를 세어보고 그 합계를 16으로 나머지 없이 나눌 수 있는지 확인하지 않고는 밤에 잠을 잘 수가 없었다. 다른 남성은 침대 밑에 신문을 모아서 신문더미가 침대를 거의 천장에 닿을 정도로 높이 올릴 만큼 신문더미를 쌓았다. 다른 사람들은 기이한 습관을 갖고 있기도 하는데, 이를테면 자신이 보는 모든 것을 손으로 만지는 것, 물체를 완벽하게 대칭되도록 배치하려고 하는 것, 또는 건물을 나서기 전에 출입구를 아홉 번 앞뒤로 왔다 갔다 하는 것이다.

기억을 믿지 못하는 것

강박장애가 있는 많은 사람들이 문, 창문 그리고 수도 꼭지가 잠겼는지를 반복적으로 확인한다. 하지만 그리고 나서는 "내가 정말로 다 확인했나, 아니면 그냥 그랬다고 상상한 건가?" 하고 걱정한다. 그들은 자신의 기억을 신뢰하지 못하기 때문에 확인하고 또 확인한다.

왜 강박장애가 있는 사람은 자신의 기억을 믿지 못하는 것일까? 한 연구에서는 반복해서 확인하는 것이 오히려 기억을 더 흐릿하게 만든다는 것을 발견했다! 일반적인 대학생들에게 컴퓨터로 '가상 가스레인지'의 동그라미 모양의 가스점화 스위치를 켰다 끄라고 요청했다. 한 집단은 이걸 딱 한 번 했고, 다른 집단은 껐다 켜는 것을 반복했다. 그 후 모두에게 마지막에 스위치가 켜져 있었는지 꺼져 있었는지를 물었다. 반복했던 집단은 옳은 답을 제시했지만 자신들의 대답에 대한 자신감은 낮게 나타났다. 즉, 당신의 기억을 믿지 않는 것은 확인하는 행동으로 이어지고, 반복적으로 확인하는 것은 기억을 둔화시킨다(van den Hout & Kindt, 2003).

치료

강박장애가 있는 대다수의 사람들은 치료를 받거나 받지 않거나 시간이 흐르면서 호전된다(Skoog & Skoog, 1999). 그러나 어느 누구도 회복되기까지 몇 년을 기다리고 싶어 하지는 않는다. 가장 효과적으로 입증된 치료법은 **노출 치료 및 반응 방지**(exposure therapy with response prevention)이다. 단순히 그 사람이 강박적 의례를 하지 못하게 막는 것이다(Rosa-Alcázar, Sánchez-Meca, Gámez-Conesa, & Marín-Martínez, 2008). 집을 청소하거나 자러 가기 전에 문을 한 번 이상 확인하는 사람이 이러한 의례를 하지 못하도록 한

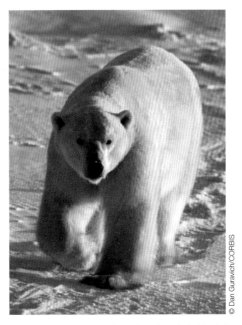

당신이 흰 곰에 대해 생각해 본 것은 꽤 오래 되었을 것이다. 하지만 그것에 대해 생각하는 것을 피하려고 할 때 어떤 일이 일어나는지 보라.

다. 요점은, 집이 조금 어질러지도록 놔두거나 문이 잠기지 않았다는 약간의 위험을 감수하는 것 정도로는 그리 파멸적인 일이 일어나지 않는다는 것을 증명하는 것이다.

개념 점검

9. 강박장애가 있는 사람들은 어떤 면에서 비정상적인 기억을 지니고 있는가?

10. 어떤 사람이 강박장애가 있는 많은 사람들을 10년 장기 치료를 통해 치료할 수 있다고 보고하였다고 하자. 우리는 감명을 받아야 할까? 만약 그렇다면 왜이고, 그렇지 않다면 무슨 이유에서인가?

....

5 원문 'Every member counts'라는 구호는 '모든 회원을 중요하게 여긴다.'라는 의미이나, 강박증이 있는 사람들이 끊임없이 세는 행동('count')을 고려할 때, '모든 회원들은 세는 행동을 한다.'라고 해석될 수도 있다. 역자가 '모든 회원을 중요하게 여긴다.'라는 의미를 전달하면서 강박증상을 연상시킬 수 있도록 의역하였다.

정서와 회피

공포증과 강박장애는 정서와 인지 간 복잡한 관계의 일부를 드러내준다. 공포증이 있는 사람은 특정한 사고, 이미지, 또는 상황과 연합된 강렬한 정서를 경험한다. 강박장애가 있는 사람은 정서적 괴로움을 유발하는 반복적 사고를 경험한다. 두 상태 모두에서, 대다수 사람은 자신의 반응이 과장되었다는 것을 알고 있다. 이와 같은 상태를 다루기 위해서는 정서와 인지, 그리고 그 둘 사이의 관계에 주의를 기울이는 것이 필요하다.

요약

- **범불안장애와 공황장애.** 범불안장애가 있는 사람은 실제로 위험한 일이 일어날 가능성은 낮은데도 불구하고 대부분의 시간에 과장된 불안을 경험한다. 공황장애는 일상생활을 방해하는 불안, 높은 심장박동, 가쁜 호흡 등의 삽화가 일어난다. (596쪽)
- **회피행동의 지속성.** 학습된 전기충격 회피 반응은 전기충격이 가해질 가능성이 제거된 후로도 오랫동안 지속될 수 있다. 전기충격 회피 반응에서처럼, 사람들은 회피행동이 꼭 필요하지 않다는 것을 알아채지 못하기 때문에 공포증과 강박장애 또한 지속된다. (597쪽)
- **공포증.** 공포증은 정상적인 삶을 방해하는 극도의 공포를 뜻한다. 공포증은 직접 경험을 통해서뿐만 아니라 관찰을 통해서도 학습된다. (598쪽)
- **흔히 나타나는 공포증.** 사람들은 특정한 대상(예를 들어, 뱀)에 대한 공포증을 다른 대상(예를 들어, 자동차)에 대한 공포증보다 더 잘 발달시키는 경향이 있다. 가장 흔하게 나타나는 공포증의 대상은 인간의 진화 역사 속에서 인간을 위협했던 대상들이다. 이러한 대상들은 예측하거나 통제하기 어려운 위험성을 갖고 있으며 우리는 일반적으로 이러한 대상들로부터 안전을 경험할 일이 별로 없다. (600쪽)
- **체계적 둔감화.** 공포증에 대한 일반적 치료법이 체계적 둔감화다. 환자는 공포증 대상에 점진적으로 노출되며 이완을 한다. (601쪽)
- **강박장애.** 강박장애가 있는 사람은 괴로움을 주는 사고나 충동을 지닌다. 많은 경우에 반복적인 행동 또한 나타난다. (602쪽)

핵심 용어

강박장애 (601쪽)	공황장애 (597쪽)	사회공포증 (597쪽)
강박적 사고 (602쪽)	과호흡 (597쪽)	체계적 둔감화 (601쪽)
강박적 행동 (602쪽)	광장공포증 (597쪽)	
공포증 (598쪽)	범불안장애(GAD) (596쪽)	

단원 15.3

물질관련 장애

- 왜 사람들은 알코올 및 기타 약물을 남용할까?
- 어떤 사람들은 다른 사람들에 비해 취약할까?
- 물질관련 장애가 있는 사람들을 돕기 위해서는 어떻게 해야 할까?

다음과 같은 실험에 참가할 의향이 있는가? 당신의 뇌에 작은 장치를 심고자 한다. 이 장치는 자동적으로 당신의 기분을 들뜨게 만든다. 여전히 뭔가 못 미더운 구석이 있지만, 이전에 이 실험에 참가한 대다수의 사람들이 그 장치가 어느 정도는 기분을 좋게 해준다고 하거나, 어떤 사람들은 심지어 너무 좋았다라는 말을 한다.

실험에 참가할 경우 당신에게 일어날 수 있는 위험성은 다음과 같다. 뇌 장치는 당신의 건강을 위협하고 기대수명을 감소시킬 것이다. 어떤 사람들은 이 장치가 뇌 손상을 초래한다고 믿지만 그렇다고 증명된 적은 없으므로, 뇌손상에 대해서 걱정할 필요는 없다. 하지만 당신의 행동은 상당히 변할 것이다. 예를 들어, 뭔가에 집중하기가 힘들어질지도 모른다. 이 장치는 그 어떤 다른 사람들에 비해 특히 몇몇 사람들에게는 더 큰 영향을 미친다. 만약 당신이 강하게 영향을 받는 사람이라면, 정규 교육을 끝마치지 못할 수도 있고, 직장을 유지하기도, 만족스러운 개인적 삶을 사는 것도 힘들어질 수도 있다. 하지만 만약 당신이 운이 좋다면, 이 모든 어려움을 겪지 않을 수도 있다. 어쨌든 당신이 원한다면 언제든지 이 실험을 그만둘 수 있다. 하지만 알아두어야 할 것은 그 장치가 당신의 뇌에 오래 있을수록, 그 장치를 제거하기는 점점 더 어려워진다는 것이다.

이 실험에 참가하는 대가로 돈을 받지는 못할 것이다. 오히려 당신이 나에게 돈을 지불해야 한다. 하지만 할인가로 해줄 테니 그만큼의 돈만 주어도 된다. 첫째 주에는 단 10달러만 받을 것이며 그 뒤로는 일주일마다 조금씩 더 받을 것이다. 하나 더 말하자면, 원칙적으로 이 실험은 불법이다. 우리는 아마도 잡혀가지는 않을 것이지만, 만약 잡히게 된다면 우리 둘 다 감옥에 갈 것이다.

당신은 뭐라고 대답할 것인가? 실험에 참가할 것인가? 당신은 아마 "싫어요."라고 할 것이다. 이 실험에 자원하는 사람은 거의 없다. 하지만, 만약 내가 뇌 장치라는 단어를 마약으로 바꾸고 실험이란 단어를 마약 거래로 바꾸면, 깜짝 놀랄 정도로 많은 자원자가 밀려든다. 제3장에서는 마약이 뇌와 행동에 미치는 영향에 대해 살펴보았다. 이 단원에서는, 우리는 중독에 초점을 맞출 것이다.

물질 의존(중독)

알코올과 기타 약물에 대한 사용과 남용은, 이따금씩 하는 사회적 음주에서부터 감당할 수 없는 문젯거리까지 정도가 다양하다. 자기 자신을 파괴시키는 습관을 중단할 수 없는 사람을 그것에 의존(dependence)하거나 중독(addiction)되었다고 부른다. 여기서 두 가지 중요한 질문이 있다. 가끔 약물을 사용하는 것이 감당하지 못할 정도의 갈망으로 발전하는 이유가 무엇인지, 그리고 왜 어떤 사람들은 다른 사람들보다 더 취약한지.

익명의 알코올 중독자 모임(Alcoholics Anonymous)에 처음 참석한 사람들은 흔히 이렇게 묻는다. "내가 알코올 중독자인지 아닌지 어떻게 알 수 있죠?" 일단, 질문을 던지기만 하는 것은 좋지 않은 신호다. 두 번째, 두 가지 질문을 생각해 보자. 알코올 사용이 당신의 삶에 심각한 문제를 빚는가? 그리고 때때로 일정량이 넘은 뒤에 그만 섭취하려고 해도 그만둘 수 없음을 깨닫게 되는가? 동일한 질문들을 약물 남용과 그 밖의 중독에도 적용시킬 수 있다.

중독성이 있는 거의 모든 약물은 기댐핵(측핵, nucleus accumbens)이라고 불리는 작은 뇌 영역에서 방출되는 도파민을 증가시키는데 이것은 명백하게 주의 집중과 강화에 대단히 중요하다. 무언가에 중독되는 것은 그 사람의 주의 집중을 독점하는 것이라고 묘사하는 것이 합리적이다(Berridge & Robinson, 1998; Koob & LeMoal, 1997; Robinson & Berridge, 2000). 그림 15.8은 기댐핵의 위치를 보여준다.

그러나 어떤 물질이 기댐핵의 도파민을 방출시키기 때문에 그 물질에 중독된다고 말할 수는 없다. 예를 들어, 강박적인 도박과 비디오 게임은 약물 중독과 매우 유사하며(Gentile, 2009), 이러한 강박적 습관은 기댐핵을 자극한다(Ko et al., 2009; Koepp et al., 1998). 사

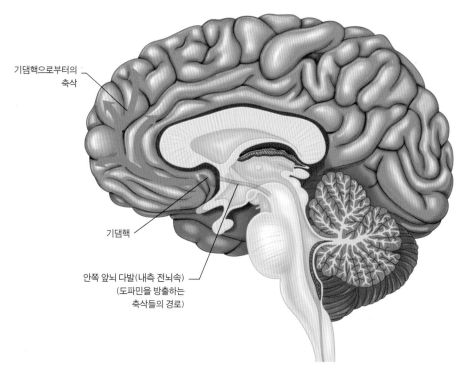

그림 15.8 기댐핵은 약물, 음식, 섹스를 포함한 다양한 경험을 하도록 만드는 동기 유발에 중요한 영향을 미치는 작은 뇌 영역이다. 남용되는 약물의 대다수는 이 영역에서 신경전달물질 도파민의 활동을 증진시킨다.

람들은 또한 강박적 쇼핑, 폭식, 그 외에 약물이 개입되지 않은 습관들을 형성하는데, 이것들은 때때로 중독으로 간주할 수 있다(Olson, 2011).

어떤 것이 중독성 있는 물질이 될 수 있는지 또는 되지 못하는지에 대해 말하기는 어렵다. 알코올 중독자들이 치료받던 한 병동에서 어떤 환자가 자기 침대를 남자화장실 안으로 옮겼다(Cummings, 1979). 처음에 병원 직원은 그의 이 같은 기이한 행동을 무시했다. 그 뒤, 더 많은 환자들이 남자화장실 안으로 침대를 옮겼다. 결국에 직원은 무슨 일인지 알게 되었다. 알코올을 섭취할 수 없게 된 이 남자들은 하루에 30리터의 물을 마시고 그만큼의 소변을 보면(그래서 이 사람들은 남자화장실로 이동했던 것이다) 혈액 속의 산-염기 균형이 변해서 술에 취한 것 같은 기분이 된다는 것을 발견했던 것이다. (직접 시도하지 말자. 어떤 사람들은 물을 과다하게 마신 나머지 목숨을 잃었다!)

개념 점검

11. 중독성이 있는 물질과 아닌 물질을 구분하는 것이 잠재적으로 의미가 없는 이유는 무엇인가?

무엇이 중독 행동을 유발할까?

물질을 반복적으로 사용하면 내성(tolerance)이 생긴다. 중독된 사람들 중 대다수는 물질이 더 이상은 좀처럼 쾌감을 많이 가져다주지 않는다고 말한다. 중독되지 않은 사람이 그 물질을 섭취했을 때 기댐핵에서 나오는 도파민의 양에 비해 중독된 사람에게서는 도파민이 덜 나오게 된다. 그러나 물질 그 자체가 도파민을 많이 분비시키지 않더라도, 물질과 관련된 단서들(예를 들어, 다른 사람이 그 물질을 섭취하고 있는 사진)은 많은 양의 도파민을 방출시킨다(Volkow, Wang, Fowler, Tomasi, & Telang, 2011). 즉, 물질 그 자체로는 예전만한 효과를 내지 않지만, 물질에 대한 생각은 강력한 효과를 가져온다. Terry Robinson과 Kent Berridge(2000, 2001)는 '좋아함(liking)'과 '원함(wanting)'을 구분했다. 약물 중독자들은 약물로부터 많은 쾌감('좋아함')을 얻지 못하지만, 어찌 됐든 그 약물을 계속해서 원한다. 왜 쾌감은 감소하고 위험성은 증가하는데도 중독 행동은 그 정도의 강도로 지속되는 것일까?

때때로 사람들은 정말로 여전히 쾌감을 추구하고

있다. 심지어 물질을 사용했을 때 많은 쾌감이 들지 않아도, 쾌감이 아예 없는 것보다야 조금 있는 것이 낫다. 이 말은 마리화나가 지속적으로 쾌감을 주며, 마리화나를 사용하는 다른 사람들과 어울릴 수 있는 기회를 제공한다고 말하는 만성적인 마리화나 사용자들에게 가장 잘 해당된다(Hartwell, Back, McRae-Clark, Shaftman, & Brady, 2012).

물질 사용을 하는 또 다른 이유는 불쾌한 느낌으로부터 도피하고자 하는 것이다. 물질 사용을 중단하면 불쾌한 금단증상이 나타난다. 장기적인 알코올 중독으로 인한 금단증상에는 발한, 메스꺼움, 불면, 그리고 간혹 환각과 발작이 포함된다. 아편류 약물의 금단증상은 불안, 안절부절, 구토, 설사, 발한 등이다. 사용자는 이러한 증상들을 피하기 위해 약물 사용을 학습한다. 금단증상이 일어나고 있을 때 약물을 사용하면 특히 강력한 효과가 나타나며, 사용자는 약물을 끊기 위해 모든 노력을 기울였다 하더라도 다시 약물을 사용하게 된다(Hoebel, Rada, Mark, & Pothos, 1999; Hopf et al., 2010; Hutcheson, Everitt, Robbins, & Dickinson, 2001). 불쾌한 금단증상을 감소시키기 위해 물질을 사용하는 사람은 신체적 의존(physical dependence)을 보인다고 지칭된다. 대조적으로, 심리적 의존(psychological dependence)은 금단증상이 없어도 무언가에 강한 갈망을 보이는 것을 뜻한다. 예를 들어, 습관적으로 도박을 하는 사람들은 심리적 의존을 보인다고 여겨진다. 심리적 의존은 극히 오래 지속될 수 있으며, 신체적 의존과 심리적 의존을 구별하는 것이 항상 유용한 것만은 아니다.

또한, 금단증상을 완화시키기 위해 약물을 복용한 사람은 괴로움을 경감시켜주는 약물의 위력을 학습하게 되고, 그 뒤 다른 종류의 불쾌함을 감소시키는 데에도 약물을 사용하기 시작한다. 약물을 끊은 사람들은 재정적 또는 사회적 어려움을 겪게 될 경우 십중팔구 다시 약물을 사용한다(Baker, Piper, McCarthy, Majeskie, & Fiore, 2004). 불쾌한 사진을 보거나 불쾌한 경험을 기억해 내는 것과 같은 정도의 심지어 짧고 약한 스트레스일지라도 흡연자의 담배를 피우고픈 충동을 증가시킨다(McKee et al., 2010; Vinci, Copeland, & Carrigan, 2011).

괴로움의 경감을 위해서라는 설명은 잘 들어맞지만, 완전하지는 않은 것으로 보인다. 사람들은 흔히 물질이 경감해 주는 괴로움보다 그 물질이 삶에 미치는 영향으로 인한 괴로움이 더 클 정도로 과도하게 물질을 복용한다. 신경과학자들은 중독 행동이 기댐핵에 엄청난 양의 도파민을 퍼부을 때, 학습을 할 때 일어나는 것과 동일한 종류의 시냅스 변화가 일어나게 된다는 것을 입증했다. 예를 들어, 코카인이 이러한 종류의 변화를 유도하는데 그 결과 시냅스들은 코카인을 떠올리게 하는 거의 모든 유인물에 강하게 반응하는 것을 학습하지만, 다른 강화물에 대해 반응하는 것은 감소한다. 그 결과, 코카인에 대한 갈망은 더욱 커지고 다른 대다수의 활동에 대한 관심은 줄어들게 된다(Lubman et al., 2009; Mameli & Luscheer, 2011). 연구자들은 중독이 동기부여와 주의 집중에 중요한 역할을 하는 뇌 영역을 '장악한다'고 말해 왔다(Kalivas, Volkow, & Seamans, 2005; Liu, Pu, & Poo, 2005; Volkow et al., 2006).

그럴 수 있다. 하지만 그 진술에는 문제가 하나 있다. 중독이 그러한 뇌 영역들을 장악한다는 말은 마치 희망이 없는 것처럼 들린다. 실제로 중독은 많은 사람들의 죽음 또는 파멸을 초래한다(Degenhardt et al., 2010). 그럼에도 불구하고, 알코올이나 다른 종류의 물질을 남용한 젊은 사람들 중 대다수 또는 많은 수가 심지어 치료받지 않고도 물질을 끊는 데 성공하거나 30대가 넘어가면서 물질 사용을 크게 줄인다(Heyman, 2011). 빨리 끊지 못한 사람들 중에서도 어떤 사람들은 이후에라도 물질을 끊는다(Genberg et al., 2011). 마리화나나 암페타민 사용자들은 헤로인이나 코카인 사용자들보다 약물을 더 잘 중단하는 경향이 있지만, 심지어 가장 강력한 중독자들에게도 중독이 평생 동안 끊지 못할 불가피한 것만은 아니다(Calabria et al., 2010).

개념 점검

12. 위에 서술된 가설들 중 하나에 따르면, 사람들은 기분이 좋지 않을 때 어떻게 물질을 사용하는 것을 학습하는가?

13. 사람들이 반복적으로 코카인을 사용한다면 뇌에 무슨 일이 일어나는가?

알코올 중독

비록 대다수 사람들은 술을 적당히 마시지만, 어떤 사람들에게 알코올은 파멸을 가져올 수도 있다. 알코올 중독(alcoholism)은 알코올을 습관적으로 과용하는 것이다. 알코올 중독을 치료하는 것은 어려우며 성공률도 그리 인상적이지 않다. 만약 우리가 알코올에 중독될 위험성이 높은 젊은이들을 미리 발견할 수 있다면, 아마도 우리는 효과적인 예방책을 마련할 수 있을 것이다. 적어도, 심리학자들은 그렇게 하려고 시도할 것이다.

유전과 가족적 배경

쌍둥이 연구를 통해 알코올 중독에 강한 유전적 기반이 존재함이 나타났다(Liu, Blacker, Xu, Fitzmaurice, Lyons, & Tsuang, 2004; True et al., 1999). 대다수의 알코올 중독자들은 담배를 피우고 다른 물질을 남용하므로 알코올 중독의 소인이 있는 유전자들은 분명히 대다수 중독 행동에 대한 소인이 된다. 연구자들은 최소한 6개의 유전자가 중독 가능성과 연결되어 있음을 확인했다(Li & Burmeister, 2009).

유전적 소인은 생애 이른 시기에 발생하는 알코올 중독에 주된 영향을 미친다. 늦은 시기 발병 유형, 즉 I형(또는 A형) 알코올 중독은 시간이 흐를수록 점진적으로 발달되며 남성만큼 여성에게도 많은 영향을 미치고, 일반적으로 덜 심각하고, 흔히 알코올 중독 가족력이 없는 사람에게 나타난다. 이른 시기 발병 유형, 즉 II형(또는 B형) 알코올 중독은 급격하게 발달되며 주로 25세 이전에 일어나고 여성보다 남성에게 흔히 나타나고, 주로 더 심각하며 강한 유전적 기반을 보인다(Devor, Abell, Hoffman, Tabakoff, & Cloninger, 1994; McGue, 1999). 알코올 중독이 있는 모든 사람이 한 범주나 다른 범주에 깔끔하게 들어맞지는 않는다.

또한 알코올 중독은 환경에 달려 있다. 알코올 중독과 기타 종류의 물질 남용에 대한 유병률은 문화와 그 하위문화에 따라 다양하게 나타난다. 예를 들어 알코올 중독은 절제를 강조하는 유태인 문화나 이탈리아 문화에서보다는 술을 많이 마시는 것에 관대한 아일랜드 문화에서 더 많이 나타난다(Cahalan, 1978; Vaillant & Milofsky, 1982). 가족 내 갈등과 적대적인 분위기에서 부적절한 부모의 양육 아래 자란 사람들은 알코올 중독이 발생하는 정도가 평균보다 높았다(Schulsinger, Knop, Goodwin, Teasdale, & Mikkelsen, 1986; Zucker & Gomberg, 1986). 어린 시절에 성적 학대를 당한 여자들은 알코올 중독의 위험이 증가했다(Kendler, et al., 2000).

더 나아가, 사람들마다 다르다. 알코올 중독 부모 밑에서 자란 모든 아이들이 알코올 중독자가 되는 것은 아니며, 과음하는 것에 관대한 문화에서 자란 아이들 모두가 알코올 중독이 되는 것도 아니다. 알코올 중독에 매우 취약한 사람들을 알아낼 수 있을까?

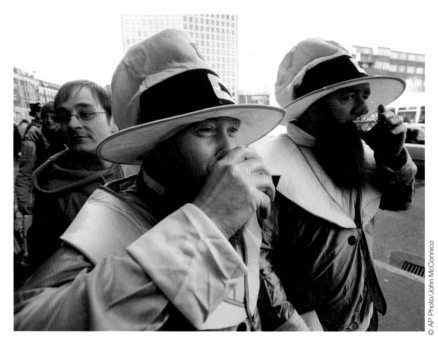

알코올 남용은 절제를 강조하는 문화보다는 아일랜드처럼 알코올에 관대한 문화에서 보다 흔하게 나타난다.

© AP Photo/John McConnico

핵심 점검 증거는 뭘까?

알코올 중독을 예측하기

아마도 사람의 행동이 누가 알코올 중독을 발달시킬 경향이 더 높은지를 가르쳐 줄 수 있을지도 모른다. 몇몇 연구를 통해 많은 알코올 중독자들이 자신이 술에 취한 정도를 추산하는 데 어려움을 겪는다는 것을 알아냈다. 이 연구는 술을 마시는 젊은이들 중 자신이 술에 취한 정도를 과소평가하는 사람은 그렇지 않은 사람보다 향후 알코올 중독자가 될 가능성이 높은지에 대해 알아보았다(Schuckit & Smith, 1997).

가설 중간 정도로 술을 마신 뒤 자신이 술에 취한 정도를 과소평가하는 남자는 다른 사람보다 이후에 알코올 중독을 발달시키는 경향이 높을 것이다.

방법 이 연구는 가까운 친척 중에 알코올 중독자가 있는 18세부터 25세 사이의 남자들에 한정해서 진행했다. 추측건대 이들 중 다수는 알코올 중독과 관련된 유전적 소인이 있었다. 이 사람들은 일정한 양의 술을 마신 뒤, 걸음을 떼어 보고 자신이 얼마나 취한 것처럼 느껴지는지 이야기하도록 부탁을 받았다. 연구자들은 이 남자들이 걸음을 옮기면서 비틀거리고 휘청거리는지를 측정했다. 십 년 뒤, 연구자들은 이 사람들이 사는 곳을 가능한 한 파악한 후 이들의 알코올 사용에 대한 인터뷰를 진행했다.

결과 걸음을 옮길 때 많이 휘청거리지 않았거나 취한 것 같은 기분이 들지 않는다고 진술한 81명의 사람들 가운데 51명(63%)이 10년 내로 알코올 중독자가 되었다. 명백하게 휘청거렸고 취한 것 같다고 보고한 사람들 52명 중에서는 9명(17%)이 알코올 중독자가 되었다(Schuckit & Smith, 1997).

해석 적당한 양의 술을 마신 뒤 비틀거리기 시작하고 취한 것 같다고 느끼는 사람은 그 지점에서 술을 그만 마실 것이다. 알코올의 효과가 덜한 사람들은 "나는 적당히 술을 마시고 있어."라고 생각하고 계속 술을 마신다. 비틀거리기 시작하는 지점에서는, 그는 판단을 제대로 못 내릴 만큼 취해 있을지도 모른다. 또한 그는 대다수 사람들이 술을 줄이거나 중단하게 되는 진정 상태를 경험하는 경향이 더 적을지도 모른다(Moreau & Corbin, 2010).

비록 원래의 연구는 남성만을 측정했지만, 이후의 연구는 여성에게서도 비슷한 결과를 발견했다. 알코올 중독 가족력이 있는 여성은 보통 수준의 술을 마신 뒤 평균보다 술에 취한 기분을 덜 보고했고 비틀거리는 정도도 적게 경험했다(Eng, Schuckit, & Smith, 2005).

사람들이 술을 마신 뒤 비틀거리는 정도를 측정하는 것은 시간이 걸리는 작업이다. 이후의 연구는 단지 사람들에게 몇 개의 질문을 하는 것만으로도 비슷한 결과를 얻는 것이 가능하다는 것을 밝혀냈다. 이를테면 얼마나 술을 마셔야 어지러움을 느끼는가, 얼마나 술을 마셔야 걸을 때 비틀거리게 되는가, 얼마나 술을 마셔야 말할 때 발음이 불분명해지는가 등과 같은 질문들이다. 평균보다 더 많이 술을 마셔야 그러한 효과들이 나타난다고 보고한 사람들은 향후 5년 동안 과음하는 사람이 될 경향이 높았다(Schuckit et al., 2007). 추가적인 연구에서는 사람들이 적당한 양의 술을 마셨을 때 보이는 명백한 반응에 대해 몇몇 유전자가 영향을 미친다는 것을 밝혀냈다(Joslyn et al., 2008; Roh et al., 2011). 즉, 사람들이 얼마나 빠르게 술에 취하느냐에 대해 유전자가 부분적으로 영향을 미친다는 것이다.

개념 점검   14. 젊은 사람이 장차 과음하는 사람이 될지를 예측하는 하나의 방법은 무엇인가?

치료법

> 내 마음은 어두운 공간이다. 그리고 나는 밤중에 그곳에 홀로 있어서는 안 된다.
> ― 익명의 알코올 중독자 모임 참가자

알코올이나 다른 종류의 물질을 자기 스스로 끊으려는 사람들 중 10%에서 20% 정도가 성공한다(S. Cohen et al., 1989). 비록 첫 번째 시도에 반드시 성공하는 것은 아니지만 말이다. 어떤 사람들은 궁극적으로 끊는 데 성공하기 전까지, 끊었다가 재시도하기를 수없이 반복한다. 하지만 물질 남용 문제를 갖고 있는 사람들은 스스로의 힘으로는 끊지 못한다는 것을 깨닫는 경우가 많다. 궁극적으로 그들은 '바닥을 치고', 자신이 건강을 망쳤으며, 직업을 계속 유지할 능력에 손상을 입었고, 친구들과 가족들과의 관계가 틀어졌다는 것을 깨닫게 된다. 그 지점에 이르러서야 그들은 도움을 요청할지도 모른다. 그들에게 도움이 될 수 있는 몇 가지 선택 사항에 대해 알아보자.

익명의 알코올 중독자 모임

북미에서 알코올 중독을 치료하기 위해 가장 흔히 사용되는 치료법은 익명의 알코올 중독자 모임(Alcoholics Anonymous, AA)이다. 사람들이 모여서 스스로 알코올 사용을 자제하고 다른 사람들도 그렇게 하도록 돕는 자립적 모임이다. AA는 마을회관, 교회, 혹은 그 밖에 가능한 공간에서 모임을 갖는다. 모임의 형식은 다양하지만 흔히 『익명의

알코올 중독자 모임』(Anonymous, 1955)이라는 책에 대해 공부하며 참가자들의 개인적인 문제에 대해 이야기한다. 어떤 모임은 특별한 연사를 초대한다. 이 모임은 '우리 자신보다 더 큰 절대적 힘'에 대한 신뢰를 포함한 영적인 부분에 큰 초점을 두지만, 특정한 종교에 소속되어 있지는 않다. 비록 AA는 참가자에게 술을 끊는 노력 이외의 다른 요구사항은 전혀 없지만, 새로 온 참가자에게는 처음 90일간 90번의 모임에 참석하도록 강력히 권장한다. 강력한 의지를 갖는 것이 이 모임의 기본 아이디어다. 그러고 나서는 참가자들은 본인이 원하는 만큼 참석한다.

수백만 명의 사람들이 AA 프로그램에 참가한다. AA가 매력적인 이유 중 하나는 참가자들 모두가 비슷한 경험이 있다는 것이다. 누군가가 술을 마시는 것에 대해 변명하면서 "당신은 그냥 내 기분을 이해하지 못해."라고 말한다면, 다른 사람들은 이렇게 항변할 수 있다. "아니, 아는데!" 술을 마시고 싶은 충동이 드는 참가자는 다른 참가자에게 시간을 가리지 않고 전화를 걸어서 도와 달라고 요청할 수 있다. 이 모임에 참여하기 위해 내는 요금은 오직 모임 장소를 빌리는 비용으로만 들어간다. AA는 익명의 마약중독자 모임(Narcotics Anonymous, NA)과 그 밖에 상습적 도박자, 먹는 것을 조절하지 못하는 사람들을 조력하는 '익명의' 자립 모임들에 영감을 주었다.

연구자들은 AA나 NA 모임에 정기적으로 참여하는 사람들과 프로그램에 전념하는 사람들은 다른 중독자들에 비해 알코올과 물질을 삼가는 경향이 있음을 발견했다(Gossop, Stewart, & Marsden, 2008; Laffaye, McKellar, Ilgen, & Moos, 2008). 그러나 이에 대해 인과 관계적 결론을 내릴 수는 없다. 짐작건대, 정기적으로 참석하는 사람들은 참석하지 않거나 몇 번 참석하고 그만두는 사람들과는 많은 면에서 다를 것이다.

안타부스

몇 년 전, 연구자들은 특정한 고무 가공 공장에서 일하는 노동자들은 술을 거의 마시지 않는다는 것을 알아차렸다. 연구자들은 결국 가공 과정에서 사용된 화학물질인 디설피람(disulfiram)과 그 행동을 연결시켰다.

일반적으로, 알코올은 간에서 **아세트알데히드**라는 유독성 물질로 전환되고, 그러고 나서 아세트알데히드는 무해한 **아세트산**으로 전환된다. 디설피람은 아세트알데히드가 아세트산으로 전환되는 것을 막는다. 디설피람에 노출된 노동자들이 술을 마시면, 그들은 서서히 아세트알데히드를 축적하게 되고, 몸이 아프게 되며, 그 결과 술을 피하도록 학습한다. (비록 이에 대한 연구가 희박하긴 하지만, 아세트알데히드는 숙취와 관련이 있을 가능성이 있다.)

디설피람은 **안타부스**(antabuse)라는 상표명으로 사용 가능하며, 때때로 알코올 중독을 치료하는 데 사용된다. 날마다 안타부스를 복용하는 알코올 중독자는 술을 마셨을 경우 몸이 아프게 된다. 아픔에 대한 위협은 아픔 그 자체보다 효과적이다(Fuller & Roth, 1979). 날마다 안타부스 알약을 복용함으로써, 회복 중인 알코올 중독자는 술을 마시지 않겠다는 결심을 재차 강조한다. 이런 위협에 아랑곳하지 않고 술을 마신 사람은 몸이 아프게 되고, 그 결과 다시는 술을 마시지 않겠다고 결심하거나 또는 다시는 안타부스를 복용하지 않겠다고 결심한다! 몇몇 다른 약품 또한 사람들이 음주를 그만두는 데 상당히 효과적이다. 어찌 되었든, 약품은 알코올 중독을 끊겠다고 강하게 동기 부여된 사람들에게 가장 효과적이다(Krishnan-Sarin, Krystal, Shi, Pittman, & O'Malley, 2007; Mason, Goodman, Chabac, Lehert, 2006).

개념 점검 15. 동남아시아인 중 50%가 아세트알데히드를 아세트산으로 전환시키지 못하는 유전자를 지니고 있다. 이 사람들은 다른 사람들보다 알코올 중독이 될 가능성이 높을까, 낮을까?

유관 계획

알코올 중독 및 그 외의 중독을 다루는 또 다른 접근법은 **유관 계획**(contingency management)이다. 의사들은 음주 측정기를 통해 알코올 사용 여부를, 소변 샘플을 통해 다른 물질 사용 여부를 예의주시한다. 검사 결과에 아무런 알코올이나 물질이 나오지 않으면, 치료자는 즉각적으로 강화를 제공한다. 예를 들어, 십대들은 영화표나 피자 쿠폰을 받을 수 있다(Kaminer, 2000).

보상이 그리 크지 않은 것을 고려하면 유관 계획의 효율성은 놀랄 만하다. 즉, 알코올과 약물을 삼가 온 사람들은 그렇게 함으로써 절약한 돈으로 자기 자신에게 그와 동일하거나 더 좋은 보상을 제공한다. 분명한 것은 약물에 음성 반응을 보인 후 즉각적인 강화를 받는 것은 강력한 효과가 있다는 사실이다.

아편 의존

1900년 이전에는 모르핀(morphine)과 헤로인(heroin) 같은 아편류 약물(opiate drugs)은 알코올보다 덜 위험한 것으로 간주되었다(Siegel, 1987). 사실, 많은 의사들이 알코올 중독 환자들에게 알코올을 모르핀으로 바꾸도록 권고했다. 그 뒤 1900년대에 접어들어 미국에서 아편은 고통을 통제하기 위한 목적의 처방전 없이는 불법이 되었다.

아편 의존은 일반적으로 알코올이나 담배 의존보다 더 빠르게 시작된다. 알코올 중독처럼, 아편 남용도 유전적 경향을 보인다. 즉, 당신이 아편 남용자와 유전적 관계가 가까울수록 당신에게 동일한 문제가 생길 가능성은 높아진다(Kendler, Karkowski, Neale, & Prescott, 2000).

치료법

헤로인이나 그 밖의 아편류 약물을 끊으려고 시도하는 몇몇 사람들은 자조모임(self-help group), 유관 계획, 그 밖의 치료법을 이용한다. 치료자들은 가장 강력한 갈망을 겪는 장소와 상황을 확인하는 것의 중요성을 강조하며, 그 사람이 그러한 상황에 노출되는 것을 최소화하려고 한다(Witkiewitz & Marlatt, 2004).

약물을 끊지 못하는 사람들을 위해서 연구자들은 해로운 부작용 없이 아편에 대한 갈망을 만족시키며 중독성이 없는 대체 물질을 찾아다녔다. (의사들이 헤로인이 모르핀보다 더 문젯거리임을 발견하기 전까지, 헤로인은 모르핀의 대체 약물로 소개되었다!)

메타돈(methadone)은 때때로 아편보다 덜 위험한 대체물로서 제공되는 약물이다. 메타돈은 모르핀, 헤로인과 화학적으로 유사하며, 그 자체로 중독성이 있을 수 있다(표 15.3의 메타돈과 모르핀 비교 내용 참고). 그러나 메타돈은 알약으로 섭취했을 때, 혈류

표 15.3 메타돈과 모르핀의 비교

	모르핀	주사로 투여된 메타돈	구강으로 복용한 메타돈
중독성이 있는가?	그렇다	그렇다	약하다
시작	빠름	빠름	느림
"도취 상태"를 야기하는가?	그렇다	그렇다	아니다
갈망을 완화시키는가?	그렇다	그렇다	그렇다
금단증상이 빠른가?	그렇다	그렇다	아니다

헤로인 금단증상은 일주일간 심한 독감에 시달리는 것과 닮아 있다. 팔다리가 아프고, 극심한 오한, 구토, 설사가 일어난다. 불운하게도, 심지어 금단증상을 견뎌낸 뒤에도 여전히 때때로 약물에 대한 갈망을 겪는다.

에 서서히 들어가고 서서히 나간다. (만약 모르핀 또는 헤로인을 알약으로 섭취한다면, 그 중 많은 부분이 뇌에 도달하지 않고 소화된다.) 따라서 메타돈은 주사로 섭취한 아편

과 같은 '강력한 도취상태'를 유발하지 않는다. 메타돈은 강한 '흥분'을 제공하지 않으면서 갈망을 만족시키고 헤로인 또는 모르핀이 같은 수용기에 도달하는 것을 막는다. 그러나 메타돈은 중독을 없애 주지는 않는다. 복용량이 감소하면, 갈망은 되돌아온다.

부프레노르핀(buprenorphine)과 레보-α-아세틸메타돌 아세테이트(Levo-α-acetylmethadol acetate, LAAM)는 메타돈과 유사한 효과를 낸다. 대다수 부프레노르핀 사용자들은 헤로인과 기타 약물에 대한 사용이 감소하고, 범죄적 행동이 감소하며 건강이 증진된다(Teesson et al., 2006).

개념 점검

16. 메타돈 치료소에서는 환자들이 알약을 복용할 때 주의 깊게 지켜본다. 어째서 일까?

맺음말 단원 15.3

물질, 개인, 그리고 사회

물질 남용은 범죄, 실업, 음주운전, 그 밖에 사회에 대한 위협과 연결되어 있기 때문에 모든 사람에게 큰 문젯거리다. 1970년대 미국 정부는 '마약과의 전쟁'을 선포했다. 몇 십 년 뒤 현재, 우리는 이 전쟁에서 이겼다고 선포할 수 있을지 알 수 없을 것 같다. 중독과 싸우는 것은 정원의 잡초와 싸우는 것보다 더하다. 아마 모든 잡초를 영구히 제거할 것이라고 기대할 수 없을 것이다. 우리가 가질 수 있는 최고의 희망은 기르려는 식물을 잡초가 심각하게 해치지 않는 정도로 관리하는 것이다.

요약

- **물질 의존.** 물질 사용을 끊는 것이 어렵거나 불가능한 사람은 그 물질에 대한 의존이 있거나 중독되었다고 부른다. (605쪽)
- **중독성 물질.** 중독성 물질은 주의 집중과 관련이 있는 뇌 부위인 기댐핵의 도파민 시냅스를 자극한다. 도박, 비디오 게임, 그 외의 활동에 대해 조절하기 힘든 습관을 형성하게 되면, 그 뒤에는 그러한 활동이 그 사람의 기댐핵에서 도파민을 방출하게 한다. (605쪽)
- **중독의 배후에 있는 동기.** 물질을 반복적으로 사용하고 나면 그 사람은 그 물질에 대한 내성을 발달시키며, 결과적으로 그 물질이 기댐핵에서 도파민을 방출시키는 양은 줄어들게 된다. 그럼에도 불구하고 그 습관은 사라지지 않는다. 지속적인 물질 사용에 대한 이유로는 쾌감 추구, 금단증상에 대한 회피, 스트레스에 대처하기 위함 등이 거론된다. 또한 중독성 물질은 시냅스를 변화시켜 물질과 관련된 경험에 대한 반응을 증가시키고 다른 활동에 대한 반응은 감소시킨다. 이 모든 것에도 불구하고, 어떤 사람들은 물질을 끊는 데 성공한다. (606쪽)
- **알코올 중독 소인.** 평균적인 양을 마시고 나서 평균 이하로 취한다고 여기는 사람은 이후 평균보다 과음하는 사람이 되는 경향이

있다. (607쪽)
- **익명의 알코올 중독자 모임.** 익명의 알코올 중독자 모임은 자립을 돕는 집단으로 북미에서 알코올 중독에 대한 가장 일반적인 치료법이다. (609쪽)
- **안타부스.** 어떤 알코올 중독자들은 안타부스로 치료를 받는다. 안타부스는 의사의 처방전이 필요한 약으로, 술을 마셨을 때

아프게 만드는 효과가 있다. (609쪽)
- **유관 계획.** 약물을 삼가는 행동에 보상을 하는 것은 때때로 효과적이다. (610쪽)
- **아편 남용.** 몇몇 아편 사용자들은 성공적으로 아편을 끊는다. 다른 사람들은 의사의 감독하에서 메타돈이나 부프레노르핀으로 대체한다. (610쪽)

핵심 용어

메타돈 (610쪽)

신체적 의존 (607쪽)

심리적 의존 (607쪽)

안타부스 (610쪽)

알코올 중독 (607쪽)

의존(또는 중독) (605쪽)

익명의 알코올 중독자 모임(AA) (609쪽)

I형(또는 A형) 알코올 중독 (608쪽)

II형(또는 B형) 알코올 중독 (608쪽)

기분장애, 조현병, 자폐증

- 심각한 감정 기복을 유도하는 것은 무엇이며 어떠한 치료법이 가장 좋을까?
- 조현병은 무엇이며 어떻게 대처할 수 있을까?
- 자폐증은 무엇이며 어떻게 대처할 수 있을까?

모든 심리 장애는 가벼운 것에서부터 심각한 것까지 다양하지만, 우울증과 조현병은 특히 심각해질 가능성이 있는 대표적인 질환들이다. 사람들이 정신병원에 갈 때 주된 이유는 우울증 혹은 조현병이다. 우리는 두 가지 질환뿐 아니라, 여기에 더해 종종 장기적인 장애를 초래하는 질환인 자폐증에 대해서도 알아볼 것이다.

기분장애

사람들이 "나는 우울해."라고 할 때 이 말의 의미는 흔히 "나는 의욕이 없어."이다. 주요 우울장애(major depression)는 일상생활에서 흥미, 쾌감, 동기를 별로 경험하지 못하는 상태를 뜻한다. 슬픔은 우울증의 특징이지만, 우울증의 보다 큰 특징은 행복의 결여이다. 우울증이 있는 많은 사람들은 그들을 행복하게 만들어 줄 어떤 것도 머리속에 그려볼 수 없다고 말한다. 한 연구에서 사람들은 예상치 못한 시간에 알람이 울리는 호출기를 가지고 있다가, 알람이 울린 순간 그들이 무엇을 하고 있었는지, 그리고 그것에 대해 어떻게 느끼는지에 대해 기록했다. 우울증이 있는 사람들은 슬픈 경험에 대해서는 평균적으로 보고했지만 행복한 경험에 대해서는 훨씬 적게 보고했다(Peters, Nicolson, Berkhof, Delespaul, & deVries, 2003).

거의 모든 우울한 사람들이 수면이상(sleep abnormalities)을 경험한다(Carroll, 1980; Healy & Williams, 1988; 그림 15.9). 그들은 평균보다 훨씬 빠르게 렘수면(REM sleep)에 들어간다. 또한 그들은 일찍 잠에서 깨고 그 뒤 다시 잠들지 못한다. 종단 연구 결과 십대 때 평균보다 더 수면에 문제를 겪었던 사람들은 이후 평균보다 더 우울한 경향이 있었다(Roane & Taylor, 1008).

미국 성인의 20% 정도가 인생의 어느 순간에 우울증을 겪는다(Kessler, Berglund, Demler, Jin, & Walters, 2005). 보고된 유병률은 국가마다 크게 다르지만, 진단의 표준은 어디에서나 같다. 우리가 가진 자료에 따르면 어느 문화권에서든 여성이 남성보다 우울증을 경험하는 경향이 많았다(Culberson, 1997; Cyranowski, Frank, Young, & Shear, 2000; Silberg et al., 1999).

좋은 소식은 계속 우울한 상태에 있는 사람들은 적다는 것이다. 전형적으로, 우울증 삽화는 몇 달 동안 지속되고(드문 경우로는, 몇 년) 그 뒤 회복한다. 나쁜 소식은 우울증은 재발하는 경향이 있다는 것이다. 이후의 삽화들은 기간 면에서는 짧아지는 경향이 있지만 보다 빈번해지는 경향이 있다(Solomon et al., 1997). 일반적인 패턴은 심한 스트레스 사건이 우울증의 첫 번째 삽화를 유발하지만 그 이후의 삽화들은 작은 자극에 의해 발생하거나 아예 자극이 없어도 일어나는 것이다. 마치 뇌가 어떻게 하면 우울해지는지를 학습한 것과 같다(Monroe & Harkness, 2005; Post, 1992). 뇌전증과 편두통에서도 같은 현상이 일어난다. 삽화를 한 번 이상 겪으면, 다음 삽화가 재발하기는 더 쉬워진다.

계절성 정동장애(Seasonal Affective Disorder, SAD)가 있는 사람들은 일 년 중 특정 계절 동안 우울해지는 것이 반복된다. 계절성 정동장애는 여름에 햇빛이 비치는 시간이 길고 겨울에 적은 스칸디나비아에서 흔히 나타나며(Haggarty et al., 2002), 남극 대륙에서 오랜 시간을 보내는 탐험가들에게는 거의 보편적으로 나타난다(Palinkas, 2003). 이 장애는 생물학적 주기에 영향

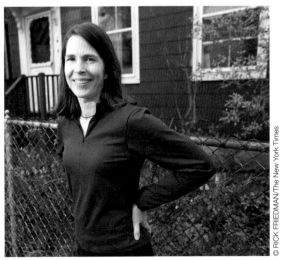

양극성 장애 치료를 통해 사람들은 성공적인 삶을 살 수 있다. Alice W. Flaherty는 신경과 전문의로서 자신이 경험한 양극성 장애로 인해 자신의 환자들을 더 잘 이해할 수 있게 되었다고 말한다.

을 미치는 유전자와 관계되어 있다(Johansson et al., 2003). 계절성 정동장애에 대한 가장 효과적인 치료법은 매일 몇 시간 정도 밝은 빛을 쬐는 것이다(Wirz-Justice, 1998). 계절성 정동장애와 빛 치료(light therapy)에 대해 더 많은 정보를 보고 싶다면 www.sada.org. uk 웹사이트를 방문하라.

과거에는 조울증(manic-depressive disorder)이라고 알려졌던 양극성 장애(Bipolar disorder)는 기분이 극단적으로 번갈아 나타나는 상태를 뜻한다. 여러 면에서 조증(mania)은 우울증(depression)과 대조적이다. 조증 상태에 있는 사람들은 끊임없이 활동을 하며 거리낌이 없다. 가벼운 정도의 조증['경조증(hypomania)']은 정력적이고, 파티를 즐기는 삶과 비슷하지만, 심한 조증을 겪는 사람들은 그들 스스로를 포함하여 다른 사람에게 위험하다. 몇몇 정신병원에서는 조증 환자들이 화재경보기 앞을 지나갈 때마다 충동적으로 경보기를 잡아당겨 울렸기 때문에 경보기를 작동되지 않도록 해 놓아야만 했다. 과거에는 미국 성인의 1%가 양극성 장애로 진단받았지만(Robins et al., 1984), 오늘날에는 그 용어가 덜 엄밀하게 적용되기 때문에 더 많은 사람들이 양극성 장애 진단을 받는다(Bih et al., 2008).

개념 점검

17. 계절성 정동장애(SAD)와 양극성 장애의 유사점과 차이점은 무엇인가?

양극성 장애에 대한 효과적인 치료법에는 리튬염(Baldessarini & Tondo, 2000)과 발프로에이트[valproate, 상품명은 데파켄(Depakene), 데파코트(Depakote)] 같은 항경련 약물들이 포함된다. 주로 미국의 양극성 장애 환자들보다 타이완(중국)의 환자들이 더 빠르게 회복한다(Strakowski et al., 2007). 이유 중 하나는 미국의 양극성 장애 환자들은 타이완 사람들보다 알코올을 남용하거나 다른 약물을 남용하는 경향이 있기 때문이다. 다른 이유로는 타이완 사람들은 증상이 심해지기를 기다리는 대신에 빠르게 도움을 구하는 경향이 있기 때문이다.

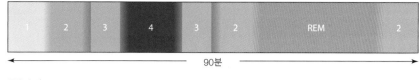

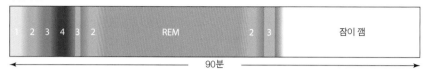

그림 15.9 우울한 사람들은 평균보다 더 빠르게 렘수면 상태로 들어가고 밤중에 자주 잠에서 깬다.

개념 점검

18. 슬픔 또는 의욕 없음과 주요 우울장애는 어떻게 다른가?
19. 어떤 사람이 장차 우울증에 걸릴지를 예측하려면 어떤 사항을 고려할 수 있을까?

우울에 끼치는 환경적 영향과 유전적 영향

일반적으로 사람들은 무력감, 모욕감 또는 죄책감을 느끼게끔 하는 스트레스 상황을 경험한 이후에 우울해진다(Kendler, Hettema, Butera, Gardner, & Prescott). 그러나 특정한 경험이 미치는 영향 또한 사람에 따라 다르다(Monroe & Reid, 2009). 2001년 테러리스트의 공격이 있었던 때에 뉴욕 시에 살고 있었던 사람들 중 9%가 이후 6개월 동안 우울을 겪었으며, 이 사람들의 대다수는 과거에 외상적인 경험이 있었던 사람들이었다(Person, Tracy, & Galea, 2006). 즉, 우울증이 사건 하나만으로 일어나는 경우는 드물다.

사람들이 우울증에 걸리는 경향에는 유전적 요인이 영향을 미친다. 비록 우울증을 초래하는 데 유전자만이 영향을 미친다기보다는 유전자와 스트레스 경험이 합쳐져야 하지만 말이다(Kendler et al., 2011). 우울증에 영향을 미치는 몇몇 특정한 유전자들이 존재한다는 것이 확인되어 왔다(Kohli et al., 2011; Richardson-Jones et al., 2010). 만약 당신이 30대 이전에 우울증을 겪는다면, 당신에게는 아마도 우울증이 있는 친척이 있을 것이며(Kendler, Gardner, & Prescot, 1999; Lyons et al., 1998), 약물 남용, 반사회적 성격장애, 주의력결핍장애, 폭식증, 그리고 편두통이 있는 친척이 있을 것이다(Fu et al., 2002; Hudson et al., 2003; Kendler et al., 1995). 만약 당신이 인생의 후반기에 우울증을 겪는다면, 아마도 혈액순환장애가 있는 친척들이 있을 것이다(Kendler, Fiske, Gardner, & Gatz, 1999). 이 결과들은 두 종류의 유전자와 우울증이 생기는 두 가지 방식을 시사하고 있다. 즉, 유전자 중 한 종류는 뇌 기능에 관련되어 있으며 다른 것은 혈류와 관련되어 있다.

개념 점검

20. 생애 초반에 발생한 우울증과 후반에 발생한 우울증은 어떻게 다른가?

주요 우울장애의 치료법

우울증에 대한 일반적인 치료법은 항우울제(antide-
pressant medications)와 심리치료이다. 이 치료법들 각
각의 효율성에 대한 수많은 연구가 수행되어 왔다.

항우울제

항우울제의 세 가지 주된 종류는 삼환계 약물, 세로토
닌 재흡수 억제제, 모노아민 산화효소 억제제이다. 삼
환계 약물은 축삭이 도파민, 노르에피네프린, 세로토닌과 같
은 신경전달물질을 방출한 뒤 재흡수하는 것을 방해한다(그
림 15.10b). 따라서, 삼환계 항우울제는 이들 신경전달
물질이 시냅스에서 작용하는 효과를 연장시킨다. 선택
적 세로토닌 재흡수 억제제(SSRI)[이를테면, 플록세틴, 상표
명 프로작(Prozac)]도 비슷한 효과를 내지만, 오직 세
로토닌의 재흡수만을 막는다. 모노아민 산화효소 억제제
(MAOI)는 모노아민 산화효소(MAO)를 통한 도파민, 노
르에피네프린, 세로토닌의 대사성 분해작용을 막는다(그림
15.10c). 따라서, MAOI 또한 이들 신경전달물질의 효
과를 증가시킨다.

이러한 항우울제들의 종류에 기초해서, 연구자들
은 우울증의 원인이 세로토닌 또는 그 밖의 전달물질
이 불충분하게 방출되는 것이라고 오래도록 가정해
왔다. 하지만, 항우울 약물은 시냅스의 활동을 한 시간
정도 바꿔 놓는 반면, 기분 향상은 2주나 3주 뒤에 일
어난다(Blaine, Prien, & Levine, 1983). 분명히 세로토

우울증은 사회적 지지가 적은 사람들에게 가장 흔히 발생한다.

닌과 그 외 전달물질의 효과가 그 약물이 작용하는 방
식에 대한 설명의 전부는 되지 못한다. 심지어 연관이
없을지도 모른다. 항우울제의 장기적인 사용은 신경전
달물질을 변화시키는 것뿐 아니라, 뇌유도성 신경영
양 인자(brain-derived neurotrophic factor, BDNF)라고
불리는 화학 물질의 생산을 증가시킨다. 그 결과 몇 주
에 걸쳐 해마에서 새로운 뉴런이 태어나고 이미 존재
하는 세포의 가지돌기들이 확장되어 학습 능력이 증
진된다(Drzyzga, Marcinowska, & Obuchowicz, 2009;
Vetencourt et al., 2008). (이러한 이득들은 오직 우울증이
있어서 학습 능력이 손상되고 해마에서 세포의 성장이 손상

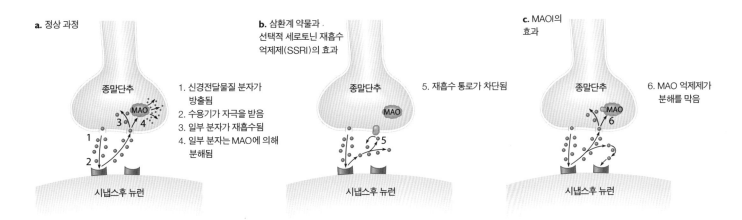

그림 15.10 (a) 보통 때는 신경전달물질이 방출된 뒤 일부 분자들은 재흡수되고 일부는 모노아민 산화효소(MAO)로 인해 분해된다. (b) 선택적 세로토닌 재흡수억제
제(SSRI)는 세로토닌의 재흡수를 막는다. 삼환계 약물은 도파민, 노르에피네프린, 세로토닌의 재흡수를 막는다. (c) 모노아민 산화효소 억제제(MAOI)는 모노아민 산
화효소를 차단하면서 신경전달물질의 활동을 증가시킨다.

된 사람들에게서만 얻어진다.) 해마에서의 이러한 변화들이 항우울제가 어떻게 도움이 되는지에 대한 주된 이유일 수도 있다.

개념 점검

21. 삼환계 항우울제와 SSRI는 신경전달물질이 재흡수되는 것을 막는다. 제3장에서 논의된 다른 약물들 또한 재흡수를 막을까?

우울 인지와 인지치료

당신이 시험에 떨어졌다고 치자. 다음 중에서 가능한 설명을 골라 보자.

- 그 시험은 어려웠어. 아마 다른 학생들도 못 봤을 거야.
- 다른 학생들은 이 주제에 대한 선수과목을 미리 들었을 거야.
- 제대로 공부할 기회가 없었어.
- 난 그냥 멍청해. 얼마나 노력하든지 결과가 늘 형편 없어.

처음 세 가지 설명은 당신의 실패를 무언가 일시적이거나, 구체적이며 정정할 수 있는 것으로 귀인하지만, 네 번째 설명은 모든 상황에 적용된다. 만약 당신이 지속적으로 네 번째와 같은 종류의 귀인을 한다면, 당신은 비관적인 설명 양식(pessimistic explanatory style)을 사용하고 있는 것이다. 비관적인 양식을 사용하는 사람들은 우울하거나 미래에 우울해지는 경향이 있다 (Alloy et al., 1999; Haeffel et al., 2005).

인지치료는 사람들의 사고를 변화시키고 보다 활동적인 삶의 방식을 촉진하는 데 초점을 맞춘다. 인지치료의 선구자인 Aaron Beck은 우울한 사람들이 지닌 사고를 우울증의 부정적 인지삼제(negative cognitive triad of depression)라고 불렀다.

- 나는 불우하거나 실패자다.
- 세상은 장애물로 가득 차 있다.
- 내 미래에는 희망이 없다.

이러한 '자동적 사고(automatic thoughts)'를 지닌 사람들은 애매한 상황을 그들 자신의 결점으로 해석한

다(Beck, 1991). 오늘날의 심리학자들은 우울증의 원인으로 Beck처럼 잘못된 추론(faulty reasoning)을 강조하지 않고 과도한 정서를 보다 강조한다(Johnson-Laird, Mancini, & Gangemi, 2006). 치료자들 또한 사람들에게 만족감을 가져다주거나 성취감을 제공할 수 있는 활동에 보다 적극적으로 참여하라고 격려한다(Jacobson et al., 1996). 제14장에 나왔던 비슷한 연구결과에 대해 생각해 보자. 외향성(이를 테면, 보다 바깥 활동을 하는)을 가장한 내향적인 사람들은 더 행복하다고 보고했다. 이것이 여기서도 동일하게 적용된다. 그저 보다 활동적이 되는 것만으로도 우울을 완화시키는 데 도움이 된다.

치료법의 효과 또는 무익함

우울증은 삽화로 나타나기 때문에, 심지어 사람들은 간혹 치료를 받지 않고도 몇 달 안에 상태가 나아지기도 한다. 가짜약 효과도 회복 기회를 증가시키는데, 그저 나아질 것이라는 기대만 가지고도 상태가 증진되기도 한다. 가짜약 효과는 특히 젊은 환자들에게 효과적인 경향이 있다(Bridge, Birmaher, Iyengar, Barbe, & Brent, 2009). 우울증 환자의 삼분의 일 가량이 가짜약 효과로 몇 달에 걸쳐 나아지고, 절반 정도가 항우울제 또는 심리치료로 나아진다(Hollon, Thase, & Markowitz, 2002).

그림 15.11은 항우울제에 대한 여러 연구결과를 요약하고 있다. 경미하거나 보통 정도의 우울증이 있는 사람들은 진짜약에 반응하는 것만큼이나 가짜약에도 반응한다. 심각한 우울증이 있는 사람들에게는 가짜약보다 진짜약이 더 나은데, 이 사람들은 가짜약에는 잘 반응하지 않기 때문이다(Kirsch et al., 2008). 다른 연구자들은 이 자료를 재평가하고 동일한 결론에 도달했다. 경미한 수준에서 보통 수준까지의 우울증을 지닌 사람들에게는 진짜약이 가짜약보다 더 나을 게 없다(Fournier et al., 2010).

환자들이 약에 반응하지 않을 때, 정신과 의사들은 때때로 약의 양을 늘리거나 다른 약으로 바꾸지만, 이것을 지지하는 충분한 연구결과는 존재하지 않는다. 한 연구에서는 약에 반응하지 않았거나 부작용 때문에 일찍 약을 중단한 사람들에게 다른 약을 복용하도록 했는데, 그들 중 21%가 그 후 몇 주간 나아진 것이 확인되었다

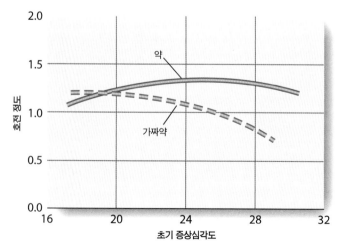

그림 15.11 경미한 수준과 보통 수준의 우울증이 있는 사람들에게 항우울제는 가짜약보다 더 나은 효과를 내지 않는다. 약은 심각한 우울증이 있고 가짜약에 잘 반응하지 않는 사람들에게 중요하다. (Kirsch et al., 2008에서 발췌)

(Rush et al., 2006). 이 실험설계의 문제점이 보이는가? 문제는 맨첫번 약을 계속 복용하는 통제집단의 부재다. 우리는 약을 바꾼 것이 열쇠였는지, 사람들이 그저 치료를 더 오래 받았기 때문에 회복한 건지 알 수 없다.

심리치료와 항우울제 사이에서 선택하기

심리치료가 도움이 된 환자들은 항우울제가 도움이 된 환자의 비율과 같다. 즉, 가짜약 효과보다 크게 낫지는 않다(Bortolotti, Menchetti, Bellini, Montaguti, & Berardi, 2008). 일반적으로 항우울제의 효과가 조금 더 빠르게 나타나는 경향이 있다. 항우울제는 덜 비싸고, 드라이브를 가거나 치료자와의 한 시간 상담시간을 갖는 것보다 알약 하나를 먹는 것이 더 쉽다. 그러나 약은 불쾌한 부작용을 생산하는데, 이를테면 입이 마르는 것, 소변 보기 어려움, 또는 혈압이 올라가는 것 등이다. 또한 약을 복용하는 것을 그만두면 많은 사람들에게서 우울증이 몇 달 내로 돌아오는 것이 발견되었다. 심리치료의 이익은 주로 치료가 종결된 이후로도 더 오래 지속되는 경향이 있다(Imel, Malterer, McKay, & Wampold, 2008).

심리치료와 항우울제를 병행하는 것은 도움이 되지만, 당신이 짐작하는 정도로 많은 도움이 되지는 않는다. 두 가지 치료를 병행함으로써 효과의 신속성과 장기적인 증상의 완화를 기대할 수 있다. 그러나 병행 치료가 도움이 된 환자의 비율은 각각의 치료가 따로 시행되었을 때 도움이 된 환자의 비율에 비해 크게 높지는 않다(Hollon et al., 2005).

전기경련치료

심리치료와 항우울제 둘 다에 반응하지 않는 사람들을 위한 또 다른 대안으로 전기경련치료(electroconvulsive therapy, ECT)가 있다(그림 15.12). 짧은 전기충격을 환자의 머리에 가해서 뇌전증과 유사한 경련을 유도한다. ECT는 1940년대와 1950년대에 널리

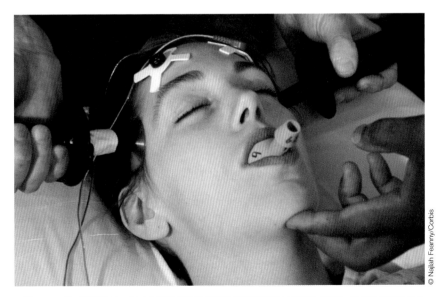

사용되었고, 그 남용된 역사 때문에 관심 밖으로 멀어지게 되었다. 몇몇 환자들은 본인의 동의 없이 수백 번 ECT 처치를 받았으며, 때때로 ECT는 치료보다는 처벌의 수단으로 사용되었다.

1970년대 초반에 ECT는 수정된 형태로 다시 시행되었고, 항우울제에 반응하지 않거나 강한 자살 충동을 느끼는 환자들에게 주로 사용되었다(Scovern & Kilmann, 1980). 자살 사고가 있는 환자들에게 ECT는 주로 1주 내에 빠른 효과를 보았다. 생명이 위태로운 경우에는 신속한 구제가 중요하다. 그러나 이 환자들 중 절반 정도가 우울증의 재발을 방지하는 다른 치료를 받지 않은 경우에는 6개월 내로 다시 우울증에 빠졌다(Riddle & Scott, 1995).

현재 ECT는 동의를 받은 환자의 경우에만 실시되고 있다. 전기충격은 이전에 사용된 것보다 덜 강력하며, 환자는 부상을 방지하기 위한 근이완제와 신체적 불편을 줄이기 위한 마취제를 받는다. 주된 부작용은 일시적인 기억 손상이다. ECT가 어떻게 효과를 발휘하는지는 확실하지 않지만, 사람들로 하여금 우울한 기억을 잊게 만드는 식으로는 작동하지 않는다. 뇌의 이마엽(전두엽) 또는 우반구에 ECT를 실시하는 것은 중요한 기억 손실을 가져오지 않으면서 뇌 전체에 ECT를 실시하는 것만큼 효과적이다(Lisanby, Maddox, Prudic, Devanand, & Sackeim, 2000; Sackeim et al., 2000).

그 밖의 치료법

많은 연구결과를 통해 조깅이나 빨리 걷기와 같은 운동을 자주 하는 사람들은 우울해지는 경향이 적음이 나타났다(ten Have, de Graaf, & Monshouwer, 2011). 그러나 그 증거는 상관관계만을 보여준다. 아마도 운동이 우울증을 예방한다지만, 또한 우울증이 생기면 사람들은 운동을 하지 않게 되기도 한다(De Moor, Boomsma, Stubbe, Willemsen, & de Geus, 2008).

오메가3지방산이 포함된 해산물은 뇌 기능에 중요하다. 일주일에 최소 1파운드(0.45kg)의 해산물을 먹는 사람들은 기분장애가 일어날 가능성이 감소한다(Noaghiul & Hibbeln, 2003). 가짜약 효과에 대한 통제집단이 포함된 연구들에서도 오메가3지방산이 우

그림 15.12 전기경련치료는 오늘날 오직 환자의 동의가 있을 때에만 실시된다. ECT는 신체적 불편을 최소화하기 위해 근이완제, 마취제와 함께 사용된다.

울을 경감시키는 것을 확인했다(Freeman, 2009; Saris, Mischoulon, & Schweitzer, 2012).

22. 우울증이 있는 사람들에게 추천되는 식이요법은 무엇인가?

조현병

많은 사람들이 인격이 번갈아 나타나는 상태인 해리성 정체성 장애(dissociative identity disorder) 혹은 다중 인격장애(multiple personality)를 조현병(schizophrenia, 정신분열증)이라는 단어와 혼동한다. 조현병은 '분열된 마음(split mind)'이란 뜻의 그리스어로부터 기원했지만, 그 개념은 한 인격의 지적 측면과 정서적 측면 간의 분열을 뜻한다. 마치 지성이 더 이상 정서와 접촉하지 않는 것과 같다. 조현병으로 고생하는 사람은 부적절한 정서를 표현하거나 적절한 정서를 내비치지 못할 수 있다. 이 지성과 정서 간의 분리는 더 이상 조현병을 정의 내리는 특성이 아니지만, 그 용어는 유지되고 있다.

조현병으로 진단받으려면 직업, 사회적 관계, 자기 관리 등의 일상적 활동에서 기능의 저하를 보여야 하며, 환각, 망상, 조직화되지 않은 언어와 사고, 운동장애 중의 몇 가지 증세가 혼합되어 나타나야 하고(그림 15.13), 정상적인 정서적 반응 및 사회적 행동의 손상이 있어야 한다. 이 증상들에는 다음 세 가지 중 적어도 한 가지가 포함되어야 하며(망상, 환각, 뒤죽박죽 언어), 위의 다섯 가지 증상 중 최소한 두 개의 증상이 나타나야 한다. 여기서 알 수 있듯이, 조현병으로 진단받은 두 사람의 증상이 서로 공통적이지 않을 수 있다.

환각, 망상, 사고장애, 운동장애는 양성 증상으로, 대조적으로 정서적 및 사회적 반응의 결핍은 음성 증상으로 간주된다. 이 경우 양성과 음성은 존재하는(present)과 존재하지 않는(absent)을 의미하며, 좋음과 나쁨을 의미하지 않는다. 심리학자들은 특정 행동이 존재할 때 양성 증상으로, 특정 행동이 부재할 때 음성 증상으로 간주한다.

환각

환각(hallucinations)은 실제 세계에 있는 것과 상응하지 않는 지각으로, 이를테면 아무도 듣지 못하는 목소리를 듣는 것이다. 그 목소리는 말도 안 되는 소리를 할 수도 있고, 또는 그 사람에게 무언가를 하라고 지시할 수도 있다. 사람들은 때로 그 목소리가 진짜라고 생각하고, 때로는 진짜가 아니라고 생각하고, 때로는 확실치 않다고 생각한다(Junginger & Frame, 1985). 청각 겉질에서 저절로 일어나는 활동은 청각적 환각을 동반한다(Shergill, Brammer, Williams, Murray, & McGuire, 2000).

당신은 혼자 있을 때 목소리를 들어 본 적이 있는가? 나는 언젠가 내 강의를 듣는 학생들에게 이 질문을 던져 보았다. 처음에는, 아주 적은 사람들이 망설이면서 손을 들었고, 그 뒤로 더 많은 사람들이 손을 들어서 결국 강의실 안에 있던 사람들 중 4분의 1이, 그리고 나 또한 최소한 한 번은 목소리를 들어본 적이 있다고 인정했다. 흔히 그러한 경험은 막 깨어나서 침대에 누워 있을 때 일어났다. 가끔씩 청각적 환각을 겪는 것은 당신이 미쳤다는 뜻이 아니다.

그림 15.13 조현병을 지닌 어떤 사람들은 경직된 행동을 보이는 주기와 미친듯이 활동을 하는 주기를 번갈아 보인다.

망상

망상(delusions)은 증거가 부재함에도 강하게 유지되는 믿음이다. 망상의 세 가지 흔한 유형은 피해망상, 과대망상, 관계망상이다. 피해망상(delusion of persecution)은 적들이 당신을 핍박한다는 믿음이다. 과대망상(delusion of grandeur)은 당신이 대단히 중요하다는 믿음으로, 이를테면 신의 뜻을 전하는 특별한 전달자라는 믿음이다. 관계망상(delusion of reference)은 모든 종류의 메시지를 개인적으로 받아들이는 경향이다. 예를 들어, 어떤 사람이 신문의 헤드라인을 오늘 자신이 해야 할 일을 알려 주는 암호화된 메시지라고 해석할 수도 있다. 현저한 환각과 망상을 보이는 사람들은 망상형 조현병(paranoid schizophrenia)을 지닌 것으로 분류된다.

어떤 사람의 주된 증상이 망상이라 해서 그 사람을 조현병으로 진단하는 것은 위험하다. 어떤 사람이 매일 매일의 사건마다 정부가 음모를 꾸미고 있다고 지속적으로 간주한다고 가정하자. 이것은 망상인가 그저 흔치 않은 의견일 뿐인가? 주장이 맞을지도 모르지 않는가? 자신이 외계인에게 납치된 적이 있다고 믿는 사람들 대다수는, 비록 믿기 어려운 믿음을 지니고 있음에도 정신적으로 병들어 있는 것처럼 보이지는 않는다(Clancy, 2005). 아마도 우리 중 대다수는 다른 사람이 보기에는 우

그림 15.14 이 패턴들은 무니 얼굴(Mooney faces)이라고 한다. 조현병이 있는 많은 사람들은 이 그림들에서 사람 얼굴을 보는 데 시간이 걸린다.

스꽝스러운 믿음을 갖고 있을 것이다.

뒤죽박죽 언어와 사고

여기 조현병이 있는 사람의 뒤죽박죽 언어를 묘사한 예가 있다(Duke & Nowicki, 1979, p. 162).

누가 내 노래의 이름을 말해 줄 수 있을까? 난 모르겠지만, 길지는 않을 거야. 짧지도, 키가 크지도, 아무렇지도 않을 거야. 머리가 아프고 무릎이 아파. 내 조카, 그 애의 삼촌, 우리 이모. 세상에, 난 행복해⋯ 세상에 신경 쓰지 않아. 내 머리카락은 곱슬곱슬하고, 그 깃발은 펼쳐졌어. 여기는 내 나라, 내가 사랑한 땅, 여기는 그 나라, 내가 사랑한 땅.

조현병이 있는 사람들 중 전부는 아니지만 대다수가 다양한 종류의 지적 손상을 보인다(Wexler et al., 2009). 예를 들어, 위스콘신 카드 분류 검사(Wisconsin Card Sorting Task)를 통해 사람들에게 한 가지 규칙에 따라 카드를 분류하라고 부탁하고 (예를 들어, 색깔로 분류하는 것), 그다음에는 다른 규칙으로 바꾸어 보라고 부탁한다 (숫자나 모양으로 분류하는 것). 조현병이 있는 사람들 대다수는 규칙을 바꾸는 데에 어려움을 겪는데, 이는 이마엽이 손상된 사람들과 유사하다. 조현병이 있는 사람들은 또한 그림 15.14에 보이는 얼굴처럼 애매한 패턴을 지각하는 데 어려움을 겪는다(Uhlhaas et al., 2006).

분열성 사고(schizophrenic thought)의 또 다른 특징은 추상적인 개념을 사용하는 것에 어려움을 겪는 것인데, 이를테면 속담을 해석할 때 의도된 의미 대신 문자 그대로 해석하는 것이다. 여기 그 예시가 있다(Krueger, 1978, pp. 196-197).

속담: 배밭에서는 갓끈을 고쳐 매지 않는다.
해석: "왜냐면 요새는 갓끈을 쓰지 않으니까."
속담: 반짝이는 것이 모두 금은 아니다.
해석: "그건 아마 놋쇠일거야."

개념 점검

23. 어떤 사람이 한 가지 인격과 다른 인격이 번갈아 나타난다면, 조현병에 해당하는가?
24. 조현병의 전형적인 '양성' 증상과 '음성' 증상은 무엇인가?

유병률

전 세계에서 천 명 중에 7~8명 정도의 사람들이 인생의 어느 시점에서 조현병을 갖게 된다(Saha, Chant, Welham, & McGrath, 2005). 연구자들이 역사적 기록을 재검토한 결과, 조현병과 심각한 정신병의 발생 정도는 1700년대 후반부터 1950년까지 일반적으로 증가했다. 그 이래로는 증가가 멈췄고 세계의 몇몇 지역에서는 명백하게 감소하기 시작했다(Suvisaari, Haukka, Tanskanen, & Lönnqvist, 1999; Torrey & Miller, 2001).

조현병은 모든 민족 집단에서 발병하지만, 제3세계 국가들에서는 덜 흔하거나 덜 심각한 경향이 있다(El-Islam, 1982; Leff et al., 1987; Saha et al., 2005; Torrey, 1986; Wig et al., 1987). 미국이나 유럽의 이민자 1세대와 2세대에서는 조현병의 위험이 증가했다(Brown, 2011; Dealberto, 2010). 조현병은 또한 대도시보다 시골이나 소도시에서 자란 사람에게 덜 흔하게 나타난다(Brown, 2011). 이러한 차이에 대해 가능한 설명은 사회적 지지다. 사회적 지지는 제3세계 국가들에서 더 강하게 나타나며 대도시보다 소도시에서 더 강한 경향이 있고, 다른 나라로 떠난 사람에게는 사회적 지지가 가장 적다. 그러나 다른 많은 이유들 또한 가능하다.

조현병은 20대 젊은이에게 가장 흔하게 진단되며, 가끔 십대들도 조현병으로 진단받는다. 몇몇 연구에서는 여성보다 남성에게 조현병이 더 흔하다는 연구 결과가 나왔지만, 다른 연구들에서는 유병률이 동일하다는 결과가 나왔다(Aleman, Kahn, & Selten, 2003; Saha et al., 2005). 조현병이 한번 발병하면 주로 영구적이지만, 항상 그런 것은 아니다. 어떤 사람들은 우울증 삽화처럼 조현병 삽화를 보이며, 각각의 삽화 후에는 어느 정도 정상적인 행동을 보이는 기간이 뒤따른다(Harrow & Jobe, 2007).

원인

조현병은 아마도 다양한 영향으로 인해 발병한다. 주된 원인은 유전과 태아기의 환경이며, 삶에서의 어려움에 의해 더욱 악화된다.

유전

유전적 기반에 대한 증거는 주로 쌍둥이 연구와 입양아 연구에 기반하고 있다. 일란성 쌍둥이의 발병률이 이란성 쌍둥이의 발병률보다 훨씬 높다는 사실은 조현병의 높은 유전율을 가리킨다(Cardno et al., 1999; Gottesman, 1991; Sullivn, Kendler, Neale, 2003; 그림 15.15). 조현병을 지닌 입양아의 경우, 입양한 가족의 친척보다 생물학적 친척 중에 조현병이 있는 사람이 더 많았다(Kety et al., 1994). 그러나 입양아 자료는 다른 해석이 가능하기도 하다. 조현병이 있는 여성들 중 많은 수가 임신 도중에 담배를 피우고 술을 마시며, 건강을 제대로 돌보지 않으며, 양질의 식사를 하지 않는다. 그러한 태아기 환경이 태아의 뇌 발달에 불리한 영향을 미쳤을 수도 있다.

가장 강력한 증거는 조현병과 특정한 유전자가 연관된다는 증거일 것이다. 연구자들은 최소 14개의 유전자에 대한 관련성을 발견했는데, 여기에는 '조현병 환자의 유전자에서만 망가져 있다'(disrupted in schizophrenia)라는 의미의 DISC1이 포함된다. 이 유전자는 해마에서 새로운 뉴런이 생산되는 것을 조절한다(Sanders et al., 2008).

유전적 설명에 대한 한 가지 문제는 왜 자연선택을 통해 조현병을 일으키는 유전자가 없어지지 않았느냐는 것이다. 조현병이 있는 사람들은 주로 다른 사람들에 비해 젊은 나이에 사망하고(Saha, Chant, & McGrath, 2007), 평균의 절반 정도에 해당되는 수의 자녀를 낳으며, 조현병이 없는 형제자매들 또한 평균보다 자녀를 더 낳지 않는다(Haukka, Suvisaari, & Lonnqvist, 2003).

최근 가장 촉망되는 유전학적 가설은 조현병이 많은 유전자의 돌연변이를 통해 일어날 수 있다는 것이다(Keller, 2008). 보통 돌연변이는 흔하지 않은 사건이지만, 적절한 뇌 발달은 많은 유전자에 의존하여 이루어진다(Najmabadi et al., 2011). 그 유전자들 중 하나에

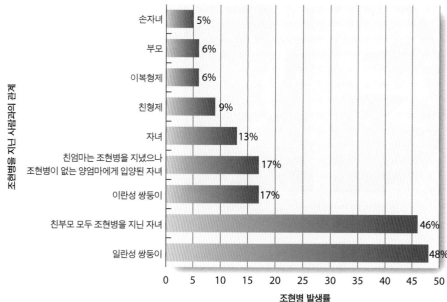

손자녀 5%
부모 6%
이복형제 6%
친형제 9%
자녀 13%
친엄마는 조현병을 지녔으나 조현병이 없는 양엄마에게 입양된 자녀 17%
이란성 쌍둥이 17%
친부모 모두 조현병을 지닌 자녀 46%
일란성 쌍둥이 48%

(세로축) 조현병을 지닌 사람과의 관계
(가로축) 조현병 발생률

그림 15.15 조현병이 있는 사람의 친척들에게서 조현병이 발생될 가능성이 높다. (Gottesman, 1991 연구 자료에 바탕을 둠)

서 돌연변이가 일어나는 것은 드물지만, 관련된 수많은 유전자를 조합한다면 기회는 올라간다.

연구자들은 조현병이 있는 사람들의 약 15%에게서 복제 수 변이(copy number variants, 염색체의 작은 일부가 결실되거나 중복된 것)를 발견하였다(International Schizophrenia Consortium, 2008; Stefansson et al., 2008). 이러한 유전자 복제의 오류는 때로 일란성 쌍둥이 중 한 명에게서만 일어나고 다른 한 명에게서는 일어나지 않는다(Bruder et al., 2008). 이 오류들 중 몇몇은 조현병과 확실한 관련성을 보인다(Vacic et al., 2011). 연구자들은 복제 수 변이가 3,000~30,000명 중 한 명에게서 일어난다고 추정한다. 만약 몇 세대 내로 자연선택이 그들을 제거했다 하더라도, 사라진 것만큼이나 빠르게 새롭게 발생해서 채워 넣어질 수 있는 까닭에 조현병의 현재 유병률이 계속 유지될 수 있다(Rees, Moskvina, Owen, O'Donovan, & Kirov, 2011).

개념 점검　25. 연구자들은 조현병이 강력한 유전적 기반을 둔다고 설명한다. 조현병과 강하게 연관된 단독 유전자는 없음에도 그렇게 주장할 수 있는 이유가 무엇일까?

신경발달 가설

조현병의 몇몇 사례들은 유전적 요인에서 기인한 것이 전혀 아닐 수도 있다. 신경발달 가설(neurodevelopmental hypothesis)에 따르면, 조현병은 유전적 또는 생애 초기의 환경, 특히 태아기의 환경으로 인해 출생 이전이나 생애 초기에 생겨난 신경계 손상으로부터 비롯한다(McGrath, Féron, Burne, Mackay-Sim, & Eyles, 2003; Weinberger, 1996). 조현병은 다음 중 어떤 경우에서도 흔하게 나타날 수 있다(Brown, 2011).

- 어머니가 임신, 출산, 또는 분만에서 어려움을 겪었다.
- 어머니가 임신 도중에 영양 상태가 좋지 않았다.
- 어머니가 임신 초기부터 중기 동안 독감, 풍진, 그 밖의 전염병에 걸렸다.
- 어머니가 임신 초기에 극도의 스트레스를 경험했다.
- Rh− 혈액형인 어머니가 Rh+ 혈액형인 아이를 두 명 이상 출산했다.
- 환자가 생애 초기에 납 또는 그 밖의 독성 물질에 노출되었다.
- 환자가 뇌의 부분을 공격하는 톡소포자충이라는 기생충에 어린 시절 감염되었다 (Niebuhr et al., 2008). 이 기생충의 주된 감염 경로는 고양이의 배설물을 만지는 것이다(Leweke et al., 2004; Torrey & Yolken, 2005).

뿐만 아니라, 겨울이나 초봄에 태어난 사람은 다른 때에 태어난 사람보다 조현병이 생길 경향성이 약간 높다(Bradbury & Miller, 1985; Davies, Welham, Chant, Torrey, & Mc-Grath, 2003). 이 출생 계절 효과(season-of-birth effect)는 오직 북반구 기후에서만 나타나며 적도 부근에서는 나타나지 않는다. 다른 심리 장애에는 이러한 특성이 없다. 한 가지 가능한 설명은 독감과 기타 유행병이 가을에 가장 흔하다는 것이다. 만약 여성이 임신 초기나 중기에 독감에 걸리면, 질병이 태아의 뇌 발달을 손상시킨다. 바이러스가 태반을 뚫고 태아에게 침투할 수는 없지만, 어머니의 열이나 면역 체계 활동의 증가로 인해 태아의 뇌 발달이 손상될 수 있다.

개념 점검　26. 신경발달 가설에 따르면, 연구자들이 조현병과 관련이 있는 단독 유전자를 찾지 못하는 이유 중 하나는 무엇인가?

뇌 이상

뇌 스캔에 따르면 조현병이 있는 사람은 다른 사람보다 해마와 대뇌피질의 특정 영역들이 몇 퍼센트 정도 작다(Honea, Crow, Passingham, & Mackay, 2005; Lui et al., 2009). 평균적으로 조현병이 있는 사람은 조금 더 큰 뇌실을 가지고 있다. 뇌실이란 뇌 안에 뇌척수액이 차 있는 공간을 뜻한다(Wolkin et al., 1998; Wright et al., 2000). 그림 15.16이 확장된 뇌실의 예시를 보여주고 있다.

조현병이 있는 사람들 대다수는 또한 평균보다 작은 크기의 뉴런을 가지고 있고(Pierri, Volk, Auh, Sampson, & Lewis, 2001; Weinberger, 1999), 시냅스의 수가 평균보다 적으며, 특히 이마앞겉질에서 그렇다(Glantz & Lewis, 1997, 2000). 가장 손상된 영역 중 하나는 등쪽가쪽 이마앞겉질(배외측 전전두피질)인데, 이 영역은 작업기억을 통제하는 영역으로 조현병 환자들은 흔히 작업기억이 약해지는 경향이 있다(Gur et al., 2000; Pearlson, Petty, Ross, & Tien, 1996; Sowell, Thompson, Holmes, Jernigan, & Toga, 1999).

그러나 이러한 결과들은 조심스럽게 해석되어야 한다. 조현병이 있는 사람들 중 많은 수가 알코올이나 그 밖의 약물을 남용하는데 그러한 남용이 뇌 기능을 손상시키고, 가지돌기를 수축시키는 등의 영향을 미쳤을 수도 있기 때문이다(Rais et al., 2008; Sullivan et al., 2000).

개념 점검　27. 조현병에 걸렸을 때는 뇌의 이상이 관찰되는데 이것은 조현병이 뇌 손상으로 인해 발생한다는 사실을 보여주는 것이라고 어떤 사람이 주장한다. 다른 가능한 설명은 없을까?

치료법

조현병과 싸우는 데 효과적인 약들이 발견되기 전까지, 많은 사람이 정신병원에서 몇 년 혹은 몇 십 년을 보냈고, 그 안에서 점점 더 기능이 저하되어 갔다. 현재는 상황이 좋아졌지만, 여전히 이상적인 상태는 아니다. 심리치료도 조현병에 도움이 될 수 있는데, 아

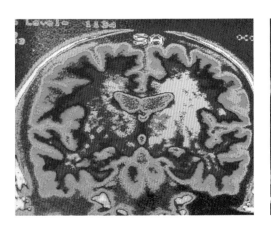
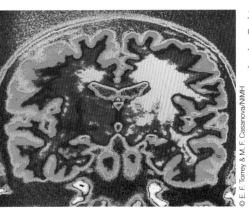

그림 15.16 쌍둥이 중 왼쪽 사진의 사람은 조현병이 있고, 오른쪽은 없다. 뇌척수액으로 차 있는 뇌실이 조현병이 있는 사람의 경우에는 더 크다. 뇌실의 확장은 뇌 조직의 손실을 암시한다.

© E. F. Torrey & M. F. Casanova/NIMH

마도 흔히 조현병을 악화시키는 스트레스를 통제함으로써 도움이 될 것이다(Sensky et al., 2000). 그러나 조현병 환자 거의 모두가 치료의 일환으로 약을 처방받는다.

약물치료

1950년대 동안 연구자들은 효과적인 첫 항정신병약(antipsychotic drug)을 발견했다. 즉, 조현병을 완화시킬 수 있는 약이었다. 그 약은 클로르프로마진[chlorpromazine, 상표명 토라진(Thorazine)]이었다. 이 약과 그 밖의 항정신병약들은 조현병을 지닌 많은 사람들이 활동적이고 생산적인 삶을 살 수 있도록 했다. 비록 그 약들이 이 병을 치료하지는 않지만, 인슐린 주사가 당뇨병을 통제하는 것과 마찬가지로 매일 약을 복용하는 것은 조현병을 통제할 수 있도록 도움을 주었다. 항정신병약들은 한 달쯤 혹은 그 이상이 지나면 점진적으로 다양한 수준의 회복이 이루어지도록 한다(Szymanski, Simon, & Gutterman, 1983). 하지만 회복 중인 사람들이 약을 복용하는 것을 그만두면, 일반적으로 증상은 되돌아온다(그림 15.17).

전형적인 항정신병약은 뇌의 도파민 시냅스를 차단한다(Seeman & Lee, 1975). 더욱이, 암페타민, 코카인, 그 밖에 도파민 활동을 자극하는 약물을 많이 섭취하면 환각과 망상이 생겨난다. 이러한 관찰을 통해 조현병의 도파민 가설(dopamin hypothesis of schizophrenia)이 탄생했다. 이 개념은 조현병의 근본적 원인이 특정한 유형의 도파민 시냅스가 과도하게 자극받기 때문이라는 것이다. 그런데 조현병이 있는 사람들은 정상적인 양의 도파민을 생산한다. 하지만, 도파민의 방출 혹은 도파민 수용기의 수가 증가된 상태일 수도 있다(Hirvonen et al., 2006; Howes et al., 2009).

그러나 도파민이 모든 것을 설명할 수 없을지도 모른다. 뇌에서 도파민을 방출하는 것은 신경전달물질인 글루탐산에 크게 조절되며, 조현병이 있는 사람들은 이마 앞겉질에서 방출되는 글루탐산이 부족함을 시사하는 몇몇 연구들이 있었다(D. A. Lewis & Gonzalez-Burgos, 2006). 글루탐산 수용기를 억제하는 펜시클리딘[phencyclidine, '천사의 먼지(angel dust)']을 장기간 사용하게 되면 조현병의 양성 증상과 음성 증상이 모두 유발된다(Olney & Farger, 1995).

부작용과 대안 약물들

항정신병약은 반갑지 않은 부작용을 야기하는데, 여기에는 지연발생 운동이상증(tardive dyskinesia, 또는 만발성 운동장애)이 포함된다. 지연발생 운동이상증이란 떨림과 불수의적 운동으로 특징지어지는 상태이다(Kiriakakis, Bhatia, Quinn, & Marsden, 1998). 아마도 지연발생 운동이상증은 항정신병약이 도파민 시냅스를 차단하는 것과 관련이 있다. 도파민 시냅스 중 몇몇은 운동을 통제하기 때문이다. 연구자들은 지연발생 운동이상증 없이 조현병에 효과적인 새로운 약을 탐색해 왔다.

리스페리돈(risperidone)과 클로자핀(clozapine)과 같은 비정형(또는 2세대) 항정신병약(atypical antipsychotic drugs)은 지연발생 운동이상증을 초래하지 않고 조현병을 완화시킨다. 이 약들은 도파민과 세로토닌 시냅스 둘 다의 활동을 변화시킨다. 비정형 항정신병약은 대다수의 정신병약이 다루지 못했던 조현병의 음성 증상을 완화시킨다(J. M. Davis, Chen, & Glick, 2003). 그러나 비정형 항정신병약은 또 다른 부작용이 존재하며, 이전의 약들보다 전반적인 삶의 질을 향상시키는지는 확실하지 않다(P. B. Jones et al., 2006).

개념 점검 28. 비정형 항정신병약의 장점들은 무엇인가?

자폐증

자폐증은 사회적 접촉의 손상이 특징인 일생 동안의 상태이다. 자폐증(autism)의 주된 증상은 다음과 같다(Ritvo, 2006).

- 손상된 사회적 관계(눈을 거의 마주치지 않음, 사회적 접촉이 거의 없음)
- 손상된 의사소통(반복적으로 말하기, 대화가 지속되지 않음)

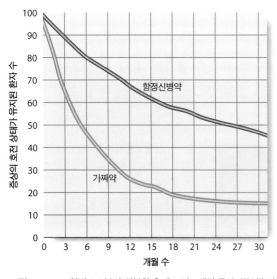

그림 15.17 조현병으로부터 회복한 후에, 2년 6개월 동안 회복된 상태를 유지한 환자의 비율이 가짜약을 투여받은 집단에서보다 지속적인 약물치료를 받은 집단에서 더욱 높았다.(Baldessarini의 1984년 자료에 바탕을 둠)

• 고정된 행동(손가락을 튕기는 것과 같은 행동을 반복함)

그러나 이 세 가지 측면의 각각은 다른 측면들과 높은 상관관계를 보이지는 않는다. 많은 사람들이 한 가지 영역에서는 심한 증상을 보이고 다른 영역에서는 오직 약한 정도의 증상만을 보인다(Happé, Ronald, & Plomin, 2006). 조현병처럼, 우리가 자폐증이라고 부르는 것이 사실은 여러 다른 원인들에서 기인한 여러 다른 장애를 나타내는 것일 수 있다.

주된 증상들에 더하여, 자폐증이 있는 사람 대다수는 다른 증상, 이를테면 체온 조절의 불안정, 통증에 대한 무감각함, 불이 켜진 상태에서 몸을 빙빙 회전시키고 난 후 어지럼증을 느끼는 경향이 감소된 것 등이 포함된다(Ritvo, 2006). (흥미롭게도, 이들은 불이 꺼진 상태에서는 정상적인 어지럼증을 느낀다.) 또 다른 특징은 다른 모든 것을 제외하고 하나의 물체에만 관심을 집중하는 경향이다(Bryson, 2005). 자폐증이 있는 많은 사람들이 몇몇 지적 수행을 요구하는 과업에서 평균보다 낮은 수준의 수행을 보이지만, 때때로 다른 과업에서는 평균보다 훨씬 높은 수행을 보이기도 한다(Dawson, Soulières, Gernsbacher, & Mottron, 2007).

부모들은 주로 자녀가 2세가 되기 전에 자폐증을 알아차리고, 때로는 생후 첫 주에 아이가 다른 아이처럼 껴안지 않는 것을 보고 알아차리기도 한다. 쌍둥이 연구는 자폐증에 강한 유전적 기반이 있음을 시사한다. 한 연구에서는 일란성 쌍둥이의 자폐증 혹은 그와 관련된 문제들이 92%의 일치성을 보인다는 결과가 나왔다. 즉, 쌍둥이 중 한쪽이 자폐증 혹은 그와 연관된 문제를 지니고 있다면, 다른 한쪽도 그럴 가능성이 92%라는 것이다. 이란성 쌍둥이의 경우 일치성은 단지 10%에 불과했다(A. Bailey et al., 1995). 일란성 쌍둥이와 이란성 쌍둥이의 이 현저한 차이를 설명하기 위한 한 가지 가능성은, 자폐증이 두 개 이상의 유전자 조합으로 생겨난다는 것이다. 만약 자폐증이 발생하는 데에 두 개나 세 개의 유전자가 필요하다면, 이란성 쌍둥이는 똑같은 조합을 공유할 가능성이 낮을 것이다.

연구자들은 자폐증에서 여러 종류의 뇌 이상을 발견했지만 그것들 중 어떤 것도 일관적으로 발생하지 않았다. 가장 놀라운 것은 자폐증이 있는 사람들의 5분의 1이 상대적으로 커다란 머리와 뇌를 지니고 있다는 것이다. 이 사람들의 머리와 뇌는 다른 97%의 사람들보다 크다(White, O'Reilly, & Frith, 2009). 분명히 그들은 뉴런의 수가 더 많지만 뉴런들 사이의 연결이 비정상적이다(Ke et al., 2009). 다른 이상에는 소뇌에서 뉴런의 감소, 대뇌겉질의 뉴런 구조 변이 등이 해당된다(Bauman & Kemper, 2005; Voineagu et al., 2011).

충분히 기다려 주면서 특수 교육을 시키면 자폐증이 있는 사람들 중 몇몇은 상당히 정상적인 삶을 충분히 영위할 수 있다. 다양한 약물치료도 시도되어 왔지만, 그 결과는 그리 인상적이지 않았다. 자폐증은 지금까지도 흥미진진한 미스터리로 남아 있다.

개념 점검   29. 자폐증의 가장 흔한 증상들 중에서, 조현병의 음성 증상처럼 자폐증의 음성 증상으로 간주될 만한 것은 무엇인가?

심리 장애를 없애기

우울증, 조현병, 그리고 자폐증은 세 가지 주된 공통점이 있다. 첫 번째, 이것들은 사람을 장기간에 걸쳐 심각하게 손상시킨다. 두 번째, 과거의 치료법은 이 세 가지 질환 중 어느 것에도 그리 만족스러운 효과를 보이지 못했다. 세 번째, 이 질환들 각각은 다양한 원인에서 기인할 수 있다. 조현병은 한 가지 장애보다는 여러 장애들이 서로 느슨하게 묶여져 결합된 질환인 듯하다. 자폐증의 경우도 마찬가지일 수 있다.

이들 장애에 대해 읽을수록, 우리가 이 장애들에 대해 얼마나 아는 것이 없는지 좌절스러울 수 있다. 완전히 낙담하지 않기 위한 하나의 방법은 1900년대 중반에 쓰여진 교재에서 이 장애들에 대해 뭐라고 말했는지 읽는 것이다. 이전에는 조현병과 자폐증을 아이에게 충분한 사랑을 보여주지 못한 나쁜 부모의 탓으로 비난했다. 다행히도 그러한 시대는 지나갔다. 우리는 아직 우리가 찾는 것에 대한 모든 답을 구하지는 못했지만, 적어도 어느 것이 답이 아닌지에 대해서는 알고 있다. 그것만이라도 축하할 가치가 있는 진전이라 할 수 있다.

요약

- **우울증의 증상.** 우울증이 있는 사람들은 삶에 대한 관심과 만족이 적고, 수면장애를 겪으며, 섹스와 음식에 대한 관심을 잃고, 뭔가에 집중하기를 힘겨워한다. (613쪽)

- **삽화.** 우울증은 삽화가 있다. 비록 첫 번째 삽화는 주로 스트레스 사건으로 인해 일어나지만, 이후의 삽화들은 더 쉽게 일어난다. (613쪽)

- **계절성 정동장애와 양극성 장애.** 계절성 정동장애가 있는 사람들은 일 년의 어느 한 계절에는 우울해지는 경향을 보인다. 양극성 장애가 있는 사람들은 우울한 기간과 조증 기간을 왔다 갔다 한다. (613쪽)

- **항우울제.** 비록 항우울제는 한 시간 내에 시냅스에 영향을 미치지만, 행동의 변화에 미치는 영향은 2주나 3주간의 처치가 있은 후부터 시작된다. 항우울제는 아마도 해마에서의 세포 성장을 향상시킴으로써 좋은 효과를 낸다. (615쪽)

- **치료의 효율성.** 우울증 환자들의 3분의 1 정도가 몇 개월 이내로 치료 없이도 호전된다. 심리치료 또는 항우울제를 복용하는 환자들 중 2분의 1이 호전된다. 즉, 가짜약을 처방받거나 치료를 전혀 받지 않은 사람들보다 20% 이상에 해당된다. 가벼운 우울증을 겪고 있는 사람들에게는 항우울제가 가짜약보다 특별히 효과가 있지는 않다. (616쪽)

- **항우울제인가 심리치료인가?** 항우울제는 심리치료보다 편하고 덜 비싸지만, 심리치료의 효과가 더욱 장기적인 경향이 있다. (617쪽)

- **그 밖의 치료.** 약이나 심리치료에 반응을 보이지 않는 많은 사람들을 위해서 전기경련치료(ECT)가 또 다른 대안이 될 수 있다. (617쪽)

- **조현병의 증상.** 조현병으로 진단받기 위해서는 그 사람이 일상생활에서의 기능이 악화되었고, 다음의 증상 등이 나타나야 한다. 즉 환각, 망상, 와해된 행동과 사고, 운동장애, 정상적인 정서 반응 및 사회적 행동의 손실 등이다. (618쪽)

- **유전적 영향.** 많은 증거들이 조현병 소인이 유전될 수 있음을 나타낸다. 최근의 가설은 조현병은 수많은 유전자 중에 어느 것의 변이로부터 기인할 수 있다는 것이다. (620쪽)

- **신경발달 가설.** 많은 연구자들이 조현병은 출생 이전에 유전적 환경 또는 태내 환경에서 기인한 비정상적인 뇌 발달로 인해 생긴다고 믿었다. 생애 초기의 비정상적인 발달은 차후 성인이 되었을 때 잠재적으로 악화될 가능성을 안게 된다. (620쪽)

- **뇌 이상.** 조현병이 있는 많은 사람들은 가벼운 뇌 이상 증세를 보이며, 특히 이마앞겉질에서의 이상을 보인다. 그러나 어떤 뇌 손상은 알코올 남용으로부터 생겼을 수도 있다. (621쪽)

- **항정신병 약물.** 조현병을 완화시키는 약물은 도파민 시냅스를 차단한다. 비정형 항정신병약은 운동장애를 덜 일으키는 경향이 있다. (622쪽)

- **자폐증.** 자폐증은 생애 초기에 시작되며, 사회적 접촉 손상, 언어 손상, 판에 박힌 움직임 등으로 특징지어진다. (622쪽)

핵심 용어

계절성 정동장애(SAD) (613쪽)

과대망상 (618쪽)

관계망상 (618쪽)

망상 (618쪽)

망상형 조현병 (61쪽)

모노아민 산화효소 억제제(MAOI) (615쪽)

복제 수 변이 (620쪽)

비정형 항정신병약 (622쪽)

삼환계 항우울제 (615쪽)

선택적 세로토닌 재흡수 억제제(SSRI) (615쪽)

신경발달 가설 (620쪽)

양극성 장애 (614쪽)

양성 증상 (618쪽)

음성 증상 (618쪽)

자폐증 (622쪽)

전기경련치료(ECT) (617쪽)

조증 (614쪽)

조현병 (618쪽)

조현병의 도파민 가설 (622쪽)

주요 우울장애 (613쪽)

지연발생 운동이상증 (622쪽)

출생 계절 효과 (621쪽)

피해망상 (618쪽)

항정신병약 (622쪽)

환각 (618쪽)

DISC1 (620쪽)

정신질환의 치료

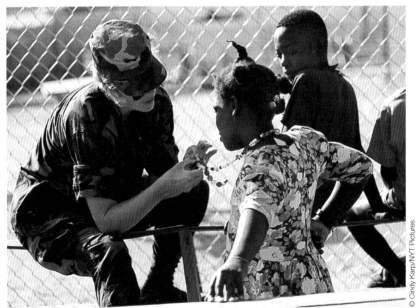

- 심리치료자들이 심리 장애와 맞서 싸우기 위해 사용하는 방법들은 무엇일까?
- 이러한 방법들은 어떤 면에서 효율적일까?
- 사회는 심리 장애에 대해 어떤 일을 해야 할까?

근시인 사람들 몇 명이 숲 속에서 길을 잃어버리고 집으로 가는 길을 찾으려 하고 있다. 그들 중 한 명이 안경을 쓰고 이렇게 말한다. "내가 길을 아는 것 같아. 나를 따라와." 다른 사람들이 웃음을 터뜨린다. "웃긴다."라고 한 사람이 말한다. "안경이 필요한 사람이 어떻게 우리의 리더가 될 수 있지?"

1972년, 민주당 상원의원 Thomas Eagleton은 미국 부통령 후보로 지명되었다. 후보로 지명된 지 얼마 지나지 않아, 그는 자신이 우울증 때문에 정신의학적 치료를 받은 적이 있음을 밝혔다. 그는 무자비하게 조롱거리가 되었다. "정신과 의사가 필요했던 사람이 어떻게 우리의 리더가 될 수 있지?"

심리적 문제가 있는 사람들 중 많은 수가 도움 받기를 거부하는데, 부분적으로는 정신질환에 대한 오명 때문이다(Wang et al., 2005). 우리 모두가 치료에 대한 우리 자신의 반응을 고려해야 할 필요가 있다. 더불어 다른 문제들을 해결해야 할 필요가 있다. 심리 장애를 예방하기 위해 사회 전체가 취해야 하는 조치는 무엇일까? 어떤 사람은 원하지 않아도 정신의학적 치료를 받아야 할까? 어떤 상황하에서 형사피고인이 '정신이상(insanity)'을 이유로 무죄 판결을 받아야 할까?

심리치료 개관

심리 장애의 치료에는 두 가지 종류가 있다. 약물치료와 심리치료이다. 이전 단원에서 우리는 항우울제와 항정신병약에 대해 살펴보았다. 심리치료에 대해서도 간략하게 살펴보았지만, 이제는 보다 상세하게 살펴볼 시간이다. 심리치료(psychotherapy)는 훈련된 치료자와 내담자 사이의 개인적인 관계를 포함한 여러 방법들로 심리 장애를 치료하는 것이다.

정신질환 치료는 1900년대 중반에 과학적 이유와 경제적 이유 둘 다로 인해 크게 변화했다(Sanchez & Turn-

er, 2003). 만약 당신이 1900년대 중반에 치료법을 찾아다녔다면, 아마도 정신과 의사를 찾아갔을 것이다. 이때는 임상심리학이 막 시작된 시기였기 때문이다. 당시에는 프로이트의 이론이 지배적이었고, 만약 당신이 프로이트식 치료자(정신분석가)를 찾아갔다면, 당신은 몇 달이나 몇 년에 걸쳐서 일주일에 4일에서 5일간 진행되는 한 시간씩의 회기에 참여했을 것이다. 건강보험이 있는 사람들은 극히 적었기 때문에 당신은 그 돈을 직접 지불해야 했을 것이며, 만약 건강보험이 있었다손 치더라도 정신과 치료를 지원해 주지는 않았다. 치료법의 효과에 대한 어떤 연구도 진행되지 않았기 때문에 당신은 그냥 당신이 받는 치료가 적절할 것이라고 희망을 갖고 믿는 수밖에는 없었다. 당신의 치료자는 당신에게 어떤 진단도 내려주지 않거나, '신경증적이다'와 같은 애매한 진단만 내려줄 것이다.

오늘날에는 이 모든 것이 변했다. 만약 당신이 치료를 받고 싶다면, 정신과 의사와 임상심리학자와 사

아이티 난민촌의 이 군심리학자와 같은 심리치료자가 사람들로 하여금 문제를 극복하도록 도움을 주고 있다.

© Cindy Karp/NYT Pictures

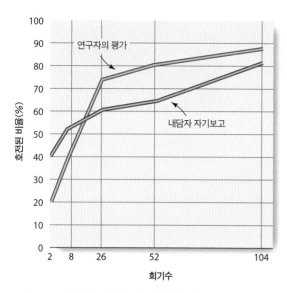

그림 15.18 심리치료 회기 수와 호전된 내담자 비율 간의 관계(출처: Howard et al., "The Dose-Effect Relationship in Psychotherapy," *American Psychologist*, vol 41 (pp. 159-164). ⓒ 1986 by the American Psychological Association. 저자의 허락하에 실음)

회복지사와 그 밖의 치료자들 가운데에서 선택할 수 있다. 치료자들은 정신분석뿐만 아니라 다양한 방법을 사용한다. 치료받은 것에 대해 직접 돈을 내는 대신, 당신은 아마 그 비용을 종합건강관리기관(health maintenance organization, HMO) 또는 그 밖의 보험회사에 청구할 수 있을 것이다. HMO와 그 밖의 보험업자들은 필요 이상의 치료나 검증되지 않은 기법에 대해서는 지불하고 싶어 하지 않는다. 만약 당신이 출생의 순간을 재현하고 싶어서 벌거벗은 채로 치료자와 함께 뜨거운 욕조로 들어가고 싶다면, 만약 그 비용을 당신이 직접 지불할 수 있다면야 남은 인생 동안 매일

그렇게 할 수도 있다. 하지만 만약 보험이 그 비용을 지불해 주기를 바란다면, 누군가는 이 치료법이 효과적이라는 것을 증명할 필요가 있다. 결과적으로, 치료자들은 치료법을 검증하며 경험적으로 지지된 치료(empirically supported treatments)를 사용해야 할 압박감을 느낀다. 경험적으로 지지된 치료란 유용하다고 증명된 치료법들을 뜻한다(APA Presidental Task Force on Evidence-Based Practice, 2006). 많은 치료자들은 다양한 장애를 어떻게 다루어야 하는지 명확하게 구체화해서 출판된 매뉴얼을 따른다. 보험업자들이 특정 고객에게 지급할 수 있는 회기의 수를 제한하기 때문에, 치료자들은 적당한 수의 회기 동안 가능한 만큼 상담 목표를 달성할 수 있는 단기 치료법들을 개발하기 위해 노력했다. 그림 15.18이 보여주듯이, 심리치료를 받은 전체 사람들의 절반 정도가 8회기 동안 유의미한 호전을 보였다(K. I. Howard, Kopta, Krause, & Orlinsky, 1986). 비록 많은 내담자들이 그들의 보험이 제공할 만큼의 분량보다 더 많은 치료를 받는다면 좋겠지만, 종결 기한을 정하는 것이 그리 나쁜 생각은 아니다(Hamm, Reiss, Paul, & Bursztajn, 2007).

당신이 기분이 좋지 않고 누군가에게 이야기를 할 필요를 느낄 때 보험회사들은 아마 한 회기나 두 회기 정도는 비용을 지불해 줄지도 모르지만, 당신이 정신질환으로 진단받았을 때 더 많은 비용을 지불할 것이다. 그 결과, 당신이 짐작한 바대로, 치료자들은 당신의 문제가 무엇이든지 간에 거의 확실하게 특정 진단명을 부여한다. 또한 치료자들은 그러한 진단들은 더욱 엄밀하게 규정하는 데 더 신중해지고 있다. 표 15.4는 이러한 변화를 요약하고 있다.

개념 점검   30. 1950년대 이후 심리 장애에 대한 치료는 어떻게 변화되었는가?

심리치료 유형

심리치료에는 많은 유형이 있다. 절차에서부터 기본 가정에 이르기까지 서로 다양

표 15.4 1950년대와 21세기 간 심리치료의 변화

치료의 측면	1950년대	21세기 초
지불 주체	환자나 가족	건강보험
치료자의 유형	정신분석가	정신분석가, 임상심리학자, 그 외
치료의 유형	거의 프로이트식	여러 종류. 증거 기반 치료를 강조
치료의 기간	주로 장기, 흔히 몇 년간 지속	효과를 본다면 몇 회기. 필요하다면 더 진행
진단	'신경증' 또는 '정신증'처럼 주로 애매함. 흔히 진단을 내리지 않음	여러 가지 진단. 각각의 진단명은 세밀하게 정의 내려짐
치료법의 결정	치료자와 환자	보험업자, 환자가 비용을 더 지불할 경우에는 달라짐

하다. 이곳에서는 미국과 유럽에서 행해지는 심리치료에 초점을 두고 논의하고자 한다. 대부분의 중국인은 낯선 사람에게 개인사 및 가족사를 이야기하는 것은 수치스러운 일이라고 여긴다(Bond, 1991). 인도의 심리학자들은 심리치료를 지역 문화에 맞추어 적용한다. 예를 들면, 내담자와 친밀한 관계를 유지하기 위해, 그들은 대부분의 서양 심리학자들이 일축하는 점성학이나 기타 다른 개념들을 내담자가 신봉하더라도 존중해 주어야 한다(Clay, 2002).

정신역동적 치료

정신역동적 치료(psychodynamic therapies)는 개인이 의식적으로 인식할 수 없는 것들을 포함한 서로 상충하는 충동들을 이해하고자 한다. 비록 이런저런 차이가 있지만, 지그문트 프로이트의 치료 절차(성적 동기를 찾으려 함)와 Alfred Adler의 치료 절차(힘과 우월감 동기를 찾으려 함) 모두 정신역동적이라 할 수 있다.

정신분석(psychoanalysis)은 무의식적인 사고와 감정을 의식 수준으로 가져오려고 한다. 때문에 '통찰 지향 치료(insight-oriented therapy)'라고 불린다. 정신분석가는 내담자가 말한 것에 대한 해석을 제공한다. 다시 말하면 내담자가 말한 것의 기저에 있는 함축된 의미를 설명해 준다. 때때로 이런 해석에 대해 내담자와 논쟁을 벌이기도 한다. 정신분석가는 내담자가 동의하지 않는 것을 저항이라고 간주하기도 한다. 예를 들어, 극도의 불안을 자극하는 주제를 언급하기 시작하면 내담자는 다른 사소한 주제로 화제를 전환하거나, 단지 '깜빡 잊고' 다음 치료 회기에 나타나지 않기도 한다.

정신분석에서 쓰이는 기법 중 하나는 자유연상(free association)으로, 내담자의 마음에 떠오르는 모든 것들, 예를 들면 단어, 문장, 또는 이미지 등을 말하는 것이다. 아무것도 검열하지 않고 심지어는 완전한 문장으로 이야기하지 않아도 된다. 정신분석가는 경청하며 그 발언들을 모두 통합할 수 있도록 연계성을 찾는다. 자유연상에서의 기본 가정은 하나의 생각에서 다른 생각으로 비약하는 것이 그 두 가지 생각들 사이의 관계를 보여준다는 것이다. 다른 기법은 꿈 분석(dream analysis)으로, 내담자가 보고한 꿈에서 나타나는 상징을 이해하려는 것이다. 치료자들은 또한 전이(transfer-

ence)의 대상이 되기도 하는데, 전이란 원래는 내담자의 아버지, 어머니, 또는 내담자에게 중요한 그 외의 인물을 향해 쌓아올린 행동과 감정들을 치료자에게 옮기는 것이다.

오늘날의 정신분석가들은 프로이트의 접근을 여러 면에서 수정한다. 목표는 여전히 사람들이 자신의 행동 뒤에 숨어 있는 이유를 이해하도록 도움으로써 그들을 내면에서부터 변화시키고 성격의 재조직화를 이루는 것이다.

개념 점검 31. 정신분석가들이 무의식에 접근하기 위해 시도했던 방법은 무엇인가?

행동치료

행동치료자들은 이상행동은 학습되는 것이며 이를 의도적으로 없앨 수 있다고 가정한다. 그들은 변화할 필요가 있는 행동, 이를테면 두려움이나 나쁜 습관 같은 행동에 대해 정의를 내리고, 그 뒤 강화나 그 밖의 학습 원리를 통해 그 행동을 수정하기 위한 계획을 수립한다. 이들은 행동을 수정하기 위한 첫 번째 단계로서 행동의 원인을 이해하려고 시도할 수도 있지만, 정신분석가들과는 달리 행동치료자들은 행동의 숨겨진 의미를 이해하기보다 행동을 변화시키는 데에 더 관심이 있다.

행동치료(behavior therapy)는 명확하고 잘 정의된 목표, 예를 들면, 시험 불안을 제거시키는 것과 같은 목표를 세우고, 학습을 통해 그것을 성취하려고 시도한다. 명확한 목표를 설정하는 것은 치료가 성공적으로 진행 중인지를 치료자가 판단할 수 있게끔 만든다. 만약 내담자가 아무 진전도 보이지 않는다면, 치료자는 치료 절차를 수정한다.

행동치료의 한 예는 배변 훈련이 끝날 만한 나이를 넘기고도 이불에 오줌을 싸는 아이들을 위한 치료이다. 가장 효과적인 절차는 방광이 가득 차면 잠에서 깨도록 고전적 조건형성을 이용하는 것이다. 아동이 밤에 잠을 잘 때 속옷에 배터리로 작동하는 작은 기구를 부착한다(그림 15.19). 만약 아이가 소변을 보면, 그 기구가 습기를 감지하고 진동을 함으로써 아이를 깨운

그림 15.19 아이의 속옷에 Potty Pager를 붙이면 이것이 속옷이 젖기 시작할 때 진동을 한다. 그 진동으로 인해 아동은 잠에서 깨고, 그 뒤 방광이 찼을 때 일어나는 법을 학습한다.

다. 한 해석에 따르면, 진동은 무조건 자극(UCS)으로서 잠에서 깨는 무조건 반응(UCR)을 이끌어낸다. 이 예시에서는, 신체 자체가 방광이 가득 찬 것에 대한 느낌인 조건자극(CS)을 생성해 낸다(그림 15.20). 이 감각 신호는 진동이 임박해 있다는 것이다. 몇 번(또는 그 이상)의 연합을 거치면, 방광이 찼다는 감각만으로도 아동은 잠에서 깨어날 수 있다.

실제로는, 상황이 조금 더 복잡하다. 조작적 조건형성에서처럼 아이가 화장실에 가기 위해 일어나면 보상을 받는다(Ikeda, Koga, & Minami, 2006). 또한, 호르몬이 밤에 신체에서 소변이 많이 생성되는 것을 막음에 따라 많은 아이들이 밤새 깨지 않고 쭉 자게 된다

(Butler et al., 2007). 어찌 되었든 이렇게 알람을 이용하는 방법은 행동치료를 적용한 것이고, 야뇨를 하는 아이들 중 최소 3분의 2 정도에게 도움이 되며, 때로는 한 번이나 두 번의 밤만 지나도 효과가 있다.

개념 점검 32. 야뇨증에 알람을 이용하는 방법을 사용할 때, 조건 자극은 무엇인가? 무조건 자극은 무엇인가? 조건 반응은 무엇인가?

인지치료

어떤 사람이 당신의 의견을 물어보더니 다른 사람에게도 의견을 묻는다고 가정해 보자. 당신은 "여러 의견을 들어 보는 것은 좋은 일이지."라고 반응할 수도 있다. 또는 당신의 의견만으로는 충분하지 않았다는 것에 기분이 상할 수도 있다. 당신의 감정은 사건뿐만 아니라 당신이 그 사건을 어떻게 해석하는지에 달려 있다. 인지치료(cognitive therapy)는 사람들이 사건에 대해 해석하는 방식을 바꿈으로써 심리적 안녕을 증진시키려고 하는 것이다(Beck, 1976; Holon & Beck, 1979). 인지치료자들은 괴로운 사고(예를 들어 "아무도 나를 좋아하지 않아")를 파악하여 내담자가 그러한 사고 기저에 있는 증거들을 탐색하도록 격려한다. 주로 내담자는 그러한 믿음들이 합리적이지 않다는 것을 발견한다. 치료자는 사람들이 비현실적인 목표, 이를테면 언제나 뛰어나야 한다는 생각 등을 알아차리고 그러한 목표를 버리도록 돕는다. 인지치료는 또한 사람들이 활동을 위한 기회, 즐거움, 또는 성취감을 발견하도록 격려한다.

많은 치료자들은 행동치료와 인지치료의 형태를 혼합하여 인지행동치료(cognitive-behavior therapy)를 실시한다. 치료자는 행동적인 목표를 설정하지만, 동시에 상황에 대한 사람들의 해석을 수정하려고 한다. 예를 들어, 치료자는 내담자가 심각한 문제와 상상 속의 혹은 과장된 문제를 구별할 수 있도록 조력한다. 그리고 나서 내담자가 더욱 심각한 문제에 대처할 수 있도록 내담자의 행동을 수정하려고 시도한다.

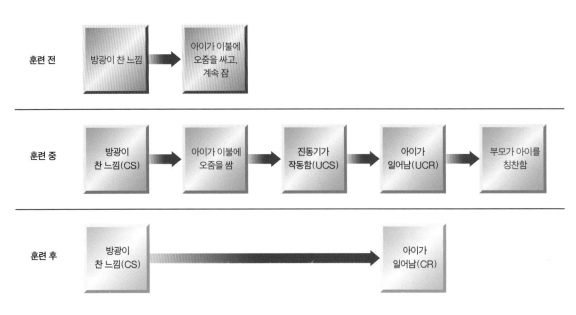

그림 15.20 처음에는 방광이 가득 찬 감각(CS)이 어떤 반응도 이끌어내지 못하고, 아이는 침대에 오줌을 싼다. 습기가 진동을 이끌어내면(UCS) 아이가 잠에서 깬다(UCR). 곧 방광이 가득 찬 느낌이 아이를 깨우게 된다(CR).

훈련 전: 방광이 찬 느낌 → 아이가 이불에 오줌을 싸고, 계속 잠

훈련 중: 방광이 찬 느낌(CS) → 아이가 이불에 오줌을 쌈 → 진동기가 작동함(UCS) → 아이가 일어남(UCR) → 부모가 아이를 칭찬함

훈련 후: 방광이 찬 느낌(CS) → 아이가 일어남(CR)

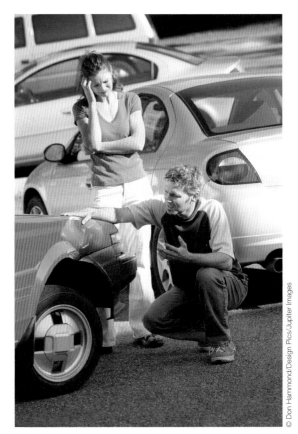

우리에게 일어나는 사건은 우리가 어떻게 해석하느냐에 따라 속상한 사건이 될 수도 있고 아닐 수도 있다.

인본주의 치료

제14장에서 보았듯이, 인본주의 심리학자들은 사람들이 스스로 어떤 사람이 되고 싶은지를 의도적으로 선택할 수 있다고 믿었다. 인본주의 치료자들에 따르면, 사람은 거절당하거나 실패할 것에 대한 느낌으로부터 자유로워지면 스스로의 문제를 해결할 수 있게 된다.

Carl Rogers의 인본주의 치료는 인간중심치료(person-centered therapy)라고 불리며, 비지시적인(nondirective) 또는 내담자중심(client-centered)치료라고 알려져 있다. 치료자는 내담자를 전적으로 수용하여 경청하며 무조건적인 긍정적 존중을 한다. 대부분의 경우, 치료자는 내담자가 말한 것을 다른 말로 바꾸어 표현하고 명료화하며, "나는 당신의 관점을 통해 당신의 경험을 이해하려고 노력하고 있습니다."라는 메시지를 전달한다. 치료자는 진솔하고, 공감적이고, 배려하며, 거의 해석이나 충고는 하지 않는다. 오늘날 인간중심치료에만 전적으로 의존하는 치료자는 적지만, 대다수의 치료자들이 치료자와 내담자 사이의 배려와 진솔한 관계를 중시하는 인간중심치료의 강조점을 따른다(Hill & Nakayama, 2000).

개념 점검

33. 다음 질문들에 대하여 정신분석, 인지치료, 인본주의 치료, 행동치료 중에 해당하는 답을 말하라.
   a. 이들 중 행동에 대한 해석과 권고를 가장 덜 제공하는 치료는 무엇인가?
   b. 이들 중 사람의 감정에 대해 가장 신경을 덜 쓰는 치료는 무엇인가?
   c. 사람의 생각보다 행동을 바꾸는 데 더 초점을 두는 치료는 무엇인가?
   d. 사람이 생각하는 것을 바꾸려고 하는 두 가지 치료법은 무엇인가?

가족체계치료

가족체계치료(family systems therapy)에서는 대다수 사람들의 문제는 가족관계 속에서 발달된다고 가정하며 이것을 다루는 최고의 방법은 가족 간의 관계와 의사소통을 증진시키는 것이라고 본다. 가족치료자들은 행동치료, 인지치료, 그 외의 방법들을 사용할 수도 있다. 가족치료자들의 특징은 이들이 가족 구성원 중 두 명 이상의 사람들과 대화하는 것을 선호한다는 것이다. 대다수의 문

가족치료는 신경성 식욕 부진을 겪고 있는 사람(오른쪽에서 네 번째 사람)에게 특히 도움이 된다. 문제를 겪는 사람들 중 가족 간 어려움을 겪고 있는 많은 사람들은 그 어려움을 드러내면서 치료적인 도움을 얻는다.

제를 해결하기 위해서는 개인의 행동을 변화시키는 것만큼이나 가족 역동을 변화시키는 것이 필요하다 (Clarkin & Carpenter, 1995; Rohrbaugh, Shoham, Spungen, & Steinglass, 1995).

우리는 심리치료의 다섯 가지 종류를 살펴보았다. 미국 심리치료자들의 절반 정도가 어느 한 방법만 온전히 따르지는 않는다고 주장한다. 대신, 그들은 여러 가지 방법과 접근법을 혼합한 절충적 치료(eclectic therapy)를 사용한다(Wachtel, 2000).

집단치료

심리치료의 개척자들은 내담자들을 개인으로 바라보았다. 개인치료는 그만의 장점이 있다. 이를테면 사생활 보호이다. 집단치료는 한 번에 여러 사람들에게 실시된다. 처음에 집단치료는 경제적인 이유로 유명해지기 시작했다. (여러 사람들이 비용을 나누어 부담함으로써 치료를 이용하기가 더 수월해졌다.) 곧이어 치료자들은 집단치료의 다른 장점들을 발견했다. 그저 비슷한 문제를 안고 있는 다른 사람들을 만나는 것만으로도 안심이 되는 효과가 있었던 것이다. 또한 집단치료는 사람들이 자신과 타인이 관계를 맺는 방법을 살펴볼 수 있게 했고, 사회적 기술을 연습하고, 피드백을 받을 수 있게 했다(Ballinger & Yalom, 1995).

자조모임(self-help group), 이를테면 익명의 알코올 중독자 모임과 같은 이러한 모임은 집단치료와 아주 유사한 기능을 수행하며, 치료자가 없다는 점만이 다르다. 각각의 참가자들은 도움을 주고받는 역할을 모두 수행한다. 스스로 유사한 문제를 경험해 본 적이 있는 사람들은 동일한 문제를 안고 있는 다른 사람들에게 특별한 통찰을 제공할 수 있다. 몇몇 지역에서는 현재 정신질환을 겪고 있는 환자들 또는 과거에 정신질환을 경험한 환자들이 정신병원의 대안으로서 자조모임센터를 조직했다. 이 소규모의 가정적인 환경에는 전문적인 치료자가 있을 수도 있고 없을 수도 있다. 사람들을 의료적인 도움이 필요한 환자로 대하는 대신, 그들은 사람들 스스로가 자신의 행동에 책임질 것을 기대한다. 이 체계들은 정신병원과 동일하거나 또는 더 나은 성과를 나타내고 있으며, 분명한 것은 내담자들은 이 시설들을 더 선호한다는 것이다(Greenfield, Stoneking, Humphreys, Sundby, & Bond, 2008).

자조(self-help)의 궁극적인 형태는 자신의 문제에 대해 글을 쓰는 것과 같이 스스로 자신의 문제를 다루는 것이다. 일련의 연구들에서, James Pennebaker와 그 동료들은 참가자들을 두 집단으로 무작위로 배정하였다. 한 집단은 자신이 겪은 힘겨웠던 강렬한 정서적 경험에 대해 3일 이상에 걸쳐 15분 정도 글을 썼다. 다른 집단은 동일한 기간 동안 정서적이지 않은 사건에 대해 글을 썼다. 자신의 정서에 대해 지속적으로 글을 쓴 사람들은 이후 몇 개월간 정신적 건강과 신체적 건강의 증진을 보였다(Campbell & Pennebaker, 2003; Pennebaker & Seagal, 1999). 많은 경우들에서 글을 쓰는 경험은 사람들로 하여금 의사결정을 촉진하고 삶의 방식을 바꾸도록 자극한다. 또한, 자신의 문제를 글로 진술하고 나면, 사람들은 문제를 곱씹는 데에 시간을 더 적게 보낸다(Sloan, Marx, Epstein, & Dobbs, 2008).

(a) 개인치료는 완전한 프라이버시와 개인적인 문제를 깊이 있게 지속적으로 다룰 기회를 제공한다. (b) 집단치료에서는 참가자들이 자신이 다른 사람들과 어떻게 관계를 맺는지 탐색할 수 있다.

34. 단기치료는 많은 치료자들의 목표 또는 정책이기도 하다. 왜 이것이 익명의 알코올 중독자 모임과 같은 자조모임에서는 그리 중요하지 않은 것일까?

심리치료는 얼마나 효과적일까?

오래 전에, Hans Eysenck(1952)는 대다수의 심리적 위기는 일시적이며, 대다수의 사람들은 치료를 받아 회복하기도 하지만 치료 없이도 회복한다고 지적했다. 치료 없는 호전은 자발적 완화(spontaneous remission)라고 불린다. 심리치료는 자발적 완화보다 더 좋은 결과를 내야만이 효과적이라고 볼 수 있다.

심리치료를 평가하기 위해서, 우리는 치료를 받은 사람들과 치료를 받지 않은 사람들을 단순히 비교할 수는 없다. 치료를 받으러 찾아간 사람들은 문제의 심각성 또는 개선에 대한 동기의 측면에서 다른 사람들과 차이가 있을지도 모른다. 최상의 연구들에서는, 치료 기관을 찾아온 사람들을 그 즉시 치료를 받게끔 하거나 또는 다음에 치료를 받도록 무작위로 배정한다. 몇 개월 뒤, 연구자들은 사람들이 호전되었는지 평가한다. 주로 표준화된 질문지에 대한 그들의 응답을 평가하는 방식을 사용한다.

대다수의 실험에서는 그리 많지 않은 수의 사람들만을 대상으로 하는데, 이를테면 치료를 받은 사람들 10명 또는 20명과 대기명단에 있는 동일한 수의 사람들이다. 결론을 내리기 위해서, 연구자들은 메타분석(meta-analysis)이라고 불리는 방법을 사용한다. 메타분석이란 여러 연구결과를 가지고, 각 연구의 참가자 수에 따라 각각의 비율에 가중치를 두어서, 전체적인 평균 효과를 따져보는 것이다. 475개의 실험 결과를 모집한 메타분석의 결과에 따르면, 치료를 받지 않은 사람의 80%보다 치료를 받은 사람의 경우에 평균적으로 훨씬 큰 호전을 보였다(M. L. Smith, Glass, & Miller, 1980). 그림

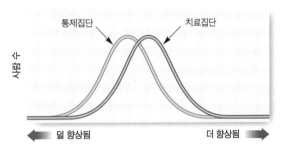

그림 15.21 475개 연구의 결과에 따르면, 유사한 문제를 겪는 사람들 중 심리치료를 받은 사람들이 받지 않은 사람들의 80%보다 호전을 보였다. 이 비교는 모든 종류의 치료와 모든 종류의 장애를 고려했다. (The Benefits of Psychotherapy, by M. L. Smith, G. V. Glass and T. I. Miller, ⓒ 1980 The Johns Hopkins University Press. 허락하에 실음)

모든 사람들의 기분과 행동은 시간에 따라 변하기 때문에 치료의 시작(a)과 끝(b) 사이에 일어나는 외견상의 호전은 해석하기 어렵다. 어느 정도의 호전이 치료로 인한 것이며 어느 정도가 치료 없이도 일어난 것일까?

15.21이 그 결과를 보여주고 있다.

연구자들이 많은 노력을 들이고도 얻은 게 별로 없다는 불평을 쉽사리 할 수 있겠다. 475개의 실험으로부터, 우리는 경미한 장애에 대해서는 치료를 받지 않는 것보다 치료를 받는 것이 일반적으로 더 낫다고 결론을 내린다. 이 결과는 마치 약을 복용하지 않는 것보다는 약을 복용하는 것이 주로 더 낫다고 말하는 것과 같다. 그러나 이 연구는 치료가 어떤 방법으로 이득을 낳을지 그리고 어떤 종류의 치료가 효과적이며 어떤 종류의 치료가 효과적이지 않은지에 대해 보다 상세한 연구가 가능하도록 길을 열었다.

개념 점검

35. 심리치료에 대해 잘 설계된 실험들에서는 내담자의 정신건강을 측정하기 위해 맹목 관찰자 설계를 사용했지만, 이중은폐 연구(double-blind studies)는 어렵거나 불가능하다. 어째서인가?

치료법과 치료자 비교

그 다음, 우리는 각각의 장애에 대해 어떤 종류의 치료가 가장 효과적인지 알고 싶을 것이다. 연구결과는 놀라우리만큼 간단한 결론에 도달했다. 불안 또는 우울과 관련된 다양한 장애들의 경우에는 모든 주된 종류의 치료가 그 효과에 있어서 거의 동일한 것으로 보인다(Benish, Imel, & Wampold, 2008; Cuijpers, van Straten, Andersson, & van Oppen, 2008; Leichsenring & Leibing, 2003; Lipsey & Wilson, 1993; Stiles, Shapiro, & Elliott, 1986; Wampold et al., 1997). 연구는 또한 가장 경험이 많은 치료자들이 경험이 적은 치료자들보다 정확한 진단을 내리는 경향이 있었음에도 불구하고, 반드시 더 효과적이지는 않음을 드러냈다(Christensen & Jacobson, 1994; Dawes, 1994; Spengler et al., 2009). 하지만, 문자 그대로 모든 치료가 효과를 본다는 것은 사실이 아니다. 책임감 있는 치료자들은 증거에 기반한 치료와, 흔히 좋은 효과를 내기보다는 나쁜 영향을 미치곤 하는 일시적인 유행에 따른 치료를 구분한다(Lilenfeld, 2007).

기본 가정, 방법, 그리고 목표에서의 차이에도 불구하고 여러 형태의 심리치료가 그 효과에 있어서는 유사하다는 것은 놀랍다. 분명히, 이들의 공통점이 차이점보다 더 중요하다. 심리치료들이 공유하는 한 가지 특성은 '치료 동맹(therapeutic alliance)'으로, 치료자와 내담자 사이의 관계를 뜻하며 수용, 배려, 존중, 주의를 기울임과 같은 특성을 지닌다. 거의 모든 심리치료가 공유하는 두 번째 특성은, 내담자가 자신의 신념, 감정, 개인적인 어려움에 대해 개방적이고 솔직하게 이야기하는 것이다. 내담자들은 평소에 당연시해 왔던 측면들을 점검한다. 세 번째는, 치료에 참여하는 것만으로도 내담자의 의욕이 고취된다는 단순한 사실이다. 그저 어느 것이든 시도한다면, 상황이 나아질 것이라는 암시를 받는 것이다.

마지막으로, 모든 종류의 심리치료에서는 내담자가 자신의 삶의 방식을 바꾸도록 약속할 것을 요구한다. 단순히 치료 회기에 참가함으로써, 내담자들은 우울을 덜 느끼고, 공포를 극복하고, 몇몇 나쁜 습관들을 극복하기로 약속했던 것을 재확인한다. 한 회기가 끝나면 그들은 다음 회기에 보고할 수 있는 바람직한 변화를 그 사이에 만들어내려고 한다. 표 15.5는 심리치료의 네 가지 종류 간의 유사점과 차이점을 보여주고 있다.

표 15.5 네 가지 심리치료의 유사점과 차이점들

절차	정신분석	행동치료	인지치료	인간중심치료
치료 동맹	√	√	√	√
문제에 대해 개방적으로 이야기하기	√	√	√	√
호전될 것이라고 기대하기	√	√	√	√
변화를 이끌어내겠다고 약속하기	√	√	√	√
무의식을 탐구하기	√			
구체적인 목표		√	√	
새로운 학습을 강조		√		
상황에 대한 재해석			√	
무조건적 긍정적 존중				√
사고를 변화시키기	√		√	

36. 거의 모든 형태의 심리치료에서 유사하게 나타나는 네 가지 방식에 대해 서술하라.

잠재적인 내담자를 위한 충고

어느 시점에서, 당신 또는 누군가가 심리치료자를 찾아보는 데 관심을 가질지도 모른다. 만약 그렇다면, 여기 기억해야 할 몇 가지 요점이 있다.

• 치료자와 상담하는 것은 당신에게 무언가가 잘못되었다는 것을 의미하지 않는다. 많은 사람들은 위기를 겪을 때 그저 누군가와 이야기할 필요성을 느낀다.

• 만약 당신이 미국에 살고 있다면 정신건강협회(Mental Health Association)의 전화번호를 찾아볼 수 있다. 전화를 걸어 추천해 줄 만한 치료자가 있는지 요청하라. 얼마 정도를 지불할 용의가 있는지, 어떤 문제를 갖고 있는지, 어떤 유형의 치료자를 선호하는지 등과 같은 세부적인 사항을 명확히 할 수 있다.

• 효과적인 치료는 내담자와 치료자 사이의 긍정적인 관계에 달려 있다. 만약 당신이 당신 자신의 문화, 민족 집단, 또는 종교적 배경 같은 사람과 이야기하는 데 더 편안함을 느낀다면, 그런 치료자를 찾아보라(La Roche & Christopher, 2008; Worthington, Kurusu, McCullough, & Sandage, 1996).

• 지나치게 자신만만해 보이는 치료자라면 경계하라. 임상적 경험이 많다고 해서 당신의 사적인 생각들에 대해 간편하게 접근할 수 있는 권한을 갖는 것은 아니다.

심리치료의 미래와 예방에 대한 전망

지그문트 프로이트의 절차에서는 내담자 한 명당 한 명의 치료자를 배정해서, 한 번에 한 시간, 일주일에 네 번 또는 다섯 번, 몇 달에 걸쳐 진행했다. 오늘날의 치료자들은 보다 단기적인 치료를 제공하며, 흔히 한 번에 여러 명과 함께 진행한다. 이 장의 초반에 실려 있었던 것을 기억하자. 사람들의 거의 절반 정도가 인생의 어느 시점에서 DSM에 제시된 어떤 문제를 겪는다. Alan Kazdin과 그 동료들은 문제를 겪고 있는 사람들 모두에게 개인적 치료를 제공할 심리학자와 정신과 의사의 수는 결코 충분할 수 없다고 주장했다(Kazdin & Blase, 2011). 그렇다면, 대신 어떻게 해야 할까? Kazdin은 전화나 인터넷을 통한 치료, 좋은 자조 서적들, 그리고 관련 정보를 제공하는 영화나 텔레비전 프로그램을 제안했다. 그보다 좋은 목표는 가능한 한 문제를 예방하는 것이다. 우리 사회에서 충치를 예방하고 전염성 질환에 대한 면역을 형성하기 위해 마시는 물에 불소를 넣듯이, 특정한 종류의 심리적 문제에 대해서는 예방책을 취할 수 있다(Albee, 1986; Wandersman & Florin, 2003).

예방, 개입, 유지를 구별해 보자. 예방(Prevention)은 문제가 시작되기 전에 피하는 것이다. 개입(Intervention)은 문제를 알아차린 이후 그것을 경감시키는 것이고, 유지(maintenance)는 문제가 더 심각해지지 않게끔 조치를 취하는 것이다. 예방에는 여러 가지 형태가 있다. 보편적인 프로그램은 모든 사람을 대상으로 하며, 이를테면 금연 캠페인이나 납이 들어 있는 페인트와 가솔린을 폐기하라는 캠페인 같은 것이다. 선별적인 프로그램은 오직 위기에 처한 사람들만을 대상으로 하는데, 예를 들어 어떤 문제에 대해 가족력이 있는 사람들이다. 지표적 프로그램은 문제의 초기 단계에 있는 사람들을 확인하고 그것을 멈추려고 한다. 지표적 프로그램은 예방보다는 개입에 가깝다.

지역사회 심리학자(community psychologists)들은 사람들이 자신의 환경을 변화시키고, 문제를 예방하고 정신적 건강에 대한 긍정적인 감각을 증진시키도록 돕는다. Alfred Adler의 목표 설정과 유사하다(Trickett, 2009). 예를 들어, 많은 학교에서 자기관리, 대인관계 맺기 기술, 그리고 책임감 있는 의사결정을 가르치기 위해 사회 정서적 학습 프로그램(Social and Emotional Learning programs, SEL)을 도입했다. 이 프로그램들은 확실히 품행장애와 정서적 스트레스의 발생을 감소시키지만, 심지어 이미 합리적으로 잘하고 있는 학생들에게도 사회적 기술, 감정 조절, 학업 성적을 향상시킨다(Durlak, Weissberg, Dymncki, Taylor, Schellignger, 2011). 이러한 성공은 잘 설계된 보편적 예방프로그램의 잠재력을 보여준다.

효과적인 예방프로그램은 주의 깊은 검증을 필요로 한다. 사리에 맞게 들리는 많은 개입 방법들이 효과가 나타나지 않는 경우가 있다. 예를 들어, 스트레스 경험이 일어난 뒤 그 경험에 대해 장기적인 대화를 나누는 것은 외상 후 스트레스 장애를 예방하기보다는 유발하는 경향이 있다. "Scared straight[6]" 개입은 범죄 행동을 감소시키는 게 아니라 오히려 증가시키는 경향이 있다. 공격적인 십대 청소년들에 대한 집단치료는 흔히 이들을 잠재적으로 부정적인 영향에 노출하는 역효과를 낳는다. 신경성 식욕부진증을 예방하려고 의도했던 몇몇 프로그램들과 자살을 감소시키려고 한 몇몇 프로그램들은 실제로는 그 발생 비율

---

6 1978년에 방영된 다큐멘터리 방송 프로그램의 제목으로 비행청소년들이 실제 교도소 내에서 실제 수감자들과 생활하면서 다시는 비행을 저지르고 싶지 않도록 결심하게 만드는 데 목적이 있었다.

을 증가시키는 것으로 나타났다(Joiner, 1999; Mann et al., 1997; Moller, 1992; Stice & Shaw, 2004; C. B. Taylor et al., 2006). 요점은, 우리는 예방과 치료의 효과적인 방법을 알아보는 데 있어서 보다 주의 깊은 연구가 필요하다는 것이다(Lilienfeld, 2007; Nicholson, Foote, & Gigerick, 2009).

가장 좋은 프로그램은 참가자에게 특정 행동에 대한 적극적인 실습을 제공하는 프로그램이다. 예를 들어, 위험한 행동을 하게 만들려는 또래 압력에 저항하는 것과 같은 행동이다. 이 프로그램들은 스키너의 조성과 유사하게, 보다 간단한 기술에서부터 복잡한 기술로 한 발짝씩 나아갈 수 있게 구성되어 있다. 그리고 이러한 프로그램들은 적절한 때에 실시된다. 예를 들어, 에이즈에 대한 예방이나 피임은 학생들이 성적으로 활동적인 시기로 접어들 때 시작되어야 하지, 여러 해 전이나 후에 이루어져서는 소용이 없다.

여기 예방 프로그램의 몇 가지 예시가 있다.

• 조기 탐지. 대다수의 사람들은 몇 년씩 문제와 씨름한 뒤에야 비로소 치료자의 도움을 구한다. 문제를 빨리 감지하는 것은 좋은 결과를 낼 가능성을 높인다.

• 독성물질 금지. 납이 들어간 페인트를 판매하는 것은 아이들이 그 부스러기를 먹을 시 뇌손상을 일으킬 수 있기 때문에 금지되었다.

• 산전 건강 관리에 대해 임신부를 교육하는 것. 임신 도중 알코올이나 다른 약물을 복용하는 것은 태아의 뇌를 손상시킬 위험이 있으며, 임신 도중에 박테리아나 바이러스에 감염되는 것은 태아의 뇌 발달을 손상시킬 수 있다.

• 공공장소에서의 흡연을 금지하고 흡연의 위험성에 대해 교육하는 것. 신체적 건강의 증진은 심리적 건강 또한 증진시킨다.

• 사람들이 직업을 가질 수 있게 조력하는 것. 실직자들은 자존감을 잃고 우울증과 약물 남용의 위험성에 빠진다.

• 아동에 대한 돌봄을 제공하는 것. 비용이 부담스럽지 않은 양질의 주간 돌봄 서비스 시설은 부모와 아이 둘 다 스트레스를 감소시킨다.

개념 점검

37. 심리적 문제를 예방하기 위해 새로운 프로그램을 추진하기 전에 주의 깊은 연구를 실시하는 것이 왜 중요한가?

정신질환과 관련된 사회적 주제들

마지막으로, 당신이 시민으로서 접할 수 있는 공공정책 관련 문제에 대해 살펴보자. 첫 번째로 정신병원이 있다. 1950년대에는 정부 지원의 주립 정신병원은 문제를 겪는 사람들로 넘쳐 났고 이들을 지원할 인원은 부족했다. 정신병원에 입원한 사람들에는 정신병 환자뿐만 아니라 알츠하이머 환자 그리고 지적장애 환자들도 포함되어 있었다. 이 정신병원들 대다수는 음침한 장소였다.

1950년대에 병원들은 탈시설화(deinstitutionalization)를 추구했다. 탈시설화란 환자들을 정신병원에서 퇴원시키고 가능한 한 덜 구속적인 돌봄을 받게 하는 것으로, 100년 이상 많은 사람들이 지지해 왔던 아이디어였다(Tuntiya, 2007). 환자들은 집으로 되돌아가서 가능한 한 정상적인 삶을 살 자유를 누리고, 그러는 동안 지역의 보건센터 등에서 외래 진료를 받도록 하는 취지였다. 이렇게 하는 것이 대규모 정신병원보다 비용이 싸면서도 더 효과적이었다(Fenton, Hoch, Herrel, Mosher, & Dixon, 2002; Fenton, Mosher, Herrell, & Blyler, 1998). 잉글랜드와 웨일즈에서는 1975년에 정신병원이 130개가 있었지만 2000년에는 오직 12개였

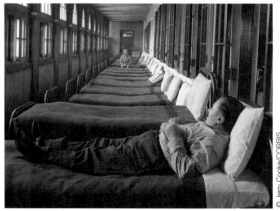

1900년대 중반에는 대부분의 정신병원들이 쾌적하지 않은 창고와 같은 형태의 장소에서 최소한의 돌봄만을 제공하였다.

탈시설화는 사람들을 정신병원에서 내보내긴 했지만, 그들 중 다수가 정신병원에서 나간 뒤 치료를 거의 혹은 전혀 받지 못하였다.

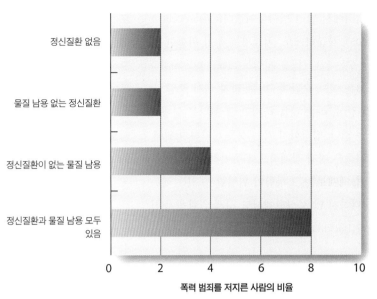

그림 15.22 정신질환을 겪고 있는 사람들 중 물질 남용을 하는 사람들은 2년에서 3년 내로 폭력 범죄를 저지를 가능성이 8%였다. 물질 남용을 하지 않는 사람들은 나머지 사람들보다 특별히 더 위험하지 않다. (Elbogen, E. B., & Johnson, S. C., 2009. The intricate link between violence and mental disorder. *Archives of General Psychiatry*, 66, 152-161. 자료에서 발췌)

다(Leff, 2002). 1967년 미국에서는 거의 200,000명의 사람들이 정신병원에 있었지만 2007년에는 40,000명 이하로 줄었다(Scott, Lakin, & Larson, 2008).

하지만 사람들이 정신병원에서 퇴원한 뒤에는 무슨 일이 일어날까? 어떤 사람들은 외래 치료를 받았지만, 다른 많은 사람들은 노숙자가 되거나 양로원으로 보내지거나 감옥에 갔다(Nilsson & Lögdberg, 2008; Odell & Commander, 2000). 탈시설화는 원칙적으로는 좋은 아이디어지만 오직 제대로 시행될 때에 한해서였다. 하지만 흔히 너무나 자주 제대로 시행되지 않았다.

강제 입원과 잠재적으로 위험한 환자들을 다루기

한 가족이 당신의 옆집으로 이사를 왔다고 가정하자. 그리고 그 가족의 성인 아들이 그 집에 사는데, 그에게 정신적 문제가 있다고 가정하자. 당신은 위험에 처한 것인가? 스웨덴 연구자들은 전국의 의료 기록 및 범죄 경력을 조사했고, 심한 정신질환을 앓는 사람들은 전체 인구의 1.4%이고 폭력 범죄를 저지른 사람들 중 5%를 차지함을 발견했다(Fazel & Grann, 2006). 그러나 그림 15.22에 나타났듯이, 단지 정신질환을 앓고 있는 사람이 알코올 또는 물질을 남용하는 경우에만

위험은 증가한다(Elbogen & Johnson, 2009).

만약 정신병력이 있는 사람이 위험하게 보이는데 그 사람이 치료받기를 거부한다면, 치료를 요구하는 것이 가능할까? 미국에서는 주마다 법이 다르지만, 위험하거나 스스로 결정을 내릴 수 없는 사람들에 한해서 판사가 정신병원에 강제 입원시킬 수 있는 권한이 있다. 이러한 판결을 내리는 것은 어려운 일이다. 한편으로, 몇몇 심각한 장애가 있는 사람들은 그들의 문제를 인식하지 못한다. 반면 어떤 정신과 의사들은 경미한 문제를 안고 있는 사람에게도 강한 약을 처방하는데, 이것은 좋은 영향보다는 나쁜 영향을 미친다.

보호해야 할 의무

어떤 사람이 치료자에게 자신의 호의를 무시한 여자를 죽일 계획이라고 말한다고 가정해 보자. 몇 달 뒤, 그는 정말로 그녀를 살해했다. 그녀의 가족은 그 치료자를 고소하고 손해 배상을 받을 수 있을까?

1976년 타라소프(Tarasoff) 판례에서, 캘리포니아 대법원은 자신의 내담자가 위험하다고 간주할 만한 신빙성 있는 이유가 있는 치료자는 위험에 처한 사람에게 경고를 하거나 위해를 예방할 다른 조치를 취할 의무가 있다고 판결을 내렸다. 이 판결은 그 적용이 때때로 불분명함에도

미국과 캐나다에서 널리 받아들여졌다(Quattrocchi & Schopp, 2005). 불운하게도, 치료자는 누가 위험한 건지 항상 알 수는 없다. 많은 사람들(치료를 받는 사람들뿐만 아니라)은 어느 순간에 "너무 화가 나서 죽일 수도 있을 것 같아."라는 말을 하지만 그 협박을 실행에 옮길 의도는 없다. 법정까지 가는 것을 방지하기 위해, 많은 치료자들은 이제 잠재적으로 폭력적인 내담자들은 거절하며, 때때로는 그 사람이 위험할 수 있는 행동을 할지 명백하지 않은 상황에서도 강제 입원을 추천하기도 한다(Buckner & Firestone, 2000).

정신이상으로 인한 무죄

어떤 사람이 당신의 음료에 약을 타서 극도의 환각을 경험하게끔 했다고 가정해 보자. 당신은 거대하고 흉측한 바퀴벌레처럼 보이는 것을 보고 그것을 죽였다. 이후에, 당신은 그것이 바퀴벌레가 아니라 사람이었음을 깨달았다. 당신은 살인죄로 유죄 판결을 받아야 할까? 물론 아니다. 이제 당신의 뇌 속 화학작용이 당신에게 똑같은 환각을 보게 만들었다고 치자. 당신은 거대한 바퀴벌레라고 생각하는 것을 죽였지만, 실제로는 바퀴벌레가 아니라 사람이었다. 당신은 살인죄로 판결을 받을까?

로마 시대부터의 전통적인 관점은 당신이 '정신이상으로 유죄 판결을 받을 수는 없다'이다. 당신은 해를 끼칠 의도가 없었고, 당신이 무슨 행동을 하는지 알지 못했다. 당신은 감옥이 아니라 정신병원에 가야 한다. 대다수 사람들은 극단적인 상황에서는 이 원칙에 동의한다. 문제는 어디에 선을 긋는가이다. 어떤 조건에서 그 사람이 법적으로 정신이상이라고 판단을 내릴 수 있을까? 정신이상(insanity)은 심리학이나 의학 용어가 아닌 법정 용어다.

한 가지 합의점은 범죄 그 자체가 아무리 극악무도하더라도 그것이 정신이상을 증명하지는 않는다는 것이다. 1991년에 몇몇의 남자를 살해하고 식인 행위를 해서 체포된 Jeffrey Dahmer는 정신이상이 아닌 것으로 판결을 받았고 수감되었다. Theodore Kaczynski는 이십 년 동안 폭탄을 우편물로 보내다가 체포되었는데, 정신이상으로 선고받는 것을 거부했다. 실제로

도 어쨌든 그는 정신이상을 선고받지는 않았을 것이었다. 기이한 범죄는 그 자체로 정신이상을 뜻하지는 않는다. 이 살인자들은 모두 자신이 하는 행동이 무엇인지 알고 있었고 체포를 피하려고 시도했다. 체포를 피하려고 하는 것은 자신이 하는 행동이 무엇인지 이해했다는 것을 함축한다.

변호사, 의사, 그리고 심리학자들은 정신이상에 대해 명확한 정의를 내리려고 오래도록 씨름해 왔다. 가장 유명한 정의는 1843년에 영국에서 쓰여진 맥노튼 규칙(M'Naghten rule)이다.

정신이상으로 선고를 받기 위해서는, 그 행동을 하던 당시에 피고인은 정신질환으로 인해 자신이 하는 행동의 본질에 대해 이해하지 못하거나, 그것을 알았더라도 자신의 행동이 잘못이라는 것을 알지 못했음이 입증되어야 한다(Shapiro, 1985).

달리 말하면, 맥노튼 규칙에 따라 정신이상이라고 간주되기 위해서는, 심각한 정신착란 상태로 인해 자신이 무엇을 하는지 이해하지 못해야만 한다. 정신이상 평결은 그 행동을 하던 당시 피고의 심리 상태에 대한 까다로운 판단을 요한다. 판단을 내리기 위해서, 심리학자들과 정신과 의사들이 전문가 증인으로서 소환된다. 배심원 판결 사건에서 전문가들이 동의하지 않았을 시에는 힘겨운 사건이 된다. 미국에서는 흉악범 피의자 중에 정신이상으로 선고받은 비율은 1%가 채 안 됐고, 그들 중에서 25% 이하가 무죄 판결을 받았다(Knoll & Resnick, 2008). 그러므로 본질적으로, 모든 피고 중 정신이상을 이유로 무죄 판결을 받는 사람은 0.25%보다 적다. 그러나 이 소수의 사건들은 사회의 주목을 받기 때문에 많은 사람들은 정신이상으로 무죄 판결을 받는 경우가 흔하다고 과대평가한다.

또 다른 오해는 피고가 정신이상으로 무죄 판결을 받았을 시에 간단히 자유롭게 풀려난다는 것이다. 실제로는, 거의 항상 정신병원에 수용되며, 최소한 감옥에서 보낼 만큼의 시간을 정신병원에서 보낸다(Silver, 1995). 그들이 풀려날 때는 '가석방'

여러 명의 남자들을 살해하고 인육을 먹은 Jeffrey Dahmer는 정신이상이 아니라고 판결을 받았다. 범죄 자체의 기이함이 법적으로 정신이상임을 입증하지는 않는다.

이라고 불리며, 이에는 특정한 조건이 붙는다. 이를테면 처방약을 지속적으로 복용하는 것이다(Vitacco et al., 2008).

정신이상을 근거로 한 변론뿐 아니라 심리학 관련 기타 판례에 대해 더 알고 싶다면, Psychiatry & the Law 웹페이지 bama.ua.edu/~jhooper/tableofc.html을 방문하라.

개념 점검

38. 정신병원에 강제 입원된 어떤 사람이 탈출해서 살인을 저질렀다. 이 사람은 정신이상을 이유로 무죄 판결을 받을까?

맺음말   단원 15.5

과학과 정신질환의 정치학

당신이 가게 주인이라고 생각해 보자. 배트맨 복장을 한 어떤 사람이 매일 당신 가게 바깥에 서 있다가 가게로 오는 사람들에게 소리치며 횡설수설한다. 이 때문에 번창했던 당신의 사업은 기울어가고 매일 손님의 발걸음이 줄어들고 있다. 바깥에 서 있는 그 남자는 어떤 법도 어기지 않은 것처럼 보인다. 그는 심리학자나 정신과 의사와는 아무런 관련도 맺고 싶어 하지 않는다. 그럼에도 불구하고 그의 기이한 행동 때문에 강제적으로 치료를 받게 해야 할까? 그렇지 않다면, 가게 주인으로서 당신의 권리는 어떠한가?

이 단위에서 다룬 정신이상 주장과 기타 다른 주제들은 심리학자 또는 정신과 의사의 의견뿐 아니라 사회 전체의 정치적 결정을 요한다. 어떤 직업을 갖게 되든지 상관없이 당신은 투표자이자 잠재적인 배심원이 될 것이고, 이러한 주제들에 대해 결정을 내릴 목소리를 갖게 될 것이다. 그러한 결정은 정보에 입각해 진지한 심사숙고를 통해 내려져야 한다.

요약

- **역사적 경향.** 1900년대 중반에 사람들은 심리치료를 받을 때 스스로 치료 비용을 부담했다. 오늘날, 대다수 사람들은 보험에 의지하고, 보험회사는 경험적으로 지지되는 치료 방법을 통해 단기적으로 치료받을 것을 강력히 권고한다. 누군가 진단을 받는다면 보험회사에서 더 많은 치료에 대한 비용을 지불해야 하기 때문에, 오늘날 치료자들은 주의 깊게 기술된 다양한 진단명을 적용하고 있다. (625쪽)

- **정신분석.** 정신분석가들은 자기패배적인 행동 뒤에 숨겨진 무의식적 이유를 드러내려고 한다. 무의식을 의식으로 끌어오기 위해 이들은 자유연상, 꿈 분석, 전이에 의지한다. (627쪽)

- **행동치료.** 행동치료자들은 내담자의 행동을 변화시키기 위해 구체적인 목표를 설정하고 내담자가 그 목표를 성취할 수 있도록 학습 원리를 이용한다. (627쪽)

- **인지치료.** 인지치료자들은 내담자들이 그들의 비합리적 신념과 비현실적 목표를 버리고, 패배주의적인 사고를 자신 및 외부 세계에 대한 보다 우호적인 관점으로 대체하도록 한다. 많은 치료자들은 행동치료와 인지치료의 방식을 혼합해, 사람들이 상황을 해석하는 방식을 변화시킴으로써 행동을 변화시키도록 조력한다. (628쪽)

- **인본주의 치료.** 인간중심치료자를 포함해 인본주의 치료자들은 사람들이 그들 자신의 문제를 해결할 수 있다고 가정한다. (629쪽)

- **가족체계치료.** 수많은 사례에서 개인의 문제는 가족 간의 의사소통과 기대치에 대한 전반적인 문제에서 비롯한다. 가족체계치료는 가족 전체를 대상으로 상담한다. (629쪽)

- **집단치료와 자조모임.** 심리치료는 때때로 집단으로 이루어지며, 흔히 유사한 문제를 안고 있는 사람들로 구성된다. 자조모임은 집단치료와 비슷하나 치료자가 없다는 점이 다르다. (630쪽)

- **심리치료의 효율성.** 문제가 있는 사람들 중 치료를 받고 있는 사람들은 평균적으로 치료를 받지 않는 사람들의 최소 80%보다 호전되었다. 비록 일시적으로 '유행하는' 몇몇 치료법들이 쓸모없거나 해로울지라도, 일반적으로 모든 주류 치료방법들은 동일하게 효과가 있는 것으로 보인다. 오늘날의 치료자들은 경험적으로 지지받은 치료를 강조한다. (631쪽)

- **치료방법들 간의 유사성.** 다양한 치료법들은 특정한 특성을

공유한다. 이들은 모두 치료자와 내담자 사이의 배려하는 관계에 기반을 둔다. 또한 자기 이해를 촉진하며, 내담자의 의욕을 증진시킨다. 그리고 이 치료법들은 내담자가 스스로의 삶에서 변화를 만들어내도록 시도하겠다는 약속을 하게끔 한다. (632쪽)

- **예방.** 심리학자들, 특히 지역사회 심리학자들은, 사람들이 정신건강을 증진시키기 위해 환경을 변화시키도록 도우려고 한다. (633쪽)

- **탈시설화.** 몇몇 환자들은 오래도록 정신병원에 머무르나, 정신병원에서 퇴원한 환자들은 적당한 대안치료를 받지 못하는 경우가 많다. (634쪽)

- **강제 입원.** 사람들은 위험하거나 금치산자라고 선고받았을 때에는

정신병원에 입원할 수 있다. 이 제도가 필요한 사람들에게 처치를 보장해 주면서, 동시에 합리적인 이유로 치료를 거부하는 사람들을 보호할 수 있는 법을 제정하는 것은 어려운 일이다. (635쪽)

- **경고를 할 의무.** 대법원에서는 내담자가 위험한 사람이라고 확신하는 치료자는 위험에 처한 사람에게 경고를 해야 할 의무가 있다고 판결했다. (635쪽)

- **정신이상 무죄 주장.** 범죄를 저질러서 체포된 몇몇 피고는 정신이상을 이유로 무죄 선고를 받는다. 여기서 정신이상이란 의학적 또는 심리학적 개념보다는 법적인 개념이다. (636쪽)

핵심 용어

가족체계치료 (629쪽)	유지 (633쪽)	절충적 치료 (630쪽)
개입 (633쪽)	인간중심치료 (629쪽)	정신분석 (627쪽)
경험적으로 지지된 치료 (626쪽)	인지치료 (628쪽)	정신역동적 치료 (627쪽)
꿈 분석 (627쪽)	인지행동치료 (628쪽)	지역사회 심리학자 (633쪽)
맥노튼 규칙 (636쪽)	자발적 완화 (631쪽)	집단치료 (630쪽)
메타분석 (631쪽)	자유연상 (627쪽)	타라소프 판례 (635쪽)
심리치료 (625쪽)	자조모임 (630쪽)	탈시설화 (634쪽)
예방 (633쪽)	전이 (627쪽)	행동치료 (627쪽)

개념 점검 문제에 대한 답

1 장애를 세심하게 분류하는 것은 심리학자들이 자신들은 같은 장애, 예를 들면 우울증에 대해 연구하고 있다는 의사소통이 가능하게 해주며, 실제로도 그렇게끔 도움을 준다.

2 그렇다. 주의력결핍과잉행동장애를 가진 두 사람이 증상에 있어서는 상당히 다를 수 있다.

3 DSM에 대한 비판 중 하나는 너무 많은 사람들에게 정신병이라는 오명을 씌운다는 것이다. 또한 진단이 불확실하며, 실험실 검사가 불가능하기 때문에 진단에 대해 확인할 방법이 없다. 또한 많은 환자들은 하나 이상의 진단에 부분적으로 들어맞는 증상들을 보인다.

4 공황장애가 있는 사람들은 공공장소에서 공황발작이 일어나서 창피를 당할까봐 공공장소를 피한다.

5 그 사람이 레버를 누르는 행동을 하지 못하도록 일시적으로 막는다. 오직 레버를 누르는 행동을 중단시키는 것만이 그 사람으로 하여금 레버를 누르는 행동이 필수적이지 않음을

깨닫게 할 수 있다.

6 CS는 흰 쥐, UCS는 커다란 소리, CR과 UCR은 우는 것과 그 밖의 두려워하는 반응들이다.

7 인간은 진화의 역사 속에서 위험한 대상들에 대한 공포를 학습하는 경향이 있다. 우리는 안전했던 경험이 적은 대상들에 대한 공포를 보다 잘 학습한다. 우리는 예측하거나 통제할 수 없는 대상에 대한 공포를 더 잘 학습한다.

8 학습된 전기충격 회피 반응을 소거하기 위해서는 그 반응을 하지 못하게 함으로써, 반응을 하지 않아도 위험하지 않다는 것을 학습하게 해야 한다. 유사하게, 체계적 둔감화에서 환자는 두려워하는 자극으로부터 피할 수 있으므로 위험이 상상했던 것보다 그리 크지 않다는 것을 배우게 된다.

9 강박장애가 있는 사람들은 비록 그들의 기억이 정상적으로 정확하더라도 자신의 기억을 신뢰하지 않는다.

10 감명을 받아서는 안 된다. 충분히 긴 시간이 흐르면, 강박장애가

있는 대다수의 사람들이 치료를 받지 않더라도 호전된다.

11 화학적으로 어떠한 물질이 중독성이 있는지 확인할 수 있는 신뢰할 만한 방법은 없다. 어떤 사람들은 도박이나 비디오 게임처럼 전혀 물질이 아닌 것에 중독된다. 어떤 사람들은 용케도 물에 중독되기도 한다.

12 처음에는, 사람들은 약물 그 자체의 부재로 인한 금단증상으로부터 도피하기 위해 약물을 사용한다. 그 후에는 다른 종류의 스트레스를 피하기 위해 약물을 사용하는 법을 학습한다.

13 기댐핵에 도파민이 퍼부어질 때, 시냅스는 이에 적응하는 것을 학습해서 그 약물에는 더욱 강하게 반응하고 다른 활동에는 덜 강하게 반응한다.

14 술을 마신 뒤 얼마나 비틀거리는지, 또는 그 밖에 다양한 효과가 나타나기까지는 술을 얼마나 마셔야 하는지에 대해 사람들에게 물어본다. 보통 정도의 술을 마신 뒤에 평균보다 효과가 적게 나타난다고 보고한 사람들은 과음하는 사람이 되는 경향이 있다.

15 그들은 다른 사람들보다 알코올 중독이 될 가능성이 낮다. 이 유전자는 아시아 사람들이 알코올 중독에 덜 걸리는 이유로 간주되고 있다(Harada, Agarwal, Goedde, Tagaki, & Ishikawa, 1982; Reed, 1985).

16 알약을 삼키지 않은 사람이 그 알약을 물에 녹여 주사할 수도 있는데, 그러면 헤로인 또는 모르핀과 유사한 '취한' 상태로 빠지기 때문이다.

17 두 상태 모두 반복적인 주기를 지닌다. 그러나 양극성 장애가 있는 사람들은 우울증과 조증 사이를 왔다 갔다 하지만, 계절성 정동장애가 있는 사람들에게는 우울증과 정상적인 기분이 번갈아 나타난다.

18 주요 우울장애는 슬픔보다 심각하며 몇 달간 지속된다. 주요 우울장애가 있는 사람은 거의 모든 것으로부터 만족을 느끼지 못한다.

19 수면에 문제가 있는 십대들은 다른 십대들보다 이후에 우울증이 생길 경향이 높았다.

20 일찍 우울증이 발생한 사람들은 우울증이 있는 친척을 갖고 있으며 다른 행동적 문제들을 보인다. 늦게 우울증이 발생한 사람들은 혈액순환 문제가 있는 친척이 있다.

21 코카인과 리탈린(메틸페니데이트, methylphenidate) 또한 신경전달물질의 재흡수를 막는다.

22 해산물 섭취를 증가시키는 것이 우울증에 도움이 된다.

해산물에는 뇌에 도움이 되는 오메가3지방산이 포함되어 있기 때문이다.

23 아니다. 인격들이 번갈아 나타나는 사람은 해리성 정체감 장애(다중인격)에 해당한다.

24 조현병의 양성 증상에는 환각, 망상, 사고장애가 해당한다. 음성 증상에는 언어의 손상, 정서적 표현 결핍, 사회적 접촉 결핍이 포함된다.

25 뇌 발달은 많은 유전자에 의존하고, 그 유전자들 중 어떤 것이라도 훼손되면(유전자의 작은 일부가 삭제되거나 복제되는 것 포함) 조현병의 위험을 증가시킬 수 있다.

26 조현병에는 많은 유전자들이 기여할 수 있으며, 또한 태아기 환경의 이상으로부터 기인할 수 있다.

27 아마도 조현병이 알코올 남용을 유도하기 때문에 그것으로 인해 뇌 이상이 생겼을 수도 있다.

28 비정형 항정신병약은 과거의 약에 비해 조현병의 음성 증상을 완화시키며, 지연발생 운동이상증을 초래하지 않는다.

29 손상된 사회적 관계와 의사소통 장애이다.

30 1950년대에는 정신과 의사가 대부분의 심리치료를 담당했다. 현재는 임상심리학자와 기타 치료 전문가들 또한 심리치료를 실시한다. 오늘날의 치료자들은 프로이트식 방식보다는 경험적으로 지지된 치료법을 사용한다. 치료자들은 몇 개월 혹은 몇 년의 치료 대신에, 가능한 한 몇 회기 이내에 바람직한 결과를 달성하도록 노력한다. 오늘날의 치료자들은 더 다양한 장애들에 대한 진단명을 부여하고, 이러한 진단명에 대한 정의를 보다 주의 깊게 명시하려고 한다.

31 정신분석가들은 자유연상, 꿈 분석, 그리고 무의식의 내용에 대해 언급함으로써 전이를 일으키는 방법을 사용했다.

32 조건 자극은 방광이 찬 느낌이다. 무조건 자극은 알람이다. 조건 반응(그리고 무조건 반응)은 잠에서 깨는 것이다.

33 **a.** 인본주의 치료 **b.** 행동치료 **c.** 행동치료 **d.** 정신분석과 인지치료

34 단기치료의 한 가지 장점은 비용이 적게 든다는 것이다. 자조모임에서는 참가자들이 시설을 빌리는 것에 대한 자발적인 기부 외에는 부담할 것이 없으므로 비용이 문제가 되지 않는다.

35 이중 은폐 설계에서는 피험자와 관찰자 모두가 어느 피험자가 실험적 처치를 받았으며 어느 피험자가 통제집단에 속해 있는지를 모르게 하는 것이 요구된다. 여기에서는 피험자가 자신이 심리치료를 받았다는 사실을 모르게 하는 것이 불가능하다. (하지만, 효과적이라고 여겨지지 않는 방법을 사용하고

그것을 심리치료라고 부르는 것은 가능하다.)

36 거의 모든 형태의 심리치료에는 치료자와 내담자 사이의 친밀한 관계, 개인적 어려움에 대해 개방적으로 이야기하려는 노력, 호전될 것에 대한 기대, 그리고 삶에서 변화를 이끌어내겠다는 약속이 포함된다.

37 문제를 예방하려고 했던 몇몇 프로그램들은 효과적이지 않거나 역효과를 냈기 때문이다.

38 반드시 그렇지는 않다. 피고는 장애로 인해 자신이 하는 행동이 무엇인지 이해하지 못했을 때에만 정신이상을 선고받는다.

우리는 이 책의 마지막에 이르렀다. 나는 독자가 저기 앉아서 이 책을 읽고 있다고 상상하면서 글을 쓰고 수정하였다. 어떤 학생이 내가 대학생이었던 때와 똑같이 심리학에 관한 이야기를 처음 읽어보면서 종종 흥분되곤 하는 장면을 상상하였다. 내가 친구나 친척에게 가끔씩 "방금 심리학에서 뭘 배웠는지 알아? 정말 재밌어!"라고 말했던 기억이 난다. (오늘날에도 나는 여전히 그런다.) 때로는 "흠. 책에는 이러저러하다고 나오지만 난 잘 납득이 안 돼. 심리학자들이 다른 설명을 고려해 본 적이나 있는지 모르겠어."라고 생각했던 기억도 난다. 그러면서 나는 만약 심리학자가 된다면 어떤 연구를 할지에 대해서 생각해보기 시작하였다.

당신도 나와 비슷한 경험을 했기를 바란다. 무언가를 읽고서 때때로 너무나 흥분해서 그것에 대해 생각해 보고 다른 이들에게도 이야기한 적이 있었으면 한다. 사실 나는 당신이 룸메이트에게 심리학 이야기를 너무나 많이 해서 그가 약간 짜증을 낼 정도가 되었기를 바란다. 또한 어떤 결론이 의심스러워서 그것을 검증하거나 향상시킬 수 있는 연구 프로젝트를 상상한 적이 있었으면 한다. 심리학은 아직도 만들어지고 있는 단계의 미완성품이다.

당신이 이 과목의 마지막에 다다른 지금, 어떤 반응이 나올지 궁금하다. 당신은 "와, 정말 많이 배웠어!"라고 생각하고 있을지도 모르겠다. 아니면 "이게 다야?"라고 생각하고 있을 수도 있다. 아마도 당신은 다음과 같이 그런 두 가지 생각을 모두 하고 있을 것이다. "그래, 많이 배웠어. 하지만 배울 게 더 많이 있을 것 같은데. 의식 경험이 도대체 무엇인지 아직도 모르겠고, 내가 때로는 왜 그렇게 반응하는지 이해가 안 돼. 그리고 이 책(훌륭하기는 하지만!)에는 어떤 주제는 나오지도 않아. 우리는 왜 웃을까? 시간의 흐름은 어떻게 감각하는 거야? 사람들은 왜 스포츠를 보는 거지? 왜 어떤 이들은 종교에 빠져 있고 다른 이들은 그렇지 않은 걸까?"

내가 당신의 질문 모두에 답하지는 않는 데는 두 가지 이유가 있다. 하나는 이 책이 개론 교과서이기 때문에 끝없이 나갈 수는 없다는 것이다. 더 많이 알고 싶다면 다른 심리학 과목을 수강하거나 따로 더 읽어야 한다. 다른 이유는 심리학자가 모든 답을 알고 있지는 못하다는 것이다.

어쩌면 당신 자신이 언젠가 연구자가 되어 우리의 지식을 더해 줄 수 있다. 아니라면 당신은 좋은 책이나 잡지 기사를 읽어서 심리학의 최근 동향을 따라잡으려 할 수도 있다. *Scientific American Mind*라는 잡지는 훌륭한 읽을거리이다. 내가 세운 주요 목표 중 하나는 당신이 심리학에 대한 배움을 지속하도록 준비시키는 것이었다.

다음과 같은 질문을 품고 비판적인 안목으로 독서하도록 노력하라. 결론이 좋은 증거에 토대를 둔 것인가? 설문조사의 경우, 질문들이 명확하게 표현되었는가? 측정치가 신뢰도와 타당도를 얼마나 확보하고 있나? 연구자가 대표 표본이나 무선 표본을 얻었는가? 인과 관계적 결론을 끌어내고 있다면 그 증거가 실험에서 나온 것인가 아니면 단지 상관관계일 뿐인가? 증거가 확고해 보인다 하더라도 저자의 설명이 최선의 것인가?

무엇보다도 모든 결론은 잠정적인 것임을 명심하라. 심리학 연구자들은 **증명한다**는 말을 거의 사용하지 않는다. 즉, 심리학자가 내리는 결론은 거의 항상 잠정적인 것이다. 나는 한때 편집자에게 반농담조로 이 책의 찾아보기에 "아마도 - 1~642쪽을 보라"라는 항목을 포함시키자고 한 적이 있다. 그런 항목을 포함시키지는 않았는데, 왜냐하면 그런 유머를 알아챌 사람이 과연 있을지 의심스럽기도 하고 우리의 심리학 지식이 그렇게까지 나쁘지는 않기 때문이기도 하다. 그렇지만 심리학에서 위대한 새로운 통찰을 얻었다고 좀 지나치게 확신하는 듯한 사람은 누구라도 조심하라. 아마도에서부터 확실히까지 가는 길은 아주 멀다.